English-Dari Phrasebook for Aid Workers

by

Robert F. Powers

&

Mir Abdul Zahir Sahebi

Rodnik Publishing Company
Seattle, Washington, USA
2006

English-Dari Phrasebook for Aid Workers

Authors: **Robert F. Powers**
Mir Abdul Zahir Sahebi
Editor: **Edris Nawin**
Technical assistants: **Thu Hien Powers**
Natsuko Ishibashi

Published by:

Rodnik Publishing Company
P.O. Box 46956
Seattle, WA 98146-0956
E-mail: info@rodnikpublishing.com
www.rodnikpublishing.com

Copyright ©2006 by Rodnik Publishing Company

Cover design and illustration by Fine Grains (India) Private Limited, New Delhi, India

All rights reserved under International and Pan-American Copyright Conventions. No part of this book may be reproduced in any form, by xerography, microfilm, photostat, or any other means, without written permission from the publisher.

All brand names and product names used in this book are trademarks, registered trademarks or trade names of their respective holders.

Library of Congress Control Number: 2006905167
ISBN 1-929482-09-4
 (13-digit:) 978-1-929482-09-2

Printed in India

Table of Contents

Introduction	5
How to Use the Phrasebook	6
Abbreviations Used in the Dictionary	8
English-Dari Phrasebook	9
Appendix 1: Phonetic Alphabet Used for Dari	522
Appendix 2: Dari Grammar	524
Appendix 3: Numbers	527
Appendix 4: Ordinal Numbers	528
Appendix 5: Clock Time	529
Appendix 6: Calendar Time	530
Appendix 7: Metric Measurements	531
Appendix 8: Common Adult Heights	532
Appendix 9: Common Adult Weights	533
Appendix 10: Useful Contacts	534
Order Form	536

INTRODUCTION

The main goal of this phrasebook is to provide essential Dari words, terms and phrases for providing humanitarian and medical aid to persons in need, responding to emergency situations, promoting economic development, and coping with daily life in Afghanistan. Although it is intended primarily for those who work in aid and relief agencies, medical programs, economic and technical development projects, military organizations and government departments, it can also be useful to students, translators, members of the media, business people, and others who wish to communicate in Dari.

A feature that we think you will like about this phrasebook is that it is quick and easy to find what you want to say. Phrases and terms are group under their key words, and the key words are in alphabetical order (not in categories that often leave you guessing what's where). If you have a particular phrase or term in mind, you go to its key word, the same as you would in a dictionary, and chances are good that you will find it there.

It is our sincere hope that this phrasebook will help you in your endeavors by providing the language elements you need to communicate with Dari-speaking Afghans.

We welcome any comments, criticisms, corrections or advice that you care to give us concerning this phrasebook. Send them to us by e-mail at info@rodnikpublishing.com or by postal mail to Rodnik Publishing Company, PO Box 46956, Seattle, WA 98146, USA.

How to Use the Phrasebook

Main words

All phrases and terms in the phrasebook are grouped under the "**main words**," which they contain. For example, the phrase "**Call me when you get there.**" is listed under the main word "**call.**" Some phrases appear in the dictionary more than once, because they contain more than one important main word. For example, the phrase "**Can you bake bread?**" is listed once under the main word "**bake**" and a second time under "**bread**."

Dari equivalents of the English

The Dari equivalents (translations) of the English entries are given first in Dari script (which reads right to left) and then in their phonetic pronunciation in English letters. To familiarize yourself with the phonetic system used in this phrasebook, please refer to the appendix **Phonetic Alphabet Used for Dari** on page 522.

Dari pronunciation

Our phonetic system for Dari pronunciation here is the best that we could devise to give you, the English-speaking user, a close and unambiguous approximation of the sounds of Dari words. Unfortunately, it is quite inexact to do this by means of the familiar letters of the English alphabet. Therefore, to obtain the true Dari pronunciation, we recommend that you seek the assistance of a native Dari speaker.

Words in the phonetic pronunciation are sometimes divided by hyphens to avoid combinations such as "sh", "th" and "zh" when they are intended to be pronounced separately, not together.

Parts of speech

Each listed main word is followed by its abbreviated part of speech, such as *n* for "noun," *vt* for "verb transitive," etc. (See "**Abbreviations Used in the Dictionary**" on page 8.)

Tilde substituting main word

For all terms, a **tilde** ~ substitutes for the main word of the term. For example, under the main word **false**, "**false alarm**" is listed as ~ **alarm**. Similarly, "**folding table**" under the main word **table** is given as **folding** ~.

Slash = or

Throughout the phrasebook a **slash** / is used to mean "**or**," i.e., that

you can choose one or the other. The choices are numbered, in parentheses, both on the English side and the Dari side. Hence, in the English phrase group "**The pipe is** *(1)* **broken.** / *(2)* **leaking.**", you can choose to say "**The pipe is broken.**" or "**The pipe is leaking.**" In some cases, three dots follow the numbered parts to ensure clarity when the parts share common ending words. For example, in the group "**Bring all your** *(1)* **belongings.** / *(2)* **possessions.** / *(3)* **stuff.** / *(4)* **things.**   تمام (1) متعلقات / (2) داشته / (4) اجناس / (4) چیز هایتان را بیاورید.
Tamäm-e (1) motah-leqät... / (2) däshta... / (3) gens... / (4) ajnäs... häyee tän rä bee-yäwared.", the four Dari choices have three dots following them, so that the user will know that the ending group applies to each of them. If no dots follow the numbered words, only one word belongs to each number, and all words that follow the last in the series are applicable to any of the words in the series.

Parentheses = optional

Words or parts of phrases (<u>not italicized</u>) in **parentheses** are **optional**. Hence, in the phrase "**We have to build a (new) barracks.** *Mä bäyad yak (2) sarbäz khäna(-e-now) besäzem.*", you could include or omit the word **(new)** in both English and Dari. In a very few cases, an English word in parentheses is optional in English, but has no counterpart in Dari: the sentence in Dari will be the same either way.

Stars

Watch the stars! A star signals the location of a word that is similar to or based on the main word entry of the group. <u>If the spelling is the same, the entry is not repeated</u>. An example would be the word "turn", which is a transitive verb *(vt)*, an intransitive verb *(vi)*, and a noun *(n)*. Only the first one is spelled out, with the following two denoted by stars and *vi* and *n*, respectively.

Polite and familiar forms of words

In Dari there are polite and familiar forms of "you", which are reflected in the verb endings for each. However, in this phrasebook, all "you" phrases are in the polite form. For more explanation of polite and familiar forms, see **Appendix 2: Dari Grammar** on page 524.

Dari Usage

In using this phrasebook, please bear in mind that the Dari phrases in many cases represent the best translation we could provide of the English phrases and, although they should be easily understood by a Dari-speaking Afghan, they are not necessarily what Afghans themselves would think of to say for those particular ideas.

Note: Not all meanings are given for all words. There simply is not enough space.

Abbreviations Used in the Phrasebook

abbrev	abbreviation	*mech.*	mechanical
adj	adjective	*med.*	medical
admin.	administration	*mgmt*	management
adv	adverb	*mil.*	military
agr.	agriculture	*msg*	message
anat.	anatomy	*n*	noun
auto	automobile	*opp.*	opposite
automot.	automotive	*org.*	organization
aux v	auxiliary verb	*pharm.*	pharmaceutical
bat.	battery	*phys.*	physical
bldg	building	*pl*	plural
Brit.	British	*pol.*	polite
bsns	business	*polit.*	political
chem.	chemical	*poss.*	possessive
colloq.	colloquial	*pp*	past participle
comm.	communications	*prep*	preposition
comp.	computers	*pron*	pronoun
conj	conjunction	*qty*	quantity
const.	construction	*rd*	road
dem.	demonstrative	*rr*	railroad
dept	department	*s.o.*	someone
docs	documents	*s.th.*	something
elec.	electrical	*struct.*	structure
equip.	equipment	*svc*	service
exam.	examination	*tel.*	telephone
F	female	*temp.*	temperature
fam.	familiar	*transp.*	transportation
fin.	financial	*trd nm*	trade name
gen.	general	*TV*	television
govt	government	*univ.*	university
gram.	grammar	*veh.*	vehicle
ident.	identification	*vi*	verb intransitive
instr.	instruction	*vt*	verb transitive
interj.	interjection		
km	kilometer(s)		
lang.	language		
lit:	literally		
M	male		
mach	machinery		
math	mathematics		
meas.	measurement		

A a

abandoned *adj* متروك *matrook*, ترك شده *tark-shoda* ~ **building** تعمیرترك شده *ta'meer-e-tark-shoda* ~ **car** موټرترك شده *motar-e-tark-shoda* ~ **farm** مزرعه ترك شده *mazre-a'h-e-tark-shoda* ~ **house** خانه ترك شده *khäna-e-tark-shoda* ~ **town** شهر ترك شده *shahr-e-tark-shoda* ~ **truck** موټر لاری ترك شده *motar-e-läree tark-shoda* ~ **village** قریه ترك شده *qarya-e-tark-shoda*, ده ترك شده *de-e-tark-shoda*

abbreviation *n* مخفف *mokhafaf*, اختصار *ekhtesär*

abdomen *n* شکم *shekam*, بطن *baten*

ability *n* توانأیی *tawänäyee*, قابلیت *qäbleeyat*, لیاقت *leeyäqat*, قدرت *qodrat*, استعداد *este'däd* ★ **able** *adj* توانا *tawänä*, توانستن *tawänestan*, قابل *qäbel* be ~ توانمند بودن *tawänmand bodan*, توانستن *tawänestan*

aboard *adv* (bus) در سرویس *dar sarwees*; (train) درریل *dar reel*; (ship) درکشتی *dar keeshtee*, دروآگون *dar wagoon* Get aboard (the bus). (درسرویس) بالا شوید. *(Dar sarwees) bälä shawed.* Everybody aboard (the bus)! همه (در سرویس) بالا شوید! *Hama (dar sarwees) bälä shawed!* Is everybody aboard (the bus)? آیا همه (درسرویس) بالا شدند؟ *Äyä hama (dar sarwees) bälä shodand?* Everybody's aboard (the bus). همه (در سرویس) تنظیم هستند *Hama (dar sarwees) tanzeem hastand.*

abortion *n* عدم تکامل جنین *a'dam-e-takämol-e-jonayn*, نقصان *noqsän* perform an ~ نقصان کردن *noqsän kardan*

about *adv* (approximately) تقریباً *taqreeban*, تخمیناً *takhmeenan*, نزدیک *nazdeek -e-* ★ *prep* (concerning) درباره *dar bära-e-*

above *prep* بالای *bälä-e-*

absent *adj* غایب *ghäyeb*, غیرحاضر *ghayr-häzer* Is (name) absent today? آیا (___) امروز غیرحاضراست؟ *Äyä (___) emrooz ghayr häzer ast?* Why were you absent (from work)? چرا شما (ازکار) غیرحاضربودید؟ *Chorä shomä (az kär) ghayr häzer boded?*

absolutely *adv* بیخی *beykhee*

absorb *vt* جذب کردن *jazb kardan* We need something to absorb it. ما به چیزی ضرورت داریم که جذب اش کند. *Mä ba cheezee zaroorat därem ke jazb ash konad.* ★ **absorbent** *adj* جاذب *jäzeb*, جذب کننده *jazb konenda*

abuse *vt* تجاوز کردن *tajäwoz kardan* (1) Does / (2) Did he abuse (3) her / (4) him / (5) them / (6) you ([7] physically? / [8] sexually?) آیا او مرد به (۳) او زن / (٤) او مرد / (٥) انها / (٦) شما ([٧] جسماً / [٨] جنساً) تجاوز(۱) میکند؟ / (۲) کرد؟ *Äyä o mard ba (3) o zan / (4) o mard / (5) änhä / (6) shomä ([7] jesman / [8] jensan) tajäwoz (1) mey-konad? / (2) kard?* Stop abusing (1) her. / (2) him. / (3) them. تجاوز کردن بر (۱) او زن / (۲) او مرد / (۳) انها را بس کنید. *Tajäwoz kardan bar (1) o zan / (2) o mard / (3) änhä ra bas koned.* ★ **abusive** *adj* بد *bad*, ناسزا *näsazä*, بد زبان *bad zabän* ~ **husband** شوهر بد زبان *showher-e-bad zabän* ~ **in-laws** در-سزا قانون *der-qänon-sazä*

abutment *n* طرف *taraf*, کنار *kenär* **bridge** ~ کنار پل *kenär-e-pol*, طرف پل *taraf-e- pol*

academy *n* اکادمی *akädemee*

accelerator *n* (automot.) شتابنده *shetäbenda*, اکسلیتر *akseletar*

accent n صدا *sadä*, لهجه *lahja*
accept vt قبول کردن *qabool kardan* ★ **acceptable** adj مناسب *monäseb*
access n راه *räh*, وسیله *waseela*, دسترسی *dastrasee* **Is there another access (to it)?** آیا کدام راه دیگری است؟ *Äyä kodäm räh-e-deegaray ast?* **Do you have access to a (1) computer? / (2) telephone?** آیا شما به (۱) کمپیوتر / (۲) تیلفون دسترسی دارید؟ *Äyä shomä ba (1) kampyootar / (2) teelfoon dastrasee däred?* ★ **accessible** adj در دسترس *dar dastras*, قابل دسترسی *qäbel-e-dastrasee*
accident n حادثه *hädesa*, اتفاق *etefäq*, تصادم *tasädom* **bad ~** حادثه خراب *hädesa-e-kharäb* **car ~** تصادم موتر *tasädom-e-motar* **terrible ~** حادثه ترسناك *hädesa-e-tarsnäk* **traffic ~** حادثه ترافیکی *hädesa-e-taräfeekee* **investigate an ~** حادثه را تحقیق کردن *hädesa rä tahqeeq kardan* ★ **accidental** adj اتفاقی *etefäqee*, تصادفی *tasädofee* ★ **accidentally** adv اتفاقاً *etefäqan*, تصادفاً *tasädofan*
accompany vt همراهی کردن *hamrähee kardan*, همراه بودن *hamrä bodan* **(1) I / (2) He / (3) She / (4) They will accompany (5) her. / (6) him. / (7) them. / (8) you.** (۱) من / (۲) او مرد / (۳) او زن / (٤) آنها (٥) او زن / (٦) او مرد / (۷) آنها / (۸) شما را همراهی خواهد (۱) کردم. / (۲، ۳) کرد. / (٤) کردند. *(1) Man / (2) O mard / (3) O zan / (4) Ánhä (5) o zan / (6) o mard / (7) änhä / (8) shomä rä hamrähee khähad (1) kardam. / (2,3) kard. / (4) kardand.*
accomplish vt انجام دادن *anjäm dädan*
accordance n: **in ~ with** مطابق *motäbeq-e-*
according موافق *mawäfeq*, مطابق *motäbeq* **According to (1) him / (2) her / (3) them / (4) this / (5) the map / (6) the message / (7) the news / (8) the newspaper / (9) the radio / (10) the report...** مطابق بر (۱) او مرد / (۲) او زن / (۳) آنها / (٤) این / (٥) نقشه / (٦) پیام / (۷) اخبار / (۸) روزنامه / (۹) رادیو / (۱۰) راپور... *Motäbeq bar (1) o mard / (2) o zan / (3) änhä / (4) een / (5) naqsha / (6) payäm / (7) akhbär / (8) rooznäma (9) rädyo / (10) räpor...*
account n حساب *hesäb* **accurate ~** حساب درست *hesäb-e-drost* **bank ~** حساب بانکی *hesäb-e-bänkee*, صورت بانکی *sorat-e-bänkee* **complete ~** حساب مکمل *hesäb-e-mokamal* **daily ~** حساب روزانه *hesäb-e-roozäna* **weekly ~** حساب هفته وار *hesäb-e-hafta-wär* **monthly ~** حساب ماه وار *hesäb-e-mäh-wär* **Give me an account of all expenses.** حساب تمام مصارف را ارایه نمایید. *Hesäb-e tamäm masäref rä eräye namäeed.* **Keep an account of everything (1) issued. / (2) received.** حساب هر چیزیکه (۱) صادر / (۲) اخذ شده حفظ کنید. *Hesäb-e har cheezee-ke (1) säder / (2) akhaz shoda hefz koned.* ★ **accountant** n محاسب *mahäseb* ★ **accounted for** adj حسابده *hesäbbada* **Is everyone accounted for?** آیا هر کس حسابده انست؟ *Äya har kas hesäbbada onast?* ★ **accounting** n محاسبه *mahäseba* **Can you do accounting?** آیا شما محاسبه کرده میتوانید؟ *Äyä shomä mahäseba karda meytawäned?*
accurate adj (exact) دقیق *daqeeq*; (correct) درست *drost* **~ translation** ترجمه درست *tarjoma-e-drost* **~ calculation** حساب درست *hesäb-e-drost* ★ **accurately** adv دقیقاً *daqeeqan*
accusation n تهمت *tohmat*, اتهام *atehäm* **false ~** تهمت ناحق *tohmat-e-nähaq*, اتهام غلط *a-tehäm-e-ghalat* ★ **accuse** vt تهمت زدن *tohmat zadan*, متهم ساختن *motaham säkhtan* **(1) He / (2) She has... / (3) They have... accused you of theft.** (۱) او مرد / (۲) او زن / (۳) آنها شما را به دزدی متهم (۲۰۱) ساخت. / (۳) ساختند. *(1) O mard / (2) O zan / (3) Änhä shomä rä ba dozdee motaham (1,2) säkht. / (3) säkhtand.*
accustomed pp: **be ~ to** بلد شدن *balad shodan*, عادت گرفتن *hädat gereftan*

acetylene *n* اسیتلین *asetleen* ~ **torch** شعله استیلین *sho'la-e-asetleen*
ache *vi* درد کردن *dard kardan* **Does it ache (here)?** آیا (اینجا) درد میکند؟ *Äyä (eenjä) dard meykonad?* **Where does it ache?** کجا درد میکند؟ *Kojä dard mey-konad?* ★ *n* درد *dard* **muscle ~s** درد های عضلی *dard häy-e-a'zalee*
acid *n* تیزاب *teezäb*
acknowledge *vt* اقرار کردن *eqrär kardan*, قبول کردن *qabool kardan* تصدیق کردن *tasdeeq kardan* **Please acknowledge receipt of this.** لطفاً رسید این را تصدیق کنید. *Lotfan raseed-e-een rä tasdeeq koned.* **I (hereby) acknowledge receipt of** (*what*). من از (بدین وسیله) رسید ... را تصدیق میکنم. *Man (badeen waseela) raseed-e-(___) rä tasdeeq mey-konam.*
acquainted *adj* آشنا *ähnä* **Are you acquainted with (1) her? / (2) him? / (3) them?** آیا شما با (۱) او مرد / (۲) او زن / (۳) آنها آشنایی دارید؟ *Äyä shomä bä (1) o zan / (2) o mard / (3) änhä äshnäyee däred?* ★ **acquaintance** *n* آشنا *ähnä* **old ~** آشنای قدیم *ähnä-e-qadeem* (*familiar person*)
acquire *vt* بدست آوردن *ba dast äwardan*, حاصل کردن *häsel kardan*
across *prep* به طرف *ba taraf-e-*, از طرف *az taraf-e-*
act *vi* 1. (*behave*) رفتارکردن *raftär kardan*; 2. (*take action*) عمل کردن *a'mal kardan* ~ **to prevent** مانع شدن *mäne' shodan*, نگذاشتن *nagzäshtan* ★ **acting** *adj* (*serving in place of*) کفیل *kafeel*, معاون *ma'även*, سرپرست *sar-parast* ~ **chief** ریس سرپرست *raees-e-sar-parast* ~ **director** مدیر سرپرست *modeer-e-sar-parast* ~ **head** رهبر سرپرست *rahbar-e-sar-parast* ~ **manager** آمر سرپرست *ämer-e-sar-parast* ★ **action** *n* 1. (*doing s.th.*) اقدام *eqdäm*, عمل *a'mal*; 2. (*combat*) نبرد *nabard*, جنگ *jang* **immediate ~** حصه گرفتن *hesa greftan eqdäm-e-a'äjel* **take ~** عمل کردن *a'mal kardan*, اقدام عاجل
activate *vt* فعال کردن *fa'äl kardan*, بکار انداختن *ba kär andäkhtan* ★ **active** *adj* فعال *fa'äl*, کار کن *kär kon* ~ **mine** ماین فعال *mäyn-e-fa'äl*, ماین خنثی نشده *mäyn-e-khonsä na shoda* ★ **activity** *n* فعالیت *fa'älyat*, کار *kär* **illegal ~** فعالیت های غیر قانونی *fa'älyat-e-ghayr-e-qänoonee* **political ~ies** فعالیت های سیاسی *fa'älyat hä-e-seeyäsee* **recreational ~ies** فعالیت های تفریحی *fa'älyat hä-e-tafreehee*
actual *adj* واقعی *wäqe'yee* ★ **actually** *adv* واقعاً *wäqe-a'n*, اصلاً *aslan*
acute *adj* تیز *teez*
add *vt* 1. (*increase, put more*) زیاد کردن *zeeyad kardan*, اضافه کردن *ezäfa kardan*; 2. (*math.*) جمع کردن *jama' kardan*
address *vt* مخاطب ساختن *mokhäteb säkhtan*, خطاب کردن *khetäb kardan* ★ *n* آدرس *ädras* **business ~** آدرس تجارتی *ädras-e-tejäratee* **e-mail ~** آدرس پست الکترونی *ädras-e-post-e-elektroonee*, آدرس ایمیل *ädras-e-eemel* **home ~** آدرس خانه *ädras-e-khäna* **postal ~** آدرس پوستی *ädras-e-postee* **What is your address (in.....)?** آدرس شما (در ...) چیست؟ *Ädras-e-shomä (dar...) cheest?* **(1) My / (2) Our address is .....** آدرس (۱) من / (۲) ما ... است. *Ädras-e- (1) man / (2) mä ast...* **Please write down your address.** لطفاً آدرس تان را بنویسید. *Lotfan ädras-e-tän rä benaweesed.* **Here's (1) my / (2) our address.** این آدرس (۱) من / (۲) ما است. *Een ädras-e- (1) man / (2) mä ast.*
adequate *adj* کافی *käfee*, مناسب *monäseb*
adhesive *n* چسپنده *chaspenda*
adjective *n* (*gram.*) صفت *sefat*
adjust *vt* تعدیل کردن *ta'deel kardan*, میزان کردن *meezän kardan*, درست کردن *drost kardan* **Can you adjust this?** آیا شما میتوانید این را درست کنید؟ *Äyä shomä mey-tawäned een rä drost koned?* ★ **adjustment** *n* تعدیل

administer vt تنظیم ساختن tanzeem sākhtan, تنظیم tanzeem, میزان meezān, تصفیه tasfeya **make an ~** تنظیم ساختن tanzeem sākhtan **make a slight ~** کم تنظیم ساختن kam tanzeem sākhtan **administer** vt اداره کردن edāra kardan **~ first aid** کمک های اولیه را اداره کردن komak hā-e-awalya rā edāra kardan **~ justice** عدالت را اداره کردن a'dālat rā edāra kardan ★ **administration** n 1. (mgmt) اداره edāra; 2. (mgmt office) حکومت hokoomat; مدیریت moderyat **camp ~** مدیریت کمپ moderyat-e-kamp **city ~** اداره شهر edāra-e-shahr, ریاست شهر reeyāsat-e-shahr **help with ~** اداره را کمک کردن edāra rā komak kardan **set up ~** اداره تاسیس کردن edāra tāsees kardan **work in ~** در اداره کار کردن dar edāra kār kardan ★ **administrative** adj اداری edāree **~ assistant** معاون اداری ma'āwen-e-edāree ★ **administrator** n مدیر (اداری) modeer(-e-edāree)

admission n 1. (confession) پذیرش pazeeresh, قبول qabool; 2. (letting in) اجازه داخل ejāze adkhāl-e-jadeed ★ **admit** vt 1. (confess) اقرار کردن eqrār kardan, پذیرفتن pazeeroftan; 2. (let in) راه دادن rāh dādan, اجازه دادن ejāza dādan, تصدیق کردن tasdeeq kardan **We'll admit (1) her / (2) him into the (3) hospital. / (4) program.** ما (۱) او زن / (۲) او مرد را به (۳) شفاخانه / (٤) پروگرام اجازه میدهیم. Mā (1) o zan / (2) o mard rā ba (3) shefākhāna / (4) program ejāze meydeheem.

adolescent n بالغ bālegh, جوان jawān

adopt vt (children) قبول کردن qabool kardan **apply to ~** برای پذیرش درخواست کردن barāyee pazeeresh darkhāst kardan **consent to ~** برای پذیرش رضایت داشتن barāyee pazeeresh rezāyat dāshtan **permission to ~** اجازه برای ejāza barāyee qabool karadan **They want to adopt (1) her. / (2) him. / (3) them. / (4) you.** آنها میخواهند که (۱) او زن / (۲) او مرد / (۳) آنها / (٤) شما را قبول کنند. Ānhā mey-khāhand ke (1) o zan / (2) o mard / (3) ānhā / (4) shomā rā qabool konand. **Did someone adopt (1) her? / (2) him? / (3) them? / (4) you?** آیا کسی (۱) او زن / (۲) او مرد / (۳) آنها / (٤) شما را قبول کرد؟ Āyā kasee (1) o zan / (2) o mard / (3) ānhā / (4) shomā rā qabool kard? ★ **adopted** adj فرزندی farzandee **~ child** طفل فرزندی tefel-e-farzandee **~ children** اطفال فرزندی atfāl-e-farzandee **~ daughter** دختر فرزندی dokhtar-e-farzandee **~ son** پسر فرزندی pesar-e-farzandee ★ **adoption** n اختیار ekhteyār, قبول qabool, فرزندی گرفتن (اطفال) farzandee gereftan (atfāl) **~ agency** نمایندگی قبولی nomāyenda-gee qaboolee **~ papers** اسناد قبولی asnād-e-qaboolee **~ procedure** مراحل قبولی marāhel-e-qaboolee, مراحل قبول شدن marāhel-e-qabool shodan **~ request** تقاضای قبولی taqā-zāye-e-qaboolee **application for ~** درخواست برای قبولی (اطفال) darkhāst barāy-e-qaboo-lee(atfāl) **rules for ~** قوانین برای فرزندی گرفتن qawā-neen barāy-e-farzan-dee gereftan

adult n بالغ bālegh

adultery n زنا zenā **commit ~** زنا کردن zenā kardan, مرتکب زنا شدن mor-takeb-e-zenā shodan

advance adj 1. (beforehand) قبل ازوقت qabl az waqt, قبلی qablee; 2. (in front of) در مقابل dar moqābel **~ notice** اطلاع قبلی etlā'-e-qablee ★ n 1. (ahead of time) پیشرفت peyshraft; 2. (advance payment) پیش مزد peysh-mozd, پول پیشکی pool-e-peyshakee **in ~** قبلاً qablan **salary ~** معاش پیشکی ma'āsh-e-peyshakee **Please let us know in advance.** لطفاً قبلاً ما را درجریان بگذارید. Lotfan qablan mā rā dar jeryān begzared.

advantage n مفاد mafād **take ~** مفاد گرفتن (از) mafād greftan (az)

adverb n قید qayd

advertise vi اعلان کردن e'lān kardan, آگاهی دادن āgāhee dādan **~ for workers** برای کارگران آگاهی دادن barāy-e-kārgarān āgāhee dādan **~ in the paper** در اخبار اعلان نشر کردن dar akhbār e'lān nasher kardan **~ on**

advertisement   13   **aged**

the radio (for workers) در رادیو اعلان کردن (برای کارگران) *(baräye-kärgarän) dar rädyo e'län kardan* ★ **advertisement** *n* خبر، اعلان *khabar, e'län* **put an ~ in the newspaper** یک اعلان در روزنامه بدهید *yak e'län dar rooz-näma bedehed*

advice *n* مشوره *mashwara,* نصیحت *naseehat* **get ~** مشوره گرفتن *mashwara gereftan* **give ~** مشوره دادن *mashwara dädan* **good ~** مشوره خوب *mashwara-e-khob* **legal ~** مشوره قانونی *mashwara-e-qänoonee* **take ~** مشوره گرفتن *mashwara greftan* **useful ~** مشوره مفید *mashwara-e-mofeed* **What advice can you give** *(1)* **me?** / *(2)* **us?** چی مشوره میتوانید برای (۱) من / (۲) ما بدهید؟ *Chee mashwara mey-tawäned baräy-e- (1) man / (2) mä bedehed?* **What's your advice?** مشوره شما چیست؟ *Mashwara-e-shomä cheest?* ★ **advise** *vt* مشوره دادن *mashwara dädan,* پند دادن *pand dädan,* مصلحت دادن *maslehat dädan* **What would you advise** *(1)* **me /** *(2)* **us to do?** شما (۱) من / (۲) ما را چی مشوره میدهید که انجام (۱) بدهم. / (۲) بدهیم؟ *Shomä (1) man / (2) mä rä chee mashwara mey-dehed ke anjäm (1) bedeham? / (2) bedehem?* **I advise you** *(1)* **to do it. /** *(2)* **not to do it.** من شما را مشوره میدهم که (۱) بکنید. / (۲) نکنید. *Man shomä rä mashwara mey-deham ke (1) bokoned. / (2) nakoned.* ★ **advisor** *n* مشاور *moshäwer* **health ~** مشاور صحی *moshäwer-e-sehee* **technical ~** مشاور تخنیکی *moshäwer-e-takhneekee*

adz(e) *n* تیشه *teesha*

aerial *adj* هوایی *hawäyee* **~ evacuation** تخلیه هوایی *takhleya-e-hawäyee* **~ supply** اکمالات هوایی *ekmälät-e-hawäyee,* تهیه هوایی *tahya-e-hawäyee*

aerosol *n* ظرفی که مایع را به شکل قطرات پاش میدهد *zarf-e- ke mäye' rä ba shakel-e-qatarät päsh mey-dehad.*

Afghan *n* افغان *afghän* ★ **Afghani** *adj* افغانی *afghänee*

affect *vt* اثر کردن *asar kardan,* تأثیر کردن *täseer kardan*

affidavit *n* اقرار نامه *eqrär näma*

afford *vt* حاصل کردن *häsel kardan,* توان مادی چیزی را داشتن *tawän-e-mädee cheezee rä däshtan* **We can't afford to** *(1)* **buy /** *(2)* **do /** *(3)* **waste it.** ما نمیتوانیم که این را (۱) بخریم / (۲) انجام بدهیم / (۳) تلف کنیم. *Mä namey-tawänem ke een rä (1) bekharem. / (2) anjäm bedehem. / (3) talaf konem.*

afraid *adj* ترسان *tarsän,* ترسنده *tarsenda* **be ~ of** ترسیدن *tarseedan* **Don't be afraid.** نترسید. *Natarsed.*

after *prep* پس از *pas az;* (time) بعد از *ba'd az*

afternoon *n* بعد از ظهر *ba'd az zohr,* عصر *a'ser* **every ~** هر عصر *har a'ser* **in the ~** در بعد از ظهر *dar ba'd az zohr* **this ~** این عصر *een a'ser* **tomorrow ~** فردا عصر *fardä a'ser* **whole ~** عصر تمام *a'ser-e-tamäm* **yesterday ~** عصر روز گذشته *a'ser-e-rooz-e-gozashta* **Good afternoon!** بعد از ظهر به خیر! *Ba'd az zohr ba khayr!*

aftershock *n* تکان بعدی *takän ba'dee*

afterwards *adv* پس از آن *pas az än,* بعد از آن *ba'd az än*

again *adv* دوباره *dobära,* باز *bäz*

against *prep* 1. (opposed) ضد (بر) *(bar) zed-e-,* ثه ضد *pe zed-e*; 2. (opposite) در مقابل *dar moqabel*

age *n* سن *sen,* سال *säl,* عمر *o'mor;* دوره *dowra* **~ of consent** سن بلوغیت *sen-e-blooghyat* **What's** *(1)* **your /** *(2)* **his /** *(3)* **her age?** سن (۱) شما / (۲) او / (۳) مرد / و زن چند است؟ *Sen-e- (1) shomä / (2) o mard / (3) o zan chand ast?* *(1)* **My /** *(2)* **His /** *(3)* **Her age is** (what). سن (۱) من / (۲) او / (۳) مرد / او زن (___) است. *Sen-e- (1) man / (2) o mard / (3) o zan (___) ast.*

aged *adj* پیر *peer,* سالخورده *säl-khorda*

agency *n* نماینده گی *nomäyenda-gee* **government ~** نماینده گی دولتی *nomäyanda-gee-e-dowlatee* **mine clearance ~** دفتر نمایندگی ماین پاکی *daftar-e-nomäyenda-gee mäyn päkee* **non-governmental ~** نماینده گی غیر دولتی *nomäyenda-gee-e-ghayr-e-dowlatee* **relief ~** نمایندگی امدادی *nomäyanda-gee emdädee* **travel ~** نماینده گی سفر *nomäyanda-gee safar* **UN ~** نماینده گی ملل متحد *nomäyenda-gee-e-melal-e-motahed* **voluntary ~** نماینده گی داوطلبانه *nomäyenda-gee däwota-labäna* ★ **agent** *n* 1. *(person)* نماینده *nomäyenda,* وکیل *wakeel;* 2. *(substance)* مواد *mawäd,* ماده *mäda* **biological ~** ماده بیولوژیکی (حیاتی) *mäda-e-beeyo-loozheekee (hayätee)* **chemical ~** ماده کیمیاوی *mäda-e-keemyäwee* **cleaning ~** ماده پاک کننده *mäda-e-päk-konenda* **shipping ~** نماینده کشتی *nomäyenda-e-keshtee* **toxic ~** ماده سمی *mäda-e-samee,* ماده زهری *mäda-e-zahree* **travel ~** نماینده سفر *nomäyenda-e-safar*

ago *adj (or adv)* پیش *peysh,* قبل *qabel* **a few minutes ~** چند دقیقه پیش *chand daqeeqa peysh* **a half hour ~** نیم ساعت پیش *neem sä-a't peysh* **a little while ~** چندی پیش *chandee peysh,* چندی قبل *chandee qabel* **an hour ~** یک ساعت قبل *yak sä'at qabel* **a week ~** یک هفته قبل *yak hafta qabel* **a month ~** یک ماه قبل *yak mäh qabel* **long ~** مدت زیادی قبل *modat-e-zeeyädee qabel* **not long ~** چند وقت پیش *chand waqt peysh,* چند وقت قبل *chand waqt qabel* **three days ~** سه روز پیش *se rooz peysh* **How long ago?** چقدر مدت قبل؟ *Cheqadar modat peysh?*

agree *vi* موافق بودن *mawäfeq bodan,* موافقت کردن *mawäfeqat kardan,* مطابق بودن *motäbeq bodan* **Do you agree?** آیا شما موافق هستید؟ *Äyä shomä mawäfeq hasted?* **I** *(1)* **agree /** *(2)* **don't agree (with you).** من (با شما) موافق (۱) هستم. / (۲) نیستم. *Man (bä shomä) mawäfeq (1) hastam. / (2) neestam.* **Does** *(1)* **he /** *(2)* **she agree?** آیا (۱) او مرد / (۲) او زن موافق است؟ *Äyä (1) o mard / (2) o zan mawäfeq ast?* *(1)* **He /** *(2)* **She** *(3)* **agrees. /** *(4)* **doesn't agree.** (۱) او مرد / (۲) او زن موافق (۳) است. / (٤) نیست. *(1) O mard / (2) O zan mawäfeq (3) ast. / (4) neest.* **Do they agree?** آیا آنها موافق هستند؟ *Äyä änhä mawäfeq hastand?* **They** *(1)* **agree. /** *(2)* **don't agree.** آنها موافق (۱) هستند. / (۲) نیستند. *Änhä mawäfeq (1) hastand. / (2) neestand.* ★ **agreement** *n* توافق *tawäfoq,* موافقت *mawäfeqat,* قرارداد *qarär däd* **ceasefire ~** قرارداد آتش بس *qarär däd-e-ätesh bas* **come to an ~** به یک توافق رسیدن *ba yak tawäfeq raseedan* **not reach an ~** به موافقت نرسیدن *ba mawäfeqat na-raseedan* **reach an ~** به یک توافق رسیدن *ba yak tawäfeq raseedan*

agriculture *n* زراعت *zerä-a't* **improve ~** زراعت را بهبود بخشیدن *zerä-a't rä beh-bood bakhsheedan,* زراعت را اصلاح کردن *zerä-a't rä esläh kardan* ★ **agricultural** *adj* زراعتی *zerä-a'tee*

ahead *adv* پیش *peysh;* در پیش *dar peysh,* پیش روی *peysh roy*

aid *vt* کمک کردن *komak kardan,* امداد کردن *emdäd kardan (see also help)* ★ *n* کمک *komak,* امداد *emdäd,* یاری *yäree* **emergency ~** کمک عاجل *komak-e-'äjel* **financial ~** کمک پولی *komak-e-polee,* کمک مالی *komak-e-mälee* **first ~** کمک اولیه *komak-e-awalya* **food ~** کمک غذایی *komak-e-ghazäee* **give ~** کمک دادن *komak dädan* **hearing ~** گوشی *goshee,* آله شنوایی *äla-e-shenawäyee* **humanitarian ~** کمک بشر دوستانه *komak bashar dostäna* **pledge ~** کمک اعانه تعهد کردن *komak a'hat kardan* **quake-relief ~** کمک زلزله *komak a'äna zelzela* **training ~** نمونه رهنما *namona,* رهنمو *rahnomä* *(1)* **He /** *(2)* **She needs first aid.** (۱) او مرد / (۲) او زن به کمک اولیه ضرورت دارد. *(1) O mard / (2) O zan ba komak-e-awalya zaroorat därad.* **Give** *(1)* **him /** *(2)* **her /** *(3)* **them first aid.** (۱) او مرد / (۲) او زن را کمک اولیه بدهید. *(1) O mard / (2) O zan rä komak-e-awalya bedehed.*

aide *n* معاون شخص مسلکی *mä'äwen-e-shakhs-e-maslakee*
AIDS *abbrev* = **acquired immune deficiency syndrome** مرض ایدس (مرض ویروسی که سیستم معافیت بدن را از بین میبرد.) *maraz-e-eeds (maraz-e-weeroosee-e-ke seestom-e-ma'äfeyat-e-badan rä az bayn mey-barad.)* ~ **medicine** ادویه مرض ایدس *adweya-e-maraz-e-eeds* ~ **patient** مریض ایدس *mareez-e-eeds* ~ **prevention** جلوگیری از ایدس *jelowgeeree az eeds* **treatment of** ~ تداوی ایدس *tadäwee-e-eeds*
ailment *n* مریضی *mareezee* **What's *(1)* her / *(2)* his ailment?** مریضی (۱) او / (۲) زن / (۲) او مرد چیست؟ *Mareezee (1) o mard / (2) o zan cheest?*
aim *vi* نشانی کردن *neshänee kardan,* مورد هدف قرار دادن *mowred-e-hadaf qarär dädan,* متوجه ساختن *motawaje säkhtan* **Are they aiming at us?** آیا آنها ما را مورد هدف قرار میدهند؟ *Äyä änhä mä rä mowred-e-hadaf qarär mey-dehand?* **They *(1)* are / *(2)* aren't aiming at us.** آنها ما را مورد هدف (۱) میدهند / (۲) نمیدهند. *Änhä mä rä mowred-e-hadaf qarär (1) mey-dehand. / (2) namey-dehand.* ★ *n* نشان *neshän,* هدف *hadaf,* مقصد *maqsad* **Take good aim.** نشان خوب بیگیرید. *Neshän-e-khoob beegeered.*
air *adj* هوایی *hawäyee,* هوا *hawä* ~ **base** قرارگاه هوایی *qarärgäh-e-hawäyee,* میدان هوایی *maydän-e-hawäyee* ~ **conditioning** هوا معتدل کننده *mohtadel konenda-e-hawä* ~ **filter** هوا تصفیه کننده *tasfeya konenda-e-hawä* **Air Force** قوای هوایی *qowä-ye-hawäyee* ~ **mail** پوست هوایی *post-e-hawäyee* ★ *n* هوا *hawä* **by** ~ از طریق هوا *az tareeq-e-hawä* **dirty** ~ هوا کثیف *hawä-e-kaseef* **fresh** ~ هوای تازه *hawä-e-täza* **in the** ~ در هوا *dar hawä* **You'll leave (soon) by air.** شما (به زودی) از طریق هوا خواهید رفت. *Shomä (ba zoodee) az tareeq-e-hawä khähed raft.* **They'll evacuate you (soon) by air.** آنها شما را (به زودی) از طریق هوا انتقال خواهند داد. *Änhä shomä rä (ba zoodee) az tareeq-e-hawä enteqäl khähand däd.* **Supplies will come by air.** اکمالات از طریق هوا خواهد آمد. *Ekmälät az tareeq-e-hawä khähad ämad.*
airborne *adj* در پرواز *dar parwäz*
air-conditioned *adj* هوای معتدل شده *hawäy mohtadel shoda* ★ **air-conditioner** *n* هوا معتدل کننده *mohtadel konenda-e-hawä,* ایرکندیشن *eeyarkandeshan*
aircraft *n* طیاره *tayära* **cargo** ~ طیاره باربری *tayära-e-bärbaree* **medical evacuation** ~ طیاره انتقال پرسونل طبی *tayära-e-enteqäl-e-parsoonal-e-tebee* **military** ~ طیاره نظامی *tayära-e-nezämee* **rescue** ~ هوا پیما نجات *tayära-e-nejät*
airdrop *n* پرتاب (از هوا) *partäb (az hawä)* ~ **of food** پرتاب مواد غذایی از طیاره *partäb-e-mawäd-e-ghezähyee az tayära*
airfield *n* میدان هوایی *maydän-e-hawäyee,* فرودگاه *freedgä*
airlift *vt* از طریق هوا انتقال دادن *az tareeq-e-hawä enteqäl dädan* **They will airlift *(1)* it / *(2)* them *(3)* here. / *(4)* there.** آنها (۱) این / (۲) آنها را (۳) اینجا / (۴) آنجا انتقال خواهند دادند. *Änhä (1) een / (2) änhä rä (3) eenjä / (4) änjä enteqäl khähad dädand.* ★ *n* انتقال ذریعه هوا *enteqäl zareeha-e-hawä*
airline *n* خط هوایی *khat-e-hawäyee,* شرکت هوایی *sherkat-e-hawäyee*
airplane *n* طیاره *tayära* **Get off the airplane.** از طیاره پائین شوید. *Az tayära päyeen shawed.* **Get on the airplane.** در طیاره بالا شوید. *Dar tayära bälä shawed.*
airport *n* میدان هوایی *maydän-e-hawäyee* **(1) I / (2) We / (3) They have to... / (4) He / (5) She has to... go to the airport.** (۱) من / (۲) ما / (۳) آنها / (۴) او مرد / (۵) او زن باید به میدان هوایی (۱) بروم / (۲) برویم / (۳) بروند (۵،۴) برود. *(1) Man / (2) Mä / (3) Änhä / (4) O mard / (5) O zan bäyad ba*

maydän-e-hawäyee (1) berawam. / (2) berawem. / (3) berawand. / (4,5) berawad. (1) **Drive...** / *(2)* **Go...** / *(3)* **Take** *(4)* **me** / *(5)* **him** / *(6)* **her** / *(7)* **it** / *(8)* **us** / *(9)* **them... to the airport.** برانید... (۲) / بروید... (۱) به میدان .... (۹) أنها را (۸) ما (۷) این (۶) او مرد (۵) من (٤)...ببرید (۳) هوایی. *(1) Beräned... / (2) Berawed... / (3) Bobareed... (4) man / (5) o mard / (6) o zan / (7) een / (8) mä / (9) änhä rä... ba maydän-e-hawäyee.* **Do you know how to get to the airport?** آیا شما میدانید چی قسم به میدان هوایی برسیم؟ *Ayä shomä mey-däned chee qesem ba maydän-e-hawäyee berasem?* **I** *(1)* **know** / *(2)* **don't know how to get to the airport.** من (۱) میدانم / (۲) نمیدانم چی قسم به میدان هوایی برسیم. *Man (1) mey-dänam / (2) namey-dänam chee qesem ba maydän-e-hawähey berasem.* **How far is the airport (from** *[1]* **here** / *[2]* **place)?** چقدر میدان هوایی (از [۱] اینجا /[۲] محل) فاصله دارد؟ *Cheqadar maydän-e-hawäyee (az [1] eenjä / [2] mahal) fäsela därad?* **The airport is** *(number)* **kilometers far from here.** میدان هوایی (___) کیلومتر از اینجا فاصله دارد. *Maydän-e-hawäyee (___) keeloo-meter az eenjä fäsela därad.*

airstrip *n* خط دوش فرعی *khat dosh fara'ee* **old ~** خط دوش قدیمی *khat dosh qadeemee*
airtight *adj* بدون رخنه *bedoon-e-rakhna,* بدون خلا *bedoon-e-khalä*
air-transportable *adj* قابل انتقال هوایی *qäbel-e-enteqäl-e-hawäyee*
alarm *n* آگاهی از خطر *ägähee az khatar,* خطر *khatar,* زنگ خطر *zang-e-khatar,* هشدار *hoshdär* **false ~** هشدار کاذب *hoshdär-e-käzeb,* هشدار غلط *hoshdär-e-ghalat,* هشدار نادرست *hoshdär-e-nä drost* **fire ~** زنگ حریق *zang-e-hareeq* **smoke ~** زنگ خطر دود *zang-e-khatar dod (1)* **Give** / *(2)* **Sound the alarm!!** زنگ خطر را (۱) بزنید. / (۲) بدهید!! *Zang-e-khatar rä (1) bezaned. / (2) bedehed.* **It was a false alarm.** هشدار غلط بود. *Hoshdär-e-ghalat bod.*
alcohol *n* الکول *alkool,* مشروب *mashroob* **rubbing ~** الکول که بالای جلد استعمال میشود *alkool-e-ke bäläye jold este'-mäl mey-shawad* **No alcohol allowed.** الکول اجازه نیست. *Älkool ejäza neest.* ★ **alcoholic** *adj* الکولی *alkoolee,* شرابی *sharäbee*
alert *adj* هوشیار *hoshyär* **Stay alert.** هوشیار باش. *Hoshyär bäsh.*
alien *n* بیگانه *beegäna,* خارجی *khäregee*
alienate *vt* بیگانه ساختن *bay-gäna sakhtan,* جدا ساختن *jodä sakhtan,* انتقال دادن ملکیت *enteqäl dädan-e-molkyat*
alike *adj & adv* هم مانند *ham-mänand,* هم مثل *ham-mesel,* یکسان *yaksän* **You** / *(1)* / *(2)* **They look alike.** شما (۱) / آنها (۲) یکسان به نظر (۱) میآیید. / (۲) میآیند. *Shomä (1) / Änhä (2) yaksän ba nazar (1) mey-yäyeed. / (2) mey-yäyand* **They** *(1)* **are** / *(2)* **aren't alike.** آنها یکسان (۱) هستند. / (۲) نیستند. *Ánhä yaksän (1) hastand. / (2) neestand.*
alive *adj* زنده *zenda,* حیات *hayät* **Is** *(1)* **anybody** / *(2)* **he** / *(3)* **she alive?** آیا (۱) کسی / (۲) او مرد / (۳) او زن زنده است؟ *Äyä (1) kasee / (2) o mard / (3) o zan zenda ast?* *(1)* **He** / *(2)* **She is alive.** (۱) او مرد / (۲) او زن زنده است. *(1) O mard / (2) O zan zenda ast.* **Are they alive?** آیا آنها زنده هستند؟ *Äyä änhä zenda hastand?* **They're alive.** آنها زنده هستند. *Änhä zenda hastand.*
alkaline *adj* القلی *alqalee*
all *adj* همه *hama,* تمام *tamäm* **above ~** بالاتر از همه *bäläter az hama* **~ day** همه روز *hama rooz* **~ month** تمام ماه *tamäm-e-mäh* **~ night** تمام شب *tamäm-e-shab* **~ of them** تمام آنها *tamäm-e-änhä* **~ of us** تمام ما *tamäm-e-mä* **~ of you** تمام شما *tamäm-e-shomä* **~ the time** همیشه *hamesha,* همه وقت *hama waqt* **~ week** تمام هفته *tamäm-e-hafta* **~ year** تمام سال *tamäm-e-säl* **~ the time** هر وقت *har waqt* **at ~** اصلاً *aslan,* ابداً *abadan (1,2)* **Is that**

all? *(1)* آیا همین بود؟ *Äyä hamen bod?* / *(2)* آیا همین است؟ *Äyä hameen ast?* *(1,2)* **That's all.** *(1)* همین بود. *Hameen bod.* / *(2)* همین است. *Hameen ast.* **That's not all.** تمام نیست. *Tamäm neest.* *(1,2)* **Are you all done?** *(1)* همه تمام کردید؟ *Hama tamäm karded?* / *(2)* فارغ هستید؟ *Fareegh hasteed?* *(1,2)* **I'm all done.** *(1)* من تمام کردم. *Man tamäm kardam.* / *(2)* فارغ هستم. *Fareegh hastam.*

allergic *adj* حساس *hasäs* ~ **reaction** عکس العمل حساسیت *a'ksel a'mal hasäsyat* **Are you allergic to anything?** آیا شما با چیزی حساسیت دارید؟ *Äyä shomä bä cheezee hasäsyat dared?* **Is** *(1)* **he** / *(2)* **she allergic to anything?** آیا *(1)* او مرد / *(2)* او زن با چیزی حساسیت دارد؟ *Äyä (1) o mard / (2) o zan bä cheezee hasäsyat därad?* ★ **allergy** *n* حساسیت *hasäsyat*

alley *n* کوچه *kocha*, گذر *gozar*

alliance *n* اتحاد *etehäd*, همبستگی *hambastagee*

allied *adj* متحد *motahed*, همبسته *hambasta*

allocate تخصیص دادن *takhsees dädan* ~ **money** پول *pool takhsees dädan*

allot *vt* تخصیص دادن *takhsees dädan*, تعیین کردن *ta'een kardan* **You're allotted just** *(1)* **one** / *(2)* **two per** *(3)* **day.** / *(4)* **family.** / *(5)* **person.** برای شما صرف *(1)* یک / *(2)* دو درفی *(3)* روز / *(4)* فامیل / *(5)* شخص تخصیص داده شده. *Baräyee shomä serf (1) yak / (2) do dar fee (3) rooz / (4) fämeel / (5) shakhs takhsees däda shoda.* ★ **allotment** *n* بخش *bakhsh*, تخصیص *takhsees*, تقسیم *tagseem* **That's your** *(1)* **daily** / *(2)* **weekly allotment.** آن تخصیص *(1)* روزمره / *(2)* هفته وار شما است. *An takhsees-e- (1) roozmara / (2) hafta wär shomä ast.*

allow *vt* روا دانستن *rawä dänestan* اجازه دادن *ejäza dädan*, منظور کردن *manzoor kardan* **That** *(1)* **is** / *(2)* **isn't allowed.** آن اجازه *(1)* است. / *(2)* نیست. *An ejäza (1) ast. / (2) neest.* *(1)* **We** / *(2)* **They do not allow that.** *(1)* ما / *(2)* آنها آن را اجازه *(1)* نمیدهیم. / *(2)* نمیدهند. *(1) Mä / (2) Änhä än rä ejäza (1) namey-dehem. / (2) namey-dehand.*

all-purpose *adj* عمومی *homoomee*, متعددالهدف *motahaded-al-hadaf*

all right بسیار خوب *beesyär khoob*, خوب *khoob*, درست است *drost ast (1-3)* **All right! (meaning "Very good!")** *(1)* خوب! *Khoob!* / *(2)* بسیارخوب! *Beesyär khoob!* / *(3)* درست است! *Drost ast!* **Are you all right?** آیا شما خوب هستید؟ *Äyä shomä khob hasted?* **I'm all right.** خوب هستم. *(Man) khoob hastam.* **Is that all right (with you)?** آیا (برای شما) رست است؟ *Äyä (baräye shomä) darast ast?* **It's all right (with me).** (برای من) درست است. *Baräye man darast ast.* **All right, we'll do it.** بسیار خوب, ما خواهیم کرد. *Beesyär khoob, mä khähem kard.* **That's all right, don't worry about it.** کاملاً درست است, تشویش نداشته باشید. *Kämelan drost ast, tashwesh nadäshta bashed.*

almonds *n, pl* بادام *bädäm*

almost *adv* تقریباً *taqreeban*, نزدیک به *tazdeek ba* ; *(nearly happened)* نزدیک بود که *nazdeek bod ke* **It's almost time (to** *[1]* **go** / *[2]* **leave).** تقریباً وقت *(-e- [1]* رفتن / *[2]* ترک کردن *)* است. *Taqreeban waqt (-e- [1] raftan / [2] tarkh kardan) ast.* **It's almost ready.** تقریباً آماده است. *Taqreeban amäda ast.*

alms *n* صدقه *sadaqa*, خیرات *khayrät* **give** ~ صدقه دادن *sadaqa dädan*, برای خدا دادن *baräy-e-khodä dädan*

alone *adj & adv* تنها *tanhä*, تنهایی *tanhäyee* **Can you do it alone?** آیا این را به تنهایی انجام داده میتوانید؟ *Äyä een rä ba tanhäyee anjäm dada mey-tawäned?* **Can you take care of it alone?** آیا از این به تنهایی مراقبت کرده میتوانید؟ *Äyä az een ba tanhäyee moräqebat karda mey-tawäned?* **I** *(1)* **can** / *(2)* **can't do it alone.** من *(1)* میتوانم / *(2)* نمیتوانم این را به تنهایی انجام دهم. *Man (1) mey-tawänam / (2) namey-tawänam ba tanhäyee anjäm deham.* **You**

شما (۱) میتوانید / (۲) نمیتوانید این را به تنهایی *(1)* can / *(2)* can't do it alone. انجام دهید. Shomä (1) mey-tawäned / (2) namey-tawäned ba tanhäyee anjäm dehed. I *(1)* can / *(2)* can't take care of it alone. / من (۱) میتوانم (۲) نمیتوانم از این مراقبت کنم. Man (1) mey-tawänam / (2) namey-tawänam ba tanhäyee az een moräqebat konam. You *(1)* can / *(2)* can't take care of it alone. شما از این به تنهایی مراقبت کرده (۱) میتوانید. / (۲) نمیتوانید. Shomä az een ba tanhäyee moräqebat karda (1) mey-tawäned. / (2) namey-tawäned. He / (2) She is all alone. (۱) او مرد / (۲) او زن کاملاً تنها است. (1) O mard / (2) O zan kämelan tanhä ast. Leave *(1)* her / *(2)* him alone! (۱) او زن / (۲) او مرد را تنها بگذارید! (1) O zan / (2) O mard rä tanhä begzäred.

along *prep* در کنارِ dar kenär-e-, در طولِ dar tool-e-, در امتدادِ dar emtedäd-e- **~ the fence** در کنار دیوار dar kenär-e-deewär **~ the road** در کنار سرک dar kenär-e-sarak ★ *adv* همراه hamräh **Can *(1)* I / *(2)* We come along?** آیا (۱) من / (۲) ما همرای شما آمده (۱) میتوانم؟ (۲) میتوانیم؟ Äyä (1) man / (2) mä hamräyee shomä ämada (1) mey-tawänam? (2) mey-tawänem? **Come along.** بیایید! Beeyäyed!

alphabet *n* حروف horoof, الفبا alefbä **Arabic ~** الفبا عربی alefbä-e-a'rabee **Dari ~** الفبا دری alefbä-e-daree **Latin ~** حروف لاتینی horoof-e-lateenee **Pashto ~** الفبا پشتو alefbä-e-pashto **Russian ~** حروف روسی horoof-e-roosee

already *adv* تا حال tä häl, قبلاً qablan, همین اکنون hameen aknoon; (so soon) به این زودی bä een zoodee **I've already *(1)* done / *(2)* fixed / *(3)* sent it.** همین اکنون (۱) تمام / (۲) ترمیم / (۳) ارسال کردم. Hameen aknoon (1) tamäm / (2) tarmeem / (3) ersäl kardam.

alright *adv (see* **all right***)* aknoon

also *adv* هم ham, همچنان hamchenän, نیز neez

alternate *vi* نوبت کردن noobat kardan, تعویض کردن tahweez kardan, تغییر دادن tagheer dädan **The *(1)* two / *(2)* three of you can alternate.** (۱) هر دو / (۲) هر سه شما میتوانید نوبت کنید. (1) Hardo-e- / (2) Se-e- shomä mey-tawäned noobat koned.

although *conj* اگرچه agar-che

altitude *n* ارتفاع ertefäa', بلندی belandee **high ~** ارتفاع بلند ertefä-a'-e-beland

altogether *adv* همه گی hama-gee, در مجموع dar majmo' **How many are there altogether?** در مجموع چند تا هستند؟ Dar majmo' chand tä hastand? **Altogether there are** eighteen. در مجموع هژده تا است. Dar mojmo' hazhda tä ast.

aluminum *adj* المونیمی almoonyamee ★ *n* المونیم almoonyam

always *adv* همیشه hameesha

ambassador *n* سفیر safeer

ambulance *n* امبولانس amboläns **Call for an ambulance.** یک امبولانس بخواهید. Yak amboläns bekhähed. **Send an ambulance (to *[place]*) (right away).** یک امبولانس (به ___) (فوراً) روان کنید. Yak amboläns (ba___) (fow-ran) rawän koned.

ambush *vt* حمله ناگهانی hamla-e-nägahänee, کمین کردن kameen kardan *(1)* **We / *(2)* They were ambushed.** (۱) ما / (۲) آنها مورد حمله ناگهانی قرار (۱) گرفتیم. / (۲) گرفتند. (1) Mä / (2) Änhä mawred-e-hamla-e-näghänee garär (1) gereftem. / (2) gereftand. ★ **ambush** *n* کمین kameen, دام däm **run into an ~** در کمین افتادن dar kameen oftädan

America *n* امریکا amreekä ★ **American** *adj* امریکایی amreekäyee ★ *n* امریکایی amreekäyee

ammeter *n* امپیرمتر ampeeyar meter

ammunition n مهمات mohemät, تدارکات tadärokät **unexploded** ~ مهمات انفجار ناشده mohemät-e-enfejär näshoda, مهمات غیر منفجره mohemät gheyr monfajara

among prep در بین dar beyn-e-, در قطار dar ghatär-e-

amount n مقدار meqdär, مبلغ mablagh **insufficient** ~ مقدار غیر کافی meqdär-e-ghayr-e-käfee **large** ~ مقدار زیاد meqdär-e-zeeyäd **small** ~ مقدار کم meqdär-e-kam **sufficient** ~ مقدار کافی meqdär-e-kafee **What's the total amount?** مبلغ مجموعی چند است؟ Mablagh majmo-hee chand ast? **What amount do you (1) have? / (2) need? / (3) want?** چی مبلغی شما (۱) دارید؟ / (۲) ضرورت دارید؟ / (۳) میخواهید؟ Chee mablagh-e-shomä (1) däred? / (2) zaroorat däred? / (3) mey-khähed? **What amount can you give us?** چی مبلغی ما را داده متیوانید؟ Chee mablagh-e-mä rä däda mey-tawäned?

ampule n امپول ampool

amputate vt جدا کردن jedä kardan, بریدن boreedan, قطع کردن qata kardan **We have to amputate (1) her / (2) his / (3) your (4) arm. / (5) leg.** ما باید (۴) بازو / (۵) پای (۱) او زن / (۲) او مرد / (۳) شما را قطع کنیم. Mä bäyad (4) bäzoo / (5) päy-e- (1) o zan / (2) o mard / (3) shomä rä qata konem. **It has to be amputated.** باید قطع شود. Bäyad qata' shawad. ★ **amputation** n قطع qata', قطع عضو از بدن qata'-e-ozwa az badan **perform** ~ قطع کردن qata' kardan **It requires amputation.** باید قطع شود. Bäyad qata' shawad.

amuse vt سر گرم کردن sargarm kardan, مشغول ساختن mashghool säkhtan, تفریح دادن tafreh dädan ~ **the children** اطفال را سر گرم ساختن atfäl rä sargarm säkhtan ★ **amusement** n سرگرمی sargarmee, تفریح tafreh **for** ~ برای سرگرمی baräye sargarmee

analgesic n مُسکِن mosaken, ماده مسکین درد moad-e-miskeen dard

analysis n تجزیه tajzeya ★ **analyze** vt تجزیه کردن tajzeya kardan **We need to analyze it.** ما ضرورت داریم تا این را تجزیه کنیم. Mä zaroorat därem tä een rä tajzeya konem.

ancient adj قدیم qadeem, قدیمی qadeemee, باستانی bästänee

and conj و wa

anemia n کم خونی kam khonee ★ **anemic** adj کم خون kam khoon

anesthesia n بیهوشی bey-hoshee, بی حسی bey-hesee **give** ~ بی حس کردن bey-hes kardan, بی هوش کردن bey-hosh kardan ★ **anesthetic** adj بی حس کننده bey-hes konenda, بی هوش کننده bey-hosh konenda ★ n بی حس کننده bey hes konenda, بی هوش کننده bey hosh koneneda, ادویه بی حس کننده adweya-e-bey hes konenda **local** ~ بی حس کننده موضعی bey hes konenda mowza'yee, درد کش موضعی dard kash mowza'yee ★ **anesthetize** vt بی هوش کردن bey hosh kardan

anger n قهر qahr, غذب ghazab **feel no** ~ قهر نشدن qahr nashodan **Control your anger.** قهر تان را کنترول کنید. Qahr-e-tän rä kantrool koned.

angina n التهاب لوزتین eltehäb-e-lawzatayn, آنژین änzheen

angle n زاویه zäweya **right** ~ زاویه راست zäweya-e-räst

angry adj قهر qahr, غذب ghazab **Please don't be angry.** لطفاً قهرنباشید. Lotfan qahr nabäshed.

animal n حیوان haywän **domestic** ~ حیوان اهلی haywän-e-ä'lee **farm** ~ حیوان خانه گی haywän-e-khäna-gee **pack** ~ حیوان زراعتی haywän-e-zerä-a'tee **wild** ~ حیوان وحشی haywän-e-wahshee

ankle n بجلک پای bojolak (-e-päy)

anniversary n سالگره sälgera

announce *vt* اعلان کردن *e'län kardan* **They've announced a ceasefire.** آنها آتش بس را اعلان کردند. *Änhä ätash bas rä e'län kardand.* ★ **announcement** *n* اعلان *e'län*, خبر *khabar* **emergency ~** خبر عاجل *khabar-e-a'äjel* **official ~** خبر رسمی *khabar-e-rasmee*

annual *adj* سالانه *säläna* **~ event** رویداد سالانه *rooydäd-e-säläna* **~ flood** سیلاب سالانه *seeläb-e-säläna*

another *adj & pron* (یک) دیگر *(yak-)deegar*, دیگری *deegaree*

answer *vt* جواب دادن *jawäb dädan* **Answer me.** جوابم را بدهید. *Jawäbam rä bedehed.* **Answer the question.** سوال را جواب بدهید. *Sawäl rä jawäb bedehed.* **Answer the phone.** تیلفون را جواب بدهید. *Teelfoon rä jawäb bedehed.* **No one answers.** هیچ کس جواب نمیدهد. *Heech kas jawäb namey-dehad.* **Please answer soon.** لطفاً زود جواب بدهید. *Lotfan zood jawäb bedehed.* ★ *n* جواب *jawäb*, پاسخ *päsekh* **I'll give you an answer (1) soon. / (2) tomorrow.** من شما را (۱) زود / (۲) فردا جواب خواهم داد. *Man shomä rä (1) zood / (2) fardä jawäb khäham däd.* **I'm waiting for an answer.** من منتظر یک جواب هستم. *Man montazer-e-yak jawäb hastam.* **When can you give (1) me / (2) us an answer?** چی وقت شما میتوانید (۱) من / (۲) ما را یک جواب بدهید؟ *Chee waqt mey-tawäned (1) man / (2) mä rä yak jawäb bedehed.* **Send (1) me / (2) us an answer (3) soon. / (4) as soon as possible.** برای (۱) من / (۲) ما (۳) زود... / (٤) ...هر چه عاجل تر... یک جواب بفرستید. *Baräy-e- (1) man / (2) mä / (3) zood... / (4) har che a'äjel tar... yak jawäb befrested.*

ant *n* مورچه *morcha* **~ poison** زهر مورچه *zahr-e-morcha* **~ spray** ادویه که مورچه را از بین میبرد *adweya-e-ke morcha rä az bayn mey-barad.* **control the ~s** مورچه ها را کنترول کردن *morcha hä rä kantrool kardan* **kill the ~s** مورچه ها را کشتن *morcha hä rä koshtan*

antenna *n* آنتن *äntan* **radio ~** آنتن رادیو *äntan-e-rädyo* **satellite TV dish ~** آنتن دیش قمر مصنوعی تلویزیون *äntan-e-deesh-e-qamar-e-masnoo'ee-e-teleweezyoon* **TV ~** آنتن تلویزیون *äntan-e-teleweezyoon*

anthrax *n* مرض سیاه زخم *maraz-e-see-yäh-zakhem*

anti-American *adj* ضد امریکایی *zed-e-amreekäyee* **~ demonstration** تظاهرات ضد امریکا *tazähorät-e-zed-e-amreekä* **~ slogan** شعار ضد امریکا *shoa'är-e-zed-e-amreekä*

antibiotic *n* ضد میکروب *zed-e-mekroob*, مواد انتی بیوتیک *mawäd-e-antee-beeoteek*

antidote *n* زهرموره *zahrmora*, زهردارو *zahrdäroo*

antifreeze *n* مواد ضد انجماد *mawäd-e-zed-e-enjemäd*, ماده ضد یخ *mäda-zed-e-yakh*, انتی فریز *antee-freez* **Is there antifreeze in the (1) car? / (2) truck?** آیا انتی فریز در (۱) موتر / (۲) موتر لاری است؟ *Äyä antee-freez dar (1) motar / (2) motar-e-läree ast?* **Put antifreeze in the (1) car. / (2) truck.** انتی فریز را در (۱) موتر / (۲) موتر لاری بگذارید. *Antee-freez rä dar (1) motar / (2) motar-e-läree begzäred.*

antigovernment *adj* ضد دولت *zed-e-dowlat* **~ demonstration** تظاهرات ضد دولت *tazähorät-e-zed-e-dowlat*

antimalarial *n* ادویه ضد ملاریا *adweya-e-zed malaryä*

antique *adj* قدیمی *qadeem*, *qadeemee*

antiseptic *adj* ضد عفونیت *zed-e-a'fonyat* ★ *n* ضد عفونی *zed-e-a'fonee*

anti-venom *n* ضد گزندگان *zed-e-gazendagän*, ادویه ضد زهر *adweya-e-zed-e-zahr gazendagän*, ضد زهر *zed-e-zahr*

anus *n* مقعد *maqa'd*

anxiety *n* تشویش *tashweesh*, اندیشه *andesha* **suffer from ~** از تشویش رنج بردن *az tashweesh ranj bordan*, تشویش کردن *tashweesh kardan*

any adj & pron 1. *(positive)* هر *har*; 2. *(negative)* هیچ *heech* ★ **anybody** *pron* هرکس *har kas*, کسی *kasee* **Is anybody** *(1)* **(still) there? / *(2)* home? / *(3)* hurt? / *(4)* alive?** (٤) / (٣) افگار / (٢) خانه / (١) (تافعلاً) آنجا) آیا کدام کسی زنده است؟ *Äyä kodäm kasee (1) (tä-fe'lan) änjä / (2) khäna / (3) afgär / (4) zenda ast?* **Was anybody** *(1)* **arrested? / *(2)* hurt? / *(3)* killed? / *(4)* raped? / *(5)* taken away?** (٥) کشته (٣) افگار (٢) / (١) دستگیر آیا کدام کسی) بود؟ شده گریختانده (٥) / تجاوز (٤) / *Äyä kodäm kasee (1) dastgeer / (2) zakhmee / (3) koshta / (4) tajäwoz / (5) grekhtända shoda bod?* **Did you see anybody? I didn't see anybody.** دیدید؟ را کسی کدام شما آیا *Äyä shomä kodäm kasee rä deeded?* ندیدم. را کسی هیچ من *Man heech kasee rä nadeedam.* ★ **anymore** *adv* درآینده *dar äyenda*, دیگر *deegar* **Don't do it anymore.** ندهید. انجام کارا این آینده در *Dar äyenda een kär rä anjäm nadehed.* ★ **anyone** *pron* هرکس *har kas*, کسی *kasee* (See phrases under **anybody**) ★ **anything** *pron* چیزی *cheezee* **Is anything** *(1)* **broken? / *(2)* damaged? / *(3)* lost? / *(4)* missing? / *(5)* wrong?** (١) چیزی کدام آیا است؟ شده اشتباه (٥) / فراموش (٤) / گم (٣) / تخریب (٢) / شکسته *Äyä kodäm cheezee (1) shekesta / (2) takhreeb / (3) gom / (4) farämoosh / (5) eshtebä shoda ast?* **Was anything** *(1)* **broken? / *(2)* damaged? / *(3)* lost? / *(4)* stolen? / *(5)* taken?** (٣) تخریب (٢) / شکسته (١) چیزی کدام آیا بود؟ شده گرفته (٥) / دزدی (٤) / گم *Äyä kodäm cheezee (1) shakesta / (2) takhreeb / (3) gom / (4) dozdee / (5) gerefta shoda bod?* **Did you** *(1)* **hear / *(2)* notice / *(3)* see anything?** (٢) / شنیدید (١) را چیزی کدام شما آیا دیدید؟ (٣) / شدید متوجه *Äyä shomä kodäm cheezee rä (1) shoneeded? / (2) motawaje shoded? / (3) deedeed?* **I didn't** *(1)* **hear / *(2)* notice / *(3)* see anything.** ندیدم. (٣) / نشدم متوجه (٢) / نشنیدم (١) چیزی هیچ من *Man heech cheezee rä (1) na shoneedam. / (2) motawaje nashodam. / (3) na deedam.* ★ **anytime** *adv* هروقت *har waqt* ★ **anyway** *adv* به هر حال *ba har häl*, به هر صورت *ba har soorat* ★ **anywhere** *adv* هرجا *harjä* **You** *(1)* **can / *(2)* can't go anywhere.** بروید. هرجا نمیتوانید (٢) / میتوانید (١) شما *Shomä (1) mey-tawäned / (2) namey-tawäned harjä berawed.*

apart *adv* جدا *jedä*, کنار *kenär* (1) **Keep /** (2) **Store them apart.** جدا را آنها بگزارید. (٢) / نگهدارید (١) *Änhä rä jedä (1) negah-däred / (2) begzäred.*
apartment *n* آپارتمان *äpärtomän* ~ **house** منزل اپارتمان *manzel-e-äpärtomän*
apathetic *adj* سستی *sostee*, بی عاطفه گی *bey a'ätefagee*
apologize *vi* عذر خواهی کردن *o'zer khähey kardan*, معذرت خواستن *ma'zrat khästan* **I apologize (for what I *[1]* did / *[2]* said).** میخواهم معذرت من گفتم. [٢] / دادم انجام [١] که آنچه (برای *Man ma'zrat mey-khäham (baräy-e-änche ke man [1] anjäm dädam / [2] goftam).* ★ **apology** *n* معذرت *ma'zrat*, عذرخواهی *ozerkhähee* **Please accept my apologies.** بپذیرید. را من معذرت لطفاً *Lotfan ma'zrat man rä bopazeered.* **I accept your apology.** میپذیرم. را شما معذرت من *Man ma'zrat shomä rä mey-pazeeram.*
apparatus *n* اسباب *asbäb*, لوازم *lawäzem* **medical ~** اسباب طبی *asbäb-e-tebee*
appear *vi* ظاهر شدن *zaheer shodan*, نمایان شدن *nomäyän shodan*
appendicitis *n* اپندسی *apandeesee* (میکروبی شدن روده اپندکس) *(mekroobee shodan-e-roda-e-apandex)*
appetite *n* اشتها *eshtehä*
apple *n* سیب *seeb*
appliance *n* اسباب *asbäb*
application *n* *(form)* درخواست *darkhäst* **Fill out this application.** این به کار پرکنید. را درخواست این *Een darkhäst rä por koned.* ★ **apply** *vt (put on)* به کار بردن *ba kär bordan*, استعمال کردن *este'mäl kardan* **Apply this ointment to it.** کنید. استعمال را مرحم این *Een marham rä este'mäl koned.* ★ *vi (sub-*

appoint   22   **area**

mit an application) درخواست كردن *darkhäst kardan* **Do you want to apply for the job?** آيا شما ميخواهيد براى وظيفه درخواست كنيد؟ *Äyä shomä mey-khähed baräy-e-wazeefa darkhäst koned?* **You can apply in that office.** شما ميتوانيد در آن دفتر درخواست كنيد. *Shomä mey-tawäned dar än daftar darkhäst koned.*

appoint *vt* مقرر كردن *moqarar kardan* **I appoint you to be in charge.** من شما را مقرر كردم كه مسؤل باشيد. *Man shomä rä moqarar kardam ke masa'hool bäshed.* ★ **appointment** *n (sched. time)* ملاقات *moläqät,* وعده *wa'da (1)* **His** / *(2)* **Her** / *(3)* **Your appointment is at** *(time).* (١) ملاقات اومرد / (٢) او زن / (٣) شما در ( ) است. *Moläqät (1) o mard / (2) o zan / (3) shomä dar (__) ast.*

appreciate *vt* قدرانى كردن *qader dädanee kardan,* ممنون بودن *mamnoon bodan* **I appreciate** *(1)* **it...** / *(2)* **your help... (very much).** (١) اين.../ (٢) كمك شما را...(بسيار زياد) قدر دانى ميكنم. *(1) Een.../ (2) Komak shomä... rä (beesyär zeeyäd) qader dänee mey-konam.*

approach *vi* نزديك شدن *nazdeek shodan*

approval *n* تصديق نامه *tasdeeq näma (1)* **He** / *(2)* **She has to...** / *(3)* **You have to... get** *([4]* **her** / *[5]* **his** / *[6]* **their)* **approval.** (١) او مرد / (٢) او زن / (٣) شما بايد تصديق نامه ([٤,٥]اش / [٦] شان را) بدست (٢,١) آرد. / (٣) آريد. *(1) O mard / (2) O zan / (3) Shomä tasdeeq näma ([4,5]ash / [6] shän rä) bäyad badast (1,2) ärad. / (3) äred.* ★ **approve** *vi* تصديق كردن *tasdeeq kardan* **I approve.** من تصديق ميكنم. *Man tasdeeq mey-konam.* **I don't approve.** من تصديق نميكنم. *Man tasdeeq namey-konam.*

approximate *adj* تقريبى *taqreebee,* نزديك *nazdeek* ★ **approximately** *adv* تقريباً *taqreeban,* تخميناً *takhmeenan*

apricot *n* زردآلو *zardälo* **dried ~s** زردآلو خشك *zardälo-e-khoshk*

April *n* ماه اپريل *mäh-e-apreel (See* **Calendar Time** *appendix for terms)*

apron *n* پيش بند *peysh-band,* پيشدامن *peyshdaman* **plastic ~** پيش بند پلاستيكى *peysh-band-e-palästekee* **Wear an apron.** يك پيش بند بپوشيد. *Yak peysh-band beposhed.*

aqueduct *n* آبرو *äbrao,* آبگذر *äbgozar*

Arab *n* عرب *a'rab* ★ **Arabic** *adj* عربى *a'rabee* ★ *n (lang.)* زبان عربى *zabän-e-a'rabee* **Can you** *(1)* **read** / *(2)* **speak** / *(3)* **write Arabic?** آيا شما عربى (١) خوانده... / (٢) صحبت كرده... / (٣) نوشته... ميتوانيد؟ *Äyä shomä a'rabee (1) khända... / (2) sohbat karda... / (3) naweshta... mey-tawäned?* **I** *(1)* **can** / *(2)* **can't** *(3)* **read** / *(4)* **speak** / *(5)* **write Arabic.** من عربى (٣) خوانده... / (٤) صحبت كرده... / (٥) نوشته... (١) ميتوانم. / (٢) نميتوانم. *Man a'rabee (3) khända... / (4) sohbat karda... / (5) naweshta... (1) mey-tawänam. / (2) namey-tawänam.* **Can** *(1)* **he** / *(2)* **she** *(3)* **read** / *(4)* **speak** / *(5)* **write Arabic?** آيا (١) او مرد / (٢) او زن عربى (٣) خوانده... / (٤) صحبت كرده... / (٥) نوشته... ميتواند؟ *Äyä (1) o mard / (2) o zan a'rabee (3) khända... / (4) sohbat karda... / (5) naweshta... mey-tawänad? (1)* **He** / *(2)* **She** *(3)* **can** / *(4)* **can't** *(5)* **read** / *(6)* **speak** / *(7)* **write Arabic.** (١) او مرد / (٢) او زن عربى (٥) خوانده... / (٦) صحبت كرده... / (٧) نوشته... (٣) ميتواند. / (٤) نميتواند. *(1) O mard / (2) O zan a'rabee (5) khända... / (6) sohbat karda... / (7) naweshta... (3) mey-tawänad. / (4) namey-tawänad.*

arch *n* طاق *täq*

archaeologist *n* باستان شناس *bastän shenäs*

architect *n* معمار *me'mär*

area *n* منطقه *manteqa,* ساحه *säha* **control an ~** منطقه را نظارت كردن *manteqa rä nezärat kardan* **dangerous ~** منطقه خطرناك *manteqa-e-khatarnäk*

disaster ~ منطقه مصیبت زده خانه *manteqa-e-mosebat zada* **housing** ~ ساحه خانه سازی *säha-e-khäna säzee* **isolated** ~ ساحه جدا شده ساحه مجزا *säha-e-majzä,* *säha-e-jodä shoda* **mountainous** ~ منطقه کوهستانی *manteqa-e-kohestänee* **remote** ~ منطقه دور *manteqa-e-door* **rural** ~ منطقه دهات *manteqa-e-dehät,* ساحه روستا *säha-e-roostä* **safe** ~ منطقه امن *manteqa-e-amen,* ساحه مصؤن *säha-e-masoon* **secure** ~ منطقه با امن *manteqa bä amen,* ساحه مصؤن *säha-e-ma'soon* **washing** ~ ساحه شستشو *säha-e-shost-o-sho,* منطقه شستن *mantaqa-e-shostan* (1) **This** / (2) **That is a** (3) **dangerous** / (4) **restricted** / (5) **safe area.** (١) این / (٢) آن منطقه (٣) خطرناک / (٤) ممنوعه / (٥) با امن است. *(1) Een / (2) Än manteqa (3) khatar näk / (4) mamnooha / (5) bä amen ast.* (1) **This** / (2) **That area is off limits.** (١) این / (٢) آن علاقه غیر است. *(1) Een / (2) Än manteqa a'läqa-e-gheyr ast.*

argue *vi* بحث کردن *bahs kardan,* گفتگو کردن *goftogo kardan* **Please don't argue.** لطفاً بحث نکنید. *Lotfan bahs nakoned.* **Stop arguing.** بحث را تمام کنید. *Bahs rä tamäm koned.* ★ **argument** *n* بحث *bahs,* گفتگو *goftogo,* مباحثه *mobähesa,* دلیل *daleel* **What's the argument about?** بحث در باره چیست؟ *Bahs dar bära-e-cheest?* **No arguments** بحث نکنید *Bahs nakoned.*

arithmetic *n* حساب *hesäb,* علم حساب *e'lm-e-hesäb*

arm *n* بازو *bäzoo* **amputate an** ~ بازو بریدن *bäzoo boreedan,* بازو را قطع کردن *bäzoo rä qata' kardan* **artificial** ~ بازو مصنوعی *bäzoo-e-masnooee* **both ~s** هر دو بازو *har do bäzoo* **broken** ~ بازو شکسته *bäzoo-e-shekasta* **deformed** ~ بازوی بدشکل *bäzoo-ye-badshakel* **fractured** ~ بازو کسر شده *bäzoo-e-kaser shoda* **left** ~ بازو چپ *bäzoo-e-chap* **lose an** ~ یک بازو را از دست دادن *yak bäzoo rä az dast dädan* **right** ~ بازو چپ *bäzoo-e-chap* (1) **He** / (2) **She has a** (3) **bullet** / (4) **wound in** (5) **his** / (6) **her arm.** (١) او *(1) O mard /* (٢) او زن یک (٣) مرمی / (٤) مرمی / (٥,٦) اش دارد. *(2) O zan yak (3) marmee / (4) zakhem dar dast (5,6) ash därad.* (1) **He** / (2) **She has a** (3) **broken** / (4) **sprained arm.** (١) او مرد / (٢) او زن یک (١) *O mard /* (٢) *O zan yak* دست (٣) شکسته / (٤) رگ شده دارد. *dast (3) shekasta / (4) rag shoda därad.*

armed *adj* مسلح *mosalah,* مجهز *mojahaz*

armor *n* زره بدن *zere-e-badan,* بدن جسم *badan-e-jesem* ★ **armored** *adj* ریزرف شده *reezarf shoda*

armory *n* اسلحه خانه *asleha khäna,* سلاح کوت *saläh koot* ★ **arms** *n, pl* اسلحه *asleha*

army *n* اردو *ordoo,* ارتش *artash,* لشکر *lashkar* **What army** (1) **...is he** / (2) **she..** / (3) **...are they... in?** (١) او مرد / (٢) او زن / (٣) آنها در کدام اردو (٢٠١) است؟ / (٣) هستند؟ *(1) O mard / (2) O zan / (3) Änhä dar kodäm ordoo (1,2) ast? / (3) hastand?* (1) **I'm...** / (2) **He** / (3) **She is...** / (4) **We** / (5) **They are... in the** (6) **American** / (7) **British** / (8) **Canadian** / (9) **French** / (10) **Iranian** / (11) **Italian** / (12) **Pakistani** / (13) **Tajik** / (14) **Turkish** / (15) **U.S.** / (16) **Uzbek Army.** (١) من... / (٢) او مرد / (٣) او زن... / (٤) ما... / (٥) آنها... در اردوی (٦) امریکا / (٧) انگلستان / (٨) کانادا / (٩) فرانسه / (١٠) ایران / (١١) ایتالیا / (١٢) پاکستان / (١٣) تاجکستان / (١٤) ترکیه / (١٥) ایالات متحده / (١٦) ازبکستان (١) هستم. (٢,٣) است. (٤) هستیم. (٥) هستند. *(1) Man* / *(2) O mard / (3) O zan / (4) Ma / (5) Änhä dar ordoo-e- (6) amreekä / (7) englestän / (8) känädä / (9) färänsa / (10) eerän / (11) eetälyä / (12) päkestän / (13) täjekestän / (14) torkeya / (15) ee-yälät-e-motaheda / (16) oz-bakestän (1) hastam. / (2,3) ast. / (4) hastem. / (5) hastand.*

around *adv* دور ادور *dowrädowr,* گرداگرد *gerdägerd,* باطراف *bä-aträf* ★ *prep* دراطراف *dar aträf-e-* ~ **the house** دراطراف خانه *dar aträf-e-*

khäna

arrange *vt* ترتیب دادن *tarteeb dädan*, منظم کردن *monazam kardan*, قرار گذاشتن *qärar gozäshtan* **~ a meeting** ملاقات ترتیب دادن *moläqät tarteeb dädan* **~ delivery** تدارک ارسال را تنظیم کردن *tadärok-e-ersäl rä tanzeem kardan* **evacuation** انتظام برای تخلیه *entezäm baräye takhleya* **Please arrange it.** لطفاً این را منظم کنید. *Lotfan een rä monazam koned.* **Can you arrange it?** آیا این را تنظیم کرده میتوانید؟ *Äyä een rä tanzeem karda mey-tawäned?* **I (1) can / (2) will arrange it.** من (۱) میتوانم تنظیمش کنم / (۲) تنظیمش خواهم کرد. *Man (1) mey-tawänam tanzeemash konam. / (2) tanzeemash khäham kard.* **Did you arrange it?** آیا شما این را تنظیم کردید؟ *Äyä shomä een rä tanzeem karded?* **I arranged it.** من این را تنظیم کردم. *Man een rä tanzeem kardam.* **It's all arranged.** این همه منظم است. *Een hama monazam ast.* ★ **arrangement** *n* ترتیب *tarteeb*, نظم *nazem* **Please make the necessary arrangements.** لطفاً ترتیبات ضروری را بگیرید. *Lotfan tarteebät-e-zarooree rä begeered.* **I'll make the (necessary) arrange-ments.** من تمام ترتیبات (ضروری) را خواهم گرفت. *Man tarteebät (zarooree) rä drost khäham gereft.* **Arrangements have been made.** ترتیبات گرفته شده است. *Tarteebät grefta shoda ast.*

arrest *vt* دستگیر کردن *dastgeer kardan*, گرفتار کردن *greftär kardan* **Was anybody arrested?** آیا کسی دستگیر شد؟ *Äyä kasee dastgeer shod?* **I was arrested.** من دستگیر شدم. *Man dastgeer shodam.* **(1) He / (2) She was arrested.** (۱) او مرد / (۲) او زن دستگیر شد. *(1) O mard / (2) O zan greftär shod.* **(1) We / (2) They were (all) arrested.** (۱) ما / (۲) آنها (همه) گرفتار (۱) شده / (۲) بودیم. / (۲) بودند. *(1) Mä / (2) Ānhä (hama) greftar shoda (1) bodem. / (2) bodand.* ★ *n* 1. (capture) گرفتار *greftär*, دستگیر *dastgeer*, توقیف *towqeef*; 2. (stopping, especially of the heart) توقف *tawaqof* **cardiac ~** توقف ناگهانی ضربان قلب *tawaqof-e-nägahänee zarabän-e-qalb*, حمله قلبی *hamle qalbee* **(1) He / (2) She is... / (3) You / (4) They are... under arrest.** (۱) او مرد / (۲) او زن... / (۳) شما / (۴) آنها توقیف (۲۰) است. / (۴) هستند. / (۳) هستید. *(1) O mard / (2) O zan / (3) Shomä / (4) Ānhä towqeef (1,2) ast. / (3) hastand. / (3) hasted.*

arrival *n* ورود *worood* ★ **arrive** *vi* رسیدن *raseedan*, وارد شدن *wäred shodan*, آمدن *ämdan* **~ early** وقت رسیدن *waqt raseedan* **~ late** نا وقت رسیدن *nä waqt raseedan* **~ on time** به وقت رسیدن *ba waqt raseedan* **The (1) bus / (2) convoy / (3) escort / (4) helicopter / (5) plane / (6) train / (7) truck will arrive (8) soon. / (9) in (number) minutes. / (10) at (time).** (۱) موتر سرویس / (۲) قطار / (۳) بدرقه / (۴) هلیکوپتر / (۵) طیاره مسافر بری / (۶) ریل / (۷) موتر لاری (۸) زود. / (۹) بعد از (___) دقیقه. / (۱۰) در (___) خواهد رسید. *(1) Motar-e-sarwees / (2) qatär / (3) badraqa / (4) hale-kooptar / (5) tayära-e-mosäfer baree / (6) reel / (7) motar läree (8) zood / (9) ba'd az (___) daqeeqa / (10) dar (___) khähad raseed.* **The (1) buses / (2) trucks will arrive (3) soon. / (4) in (number) minutes. / (5) at (time).** (۱) موترهای سرویس / (۲) موتر های لاری (۳) زود. / (۴) بعد از (___) دقیقه. / (۵) در (___) خواهند رسید. *(1) Motar häyee sarwees / (2) motar häyee läree (3) zood (4) ba'd az (___) daqeeqa / (5) dar (___) khähand raseed.* **When did (1) you / (2) he / (3) she / (4) they arrive here?** چی وقت (۱) شما / (۲) او مرد / (۳) او زن / (۴) آنها اینجا (۱) رسیدید؟ / (۳،۲) رسید؟ / (۴) رسیدند؟ *Chee waqt (1) shomä / (2) o mard / (3) o zan / (4) änhä eenjä (1) raseeded? / (2,3) raseed? / (4) raseedand?* **(1) I / (2) He / (3) She / (4) We / (5) They arrived here (6) yesterday. / (7) (number) days ago. / (8) a week ago. / (9) a month ago. / (10) (number) weeks / (11)

(١) من / (٢) او مرد / (٣) او زن / (٤) ما / (٥) آنها اينجا (٦) ديروز.... / (٧) (___) روز پيش.... / (٨) يك هفته پيش... / (٩) يك ماه پيش.... / (١٠) (___) هفته پيش... / (١١) (___) ماه پيش... رسيده (١) بودم (٢،٣) بود / (٤) بوديم / (٥) بودند.
Man / (2) O zan / (3) O mard / (4) Mä / (5) Änhä eenjä (6) deerooz.... / (7) (___) rooz peysh.... / (8) yak hafta peysh... / (9) yak mäh peysh.... / (10) (___) hafta peysh... / (11) (___) mäh peysh... raseeda (1) badam. / (2,3) bod. / (4) bodem. / (5) bodand.

art n هنر *honar,* آرت *ärt,* فن *fan,* حرفه *harfa* ★ **artist** n هنرپيشه *honar pesha,* هنرمند *honarmand*
artery n شريان *sheryän* **clamp an ~** شريان را بستن *sheryän rä bastan,* شريان را قيد كند *sheryän rä qaeed kardan* **tie off an ~** شريان را گره زدن *sheryän rä gere zadan*
artificial adj ساختگى *säkhtagee,* مصنوعى *masnooee*
artillery n توپخانه *topkhäna*
as conj 1. (like, similar) مثل *mesl-e-;* 2. (like, in the way) (به) طوريكه *(ba) towreeke;* 3. (of time) كه *ke,* وقتيكه *waqteeke* **~ far** ~ تا *tä* **cold ~ ice** سرد است مثل يخ *sard ast mesl-e-yakh*
ashamed adj: **be ~** شرميدن *sharmeedan*
ashes n, pl خاكستر *khäkestar* ★ **ashtray** n خاكستردانى *khäkestardänee*
Asian adj آسيايى *äsyäyee*
aside adv به يك طرف *ba yak taraf*
ask vt 1. (question) پرسان كردن *porsän kardan,* سوال كردن *sawäl kardan,* پرسيدن *porseedan;* 2. (request) درخواست كردن *darkhäst kardan* **Who should I ask?** از كى پرسان كنم؟ *Az kee porsän konam?* **Ask** (1) **him.** / (2) **her.** / (3) **them.** از(١) او مرد / (٢) او زن / (٣) آنها بپرسيد. *Az* (1) *o mard* / (2) *o zan* / (3) *änhä bepoorsed.* **Did you ask** (1) **him?** / (2) **her?** / (3) **them?** آيا از (١) او مرد / (٢) او زن / (٣) آنها را پرسيديد ؟ *Äyä az* (1) *o mard* / (2) *o zan* / (3) *änhä poorseed?* **I** (1) **asked...** / (2) **didn't ask...** (3) **him.** / (4) **her.** / (5) **them.** من از (٣) او مرد / (٤) او زن / (٥) آنها (١) پرسيدم. / نپرسيدم. (٢) *Man az* (3) *o mard* / (4) *o zan* / (5) *änhä* (1) *poorseedam.* / (2) *na-poorseedam.* **May I ask you a question?** آيا ميتوانم از شما يك سوال كنم؟ *Äyä mey-tawänam az shomä yak sawäl konam?* **Please ask me if you have any questions, okay?** اگر كدام سوال داريد لطفا از من بپرسيد، درست است؟ *Agar kodäm sawäl däred lotfan az man bepoorsed, drost ast?* **Don't ask me.** از من سوال نكنيد. *Az man sawäl nakoned.* ★ **ask for** idiom خواستن *khästan,* طلب كردن *talab kardan,* درخواست كردن *dar-khäst kardan* **Ask** (1) **him** / (2) **her** / (3) **them for it.** از (١) او مرد / (٢) او زن / (٣) آنها بخواهيد. *Az* (1) *o mard* / (2) *o zan* / (3) *änhä bekhähed.* **If you need something, (just) ask for it.** اگر شما چيزى ضرورت داشتيد، (صرف) بخواهيد. *Agar shomä cheezee zaroorat däshted, (serf) bekhähed.*
asleep adj در خواب *dar khäb,* خوابيده *khäbeeda* (1) **He** / (2) **She is...** / (3) **They are... asleep.** (١) او مرد / (٢) او زن / (٣) آنها... در خواب (٢٠١) است. / (٣) هستند. (1) *O mard* / (2) *O zan* / (3) *Änhä dar khäb* (1,2) *ast.* / (3) *hastand.*
asparagus n مارچوبه *märchooba*
asphalt n قير معدنى *qeer-e-ma'danee* ~ **spreader** نشر كننده قير *nasher konenda-e-qeer*
aspirin n اسپرين *espreen* ~ **tablet** تابليت اسپرين *täbleet-e-espreen* **baby** ~ اسپرين اطفال *espreen-e-tefl-e-nowzäd* **children's** ~ اسپرين طفل نوزاد *espreen-atfäl* **Take two aspirins every four hours.** بعد از هر چهار ساعت دو اسپرين بخوريد. *Ba'd az har chär säa't do espreen bokhored.*

assailant n حمله کننده *hamla konenda* **Can you identify the assailant?** آیا شما میتوانید حمله کننده را تشخیص کنید؟ *Äyä shomä mey-tawäned hamla konenda rä tashkhees koned?*

assault vt حمله کردن *hamla kardan* **Who assaulted you?** کی بالای شما حمله کرد؟ *Kee bäläy-e-shomä hamla kard?*

assemble vt 1. *(gather, bring together)* یکجا کردن *yakjä kardan*, فراهم کردن *faräham kardan*; 2. *(put together)* جمع کردن *jama' kardan*, جفت کردن *joft kardan* **Assemble** (1) **everyone** / (2) **them** / (3) **the vehicles** (4) **over there.** / (5) **at** *(place).* / (6) **at** *(time).* (۱) همه / (۲) آنها / (۳) ارادجات را (٤) ...در آنجا... / (٥) ...در (___) / (٦) ...در (___)... جمع کنید. *(1) Hama / (2) Änhä / (3) Arädajät rä (4) dar änjä... / (5) dar (___)... / (6) dar (___)... jama' koned.* **(1) Everyone is... / (2) They are... all assembled.** (۱) همه / (۲) آنها جمع هستند. *(1) Hama / (2) Änhä jama' hastand.* **Please assemble** (1) **this.** / (2) **these.** لطفاً (۱) این / (۲) اینها را جمع کنید. *Lotfan (1) een / (2) eenhä rä jama' koned.* **Can you assemble** (1) **this?** / (2) **these?** آیا شما (۱) این / (۲) اینها را جمع میتوانید؟ *Äyä shomä (1) een / (2) eenhä rä jama' mey-tawäned?* ★ vi فراهم شدن *faräham shodan*, یکجا شدن *yakjä shodan* **Assemble** (1) **over there.** / (2) **at** *(place).* / (3) **at** *(time).* (۱) در آنجا... / (۲) در (___)... / (۳) در (___)... فراهم شوید. *(1) Dar änjä... / (2) Dar (___)... / (3) Dar (___)... faräham shawed.* ★ **assembly** n 1. *(govt)* جرگه *jerga*, مجلس *majles*; شورا *shorä*; 2. *(putting together)* جمع *jama'*

assign vt مقرر کردن *moqarar kardan*, سپردن *sopoordan* ~ **homework** وظیفه خانه گی دادن *wazeefa-e-khänagee dädan* **I'm assigning you to** (1) **help** *(name)*. / (2) **work in the** *(place)*. / (3) **work with** *(name)*. من شما را مقرر میکنم که (۱) (___) را کمک کنید. / (۲) در (___) کار کنید. / (۳) با (___) کار کنید. *Man shomä rä moqarar mey-konam ke (1)(___) rä komak koned. (2) dar (___) kär koned. / (3) bä (___) kär koned.* **I'm assigning pages** *(numbers)* **to do at home.** من صفحات (___) را وظیفه میدهم که در خانه انجام دهید. *Man safahät-e-(___) rä wazeefa mey-deham ke dar khäna anjäm dehed.* ★ **assignment** n وظیفه *wazeefa*, ماموریت *mämooryat* **homework** وظیفه خانه گی *wazeefa-e-khnagee* **work** وظیفه کاری *wazeefa-e-käree* **Your (homework) assignment for tomorrow is** *(what)*. وظیفه (کار خانه گی) شما برای فردا (___) است. *Wazeefa (kär-e-khänagee) shomä baräy-e-fardä (___) ast.*

assist vt کمک کردن *komak kardan*, یاری کردن *yär kardan* (1) **I'll / (2) We'll assist you.** (۱) من / (۲) ما شما را کمک (۱) خواهم کرد. / (۲) خواهیم کرد. *(1) Man / (2) Mä shomä rä komak (1) khäham kard. / (2) khähem kard.* (1) **He / (2) She (3) can / (4) will assist you.** (۱) او مرد / (۲) او زن (۱) شما را کمک (۳) میتواند. / (٤) خواهد کرد. *(1) O mard / (2) O zan shomä rä komak (3) mey-tawänad. / (4) khähad kard.* **Can you assist me?** آیا شما میتوانید من را کمک کنید؟ *Äyä shomä mey-tawäned man rä komak koned?* ★ **assistance** n کمک *komak*, یاری *yäree* **provide** ~ کمک تهیه کردن *komak tahyä kardan* (1) **I / (2) we need assistance.** (۱) من / (۲) ما به کمک ضرورت دارم. / (۲) داریم. *(1) Man / (2) Mä ba komak zaroorat (1) däram. / (2) därem.* **Can you give** (1) **me / (2) us assistance?** آیا شما میتوانید به (۱) من / (۲) ما کمک نمائید؟ *Äyä shomä mey-tawäned ba (1) man / (2) mä komak nomähed?* ★ **assistant** n معاون *ma'äwen*, دستیار *dastyär* **I need an assistant.** من به دستیار ضرورت دارم. *Män ba dastyär zaroorat däram.* **You can be my assistant.** شما میتوانید دستیار من باشید. *Shomä mey-tawäned dastyär-e-man bäshed.* **Would you like to be my assistant?** آیا شما خوش دارید که دستیار من باشید؟ *Äyä shomä khosh däred ke dastyär-e-man bäshed?*

assume vt قبول کردن qabool kardan, پذیرفتن pazeeroftan, حدس زدن hads zadan **I assume that...** ...من حدس میزنم که Man hads mezanam ke...

assure vt اطمینان دادن etmeenän dädan **I assure you** (*[1]* **everything will be okay.** / *[2]* **it will be done.**). من شما را اطمینان میدهم [۱]... همه چیز خوب خواهد شد. / [۲]... این انجام خواهد یافت.) Man shomä rä etmeenän mey-deham ([1] hama cheez khoob khähad shod. [2] een anjäm khähad yäft.)

asthma n نفستگی nafastangee, استما astmä, آستم ästm

asylum n پناه panäh **find ~** پناه گاه پیدا کردن panäh-gäh paydä kardan **give ~** پناه دادن panäh dädan **political ~** پناه سیاسی panäh-e-seyäsee **request ~** پناه گاه تقاضا کردن panäh-gäh tagäzä kardan **seek ~** پناه گاه جستجو کردن panäh-gäh jostojoo kardan

at prep در dar; به ba; تا tä

atlas n کتاب جهان نما ketäb-e-jahan nomä, نقشه نامه naqsha näma **road ~** رهنمای سرک rahnooma-e-sarak **world ~** نقشه جهان naqsha-e-jahän

atmosphere n فظاء fazä, خو jaw

atomic adj اتومی atomee, زروی zarawee

atrocity n جنایت jenäyat, بیرحمی beerahmee, قتل عام qatl-e-äm, کشتار دسته جمعی koshtär-e-dasta jamhee **commit an ~** مرتکب جنایت شدن mortakeb-e-jenäyat shodan

attach vt ضمیمه کردن zameema kardan, پیوستن paywastan, چسپاندن chaspändan **Attach (1) it / (2) the document / (3) the photo to the (*[4]* main / *[5]* other) document.** (۱) این / (۲) اسناد / (۳) تصویر را در اسناد (*[٤]* اصلی / *[٥]* دیگر) بچسپانید. (1) Een / (2) Asnäd / (3) Tasweer rä dar asnäd (-e-*[4]* aslee / *[5]* deegar) bechaspäned. **Attach a tag to each one.** یک لیبل بالای هر یک بچسپانید. Yak leebal baläye har yak bechaspäned. **Attach the (1) file / (2) letter to the e-mail.** (۱) دوسیه / (۲) نامه را با ایمیل ضمیمه کنید. (1) Dooseya / (2) Näma rä bä ee-meel zameema koned. ★ **attachment** n ضمیمه zameema **e-mail ~** ضمیمه ایمیل zameema-e-ee-meel

attack vt حمله کردن hamla kardan **They're going to attack (us).** (بالای) آنها (بالای ما) حمله خواهند کرد. Änhä (bäläy-e-mä) hamla khähand kard. **Who attacked (1) her? / (2) him? / (3) you?** (۳) او مرد / (۲) او زن / (۱) کی بالای شما حمله کرد؟ Kee bäläy-e- (1) o zan / (2) o mard / (3) shomä hamla kard? **(1) He / (2) They attacked (3) her. / (4) him. / (5) them. / (6) us.** (۱) او مرد / (۲) آنها بالای (۳) اوزن / (۴) اومرد / (۵) آنها / (٦) ما حمله (۱) کرد. / (۲) کردند. (1) O mard / (2) Änhä bäläy-e- (3) o zan / (4) o mard / (5) änhä / (6) mä hamla (1) kard. / (2) kardand. ★ n حمله hamla, هجوم hojoom **rocket ~** حمله راکتی hamla-e-räketee **suicide ~** حمله انتحاری hamla-e-entehäree **terrorist ~** حمله تروریستی hamla-e-tororestee ★ **attacker** n حمله کننده hamla konenda **Do you know who the attacker was?** آیا شما میدانید حمله کننده کی بود؟ Äyä shomä mey-däned hamla konenda kee bod?

attend vt (be present) حضور داشتن hozoor däshtan **~ the class** به صنف حضور داشتن ba senf hozoor däshtan **Please attend the meeting.** لطفاً در ملاقات حضور داشته باشید. Lotfan dar moläqät hozoor däshta bäshed. **I want you to attend (the meeting).** من میخواهم که شما (در ملاقات) حضور داشته باشید. Man mey-khäham ke shomä (dar moläqät) hozoor däshta bäshed.

attention n توجه tawajo, دقت deqat **close ~** دقیق شدن daqeeq shodan **immediate ~** توجه عاجل tawajo-e-a'jel **medical ~** توجه طبی tawajo-e-tebee, مواظبت طبی mowäzebat tebee **pay (close) ~** (دقیقاً) متوجه شدن (daqee-

attic 28 **authorize**

qan) motawaje shodan, توخه کردن (دقیقاً) (daqeeqan) tawajo kardan **Please pay (close) attention to** (1) **me.** / (2) **this.** (۱) من (کاملاً) متوجه لطفاً / (۲) این شوید. / Lotfan (kämelan) motawaje-e- (1) man / (2) een shawed. (1) **He** / (2) **She needs medical attention.** زن به مواظبت طبی ضرورت دارد. (۱) او مرد / (۲) او (1) O mard / (2) O zan ba mowäzebat tebee zaroorat däred. **They need medical attention.** انها به مواظبت طبی نیازدارند. Änhä ba mowäzebat tebee zaroorat därand.

attic n منزل بالا (marboot ba yoonän); منزل بالا manzel-e-bälä, طبقه دوم tabaqa-e-dowom

attitude n طرز رفتار tarz-e-raftär **bad** ~ رفتار زشت raftär-e-zesht **good** ~ رفتار نیک raftär-e-neek, رفتار پسندیده raftär-e-pesandeeda **positive** ~ رفتار مثبت raftär-e-mosbat

audience n حضار hozär, شنوندگان shenawenda gän

August n (ماه هشتم میلادی) ماه اگست mäh-e-agost (mäh-e-hashtom-e-meelä-dee) (See **Calendar Time** appendix for terms)

aunt n 1. (mother's sister) خاله khäla; 2. (father's sister) همه hama; 3.(wife of mother's brother) زن ماما zan-e-mämä; 4. (wife of father's brother) زن کاکا zan-e-käkä

Australia n آسترالیا ästarälyä ★ **Australian** adj آستریالیایی ästaräl-yäyee ★ n آستریالیایی ästaräl-yäyee

authority n قدرت qodrat, اقتدار eqtedär, توانایی tawänäyee, صلاحیت salähyat **government ~ies** حکام دولتی(حاکمین) okäm-e-dowlatee (hä-kemeen) **local ~ies** حکام محلی okäm-e-mahalee **Do you have the authority?** آیا شما صلاحیت دارید؟ Äyä shomä salähyat däred? **I have no authority (to do that).** من هیچ صلاحیت ندارم (که آن را انجام بدهم). Man hech salähyat nadäram (ke än rä anjäm bedeham). **I** (1) **have** / (2) **don't have the authority.** من صلاحیت (۱) دارم. / (۲) ندارم. Man salähyat (1) däram. / (2) nadaram. **Who has the authority?** کی صلاحیت دارد؟ Kee salähyat därad? (1) **He** / (2) **She has the authority.** (۱) او مرد / (۲) او زن صلاحیت دارد. (1) O mard / (2) O zan saläh-yat därad. ★ **authorization** n اجازه ejäza, اختیار ekhteyär, صلاحیت salähyat (1) **I** / (2) **He** / (3) **She** / (4) **We** / (5) **You** / (6) **They must get authorization.** (۱) من / (۲) او مرد / (۳) او زن / (۴) ما / (۵) شما / (۶) آنها باید صلاحیت را (۱) بیگیرم. / (۳۰۲) بیگیرد. / (۴) بیگیریم. / (۵) بیگیرید. / (۶) بیگیرند. (1) Man / (2) O mard / (3) O zan / (4) Mä / (5) Shomä / (6) Änhä bäyad salähyat rä (1) beegeeram. / (2,3) beegeerad. / (4) beegeerem. / (5) beegeered. / (6) beegeerand. (1) **I** / (2) **We** / (3) **You** / (4) **They have...** / (5) **He** / (6) **She has... authorization.** (۱) من / (۲) ما / (۳) شما / (۴) آنها / (۵) اومرد / (۶) اوزن صلاحیت نامه (۱) دارم. / (۲) داریم. / (۳) دارید. / (۴) دارند. / (۵،۶) دارد. (1) Man / (2) Mä / (3) Shomä / (4) Änhä / (5) O mard / (6) O zan salähyat näma (1) däram. / (2) därem. / (3) däred. / (4) därand. / (5,6) därad. (1) **I** / (2) **We** / (3) **You** / (4) **They have...** / (5) **He** / (6) **She has... no authorization.** (۱) من / (۲) ما / (۳) شما / (۴) آنها / (۵) اومرد / (۶) اوزن صلاحیت نامه (۱) ندارم. / (۲) نداریم. / (۳) ندارید. / (۴) ندارند. / (۵،۶) ندارد. (1) Man / (2) Mä / (3) Shomä / (4) Änhä / (5) O mard / (6) O zan salähyat näma (1) nadäram. / (2) nadärem. / (3) nadäred. / (4) nadärand. / (5,6) nadärad. ★ **authorize** vt اجازه دادن ejäza dädan, اختیار دادن ekhteyär dädan, صلاحیت بخشیدن salähyat bakhsheedan **Who can authorize this?** کی صلاحیت این را داده میتواند؟ Kee salähyat-e-een rä däda mey-tawänad? **I** (1) **can** / (2) **can't authorize** (3) **it.** / (4) **this.** (۱) میتوانم / (۲) نمیتوانم صلاحیت این را (۳،۴) بدهم. من Man (1) mey-tawänam / (2) namey-tawänam (3,4) salähyat een rä bedeham.

automatic 29 **awning**

(1) bedeham. / (2) bedehem. (1) **He** */ (2)* **She** *(3)* **can** */ (4)* **can't authorize** *(5)* **it.** */ (6)* **this.** (٤) / میتواند (٣) او زن / (٢) او مرد / (١) نمیتواند(٤,٥) صلاحیت این را بدهد *(1) O mard / (2) O zan (3) mey-tawänad / (4) namey-tawänand (5,6) salähyat een rä bedehad.* **Who authorized this?** کی این را اجازه داده است؟ *Kee een rä ejäza däda ast?* **I** *(1)* **authorized** */ (2)* **didn't authorize** *(3)* **it.** */ (4)* **this.** (٢) / دادم (١) اجازه را این (٤,٣) من ندادم. *Man (3,4) een rä ejäza (1) dädam. / (2) nadädam.* **(1) He** */ (2)* **She** *(3)* **authorized** */ (4)* **didn't authorize** *(5)* **it.** */ (6)* **this.** او (٢) / او مرد (١) نداد. داد (٣) اجازه را این (٥,٦)زن (١) *O mard / (2) O zan (5,6) een rä ejäza (3) däd. / (4) nadäd.*
automatic *adj* خودکار *khodkär,* اتوماتیک *otoomäteek*
automobile *n* موتر *motar*
autopsy *n* تشریح جسد *tashreh-e-jasad* **perform an ~** شق جسد *shaq-e-jasad,* جسد را شق نمودن *jasad rä shaq namodan*
autumn *n* خزان *khazän* **in the ~** در خزان *dar khazän*
avalanche *n* برف کوچ *barf kooch* **The road is buried by an avalanche.** سرک زیر برف کوچ مدفون شده است. *Sarak zeer barf kooch madfoon shoda ast.*
average *adj* متوسط *motawaset,* وسط *wasat* **~ height** ارتفاع متوسط *ertefäh-e-motawaset* **~ weight** وزن متوسط *wazn-e-motawaset* ★ *n* اوسط *howsat* **above ~** بالا تر از اوسط *bälä tar az howsat* **below ~** پائین تر از اوسط *päheen tar az howsat* **on the ~** در وسط *dar wasat,* در اوسط *dar howsat*
avoid *vt* اجتناب کردن *ejtenäb kardan,* پرهیز کردن *parheez kardan,* خود داری کردن *khod däree kardan* **I want to avoid** *(1)* **problems.** */ (2)* **trouble.** من (١) مشکلات (٢) درد سر اجتناب کنم. *Man mey-khäham az (1) moshkelät / (2) dard-e-sar ejtenäb konam.* **Try to avoid it.** کوشش کنید از این اجتناب کنید. *Kushesh koned az een ejtenäb koned.*
awake *adj* بیدار *beedär* **Is** *(1)* **he** */ (2)* **she awake?** آیا (١) او مرد / (٢) او زن بیدار است؟ *Äya (1) o mard / (2) o zan beedär ast?* **(1) He** */ (2)* **She is awake.** (١) (١) او مرد / (٢) او زن بیدار است. *O mard / (2) O zan beedär ast.* **I'm awake.** من بیدار هستم. *Man beedär hastam.* **Are they awake?** آیا آنها بیدار هستند؟ *Äyä änhä beedär hastand?* **They're awake.** آنها بیدار هستند. *Änhä beedär hastand.*
award *n* جایزه *jäyza* **This is an award for your** *(1)* **excellent** */ (2)* **good** */ (3)* **outstanding** *(4)* **service.** */ (5)* **work.** این یک جایزه برای (٤) خدمت / (٥) کار (١) عالی / (٢) خوب / (٣) برجسته شما است. *Een yak jäyza baräyee (4) khedmat-e- / (5) kär-e- (1) a'älee-e- / (2) khoob-e- / (3) barjasta-e-shomä ast.*
aware *adj* آگاه *ägäh,* با خبر *bä khabar* **Are you aware of that?** آیا شما از آن آگاه هستید؟ *Äyä shomä az än ägäh hasted?* **I'm aware of that.** من از این آگاه هستم. *Man az än ägäh hastam.* **I wasn't aware of that.** من از آن آگاه نبودم. *Man az än ägäh nabodam.*
away *adv* دور *dor* **Keep them away from here.** آنها را از اینجا دور نگهدارید. *Änhä rä az eenjä dor negahdäreed.* **Stay away (from** *[1]* **here /** *[2]* **there)!** از (١) اینجا / (٢) آنجا دور باشید! *Az (1) eenjä / (2) änjä dor bashed!* **Go away!** دور بروید! *Dor baraweed!*
awful *adj* بسیار بد *beesyär bad* ترسناک *tarsnäk,*
awhile *adv* چندی *chandee,* مدتی *modatee* **Stay here awhile.** مدتی اینجا باشید. *Modatee eenjä bashed.* **Let's wait awhile.** بیائید چندی انتظار کنیم. *Beeyäyed chandee entezär konem.*
awning *n* سایبان *säyabän* **tent ~** خیمه سایبان *khayma-e-säyabän*

axle *n* اكسل *aksal,* محور *mehwar,* چرخ *charkh* **The axle is broken.** اكسل شكسته است. *Aksal shekesta ast.*

axe *n* تبر *tabar,* تیشه *teesha*

azimuth *n* سمت *samt* **take an ~ (with a compass)** سمت را تعیین کردن (با قطب نما) *samt rä tah-yeen kardan (bä qotab nomä)*

B b

baby *n* كودك *kodak,* طفل *tefel* **healthy ~** طفل صحتمند *tefel-e-sahatmand* **lovely ~** كودك مقبول *kodak-e-maqbool* **newborn ~** كودك نوزاد *kodak-e-nowzäd* **pre-mature ~** كودك قبل از وقت *kodak qabel az waqt* **Feed the baby.** طفل را غذا بدهید. *Tefel rä ghezä bedehed.* **I'll feed the baby.** من طفل را غذا خواهم داد. *Man tefel rä ghezä khäham däd.* **Hold the baby.** طفل را بیگیرید. *Tefel rä beegeered.* **Let me hold the baby.** اجازه دهید تا طفل را بیگیرم. *Ejäza dehed tä tefel rä begeeram.* **Change the baby's (1,2) diaper.** (١) لته / (٢) دایپر طفل را تبدیل کنید. *(1) Lata-e- / (2) Däypar-e-tefel rä tabdeel koned.* **I'll change the baby's (1,2) diaper.** من (١) لته / (٢) دایپر طفل را تبدیل خواهم کرد. *Man (1) lata-e- / (2) däypar-e-tefel rä tabdeel khäham kard.* **Lay the baby (1) here. / (2) there.** طفل را (١) اینجا / (٢) آنجا بگذارید. *Tefel rä (1) eenjä / (2) änjä begzäred.* **Give the baby a bath.** طفل را حمام بدهید. *Tefel rä hamäm bedehed.* **I'll give the baby a bath.** من طفل را حمام خواهم داد. *Man tefel rä hamäm khäham däd.* **I want to examine the baby.** میخواهم طفل را معاینه کنم. *Mey-khäham tefel rä ma'äyena konam.* **Let me examine the baby.** اجازه دهید طفل را معاینه کنم. *Ejäza dehed tefel rä ma'äyena konam.* **The doctor will examine the baby.** داکتر طفل را معاینه خواهد کرد. *Däktar tefel rä ma'äyena khähad kard.* **(1) The doctor will give... / (2) I'm going to give... the baby a shot.** (١) داکتر طفل را واکسین / (٢) من طفل را واکسین (١) خواهد کرد. / (٢) خواهم کرد. *(1) Däktar / (2) Man tefel rä wäkseen (1) khähad kard. / (2) khäham kard.*

back *n* 1. *(body)* پشت *posht;* 2. *(rear)* عقب *a'qab;* 3. *(furniture)* پشتی *poshtee,* تکیه *takya* **broken ~** پشت شکسته *posht-e-sheqasta* **(1) He / (2) She has a (3) bullet / (4) wound in (5) his / (6) her back.** (١) او مرد / (٢) او زن یک (٣) گلوله / (٤) زخم در (٥،٦) پشت اش دارد. *(1) O mard / (2) O zan yak (3) glola / (4) zakhem dar (5,6) posht ash därad.* **Get in the back (of the car).** در عقب موتر بالا شوید. *Dar a'qeb-e-motar bälä shawed.* ★ **backache** *n* درد پشت *dard-e-posht* ★ **backbone** *n* ستون فقرات *sotoon-e-faqarät*

backfill *vt* دوباره پرکردن *dobära por kardan*

backgammon *n* تخته نرد (یک نوع بازی) *takhta-e-nard (yak nawä bäzee);* نرد *nard* **~ set** شکل تخته نرد *shakal-e-takhta-e-nard* **Do you like to play backgammon?** آیا شما علاقه دارید نرد بازی کنید؟ *Äyä shomä a'läqa däred nard bäzee koned?* **Let's play backgammon!** بیاید نرد بازی کنیم! *Beyäyed nard bäzee konem!*

background *n* سوابق *sawäbeq,* سابقه *säbeqa* **~ investigation** سوابق را تحقیق کردن *sawäbeq rä tahqeeq kardan* **employment ~** سابقه خدمت *säbeqa-e-*

backpack   31   **ballot**

khedmat **educational ~** سابقه تحصیل *säbeqa-e-tahseel* **family ~** سوابق خانواده گی *sawäbeq-e-khänawäda-gee* **professional ~** سابقه مسلکی *säbe-qa-e-maslakee*
backpack *n* بکس پشتی, بار *bär, baks-e-peshtee*
back up *idiom (veh.)* عقب رفتن *a'qäb raftan*
backward(s) *adv* 1. *(rearward)* عقب *a'qeb,* بطرف عقب *ba taraf-e-a'qeb,* بطرف پشت *ba taraf-e-posht;* 2. *(wrong way)* طرز غلط *tarz-e-ghalat*
bacteria *n* باکتریا *bäktar-yä,* میکروب *meekroob*
bad *adj* بد *bad,* زشت *zesht* **Not bad!** خوب *Khoob!* ★ **badly** *adv* بد به طور بد *ba towr-e-bad*
badminton *n* بازی بدمنتن *bazee-e-bedmenten* **~ net** جال بدمنتن *jäl-e-bedmenten* **~ racquet** رکت بدمنتن *racket-e-bedmenten*
bag *n* کیسه *keesa,* جوال *jowäl,* خریطه *khareeta;* بیک *bayk* **body ~** تابوت *täboot* **book ~** کتاب دانی *ketäbdänee* **duffle ~** *(mil.)* چانته *chänta* **grain ~** خریطه حبوبات *khareeta-e-hobobät* **laundry ~** کیف رخت شویی *keef-e-rakhat shooee* **paper ~** خریطه کاغذی *khareeta-e-käghazee* **plastic ~** خریطه پلاستیک *khareeta-e-palästeek* **shopping ~** خریطه سودا *khareeta-e-sowdä* **shoulder (1,2) ~** (1) خریطه *khareeta* / (2) بیک سرشانه یی *bayk sar-shäna-yee* **sleeping ~** بستر خواب *khareeta-e-bestar-e-khäb* **travel ~** بیک سفر *bayk-e-safar* **urine ~** ادرار دانی *edrärdänee*
baggage *n* بار(سفر) *bär(-e-safar)* **Put your baggage** *(1)* **here.** / *(2)* **on the truck.** / *(3)* **there.** بار تان ر (1) اینجا... / (2) در سر موتر لاری... / (3) آنجا... *Bär-e-tän rä (1) eenjä... / (2) dar sar-e-motar-e-läree... / (3) änjä... begzäred.* بگذارید.
bait *n (fishing)* طعمه *ta'ma,* موادی که در نوک چنگک ماهی میبندند *mawäd-e-kay dar nook changak mähee mebandand.*
bake *vt* پختن *pokhtan* **~ bread** نان پختن *nän pokhtan* **Can you bake bread?** آیا شما می توانید نان بپزید؟ *Ayä shomä mey tawäned nän bepazed?* **Can anybody here bake bread?** آیا کسی اینجا میتواند نان بپزد؟ *Ayä kase eenjä meytawänad nän bepazad?* **Who can bake bread?** کی میتواند نان بپزد؟ *Kee mey-tawänad nän bepazad?* *(1)* **He** / *(2)* **She can bake bread.** (1) او مرد / (2) او زن میتواند نان بپزد. *(1) O mard / (2) O zan mey-tawänad nan bepazad.* **I want you to bake bread.** من میخواهم که شما نان بپزید. *Man mey-khäham ke shomä nän bepazed.* **Help** *(1)* **her** / *(2)* **him** / *(3)* **them bake bread.** (1) اوزن را / (2) اومرد را / (3) آنها را کمک کنید که نان (2٫1) بپزد. / (3) بپزند. *(1,2) O mard rä / (2) O zan rä / (3) Änhä rä komak koned ke nän (1,2) bepazad. / (3) bepazand.* ★ **baked** *adj* پخته *pokhta* ★ **baker** *n* نانوا *nänwä,* نانپز *nänpaz* ★ **bakery** *n* نانوایی *nänwäyee,* خبازی *khabäzee* **mobile ~** خبازی سیار *khabäzee sayär* **set up a ~** خبازی ساختن *khabäzee sakhtan* ★ **baking** *n* پخت *pokht* **~ oven** تنور برای نان پزی *tanor baräyee nän pazee,* اجاق نان پزی *ojäq-e-nän pazee* **~ pan** تاوه نان پزی *täwa-e-nän pazee* **~ soda** پولی پخت و پز *polee pokht wa paz* **~ tray** طبق پخت و پز *tabaq-e-pokht wa paz*
balcony *n* برنده *baranda*
bald *adj* طاس *täs,* بی مؤ *bey mo*
bale *n* لنگه *langa* **~ of cotton** لنگه کتانی *langa-e-katänee*
ball *n* 1. *(games)* توپ *toop;* 2. *(cotton, etc)* گلوله *goloole* **baseball** توپ بیس بال *toop-e-bees bäl* **cotton ~** گلوله نخی *goloole nakhee* **ping-pong ~** توپ پینگ پانگ *toop-e-peeng-päng* **soccer ~** توپ فوتبال *toop-e-footbäl* **tennis ~** توپ تینس *toop-e-tenes*
balloon *n* پوقانه *pooqäna,* بالون *bäloon*
ballot *n* ورق رای گیری *waraq-e-räygeeree*

ballpoint n (قلم) خودرنگ (qalam-e-)khodrang
banana n کیله keela
band n 1. (elastic) لاشتک lāshtek; 2. (orchestra) آرکستر ärkestar; 3. (group) دسته dasta ~ **of thieves** دسته دزدان dasta-e-doozdän **rubber** ~ لاشتک lāshtek
bandage vt بانداژ بسته کردن bandāzh basta kardan **Bandage it.** بانداژ بسته اش کنید. Bandāzh basta ash koned. **I'll bandage it.** بانداژ بسته اش خواهد کردم. Bandāzh basta ash khāhad kardam. ★ n بانداژ bandāzh, بند (زخم) (zakhem) **band adhesive** ~ بند پلاستیکی plastar **elastic** ~ بند ایلاستیکی (زخم) (zakhem) band-e-elästeekee **gauze** ~ بند گازی gaoz, band-e-gäzee **stretch** ~ زخم بند کشدار (zakhem) band kashdär **temporary** بند موقت (زخم) (zakhem) band mooqat **triangular** ~ سه گوشه (زخم) zakhem segosha **Put a bandage on it.** بالای آن یک بانداژ بگذارید. Bälä-e-än yak bandāzh begzäred. **I'll put a bandage on it.** من از بالای آن یک بانداژ خواهم گذاشتم. Man bälä-e-än yak bandāzh khāhad gozäshtam. **Do we have any (more) bandages?** آیا ما بانداژ(دیگر) داریم؟ Äyä mä bandāzh (-e-deegar) därem? **Get (1) a bandage. / (2) some bandages.** ... (١) یک بانداژ... / (٢) یکمقدار بانداژ بیگیرید. (1) Yak bandāzh... / (2) Yak-meqdär bandāzh...bee-geered. **I'll get (1) a bandage. / (2) some bandages.** من (١) یک... / (٢) یکمقدار بانداژ خواهم گرفت. Man (1) yak... / (2) yak-meqdär... bandāzh khāham greft. **How's the bandage?** بانداژ زخم چطور است؟ Bandāzh-e-zakhem chetowr ast? **The bandage is (1) bloody. / (2) dirty. / (3) loose. / (4) okay. / (5) tight.** بانداژ زخم (١) خون آلود / (٢) کثیف / (٣) سست / (٤) درست / (٥) محکم است. Bandāzh-e-zakhem (1) khoon äalood... / (2) kaseef... / (3) sost... / (4) drost... / (5) mahkam... ast.
Band-aid n (trd nm) پلستر palastar
bandit n راهزن rähzan ★ **banditry** n راهزنی rähzanee
bandolier n قطار وزمه qatär wazma
bank n 1. (fin.) بانک bänk; 2. (river) لب کنار lab, kenär ~ **account** حساب بانکی hesäb-e-bänkee **river** ~ لب دریا lab-e-daryä **(village) seed** ~ بانک گدام bänk-e-godäm
banned adj منع شده mana' shoda **It's banned.** این منع شده است. Een mana' shoda ast.
banquet n مهمانی me-mänee, ضیافت zeyäfat
bar n 1. (small slab) قطعه خورد qet-e-khord, تخته خورد takhta-e-khord; 2. (rod) میله meela; 3. (coffee bar; tea bar) رستورانت کوچک rastoränt-e-kochak; سماوار samäwär ~ **of soap** کلچه صابون kolcha-e-säbon **candy** ~ توته شیرنی tota-e-sheernee, توته نبات tota-e-nabät **reinforcing** ~ (for concrete) میله استحکام meela-e-estehkäm, سیم گادر seem-e-gädar
barbecue n بریان beryän
barber n سلمانی salmänee, دلاک daläk
bare adj برهنه berahna, آشکار äshkär ~ **arm** بازوی برهنه bäzoo-yee berahna ~ **feet** پای برهنه päy-e-berahna ~ **hands** دستهای برهنه dast häy-e-berahna ~ **head** سر برهنه sar-e-berahna ~ **legs** پاهای برهنه pähäy-e-berahna ★ **barefoot** adv برهنه پا berahna pä, پای لچ päi loch **You shouldn't go around barefoot.** شما نباید هر طرف با پای برهنه بگردید. Shomä nabäyad har taraf bä päy-e-berahna begarded. ★ **bareheaded** adj با سربرهنه bä sar-e-berahna, سرلچ sarloch ★ **barely** adv تقریباً taqreeban, قریب qareeb
bargain vi معامله کردن ma'ämela kardan, جگره کردن jagra kardan **Try to bargain for a good price.** کوشش کنید که به یک قیمت خوب معامله کنید. Koshesh koned ke ba yak qeemat-e-khoob ma'ämela koned.

barge n باربری کیشتی *keshtee-e-bärbaree,* کیشتی باریك و دراز *keshtee-e-bäreek wa daräz* **transport by ~** انتقال ذریعه کیشتی باربری *enteqäl zarya'h-e-keshtee-e-bärbaree*

barley n جو *jow*

barn n ذخیره گاه *zakheera gäh,* انبار *ambär,* كهدان *kahdän*

barracks n, pl قشله سربازان *qeshla-e-sarbäzän* سرباز خانه *sarbäz khäna* **They're (1) building... / (2) going to build... barracks (for you).** آنها (برای شما) سربازخانه (۱) ...اعمار میکنند. / (۲) میخواهند اعمار کنند. *Anhä (baräy-e-shomä) sarbäz khäna (1) e'mär meykonand. / (2) mey-khähand e'mär konand.*

barred adj منع شده *mana' shoda* **~ from working** ازکار منع شده *az kär mana' shoda*

barrel n بیلر *beelar*

barrier n زنجیر *zanjeer,* راه بند *rä band,* مانع *mäne'* **concrete ~** مانع کانکریتی *mäne' känkareetee* **put up a road ~** یك مانع در مقابل سرك گذاشتن *yak mäne' dar moqäbel-e-sarak gozäshtan,* جاده مسدود کردن *jäde masdood kardan* **Put a barrier across the (1) entrance. / (2) road.** یك مانع در مقابل (۱) راه رو / (۲) سرك بگذارید. *Yak mäne' dar moqäbel-e-(1) rä row / (2) sarak beg-zäred.*

barter vt مبادله کردن *mobädela kardan* **Barter with them.** با ایشان مبادله کن. *Bä eeshän mobädela kon.* **Barter (1) this / (2) these for some (3) eggs. / (4) oil. / (5) rice. / (6) vegetables. / (7) wheat.** (۱) این / (۲) اینها را با قدری (۳) تخم ها / (٤) روغن / (٥) برنج / (٦) سبزیجات / (۷) گندم مبادله کنید. *(1) Een / (2) Eenhä rä bä qadree / (3) tokhom hä / (4) rooghan / (5) brenj / (6) sabzee-jät / (7) gandom mobädela koned.*

base n 1. *(basis)* پایه *päya;* 2. *(installation)* بنیاد *bonyäd,* اساس *assäs,* قرارگاه *qarärgäh* **air ~** قرارگاه هوایی *qarärgäh-e-hawäyee* میدان هوایی *maydän-e-hawäyee* **army ~** بنیاد اردو *bonyäd-e-ordoo* **~ of the cliff** سطح پرتگاه *satah partagä* **military ~** قرار گاه نظامی *qarärgäh-e-nezämee*

basement n زیرخانه *zeer khäna*

bashful adj ترسو *tarso,* خجول *khojool*

basic adj اساسی *asäsee,* اصلی *aslee,* بنیادی *bonyädee*

basin n تشت *tasht,* لگن *lagan* **wash ~** تشت شستشو *tasht-e-shostoshoo*

basket n سبد *sabad* **~ maker** سبد ساز *sabad säz* **laundry ~** سبد رخت شویی *sabad-e-rakht shoyee*

basketball 1. *(game)* باسکتبال *bäzee bäsketbäl;* 2. *(ball)* توپ باسکتبال *toop-e-bäsketbäl* **~ court** میدان باسکتبال *maydän-e-bäsketbäl* **~ hoop** حلقه باسکتبال *halqa-e-bäsketäl*

batch n یك پخت *yak pokht,* دسته *dasta,* بندل *bandal* **~ of messages** دسته از پیام *dasta-e-az payäm* **~ of papers** دسته کاغذ *dasta-e-käghaz*

bath n حمام *hamäm,* شستشو *shosteshoo* **give a ~** حمام دادن *hamäm dädan* **men's public ~** حمام مردانه *hamäm-e-mardäna* **take a ~** حمام گرفتن *hamäm greftan* **women's public ~** حمام زنانه *hamäm-e-zanäna*

bathe vi حمام کردن *hamäm kardan,* شستشو دادن *shosteshoo dädan,* غسل *ghosel* **Bathe (1) her / (2) him (in there).** (۱) او زن / (۲) او مرد را (در آنجا) غسل دهید. *(1) O zan / (2) O mard rä (dar änjä) ghosel dehed.*

bathrobe n لباس حمام *lebäs-e-hamäm,* کوت حمام *koot-e-hamäm*

bathroom n *(in the meaning of toilet)* غسل خانه *ghosol khäna,* تشناب *tashnäb,* **Where's the bathroom?** تشناب کجا است؟ *tashnäb kojä ast?* **The bathroom is (1) (over) there. / (2) downstairs. / (3) upstairs.** غسل خانه در (۱) آنجا / (۲) پاهین دهلیز / (۳) بالاهی دهلیز است. *Tashnäb dar (1) änjä... / (2) päheen-e-dahleez... / (3) bälä-e-dahleez... ast.*

bathtub *n* تب‌ *tap*
battery *n* باتّی *bältee*, بتری *betree* **car ~** بتری موتر *betree-e-motar* **flashlight ~** بتری چراغ دستی *betree-e-cherägh-e-dastee* **radio ~** بتری رادیو *betree-e-rädyo* **truck ~** بتری موتر لاری *betree-e-motar-e-läree* **The battery is** *(1)* **dead.** / *(2)* **new.** / *(3)* **old.** بتری (١) بیکاره / (٢) نو / (٣) کهنه است. *Betree (1) bekära / (2) now / (3) kohna ast.* **You need to** *(1)* **recharge** / *(2)* **replace the battery.** شما ضرورت دارید تا بتری را (١) دوباره چارج. / (٢) تبدیل کنید. *Shomä zaroorat däred tä betree rä (1) dobära chärch. / (2) tabdeel koned.* **Where can** *(1)* **I** / *(2)* **we buy some batteries?** از کجا (١) من میتوانم... / (٢) ما میتوانیم... بتری (١) بخرم؟ / (٢) بخریم؟ *Az kojä (1) man meytawänam... / (2) mä mey-tawänem... betree (1) bekharam? / (2) bekharem?*
battle *n* جنگ *jang* **There's a battle going on.** در آنجا جریان جنگ دارد *Dar änjä jang jeryän därad.*
bazaar *n* بازار *bäzar* **money ~** بازار پول *bäzär-e-pool* **Go to the bazaar and buy *(item[s])*.** بازار برو ید و (__) بخرید. *Bäzär berawed wa (__) bekhared.* **Let's go to the bazaar.** بیاید که بازار برویم. *Beeyäyed ke bäzar berawem.*
be *vi* بودن *bodan* **I** *(1)* **am.** / *(2)* **am not.** من (١) هستم. / (٢) نیستم. *Man (1) hastam. / (2) neestam.* **Is** *(1)* **he** / *(2)* **she** / *(3)* **it** *(4)* **here?** / *(5)* **there?** آیا (١) او مرد / (٢) او زن / (٣) این (٤) اینجا / (٥) آنجا است؟ *Äyä (1) o mard / (2) o zan / (3) een (4) eenjä / (5) änjä ast? (1)* **He** / *(2)* **She** / *(3)* **It** *(4)* **is** / *(5)* **isn't** *(6)* **here.** / *(7)* **there.** (١) او مرد / (٢) او زن / (٣) این (٦) اینجا / (٧) آنجا (٤) است. (٥) نیست. *(1) O mard / (2) O zan / (3) Een (6) eenjä / (7) änjä (4) ast. / (5) neest.* **Are you** *(1)* **here?** / *(2)* **there?** آیا شما (١) اینجا / (٢) آنجا هستید؟ *Äyä shomä (1) eanjä / (2) änjä hasted?* **Are they** *(4)* **here?** / *(5)* **there?** آیا آنها (١) اینجا / (٢) آنجا هستند؟ *Äyä änhä (1) eenjä / (2) änjä hastand?* **We** *(1)* **are** / *(2)* **aren't** *(3)* **here.** / *(4)* **there.** ما (٣) اینجا / (٤) آنجا (١) هستیم. / (٢) نیستیم. *Mä (3) enjä / (4) änjä (1) hastem. / (2) neesteem.* **You** *(1)* **are** / *(2)* **aren't** *(3)* **here.** / *(4)* **there.** شما (٣) اینجا / (٤) آنجا (١) هستند. / (٢) نیستید. *Shomä (3) eenjä / (4) (änjä) (1) hasted. / (2) neested.* **They** *(1)* **are** / *(2)* **aren't** *(3)* **here.** / *(4)* **there.** آنها (٣) اینجا / (٤) آنجا (١) هستند. / (٢) نیستند. *Anhä (3) eenjä / (4) änjä (1) hastand. / (2) neestand.* **Was** *(1)* **he** / *(2)* **she** / *(3)* **it** *(4)* **here?** / *(5)* **there?** آیا (١) او مرد / (٢) او زن / (٣) این (٤) اینجا / (٥) آنجا بود؟ *Äyä (1) o mard / (2) o zan (3) een (4) eenjä / (5) änjä bod? (1)* **He** / *(2)* **She** / *(3)* **It** *(4)* **was** / *(5)* **wasn't** *(6)* **here.** / *(7)* **there.** (١) او مرد / (٢) او زن / (٣) این (٦) اینجا / (٧) آنجا (٤) بود. / (٥) نبود. *(1) O mard / (2) O zan / (3) Een (6) eenjä / (7) änjä (4) bod. / (5) nabod.* **Were you** *(1)* **here?** / *(2)* **there?** آیا شما (١) اینجا / (٢) آنجا بودید؟ *Äyä shomä (1) eenjä / (2) änjä boded?* **I** *(1)* **was** / *(2)* **wasn't** *(3)* **here.** / *(4)* **there.** من (٣) اینجا / (٤) آنجا من (١) بودم./ (٢) نبودم. *Man (3) eenjä / (4) änjä (1) bodam. / (2) nabodam.* **We** *(1)* **were** / *(2)* **weren't** *(3)* **here.** / *(4)* **there.** ما (٣) اینجا / (٤) آنجا (١) بودیم. / (٢) نبودیم. *Mä (3) enjä / (4) änjä (1) bodem. / (2) nabodem.* **Were they** *(1)* **here?** / *(2)* **there?** آیا آنها (١) اینجا / (٢) آنجا بودند؟ *Äyä änhä (1) eenjä / (2) änjä bodand?* **They** *(1)* **were** / *(2)* **weren't** *(3)* **here.** / *(4)* **there.** آنها (٣) اینجا / (٤) آنجا (١) بودند. / (٢) نبودند. *Anhä (3) eenjä / (4) änjä (1) bodand. / (2) nabodand.* **You** *(1)* **were** / *(2)* **weren't** *(3)* **here.** / *(4)* **there.** شما (٣) اینجا / (٤) آنجا (١) بودید. / (٢) نبودید. *Shomä (3) eenjä / (4) änjä (1) boded. / (2) naboded. (1)* **I** / *(2)* **He** / *(3)* **She** / *(4)* **It** / *(5)* **We** / *(6)* **You** / *(7)* **They will be** *(8)* **here.** / *(9)* **there.** (١) من / (٢) او مرد / (٣) او زن / (٤) این / (٥) ما / (٦) شما / (٧) آنها (٨) اینجا / (٩) آنجا خواهد (١) بودم. (٤،٣،٢) بود. (٥) بودیم. (٥) بودید. (٧) بودند. *(1) Man / (2) O mard / (3) O zan / (4) Een*

beam / (5) Mä / (6) Shomä / (7) Änhä (8) eenjä / (9) änjä khähad (1) bodam. / (2,3,4) bod. / (5) bodem. / (6) boded. / (7) badand. **Be ready at six AM.** ششّ قبل از ظهر آماده باش. Shash-e-qabel az zohr ämäda bäshed. **Don't be afraid.** نترسید. Natarsed.

beam n (const.) گادر gädar; میله meela, **6-by-6** (~) (گادر) 6 بر 6 shash-e-bar-shash (gädar) **steel** ~ میله فولادی meela folädee **wooden** ~ میله چوبی meela choobee

bean n لوبیا loobeyä **coffee** ~s دانه های قهوه däna häyee qahwa **kidney** ~s لوبیا سرخ loobeyä-e-sorkh **green** ~s لوبیا تازه loobeyä-täza

beard n ریش reesh **bearing** n (automot.) بوربرنگ (تعداد گلوله های فلزی در بین یک حلقه متحرک) bor-breng (Te'däd-e-glola häyee flezee dar bayn-e-yak halqa-e-motahrek)

beat vt لت و کوب کردن lat wa kob kardan **be beaten** زده شده zada shoda, لت کوب شده lat wa kob shoda **Did they beat** (1) **you?** / (2) **him?** / (3) **her?** / (4) **them?** آیا آنها (1) شما / (2) او مرد / (3) او زن / (4) آنها را لت و کوب کردند؟ Äyä änhä (1) shomä / (2) o mard / (3) o zan / (4) änhä rä lat wa kob kardand? **They beat** (1) **me** / (2) **him** / (3) **her** / (4) **them (badly).** آنها (1) من / (2) او مرد / (3) او زن / (4) آنها را لت و کوب (بطور بد) کردند. Änhä (1) man / (2) o mard / (3) o zan / (4) änhä rä lat wa kob (batowr-e-bad) kardand. **Don't beat...** / (2) **Stop beating...** (3) **him.** / (4) **her.** / (5) **them.** (1) آنها (5) او زن / (4) او مرد / (3) لت و کوب مکنید. / (2) لت و کوب را بس کن. (3) Omard / (4) O zan / (5) Änhä rä (1) lat wa kob makoned. / (2) lat wa kob rä bas kon. ★ **beating** n زدن zadan, لت و کوب lat wa kob **give a** ~ زدن دادن zadan dädan

beautiful adj مقبول maqbool, قشنگ qashang, زیبا zeebä

because conj زیرا zeerä, بخاطریکه bakhäteree-ke, چون که choon-ke

become vi شدن shodan

bed n بستر bestar, تخت خواب takht-e-khäb **bunk** ~ تخت خواب دومنزله takht-e-khäb-e-do manzela **double** ~ تخت خواب دو نفری takht-e-khäb-e-dona-faree **go to** ~ به خواب رفتن ba khäb raftan **hospital** ~ بستر شفاه خانه bester-e-shafäh khäna **river** ~ سطح دریا satah daryä **rope-mattress** ~ روی دوشک roye doshak **single** ~ تخت خواب یک نفری takht-e-khäb-e-yak nafaree (1) **Make...** / (2) **Put...** / (3) **Set up...** **the** (4) **bed** / (5) **beds** ([6] **here** / [7] **there).** (4) تخت خواب را... / (5) تخت های خواب را... ([6] اینجا / [7] آنجا). (1) بساز. / (2) بگذار. / (3) ترتیب کن. (4) Takht-e-khäb rä... / (5) Takht häy-e-khäb rä... ([6] eenjä / [7] änjä) (1) besäz. / (2) begzä. / (3) tarteeb kon. (1) **Put** / (2) **Lay** (3) **him** / (4) **her in** (5) **this** / (6) **that bed.** (3) او مرد / (4) او زن / (5) او زن را در (5) این / (6) آن بستر (1) بگذارید. / (2) بخوابانید. O zan rä dar (5) een / (6) han takht-e-khäb (1) begzäred. / (2) bekhwäbäned. **Get in bed.** در بستر بروید. Dar bestar berawed. ★ **bedbug** n حشره که در بستر میباشد. Hashara-e-ke dar bestar mey-bäshad. ★ **bedding** n لوازم خواب lawäzem-e-khwäb **Do they have (enough) bedding?** آیا آنها (به قدری کافی) لوازم خواب دارند؟ Äyä änhä (ba qadree-e-käfee) lawäzem-e-khäb därand? **Get some bedding for them.** برای آنها قدری لوازم خواب بیارید. Baräy-e-änhä yak meqdär lawäzem-e-khäb bee-yäred. **Give them some bedding.** آنها را یک قدری لوازم خواب بدهید. Änhä rä yak qadree lawäzem-e-khäb bedehed. ★ **bedpan** n لگن بیمار بستری lagan-e-beemär-e-bestaree ★ **bedroll** n بستره سیار bestara-e-sayär. ★ **bedroom** n اطاق خواب otäq-e-khäb ★ **bedside** n کنار بستر kenär-e-bestar **Let** (1) **her** / (2) **him** / (3) **them stay by** (4) **her** / (5) **his bedside.** اجازه دهید (1) او زن / (2) او مرد / (3) آنها را تا در کنار بستر (4) اوزن / (5) اومرد (2,1) باشد (3) باشند Ejäza

bedsore 36 **begin**

deheed (1) o zan / (2) o mard / (3) änhä rä tä dar kenär-e-bestar-e- (4) o zan / (5) o mard (1,2) bäshad. / (3) bäshand. **You can stay by** *(1)* **her** */ (2)* **his bedside.** شما میتوانید در کنار بستر (۱) او زن / (۲) او مرد باشید. *Shomä mey-tawäned dar kenär-e-bestar-e (1) o zan / (2) o mard bäshed.* ★ **bedsore** *n* داغی که بعد از بیماری در اثر فشار متواتر بستر بالای جلد بیمار باقی میماند *Dägh-e-ke bahd az beemäree dar asar feshär-e-motawäter-e-bestar bäläy-e-jold beemär bäqee may-mänad.*

bee *n* زنبور عسل *zanboor-e-a'sal*

beef *n* گوشت گاو *goosht-e-gow* **ground ~** کوفته گوشت گاو *koofta-e-goosht-e-gow*

beehive *n* کندو *kando,* کندو عسل *kando-e-a'sal*

beer *n* بیر *beer*

beetle *n* قانغوزک *qän-ghozak*

before *prep* پیش از *peysh az,* قبل از *qabl az* **~ long** قبل از مدت زیاد *qabl az modat-e-zeeyäd* **the day ~ yesterday** روز قبل از دیروز *rooz-e-qabl az deerooz,* پریروز *paree-rooz (1)* **He** */ (2)* **She is...** */ (2)* **They're... before you.** (۱) او مرد / (۲) او زن / (۳) آنها قبل از شما (۲،۱) است. / (۳) هستند. *(1) O mard / (2) O zan / (3) Änhä qabl az shomä (1,2) ast. / (3) hastand.* ★ *adv* پیش *peysh,* قبل *qabel,* پیش تر *peyshtar* **the same as ~** مانند پیش *mänand-e-peysh,* مانند قبل *mänad-e-qabel* **Have you been there before?** آیا شما قبلاً آنجا بودید؟ *Äyä shomä qablan änjä boded?* **I** *(1)* **have** */ (2)* **haven't been there before.** من قبلاً آنجا (۱) بودم / (۲) نبودم. *Man qablan änjä (1) bodam / (2) nabodam.* **Wash your hands before you** *(1)* **eat.** */ (2)* **handle food.** (۱) به غذا دست هایتان را بشوید قبل از اینکه (۲) دست بزنید. *Dast häyee-e-tän rä beshohed qabel az een ke (1) ghezä mey-khored. / (2) ba ghezä dast bezaned.* **Before I go, give me** *(1)* **a list.** */ (2)* **your address.** پیش از اینکه من بروم، برایم (۱) یک لست. / (۲) آدرس تان را بدهید. *Peysh az een ke man berawam, baräyam (1) yak lest... / (2) ädras-e-tän rä... bedehed.*

beg *vt (implore)* خواهش کردن از *khähesh kardan az,* درخواست کردن *dar-khäst kardan* **I beg you (not to do it).** من از شما خواهش میکنم (که آن را انجام ندهید). *Man az shomä khähesh meykonam (ke än rä anjäm nadehed).* ★ *vi (solicit alms)* گدایی کردن *gadähee kardan* ★ **beggar** *n* گدا *gadä* ★ **beggary** *n* گدایی *gadähee*

begin *vt* شروع کردن *shrow kardan,* آغاز کردن *äghäz kardan* **Begin feeding them at** *(time)*.. غذا دادن آنها را در (___) آغاز کنید. *Ghezä dädan änhä rä dar (___) ägäz koned.* **When will they begin** *(1)* **construction?** */ (2)* **work?** آنها چه وقت به (۱) ساختمان / (۲) کار شروع خواهند کرد *Änha chee waqt ba (1) säkhatmän / (2) kär shoro khähand kard* **How soon do you want to begin?** چقدر زود شروع می کنید؟ *Chekadar zood shoro' mey-koned? (1)* **He** */ (2)* **She is beginning to get better.** (۱) و مرد /(۲) و زن به بهتر شدن شروع می نماید. *(1) O mard / O zan ba behtar shodan shoro' mey-namäyad.* **It's beginning to** *(1)* **heal.** */ (2)* **look a lot better.** آن به (۱) شفایافتن / (۲) بهبودی آغاز میکند. *An ba (1) shefäyäftan / (2) behboodee äghäz mey-konad.* ★ *vi* آغازگردیدن *äghäz gardeedan,* شروع شدن *shrow shodan* **What time does it begin?** چه وقت شروع می شود؟ *Chee waqt shoro mey-shawad?* **When do your classes begin?** درس های شما چه وقت شروع می شود؟ *Dars ha-ye-shoma chee waqt shoro mey-shawad? (1)* **It** */ (2)* **The class** */ (3) The meeting / (4)* **Work begins at** *(time)*. (۱) آن / (۲) درس (۳) جلسه / (٤) (۱) کار به (___) شروع می شود. *(1) An / (2) Dars / (3) Jalsa / (4) Kar...*

beginning ba (___) shoro' mey-shawad. ★ **beginning** n شروع shoroo, آغاز äqäz **in the ~** در ابتدا dar ebtadä It's difficult in the beginning. ان در شروع دشوار ميباشد. Än dar shoro doshwär mey-bäshed

behave vi (act properly) درست رفتار کردن drost raftär kardan, درست سلوک کردن drost solook kardan Make the children behave. رفتار اطفال را درست بسازيد. Raftär-e-atfäl rä drost besäzeed. I want you children to behave. من ميخواهم شما اطفال رفتار درست نمايد. Man may-khäham shomä atfäl raftär-e-drost nomäyed. ★ **behavior** n رفتار raftär good ~ رفتار نيک raftär-e-neek, رفتار خوب raftär-e-khoob We can't have bad behavior here. ما نمتوانيم اينجا رفتار خراب داشته باشيم. Mä namey-tawänem eenjä raftär-e-kharäb däshta bäshem.

behind prep پشت posht, عقب a'qeb, درعقب dar a'qab-e-; پس pas ~ **schedule** خارج از برنامه khärej az bar-näma It's behind the (1) **building.** / (2) **house.** / (3) **tent.** اين در پشت (1) تعمير / (2) خانه / (3) خيمه است. Een dar posht-e (1) ta'meer / (2) khäna / (3) khayma ast. ★ adv عقب a'qab پشت سر posht-e-sar Stay (close) behind (1) **me.** / (2) **one another.** / (2) **the vehicle in front of you.** (نزديک) در پشت (1) من... / (2) يکديگر... / (3) موتری (Nazdeek) dar posht-e- (1) man.... / (2) yak deegar.... / (3) mootar-e-ke dar moqäbel-e-tän ast... qarär däshta bäshed.

belief n 1. (faith) عقيده a'geeda, ايمان eemän; 2. (opinion) گمان gomän **I respect your beliefs. (Please respect mine.)** من به عقيده شما را احترام ميکنم. (لطفاً شما عقيده من را احترام کنيد.) Man a'qeeda-e-shomä rä ehteräm mey-konam. (Lotfan shomä a'qeeda-e-man rä ehteräm koned.) ★ **believe** vt 1. (accept) باور داشتن bäwar dästan, اعتماد داشتن e'temäd däshtan; (think, suppose) فکر کردن feker kardan; 2. (have faith) ايمان داشتن eemän däshtan, عقيده داشتن a'qeeda däshtan (1) **I** / (2) **we believe** (3) **her.** / (4) **him.** / (5) **it.** / (6) **them.** / (7) **you.** (1) من به / (2) ما به (3) او / (4) او زن / (5) اين / (6) آنها / (7) شما اعتماد (1) دارم. / (2) داريم. (1) Man ba / (2) Mä ba (3) o zan / (4) o mard / (5) een / (6) änhä / (6) shomä e'temäd (1) däram. / (2) därem. (1) **I** / (2) **we don't believe** (3) **her.** / (4) **him.** / (5) **it.** / (6) **them.** / (7) **you.** (1) من به / (2) ما به (3) او / (4) او زن / (5) مرد / (6) آنها / (7) شما اعتماد (1) ندارم. / (2) نداريم. (1) Man ba... / (2) Mä ba... (3) o zan / (4) o mard / (5) een / (6) änhä / (6) shomä e'temäd (1) nadäram. / (2) nadärem. **Do you believe it?** آيا شما اين را باور ميکنيد؟ Äyä shomä een rä bäwar mey-koned?

bell n زنگ zang **Ring the bell.** زنگ را بزنيد. Zang rä bezaned.

belly n شکم shekam ★ **bellybutton** n ناف näf

belong vi تعلق داشتن ta'loq däshtan, متعلق بودن mota'leq bodan, وابسته بودن wäbasta bodan **Who does this belong to?** اين به کی تعلق دارد؟ Een ba kee ta'loq därad? **Does this belong to** (1) **her?** / (2) **him?** / (3) **them?** / (4) **you?** آيا اين به (1) او / (2) او زن / (3) مرد / (4) آنها / (4) شما تعلق دارد؟ Äyä een ba (1) o zan / (2) o mard / (3) änhä / (4) shomä ta'loq därad? **It** (1) **belongs** / (2) **doesn't belong to** (3) **her.** / (4) **him.** / (5) **me.** / (6) **them.** / (7) **us.** / (8) **you.** اين به (3) او / (4) او زن / (5) مرد / (6) من / (7) آنها / (7) ما / (8) شما تعلق (1) دارد. / (2) ندارد. Een ba (3) o zan / (4) o mard / (5) man / (6) änhä / (7) mä / (8) shomä ta'loq (1) därad. / (2) nadärad. ★ **belongings** n, pl متعلقات motahleqät, اسباب asbäb (1) **Get** / (2) **Take all your belongings.** با خود تمام متعلقات تان را (1) بگيريد. / (2) بياوريد. Tamäm-e-motahleqät tän rä (1) begreered. / (2) bä khod beyäwared.

below prep زير zeer; پائين تر از päheen tar az; کوچک تر از kochak tar az ~

below   **beware**

average اوسط از تر پائین *päheen tar az howsat* ~ **normal** حد از تر کوچک *kochak tar az had-e-tabe'yee* It's ten degrees below zero (Centigrade). است صفر از تر پائین (سانتیگریت) درجه ده *Dah daraja (säntee-grayt) päheen tar az sefer ast.* ★ **below** *adv* زیر *zeer,* پائین *päheen* **Go below.** بروید پائین *Päheen berawed.*

belt *n* کمربند *kamarband,* بند *band;* ردیف *radeef,* خط *khat* **alternator** ~ ردیف متغیر *radeef-e-motaghayer,* متغیر خطوط *khotoot-e-motaghayer* **fan** ~ بند پکا باد *band-e-bäd paka* **seat** ~ چوکی کمربند *kamarband-e-chowkee* (1) موتر (2) / طیاره *motar / (2) tayära* (1) (car) / (2) (airplane)

bench *n* چوکی دراز *daräz chowkee*

bend *vt* 1. کردن خم *kham kardan;* 2. کردن قات *qät kardan* **Bend it.** اش قات *Qät ash koned.* ★ *vi* شدن خم *kham shodan,* شدن قات *qät shodan* **Bend over.** شو خم *Kham sho.* **Can you bend over?** شوید؟ خم میتوانید آیا *Äyä mey-tawäned kham shawed?*

beneath *prep* زیر *zeer,* زیر در *dar zeer,* تحت *taht-e* It's beneath the (1) bed. / (2) rug. است قالینچه (2) /بستر (1) زیر در این *Een dar zeer-e (1) bestar / (2) qäleencha ast.*

beneficial *adj* مفید *mofeed,* سودمند *sodmand* It's very beneficial (for your health). است مفید بسیار شما صحت برای)این *Een (baräye sehat-e-shomä). beesyar mofeed ast.* ★ **benefit** *n* فایده *fäyda,* مفاد *mafäd* It / (2) This is for (3) your benefit. / (4) your family's benefit. (۳) برای این (۲) / این (۱) (٤) / شماست مفاد (۱) شماست فامیل مفاد *Een ast baräy-e- (2) mafäd shomä ast / (3) mafäd-e-fameel shomä ast.*

bent *adj* خمیده *khameeda,* شده قات *qät shoda* It's bent (out of shape). (به) این است خمیده (خراب شکل با *Een (ba shakel-e-kharäb) khameeda ast.*

benzene *n* بنزین *benzeen*

berry *n* توت *toot* Can a person eat those berries? ها توت آن از کسی آیا میتواند؟ خورده *Äyä kasee az än toot hä khorda mey-tawänad?*

beside *prep* پهلوی *pahloyee,* کنار *kenär* It's beside the (1) bed. / (2) computer. / (3) door. / (4) lamp. (۳) / کمپیوتر (۲) / بستر (۱) کنار در این است چراغ (٤) / دروازه *Een dar kenär-e (1) bestar / (2) kampyootar / (3) dar-wäza / (4) cherägh ast.* ★ **besides** *adv* این از گذشته *gozashta az een,* علاوه بر *bar a'läwa* **Besides, you're too sick.** مریض بسیار شما ،این از گذشته هستید *Gozäshta az een, shomä beesyar mareez hasted.*

best *adj* بهترین *behtareen,* ترین خوب *khoobtareen*

bet *vi* بستن شرط *shart bastan* I'll bet it (1) rains. / (2) snows. که میبندم شرط ببارد برف (۲) / ببارد باران (۱) *Shart mey-bandam ke (1) bärän / (2) barf bobä-rad.* **You bet!** 1. (of course) !ببندد شرط *Shart beband!;* 2. (You're welcome.) .ندارد ارزشی *Arzeshee nadärad.*

better *adj* بهتر *behtar,* خوبتر *khoobtar* That's better. است خوبتر آن *Än khoobtar ast.* **Do you know a better way?** میدانید؟ را بهتر راه کدام شما آیا *Äyä shomä kodam räh-e-behtar rä mey-däned?* **Do you feel better?** آیا هستید؟ خوب شما *Äyä shomä khoob hasted?* **I feel better.** هستم خوب از من *Man khoob hastam.*

between *prep* میان *me-eyän,* بین در *dar-bayn* It's between the office and the supply tent. است اکمالات یی خیمه و دفتر بین در این *Een dar bayn-e daftar wa khayma-e-ekmälät ast.* **What's the difference between (what) and (what)?** چی است؟ ( ) و ( ) میان فرق *Farq meyän-e-een ( ) wa ( ) än chee ast?*

beverage *n* نوشابه *noshäba,* شربت *sharbat*

beware *vi* شدن متوجه *motawaje shodan* Beware of the mines (on the side of the road). باشید ها ماین متوجه (سرک جناح در) *(Dar janäh-e-sarak) mota-*

waje mäyn hä bäshed.
beyond *prep* آن سوی *än soy,* آن طرف *än taraf* **It's beyond the** *(1)* **hill.** / *(2)* **river.** / *(3)* **town.** / *(4)* **village.** این آنطرف (١) تپه / (٢) دریا / (٣) شهر / (٤) قریه است. *Een äntaraf-e (1) tapa / (2) daryä / (3) shahr / (4) qarya ast.*
Bible *n* انجیل *enjeel*
bicycle *n* بایسکل *bäysekel* ~ **chain** چین بایسکل *cheyn-e-bäysekel* ~ **handle bars** هندل بایسکل *handal-e-bäysekel* ~ **peddle** پایدل بایسکل *päydal-e-bäysekel* ~ **seat** زین بایسکل *zeen-e-bäysekel* ~ **tire** تایر بایسکل *täyr-e-bäysekel* ~ **wheel** چرخ بایسکل *charkh-e-bäysekel* **ride a** ~ بایسکل راندن *bäysekel randan* **Can I use your bicycle?** آیا من میتوانم بایسکل شما را استفاده کنم؟ *Äyä man mey-tawänam bäysekel shomä rä estefäda konam?*
big *adj* بزرگ *bozorg* **bigger** بزرگتر *bozorgtar* **biggest** بزرگترین *bozorgtareen* ~ **mistake** اشتباه بزرگ *eshtebä-e-bozorg* **How big is it?** این چقدر بزرگ است؟ *Een cheqadar bozorg ast?*
bill *n* صورت حساب *soorat-e-hesäb,* بل *bel* ~ **of lading** صورت حساب انتقال بار *soorat-e-hesäb-e-enteqäl-e-bär* **pay the** ~ صورت حساب را تصفیه کردن *soorat-e-hesäb rä tasfeya kardan* **How much is the bill?** صورت حساب اش چقدر است؟ *Soorat-e-hesäb ash cheqadar ast?*
bin *n* صندوق *sandoq* **grain** ~ صندوق حبوبات *sandoq-e-hobobät* **laundry** ~ سبد رخت شویی *sabad-e-rakht shoyee*
binoculars *n, pl* دور بین *door-been*
biohazard *n* خطر آلودگی *khatar-e-älodagee*
biological *adj* بیولوژیکی *beeolozheekee* ~ **agent** عناصر بیولوژیکی *a'näsar-e-beeolozheekee*
biopsy *n* گرفتن پارچه از موجود زنده *greftan-e-pärcha az mowjood-e-zenda* بافت برداری *bäft bardäree,* **do a** ~ بافت برداری کردن *bäft bardäree kardan*
biotoxin *n* ماده بیولوژیکی زهری *mäda-e-beeolozheekee zahree*
bird *n* پرنده *parenda,* مرغ *morgh* **migration route for** ~**s** مسیر هجرت پرندگان *maser-e-hejrat-e-parendagän* **wild** ~ پرنده وحشی *parenda-e-wahshee* **Were you in contact with the** *(1)* **bird?** / *(2)* **birds?** آیا با (١) پرنده / (٢) پرندگان تماس دارید؟ *Äyä bä (1) parenda / (2) parendagän tamäs dared?* *(1)* **How** / *(2)* **When** / *(3)* **Where did you come in contact with the (infected) birds?** (١) چگونه / (٢) چی وقت / (٣) در کجا با پرندگان (مصاب به مرض) تماس پیدا کردید؟ *(1) Chegona... / (2) Chee waqt... / (3) Dar kojä... bä parendagän (mosäb ba maraz) tamäs paydä karded?* **Please report any cases of sick or dead birds.** لطفا هر نوع قضیه پرندگان مریض یا مرده را اطلاع دهید. *Lotfan har nowa' qazya-e-parendagän-e-mareez yä morda rä etläh dehed.* **Keep the birds away.** پرنده گان را دور نگهدارید. *Parendagän rä door negadäred.*
birth *n* تولد *tawalod,* پیدایش *peedä-eesh* ~ **certificate** اسناد تولد *asnäd-e-tawalod* ~ **control** جلوگیری از حمل *jelawgeree az hamel* **date of** ~ تاریخ تولد *täreekh-e-tawalod* **give** ~ تولد دادن *tawalod dädan* **place of** ~ محل تولد *mahal-e-tawalod* **register the** ~ **(of a baby)** تولد (یک کودک) را ثبت کردن *tawalod (-e-yak kodak) rä sapt kardan* ★ **birthday** *n* روز تولد *rooz-e-tawalod* ~ **cake** کیک روز تولد *keyk-e-rooz-e-tawalod* ~ **gift** تحفه روز تولد *tohfa-e-rooz-e-tawalod* ~ **party** محفل روزتولد *mahfel-e-rooz-e-tawalod* **Happy birthday!** روز تولد تان مبارک! *Rooz-e-tawalod tän mobärak!* ★ **birthmark** *n* نشان تولد *neshän-e-tawalod*
biscuit *n* بسکیت *beskeet* **high-energy** ~ بیسکیت مقوی *beskeet-e-moqawee*
bit *n* توته *tota* **drill** ~ پل برمه *pal-e-barma.* **Just a (small) bit.** صرف یک توته (کوچک). *Serf yak tota (kochak).* **I speak** *(1)* **Dari** / *(2)* **Farsi** / *(3)*

Pashto / (4) **Urdu a little bit.** اردو (٤) / پشتو (٣) / فارسی (٢) / دری (١) من
کم ذره صحبت کرده میتوانم. *Man (1) daree / (2) färsee / (3) pashtoo / (4) ordo kam zara sohbat karda mey-tawänam.*
bite *vt* زدن چک *chak zadan,* زدن گز *gazeedan,* زدن نیش *neesh zadan* **A dog bit** (1) **her.** / (2) **him.** / (3) **me.** را من (٣) / را مرد او (٢) / را زن او (١) سگ
چک کند. *Sag (1) o zan rä / (2) o mard rä / (3) man rä chak kand.* **A snake bit** (1) **her.** / (2) **him.** / (3) **me.** را من (٣) / را مرد او (٢) / را زن او (١) مار
گزید. *Mär (1) o zan / (2) o mard / (3) man rä gazed.* ★ *n (place bitten)*
گزیدگی *gazeedagee,* گزیده جای *jä-ye gazeeda* **mosquito** ~ پشه گزیدگی
gazeedagee-ye-pasha **snake** ~ گی مارگزیده *mär gazeedahgee*
bitter *adj* تلخ *talkh,* تیز *teez*
black *adj* سیاه ~ **eye** کبود چشم *chashm-e-kabood* ~ **market** سیاه بازار
bazär-e-seyä **It** (1) **is** / (2) **was black.** بود. (٢) / است. (١) سیاه این *Een seyä (1) ast.* / (2) *bod.* **They** (1) **are** / (2) **were black.** (٢) هستند. (١) سیاه آنها
بودند. *Anhä seyä (1) hastand.* / (2) *bodand.* ★ **black-and-blue** *adj* و سیاه
آبی *seyä wa äbee* ~ **mark** سیاه نشان *neshän-e-seyä,* بد نام *näm-e-bad*
blackboard *n* سیاه تخته *takhta-e-seyä* **Come to the blackboard.** مقابل پیش
بیاید. تخته *Peesh-e-takhta beeyäyed.* **Write on the blackboard.** تخته بالای
نوشته کنید. *Bälä-e-takhta naweshta koned.* **Erase the blackboard.** را تخته
پاك كنید. *Takhta rä päk koned.*
blacksmith *n* آهنگر *ä-hangar*
bladder *n* 1. *(phys.)* مثانه *masäna,* آبدان *äbdän*; 2. *(large pouch for holding water)* مشک (کیسه بزرگ برای نگهداشتن اب) *moshak (keese bozoorg baräye nega-dästhan-e-äb)* **plastic water** ~ اب پلاستیکی مشک *moshak-e-paläs-teekee-ye-äb* **weak** ~ ضعیف مثانه *masäna-e-za'eef*
blade *n* تیغ *teegh* **box cutter** ~ صندوق بریدن برای تیغ *teegh baräye boreedan-e-sandoq* **knife** ~ چاقو تیغ *teegh-e-chäqoo,* گارد تیغ *teegh-e-kärd* **razor** ~ پل تیغ *teegh-e-pal* **saw** ~ اره تیغ *teegha-e-ara*
blank *n* خالی *khälee;* خالی جای *jäy-khälee* **Write the correct word in the blanks.** نوشته کنید. خالی جای در را مناسب لغت *Loghat-e-monäseb rä dar jäy khälee nawesta koned.*
blanket *n* پتو *patoo,* کمپل *kampal* **baby** ~ طفل کمپل *kampal-e-tefel* **horse** ~ اسپ جل *jol-e-asp* **wool** ~ پشمی کمپل *kampal-e-pashmee*
blast *n* انفجار *enfejär,* وزش *wazeesh,* بلند صدای *sadä-e-beland* **huge** ~ انفجار
بزرگ *enfejär-e-bozorg*
bleach *n* بلیچ (دوای پاك کننده) *bleech (dawäy safed konenda)* **Use bleach (on the sheets).** استعمال کنید. بلیچ (در این روی جاهی) *Bleech (dar een roy jähee) esta'mäl koned.* **Clean it with a mixture of water and bleach.** مخلوط با
اب و بلیچ پاك نمایید. *Bä makhloot-e-äb wa bleech päk namäyed.* **Make a mixture of water and bleach.** یک مخلوط اب و بلیچ بسازید. *Yak makhloot-e-äb wa bleech besäzed.* **Add a quarter of a cup of bleach to each tub.** در هر تپ یك چهارم حصه یك گیلاس بلیچ را علاوه کنید. *Dar har tap yak-e-chärom hesa-e-yak geläs bleech rä a'läwa koned.*
bleed *vi* داشتن ریزی خون *khoon reezee dähtan* (1) **He** / (2) **She is bleeding.** او زن (٢) / او مرد (١) خون ریزی دارد. *(1) O mard / (2) O zan khoon-reezee därad.* ★ **bleeding** *n* خونریزی *khoon reezee* **Stop the bleeding.** خونریزی را بس کنید. *Khoon reezee rä bas koned.*
bless *vt* 1. *(protect)* محافظت کردن *mohäfezat kardan;* 2. *(have mercy)* آمرزیدن
ämorzeedan **God bless you!** خدا وند شما را بیامرزد! *Khodäwand shomä rä beyämorzad! (1,2)* **Bless you!** *(when s.o. sneezes)* (1)مسعود باشید!
Mas'ood bäshed! / (2) محافظ باشید! *Mohäfez bäshed!*
blind *adj* کور *koor,* نابینا *näbeenä* **partially** ~ کور اندازه یك تا *tä yak andaza*

blister | 41 | **blow up**

koor Is *(1)* he / *(2)* she blind? آیا (1) او مرد / (2) او زن نابینا است؟ *Äyä (1) o mard / (2) o zan näbeenä ast?* *(1)* He / *(2)* She is blind (in one eye). (1) او مرد / (2) او زن نابینا است (از یک چشم). *(1) O mard / (2) O zan näbeenä ast (az yak chashem)*
blister n آبله *äbla* ★ **blistered** adj آبله شده *äbla shoda*
blizzard n *barfbäd, toofän(-e-barf), boorän-e-barf*
block vt مسدود کردن *masdood kardan* It's blocking the *(1)* bridge. / *(2)* road. / *(3)* street. / *(4)* tunnel. (1) پل / (2) سرک / (3) جاده / (4) تونل آن را مسدود می کند. *An (1) pol / (2) sarak / (3) jäda / (4) toonel masdood meykonad.* ★ n کنده *konda;* تعمیر *tahmeer,* بلاک *boläk* ~ **of ice** کنده یخ *konda-e-yakh* **concrete** ~ کانکریت یی توته یا کنده *konda yä tota-e az konkereet* **toy ~s** توته های بازیچه *tota hä-e-bäzeecha* ★ **blockage** n بندش *bandesh* ~ **in the stomach** بندش درمعده *bandesh dar me'da* ★ **blocked** adj مسدود شدا *masdood shoda* The *(1)* bridge / *(2)* road / *(3)* street / *(4)* tunnel is blocked. (1) پل / (2) سرک / (3) جاده / (4) تونل مسدود است. *(1) Pol / (2) Sarak / (3) Jäda / (4) Toonel masdood ast.*
blood n خون *khoon* ~ **clot** لخته خون *lakhta-e-khoon* ~ **donor** خون دهنده *khoon dehenda,* اهدا کننده خون *ehdä konenda-e-khoon* ~ **poisoning** مسموم شدن خون *masmoom shodan-e-khoon* ~ **pressure** فشار خون *feshär-e-khoon* ~ **test** معاینه خون *ma'äyena-e-khoon* ~ **transfusion** انتقال خون *enteqäl-e-khoon* ~ **type** نوع خون *nawa'-e-khoon* ~ **vessel** رگ *rag,* اوعیه دموی *aow-e'yah-e-damawee* **donate** ~ خون اهدا کردن *khoon ehdä kardan* **give** ~ خون دادن *khoon dädan* **half liter of** ~ نیم لیتر خون *neem leetar khoon* **high** ~ **pressure** فشار خون بلند *feshär-e-khoon beland* **lose** ~ خون ضایع کردن *khoon zäye' kardan* **pint** (= *half liter*) **of** ~ پاینت خون (نیم لیترخون) *päynt khoon (neem leeter khoon)* It's soaked with blood. آن خون الود است. *An khoon alood ast.* *(1)* He / *(2)* She has lost a lot of blood. (1) او مرد / (2) او زن بسیار خون ضایع کرد. *(1) O mard / (2) O zan bees-yär khoon zäye' kard.* *(1)* He / *(2)* She needs a blood transfusion. (1) او مرد / (2) او زن به انتقال خون ضرورت دارد. *(1) O mard / (2) O zan ba enteqäl khoon zaroorat därad.* Take *(1)* her / *(2)* his blood pressure. فشار خون (1) او مرد / (2) او زن را معاینه کنید. *Feshär-e-khoon-e (1) o mard / (2) o zan rä ma'äyena koned.* I'm going to take your blood pressure. فشار خون شما را معاینه میکنم. *Feshär-e-khoon-e-shomä rä ma'äyena mey-konam.* What is *(1)* her / *(2)* his / *(1)* your blood type? نوع خون (1) او مرد / (2) او زن / (3) شما چیست؟ *Nawa'-e-khoon (1) o mard / (2) o zan / (3) shomä cheest?* ★ **bloodborne** adj شریک خون *khoon shareek* ★ **bloodstain** n لکه خون *laka-e-khoon,* نشان خون *neshän-e-khoon* ★ **bloodstream** n جریان خون *jeryän-e-khoon* ★ **bloody** adj خونی *khoonee,* خون الود *khoon älood* Take these bloody *(1)* clothes / *(2)* sheets / *(3)* things / *(4)* towels to the laundry. این (1) لباس ها / (2) رو جائی ها / (3) چیز های / (4) روی پاک های خون آلود را به خشکه شوی ببرید. *Een (1) lebäs hä-e- / (2) roy-jäyee hä-e- / (3) cheez häy-e- / (4) roy päk hä-e-khoon hälood rä ba khoshka shoy bobared.*
blouse n پیراهن *peerähan*
blow vi وزیدن *wazeedan,* پف کردن *pof kardan,* دمیدن *dameedan* ~ **dry** خشک کردن *khoshk kardan* Blow into *(1)* her / *(2)* his mouth (like this). (مثل این) دردهن (1) او زن / (2) او مرد پف کنید. *(Mesel-e-een) dar dehan (1) o mard / (2) o zan pof kardan.* ★ **blow up idiom:** vt 1. (*inflate*) باد کردن *bäd kardan;* 2. (*detonate*) منفجر کردن *monfajer kardan,* ترکانیدن *tarkäneedan* ★ vi (*explode*) آتش گرفتن *ätash greftan,* منفجرشدن *monfajer shodan,* ترکیدن *tarkeedan*

blower n وزنده wazenda, دمنده damenda, ماشین پف کننده که معمولا برای پاک کردن گرد و غبار استفاده میگردد Mäsheen-e-poof konenda-e-ke mahmoolan baräye päk kardan gard wa ghoobär estefäda megardad. **portable ~** دمنده ناقل damenda näqel

blowtorch n چراغ شعله یی cherägh-e-sho'layee

blue adj آبی äbee **dark ~** آبی تاریک äbee-e-täreek **light ~** آبی روشن äbee-e-roshan, آسمانی äsmänee It (1) is / (2) was blue. (۱) این آبی (۱) است / (۲) بود Een äbee (1) ast. / (2) bod. **They (1) are / (2) were blue.** (۱) آنها آبی (۱) هستند / (۲) بودند Änhä äbee (1) hastand. / (2) bodand.

blueprint n نقشه naqsha, نمونه namoona, کاپی از طرح käpee-e-az tarha

board n (wooden) تخته takhta **2-by-4 (~)** تخته ۲-بر-٤ takhta-e-do-e-bar-chär **2-by-6 (~)** تخته۲-بر-٦ takhta-e-do-e-bar-shash **4-by-4 (~)** تخته ٤-بر-٤ takhta-e-chär-e-bar-chär **4-by-6 (~)** تخته ٤-بر-٦ takhta-e-chär-e-bar-shash **bulletin ~** تخته اعلانات takhta-e-ehlänät **ironing ~** تخته اتو کاری takhta-e-otoo käree **Put this on the bulletin board.** این را بالای تخته اعلانات نصب کنید Een rä bäläy-e-takhta-e-ehlänät nasb koned. **Read the bulletin board (once a day).** تخته اعلانات را (روز یکبار) بخوانید Takhta-e-e'länät rä (rooz-e-yakbär) bekhäned.

boat n کشتی کوچک keshtee-e-kochak, قایق qäyeq **motor ~** کشتی موتوردار keshtee-e-motor där **Get in the boat.** در کشتی بالا شوید Dar keshtee bälä shawed. **Get out of the boat.** از کشتی خارج شوید Az keshtee khärej shawed.

body n بدن badan, جسد jasad, جسم jesem **car ~** جسد موتر jesem-e-motar, بادی موتر bädee motar **dead ~** جسد مرده jasad-e-morda **truck ~** بادی موتر لاری bädee motar-e-läree **Wrap the (1) body in a blanket. / (2) bodies in blankets.** (۱) جسد را در کمپل... / (۲) جسد ها را در کمپل ها... بپیچانید (1) Jasad rä dar kampal... (2) Jasad hä rä dar kampal hä... bepechaned. **Cover the (1) body with a blanket. / (2) bodies with blankets.** (۱) جسد را با کمپل... / (۲) جسد ها را با کمپل ها... بپیچانید (1) Jasad rä bä kampal... (2) Jasad hä rä bä kampal hä... bepechaned. **Take the (1) body / (2) bodies to (3) the graveyard. / (4) the morgue. / (5) (place).** (۱) جسد... / (۲) جسد ها... را به (۳) قبرستان... / (٤) محل مردگان ناشناخته... / (۵) (___)... ببرید (1) Jasad... / (2) Jasad hä... rä ba (3) qabrestän... / (4) mahal-e-mardagän näshenäkhta... / (5) (___)... bebared.

bodyguard n نگهبان negahbän, محافظ mahäfez **I need a bodyguard.** من به محافظ ضرورت دارم Man ba mahäfez zarurat daram. **We need bodyguards.** ما به محافظ ضرورت داریم Mä ba mahäfez zarurat dareem.

boil vt جوشاندن joshändan (1) **I'll boil... some water.** قدری آب را (۱) جوش دهید / (۲) جوش خواهم داد Qadree äb rä (1) josh dehed. / (2) josh khäham däd. **Boil the water before you drink it.** آب را قبل از نوشیدن بجوشانید Äb rä qabl az nooseedan bejoo-shäned. **Boil it for ten minutes.** برای ده دقیقه انرا جوش دهید Baräye da daqeeqa än rä josh dehed. ★ n (skin sore) آبله äbla, دانه میکروبی däna-e-mekroobee ★ **boiled** adj جوشیده josheeda **egg** تخم جوشیده tokhm-e-jooshdäda

bolt vt بسته کردن basta kardan **Bolt it together.** این را یکجا بسته کنید Een rä yakjä basta koned. ★ n بولت bolt **Put a bolt in it.** یک بولت دراین بگذارید Yak bolt dar een begzäred.

bomb adj بمب bamb, بم bam **~ detector** کشف کننده بمب kashf konenda-e-bamb **~ removal** دور کننده بمب dor konenda-e-bamb **~ threat** خطر بم khatar-e-bamb ★ vt بمب باران کردن bamb bärän kardan, بمب انداختن bamb andäkhtan ★ n بمب bamb, بم bam **car ~** بمب موتر bamb-e-motar

bomber   43   **border**

cluster ~ بمب خوشه یی *bamb-e-khosha-yee* **defuze / disarm a ~** بم را بی ضرر کردن *bamb ra bey-zarar kardan* **drop ~s** بمباران کردن *bamb bārān kardan* **neutralize ~s** بمب ها خنثی کردن *bamb hä khonsä kardan* **remove ~s** بمب ها را دور کردن *bamb hä rä door kardan* **roadside ~** بمب کنار سرک *bamb-e-kenär-e-sarak* **set off a ~** بمب را عیار کردن *bamb rä a'yär kardan* **truck ~** بمب موترلاری *bamb-e-motar-läree* **unexploded ~** بمب منفجر ناشده *bamb-e-monfajer näshoda* Check the *(1)* car / *(2)* container / *(3)* package / *(4)* truck for a bomb. (١) موتر / (٢) ظرف / (٣) بسته / (٤) موترلاری را غرض بمب بررسی کنید. *(1) Motar (2) Zarf (3) Basta (4) Motar-läree rä gharaz bamb barasee koned.* **The bomb hasn't been disarmed.** بمب غیر فعال نگردیده است. *Bamb ghaeer fa'äl nagardeeda ast.* **The bomb has to be disarmed.** بمب باید غیر فعال گردد. *Bamb bäyad ghaeer fa'äl gardad.* **We need to get someone to disarm the bomb.** ما برای غیر فعال ساختن بم به یک نفر ضرورت داریم. *Mä baräye ghaeer-fa'äl säkhtan-e-bamb ba yek nafar zaroorat dareem.* **A bomb just went off.** یک بم هم اکنون منفجر شد. *Yek bamb ham aknoon monfajer shod.* ★ **bomber** *n* بمبار کننده *bombard konenda* **suicide ~** بمبار کننده خودکشی *bombard konenda khodkoshee* ★ **bombing** *n* بمب باری *bamb bäree* **roadside ~** بمباری جناح سرک *bamb bäree janäh sarak* **suicide ~** بمباری خود کش *bamb bäree khosha-yee* ★ **bomblet** *n* بم خوشه یی *bamb-e-khosha-yee* **cluster ~** بم خوشه یی *bamb-e-khosha-yee* **The bomblets are bright yellow.** رنگ بم های خوشه یی زرد روشن است. *Rang-e-bamb hä-ye khosha-yee zard rowshan ast.*

bone *n* استخوان *ostokhwän* **The bone is** *(1)* **broken.** / *(2)* **not broken.** استخوان (١) شکسته / (٢) نشکسته است. *Ostokhwän (1) shekasta / (2) nashekasta ast.* *(1)* **I** / *(2)* **We have to set the (broken) bone.** (١) من / (٢) مابایدا استخوان (شکسته) را مرتب (١) کنم. / (٢) کنیم. *(1) Man (2) Mä bäyad ostokhwän (shekasta) ra martap (1) konam. / (2) koneem.*

bonus *n* پاداش *pädäsh,* انعام *en'äm*

booby-trap *n* تلک شوخی *talak-e-shookhee*

book *n* 1. *(gen.)* کتاب *ketäb,* نامه *näma;* 2. *(bookkeeping)* دفتر *daftar* **address ~** کتاب آدرس ها *ketäb-e-ädras hä* **arithmetic ~** کتاب حساب *ketäb-e-hesäb* **financial ~** کتاب مالی *ketäb-e-mälee,* دفتر مالی *daftar-e-mälee* **keep ~s** دفتر داری کردن *daftar däree kardan,* حسابهای مالی یادداشت کردن *hesäbhäy-e-mälee yäddäsht kardan* **phrase ~** کتاب اصطلاحات *ketäb-e-estelähät* **pocket ~** کتاب جیبی *ketäb-e-jeebee* **reading ~** کتاب خواندنی *ketäb-e-khändanee,* کتاب برای مطالعه *ketäb baräyee motäle-a'h* **record ~** کتاب یادداشت *ketäb-e-yäddäsht,* کتاب ثبت *ketäb-e-sabt* **school ~** کتاب مکتب *ketäb-e-maktab* ★ **bookcase** *n* الماری کتاب *almäree ketäb*

bookkeeper *n* کتاب دار *ketäb där,* دفتر دار *daftar där* ★ **bookkeeping** *n* دفتر داری *daftar däree* **do ~** حسابهای مالی یادداشت کردن *hesäbhäy-e-mälee yäddäsht kardan,* دفتر داری کردن *daftar däree kardan* **Can you do bookkeeping?** آیا شما دفتر داری کرده میتوانید؟ *Äyä shomä daftar däree karda mey-tawäned?*

boot *n* بوت *boot* **pair of ~s** یک جوره بوت *yak jora boot* **plastic ~s** بوت ساقدار پلاستیکی *boot-e-säqdär-e-plästeekee*

border *n* سرحد *sarhad,* مرز *marz* **~ crossing** گذشتن از سرحد *gozashtan az sarhad* **~ guard** نگهبان سرحد *nega-bän-e-sarhad* **~ patrol** پاسبان سرحد *päsbän-e-sarhad* **cross the ~** از سرحد گذشتن *az sarhad gozashtan* **get across the ~** سرحد را عبور کردن *sarhad rä hoboor kardan* **Stay away from the border.** از سرحد دور باشید. *Az sarhad door bäsheed.* **Where is**

bored . 44 **boy**

the border? سرحد کجاست؟ *Sarhad kojäst?* The border is *(1)* closed. / *(1)* open. سرحد (١) بسته / (٢) باز است. *Sarhad (1) basta / (2) bäz ast.*
bored *adj* خسته *khasta,* دل تنگ *del tang* Are you bored? آیا شما خسته هستید؟ *Ayä shomä khasta hasted?* The children are bored. اطفال خسته هستند. *Atfäl khasta hastand.*
born *adj* تولد *tawalod,* پیدایش *paydäeesh* Where were you born? شما در کجا تولد شده بودید؟ *Shomä dar kojä tawalod shoda boded?* I was born in *(place).* من در (___) تولد شده بودم. *Man dar (___) tawalod shoda bodam.*
borrow *vt* قرض گرفتن *qarz greftan* You *(1)* can / *(2)* can't borrow it. شما (١) میتوانید / (٢) نمیتوانید این را قرض بیگیرید. *Shomä (1) mey-tawäned / (2) namey-tawäned een rä qarz beegeered.* May I borrow your *(1)* dictionary? / *(2)* knife? / *(3)* pen? آیا من میتوانم (١) فرهنگ لغات / (٢) چاقو / (٣) قلم شما را قرض بیگیرم؟ *Ayä man mey-tawänam (1) farhang-e-loghät-e- / (2) chä-qoo-e- / (3) qalam-e-shomä rä qarz beegeeram?*
bosom *n* آغوش *äghoosh,* بغل *baghal,* سینه *seena*
boss *n* آمر *ämer (1)* Where / *(2)* Who is your boss? آمر تان (١) کجاست؟ / (٢) کیست؟ *Ämer-e-tän (1) kojäst? / (2) keest? (1)* He / *(2)* She is... *(3)* I'm... the boss. (١) او مرد / (٢) اوزن / (٣) من آمر (٢٠١) است. / (٣) هستم. *O mard / (2) O zan / (3) Man ämer (1,2) ast. / (3) hastam.*
both *adj* هردو *har-do* ~ **ends** هردوطرف *har-do taraf,* هردو انجام ~ **parts** هر دو قسمت *har-do qesmat* ~ **sides** هر دو طرف *har-do taraf* ★ *pron* هردو *har-do* Both of you come here. شما هردو اینجا بیایند. *Shomä har-do eenjä beeyähed.* I want to talk to both of you. من میخواهم با هردوی شما صحبت کنم. *Man mey-khäham bä har-doy shomä sohbat konam.*
bother *vt* درد سر دادن *dard-e-sar dädan,* زحمت دادن *zahmat dädan,* آزار دادن *äzär dädan* I'm sorry to bother you. معذرت میخواهم که شما را درد سر دادم. *Ma'zrat mey-khäham ke shomä rä dard-e-sar dädam.* Please don't bother *(1)* her. / *(2)* him. / *(3)* me. / *(4)* them. لطفاً (١) او زن / (٢) او مرد / (٣) من / (٤) آنها را درد سر نده. *Lotfan (1) o zan / (2) o mard / (3) man / (4) änhä rä dard-e-sar nadehed.*
bottle *n* بوتل *botal* ~ **of water** بوتل آب *botal-e-äb* **plastic** ~ بوتل پلاستیکی *botal-e-plästeekee* How much per bottle? چقدر بر بوتل؟ *Cheqadar bar botal?*
bottom *n* زیر *zeer,* پائین *päyeen*
botulism *n* زهراگین *zherägeen*
boulder *n* سنگ بزرگ *sang-e-bozorg* سنگ کلان *kalän*
bowel *n* (intestine) روده *roda* **bleeding** ~s روده خونریزی *rod-e-khoonrezee* ~ **movement** حرکت روده *herkat-e-roda*
bowl *n* کاسه *käsa,* پیاله *peyäla,* جام *jäm* **big** ~ کاسه بزرگ *käsa-e-bozorg* **mixing** ~ کاسه مخلوط کننده *käsa-e-makhlot konanda* **serving** ~ کاسه طعام *käsa-e-ta'äm* **plastic** ~ کاسه پلاستیکی *käsa-e-plästeekee* **small** ~ کاسه کوچک *käsa-e-kochak* **soup** ~ کاسه شوربا *käsa-e-shorbä,* کاسه سوپ *käsa-e-soop*
box *n* صندوق *sandoq* **ballot** ~ صندوق اراء *sandoq-e-eräya* **cardboard** ~ صندوق ورق ها *sandoq-e-waraq hä* **large** ~ صندوق کلان *sandoq-e-kalän* **money** ~ صندوق پول *sandoq-e-pool* **small** ~ صندوق کوچک *sandoq-e-kochak* **wooden** ~ صندوق چوبی *sandoq-e-chobee* Put it in a box. این را در صندوق بگذارید. *Een rä dar sandoq begzäred.* How much per box? چقدر بر صندوق؟ *Cheqadar dar sandoq?*
boy *n* بچه *bacha,* پسر *pesar* **teenage** ~ بچه که در سن ۱۳- ۱۸ باشد *bacha-e-ke dar sen-e-seyada-nozda bäshad,* نوجوان *now-jawän* **young** ~ بچه جوان *bacha-e-jawän*

bra(ssiere) *n* سینه بند *seena band*
brace *vt* بستن *bastan*, محکم کردن *mahkam kardan* **Brace it with this.** با این بسته اش کنید. *Bä een basta ash koned.* ★ **braces** *n, pl* 1.*(for teeth)* برای دندانها) بند ها *band hä (baräye dandänhä)*; 2. *(for a crippled person)* بند ها (برای شخص فلج) *band hä (baräye shakhs-e-falaj)*
bracelet *n* دستبند *dastband*, بازو بند *bäzoo band* **white ~** دستبند سفید *dastband safeed*
bracket *n* طاقچه *täqcha*
brain *n* مغز *maghz*, دماغ *damägh*
brake *n* برک موتر *berek-e-motar* **~ fluid** مایع برک *mä-e-berek* **hand ~** برک دستی *berek-e-dastee*
brass *n* برنج *berenj*
brave *adj* دلیر *deleer*, شجاع *shojäh* **You're very brave.** شما بسیار شجاع هستید. *Shomä beesyär shojäh hasted.* **That was a brave thing to do.** آن یک کار شجاعانه بود. *Än yak kär-e-shejäh-häna bod.*
bread *n* نان *nän*, غذا *ghezä* **bake ~** نان پختن *nän pokhtan* **black ~** نان سیاه *nän-e-seyäh* **dark ~** نان که از گندم سیاه درست میشود *nän-e-ke az gandoom-e-seyä drost may-shawad* **flat ~** نان هموار *nän-e-hamwär* **French (1,2) ~** نان فرانسوی (۱) غذا (۲) *(1) ghezä / (2) nän faränsawee* **grass ~** نان علف *nän-e-a'laf* **loaf of ~** قرص نان *qors-e-nän* **piece of ~** توته نان *tota-e-nän* **rye ~** نان گندم سیاه *nän gandom-e-seyäh* **slice of ~** قاش نان *qäsh-e-nän* **unleavened ~** نان فطیر *nän-e-fateer* **wheat ~** نان گندم *nän-e-gandom* **white ~** نان سفید *nän-e-safed* **Can you bake bread?** آیا شما میتوانید نان بپزید؟ *Äyä shomä may-tawäned nän bepazed?* **Can anybody here bake bread?** آیا کسی اینجا میتواند نان بپزد؟ *Äyä kasee eenjä mey-tawänad nän bepazad?* **Who can bake bread?** کی میتواند نان بپزد؟ *Key mey-tawänad nän bepazad?* **I can bake bread.** من میتوانم نان بپزم. *Man mey-tawänam nän bepazam.* *(1)* **He** / *(2)* **She can bake bread.** (۱) او مرد / (۲) او زن میتواند نان بپزد. *(1) O mard / (2) O zan mey-tawänad nän bepazad.* **I want you to bake bread.** من میخواهم که شما نان بپزید. *Man mey-khäham ke shomä nän bepazad.* **Help** *(1)* **her** / *(2)* **him** / *(3)* **them bake bread.** (۱) او زن / (۲) او مرد / (۳) آنها را که نان بپزند کمک کنید. *Komak koned (1) o zan / (2) o mard / (3) änhä rä ke nän bepazad.* **Put bread on the table.** نان را بالای میز بگذارید. *Nän rä bäläye meez begzäred.*
break *vt & vi* شکستن *shekestan* *(See also* **broken***)* **Did it break?** آیا شکسته است؟ *Äyä shekasta ast?* **It broke.** آن شکست. *Än shekast.* **It didn't break.** نه شکست. *Na shekast.* **Was anything broken?** آیا کدام چیزی شکسته بود؟ *Äyä kodäm cheezee shekesta bod?* ★ *n* 1. *(result of breaking)* شکست *shekast*; 2. *(pause, rest)* وقفه *waqfa* **Take a break (for** *[1]* **ten /** *[2]* **fifteen /** *[3]* **thirty minutes).** یک وقفه بگیرید (برای [۱] ده / [۲] پانزده / [۳] سی دقیقه). *Yak waqfa begeereed (baräy-e-[1] da / [2] pänzda / [3] see daqeeqa.* ★ **break down** *idiom* خراب شدن *kharäb shodan* **The** *(1)* **air-conditioner /** *(2)* **car /** *(3)* **computer /** *(4)* **generator /** *(5)* **radio /** *(6)* **refrigerator /** *(7)* **van /** *(8)* **truck broke down.** (۱) ایرکندیشنر / (۲) موتر / (۳) کمپیوتر / (۴) جنریتر / (۵) رادیو / (۶) یخچال / (۷) واگون / (۸) موترلاری خراب شد. *(1) Eer-kandeshnar / (2) Motar / (3) Kampyootar / (4) Jenreetor / (5) Rädyo / (6) Yakhchäl / (7) Wägoon / (8) Motar-e-läree kharäb shod.* ★ **break in** *idiom* داخل شدن *däkhel shodan* **Someone broke into the** *(1)* **office. /** *(2)* **supply room. /** *(3)* **warehouse.** کسی در (۱) دفتر / (۲) اطاق اکمالات / (۳) گدام داخل شده بود. *Kasee dar (1) daftar / (2) otäq-e-ekmäl-ät / (3) goodäm däkhel shoda bod.* ★ **break out** *idiom (occur)* شایع شدن

breakfast 46 **bring**

shaye' shodan **Cholera has broken out (in the ___ area).** در ساحه(شایع شد. (___) کولرا *Koolerä (dar sāha ___) shāye' shod.* **We don't want an epidemic to break out.** ما نمی خواهیم مرض ساری شایع گردد. *Mä nameykhähem maraz-e-säree shäye' gardad.*

breakfast *n* ناشتا *näshtä,* صبحانه *sobhäna* **Serve breakfast from** *(time)* **to** *(time).* ناشتا را تقدیم کنید از (___) الی (___). *Nāshtä rä taqdeem koned az (___) elah (___).*

breast *n* سینه *seena,* پستان *pestän* ★ **breastfeed** *vt* طفل را سینه دادن *tefel rä seena dädan* ★ **breastfeeding** *n* شیردهی از سینه *sheerdehee az seena*

breath *n* نفس *nafas* **shortness of ~** نفس تنگی *nafas tangee* **Take a deep breath (and hold it).** نفس عمیق بیگیرید (و این را محکم بیگیرید). *Nafas-e-a'meeq beegeered (wa een rä mahkam beegeered).* ★ **breathe** *vi* نفس کشیدن *nafas kasheedan* **Is it hard for you to breathe?** آیا نفس کشیدن برایتان مشکل است؟ *Äyä nafas kasheedan baraye-tän moshkel ast?* **(1) He / (2) She is having difficulty breathing.** (۱) او مرد / (۲) او زن نفس تنگی دارد. *(1) O mard / (2) O zan nafas tangee därad.* **(1) He / (2) She is not breathing.** (۱) او زن / (۲) او مرد نفس نمیکشد. *(1) O zan / (2) O mard nafas namey-kashad.*

bribe *vt* رشوت دادن *reshwat dädan* ★ *n* رشوت *reshwat* **Do not accept bribes.** رشوت را قبول نکنید. *Reshwat rä qabool nakoned.* **If you accept a bribe, no more job.** اگر شما رشوت را قبول کردید، وظیفه را از دست خواهید داد. *Agar shomä reshwat rä qabool karded, wazeefa rä az dast khähed däd.*

brick *adj* خشتی *kheshtee* **~ factory** فابریکه خشت *fäbreeka-e-kesht* ★ *n* خشت *khesht* **lay ~s** خشت ریختن *khesht reekhtan* **mud ~** خشت خام *khesht-e-khäm* ★ **bricklayer** *n* گل کار *gel kär,* خشت مال *khest mäl*

bridal *adj* متعلق به عروس *mota'leq ba a'roos*

bride *n* عروس *a'roos*

bridge *n* پل *pol* **span ~** فاصله پل *fäsela-e-pol* **build a ~** پل اعمار کردن *pol e'mär kardan* **foot ~** پل پیاده رو *pol-e-payäda ro* **pontoon ~** پل تأنتونی *pol-e-päntoonee* **poor ~** پل پست *pol-e-past* **rope ~** پل ریسمانی *pol-e-reesmänee* **suspension ~** پل معلق *pol-e-moa'laq* **temporary ~** پل موقتی *pol-e-moqatee* **weak ~** پل ضعیف *pol-e-za'eef* **Is the bridge good?** آیا پل خوب است؟ *Äyä pol khoob ast?* **What's the condition of the bridge?** پل در چی حالت است؟ *Pol dar chee hälat ast?* **The bridge is (1) good. / (2) not good.** پل خوب (۱) است. / (۲) نیست. *Pol khoob (1) ast. / (2) neest.* **The bridge is (1) destroyed. / (2) out.** پل (۱) ویران / (۲) تخریب شده است. *Pol (1) wayrän / (2) takhreb shoda ast.* **The bridge has collapsed.** پل فرو ریخت. *Pol foroo-reekht.*

bridle *n* افسار *afsär,* تسمه گردن اسپ *tasma-e-gardan-e-asp*

brief *adj* کوتاه *kotäh,* مختصر *mokhtasar,* خلاصه *kholäsa*

briefcase *n* بکس دستی *baks-e-dastee,* بکس دیپلومات *baks-e-deeploomät*

briefing *n* کنفرانس *konfarans,* جلسه *jalasa,* (توضع اطلاعات) *semeenär (tawzay etlähät)* **give a ~** سیمنار دادن *semeenär dädan*

bring *vt* آوردن *äwardan,* رساندن *rasändan* **Did you bring** *(item[s])***?** آیا شما (___) را اوردید؟ *Äyä shomä (___) rä äwarded?* **(1) I / (2) We brought** *(item[s]).* (۱) من / (۲) ما (___) (۱) اوردم. / (۲) اوردیم. *(1) Man / (2) Mä (___) (1) äwardam. / (2) äwardem.* **Bring the (1) bags / (2) boxes / (3) cases / (4) clothing (5) (over) here. / 6) to** *(place).* (۱) خریطه ها... / (۲) صندوق ها... / (۳) قطی ها... / (۴) لباس ها... را (۵) اینجا / (۶) به (___) بیاورید. *(1) Khareetä hä... / (2) Sandooq hä... / (3) Qootee hä... / (4) Lebäs hä... rä (5) eenjä / (6) ba (___) beeyäwared.* **(1) You / (2) We / (3) They have to bring the / (4) crates / (5) equipment / (6) food (7) lumber**

bring in 47 **bruise**

(١) شما / (٢) ما / (٣) آنها باید (٤) سبد ها را/ (8) (over) here. / (9) to *(place)*.
(٥) لوازم را/ (٦) غذا را/ (٧) تخته ها را / (٨) اینجا/ (٩) به (___) / (١) بیاورید. / (٢)
بیاورند. / (٣) بیاوریم. *(1) Shomä / (2) Mä / (3) Ánhä bäyad (4) sabad hä rä... / (5) lawäzem rä... / (6) ghezä rä... / (7) takhta hä rä... / (8) eenjä / (9) dar (___) (1) beeyäwared. / (2) beeyäwarem. / (3) beeyäwarand.* **(1) Help** *([1]* **us / *[2]* them) bring the** *(3)* **material / *(4)* stuff / *(5)* supplies** *(6)* **(over) here. /** *(7)* **to** *(place).* کمک کنید [(١) ما / [٢] آنها را) که
(٣) مواد را/ (٤) جنس را/ (٥) اکمالات را/ (٦) اینجا/ (٧) به (___) / (١) بیاورم. / (٢)
بیاورند. *Komak koned ([1] mä / [2] änhä ra) ke (3) mawäd rä... / (4) jens rä... / (5) ekmälät rä... (6) eenjä / (7) ba (___) (1) beeyäwarem. / (2) beeyäwarand.* **Bring** *(1)* **him /** *(2)* **her /** *(3)* **them here.** (١) او مرد /
(٢) او زن / (٣) آنها را اینجا بیاورید. *(1) O mard / (2) O zan / (3) Ánhä rä eenjä beeyäwared.* **Bring all your** *(1)* **belongings. /** *(2)* **possessions.** *(3)*
stuff. / *(4)* **things.** تمام (١) متعلقات / (٢) داشته / (٣) اجناس / (٤) چیز هایتان را
بیاورید. *Tamäm-e (1) motah-leqät... / (2) däshta... / (3) gens... / (4) ajnäs... häyee tän rä beeyäwared.* ★ **bring in** idiom *(deliver, transport)* انتقال
دادن *enteqäl dädan* ~ **food** غذا را انتقال دادن *ghezä rä enteqäl dädan* ~
medical supplies وسایل طبی را انتقال دادن *wasäeel-e-tebee rä enteqäl dädan* ~ **medicine** دوا را انتقال دادن *dawä rä enteqäl dädan* ~ **water** اب را
انتقال دادن

briquette *n* (توته ذغال (چیزی دیگری که برای سوختاندن استفاده گردد *toote-e-zoghäl (cheez-e-deegar-e- ke baräye sokhtändan estefäda gardad)* **coal** ~ خاکه
ذغال سنگ *khäka-e-zoghäl-e-sang*
Brit *n* انگلیس *engleez* ★ **Britain** *n* برطانی *bartänee* ★ **British** *adj* انگلیسی
engleesee
broad *adj* پهن *pahn,* عریض *a'reez,* وسیع *wasee'*
broadcast *vt* پخش کردن *pakhsh kardan* ★ *n* نشرات *nasharät*
broil *vt* کباب کردن *käbäb kardan,* سرخ کردن *sorkh kardan*
broken *adj* شکسته *shekesta* **Is anything broken?** آیا کدام چیزی شکسته است؟
Ayä kodäm chiezee shekesta ast. **Is it broken?** آیا این شکسته است؟ *Ayä een shekesta ast?* **It** *(1)* **is /** *(2)* **isn't broken.** این شکسته (١) است. / (٢) نیست.
Een shekesta (1) ast. / (2) neest.
bronchitis *n (med.)* التهاب اسناخ *eltehäb-e-asnäkh*
broom *n* جاروب *järoob*
brother *n* برادر *berädar* **foster** ~ برادر خوانده *berädar khända* **older** ~ برادر
بزگتر *berädar bozorgtar* **oldest** ~ بزرگترین برادر *bozorgtareen berädar*
middle ~ برادر متوسط *berädar-e-motawaset* **younger** ~ برادر کوچکتر *berädar-e-kochaktar* **youngest** ~ کوچکترین برادر *kochaktareen berädar* **Is he** *(1)* **her /**
(2) **his /** *(3)* **your brother?** آیا اومرد برادر (١) اوزن / (٢) اومرد / (٣) شما است؟
Ayä o mard berädar-e- (1) o zan / (2) o mard / (3) shomä ast? **How many brothers and sisters do you have?** چند برادر و خواهر دارید؟ *Chand berädar wa khähar däred?* ★ **brother-in-law** *n* 1. *(wife's side)* برادر
berädar-e-zan, خسربره *khosor-bora;* 2. *(husband's side)* برادر شوهر, ایور
berädar-e-showhar, e'war
brown *adj* نصواری *naswäree* **dark** ~ نصواری تاریک *naswäree-e-täreek* **light**
~ نصواری روشن *naswäree-e-rooshan* **It** *(1)* **is /** *(2)* **was brown.** این نصواری (١)
است. / (٢) بود. *Een naswäree (1) ast. / (2) bod.* **They** *(1)* **are /** *(2)*
were brown. آنها نصواری (١) هستند. / (٢) بودند. *Ánhä naswäree (1) hastand. / (2) bodand.*
bruise *vt* کوفت کردن *koft kardan,* کبود کردن *kabood kardan* ★ *n* کبودی
koboodee, ضرب *zarb*

brush vt پاك كردن päk kardan, برس كردن bors kardan ~ **the canvas** كرباس را بر س كردن karbäs rä bors kardan ~ **teeth** دندان را برس كردن dandän rä bors kardan ~ **the tent** خيمه را برس كردن khayma rä bors kardan ★ n برس bors **scrub** ~ برس بى دسته bors-e-bey-dasta **toilet** ~ برس كمود bors-e-kamood

brushwood n خس khas, هيزم hezam

brussel sprouts n, pl نهال خورد سبز و قابل خوردن nehal-e-khord-e-sabz wa qäbel-e-khordan

brutal adj جانور خوى jänawar khoy, حيوان صفت haywän sefat, وحشى wahshee, شهوانى shahwänee ★ **brutality** n وحشى گرى wahshee garee, تشدد tashadod

bucket n سطل satel **metal** ~ سطل فلزى satel-e-felezee **plastic** ~ سطل پلاستيكى satel-e-palästeekee

buckwheat n گندم سياه gandom-e-seeyäh

budget n بوديجه bodeeja **We have to keep to a budget.** ما بايد يك بوديجه نگهداريم. Mä bäyad yak bodeeja nega-därem.

buffalo n گاو ميش gaomeesh **water** ~ گاو ميش ابى gaomeesh-e-äbee

bug n حشره hashara

build vt ساختن säkhtan, درست كردن drost kardan, بنا كردن benä kardan, اعمار كردن e'hmär kardan **Build the (1) barracks / (2) hospital / (3) house / (4) kitchen / (5) latrine / (6) office / (7) platform / (8) (Storage) shed / (9) shelter / (10) shelves / (11) wall / (12) here. / (13) there.** (۱) سرباز خانه / (۲) شفاء خانه / (۳) خانه / (٤) آشپز خانه / (٥) تشناب / (٦) دفتر / (۷) منبر / (۸) (گودام) انبار / (۹) پناه گاه / (۱۰) طاقچه ها / (۱۱) ديوار در (۱۲) اينجا. / (۱۳) انجا بسازيد. (1) Sarbäz khäna... / (2) Shafäh khäna... / (3) Khäna... / (4) Äshpaz khäna... / (5) Tashnäb... / (6) Daftar... / (7) Menbar... / (8) (goodäm) Anbär... / (9) Panäh gäh... / (10) Täqcha hä... / (11) Deewär... dar (12) eenjä. / (13) änjä besäzed. **Where can we build (1) it? / (2) them?** دركجا ما ميتوانيم (۱) اين / (۲) آنها را بسازيم؟ Dar kojä mä mey-tawänem (1) een / (2) änhä rä besäzem? **Build (1) it / (2) them (3) here. / (4) there.** (۱) اين / (۲) آنها را (۳) اينجا / (٤) آنجا بسازيد. (1) Een / (2) Änhä rä (3) eenjä. / (4) änjä besäzed. **We have to build a (new) (1) barracks. / (2) hospital. / (3) house. / (4) kitchen. / (5) latrine. / (6) office. / (7) platform. / (8) (storage) shed. / (9) shelter. / (10) wall.** ما بايد يك (۱) سرباز خانه / (۲) شفاخانه / (۳) خانه / (٤) آشپز خانه / (٥) تشناب / (٦) دفتر / (۷) منبر / (۸) (ذخيره خانه) انبار / (۹) پناهگاه / (۱۰) ديوار (نو) بسازيم. Mä bäyad yak (1) sarbäz khäna- / (2) shafä-khäna- / (3) khäna- / (4) äshpaz-khäna- / (5) tashnäb- / (6) daftar- / (7) monbar- / (8) (zakheera-khäna) anbär- / (9) panägäh- / (10) deewär- (e-now) besäzem. **They're building a (new) (what). (See choices above).** آنها يك (نو) ميسازند. ( )nhä yak ( ) (e-now) mey-säzand. **They're going to build a (new) (what). (See choices above).** آنها يك ( ) (نو) خواهند ساخت. Anhä yak ( ) (e-now) khähand säkht. ★ **builder** n معمار mehmär, سازنده säzenda ★ **building** n (struct.) ساختمان säkhtomän, اعمارت e'märat, تعمير tahmeer **brick** ~ تعمير خشتى tahmeer-e-kheshtee **concrete block** ~ تعمير كانكريتى tahmeer-e-känkreetee **empty** ~ تعميرخالى tahmeer-e-khälee **fabric** ~ ساختمان تركيب säkhtomän-e-tarkeeb **farm** ~ تعميرمزرعه tahmeer-e-maz-re-a'ah **large** ~ تعمير بزرگ tahmeer-e-bozorg **office** ~ تعمير دفتر tahmeer-e-daftar **ruined** ~ ساختمان ويران säkhtomän-e-wayrän **small** ~ تعمير كوچك tahmeer-e-kochak **stone** ~ تعمير سنگى tahmeer-e-sangee **three-story** ~ تعمير سه منزله tahmeer-e-se manzela **two-story** ~ تعميردومنزله tahmeer-e-do manzela **wooden** ~ تعمير چوبى tahmeer-e-

bulb — **burned, burnt**

choobee **Is the building occupied?** آیا تعمیر اشغال شده است؟ *Äyä tahmeer eshghäl shoda ast?* **The building is** *(1)* **empty.** / *(2)* **occupied.** (۱) تعمیر خالی / (۲) اشغال شده است. *Tahmeer (1) khälee / (2) eshghäl shoda ast.*

bulb *n* گروپ *groop* **flashlight ~** روپ چراغ دستی *groop-e-chorägh-e-dastee* **light ~** گروپ *groop*

bull *n* گاو نر *gäw-e-nar*

bulldoze *vt* 1. تخریب کردن *takhreeb kardan*; 2. هموار کردن *hamwär kardan* **~ an airstrip** فرودگاه را تخریب کردن *frood-gäh rä takhreeb kardan*, راه را هموار کردن *räh rä hamwär kardan* **~ a road** سرک را هموار کردن *sarak rä hamwär kardan* **I want you to bulldoze this site (flat).** من میخواهم که شما این جا را هموار کنید. *Man mey-khäham ke shomä een jä rä hamwär koned.* ★ **bulldozer** *n* بلدوزر *beldozar* **Can you operate a bulldozer?** آیا شما میتوانید بلدوزر را بگردانید؟ *Äyä shomä mey-tawäned beldozar rä begardäned?*

bullet *n* مرمی *marmee*, گلوله *glola* *(1)* **He /** *(2)* **She has a bullet in** *(3)* **his /** *(4)* **her** *(5)* **arm.** / *(6)* **back.** / *(7)* **buttock.** / *(8)* **chest.** / *(9)* **foot.** / *(10)* **hand.** / *(11)* **head.** / *(12)* **leg.** / *(13)* **neck.** / *(14)* **shoulder.** / *(15)* **side.** / *(16)* **stomach.** (۱) او مرد / (۲) او زن در (۵) بازو / (۶) پشت / (۷) سرین / (۸) سینه / (۹) پای / (۱۰) دست / (۱۱) سر / (۱۲) پای / (۱۳) گردن / (۱۴) شانه / (۱۵) بغل / (۱۶) معده (۴،۳) اش یک گلوله است. *(1) O mard / (2) O zan dar (5) bäzoo / (6) posht / (7) soreen / (8) seena / (9) päy / (10) dast / (11) sar / (12) päy / (13) gardan / (14) shäna / (15) baghal / (16) me'da (3,4) ash yak glola ast.*

bulletin *n* نشریه *nashreya*, مجله *mojala*

bump *n* ضربه *zarba*, مشت *mosht* **~ on the head** ضربه در سر *zarba dar sar*

bunch *n* خوشه *khoosha*, دسته *dasta*

bundle *vt* دسته کردن *dasta kardan*, خوشه کردن *khoosha kardan* ★ *n* دسته *dasta*, خوشه *khoosha*, بندل *bandal* **~ of wood** بندل چوب *bandal-e-chub*

bunk *n* خوابگاه *khäbgäh* **double ~** خوابگاه دونفری *khäb-gäh-e-donafaree*

bunker *n* (mil.) سنگر *sangar*, بلینداژ *bleendäzh*

burden *n* بار *bar*, مسؤلیت *maso'lyat* **heavy ~** بار گران *bär-e-gerän*, مسؤلیت عظیم *maso'lyat-e-azeem*

bureaucracy *n* بیوروکراسی *byoorokräsee*; (red tape) کاغضبرانی *käghaz paränee*

burial *n* تدفین *tadfeen* **~ place** محل تدفین *mahal-e-tadfeen*

burn *vt* سوزاندن *soozändan*, آتش زدن *ätash zadan*, سوختاندن *sookhtändan* **Did** *(1)* **he /** *(2)* **she burn** *(3)* **himself? /** *(4)* **herself?** آیا (۱) او مرد / (۲) او زن خود را سوختاند؟ *Äyä (1) o mard / (2) o zan (3,4) khod rä sooktänd?* *(1)* **He /** *(2)* **She burnt** *(3)* **himself. /** *(4)* **herself.** (۱) او مرد / (۲) او زن (۴،۳) خود را سوختاند. *(1) O mard / (2) O zan (3,4) khod rä sooktänd.* ★ *vi* سوختن *sookhtan* **What's burning?** چه می سوزد؟ *Che mey-soozad?* **It** *(1)* **is /** *(2)* **isn't burning.** آن (۱) می سوزد. / (۲) نه می سوزد. *An (1) mey-soozad. / (2) namey-soozad.* ★ *n* سوختگی *sokhtagee*, سوزش *sozeesh* ★ **burn down** *idiom* سوختن *sookhtan*, خاکستر شدن *khäkestar shodan* **The house burned down.** خانه سوخت. *Khäna sookht.* ★ **burned, burnt** *adj* سوخته *sookhta* *(1)* **He /** *(2)* **She has been (badly) burned.** (۱) او مرد / (۲) او زن (بسیار بد) سوخته است. *(1) O mard / (2) O zan (beesyär bad) sookhta ast.* **They've been (badly) burned.** اینجا (بسیار بد) سوخته هستند. *Ánhä (beesyär bad) sookhta hastand.* *(1)* **His /** *(2)* **Her** *(3)* **arm /** *(4)* **back /** *(5)* **chest /** *(6)* **face /** *(7)* **hand /** *(8)* **leg has been burned.** (۴) بازو / پشت / (۵) سینه / (۶) روی / (۷) دست / (۸) پای (۱) او مرد / (۲) او زن سوخته است. *(3) Bäzoo-e / (4) Posht-e / (5) Seena-e / (6) Roo-ye / (7) Dast-e /*

burned-out / 50 / **Bye-bye!**

(8) Pä-ye (1) o mard / (2) o zan sookhta ast. ★ **burned-out** *adj* نهایت خسته *nehä-yat khasta* ★ **burn up** *idiom* با شعله سوختن *bä sho'la sookhtan* **It burned up in the fire.** ین در شعله ئی آتش سوخت. *Een dar sho'la-e ätash sookht.*

burst *vi* کفیدن *kafeedan* **Did it burst?** ایا کفید؟ *Äyä kafeed?* **It burst.** آن کفید. *Än kafeed.*

bury *vt* به خاک سپردن *ba khak sepordan*, زیر خاک کردن *zeer khäk kardan*, دفن کردن *dafen kardan* **Where can we bury (1) her? / (2) him? / (3) them?** کجا ما میتوانیم (۱) او زن / (۲) او مرد / (۳) آنها را دفن کنیم؟ *Kojä mä mey-tawänem (1) o zan / (2) o mard / (3) ähnhä rä dafen konem?* **Bury (1) her / (2) him / (3) them (4) here. / (5) there.** (۱) او زن / (۲) او مرد / (۳) آنها را (٤) اینجا / (٥) آنجا دفن کنید. *(1) O zan / (2) O mard / (3) Änhä rä (4) henjä / (5) änjä dafen koned.* **(1) He / (2) She / (3) Someone is buried in the debris.** (۱) او مرد / (۲) او زن / (۳) کسی در زیر خاک دفن شده است. *(1) O mard / (2) O zan / (3) Kesee dar zeer-e-khäk dafen shoda ast.* **They're buried in the debris.** آنها در زیر خاک دفن شده هستند. *Änhä dar zeer-e-khäk dafen shoda hastand.*

bus *n* موتر سرویس *motar-e-sarwees*, بس *bas* **Get on the bus (over there).** در موتر سرویس (آنجا) بالا شوید. *Dar motar-e-sarwees (änjä) bälä shawed.* **Get off the bus.** از موتر سرویس پائین شوید. *Az motar-e-sarwees päheen shawed.* **They'll evacuate you (soon) by bus.** آنها شما را (زود) ذریعه موتر سرویس انتقال خواهند داد. *Änhä shomä rä (zood) zarya'h-e-motar-sarwees enteqäl khähand däd.* **You'll leave (soon) by bus.** شما (به زودی) ذریعه موتر سرویس حرکت خواهید کرد. *Shomä (ba zoodee) zar-ya'h-e-motar-sarwees hara-kat khähed kard.*

bush *n* بته *bota* **behind the ~es** در عقب بته ها *dar a'qab-e-bota hä*

business *n* کار *kar*, شغل *shoghol*, تجارت *tejärat* **run a ~** کار کردن *kär kardan*, تجارت کردن *tejärat kardan* **start a ~** کاری را شروع کردن *kär-e-rä shro' kardan* ★ **businessman** *n* تاجر *täjer*, کاسب *käseb*

busy *adj* مصروف *masroof* **Are you busy (right now)?** آیا شما (حالا) مصروف هستید؟ *Äyä shomä (hälä) masroof hasted?* **(1) I'm / (2) He's / (3) She's busy (right now).** (۱) من / (۲) اومرد / (۳) اوزن (حالا) مصروف (۱) هستم. / (۲،۳) است. *(1) Man / (2) O mard / (3) O zan (hälä) masroof (1) hastam. / (2,3) ast.*

but *conj* ولی *walee*, اما *amä*, لیکن *leeken*

butane *n* گاز بیوتین *gäz-e-beyoteen*

butcher *vt* کشتن *koshtan*, قصابی کردن *qasäbee kardan* ★ *n* قصاب *qasäb*

butt *n* سرین *soreen*

butter *n* روغن زرد *rooghan-e-zard*, مسکه *maska* **peanut ~** مسکه ممپلی *mas-ka-e-mompalee*

buttock *n* سرین *soreen* **(1) He / (2) She has a (3) bullet / (4) wound in (5) his / (6) her buttock.** (۱) او مرد / (۲) او زن یک (۳) مرمی / (٤) زخم در (٦،٥) سرین اش دارد. *(1) O mard / (2) O zan yak (3) marmee / (4) zakhem dar (5,6) soreen ash därad.*

button *n* تکمه *tokma*, دکمه *dokma*

buy *vt* خریدن *khareedan* **Buy some (1) bread. / (2) thread.** یک مقدار (۱) نان / (۲) تار خریداری کنید. *Yak meqdär (1) nän / (2) tär khareedäree koned.*

by 1. *(next to)* نزد *nazd-e-*, سر *sar-e-*; 2. *(as in 4 by 4)* بر *bar*

Bye-bye! خدا نگهدار! *Khodä nega-där!* / خدا حافظ! *Khodä häfez!*

C c

cabbage n کرم karam
cabin n کوته kota
cabinet n الماری almäree (1) **file** / (2) **filing** ~ الماری فلزی برای دوسیه ها almäree felezee baräy-e-doosya hä **storage** ~ الماری نگهداشت almaree neghadäsht
cable n کیبل keebal **computer** ~ کیبل کمپیوتر keebal-e-kampyootar **jumper** ~ (autom.) کیبل جهنده keebal jahande **telephone** ~ کیبل تیلفون keebal-e-teelfoon Lay this cable from (1) here to there. / (2) (place) to (place). این کیبل را از (۱) اینجا به آنجا... / (۲) (___) به (___) ... نصب کنید. Een keebal rä az (1) eenjä ba änjä... / (2) (___) ba ___)... nasb koneed.
cache n نهانگاه nehängäh ~ **of explosives** نهانگاه مواد منفجره nehängäh-e-mawäd-e-monfajere ~ **of weapons** نهانگاه سلاح ها nehängäh-e-selä hä
café n رستورانت rastooränt
cage n قفس qafaz **bird** ~ قفس پرنده qafaz-e-paranda
cake n کیک keek
calculator n ماشین حساب mäsheen-e-hesäb
calendar n جنتری jantaree
calf n گوساله goosäla
call vt 1. (tel.) تیلفون کردن teelfoon kardan; 2. (summon) فراخواندن farä khändan; 3. (name) نامیدن nämeedan, صدا زدن sadä zadan Call me ([1] later. / [2] tomorrow. / [3] when you get there.). ([۱]) / [۲] بعداً / [۳] فردا ([1]Ba dan... [2] Farad... [3] Waqtee ke änjä reseeded...) baräyam teelfoon koned. I'll call you ([1] later. / [2] tomorrow. / [3] when I get there.). ([۱]) / [۲] بعد... / [۳] فردا... / وقتی ([1]Ba'dan... / [2] Farad... / [3] Waqtee ke änjä raseedam...) baräy-e-tän teelfoon khäham kard. **Call** (1) **her** / (2) **him** / (3) **them (and** [4] **ask** / [5] **tell** [6] **her** / [7] **him** / [8] **them).** به (۱) او زن / (۲) او مرد / (۳) آنها تیلفون کنید (و [۴] بپرسید / [۵] بگویند [٦] او زن / [۷] او مرد / [۸] آنها.) Ba (1) o zan / (2) o mard / (3) änhä teelfoon koned (wa [4] beporsed / [5] begoyed [6] o zan / [7] o mard / [8] änhä rä.) **Did anyone call (me)?** آیا کسی (برایم) تیلفون کرده بود؟ Äyä kasee (baräyam) teelfoon karda bod? **Call** (1) **her** / (2) **him** / (3) **them** (4) **over here.** / (5) **to the office.** (۱) او زن / (۲) او مرد / (۳) آنها را (٤)... به دفتر بخواهید. (1) O zan / (2) O mard / (3) Änhä rä (4) eenjä. / (5) ba daftar bekhahed. **What do you call this (in Dari)?** اینرا (به دری) چی میگویند؟ Een rä (ba Daree) chee meygohed? ★ **call** n 1. (tel.) زنگ zang; 2. (cry) صدا sadä; 3. (summons) احضار ehzär **prayer** ~ احضار به عبادت ehzär ba e'bädat **telephone** ~ زنگ تیلفون zang-e-teelfoon ★ **call for** idiom خواستن khästan, تقاضا کردن taqäzä kardan **Call for an** (1) **ambulance** / (2) **a doctor.** یک (۱) موتر امبولانس / (۲) داکتر را بخواهید. Yak (1) motar-e-amboläns / (2) däktar rä bekhähed.
calligrapher n خطاط khatät ★ **calligraphic** adj خط زیبا khat-e-zeebä, خط مقبول khat-e-maqbool ★ **calligraphy** n خطاطی khatätee, خوش نویسی khosh-naweesee
calm adj آرام äräm **Be calm. (There's nothing to worry about.)** آرام باشید. (چیزی قابل تشویش نیست.) Äräm bäshed. (Cheezee qäbel-e-tasheweesh

calories *n, pl* کالوری *kälooree*
camel *n* شتر *shotor*
camera *adj* کمره *kamra* ~ **battery** بتری کمره *betree-e-kamra* ~ **case** بکس کمره *baks-e-kamra*, بیک کمره *bayk-e-kamra* ~ **lens** لنز کمره *lenz-e-kamra* ~ **tripod** سه پایه کمره *se päya-e-kamra* ★ **camera** *n* کمره *kamra* **digital** ~ کمره رقمی *kamra-e-raqamee* **TV** ~ کمره تلویزونی *kamra-e-talweezoonee* **video** ~ کمره فلمبرداری *kamra-e-felm bardäree* ★ **cameraman** *n* فلمبردار *felmbardär*, کمره مین *kamra-mayn* **TV** ~ فلمبردار تلویزون *felmbardär-e-talweezoon*
camp *(adj)* کمپ *kamp* ~ **administration** اداره کمپ *edära-e-kamp* ~ **conditions** شرایط کمپ *sharäeet-e-kamp* ~ **director** مدیر کمپ *modeer-e-kamp* ~ **facilities** سهولت کمپ *sohoolat-e-kamp* ~ **manager** آمر کمپ *amer-e-kamp* ~ **population** نفوس کمپ *nofoos-e-kamp* ~ **site** جای اردوگاه *jäy-e-ordoogäh*, جای کمپ *jäy-e-kamp* ★ *n* اردوگاه *ordoogäh,* کمپ *kamp,* خیمه *khayma* ~ **for displaced people** کمپ بیجا شدگان *kamp-e-beejä shodegän* **head of the** ~ آمر کمپ *amer-e-kamp* **IDP (internally displaced people)** ~ کمپ بیجا شدگان داخلی *kamp-e-beejä shodegän-e-däkhelee* **makeshift** ~ اردوگاه عاجل *ordoogäh-e-nezämee,* کمپ عاجل *kamp-e-ajel* **military** ~ اردوگاه نظامی *ordoogäh-e-nezämee,* کمپ نظامی *kamp-e-nezämee* **new** ~ کمپ جدید *kamp-e-jadeed* **old** ~ کمپ قدیمی *kamp-e-qadeemee,* کمپ کهنه *kamp-e-kohne* **prisoner-of-war** ~ کمپ اسیران *kamp-e-aseera-e-jangee* **refugee** ~ کمپ مهاجرین *kamp-e-mohäjereem* **relief** ~ کمپ کمک *kamp-e-komak* **resettlement** ~ کمپ دوباره *kamp-e-dobäre jä bajä shodan* **run the** ~ کمپ را اداره کردن *kamp rä edära kardan* **tent** ~ کمپ خیمه *kamp-e-khayma* **transit** ~ کمپ اقامت موقتی *kamp-e-eqämat-e-moaqatee* **(1) We / (2) They are going to build a camp ([3] here / [4] there).** (۱) ما / (۲) آنها یک کمپ ([۳] اینجا / [٤] آنجا). *(1) Mä / (2) Änhä yak kamp ([3] eenjä / [4] änjä) (1) khähem / (2) khähand säkht.* **The camp is crowded.** کمپ پر ازدهام است. *Kamp por ezdehäm ast.* **(1) We / (2) They are going to close the camp.** (۱) ما می خواهیم... / (۲) آنها می خواهند... کمپ را مسدود (۱) کنیم. (۲) کنند. *(1) Mä mey-khähem... / (2) Änhä mey-khähand... kamp rä masdood (1) konem. / (2) konand.* **Take (1) me / (2) us to the (refugee) camp.** (۱) من / (۲) ما را به کمپ (مهاجرین) ببرید. *(1) Man / (2) Mä ra ba kamp (-e-mohajreen) bebared.*
campaign *n* مبارزه *mobäreze* **hygiene education** ~ مبارزه تعلیم حفظ الصحه *mobäreze-e-ta'leeme-e-hefz-olseha* **vaccination** ~ مبارزه واکسین *mobäreze-e-wäkseen*
campfire *n* آتشی که در کمپ روشن میکنند *ätash-e-ke dar kamp rooshan meykonand* **Make a campfire.** یک آتش روشن کنید. *Yak ätash rooshan koned.*
camshaft *n (automot.)* میل مقسم *meyl-e-moqasem*
can *v aux* توانستن *tawänestan* **Can you ([1] do / [2] fix it)?** آیا شما میتوانید ([۱] انجام بدهید / [۲] درست اش کنید)؟ *Äyä shomä mey-täwäned ([1] anjäm bedehed... / [2] dorost ash koned...)?* **I (1) can / (2) can't ([3] do / [4] fix it).** من (۱) میتوانم / (۲) نمیتوانم ([۳] انجام دهم / [٤] درست اش کنم). *Man (1) mey-tawänam / (2) namey-tawänam ([3] anjäm deham... / [4] dorost ash konam...).* **We (1) can / (2) can't ([3] do / [4] fix it).** ما (۱) میتوانیم / (۲) نمیتوانیم ([۳] انجام دهیم / [٤] درست اش کنیم). *Mä (1) mey-tawänem / (2) namey-tawänem ([3] anjäm dehem... / [4] dorost ash konem...).* **Can (1) he / (2) she ([3] do / [4] fix it)?** آیا (۱) او مرد / (۲) او زن میتواند ([۳] انجام دهد / [٤] درست اش کند)؟ *Äyä (1) o mard / (2) o zan mey-tawänad ([1] anjäm dehad... / [2] dorost ash konad...)?* **(1) He / (2) She (3) can /**

can 53 **cap**

(١) او مرد / (٢) او زن (٣) او زن / (٤) میتواند / (٤) **can't** (*[5]* **do** / *[6]* **fix it**). میتواند / (٥) انجام دهد / [٦] درست اش کنند). *(1) O mard / (2) O zan (3) mey-tawänad / (4) namey-tawänad ([5] anjäm dehad... / [6] dorost ash konad...).* **Can they** (*[1]* **do** / *[2]* **fix it**)? آیا آنها میتوانند ([١] انجام دهند / [٢] درست اش کنند)؟ *Äyä ánhä mey-tawänand ([1] anjäm dehand... / [2] dorost ash konad...)?* **(1) They (1) can / (2) can't** (*[3]* **do** / *[4]* **fix it**). (١) آنها میتوانند / (٢) نمیتوانند ([٣] انجام دهند / [٤] درست اش کنند). *Ánhä (1) mey-tawänand / (2) namey-tawänand ([3] anjäm dehand... / [4] dorost ash konad...).* **(1) He / (2) She couldn't fix it.** (١) او مرد / (٢) او زن (ان را) محکم کرده نتوانست. *(1) O mard / (2) O zan (än rä) mahkam karda natawänast.* **They couldn't fix it.** آنها ان را نصب کرده نتوانستند. *Ánhä än rä nasp karda natawänastand.* **I couldn't fix it.** من (ان را) نصب کرده نتوانستم. *Man (än rä) nasp karda natawänastam.*

can n قطی *qotee* **~ of beans** قطی لوبیا *qotee-e-lob-yä* **garbage ~** کثافت دانی *kasäfat dänee* **gas(oline) ~** گیلن تیل *geelan-e-teel* **jerry ~** یک نوع گیلن *yak nawa geelan* **laboratory ~** قوطی لابراتواری *qotee-e-läbarätowäree* **trash ~** کثافت دانی *kasäfat dänee* **waste ~** کثافت دانی *kasäfat dänee* **water ~** ظرف آب *zarf-e-äb* **How much per can?** چقدر برقوطی *Cheqadar bar qotee?*

Canada n کانادا *Känädä* ★ **Canadian** n & adj کانادایی *Känädäyee*

canal n کانال *känäl,* نهر *nahr* **irrigation ~** کانال آبیاری *känäl-e-äbyaree,* کاریز *käreez* **They can clean irrigation canals.** انها میتوانند کانال آبیاری را پاک کنند. *Anhä mey-tawänand känäl-e-äbyaree rä päk kunand.*

cancel vt بر طرف کردن *bar taraf kardan* **Cancel the (1) order. / (2) request.** (١) فرمایش / (٢) خواهش را حذف کن. *(1) Farmä-eesh / (2) Khähesh rä hazf kon.* **The (1) order / (2) project / (3) request / (4) shipment was cancelled.** (١) فرمایش / (٢) پروژه / (٣) تقاضا / (٤) بار حذف گردید. *(1) Farmä-eesh / (2) Prozha / (3) Taqäzä / (4) Bär hazf garded.*

cancer n سرطان *saratän* **You have cancer (of the ___).** شما سرطان(___) دارید. *Shomä saratän (___) däred.* **(1) He / (2) She has cancer (of the [what]).** (١) او مرد / (٢) او زن سرطان (___) دارد. *(1) O mard / (2) O zan sara-tän (___) därad.*

candle n شمع *shama'*

candy n (١) شیرینی / (٢) نبات *sheernee, nabät* **bar of (1,2) ~** (١) شیرینی / (٢) نبات *konda-e-(1) sheernee / (2) nabät* **box of (1,2) ~** قطی (١) شیرینی / (٢) نبات *qotee (1) sheernee / (2) nabät* **piece of (1,2) ~** توته (١) شیرینی / (٢) نبات *tota-e-(1) sheernee / (2) nabät*

cane n نی *nay,* نیشکر *nayshakar,* عصای نازک *a'säyee näzok*

canister n بالون گاز *bäloon-e-gäz,* قطی گاز *qotee gäz*

canned adj قطی شده *qotee shoda*

cannibalize vt پرزه کردن *porze kardan*

canopy n سایبان *säyabän*

canteen n 1. (Brit: snackbar) دوکان خورد *dokän-e-khord,* کانتین *känteen;* 2. (water bottle) بتك آب خوری *batak äb khoree* **Fill the canteen.** بتك آب خوری را پر کنید. *Batak-e-äb khoree rä por koned.* **Bring a canteen.** بتك آب خوری را بیاورید. *Batak äb khoree rä bayäwared.*

canvas adj کرباسی *karbäsee* **~ cover** پوش کرباسی *poosh-e-karbäsee* **~ sheet** ورقه کرباسی *waraqa-e-karbäsee* **~ tarp** ترپال کتانی *tarpäl-e-katänee* ★ n کرباس *karbäs,* پارچه کتانی *pärcha-e-katänee* **piece of ~** توته کرباس *tota-e-karbäs*

cap n 1. (head) کلاه *koläh;* 2. (cover) سرپوش *sarpoosh* **baby ~** کلاه طفلانه *koläh-e-tefläna* **fur ~** کلاه پوستی *koläh-e-postee* **gas ~** سرپوش تانکی *sar-*

poosh-e-tankee **wool** ~ کلاه پشمی *koläh-e-pashmee*
capable *adj* قابل, لایق *qäbel, lä-yeq* **Is** *(1)* **he** */ (2)* **she capable of** *(3)* **doing** */ (4)* **fixing** */ (5)* **operating** */ (6)* **using it?** آیا (۱) او مرد / (۲) او زن قابل بر (۳) انجام دادن / (٤) درست کردن / (٥) اداره کردن / (٦) استعمال کردن این است؟ *Äyä (1) o mard / (2) o zan qäbel bar (3) anjäm dadan... / (4) dorost kardan... / (5) edära kardan... / (6) este'mäl kardan... -e- een ast?* **(1) He** */ (2)* **She** *(3)* **is** */ (4)* **isn't capable of** *(5)* **doing** */ (6)* **fixing** */ (7)* **operating** */ (8) using it.** (۱) او مرد / (۲) او زن قابل (٥) انجام دادن / (٦) درست کردن / (۷) اداره کردن / (۸) استعمال کردن این (۳) است/ (٤) نیست. *(1) O mard / (2) O zan qäbel (5) anjäm dädan... / (6) dorost kardan... / (7) edära kardan... / (8) este'mäl kardan... -e-een (3) ast. / (4) neest.*
capacity *n* ظرفیت *zarfyat*
capital *n* 1. *(city)* پایتخت *päytakht*, مرکز *markaz;* 2. *(funds)* سرمایه *sarmäya*
capsule *n (medicine)* کپسول *kapsool*
captain *n (mil.)* سرکرده *sarkarda*, کپتان *keptän*, ظابط *zäbet*
captive *n* اسیر *aseer*, گرفتار *qreftär*
capture *vt* تصرف کردن *tasarof kardan* قبضه کردن *qabza kardan*
car *n* 1. *(auto)* موتر *motar;* 2. *(rr)* واگون *wägoon* **armored** ~ زره پوش *zerey poosh* **passenger** ~ *(auto)* موترمسافر بری *motar mosäfer baree* **rental** ~ موتر کرایی *motar-e-keräyee* **Get in the car (over there).** در موتر (در آنجا) بالا شوید. *Dar motar (dar änjä) bälä shawed.* **Get out of the car.** از موتر خارج شوید. *Az motar kharej shawed.* **Can you get a car for** *(1)* **me?** */ (2)* **us?** آیا شما میتوانید برای (۱) من / (۲) ما یک موتر بیگیرید؟ *Äyä shomä mey-tawäned baräy-e- (1) man / (2) mä yak motar beegeered?* **(1) I** */ (2)* **We need a car.** (۱) من / (۲) ما به یک موتر ضرورت (۱) دارم. / (۲) داریم. *(1) Man / (2) Mä ba yak motar zaroorat (1) däram. / (2) därem.* **Whose car is this?** این موتر از کی است؟ *Een motar az kee ast?* **Park the car** *(1)* **here.** */ (2)* **there.** موتر را در (۱) اینجا / (۲) آنجا ایستاد کنید. *Motar rä dar (1) eenjä / (2) änjä estäd koned.* **Don't Park the car** *(1)* **here.** */ (2)* **there.** موتر را در (۱) اینجا / (۲) آنجا ایستاد نکنید. *Motar rä dar (1) eenjä / (2) änjä estäd nakoned.* **The car doesn't run.** موتر خراب نمیکند. *Motar harakat namey-konad.* **The car broke down.** موتر خراب شده است. *Motar kharäb shoda ast.* **Can** *(1)* **he** */ (2)* **they** */ (3)* **you fix the car?** آیا (۱) او مرد / (۲) آنها / (۳) شما موتر را ترمیم کرده (۱) میتواند؟ / (۲) میتوانند؟ / (۳) میتوانید؟ *Äyä (1) o mard / (2) änhä / (3) shomä motar rä tarmeem karda (1) mey-tawänad? / (2) mey-tawänand? / (3) mey-tawäned?*
caravan *n* کاروان *kärwän*, قافله *qäfela* **camel** ~ قافله شتر *qäfela-e-shoter*
carbine *n* تفنگ کره بین *tofang-e-karabeen*
carbohydrates *n, pl* کاربوهایدریت (مرکب کمیاوی که متشکل از عناصر کاربن، اکسیجن و هایدروجن است) *kärbo-häyderet (Morakab-e-keem-yäwee-e-ke motashakel az anäsor-e- kärbon, okseejen wa häydrojen ast)*, قند *qand*
carburetor *n (automot.)* کاربیتر *kärbeytar*
card *n* کارت *kärt*, ورق *waraq* **admission** ~ کارت دخال *kärt-e-edkhäl* **business** ~ کارت ویزت *kart-e-weezet* **credit** ~ کارت اعتبار *kärt-e-e'tebär*, کریدت کارت *kredet kart* **ID** ~ کارت هویت *kärt-e-hooyat*
cardboard *n* کاغذ کاک *käghaz-e-käk*
care *vi* مواظب بودن *mowäzeb boodan* **(1) I** */ (2)* **We care about you.** (۱) من / (۲) ما مواظب شما (۱) هستم. / (۲) هستیم. *(1) Man / (2) Mä mowäzeb-e-shomä (1) hastam. / (2) hastem.* ★ *n* توجه *tawajo*, مواظبت *mowäzebat*, مراقبت *moräqebat* **dental** ~ مواظبت دندان *mowäzebat-e-dandän* **emergency** ~ توجه عاجل *tawajo-e-a'äjel* **follow-up** ~ مواظبت تعقیب *mowäzebat-e-ta'qeeb* **health** ~ توجه صحی *tawajo-e-sehee* **medical** ~ توجه طبی *tawajo-*

care for ~ **e-tebee** *obstetric* ~ مواظبت قابلگی *mowäzebat-e-qäbela-gee* **prenatal** ~ مواظبت قبل از تولد *mowäzebat-e-qabel az tawalod* **preventive** ~ مواظبت جلوگیری *mowäzebat-e-jelwagaree* **take** ~ **of** مراقبت کردن *morāqebat kardan* **Please take care of this.** لطفاً از این مراقبت کنید. *Lotfan az een morāqebat koned.* **Can you take care of this?** آیا شما میتوانید از این مراقبت *Äyä shomä mey-tawäned az een morāqebat koned?* ★ **care for** *idiom (want, like)* خواستن *khästan* **Would you care for some** *(1)* **cake?** / *(2)* **coffee?** / *(3)* **cookies?** / *(4)* **tea?** ایا (۱) کیک / (۲) قهوه / (۳) کلچه / (٤) چای می خواهید؟ *Äyä (1) keek / (2) qahwa / (3) kolcha / (4) chäy mey-khähed?*

career *n* کار *kär*, مسلک *maslak*, شغل *shoghol*

careful *adj* مواظب *mawäzeb*, متوجه *motawaje*, با دقت *bä-deqat* **Be careful!** متوجه باشید! *Motawaje bäshed!* **Be careful where you step.** متوجه باشید کجا پای بگذارید. *Motawaje bäshed koja pay begzäred.* ★ **carefully** *adv* با دقت *bä-deqat*, با احتیاط *bä ehteeyät* **(1) Do / (2) Guard / (3) Handle / (4) Watch it (very) carefully.** به (بسیار) دقت (۱) انجام بدهید. / (۲) نگهبانی کنید. / (۳) نگهدارید. / (٤) بنگرید. *Ba (beesyär) deqat (1) anjäm dehed. / (2) negabänee koned. / (3) nega-däred. / (4) bengared.*

careless *adj* بی احتیاط *bey ehteeyät*, بی اعتنا *bey-e'tenä*, بی فکر *bey-feker*

cargo *n* بار *bär*

carpenter *n* نجار *najär* **(1) Find / (2) Get a (good) carpenter.** یک نجار (خوب) (۱) پیدا کنید / (۲) بیاورید. *Yak najär-e-(khob) (1) paydä koned. / (2) beeyäwared.* ★ **carpentry** *n* نجاری *najäree* **Do you know carpentry?** آیا شما نجاری را یاد دارید؟ *Äyä shomä najäree rä yäd däred?*

carpet *n* قالین *qäleen*, فرش *farsh* **weave ~s** قالین بافتن *qäleen bäftan*

carriage *n* وسیله انتقال *waseela-e-enteqäl* **baby** ~ ریکشای کودک *rekshäy-e-koodak*

carrier *n* انتقال دهنده *enteqäl dehenda* **baby** ~ وسیله انتقال کودک *waseela-e-enteqäl-e-koodak*

carrot *n* زردك *zardak*

carry *vt* 1. *(take)* بردن *bordan*; 2. *(move, transfer)* انتقال دادن *enteqäl dädan* **food** ~ غذا انتقال دادن *ghezä enteqäl dädan* **Carry the** *(1)* **bags /** *(2)* **boxes** *(3)* **over there. /** *(4)* **to** *(place)*. (۱) خریطه ها... / (۲) قطی ها... را (۳) آنجا... / (٤) به (___)... انتقال بدهید. *(1) Khareeta hä... / (2) Qotee hä... rä (3) änjä / (4) ba (___) enteqäl dehed.* **The two of you carry it (over there).** شما دو نفر آن را (به آنجا) ببرید. *Shomä do nafar än rä (ba änjä) bebared.* **You have to carry the** *(1)* **cases /** *(2)* **clothing** *(3)* **over there. /** *(4)* **to** *(place)*. شما باید (۱) صندوق ها... / (۲) لباس ها... را به (۳) آنجا / (٤) (___) انتقال بدهید. *Shomä bäyad (1) sandoq hä... / (2) lebäs hä... rä ba (3) änjä / (4) (___) enteqäl bedehed.* **We have to carry the** *(1)* **crates /** *(2)* **equipment** *(3)* **over there. /** *(4)* **to** *(place)*. ما باید (۱) سبد ها... / (۲) لوازم... را (۳) آنجا / (٤) (___) انتقال بدهیم. *Mä bäyad (1) sabad hä... / (2) lawäzem... rä (3) änjä / (4) ba (___) enteqäl bedehem.* **They have to carry the** *(1)* **food /** *(2)* **lumber** *(3)* **over there. /** *(4)* **to** *(place)*. آنها باید (۱) غذا... / (۲) تخته ها... را (۳) آنجا / (٤) به (___) انتقال بدهند. *Anhä bäyad (1) qhezä... / (2) takhta hä... ra (3) änjä / (4) ba (___) enteqäl bedehand.* **Help** *(1)* **us /** *(2)* **them carry the** *(3)* **material /** *(4)* **stuff /** *(5)* **supplies** *(6)* **over there. /** *(7)* **to** *(place)*. (۱) ما / (۲) آنها را در انتقال (۳) مواد / (٤) جنس / (۵) اکمالات (٦) آنجا / (۷) به (___) کمک کنید. *(1) Mä / (2) Änhä rä dar enteqäl (3) mawäd / (4) gens / (5) ekmälät (6) änjä / (7) ba (___) komak koned.* **Can you carry it?** آیا شما این را برده میتوانید؟ *Äyä shomä een rä borda mey-tawäned?* **Carry it on your back.** به پشت خود ببرید. *Ba posht-e-khod bebared.*

Carry it together. یکجای انتقال دهید. *Yakja-ye enteqäl dehed.*

cart *n* گادی *gädee*, کراچی کوچک دستی *karächee kochak-e-dastee* *(1)* **Find /** *(2)* **Get a cart.** (۱) پیدا کنید / (۲) بگیرید. *Yak gädee (1) paydä koned. / (2) begeered.* **Get off the cart.** از گادی پیاده شوید. *Az gädee peeyädäh shawed.* **Get on the cart (over there).** در گادی (از آنجا) سوار شوید. *Dar gädee (az änjä) sawär shawed.*

carton *n* کارتن *kärtan*

case *n* 1. *(large container)* صندوق *sandoq*, یخدان *yakhdän*; 2. *(small container)* بتک *batak*; 3. *(instance)* حال *häl*, حالت *hälat*; 4. *(med.)* قضیه *qazya* **burn ~** قضیه سوزش *qazya-e-sozeesh* **camera ~** بکس کمره *baks-e-kamra*, بیک کمره *bayk-e-kamra* **~ of malaria** قضیه ملاریا *qazya-e-maläryä* **cholera ~** قضیه کولرا *qazya-e-koolarä* **in ~ of** درحالتی *dar hälatee* **in no ~** درهیچ صورت *dar heech soorat* **measles ~** قضیه سرخکان *qazya-e-sor-khakän* **How much per case?** چقدر برصندوق؟ *Cheqadar bar sandoq?* **In case of fire, sound this alarm.** در صورت وقوع حریق، این زنگ را بزنید. *Dar soorat-e-weqooh-e-hareeq, een zang rä bezaned.*

cash *n* پول نقد *pool-e-naqd* **~ box** صندوق پول *sandoq-e-pool*

cassette *n* کست *kaset* **music ~** کست موسیقی *kaset-e-moseeqee* **video ~** کست ویدیو *kaset-e-weedyo*

cast *n (med: plaster)* بند تلاستری *band-e-pälästeree*

casualty *n* خساره جانی *khesära-e-jänee*, تلفات *talafät* **Were there any casualties?** ایا تلفات و زخمی ها وجود داشت؟ *Äyä talafät wa zakhmee-hä wojood däsht?* **There were** *(1)* **a few… /** *(2)* **a lot of… casualties.** تلفات (۱) کم … / (۲) بسیار زیاد… بود. *Talafät-e- (1) kam… / (2) besyär zeeyäd… bod.* **There were no casualties.** هیچ تلفات نبود *Heech talafät nabod.*

cat *n* پشک *peshak*

catalog *n* فهرست *fehrest*

cataract *n (of the eye)* پرده پائین کردن چشم *parda päyen kardan-e-chashem*

catastrophe *n* مصیبت *moseebat*, آفت *äfat* **There has been a catastrophe.** یک مصیبت بود. *Yak moseebat bod.*

catch *vt* 1. *(something thrown)* گرفتن *greftan*; 2. *(capture)* به چنگ آوردن *ba chang äwardan*, گرفتار کردن *greftär kardan*; 3. *(a cold)* سرایت کردن *sarä-yat kardan* **Here, catch!** اینجا، بگیرید! *Eenjä, beegeered!* **Catch** *(1)* **her! /** *(2)* **him!** (۱) او زن / (۲) او مرد را دستگیر کنید! *(1) O zan / (2) O mard rä dastgeer koned!* **I think you caught a cold.** فکر میکنم شما ریزش کرده اید. *Feker mey-konam shomä reezesh karda ed.* *(1)* **He /** *(2)* **She has caught a cold.** (۱) او مرد / (۲) او زن ریزش کرده است *(1) O mard / (2) O zan reezesh karda ast.* **Careful! It will catch fire!** متوجه! این حریق خواهد شد! *Motawaje! Een hareeq khähad shod!*

category *n* دسته *dasta*, کتگوری *katagooree*

catheter *n (med.)* میل جراحی بول *meel-e-jarähee-e-bowl*

cattle *n* رمه *rama*, گله *qala* **raise cattle** را رشد دادن *rama rä roshd dädan*, مواشی را رشد دادن *mawäshee rä roshd dädan*

cauliflower *n* گلپی *golpee*

cause *vt* سبب شدن *sabab shodan*, موجب شدن *mowjeb shodan*, وادار کردن *wädär kardan* **What caused** *(1)* **it? /** *(2)* **the accident? /** *(3)* **the fire?** چی سبب (۱) این / (۲) تصادم / (۳) آتش شد؟ *Chee sabab-e- (1) een / (2) tasädom / (3) ätash shod?* **Find out** *(1)* **what /** *(2)* **who caused it?** پیدا کنید که (۱) چی / (۲) کی سبب این شد؟ *Paydä koned ke (1) chee / (2) kee sabab-e-een shod?* **Find out** *(1)* **what /** *(2)* **who caused it?** پیدا کنید که (۱) چی / (۲) کی سبب *Paydä koned ke (1) chee / (2) kee sabab-e-en shod?* *(1)* **He /** *(2)* **She is… /** *(3)* **They are… causing a lot of trouble.** (۱) او مرد / (۲) او

cause *n* سبب sabab, موجب mowjeb, علّت e'lat main ~ علّت اصلى e'lat-e-aslee

caution *n* توجه tawajo, مواظبت mowäzebat ★ **cautious** *adj* هوشيار hoshyär, مواظب mawäzeb, Be (very) cautious (at all times). (هميشه) (Hameesha) (beesyär) mawäzeb bashed. (بسيار) مواظب باشيد.

cave *n* غار ghär, سوراخ sooräkh, مغاره maghara ~ **complex** تركيب مغاره tarkeeb-e-maghara ~ **entrance** داخل سوراخ däkhel-e-sooräkh **mouth of a ~** داخل سوراخ däkhel-e-sooräkh

cave in *idiom* نشست كردن neshast kardan, سقوط كردن soqoot kardan, فرونشستن foro-neshastan, فروريختن fororeekhtan (1,2) The wall caved in. ديوار (١) نشست كرد. / (٢) فروريخت. Deewär (1) neshast kard. (2) fororeekht. ★ **cave-in** *n* نشست neshast

cavity *n* (teeth) حفره hofra, سوراخ sooräkh

cease-fire *n* آتش بس ätash bas

ceiling *n* سقف saqf, چت chat (1) Fix / (2) Paint the ceiling. سقف را (١) ترميم / Saqf rä (1) tarmeem / (2) rang koned. (٢) رنگ كنيد.

celebrate *vt* تجليل كردن tajleel kardan, جشن گرفتن jashen greftan What are they celebrating? آنها چى را تجليل ميكنند؟ Anhä chee rä tajleel mey-geerand? We're going to celebrate the occasion. ما مناسبت را تجليل خواهيم كرد. Mä monäsebat rä tajleel khähem kard. We're going to celebrate (1) her / (2) his / (3) my / (4) your (5) birthday. / (6) promotion. ما (٥) روز تولد (١) ترفيع (٢) او زن / (٢) او مرد / (٣) من / (٤) شما را تجليل خواهيم كرد. Mä (5) rooz-e-tawalod-e- / (6) tarefea' (1) o zan / (2) o mard / (3) man / (4) shomä rä tajleel khähem kard. ★ **vi** جشن گرفتن jashen greftan, عيد كردن eed kardan, Let's celebrate!! بيايد جشن بيگيريم! Bee-yäyed jashen begeerem. ★ **celebration** *n* جشن jashen **religious ~** جشن مذهبى jashen-e-maz-habee

cell *n* 1. (anat.) (عضومايكروسكوپى كه موجودات زنده از آن تشكيل يافته است.) hojra (ozwe-e-mäykros-koopee ke mawjoodät-e-zenda az än tashkeel yäfta ast), سلول selool; 2. (prison) اطاق زندان otäq-e-zendän; 3. (secret group) گروپ مخفى groop-e-makhfee

cellar *n* زير زمينى zeer-e-zameenee, زيرزمين zeer-zameen

cellophane *n* سيلفان seelfän

cell phone *n* تيلفون موبايل teelfoon-e-moobäyel

cement *n* سمنت sement **bag of ~** خريطه سمنت khareeta-e-sement

cemetery *n* گورستان gooresän, قبرستان qabrestän

center *n* مركز markaz, ميان meeyän **cholera treatment ~ (CTC)** مركز معالجه كولرا markaz-e-ma'äleja-e-kolarä **city ~** مركز شهر markaz-e-shahr **distribution ~** مركز توزيع markaz-e-tawzeeh **feeding ~** مركز غذا دادن markaz-e-ghezä dädan **refugee processing ~** مركز امور مهاجرين markaz-e-omoor-e-mahä-jereen **set up a treatment ~** مركز معالجه ايجت كردن markaz-e-ma'äleja eejäd kardan **shopping ~** مركز خريد markaz-e-khareed **training ~** مركز تربيتى markaz-e-tarbeyatee **triage ~** محل معاينه mahal-e-mo'äye-na ★ **central** *adj* مركزى markazee

Central Asian *adj* آسيايى مركزى äsyäyee-e-markazee

centimeter *n* سانتيمتر säntimeter (= 2.5 in.)

ceramic *adj* سفالى sofälee ~ **tile** كاشى سفالى käshee sofälee

cereal *n* غله ghala, دانه däna, حبوبات hobobät, سريلاك sereeläk **American breakfast ~** سريلاك صبحانه امريكايى sereeläk-e-sobhäna-e-amreekäyee **box of ~** قطى سريلاك qootee sereeläk **cooked ~** سريلاك پخته sereeläk-e-

cerebral   58   **change**

pokhta

cerebral *adj* مغزی *maghzee,* دماغی *damägee* ~ **hemorrhage** خونریزی مغزی *khoonreezee maghzee* **cerebral** ~ ملاریای دماغی *maläryä-e-damägee*

ceremony *n* تشریفات *tashreefät,* آداب *ädäb* **conduct the** ~ تشریفات را رهبری کردن *tashreefät rä rahbaree kardan* **graduation** ~ محفل فراغت *mahfel-e-frāghat* **official** ~ برگزاری رسمی *bargozäree-e-rasmee* **wedding** ~ محفل عروسی *mahfel-e-a'roosee*

certain *adj* 1. *(sure)* متیقن *motayaqen;* 2. *(particular)* معین *ma'yen,* مقرر *moqarar* **Are you certain?** آیا شما متیقن هستید؟ *Äyä shomä motayaqen hasted?* **I'm certain.** من متیقن هستم. *Man motayaqen hastam.* **I'm not certain.** من متیقن نیستم. *Man motyaqen neestam.* **There's a certain way to do it.** یک راه معین برای انجام دادن این است. *Yak räh-e-ma'yen baräyee anjäm dädan än ast.* ★ **certainly** *adv* یقیناً *yaqeenan,* حتماً *hatman*

certificate *n* گواهی نامه *gowähey näma,* تصدیق نامه *tasdeeq näma* **birth** ~ تصدیق نامه تولد *tasdeeq näma-e-tavälod* **marriage** ~ تصدیق نامه ازدواج *tasdeeq näma-e-ezdewäj,* نکاح خط *nekäh khat* **wedding** ~ تصدیق نامه عروسی *tasdeeq näma-e-a'roosee*

cervix *n (neck)* گردن *garden,* مجرا رحم *mojräh-e-rahem*

chain *n* 1. *(metal)* زنجیر *zanjeer,* بند *band* 2. *(mountains)* سلسله *selele* **mountain** ~ سلسله کوه *selele-e-ko* **tire** ~**s** زنجیر تایر *zanjeer-e-täyr*

chainsaw *n* اره زنجیری *ara-e-zanjeeree*

chair *n* چوکی *chowkee,* کرسی *korsee* **folding** ~ چوکی قاتکی *chowkee-e-qätakee* **office** ~ چوکی دفتر *chokee daftar*

chalk *n* تباشیر *tabäsheer* **piece of** ~ توته تباشیر *tota-e-tabäsheer*

chamber *n* اطاق *otäq* **underground** ~ اطاق زیرزمینی *otäq-e-zeer zameenee*

champion *n* قهرمان *qahramän* ★ **championship** *n* قهرمانی *qahramänee*

chance *n* 1. *(opportunity)* چانس *chäns,* مجال *majäl,* فرصت *fersat,* مهلت *mohlat;* 2. *(coincidence)* تصادف *tasädof* **I'll give you** *(1)* **a chance.** / *(2)* **one more chance.** من شما را (۱) یك مهلت... / (۲) یك مهلت دیگر...اهم داد. *Man shomä rä (1) yak mohlat... / (2) yak mohlat-e-deegar... khäham däd.* **We'll give you** *(1)* **a chance.** / *(2)* **one more chance.** ما شما را (۱) یك مهلت... / (۲) یك مهلت دیگر... خواهیم داد. *Mä shomä rä (1) yak mohlat... / (2) yak mohlat-e-deegar... khähem däd.* **Let's take a chance.** بیائید یك چانس بیگیریم. *Beyäyed yak chäns begeerem.* **There's a chance.** یك چانس است. *Yak chäns ast.* **(***1***) He** / **(***2***) She has** **(***3***) a good** / **(***4***) slight chance.** (۱) اومرد / (۲) اوزن چانس (۳) خوب / (۴) اندك دارد. *(1) O mard / (2) O zan chäns-e- (3) khoob / (4) andak därad.* **(***1***) He** / **(***2***) She has no chance.** (۱) اومرد / (۲) اوزن چانس ندارد. *(1) O mard / (2) O zan chäns nadärad.*

chancre *n* (علامه مرض سفلیس) ساحه میکروبی جسم *säha-e-mekroob-e-jesm (aläma-e-maraz-e-seflees)*

change *vt* تبدیل کردن *tabdeel kardan,* عوض کردن *ewaz kardan* **You should change** *(1)* **clothes.** / *(2)* **shoes.** شما باید (۱) لباس های تانرا / (۲) بوت های تانرا تبدیل کنید. *Shomä bäyad (1) lebäs hä-e-tän rä...(2) boot hä-e-tän rä... deel koned.* **Please change** *(1)* **blankets.** / *(2)* **sheets.** لطفاً (۱) کمپل / (۲) روی كش را تبدیل کنید. *Lotfan (1) kampal / (2) roy-kash rä tabdeel koned.* **Please change the** *(1)* **oil.** / *(2)* **tire.** لطفاً (۱) تیل / (۲) تایر را تبدیل کنید. *Lotfan (1) teel / (2) täyr rä tabdeel koned.* **Where can I change money?** پول را در کجا میتوانم تبدیل کنم؟ *Pool rä dar kojä metawänam tabdeel konam?* ★ *vi* تغیر کردن *ta'qheer kardan,* دگرگون شدن *degargoon shodan,* عوض شدن *ewaz shodan* **Has anything changed?** آیا چیزی تغیر کرده است؟ *Äyä cheezee taqheer karda ast?* ★ *n* دگرگونی *degar-goonee,* تغیر *tagheer,* تبدیل *tabdeel*

channel *n* 1. *(water)* مجرا *majrä*, راه (آب) *räh (äb)*, كانال *känäl*; 2. *(media)* چينل *chaynal*; 3. *(TV)* كانال *känäl* **irrigation** ~ كانال آبياری *känäl-e-äbyaree*, كاريز *käreez* **underground** ~ مجرا زير زمينی *majrä-e-zeer-e-zameenee*

chaos *n* بی نظمی *bey nazmee*, هرج و مرج *haraj wa maraj* **Everything is chaos.** همه چيز بی نظم است. *Hama cheez bey nazem ast.*

chapter *n* فصل *fasel*, باب *bäb* **Read chapter twelve.** فصل دوازده را بخوانيد. *Fasel-e-dowäzda rä bekhäned.*

character *n* نهاد *nehäd*, سيرت *seerat*, كركتر *karaktar* ~ **reference** سفارش كركتر *sefäresh-e-karaktar* **Is** *(1)* **he** / *(2)* **she a person of good character?** آيا (١) او مرد / (٢) او زن كركتر خوب دارد؟ *Äyä (1) o mard / (2) o zan karaktar-e-khoob därad?* *(1)* **He** / *(2)* **She** *(3)* **is** / *(4)* **isn't a person of good character.** (١) او مرد / (٢) او زن کرکتر خوب (٣) دارد. / (٤) ندارد. *(1) O mard / (2) O zan karaktar-e-khoob (3) därad. / (4) nadärad.* **What do you know about** *(1)* **her** / *(2)* **his character?** شما درباره كركتر (١) او زن / (٢) اومرد چه ميدانيد؟ *Shomä dar bära-e-karaktar-e (1) o zan / (2) o mard che mey-däned?* ★ **characteristic** *n* خصوصيت *khosoosyat*, خصلت *khoslat*

charcoal *n* ذغال چوب *zoghäl-e-choob*

charge *vt* 1. *(ask a price)* حساب كردن *hesäb kardan*; 2. *(elec.)* چارج كردن *chärj kardan* **How much do you charge (to** *[1]* **do** / *[2]* **fix** / *[3]* **make it)?** چقدر شما مطالبه ميكنيد (كه [١] انجام دهيد / [٢] درست كنيد / [٣] بسازيد)؟ *Cheqadar shomä motäleba meykoned (ke [1] anjäm bedehed / [2] dorost koned / [3] besäzed)?* **How much does** *(1)* **he** / *(2)* **she charge?** (١) اومرد / (٢) او زن چند حساب ميكند؟ *(1) O zan / (2) O mard chand hesäb mey-konad?* **How much did** *(1)* **he** / *(2)* **she** / *(3)* **they charge?** او (١) مرد / (٢) او زن / (٣) آنها چند حساب (٢٠١) كرد؟ / (٣) كردند؟ *(1) O mard / (2) O zan / (3) Änhä chand hesäb (1,2) kard? / (3) kardand?* **You have to charge it for** *(1)* **three hours.** / *(2)* **a day.** شما بايد برای (١) سه ساعت... / (٢) يك روز... حساب كنيد. *(1) Shomä bäyad baräy-e-(1) se säa't... / (2) yak rooz... hesäb koned.* **Can you charge this battery?** آيا شما ميتوانيد اين بطری را چارج كنيد؟ *Äyä shomä mey-tawäned een betree rä chärj koned?* ★ *n* 1. *(authority)* تصدی *tasadee*, صلاحيت *saläh-yat*; 2. *(elec.)* چارج *chärj* **Who's in charge (here)?** مؤضف (اينجا) كی است؟ *Moa-zaf (eenjä) kee ast?* (1) **I'm** / (2) **He's** / (3) **She's** / (4) **You're in charge.** (١) من / (٢) او مرد / (٣) او زن / (٤) شما مؤضف (١) هستم. / (٢،٣) هستند. / (٤) هستيد. *(1) Man / (2) O mard / (3) O zan / (2,3) Shomä moa-zaf (1) hastam. / (2,3) hastand. / (4) hasted.* **I'm putting you in charge (of the** *[1]* **group** / *[2]* **job).** من شما را مؤضف ([١] گروپ / [٢] وظيفه) ميسازم. *Man shomä rä moa-zaf-e ([1]groop / [2] wazeefa) mey-säzam.* **The battery needs a charge.** بطری به چارج ضرورت دارد. *Betree ba chärj zaroorat därad.* ★ **charger** *n (elec.)* چارج كننده *chärj konenda* **battery** ~ چارج كننده بطری *chärj konenda-e-betree*

charitable *adj* خيريه *khaeer-ya*, امدادی *emdädee* ★ **charity** *n* صدقه *sadaqa*, امداد *emdäd*

chart *n* جدول *jadwäl*, نقشه *naqsha* **clinical** ~ جدول كلينيكی *jadwal-e-klee-neenee*

chat *vi* صحبت كردن *sohbat kardan*

chauffeur *n* درايور *dräywer*, موتروان *motar-wän*

cheap *adj* ارزان *arzän*, كم بها *kam-bahä* **cheaper** ارزان تر *arzäntar* **cheapest** ارزان ترين *arzäntareen* **Get the cheapest price you can.** ارزان ترين نرخ را كه ميتوانيد بيگيريد. *Arzäntareen nerkh-e-rä ke mey-tawäneed beegeered.*

Chechen *adj* چچن *cheychen* ~ **fighter** جنگجوی چچن *jang-joo-ye-cheychen* ★ *n* چچن *cheychen*

check *vt* بازداشتن *bäz dāshtan,* جلوگیری کردن از *jelow-geree kardan az;* تفتیش کردن *tafteesh kardan,* معاینه کردن *ma'äyena kardan,* بررسی کردن *bar-rasee kardan* **Do you want to check** *(1)* **everybody?** / *(2)* **everything?** / *(3)* **it?** / *(4)* **them?** آیا شما میخواهید (۱) همه کس / (۲) همه چیز / (۳) این / (٤) آنها را تفتیش کنید؟ *Äyä shomä mey-khähed (1) hama kas... / (2) hama cheez... / (3) een... / (4) änhä... rä tafteesh koned?* **They're going to check** *(1)* **everybody.** / *(2)* **everything.** / *(3)* **it.** / *(4)* **them.** (۱) همه کس / (۲) همه چیز / (۳) این / (٤) آنها را تفتیش خواهند کرد. *Änhä (1) hama kas... / (2) hama cheez... / (3) een... / (4) änhä... rä tafteesh khähand kard.* **Check (carefully) to see if everything is** *(1)* **okay.** / *(2)* **there.** / *(3)* **unbroken.** (بادقت) ببینید که آیا همه چیز (۱) درست / (۲) آنجا / (۳) نا شکسته است. *(Bä deqat) bebeened ke äyä hama cheez (1) drost... / (2) änjä... / (3) nä shekesta... ast.* **(1) I** / **(2) We want to check your (3) eyes.** / **(4) feet.** / **(5) health.** / **(6) physical condition.** / **(7) teeth.** (۱) من میخواهم / (۲) ما میخواهیم (۳) چشم های / (٤) پاهای / (٥) صحت / (٦) حالت جسمی شما را معاینه (۱) کنم. / (۲) کنیم. *Man mey-khäham / (2) Mä mey-khähem (3) cheshm häy-e-... / (4) pähäy-e-... / (5) sehat-e-... / (6) hälat-e-jesmee... shomä rä ma'äyena (1) konam. / (2) konem.* **Check the (1) air pressure in the tires.** / **(2) antifreeze.** / **(3) brakes.** / **(4) gas.** / **(5) oil.** (۱) فشار هوا را در تایر ها... / (۲) مواد ضد انجماد را... / (۳) برک ها را... / (٤) پطرول را... / (٥) تیل را... ببینید. *(1) Feshär-e-hawä rä dar täyer hä... / (2) Mawäd-e-zed-e-enjemäd... / (3) Brek hä rä... / (4) Petrool rä... / (5) Teel rä... bebeened.* ★ *n* 1. *(inspec-tion)* بازرسی *bäz-rasee,* تفتیش *tafteesh*; 2. *(payment)* چک *chek* ★ **checker** *n* تفتیش کننده *tafteesh,* نظارت کننده *nezärat konenda* ★ **checkpoint** *n* محل تلاشی *mahal-e-taläshee,* محل کنترول عبور *mahal-e-kantrool-e-oboor* ★ **checkup** *n* معاینه عمومی *ma'äyena-e-o'moomee* **(1) I'm** / **(2) We're going to give you a physical checkup.** (۱) من میخواهم / (۲) ما میخواهیم... که شما را یك معاینه عمومی (۱) کنم. / (۲) کنیم. *(1) Man mey-khäham... / (2) Mä mey-khähem... ke shomä rä yak ma'äyena o'moomee (1) konam. / (2) konem.*

cheek *n* کومه *koma*
cheese *n* پنیر *paneer*
chemical *adj* کیمیاوی *keemyäwee* ★ *n* کیمیاوی *keemyäwee*
cherry *n* آلوبالو *äloo-bäloo*
chess *n* شطرنج *shatranj* **play ~** شطرنج بازی کردن *shatranj bäzee kardan*
chest *n (anat.)* سینه *seena* **(1) He** / **(2) She has a (3) bullet** / **(4) wound in (5) his** / **(6) her chest.** (۱) او مرد / (۲) او زن یك (۳) مرمی / (٤) زخم در سینه (٥،٦) اش دارد. *(1) O mard / (2) O zan yak (3) marmee / (4) zakhem dar seena (5,6) ash därad.*
chew *vt* جویدن *jaweedan* ★ **chewing gum** ساجق *säjeq*
chick *n* چوچه مرغ *choocha morgh,* پرنده کوچک *parende-e-kochak*
chicken *n* مرغ *morgh* **butcher (1) a ~** / **(2) the ~s** (۱) یك مرغ / (۲) مرغ ها را حلال کردن *(1) yak morgh... / (2) morgh hä... rä haläl kardan* **fried ~** مرغ سرخ شده *morgh-e-sorkh shoda* **grilled ~** مرغ بریان شده *morgh-e-ber-yän shodah* **imported ~s** مرغ وارد شده *morgh hä-e-wäred shoda* **Gut the (1) chicken.** / **(2) chickens.** روده (۱) مرغ / (۲) مرغ ها را دور کنید. *Roodeh-e-(1) morgh... / (2) morgh-hä... rä door koned.* **Skin the (1) chicken.** / **(2) chickens.** (۱) مرغ / (۲) مرغ ها را پوست کنید. *(1) Morgh... / (2) Morgh hä... rä poost koned.* **(1) They** / **(2) You have to keep (3)**

chickenpox 61 **cholera**

their / *(4)* your chickens inside. (٤) شان / (٣) مرغهای (٢) آنها / (١) تان را داخل نگه (١) دارند. / (٢) دارید. *(1) Ânhä / (2) Shomä bäyad morgh hä-e- (3) shän / (4) tän rä däkhel nega (1) därand. / (2) däred.*

chickenpox *n* چیچک (شدید) *chechak(-e-shadeed)*

chief *n* رئیس *ra'ees* **district ~** رئیس ناحیه *ra'ees-e-näheya,* رئیس حوزه *ra'ees-e-howza,* ولسوال *wooleswäl* **police ~** امر پولیس *amer-e-polees,* رئیس پولیس *ra'ees-e-polees* **provincial ~** رئیس ولایت *ra'ees-e-weläyat,* والی *wälee* ★ **chieftain** *n* رئیس *ra'ees;* (tribal) سرکرده *sarkarda* **local ~** رئیس محل *ra'ees-e-mahal*

child *n* طفل *tefel* **disabled children** اطفال معیوب *atfäl-e-ma'yoob* **fatherless children** اطفال بی پدر *tefel-e-bey padar,* یتیم *yateem* **homeless children** اطفال آواره *atfäl-e-äwära* **...in order to have fewer children.** ...برای اینکه کمترین تعداد اطفال داشتن. *...baräye eenke kamtareen te'däd-e-atfäl däshtan.* **look after children** اطفال را مراقبت کردن *atfäl rä morâqebat kardan* **malnourished children** اطفال سوء تغذی *atfäl-e- so'-e-taghazee* **motherless children** طفل بی مادر *tefel-bey mädar* **needy children** اطفال محتاج *atfäl-e-mohtaj* **poor children** اطفال بدبخت *atfäl-e-badbakht* **school children** اطفال مکتب *atfäl-e-maktab* **small children** اطفال خورد *atfäl-e-khord* **Whose child is this?** این طفل از کی است؟ *Een tefel az kee ast?* **Whose children are these?** این اطفال از کی هستند؟ *Een atfäl az kee hastand?* **Take the (1) child / (2) children out of here.** (١) طفل / (٢) اطفال را از اینجا ببرید. *(1) Tefel / (2) Atfäl rä az eenjä bobared.* **I want to examine the child.** من میخواهم طفل را معاینه کنم. *Man mey-khäham tefel rä ma'äyena konam.* **Let me examine the child.** اجازه دهید طفل را معاینه کنم. *Ejaza dehed tefel rä ma'äyena konam.* **The doctor will examine the child.** داکتر طفل را معاینه خواهد کرد. *Däktar tefel rä ma'äyena khähad kard.* **The doctor will give the child a shot.** داکتر طفل را پیچکاری خواهد کرد. *Däktar tefel rä pechkäree khähad kard.* **I have to give the child a shot.** من طفل را باید پیچکاری کنم. *Man tefel rä bäyad pechkäree konam.*

chills *n, pl* سرما *sarmä,* سردی *sardee* **(1) He / (2) She has the chills.** (١) او مرد / (٢) او زن سردی دارد. *(1) O mard / (2) O zan sardee därad.*

chimney *n* دودکش *dood kash,* دود رو *dood-row* **~ pipe** پیپ دودکش *payp-e-dood kash*

chin *n* زنخ *zenakh,* چنه *chana*

China *n* چین *cheen* ★ **Chinese** *adj* چینائی *cheenä-yee* ★ *n* 1. (person) چینائی *cheenä-yee;* 2. (lang.) زبان چینائی *zabän-e-cheenä-yee*

chisel *vt* اسکنه زدن *eskana zadan* ★ *n* اسکنه *eskana*

chlorinate *vt* کلورین ترکیب کردن *klooreen tarkeeb kardan* ★ **chlorination** *n* ترتیب کردن کلورین *tarteeb kardan-e-klooreen* ★ **chlorine** *n* کلورین *klooreen*

chloroquine *n* کلوروکوین *kloorokooyn*

chocolate *n* چاکلیت *chäkleet* **hot ~** (hot cocoa) نوشابه که از پودر چاکلیت و شیرتهیه میگردد. *Noshäba-e-ke az podar-e-chäkleet wa sheer tah-ya mey-gardad.*

choice *n* انتخاب *entekhäb* **You have to make a choice.** شما باید یک انتخاب کنید. *Shomä bäyad yak entekhäb koned.* **It's your choice.** این انتخاب شما است. *Een entekhäb-e-shomä ast.* **There's no choice.** هیچ انتخاب نیست. *Hech entekhäb-e-neest.*

choke *vi* خفه شدن *khafa shodan*

cholera *n* مرض کولرا *maraz-e-koolarä* **~ case** قضیه کولرا *qaz-ya-e-koolarä* **~ shot** واکسین کولرا *wäkseen-e-koo-larä* **~ epidmic** مرض ساری کولرا *maraz-e-säree-ye-koolarä* **fight ~** با کولرا مبارزه کردن *bä kolarä mobäreza kardan* **prevent ~** جلوگیری از مرض کولرا *jelow-geeree az maraz-e-koolarä*

cholesterol   62   **clamp**

~ **season** فصل کولرا *fasl-e-koolarä*
cholesterol *n* کلسترول (موادیکه در ترکیب شحمیات است) *kolestrol (Mawäd-e-ke dar tarkeeb-e-shahm-yät ast)* **high** ~ میزان بالای کلسترول *meezän-e-bälä-e-kole-sterol*, کلسترول بالا *kolestrol-e-bälä*
choose *vt* انتخاب کردن *entekhäb kardan*, پسند کردن *pesand kardan*, خوش داشتن *khosh dashtän* **Choose one.** یکی را انتخاب کنید. *Yakee rä entekhäb koned.* **You can choose whichever one you want.** شما هرکدام را که میخواهید انتخاب کرده میتوانید. *Shomä har kodäm rä ke mey-khähed entekhäb karda mey-tawäned.*
chop *vt* شکستن *shekastan*, ریزه کردن *reeza kardan* **Chop this meat into small pieces.** این گوشت را به توته های خورد ریزه کنید. *Een goosht rä ba tota häyee khord reeza koned.* **Chop the wood.** چوب را توته کنید. *Chob rä tota koned.* ★ **chopped** *adj* ریزه شده *reeza shoda*, شکسته شده *shekesta shoda*
Christian *adj & n* مسیحی *maseehee*, عیسائی *eesä-yee*
Christmas *n* کریسمس *kresmes* ~ **Eve** عید میلاد مسیح *eed-e-meeläd-e-maseeh* ~ **tree** شب کریسمس *shab-e-kresmes*. درخت که آنرا در شب کریسمس تزئین میکنند. *Darakht-e-ke än rä dar shab-e-kresmes tazeen mekonand.*
chronic *adj* شدید *shadeed*, متواتر (مریضی) *motawäter (mareezee)* ~ **cough** سرفه شدید *sorfa-e-shadeed*, سرفه دوامدار *sorfa-e-dawämdär*
church *n* کلیسا *kaleesä*
cigarette *n* سیگرت *segret* **light a** ~ یک سگرت روشن کردن *Yak segret roshan kardan.* **put out a** ~ سگرت را خاموش کردن *segret rä khämoosh kardan*
cinema *n* سینما *seeneymä*
circle *n* دایره *däyra*
circuit *n (elec.)* دور *dowr*, جریان *jeryän* ~ **breaker** شکننده جریان *shekanenda jeryän*
circulation *n* گردش *gardesh*, دوران *dowrän* **blood** ~ دوران خون *dowrän-e-khoon* **poor** ~ دوران ضعیف *dowrän-e-za'eef* **proper** ~ دوران مخصوص *dowrän-e-makhsoos*, دوران کامل *dowrän-e-kämel*
circumference *n* دایره *däeera*, محیط *moheet* **Measure the circumference of** *(1)* **her /** *(2)* **his arm (to determine if** *[3]* **she /** *[4]* **he is malnourished).** محیط بازو (۱) او زن / (۲) او مرد را اندازه کنید (تامعلوم کند اگر (۳) او زن / (۴) او مرد سوء تغدی باشد.) *Moheet-e-bäzoo-e- (1) zan / (2) o mard ra andäze koned (tä ma'loom koned agar [3] o zan / o mard so'-e-taghazee bäshad.)*
circumstance *n* چگونگی *chegoonagee*, رویداد *roydäd*, وضع *waza'* **unforeseen** ~**s** وضع غیرمترقبه *waza'-e-ghayr-e-motaraqeba* **What were the circum-stances?** چی حالات بود؟ *Chee hälat bod?* **Due to circumstances beyond** *(1)* **my /** *(2)* **our control...** نظر به اوضاع خارج از کنترول (۱) من / (۲) ما... *Nazar ba awzäh-e-khärej az kantrool-e- (1) man... / (2) mä...*
citizen *n* شهری *shahree*, تابع *täbe'* ★ **citizenship** *n* اهلیت *ahalyat*, تابعیت *täbee'yat* **What is** *(1)* **her /** *(2)* **his /** *(3)* **their /** *(4)* **your citizenship?** تابعیت (۱) او زن / (۲) او مرد / (۳) آنها / (۴) شما چیست؟ *Täbee'yat-e- (1) o zan / (2) o mard / (3) änhä / (4) shomä cheest?*
city *n* شهر *shahr* ~ **administration** اداره شهر *edära-e-shahr* ~ **center** مرکز شهر *markaz-e-shahr*
civilian *adj* ملکی *molkee*, شهری *shahree* ★ *n* شهریان *shahryän*
civilized *adj* متمدن *motamaden*, پیشرفته *peyshrafta*
claim *n* ادعا *ede'ä*, تقاضا *taqäzä*, طلب *talab* **file a** ~ **(for damages)** ادعا کردن (برای خسارات) *edehä kardan (baräyee khesärät)*
clamp *n* بند *band*, قید *qayd*, گیرا *geerä* **arterial** ~ قید شریانی *qayd-e-sharyänee*

clan *n* خانواده *khänawäda*, قبیله *qabeela*
clarification *n* تصفیه *tasfeeya*, توضع *towze* (1) **I / (2) We need a clarification (of this).** (۱) من / (۲) ما به یک توضع (این) ضرورت (۱) دارم / (۲) داریم. *(1) Man / (2) Mä ba yak towze (een) zaroorat (1) däram. / (2) däram.* ★ **clarify** *vt* تصفیه کردن *tasfeya kardan*, روشن کردن *rooshan kardan*, توضع کردن *towze kardan* **Can you please clarify this?** آیا شما این را روشن ساخته میتوانید؟ *Äyä shomä een rä rooshan säkhta mey-tawäned?*
class *n* صنف *senf* **baby care** ~ صنف پرستاری طفل *senf-e-parastäree tefel* **English** ~ صنف انگلیسی *senf-e-engleesee* **family planning** ~ صنف رهنمای خانواده *senf-e-rahnomä-e-khänawäda* **health** ~ صنف صحت *senf-e-sehat* **literacy** ~ صنف سواد آموزی *senf-e-sawäd-amoozee* **sanitation** ~ صنف اقدامات صحی *senf-e-eqdämät-e-sehee* **(1) We want to... / (2) We're going to... organize a class.** (۱) ما میخواهیم که یک صنف تشکیل بدهیم / (۲) ما تشکیل خواهیم داد. *(1) Mä mey-khähem ke yak senf tashkeel bedehem. / (2) Mä yak senf tashkeel khähem däd.* **I want you to teach the class.** من میخواهم که شما صنف را درس بدهید. *Man mey-khäham ke shomä senf rä dars bedehed.* **I want you to help me teach the class.** من میخواهم که شما مرا در تدریس صنف کمک کنید. *Man mey-khäham ke shomä marä dar tadrees-e-senf komak koned.* ★ **classmate** *n* همصنفی *hamsenfee*, صنفی *senfee* ★ **classroom** *n* اطاق درسی *otäq-e-darsee*, صنف *senf* **temporary** ~ اطاق درسی موقت *otäq-e-darsee-ye-mowaqat*
clay *n* گل *geyl*, خاک *khäk* **solid** ~ گل سخت *geyl-e-sakht* **The clay has to be removed (from the water).** گل باید (از آب) دور شود. *Geyl bäyad (az äb) door shawad.*
clean *adj* پاک *päk* **Make sure everthing is clean.** متیقین باشید که همه چیز پاک است. *Motayaqen bashed ke hama cheez päk ast.* **Keep (1) it / (2) them / (3) everything / (4) the wound clean.** (۱) ان / (۲) انها / (۳) همه چیز / (٤) جرح را پاک نگه دارید. *(1) Än... / (2) Änha... / (3) Hamah cheez... / (4) jarha... rä päk nega-däred.* **I want everything clean.** من میخواهم همه چیز پاک باشد. *Man mey-khäham hama cheez päk bäshad.* ★ *vt* پاک کردن *päk kardan*, صفا کردن *safä kardan* **Clean (1) it. / (2) them. / (3) the wound.** (۱) ان / (۲) انها / (۳) زخم را پاک کنید. *(1) Än / (2) Änha / (3) Zahem rä päk koned.* **Clean the (1) bathroom. / (2) equipment. / (3) floor. / (4) kitchen. / (5) room. / (6) stove. / (7) table(s). / (8) toilet(s).** (۱) تشناب / (۲) وسایل / (۳) روی اطاق / (٤) آشپزخانه / (٥) اطاق / (٦) منقل / (۷) میز(ها) / (۸) تشناب(ها) را پاک کنید. *(1) Tashnäb / (2) Wasäyel / (3) Rooy-e-otäq / (4) Äshpaz khäna / (5) Otäq / (6) Manqal / (7) Meez(hä) (8) Tashnäb(hä) rä päk koned.* **Clean these (1) shoes / (2) things.** این (۱) بوت ها را / (۲) اشیا را پاک کنید. *Een (1) boot hä / (2) ash-yä rä päk koned.* **Clean it with (1) a mixture of water and bleach. / (2) soap.** با (۱) مخلوط آب و بلیچ... / (۲) صابون... ان را پاک کنید. *Ba (1) makhloot-äb wa bleech... / (2) säbon... än rä päk koned.* **This needs to be cleaned.** این باید پاک شود. *Een bäyad päk shawad.* ★ **cleaner** *n* پاک کننده *päk konenda* پاک کن *päk kon* **glass** ~ پاک کننده گیلاس *päk konenda geläs* **hand** ~ پاک کننده دست *päk kon-e-dast* **vacuum** ~ جاروی برقی *järoo-e-barqee*
clear *adj* 1. *(transparent; bright)* شفاف *shafäf*; روشن *rooshan*; 2. *(understood)* واضع *wäze'* **The (1) solution / (2) water (3) is / (4) isn't clear.** (۱) محلول / (۲) آب شفاف (۳) است / (٤) نیست. *(1) Mahlool / (2) Äb shafäf (3) ast. / (4) neest.* **Is that clear? *(understood)*** آیا آن واضع است؟ *Äyä än wäzeh ast?* **Make that clear to everybody.** آن را به همه واضع بسازید. *Än rä bah hama wäzeh besäzed.* ★ *vt* صاف کردن *säf kardan*, روشن کردن *rooshan kardan*, پاک کردن *päk kardan*, واضع ساختن *wäze' säkhtan*, تصفیه

clearance پارچه های خشت و خاک را پاک کنید tasfeeye kardan **Clear the rubble.** Pärche-häye khesht wa khäk rä päk koned. **Have them clear the rubble.** انها باید پارچه های خشت و حاک را پاک کنند. Änhä bäyad pärche-häye khesht wa khäk rä päk konand. (1) **We** / (2) **They have to clear the road.** (۱) ما / (۲) آنها باید سرک را پاک (۱) کنیم. / (۲) کنند. (1) Mä / (2) Änhä bäyad sarak rä päk (1) konem. / (2) konand. (1) **They** / (2) **We have to clear the area of** (3) **bombs.** / (4) **mines.** (۱) آنها / (۲) ما باید ساحه را از (۳) بم ها / (۴) ماین ها تصفیه (۱) کنند. / (۲) کنیم. (1) Änhä / (2) Mä bäyad sähä rä az (3) bam-hä / (4) mayn-hä tasfeeye (1) konand. / (2) konem. (1) **They're** / (2) **We're going to clear the area of** (3) **bombs.** / (4) **mines.** (۱) انها / (۲) ما میخوا ساحه را از (۳) بم ها / (۴) ماین ها تصفیه (۱) خواهند / (۲) خواهیم کرد. (1) Änhä / (2) Mä sähä rä az (3) bam-hä / (4) mayn-hä tasfeeye (1) khähand / (2) khähem kard.

clearance n برداشتن bardäshtan; تصفیه tasfeeye, پاکسازی päk säzee **mine** ~ پاکسازی ماین päk sazee mayn

clearer n: **mine** ~ (person) ماین پاک mayn-päk

clearing n پاک کاری päk käree **mine** ~ پاکسازی ماین päk sazee mayn

cleaver n ساطور sätoor **meat** ~ ساطور گوشت sätoor-e-goosht

cleric n دبیر dabeer, راهب räheb, رهبر مذهبی rahber-e-maz-habee, عالم دینی älem-e-deenee **Muslim** ~ عالم اسلام älem-e-esläm **Shiite** ~ رهبر شیعه rahber-e-shee'e

clerical adj دبیری dabeeree, دفتری daftaree ~ **position** کار دفتری kär-e-daftaree, وظیفه دفتری wazeefa-e-daftaree ~ **work** بست کاتبی bast-e-kätebee ★ **clerk** n دبیر dabeer, دفتردار daftar där, منشی monshee **office** ~ منشی دفتر monshee-e-daftar **store** ~ منشی مغازه monshee-e-maghäza **supply** ~ منشی اکمالات monshee-e-ekmälät

clever adj زرنگ zarang, چالاک chäläk, هوشیار hoosh-yär **You're a clever person.** شما یک شخص هوشیار هستید. Shomä yak shakhs-e-hoosh-yär hasted.

cliff n پرتگاه partagäh, (قلع کوه، دیوار بلند) ارتفاع بلند ertefäh-e-beland (qoo-lah-e-ko, deewär-e-beland)

climate n آب وهوا äb wa hawä, اقلیم eqleem **cold** ~ اقلیم سرد eqleem-e-sard **dry** ~ اقلیم خشک eqleem-e-khoshk **wet** ~ اقلیم تر eqleem-e-tar

climb vt بالا شدن bälä shodan **Can you climb up there?** آیا شما به آنجا بالا شده میتوانید؟ Äyä shomä bälä shoda mey-tawäned? **Climb up there (and [1] attach** / [2] **fix** / [3] **get it.)** به آنجا بالا شوید (واین را [۱] بچسپانید / [۲] درست / [۳] بگیرید) Bah änjä bälä shawed (wa een rä [1] bechaspäned / [2] dorost koned / [3] begeered).

clinic n کلینیک kleeneek **emergency** ~ کلینیک اضطراری kleeneek-e-ezteräree **health** ~ کلینیک صحی kleeneek-e-sehee **mobile** ~ کلینیک سیار kleeneek-e-sayär **mobile dental** ~ کلینیک سیار دندانسازی kleeneek-e-sayär-dandänsäzee **open a (health)** ~ کلینیک (صحی) باز کردن kleeneek(-e-sehee) bäz kardan **prenatal** ~ کلینیک مواظبت قبل از تولد kleeneek-e-mowäzebat-e-qabel az tawalod **private** ~ کلینیک شخصی kleeneek-e-shakhsee **set up a** ~ یک کلینیک ساختن yak kleeneek säkhtan ★ **clinical** adj کلینیکی kleeneekee

clip n 1. (office) کلیپ klep, گیرا geerä; 2. (hair) گل یخن gol-e-yakhan, گل سینه gol-e-seena; 3. (ammo) پنجیع penjjee; 4. (med.) گیرا geerä, قید qeyd

clippers n, pl قیچی qaychee **(finger)nail** ~ ناخن گیر näkhon geer

cloak n خرقه kherqa, پوشش pooshesh, پوش poosh

clock n ساعت sää't **alarm** ~ ساعت زنگی sää't-e-zangee **electric** ~ ساعت برقی sää't-e-barqee **wall** ~ ساعت دیواری sää't-e-deewaree

close adj 1. (not far away) بسته basta; 2. (close contact) نزدیک nazdeek;

3. *(careful)* دقیق daqeeq **closer** نزدیکتر nazdeektar **closest** نزدیکترین nazdeek-tareen **Don't come any closer.** نزدیکتر نیایید. Nazdeektar nayäyeed. **Is it close?** آیا این بسته است؟ Äyä een basta ast? **Stay close (to me).** نزدیک باش (به من). Nazdeek bäsh (ba man). **Pay close attention.** لطفاً توجه دقیق کنید. Lotfan tawajo daqeeq koned. ★ **close** adv نزدیک nazdeek **Don't get (too) close (to** *[1]* **her / *[2]* him / *[3]* it / *[4]* me / *[5]* them).** (بسیار) نزدیک (به [۱] او زن / [۲] او مرد / [۳] این / [٤] من / [٥] آنها) نشوید. (Beesyär) nazdeek (ba [1] o zan / [2] o mard / [3] een / [4] man / [5] änhä) nashawed. ★ vt بستن bastan **Close the** *(1)* **door /** *(2)* **window.** (۱) درواره / (۲) کلکین را بسته کنید. (1) Darwäza / (2) Kelkeen rä basta koned. ★ vi ختم شدن khatem shodan, بسته شدن basta shodan **What time does it close?** چی وقت این بسته میشود؟ Chee waqt een basta mey-shawad? **It closes at** *(time)*. ( ) بسته میشود. ( ) basta mey-shawad. ★ **closed** adj ختم khatem, بسته basta **Is it closed?** آیا بسته است؟ Äyä basta ast? **It's closed.** بسته است. Basta ast. ★ **closely** adv به دقت ba deqat
closet n الماری لباس almäree lebäs
clot n لخته lakhtah **blood ~** لخته خون lakhta-e-khoon **It can cause a blood clot.** سبب لخته خون شده میتواند. Sabab-e-lakhta-e-khoon shoda mey-tawänad.
cloth n پارچه pärcha, تکه teka **clean ~** تکه پاک teka-e-päk **dust ~** تکه کثیف teka-e-kaseef **strip of ~** قطعه تکه qat'e-ye-teka **table ~** سرمیزی sar meezee
clothes n, pl لباس lebäs **baby ~** لباس طفلانه lebäs-e-tefeläna **change ~** لباس تبدیل کردن lebäs tabdeel kardan **iron ~** لباس اوتو کردن lebäs ootoo kardan) **put on ~** لباس پوشیدن lebäs posheedan **ragged ~** لباس کهنه lebäs-e-kohne **remove ~** لباس کشیدن lebäs kashee-dan **take off ~** لباس برون کردن lebäs beroon kardan **wash ~** لباس شستن lebäs shostan
clothesline n تناب رخت شویی tanäb-e-rakht-shoyee
clothespins n, pl قیتک کالا qaytak-e-kälä, قیتک لباس qaytak-e-lebäs
clothing n پوشاک poshäk, جامه jäma, لباس lebäs **distribute ~** پوشاک تقسیم کردن poshäk taqseem kardan **donated ~** لباس بخششی lebäs-e-bakh-sheshee **issue ~** پوشاک بخش کردن poshäk bakhsh kardan, لباس تقسیم کردن lebäs taqseem kardan **protective ~** لباس محافظوی lebäs-e-mohäfezoy **used ~** لباس مستعمل lebäs-e-mosta'mal **warm ~** پوشاک گرم poshäk-e-garm
cloud n ابر aber **~ storm** ابر طوفانی aber-e-toofänee ★ **cloudy** adj ابر آلود aber-äloud, ابری abree
clover n شبدر shabdar
clutch *(automot.)* کلچ kalach, کلاچ kaläch
coach vt تدریس کردن tadrees kardan, رهنمائی کردن rahnomä-ye kardan, آموزش دادن ämozesh dädan **I'll coach** *(1)* **them. /** *(2)* **the team.** من (۱) آنها را / (۲) تیم را آموزش خواهم داد. Man (1) änhä / (2) teem rä ämozesh khäham däd. **You can coach** *(1)* **them. /** *(2)* **the team.** شما میتوانید (۱) آنها را / (۲) تیم را آموزش دهید. Shomä mey-tawäned (1) änhä rä / (2) teem rä ämozesh dehed. ★ n رهنما (تیم سپورتی) rahnomä (teem-e-soportee), آموزگار ämozgär, موتر سفری mootar-e-safaree
coagulate vi لخته شدن lakhatah shodan
coal n ذغال سنگ zoghäl-e-sang **bag of ~** خریطه ذغال سنگ khareete-e-zoghäl-e-sang
coat n کورتی kortee **Persian lamb ~** کورتی که از پوست بره ایرانی ساخته میشود. kortee-e-ke az post-e-bara-e-eeränee säkhta mey-shawad **sheepskin ~** کورتی پوست گوسفند kortee post-e-gosfand **sport ~** کورتی سپورتی kortee sportee **suit ~** کورتی دریشی kortee-e-dreeshee

cobbler n بوتدوز *boot-doz*
cobra n مار افعی *mär-e-äfa'ee* **Asiatic / Naja Naja ~** مار افعی اسیایی *mär-e-äfa'ee-e-äsyäyee*
cockroach n سوسک(-ه حمام) *soosk(-e-hammäm)*
code n قانون نامه *qänoon näma* **color ~** قابل تشخیص نظر به رنگ *qäbel-e-tashkhees nazar ba rang* **Morse ~** سیستم قدیمی که برای ارسال پیغام بکار میرفت *Seestom qadeemee-e-ke baräye ersäl payghäm bakär mey-raft.*
coffee n قهوه *qahwa* **~ beans** دانه های قهوه *däna häyee qah-wa* **~ cup** پیاله قهوه *pee-yälah-e-qahwa* **~ maker** قهوه ساز *qahwa säz* ★ **coffeepot** n قهوه جوش *qahwa josh*
coffin n تابوت *täboot*
coil n (elec.) سیم *seem,* حلقه *halqa*
coin n سکه *seka*
cold adj 1. (temp.) سرد *sard,* خنک *khonok;* 2. (ailment) ریزش *reezesh* **Are you cold?** آیا شما خنک خرده اید؟ *Ayä shomä khonok khorda ed?* **I (1) am / (2) am not cold.** من خنک (۱) خرده ام. / (۲) نخرده ام. *Man khonok (1) khorda am. / (2) na khorda am.* **It's cold in here.** اینجا سرد است. *Eenjä sard ast.* **It has to be kept cold.** باید سرد نگهداشته شود *Bäyad sard negahdäshta shod.* ★ n 1. (coldness) سردی *sardee;* 2. (ailment) زکام *zokäm,* ریزش *reezesh* **catch a ~** زکام شدن *zokäm shodan* **~ medicine** دوای زکام *dawäy-e-zokäm,* دوای ریزش *dawä-e-rezesh* **(1) He / (2) She has... / (3) You have... a cold.** (۱) او مرد / (۲) او زن / (۳) شما زکام (۲۰۱) دارند. *(1) O mard / (2) O zan / (3) Shomä zokäm (1,2) därand. / (3) däred.* **This medicine is for (1) her / (2) his / (3) your cold.** این دوا برای زکام (۱) او زن / (۲) او مرد / (۳) شما است. *Een dawä-e-zokäm baräyee (1) o zan / (2) o mard / (3) shomä ast.*
colic n قلنج *qolonj*
collapse vi سقوط کردن *soqoot kardan,* فروریختن *foroo-reekhtan,* شکستن *shekestan* **Be careful, it may collapse.** مواظب باشید، این فرو خواهد ریخت. *Mawäzeb bashed een foroo khähad reekht.* **It's in danger of collapsing.** در خطر فرو ریختن است. *Dar khatar-e-forooreekhtan ast.* **That's going to collapse.** آن فرو خواهد ریخت. *Än foroo khähad reekht.* **The (1) building / (2) house / (3) roof / (4) wall collapsed.** (۱) عمارت / (۲) منزل / (۳) سقف / (۴) دیوار فرو ریخت. *(1) E'märat / (2) manzel / (3) saqf / (4) deewär foroo-reekht.* **(1,2) It collapsed.** (۱) فرو ریخت. / (۲) سقوط کرد. *(1) Foroo-reekht. / (2) Soqoot kard.*
collarbone n استخوان سینه *ostokhän-e-tarqowa,* استخوان ترقوه *ostokhän-e-tarqowa* **~ broken** استخوان ترقوه شکسته *ostokhän-e-tarqowa-e-shekesta*
colleague n همکار *hamkär*
collect vt جمع کردن *jama' kardan* **Collect the (1) blankets. / (2) dishes. / (3) sheets.** (۱) کمپل ها / (۲) ظروف / (۳) روی کش ها را جمع کنید. *(1) Kampal hä... / (2) Zoroof... / (3) Roy kash hä... rä jama' koned.* ★ **collection** n مجموعه *majmoo-ha,* کلیکسیون *kelek-syoon* ★ **collector** n (solar) کلکتور *kolektoor* **solar (energy) ~** کلکتور (انرژی) افتابی *kolektoor-e- (enerzhee-e-äftäbee*
college n (univ.) پوهنتون *pohantoon,* دانشگاه *däneshgäh* **go to ~** به دانشگاه رفتن *ba däneshgäh raftan*
collision n تصادم *tasädom* **There was a collision.** در آنجا یک تصادم شد. *Dar änjä yak tasädom shod.*
colon n دو نفطه *do noqta*
colonel n دگروال *dagar-wäl*

color *n* رنگ *rang* **What color** *(1)* **is** / *(2)* **was it?** چی رنگ (١) است؟ / (٢) بود؟ *(Een) chee rang (1) ast? / (2) bod?* **What color** *(1)* **are** / *(2)* **were they?** (آنها) چی رنگ (١) هستند؟ / (٢) بودند ؟ *(Änhä) chee rang (1) hastand? / (2) bodand?*

colt *n* کره اسپ *kora-e-asp,* چوچه اسپ *choocha-e-asp*

column *n* ستون *seton,* ردیف *radeef,* قطار *qatär* ~ **of vehicles** قطار موترها *qatär-e-motar hä* **form a** ~ قطار ترتیب کردن *qatär tarteeb kardan*

coma *n* اغما *aghmä,* کوما *komä (1)* **He** / *(2)* **She is in a coma.** (١) او مرد / (٢) او زن در کوما است. *(1) O mard / (2) O zan dar komä ast.*

comb *n* شانه *shäna*

combat *n* جنگ *jang,* نبرد *nabard*

combination *n* ترکیب *tarkeeb* ★ **combine** *vt* 1. *(put together; connect)* به هم پیوستن *ba ham paywastan;* 2. *(mix)* ترکیب کردن *tarkeeb kardan* ★ *n (machine)* دسته بندی *dasta bandee,* کمباین *kambäyn*

combustible *adj* سوختنی *sokhtanee,* احتراقی *eh-teräqee*

come *vi* 1. *(gen.)* آمدن *ämadan;* 2. *(reach)* رسیدن *raseedan* **Come here.** اینجا بیایید. *Eenjä beyäyed.* **Tell them to come here.** آنها را بگویید که اینجا بیایند. *Änhä rä begohed ke eenjä bey-yäyand.* **When will** *(1)* **you** / *(2)* **he** / *(3)* **she** / *(4)* **they come?** چی وقت (١) شما / (٢) او مرد / (٣) او زن / (٤) آنها (١) *Chee waqt (1) shomä / (2) o mard / (3) zan / (4) änhä (1) khähed ämad? / (2,3) khähad ämad? / (4) khähand ämad?* **Are you coming?** آیا شما میایید؟ *Äyä shomä mey-yäyed?* **I'm coming.** من میایم. *Man mey-yä-yam.* **We're coming.** ما میاییم. *Mä mey-yä-yem.* **Is** *(1)* **he** / *(2)* **she** / *(3)* **it coming?** آیا (١) او مرد / (٢) او زن / (٣) این *(1) O mard / (2) O zan / (3) een ney-yäyad?* **(1) He** / *(2)* **She** / *(3)* **It** *(4)* **is** / *(5)* **isn't coming (now).** (١) او مرد / (٢) او زن / (٣) این (٤) (حالا) / (٥) میاید. / نمیاید. *(1) O mard / (2) O zan / (3) Een (hälä) (1) mey-yäyad. / (2) namey-yäyad.* **Are they coming?** آیا آنها میایند؟ *Äyä änhä mey-yäyand?* **They're coming (now).** آنها (حالا) میایند. *Änhä (hälä) mey-yäyand.* **They're not coming.** آنها نمیایند. *Änhä namey-yäyand.* **Did** *(1)* **he** / *(2)* **she** / *(3)* **it** / *(4)* **they come?** آیا (١) او مرد / (٢) او زن / (٣) این / (٤) آنها (٣,٢,١) آمد؟ / (٤) آمدند؟ *Äyä (1) o mard / (2) o zan / (3) een / (4) änhä (1,2,3) ämad? / (4) ämadand?* **(1) He** / *(2)* **She** / *(3)* **It** / *(4)* **They came.** (١) او مرد / (٢) او زن / (٣) این / (٤) آنها (٣,٢,١) آمد. / (٤) آمدند. *(1) O mard / (2) O zan / (3) Een / (4) Ähä (1,2,3) ämad. / (4) ämadand.* **When did** *(1)* **you** / *(2)* **he** / *(3)* **she** / *(4)* **they come here?** (١) شما / (٢) او مرد / (٣) او زن / (٤) آنها چی وقت (١) آمدید؟ / (٣,٢) آمد؟ / (٤) آمدند؟ *(1) Shomä / (2) O mard / (3) O zan / (4) Änhä chee waqt (1) ämaded? / (2,3) ämad? / (4) ämadand?* **(1) I** / *(2)* **He** / *(3)* **She** / *(4)* **We** / *(5)* **They came here** *(6)* **...yesterday.** / *(7)* **...(***number***) days ago.** / *(8)* **...a week** / *(9)* **month ago.** / *(10)* **...(***number***) weeks** / *(11)* **months ago.** (١) من / (٢) اومرد / (٣) اوزن / (٤) ما / (٥) آنها (٦) دیروز / (٧) (__) روز قبل / (٨) یک هفته قبل / (٩) یک ماه قبل / (١٠) (__) هفته قبل / (١١) ماه ها قبل (١) آمدم. / (٣,٢) آمد. / (٤) آمدیم. / (٥) آمدند. *(1) Man / (2) O mard / (3) O zan / (4) Mä / (5) Ähä (6) deerooz... / (7) (__) rooz qabel... / (8) yak hafta qabel... / (9) yak mäh qabel... / (10) (__) hafta qabel... / (11) mäh hä qabel... (1) ämadam. / (2,3) ämad. / (4) ämadem. / (5) ämadand.* ★ **come to** *idiom (regain consciousness)* به هوش آمدن *ba hosh ämadan*

comfortable *adj* راحت *rähat* **Are you comfortable?** آیا شما راحت هستید؟ *Äyä shomä rähat hasted?*

commander *n* فرمانده *farmände,* سرکرده *sarkarda,* قومندان *qoomändän* **local** ~ قومندان محل *qoomändän-e-mahal* **tribal** ~ سرکرده قومی *sarkarda-e-*

qowmee
commend vt ستودن setodan, تعریف کردن ta'reef kardan, ستایش کردن setäyesh kardan **I commend you for your good work.** من شما را بخاطر کار خوب تان ستایش میکنم. Man shomä rä ba khäter-e-kär-e-khoob tän setäyesh meykonam.

comment n نظریه nazarya, انتقاد enteqäd

commercial adj تجارتی tejäratee

commit vt مرتکب شدن mortakeb shodan ~ **a crime** مرتکب جرم شدن mortakeb-e-jorm shodan ~ **murder** مرتکب قتل شدن mortakeb-e-qatel shodan ~ **rape** تجاوز جنسی کردن tajäwoz-e-jensee kardan ~ **theft** مرتکب سرقت شدن mortakeb-e-serqat shodan

committee n کمیته komeeta; (govt) شورا shorä **be on a** ~ در کمیته بودن dar komeeta boodan **community health** ~ کمیته صحی جامعه komeeta-e-sahee-e-jäme'e **form a** ~ کمیته تشکیل دادن komeeta tashkeel dädan **multiethnic** ~ کمیته چندین قومی komeeta-e-chandeen qowmee **village** ~ شورا قریه shorä-e-garye

common adj معمولی ma'moolee, عادی ädee

communicate vi گفتگو کردن goftogo kardan, مکاتبه کردن mokäteba kardan, ارتباط گرفتن ertebät gereftan **How can we communicate with (1) him / (2) them?** چی قسم ما میتوانیم با (1) او مرد / (2) آنها ارتباط بگیریم؟ Chee qesem mä mey-tawänem bä (1) o mard / (2) änhä ertebät begeerem? ★ **communication** n 1. (contact) ارتباط ertebät; 2. pl (ability) ارتباطات erte-bätät **be in** ~ در ارتباط بودن dar ertebät bodan **establish** ~ ارتباط بر قرار کردن ertebät bar qarär kardan **lose** ~ ارتباط از دست دادن ertebät az dast dädan **stay in** ~ در ارتباط بودن dar ertebät bodan

communism n کمونیسم kamoo-neezem ★ **communist** adj کمونیستی kamooneestee ★ n کمونیست kamooneest

community n جامعه jäme-a', اجتماع ej-temä

companion n یار yär, رفیق rafeeq

company n 1. (bsns) شرکت sherkat; 2. (mil.) انجمن anjoman; 3. (companionship) رفاقت refäqat

compare vt برابر کردن baräbar kardan, مقایسه کردن moqäyesa kardan ★ **comparison** n مقایسه moqäyesa

compass n قطب نما qotoob-nomä

compassion n دلسوزی delsozee, رحم rahm, شفقت shafaqat **show** ~ دلسوزی نشان دادن delsozee neshän dädan

compensate vt پاداش دادن pädäsh dädan, جبران دادن jebrän dädan **We will compensate (1) them / (2) you for the (3) damage. / (4) loss.** ما (1) آنها / (2) شما را برای (3) تخریب / (4) زیان جبران خواهیم کرد. Mä (1) änhä / (2) shomä rä baräye (3) takhreeb / (4) zeeyän jebrän khähem kard. **We must compensate them (for the damage).** ما باید آنها (برای خسارات) را جبران بدهیم. Mä bäyad änhä (baräy-e-khesärät) rä jebrän bedehem. **How much should we compensate them?** چقدر باید آنها را جبران بدهیم؟ Cheqadar bäyad änhä rä jebrän bedehem? ★ **compensation** n جبران jebrän, تلافی taläqee, پاداش pädäsh **What do they want in compensation?** آنها در جبران چی میخواهند؟ Anhä dar jebrän chee mey-khähand?

competent adj لایق lä-yeq, قابل qäbel, با مهارت bä mahärat, با تجربه bä tajroba

complain vi گله کردن gela kardan, شکایت کردن shekäyat kardan **Don't complain (to me).** (برای من) شکایت مکن. (Baräy-e- man) shekäyat makon. **It doesn't do any good to complain.** شکایت کردن فایده ندارد. Shekäyat *kardan fäyda nadärad.* **What is *(1)* he / *(2)* she complaining about?** او مرد / (۲) او زن از چی شکایت دارد؟ *(1) O mard / (2) O zan az chee shekäyat därad?* **(1) He / (2) She complains of a pain in (3) his / (4) her (5) chest / (6) head / (7) stomach.** (۱) او مرد / (۲) او زن از دردیکه در (۵) سینه / (٦) سر / (۷) معده (۳،٤) اش است شکایت دارد. *(1) O mard / (2) O zan az dardeeke dar (5) seena / (6) sar / (7) me'da (3,4) ash ast shekäyat därad.* ★ **complaint** *n* گله *gela,* شکایت *shekäyat,* ناله *näla* **What's (1) your / (2) his / (3) her / (4) their complaint?** (۱) شما / (۲) او مرد / (۳) او زن / (٤) آنها در باره چیست؟ *Shekäyat (1) shomä / (2) o mard / (3) o zan / (4) änhä dar bära cheest?* **I have a complaint.** من یک شکایت دارم. *Man yak shekäyat däram.* **I'd like to make a complaint.** من میخواهم یک شکایت کنم. *Man mey-khäham yak shekäyat konam.* **Take your complaint to *(name).*** شکایت تان را به (___) بدهید. *Shekäyat-e-tän rä ba (___) bedehed.*

complete *adj* کامل *kämel,* تمام *tamäm,* تکمیل *takmeel* **Make sure it's complete.** خود را متیقن سازید که تکمیل است. *Khod rä motayaqen säzed ke takmeel ast.* **Is it complete?** آیا این تکمیل است؟ *Äyä een takmeel ast?* **It (1) is / (2) isn't complete.** این تکمیل (۱) است. / (۲) نیست. *Een takmeel (1) ast. / (2) neest.* ★ **completely** *adv* کاملاً *kämelan,* تماماً *tamämän* **Are you completely done?** آیا شما کاملاً انجام دادید؟ *Äyä shomä kämelan anjäm däded?*

complex *n (of bldgs)* ترکیب (عمارات) *tarkeeb(-e-e'märat)* **apartment ~** ترکیب اپارتمان *tarkeeb-e-apärtomän* **cave ~** ترکیب مغاره *tarkeeb-e-maghara*

complicated *adj* پیچیده *peecheeda,* مغلق *moghlaq*

comply *vi* انجام دادن *anjäm dädan,* اطاعت کردن *etähat kardan,* عمل کردن *ha-mal kardan,* رفتار کردن *raftär kardan* **(1) I / (2) we / (3) you have to comply with the (4) directive. / (5) law. / (6) regulations.** (۱) من / (۲) ما / (۳) شما باید مطابق (٤) دستور / (٥) قانون / (٦) مقررات رفتار (۱) کنم. / (۲) کنیم. / (۳) کنید. *(1) Man / (2) Mä / (3) Shomä bäyad motäbeq-e-(4) dastor / (5) qänoon / (6) moqararät raftär (1) konam. / (2) konem. / (3) koned.*

component *n* مرکبه *morakaba,* یکی از اجزای مرکب *yakee az ajzä-e-morakab*

compound *n (enclosed area)* مشترک *moshtarak,* مرکب *morakab,* ساحه *säha* **walled ~** ساحه که اطراف آن دیوار گرفته شده است (عمارت) *säha-ke aträf-e-än deewär gerefta shoda ast*

compress *vt* به هم فشردن *ba ham feshordan,* متراکم کردن *motaräkem kardan* ★ **compress** *n* رفاده *refäda* **hot ~** رفاده گرم *refäda-e-garm* ★ **compressor** *n* ماشین فشار *mäsheen-e-feshär,* کمپریسر *kampresar*

computer *n* کمپیوتر *kampyootar* **Do you have a computer?** آیا شما کمپیوتر دارید؟ *Äyä shomä kampyootar däred?* **Can I use your computer?** آیا میتوانم کمپیوتر شما را استفاده کنم؟ *Äyä mey-tawänam kampyootar-e-shomä rä estefäda konam?* **Don't use the computer.** کمپیوتر را استفاده مکنید. *Kampyootar rä estefäda makoned.* **The computer is out of order.** کمپیوتر خراب شده است. *Kampyootar kharäb shoda ast.*

concentrate *vt* تمرکز دادن *tamarkoz dädan,* متمرکز کردن *motamarkez kardan* ★ **concentration** *n* تمرکز *tamarkoz* **~ of land mines** تمرکز ماین های زمینی *tamarkoz-e-mäyn-hä-ye-zameenee*

concern *vt (have to do with)* ربط داشتن به *rabt dästan ba,* مربوط بودن به *marboot bodan ba,* وابسته بودن به *wäbasta bodan ba* **What does it concern?** این مربوط به چیست؟ *Een marboot ba cheest?* **It concerns...** این مربوط به... *Een marboot ba...* **As concerns...** نسبت به... *Nesbat ba...* **It doesn't concern (1) her. / (2) him. / (3) me. / (4) them. / (5) us. / (6)**

concerned *adj* (worried, uneasy) پریشان preeshän, ناراحت närähat **I'm (very) concerned about it.** (بسیار) من پریشان هستم در باره اش. *Man (beesyär) preeshän hastam dar bära-e-ash.*

concrete *n* (مخلوط سمنت و ریگ) کانکریت känkreet **chunk of ~** تخته بزرگ کانکریت *takhte-e-bozorg-e-känkreet* **~ forms** قطعات کانکریت *qeta-hät-e-känkreet* **~ mixer** (ماشین که سمنت، ریگ و آب را مخلوط میکند.) ماشین مخلوط کننده *mäsheen-e-makhloot konenda (mäsheen-e-ke sement, reeg wa äb rä makhleet mey-konad.)* **lay ~** کانکریت گذاشتن *känkreet gozäshtan* **lump of ~** کلوخه کانکریت *kolookhe-ye-känkreet* **mix ~** مخلوط کردن کانکریت *makhloot kardan-e-känkreet* **pour ~** کانکریت ریختن *känkreet reekhtan* **reinforced ~** میله استحکام کانکریتی *meela-e-estehkäm-e-känkreetee*

concussion *n* ضربات دماغی *zarabät* **brain ~** ضربات دماغی *zarabät-e-damaqee*

condition *n* شرط shart; *pl* شرایط *sharäeet*, حالت hälat, وضع wazah **camp ~s** شرایط کمپ *sharäeet-e-kamp* **crowded ~s** حالت پر ازدحام *hälat-e-por ezdehäm* **health ~s** وضح صحی *wazah-e-sehee* **in serious ~** در حالت خطیر *dar hälat-e-khateer* **living ~s** حالت زنده گی *hälat-e-zenda-gee* **on one ~** دریک *dar yak hälat* **poor hygienic ~s** حالات صحی ضعیف *hälat-e-sehee-yeza'eef* **weather ~s** حالات موسم، وضع آب و هوا *hälät-e-mosam, waza'-e-äb wa hawä* **working ~s** حالات کار *hälat-e-kär* **What condition is (1) he / (2) she in?** (۱) او مرد / (۲) او زن در چی حالت است؟ *(1) O mard / (2) O zan dar chee hälat ast?* **(1) He / (2) She is in (3) bad / (4) critical / (5) fair / (6) good / (7) stable condition.** (۱) او مرد / (۲) او زن در حالت (۳) خراب / (۴) وخیم / (۵) تقریباً خوب / (۶) خوب / (۷) ثبات است. *(1) O mard / (2) O zan dar hälat-e (3) kharäb / (4) wakheem / (5) taqreeban khoob / (6) khoob / (7) sobät ast.* **What condition (1) is it / (2) are they in?** (۱) این / (۲) آنها در چی حالت (۱) است؟ / (۲) هستند؟ *(1) Een / (2) Ähnä dar chee hälat (1) ast? / (2) hastand?* **(1) It's / (2) They're in (3) bad / (4) good / (5) serviceable / (6) usable condition.** (۱) این / (۲) آنها در حالت (۳) خراب / (۴) خوب / (۵) قابل فعالیت / (۶) قابل استفاده (۱) است. / (۲) هستند. *(1) Een / (2) Ähnä dar hälat (3) kharäb / (4) khoob / (5) qäbel-e-fahäl-yat / (6) qäbel-e-estefäda (1) ast. / (2) hastand.* ★ **conditioner** *n* کندیشنر (مواد مایع که برای نرم ساختن یا جلای موی سر استفاده میشود) *kandeshnar (mawäd-e-mä-ye ke baräye narm säkhtan yä jalä-e-moo-e-sar estefäda mey-shawad)* **air ~** تصفیه کننده هوا *tasfeya konenda hawäh*

condolences *n, pl* همدردی *hamdardee* **Please give (1) her / (2) him / (3) them my condolences.** لطفاً همدردی من را با (۱) او زن / (۲) او مرد / (۳) انها اظهار نمایید. *Lotfan hamdardee-ye man rä ba (1) o zan / (2) o mard / (3) änhä ez-här namäyeed.*

condom *n* کاندم (پوش پلاستیکی آلت تناسلی مرد که بمنظور جلوگیری از حمل و یا سرایت) *kändam (poosh-e-palästeekee älat-e-tanäsolee mard ke ba manzoor-e-jelow-geeree az hamel wa yä saräyat-e-amräz-e-jensee dar jeryän-e-ämezesh-e-jensee estefäda mey-shawad.)* امراض جنسی در جریان آمیزش جنسی استفاده میشود.

conduct *vt* (carry out) انجام دادن *anjäm dädan*, پیش بردن *peesh bordan* **~ a relief operation** عملیات کمکهای عاجل براه انداختن براه انداختن *amalyät-e-komak hä-e-häjel barä andäkhtan* **~ a search** جستجو را آغاز کردن *jostojoo rä äghäz kardan*

conduit *n* آب رو *äb-row*, مجرا *majrä*, تیوب *teyoob*

conference *n* کنفرانس *konfaräns*, مذاکره *mozäkera*

confidence *n* اطمینان *etmeenän*, اعتماد به نفس *ehtemäd ba nasf* **I have confi-**

confidential 71 **consider**

dence in you. من بالای شما اطمینان دارم. *Man bäläyee shomä etmeenän däram.* ★ **confidential** *adj* محرمانه *maharamäna*, خفیه *khof-ya* ~ **matter** موضوع محرمانه *mowzo'-e-maharamäna* ~ **paper** کاغذ محرمانه *käghaz-e-moharamäna*, سند محرمانه *sanad-e-mahramäna*

confirm *vt* تصدیق کردن *tasdeeq kardan*

conflict *n* زد و خورد *zadookhord* **ethnic** ~ زد و خورد قومی *zadookhord-e-qoomee*

confused *adj* گیج *geech*, مغشوش *maghshoosh*, متردد *motaraded* **I'm confused (about it).** من (در باره این) متردد هستم. *Man (dar bära-e-een) motaraded hastam.* *(1)* **He** / *(2)* **She seems...** / *(3)* **You seem... confused.** / (۱) او مرد / (۲) او زن / (۳) شما متردد به نظر (۲،۱) میاید. / (۳) میایید. *(1) O mard / (2) O zan / (3) Shomä motaraded ba nazar (1,2) mey-yäyed. / (3) mey-yäyeed.* ★ **confusing** *adj* مغشوش کننده *maghshoosh konenda*, گیج کننده *geech konenda* **It's (very) confusing.** این (بسیار) گیج کننده است. *Een (beesyär) geech konenda ast.*

confiscate *vt* ضبط کردن *zabt kardan*, توقیف کردن *towqeef kardan*, گرفتن *gereftan*, به زور بدست آوردن *ba zoor ba dast äwardan*

congeal *vi* یخ بستن *yakh bastan*, سخت شدن *sakht shodan*, منجمد شدن *monjamed shodan*, خشک شدن *khoshk shodan*

congratulate *vt* تبریک گفتن *tabreek goftan*, مبارک گفتن *mobärak goftan* **I want to congratulate you.** میخواهم به شما تبریک بگویم. *Mey-khäham ba shomä tabreek begoyam.* **(1,2) Congratulations!** *(1)* تبریک! *Tabreek!* / *(2)* مبارک! *Mobärak!*

congress *n* مجلس *majles*, کانگرس *kängres* **American** ~ کانگرس امریکا *kängres-e-amreekä*

conjugate *vi* با هم یکجا شدن *bä ham yakjä shodan*, جفت شدن *joft shodan*, تغیر حالت فعل در گرامر *tagheer-e-hälat-e-fehl dar gerämar* **How does this verb conjugate?** این فعل چی قسم تغیر میکند؟ *Een fehl che qesem tagheer mey-konad?*

conjunction *n* حرف ربط *harf-e-rabt*, اتصال *etesäl*, پیوست *pay-wast*

connect *vt* پیوستن *paywastan*, وصل کردن *wasel kardan*, متصل کردن *motasel kardan* **Connect this to the** *(1)* **generator.** / *(2)* **line.** / *(3)* **pipe.** / *(4)* **pump.** این را به (۱) جنریتور / (۲) سیم / (۳) پیپ / (۴) پمپ وصل کنید. *Een rä ba (1) jan-ree-toor / (2) seem /(3) payp / (4) pamp wasel koned.* **It** *(1)* **is** / *(2)* **isn't connected.** این وصل (۱) است. / (۲) نیست. *Een wasel (1) ast. / (2) neest.* **How do you connect this?** این را چی قسم وصل میکنید؟ *Een rä chee qesem wasel mey-koned?* ★ **connection** *n* ارتباط *ertebät*, رابطه *räbeta* **electrical** ~ ارتباط برق *ertebät-e-barq*

conscious *adj* هوشیار *hoshyär*, باخبر *bä khabar*, به هوش *ba hoosh* **Is** *(1)* **he** / *(2)* **she conscious?** آیا (۱) او مرد / (۲) او زن به هوش است؟ *Äyä (1) o mard / (2) o zan ba hoosh ast?* ★ **consciousness** *n* هوش *hoosh* **lose** ~ بی هوش شدن *bey hoosh shodan* **regain** ~ دوباره به هوش آمدن *dobära ba hoosh ämadan*

consecutive *adj* پی در پی *pay dar pay*, متوالی *motawälee*

consent *n* رضایت *rezäyat*, موافقت *mawäfeqat* *(1)* **I** / *(2)* **We need** *(3)* **her** / *(4)* **his** / *(5)* **their** / *(6)* **your consent.** (۱) من / (۲) ما رضایت (۳) او مرد / (۴) او زن / (۵) آنها / (۶) شما را ضرورت (۱) دارم. / (۲) داریم. *(1) Man / (2) Mä rezäyat (3) o zan / (4) o mard / (5) änhä / (6) shomä rä zaroorat (1) däram. / (2) därem.*

consequently *adv* درنتیجه *dar nateeja*

consider *vt* رسیده گی کردن *raseeda-gee kardan*, دقت کردن *deqat kardan*, در نظر گرفتن *dar nazar gereftan* **Please consider it.** لطفاً این را در نظر بگیرید.

Lotfan een rä dar nazar begeered. **Please consider** *(1)* **my** / *(2)* **our** *(3)* **proposal.** / *(4)* **suggestion.** لطفاً (٣) پیشنهاد / (٤) انتقاد (١) من / (٢) ما را در نظر بگیرید. *Lotfan (3) peyshnehäd / (4) enteqäd (1) man / (2) mä rä dar nazar begeered.* *(1)* **I** / *(2)* **We will consider it.** (١) من / (٢) ما این را در نظر (١) خواهم / (٢) خواهیم گرفت. *(1) Man / (2) Mä een rä dar nazar (1) khäham / (2) khähem gereft.* ★ **consideration** *n* ملاحضه *moläheza*, دقت *deqat*, توجه *tawajo* **give ~ to** دقت دادن به *deqat dädan ba*, در نظر گرفتن *dar nazar gereftan* **have ~ (for)** توجه داشتن (برای) *tawajoo dästhan (baräyee)* **take into ~** در نظر گرفتن *dar nazar greftan*

consist *vi* مرکب بودن *morakab bodan*, ساخته شدن *sähta shodan*, متشکل شدن *motashakel shodan* **What does it consist of?** این متشکل از چی است؟ *Een motashakel az chee ast?* **It consists of...** این متشکل است از... *Een motashakel ast az...*

constant *adj* پایدار *päy-där*, ثابت *säbet*, دوامدار *dawäm-där*, متواتر *motawäter* ★ **constantly** *adv* همیشه *hamesha*, دایماً *däyeman*, متواتراً *motawäteran*

constipated *adj* دچارقبضیت *dochär-e-qabz-yat*, قبض *qabz* *(1)* **He** / *(2)* **She is constipated.** (١) او مرد / (٢) او زن قبض است. *(1) O mard / (2) O zan qabz ast.* ★ **constipation** *n* قبضیت *qabzeeyat*

constrict *vt* منقبض کردن *monqabez kardan*, به هم فشردن *ba ham feshordan*, محدود ساختن *mahdood säkhtan*

construct *vt* ساختن *säkhtan*, اعمار کردن *ehmär kardan* ★ **construction** *adj* ساختمانی *säkhtomänee* ~ **delay** تأخیر در کار ساختمان *tahkheer dar kär-e-säkhtomän* ~ **equipment** وسایل ساختمانی *wasä-yel-e-säkhtomänee*, سامان آلات ساختمانی *sämän-älät-e-säkhtomänee* ~ **machine** ماشین ساختمانی *mäsheen-e-säkhtomänee* ~ **materials** مواد ساختمانی *mawäd-e-sakhtomänee* ~ **site** ساحه تحت ساختمان *sä-hay taht-e-säkhtomänee*, محل ساختمانی *mahal-e-säkhtomänee* ~ **worker** کارگر ساختمانی *kärgar-e-säkhtomänee* ★ **construction** *n* ساختمانی *säkhtomän* ~ **bridge** اعمار پل *ehmär-e-pol* **finish** ~ ساختمان را تمام کردن *säkhtomän rä tamäm kardan* **funds for** ~ بودیجه برای ساختمان *bodeeja baräyee säkhtomän* **housing** ~ اعمار منزل *ehmär-e-manzel* **postpone** ~ ساختمان را به تعویق انداختن *säkhtomän rä ba ta'weeq andäkhtan* **road** ~ اعمار سرک *ehmär-e-sarak* **start** ~ ساختمان را شروع کردن *säkhtomän rä shoro' kardan*

consult *vt* مشورت کردن *mashwarat kardan*, مشوره کردن *mashwara kardan* **I have to consult** *(1)* **a specialist.** / *(2)* **my director** / *(3)* **my superior.** من باید با (١) یک متخصص... / (٢) مدیرام... / (٣) سوپروایزرام... مشوره کنم. *Man bäyad bä (1) yak motakhases... / (2) modeer am... / (3) soopar-wayzar am... mashwara konam.*

consumption *n (use)* مصرف *masraf* **water** ~ مصرف آب *masraf-e-äb*

contact *vt* تماس گرفتن *tamäs gereftan*, ارتباط گرفتن *ertebät gereftan* ★ *n* تماس *tamäs*, ارتباط *ertebät* **be in** ~ در تماس بودن *dar tamäs bodan*, در ارتباط بودن *dar ertebät bodan* **come in** ~ **(with)** (با) به تماس شدن *ba tamäs shodan (bä)*, (با) در ارتباط شدن *dar ertebät shodan (bä)* **establish** ~ تماس پیدا کردن (با) *tamäs paydä kardan (bä)*, ارتباط قائم کردن *ertebät qä-yem kardan* **get in** ~ در تماس شدن *dar tamäs shodan*, در ارتباط شدن *dar ertebät shodan*, ایجاد کردن *tamäs eejäd kardan* **have** ~ تماس داشتن *tamäs dästan*, ارتباط داشتن *ertebät dästhan* **lose** ~ تماس از دست دادن *tamäs az dast dädan*, ارتباط از دست دادن *ertebät az dast dädan* **telephone** ~ ارتباط تلیفونی *ertebät-e- teelfoonee* **Please stay in contact.** لطفاً در تماس باشید. *Lotfan dar tamäs bashed.* **We have radio contact with them..** ما با انها ارتباط رادیو داریم. *Mä bä änhä ertebät-e-rädyo därem.*

contagious *adj* ساری (مرض) *säree (maraz)* It *(1)* is / *(2)* isn't contagious. این ساری (۱) است. / (۲) نیست. *Een säree (1) ast. / (2) neest.*

contain *vt* دارا بودن *därä bodan*, در برداشتن *dar bar dashtan*, در خود داشتن *dar khod dâshtan* What does it contain? چی در بر دارد؟ *Chee dar bar därad?*, چی است? این دارای چی است؟ *Een därä-e-chee ast? (1,2)* It contains... (1) این دارای... است. *Een därä-e-...ast.* / (2) این...در بر دارد *Een...dar bar därad.* ★ **container** *n* ظرف *zarf*, کانتینر *kän-teenar* **cargo ~** کانتینر بار *kän-teenar-e-bär* **(collapsible) water ~** ظرف قات شدنی اب *zarf-e-(qät shodanee-e-) äb* **storage ~** کانتینر ذخیره *kän-teenar-e-zakheera* **waste ~** ظرف فضله *zarf-e-fazle*

contaminate *vt* ملوث کردن *molawas kardan*, آلوده کردن *älooda kardan*, کثیف ساختن *kaseef säkhtan* It will contaminate the water. این آب را آلوده خواهد ساخت. *Een äb rä älooda khähad säkht.* ★ **contaminated** *adj* ملوث شده *molawas shoda*, آلوده *äloda*, کثیف *kaseef* **badly ~** به طور بد آلوده *ba towr-e-bad älooda*, بسیار آلوده *beesyär älooda*, بسیار کثیف *beesyär kaseef* Is it **contaminated?** آیا این آلوده است؟ *Äyä een älooda ast?* *(1)* It / *(2)* The water *(3)* is / *(4)* isn't contam-inated. (۱) این / (۲) آب آلوده (۳) است. / (٤) نیست. *(1) Een / (2) Äb älooda (3) ast. / (4) neest.* ★ **contamination** *n* از آلوده گی *az älooda-gee*, کثافت *kasäfat* **avoid ~** اجتناب کردن از آلوده گی *äloodagee ejtenäb kardan* **prevent ~** جلوگیری کردن از آلوده گی *az äloodagee jelowgeeree kardan*

contents *n, pl* محتویات *moh-towyät*, اجزا *ajzä* What are the contents of this *(1)* bag / *(2)* box / *(3)* container / *(4)* package / *(5)* suitcase? محتویات این (۱) خریطه / (۲) صندوق / (۳) کانتینر / (٤) بسته / (٥) بکس سفری چیست؟ *Moh-towyät een (1) khareeta / (2) sandoq / (3) kän-teenar / (4) basta / (5) baks-e-safaree cheest?* Write down all the contents. تمام محتویات را بنویسید. *Tamäm moh-towyät rä benaweesed.* Make a list of the contents. یک لست محتویات را بسازید. *Yak lest-e-moh-towyät rä besäzed.*

contest *n* رقابت *reqäbat*, مسابقه *mosäbeqa*

continue *vt* ادامه دادن *edäma dädan* Please continue. لطفا ادامه دهید. *Lotfan edäma dehed.* Continue your work. کار تان را ادامه بدهید. *Kar-e-tän rä edäma dehed.* When will *(1)* they / *(2)* you continue working? چی وقت (۱) آنها / (۲) شما به کار ادامه (۱) خواهند داد؟ / (۲) خواهید داد؟ *Chee waqt (1) änhä / (2) shomä ba kär edäma (1) khähand däd? / (2) khähed däd?* ★ *vi* ماندن *mändan*, دوام کردن *dawäm kardan*, ادامه داشتن *edäma dâshtan* When will it continue? چی وقت ادامه خواهد یافت؟ *Chee waqt edäma khähad yäft? (1,2)* How long will it continue? *(1)* تا چی مدت دوام خواهد کرد؟ *Een tä chee modat dawäm khähad kard?* / *(2)* تا چی وقت ادامه خواهد یافت؟ *Tä chee waqt edäma khähad yäft?* ★ **continuous** *adj* مسلسل *mosalsal*, جاری *järee*, در جریان *dar jeryän* ★ **continuously** *adv* به طور مسلسل *ba towr-e-mosalsal*, متواتر *motawäter*

contraband *n* اموال قاچاقی *amwäl-e-qächäq*, قاچاق *qächäq* Don't have anything to do with contraband. چیزی برای قاچاق نداشته باشید. *Cheezee baräyee qächäq nadäshta bäshed.*

contraception *n* جلوگیری کردن از حامله گی *jelowgeeree az hamela-gee* ★ **contraceptive** *n* ضد حامله گی *zed-e-hämela-gee*

contract *vt (become infected with)* دچار شدن *dochär shodan* **ba ~ AIDS** به ایدز د چار شدن *ba eydz dochär shodan* **~ cholera** به کولرا دچار شدن *ba kolära dochär shodan* **~ malaria** به ملاریا دچار شدن *ba maläryä dochär shodan* **~ measles** به سرخکان دچار شدن *ba sorkhakän dochär shodan* **~ mumps** به گلچرک دچار شدن *ba kalacharak dochär shodan* **~ polio**

به محرقه دچار شدن *ba moharqa dochär shodan* **typhoid fever** به پولیو دچار شدن *ba poleyo dochär shodan*

contract *n* قرارداد *qarär däd,* پیمان *paymän* **enter into a ~** داخل قرارداد شدن *däkhel-e-qarär däd shodan* **have a ~ (with)** (با) قرار داد داشتن *qarär däd däshtan (bä)* **sign a ~** قرارداد امضا کردن *qarär däd emzä kardan* ★ **contractor** *n* قراردادی *qarär-dädee*

contribute *vt* سهیم شدن *saheem shodan,* حصه گرفتن *eh-sa gereftan,* **~ money** پول دادن *pool dädan,* پول کمک کردن *pool komak kardan* **~ time** وقت سهیم شدن *waqt saheem shodan* ★ **contribution** *n* سهم *sahm,* کمک *komak* **make a ~** سهیم شدن *saheem shodan,* کمک کردن *komak kardan*

control *vt* نظارت کردن *nezärat kardan,* کنترول کردن *kantrool kardan* **~ a crowd** ازدحام را کنترول کردن *ezdehäm rä kantrool kardan* **~ an area** یک ساحه را کنترول کردن *yak sähe rä kantrool kardan* **We must control how much we** *(1)* **give out.** */ (2)* **spend.** */ (3)* **use.** ما باید کنترول کنیم که چقدر ما (۱) پول میدهیم. / (۲) مصرف میکنیم. / (۳) استفاده میکنیم. *Mä bäyad kantrool konem ke cheqadar mä (1) pool mey-dehem. / (2) masraf mey-konem. / (3) estefäda mey-konem.* **You must control how much you** *(1)* **give out.** */ (2)* **spend.** */ (3)* **use.** شما باید کنترول کنید که چقدر شما (۱) پول میدهید. / (۲) مصرف میکنید. / (۳) استفاده میکنید. *Shomä bäyad kantrool koned ke cheqadar shomä (5) pool mey-dehed. / (6) masraf mey-koned. / (7) estefäda mey-koned.* **Try to control** *(1)* **spending.** */ (2)* **waste.** کوشش کنید که (۱) مصرف / (۲) تلف کردن را کنترول کنید. *Koshesh koned ke (1) masraf / (2) talaf kardan rä kantrool koned.* **It's up to you to control** *(1)* **it.** */ (2)* **them.** این به شما تعلق دارد که (۱) این / (۲) آنها را کنترول کنید. *Een ba shomä ta'loq därad ke (1) een / (2) änhä rä kantrool koned.* ★ *n* 1. (*mgmt*) اداره *edära;* 2. (*means of regulating*) نظارت *nezärat,* کنترول *kantrool* **be in ~** در نظارت بودن *dar nezärat bodan,* کنترول داشتن *kantrool däshtan* **birth ~** اداره کردن و ولادت *edäre kardan-e-welädat* **lax ~** نظارت سطحی *nezärat-e-sat-hee,* کنترول ضعیف *kantrool-e-zaheef* **out of ~** خارج از کنترول *khärej az kantrool* **take ~** نظارت گرفتن *nezärat greftan,* کنترول برقرار کردن *kantrool bar-qarär kardan* **tight ~** نظارت محکم *nezärat-e-mahkam,* کنترول جدی *kantrool-e-jedee* **under ~** تحت کنترول بودن *taht-e-kantrool bodan* **Is everything under control?** آیا همه چیز تحت کنترول است؟ *Äyä hama cheez taht-e-kantrool ast?* **Everything is under control.** همه چیز تحت کنترول است. *Hama cheez taht-e-kantrool ast.* **The situation is out of control.** این وضع از کنترول خارج است *Een waza' az kantrool khärej ast.* **Your job will be to control the crowd.** وظیفه شما نظارت کردن ازدحام خواهد بود. *Wazeefa-e-shomä nazärat kardan-e-ezdehäm khähad bod.* **You're the one who has to** *(1)* **exercise** */ (2)* **take control (of the situation).** شما کسی هستید که باید (اوضاع) را (۱) داشته باشید. / (۲) به عده گیرد. *Shomä kasay hasted ke bäyad kantrool (how-zää') rä (1) däshta bäshed. / (2) bah o'da geered.* **(1) We** */ (2)* **You have to get the situation under control.** (۱) ما / (۲) شما باید وضع را نظارت (۱) کنم. / (۲) کنیم *Mä / (2) Shomä bäyad wazah rä nazärat (1) konam. ((2) konem.* **This is the control (**[1] **button** */ [2]* **handle** */ [3]* **switch).** این (۱) دکمه / (۲) دسته یی / (۳) سویچ کنترول است. *Een ([1] dok-mah-e- / [2] dastah-yee-e- / [3] soweche-) kantrool ast.* ★ **controller** *n* (*person*) نظارت کننده *nazärat konenda* **~ crowd** نظارت کننده ازدحام *nazärat konenda-e-ezdehäm*

convalesce *vi* صحت یافتن *sehat yäftan,* خوب شدن *khoob shodan* **(1) He** */ (2)* **She is convalescing.** (۱) او مرد / (۲) او زن در حال خوب شدن است. *(1) O mard / (2) O zan dar häl khoob shodan ast.*

convenient *adj* راحت *rähat*, مناسب *monäseb* That's (not) (very) convenient. آن (بسیار) مناسب (۱) است. / (۲) نیست. *Än (beesyär) monäseb (1) ast. / (2) neest.*

conversation *n* مکالمه *mokälema*, محاوره *mohäwera* ★ **converse** *vi* گفتگو کردن *goftogo kardan*, مذاکره کردن *mozäkera kardan*

convert *vt* تبدیل کردن *tabdeel kardan* ~ **AC into DC** *(elec.)* جریان متناوب را به جریان مستقیم تبدیل کردن *jeeryän-e-motanäweb rä ba jeeryän mostaqeem tabdeel kardan* (1) I / (2) **We need to convert dollars into Afghan money.** (۱) من ضرورت دارم... / (۲) ما ضرورت داریم... که پول دالر را به افغانی (۱) تبدیل کنم. / (۲) کنیم. *Man zaroorat däram... / (2) Mä zaroorat därem... ke pool-e-dälar rä ba afghänee tabdeel (1) konam. / (2) konem.*
★ **converter** *n* تبدیل کننده *tabdeel konenda*

conveyor *n* انتقال دهنده *enteqäl dehenda* **Set up the conveyor over** *(1)* **here.** */ (2)* **there.** انتقال دهنده را (۱) اینجا / (۲) آنجا نصب کنید. *Enteqäl dehen-da rä (1) eenjä / (2) änjä nasb koned.*

convoy *n* قافله *qäfela*, کاروان *kär-wän* ~ **escort** نگهبان قافله *nega-bän-e-qäfela* ~ **of buses** قافله بس ها *qäfela-e-bas-hä* **form a** ~ قافله تشکیل دادن *tashkeel dädan* **supply** ~ کاروان اکمالات *karwän-e-ekmälät* **truck** ~ کاروان موتر های لاری *kärwän-e-motar hä-e-läree*

convulsion *n* تشنج *tashanoj*, تکان *takän*, لرزه *larza* **have ~s** تکان داشتن *takän däshtan*

cook *vt* پختن *pokhtan*, درست کردن *drost kardan* ~ **a meal** غذا پختن *ghezä pokhtan* ~ **breakfast** صبحانه درست کردن *sob-häna drost kardan* ~ **dinner** غذا شب پختن *ghezhä shab pokhtan* ★ *vi* پخته شدن *pokhta shodan*, آشپزی کردن *äshpazee kardan* **Do you know how to cook?** آیا شما میتوانید آشپزی کنید؟ *Äyä shomä mey-tawäned äshpazee koned?* **You can cook for** *(1)* **them.** */ (2)* **us.** شما میتوانید برای (۱) آنها / (۲) ما آشپزی کنید. *Shomä mey-tawäned baräyee (1) änhä / (2) mä äshpazee konid.* ★ *n* آشپز *äshpaz* **assistant** ~ معاون آشپز *ma'äwen-e-äshpaz*, دستیار آشپز *dast-yär-e-äshpaz* **cook's helper** کمک کننده آشپز *komak konenda-e-äshpaz* **You're a good cook.** شما یک آشپز خوب هستید. *Shomä yak äshpaz khob hasted.* ★ **cooker, pressure** *n* دیگ پخار *deeg-e-pakhär*

cookie(s) *n* کلچه *kolcha*

cool *vt* سرد کردن *sard kardan*, آرام کردن *äräm kardan*, ملایم کردن *moläyem kardan* **Cool** *(1)* **this** */ (2)* **these in the** *(3)* **cellar.** */ (4)* **cooler.** */ (5)* **refrigerator.** */ (6)* **shade.** (۱) این / (۲) اینها را در (۳) سرد خانه / (۴) کولر / (۵) یخچال / (۶) سایه سرد کنید *(1) Een / (2) Eenhä rä dar (3) sard khäna / (4) koolar / (5) yakh-chäl / (6) säya sard koned.* ★ *vi* سرد شدن *sard shodan*, ملایم شدن *moläyem shodan* **Let it cool.** بگذارید سرد شود. *Beqäred sard shawad.* ★ *adj* سرد *sard* **You must keep** *(1)* **this** */ (2)* **these cool.** شما باید (۱) این / (۲) اینها را سرد نگهدارید. *Shomä bäyad (1) en / (2) enhä rä sard nega-däred.* ★ **cool down** *idiom* آرام کردن *äräm kardan* *(1)* **We** */ (2)* **You must cool down** *(3)* **her** */ (4)* **his fever.** (۱) ما / (۲) شما (۳) او مرد / (۴) او زن را آرام (۱) کنیم. / (۲) کنید. *Mä / (2) Shomä bäyad (3) o mard / (4) o zan rä äräm (1) konem. / (2) koned.*

cooler *n* سرد کننده *sard konenda*, کولر *koolar*

coop *n* قفس *qafas*, مرغانچه *morghäncha* **chicken** ~ قفس مرغ ها *qafas-e-morgh hä*

cooperate *vi* همکاری کردن *hamkäree kardan*, همدستی کردن *hamdastee kardan* *(1)* **I** */ (2)* **We will cooperate with you (fully).** (۱) من / (۲) ما (۱) Man / (2) Mä (کاملاً) همرای شما همکاری (۱) خواهم کرد. / (۲) خواهیم کرد. *(kämelan) hamräy-e-shomä hamkäree (1) khäham kard. / (2)*

khähem kard. (1) **I'm / (2) We're (3) ready / (4) willing to cooperate with you.** (۱) من / (۲) ما (۳) آماده / (۴) خواهان همکاری با شما (۱) هستم. / (۲) هستیم. **I hope you can cooperate with (1) me / (2) us.** من امیدوارم شما همرای (۱) من / (۲) ما همکاری بتوانید. *Man omaydwäram hamräy-e-(1) man / (2) mä hamkäree betawäned.* ★ **cooperation** *n* همکاری **We need your cooperation.** (۱) من / (۲) ما به همکاری *hamkäree (1) I / (2)* (۱) شما ضرورت (۱) دارم. / (۲) داریم. *(1) Man / (2) Mä ba hamkäree shomä zaroorat (1) däram. / (2) därem.* **Can (1) I / (2) we count on your cooperation?** آیا (۱) من / (۲) ما بالای همکاری شما حساب کرده (۱) میتوانم؟ / (۲) میتوانیم؟ *Äyä (1) man / (2) mä bälä-e-hamkäre shomä hesäb karda (1) mey-tawänam? / (2) mey-tawänem?* **You can count on (1) my / (2) our (wholehearted) cooperation.** شما میتوانید بالای همکاری (از ته دل) (۱) من / (۲) ما حساب کنید. *Shomä mey-tawäned bälä-e-hamkäree (az ta-e-del) (1) man / (2) mä hesäb koned.* **We want to work in close cooperation with you.** ما می خواهیم در همکاری نزدیک با شما کار رکنیم. *Mä mey-khähem dar hamkäree-ye nazdeek bä shomä kär konem.* **Thank you for your cooperation.** ازهمکاری شما تشکر. *Az hamäree shomä tashakor. (1)* **I'm / (2) We're grateful for your cooperation.** (۱) من / (۲) ما ممنون همکاری (۱) شما (۱) هستم. / (۲) هستیم. *(1) Man / (2) Mä mamnoon-e-hamkäree shomä (1) hastam. / (2) hastem.*

coordinate *vt* هم آهنگ ساختن *ham-hähang säkhtan* **We must coordinate our efforts.** ما باید کوشش های خود را هم آهنگ بسازیم. *Mä bäyad koshesh hä-e-khod rä ham-hähang besäzem.* **Who (1) can / (2) should I coordinate (this) with?** این را با کی (۱) میتوانم / (۲) باید هم آهنگ سازم؟ *(Een rä) bä kee (1) mey-tawänam / (2) bäyad ham-hähang säzam?* **(Name) will coordinate (it) with you.** (ــــــ) با شما (این را) هم آهنگ خواهد کرد. *(___) bä shomä (een rä) ham-hähang khähad kard.* ★ *n (map)* کوردینات *koordeenät,* نقشه *naqsha* **grid ~s** مشخصات هدف *moshakhasät-e-hadaf,* اعدادی که بوسیله آن موقعیت بروی نقشه تعین میگردد. *Ahdäd-e-ke ba-waseela-e-än mao-qeyat baro-e-naqsha ta'yeen mey-gardad.* ★ **coordination** *n* هم آهنگی *ham-hähangee,* تناسب *tanäsob,* هم پایگی *ham päyagee,* **We need better coordination.** ما به هم آهنگی بهتر ضرورت داریم. *Mä ba ham-hähangee behtar zaroorat därem.* ★ **coordinator** *n* انسجام کننده *ensejäm konenda,* تنضیم کننده *tanzeem konenda* **aid ~** انسجام کننده کمک *ensejäm konenda-e-komak* **medical ~** انسجام کننده طبی *ensejäm konenda-e-tebee* **operational ~** تنضیم کننده عملیات *tanzeem konenda-e-a'malyät*

copier *n* ماشین فوتو کاپی *masheen-e-footo käpee* **~ paper** کاغذ ماشین فوتو کاپی *käghaz-e-mäsheen-e-footo käpee*

copper *n* مس *mes*

copy *vt* نقل کردن *naqel kardan,* رونویس کردن *ro-nawees kardan,* تقلید کردن *taqleed kardan* ★ **copy** *n* تقلید *taqleed,* رو نویس *ro-nawees,* نقل *naqel,* کاپی *käpee* **~ machine** ماشین کاپی *mäsheen-e-käpee* **(1,2) Make 3 copies of this.** *(1).* از این سه نقل بسازید. *Az een se käpee besäzed. / (2).* این را سه کاپی کنید. *Een rä se käpee koned.*

cord *n* ریسمان *reesmän,* ستون *sotoon,* سیم *seem* **extension ~** سیم که برای اتصال *seem-e-ke baräy-e-etesäl-e-* وسایل برقی با همدیگر و یا به منبع برق بکار میرود *wasäyel-e-barqee bä hamdeegar wa yä manbe-e-barq ba kär may-rawad.* **spinal ~** ستون فقرات *setoon-e-feqarät*

corn *n* جواری *jawäree*

cornea *n* قرنیه *qarneeye*

corner *n* کنج *konj,* گوشه *goosha* **at the ~** در کنج *dar konj* **in the ~** در وسط کنج

cornfield — 77 — **cot**

dar wasat-e-konj **on the ~** در بالای کنج dar bäläy-e-konj

cornfield n مزرعۀ جواری mazreha-e-jawäree, کرد جواری kord-e-jawäree

cornmeal n ارد جواری ärd-e-jawäree, غذای که از جواری تهیه میشود ghezä-e-ke az jawäree tahya mey-shawad

coronary adj مربوط به شریانهای قلب marboot ba sheryän hä-e-qalb

coroner n افسر تحقیقات خاص afsar-e-tahqeeqät-e-khäs

corporation n کمپنی kampanee, اتحادیه etehäd-ya

corpse n لاش läsh, جسد jasad

corpuscle n ذره zara

correct vt درست کردن drost kardan, اصلاح کردن esläh kardan ★ adj درست drost **Is (1) this / (2) that correct?** آیا (۱) این / (۲) آن درست است؟ Äyä (1) een / (2) än drost ast? **(1) This / (2) That (3) is / (4) isn't correct.** (۱) این / (۲) آن درست (۳) است. / (۴) نیست. (1) Een / (2) än drost (3) ast. / (4) neest. ★ **correction** n اصلاح ساختن esläh säkhtan ★ **correctly** adv به درستی ba drostee

correspondence n مکاتبه mokäteba, خط ذریعه ارتباط ertebät zareya-e-khat; مساوات masäwät, برابری barä-baree **business ~** مکاتبۀ تجارتی mokäteba-e-tejäratee, مکاتبۀ کاری mokäteba-e-käree **official ~** مکاتبۀ رسمی mokäteba-e-rasmee **personal ~** مکاتبۀ شخصی mokäteba-e-rasmee ★ **correspondent** n خبر نگار khabar negär **news ~** خبرنگار روزنامه khabar negär-e-rooz-näma

corridor n راهرو rährow

corrode vi خراب شدن, فاسد شدن fäsed shodan, از بین رفتن az bayn raftan, kharab shodan, زنگ زدن فلزات zang zadan-e-felezät, پوسیدن pooseedan **It has corroded.** از بین رفته است. Az bayn rafta ast. **It's corroding.** این از بین رفتن حال است Een dar häl-e-az bayn raftan ast. ★ **corrosion** n تباهی tabähee, نابودی näboodee, تخریب takhreeb, زنگ zang **prevent ~** از تباهی جلوگیری کردن az tabähee jelow-geeree kardan **remove ~** برداشتن زنگ bardäshtan-e-zang

corrupt adj فاسد fäsed **~ official** کارمند فاسد kärmand-e-fäsed **~ person** شخص فاسد shakhs-e-fäsed **If you do something corrupt, you'll be fired.** اگر کار فاسد کردید، از وظیفه کشیده خواهید شد. Agar kär-e-fäsed karded, az wazeefa kasheeda khähed shod. ★ **corruption** n فساد fesäd **I want no corruption (around here).** من هیچ فساد نمیخواهم (در اینجا). Man fesäd namey-khäham (dar eenjä). **Corruption will not be tolerated.** فساد برداشت نخواهد شد. Fesäd bardäsht nakhähad shod.

cosmetic n لوازم آرایش lawäzem-e-äräyesh

cost vt ارزش داشتن arzesh dästan, قیمت داشتن qeemat däshtan **How much does it cost?** این چقدر قیمت دارد؟ Een chee qadar qeemat därad? **It costs (price).** این (___) قیمت دارد. Een (___) därad. **How much do they cost?** قیمت آنها چقدر است؟ qeemat-e-änhä che-qadar ast? **They cost (price).** قیمت آنها (___) است. qemat-e-änhä (___) ast. **How much did (1) it / (2) they cost?** قیمت (۱) اش / (۲) شان چقدر است؟ Qeemat (1) ash / (2) shän cheqadar ast? **(1) It / (2) They cost (price).** (۱) این / (۲) آنها (___) قیمت دارد. (1) Een / (2) Änhä (___) qeemat (1) därad. / (2) därand. ★ n مصرف masraf, ارزش arzesh, قیمت qeemat, بها behä **~ of living** مصرف زندگی masraf-e-zendagee, خرج زندگی kharach-e-zendagee **high ~** قیمت بلند qeemat-e-beland ★ **cost-effective** adj سودمند soodmand

cot n تخت خواب takht-e-khäb, بستر خواب bestar-e-khäb **folding ~** بستر سفری bestar-e-khäb-e-safaree, بستر سیار bestar-e-sayär **hospital ~** بستر شفاخانه bestar-e-shafäkhana **metal ~** بسترخواب فلزی bestar-e-khäb-e-felezee

cotton *n* پنبه *ponba*, نخ *nakh* ★ **cottonseed** *n* پنبه دانه *ponba däna*

cough *vi* سرفه کردن *sorfa kardan* ★ *n* سرفه *sorfa* **bad ~** سرفه شدید *sorfa-e-shadeed* **chronic ~** سرفه مزمن *sorfa-e-mozmen*, سرفه دوامدار *sorfa-e-dawäm-där* **constant ~** سرفه متواتر *sorfa-e-motawä-ter*, سرفه بدون توقف *sorfa-e-bedoon-e-tawaqoof* ~ **drop** قطره چکان سرفه *qatra chakän-e- sorfa* ~ **medicine** دوای سرفه *dawä-e-sorfa* ~ **syrup** شربت سرفه *shar-bat-e-sorfa* **dry ~** سرفه خشک *sorfa-e-khoshk* **whooping ~** سیاهسرفه *seeyähsorfa*

council *n* انجمن *anjoman*, مجلس *majles*, شورا *shoorä*

counsel *vt* مشورت دادن *mashwarat dädan* ★ **counseling** *n* مشورت *mashwarat* **(1) He / (2) She needs (psychological) counseling.** (۱) مرد / (۲) او زن به مشورت (روانشناسی) نیاز دارد. *(1) O mard / (2) O zan ba mashwarat (-e-rawän-shenäsee) neeyäz därad.* ★ **counselor** *n* مشاور *moshäwer*

count *vt* شمردن *shomordan*, حساب کردن *hesäb kardan* **Count (1) everybody. / (2) them.** (۱) همه / (۲) آنها را حساب کنید. *(1) Hama / (2) Änhä rä hesäb koned.* **Count how many (people) there are.** حساب کن چند (نفر) هستند. *Hesäb kon chand (nafar) hastand.* **How many did you count?** چند دانه شما حساب کرده بودید؟ *Chand däna shomä hesäb karda boded?* **I counted (number).** من (___) حساب کرده بودم. *Man (___) hesäb karda bodam.*

counterfeit *adj* ساخته گی *säkhtagee*, بدل *badal*, تقلبی *taqalobee*

country *n* 1. *(nation)* مملکت *mamlakat*; 2. *(rural area)* دهات *dehät*, قریه *qarya* **in my ~** در مملکت من *dar mamlakat-e-man* **in your ~** در مملکت شما *dar mamlakat-e-shomä* **live in the ~** *(rural area)* زنده گی کردن در دهات *zendagee kardan dar dehät* ★ **countryman** *n* مرد دهاتی *mard-e-dehätee* **fellow ~** هموطن *hamwatan* ★ **countryside** *n* قسمت بیرون شهر *qesamat-e-beeroon-e-shahr*

couple *n* 1. *(pair)* جوره *jora*, دو *do*; 2. *(man & woman)* مرد و زن *mard wa zan*, جفت *joft* **a ~ of days** دو روز *do rooz* **a ~ of hours** دو ساعت *do säa't* **a ~ of months** دو ماه *do mäh* **a ~ of years** دو سال *do säl* **elderly ~** مرد و زن بزرگ سال *mard wa zan-e- bozorq säl* **married ~** زن و شوهر *zan wa shaohar* **middle-aged ~** مرد و زن میانه سن *mard wa zan-e-meeyäna sen* **old ~** مرد و زن پیر *mard wa zan-e-peer* **young ~** مرد و زن جوان *mard wa zan-e-jawän*

coupon *n* کوپون *koopoon* **food ~** کوپون غذایی *koopoon-e-ghazaee* **hand out ~s** پارچه کوپون *parcha-e-koopoon*

courage *n* جرأت *jora't*, دلیری *deleeree*, شهامت *shahämat* **(1) He / (2) She has... / (3) You / (4) They have... a lot of courage.** (۱) اومرد / (۲) او زن / (۳) شما / (٤) آنها بسیار جرأت (٤,۲,۱) دارند. / (۳) دارید. *(1) O mard / (2) O zan / (3) Shomä / (4) Änhä beesyär jorat (1,2,4) därand. / (3) däred.*

courier *n* قاصد *qäsed*, پسته رسان *posta rasän*

course *n* *(classes)* کورس *koors*, دوره آموزشی *dowra-e-ämoozeshee* **English ~** کورس انگلیسی *koors-e-engleesee* **literacy ~** کورس سواد آموزی *koors-e-sawäd-ämoozee* **training ~** کورس تربیتی *koors-e-tarbeetee* **(1,2) Of course.** (۱) طبعاً *Taba'n.* / (۲) البته *Albata.*

court *n* 1. *(law)* محکمه *mahkama*; 2. *(tennis)* میدان *maydän* **go to ~** محکمه رفتن *mahkama raftan* **tennis ~** میدان تنس *maydän-e-tenes*

courtyard *n* سحن میدان *sahn-e-maydän*

cousin *n* 1. *(daughter or son of mother's sister)* بچه خاله *bacha-e-khäla*; 2. *(daughter or son of father's sister)* بچه عمه *bacha-e-hama*; 3. *(daughter or son of mother's brother)* بچهماما *bacha-e-mämä*; 4. *(daughter or son* *of father's brother)* بچه کاکا *bacha-e-käkä* **female ~** 1. *(daughter of mother's sister)* دختر خاله *dokhtar-e-khäla;* 2. *(daughter of father's sister)* دختر عمه *dokhtar-e-hama;* 3. *(daughter of mother's brother)* دخترماما *dokhtar-e-mämä;* 4. *(daughter of father's brother)* دخترکاکا *dokhtar-e-käkä* **male ~** 1. *(son of mother's sister)* پسرخاله *pesar-e-khäla;* 2. *(son of father's sister)* پسرهمه *pesar-e-hama;* 3. *(son of mother's brother)* پسرماما *pesar-e-mämä;* 4. *(daughter or son of father's brother)* پسرکاکا *pesär-e-käkä*

cover *vt* پوشانیدن *pooshäneedan,* پوش کردن *poosh kardan* **Cover** *(1)* **her /** *(2)* **him /** *(3)* **it (with this).** (۱) او زن / (۲) او مرد / (۳) این را (با این) بپوشانید. *(1) O zan / (2) O mard / (3) Een rä (bä een) bepooshäned.* **It's covered with** *(1)* **dust. /** *(2)* **snow.** با (۱) خاک / (۲) برف پوشیده شده. *Bä (1) khäk / (2) barf poosheeda shoda.* ★ *n* پوش *poosh* **canvas ~** پوش کرباسی *pooshe-karbäsee* **mattress ~** پوش دوشک *posh-e-doshak*

cow *n* گاو *gäw* **butcher a ~** گاو حلال کردن *gäw haläl kardan* **raise ~s** گاوداری کردن *gäw däree kardan* **tend ~s** گاو را نگهداری کردن *gäw rä negadäree kardan*

coward *n* آدم ترسو *ädam-e-tarso,* بزدل *bozdel*

cowhide *n* چرم گاو *charm,* پوست گاو *post-e-gäw*

cowshed *n* طبیله *tabeela,* گاوخانه *gäw-khäna*

crack *n* شکاف *shekäf,* سوراخ *soräkh* **There's a crack in it.** در این یک سوراخ است. *Dar een yak soräkh ast.* **Fill in the crack.** در شکاف ها پر کنید. *Dar shekäf hä por koneed.* ★ **cracked** *adj* سوراخ دار *soräkh där,* درزدار *darz där,* غاردار *ghär där* **It's cracked.** این غار است. *Een ghär ast.*

cracker *n* بسکیت *beskeet*

cradle *n* گهواره *gahwära*

craft *n* هنر *honar,* صنعت *sona't* **learn a ~** هنر آموختن *honar ämokhtan* ★ **craftsman** *n* هنرپیشه *honar peesha*

cramp *n* بند *band,* قید *qayd;* درد عضله *dard-e-hazala* **Do you have cramps?** ایا درد عضله دارید؟ *Ayä dard-e-hazala dared?* **(1) He /** *(2)* **She has a cramp in** *(3)* **his /** *(4)* **her** *(5)* **leg. /** *(6)* **stomach.** (۱) او مرد / (۲) او زن در (۵) پای / (۶) معده (٤،۳) اش درد دارد. *(1) O mard / (2) O zan dar (5) päy / (6) me'da (3,4) ash yak dard därad.*

crane *n* کرن *keran* **construction ~** کرن ساختمانی *keran-e-säkhtomänee* **mobile ~** کرن سیار *keran-e-sayär* **We need a crane to lift it.** ما برای برداشتن این به یک کرن ضرورت داریم. *Mä baräye bar däshtan-e-een ba yak keran zaroorat därem.*

crankcase *n (automot.)* کارتر میل لنگ *kärtar-e-meel-e-lang*

crankshaft *n (automot.)* میله لنگ (قسمت از ماشین موتر که به پیستون توسط میله های اتصال دهنده و وصل است که که حرکت فوقانی و تحتانی پیستون را به یک حرکت دورانی تبدیل میکند). *meela-e-lang (Qesmat-az mäsheen-e-motar ke ba peston tawasot-e-meela häy-e-etesäl dehenda wasel ast ke harakat-e-fowqänee wa tahtänee peston rä ba yak harakat-e-dowränee tabdeel mey-konad.)*

crash *vi* شکستن *shekestan,* تصادم کردن *tasädom kardan* ★ *n* تصادم *tasädom*

crate *n* صندق چوبی *sandoq-e-chobee,* کریت *kreet,* سبد *sabad*

crater *n* حفره بزرگ *hofra-e-bozorg* **bomb ~** حفره بمب *hofra-e-bamb*

crawl *vi* خزیدن *khäzeedan*

crayon *n* قلم گچی *qalam-e-gach,* تباشیر *tabä-sheer*

crazy *adj* دیوانه *deewäna*

cream *n* کریم *kreem,* سر شیر *sar-e-sheer,* قیماق *qaymäq* **can of shaving ~** قطی کریم ریش *qotee-e-kreem-e-reesh* **shaving ~** کریم ریش *kreem-e-reesh* **Put this cream on it.** این کریم را در سراش بگذارید. *Een kreem rä dar sar*

ash begzäred.
create *vt* آفریدن *äfareedan*, خلق کردن *khalq kardan*
credentials *n, pl* اعتبار نامه *e'tebär näma*, گواهی نامه *gowä-hee näma* **Make sure they have proper credentials.** متیقن باش که اعتبار نامه درست داشته باشند. *Motayaqen bäsh ke e'tebär näma dorost dāshta bäshad.* **May I see your credentials, please.** لطفاً، اعتبار نامه تان را نشان بدهید. *Lotfan, e'tebär näma-e-tän rä neshän bedehed.*
credit *n* اعتبار *e'tebär* ~ **card** کارت اعتبار *kart-e-e'tebär*, کریدت کارت *kredet kart*
creek *n* دریاچه *daryä cha*, قوم کریک (مردم بومی امریکای شمالی) *qaom-e-kreek (mardoom-e-boomee amreekä-e-shamälee)*
creosote *n* جوهر قیر *jowhar-e-qeer*
crescent *n* ماه *mäh*, مهتاب *mahtäb* **Red Crescent.** هلال احمر (موسسه خیریه اسلامی) *ehläl-e-ahmar (moosesa-e-khayr-ya-e-eslämee)*
crevasse *n* شکاف *shekäf*
crevice *n* درز *darz*, شکاف کوچک *shekäf-e-kochak*
crew *n* کارکنان *karkonän*, عمله *a'mala* **construction** ~ کارکنان ساختمانی *kärkonan-e-säkhtomanee* **TV news** ~ کارکنان اخبار تلویزیون *karkonän-e-akhbär-e-telweezoon* **work** ~ عمله کار *amala-e-kär*
crib *n* بستر خواب *bestar-e-khäb* **baby** ~ بستر خواب طفل *bestar-e-khäb-e-tefel*
crime *n* جرم *jorm*, جنایت *jenäyat*, گناه *gonä* **commit a** ~ مرتکب جرم شدن *mortakeb-e-jorm shodan* **petty** ~ جرم کوچک *jorm-e-kochak* **terrible** ~ جرم وحشت انگیز *jorm-e-wahshat angeez* **war** ~ جنایت جنگ *jenäyat-e-jang* ★ **criminal** *n* جنایتکار *jenäyatkär*, مجرم *mojrem*
cripple *n* لنگ *lang* ★ **crippled** *adj* لنگ *lang*
crisis *n* بحران *bohrän* **food** ~ بحران غذایی *bohrän-e-ghezähee*
critical *adj* بحرانی *bohränee*, متشنج *mota-shanej*
crook *n (slang)* کلاه بردار *kolähbardär*
crooked *adj* کج *kaj*, خمیده *khameeda*
crop *n* محصول *mahsool*, حاصل *häsel* **harvest** ~s محصولات را خرمن کردن *mahsoolät rä kherman kardan* **irrigate** ~s محصولات را آبیاری کردن *mahsoolät rä äbyäree kardan* **plant** ~s غله کاشتن *ghala käshtan* **wheat** ~ حاصل گندم *häsel-e-gandom*
cross *vt* گذشتن *gozashtan*, عبور کردن *o'bor kardan* ~ **the border** ازسرحد گذشتن *az sarhad gozashtan* ~ **the bridge** ازپل گذشتن *az pol gozashtan* ★ **crossing** *n* محل تقاطع *mahal-e-taqäto'*, دوراهی *doräree* **border** ~ **(point)** محل تقاطع سرحد *mahal-e-taqäto' sarhad* ★ **crossroads** *n* محل تقاطع دو سرک *mahal-e-taqäto' do sarak*
crowbar *n* اهرم *ehram*
crowd *n* ازدحام *ezdehäm*, جمع و جوش *jama' wa josh*, بیروبار *beeroo-bär* **Why is the crowd outside?** چرا در بیرون ازدحام است؟ *Chorä dar beeroon ezdehäm ast?* **There's a big crowd (outside). Why?** در (بیرون) ازدحام زیاد است. چرا؟ *(Dar beeroon) ezdehäm zeeyäd ast. Chorä?* ★ **crowded** *adj* پر ازدحام *por ezdehäm* **Is it crowded?** آیا ازدحام است؟ *Äyä ezdehäm ast?* **The (1) bus / (2) camp / (3) hospital / (4) house / (5) room / (6) tent is crowded.** (۱) موتر سرویس / (۲) کمپ / (۳) شفاه خانه / (۴) خانه / (۵) اطاق / (۶) خیمه پر ازدحام است. *(1) Motar-e-sarwees / (2) Kamp / (3) Shafäh-khäna / (4) Khäna / (5) Otäq / (6) Khayma por ezdehäm ast.*
crucial *adj* قاطع *qäte'*, قطعی *qata'hee* لازمی *lä-zemee*, مهم *mohem*
cruel *adj* ظالم *zälem*, ستمکار *setmkär*, بی رحم *bey rahm*
crush *vt* شکست کردن *shekast kardan*, شکستن *shekastan*, میده کردن *mayda kardan* ~ **rock** سنگ را شکستن *sang rä shekastan* **(1) His / (2) Her (3) arm /**

(4) **finger** / *(5)* **foot** / *(6)* **hand** / *(7)* **leg** / *(8)* **toe was crushed.** (۳) بازو / (٤) انگشت / (٥) پای / (٦) دست / (۷) پای / (٨) انگشت پای (۱,۲) اش شکست. *Bäzoo / (4) Angosht / (5) Päy / (6) Dast / (7) Päy / (8) Angosht päy... (1,2) ash shekast.* ***(1)* His** / *(2)* **Her** *(3)* **fingers** / *(4)* **toes were crushed.** (۳) انگشتان / (٤) انگشتان پای (۱,۲) اش شکست. *(3) Angoshtän / (4) Angoshtän-e-päy (1,2) ash shekast.* ★ **crusher** *n* شکننده *shekanenda*, میده کننده *mayda konenda* **rock ~** سنگ شکن *sang-shekan*, میده کننده سنگ *mayda-konenda-e-sang*
crutch *n* چوب زیر بغل *chob-e-zeer-e-baghal* **make ~es** چوب های زیر بغل ساختن *chob-häyee zeer-e-baghal säkhtan* **walk on ~es** با چوب زیر بغلی قدم زدن *bä chob-e-zeer-e-baghalee qadam zadan*
cry *vi* گریه کردن *gerya kardan* **Please don't cry.** لطفاً گریه نکنید. *Lotfan gerya nakoned.* **Why is *(1)* he** / *(2)* **she crying?** چرا (۱) او مرد / (۲) او زن گریه میکند؟ *(1) Chorä (1) o mard / (2) o zan gerya mey-konad?*
cubic *adj* مکعب *moka'b* **~ meter** مترمکعب *meter moka'b*
cucumber *n* بادرنگ *bädrang*
cull *vt* حلال کردن *haläl kardan*, ذبح کردن *zabah kardan* **~ birds** پرندگان را حلال کردن *parendagän rä haläl kardan* **~ chickens** مرغان را حلال کردن *morghän rä haläl kardan* ★ **culling** *n* ذبح *zabah*, حلال *haläl* **bird ~** ذبح کردن پرندگان *zabah kardan-e-parendehgaan*
cultivate *vt* کشتن *keshtan*, کشت کردن *kesht kardan* **~ a field** زمین را کشت کردن *zameen rä kesht kardan* **~ land** زمین را کشت کردن *zameen rä kesht kardan*
cultural *adj* فرهنگی *farhangee* ★ **culture** *n* فرهنگ *farhang*
cup *n* پیاله *peeyäla* **coffee ~** پیاله قهوه *peeyäla-e-qahwa* **paper ~** پیاله کاغذی *peeyäla-e-käghazee* **plastic ~** پیاله پلاستیکی *peeyäla-e-paläs-teekee*
curable *adj* شفاپذیر *shefäpazeer*, قابل علاج *qäbel-e-eläj*
curd *n* شیر بسته *sheer-e-basta*, شیر غلیظ *sheer-e-ghaleez*
cure *vt* معالجه *ma'äleja*, تداوی *tadäwee* **We *(1)* can / *(2)* can't cure it.** ما (۱) میتوانیم / (۲) نمیتوانیم این را معالجه کنیم. *Mä (1) mey-tawänem / (2) namey-tawänem een rä ma'äleja kondam.* **It *(1)* can / *(2)* can't be cured.** این (۱) تداوی میشود / (۲) نمیشود. *Een tadäwee (1) mey-shawad / (2) namey-shawad.* **We will try to cure it.** ما کوشش میکنیم که این را تداوی کنیم. *Mä kosheesh mey-konem ke een rä tadäwee konem.* ★ *n* معالجه *ma'äleja*, علاج *e'läj*, تداوی *tadäwee* **There is no cure for it.** برای این هیچ علاجی نیست. *Baräy-e-een heech heläjay neest.*
curfew *n* قیود شب *qeyood-e-shab*, قیود شبگردی *qeyood-e-shab-gardee*, **after ~** بعد از قیود شبگردی *ba'd az qeyood-e-shab-gardee* **before ~** قبل از قیود شبگردی *qabel az qeyood-e-shab-gardee* **by ~** تا قیود شبگردی *tä qeyood-e-shab-gardee*
currency *n* پول *pool* **Afghan ~** پول افغانی *pool-e-afghänee* **American ~** پول امریکایی *pool-e-amreekäyee* **foreign ~** پول خارجی *pool-e-khärejee* **Iranian ~** پول ایرانی *pool-e-eeränee* **Pakistani ~** پول پاکستانی *pool-e-päkestänee* **stable ~** پول ثابت *pool-e-säbet* **Tajik ~** پول تاجکی *pool-e-täjekee*
current *adj (present)* جاری *järee*, روان *rawän*, رواج *rawäj* ★ *n* 1. *(stream)* آب جاری *äb-e-järee;* 2. *(elec.)* جریان *jeeryän* ★ **currently** *adv* در حال حاضر *dar häl-e-häzer*, فعلاً *fehlan*
curtain *n* پرده *parda* **Put a curtain up.** یک پرده را بالا کنید. *Yak parda rä bälä koned.*
curve *n* خط کج *khat-e-kaj*, منحنی *monhanee*, گولایی *goolä-yee*
cushion *n* پشتی *poshtee*, بالشت *bälesht* **Are there any cushions?** آیا کدام بالشت است؟ *Äyä kodäm bälesht ast?* **Get a cushion.** یک بالشت بگیرید. *Yak bälesht*

begeered.
custom *n* رواج *ravāj*, رسم *rasem* **Is it a custom?** آیا این یک رواج است؟ *Āyā een yak rawāj ast?* **What is your custom?** رواج شما چیست؟ *Rawāj shomā cheest?*
customer *n* مشتری *moshtaree*, خریدار *khareedār*
customs *n, pl* گمرك *gomrok* **~ check** تلاشی گمرك *talāshee-e-gomrok* **~ official** کارمند گمرك *kārmand-e-gomrok* **go through ~** از گمرك گذشتن *az gomrok gozashtan*
cut *adj* بریده *boreeda*, قطع شده *qata' shoda* **(1) He / (2) She has a cut (3) arm. / (4) finger. / (5) foot. / (6) hand. / (7) leg. / (8) toe.** (۱) او مرد / (۲) او زن یك (۳) بازو / (۴) انگشت / (۵) قدم / (۶) دست / (۷) پای / (۸) انگشت پای بریده دارد. *(1) O mard / (2) O zan yak (3) bāzoo / (4) angosht / (5) qadam / (6) dast / (7) pāy / (8) angosht-pāy boreeda dārad.* ★ *vt* بریدن *boreedan*, قطع كردن *qata' kardan* **Cut (1) it / (2) this (in two).** (۱,۲) این را (به دو قسمت) قطع کنید. *(1,2) Een rā (ba do qesmat) qata' koned.* **Cut (1) it / (2) this up (in pieces).** (۱,۲) این را (به توته ها) ریزه کنید. *(1,2) Een rā (ba tota hā) reeza koned.* **It's been cut.** بریده شده است. *Ereeda shoda ast.* **It has to be cut out.** این باید پاره شود. *Een bāyad pāra shawad.* **Cut down (1) that tree. / (2) those trees.** (۱) آن درخت... / (۲) آن درخت ها... را قطع کنید. *(1) En darakht... / (2) Ān darakht hā... rā qata' koned.* ★ *n* بریدگی *boreedagee* **bad ~** بریدگی شدید *boreedagee shaded* **(1) He / (2) She has a cut on (3) his / (4) her (body part).** (۱) او مرد / (۲) او زن یك بریده گی دارد در (___) (۳,۴) اش. *(1) O mard / (2) O zan yak boreedagee dārad dar (___) (3,4) ash.* ★ **cut off** *pp (isolated)* رابطه قطع شده *rabete qata' shoda* **The (1) area / (2) village is cut off by snow.** (۱) ساحه رابطه / (۲) قریه نسبت برف قطع شده *Rābete-e- (1) sāha / (2) qarya nesbat-e-barf qata' shoda.*
cutlery *n* کارد، پنجه و قاشق *kārd, panja wa qāsheq*
cutter *n* برنده *borenda*, قطع کننده *qata' konenda* **bolt ~s** قطع کننده پیچ *qata' konenda-e-peech* **box ~** قطع کننده قطی *qata' konenda-e-qootee* **wire ~** سیم کبل *seem, keebal*
cycle *n* دوره *dowra* **menstrual ~** دوره حیض *dowra-e-hayz*
cylinder *n* سلندر *salandar*, لوله *loola*, بالون *baloon* **acetylene ~** سلندر استیلین *salandar-e-asetleen* **butane (gas) ~** بالون (گاز) بوتان (___) *bāloon-e-(gāz-e-) bootān* **gas ~** سلندر گاز *salandar-e-gāz* **propane ~** سلندر پروپان *salandar-e-propān*
Cyrillic *n* حروف سریلیك *horoof-e-sereeleek* **It's written in Cyrillic.** این به حروف سریلیك نوشته شده است. *Een ba horoof-e-sereeleek nawesta shoda ast.*
cyst *n* کیسه *keesa*, تخم دان *tokhom dān*

D d

dagger *n* خنجر *khanjar*
daily *adj* روزانه *roozāna*
dairy *n* لبنیات *labanyāt* **~ farm** فارم لبنیات *färm-e-labanät säzee* **~ products** لبنیات *labanyāt*
dam *n* بند آب *band-e-āb* **hydroelectric ~** بند برق آبی *band-e-barq-e-ābee*
damage *vt* تخریب کردن *takhreeb kardan* **Was anything damaged?** آیا چیزی

damage آیا چیزی تخریب شده بود؟ *Äyä cheezee takhreeb shoda bod?* **It (1) was / (2) wasn't (badly) damaged.** این (بطور بد) تخریب (١) شده / (٢) نشده بود. *Een ba (batowr-e-bad) takhreeb (1) shoda / (2) nashoda bod.* ★ **damage** *n* تخریب *takhreeb,* خساره *khesära* **cost of the** ~ مصرف خساره *masraf-e-khesära* ~ **to the back / rear (of the car)** (موتر) خساره به عقب *khesära ba aqab (-e-motor)* ~ **to the front (of the car)** (موتر) خساره به جلو *khesära ba jelow (-e-motor)* ~ **to the (1) left / (2) right side (of the car)** خساره به طرف (١) چپ / (٢) راست (-e-motor) *khesära ba taraf-e- (1) chap / (2) räst (-e-motor)* **earthquake** ~ تخریب زلزله *takhreeb-e-zelzela* **extensive** ~ تخریب وسیع *takhreeb-e-wasee'* **extent of the** ~ اندازه تخریب *andäze-e-takhreeb* **minor** ~ تخریب جزئی *takhreeb-e-jozee'* **not much** ~ خساره نه *khesära-e-chandän* **severe** ~ تخریب شدید *takhreeb-e-shaded* **(1) Is / (2) Was there any damage?** آیا کدام چیزی تخریب شده (١) است / (٢) بود؟ *Äyä kodäm cheezee takhreeb shoda (1) ast. / (2) bod?* **There (1) is / (2) was some damage.** بعضی چیزها تخریب شده (١) است. / (٢) بود. *Ba'zee cheez hä takhreeb shoda (1) ast. / (2) bod.* **There (1) is / (2) was a lot of damage.** تخریب بسیار زیاد (١) است / (٢) بود. *Takhreeb-e-beesyär zeeyäd (1) ast. / (2) bod.* **There (1) is / (2) was no damage.** هیچ تخریب (١) نیست. / (٢) نبود. *Heech takhreeb (1) neest. / (2) nabod.* **Can you repair the damage?** آیا شما میتوانید خساره را ترمیم کنید؟ *Äyä shomä mey-tawäned khesära rä tarmeem koned?* **They (1) can / (2) can't repair the damage.** آنها (١) میتوانند / (٢) نمیتوانند خساره را ترمیم کنند. *Änhä (1) mey-tawänand (2) namey-tawänand khesära rä tarmeem konand.* **We (1) can / (2) can't repair the damage.** ما (١) میتوانیم / (٢) نمیتوانیم خساره را ترمیم کنیم. *Mä (1) mey-tawänem / (2) namey-tawänem khesära rä tarmeem konem.* **The damage (1) can / (2) can't be repaired.** خساره قابل ترمیم (١) است. / (٢) نیست. *Khesära qäbel-e-tarmeem (1) ast / (2) neest.* ★ **damaged** *adj* متضرر *motazarer* تخریب شده *takhreeb-shoda,* **Is anything damaged?** آیا کدام چیزی تخریب شده است؟ *Äyä kodäm cheezee takhreeb shoda ast?* **It (1) is / (2) isn't (badly) damaged** این (بطوربد) تخریب شده (١) است / (٢) نیست. *Een (batowr-e-bad) takhreeb shoda (1) ast. / (2) neest.*

damp *adj* مرطوب *martoob,* تر *tar,* نمناک *namnäk* ★ **dampen** *vt* مرطوب کردن *martoob kardan,* تر کردن *tar kardan* **Dampen the (1) cloth. / (2) towel.** (١) تکه / (٢) روپاک را مرطوب کنید. *(1) Teka / (2) Ropäk rä martoob koned.*

danger *n* خطر *khatar* **considerable** ~ خطرقابل ملاحظه *khatar-e-qäbel-e-moläheza* **grave** ~ خطرکشنده *khatar-e-koshenda* **great** ~ خطر بزرگ *khatar-e-bozorg* **extreme** ~ خطر بسیار زیاد *khatar-e-beesyär zeeyäd* **mortal** ~ خطر مرگ *khatar-e-marg* **no** ~ بدون خطر *bedoon-e-khatar* **(1) He / (2) She is in grave danger.** (١) او مرد / (٢) او زن در خطر مرگ قرار دارد. *(1) O mard / (2) O zan dar khatar-e-marg qarär därad.* ★ **dangerous** *adj* خطرناک *khatarnäk* **extremely** ~ بی نهایت خطرناک *bey nehäyat khatarnäk* **(1) This / (2) That is a dangerous area.** (١) آن / (٢) این یک منطقه خطرناک است. *(1) Än / (2) Een yak manteqa-e-khatarnäk ast.*

Dari *n* دری *daree* **Can you (1) read / (2) speak / (3) write Dari?** آیا شما دری (١) خوانده / (٢) صحبت / (٣) نوشته میتوانید؟ *Äyä shomä Daree (1) khända / (2) sohbat / (3) naweshta mey-tawäned?* **I (1) can / (2) cannot (3) read / (4) speak / (5) write Dari.** من دری (٣) خوانده (٤) صحبت (٥) نوشته (١) میتوانم. / (٢) نمیتوانم. *Man Daree (3) khända / (4) sohbat / (5) naweshta (1) mey-tawänam. / (2) namey-tawänam.* **Can (1) he / (2) she (3) read / (4) speak / (5) write Dari?** آیا (١) او مرد / (٢) او زن دری (٣) خوانده (٤) صحبت

dark 84 **dead**

نوشته میتوانند؟ (٥) / *Äyä (1) o mard / (2) o zan Daree (3) khända / (4) sohbat / (5) naweshta mey-tawänad? (1)* **He / (2) She (3) can / (4) cannot (5) read / (6) speak / (7) write Dari.** (١) او مرد / (٢) او زن دری / *(1) O mard / (2) O zan Daree (3) khända / (6) sohbat / (7) nawesta (3) mey-tawänad. / (4) namey-tawänad.*

dark *adj* تاریک *täreek* ★ *n* تاریکی *täreekee,* تیره گی *teeragee,* ظلمت *zolmat* **in the ~** در تاریکی *dar täreekee*

DART *abbrev* = **Disaster Assistance Response Team** تیم پاسخ معاونت مصیبت *teem-e-päsokh-e-moawenät-e-moseebat*

dashboard *n (automot.)* سویچ بورد *sewech boord*

data *n, pl* معلومات *ma'loomät* **analyze ~ کردن** معلومات را تحلیل کردن *ma'loomät rä ta'leel kardan* **collect ~ کردن** معلومات را جمع کردن *ma'loomät rä jama' kardan* **gather ~ کردن** معلومات را جمع کردن *ma'loomät rä jama' kardan* **process ~ جریان** معلومات *jeryän-e-ma'loomät*

date *n* 1. *(time)* تاریخ *täreekh;* 2. *(fruit)* خرما *khormä* **~ of birth** تاریخ تولد *täreekh-e-tawalod* **What's the date today?** تاریخ امروز چند است؟ *Täreekh emrooz chand ast?* **What is *(1)* her / *(2)* his / *(3)* your date of birth?** تاریخ تولد (١) او زن / (٢) او مرد / (٣) شما چیست؟ *Täreekh-e-tawalod-e- (1) o zan / (2) o mard / (3) shomä cheest?* **What date did it happen?** در کدام تاریخ رخ داد؟ *Dar kodäm täreekh rokh däd?* **What date will *(1)* he / *(2)* she / *(3)* it *(4)* arrive? / *(5)* depart? / *(6)* return?** در کدام تاریخ (١) اومرد / (٢) او زن / (٣) این خواهد (٤) رسید؟ / (٥) رفت؟ / (٦) باز گشت؟ *Dar kodäm täreekh (1) o mard / (2) o zan / (3) een khähad (4) raseed? / (5) raft? / (6) bäz gasht?* **What date will they *(1)* arrive? / *(2)* depart? / *(3)* return?** در کدام تاریخ آنها خواهند (١) رسید؟ / (٢) رفت؟ / (٣) باز گشت؟ *Dar kodäm täreekh änhä khähand (1) raseed? / (2) raft? / (3) bäz gasht?* **What date will you *(1)* arrive / *(2)* depart / *(3)* return?** در کدام تاریخ شما خواهید (١) رسید / (٢) رفت / (٣) باز گشت؟ *Dar kodäm täreekh shomä khähad (6) raseed? / (7) raft? / (8) bäz gasht?* **(Always) Put the date (on the *[1]* document / *[2]* message / *[3]* report / *[4]* paper).** (همیشه) تاریخ را(در [١] اسناد / [٢] پیغام / [٣] راپور / [٤] کاغذ بزنید.) *(Hameesha) täreekh rä (dar [1] asnäd / [2] payghäm / [3] räpor / [4] käghaz) bezanad.*

daughter *n* دختر *dokhtar*

daughter-in-law *n* (زن پسر) عروس *a'roos (zan-e-pesar)*

dawn *n* طلوع آفتاب *tolo-e-äftäb,* **at ~** در هنگام طلوع *dar hangäm-e-tolo*

day *n* روز *rooz* **all ~** همه روز *hama rooz* **any day (now)** هرروز *har rooz* **by ~** روز تا روز *dar rooz* **~ after** روز پی روز *rooz pai-e-rooz,* روز تا روز *tä rooz* **~ off** روز تعطیل *rooz-e-tahteel,* روز رخصتی *rooz-e-rookh-satee* **one of these ~s** در یکی از همین روز ها *dar yakee az hameen rooz hä* **the ~ before yesterday** پریروز (روز قبل از دیروز) *pareerooz (rooz qabel az deerooz)* **the next ~** روز بعدی *rooz-e-bahdee* **the other ~** روز دیگر *rooz-e-deegar* **whole ~** روز تمام *rooz-e-tamäm* ★ **daylight** *n* روز روشن *rooz-e-rooshan,* روز *rooz,* روشنی روز *rooshanee-e-rooz* ★ **daytime** *n* وقت روز *waqt-e-rooz,* طول روز *tool-e-rooz* **in the ~** در طول روز *dar tool-e-rooz*

dazed *adj* گیج *geech*

dead *adj* مرده *morda* **Is *(1)* he / *(2)* she dead?** آیا (١) اومرد / (٢) او زن مرده است؟ *Äyä (1) o mard / (2) o zan morda ast? (1)* **He / *(2)* She *(3)* is / *(4)* isn't dead.** (١) او مرد / (٢) او زن مرده (٣) است. / (٤) نیست. *(1) O mard / (2) O zan morda (3) ast. / (4) neest.* **Are they (all) dead?** آیا آنها (همه) مرده اند؟ *Äyä änhä (hama) morda and?* **They *(1)* are / *(2)* aren't (all) dead.**

deadline ... آنها (همه) (۱) مرده / (۲) نمرده اند. *Änhä (hama) (1) morda / (2) namorda and.*

deadline *n* ضرب العجل *zarbol-a'jal* **The deadline (for the request) is** *(date)*. ضرب العجل (برای درخواست) (___)-*e-zarbol-a'jal (barä'hey darkhäst) ast.*

deadly *adj* کشنده *koshenda,* قاتل *qätel*

deaf *adj* کر *kar* **(1) He / (2) She is deaf (in [3] his / [4] her [5] left / [6] right ear).** (۱) او مرد / (۲) او زن (از گوش [۵] چپ / [۶] راست [۴،۳] اش) کر است. *(1) O mard / (2) O zan (az goosh-e- [5] chap / [6] räst [3,4] ash) kar ast.*

deaf-mute *n* آدم کر و گنگ *ädam-e-kar wa gong*

deal with *vi (conduct business)* معامله کردن *ma'ämela kardan* **Who do (1) I / (2) we have to deal with?** (۱) من / (۲) ما باید با کی معامله (۱) کنم؟ / (۲) کنیم؟ *(1) Man / (2) Mä bäyad bä kee ma'ämela (1) konam? (2) konem?* **The person you have to deal with is** *(name)*. شخصی که شما باید همرایش (___) معامله کنید (___) است. *Shakhsee ke shomä bäyad hamräyash ma'ämela koned (___) ast.* **Be careful whom you deal with** متوجه باشید که با چه کسی معامله میکنید. *Motawaje bashed ke bä che kasee ma'ämela mey-koned.*

dealer *n* فروشنده *froshenda,* معامله گر *ma'ämela-gar* **car ~** فروشنده موتر *fro-shenda-e-motor*

dear *adj* عزیز *azeez,* گرامی *grämee* **~ friend** دوست عزیز *dost-e-azeez*

death *n* مرگ *marg* **cause of ~** سبب مرگ *sabab-e-marg* **~ certificate** شهادتنامه مرگ *shahädatnäma-e-marg* **stone to ~** سنگسار *sang-sär*

deathbed *n* بستر مرگ *bestar-e-marg* **(1) He / (2) She is on (3) his / (4) her deathbed.** (۱) او مرد / (۲) او زن دربستر مرگ (۴،۳) است. *(1) O mard / (2) O zan dar bestar-e-marg (3,4) ast.* **(1) He / (2) She is near death.** (۱) او مرد / (۲) او زن نزدیک به مرگ است. *(1) O mard / (2) O zan nazdeek ba marg ast.*

debilitating *adj* ناتوان *nätawän,* ضعیف *zaheef*

debris *n* باقی مانده *bäqee mäna,* آثار *äsär,* فضوله *fozoola,* تفاله *tofäla,* کثافات *kasäfät* **haul ~** کثافات کش کردن *kasäfät kash kardan* **move ~** حرکت دادن کثافات *kasäfät harakat dädan* **remove ~** کثافات دور کردن *kasäfät door kardan* **(1) They / (2) We / (3) You have to clear away all this debris.** (۱) آنها / (۲) ما / (۳) شما باید تمام کثافات را از راه پاک (۱) کنند. / (۲) کنیم. / (۳) کنید. *(1) Änhä / (2) Mä / (3) Shomä bäyad tamäm-e-kasäfät rä az räh päk (1) konand. / (2) konem. / (3) koned.* **Haul this debris to** *(place)*. این کثافات را به (___) ببرید. *Een kasäfät rä ba (___) bebared.*

debt *n* قرض *qarz,* وام *wäm* **opium ~** قرض تریاک *qarz-e-taryäk* **pay off a ~** قرض را تصفیه کردن *qarz rä tasfeeya kardan,* قرض را پرداختن *qarz rä pardäkhtan* **How much is (1) her / (2) his / (3) our / (4) their / (5) your debt?** قرض (۱) او زن / (۲) او مرد / (۳) ما / (۴) آنها / (۵) شما چقدر است؟ *Qarz-e-(1) o zan / (2) o mard / (3) mä / (4) änhä / (5) shomä cheqadar ast?*

decay *n* پوسیدگی *poseedagee,* خرابی *kharäbee,* شکسته گی *shekesta-gee* **The tooth has a lot of decay.** دندان بسیارخرابی دارد. *Dandän beesyär kharäbee därad.* **The teeth have a lot of decay.** دندان ها بسیار خرابی دارند. *Dandän hä beesyär kharäbee därad.*

deceased *adj* مرده *morda,* متوفی *motawafä* **~ brother** برادر متوفی *baräder-e-motawafä* **~ daughter** دختر متوفی *dokhtar-e-motavvafä* **~ father** پدر متوفی *padar-e-motawafä* **~ husband** شوهر متوفی *showhar-e-motawafä* **~ mother** مادر متوفی *mädar-e-motawafä* **~ sister** خواهر متوفی *khähar-e-motawafä* **~ son** پسر متوفی *pesar-e-motawafä* **~ wife** خانم متوفی *khänom-*

deceased *n* مرده *morda,* متوفی *motawafä* **Who is the deceased?** متوفی کی است؟ *Motawafä kee ast?* **Place the deceased (1) ...in the coffin. / (2) hearse. / (3) van. / (4) ...on the truck.** متوفی را در (۱) تابوت / (۲) واگون / (۳) موتر خورد / (٤) موترلاری جابجا کنید. *Motawafä rä dar (1) täbot / (2) motar-e-jenäza / (3) wägoon / (4) motar-e-läree jäbajä koned.*

December *n* ماه دسمبر (ماه دوازدهم میلادی) *mäh-e-desembar (mäh-e-dowäzdahom-e-meelädee)* (See **Calendar Time** *appendix for terms*)

decide *vt & vi* تصمیم گرفتن *tasmeem greftan* **Have you decided?** آیا شما تصمیم گرفته اید؟ *Äyä shomä tasmeem grefta eed?* **What have you decided (to do)?** چی تصمیم گرفته اید (که انجام دهید)؟ *Chee tasmeem grefta eed (ke anjäm dehed)?* **(1) I've / (2) We've decided (to)...** (۱) من / (۲) ما تصمیم (۱) گرفتم / (۲) گرفتیم که .... *Man / (2) Mä tasmeem (1) greftam / (2) greftem ke...* **I've decided not to (1) go. / (2) do it.** من تصمیم گرفته ام که (۱) این کار را انجام ندهم. / (۲) نروم. *Man tasmeem gerefta am ke (1) narawam. / (2) een kär rä anjäm nadeham.* **We've decided not to (1) go. / (2) do it.** ما تصمیم گرفته ایم که (۱) نرویم. / (۲) این کار را انجام ندهیم. *Mä tasmeem gerefta em ke (1) narawem. / (2) een kär rä anjäm nadehem.* ★ **decision** *n* تصمیم *tasmeem* **big ~** تصمیم بزرگ *tasmeem-e-bozorg* **difficult ~** تصمیم مشکل *tasmeem-e-moshkel* **final ~** تصمیم آخری *tasmeem-e-äkheree* **important ~** تصمیم مهم *tasmeem-e-mohem* **make a ~** تصمیم گرفتن *tasmeem greftan*

decomposed *adj* تجزیه شده *tajzeya shoda,* پوسیده شده *pooseeda shoda,* فاسد شده *fäsed shoda* **The body is decomposed.** جسد پوسیده شده است. *Jasad pooseeda shoda ast.*

decontaminate *vt* فلتر کردن *feltar kardan,* تقطیر کردن *taqteer kardan,* پاک ساختن *päk säkhtan*

decorate *vt* آرایش کردن *äräyesh kardan,* تزئین کردن *tazeen kardan*

decoration *n* آرایش *äräyesh,* زینت *zeenat,* تزئین *tazeen*

decrease *vi* کم شدن *kam shodan,* کاهش یافتن *kähesh yäftan* **How much has it decreased?** این چقدر کاهش یافته است؟ *Een cheqadar kähesh yäfta ast?* **It has decreased ([1] considerably / [2] somewhat).** این ([۱] به اندازه قابل ملاحظه / [۲] تا یک اندازه یی) کاهش یافته است. *Een ([1] ba andäza-e-qäbel-e-moläheza / [2] tä yak andäza-yee-kähesh) yäfta ast.*

decrease *n* کاهش *kähesh,* نقصان *noqsän*

decree *n* فرمان *farmän,* فتوا *fatwä* **What is the (latest) decree about?** (آخرین) فرمان در باره چیست؟ *(Äkhereen) farmän dar bära-e-cheest?*

dedicated *adj* اهدا شده *ehdä shoda,* وقف شده *vaqf shoda* **You've been very dedicated.** شما بسیار از خود گذری نشان داده اید. *Shomä beesyär az-khod gozaree neshän däda eed.* ★ **dedication** *n* اهدا *ehdä,* پیشکش *peshkash* **(1) I / (2) We appreciate your dedication.** (۱) من / (۲) ما از خود گذری شما را قدردانی (۱) میکنم. / (۲) میکنیم. *(1) Man / (2) Mä az-khod gozaree-e-shomä rä qader-dänee (1) mey konam. / (2) mey-konem.*

deep *adj* عمیق *ameeq* **How deep is it?** این چقدر عمیق است؟ *Een cheqadar ameeq ast?* ★ **deeply** *adv* عمیقاً *ameeqan* **Dig deeply.** عمیق بکنید. *ameeq bekaned.* **I'm deeply sorry.** من بسیار زیاد متأسف هستم. *Man beesyär zeeyäd motäsef hastam.*

defect *n* نقص *noqs,* عیب *a'yb* **It has a ([1] big / [2] small) defect.** این یک نقص ([۱] کلان / [۲] خورد) دارد. *Een yak noqs-e- ([1] kalän / [2] khord) därad.* ★ **defective** *adj* ناقص *näqes,* معیوب *ma'yob* **It's defective.** این ناقص است. *Een näqes ast.*

defend *vt* دفاع کردن *defäa' kardan* ★ **defense** *n* دفاع *defä'*, مدافعه *modäfea'*
definite *adj* قطعی *qata'yee*, معین *ma'yen* ~ **answer** جواب قطعی *javäb-e-qata'yee*, جواب معین *jawäb-e-ma'yen* ~ **instructions** دستور معین *dastor-e-ma'yen* ★ **definitely** *adv* بطور قطعی *batowr-e-qata'yee*
definition *n* تعریف *ta'reef*
deflate *vt* هوا را خالی کردن *hawä rä khälee kardan* **Deflate the air mattress.** هوا دوشك بادی را خالی کنید. *hawä-e-doshak-e-bädee rä khälee koned.*
deformed *adj* بدشکل *badshakel*, تخریب شده *takhreeb shoda* ~ **arm** بازوی بدشکل *bäzoo-ye-badshakel* ~ **leg** پای بدشکل *päy-e-badshakel*
defrost *vt* یخ را آب کردن *yakh rä äb kardan* **Defrost the meat.** یخ گوشت را آب کنید. *Yakh-e-goosht rä äb koned.*
defuze *vt (bombs)* بی ضرر کردن *bey-zarar kardan*
degree *n* 1. *(unit of measurement)* درجه *daraja*; 2. *(academic)* رتبه *rotba*, درجه تحصیلی *daraja-e-tahseel* **Bachelor of Arts (BA)** ~ درجه لیسانس در علوم اجتماعی *daraja-e-lesäns dar o'loom-e-ejtemä'yee* **Bachelor of Science (BS)** ~ درجه لیسانس در علوم طبیعی *daraja-e-lesäns dar o'loom-e-tabee'ee* ~**s Centigrade** درجه سانتی گرید *daraja-e-sänteegreed* ~**s Fahrenheit** درجه فرنهایت *daraja-e-franhäyt* **Master of Arts (MA)** ~ درجه ماستری درعلوم *daraja-e-mästa-ree dar o'loom-e-ejtemä'ee* **Master of Science (MS)** ~ درجه ماستری در علوم طبیعی *daraja-e-mästaree dar o'loom-e-tabee'ee* **What kind of a (university) degree do you have?** چی قسم رتبه (فاکولته) شما دارید؟ *Chee qesem rotba (fäkolta) shomä däred?* **I have a bachelor of arts degree in** *(subject)*. من رتبه در (مظمون) لیسانس علوم اجتماعی دارم. *Man dar (___) rotba-e-lesäns-e-o'loom-e-ejtemä'yee däram.*
dehydrated *adj* غیر مرطوب *gheyr martoob* **dehydration** *n* از دست دادن مایعات بدن *az dast dädan-e-mäyee-a'ät-e-badan*, کم آبی *kambood-e-äb* **(1) He / (2) She is suffering from dehydration.** (۱) او مرد / (۲) او زن از کمبود مایعات در بدن اش تکلیف دارد. *O mard / (2) O zan az kombood-e-ma'äyät dar badan ash takleef däred.* **It can lead to severe dehydration.** این ممکن است سبب اسهالات شدید گردد. *Een momken ast sabab-e-es-hälät-e-shadeed gardad.*
delay *vt* به تعویق افتادن *ba ta'weeq aftädan*, معطل شدن *ma'tel shodan* **(1) I was... / (2) We were... delayed.** (۱) من / (۲) ما معطل (۱) شدم. / (۲) شدیم. *(1) Man / (2) Mä ma'tel (1) shodam. / (2) shodem.* **The flight was delayed.** پرواز به تعویق افتاد. *Parwäz ba ta'weeq aftäd.* تعویق *ta'weeq*, معطلی *ma'telee* **What caused the delay?** چی سبب تعویق شد؟ *Chee sabab-e-ta'weeq shod?* **I'm sorry for the delay.** من برای معطلی متاسف هستم. *Man baräy-e-ma'telee motäsef hastam.*
delegate *n* نماینده *nomäyenda*, وکیل *wakeel*, هیت *hayat*
delegation *n* نمایندگی *nomäyenda-gee*, وکالت *wekälat*
delete *vt* پاك کردن *päk kardan* **Don't delete (1) anything. / (2) it. / (3) them.** (۱) هیچ چیز / (۲) این / (۳) آنها را پاك نکنید. *(1) Hech cheez... / (2) Een... / (3) Änhä... rä päk nakoned.* **Go ahead and delete it.** پاك کنید. *päk koned.* **Delete all those (old) (1) files / (2) messages.** تمام آن (۱) دوسیه / (۲) پیغام های سابقه را پاك کنید. *Tamäm-e-än (1) dosya / (2) payghäm häye säbeqa rä päk koned.*
delicate *adj* نازك *näzok*, ظریف *zareef*
delicious *adj* مزه دار *maza där*
delirious *adj* حالت غیر ارادی هنگام مریضی *hälat-e-ghayr-e-*, هذیان *hazyän*,

delirium 88 **demonstration**

erädee-e-hangäm-e-mareezee (1) **He / (2) She is delirious.** / مرد او (۱) / زن او (۲) هذیان میگوید. *(1) O mard / (2) O zan hazyän mey-gooyad.* ★ **delirium** *n* هذیان *hazyän,* تب *tab,* ناراحتی هنگام مریضی عصاب *närähatee-e-hasäb hangäm-e-mareezee*

deliver *vt* انتقال دادن *enteqäl dädan,* ارسال کردن *ersäl kardan,* رساندن *rasändan* **When will (1) they / (2) you deliver (3) it? / (4) them?** (۱) آنها / (۲) شما چی وقت (۳) این / (۴) آنها را انتقال خواهد (۱) دادند؟ / (۲) دادید؟ *Änhä / (2) Shomä chee waqt (3) een / (4) änhä rä enteqäl khähad (1) dädand? / (2) däded?* **How soon can you deliver (1) it? / (2) them?** شما چی قدر زود میتوانید (۱) این / (۲) آنها را انتقال دهید؟ *Shomä chee qadar zood mey-tawäned (1) een / (2) änhä rä enteqäl dehed?* **How soon can they deliver (1) it? / (2) them?** آنها چی قدر زود میتوانند (۱) این / (۲) آنها را انتقال دهند؟ *Änhä chee qadar zood mey-tawänand (1) een / (2) änhä rä enteqäl dehand?* **They're going to deliver (1) it / (2) them (3) tomorrow. / (4) day after tomorrow. / (5) next week. / (6) on (day / date).** آنها میخواهند (۱) این / (۲) آنها را (۳) فردا... / (۴) پس فردا... / (۵) هفته آینده... / (۶) در (____)... انتقال دهند. *Änhä mey-khähand (1) een / (2) änhä rä (3) fardä... / (4) pas fardä... / (5) hafta-e-äyenda... / (6) dar (___)... enteqäl dehand.* ★ **delivery** *n* انتقال *enteqäl,* ارسال *ersäl*

demand *vt* تقاضا کردن *taqäzä kardan,* خواستار شدن *khästär shodan* **I demand (1) a refund. / (2) to see the (3) director. / (4) manager. / (5) person in charge.** من تقاضای (۱) پس گرفتن پول... / (۲) دیدن (۳) ریس... / (۴) آمر... / (۵) نفر مؤظف... را میکنم. *Man taqäzä-e-(1) pas-gereftan-e-pool... / (2) deedan-e- (3) ra'ees... / (4) ämer... / (5) nafar-e-mohazef... rä meykonam.*

de-mine *vt* ماین ها برداشتن *mäyn-hä bar-däshtan* ★ **de-mining** *adj* ماین پاکی *mäyn-päkee* ~ **agency** نمایندهگی ماین پاکی *nemäyan-da-gee mäyn-päkee* ~ **operation** عملیات ماین پاکی *a'malyät-e-mäyn-päkee* ★ *n* ماین پاکی *mäyn-päkee*

democracy *n* دیموکراسی *demokräsee,* حکومت انتخابی مردم *hokoomat-e-entekhäbee-e-mardoom* ★ **democratic** *adj* دیموکراتیک *demokrateek* ~ **form of government** حکومت دیموکراتیک *hokomat-e-demokrateek*

demolish *vt* ویران کردن *wayrän kardan,* خراب کردن *kharäb kardan* **(1) They / (2) We have to demolish (3) it. / (4) them.** (۱) آنها / (۲) ما باید (۳) این / (۴) آنها را ویران (۱) کنند. / (۲) کنیم. *(1) Änhä / (2) Mä bäyad (3) een / (4) änhä rä wayrän (1) konand. / (2) konem.* **When will they demolish it?** آنها چی وقت این را ویران خواهند کرد؟ *Änhä chee waqt een rä wayrän khähand kard.* ★ **demolition** *n* ویرانی *wayränee,* تخریب *takhreeb* **Demolition will take place (1) today. / (2) tomorrow.** تخریب (۱) امروز (۲) فردا صورت خواهد گرفت. *Takhreeb (1) emrooz / (2) fardä sorat khähad greft.*

demon *n* شیطانی *sheytänee,* جن *jan,* دیو *deew*

demonstrate *vt (show)* نمایش دادن *nomä-yesh dädan,* ثابت کردن *säbet kardan* **I will demonstrate (1) how to do it. / (2) the proper method.** من برای شما نشان خواهم داد (۱) که چی قسم انجام دهید. / (۲) طریق مناسب را. *Man baräyee shomä neshän khäham däd (1) ke chee qesem anjäm dehed. / (2) tareeq-e-monäseb rä.* **Demonstrate it for them.** این را برای آنها نشان دهید. *Een rä baräyee änhä neshän dehed.* ★ *vi (protest)* مظاهره کردن *mozähera kardan* **(1) People / (2) Students are demonstrating (outside).** (۱) مردم / (۲) شاگردان (دربیرون) مظاهره میکنند. *(1) Mardom / (2) Shägerdän (dar beeroon) mozähera mey-konand.* ★ **demonstration** *n (protest)* مظاهره *mozähera,* تظاهر *tazähor* **There's a (big) demonstration going on.** یک مظاهره (بزرگ) جریان دارد *Yak mozähera (-e-bozorg) jeryän därad.*

demonstrator   89   **dependable**

What's the *(1,2)* **demonstration about?** (۲) نمایش در باره (۱) مظاهره /
چیست؟ *(1) Mozähera / (2) Nomäyesh dar bära-e-cheest?*
★ **demonstrator** *n (protester)* مظاهره کننده *mozähera konenda,* تظاهرچی *tazähor-chee*
dense *adj* غلیظ *ghaleez,* ضخیم *zakheem,* شخ *shakh* ~ **underbrush** بته های شخ *bota-hä-e-shakh*
dental *adj* دندان   وابسته به دندان *wäbasta ba dandän* ~ **assistant** معاون دندان *ma'äwen-e-dandän* ~ **clinic** کلینیك دندان *kleeneek-e-dandän* ~ **hygiene** حفظ الصحه دندان *hefz-al-saha-e-dandän* ~ **technician** متخصص لابراتوار دندان *motakhases-e-läbrat-wär-e-dandän* ★ **dentist** *n* داکتر دندان *däktar-e-dandän,* دندان ساز *dandän säz* ★ **denture** *n* دندان مصنوعی *dandäne-e-masnawee*
deny *vt* رد کردن *rad kardan* **Do you deny that?** آیا شما آن را رد میکنید؟ *Äyä shomä än rä rad mey-koned?* **I deny that.** من آن را رد میکنم. *Man än rä rad mey-konam.*
depart *vi* روانه شدن *rawäna shodan,* رفتن *raftan* **When will** *(1)* **he /** *(2)* **she /** *(3)* **it /** *(4)* **they depart?** چی وقت (۱) او مرد / (۲) او زن / (۳) این / (۴) آنها (۳،۲،۱) روانه / (۴) خواهد شد؟ / خواهند شد؟ *Chee waqt (1) o mard / (2) o zan / (3) een / (4) änhä rawäna (1,2,3) khähad shod? / (4) khähand shod?* **When will we depart?** چی وقت ما روانه خواهیم شد؟ *Chee waqt mä rawäna khähem shod?* **When will you depart?** چی وقت شما روانه خواهید شد؟ *Chee waqt shomä rawäna khähed shod?* **The** *(1)* **bus /** *(2)* **convoy /** *(3)* **helicopter /** *(4)* **plane /** *(5)* **ship /** *(6)* **train /** *(7)* **truck will depart** *(8)* **soon. /** *(9)* **in** *(number)* **minutes. /** *(10)* **at** *(time)***.** (۱) موتر سرویس / (۲) کاروان / (۳) هلیکوپتر / (۴) طیاره / (۵) کیشتی / (۶) ریل / (۷) موتر لاری (۸) به... / (۹) زودی / (___) بعد از (___) دقیقه / (۱۰) در (___)... روانه خواهد شد. *(1) Motar-e-sarwees / (2) kärwän / (3) alekoptar / (4) Tayära / (5) Keshtee / (6) Reel / (7) Motar-e-läree (8) ba zodee... / (9) ba'd az (___) daqeeqa... / (10) dar (___)... rawäna khähad shod.* **The** *(1)* **buses /** *(2)* **trucks will depart** *(3)* **soon. /** *(4)* **in** *(number)* **minutes. /** *(5)* **at** *(time)***.** (۱) موتر های سروس / (۲) موترهای لاری (۳) به زودی... / (۴)بعد از (___) دقیقه... / (۵) در (___)... روانه خواهند شد. *(1) Motar häy-e- sarwees / (2) Motar häy-e-läree (3) ba zodee... / (4) ba'd az (___) daqeeqa... / (5) dar (___)... rawäna khähand shod.*
department *n* اداره *edära,* دیپارتمنت *deepärt-ment*
departure *n* حرکت *harakat* **Departure will be at** *(time)* **(on** *[day or date]***).** حرکت در (___) (در ___) خواهد بود. *Harakat dar (___) (dar ___) khähad bod.*
depend *vi* اتکا کردن *wäbasta bodan,* مربوط بودن *marbot bodan,* اتکا کردن *ehtekä kardan* **(1) I /** *(2)* **We depend on you.** (۱) من / (۲) ما به شما اتکا (۱) میکنم. / (۲) میکنیم. *(1) Man / (2) Mä ba shomä ehtekä (1) mey-konam. / (2) mey-konem.* **Can we depend on** *(1)* **her? /** *(2)* **him? /** *(3)* **them?** آیا ما میتوانیم به (۱) او مرد / (۲) او زن / (۳) آنها اتکا کنیم؟ *Äyä mä mey-tawänem ba (1) o mard / (2) o zan / (3) änhä ehtekä konem?* **We** *(1)* **can /** *(2)* **cannot depend on** *(3)* **her. /** *(4)* **him. /** *(5)* **them.** ما (۱) میتوانیم / (۲) نمیتوانیم به (۳) او مرد / (۴) او زن / (۵) آنها اتکا کنیم. *Mä (1) mey-tawänem / (2) namey-tawänem ba (3) o mard / (4) o zan / (5) ähnä ehtekä konem.* **It depends on... Depend on it.** این مربوط به... است. خاطر جمع باشید. *Een marbot ba...ast. Khäter jama' bäshed.* ★ **dependable** *adj* قابل اعتماد *qäbel-e- e'temäd* **(1) Is he /** *(2)* **she... /** *(3)* **Are they... dependable?** آیا (۱) او مرد / (۲) او زن / (۳) آنها قابل اعتماد (۲،۱) است؟ / (۳) هستند؟ *Äyä (1) o mard / (2) o zan / (3) änhä qäbel-e-e'temäd (1,2) ast? / (3) hastand?*

deport vt تبعید کردن tabe'eed kardan, خارج کردن khärej kardan **They're going to deport** (1) **her.** / (2) **him.** / (3) **me.** / (4) **them.** / (5) **us.** / (6) **you.** آنها میخواهند که (۱) او زن / (۲) او مرد / (۳) من / (٤) آنها / (٥) ما / (٦) شما را خارج کنند. Ánhä mey-khähand ke (1) o zan / (2) o mard / (3) man / (4) änhä / (5) mä / (6) shomä rä khärej konand.

deposit vt پس انداز کردن pas andäz kardan, پول تحویل کردن pool tahweel kardan **The money** (1) **has** / (2) **hasn't been deposited.** پول (۱) تحویل شده است. / (۲) نشده است. / Pool tahweel (1) shoda / (2) nashoda ast. **They will deposit the money soon.** آنها پول را زود تحویل خواهند کرد. Ánhä pool rä zood tahweel khähand kard. ★ **deposit** n 1. (money into bank) پس انداز pas andäz; 2. (geol.) ذخیره zakheera **copper ~** ذخیره مس zakheera-e-mes **iron ~** ذخیره آهن zakheera-e-ähan **mineral ~** ذخیره معدنیات zakhee-ra-e-ma'danyät **The bank** (1) **received** / (2) **didn't receive the deposit.** بانک تحویلی را بدست (۱) آورد. / (۲) نیاورد. Bänk tahweelee rä badast (1) äward. / (2) nayäward.

depot n دیپو deepo **supply ~** دیپوی اکمالات deepo-ye-ekmälät **storage ~** دیپوی ذخیره deepo-ye-zakheere **water ~** انبار آب ambär-e-äb

depressed adj غمگین ghamgeen, گرفته gerefta, دلتنگ del-tang **You seem depressed. What's the matter?** شما غمگین به نظر میاید. موضوع چیست؟ Shomä ghamgeen ba nazar meyähed. Mozo' cheest? (1) **I'm** / (2) **He's** / (3) **She's** / (4) **They're (very) depressed.** (۱) من / (۲) او مرد / (۳) او زن / (٤) آنها (بسیار) غمگین (۱) هستم. / (۳،۲) است. / (٤) هستند. (1) Man / (2) O mard / (3) O zan / Ánhä (beesyär) ghamgeen (1) hastam. / (2,3) ast. / (4) hastand. **Don't be depressed.** غمگین نباشید. Ghamgeen nabäshed. ★ **depression** n افسردگی afsordagee, غمگینی ghamgenee, دلتنگی deltangee (1) **He** / (2) **She is suffering from depression.** (۱) او مرد / (۲) او زن از غمگینی رنج میبرد. (1) O mard / (2) O zan az ghamgeenee ranj mey-barad.

depth n عمق o'mq **What is the depth of the** (1) **lake?** / (2) **water?** / (3) **well?** عمق (۱) جهیل / (۲) آب / (۳) چاه چقدر است؟ O'mq-e- (1) jaheel / (2) äb / (3) chäh cheqadar ast?

deputy n معاون ma'ä-wen, معین moheen **You will be** (1) **her** / (2) **his** / (3) **my deputy.** شما معاون (۱) او مرد / (۲) او زن / (۳) من خواهید بود. Shomä ma'äwen-e- (1) o zan / (2) o mard / (3) man khähed bood.

dermatologist n متخصص جلدی motakhases-e-joldee

derrick n جرثقیل jarsaqeel **Erect the derrick** (1) **here.** / (2) **there.** جرثقیل را (۱) اینجا / (۲) آنجا نصب کنید. Jarsaqeel rä (1) eenjä / (2) änjä nasb koned. **We'll erect the derrick** (1) **here.** / (2) **there.** ما جرثقیل را (۱) اینجا / (۲) آنجا نصب خواهیم کرد. Mä jarsaqeel rä (1) eenjä / (2) änjä nasb khähem kard.

descend vi پائین شدن päheen shodan, نشست کردن neshast kardan **We'll descend into the cave.** ما در سوراخ پائین خواهیم شد. Mä dar soräkh päheen khähem shod. **After you descend into the cave...** بعد از آنکه در سوراخ پائین شدید... Ba'd az än ke dar soräkh päheen shoded...

describe vt تعریف کردن ta'reef kardan, تشریح کردن tashreh kardan **Describe** (1) **her** / (2) **him** / (3) **it** / (4) **them for me.** (۱) او زن / (۲) او مرد / (۳) این / (٤) آنها را برای من تشریح کنید. (1) O zan / (2) O mard / (3) Een / (4) Ánhä rä baräy-e-man tashreh koned. **I'll try to describe** (1) **it** / (2) **them for you.** من کوشش میکنم که (۱) این / (۲) آنها را برای شما تشریح کنیم. Man kosheesh mey-konam ke (1) een / (2) änhä rä baräy-e-shomä tashreh konem. ★ **description** n توصیف towseef, شرح sharha **Can you give us a description?** آیا شما میتوانید برای ما شرح دهید؟ Áyä shomä mey-tawäned

desert *n* دشت *dasht,* صحرا *sahrā*

deserted *adj* ویران *wayrän,* خالی *khälee,* بی سکنه *bay-sakana* **~ building** تعمیر ویران *ta'meer-e-wayrän* **~ farm** مزرعه خالی *tahmeer-e-khälee,* مزرعه ویران *mazre-a'h-e-wayrän* **~ house** خانه ویران *khäna-e-wayrän* **~ village** قریه ویران *qarya-e-wayrän*

deserve *vt* مستحق بودن *mostahaq bodan,* شایسته بودن *shäyesta bodan* **You deserve it.** شما مستحق هستید. *Shomä mostahaq hasted.*

design *vt* طرح ریزی کردن *tarha reezee kardan,* نقشه کردن *naqsha kardan,* دیزائن کردن *dezäyn kardan* **Can you design one?** آیا شما میتوانید یك طرح کنید؟ *Äyäshomä mey-tawäned yak tarha koned?* **I'll try to design one.** من کوشش خواهم کرد که یك طرح ریزی کنم. *Man koshesh khäham kard ke yak tarha reezee konam.* **Try to design one.** کوشش کنید که یك طرح ریزی کنید. *Koshesh koned ke yak tarha reezee koned.* **Did you design this?** آیا شما این را طرح کرده بودید؟ *Äyä shomä een rä tarha karda boded?* **Who can design one?** کی میتواند یك طرح کند؟ *Kee mey-tawänad yak tarha konad?* ★ *n* طرح *tarha,* نقشه *naqsha* **good ~** طرح خوب *tarha-e-khoob* **poor ~** طرح خراب *tarha-e-kharäb* **rough ~** نقشه بی ترتیب *naqsha-e-bey tarteeb*

designate *vt* تعین کردن *ma'refee kardan,* گماشتن *gomäshtan,* تعین کردن *tahyeen kardan* **I designate** *(1)* **her /** *(2)* **him /** *(3)* **you to be** *(4)* **in charge. /** *(5)* **responsible.** من (۱) او و زن / (۲) او مرد / (۳) شما را تعین میکنم که (٤) مؤظف / (٥) مسؤل (۲،۱) باشد. (۳) باشید. *Man (1) o zan / (2) o mard / (3) shomä rä tahyeen mey-konam ke (4) moazaf / (5) mas-hol (1,2) bäshad. / (3) bäshed.* **Designate someone to be** *(1)* **in charge. /** *(2)* **responsible.** کسی را تعین کنید که (۱) مؤظف / (۲) مسؤل باشد. *Kasee rä tahyeen koned ke (1) moazaf / (2) mas-hol bäshad.*

designer *n* طراح *taräh*

desirable *adj* پسندیده *pesandeeda*

desk *n* میز *meez* **reception ~** (hospital, hotel) میز پذیرای *meez-e-pazeerayee* **school ~** میز مکتب *meez-e-maktab*

desperate *adj* بی چاره *bey-chära,* مجبور *majboor* **(1) I'm / (2) He's / (3) She's / (4) They're / (5) We're desperate.** (۱) من / (۲) او مرد / (۳) او زن / (٤) آنها / (٥) ما بیچاره (۱) هستم. / (۳،۲) است. / (٤) هستند. / (٥) هستیم. *(1) Man / (2) O mard / (3) O zan / (4) Änhä / (5) Mä bey-chära (1) hastam. / (2,3,) ast. / (4) hastand. / (5) hastem.* ★ **desperately** *adv* سخت *sakht,* بی نهایت *bey nehäyat* **(1) He's / (2) She's / (3) They're desperately in need of (4) food. / (5) help. / (6) medical care. / (7) shelter.** (۱) او مرد / (۲) او زن / (۳) آنها بی نهایت به (٤) غذا / (٥) کمک / (٦) توجه طبی / (۷) سر پناه نیازمند (۲،۱) است. / (۳) هستند. *(1) O mard / (2) O zan / (3) Änhä bey-nehäyat ba (4) ghezhä / (5) komak / (6) tawajo-e-tebee / (7) sar panäh neeyäzmand (1,2) ast. / (3) hastand.*

despicable *adj* خوار *khowär,* شرمسار *sharmsär,* ذلیل *zaleel* **That is (utterly) despicable.** آن (کاملاً) شرم آور است. *Än (kämelan) sharmäwar ast.*

despite *prep* با وجود *bä wejood-e-* **Despite (1) her / (2) his (3) condition (4) injuries / (5) protests, we have to move (6) her. / (7) him.** باوجود (۳) حالت / (٤) جراحات / (٥) اعتراضات (۱) او زن / (۲) او مرد / (۳) او زن / (۷) او مرد را انتقال بدهیم. *Bä wejood-e- (3) hälat / (4) jarähät / (5) e'teräzät-e- (1) o zan / (2) o mard, mä bäyad (6) o zan / (7) o mard rä enteqäl bedehem.*

destination *n* مقصد *maqsad,* منزل *manzel*

destitute *adj* بی نوا *bey-nawā* *(1)* **He's** / *(2)* **She's** / *(3)* **They're destitute.** (۱) او مرد / (۲) او زن / (۳) آنها بی نوا(۲،۱) است / (۳) هستند. *(1) O zan / (2) O mard / (3) Änhä bey-nawā (1,2) ast. / (3) hastand.*

destroy *vt* ویران کردن *wayrān kardan*, خراب کردن *kharāb kardan* **The** *(1)* **bridge** / *(2)* **building** / *(3)* **farm** / *(4)* **hospital** / *(5)* **house** / *(6)* **school** / *(7)* **village was (completely) destroyed.** (۱) پل / (۲) عمارت / (۳) مزرعه / (۴) شفاء خانه / (۵) خانه / (۶) مکتب / (۷) قریه (کاملاً) ویران شده بود. *(1) Pol... / (2) Emārat... / (3) Mazre-a'h... / (4) Shafāh khāna... / (5) Khāna.../ (6) Maktab.../ (7) Qarya... (kämelan) wayrān shoda bod.* ★ **destruction** *n* خرابی *kharābee*, ویرانی *wayrānee* **a lot of** ~ ویرانی بسیار زیاد *wayrān-e-beesyār zeeyād* ★ **destruc-tive** *adj* ویران کننده *wayrān konen-da*, تخریب کننده *takhreeb konenda*, مخرب *mokhareb*

detail *n* تفصیل *tafseel*, جزیات *jozyät* **in** ~ به تفصیل *ba tafseel*, با جزیات *bä joz-yät* **Please tell** *(1)* **me** / *(2)* **us the details.** لطفاً برای (۱) من / (۲) ما به تفصیل بگوئید. *Lotfan baräy-e-(1) man / (2) mä ba tafseel begohed.* ★ **detailed** *adj* مفصل *mofasal* ~ **account** حساب مفصل *hesäb-e-mofasal* ~ **list** لست مفصل *lest-e-mofasal* ~ **statement** صورت مفصل *soorat-e-mofasal*

detain *vt* باز داشتن *bäz dāshtan*, نگهداشتن *nega-dāshtan* *(1)* **He's** / *(2)* **She's** / *(3)* **They're being detained by the** *(4)* **army.** / *(5)* **police.** (۱) او مرد / (۲) او زن / (۳) آنها تحت بازداشت (۴) اردو / (۵) پولیس (۲،۱) است. / (۳) هستند. *(1) O mard / (2) O zan / (3) Ānhä that-e-bäzdäsht-e-(4) ordo / (5) polees (1,2) ast. / (3) hastand.* **Why** *(1)* **am I...** / *(2)* **is he** / *(3)* **she...** / *(4)* **are they** / *(5)* **we... being detained?** چرا (۱) ...من / (۲) او مرد / (۳) او زن / (۴) آنها / (۵) ما بازداشت (۱) شده ام؟ / (۲،۳) شده است؟ / (۴) شده اند؟ / (۵) شده ایم؟ *Chorā (1) man / (2) o mard / (3) o zan / (4) änhä / (5) mä bäzdäsht (1) shoda am? / (2,3) shoda ast? / (4) shoda and? / (5) shoda em?*

detect *vt* کشف کردن *kashf kardan* **This will detect the mines.** این ماین ها را کشف خواهد کرد. *Een mäyn hä rā kashf khāhad kard.* **We have to detect the mines.** ما باید ماین ها را کشف کنیم. *Mä bäyad mäyn hä rā kashf konem.* **If you detect a mine,** *(1)* **call your leader.** / *(2)* **mark the spot like this.** / *(3)* **remove it like this.** اگر شما کدام ماین را کشف کردید، (۱) سرگروپ تان را صدا کنید. / (۲) محل را نشانی کنید. / (۳) اینطور دور اش کنید. *Agar shomā kodām mäyn rā kashf karded, (1) sar groop-e-tān rā sadā koned. / (2) mahal rā neshānee koned. / (3) een towr door ash koned.* **Did you detect any mines?** آیا شما کدام ماین را کشف کردید؟ *Äyā shomā kodäm mäyn rā kashf karded?* ★ **detection** *n* کشف *kashf* **anthrax** ~ کشف سیاه زخم *kashf-e-seeyahzakhm* **mine** ~ کشف ماین *kashf-e-mäyn* ★ **detector** *n* کاشف *käshef*, یابنده *yābenda* **anthrax** ~ کاشف سیاه زخم *käshef-e-seeyāh-zakhem* **metal** ~ کاشف فلز *käshef-e-felez* **mine** ~ کاشف ماین *käshef-e-mäyen*

detergent *n* پاک کننده *päk konenda*, مواد پاک کننده *mawād-e-päk konenda* **laundry** ~ مواد پاک کننده لباس *mawād-e-päk konenda lebäs* **liquid** ~ مایع پاک کننده *māye' päk konenda*

deteriorate *vi* خراب شدن *kharāb shodan*, بدتر شدن *badtar shodan* *(1)* **Her** / *(2)* **His condition is deteriorating.** حالت (۱) او زن / (۲) او مرد رو به خراب شدن است. *Hālat-e- (1) o mard / (2) o zan roo ba kharāb shodan ast.* **If** *(1)* **her** / *(2)* **his condition deteriorates,** *(3)* **call me.** / *(4)* **come get me.** اگر حالت (۱) او زن / (۲) او مرد خراب شد، (۳) من را صدا کنید. / (۴) بیائید من را بیرید. *Agar hälat (1) o zan / (2) o mard kharāb shod, (3) man rā sadā koned. / (4) beyäyed man rā bebared.*

determine *v* 1. *(arrange)* تعین کردن *tahyen kardan*; 2. *(discover facts)* معلوم کردن *ma'loom kardan*; 3. *(decide s.th.)* تصمیم گرفتن *tasmeem greftan*

detonate 93 **devise**

What have you determined? چی معلوم کردید؟ *Chee mahloom karded?* **(1) I've / (2) We've determined that...** (۱) من / (۲) ما معلوم (۱) کردم / (۲) کردیم که ... *(1) Man / (2) Mä mahloom (1) kardam / (2) kardem ke...* **I'm not able to determine it.** من نمیتوانم این را تعیین کنم. *Man namey-tawänam een rä ta'yen konam.* **I'm not able to determine the cause.** من علت را تشخیص کرده نمیتوانم. *Man helat rä tashkhees karda namey-tawänam.* **I'm not able to determine what the problem is.** (۳) من نمیتوانم مشکل را دریابم. *(3) Man namey-tawänam moshkel rä daryäbam.* **(1) I'll / (2) We'll / (3) They'll determine the best treatment.** (۱) من / (۲) ما / (۳) آنها بهترین تداوی را تعیین (۱) خواهم کرد. / (۲) خواهیم کرد. / (۳) خواهند کرد. *(1) Man / (2) Mä / (3) Ánhä behtareen tadäwee rä ta'yen (1) khäham / (2) khähem / (3) khähand kard.* **(1) I'll / (2) We'll / (3) They'll determine how we should proceed.** (۱) من / (۲) ما / (۳) آنها تعیین (۱) خواهم / (۲) خواهیم / (۳) خواهند کرد... چی قسم عمل (۱) کنم. / (۲) کنیم. / (۳) کنند. *(1) Man / (2) Mä / (3) Ánhä ta'yen (1) khäham / (2) khähem / (3) khähand kard chee qesem a'mal (1) konam. / (2) konem. / (3) konand.* **Let me know what you determine.** بگذارید بدانم چی تصمیم میگیرید. *Bezäred bedänam chee tasmeem mey-geered.*

detonate *vt* منفجر کردن *monfajer kardan* ★ **detonation** *n* انفجار *enfejär* ★ **detonator** *n* انفجار دهنده *enfejär dehanda*

detour *n* دور *dowr*, انحراف *enheräf* **long ~** دور طویل *dowr-e-toweel* **short ~** دور کوتاه *dowr-e-kotäh* **Is there a detour?** ایا راه موقت وجود دارد؟ *Áyä räh-e-mowaqat wojood därad?* **We have to take a detour.** ما باید یک دور بگیریم. *Mä bäyad yak dowr beegeerem.*

devastated *adj* ویران شده *wayrän shoda*

develop *vt* توسعه دادن *towse-a' dädan*, انکشاف دادن *enkeshäf dädan*, رشد دادن *roshd dädan* **~ the agriculture** زراعت را انکشاف دادن *zerä-a't rä enkeshäf dädan* **~ the economy** اقتصاد را انکشاف دادن *eqtesäd rä enkeshäf dädan* **~ the educational system** سیستم تعلیمی را انکشاف دادن *seestom-e-ta'leemee rä enkeshäf dädan* **~ the electrical power system** سیستم انرژی برقی را انکشاف دادن *seestom-e-enerzhee-e-barqee rä enkeshäf dädan* **~ the film** فلم را شستن و چاپ کردن *felm rä shostan wa chäp kardan* **~ the health care system** سیستم مراقبت صحی را انکشاف دادن *seestom-e-morä-qebat-e-sehee rä enkeshäf dädan* **~ the road network** شبکه سرک را انکشاف دادن *shabake-e-sarak rä enkeshäf dädan* **~ the schools** مکاتب را انکشاف دادن *makäteb rä enkeshäf dädan* **~ the transportation system** سیستم ترانسپورت را انکشاف دادن *seestom-e-taränspoort rä enkeshäf dädan* **We want to help you develop the (what).** ما میخواهیم که شما را در انکشاف دادن ( ) کمک کنیم. *Mä mey-khähem ke shomä rä dar enkeshäf dädan-e-(___) komak konem.* **We need your help to develop the (what).** ما به کمک شما ضرورت داریم که ( ) را انکشاف دهیم. *Mä ba komak-e-shomä zaroorat därem ke (___) rä enkeshäf dehem.* ★ **development** *adj* انکشافی *enkeshäfee* ★ *n* توسعه *towse-a'*, ترقی *taraqee*, انکشاف *enkeshäf*

device *n* آله *äla*, وسیله *waseela* **electrical ~** آله برقی *äla-e-barqee* **electronic ~** آله الکترونیکی (برقی) *äla-e-elektroonekee (barqee)* **mechanical ~** آله میخانیکی *äla-e-mekhäneekee* **simple ~** آله ساده *äla-e-säda* **useful ~** آله مفید *äla-e-mofeed*, وسیله کارآمد *waseela-e-kär ämad* **What is this device?** این آله چی است؟ *Een äla chee ast?* **How does this device work?** این آله چی قسم کار میکند؟ *Een äla chee qesem kär mey-konad?*

devise *vt* سنجیدن *sanjeedan* **We must devise a way.** ما باید یک راه بسنجیم. *Mä bäyad yak räh besanjem.* **Can you devise a way?** آیا شما میتوانید یک راه بسنجید؟ *Áyä shomä mey-tawäned yak räh besanjed?*

devout *adj* ديندار *deendär*, متدين *motadayen* ~ **Muslim** مسلمان متدين *moselmän-e-motadayen*

dew *n* شبنم *shabnam*

diabetes *n* مرض شكر *maraz-e-shakar* (1) **Does he** / (2) **she...** / (3) **Do you... have diabetes?** آیا (1) او مرد / (2) او زن / (3) شما مرض شكر (۲۰۱) دارد؟ / (۳) دارید؟ *Äyä (1) o mard / (2) o zan / (3) shomä maraz-e-shakar (1,2) därad? / (3) däred?* (1) **He** / (2) **She has...** / (3) **You have... diabetes.** (1) او مرد / (2) او زن / (3) شما مرض شكر (۲۰۱) دارد. / (۳) دارید. *O mard / (2) O zan / (3) Shomä maraz-e-shakar (1,2) därad. / (3) däred.* (1) **He** / (2) **She must take this every** (*time period*) **for** (3) **his** / (4) **her diabetes.** (1) او مرد / (2) او زن باید این را هر (____) برای مرض شكر (٤،٣) اش بخورد. *(1) O mard / (2) O zan / bäyad een rä har (____) baräy-e-maraz-e-shakar (3,4) ash bokhorad.* **You must take this every** (*time period*) **for your diabetes.** شما باید این را هر (____) برای مرض شكر تان بخورید. *Shomä bäyad een rä har (____) baräy-e-maraz-e-shakar-e-tän bokhored.*

diagnose *vt* تشخیص کردن *tashkhees kardan*, تجزیه کردن *tajzeya kardan* (1) **I've** / (2) **We've diagnosed** (3) **her** / (4) **his** / (5) **your problem as** (*what*). (1) من / (2) ما مشکل (3) او زن / (4) او مرد / (5) شما را (____) تشخیص (1) کردم. / (۲) کردیم. *(1) Man / (2) Mä moshkel-e- (3) o zan / (4) o mard / (5) shomä rä (____) tashkhees (1) kardam. / (2) kardem.* ★ **diagnosis** *n* تشخیص *tashkhees* **preliminary ~** تشخیص مقدماتی *tashkhees-e-moqademätee* **tentative ~** تشخیص آزمایشی *tashkhees-e-äzmäyeshee* ★ **diagnostic** *adj* قابل تشخیص *qäbel-e-tashkhees* **~ procedure** مراحل تشخیص *marähel-e-tashkhees*, پروسه تشخیص *proosa-e-tashkhees*

diagonal *adj* اریبی *oreebee* ★ **diagonally** *adv* اریبی *oreebee*

diagram *n* شكل *shakel*, شكل هندسی *shakel-e-handasee* **Can you make a diagram for me?** آیا شما میتوانید یك شكل هندسی برای من ترسیم کنید؟ *Äyä shomä mey-tawäned yak shakel-e-handasee baräy-e-man tarseem koned?* **Here's a diagram (of it).** یك شكل هندسی (این) است. *Yak shakel-e-handasee (een) ast.*

dialect *n* لهجه *lahja*, زبان *zobän* **What dialect** (1) **does he** / (2) **she...** / (3) **do they... speak?** با کدام لهجه (1) او مرد / (2) او زن / (3) آنها صحبت (۲۰۱) میکنند؟ / (۳) میکنند؟ *Bä kodäm lahja (1) o mard / (2) o zan / (3) änhä sohbat (1,2) mey-konad? / (3) mey-konand?*

diameter *n* قطر *qoter*

diamond *n* الماس *almäs*

diaper *n* پیشگیر *peyshgeer*, پیشگیر پلاستیك *neekar-e-plästeek* **change ~s** پیشگیر ها را تبدیل کردن *peyshgeer hä rä tabdeel kardan* **Change the baby's diaper.** پیشگیر اطفال را تبدیل کنید. *Peyshgeer atfäl rä tabdeel koned.* **I'll change the baby's diaper.** من پیشگیر اطفال را تبدیل خواهم کرد. *Man peyshgeer atfäl rä tabdeel khäham kard.*

diaphragm *n* (*anat.*) حجاب حاجز *hejäb-e-hajez*

diarrhea *n* اسهال *es-häl*, پیچش *paychesh* **watery ~** پیچش آبی *paychesh-e-äbee* (1) **I** / (2) **They have...** / (3) **He** / (4) **She has... diarrhea.** (1) من / (2) آنها / (3) او مرد / (4) او زن اسهال (1) هستم. / (۲) هستند. / (٤،٣) است. *(1) Man / (2) Änhä / (3) O mard / (4) O zan es-häl (1) hastam. / (2) hastand. / (3,4) ast.* **This medicine will stop the diarrhea.** این ادویه اسهال را متوقف خواهد ساخت. *Een adweya es-häl rä motawaqef khähad säkht.*

diary *n* كتابچه یادداشت *ketäbcha-e-yädäsht* **keep a ~ (of events)** كتابچه یادداشت (رویداد ها) را نگهداشتن *ketäbcha-e-yädäsht-e-(roydäd hä) rä negahdshtan*

dictionary *n* دکشینری *dekshenaree,* قاموس *qämoos,* لغت نامه *loghat näma,* فرهنگ لغات *farhang-e-looghät* **Dari-English** ~ فرهنگ دری به انگلیسی *farhang-e-daree ba engleesee* **English-Dari** ~ فرهنگ انگلیسی به دری *farhang-e-engleesee ba daree* **English-Farsi** ~ فرهنگ انگلیسی به فارسی *farhang-e-engleesee ba färsee* **English-Pashto** ~ فرهنگ انگلیسی به پشتو *farhang-e-engleesee ba pashto* **English-Urdu** ~ فرهنگ انگلیسی به اردو *farhang-e-engleesee ba ordo* **Farsi-English** ~ فرهنگ فارسی به انگلیسی *farhang-e-färsee ba engleesee* **Pashto-English** ~ فرهنگ پشتو به انگلیسی *farhang-e-pashto ba engleesee* **Urdu-English** ~ فرهنگ اردو به انگلیسی *farhang-e-ordo ba engleesee* **Look it up in the dictionary.** این را در فرهنگ پیدا کنید. *Een rä dar farhang paydä koned.*

die *vi* مردن *mordan,* جان دادن *jän dädan,* فوت کردن *fowt kardan (1)* **He / (2) She / (3) They died.** (۱) او مرد / (۲) او زن / (۳) آنها (۲۰۱) مرد. / (۳) مردند. *(1) O mard / (2) O zan / (3) Ähnä (1,2) mord. / (3) mordand.* **When did (1) he / (2) she / (3) they die?** چی وقت (۱) او مرد / (۲) او زن / (۳) آنها (۲۰۱) مرد؟ / (۳) مردند؟ *Chee waqt (1) o mard / (2) o zan /(3) änhä(1,2) mord? / (3) mordand?* **(1) He / (2) She is dying. There's nothing we can do.** (۱) او مرد / (۲) او زن جان چیزی کرده نمیتوانیم. ما جان میدهد. *(1) O mard / (2) O zan jän mey-dehad. Mä cheezee karda namey-tawänem.*

diesel *adj* دیزل *deezal,* دیزلی *deezalee* ~ **car** موتر دیزلی *motar-e-deezalee* ~ **bus** موتر سرویس دیزلی *motar-e-sarwees-e-deezalee* ~ **engine** ماشین دیزلی *mäsheen-e-deezalee,* انجن دیزلی *enjen-e-deezalee* ~ **fuel** تیل دیزل *teel-e-deezal* ~ **truck** موتر لاری دیزلی *motar-e-läree-e-deezalee*

diet *n* پرهیز *parheez,* برنامه غذائی *barnäma-e-ghezä-ye* **liquid** ~ پرهیز مایع *parheez-e-mäye'* **low-salt** ~ پرهیز کم نمک *parheez-e-kam namak (1)* **He / (2) She / (3) You will have a strict (daily) diet.** (۱) او مرد / (۲) او زن / (۳) شما یک پرهیز دقیق (روزانه) (۲۰۱) داشت. / (۳) داشتید. *O mard / (2) Shomä yak parheez-e-daqeeq (roozäna) khähad (1,2) däsht. / (3) däshted.* **(1) Her / (2) His / (3) Your (daily) diet will be *(what)*.** پرهیز (روزانه) (۱) او زن / (۲) او مرد / (۳) شما (___) خواهد بود. *Parheez-e-(roozäna) (1) o zan / (2) o mard / (3) shomä (___) khähad bod.*

difference *n* فرق *farq,* تفاوت *tafäwot,* اختلاف *ekhteläf* **What's the difference (between them)?** فرق (در بین آنها) چیست؟ *Farq (dar bayn-e-änhä) cheest?* **There's (*[1]* a big / *[2]* a slight / *[3]* no) difference (between them).** یک تفاوت ([۱] کلان / [۲] اندک / [۳] هیچ) تفاوت (در بین آنها) (۲۰۱) است (۳) نیست. *Yak tafäwot ([1] kalän / [2] andak / [3] hech) tafäwot (dar bayn-e-änhä) (1,2)ast. (3) neest* **Let me show you the difference.** بگذارید تفاوت را نشان تان بدهم. *begzäred tafäwot rä neshän-e-tän bedeham.* ★ **different** 1. *(not similar)* مختلف *mokhtalef,* متفاوت *motafäwot;* 2. *(another)* دیگر *deegar;* 3. *(various)* گوناگون *gonägoon (1)* **Is it... / (2) Are they... different?** آیا (۱) این / (۲) آنها متفاوت (۱) است؟ / (۲) هستند؟ *Äyä (1) een / (2) änhä motafäwot (1) ast? / (2) hastand?* **It *(1)* is / *(2)* isn't different.** این متفاوت (۱) است. / (۲) نیست. *Een motafäwot (1) ast. / (2) neest.* **They *(1)* are / *(2)* aren't different.** آنها متفاوت (۱) هستند. / (۲) نیستند. *Änhä motafäwot (1) hastand. / (2) neestand.* **Do you have a different one?** آیا شما کدام قسم دیگر دارید؟ *Äyä shomä kodäm qesm-e-deegar däred?* **Give me a different one.** یک قسم دیگر را بدهید. *Yak qesm-e-deegar rä beräyam bedehed.* **We'll use different *(1)* medicines. / *(2)* methods.** ما (۱) ادویه / (۲) میتود های مختلف را استفاده خواهیم کرد. *Mä (1) adweya / (2) meetood häyee mokhtalef rä estefäda khähem kard.*

differential *n (automot.)* دنده عقب موتر *danda-e-a'qeb-e-motar*

differently *adv* بطورمختلف *batowr-e-mokhtalef,* به طور دیگر *ba towr-e-*

difficult *adj* مشکل moshkel, دشوار dashwär **Is it difficult?** آیا مشکل است؟ *Äyä moshkel ast?* **It (1) is / (2) isn't (very) difficult.** (۱) (بسیار) مشکل است. / (۲) نیست. *(Beesyär) moshkel (1) ast. (2) neest.* **It's difficult, but we can do it.** مشکل است، اما ما میتوانیم انجام بدهیم. *Moshkel ast, amä mä mey-tawäneem anjäm bedehem.* ★ **difficulty** *n* سختی sakhtee, دشواری dashwäree, مشقت moshaqat **with (great)** همراه با (بسیار) دشواری *hamräh bä (beesyär) dashwäree* **without** بدون سختی bedoon-e-sakhtee, بدون مشکل bedoon-e-moshkel **We can overcome the difficulty.** ما میتوانیم مشکل را حل کنیم. *Mä mey-tawänem moshkel rä hal konem.*

dig *vt* کندن kandan, حفر کردن hofer kardan ~ **by hand** با دست حضر کردن *bä dast hofer kardan* **Where can we dig it?** کجا را بکنیم؟ *Kojä rä bekanem?* **Where can they dig it?** آنها کجا را میتوانند بکنند؟ *Änhä kojä rä mey-tawänand bekanand?* **Dig the (1) ditch / (2) grave / (3) hole / (4) latrine / (5) shelter / (6) trench / (7) well (8) here. / (9) ther e.** (۱) نهر / (۲) قبر / (۳) سوراخ / (٤) تشناب / (٥) پناه گاه / (٦) سنگر / (۷) چاه (۸) را اینجا / (۹) آنجا بکنید. *(1) Nahr / (2) Qaber / (3) Soräkh / (4) Tashnäb / (5) Panäh gäh / (6) Sangar / (7) Chäh (8) rä eenjä / (9) änjä bekaned.* ★ **dig out** *idiom* (extract) کشیدن kasheedan **(1) I / (2) We have to dig out the bullet.**(from a person's body) (۱) من / (۲) ما باید مرمی را بکشیم *(1) Man / (2) Mä bäyad marmee rä (1) bekasham. / (2) bekashem.*

digestion *n* هضمیت hazmyat
digital *adj (electronics)* دیجیټل dejeetal
dike *n* خاکریز khäkreez
dilate *vt* باز کردن bäz kardan, کلان ساختن kalän säkhtan, وسعت دادن washat dädan
dilemma *n* مشکل moshkel, عدم توافق adam-e-tawäfooq **We have a dilemma.** ما یک مشکل داریم. *Mä yak moshkel därem.*
diligent *adj* کوشنده koshenda, زحمت کش zahmat kash **You've been very diligent (in your work).** شما(در کار تان) بسیار کوشنده بوده اید. *Shomä (dar kär-e-tän). beesyär koshenda booda eed.*
dilute *vt* رقیق ساختن raqeeq säkhtan, آبگین ساختن äbgeen säkhtan **(1) We / (2) You must dilute this with two parts water.** (۱) ما / (۲) شما باید این را با دو قسمت آب رقیق (۱) کنیم. / (۲) کنید. *(1) Mä / (2) Shomä bäyad een rä bä do qesmat äb raqeeq (1) konem. / (2) koned.*
dim *adj* تاریک täreek ~ **light** ضعیف zaheef چراغ ضعیف chorägh-e-zaheef چراغ دیم (موتر) chorägh-e-dem (motar) **The hope is dim.** امید کم است. *Omeed kam ast.*
dimension *n* اندازه andäza, ابعاد abahäd **What are the dimensions?** ابعاد اش چقدر است؟ *Abhäd ash cheqadar ast?* **The dimensions are four meters by six meters.** ابعاد اش چهار متر بر شش متر است. *Abahäd ash chahär meter-e-bar shash meter ast.*
diminish *vi* کم شدن kam shodan, کاهش یافتن kähesh yäftan **Our (1) food / (2) fuel / (3) medical supplies have diminished a great deal.** (۱) مواد غذایی... / (۲) مواد سوخت... / (۳) سامان آلات طبی ما بسیار کم شده است. *Mawäd-e-ghezäyee... / (2) Mawäd-e-sookht... / (3) sämän älät-e-tebee mä beesyär kam shoda ast.*
dimple *n* فرو رفتگی fro raftagee
dinner *n* غذا شب ghezä-e-shab ~ **menu** فهرست غذا شب fehrest-e-ghezä-e-shab ~ **time** وقت غذا شب waqt-e-ghezä-e-shab **Serve dinner (1) at**

dip / **director**

(*time*). / (2) **from** (*time*) **to** (*time*). غذا شب را (١) در (___)... / (٢) از (___) تا (___)... *Ghezä-e-shab rä (1) dar (___)... / (2) az (___) tä (___)... peysh-kash däred.* **Start preparing dinner.** شروع به آماده ساختن غذا شب کنید. *Shoro' ba ämäda säkhtan-e-ghezäh shab koned.* **This is what we will have for dinner.** این چیزیست که ما برای نان شام خواهیم داشت. *Een cheezeest ke mä baräye nän shäm khähem däsht.* **How many people ate dinner?** چند نفر غذا خوردند؟ *Chand nafar ghezä khordand.* **The dinner was (1) delicious. / (2) very good.** غذا شب (١) خوش مزه... / (٢) بسیار خوب... *Ghezä-e-shab (1) khosh maza... / (2) beesyär khoob... bod.*

dip *vt* فرو بردن *fro bordan,* غوطه دادن *ghota dädan* **Dip it in the (1) sauce / (2) solution like this.** این را در (١) شوربا / (٢) محلول به این قسم فرو برید. *Een rä dar (1) shorbä / (2) mahlool ba een qesem fro bared.*

diphtheria *n* دیفتری (مرض) *(maraz-e-) defteree* **~ shot** واکسین دیفتری *wäkseen-e-defteree* **(1) I'm / (2) We're going to give (3) her / (4) him / (5) them / (6) you a diphtheria shot.** (١) من میخواهم... / (٢) ما میخواهیم... که (٣) او زن / (٤) او مرد / (٥) آنها / (٦) شما را واکسین دیفتری (١) کنم. / (٢) کنیم. *Man mey-khäham... / (2) Mä mey-khähem... ke (3) o zan / (4) o mard / (5) änhä / (6) shomä rä wäkseen-e-defteree (1) konam. / (2) konem.* **Give (1) everybody / (2) her / (3) him / (4) them a diphtheria shot.** (١) هر همه / (٢) او زن / (٣) او مرد / (٤) آنها را واکسین دیفتری کنید. *(1) Har kas... / (2) O zan... / (3) O mard... / (4) Änhä... rä wäkseen-e-defteree koned.*

diploma *n* شهادتنامه *shahädat näma,* دیپلوم *deeploom* **~ college** شهادتنامه کالج *shohädat näma-e-kälej* **high school** شهادتنامه لیسه *shohädat näma-e-leesa* **university** شهادتنامه فاکولته *shahädat näma-e-fäkolta,* شهادتنامه پوهنتون *shahä-dat näma-e-pohantoon*

dipper *n* چمچه *chamcha*

direct *adj* مستقیم *mostaqeem* **~ hit** ضربه مستقیم *zarba-e-mostaqeem* **(most) ~ route** (بیشتر از همه) مسیر مستقیم *(beeshtar az hama) maseer-e-mostaqeem*

direction *n* 1. *(way)* مسیر *maseer,* خط سیر *khat-e-sayr;* 2. *pl (instructions)* هدایات *edäyät,* رهنمائی *rahno-ma-ye* **Which direction is (*name*)?** کدام (___) مسیر است؟ *kodäm maseer ast?* **Could you please tell me the direction to (*name*)?** آیا شما میتوانید مسیر (___) را برایم بگویید؟ *Äyä shomä mey-tawäned maseer (___) rä baräyam begohed?* **Let's go in this direction.** بیایید در این مسیر برویم. *Beyäyed dar en maseer berawem.* **Which direction did (1) he / (2) it / (3) she / (4) they go?** در کدام مسیر (١) او مرد / (٢) این / (٣) او زن / (٤) آنها رفتند؟ *Dar kodäm maseer (1) o mard / (2) een / (3) o zan / (4) änhä raftand?* **(1) He / (2) It / (3) She / (4) They went in that direction.** (١) او مرد / (٢) این / (٣) او زن / (٤) آنها در آن مسیر رفتند. *(1) O mard / (2) Een / (3) O zan / (4) Änhä dar än maseer raftand.*

directly *adv* مستقیماً *mostaqeeman,* راساً *räsan* **Go directly there.** مستقیماً آنجا بروید. *Mostaqeeman änjä berawed.* **Come directly here.** مستقیماً اینجا بیایید. *Mostaqeeman eenjä beyäyed.*

director *n* رئیس *ra-ees,* مدیر *modeer,* اداره کننده *edära konenda* **I'd like to see the director.** من میخواهم رئیس را ببینم. *Man mey-khäham ra-ees rä beebeenam.* **May I talk with the director?** آیا میتوانم با رئیس صحبت کنم؟ *Äyä mey-tawänam bä ra-ees sohbat konam?* **Where's the director?** رئیس کجا است؟ *Ra-ees kojä ast?*

directory *n* کتاب رهنما *ketäb-e-rahnomä* **telephone** ~ کتاب رهنما تیلفون *ketäb-e-rahnomä-e-telefoon*

dirt *n* خاك *khäk*, گرد *gard*, چرک *cherk* **We need some (more) dirt.** ما به (بیشتر) خاك ضرورت داریم. *Mä ba (beeshtar) khäk zaroorat därem.* **Haul some (more) dirt *(1)* here. / *(2)* there. / *(3)* to the site.** (۱) خاك (بیشتر) (۲) / ...اینجا (Beeshtar) khäk (1) eenjä... / (2) änjä... / (3) dar taraf... enteqäl dehed.* **Take this dirt *(1)* away. / *(2)* out of here.** این خاك را (۱) به یك طرف... / (۲) خارج از اینجا... ببرید. *Een khäk rä (1) ba yak taraf... / (2) khärej az eenjä... bebared.* **Dump the dirt at (***place***).** خاك را در (___) خالی کنید. *Khäk rä dar (___) khälee koned.* **Spread the dirt (around).** خاك را (در اطراف) هموار کنید. *Khäk rä (dar aträf) hamwär koned.* *(1)* **Cover it... /** *(2)* **Fill it in... with dirt.** این را با خاك (۱) بپوشانید. / (۲) پر کنید. *Een rä bä khäk (1) beposhäned. / (2) por koned.* ★ **dirty** *adj* کثیف *kaseef* **No dirty hands.** با دست های کثیف دست نزنید. *Bä dast häyee kaseef dast nazaned.* **This is (very) dirty. Please clean it.** این (بسیار) کثیف است. لطفاً پاك اش کنید. *Een (beesyär) kaseef ast. Lotfan päk ash koned.*

disability *n* ناتوانی *nätawänee*, عجز *o'jz* **hearing** ~ ناتوانی شنوایی *nätawänee-e-shenawäyee* **mental** ~ ناتوانی دماغی *nätawänee-e-damäghee* **physical** ~ ناتوانی جسمی *nätawänee-e-jesmee* *(1)* **He / *(2)* She has a physical disability.** (۱) او مرد / (۲) او زن ناتوانی جسمی دارد. *(1) O mard / (2) O zan nätawänee-e-jesmee därad.* **What is *(1)* her / *(2)* his disability?** ناتوانی (۱) او زن / (۲) اومرد چیست؟ *Nätawänee-e- (1) o zan / (2) o mard cheest?*

disabled *adj* ناتوان *nätawän*, عاجز *a'äjez*, از کار افتاده *az kär oftäda*, معیوب *mah-yoob* *(1)* **He / *(2)* She is disabled.** (۱) او مرد / (۲) او زن ناتوان است. *(1) O mard / (2) O zan nätawän ast.* **They're disabled.** آنها ناتوان هستند. *Änhä nätawän hastand.*

disadvantage *n* نقص *noqs*, ضرر *zarar*

disagree *vi* مخالفت کردن *mokhälefat kardan* **I disagree (with you).** من (با شما) مخالف هستم. *Man (bä shomä) mokhälef hastam.* ★ **disagreement** *n* مخالفت *mokhälefat* **What's the disagreement about?** مخالفت در باره چیست؟ *Mokhälefat dar bära-e-cheest?*

disappear *vi* نا پدید شدن *nä padeed shodan*, غایب شدن *ghäyeb shodan* **It will disappear in (about) (***number***) *(1)* days. / *(2)* weeks. / *(3)* months.** این در (مدت) (___) (۱) روز / (۲) هفته / (۳) ماه ها ناپدید خواهد شد. *Een dar (modat) (___) (1) rooz / (2) hafta / (3) mäh hä nä padeed khähad shod.* **Where did *(1)* he / *(2)* she / *(3)* they disappear to?** (۱) او مرد / (۲) او زن / (۳) آنها کجا غایب (۳،۲،۱) شد؟ *(1) O mard / (2) O zan / (3) Änhä kojä ghäyeb (1,2) shod? / (3) shodand?* *(1)* **He / *(2)* It / *(3)* She has... / *(4)* They have... disappeared.** (۱) او مرد / (۲) این / (۳) او زن.. / (٤) آنها...غایب (۳،۲،۱) شد. / (٤) شدند. *(1) O mard / (2) Een / (3) O zan / (4) Änhä ghäyeb (1,2,3) shod. / (4) shodand.*

disappoint *vt* مایوس ساختن *mä'yoos säkhtan*, ناامید کردن *nä omeed kardan* **I'm sorry to disappoint you.** معذرت میخواهم که شما را نا امید ساختم. *Ma'zrat mey-khäham ke shomä rä nä omeed säkhtam.* ★ **disappointed** *adj* مایوس *mä'yoos*, ناامید *nä omeed*, محروم *mahroom* **You must be very disappointed. I'm sorry.** شما باید بسیار مایوس شده باشید. معذرت میخواهم. *Shomä bäyad besyär mä'yoos shoda bäshed. Ma'zrat mey-khäham.* **I'm disappointed ([*1*] in her / [*2*] him / [*3*] them / [*4*] you).** من ([۱] از او زن / [۲] او مرد / [۳] آنها / [٤] شما) ناامید شدم. *Man az ([1] o zan / [2] o mard / [3] änhä / [4] shomä) nä omeed shodam.* ★ **disappointing** *adj* مایوس کننده *mä'yoos konenda*, نا امید کننده *nä omeed konenda* **It's *(1)* quite**

disappointment *Een (1)* این (۱) کاملاً / (۲) بسیار مأیوس کننده است. */ (2) very disappointing.* ★ **disappointment** *n* یأس *yas,* ناامیدی *nä omeedee,* مأیوسی *mäyoosee* **big** ~ مأیوسی بزرگ *mäyoosee-e-bozerg* **huge** ~ مأیوسی زیاد *mäyoosee-e-zeeyäd*

disarm *vt (bombs)* بی ضرر کردن *bey-zarar kardan*

disassemble *vt* پراگنده کردن *parägannda kardan,* پرزه کردن *porza kardan* **Do you know how to disassemble it?** آیا میدانید این را چه قسم پرزه کنید؟ *Äyä mey-däned een rä che qesem porza koned?* **Disassemble it (and put it away).** این را پرزه کنید (و دور بگذارید). *Een rä porza koned (wa door begzäred).* **I'll show you how to disassemble it.** من شما را نشان خواهم داد که این را چه قسم پرزه کنید. *Man shomä rä neshän khäham däd ke een rä che qesem porza koned.*

disaster *n* بدبختی *badbakhtee,* مصیبت *moseebat,* آفت *äfat* ~ **aid** کمک برای مصیبت *komak barähey moseebat* **Disaster Assistance Response Team** ~ تیم پاسخ معاونت مصیبت *teem-e-päsokh-e-moawenät-e-moseebat* ~ **plan** تدابیر برای وقوع مصیبت *tadäbeer barä-e-woqoo-e-moseebat* ~ **relief** کمکهای عاجل برای مصیبت زده گان *komak hä-e-häjel barä-e-moseebat zadagän* ~ **site** محل آفت *mahal-e-äfat* **humanitarian** ~ کمکهای بشری برای مصیبت زده گان *komak hä-e-basharee barä-e-moseebat zada-gän* **manage the** ~ مصیبت را اداره کردن *moseebat rä edära kardan* **terrible** ~ مصیبت هولناک *moseebat-e-howl-näk* ★ **disastrous** *adj* مصیبت آمیز *moseebat ämeez*

disc *n (See disk)*

discard *vt* دور انداختن *door andäkhtan*

discharge *vt (release)* رخصت کردن *rokhsat kardan,* آزاد کردن *äzäd kardan (1)* **I'm / (2) We're going to discharge (3) her / (4) him / (5) you from the hospital.** (۱) من میخواهم... / (۲) ما میخواهیم... که (۳) او را / (۴) او مرد / (۵) شما را از شفاخانه رخصت (۱) کنم. / (۲) کنیم. *(1) Man mey-khäham... / (2) Mä mey-khähem... ke (3) o zan / (4) o mard / (5) shomä rä az shafäkhäna rokhsat (1) konam. / (2) konem.* **(1) They'll / (2) You'll be discharged from the (3) hospital / (4) program (5) soon. / (6) tomorrow.** شاید (۱) آنها / (۲) شما از (۳) روغتون / (۴) پروگرام (۵) زود / (۶) فردا مرخص (۱) خواهند / (۲) خواهید شد. *Shäyad (1) änhä / (2) shomä az (3) roghtoon / (4) prograäm (5) zood / (6) fardä morakhas (1) khähand / (2) khähem shod.*

discharge *n (elec.)* بدون چارج *bedoon-e-chärj*

discipline *n* دسپلین *desepleen,* نظم *nazem (1)* **Does he / (2) she... / (3) Do you... feel any discomfort?** همیشه باید دسپلین باشد. *Hameesha bäyad desepleen bäshad.* **This is a breach of discipline.** این یک عدم دسپلین است. *Een yak a'dam-e-desepleen ast.* **You have to enforce better discipline.** شما باید نظم بهتر را حاکم کنید. *Shomä bäyad nazem-e-behtar rä häkem koned.* **Without discipline, we can't operate.** بدون نظم، ما نمیتوانیم اداره کنیم. *Bedoon-e-nazem, mä namey-tawänee edära konem.*

discomfort *n* ناراحتی *närähatee,* رنج *ranj (1)* **Does he / (2) she... / (3) Do you... feel any discomfort?** آیا (۱) او مرد / (۲) او زن... / (۳) شما... احساس ناراحتی (۱،۲) میکند؟ / (۳) میکنید؟ *Äyä (1) o mard / (2) o zan / (3) shomä ehsäs-e-närähatee (1,2) mey-konad? / (2) mey-koned?*

disconnect *vt* جدا کردن *jedä kardan,* قطع کردن *qata' kardan,* بی ارتباط *bey ertebät* **Disconnect (1) it. / (2) them.** (۱) این / (۲) آنها را قطع کنید. *(1)Een / (2) Änhä rä qata' koned.* **(1) It's / (2) They're disconnected.** (۱) این / (۲) آنها بی ارتباط شده اند. *(1) Een / (2) Änhä bey-ertebät shoda and.* **We were disconnected.** *(tel.)* ما بی ارتباط شدیم. *Mä bey-ertebät shodem.,* تیلفون قطع شد. *Telefoon qata' shod.*

discount *n* تخفیف *takhfeef* **Can *(1)* he / *(2)* she / *(3)* they give us a discount (if we buy large quantities)?** آیا (۱) او مرد میتواند... / (۲) او زن میتواند... / (۳) آنها میتوانند... ما را یک تخفیف (۲،۱) بدهد / (۳) بدهند (اگر مقدار زیاد بخریم)؟ *Äyä (1) o mard mey-tawänad... / (2) o zan mey-tawänad... / (3) änhä mey-tawänand... mä rä takhfeef (1,2) bedehad / (3) bedehand (agar meqdär-e-zeeyäd bekharem)?* **Can you give us a discount (if we buy large quantities)?** آیا شما میتوانید ما را تخفیف بدهید (اگر مقدار زیاد بخریم)؟ *Äyä shomä mey-tawäned mä rä takhfeef bedehed (agar meqdär-e-zeeyäd bekharem)?*

discover *vt* پیدا کردن *paydä kardan*, کشف کردن *kashf kardan* **What did *(1)* you / *(2)* they discover?** (۱) شما / (۲) آنها چی را کشف (۱) کردید؟ / (۲) کردند؟ *(1) Shomä / (2) Änhä chee rä kashf (1) karded? / (2) kardand?* ***(1)* I / *(2)* We discovered that...** (۱) من / (۲) ما کشف (۱) کردم (۲) کردیم که... *(1) Man / (2) Mä kashf (1) kardam / (2) kardem ke...* **Let me know what you discover.** بگذارید بدانم چی کشف کردید. *Begzäred bedänam chee kashf karded.* ★ **discovery** *n* کشف *kashf*

discreet *adj* با احتیاط *bä ehteeyät*, با تمیز *bä tameez* **Be as discreet as possible.** تا حد امکان با تمیز باشید. *Tä had-e-emkän bä tameez bäshed.*

discrepancy *n* اختلاف *ekhteläf*, ناهمگونی *nä-hamgoonee* **There's a discrepancy (in this).** (در این) یک اختلاف وجود دارد. *(Dar een) yak ekhteläf wajood därad.*

discuss *vt* بحث کردن *bahs kardan*, مطرح کردن *matrah kardan* **I'd like to discuss the *(1)* idea / *(2)* plan / *(3)* proposal with *(4)* her. / *(5)* him. / *(6)* you. / *(7)* them.** میخواهم (۱) نظریه / (۲) پلان / (۳) پیشنهاد را همراه با (۴) او زن / (۵) او مرد / (۶) شما / (۷) آنها مطرح کنم. *Mey-khäham (1) nazarya / (2) pelän / (3) peyshnehäd rä hamräh bä (4) o zan / (5) o mard / (6) shomä / (7) änhä matrah konam.* **I will discuss it with *(1)* her. / *(2)* him. / *(3)* them.** من این را با (۱) اوزن / (۲) اومرد / (۳) آنها مطرح خواهم کرد. *Man een rä bä (1) o zan / (2) o mard / (3) änhä matrah khäham kard.*

disease *n* مرض *maraz* **bad ~** مرض بد *maraz-e-bad* **chronic ~** مرض مزمن *maraz-e-mozmen* **communicable / contagious ~** مرض ساری *maraz-e-säree* **eye ~** مرض چشم *maraz-e-cheshem* **fight ~** با مرض مبارزه کردن *bä maraz mobäreza kardan* **heart ~** مرض قلب *maraz-e-qalb* **infectious ~** مرض ساری *maraz-e-säree* **sexually transmitted ~** مرض انتقالی جنسی *maraz-e-enteqälee-e-jesmee* **skin ~** مرض جلدی *maraz-e-joldee* **venereal ~** مرض (انتقالی) جنسی *maraz-e-(enteqälee-) jesmee* **waterborne ~** مرض که از آب سرایت میکند (مرض آبی) *maraz-e-ke az äb saräyat mey-konad (maraz-e-äbee)* **We want to prevent the disease from spreading.** ما میخواهیم از سرایت مرض جلوگیری کنیم. *Mä meykhähem az saräyat maraz jelow geree konem.* **We must contain the disease.** ما باید مرض داشته باشیم. *Mä bäyad maraz däshta bäshem.* ★ **diseased** *adj* مریض *mareez*, ناجور *nä-joor*, بیمار *beemär*

disfigured *adj* بد شکل *bad shakel*, بد نما *bad nomä*

disgusted *adj* متنفر *motanafer* **I'm disgusted with it.** من از این متنفر هستم. *Man az een motanafer hastam.* ★ **disgusting** *adj* نفرت آمیز *nafrat ämeez*, ناخوشایند *näkhoosh-ayand*

dish *n* ظرف *zarf* **~ cabinet** الماری ظرف *lamäree-e-zarf* **satellite TV ~** انتن دیش قمر مصنوعی تلویزیون *äntan-e-deesh-e-qamar-e-masnoo'ee-e-tal-wezoon* ***(1)* Gather (up)... / *(2)* Put away... / *(3)* Wash... the dishes.** ظروف را (۱) جمع کنید. / (۲) به یک طرف بگذارید. / (۳) بشویید. *Zoroof rä (1) jama' koned. / (2) ba yak taraf begzäred. / (3) beshoyed.*

dishcloth *n* صافی ظرف شویی *säfee-e-zarf shoo-ye*

dishonest *adj* خائن *khäyen*, تقلب کار *taqalob kär*, فریبکار *fereb-kär*
dishpan *n* ظرف شوی *zarf-shoy*
dishtowel *n* صافی ظروف *säfee-e-zoroof*
dishwasher *n* ظرف شوی *zarf-shoy*
disinfect *vt* تعقیم کردن *tahqeem kardan*, ضد عفونی کردن *zed-e-ofoonee kardan* **Disinfect all these things.** همه این چیز ها را تعقیم کنید. *Hama-e-een cheez hä rä tahqeem koned.* **We have to disinfect everything.** ما باید همه چیز را تعقیم کنیم. *Mä bäyad hama cheez rä tahqeem konem.* ★ **disinfectant** *n* ادویه ضد مکروب *adweya-e-zed-e-mekroob* **chemical ~** ادویه کیمیاوی ضد مکروب *adweya-e-keemyäwee zed-e-mekroob*
disk *n* دسک *desk*, کست کمپیوتر *kaset-e-kampyootar* **compact ~ (CD)** سی دی *see-dee* **floppy ~** فلاپی دسک *foläpee desk* **Copy it onto a disk.** این را در یک دسک کاپی کنید. *Een rä dar yak desk käpee koned.*
dismiss *vt* رخصت کردن *rokhsat kardan*, مرخص کردن *morakhas kardan* **Dismiss (1) everybody. / (2) them.** (۱) همه / (۲) آنها را مرخص کنید. *(1) Hama / (2) Anhä rä morakhas koned.* **(1) Everybody is... / (2) You are... dismissed.** (۱) همه / (۲) شما مرخص (۱) هستید / (۲) هستند. *Hama / (2) Shomä morakhas (1) hastand. / (2) hasted.*
disobey *vt* نافرمانی کردن *näfarmänee kardan* **You disobeyed (1) me. / (2) my orders.** شما نافرمانی (۱) من... / (۲) امر من... را کردید. *Shomä näfarmanee (1) man... / (2) amer-e-man... rä karded.* **Why did you disobey me?** چرا شما نافرمانی من را کردید؟ *Chorä shomä näfarmänee man rä karded?*
disorder *n* 1. *(lack of order)* بی نظمی *bey nazmee*; 2. *(med.)* مرض *maraz* **gynecological ~** مرض نسایی *maraz-e-nesäee* **kidney ~** مرض گرده *maraz-e-gorda* **lung ~** مرض شش *maraz-e-shosh* **stomach ~** مرض معده *maraz-e-me'da* **There's too much disorder here.** اینجا بسیار بی نظمی است. *Eenjä beesyär bey nazmee ast.*
disoriented *adj* متردد *motara-ded* **(1) He / (2) She is disoriented.** (۱) او مرد / (۲) او زن متردد است. *(1) O mard / (2) O zan motara-ded ast.*
dispatcher *n* کسیکه جریانی را از طریق مخابره کنترول میکند *kas-e-ke jeryän-e-rä az tareeq-e-mokhäbera kantrool mey-konad*
dispensary *n* دواخانه *dawäkhäna*
displaced *adj* بیجاشده *bay-jä shoda* **~ person** شخص بیجاشده *shakhs-e-bay-jä shoda*
disposable *adj* (چیزی) که صرف یکبار استفاده میشود. *(cheezee) ke serf yak-bär estefäda mey-shawad.* **~ diaper** پیشگیر که یکبار استفاده میشود *peeshgeer-e-ke yak-bär estefäda mey-shawad* ★ **disposal** *n* دور انداختن *door andäkhtan* **~ of garbage** دور انداختن کثافات *door andäkhtan-e-kasäfät* ★ **dispose of** *idiom* دور انداختن *door andäkhtan*, از بین بردن *az bayn bordan* **We need to dispose of (1) this. / (2) these.** ما ضرورت داریم که (۱) این / (۲) اینها را دور بیاندازیم. *Mä zaroorat därem ke (1) een / (2) eenhä rä door beyandäzem.* **Where can we dispose of (1) this? / (2) these?** کجا میتوانیم (۱) این / (۲) اینها را دور بیاندازیم؟ *Kojä mey-tawäneem (1) een / (2) eenhä rä door beyandäzem?*
dispute *n* مشاجره *moshäjera*, منازعه *monäze-a'*, مجادله *mojädela*, بحث *bahs* **mediate the ~** میانجی گری در مشاجره *meeyänjee-garee dar moshäjera* **resolve the ~** مشاجره را حل کردن *moshäjera rä hal kardan* **settle the ~** مشاجره را به توافق رساندن *moshäjera rä ba tawäfooq rasändan* **What's the (1,2) dispute about?** (۱) مشاجره (۲) بحث در باره چیست؟ *(1) Moshä-jera / (2) Bahs dar bära-e-cheest?* **Can you help them resolve the dispute?** آیا شما میتوانید آنها را در حل مشاجره کمک کنید؟ *Äyä shomä mey-tawäneed änhä*

rā dar hal-e-moshājera komak koned?
disrepair *n* خرابی *kharābee*
dissatisfied *adj* ناراضی *nārāzee*, ناخوش *nākhoosh* Why *(1)* is he / *(2)* she... / *(3)* are they / *(4)* you... dissatisfied? چرا (۱) او مرد / (۲) او زن / (۳) آنها / (٤) شما ناراضی (۲۰۱) است؟ / (۳) هستند؟ / (٤) هستید؟ *Chorā (1) o mard / (2) o zan / (3) änhä / (4) shomā nārāzee (1,2,) ast? / (3) hastand? / (4) hasted?* I'm dissatisfied with *(1)* her / *(2)* his / *(3)* your / *(4)* their work. ازکار (۱) او زن / (۲) او مرد / (۳) شما / (٤) آنها ناراضی هستم. *Man az kār-e- (1) o zan / (2) o mard / (3) shomā (4) änhä nārāzee hastam.*
disseminate *vt* پخش کردن *pakhsh kardan*, منتشر کردن *montasher kardan* ~ **information** معلومات را پخش کردن *mahloomāt rā pakhsh kardan*, معلومات را انتشار دادن *mahloomāt rā enteshār dādan*
dissension *n* اختلاف *ekhtelāf*, عدم توافق *adam-e-tawäfooq* What's causing the dissension? چی سبب اختلاف میشود؟ *Chee sabab-e-ekhtelāf mey-shawad?*
dissolve *vi* منحل کردن *monhal kardan*
distance *n* فاصله *fāsela*, مسافه *masāfa* great ~ مسافه زیاد *masāfa-e-zeyäd* long ~ مسافه طویل *masāfa-e-taweel* short ~ مسافه کوتاه *masāfa-e-kotäh* What's the distance from *(1)* here / *(2) (place)* to *(place)*? فاصله از (۱) اینجا / (۲) (___) تا (___) چقدر است؟ *Fäsela az (1) eenjā / (2) (___) tä (___) cheqadar ast?*
distant *adj* دور *door*
distended *adj* باد شده *bäd shoda*, پندیده *pondeeda*
distilled *adj* مقطر *moqatar* ~ **water** آب مقطر *āb-e-moqatar* ★ **distillation** *n* تقطیر *taqteer* **water ~ plant** دستگاه تقطیر آب *dastgāh-e-taqteer-e-āb*
distinguish *vt* تمیز دادن *tameez dādan*, فرق گذاشتن *farq gozāshtan*
distress *n* ناراحتی عصاب *närähatee-e-asāb*, فشار روانی *feshär-e-rawänee (1)* He / *(2)* She is in (great) distress. (۱) او مرد / (۲) او زن تحت فشار روانی (بزرگ) است. *(1) O mard / (2) O zan taht-e-feshär-e-rawänee (bozorg) ast.*
distribute *vt* بخش کردن *bakhsh kardan*, تقسیم کردن *taqsm kardan*, توزیع کردن *towze' kardan* ~ **blankets** کمپل توزیع کردن *kampal towze' kardan* ~ **clothing** لباس توزیع کردن *lebäs towze' kardan* ~ **food** غذا توزیع کردن *ghezä towze' kardan* ~ **supplies** لحاف توزیع کردن *lehäf towze' kardan* ~ **quilts** لحاف توزیع کردن *lehäf towze' kardan* ~ **tents** خیمه توزیع کردن *khayma towze' kardan* ~ **water** آب توزیع کردن *äb towze' kardan* Distribute *(1)* one / *(2)* two to each person. برای هرنفر (۱) یک / (۲) دو دانه توزیع کنید. *Baräy-e- har nafar (1) yak / (2) do dänah towze' koned.* We're going to distribute *(1)* blankets / *(2)* clothing / *(3)* food *(4)* here. / *(5)* (over) there. / *(6)* at *(time)*. (۱) کمپل / (۲) لباس / (۳) غذا / (٤) اینجا / (۵) آنجا / (٦) در (___) توزیع کنیم. *Mä mey-khähem ke (1) kampal / (2) lebäs / (3) ghezä (4) eenjä / (5) änjä / (6) dar (___) towze' konem.* ★ **distribution** *n* تقسیم *taqseem*, بخش *bakhsh*, توزیع *towzea'* **be in charge of** مسؤل توزیع بودن *mas-hol-e- towze' boodan* **blanket ~** توزیع کمپل *towze' kampal* ~ **center** مرکز توزیع *markaz-e-towzeh* ~ **point** محل توزیع *mehal-e-towze'* **quilt ~** توزیع لحاف *towze'-e-lehäf* **secondary ~** توزیع ثانوی *towze'-e-sänawee* **supervise ~** توزیع را نظارت کردن *towze' rā nezārat kardan* **Set up (food) distribution (over)** *(1)* here. / *(2)* there. توزیع (غذا) را (۱) اینجا / (۲) آنجا شروع کنید. *Towze' (ghezä) rā (1) eenjä / (2) änjä shoro' koned.* **You'll help with distribution.** شما در توزیع کمک خواهید کرد. *Shomä dar towze' komak khähed kard.* **You supervise the distribution.** شما توزیع را نظارت کنید. *Shomä towze' rä nezārat koned.*

★ **distributor** *n (automot.)* بخشش کننده *bakhsh konenda*, توزیع کننده *towze' konenda*

district *n* ناحیه *näheya*, ولسوالی *woleswälee*

disturb *vt* اذیت کردن *azyat kardan*, مزاحمت کردن *mozähemat kardan* **I'm sorry to disturb you.** معذرت میخواهم که مزاحم تان شدم. *Ma'zrat meykhäham ke mozä-hem-e-tän shodam.* **Don't disturb *(1)* her. / *(2)* him. / *(3)* me. / *(4)* them. / *(5)* us.** (۱) او زن / (۲) او مرد / (۳) من / (۴) آنها / (۵) ما مزاحمت نکنید. *(1) O zan / (2) O mard / (3) Man / (4) Änhä / (5) Mä rä mozähemat nakoned.* ★ **disturbance** *n (disorder)* مزاحمت *mozähemat*, ممانعت *mamänehat*, مشکل *moshkel* **What's the disturbance?** ممانعت چیست؟ *Mamänehat cheest?* ★ **disturbed** *adj* مغشوش *maghshoosh*, پریشان خیال *preeshän kheeyäl* **mentally** ~ مغشوش دماغی *maghshoosh-e-damäghee*

ditch *n* نهر *nahr*, راه آب *räh-e-äb* ~ **digger** *(mach.)* ماشین حفر نهر *mäsheen-e-hofer-e-nahr* **drainage** ~ نهر آبکشی *nahr-e-äbkashee* **Dig the ditch *(1)* here. / *(2)* there.** نهر را (۱) اینجا / (۲) آنجا بکنید. *Nahr rä (1) eenjä / (2) änjä bekaned.*

divide *vt* تقسیم کردن *taqseem kardan* **Divide these amongst *(1)* them. / *(2)* you.** این را در میان (۱) آنها / (۲) خود تقسیم کنید. *Een rä dar meeyän-e- (1) änhä / (2) khod taqseem koned.* **Divide them into *(1)* two / *(2)* three / *(3)* four groups.** آنها را به (۱) دو / (۲) سه / (۳) چهار گروپ تقسیم کنید. *Änhä rä ba (1) do / (2) se / (3) chär groop taqseem koned.* ★ **division** *n (math)* تقسیم *taqseem*

divorced *adj* طلاق شده *taläq shoqa*, رها شده *rehä shoda*

dizzy *adj* گیج *geech* **get** ~ گیج شدن *geech shodan* **Do you feel dizzy?** آیا شما احساس گیجی میکنید؟ *Ayä shomä ehsäs-e-geeche mey-koned?*

do *vt* کردن *kardan*, انجام دادن *anjäm dädan*, نمودن *namodan* **What are *(1)* you / *(2)* they doing?** (۱) شما / (۲) آنها چی میکنید؟ *(1) Shomä / (2) Änhä chee (1) mey-koned / (2) mey-konand?* **What is *(1)* he / *(2)* she doing?** (۱) او زن / (۲) او مرد چی میکند؟ *(1) O zan / (2) O mard chee mey-konand?* **What did *(1)* he / *(2)* she / *(3)* they / *(4)* you do?** (۱) او مرد / (۲) او زن / (۳) آنها / (۴) شما چی(۲۰۱) کرد؟ (۳) کردند؟ (۴) کردید؟ *(1) O mard / (2) O zan / (3) Änhä / (4) Shomä chee (1,2,) kard? / (3) kardand? / (4) karded?* **I did it.** من (این را) کردم. *Man (een rä) kardam.* **I didn't do it.** من (این را) نکردم. *Man (een rä) nakardam.* **What are you going to do?** شما چی میخواهید انجام دهید؟ *Shomä chee mey-khähed anjäm dehed?* **What are they going to do?** آنها چی میخواهند انجام دهند؟ *Änhä chee meykhähand anjäm dehad?* **What is *(1)* he / *(2)* she going to do?** (۱) او مرد / (۲) او زن چی میخواهد انجام دهد؟ *(1) O mard / (2) O zan chee mey-khähand anjäm dehad?* **Do what you can.** چیزی که میتوانید انجام دهید. *Cheezee keh mey-tawäned anjäm dehed.* **Don't do *(1)* it. / *(2)* that.** (۱) این / (۲) آن را انجام ندهید. *(1) Een / (2) Än rä anjäm nadehed.* **Can you do it?** آیا شما میتوانید این را انجام دهید؟ *Ayä shomä mey-tawäned een rä anjäm dehed?* **Can *(1)* he / *(2)* she / *(3)* they do it?** آیا (۱) او مرد / (۲) او زن / (۳) آنها (۲۰۱) میتواند / (۳) میتوانند این را انجام دهند؟ *Äyä (1) o mard / (2) o zan / (3) änhä (1,2) mey-tawänad / (3) mey-tawänand een rä anjäm dehand?* **Do you know how to do it?** آیا شما میدانید چطور انجام دهید؟ *Äyä shomä meydäned chetowr anjäm dehed?* **Do they know how to do it?** آیا آنها میدانند چطور انجام دهند؟ *Äyä änhä mey-dänand chetowr anjäm dehand?* **Does *(1)* he / *(2)* she know how to do it?** آیا (۱) او مرد / (۲) او زن میداند چطور انجام دهند؟ *Äyä (1) o mard / (2) o zan mey-dänad chetowr anjäm dehand?* **I'll**

show *(1)* **you** / *(2)* **them how to do it.** من (۱) شما را / (۲) آنها را نشان خواهم داد / (۲) دهید. *Man (1) shomä / (2) ähnä rä neshän khäham däd chetowr anjäm (1) dehed. (2) dehand.* **Show** *(1)* **her** / *(2)* **him** / *(3)* **me** / *(4)* **them** / *(5)* **us how to do it.** (۱) او زن / (۲) او مرد / (۳) من / (٤) آنها / (۵) ما را نشان دهید چطور انجام(۲،۱) دهد. / (۳) دهم. / (٤) دهند. / (۵) دهیم. *O (1) zan / (2) O mard / (3) Man / (4) Ähnä / (5) Mä rä neshän dehed chetowr anjäm (1,2) dehad. / (3) deham. / (4) dehand. / (5) dehem.* **I'll do** / **We'll do it.** (۱) من / (۲) ما این را انجام خواهد (۱) دادم. / (۲) دادیم. *(1) Man / (2) Mä een rä anjäm khähad (1) dädam. / (2) dädem.* **I'll do what I can.** چیزی را که میتوانم انجام خواهم داد. *Cheezee rä keh mey-tawänam anjäm khäham däd.* **We'll do what we can.** ما چیزی را که بتوانیم انجام خواهیم داد. *Mä cheez-e-rä ke betawänem anjäm khähem däd.* **Has anything been done?** آیا چیزی انجام یافته است؟ *Äyä cheezee anjäm yäfta ast?* **Nothing has been done.** هیچ چیزی انجام نیافته است. *Heech cheezee anjäm nayäfta ast.*

dock *n* حوضیکه کشتی ها را در آن ترمیم می کنند. *Howzeeke keshtee hä rä dar än tarmeem mey-konand.*

doctor *n* داکتر *däktar,* معالج *ma'älej,* طبیب *tabeeb* **camp ~** داکتر کمپ *däktar-e-kamp* **duty ~** داکتر نوکریوال *däktar-e-nokereewäl* **English-speaking ~** داکتر انگلیسی زبان *däktar-e-engleesee zabän* **female ~** داکتر زنانه *däktar-e-zanäna* **Call for a doctor.** یک داکتر بخواهید. *Yak däktar bekhähed.* **Get the doctor.** داکتر را بیاورید. *Däktar rä beeyäwared.* **I need a doctor.** من به داکتر ضرورت دارم. *Man ba yak däktar zaroorat däram.* **(1) He** / **(2) She needs a doctor.** (۱) او مرد / (۲) او زن به یک داکتر ضرورت دارد. *(1) O mard / (2) O zan ba yak däktar zaroorat därad.* **Take** *(1)* **her** / *(2)* **him** / *(3)* **me** / *(4)* **them to a doctor.** (۱) او زن / (۲) او مرد / (۳) من / (٤) آنها را نزد یک داکتر ببرید. *(1) O zan / (2) O mard / (3) Man / (4) Ähnä rä nazd-e-yak däktar bobared.* **The doctor is coming.** داکتر میاید. *Däktar may-äyad.* **The doctor will examine** *(1)* **you.** / *(2)* **her.** / *(3)* **him.** / *(4)* **the baby.** / *(5)* **the child.** داکتر (۱) شما / (۲) اوزن / (۳) اومرد / (٤) کودک / (۵) طفل را معاینه خواهد کرد. *Däktar (1) shomä / (2) o zan / (3) o mard / (4) kodak / (5) tefel rä ma'äyenah khähad kard.* **The doctor will give** *(1)* **you** / *(2)* **her** / *(3)* **him** / *(4)* **the baby** / *(5)* **the child a shot.** داکتر (۱) شما / (۲) او زن / (۳) او مرد / (٤) طفل / (۵) کودک را پیچکاری خواهد کرد. *Däktar (1) shomä / (2) o zan / (3) o mard / (4) tefel / (5) kodak rä pechkäree khähad kard.*

document *n* سند *sanad,* مدرک *madrak* **Here are my documents.** اینها اسناد من است. *Eenhä asnäd man ast.* **Show me your documents.** اسناد تان را نشان بدهید. *Asnäd-e-tän rä neshän bedehed.* **Be (constantly) alert for false documents.** (همیشه) متوجه اسناد تقلبی باشید. *(Hameeshä) motawaje-e-asnäd-e-taqalobee bäshed.*

dog *n* سگ *sag* **~ food** غذا سگ *ghezä-e-sag* **~ handler** سگ گردان *sag gardän* **~ house** خانه سگ *khäna-e-sag* **~ kennel** محل نگهداری و تربیه سگها *mahal-e-negahdäree wa tarbeya-e-sag hä* **guard ~** سگ نگهبان *sag-e-negahbän* **guide ~** سگ رهنما *sag-e-rahnomä* **mine-sweeping ~ / -sniffing ~** سگ ماین پاک *sag-e-mayn päk* **rescue ~** سگ نجات *sag-e-nejät* **search ~** سگ تلاشی *sag-e-taläshee* **Bring the dog (over) here.** سگ را اینجا بیاورید. *Sag rä eenjä bee-yäwared.* **Take the dog over there.** سگ را آنجا ببرید. *Sag rä änjä bobared.* **Tie the dog up.** سگ را بسته کنید *Sag rä basta koned.* **Give the dog something to eat.** به سگ چیزی خوردنی بدهید *Ba sag cheezee khordanee bedahed.*

doll *n* بازیچه *bäzeecha,* گدی *goodee*

dollar *n* دالر *dälar*

domestic *adj* اهلی *ahalee,* خانگی *khänagee* **~ animals** حیوان خانگی *haywän-e-khänagee*

dominos *n, pl* (یك نوع بازی) دوماینوس *domäynoos (yak nawa' bäzee)* **play ~** دوماینوس بازی کردن *domäynoos bäzee kardan*

donate *vt* بخشیدن *baskheedan* **~ blood** خون بخشیدن *khoon bakhsheedan* **~ money** پول بخشیدن *pool bakhsheedan* ★ **donated** *pp* بخششی *bakhsheshee* **~ clothing** لباس بخششی *lebäs-e-bakhsheshee* **~ food** غذای بخششی *ghezä-e-bakhsheshee* ★ **donation** *n* بخشش *bakhshesh* **make a ~** بخشش کردن *bakhshesh kardan*

done *adj (finished)* تمام *tamäm,* ختم *khatem* **Are *(1)* you / *(2)* they done?** آیا (١) شما / (٢) آنها تمام (١) هستید؟ / (٢) هستند؟ *Äyä (1) shomä / (2) änhä tamäm (1) hasted? / (2) hastand?* **Is *(1)* he / *(2)* it / *(3)* she done?** آیا (١) او مرد / (٢) این / (٣) اوزن تمام است؟ *Äyä (1) o mard / (2) een / (3) o zan tamäm ast?* (1) **I'm** / (2) **He's** / (3) **It's** / (4) **She's** / (5) **They're** / (6) **We're (all) done.** (١) من / (٢) او مرد / (٣) این / (٤) او زن / (٥) آنها / (٦) ما (همه) تمام (١) هستم / (٢،٣) است. / (٤،٥) هستند. / (٥) هستیم. *(1) Man / (2) O mard / (3) Een / (4) O zan / (5) Änhä / (6) Mä (hama) tamäm (1) hastam. / (2,3,4) ast. (5) hastand. / (6) hastem. (1,2)* **Well done!** (1) شاباش! / (2) افرین! *Shäbash! / (2) Áfareen!*

donkey *n* مرکب *markab,* خر *khar*

donor *n* بخشنده *bakhshanda* **blood ~** بخشنده خون *bakhshanda-e-khoon* **potential ~** بالقوه *bakhshanda-e-bälqove* **private ~** خصوصی *bakhshanda-e-khosoosee*

door *n* دروازه *darwäza* **back ~** دروازه عقب *darwäza-e-a'qab* **front ~** دروازه پیشرو *darwäza-e-peesh-e-ro* **metal ~** دروازه فلزی *darwäza-e-felezee* (1) **Close** / (2) **Lock** / (3) **Open** / (4) **Unlock the door.** دروازه را (١) بسته / (٢) *Darwäza rä (1) basta / (2) qofel / (3,4) bäz koned.* **Make sure the door is locked.** متیقین باشید که دروازه قفل است. *Motayaqen bäshed ke darwäza qofel ast.*

dosage *n* تعین مقدار دوا *ta'een-e-meqdär-e-dawä* **adult ~** تعین مقدار دوای سالمند *ta'een-e-meqdär-e-dawä-ye sälmand* **~ for a child** تعین مقدار دوای طفل *ta'een-e-meqdär-e-dawä-ye tefel*

dose *n* مقدار دوا *meqdär-e-dawä* **daily ~ of medication** مقدار دوای روزانه *meqdär-e-dawä-ye-roozäna*

double *adj* دو برابر *do baräbar,* دوچند *do chand* ★ *vt* دوبرابر کردن *do baräbar kardan,* دوچند ساختن *do chand säkhtan* **Double the *(1)* amount. / *(2)* dosage.** (١) مبلغ / (٢) مقداردوا را دو چند بسازید. *(1) Mablagh / (2) Meqdär-e-dawä rä dochand besäz.*

doubt *vt* شك داشتن *shak däshtan* **I *(1)* doubt / *(2)* don't doubt it.** من بر این (١) شك دارم / (٢) ندارم. *Man bar een shak (1) däram. / (2) nadäram.* **Why do you doubt it?** چرا بر این شك دارید؟ *Chorä bar een shak däreed?* ★ **doubt** *n* شك *shak,* تردید *tardeed* **beyond all ~** بدون شك *bedoon-e-shak* **There's no doubt *(1)* about it. / *(2)* in my mind.** (١) در باره این... / (٢) فکر من... هیچ شکی نیست. *(1) Dar bära-e- een... / (2) Ba feker-e-man... hech shakee neest.* **If you have any doubts, tell me.** اگر شما شك دارید، برایم بگوئید. *Agar shomä kodäm shakee däred, baräyam begoyed.* ★ **doubtful** *adj* مشکوك *mashkook,* مبهم *mobham* **It's doubtful that...** این مبهم است که... *Een mobham ast ke...*

dough *n* خمیر *khameer* **Make the dough.** خمیرکنید. *Khameer koned.* **Have *(1)* her / *(2)* him / *(3)* them make the dough.** (١) او زن / (٢) او مرد / (٣) آنها را بگوئید که خمیر (٢،١) کند. / (٣) کنند. *(1) O zan / (2) O mard / (3) Änhä*

doughnut 106 **drawing**

rä bogooyed ke khameer (1,2) konad. / (3) konand.
doughnut *n* دونت (یک نوع نان شیرین) *doonat (yak nowa nän-e-shereen)*
dowel *n* میخ بی چرخ *meekh-e-bey charkh*
down *adv* پایین *päyeen* ~ **the hill** پایین تپه *päyeen-e-tapa* **(1) Come / (2) Get down (from there).** (۱) بیایید. / (۲) شوید. (ازآنجا) پایین *(Az änjä) päyeen (1) beyäyed. / (2) shawed.* **(1) Go / (2) Don't Go down (there).** (آنجا) پایین (۱) بروید / (۲) نروید. *(Änjä) päyeen (1) beraved / (2) naraved.* **Is it down there?** آیا پایین است؟ *Äyä päyeen ast?* **It (1) is / (2) isn't down (3) here. / (4) there.** (۱) این / (۲) آنها (۳) اینجا / (۴) آنجا پایین (۱) است. / (۲) نیست. *(1) Een (3) eenjä / (4) änjä päyeen (1) ast. / (2) neest.* **Are they down there?** آیا آنها پایین هستند؟ *Äyä änhä änjä päyeen hastand?* **They (1) are / (2) aren't down (3) here / (4) there.** آنها (۳) اینجا / (۴) آنجا پایین (۱) هستند / (۲) نیستند. *Änhä (3) eenjä / (4) änhjä päyeen (1) hastand. / (2) neestand.* **Look down there.** آنجا پایین نگاه کنید. *Änjä päyeen negäh koned.*
downhill *adv* پایین *päyeen*, بطرف پایین *ba-taraf-e-päyeen*
downstairs *adv* در طبقه پایین *dar tabaqa-e-päyeen*
dowry *n* جهیز *jaheez*
dozen *n* درجن *darjan*
DPT *abbrev* = **diphtheria** *n* دیفتری (مرض) *(maraz-e-)defteree*, **pertussis** *n* سیاهسرفه (مرض) *(maraz-e-)seeahsorfa* **tetanus** *n* تیتانوس (مرض) *(maraz-e-) teetänoos*
draft *n* 1. *(air current)* جریان هوا *jeryän-e-hawä;* 2. *(first version)* پیش نویس *peysh nawees*, مسوده *mosaweda* **There's a (cold) draft in (1) here. / (2) there.** (۱) اینجا / (۲) آنجا جریان هوا (سرد) است. *(1) Eenjä / (2) Änjä jeeryän hawä (sard) ast.*
draftsman *n* نقشه کش *naqsha kash*
drafty *adj* سرد *sard*
drag *vt* کشیدن *kasheedan*, به زور کشیدن *ba zoor kasheedan* **Drag (1) it / (2) them over (3) here. / (4) there.** (۱) این / (۲) آنها را (۳) اینجا / (۴) آنجا بکشید. *(1) Een / (2) Änhä rä (3) eenjä / (4) änjä bekashed.*
drain *vt* آب کشیدن از *äbkasheedan az*, خالی کردن *khälee kardan* ~ **a wound** *(med.)* آب زخم را کشیدن *äb-e-zakhem rä kasheedan* **Drain the (old) oil out (and put new oil in).** روغن (کهنه) را بیرون خالی کنید (و روغن تازه بریزید). *Rooghan-e-(kohna) rä beeroon khälee koned (wa rooghan-e-täza berezed).* ★ *vi* خشک شدن *khoshk shodan* **Is it draining okay?** آیا درست خشک شده است؟ *Äyä drost khoshk shoda ast?* **It's not draining.** خشک نشده است. *Khoshk nashoda ast.* ★ *n* کاریز *käreez*, آبگذر *äbgozar* **The drain is clogged.** کاریز بند شده. *Käreez band shoda.* **You have to unclog the drain.** شما باید کاریز را باز کنید. *Shomä bäyad käreez rä bäz koned.* **Clean out the drain.** کاریز را پاک کنید. *Käreez rä päk koned.* ★ **drainage** *n* پروسه آبکشی *prosa-e-äb-kashee*
drainpipe *n* پایپ آبکشی *payp-e-äb-kashee (1,2)* **Fix the drainpipe.** (۱) پیپ را بسته / (۲) ترمیم کنید. *Payp rä (1) basta / (2) tarmeem koned.*
draw *vt* 1. *(sketch)* کشیدن *kasheedan;* 2. *(pull)* کشیدن *kasheedan*, کش کردن *kash kardan;* 3. *(bring up water)* آب کشیدن *äb kasheedan* ~ **a picture** تصویر کشیدن *tasweer kasheedan* ~ **a map** نقشه کشیدن *naqsha kasheedan* **Draw (1) it / (2) them tight.** (۱) این / (۲) اینها را جفت کنید. *(1) Een / (2) Eenhä rä joft koned.* **Draw some water from the well.** یک مقدار آب از چاه بکشید. *Yak meqdär äb az chäh bekashed.*
drawer *n* روک *rawak*
drawing *n* رسامی *rasämee*, نقاشی *naqäshee* **architectural** ~ رسامی معماری *rasämee-e-me'märee*

dress vi پوشانیدن *poshäneedan* ★ n لباس *lebäs* ★ **dressed** adj آماده *ämäda*
get ~ آماده شدن *ämäda shodan*, لباس پوشیدن *lebäs pooshedan*
dressing n 1. *(bandage)* پانسمان کردن *pänso-män kardan* **salad ~** سلاد را تزئین کردن *saläd rä taz'een kardan*
dressmaker n خیاط زنانه *khayät-e-zanäna*
dried adj خشک *khoshk*, خشک شده *khoshk shoda*
drill vi سوراخ کردن *soräkh kardan*, برمه کردن *barma kardan* **~ for water** چاه کندن *chäh kandan* **Where are you going to drill?** کجا را میخواهید سوراخ کنید؟ *Kojä rä mey-khähed soräkh koned?* **Drill** *(1)* **here** / *(2)* **(over) there.** (۱) اینجا / (۲) آنجا را سوراخ کنید. *(1) Eenjä / (2) Änjä rä soräkh koned.* **Drill in these places.** این جا ها را برمه کنید. *Een jä hä rä barma koned.* ★ n برمه *barma* **electric ~** برمه برقی *barma-e-barqee* **power ~** برمه ثقیل *barma-e-saqeel*
drink vt نوشیدن *nosheedan* **safe to ~** نوشیدن بی خطر *nosheedan bey khatar* **Drink this.** این را بنوشید. *Een rä benoshed.* **Don't drink that** ان را ننوشید *Än rä nanoshed.* **Don't drink from that** *(1)* **canal.** / *(2)* **pond.** / *(3)* **stream.** / *(4)* **well.** از ان (۱) نهر / (۲) حوض / (۳) جوی / (۴) چاه ننوشید. *Az än (1) nahr / (2) howz / (3) joy / (4) chäh nanoshed.* **Did you drink from there?** از ان جا نوشیدی؟ *Az än jä nosheedee?* ★ n نوشابه *noshäba*, مشروب *mashroob* **get a ~** مشروب گرفتن *mashroob greftan* **give a ~** مشروب دادن *mashroob dädan* **have a ~** مشروب نوشیدن *mashroob nosheedan* **Give** *(1)* **her** / *(2)* **him a drink of water.** (۱) اوزن / (۲) اومرد را یک نوشابه آب دهید. *(1) O zan / (2) O mard rä yak noshäba-e-äb dehed.*
drip vi چکاندن *chakändan*, چکیدن *chakeedan* **Water is dripping from the** *(1)* **pipe.** / *(2)* **roof.** / *(3)* **tank.** آب از (۱) پایپ / (۲) سقف / (۳) ذخیره می چکد. *Äb az (1) payp / (2) saqf / (3) zakheera mey-chakad.*
drive vt 1. *(a vehicle)* راندن *rändan*, بردن *bordan*; 2. *(force away / out)* بیرون کردن *beeroon kardan*, راندن *rändan* **Can** *(1)* **he** / *(2)* **you drive a** *(3)* **bus?** / *(4)* **car?** / *(5)* **forklift?** / *(6)* **truck?** / *(7)* **van?** آیا (۱) او مرد / (۲) شما (۳) موترسرویس / (۴) موتر / (۵) تراکتورکوچک / (۶) موترلاری / (۷) واگون را رانده (۱) میتواند؟ / (۲) میتوانید؟ *Äyä (1) o mard / (2) shomä (3) motar-e-sarwees / (4) motar / (5) traktor-e-kochak / (6) motar-e-läree / (7) wägoon rända (1) mey-tawänad? / (2) mey-tawäned?* **He** *(1)* **can** / *(2)* **can't drive a** *(3)* **bus.** / *(4)* **car.** / *(5)* **forklift.** / *(6)* **truck.** / *(7)* **van.** اومرد (۳) موتر شهری / (۴) موتر / (۵) تراکتورکوچک / (۶) موترلاری / (۷) واگون رانده (۱) میتواند. / (۲) نمیتواند. *O mard (3) motar-e-shahree / (4) motar / (5) traktor-e-kochak / (6) motar-e-läree / (7) wägoon rända (1) mey-tawänad. / (2) namey-tawänad.* **Drive** *(1)* **her** / *(2)* **him** / *(3)* **me** / *(4)* **them** / *(5)* **these** / *(6)* **this** / *(7)* **us to** *(place)*. (۱) او زن / (۲) او مرد / (۳) من / (۴) آنها / (۵) اینها / (۶) این / (۷) ما را به (   ) ببرید. *(1) O zan / (2) O mard / (3) Man / (4) Änhä / (5) Eenhä / (6) Een / (7) Mä rä ba (   ) bebared.* **He was driven from his home.** او مرد از خانه اش بیرون کشیده شد. *O mard az khäna ash beeroon kasheeda shod.* ★ vi راندن *rändan* **Drive** *(1)* **carefully.** / *(2)* **faster.** / *(3)* **slower.** (۱) بادقت / (۲) تیز / (۳) آهسته برانید. *(1) Bädeqat / (2) Teez / (3) Ähesta beräned.* ★ **driver** n راننده *ränenda*, درایور *dräywar* **bus ~** درایور موتر سرویس *dräywar-e-motar-e-sarwees* **pile ~** ماشین تیرکوب *mäsheen-e-teer koob* **taxi ~** درایور موتر تکسی *dräywar-e-motar-e-taksee* **truck ~** درایورموترلاری *dräywar-e-motar-e-läree* **van ~** درایور واگون *dräywar-e-wägoon* *(1)* **He** / *(2)* **She needs...** / *(3)* **I** / *(4)* **They** / *(5)* **We need... a driver.** (۱) او مرد / (۲) او زن / (۳) من / (۴) آنها / (۵) ما به یک درایور ضرورت (۲،۱) دارد. / (۳) دارم. / (۴) دارند. / (۵) داریم. *(1) O mard / (2) O zan / (3) Man / (4) Änhä / (5) Mä ba yak dräywar zaroorat*

driveway   108   **drunk(en)**

(1,2) därad. / (3) däram. / (4) därand. / (5) därem. **Can you get** *(1)* **him** / *(2)* **her** / *(3)* **me** / *(4)* **them** / *(5)* **us a driver?** آیا شما میتوانید برای (۱) او / (۲) او زن / (۳) من / (۴) آنها / (۵) ما یک درایور بیگیرید؟ *Äyä shomä mey-tawäned baräy-e- (1) o mard / (2) o zan / (3) man / (4) änhä / (5) mä yak dräywar beegeered?* **I want you to be** *(1)* **her** / *(2)* **his** / *(3)* **my** / *(4)* **our** / *(5)* **their driver.** من میخواهم که شما درایور (۱) او زن / (۲) او مرد / (۳) من / (۴) ما / (۵) آنها باشید. *Man mey-khäham ke shomä dräywar (1) o zan / (2) o mard / (3) man / (4) mä / (5) änhä bäshed.* *(1)* **He** / *(2)* **You will be** *(3)* **her** / *(4)* **his** / *(5)* **my** / *(6)* **our** / *(7)* **their driver.** (۱) او مرد / (۲) شما درایور (۳) او زن / (۴) او مرد / (۵) من / (۶) ما / (۷) آنها خواهد (۱) بود. / (۲) بودید. *(1) O mard / (2) Shomä dräywar (3) o zan / (4) o mard / (5) man / (6) mä / (7) änhä khähad (1) bod. / (2) bodand.* **Where's** *(1)* **my** / *(2)* **our driver?** درایور (۱) من / (۲) ما کجا است؟ *Dräywar-e-(1) man / (2) mä kojä ast?* ★ **driveway** *n* سرک کوچک که از خانه الی سرک میباشد. *Sarak-e-kochak ke az khäna elä sarak mey-bäshad.*

drop *vt* انداختن *andäkhtan*, رهاکردن *rehä kardan* **Be careful. Don't drop** *(1)* **it.** / *(2)* **them.** دقیق باش. (۱) این / (۲) آنها را نیاندازید. *Daqeeq bäsh. (1) Een / (2) Änhä rä nayandäzed.* **They're going to drop supplies to** *(1)* **them.** / *(2)* **us.** آنها میخواهند که برای (۱) آنها / (۲) ما اکمالات بیاندازند. *Änhä mey-khähand ke baräyee (1) änhä / (2) mä ekmälät beyandäzand.* ★ *n* 1. *(of liquid)* قطره *qatra*; 2. *(airdrop)* پرتاب *partäb* **cough ~** قطره چکان سرفه *qatra chakän-e-sorfa* **~ of water** قطره آب *qatra-e-äb* **food ~** پرتاب غذا *partäb-e-ghezä* **supply ~** پرتاب اکمالات *partäb-e-ekmälät* **Add (just)** *(1)* **one drop** / *(2)* **two drops..** (۱) یک قطره / (۲) دو قطره اضافه کنید. (صرف) *(Serf) (1) yak / (2) do qatra ezäfa koned.* **It just takes a drop.** صرف یک قطره ضرورت است. *Serf yak qatra zaroorat ast.*

dropper *n* قطره چکان *qatra chakän*

drought *n* خشکی *khoshkee*, خشک سالی *khoshk sälee*

drown *vi* غرق کردن *gharq kardan*

drowsiness *n* خواب آلوده گی *khäb äloodah-gee*, حالت نیم خواب *hälat-e-neem khäb* **It will cause drowsiness.** این باعث خواب آلوده گی خواهد شد. *Een bä'es-e-khäb älooda-gee khähad shod.* ★ **drowsy** *adj* خواب آلود *khäb älood*, نیم خواب *neem khäb* **Do you feel drowsy??** آیا شما احساس خواب آلوده گی میکنید؟ *Äyä shomä ehsäs-e-khäb älooda-gee mey-koned?* **It will make you drowsy. Don't drive a car.** شما را خواب آلود میکند. هوش کنید موتر نرانید. *Shomä rä khäb älod mey-konad. Hosh koned motar näräned.*

drug *n* 1. *(medication)* ادویه *adveya*; 2. *(narcotic)* مواد مخدره *mawäd-e-mokhadera* **sell (illegal) ~s** مواد مخدره را فروختن *mawäd-e-mokhadera rä frookhtan* **smuggle ~s** مواد مخدره را قاچاق کردن *mawäd-e-mokhadera rä qächäq kardan* **take ~s** مواد مخدره گرفتن *mawäd-e-mokhadera greftan* **use ~s** مواد مخدره را استعمال کردن *mawäd-e-mokhadera rä este'mäl kar-dan* **This drug will** *(1)* **cure it.** / *(2)* **help your problem.** / *(3)* **relieve the pain.** این ادویه (۱) علاجش را خواهد کرد. / (۲) مشکل شما را حل خواهد کرد. / (۳) درد را تسکین خواهد داد. *Een adveya (1) e'läjash rä khähad kard. / (2) moshkel shomä rä hal khähad kard. / (3) dard rä taskeen khähad däd.*

drum *n* 1. *(musical)* تبله *tabla*, دول *dool*; 2. *(barrel)* خمره چوبی *khomra-e-chobee* **fifty-gallon ~** خمره پنجاه گیلنه *khomra-e-penjäh geelana* **oil ~** خمره روغن *khomra-e-rooghan*

drunk(en) *adj* نشه *nesha* *(1)* **He** / *(2)* **She** *(3)* **is** / *(4)* **was drunk.** (۱) او مرد / (۲) او زن / (۳) نشه (۱) است. / (۴) بود. *(1) O mard / (2) O zan nesha (3) ast. / (4) bod.* **They** *(1)* **are** / *(2)* **were drunk.** آنها (۱) نشه هستند / (۲) بودند. *Änhä nesha (1) hastand. / (2) bodand.*

dry *adj* خشك khoshk **Is it dry?** آیا این خشك است؟ *Äyä een khoshk ast?* **It (1) is / (2) isn't dry.** (۱) است. / (۲) نیست. *Een khoshk (1) ast. / (2) neest.* **Are they dry?** آیا آنها خشك هستند؟ *Äyä änhä khoshk hastand?* **They (1) are / (2) aren't dry.** (۱) هستند. / (۲) نیستند. *Änhä khoshk (1) hastand. / (2) neestand.* **Make sure (1) it's / (2) they're dry.** متیقن باشید که (۱) این / (۲) آنها خشك (۱) است. / (۲) هستند. *Matayaqen bäshed ke (1) een / (2) änhä khoshk (1) ast. / (2) hastand.* ★ *vt* خشك كردن *khoshk kardan* **Dry these (wet) (1) blankets. / (2) clothes. / (3) things.** این (۱) کمبل / (۲) لباس / (۳) چیز های (تر) را خشك کنید. *Een (1) kambal / (2) lebäs / (3) cheez häy-e- (tar) rä khoshk koned.* ★ *vi* خشك شدن *khoshk shodan* **It's / (2) They're drying.** (۱) این / (۲) آنها در حال خشک شدن (۱) است. / (۲) اند. *Een / (2) Änhä dar häl-e-khoshk shodan (1) ast. / (2) and.* **(1) It has... / (2) They have... dried out.** (۱) این... / (۲) آنها کاملاً خشك شده (۱) است. / (۲) اند. *(1) Een / (2) Änhä kämelan khosh shoda (1) ast. / (2) and.* ★ **dryer** *n* خشك کننده *khoshk konenda,* خشکان *khoshkän* ★ **dryness** *n* خشکی *khoshkee* **It's caused by the dryness.** این از تأثیر خشکی به وجود میاید. *Een az täseer-e-khoshkee ba wejood mey-yäyad.*

duck *n* مرغابی *morghäbee*

due *adj (expected)* موعد *mow-e'd* **When is the shipment due?** موعد رسیدن بار چی وقت است؟ *Mow-e'd-e-raseedan-e-bär chee waqt ast?* **The shipment is due on *(date)*.** موعد رسیدن بار (___) است. *Mow-e'd-e-raseedan-e-bär (___) ast.*

dugout *n* سوف *soof,* سنگر *sangar*

dull *adj (not sharp)* کند *kond*

dumb *adj* گنگ *gong,* بی زبان *bey zabän*

dump *vt* انداختن *andäkhtan,* خالی كردن *khälee kardan* **Dump (1) it / (2) them (3) here. / (4) there. / (5) at *(place)*.** (۱) این / (۲) آنها را (۳) اینجا / (٤) آنجا / (٥) در (___) خالی کنید. *(1) Een / (2) Änhä rä (3) eenjä / (4) änjä / (5) dar (___) khälee koned.* **Where can we dump (1) our garbage? / (2) this?** کجا ما میتوانیم (۱) کثافات / (۲) این را خالی کنیم. *Kojä mä mey-tawänem (1) kasäfät / (2) een rä khälee konem.* ★ *n* محل کثافات *mahal-e-kasäfät* ~ **truck** موتر کثافات *motar-e-kasäfät* **garbage** ~ کثافت دانی *kasäfät dänee*

dumpster *n* بیرل کثافات *beral-e-kasäfät*

dung *n* پارو *päroo,* کود *kod,* فضوله حیوانات *fozoola-e-hai-wänät* **cow** ~ کود گاو *kod-e-gäw*

duplicate *n* کاپی دوم *käpee-e-do-wom,* نقل دوم *naqel-e-do-wom*

during *prep* درجریان *dar jeryän,* هنگام *hangäm* ~ **that time** درجریان آن وقت *dar jeryän-e-än waqt* ~ **the day** درجریان روز *dar jeryän-e-rooz* ~ **the night** در جریان شب *dar jeryän-e-shab* ~ **the (recent) war** در جریان جنگ (اخیر) *dar jeryän-e-jang (-e-akheer)* ~ **war with the Soviets** درجریان جنگ با شوروی *dar jeryän-e-jang ba shorawee*

dust *vt* همه چیز را (خوب) صفا کردن *safä kardan* **Dust everything (well).** همه چیز را (خوب) صفا کنید. *Hama cheez rä (khoob) safä koned.* ★ *n* خاك *khäk,* گرد *gard* ~ **mask** ماسک خاك *mäsk-e-khäk* **Try to keep the dust out.** کوشش کنید که از خاك دور نگهدارید. *Koshesh koned ke az khäk door nega-däred.* **Clean the dust off of (1) everything / (2) it / (3) them.** خاك را از (۱) همه چیز / (۲) این / (۳) آنها پاک کنید. *Khäk rä az (1) hama cheez / (2) een / (3) änhä päk koned.* ★ **dustcloth** *n* تکه (که با آن خاك فرنیچر یا دیگر چیز ها را پاک میکنند). *Teke (-e-ke bä än khäk-e-farneechar yä deegar cheez hä rä päk mey-konand).* ★ **dustpan** *n* خاك انداز *khäk andäz* ★ **dusty** *adj* خاکپر *khäkpor*

duty n وظیفه wazeefa **be on ~** در وظیفه بودن dar wazeefa bodan **~ roster** جدول وظیفه نگهبانی jadwal-e-wazeefa-e-negabänee **~ schedule** تقسیم اوقات وظیفه taqseem awqāt-e-wazeefa **get off ~** ازوظیفه رخصت شدن az wazeefa rokhṣat shodan **go on ~** به وظیفه رفتن ba wazeefa raftan **guard ~** وظیفه نگهبانی wazeefa-e-nega-bänee **night ~** وظیفه شبانه wazeefa-e-shabäna **Your duty is to ...** وظیفه شما است که... Wazeefa shomä ast ke...

dye n رنگ rang

dynamite n دینامت (ماده قابل احتراق که از تیزاب و گلسرین ساخته میشود.) denämat (mäda-e-qäbel-e-ehteräq ke az teezäb wa gelsreen säkhta mey-shawad.)

dysentery n اسهال خونی es-häl-e-khonee, پیچش خونی pay-chesh-e-khoone **amebic ~** دیسانتری امیبی deesänteree-ye-amebee **bacillary ~** دیسانتری باکتری deesän-teree-ye-bäkteree

E e

each adj هر har **~ one** هریک har yak **~ other** همدیگر hamdeegar

ear n گوش goosh **both ~s** هر دو گوش har do goosh **~ infection** انتان گوش antän-e-goosh, میکروبی شدن گوش mekroobee shodan-e-goosh **~ injury** جراحت گوش jarähat-e-goosh **~ protection** حفاظت گوش hefäzat-e-goosh **left ~** گوش چپ goosh-e-chap **right ~** گوش راست goosh-e-räst ★ **earache** n درد گوش goosh dard ★ **eardrum** n پرده گوش parda-e-goosh

early adj زود zood, وقت waqt (1) I'm / (2) He's / (3) It's / (4) She's / (5) They're / (6) We're / (7) You're early. (۱) من / (۲) او مرد / (۳) این / (٤) او زن / (۵) آنها / (٦) ما / (۷) شما وقت / (۱) آمدم. / (٢,٣,٤) آمد. / (٥) آمدند. / (٦) آمدیم / (٧) آمدید. (1) Man / (2) O mard / (3) Een / (4) O zan / (5) Änhä / (6) Mä / (7) Shomä nazdeek (1) ämadam. / (2,3,4) ämad (5) ämadand. / (6) ämadem. / (7) ämaded. ★ adv زود zood **arrive ~** زود رسیدن zood raseedan, وقت رسیدن waqt raseedan **depart ~** زود روانه شدن zood rawäna shodan **leave ~** زود ترک کردن zood tark kardan **Please come early.** لطفاً زود بیایند. Lotfan zood beeyäyed.

earn vt بدست آوردن badast äwardan, کمایی کردن kamäyee kardan, حاصل کردن häsel kardan **How much (1) does he / (2) she... / (3) do you... earn a (4) day? / (5) week? / (6) month? / (7) year?** چی مقدار (۱) او مرد / (٢) او زن / (٣) شما کمایی (۲,۱) میکند (۳) میکنید در یک (٤) روز؟ / (٥) هفته؟ / (٦) ماه؟ / (٧) سال؟ Chee meqdär (1) o mard / (2) o zan / (3) shomä kamäyee (1,2) mey-konad / (3) mey-koned dar yak (4) rooz? / (5) hafta? / (6) mäh? / (7) säl? ★ **earnings** n, pl عایدات a'äyedät, درآمد dar ämad

earphones n, pl گوشکی تلفون gooshakee-e-teelfoon, گوشکی gooshakee

earring n گوشواره gooshwära, زیرگوشی zeer-gooshee

earth n 1. (world) زمین zameen; 2. (dirt) خاک khäk ★ **earthen** adj خاکی khäkee ★ **earthquake** n زلزله zelzela **~ damage** خساره زلزله khesära-e-zelzela **~ warning** خبر زلزله khabar-e-zelzela, هشدار زلزله hosh-där-e-zelzela **minor / small ~** زلزله خفیف zelzela-e-khafeef **predict an ~** زلزله را پیشگویی کردن zelzela rä peysh-goyee kardan **strong ~** زلزله قوی zelzela-e-qawee **An earthquake has struck (place).** یک زلزله (___) را ضربه زده Yak zelzela (___) rä zarbe zada.

earwax n چرک گوش cherk-e-goosh

easily *adv* به آسانی *ba äsänee* **I can do it easily.** من میتوانم این را به آسانی انجام دهم. *Man mey-tawänam een rä ba äsänee anjäm deham.* **(1) He / (2) She can do it easily.** (۱) او مرد / (۲) او زن به آسانی میتواند انجام دهد. *(1) O mard / (2) O zan mey-tawänad anjäm dehad.* **They can do it easily.** آنها به آسانی میتوانند انجام دهند. *Änhä ba äsänee mey-tawänand anjäm dehand.* **We can do it easily.** ما به آسانی میتوانیم انجام دهیم. *Mä ba äsänee mey-tawänem dehem.* **You can do it easily.** شما به آسانی میتوانید انجام دهد. *Shomä ba äsänee mey-tawäned anjäm dehed.*

east *n* شرق *sharq* **in the ~** در شرق *dar sharq* **to the ~** به طرف شرق *ba taraf-e-sharq* ★ **eastern** *adj* شرقی *sharqee*

easy *adj* آسان *äsän* **easier** آسانتر *äsäntar* **easiest** آسانترین *äsäntareen* **~ job** وظیفه آسان *wazeefa-e-äsan* **~ task** کار آسان *kär-e-äsän* **It (1) is / (2) isn't easy.** این آسان (۱) است. / (۲) نیست. *Een äsän (1) ast. / (2) neest.* **It (1) was / (2) wasn't easy.** این آسان (۱) بود. / (۲) نبود. *Een äsän (1) bod. / (2) nabod.*

eat *vt* خوردن *khordan*, صرف کردن *sarf kardan* **(1) He / (2) She has... / (3) They have... nothing to eat.** (۱) او مرد / (۲) او زن / (۳) آنها چیزی برای خوردن (۲،۱) ندارد. / (۳) ندارند. *(1) O mard /(2) O zan / (3) Änhä cheezee baräy-e-khordan (1,2) nadärad. / (3) nadärand.* **(1) He / (2) She has... / (3) They have... had nothing to eat (for [*number*] days).** (۱) او مرد / (۲) او زن... / (۳) آنها چیزی برای خوردن (۲،۱) نداشت / (۳) نداشتند (برای [ ] روز). *(1) O mard / (2) O zan / (3) Änhä cheezee baräy-e-khordan (1,2) na-däsht / (3) nadäshtand (baräy-e- [ ] rooz).* **Give (1) her / (2) him / (3) them something to eat.** (۱) به او زن / (۲) به او مرد / (۳) به آنها چیزی برای خوردن بدهید. *(1) ba o mard /(2) ba o zan / (3) ba änhä cheezee baräy-e- khordan bedehed.* **Have you eaten?** آیا شما چیزی خورده اید؟ *Äyä shomä chezee khorda eed?* **Do you want something to eat?** آیا شما چیزی برای خوردن میخواهید؟ *Äyä shomä cheezee baräy-e-khordan mey-khähed?* **Do you have something to eat?** آیا شما چیزی برای خوردن دارید؟ *Äyä shomä cheezee baräy-e-khordan däred?* **I'd like something to eat.** من چیزی برای خوردن میخواهم. *Man cheezee baräy-e-khordan mey-khäham.* **It's time to eat.** وقت خوردن است. *Waqt-e-khordan ast.* **Let's eat!** بیاید بخوریم! *Beyäyed bokhorem!*

EC *abbrev* = **European Commission** کمیسون اروپایی *kameesyoon-e-oropäyee*

ECHO *abbrev* = **European Commission Humanitarian Office** اداره کمیسون بشر دوستانه اروپایی *edäre-e-kameesyoon-e-bashar doostäne-e-oropäyee*

eclampsia *n* اکلامیسی *eklämeesee*, اضطراب *ezteräb*

ecological *adj* ایکوسیستمی *ekoseestomee* **~ damage** خساره ایوکوسیستمی *khesärah-e-eekosestomee* ★ **ecology** *n* ایکوسیستم (علم عادات و طرز زنده گی موجودات و ارتباط آن با محیط) *eekoseestom (e'lm-e-a'ädät wa tarz-e-zendagee mowjodät wa ertebät än bä moheet)*, ایکولوژی *eekoloozhee* **preserve the ~** ایکوسیستم را حفظ کردن *eekoseestom rä hefz kardan*

economic *adj* اقتصادی *eqtesädee* **~ assistance** کمک اقتصادی *komak-e-eqtesädee* **~ benefit** مفاد اقتصادی *mafäd-e-eqtesädee* **~ policy** سیاست اقتصادی *seeyäsat-e-eqtesädee*, پالیسی اقتصادی *päleesee-e-eqtesädee* ★ **economical** *adj (thrifty)* اقتصادی *eqtesädee*, صرفه جو *sarfahjo* ★ **economist** *n* اقتصاد دان *eqtesäd dän*, عالم اقتصاد *älem-e-eqtesäd* ★ **economize** *vi* صرفه جویی کردن *sarfa joyee kardan*, اقتصادی ساختن *eqtesädee sächtan* **We have to economize as much as possible.** ما باید تا حد امکان صرفه جویی کنیم. *Mä bäyad tä had-e-emkän sarfa joyee konem.*

★ **economy** *n* اقتصاد *eqtesäd* **business ~** تجارت اقتصاد *eqtesäd-e-tejärat* **develop the ~** دادن توسعه را اقتصاد *eqtesäd rä towse-a' dädan* **farm ~** اقتصاد فارم *eqtesäd-e-färm* زراعتی *eqtesäd zerahätee,* **hurt the ~** به اقتصاد صدمه رساندن *ba eqtesäd sadama rasändan,* اقتصاد را متضرر ساختن *eqtesäd rä motazarer säkhtan* **improve the ~** اقتصاد را رشد دادن *eqtesäd rä roshd dädan,* اقتصاد را بهبود بخشیدن *eqtesäd rä beh-bood bakhsheedan* **market ~** اقتصاد بازار(سیستم اقتصادی که در آن قیمت کالا و مزد کار بر اساس تغییرات بازارتجارت تعین میگرد.)/ *eqtesäd-e-bäzär (seestom-e-eqtesädee-e-ke dar än qeemat-e-kälä wa mozd-e-kär bar asäs-e-tagheerät-e-bäzär-e-tejärat tahyen megaradad)* **reorganize the ~** اقتصاد را دوباره شکل دادن *eqtesäd rä dobära shakel dädan* **revive the ~** اقتصاد را دوباره احیا کردن *eqtesäd rä dobära eh-yä kardan* **rural ~** اقتصاد دهات *eqtesäd-e-dehät,* اقتصاد دهاتی *eqtesäd-e-dehätee*

eczema *n* قسمت از برآمده گی پوست که خارش داشته باشد. *Qesmat-e-az barämada-gee poost ke khäresh däshta bäshad.*

edge *n* کنار *kenär,* تیغه *teegha* **~ of the city** کنار شهر *kenär-e-shahr* **on the ~** در کنار *dar kenär* **sharp ~** کنار تیز *kenär-e-teez,* دم تیز *dam-e-teez*

edible *adj* خوردنی *khordanee,* قابل خوردن *qäbel-e-khordan* **Is it edible?** آیا این خوردنی است؟ *Äyä een khordanee ast?* **It** *(1)* **is /** *(2)* **isn't edible.** این خوردنی (١) است. / (٢) نیست. *Een khordanee (1) ast. / (2) neest.*

edict *n* فرمان *farmän,* بیان *bayän,* اطلاعیه *etlähya*

edit *vt* اصلاح کردن *esläh kardan,* ادیت (پروسه قطع و وصل فلم) *edet (prosa-e-qata' wa wasel-e-felm)* **I want you to edit** *(1)* **this.** /*(2)* **these.** /*(3)* **the translations.** میخواهم که شما (١) این / (٢) اینها / (٣) ترجمه را اصلاح کنید. *Meykhäham ke shomä (1) een / (2) eenhä / (3) tarjoma rä esläh koned.*

edition *n* چاپ *chap,* نشر *nasher* **new ~** نشر نو *nasher-e-now,* چاپ نو *chäp-e-now* **revised ~** چاپ اصلاح شده *chäp-e-esläh shoda,* چاپ جدید *chäp-e-jadeed*

editor *n* ناشر *näsher,* چاپ کننده *chäp konenda,* مدیر روزنامه یا مجله *modeer-e-rooznäma yä mojala* **~ in chief** مدیر مسؤل *modeer-e-maso'l* **You will be the editor.** شما ناشر خواهید بود. *Shomä näsher khähed bood.*

educate *vt* تربیت کردن *tarbeeyat kardan,* دانش آموختن *dänesh ämokhtan,* تعلیم دادن *tahleem dädan* **The children** *(1)* **must /** *(2)* **should be educated.** اطفال (٢،١) باید تعلیم داده شوند. *Atfäl (1,2) bäyad tahleem däda shawand.* **Girls** *(1)* **must /** *(2)* **should be educated, too.** دختر ها (٢،١) باید تعلیم داده شوند. *Dokhtar hä (1,2) bäyad tahleem däda shawand.* **It's important to be educated.** تحصیل کردن مهم است. *Tahseel kardan mohem ast.* **If** *(1)* **he /** *(2)* **she is educated,** *(3)* **he /** *(4)* **she will be able to get a good job (and support the family).** اگر (١) او مرد / (٢) او زن تحصیل کرده است، (٣) او مرد *Agar (1) o mard / (2) o zan tahseel karda ast, (1) o mard (2) o zan mey-tawänad yak wazeefa-e-khoob beegeerad (wa fämeel ash rä komak konad).* **If you are educated, you will be able to get a good job (and support the family).** اگر شما تحصیل کرده هستید، شما میتوانید یک وظیفه خوب بیگیرید (و فامیل را کمک کنید). *Agar shomä tahseel karda hasted shomä mey-tawäned yak wazeefa-e-khoob beegeered (wva fämeel rä komak koned).* **If they are educated, they will be able to get a good job and support the family).** اگر آنها تحصیل کرده هستند، آنها میتوانند یک وظیفه خوب بیگیرند (و فامیل را کمک کنند). *Agar änhä tahseel karda hastand, änhä mey-tawänand yak wazeefa-e-khoob beegeerand (wa fämeel rä komak konand).*

★ **education** *n* تربیت *tarbeeyat,* تحصیل *tahseel,* تعلیم و تربیه *tahleem wa tarbeeya,* آموزش *ämoozesh* **good ~** تعلیم و تربیه خوب *tahlee*

educational   113   **either**

wa tarbeeya-e-khoob **high school** ~ تعلیم دوره لیسه ta'leem-e-dowra-e-leesa **landmine** ~ مایین زمینی tahleem wa tarbeeya-e-mäyn-e-zameenee **medical** ~ تحصیل طبی tahseel-e-tebee **university** ~ تحصیل پوهنتون (فاکولته) tahseel-e-pohantoon (fäkolta) ★ **educational** adj تعلیمی ta'leemee, تحصیلی tahseelee, تربیتی tarbeeyatee ★ **educator** n آموزگار ämoozgär, معلم mohalem

effect n 1. (result) اثر asar, نتیجه nateeja, تأثیر täseer; 2. (force, action) اجرا ejrä, عمل a'mal **bad** ~ اثر خراب asar-e-kharäb, تأثیر خراب täseer-e-kharäb **good** ~ اثر خوب asar-e-khoob, تأثیر خوب täseer-e-khoob **have an** ~ اثر داشتن asar dästan, تأثیر داشتن täseer dästan **immediate** ~ تأثیر آنی täseer-e-änee, اثر فوری asar-e-fowree **no** ~ بدون اثر bedoon-e-asar, بی تأثیر bey-täseer **powerful** ~ تأثیر قوی täseer-e-qawee, اثر شدید asar-e-shadeed **produce an** ~ اثر تولید کردن asar towleed kardan, تأثیر ایجاد کردن täseer eejäd kardan **put into** ~ در عمل گذاشتن dar a'mal gozäshtan **strong** ~ تأثیر قوی täseer-e-qowee, اثر شدید asar-e-shadeed **(1) It / (2) They will have a good effect.** (۱) این / (۲) آنها یک اثر خوب خواهد (۱) داشت. / (۲) داشتند. (1) Een / (2) Änhä yak asar-e-khoob khähad (1) däsht. / (2) däshtand. **What effect did (1) it / (2) they have?** (۱) این / (۲) اینها چی اثر خواهد (۱) داشت. / (۲) داشتند؟ (1) Een / (2) Änhä chee asar khähad (1) däsht. / (2) däshtand. ★ **effective** adj مؤثر mo'ser, باتأثیر bä täseer **more** ~ بیشتر مؤثر beeshtar mo'ser

efficiency n نظم خوب nazm-e-khoob, مؤثریت moa-seryat **Strive for efficiency at all times.** همیشه برای مؤثریت کوشش کنید. Hameesha baräy-e-moa-seryat koshesh koned. ★ **efficient** n کارآمد kärämad, با استعداد bä esta'däd, لایق läyeq, با کفایت bä kefäyat **method** ~ طریقه کارآمد tareeqa-e-kärämad, طریقه منظم tareeqa-e-monazam **system** ~ سیستم منظم seestom-e-monazam, سیستم مؤثر seestom-e-mo'ser **worker** ~ کارگر با کفایت kärgar-e-bä kefäyat **more** ~ بیشتر لایق beeshtar läyeq, باکفایترر bä-kefäyat-tar **You're very efficient. (I like that.)** شما بسیار لایق (من این را خوشم دارم.) Shomä beesyär läyeq hasted. (Man een rä khosham däram.)

effort n کوشش koshesh, تلاش taläsh **big** ~ تلاش بزرگ taläsh-e-bozorg **sustained** ~ کوشش متداوم koshesh-e-motadäwem **(1) He / (2) She / (3) They / (4) We / (5) You must make the effort.** (۱) او مرد / (۲) او زن / (۳) آنها / (۴) ما / (۵) شما باید تلاش (۲،۱) کند. / (۳) کنند. / (۴) کنیم. / (۵) کنید. (1) O mard / (2) O zan / (3) Änhä / (4) Mä / (5) Shomä bäyad taläsh (1,2) konad. / (3) konand. / (4) konem. / (5) koned.

egg n تخم tokhom, تخم مرغ tokhom-e-morgh **boil ~s** تخم ها را جوشاندن tokhom hä rä joshändan **boiled ~s** تخم های جوشانده tokhom häy-e-joshända **chicken** ~ تخم چوچه مرغ tokhom-e-chocha morgh **duck** ~ تخم مرغابی tokhom-e-morghäbee ~ **white** سفیدی تخم safeedee-e-tokhom ~ **yoke** زردی تخم zardee-e-tokhom **fry ~s** تخم ها را سرخ کردن tokhom hä rä sorkh kardan **fried ~s** تخم های بریان (سرخ شده در روغن) tokhom häy-e-beryän (sorkh shoda dar rooghan) **goose** ~ تخم قاز tokhom-e-qäz **scramble ~s** با تخم را با چیزی دیگری مخلوط کردن و در تابه پختن tokhom rä bä sheer yä cheez-e-deegar-e-makhloot kardan wa dar täba pokhtan

eggplant n بادنجان سیاه bädenjan-e-seyä

eggshells n, pl پوست های تخم poost häy-e-tokhom

either adj هر یک har yak, این و آن een wa än, هر کدام här-kodäm ~ **one** هر یک از دو har yak az do ~ **side** هریک از دو طرف har yak az do taraf ~ **way** هر یک از دو راه har yak az do räh ★ pron هرکدام har kodäm, هریکی har yakee ~ **of them** هر کدام آنها har kodäm änhä ~ **of you** هر کدام شما har kodäm-e-shomä

elastic *adj* کش دار kash där, قابل ارتجاع qäbel-e-ertejäh ~ **band** بند کش دار band-e-kash där

elbow *n* آرنج ärenj both ~s هر دو آرنج har do ärenj left ~ آرنج چپ ärenj-e-chap right ~ آرنج راست ärenj-e-räst (1) He / (2) She hurt (3) his / (4) her elbow. (۱) او مرد / (۲) او زن آرنج (۴،۳) اش را آفگار کرد. *(1) O mard / (2) O zan ärenj (3,4) ash rä afgär kard.*

elder *adj* بزرگتر bozorgtar ~ **daughter** دختر بزرگتر dokhtar-e-bozorgtar ~ **son** پسر بزرگتر pesar-e-bozorgtar ★ *n* ریش سفید reeshsefeed, سرکرده sarkarda **tribal ~** ریش سفید قومی reeshsefeed-e-qomee **village ~** ریش سفید قریه reeshsefeed-e-qarya ★ **elderly** *adj* محسن mohsen, سال بزرگ bozorg-säl

elect *vt* انتخاب کردن entekhäb kardan (1) They / (2) You must elect a **leader.** (۱) آنها / (۲) شما باید یک رهبر انتخاب (۱) کنند. / (۲) کنید. *(1) Änhä / (2) Shomä bäyad yak rahbar entekhäb (1) konand. / (2) koned.* ★ **election** *n* انتخابات entekhäbät **local ~** انتخابات محلی entekhäbät-e-mahalee **nationwide ~** انتخابات ملی entekhäbät-e-melee **provincial ~** انتخابات ولایتی entekhäbät-e-weläyatee **The election will be held** (1) next (day / month). / (2) on (date). انتخابات در (۱) (___) آینده... / (۲) (___)... برگزار خواهد شد. *Entekhäbät dar (1) (___) äyenda... / (2) (___)... bargozär khähad shod.*

electric(al) *adj* برقی barqee ~ **outlet** ساکت برق säket-e-barq, منبع برق manba'-e-barq ~ **power** توان برق tavän-e-barq ~ **shock** تکان برق takän-e-barq ~ **tool** لوازم برق asbäb-e-barq ~ **wire** کیبل برق keebal-e-barq ★ **electrician** *n* برقی barqee, میخانیک برق meekhäneek-e-barq ★ **electricity** *n* برق barq **generate ~** برق ولید کردن barq towleed kardan **The electricity is out.** برق رفته است. *Barq rafta ast.* **Do** (1) **they** / (2) **you have electricity?** آیا (۱) آنها (۲) شما برق (۱) دارند؟ / (۲) دارید؟ *Äyä (1) änhä / (2) shomä barq (1) därand? / (2) däred?* (1) **They** / (2) **We have electricity.** (۱) آنها / (۲) ما برق (۱) دارند. / (۲) داریم. *(1) Änhä / (2) Mä barq (1) därand. / (2) därem.* (1) **They** / (2) **We have no electricity.** (۱) آنها / (۲) ما برق (۱) ندارند. / (۲) نداریم. *(1) Änhä / (2) Mä barq (1) nadärand. / (2) nadärem.*

electrocardiogram *n* الکتروکاردیوگرام (آله که بوسیله آن گراف قلب را تعین میکنند) *elektrookärdeyográf (älah-e-ke ba waseela än geräf-e-qalb rä ta'yeen mey-konand)* ★ **electrocardiograph** *n* گراف قلب gräf-e-qalb

electrode *n* قطب مقناطیسی qotb-e-meqnäteesee, الکترود *electrood.*

electronic *n* برقی barqee ~ **circuit** دوره برقی dowra-e-barqee, جریان برق jeryän-e-barq ~ **device** آله برقی äla-e-barqee ★ **electronics** *n* علم برق e'lm-e-barq ~ **technician** متخصص برق motakhases-e-barq

element *n* عنصر a'nsor

elementary *adj* مقدماتی moqademätee ~ **school** مکتب مقدماتی maktab-e-moqademätee

elevate *vt* بلند کردن beland kardan **Elevate** (1) **her** / (2) **his** (3) **head** / (4) **leg** / (5) **legs.** (۳) سر / (٤) پا / (٥) پاهای (۱) او زن / (۲) او مرد را بلند کنید. *Sar / (4) pä / (5) pähäy-e-(1) o zan / (2) o mard rä beland koned.* ★ **elevation** *n* بلندی belandee, ارتفاع ertefä' **What is the elevation** (1) **here** / (2) **there?** بلندی (۱) اینجا / (۲) آنجا چقدر است؟ *Belandee-e-(1) eenjä / (2) änjä cheqadar ast?* ★ **elevator** *n* لفت *left* **inspect the ~** لفت را تفتیش کردن *left rä tafteesh kardan* **install an ~** لفت را نصب کردن *left rä nasb kardan* **repair the ~** لفت را ترمیم کردن *left rä tarmeem kardan*

eligibility *n* قابلیت qäbel-yat, شایستگی shäyestagee (1) **I** / (2) **They** / (3) **We**

eligible 115 **else**

have to establish *(4)* her / *(5)* his / *(6)* their / *(7)* your eligibility. (۱) من / (۲) آنها / (۳) ما باید قابلیت (۴) او زن / (۵) او مرد / (۶) آنها / (۷) شما را ایجاد کنیم. / (۳) کنند. / (۲) کنم. / (۱) *(1) Man / (2) Änhä / (3) Mä bäyad qäbelyat (4) o zan / (5) o mard / (6) änhä / (7) shomä rä eejäd (1) konam. / (2) konand. / (3) konem.* ★ **eligible** *adj* شایسته انتخاب *shäyesta-e-entekhäb*, قابل انتخاب *qäbel-e-entekhäb (1)* **He** */ (2)* **She** *(3)* **is** */ (4)* **isn't eligible (for** *[5]* **assistance** */ [6]* **a grant** */ [7]* **a loan** */ [8]* **a pension** */ [9]* **benefits).** (۱) اومرد / (۲) اوزن شایسته انتخاب (برای [۵] کمک / [۶] بخشش / [۷] قرض / [۸] حقوق تقاعد / [۹] مفادات) (۳) است. / (۴) نیست. *(1) O mard / (2) O zan shäyesta-e-entekhäb (baräy-e- [5] komak / [6] bakhshesh / [7] qarz / [8] taqawood / [9] mafädät) (3) ast. / (4) neest.* **They** *(1)* **are** */ (2)* **aren't eligible (for** *[3]* **assistance** */ [4]* **a grant** */ [5]* **a loan** */ [6]* **a pension** */ [7]* **benefits).** آنها شایسته انتخاب (برای [۳] کمک / [۴] بخشش / [۵] قرض / [۶] حقوق تقاعد / [۷] مفادات) (۱) هستند. / (۲) نیستند. *Änhä shäyesta-e-entkhäb (barähey [3] komak / [4] bakhshesh /[5] qarz / [6] taqawood / [7] mafädät) (1) hastand. / (2) neestand.* **You** *(1)* **are** */ (2)* **aren't eligible (for** *[3]* **assistance** */ [4]* **a grant** */ [5]* **a loan** */ [6]* **a pension** */ [7]* **benefits).** شما شایسته انتخاب (برای [۳] کمک / [۴] بخشش / [۵] قرض / [۶] حقوق تقاعد / [۷] مفادات)(۱) هستید. / (۲) نیستید. *Shomä shäyesta-e-entekhäb (baräyee [3] komak / [4] bakhshesh /[5] qarz / [6] taqawood / [7] mafädät) (1) hasted. / (2) neasted.*

eliminate *vt* حذف کردن *hazf kardan,* محو کردن *mahwa kardan,* ازبین برداشتن *az bayn bardäshtan* ~ **discrimination** نابرابری های حقوقی را از بین بردن *nä-baräbaree hä-e-hooqooqee rä az bayn bordan* ~ **favoritism** جانب پرستی را محو کردن *jäneb parastee rä mahwa kardan* ~ **inequality** نامساوات را محو کردن *nä-masäwät rä mahwa kardan* ~ **the problem** مشکلات را از بین برداشتن *moshkelät rä az bayn bardäshtan*

else *adj* دیگر *deegar* **no one** ~ هیچ کسی دیگر *hech kasee deegar* **nothing** ~ هیچ چیزی دیگر *hech cheezee deegar* **nowhere** ~ هیچ جای دیگر *hech jäy-e-deegar* **someone** ~ کسی دیگر *kasee deegar* **something** ~ چیزی دیگر *cheezee-e-deegar* **somewhere** ~ جای دیگر *jäy-e-deegar* **What else?** دیگر چی؟ *Deegar chee?* **Who else?** دیگر کی؟ *Deegar kee?* **Where else?** دیگر کجا؟ *Deegar kojä?* **Is there** *(1)* **anyone** */ (2)* **anything else?** آیا (۱) کسی / (۲) چیزی دیگری است؟ *Äyä (1) kasee / (2) cheezee deegar-e- ast?* **Can** *(1)* **he** */ (2)* **I** */ (3)* **she** */ (4)* **they** */ (5)* **we** */ (6)* **you do** *(7)* **anything** */ (8)* **something else?** آیا (۱) او مرد / (۲) من / (۳) او زن / (۴) آنها / (۵) ما / (۶) شما (۷) هر چیز / (۸) چیزی دیگری کرده (۳،۱) میتواند / (۲) میتوانم / (۴) میتوانند / (۵) میتوانیم / (۶) میتوانید؟ *Äyä (1) o mard / (2) man / (3) o zan / (4) änhä / (5) mä / (6) shomä (7) har cheez / (8) cheezee deegar-e- karda (1,3) mey-tawänad? / (2) mey-tawänam? / (4) mey-tawänad? / (5) mey-tawänand?* **There's something else (***[3]* **he** */ [4]* **I** */ [5]* **she** */ [6]* **they** */ [7]* **we** */ [8]* **you can do).** چیزی دیگری است که (۳) او مرد / (۴) من / (۵) او زن / (۶) آنها / (۷) ما / (۸) شما انجام (۳،۵) دهد. / (۴) دهند. / (۶) دهند. / (۷) دهیم. / (۸) دهید. *Cheez-e-deegar-e-ast ke (3) o mard / (4) man / (5) o zan / (6) änhä / (7) shomä anjäm (3,5) dehad. / (4) deham. / (6) dehand. / (7) dehem. / (8) dehed.* **There's nothing else (***[3]* **he** */ [4]* **I** */ [5]* **she** */ [6]* **they** */ [7]* **we** */ [8]* **you can do).** چیزی دیگری نیست که (۳) او مرد / (۴) من / (۵) او زن / (۶) آنها / (۷) ما / (۸) شما انجام (۳،۵) دهد. / (۴) دهند. / (۶) دهند. / (۷) دهیم. / (۸) دهید. *Cheez-e-deegar-e-nest ke (3) o mard / (4) man / (5) o zan / (6) änhä / (7) shomä anjäm (3,5) dehad. / (4) deham. / (6) dehand. / (7) dehem. / (8) dehed.* *(1)* **It** */ (2)* **That belongs to someone else.** (۱) این / (۲) آن مربوط به کسی دیگری است. *(1) Een / (2) Än marbot ba kas-e-*

deegar-e-ast. ★ **else** *adv* ورنه *warna,* وگرنه *wagarna* **go somewhere ~** جای دیگر رفتن *jāy-e-deegar raftan*

emaciated *adj* لاغر *lāghar,* ضعیف *zaheef*

embarrass *vt* پریشان کردن *preeshān kardan,* ناراحت ساختن *nārāhat sākhtan,* شرمنده ساختن *sharmenda sākhtan* **I didn't mean to embarrass** *(1)* **her.** */ (2)* **him.** */ (3)* **you.** مطلب ام نبود که (۱) او زن / (۲) او مرد / (۳) شما را ناراحت کنم. *Matlab am nabood ke (1) o mard / (2) o zan /(3) shomā rā nārāhat konam.* ★ **embarrassed** *adj* پریشان *preeshān,* ناراحت *nārāhat* **I'm (very) embarrassed (about it).** من (بسیار) (درباره این) پریشان هستم. *Man (beesyār) (dar bāra-e-een) pareeshān hastam.* ★ **embarrassing** *adj* پریشان کننده *preeshān konenda,* مغشوش کننده *maghshoosh konenda,* اذیت کننده *azyat konenda,* ناراحت کننده *nārāhat konenda* **It (1) is / (2) was (very) embarrassing.** این (بسیار) ناراحت کننده (۱) است. / (۲) بود. *Een (beesyār) nārāhat konenda (1) ast. / (2) bod.*

embankment *n* خاک ریز *khāk reez,* پشته *poshta*

embassy *n* سفارت *sefārat* **American ~** سفارت امریکا *sefārat-e-amreekā* **Australian ~** سفارت استرالیا *sefārat-e-āstarālyā* **British ~** سفارت انگلستان *sefārat-e-englestān* **Canadian ~** سفارت کانادا *sefārat-e-kānādā* **Chinese ~** سفارت چین *sefārat-e-cheen* **Danish ~** سفارت دنمارک *sefārat-e-denmārk* **Dutch ~** سفارت هالند *sefārat-e-hāland* **Egyptian ~** سفارت مصر *sefārat-e-meser* **Finnish ~** سفارت فنلند *sefārat-e-fenland* **French ~** سفارت فرانسه *sefārat-e-farānsa* **German ~** سفارت جرمنی *sefārat-e-jarmanee,* سفارت آلمان *sefārat-e-ālmān* **Greek ~** سفارت یونان *sefārat-e-yoonān* **Indian ~** سفارت هندوستان *sefārat-e-hendostān,* سفارت هند *sefārat-e-hend* **Iranian ~** سفارت ایران *sefārat-e-eerān* **Irish ~** سفارت ایرلند *sefārat-e-herland* **Japanese ~** سفارت جاپان *sefārat-e-jāpān* **Jordanian ~** سفارت اردن *sefārat-e-ordon* **Kazakh ~** سفارت قزاقستان *sefārat-e-qazāqestān* **Korean ~** سفارت کوریا *sefārat-e-koryā* **New Zealand ~** سفارت نیوزیلند *sefārat-e-new-zee-land* **Norwegian ~** سفارت ناروی *sefārat-e-nārway* **Pakistani ~** سفارت پاکستان *sefārat-e-pākestān* **Polish ~** سفارت پولند *sefārat-e-pooland* **Portu-guese ~** سفارت پرتگال *sefārat-e-portagāl* **Russian ~** سفارت روسیه *sefārat-e-roos-ya* **Saudi Arabian ~** سفارت عربستان سعودی *sefārat-e-a'rabestān-e-so'odee* **Spanish ~** سفارت اسپانیا *efārat-e-aspānyā* **Swedish ~** سفارت سویدن *sefārat-e-seweedan* **Swiss ~** سفارت سویس *sefārat-e-sewees,* سفارت سویتزرلند *sefārat-e-sweetzarland* **Tajik ~** سفارت تاجکستان *sefārat-e-tājeke-stān* **Turkish ~** سفارت ترکیه *sefārat-e-torkeya* **Turkmen ~** سفارت ترکمنستان *sefārat-e-torkamanestān* **Ukrainian ~** سفارت اوکراین *sefārat-e-okrāyn* **Uzbek ~** سفارت ازبکستان *sefārat-e-ozbakestān*

emblem *n* نشان *neshān,* سمبول *sambool*

embroider *vt* گلدوزی کردن *gol dozee kardan* ★ **embroidery** *n* گلدوزی *goldozee*

embryo *n* جنین *jonayn*

emergency *adj* عاجل *a'ājel;* (urgent) اضطراری *ezterāree* **~ brake** برک عاجل *berek-e-a'ājel* **~ cash grant** پول حالات اضطراری *pool-e-hālāt-e-ezterāree* **~ room** اطاق عاجل *otāq-e-a'ājel* **~ signal** اشاره عاجل *eshāra-e-a'ājel* **~ treatment** تداوی عاجل *tadāwee-e-a'ājel* **~ vehicle** موتر عاجل *mootar-e-a'ājel* ★ *n* حادثه عاجل *hādesa-e-a'ājel,* مصیبت *moseebat,* حالت اضطراری *hālat-e-este-rāree* **It's an emergency.** این یک عادثه عاجل است. *Een yak ādesa-e-a'ājel ast.* **In case of an emergency,** *(1)* **...call her. /** *(2)* **him. /** *(3)* **me. /** *(4)* **us. /** *(5)* **them. /** *(6)* **...call this number. /** *(7)* **...come get me. /** *(8)* **...sound the alarm. /** *(9)* **...use this.** درصورت حادثه عاجل، (۱) به او زن / (۲) او مرد / (۳) من / (٤) ما / (٥) آنها تیلفون کنید. / (٦) ... به این نمبر زنگ

emigrate   **empty**

بزنید. / (۷) ...بیائید و من را ببرید. / (۸) ...زنگ خطر را بزنید. / (۹)... این را استعمال کنید. *Dar soorat-e-hädesa-e-a'äjel, (1) ba o zan / (2) o mard / (3) man / (4) mä / (5) änhä telefoon koned. / (6) ba een namber zang bezaned. / (7) ...beeäyed wa man rä bebared. / (8) ...zang-e-khatar rä bezaned. / (9) ...een rä esta'mäl koned.*

emigrate *vi* مهاجرت کردن *mohäjerat kardan,* هجرت کردن *hejrat kardan*
emotion *n* احساس *ehsäs,* عاطفه *hätefa* ★ **emotional** *adj* احساساتی *ehsäsätee,* احساساتی شدن *ehsäsätee shodan,* هیجانی *hayajänee* **become ~** هیجانی شدن *hayajänee shodan,* احساساتی شدن *ehsäsätee shodan* **~ problem** مشکل روانی *moshkel-e-rawänee,* مشکل عاطفی *moshkel-e-hätefee*
emphasis *n* تأکید *täkeed (1)* **The emphasis is...** / *(2)* **You must put emphasis... on** *(3)* **accuracy.** / *(4)* **carefulness.** / *(5)* **cleanliness.** / *(6)* **efficiency.** / *(7)* **fairness.** / *(8)* **security.** / *(9)* **speed.** (۱) تاکید بر این است که... / (۲) شما باید تاکید کنید...بر (۳) درستی. / (۴) دقت. / (۵) نظافت. / (۶) شایستگی. / (۷) خوبی. / (۸) امنیت. / (۹) سرعت. *(1) Täkeed bar een ast ke... / (2) Shomä bäyad täkeed koned... bar (3) drostee. / (4) deqat. / (5) nezäfat. / (6) shäestagee. / (7) khoobee. / (8) amneyat. / (9) sorhat.* ★ **emphasize** *vt* تاکید کردن *täkeed kardan*
employ *vt* گماشتن *gomashtan,* وظیفه دادن *wazeefa dädan,* مقرر کردن *moqarar kardan* **Where** *(1)* **was he** / *(2)* **She...** / *(3)* **were you... employed before?** (۱) او مرد... / (۲) او زن... / (۳) شما قبلا" کجا کار (۲،۱) میکرد؟ / (۳) میکردید؟ *(1) O mard / (2) O zan / (3) Shomä qablan kojä kär (1,2) mey-kard? / (3) mey-karded?* **We can employ you only for** *(1)* **a short time.** / *(2)* **a month.** / *(3)* **the duration of the project.** / *(4)* **two** / *(5)* **three months.** ما میتوانیم شما را صرف برای (۱) ...مدت کوتاه... / (۲)...یک ماه... / (۳) ...مدت کار پروژه... / (۴) ...دو / (۵) سه ماه... مقرر کنیم. *Mä mey-tawäneem shomä rä serf baräyee (1) modat-e-kotäh... / (2) yak mäh... / (4) modat-e-kär-e-prozha... / (4) do / (5) se mäh... moqarar konem.* **(1) He** / **(2) She has...** / **(3) They have... never been employed.** (۱) او مرد / (۲) او زن / (۳) آنها هیچگاه بکار گماشته نشده (۲،۱) است / (۳) اند. *(1) O mard / (2) O zan / (3) Ânhä hechgäh bar kär gomäshta nashoda (1,2) ast. / (3) and.* ★ **employee** *n* کارگر *kärgar,* کارمند *kärmand,* خدمتگار *khedmatgär* **Employees only.** صرف کارمندان. *Serf kärmandän.* ★ **employer** *n* آمر *ämer,* دفتر *daftar,* کمپنی *kampanee* **present ~** آمر فعلی *ämer-e-fehlee,* دفتر فعلی *daftar-e-fehlee* **previous ~** آمر قبلی *ämer-e-qablee,* دفتر قبلی *daftar-e-qablee* ★ **employment** *n* کار *kär,* خدمت *khedmat,* وظیفه *wazeefa (1)* **He** / *(2)* **She has...** / *(3)* **They have... employment.** (۱) او مرد / (۲) او زن / (۳) آنها کار (۲،۱) میکند. / (۳) میکنند. *(1) O mard / (2) O zan / (3) Änhä kär (1,2) mey-konad. / (3) mey-konand.* **(1) He** / *(2)* **She has...** / *(3)* **They have... no employment.** (۱) او مرد / (۲) او زن / (۳) آنها کار (۲،۱) نمیکند. / (۳) نمیکنند. *(1) O mard / (2) O zan / (3) Änhä kär (1,2) namey-konad. / (3) namey-konand.*

empty *adj* خالی *khälee* **~ box** صندوق خالی *sandoq-e-khälee* **~ building** تعمیر خالی *ta'meer-e-khälee* **~ room** اطاق خالی *otäq-e-khälee* **~ shed** انبار خانه خالی *anbärkhäna-e-khälee* **Is it empty?** آیا این خالی است؟ *Äyä een khälee ast?* **Are they empty?** آیا آنها خالی هستند؟ *Äyä änhä khälee hastand?* **It (1) is / (2) isn't empty.** این خالی (۱) است. / (۲) نیست. *Een khälee (1) ast. / (2) neest.* **They (1) are / (2) aren't empty.** آنها (۱) خالی هستند. / (۲) نیستند. *Anhä khälee (1) hastand. / (2) neestand.* ★ *vt* خالی کردن *khälee kardan* **Empty (1) it / (2) them out ([3] here / [4] [over] there).** (۱) این / (۲) آنها را بیرون ([۳] اینجا / [۴] [روی] آنجا) خالی کنید. *(1) Een / (2) Änhä rä beeroon ([3] eenjä / [4] [roy] änjä) khälee koned.*

enamel *n* مينا (قشر سفيد روی دندان) *meenä (qeshr-e-safeed-e-roy-e-dandän)*, پوشش سفيد (تابليت) *pooshes-e-safeed (tablet)*

encephalitis *n* التهاب مغز (دماغ) *eltehäb-e-maghz (damägh)*

enclose *vt* 1. *(insert)* ضميمه ساختن *zameema säkhtan*, شامل ساختن *shämel säkhtan*; 2. *(fence in)* احاطه کردن *ehäta kardan* **A copy is enclosed.** يك نقل ضميمه شده است. *Yak naqel zameema shoda ast.* ★ **enclosure** *n* 1. *(item enclosed)* ضميمه *zameema*; 2. *(fenced area)* محوطه *mahweta*

encourage *vt* تشويق کردن *tashweeq kardan* ~ **healthy practices** به عملکردهای صحی تشويق کردن *ba a'malkard hä-e-sehee tashweeq kardan* **Encourage (1) her / (2) him to (3) study / (4) try / (5) work harder.** (١) او زن / (٢) او مرد را تشويق کنيد که جدی تر (٣) مطالعه کند. / (٤) کوشش کند. / (٥) کار کند.. *O zan / (2) O mard rä tashweeq koned ke jedeetar / (3) motäle-a'h konad. / (4) koshesh konad. / (5) kär konad.* **Encourage (1) her / (2) him to do (3) her / (4) his best.** (٣،٤) (١) او زن / (٢) او مرد را تشويق کنيد که (٣،٤) او همه توان خويش را بخرچ دهد. *O zan / (2) O mard rä tashweeq koned ke (3,4) o hama tawän-e-khesh rä ba-kharch dehad.* **Encourage them (1) ...to (2) study / (3) try / (4) work harder. / (5) ...to do their best.** آنها را تشويق کنيد که (١)... جدی تر (٢) مطالعه کنند. / (٣) کوشش کنند. / (٤) کارکنند. / (٥) ...همه توان خويش را بخرچ دهند. *Änhä rä tashweeq koned ke (1)... jedee tar (2) motäle-a'h konand. / (3) koshesh konand. / (4) kärkonand. / (5) ...hama tawän-e-khesh rä ba-kharch dehand.* ★ **encouragement** *n* تشويق *tashweeq* **(1) He / (2) She needs... / (3) They need... encouragement.** (١) او مرد / (٢) او زن / (٣) آنها به شويق ضرورت (٢،١) دارد. / (٣) دارند. *(1) O mard / (2) O zan / (3) Änhä ba tashweeq zaroorat (1,2) däräd. / (3) därand.* ★ **encouraging** *adj* تشويق کننده *tashweeq konenda*

end *vt* به پايان رساندن *ba päyän rasändan*, خاتمه دادن *khätema dädan* **They must end it.** آنها بايد خاتمه دهند. *Änhä bäyad khätema dehand.* ★ *vi* به پايان رسيدن *ba päyän raseedan*, خاتمه يافتن *khätema yäfatan*, تمام شدن *tamäm shodan*, ختم شدن *khatem shodan* **The project will end (1) next month / (2) week / (3) year. / (4) on (date). / (5) soon.** پرژه (١) ماه آينده... / (٢) هفته آينده... / (٣) سال آينده... / (٤) در (___)... / (٥) زود... تمام خواهد شد. *Prozha (1) mäh-e-äyenda... / (2) hafta-e-äyenda... / (3) säl-e-äyenda... / (4) dar (___)... / (5) zood... tamäm khähad shod* ★ *n* 1. *(extremity)* نهايت *nehäyat*, انجام *anjäm*; 2. *(conclusion)* خاتمه *khätema*, آخر *äkher*, پايان *päyän*, ختم *khatem* **both ~s** هردو نهايت *har do nehäyat* ~ **of the project** پايان پروژه *päyän-e-prozha*, ختم پروژه *khatem-e-prozha* **one ~** يك نهايت *yak nehäyat* **the other ~** نهايت ديگر *nehäyat-e-deegar* **That's the end of our (1) food. / (2) fuel. / (3) supplies.** آن آخر (١) غذا / (٢) مواد سوخت / (٣) خرچ ما است. *Än äkher-e- (1) ghezä / (2) mawäd-e-sokht / (3) kharch-e-mä ast.*

endanger *vt* در خطر انداختن *dar khatar andäkhtan*

enema *n* اماله *amäla* **give an ~** اماله دادن *amäla dädan*

enemy *n* دشمن *doshman*

energy *n* انرژی *enerzhee* **electrical ~** انرژی برقی *enerzhee-e-barqee* **physical ~** انرژی فزيکی *enerzhee-e-fezeekee* **solar ~** انرژی آفتابی *enerzhee-e-äftäbee*

enforce *vt* اجرا کردن *ejrä kardan*, پيش بردن *peysh bordan* ~ **compliance with regulations** قواعد را پياده کردن *qawähed rä pyäda kardan* ~ **discipline** دسپلين را نافذ کردن *despleen rä näfez kardan* ~ **the law** قانون را نافذ *qänoon rä näfez kardan* ~ **(tight) security** امنيت (جدی) را نافذ کردن *amneyat (jedee) rä näfez kardan*

engage vi (take part in) داخل شدن däkhel shodan, مشغول شدن mashghool shodan, مصروف شدن masroof shodan ~ **in political activities** در داخل شدن در فعالیت های سیاسی dar fa'älyat häyee seeyäsee däkhel shodan ~ **in sports** در ورزش مشغول شدن dar warzesh mashghool shodan ★ **engagement** n (mil.) نبرد nabard, درگیری dargeeree; نامزادی nämzädee; مصروفیت masroofyat

engine n ماشین mäsheen, انجن enjen **airplane** ~ انجن طیاره enjen-e-tayära **bus** ~ ماشین موتر سرویس mäsheen-e-motar-e-sarwees **car** ~ ماشین موتر mäsheen-e-motar **motorcycle** ~ ماشین موتر سایکل mäsheen-e-motar säykel **overhaul the** ~ ماشین را ترمیم عمومی کردن mäsheen rä tarmeem homoo-mee kardan **repair the** ~ ماشین را ترمیم کردن mäsheen rä tarmeem kardan **replace the** ~ ماشین را عوض کردن mäsheen rä e'waz kardan, ماشین را تبدیل کردن mäsheen rä tabdeel kardan **service the** ~ ماشین را ترمیم کردن mäsheen rä tarmeem kardan **tractor** ~ انجن تراکتور enjen-e-taräk-toor **truck** ~ ماشین موترلاری mäsheen-e-motar-e-läree **Something is wrong with the engine.** در ماشین چیزی نقص است. Dar mäsheen cheezee noqs ast. **What's wrong with the engine?** در ماشین چی نقص است؟ Dar mäsheen chee noqs ast? **The engine died.** ماشین خاموش شد Mäsheen khämoosh shod. **Can you fix the engine?** آیا شما ماشین را ترمیم کرده میتوانید؟ Äyä shomä mäsheen rä tarmeem karda mey-tawäned? **Where can (1) I / (2) we get the engine fixed?** ماشین را کجا ترمیم کرده (۱) میتوانم؟ / (۲) میتوانیم؟ Mäsheen rä kojä tarmeem karda (1) may-tawänam? / (2) may-tawänem?

engineer n انجینیر enjeenyar, مهندس mohandes **chief** ~ سر مهندس sar mohan-des, سر انجینیر sar enjeenyar **civil** ~ مهندس ساختمان mohandes-e-säkhto-män **electrical** ~ انجینیر برق enjeenyar-e-barq **mechanical** ~ انجینیر میخانیک enjeenyar-e-mekhäneek

England n انگلستان englestän ★ **English** adj انگلیسی engleesee ★ n زبان انگلیسی zabän-e-engleesee **Can you (1) read / (2) speak / (3) write English?** آیا شما انگلیسی (۱) خوانده... / (۲) صحبت کرده... / (۳) نوشته... میتوانید؟ Äyä shomä engleesee (1) khända... / (2) sohbat karda... / (3) nawesta... mey-tawäned? **Can (1) he / (2) she (3) read / (4) speak / (5) write English?** آیا (۱) او مرد / (۲) او زن انگلیسی (۳) خوانده / (٤) صحبت کرده / (۵) نوشته میتواند؟ Äyä (1) o mard / (2) o zan engleesee (3) khända / (4) sohbat karda (5) naweshta mey-tawänad? **(1) He / (2) She can (3) read / (4) speak / (5) write English.** (۱) او مرد / (۲) او زن انگلیسی (۳) خوانده / (٤) صحبت کرده / (۵) نوشته میتواند؟ (1) O mard / (2) O zan engleesee (3) khända / (4) sohbat karda / (5) nawesta mey-tawänad. ★ **Englishman** n مرد انگلیس mard-e-englees ★ **Englishwoman** n زن انگلیس zan-e-englees

engrave vt حکاکی کردن hakäkee kardan, قلم زدن qalam zadan ★ **engraver** n حکاک hakäk, قلم زن qalam zan ★ **engraving** n حکاکی hakäkee do ~ حکاکی کردن hakäkee kardan

enjoy vt لذت بردن lezat bordan, کیف کردن kaif kardan

enlarged adj بزرگ bozorg, بزرگ شده bozorg shoda

enlist vt نام نویسی کردن näm naweesee kardan, شامل خدمت عسکری شدن shämel-e-khedmat-e-askaree shodan **We need to enlist more (1) helpers. / (2) people. / (3) workers.** ما باید بیشتر (۱) کمک کننده ها... / (۲) مردم... / (۳) کارگران... را شامل بسازیم. Mä bäyad beshtar (1) komak-konenda hä... / (2) mardoom... / (3) kärgarän... rä shamel besäzem.

enormous adj بسیار کلان beesyär kalän, عظیم الجثه azeem-ul-jasa, بزرگ bozorg

enough *adj* کافی *käfee,* به اندازه کافی *ba andäza-e-käfee* ~ **food** غذا کافی *ghezä-e-käfee* ~ **help** کمک کافی *komak-e-käfee* ~ **medicine** ادویه کافی *adweya-e-käfee* ~ **money** پول کافی *pool-e-käfee* ~ **people** مردم کافی *mardoom-e-käfee* ~ **supplies** اکمالات کافی *ekmälät-e-käfee* ~ **time** وقت کافی *waqt-e-käfee* **Does (1) he / (2) she have... / Do (3) they / (4) we / (5) you have... enough?** آیا (۱) او مرد / (۲) او زن / (۳) آنها / (۴) ما / (۵) شما به اندازه کافی... (۲،۱) دارد؟ / (۳) دارند؟ / (۴) داریم؟ / (۵) دارید؟ *Äyä (1) o mard / (2) o zan / (3) änhä / (4) mä / (5) shomä ba andäza-e-käfee (1,2) därad? / (3) därand? / (4) därem? / (5) däred?* **(1) He / (2) She has... / (3) I / (4) They / (5) We / (6) You have... enough.** (۱) او مرد / (۲) او زن / (۳) من / (۴) آنها / (۵) ما / (۶) شما به اندازه کافی... (۲،۱) دارد. / (۳) دارم. / (۴) دارند. / (۵) داریم. / (۶) دارید. *(1) O mard / (2) O zan / (3) Man / (4) Änhä / (5) Mä / (6) Shomä ba andäza-e-käfee...(1,2) därad. / (3) därem. / (4) därand. / (5) därem. / (6) däred.* **(1) He / (2) She doesn't... / (3) I / (4) They / (5) We / (6) You don't... have enough.** (۱) او مرد / (۲) او زن... / (۳) من / (۴) آنها / (۵) ما / (۶) شما به اندازه کافی (۲،۱) ندارد. / (۳) ندارم. / (۴) ندارند. / (۵) نداریم. / (۶) ندارید. *(1) O mard / (2) O zan / (3) man / (4) änhä / (5) mä / (6) shomä ba andäza-e-käfee (1,2) nadärad. / (3) nadäram. / (4) nadärand. / (5) nadärem. / (6) nadäred.* **Are there enough?** آیا کافی است؟ (۱،۲) *Äyä käfee ast? (1,2)* **There (1) is / (2) isn't / (3) are / (4) aren't enough.** کافی (۱،۳) است. / (۲،۴) نیست. *Käfee (1,3) ast. / (2,4) neest.* **(1) That / (2) This is enough.** (۱) آن / (۲) این کافی است. *(1) An / (2) Een käfee ast.* ★ *adv* به قدر کافی *ba qadr-e-käfee* **bring ~** به قدر کافی آوردن *ba qadr-e-käfee äwardan* **do ~** به قدر کافی انجام دادن *ba qadr-e-käfee anjäm dädan* **eat ~** به قدر کافی خوردن *ba qadr-e-käfee khoordan* **leave ~** به قدر کافی ترک کردن *ba qadr-e-käfee tark kardan* **sleep ~** به قدر کافی خوابیدن *ba qadr-e-käfee khäbeedan,* **take ~** به قدر کافی گرفتن *ba qadr-e-käfee greftan* **try hard ~** به قدر کافی کوشش کردن *ba qadr-e-käfee kosesh kardan*

enroll *vt* نام نویسی کردن *näm naweesee kardan,* ثبت نام کردن *sabt-e-näm kardan,* شامل ساختن *shämel säkhtan* **You (1) should / (2) must enroll them in school.** شما (۱) حتماً / (۲) باید آنها را در مکتب ثبت نام کنید. *Shomä (1) hatman / (2) bäyad änhä rä dar maktab sabt-e-näm koned.* **How many children are enrolled?** چند طفل ثبت نام شده است؟ *Chand tefel sabt-e-näm shoda ast?*

ensure *vt* متیقن شدن *motayaqen shodan,* گرنتی دادن *gerantee dädan;* محافظت کردن *mahäfezat kardan* ~ **a good response** پاسخ خوب را اطمینان کردن *päsekh-e-khoob-e-rä etmeenän dädan* ~ **compliance** اطاعت را تأمین کردن *etähat rä tahmeen kardan,* توافق را گرنتی کردن *towafoq rä gerantee kardan* ~ **discipline** دسپلین را حفظ کردن *deseepleen rä hefz kardan* ~ **order** نظم را حفظ کردن *nazem rä hefz kardan* ~ **success** موفقیت را گرنتی کردن *moafaqyat rä gerantee kardan*

enter *vi* 1. *(go in)* داخل شدن *däkhel shodan;* 2. *(join, enroll)* شامل شدن *shämel shodan,* پیوستن *pay-wastan* ~ **the university** در پوهنتون داخل شدن *dar pohan-toon däkhel shodan*

enterprise *n* پروژه *prozha;* کمپنی *kampanee* **business ~** کمپنی تجارتی *kampanee tejäratee* **private ~** کمپنی شخصی *kampanee shakhsee*

entertain *vt* سرگرم کردن *sargarm kardan,* مشغول کردن *mashghool kardan* **(1) This / (2) That will entertain them.** (۱) این / (۲) آن آنها را سرگرم خواهد ساخت. *(1) Een / (2) Än änhä rä sargarm khähad säkht.* ★ **entertainment** *n* سرگرمی *sargarmee,* تفریح *tafreh* **(1) They / (2) We need some entertainment.** (۱) آنها / (۲) ما به تفریح ضرورت (۱) دارند / (۲) داریم. *...*

entire *adj* تمام *tamäm* ★ **entirely** *adv* تماماً *tamäman*
entrance *n* دخول *dokhool,* ورود *vrood,* در *dar,* دروازه *darwäza* **camp ~** دروازه کمپ *darwäza-e-kamp,* راه ورودی کمپ *rä-e-woroodee kamp* **multiple ~s (caves)** راه دخولی متعدد *dokhoolee-e-mota-haded,* چندین راه دخولی *chandeen rä-e-dokhoolee*
entrenched *adj* محکم *mahkam,* پایدار *päydär,* ثابت *säbet,* استوار *ostowär,* قوی *qa-wee* **be ~** محکم بودن *mahkam boodan,* ثابت بودن *säbet boodan,* پایدار بودن *päydär boodan*
entrepreneur *n* کسی که با بکار انداختن تجارت یا تأسیس کمپنی نفع بدست میاورد. *Kasee ke bä ba kär andäkhtan-e-tejärat ya tahsees-e-kampanee nafa' ba-dast mey-äwarad.,* کپیتالیست *kapee-tälest*
entrust *vt* سپردن *sepordan* **(1) I'm / (2) We're entrusting (3) this / (4) these to you.** (۱) من / (۲) ما (۳) این / (۴) اینها را به شما (۱) میسپارم. / (۲) میسپاریم. *(1) Man /(2) Mä (3) een / (4) eenhä rä ba shomä (1) mey-sopäram. / (2) mey-sopärem.*
entry *n (entrance)* دخول *dokhool* **No entry.** عدم دخول *A'dam-e-dokhool.*
envelope *n* پاکت خط *päkat-e-khat* **long ~** پاکت خط دراز *päkat-e-khat-e-daräz* **manila ~** پاکت که از کاغذ ساخت منیلا ساخته شده باشد *päkat-e-ke az käghaz-e-säkht-e-manela säkhta shoda bäshad*
environment *n* محیط *moheet* **bad for the ~** خراب برای محیط *khräb baräy-e-moheet* **harmful for the ~** مضر برای محیط *mozer baräy-e-moheet* **protect the ~** محیط را حفظ کردن *moheet rä hefz kardan* **study the ~** مطالعه محیطی *moheet rä motäle-a'h kardan* ★ **environmental** *adj* محیطی *moheetee* **~ policy** پالیسی مربوط به محیط *seeyäst-e-moheetee,* پالیسی محیطی *päleesee marboot ba moheet-e-zeest* **~ protection** محافظت محیطی *mohäfezat-e-moheetee* **~ study** مطالعه محیطی *motäle-a'h-e-moheetee* **~ survey** سروی محیط *sarway-e-moheetee*
envoy *n* سفیر *safeer,* نماینده *nomä-yenda,* دیپلومات *deeploomät*
enzyme *n* انزایم *enzäym*
epicenter *n* نقطه مرکزی مشکل *noqta-e-markazee-e-moshkel* **~ of the earthquake** نقطه اصابت زلزله *noqta-e-esäbat-e-zelzela*
epidemic *n* اپیدمی *epeedemee,* وبا *wabä,* (مرض) ساری *(maraz-e-)säree* **AIDS ~** سرایت ایدز *saräyat-e-eedz* **cholera ~** مرض کولرا ساری *maraz-e-koolara-e-säree* **halt / stop the ~** مرض ساری را توقف کردن *maraz-e-säree rä tawaqof kardan* **serious ~** ساری جدی *säree-e-jedee* **~** مرض که سرایت آن خطرناک باشد *maraz-ke saräyat-e-än khatarnäk bäshad* **small ~** ساری خفیف *säree-e-khafeef* **smallpox ~** آب چیچک ساری *äb-e-cheechak-e-säree* **widespread ~** ساری همه جا متداول *saree-e-hama jä motadäwel* **A(n) (type) epidemic has broken out ([1] around / [2] in [area / town]).** یک (نوع) *Yak (___)* مرض ساری شروع شده است ([۱] در اطراف / [۲] در [____]). *maraz-e-saree shro' shoda ast ([1] dar aträf /[2] dar [___]).* **The epidemic is growing.** مرض ساری در حال رشد است. *Maraz-e-säree dar häl roshd ast.* ★ **epidemiologist** *n* متخصص امراض ساری *motakhases-e-amräz-e-säree*
epilepsy *n* میرگی *meergee,* شوک عصبی *shook-e-asabee* ★ **epileptic** *adj* مصاب به شوک (میرگی) *mosab ba shook (meergee)* **~ fit** حمله میرگی *hamla-e-meergee* **~ seizure** حمله میرگی *hamla-e-meergee* **have an ~ seizure** حمله میرگی داشتن *hamla-e-meergee däshtan*
epoxy *n* رنگ ایپوکسی *rang-e-epoxy*
equal *adj* برابر *baräbar,* مساوی *masäwee,* یکسان *yaksän* **~ amount** مقدار مساوی *meqdär-e-masäwee* **~ chance** فرصت مساوی *fersat-e-baräbar,* چانس مساوی

equal 122 **erosion**

~ **opportunity** فرصت مساوى fersat-e-masä-wee ~ چانس یکسان chäns-e-yaksän **parts** اجزأى مساوى ajzä-e- masäwee, بخش هاى یکسان bakhsh hä-e-yak sän ~ **rights** حقوق مساوى hoqooq-e-masäwee ~ **treatment** برخورد یکسان barkhord-e-yaksän **Give everyone an equal (1) amount. / (2) portion.** هرکس را (۱) مقدار / (۲) سهم مساوى بدهید. Harkas rä (1) meqdär- / (2) sahm-e-mosäwee bedaheed. **Everybody gets an equal (1) amount. / (2) portion.** هرکس (۱) مقدار / (۲) سهم مساوى میگیرد Harkas (1) meqd är / (2) sahm-e-mosäwee meegeerad. **We believe that all people are created equal.** ما باور داریم که همه مردم یکسان خلق شده اند. Mä bäwar däred ke hama mardom yaksän khalq shoda and. ★ **equal** vt برابر کردن baräbar kardan, مساوى کردن masäwee kardan **Five plus three equals eight.** پنج جمع سه مساوى هشت میشود. Panj jama' se masäwee hasht mey-shawad. ★ **equally** adv بطور مساوى batowr-e-masäwee, به یک اندازه ba yak andäza, بطوربرابر batowr-e-baräbar **Divide (1) it / (2) them equally (amongst everyone).** (۱) این / (۲) آنها را بطور مساوى (در بین هر یک) تقسیم کنید. (1) Een / (2) Anhä rä batowr-e-masäwee (dar bayn-e-har yak) taqseem koned.

equipment n اسباب asbäb, لوازم lawäzem **cargo handling** ~ اسباب دستى بارى asbäb-e-dastee-e-bär **communications** ~ (تیلفون، فکس، ایمیل و غیره) وسایل ارتباط wasä-yel-e-ertebät (telefoon, faks, emel wa ghayra) **construction** ~ وسایل دندان سازى sämän-älät-e-säkhtomänee **dental** ~ wasä-yel-e-dandän säzee **drilling** ~ سامان آلات برمه کارى sämän-älät-e-barma käree **earthmoving** ~ لوازم خاک کشى lawäzem-e-khäk kashee **electronic** ~ لوازم برقى lawäzem-e-barqee **factory** ~ سامان آلات فابریکه sämän-älät-e-fäbreekah **fire-fighting** ~ لوازم آتش نشانى lawäzem-e-ätash neshänee **heat-imaging** ~ لوازم منعکس کردن - حرارت lawäzem-e-monhakes kardan harärat **mechanical** ~ لوازم میخانیکى lawäzem-e-meekhäneekee **medical** ~ لوازم طبى lawäzem-e-tebee **military** ~ لوازم نظامى lawäzem-e-nezämee **office** ~ لوازم دفتر lawäzem-e-daftar **road building** ~ سامان آلات اعمار سرک sämän-älät-e-e'mär-e-sarak **sanitation** ~ لوازم جلوگیرى آمراض lawäzem-e-jelowgeeree-e-amräz **sensor** ~ لوازم سنسر lawäzem-e-sansor **sound-detection** ~ آله کشف صدا äla-e-kashf-e-sadä **water purification** ~ لوازم تصفیه آب lawäzem-e-tasfeeya-e-äb ★ **equipped** pp مجهز شده mojahaz shoda, تجهیز شده tajheez shoda **be** ~ مجهز شدن mojahaz shodan, تجهیز شده tajheez shodan **poorly** ~ بطور ناقص تجهیز شده batoor-e-näges tajheez shoda **well** ~ خوب تجهیز شده khoob tajheez shoda **We're not equipped for that.** ما براى آن مجهز نمى باشیم. Mä baräye än mojahaz namey-bäshem.

ER abbrev = **emergency room** اطاق عاجل otäq-e-a'äjel

erase vt پاک کردن päk kardan **Erase the blackboard.** تخته سیاه را پاک کنید. Takhta-e-seeyäh rä päk koned. ★ **eraser** n پاک کننده päk konenda, تخته پاک takhta päk **blackboard** ~ تخته پاک takhta päk **pencil** ~ پنسل پاک pensel päk

erect vt بلند کردن beland kardan ~ **an antenna** آنتن بلند کردن äntan beland kardan ~ **a (telephone) pole** پایه (تیلفون) را بلند کردن päya-e-(telfoon) rä beland kardan ~ **a tower** برج بلند کردن borj beland kadan ~ **a windmill** آسیاب بادى بلند کردن äseeyäb-e-bädee beland kardan

erode vt سایدن säyeedan, پوسیدن pooseedan, از بین رفتن تدریجى az bayn raftan-e-tadreejee **The wind is eroding the field.** باد زمین را میساید. Bäd zameen rä mey-säyad. ★ vi خورده شدن khorda shodan, سایده شدن säyeeda shodan **The field is eroding.** زمین سایده میشود. Zameen säyeda mey-shawad. ★ **erosion** n سایدگى säyedagee, فرسایش farsäyesh

errand ~ control مواظبت را فرسایش *farsäyesh rä mowäzebat kardan* **prevent** ~ soil ازفرسایش جلوگیری کردن *az farsäyesh jelowgeeree kardan* **soil** ~ خاك فرسایش *farsäyesh-e-khäk* **There are ways to fight erosion.** راه های برای مجادله کردن در مقابل فرسایش وجود دارد. *Räh häy-e-baräy-e-mojädela kardan dar moqäbel-e-farsäyesh wojod därad.*

errand *n* وظیفه *wazeefa*, مسؤلیت *ma'soolayat*, کاری که بجای کسی دیگر انجام یابد *kär-e-ke bajä-e-kas-e-deegar anjäm yäbad* **small** ~ پیغام کوچك *pay-ghäm-e-kochak*, کار کوچك *kär-e-koochak*, وظیفه کوچك *wazeefa-e-kochak* **I'd like (1) her / (2) him / (3) you to run an errand for (4) me / (5) us.** میخواهم كه (۱) اوزن / (۲) اومرد / (۳) شما برای (٤) من / (٥) ما یك كار كوچك انجام دهد. (۲,۱) دهد. (۳) *Mey-khäham ke (1) o zan / (2) o mard / (3) shomä baräy-e (4) man / (5) mä yak kär-e-kochak anjäm (1,2) dehad. / (3) dehed.* **Could (1) he / (2) she / (3) you run an errand for (4) me / (5) us?** آیا (۱) اومرد / (۲) اوزن / (۳) شما (۲,۱) میتواند (۳) میتوانید برای (٤) من / (٥) ما یك كار كوچك انجام (۲,۱) دهد؟ / (۳) دهید؟ *Äyä (1) o mard / (2) o zan / (3) shomä (1,2) mey-tawänad (3) mey-tawänand baräyee (4) man / (5) mä yak kär-e-kochak anjäm (1,2) dehad? / (3) dehed?*

error *n* اشتباه *eshtebäh*, خطا *khatä*

escalator *n* زینه متحرك *zeena-e-motahrek* **install an** ~ زینه متحرك نصب كردن *zeena-e-motahrek nasb kardan* **repair the** ~ زینه متحرك را ترمیم كردن *zeena-e-motahrek rä tarmeem kardan,*

escape *vi* فرار كردن *farär kardan,* گریختن *goreekhtan* **Did anyone escape?** آیا كسی فراركرد؟ *Äyä kasee farär kard?* **(1) A few people... / (2) Everyone... escaped.** (۱) چند نفر/... / (۲) همه كس ...فرار كرد. *Chand nafar... / (2) Hama kas... farär kard.* **Nobody escaped.** هیچ كس فرار نكرد. *Hech kas farär nakard.,* كسی فرار نكرد. *Kas-e-farär nakard* **How did (1) you / (2) he / (3) she / (4) they escape?** (۱) شما / (۲) او مرد / (۳) او زن / (٤) آنها چی قسم فرار (۱) كردید؟ / (۲,۳) كرد؟ / (٤) كردند؟ *(1) Shomä / (2) O mard / (3) O zan /(4) Änhä chee qesem farär (1) karded? / (2,3) kard? / (4) kardand?* ★ *n* فرار *farär* **Tell me about your escape.** درباره فرار تان برایم بگویید. *Dar bära-e-farär-e-tän baräyam begoyed.*

escort *vt* همراهی كردن *hamrähee kardan,* بدرقه كردن *badraqa kardan* **Who will escort (1) her? / (2) him? / (3) me? / (4) them? / (5) us? / (6) you?** كی (۱) او زن / (۲) او مرد / (۳) من / (٤) آنها / (٥) ما / (٦) شما را همرایی خواهد كرد؟ *Kee (1) o zan / (2) o mard / (3) man / (4) änhä / (5) mä / (6) shomä rä hamrähee khähad kard?* **Someone must escort (1) her. / (2) him. / (3) me. / (4) them. / (5) us. / (6) you.** كسی باید (۱) او زن / (۲) او مرد / (۳) من / (٤) آنها / (٥) ما / (٦) شما را همرایی كند. *Kasee bäyad (1) o zan / (2) o mard / (3) man / (4) änhä / (5) mä / (6) shomä rä hamrähee konad.* **Please escort (1) her. / (2) him. / (3) me. / (4) them. / (5) us.** لطفاً (۱) او *Loftan (1) o zan / (2) o mard / (3) man / (4) änhä / (5) mä rä hamrähee koned.* ★ *n* همراه *hamräh,* نگهبان *negahbän,* محافظ *mohäfez,* بدرقه *badraqa* **armed** ~ بدرقه مسلح *badraqa-e-mosalah* **convoy** ~ قافله نگهبان *qäfela negahbän,* بدرقه كاروان *badraqa-e-kärvän* **military** ~ بدرقه نظامی *badraqa-e-nezämee* **police** ~ بدرقه پولیس *badraqa-e-polees*

especially *adv* به خصوص *ba khosoos,* مخصوصاً *makhsoosan* **Be especially careful in that area.** مخصوصاً در آن منطقه مواظب باشید. *Makhsoosan dar än manteqa mawäzeb bäshed.*

essential *adj* ضروری *zarooree,* واجب *wäjeb* **It's (absolutely) essential.** این (مطلقاً) ضروری است. *Een (motlaqan) zarooree ast.* **(1) Accuracy / (2) Cleanliness / (3) Discipline / (4) Honesty / (5) Teamwork is**

establish ... **evacuate**

(۱) درستی / (۲) پاکی / (۳) دسیپلین / (٤) صداقت / (٥) کار دسته جمعی essential. ضروری است. *(1) Drostee / (2) Päkee / (3) Desepleen / (4) Sedäqat / (5) Kär-e-dasta jame'ee zarooree ast.*

establish *vt* تأسیس کردن *täsees kardan,* دایر کردن *däyer kardan,* ایجاد کردن *eejäd kardan* ~ **a business** تجارت تأسیس کردن *tejärat täsees kardan* ~ **a routine** کارعادی را ایجاد کردن *kär-e-a'ädee-e-rä eejäd kardan* ~ **a (working) relationship** ارتباط کاری ایجاد کردن *ertebät-e-seeyäsee eejäd kardan* ~ **communication** مکاتبه ایجاد کردن *mokäteba eejäd kardan* ~ **order** نظم ایجاد کردن *nazem eejäd kardan* ~ **rapport** تفاهم ایجاد کردن *tafähom eejäd kardan,* علاقمندی ایجاد کردن *aläqa-mandee eejäd kardan* ~ **trust** اعتماد ایجاد کردن *e'temäd eejäd kardan*

estate *n (large property)* ملکیت *molkyat,* دارایی *däräyee*

esteem *n* احترام *ehteräm,* ارزش نهادن *arzesh nehädan* **I hold** *(1)* **her /** *(2)* **him /** *(3)* **them /** *(4)* **you in high esteem.** من به (١) او زن / (٢) او مرد / (٣) آنها (٤) شما احترام زیاد قایل هستم. *Man ba (1) o zan / (2) o mard / (3) änhä / (4) shomä ehteräm-e-zeeyäd qäyel astam.*

estimate *vt* تخمین کردن *takhmeen kardan,* برآورد کردن *baräword kardan* **I estimate the** *(1)* **amount /** *(2)* **number at** *(number).* من (١) مقدار / (٢) شماره را ( ) تخمین می کنم. *Man (1) meqdär / (2) shomära rä (___) takhmeen mey-konam.* ★ *n* برآورد *baräword,* تخمین *takhmeen* **give an estimate** برآورد دادن *baräword dädan* **What's your estimate?** برآورد شما چیست؟ *Baräword-e-shomä cheest?* **Can you give** *(1)* **me /** *(2)* **us an estimate (of the cost)?** آیا شما میتوانید به (١) من / (٢) ما یک برآورد (نرخ) را بدهید؟ *Äyä shomä mey-tawäned ba (1) man / (2) mä yak baräword (-e-nerkh) rä bedehed?* **That's just an estimate.** آن صرف یک برآورد است. *Än serf yak baräword ast.*

estrogen *n* هورمون ایستروجن *hormoon-e-hestroojen* **et cetera** (etc.) و غیره *waghayra*

ether *n* ایتر *eter*

ethical *adj* اخلاقی *akhläqee*

ethnic *adj* نژادی *nezhädee,* قومی *qowmee* ~ **group** گروه نژادی *gro-e-nezhädee,* قوم *qowm,* ملیت *melyat* **What ethnic group** *(1)* **does he /** *(2)* **she... /** *(3)* **do they /** *(4)* **you... belong to?** (١) او مرد / (٢) او زن / (٣) آنها / (٤) شما به کدام ملیت تعلق (٢،١) دارد؟ / (٣) دارند؟ / (٤) دارید؟ *(1) O mard / (2) O zan / (3) Änhä / (4) Shomä ba kodäm melyat ta'loq (1,2) därad? / (3) därand? / (4) däred?* ★ **ethnicity** *n* نژاد *nezhäd,* قومیت *qowmyat,* ملیت *melyat*

etiquette *n* آداب *ädäb,* آداب معاشرت *ädäb-e-ma'äsherat* **Please explain the proper etiquette to me.** لطفاً آداب درست را برایم تشریح کنید. *Lotfan ädäb-e-dorost rä baräyam tashreh koned.*

Europe *n* اروپا *oropä* ★ **European** *adj* اروپایی *oropäyee*

European Commission (EC) کمیسون اروپایی *kameesyoon-e-oro-päyee*

European Commission Humanitarian Office (ECHO) اداره کمیسون بشر دوستانه اروپایی *edäre-e-kameesyoon-e-bashar doostäne-e-oropäyee*

evacuate *vt* تخلیه کردن *takhleya kardan,* انتقال دادن *enteqäl dädan* *(1)* **They /** *(2)* **We /** *(3)* **You have to evacuate the area.** (١) آنها / (٢) ما / (٣) شما باید ساحه را تخلیه (١) کنند / (٢) کنیم. / (٣) کنید. *(1) Änhä / (2) Mä / (3) Shomä bäyad säha rä takhleya (1) konand. / (2) konem. / (3) koned.* **They'll evacuate you (soon) by** *(1)* **air. /** *(2)* **bus. /** *(3)* **ship. /** *(4)* **train. /** *(5)* **truck.** آنها شما را توسط (١) هوا / (٢) موتر سرویس / (٣) کشتی / (٤) ریل / (٥) موتر لاری (به زودی) انتقال خواهند داد. *Änhä shomä rä tawasot-e- (1) hawä / (2) motar-e-sarwees / (3) keeshtee / (4) reel / (5) motar-e-läree (ba*

evacuation *n* تخليه takhleya

zoodee) enteqäl khähand däd. ★ **evacuation** *n* تخليه takhleya
evade *vt* اجتناب کردن ejtenäb kardan, شانه خالی کردن shäna khälee kardan, امتنا ورزیدن emtenä warzeedan
evaluate *vt* ارزیابی کردن arzeeyäbee kardan (1) He / (2) She has to... / (3) I / (4) They / (5) We have to... evaluate (6) her. / (7) him. / (8) it. / (9) them. / (10) you. (۱) او مرد / (۲) او زن / (۳) من / (۴) آنها / (۵) ما باید... (۶) او زن / (۷) اومرد / (۸) این / (۹) آنها / (۱۰) شما ر ارزیابی (۲۰۱) کند. / (۳) کنم. / (۴) کنیم ا. / (۵) کنند. (1) O mard / (2) O zan / (3) Man /(4) Änhä / (5) Mä bäyad ...(6) o zan /(7) o mard / (8) een / (9) änhä / (10) shomä rä arzeeyäbee (1,2) konad. / (3) konam. / (4) konand. / (5) konem.
★ **evaluation** *n* ارزیابی arzeeyäbee
evaporate *vi* تبخیر شدن tabkheer shodan **It will evaporate.** این تبخیر خواهد شد. Een tabkheer khähad shod. ★ **evaporation** *n* تبخیر tabkheer
even *adj* 1. *(level)* مسطح mosata', موازی mawäzee; 2. *(numbers)* جفت joft ~ **number** نمبر جفت nambar-e-joft **The ground** (1) **is** / (2) **isn't even.** سطح زمین موازی (۱) است. / (۲) نیست. Sat-e-zameen mawäzee (1) ast. / (2) neest. **You have to** (1) **keep** / (2) **make it even.** شما باید این را موازی (۱) نگهدارید. / (۲) بسازید. Shomä bäyad een rä mawäzee (1) nega-däred. / (2) besäzed.
★ **even** *adv* حتی hatä, همچنان hamchenän **Even I can do that.** حتی من آن را انجام داده میتوانم. Hatä man än rä anjäm däda mey-tawänam.
even-handed *adj* بیطرف bey-taraf **You must be even-handed at all times.** شما باید همیشه بیطرف باشید. Shomä bäyad hameesha bey-taraf bäshed.
evening *n* شام shäm, عصر a'aser **every ~** هر شام har shäm **in the ~** در شام dar shäm **this ~** این شام een sham **the whole ~** شام تمام shäm-e-tamäm **tomorrow ~** فردا شام fardä sham **yesterday ~** شام روز گذشته shäm-e-rooz-e-gozashta, دیروز شام deerooz shäm **Good evening! !** شام خوش Shäm-e-khosh!
evenly *adv* به طور مساوی ba towr-e-masäwvee **Divide** (1) **it** / (2) **them evenly.** (۱) این / (۲) آنها را به طور مساوی تقسیم کنید. (1) Een (2) Änhä rä ba towr-e-masäwee taqseem koned.
event *n* واقعه wäqeha, رویداد roydäd **big ~** واقعه بزرگ wäqeha-e-bozorg **important ~** واقعه مهم wäqeha-e-mohem **in the ~ of** درصورت وقوع dar soorat-e-woqoo **terrible ~** واقعه خراب wäqeha-e-howal-näk, واقعه هولناک wäqeha **In the event that someone** (1) **asks** / (2) **calls, tell them...** درصورتیکه کسی (۱) پرسان / (۲) تیلفون کند، برایشان بگویند که... Dar sooratekee kasee (1) porsän / (2) teelfoon konad, baräyeshän begohed ke...
eventually *adv* بالاخره beläkhera, در نهایت dar nehäyat, تدریجا tadreejan
ever *adv* همیشه hameesha, همه وقت hama waqt; گاهی gähee **~ since** از این وقت az een waqt **tä konoon** تا کنون **hardly ~** به ندرت ba nedrat, احتمال کم ehtemäl-e-kam **Has he** / (2) **she...** / (3) **Have you... ever had** (4) **heart trouble?** / (5) **measles?** / (6) *(type of ailment)*? آیا (۱) او مرد / (۲) او زن / (۳) شما گاهی (۴) تکلیف قلبی... / (۵) سرخکان... / (۶) (___)... (۱,۲) داشته؟ / (۳) داشتید؟ Äyä (1) o mard / (2) o zan / (3) shomä gähee (4) takleef-e-qalbee... / (5) sorkhakän... / (6) (___)... (1,2) däshte? / (3) dästhed? (1) **Has he** / (2) **she...** / (3) **Have they** / (4) **you... ever done this kind of work before?** آیا (۱) او مرد / (۲) او زن / (۳) آنها / (۴) شما گاهی این نوع کار را قبلا انجام داده (۲۰۱) بود؟ / (۳) بودند؟ / (۴) بودید؟ Äyä (1) o mard / (2) o zan / (3) änhä / (4) shomä gähee een nowa kär rä anjäm däda (1,2) bod? / (3) bodand? / (4) boded? (1) **Has he** / (2) **she...** / (3) **Have they** / (4) **you... ever used one of these before?** آیا (۱) او مرد / (۲) او زن / (۳) آنها / (۴) شما گاهی یکی از این ها را استفاده کرده (۲۰۱) بود؟ / (۳) بودند؟ / (۴) بودید؟ Äyä (1) o mard / (2) o zan / (3) änhä / (4) shomä gähee yakee az een hä rä

every adj هر *har*, همه *hama* **~ day** هر روز *har rooz* **~ evening** هر شام *har sham* **~ morning** هر صحر *har sehar*, هر صبح *har sobh* **~ night** هرشب *har shab* **~ one** هریک *har yak* **~ other** هر دیگر *har deegar* **~ reason** هر دلیل *har daleel* **~ time** هر وقت *har waqt* **~ way** از هر جهت *az har jehat* (1) **Check** / (2) **Clean** / (3) **Inspect** / (4) **Mark** / (5) **Paint** / (6) **Remove** / (7) **Wash every one.** هر یک را (۱) تفتیش / (۲) پاک / (۳) بازرسی / (٤) نشانی / (٥) رنگ / (٦) دور / (۷) شستشو کنید. *Har yak rä (1) tafteesh / (2) päk / (3) bäz-rasee / (4) neshänee / (5) rang / (6) door / (7) shostosho koned.*

everybody pron هرکس *har kas*, همه کس *hama kas* ★ **everyone** pron هرکس *har kas*, همه کس *hama kas*, هریک *har yak* ★ **everyplace** pron هرجا *har jä* ★ **everything** pron هرچیز *har cheez* ★ **everywhere** pron همه جا *hama jä*, هرجا *har jä*

evidence n ثبوت *sobot*, مدرک *madrak* **collect ~** ثبوت جمع کردن *sobot jama' kardan* **have ~** ثبوت داشتن *sobot dästan* **search for ~** جستجو برای ثبوت *jostojo barä-e-soboot*, تلاش برای بدست آوردن ثبوت *taläsh barä-e-ba dast äwardan-e-soboot*

evident adj اشکار *äshkär*, معلوم *ma'loom* ★ **evidently** adv ظاهراً *zäheran*, واضعاً *wäzayhan*

evil adj بد *bad*, شیطانی *shaytänee* **~ deed** کردار بد *kerdär-e-bad* ★ **evil** n بدی *badee* **great ~** بدی بزرگ *badee-e-bozorg*, شیطانت عظیم *shaytänat-e-azeem* ★ **evildoer** n بدکار *bad kär*, بد کردار *bad kerdär*

ewe n (گوسفند ماده) میش *meesh (gosfand-e-mäda)*

exact adj درست *drost*, کامل *kämel*, دقیق *daqeeq* **~ count** حساب درست *hesäb-e-drost*, حساب دقیق *hesäb-e-daqeeq* **~ number** نمبر درست *namber drost*, شماره درست *shomära-e-drost* ★ **exactly** adv دقیقاً *daqeeqan*, کاملاً *kämelan*

examination n 1. (inspection) بازرسی *bäzrasee*, تفتیش *tafteesh*, معاینه *ma'äyena*; 2. (med.) معاینه *ma'äyena*; 3. (test) امتحان *emtehän* **close ~** تفتیش دقیق *tafteesh-e-daqeeq* **entrance ~** امتحان ادخال *emtehän-e-edkhäl* **final ~** امتحان آخری *emtehän-e-äkheree* **medical ~** معاینه طبی *ma'äyena-e-tebee* **undergo a medical ~** از معاینه طبی سپری کردن *az ma'äyena-e-tebee separee kardan* **You have to take an entrance exam(ination).** شما باید امتحان ادخال را بدهید. *Shomä bäyad emtehän-e-edkhäl rä bedahed.* ★ **examine** vt 1. (med.) معاینه کردن *ma'äyena kardan*; 2. (inspect) تحقیق کردن *tahqeeq kardan*, بازرسی کردن *bäzrasee kardan* **I want to examine (1) you. / (2) her. / (3) him. / (4) it. / (5) the baby. / (6) the child.** میخواهم که (۱) شما / (۲) او زن / (۳) او مرد / (٤) این / (٥) طفل / (٦) کودک را معاینه کنم. *Mey-khäham ke (1) shomä / (2) o zan / (3) o mard / (4) een / (5) tefel / (6) kodak rä ma'äyena konam.* **Let me examine (1) you. / (2) her. / (3) him. / (4) it. / (5) the baby. / (6) the child.** اجازه دهید (۱) شما / (۲) او / (۳) زن / (٤) او مرد / (٥) این / (٦) طفل / کودک را معاینه کنم. *Ejäza deheed (1) shomä / (2) o zan / (3) o mard / (4) een / (5) tefel / (6) kodak rä ma'äyena konam.* **The doctor will examine (1) you. / (2) her. / (3) him. / (4) it. / (5) the baby. / (6) the child.** داکتر (۱) شما / (۲) او زن / (۳) او مرد / (٤) این / (٥) طفل / (٦) کودک را معاینه خواهد کرد. *Däktar (1) shomä / (2) o zan (3) o mard / (4) een / (5) tefel / (6) kodak rä ma'äyena khähad kard.*

| example | 127 | exercise |

example *n* نمونه *mamoona,* مثال *mesäl* for ~ برای مثال *baräyee mesäl,* بطورمثال *batowr-e-mesäl* **Can you give me an example?** آیا شما میتوانید از من یك مثال بدهید؟ *Äyä shomä mey-tawäned baräy-e-man yak mesäl bedehed?* **Let me give you an example.** اجازه دهید برایتان یك مثال بدهم. *Ejäza dehed baräye-tän yak mesäl bedeham.*

excavate *vt* کندن *kandan,* حفر کردن *hofor kardan* ★ **excavation** *n* حفره *hofora,* چقری *choqooree,* حفریات *hoferyat*

exceed *vt* تجاوز کردن *tajäwoz kardan,* از حد پیش رفتن *az had peesh raftan*

excellent *adj* بسیار خوب *beesyär khoob,* عالی *älee* ~ **chance** تصادف عالی *tasädof-e-älee,* چانس عالی *chäns-e-älee* ~ **outlook** دورنما عالی *door nomä-e-älee* ~ **results** نتایج عالی *natäyej-e-älee* **(1) He / (2) She is... / (3) They / (4) You are... doing excellent work.** (١) او مرد / (٢) او زن / (٣) آنها / (٤) شما کار عالی (٢،١) میکند. / (٣) میکنند. / (٤) میکنید. *(1) O mard / (2) O zan / (3) Änhä / (4) Shomä kär-e-älee (1,2) mey-konad. / (3) mey-konand. / (4) mey-koned.*

except *prep* بجز *bajoz,* به استثنای *ba estesnäy,* بغیر *ba-ghyr* ~ **on Friday** به استثنای روز جمع *ba estesnäy-e-rooz-e-juma'* **Everyone except (1) her. / (2) him. / (3) them. / (4) you.** هریك به استثنای (١) او زن. / (٢) او مرد. / (٣) آنها. / (٤) شما. *Har yak ba estesnäy-e- (1) o zan. / (2) o mard. / (3) änhä. / (4) shomä.* ★ **exception** *n* استثنا *estesnä* **No exceptions.** بدون استثنا. *Bedoon-e-estesnä.* **With one exception...** همراه با یك استثنا... *Hamrä bä yak estestnä...*

excess *adj* اضافی *ezäfee,* بیشتر *beashtar,* زیادی *zeeyädee* ★ *n* اضافه *ezäfa* ★ **excessive** *adj* زیاد *zeeyäd*

exchange *vt* معاوضه کردن *moa'äweza kardan,* مبادله کردن *mobädela kardan,* تبادله کردن *tabädola kardan* **Where can (1) I / (2) we exchange money?** پول را کجا تبادله (١) کنم. / (٢) کنیم؟ *Pool rä kojä tabädola (1) konam. / (2) konem?* **I want to exchange money.** من میخواهم پول تبادله کنم. *Man mey-khäham pool tabädola konam.* **We want to exchange money.** ما میخواهیم پول تبادله کنیم. *Mä mey-khähem pool tabädola konem.* **Exchange places.** جاه ها را تبادله کنید. *Jä hä rä tabädola koned.* ★ *n* تبادله *tabädola* ~ **rate of** نرخ تبادله *nerkh-e-tabädola*

excited *adj* هیجانی *hayajänee* **What is everyone excited about?** همه در باره چی هیجانی هستند؟ *Hama dar bära-e-chee hayajän hastand?* **Are you excited?** آیا شما هیجانی هستید؟ *Äyä shomä hayajänee hasted?* ★ **excitement** *n* هیجان *hayaján* ★ **exciting** *adj* برانگیزنده *barangee-zenda,* هیجان برانگیز *hayaján barangeez* ~ **time** وقت هیجان برانگیز *waqt-e-hayaján barangeez*

excrement *n* فضله *fazle* **human** ~ فضله انسان *fazle-e-ensän*

excuse *vt* 1. *(forgive)* بخشیدن *bakhsheedan;* 2. *(let off)* معاف کردن *ma'äf kardan,* مرخص کردن *morakhas kardan* **Excuse me.** ببخشید. *Bobakhshed.* **You're excused.** شما مرخص هستید. *Shomä morakhas hasted.,* شما بخشیده شدید. *Shoma bakhsheeda shoded.* ★ *n (pretext)* عذر *o'zor,* معذرت *ma'zrat* **What is your excuse (for this)?** معذرت شما (برای این) چیست؟ *Ma'zrat-e-shomä (baräyee een) cheest?* **No excuses.** بدون معذرت. *Bedoon-e-ma'zrat.*

execute *vt (put to death)* اعدام کردن *eh-däm kardan;* اجرا کردن *ejrä kardan* ★ **execution** *n (putting to death)* اعدام *ehdäm,* اجرا *ejrä*

exercise *vi (physically)* ورزش کردن *warzesh kardan,* تمرین کردن *tamreen kardan* **(1) I / (2) You need to exercise more.** (١) من / (٢) شما ضرورت *(1) Man / (2) Shomä* دارید که بیشتر تمرین (١) بکنم. / (٢) بکنید. *zaroorat (1) däram / (2) däred ke beashtar tamreen (1) bokonam. / (2)*

bokonem. ★ **exercise** *n (physical)* تمرین tamreen, ورزش warzesh **daily ~** تمرین روزانه tamreen-e-roozäna, مشق روزانه mashq-e-roozäna **do ~s** ورزش کردن warzesh kardan, تمرین کردن tamreen kardan

exhale *vt* نفس کشیدن nafas kasheedan, پف کردن poof kardan

exhausted *adj* خسته khasta **Aren't you exhausted?** آیا شما خسته هستید؟ Äyä shomä khasta hasted? **I'm exhausted.** من خسته هستم. Man khasta hastam.

★ **exhaustion** *n* بیحالی bey-hälee, ناتوانی nätawäee, خستگی khastagee

exhume *vt* از خاک بیرون کشیدن az khäk beeroon kasheedan **We want (1) them / (2) you to exhume the (3) body. / (4) bodies.** ما میخواهیم که (1) آنها / (2) شما (3) جسد / (4) اجساد را از خاک بیرون (1) بکشند. / (2) بکشید. Mä mey-khähem ke (1) änhä / (2) shomä (3) jasad / (4) ajsäd rä az khäk beeroon (1) bekashand. / (2) bekashed.

exile *n* تبعید tabe'eed, غربت ghorbat **live in ~** در غربت زندگی کردن dar ghorbat zendagee kardan, دور از وطن زندگی کردن door az watan zendagee kardan

exist *vi* زیستن zeestan, وجود داشتن wejood dashtan **(1) Does one... / (2) Do any... (still) exist?** آیا (1) کدام یک... / (2) کدام چیزی ...(تاقعلا) وجود دارد؟ Äyä (1) kodäm yak... / (2) kodäm cheezee...(tä fe'lan) wejood däräd?

exit *n* خروج khorooj **emergency ~** دروازه خروجی اضطراری darwäze-e-khoroojee-e-ezteräree

expand *vt* منبسط کردن monbaset kardan, توسعه دادن towse-a' dädan, وسیع ساختن wasee' säkhtan **We have to expand our (1) distribution. / (2) program. / (3) system.** ما باید (1) توزیع / (2) پروگرام / (3) سیستم خود را توسعه بدهیم. Mä bäyad (1) towzee' / (2) programm / (3) seestom-e-khod rä towse-a' bedehem. **Can (1) they / (2) you expand it?** آیا (1) آنها / (2) شما این را توسعه داده (1) میتوانند؟ / (2) میتوانید؟ Äyä (1) änhä / (2) shomä een rä tow-se-a' däda (1) mey-tawänand? / (2) mey-tawäned? ★ *vi* منبسط شدن monbaset shodan, توسعه یافتن tose-a' yäftan ★ **expansion** *n* انبساط enbesät, توسعه tows-a'

expect *vt* انتظار داشتن entezär däshtan, توقع داشتن tawaqo' däshtan **How (1) much / (2) many do you expect?** (1) چی مقدار... / (2) چند عدد... شما توقع دارید؟ (1) Chee meqdär... / (2) Chand a'dad... shomä tawaqo' däred? **When do you expect (1) her / (2) him? / (3) it? / (4) them?** چی وقت شما انتظار (1) او زن / (2) او مرد / (3) این /(4) آنها را دارید؟ Chee waqt shomä entezär-e- (1) o zan / (2) o mard / (3) een /(4) änhä rä däred? **(1) I / (2) We expect you to (3) be honest. / (4) be on time. / (5) keep everything clean. / (6) work eight hours a day.** (1) من توقع دارم... / (2) ما توقع داریم... که شما (3) صادق باشید. / (4) پابند وقت باشید. / (5)...همه چیز را پاک نگهدارید. / (6)...در روز هشت ساعت کار کنید. (1) Man tawaqo' däram... / (2) Mä tawaqo' därem... ke shomä (3) sädeq bäshed. / (4) päband-e-waqt bäshed. / (5) hama cheez rä päk nega-däred. / (6) dar roozee hasht sä-a't kär koned. **Is she expecting?** *(Is she pregnant?)* آیا او زن حامله است؟ Äyä o zan där ast?

expense *n* خرج kharj, مصرف masraf *(pl:)* مخارج makhärej, مصارف masäref **administrative ~s** مصارف اداری masäref-e-edäree **business ~s** مصارف کاری masäref-e-käree, مصارف تجارتی masäref-e-tejäratee **cover ~s** متقبل شدن مصارف motaqabel shodan-e-masäref, مصارف را پرداختن masäref rä pardäkhtan **estimate ~s** مصارف را برآورد کردن masäref rä baräword kardan **estimated ~s** مصارف برآورد شده masäref-e-baräword shoda **itemize ~s** مصارف را یادداشت کردن masäref rä yädäsh kardan **keep track of ~s** یادداشت مصارف را نگداشتن yädäsht-e-masäref rä nega-däshtan **living**

expensive — **expire**

~s مخارج زندگی *makhärej-e-zendagee* **maintenance** ~s مخارج ترمیم *makhä-rej-e-ta'meer* **miscellaneous** ~s مخارج گوناگون *makhärej-e-gonägoon*, مصارف مختلف *masäref-e-mokhtalef* **office** ~s مخارج دفتر *makhärej-e-daftar*, مصارف دفتر *masäref-e-daftar* **operating** ~s مصارف گرداندن *masäref-e-gardämdan*, مخارج استفاده *makhärej-e-estefäda* **program** ~s مصارف را یادداشت کردن *masäref rä yädäsht kardan* **record** ~s مصارف پروگرام *masäref-e-prograäm* **reduce** ~s مصارف را کم کردن *masäref rä kam kardan* **telephone** ~s مصارف تیلفون *masäref-e-teelfoon* **transportation** ~s مصارف حمل و نقل *madäref-e-hamel wa naqel* **unnecessary** ~ مصارف غیر ضروری *masäref-e-ghayr-e-zarooree*, مخارج غیر ضروری *makhärej-e-gheyr-e-zarooree* *(1)* **Their** / *(2)* **Your expenses are too high.** مصارف (۱) آنها / (۲) شما بسیار بلند است. *Masäref-* (1) *änhä* / (2) *shomä beesyär beland ast.* **We must try to keep expenses down.** ما باید کوشش نماییم تا مصارف را کم کنیم. *Mä bäyad koshesh nomähem tä masäref rä kam konem.*

expensive *adj* گران *gerän*, پر خرچ *por kharj*, قیمت *qeemat* *(1)* **It** / *(2)* **That is too expensive.** (۱) این / (۲) آن بسیار قیمت است. *(1) Een / (2) An beesyär qeemat ast.*

experience *n* 1. *(past)* تجربه *tajroba*; 2. *(event)* واقعه *wäqe-a'* **considerable** ~ تجربه قابل ملاحظه *tajroba-e-qäbel-e-moläheza* **frightening** ~ واقعه ترسناک *wäqe-a'-e-tarsnäk* **horrible** ~ واقعه هولناک *wäqe-a'-e-howalnäk* **terrible** ~ تجربه خراب *tajroba-e-kharäb*, واقعه نهایت خراب *wäqe-a'-e-nehäyat kharäb*, **traumatic** ~ واقعه تکان دهنده *wäqe'a-e-takän-dehenda* **work** ~ تجربه کار *tajroba-e-kär* **How much experience** *(1)* **he has** / *(2)* **she had?** / *(3)* **have they** / *(4)* **you had?** (۱) او مرد / (۲) او زن / (۳) آنها / (٤) شما چقدر تجربه (۲،۱) دارد؟ / (۳) دارند؟ / (٤) دارید؟ *(1) O mard / (2) O zan / (3) Änhä / (4) Shomä cheqadar tajroba (1,2) därad? / (3) därand? / (4) däred?* *(1)* **Has he** / *(2)* **she...** / *(3)* **Have they** / *(4)* **you... had any experience** *(5)* **doing** / *(6)* **using this?** آیا (۱) او مرد / (۲) او زن / (۳) آنها / (٤) شما کدام تجربه (٥)... انجام دادن... / (٦)... استعمال کردن این... (۲،۱) دارد؟ / (۳) دارند؟ / (٤) دارید؟ *Äyä (1) o mard / (2) o zan / (3) änhä / (4) shomä kodäm tajroba (5) anjäm dädan... / (6) este'mäl kardan-e-een... (1,2) därad? / (3) därand? / (4) däred?*

experiment *n* آزمایش *äzmäyesh*, تجربه *tajroba* **do an** ~ تجربه کردن *tajroba kardan*

expert *n* ماهر *mäher*, متخصص *motakhases* **agricultural** ~ متخصص زراعت *motakhases-e-zerä-a't* **demining** ~ متخصص ماین پاکی *motakhases-e-mäyn pakee* **forensic** ~ متخصص طب عدلی *motakhases-e-teb-e-a'dlee* **(land-) mine** ~ متخصص ماین زمینی *motakhases-e-mäyn-e-zameeni* **mine disposal** ~ متخصص خنثی کردن ماین *motakhases-e-khonsä kardan-e-mäyn* **technical** ~ متخصص تخنیکی *motakhases-e-takhneekee*

expiration *n* خاتمه *khätoma* ~ **date** تاریخ خاتمه *täreekh-e-khätoma* ★ **expire** *vi* سپری شدن *separee shodan*, ختم شدن *khatem shodan* *(1)* **Her** / *(2)* **His** / *(3)* **My** / *(4)* **Your** *(5)* **passport** / *(6)* **permit** *(7)* **visa has expired.** (٥) معیاد پاسپورت / (٦) اجازه نامه / (۷) ویزه (۱) او زن / (۲) او مرد / (۳) من / (٤) آنها ختم شده است. *Me'-yäd-e-päseport-e-* / *(6) Ejäza näma-e-* / *(7) Weeza-e- (1) o zan / (2) o mard / (3) man / (4) änhä khatem shoda ast.* *(1)* **Her** / *(2)* **His** / *(3)* **My** / *(4)* **Your** *(5)* **passport** / *(6)* **permit** *(7)* **visa is going to expire (soon).** (٥) معیاد پاسپورت / (٦) اجازه نامه / (۷) ویزه (۱) او زن / (۲) او مرد / (۳) من / (٤) آنها (زود) ختم میشود. *Me'-yäd-e-päseport-e-* / *(6) Ejäza näma-e-* / *(7) Weeza-e- (1) o zan / (2) o mard / (3) man / (4) änhä (zood) khatem mey-shawad.*

explain vt توضیح دادن towzeeh dädan, تشریح دادن tashreeh **Please explain (1) it / (2) this / (3) that to (4) her. / (5) him. / (6) me. / (7) them. / (8) us.** لطفاً (۱۰۲) این / (۲) آن را به (۴) او زن / (۵) او مرد / (۶) من / (۷) آنها / (۸) توضیح بدهید. Lotfan (1,2) een / (3) än rä ba (4) o zan / (5) o mard / (6) man / (7) änhä / (8) mä towzeeh bedehed. ★ **explanation** n توضیح towzeeh, شرح sharha, بیان bayän **clear ~** توضیح روشن towzeeh-e-rooshan **detailed ~** توضیح مفصل towzeeh-e-mofasal **give an ~** توضیح دادن towzeeh dädan **good ~** توضیح خوب towzeeh-e-khoob

explode vi منفجر شدن monfajer shodan, آتش گرفتن ätash greftan **It can explode at any moment.** این در هر لحظه میتواند منفجر شود. Een dar har lahza mey-tawänad monfajer shawad. **They can explode at any moment.** آنها در هر لحظه میتوانند منفجر شوند. Änhä dar har lahza mey-tawänand monfajer shawand. **It exploded.** منفجر شد. Monfajer shod.

explore vt کشف کردن kashf kardan **~ the area** کشف کردن منطقه kashf kardan-e-manteqa **~ the cave** سوراخ را کشف کردن soräkh rä kashf kardan

explosion n انفجار enfejär ★ **explosive** n قابل انفجار qäbel-e-enfejär, منفجره monfajera

export vt صادر کردن säder kardan ★ **export** n صادرات säderät **develop ~** صادرات را ترقی دادن säderät rä taraqee dädan **for ~** برای صادرات baräyee säderät ★ **exporter** n صادر کننده säder konenda

expose vt روباز گذاشتن ro bäz gozäshtan, آشکار گذاشتن ashkär gozäshtan **be exposed (to ___)** (در معرض ___) (dar mahraz-e- ___) قرار داشتن qarär dästhan **Don't leave the wound exposed.** زخم را باز نگذارید. Zakhem rä bäz nagzäred. **(1) He / (2) She has... / (3) They / (4) You have... been exposed to (disease / substance).** (۱) او مرد / (۲) او زن / (۳) آنها / (۴) شما در معرض (___) قرار دارد. / دارند. / دارید. (1) O mard / (2) O zan / (3) Änhä / (4) Shomä dar mahraz-e-(___) qarär (1,2) därad. / (3) darand. / (4) dared. ★ **exposure** n (to weather) در معرض آب وهوا dar mahraz-e-äb wa hawä **(1) He / (2) She is... / (3) They are... suffering from exposure.** (۱) اومرد / (۲) اوزن / (۳) آنها ازآب وهوا در تکلیف (۱۰۲) است /. هستند. (1) O mard / (2) O zan / (3) änhä az äb wa hawä dar takleef (1,2) ast. / (3) hastand.

express adj سریع sareeh **Send (1) this / (2) these by express mail.** (۱) این / (۲) اینها را توسط پوست سریع ارسال کنید. (1) Een / (2) Eenhä rä tawasot-e-poost-e-saree' ersäl koned. ★ vt اظهار کردن ez-här kardan, بیان کردن bayän kardan **I don't know how to express my gratitude.** نمیدانم چی قسم سپاس اظهار کنم. Namey-dänam chee qesem ez-här-e-sepäs konam.

extend vt 1. (reach out) وسعت دادن wasa't dädan; 2. (make longer) دراز کردن daräz kardan, تمدید کردن tamed kardan **Extend your (1) arm. / (2) leg.** (۱) دست / (۲) پای تان را دراز کنید. (1) Dast-e- / (2) Päy-e- tän rä daräz koned. **(1) They / (2) We are going to extend the road.** (۱) آنها میخواهند... / (۲) ما میخواهیم... سرک را وسعت (۱) دهند. / (۲) دهیم. (1) Änhä mey-khähand... / (2) Mä mey-khähem... sarak rä wasa't (1) dehand. / (2) dehem. **He / (2) She has to extend (3) his / (4) her visa.** (۱) او مرد / (۲) او زن باید ویزه (۳) او مرد / (۴) او زن را تمدید کند. (1) O mard / (2) O zan bäyad weeza-e- (3) o mard / (4) o zan rä tamded konad. **I have to extend my visa.** من باید ویزه ام را تمدید کنم. Man bäyad weeza am rä tamded konam. ★ **extension** n تمدید tamded **request a visa ~** درخواست کردن برای تمدید ویزه darkhäst kardan baräyee tamded-e-weeza **visa ~** تمدید ویزه tamded-e-weeza ★ **extensive** adj وسیع wasee', همه جانبه hama jäneba

extent n وسعت wasa't, حد had, اندازه andäze **~ of the damage** اندازه تخریب

andäze-e-takhreeb **To what extent?** تا کدام حد؟ *Tä kodäm had?*
exterior *adj* خارجی *khäreejee,* بیرونی *beeroonee* ★ *n* خارج *khärej,* بیرون *beeroon*
exterminate *vt* ازبین بردن *az bayn bordan* ~ **cockroaches** مادر کیک ها را ازبین بردن *mädar-e-kayk hä rä az bayn bordan* ~ **flies** مگس ها را ازبین بردن *magas hä rä az bayn bordan* ~ **mosquitoes** پشه ها را از بین بردن *pasha hä rä az bayn bordan* ~ **rats** موش ها را ازبین بردن *moosh hä rä az bayn bordan*
external *adj* خارجی *khärejee,* بیرونی *beeroonee*
extinguish *vt* خاموش کردن *khämosh kardan* ~ **a fire** آتش را خاموش کردن *ätash rä khämosh kardan* ★ **extinguisher** *n* خاموش کننده *khämosh konenda* **fire** ~ آله ضد حریق *äla-e-zed-e-hareeq* **Put a fire extinguisher in each building.** در هر تعمیر یک آله ضد حریق بگذارید. *Dar har emärat yak äla-e-zed-e-hareeq begzäred.*
extra *adj* اضافی *ezäfee,* اضافه *ezäfa* **Do you have any extra (1) boxes? / (2) candles? / (3) tents?** آیا شما (۱) صندوق / (۲) شمع / (۳) خیمه های اضافی دارید؟ *Äyä shomä (1) sandoq / (2) shama' / (3) khayma häy-e-ezäfee däred?*
extract *vt* کشیدن *kasheedan* **(1) Her / (2) His / (3) Your tooth has to be extracted.** دندان (۱) او مرد / (۲) او زن / (۳) شما باید کشیده شود. *Dandän-e-(1) o mard / (2) o zan / (3) shomä bäyad kasheeda shawad.*
extraordinary *adj* فوق العاده *fow-ol-a'äda,* مخصوص *makhsoos,* غیرمعمولی *ghayr-e-mahmoolee*
extreme *adj* بی نهایت *bey nehäyat,* بی حد *bey had* **take ~ measures** عملکرد جدی *amal kard-e-jedee* ★ **extremely** *adv* بی نهایت *bey nehäyat* ★ **extremist** *n* عقیده افراطی *a'qeeda-e-efrätee,* افراط گرائی *efrät-gerä-ye,* تشدد گرائی *tashadod gerä-ye* **Islamic ~** افراط گرائی اسلامی *efrät-gerä-ye-eslämee,* تشدد گرائی اسلامی *tashadod gerä-ye-e-eslämee*
eye *n* چشم *chashem* **artificial ~** چشم مصلوعی *chashem-e masnovee* **blind in one ~** از یک چشم نابینا *az yak chashem näbeenä* **both ~s** هر دو چشم *har do chashem* **~ injury** جراحت چشم *jarähat-e-chashem* **~ medication** تداوی چشم *tadäwee-e-chashem* **~ patch** پرده روی چشم *parda-e-roy-e-chashem* **left ~** چشم چپ *chashem-e-chap* **right ~** چشم راست *chashem-e-räst* **Open your (1) eye. / (2) eyes.** (۱) چشم / (۲) چشم هایتان را باز کنید. *(1) Chashem-e-... / (2) Chashem häy-e-...tän rä bäz koned.* **Close your (1) eye. / (2) eyes.** (۱) چشم / (۲) چشم هایتان را بسته کنید. *(1) Chashem... / (2) Chashem häy-e-...tän rä basta koned.* **Never put your hands in your eyes.** هیچگاه دست هایتان را در چشمهای تان نزنید. *Hechgäh dast häy-e-tän rä dar chashem-häy-e-tän nazaned* **I'm going to (1) examine / (2) test your eyes.** میخواهم چشمهای شما را (۱) معاینه / (۲) امتحان کنم. *Mey-khäham chashem-häy-e-shomä rä (1) ma'äyena / (2) emtehän konam.*
★ **eyebrow** *n* ابرو *abro* ★ **eyeglasses** *n, pl* عینک *a'ynak* ★ **eyelash** *n* مژه *mozha,* مژگان *mezhgän* ★ **eyelid** *n* پلک چشم *pelk-e-chashem* ★ **eyesight** *n* بینایی *beenäyee,* دید *deed*

F f

fabric *n* تکه *teka*
face *vt (confront)* روبرو شدن با *robaro shodan bä*
face *n* صورت *soorat,* رو *ro* ★ **faceshield** *n* سپر روی *separ-e-roy*

facility *n* 1. *pl (svc; equip.)* سهولت *sohoolat*, وسیله *waseela*; 2. *(bldg)* ساختمان *säkhtomän* **cargo handling ~ies** سهولت انتقال بار *sohoolat-e-enteqäl-e-bär* **computer ~ies** سهولت کمپیوتر *sohoolat-e-kampyootar* **grain storage ~ies** سهولت ذخیره حبوبات *sohoolat-e-zakheera hobobät* **hydroelectricity ~ies** سهولت برق آبی *sohoolat-e-barq-e-äbee* **maintenance ~ies** سهولت حفظ و مراقبت *sohoolat-e-hefz-o-moraqebat* **loading ~ies** سهولت بار برداری *sohoolat-e-bär bardäree* **medical ~** ساختمان طبی *säkhtomän-e-tebee* **repair ~** سهولت ترمیم *sohoolat-e-tarmeem* **sanitation ~ies** سهولت حفظ و مراقبت شبکه نلدوانی *sohoolat-e-hefz-o-moraqebat-e-shabaka-e-naldawänee* **shipping ~ies** سهولت ترانسپورت اموال *sohoolat-e-transpoort-e-amwäl* **storage ~** ساختمان گدام (ذخیره) *säkhtomän-e-godäm (zakheera)* **water treatment ~ies** سهولیت تصفیه آب *sohoolyat-e-tasfeya-e-äb*

facsimile *n* فکس *faks (See also* **fax***)*

fact *n* حقیقت *haqeeqat* **as a matter of ~** مبنی بر حقیقت *mabnee bar haqeeqat* **in ~** واقعاً *wäqe-a'an* **Tell** *(1)* **me /** *(2)* **us the facts.** واقیعت را برای (۱) من / (۲) ما بگوئید. *Wäqe-a't rä baräy-e- (1) man / (2) mä begoyed.* **The fact is that...** واقیعت این است که... *Wäqe-a't een ast ke...*

factor *n* عامل *a'ämel* **big ~** عامل بزرگ *a'ämel-e-bozorg* **crucial ~** عامل قاطع *a'ämel-e-qäte'* **important ~** عامل مهم *a'ämel-e-mohem*

factory *n* فابریکه *fäbreeka* **brick ~** فابریکه خشت سازی *fäbreeka-e-khesht-säzee* **build a ~** فابریکه اعمار کردن *fäbreeka e'mär kardan* **cement ~** فابریکه سمنت *fäbreeka-e-sement* **modernize a ~** فابریکه را بطور نوین درآوردن *fäbreeka rä ba towr-e-naween dar äwardan* **open a ~** فابریکه را باز کردن *fäbreeka rä bäz kardan* **poultry ~** فابریکه چوچه کشی (مرغ) *fäbreeka-e-choocha kashee (morgh)* **run a ~** فابریکه را پیش بردن *fäbreeka rä peysh boradan*

faculty *n* فاکولته *fäkolta*

Fahrenheit *n* درجه فرنهایت *daraja-e-farenhäyt* **Twenty degrees Fahrenheit.** بیست درجه فرنهایت. *Beest daraja-e-farenhäyt.*

fail *vi (be unsuccessful)* ناکام شدن *näkäm shodan (1)* **The attempt... /** *(2)* **Our efforts... failed.** (۱) کوشش / (۲) مساعی ما ناکام شد. *(1) Kooshesh / (2) Masähee mä näkäm shod.* **failure** *n* ناکامی *näkämee*, شکست *shekast* **crop ~** حاصل خراب *häsel-e-kharäb* **mechanical ~** مشکل تخنیکی *moshkel-e-takhneekee* **system ~** خرابی سیستم *kharäbee-e-seestom*, خرابی دستگاه *kharäbee-e-dastgäh*

faint *adj (dim, weak)* کم *kam*, ضعیف *za'eef*, خیره *kheera* **~ chance** فرصت کم *fersat-e-kam*, چانس ضعیف *chäns-e-zaheef* **~ hope** امید کم *omeed-e-kam*

faint *vi* ضعیف کردن *zo'f kardan*, ضعیف شدن *zaheef shodan*, خیره شدن *kheera shodan (1)* **He /** *(2)* **She fainted.** (۱) او مرد / (۲) او زن ضعف کرده است. *(1) O mard / (2) O zan zo'f karda ast.*

fair *adj (just)* عادلانه *a'ädeläna*, درست *drost*, عادل *ädel* **We must be fair with everybody.** ما باید همرای همه عادل باشیم. *Mä bäyad hamräy-e-hama ädel bäshem.* **That** *(1)* **is /** *(2)* **isn't fair.** آن درست (۱) است. / (۲) نیست. *An drost (1) ast. / (2) neest.* **The fair thing to do would be...** چیزی درست برای انجام دادن ...خواهد بود. *Cheezee drost baräy-e-anjäm dädan ... khähad bod.* ★ **fairly** *adv* عادلانه *bey tarafäna*, به طور خوب *ba towr-e-khoob*, بطور عادلانه *ba towr ädeläna* ★ **fairness** *n* خوبی *khoobee*, عدالت *adälat*, انصاف *ensäf* **in all ~** صادقانه *sädeqäna* صداقت *sedäqat*

faith *n* 1. *(trust, confidence)* اعتماد *e'temäd*, اطمینان *etmeenän*; 2. *(religious belief)* عقیده *a'qeeda*, ایمان *eemän* **Islamic ~** عقیده اسلامی *a'qeeda-e-eslämee* **I have faith in** *(1)* **her. /** *(2)* **him. /** *(3)* **them. /** *(4)* **you.** (۱) من به او زن / (۲) او مرد / (۳) آنها / (۴) شما اعتماد دارم. *Man ba (1) o zan / (2) o*

faithful   133   **family**

mard / *(3)* **änhä** / *(4)* **shomä e'tebär däram.** ★ **faithful** *adj* با وفا *bäwafä,* وفا دار *wafä där*

fake *adj* جعلی *ja'lee,* تقلبی *taqalobee (1)* **This document is...** / *(2)* **These documents are... fake.** (۲) / ... این سند (۱) / (۲) این اسناد ها جعلی (۱) است. / (۲) هستند. *(1) Een sanad... / (2) Een asnäd hä... ja'lee (1) ast. / (2) hastand.*

fall *vi* افتادن *oftädan,* سقوط کردن *soqoot kardan* **~ apart** توته شدن *tota shodan,* ختم شدن *khatem shodan,* از هم پاشیدن *az ham päsheedan* **~ down** بروی افتادن *baroy oftädan,* پائین افتادن *päyeen oftädan* **~ in** در صف قرار گرفتن *dar saf qarär gereftän;* سقوط کردن *soqoot kardan* **~ off** جدا شدن *jedä shodan* **~ out** خارج شدن *khärej shodan,* بیرون افتادن *beeroon oftädan* **~ over** بالای چیزی افتادن *bälä-e-cheez-e-oftädan,* پائین افتادن *päyen oftädan* **Be careful, don't fall!** !متوجه باشید، نیافتید *Motawaje bäshed, nay-ofted! (1)* **He** / *(2)* **I** / *(3)* **It** / *(4)* **She** / *(5)* **They fell (down).** او (۵) / آنها (۴،۳،۱) / این (۳) / من (۲) / او مرد (۱) زن (۵) / افتاد. (۲) افتادم. / (۵) افتادند. *(1) O mard / (2) Man / (3) Een / (4) O zan / (5) Änhä (1,3,4) oftäd. / (2) oftädam. / (5) oftädand.* **It fell apart.** توته شد. *Tota shod,* از هم پاشید *az ham päsheed* **It fell off.** جدا شد. *Jedä shod.* **It fell out.** خارج شد. *Khärej shod.* **It fell over.** پائین افتاد. *Ba päyeen aftäd.*

fall *n (autumn)* خزان *khazän* **during ~** درهنگام تابستان *dar hangäm-e-khazän* **in last ~** تابستان گذشته *khazän-e-gozashta* **next ~** درتابستان آینده *dar khazän-e-äyenda*

fallout *n* بارندگی *bärandagee* **radioactive ~** بارندگی رادیو اکتیف *bärandagee-ye-rädyo-akteef*

fallow *adj* کشت ناشده *kesht näshoda* **~ land** زمین کشت ناشده *zameen-e-kesht näshoda*

false *adj* 1. *(incorrect)* دروغ *droogh,* غلط *ghalat;* 2. *(forged)* ساختگی *säktagee;* 3. *(teeth)* مصنوعی *masnonee* **~ alarm** زنگ دروغین *zang-e-droo-gheen* **~ document** اسناد ساختگی *asnäd-e säkhtagee,* اسناد جعلی *asnäd-e-jahlee* **~ entry** *(comp.)* چیزی (معلومات) غلط را درج کمپیوتر کردن *cheez-e-(mahloomät) ghalat ra darj-e-kampyootar kardan* **~ ID** هویت جعلی *hooyat-e-jahlee* **~ passport** پاسپورت جعلی *päseport-e-jahlee* **~ teeth** دندان های مصنوعی *dandän hä-e-masnohee* ★ **falsified** *adj* دروغ *droogh,* کاذب *käzeb*

familiar *adj* آشنا *äshnä* **You seem familiar.** شما آشنا به نظر میائید. *Shomä äshnä ba nazar mey-yäyed. (1)* **Her** / *(2)* **His** / *(3)* **Your face seems familiar.** چهره (۱) او زن / (۲) او مرد / (۳) شما آشنا به نظر میاید. *Chehra-e- (1) o zan / (2) o mard / (3) shomä äshnä ba nazar mey-yäyad.*

familiarize *vt* آشنا کردن *äshnä kardan* **I'll familiarize you with the** *(1)* **job.** / *(2)* **operation.** / *(3)* **procedure.** / *(4)* **routine.** / *(5)* **system.** من شما را با (۱) وظیفه / (۲) عملیات / (۳) طرزالعمل / (۴) کار معمول / (۵) دستگاه آشنا خواهم ساخت. *Man shomä rä bä (1) wazeefa / (2) a'malyät / (3) tarz-ol-amal / (4) kär-e-mahmool / (5) dastgäh äshnäh khäham säkht.* **Please familiarize** *(1)* **her** / *(2)* **him** / *(3)* **them with the** *(4)* **job** / *(5)* **operation** / *(6)* **procedure** / *(7)* **routine** / *(8)* **system.** لطفا ً (۱) او زن / (۲) او مرد / (۳) آنها را با (۴) وظیفه / (۵) عملیات / (۶) طرز العمل / (۷) کارمعمول / (۸) دستگاه آشنا بسازید. *Lotfan (1) o zan / (2) o mard / (3) änhä rä bä (4) wazeefa / (5) a'malyät / (6) tarz-ol-amal / (7) kär-e-mahmool / (8) dastgäh äshnä besäzed.*

family *n* فامیل *fämeel,* خانواده *khänawäda* **broken ~** خانواده شکسته *khäna-wäda-e-shekesta,* فامیل از هم پاشیده *fämel az ham päsheeda* **extended ~** خانواده وسیع *khänawäda-e-wasee'* **~ name** نام فامیلی *näm-e-fämeelee,* تخلص فامیلی *takhalos-e-fämeelee* **~ planning** پلان گذاری فامیلی *pelän gozä-*

famine   134   **farm**

ree-e-fämeelee, جلوگیری از تولدات *jelow-geeree az tawalodät* ~ **reunion** یکجا شدن دوباره فامیل *yakjä shodan-e-doobära-e-fämeel* **large** ~ خانواده بزرگ *khänawäda-e-bozorg*, فامیل بزرگ *fämeel-e-bozorg* **reunite the** ~ خانواده را متحد ساختن *khänawäda rä motahed säkhtan* **small** ~ خانواده کوچک *khänawäda-e-kochak*, فامیل کوچک *fämeel-e-koochak* **How many people are in the family?** در فامیل چند نفر است؟ *Dar fämeel chand nafar ast?* **The family was separated.** خانواده جدا شد. *Khänawäda jedä shod.* **Keep the family together.** خانواده را یکجا نگهدارید. *Khänawäda rä yakjä nega-däred.* **You can help your family have a better life.** میتوانید فامیل خودرا کمک کنید تا زندگی خوب داشته باشد *Mey-tawäned fämeel-e-khod rä komak koned tä zendagee-e-khoob dashta bäshad.*

famine *n* قحطى *qahtee*, کمیابی *kamyäbee* ~ **relief** کمکهای عاجل برای قحطى *komak hä-e-äjel baräy-e-qahtee* **prevent a** ~ از قحطى جلوگیری کردن *az qahtee jelow-geeree kardan* **A famine is starting.** قحطى شروع شده است. *Qahtee shoro' shoda ast.* **There will be a famine.** قحطى خواهد شد. *Qahtee khähad shod.*

famous *adj* مشهور *mash-hoor* **You're going to be the most famous guy in Afghanistan.** شما مشهور ترین شخص در افغانستان خواهید بود. *Shomä mash-hoor tareen shakhs dar Afghänestän khähed bood.*

fan *vt* پکه کردن *paka kardan*, باد زدن *bäd zadan* **Fan (1) her / (2) him (with this).** (۱) او زن / (۲) او مرد را (همرای این) پکه کنید. *(1) O zan / (2) o mard rä (hamräyee een) paka koned.* ★ *n* پکه *paka* **electric** ~ باد پکه *bäd paka* **electric** ~ باد پکه برقی *bäd paka-e-barqee* **belt** ~ رابر پکه موتر *räbar-e-paka-e-mootar*

fantastic *adj* (great, wonderful) عالی *älee*, جالب *jäleb*

far *adj* دور *door* ~ **away** بسیار دور *beesyär door* ~ **from (home)** از (خانه) دور *az (khäna) door* **so** ~ (up till now) تا اکنون *tä aknoon*, تا کنون *tä konoon* **Is it far from (1) here? / (2) there?** آیا از (۱) اینجا / (۲) آنجا دور است؟ *Äyä az (1) eenjä / (2) änjä door ast?* **How far is it from (1) here? / (2) there?** چی قدر از (۱) اینجا / (۲) آنجا دور است؟ *Chee qadar az (1) eenjä / (2) änjä door ast?* **It (1) is / (2) isn't far from (3) here. / (4) there.** از (۳) اینجا / (٤) آنجا دور (۱) است. / (۲) نیست. *Az (3) eenjä / (4) änjä door (1) ast. / (2) neest.* **So far, everything is okay.** تا اکنون، همه چیز درست است. *Tä aknoon, hama cheez drost ast.* ★ *adv* 1. *(much)* بسیار *beesyär*; 2. *(distance)* فاصله *fäsela-e-door* **as** ~ **as** تا آنجا که *tä änjä ke* ~ **ahead** بسیار پیش *beesyär peysh* ~ **behind** بسیار عقب *beesyär a'qab* **How far are you going?** شما تا کجا میروید؟ *Shomä tä-koojä mey-rawed?* **Did you come far?** آیا شما دور آمدید؟ *Äyä shomä door ämaded?* **As far as I know, it's okay.** تا جایکه من میدانم، همه چیز درست است *Tä jäy-e-ke man mey-dänam, hama cheez drost ast.* **(1) He / (2) She is... / (3) They / (4) You are... far better off with us than staying there.** (۱) او مرد / (۲) او زن / (۳) آنها / (٤) شما به مراتب همرای ما آسوده تر (۲٫۱) است... / (۳) هستند... / (٤) هستید... نسبت به آنجا بودن. *(1) O mard / (2) O zan / (3) Ähnä / (4) Shomä marateb hamräy-e-mä äsoda tar (1,2) ast... / (3) hastand... / (4) hasted... nesbat ba änjä boodan.*

fare *n* کرایه *keräya* **bus** ~ کرایه موترسرویس *keräya-e-motar-e-sarwees* **taxi** ~ کرایه تکسی *keräya-e-taksee* **How much is the fare?** کرایه چی قدر است؟ *Keräya chee meqdar ast?*

farewell *n* خدا حافظی *khodä häfezee*, وداع *wedä* **It's time to say farewell.** وقت وداع گفتن است. *Waqt-e-wedä goftan ast.* **Farewell!** خدا حافظ! *Khodä häfez!*

farm *vt* اجاره کردن *ejära kardan* ~ **the land** زمین را اجاره کردن *zameen rä ejära kardan* ★ *n* کشتزار *keshtzär*, مزرعه *mazre-a'*, زمین *zameen*, فارم

farmer | 135 | **fate**

farm chicken ~ مزرعه مرغ *farm-e-morgh* **cooperative** ~ مزرعه تعاونی *mazre-a'-e-ta'äwänee* **dairy** ~ فارم لبنیات *farm-e-labanyät*, فارم مالداری *farm-e-mäl-däree* **family** ~ فارم فامیلی *färm-e-fämeelee* **building** تعمیر فارم *tahmeer-e-färm* ~ **machinery** ماشین آلات فارم *mäsheen älät-e-färm* ~ **worker** کارگران فارم *kärgarän-e-färm*, کارگران مزرعه *kärgarän-e-mazre-a'*, **poppy** ~ مزرعه خشخاش *mazre-a'h-e-khashkhäsh* **poultry** ~ فارم مرغداری *färm-e-morgh-däree* **rebuild the** ~ فارم را دوباره اعمار کردن *färm rä dobära e'mär kardan* **start (up) a** ~ فارم را فعال ساختن *färm rä fahäl sākhtan* ★ **farmer** *n* دهقان *dehqän* **poppy** ~ دهقان خشخاش *dehqän-e-khashkhäsh* ★ **farming** *n* دهقانی *dehqä-nee* **be engaged in** ~ دردهقانی مصروف بودن *dar dehqänee masroof bodan* ~ **equipment** اسباب دهقانی *asbäb-e-dehqänee* ~ **tools** (وسایل) افزار دهقانی *afzär (wasäyel)-e-dehqä-nee* **poppy** ~ دهقانی خشخاش *dehqänee-ye-khash-khäsh* **suitable for** ~ برای دهقانی مناسب *baräyee dehqänee monäseb* **take up** ~ دهقانی گرفتن *dehqänee greftan* ★ **farmland** *n* زمین زراعتی *zameen-e-zerä-a'tee*

Farsi *n (lang.)* لسان فارسی *lesän-e-färsee*, فارسی *färsee* (See **Persian** *for phrases*)

farsighted *adj (med.)* دور بین (چشم که فاصله دور را نسبت به نزدیک بهتر میبیند) *door been (chashem-e-ke fäsela-e-door rä nesbat ba nazdeek behtar mey-beenad)*

farther *adj & adv* دور تر *door tar*, بیشتر *beeshtar*

fascist *adj* فاشیستی *fäsheestee* ★ *n* (عضو حزب ملی ایتالیا) فاشیست *fäsheest (o'zve-e-hezb-e-melee eetälyä)*

fashion *vt (make, shape)* ساختن *säkhtan*, شکل دادن *shakel dädan* ★ *n* 1. *(way, manner)* رسم *rasem*; 2. *(style)* مود *mod*, فیشن *feshan* **in this** ~ دراین رسم *dar een rasem*

fast *adj* تیز *teez*, تندرو *tondrow*, سریع *saree'* **faster** سریعتر *saree'tar* **fastest** سریعترین *saree'tareen* ~ **response** جواب سریع *jawäb-e-saree'* ~ **worker** کارگران فعال *kärgarän-e-fahäl* ★ *adv* تند *tond*, زود *zood*, به سرعت *ba sora't* **drive** ~ به سرعت راندن *ba sora't rändan* **get** *(1)* **here** */ (2)* **there** (١) اینجا */ (٢)* آنجا به سرعت رسیدن *(1) eenjä / (2) änjä ba sora't raseedan* ~ **go** به سرعت رفتن *ba sora't raftan* **move** ~ به سرعت حرکت کردن *ba sora't harakat kardan* **work** ~ 1. *(labor fast)* سریع کار کردن *saree' kär kardan*; 2. *(have a fast effect)* تاثیر سریع داشتن *täseer-e-saree' däshatan* **(1) Drive / (2) Go / (3) Move / (4) Work faster!** (١) تیزتر برانید / (٢) بروید / (٣) *Teeztar (1) beräned! / (2) berawed! / (3) harakat koned! / (4) kär koned!* ★ **fast** *vi* روزه داشتن *roza dashtan*, روزه بودن *roza bodan* ★ **fast(ing)** *n* روزه *roza* **break the** ~ *(after sunset)* افطار کردن *eftär kardan* ★ **fast-acting** *adj* زود تاثیر *zood-täseer*

fasten *vt* محکم کردن *mahkam kardan*, بستن *bastan* **Fasten your seat belts.** کمربند چوکی تان را محکم کنید. *Kamarband-e-chowkee-e-tän rä mahkam koned.* **Could you fasten this for me?** آیا شما میتوانید این را برایم محکم کنید؟ *Äyä shomä mey-tawäned een rä baräyam mahkam koned?* ★ **fastener** *n* محکم کننده *mahkam konenda*

fat *adj* چاق *chäq* ★ *n* چربی *charbee*, روغن *rooghan*, دنبه *donba* **No fat, please.** لطفاً، بدون روغن *Lotfan, bedoon-e-rooghan* **Cut the fat off.** روغن را قطع کنید. *Rooghan rä qata' koned.*

fatal *adj* کشنده *koshenda* ★ **fatality** *n* سرنوشت *sarnawesht*, تقدیر *taqdeer*, بلا *balä*, مرگ *marg*, خساره جانی *khesära-e-jänee*, تلفات *talafät* **How many fatalities were there?** تلفات چقدر بود؟ *Talafät cheqadar bood?*

fate *n* تقدیر *taqdeer*, نصیب *naseeb*, سرنوشت *sar nawesht*

father *n* پدر *padar* **foster ~** پدر خوانده *padar khänada* **father-in-law** *n* (خسر) پدر خانم یا شوهر) *khosor (padar khänom yä shohar)*

fatigue *n* خسته گی *khastagee*

fatten *vt* چاق کردن *chäq kardan*, پرورش دادن *parwaresh dädan* **~ a cow** گاو را پرورش دادن *gäw rä parwaresh dädan* **~ cattle** رمه را پرورش دادن *rama rä parwaresh dädan* **We have to fatten you up.** ما شما را باید پرورش دهیم. *Mä shomä rä bäyad parwaresh dehem.*

faucet *n* وال *wäl* **water ~** وال آب *wäl-e-äb* **Please turn off the faucet (when you're finished using it).** لطفاً وال را بند کنید (وقتیکه استعمال را تمام کردید). *Lotfan wäl rä band koned (waqtee ke estehmäl rä tamäm karded).*

fault *n* تقصیر *taqseer*, اشتباه *eshtebäh*, گناه *gonäh* **Whose fault was it?** این تقصیر کی بود؟ *Een taqseer-e-kee bod?* **It** *(1)* **is / ** *(2)* **isn't** *(3)* **her / ** *(4)* **his / ** *(5)* **my / ** *(6)* **our / ** *(7)* **their / ** *(8)* **your fault.** این تقصیر (۳) او زن / (٤) او مرد / (٥) من / (٦) ما / (۷) آنها / (۸) شما (١) است. / (۲) نیست. *Een taqseer-e- (3) o zan / (4) o mard / (5) man / (6) änhä / (6) mä / (7) änhä / (8) shomä (1) ast. / (2) neest.* **It** *(1)* **was /** *(2)* **wasn't** *(3)* **her /** *(4)* **his /** *(5)* **my /** *(6)* **our /** *(7)* **their /** *(8)* **your fault.** این تقصیر (۳) او زن / (٤) او مرد / (٥) من / (٦) ما / (۷) آنها / (۸) شما (١) بود. / (۲) نبود. *Een taqseer-e- (3) o zan / (4) o mard / (5) man / (6) änhä / (6) mä / (7) änhä / (8) shomä (1) bod. / (2) nabod.* ★ **faulty** *adj* مقصر *moqaser* **~ part** قسمت مقصر *qesmat-e-moqaser*

favor *n* مرحمت *marhamat*, احسان *ehsän*, یاری *yäree*, لطف *lotf* **Could you do me a ([1] big / [2] small) favor?** آیا شما یک لطف ([۱] بزرگ / [۲] کوچک) برایم کرده میتوانید؟ *Äyä shomä yak lotf (-e- [1] bozorg / [2] kochak) baräyam karda mey-tawäned?* **I'd like to ask a favor of you.** میخواهم از شما یاری طلب کنم. *Mey-khäham az shomä yaree talab konam.* **Thanks for the favor.** از لطف شما تشکر. *Az lotf-e-shomä tashakor.* ★ **favorable** *adj* مساعد *masähed*, موافق *mawäfeq*, امید بخش *omayd bakhsh* **The** *(1)* **conditions /** *(2)* **prospects are favorable.** (۱) حالات / (۲) آینده امید بخش است. *(1) Hälät / (2) Äyenda omayd bakhsh ast.* **The** *(1)* **outlook /** *(2)* **time /** *(2)* **weather is favorable.** (١) منظره / (۲) زمان / (۳) هوا مساعد است. *(1) Manzera / (2) Zamän / (3) Hawä masähed ast.*

favorite *adj* مطلوب *matloob*, برگزیده *bargozeeda*, موردپسند *mowred-e-pesand* **What is your favorite** *(1)* **color? /** *(2)* **food? /** *(3)* **movie? /** *(4)* **song? /** *(5)* **subject?** (١) رنگ / (۲) غذا / (۳) فلم / (٤) آهنگ / (٥) مظمون مورد پسند شما چیست؟ *(1) Rang / (2) Ghezä / (3) Felm / (4) Ähang / (5) Mazmoon -e- mowred-e-pesand-e-shomä cheest?* ★ **favoritism** *n* طرفداری *taraf-däraee*, جناه-گرای *jenä-gerä-y* **There must be no favoritism.** هیچنوع طرفداری باید نباشد. *Hech nawa' taraf-däreed nabäshad.*

fax *n* فکس *faks* **~ machine** ماشین فکس *mäsheen-e-faks* **~ number** نمره فکس *nomra-e-faks*, شماره فکس *shomära-e-faks* **receive a ~** فکس گرفتن *faks greftan* **send a ~** فکس ارسال کردن *faks ersäl kardan*, فکس روان کردن *faks rawän kardän* ★ *vt* فکس کردن *faks kardan*

fear *vt* (از) ترسیدن *tarseedan (az)* **There's nothing to fear.** چیزی قابل ترس نیست. *Cheezee qäbel-e-tars neest.* ★ *n* ترس *tars*, خوف *khowf*, بیم *beem* **We must allay** *(1)* **her /** *(2)* **his fears.** ما باید خوف (١) او زن / (۲) او مرد را برطرف سازیم. *Mä bäyad khowf-e- (1) o zan / (2) o mard rä bartaraf säze-am.* *(1)* **He /** *(2)* **She has a (great) fear of (*what*).** (١) او مرد / (۲) او زن یک خوف (بزرگ) ( ) دارد. *(1) O mard / (2) O zan yak khowf-e-(bozorg) ( ) därad.*

feasible *adj* امکان پذیر *emkän pazeer* **Do you think it's feasible?** آیا شما فکر

feast 137 **feel**

میکنید این امکان پذیر است؟ *Äyä shomä feker mey-koned een emkän pazeer ast?* **It's (quite) feasible.** این (مطلقا) امکان پذیراست. *Een (motlaqan) emkän pazeer ast.* **It's not feasible.** این امکان پذیر نیست. *Een emkän pazeer neest.*
feast *n* مهمانی *mehmänee,* جشن *jashen*
feather *n* پر *par,* چیز بی ارزش *cheez-e-bay-arzesh*
feature 1. *(characteristic)* شکل *shakel,* کیفیت *kayfeyat;* 2. *pl (facial traits)* صورت *soorat,* چهره *chehra* **design ~** شکل را طرح ریزی کردن *shakel rä tarha reezee kardan* **important ~** کیفیت مهم *kayfeyat-e-mohem* **Some of its features are power, speed and durability.** بعضی از کیفیت هایش قدرت سرعت و دوام است. *Bahzay az kayfeyat häyash qodrat, sorhat wa dawam ast.*
February *n* ماه فبروری (ماه دوم میلادی) *mäh febrowaree (mäh-e-dowom-e-meelädee)* (See **Calendar Time** *appendix for terms*)
feces *n* فضله *fazle* **It's contaminated with feces.** با فضله ملوث گردیده. *Bä fazle molawas gardeeda.*
fee *n* حق *haq,* مزد *mozd,* فیس *fees* **customs ~** حقوق گمرکی *haqooq-e-gomrokee* **doctor's ~** فیس داکتر *fees-e-däktar* **pay a ~** فیس دادن *fees-e-dädan*
feeble *adj* ناتوان *nätawän,* ضعیف *za'eef (1)* **He** / *(2)* **She is** *(3)* **rather** / *(4)* **quite feeble..** *(1)* O او مرد / (2) او زن (3) بیشتر / (4) کاملا ناتوان است. *O mard / (2) O zan (3) beeshtar / (4) kämelan nätawän ast.*
feeble-minded *adj* کند ذهن *kond zehn,* ضعیف مغز *zaheef maghz*
feed *vt* غذا دادن *ghezä dädan,* خوراك دادن *khoräk dädan,* تغذیه کردن *taghzeya kardan* **~ a baby** کودک را تغذیه کردن *koodak rä taghzeya kardan* **~ animals** حیوانات را غذا دادن *haywänät rä ghezä dädan* **~** *(1)* **by** / *(2)* **through a tube** (1) توسط / (2) از طریق لوله تغذیه کردن *(1) tawasot-e- / (2) az tareeq-e-lola taghzeya kardan* **~ children** اطفال را تغذیه کردن *atfäl rä taghzeya kardan* **~ everybody** همه کس را غذا دادن *hama kas rä ghezä dädan* **~ intravenously** ازطریق ورید تغذیه کردن *az tareeq-e-wareed taghzeya kardan* **~ the horses** اسپ ها را غذا دادن *asp hä rä ghezä dädan* **~ the people** مردم را غذا دادن *mardom rä ghezä dädan* **~ your family** فامیل تان را غذا دادن *fämel-e-tän rä taghzeya kardan* **Feed the baby.** کودک را غذا تغذیه کنید. *koodak rä ghezä be-dehed .* **I'll feed the baby.** من طفل را غذا خواهم داد. *Man tefel rä gheza khäham däd.* **How many people can we feed (a day)?** چند نفر را میتوانیم (دریک روز) غذا دهیم؟ *Chand nafar rä mey-tawänem (dar yak rooz) ghezä dehem.* **We can feed (only)** *(number)* **people (a day).** ما(صرف) ( ) افراد را میتوانیم (در یک روز) غذا دهیم. *Mä (serf) ( ) afräd rä mey-tawänem (dar yak rooz) ghezä dehem.* **We don't have enough food to feed everyone.** ما به قدر کافی غذا نداریم که همه را تغذیه کنیم. *Mä ba qader-e-käfee ghezä nadeam ke hama rä taghzeya konem.* ★ *n* غذا *ghezä,* خوراك *khoorak,* تغذیه *taghzeya* **chicken ~** غذا مرغ *ghezä-e-morgh,* **grain ~** غذا حبوبات *ghezä-e-hobobät.* ★ **feeder** *n* تغذیه کننده غذا دهنده *ghezä dehenda* خوراك دهنده *khoräk dehenda* *taghzeya konenda* ★ **feeding** تغذیه *taghzeya* **~ program** پروگرام تغذیه *prográm-e-taqhzeya* **intravenous ~** تغذیه وریدی *taqhzeya-e-wareedee*
feel *vt* احساس کردن *ehsäs kardan* **Can you feel** *(1)* **this?** / *(2)* **that?** آیا شما میتوانید (1) این / (2) آن را احساس کنید؟ *Äyä shomä mey-tawäneed (1) een / (2) än rä ehsäs koned?* **What do you feel?** چی احساس میکنید؟ *Chee ehsäs mey-koned?* **Do you feel (any)** *(1)* **nausea?** / *(2)* **discomfort?** / *(3)* **dizziness?** آیا شما احساس (کدام) (1) دل بدی / (2) ناراحتی / (3) گیچی میکنید؟ *Äyä shomä ehsäs-e-(kodäm) (1) delbadee / (2) närähatee / (3) geechee mey-*

feel   **fence**

koned? **I feel a(n)** *(1)* **ache** / *(2)* **pain** *(3)* **here.** / *(4)* **there.** (۱) من احساس درد / (۲) درد (۳) در اینجا / (٤) در آنجا میکنم. *Man ehsäs-e-* (1) *dard* / (2) *dard* (3) *dar eenjä* / (4) *dar änjä mey-konam.* **I feel great** *(1)* **pity** / *(2)* **sorrow** / *(3)* **sympathy (for** *[4]* **her** / *[5]* **him** / *[6]* **them).** من بسیار احساس (۱) افسوس / (۲) اندوه / (۳) همدردی (برای [٤] او زن / [٥] او مرد / [٦] آنها) میکنم. *Man besyär ehsäs-e-* (1) *afsoos* / (2) *ando'* / (3) *hamdardee (baräy-e-[4] o zan* / [5] *o mard* / [6] *änhä) mey-konam.* **Try not to feel hatred.** کوشش کنید که احساس تنفر نکنید. *Koshesh koned ke ehsäs-e-tanafor nakoned.* ★ *vi* آمدن به نظر *ba nazar äman,* کردن احساس *ehsäs kardan* ~ **like** کردن احساس *ehsäs kardan* **How do you feel (today)?** (امروز) چطور احساس میکنید؟ *(emrooz) chetowr ehsäs meay-koned?* **Do you feel** *(1)* **better** / *(2)* **okay (now)?** (حالا) (۱) بهتر / (۲) خوب هستید؟ *Äy shomä (hälä)* (1) *behtar* / (2) *khoob hasted?* **Do you feel** *(1)* **(2) nauseous?** / *(3)* **sleepy?** / *(4)* **tired?** آیا شما (۱) گیج / (۲) دل بد / (۳) خواب آلود / (٤) خسته هستید؟ *Äyä shomä* (1) *geech...* / (2) *del bad...* / (3) *khäb älood...* / (4) *khasta... hasted?* *(1)* **He** / *(2)* **She doesn't feel well.** (۱) اومرد / (۲) او زن خوب نیست. (1) *O mard* / (2) *O zan khoob neest.* **I don't feel well.** من خوب نیستم. *Man khoob neestam.* **I feel** *(1)* **(some-what) better** / *(1)* **okay** / *(1)* **great.** من (۱) (اندکی) بهتر / (۲) خوب / (۳) بسیار خوب هستم. *Man* (1) *(andakee) behtar* / (2) *khoob* / (3) *beesyär khoob hastam.* **I feel** *([1]* **rather** / *[2]* **very)** *(3)* **dizzy** / *(4)* **nauseous** / *(5)* **sleepy** / *(6)* **tired.** من ([۱] اندکی / [۲] بسیار) (۳) گیج / (٤) دل بد / (٥) خواب آلود / (٦) خسته هستم. *Man* ([1] *andakee* / [2] *beesyär*) (3) *geech...* / (4) *del bad...* / (5) *khäb älood...* / (5) *khasta... hastam.* **I feel like throwing up.** احساس دلبدی میکنم. *Ehsäs-e-delbadee mey-konam.* **Does it feel numb?** آیا بی حس است؟ *Äyä bey hes ast?* **It feels numb.** بی حس است. *Bey hes ast.* **I feel bad about** *(1)* **that.** / *(2)* **what happened.** در باره (۱) آن... / (۲) چیزی کی رخ داد... متأثرهستم. *Dar bära-e-* (1) *än...* / (2) *cheezee ke rokh däd... motahaser hastam.* **Don't feel bad. (It couldn't be helped.)** خفه نباشید. (علاج ندارد.) *Khafa nabäshed. (heläj nadärad.)* **I feel sorry for** *(I)* **her.** / *(2)* **him.** / *(3)* **them.** / *(4)* **you.** برای (۱) او زن / (۲) او مرد / (۳) آنها / (٤) شما متأسف هستم. *Baräy-e-* (1) *o zan* / (2) *o mard* / (3) *änhä* / (4) *shomä mota'sef hastam.* **I feel (very)** *(1)* **angry.** / *(2)* **depressed.** / *(3)* **empty.** / *(4)* **frustrated.** / *(5)* **happy.** / *(6)* **helpless.** / *(7)* **irritated.** / *(8)* **optimistic.** / *(9)* **sad.** / *(10)* **unhappy.** من (بسیار) (۱) قهر / (۲) افسرده / (۳) خالی / (٤) ناراحت / (٥) خوش / (٦) بیچاره / (۷) خشم گین / (۸) خوش بین / (۹) غمگین / (۱۰) خفه هستم. *Man (besyär)* (1) *qahr* / (2) *afsorda* / (3) *khälee* / (4) *närähat* / (5) *khosh* / (6) *bey-chära* / (7) *khashemgeen* / (8) *khoshbeen* / (9) *ghambeen* / (10) *khafa hastam.* ★ **feeling** *n* احساس *ehsäs,* حس *hes,* **burning** ~ احساس گرم *ehsäs-e-garm,* احساس آتشین *ehsäs-e-ätasheen* **dizzy** ~ احساس گیچی *ehsäs-e-geechee* ~ **of sadness** احساس غمگینی *ehsäs-e-gham-geenee* **nauseous** ~ احساس بدی دل *ehsäs-e-del badee* **numb** ~ احساس بی حسی *ehsäs-e-bey hesee* **strange** ~ احساس بیگانگی *ehsäs-e-bee-gänagee* **terrible** ~ احساس خراب *ehsäs-e-kharäb*

fellow *n* هم قطار *ham qatär,* هم نوع *ham nowa*

felt *n* نمد *namad* ★ **felt-covered** *adj* نمد پوشیده *namad poshdda,* پوشانده شده با نمد *pooshända shoda ba namak*

female *adj* ماده *mäda,* مؤنث *mo-anas,* زنانه *zanäna* ★ *n* جنس ماده *jens-e-mäda,* زن *zan* ★ **feminine** *adj* زنانه *zanäna*

fence *n* دیوار *deewär* **barbed wire** ~ دیوار سیم خاردار *deewär-e-seem-e-khär där* **chicken wire** ~ دیوارسیمی مرغانچه *deewär-e-seemee-e-morghäncha*

fend ‎دیوار چوبی‎ mud brick ~ ‎دیوار خشت خام‎ deewär-e-khesht-e-khäm **wooden** ~ deewär-e-chobee **We need to put up a fence (**[1]** here /** [2]** there).** ‎ما به دیوار کشیدن (۱) اینجا / (۲) انجا) ضرورت داریم.‎ Mä ba deewär kasheedan [1] eenjä / [2] änjä zaroorat därem.

fend vi ‎دفع کردن‎ dafa' kardan, ‎دفاع کردن‎ defäa' kardan, ‎تلاش‎ taläsh **They have to fend for themselves.** ‎آنها باید برای خود تلاش کنند.‎ Änhä bäyad barä-e-khod taläsh konand.

fennel n ‎گیاه که مانند تخم بادیان بوی دارد‎ geeyäh-e-ke mänand-e-tokhm-e-bädyän boy därad.

ferry vt ‎عبور دادن‎ oboor dädan, ‎گذشتاندن‎ gozashtändan ★ n ‎کیمه‎ keema, ‎پاروم‎ pärom, ‎قایق‎ qä-yeq

fertile adj ‎حاصلخیز‎ häselkheez, ‎قابل تکثر‎ qäbel-e-takasoor ~ **soil** ‎زمین حاصلخیز‎ zameen-e-häselkheez ★ **fertilize** vt ‎حاصلخیز کردن‎ häselkheez kardan **I recommend that you fertilize your field with this.** ‎من توصیه کرده بودم که زمین تان را با این حاصلخیز نمایید.‎ Man towseya karda bodam ke zameen-e-tän rä bä een häselkheez nomäyed. ★ **fertilizer** n ‎کود‎ kood **chemical** ~ ‎کود کیمیاوی‎ kood-e-keemyäwee **spread** ~ ‎کود پاش دادن‎ päsh dädan **I will explain to you how to use this fertilizer.** ‎برایتان تشریح خواهم کرد که این کود را چگونه استفاده کنید.‎ Barä-ye-tän tashre khäham kard ke een kood rä chegoona estefäda koned. **You should use the fertilizer like this.** ‎شما باید کود را به این قسم استفاده کنید.‎ Shomä bäyad kood rä ba een qesem estefäda koned. **fester** vi ‎چرک جمع کردن‎ cherk jama' kardan **The wound is festering.** ‎زخم چرک میکند.‎ Zakhem cherk mey-konad.

festivity n ‎سرور و شادی‎ soroor wa shade, ‎جشن‎ jashen

fetal adj ‎کشنده‎ koshenda

fetus n ‎جنین‎ jonayn

feud n ‎کینه‎ keena, ‎دشمنی‎ doshmanee

fever n ‎تب‎ tab **bring the** ~ **down** ‎تب را پائین آوردن‎ tab rä päyeen äwardan **have a** ~ ‎تب داشتن‎ tab däshtan **hemorrhagic** ~ ‎تب خونریزی‎ tab-e-khoon-e-reezee **high** ~ ‎تب بلند‎ tab-e-beland **lower the** ~ ‎تب را پائین آوردن‎ tab rä päyeen äwardan **scarlet** ~ ‎سکارلاتین‎ skärlateen, ‎مخملک‎ makhmalak **typhoid** ~ ‎تب محرقه‎ tab-e-mohreqa **yellow** ~ ‎تب زردی‎ tab-e-zardee **(1) You have... / (2) He / (3) She has... a (high) fever.** ‎(۱) شما / (۲) او مرد / (۳) او زن تب (بالا) (۱) دارید. / (۳،۲) دارد.‎ Shomä / (2) O mard / (3) O zan tab-e- (bälä) (1) däred. / (2,3) därad. **(1) He / (2) She is burning with fever.** ‎(۱) اومرد / (۲) او زن از تب شدید میسوزد.‎ (1) O mard / (2) O zan az tab shadeed meysozad. **We have to bring (1) her / (2) his / (3) your fever down.** ‎ما باید تب (۱) او زن / (۲) اومرد / (۳) شما را پائین بیاوریم.‎ Mä bäyad tab-e- (1) o zan (2) o mard / (3) shomä rä päyeen beyäwarem. **(1) He / (2) She is infected with yellow fever.** ‎(۱) اومرد / (۲) او زن مصاب به تب زردی‎ (1) O mard / (2) O zan mosäb ba tab-e-zardee ast. **There is no specific treatment for yellow fever.** ‎تب زردی علاج معین ندارد.‎ Tab-e-zardee e'läj ma'-en nadärad.

few adj 1. (not many) ‎کم‎ kam; 2. (several, some) ‎چند‎ chand, ‎بعضی‎ ba'zee **for a** ~ **(1) minutes / (2) hours / (3) days / (4) weeks / (5) months** ‎برای چند (۱) دقیقه / (۲) ساعت / (۳) روز / (۴) هفته / (۵) ماه.‎ baräyee chan (1) daqeqa / (2) sä-a't / (3) rooz / (4) hafta / (5) mäh **in a** ~ **(1) minutes / (2) hours / (3) days / (4) weeks / (5) months** ‎درچند (۱) دقیقه / (۲) ساعت / (۳) روز / (۴) هفته / (۵) ماه.‎ dar chand (1) daqeeqa / (2) sä-a't / (3) rooz / (4) hafta / (5) mäh **quite a** ~ ‎چندین‎ chandee, ‎چندین‎ chandeen **There are few possibilites.** ‎امکانات کم است.‎ Emkänät-e-kam ast. **There are a few possibilites.** ‎چندین امکانات است.‎ Chan-deen emkänät ast.

fiber n الیاف *alyäf*, فایبر *fäybar*
fibula n (anat.) استخوان ساق *ostokhän-e-säq*
field n زمین *zameen*, میدان *maydän*, ساحه *säha* **barley ~** زمین جو *zameen-e-jow* **empty ~** زمین خالی *zameen-e-khälee* **landing ~** میدان هوایی *maydän-e-hawäyee* **playing ~** میدان بازی *maydän-e-bäzee* **plow the ~** زمین را قلبه کردن *zameen rä qolba kardan* **soccer ~** میدان فوتبال *maydän-e-footbäl* **wheat ~** زمین گندم *zameen-e-gandom*, مزرعه گندم *mazreha-e-gandom*
fig n انجیر *anjeer* **~ tree** درخت انجیر *darakht-e-anjeer*
fight vt 1. (with fists) زد و خورد کردن *zad wa khord kardan*, جنگ کردن *jang kardan*; 2. (in a war) جنگیدن *jangeedan*; 3. (struggle against) جنگ کردن *jang kardan*, مبارزه کردن *mobäreza kardan*; 4. (argue) گفتگو کردن *goftogo kardan*, دعوا نکیدن *dahwä kardan*, بحث کردن *bahs kardan* **~ against** جنگیدن *jangeedan* **ba zed-e** به ضد ~ **fires** با آتش مبارزه کردن *bä ätash mobäreza kardan* ~ **insects** با حشرات مبارزه کردن *bä hasharät mobäreza kardan* ~ **with** با زد و خورد کردن *zad wa khord kardan bä* **Don't fight.** 1. (argue) دعوا نکنید. *Dahwä nakoned.* / 2. (fists) جنگ نکنید *Jang nakoned.* **Did you fight in the war?** آیا شما در نبرد جنگیده بودید؟ *Äyä shomä dar nabard jangeeda boded?* **(1) He / (2) They fought against the Taliban.** (۱) او مرد / (۲) آنها بر ضد طالبان جنگیده (۱) بود. / (۲) بودند. *(1) O mard / (2) Ähä bar zed-e-talebän jangeeda (1) bod. / (2) bodand.* ★ n جنگ *jang*, نبرد *nabard* ★ **fighter** n جنگ کننده *jang-konenda*, جنگجو *jang-joo*, جنگنده *jangenda*, مبارز *mobärez* **Taliban ~** جنگجوی طالبان *jang-joo-ye-tälebän* ★ **fighting** n جنگ *jang*, نبرد *nabard* **heavy ~** جنگ عظیم *jang-e-azeem*, جنگ بزرگ *jang-e-bozorg*
figure vt حساب کردن *hesäb kardan*, ترسیم کردن *tarseem kardan*, شمردن *shomordan* **~ out** معلومات را کشف کردن *ma'loomät rä kashf kardan*, دانستن *dänestan* **How many do you figure there are?** چقدر شما حساب کردید؟ *Cheqadar shomä hesäk karded?* **I figure there are (about) (number).** من حساب کردم (درحدود) (___) است. *Man hesäb kardam (dar hodod)-e- (___) ast.* **See if you can figure out (1) a solution. / (2) what's going on.** ببینید اگر شما (۱) یک راه حل / (۲) وضع را معلوم کرده بتوانید. *bebeened agar shomä (1) yak räh-e-hal. / (2) waza' rä ma'loom karda betawäned?* **I'll figure something out.** یک چاره خواهم یافت. *Yak chära khäham yäft.* **I can't figure out what to do.** من انجام نمیدانم چی کنم. *Man anjäm deham chee konam.* ★ n 1. (number) عدد *a'dad*; 2. (form) شکل *shakel*
file vt 1. (put in a file) در دوسیه گذاشتن *dar doosya gozashtan*, تنظیم کردن *tanzeem kardan*; 2. (make smooth) سوهان کردن *sowän kardan* **File this down.** این را در دوسیه بگذارید. *Een rä dar doosya begzäred.* **File this smooth.** این را لشم سوهان کنید. *Een rä lashem sowän koned.* ★ n 1. (folder) دوسیه *doosya*; (cabinet) الماری فلزی *almäree felezee*; (comp.) فهرست کمپیوتر *fehrest-e-kampyootar*; 2. (tool) سوهان *soohän* **card ~** دوسیه کاغذی *doosya-e-käghazee* **computer ~** فهرست کمپیوتر *fehrest-e-kampyootar* **cabinet ~** الماری فلزی برای دوسیه ها *almäree felezee barä-e-doosya hä* **folder ~** بکس دوسیه ها *baks-e-doosya hä*
fill vt پر کردن *por kardan* **~ in** درج کردن *darj kardan*, خانه پری کردن *khäna poree kardan* **~ out** تکمیل کردن *takmeel kardan* **Fill this (1) bottle / (2) bucket / (3) can / (4) canteen / (5) pan / (6) pot / (7) tank (with water).** این (۱) بوتل / (۲) سطل / (۳) قطی / (۴) جعبه / (۵) ظرف / (٦) دیگ را (با آب) پر کنید. *Een (1) bootal / (2) satel / (3) qotee / (4) jaba / (5) zarf / (6) deeg rä (bä äb) por koned.* **Fill the (1) bus / (2) car / (3) motorcycle / (4) pickup / (5) truck / (6) van / (7) vehicle with gas.** (۱) موتر سرویس / (۲) موتر / (۳) موترسایکل / (٤) پیکپ / (٥) موتر لاری / (٦) واگون / (۷) موتر را با

fill

بطرول پر کنید. *(1) Motar-e-sarwees...* / *(2) Motar...* / *(3) Motar säykel...* / *(4) Peekäp...* / *(5) Motar-e-läree...* / *(6) Wägoon...* / *(7) motar... rä bä petrool por koned.* **Did you fill it?** آیا شما این را پر کردید؟ *Äyä shomä een rä por karded?* **Please fill out this form.** لطفاً این فورمه را تکمیل کنید. *Lotfan een forma rä takmeel koned.* **Fill in your name and address here.** نام و آدرس تان را اینجا درج نمایید. *Näm wa adras-e-tän rä eenjä darj nomäyed.* ★ **fill** *vi* پرشدن *por shodan* ~ **up** پرشدن *por shodan* **The camp is filling up.** کمپ پر شده است. *Kamp por shoda ast.*

film *vt* فلم برداری کردن *felm bardäree kardan*, فلم برداشتن *felm bardäshtan*, ★ *n* فلم *felm* **black & white** ~ فلم سیاه و سفید *felm-e-seyä wa safed* **color** ~ فلم رنگه *felm-e-ranga* **develop** ~ فلم را شستشو و چاپ کردن *felm rä shostosho wa chap kardan* **have** ~ **developed** فلم را شستشو و چاپ کردن *felm rä shostosho wa chäp kardan* **roll of** ~ رول فلم *rool-e-felm* **video** ~ فلم ویدیویی *felm-e-wed-yoyee* **Where can I get this film developed?** این فلم را در کجا میتوانم چاپ کنم؟ *Een felm rä dar kojä mey-tawänam chäp konam?*

filter *vt* فلتر کردن *feltar kardan*, تصفیه کردن *tasfeya kardan*, صاف کردن *säf kardan* **Please filter the water for me.** لطفاً آب را برایم تصفیه کنید. *Lotfan äb rä baräyam tasfeya koned.* ★ *n* تصفیه کننده *tasfeya konenda*, صاف کننده *säf kon-enda*, فلتر *feltar* **air-conditioner** ~ فلتر ایرکندیشنر *feltar-e-er-kandeshnar* **air** ~ فلتر هوا *feltar-e-hawä* **fuel** ~ تصفیه کننده مواد سوخت *tasfeya konenda-e-mawäd-e-sookht*, فلتر تیل *feltar-e-teel* **oil** ~ فلتر تیل *feltar-e-teel* **water** ~ فلتر آب *feltar-e-äb*

filth *n* چرک *cherk*, کثافت *kasäfat* ★ **filthy** *adj* چرک *cherk*, کثیف *kaseef*

final *adj* اخر *äkher*, آخری *äkheree* ★ **finally** *adv* بالاخره *beläkhera*

financial *adj* مالی *mälee* ~ **budget** بودیجه مالی *bodeeja-e-mälee* ~ **difficulty** مشکل مالی *moshkel-e-mälee* ~ **records** دفتر مالی *daftar-e-mälee* ~ **situation** حالت مالی *hälat-e-mälee*, وضع مالی *waz-e-mälee* ~ **support** کمک مالی *komak-e-mälee*, حمایت مالی *hemäyat-e-mälee* ★ **finance** *vt* تخصیص دادن *takhsees dädan*

find *vt* پیدا کردن *paydä kardan* **What did you find?** چی را پیدا کردید؟ *Chee rä paydä karded?* **Did you find** *(1)* **her?** / *(2)* **him?** / *(3)* **it?** / *(4)* **them?** آیا شما *(1)* اورا / *(2)* او مرد / *(3)* این / *(4)* آنها را پیدا کردید؟ *Äyä shomä (1) o zan / (2) o mard / (3) een / (4) änhä rä paydä karded?* **I found** *(1)* **her.** / *(2)* **him.** / *(3)* **it.** / *(4)* **them.** من *(1)* اورا / *(2)* اومرد / *(3)* این / *(4)* آنها را پیدا کردم. *Man (1) o zan / (2) o mard / (3) een / (4) änhä rä paydä kardam.* **I didn't find** *(1)* **her.** / *(2)* **him.** / *(3)* **it.** / *(4)* **them.** من *(1)* اورا / *(2)* اومرد / *(3)* این / *(٤٤)* آنها را پیدا نکردم. *Man (1) o zan / (2) o mard / (3) een / (44) änhä rä paydä nakardam.* *(1)* **He** / *(2)* **She** / *(3)* **They** / *(4)* **We found** *(5)* **it.** / *(6)* **them.** *(1)* او مرد / *(2)* او زن / *(3)* آنها / *(4)* ما / *(5)* این / *(6)* آنها را *(1,2)* پیدا *(3)* کرد / *(٣)* کردند / *(٤)* کردیم. *Mä (5) een / (6) änhä rä paydä (1,2) kard (3) kardand (4) kardem* **Try to find** *(1)* **her.** / *(2)* **him.** / *(3)* **it.** / *(4)* **one.** / *(5)* **some.** / *(6)* **them.** کوشش کنید که *(1)* او زن / *(2)* او مرد / *(3)* این / *(4)* یک / *(5)* بعضی / *(6)* آنها را پیدا کنید. *Koshesh koned ke (1) o zan / (2) o mard / (3) een / (4) yak / (5) ba'zee / (6) änhä rä paydä koned.*

fine *adj* خوب *khoob*, صحتمند *sehatmand* **(I'm) Fine, thanks.** (من) خوب هستم، تشکر. *(man) khoob astam, tashakor.*

fine *n* **(penalty)** جریمه *jareema*

finger *n* انگشت *angosht* **all the** ~**s** تمام انگشتان *tamäm-e-angoshtän* **index** ~ انگشت نشان *angosht-e-neshän* **little** ~ انگشت کوچک *angosh-te-kochak* **lose a** ~ یک انگشت را از دست دادن *yak angosht rä az dast dädan* **lose** *(1)* **two** / *(2)* **three** / *(3)* **four** ~**s** *(1)* دو / *(2)* سه / *(3)* چهار انگشت را از دست دادن *do* /

fingernail   142   **fire**

(2) se / (3) chär angosht rä az dast dädan **middle ~** انگشت وسطى *angosht-e-wasatee* **ring ~** انگشتر angosht-e-angoshtar ★ **fingernail** *n* ناخون انگشت *näkhoon-e-angosht* ★ **fingerprint** *n* نشان انگشت *neshän-e-angosht* **take ~s** نشان انگشت گرفتن *neshän-e-angosht greftan* ★ **fingertip** *n* سرانگشت *sar-e-angosht*

finish *vt* به پایان رساندن *ba päyän rasändan,* تمام کردن *tamäm kardan,* تکمیل کردن *tak-meel kardan,* ختم کردن *khatem kardan* **When will (1) he / (2) she / (3) they / (4) you finish it?** چی وقت (۱) او مرد / (۲) او زن / (۳) آنها / (۲،۱) شما تمام کرد؟ / (۳) خواهند کرد؟ / (٤) خواهید کرد؟ *Chee waqt (1) o mard / (2) o zan / (3) änhä / (4) shomä tamäm (1,2) khähad kard? / (3) khähand kard? / (4) khähed kard?* **Did (1) he / (2) she / (3) they / (4) you finish it?** آیا (۱) او مرد / (۲) او زن / (۳) آنها / (٤) شما این را تمام (۲،۱) کرد؟ / (۳) کردند؟ / (٤) کردید؟ *Äyä (1) o mard / (2) o zan / (3) änhä / (4) shomä een rä tamäm (1,2) kard? / (3) kardand? / (4) karded?* **We need to finish (it) (1) as soon as possible. / (2) by *(time)*.** ما ضرورت داریم که (۱) (این را) هر چه عاجل. / (۲) در (___) تمام کنیم. *Mä zaroorat därem ke (een rä) (1) har che a'äjel. / (2) dar (___) tamäm konem.* **I'll / (2) We'll try to finish (it) (3) as soon as possible. / (4) by *(time)*.** (۱) من کوشش خواهم... / (۲) ما کوشش خواهیم... کرد که (این را) (۳) هرچه عاجل... / (٤) (___) تمام (۱) کنم. / (۲) کنیم. *(1) Man koshesh khäham.. / (2) Mä koshesh khähem... kard ke (een rä) (3) har che a'äjel... / (4) dar (___) ... tamäm (1) konam. / (2) konem.* **Is it finished?** آیا تمام است؟ *Äyä tamäm ast?* **It (1) is / (2) isn't finished.** تمام (۱) است. / (۲) نیست. *Tamäm (1) ast. / (2) neest.* ★ *vi* تمام شدن *tamäm shodan,* تکمیل شدن *takmeel shodan*

fir *n (tree)* درخت صنوبر *darakht-e-snobar,* درخت ناجو *darakht-e-näjoo*

Fire! *(burning)* آتش! *Ätash!*

fire *adj* 1. *(for fires)* حریق *hareeq;* 2. *(firefighting)* آتش نشانی *ätash neshänee,* اطفایه *etefäya* **~ alarm** زنگ خطر-حریق *zang-e-khatar-e-hareeq* **~ department** اطفایه *etefäya* **~ engine** ماشین آتش نشانی *mäsheen-e-ätash neshänee* **~ extinguisher** آله ضد حریق *äla-e-zed-e-hareeq* **~ hose** پیپ آتش نشانی *payp-e-ätash neshänee* **~ hydrant** لوله آبکش آتش *lola-e-äb-kash-e-ätash* **~ station** مرکز اطفایه *markaz-e-etefäya* **~ truck** موتر اطفایه *motar-e-etefäya* ★ *vt* 1. *(dismiss from a job)* سبکدوش کردن *sobokdoosh kardan,* منفک کردن *monfak kardan;* 2. *(apply fire)* آتش زدن *ätash zadan* **~ tile** کاشی را در کوره پخته کردن *käshee rä dar koora pookhta kardan* **You're fired.** شما از وظیفه سبکدوش هستید. *Shomä az wazeefa sobokdoosh hasted.* ★ *vi (shoot)* فیر کردن *fayer kardan* **Someone / (2) They fired at (3) me. / (4) us.** (۱) کسی / (۲) آنها بالای (۳) من / (٤) ما فیر (۱) کرد. / (۲) کردند. *Kasee / (2) Änhä bäläyee (3) man / (4) mä fayer (1) kard. / (2) kardand.* ★ *n* 1. *(flames)* آتش *ätash,* حریق *hareeq;* 2. *(shooting)* آتش *ätash,* فیر *fayr,* تیر اندازی *teer-andäzee* **artillery ~** آتش توپخانه *ätash-e-toop-khäna* **camp ~** آتش که در کمپ روشن میکنند *ätash-e-ke dar kamp rooshan mey-konand* **extinguish a ~** آتش را خاموش کردن *ätash rä khämosh kardan* **machine-gun ~** فیر ماشین دار *fayer-e-mäsheen där* **make a ~** آتش کردن *ätesh kardan* **mortar ~** آتش هاوان *ätash-e-häwän* **put out a ~** شعله آتش را خاموش کردن *sho'la-e-ätesh rä khämosh kardan* **rifle ~** آتش تفنگ *ätash-e-tofang* **small-arms ~** آتش اسلحه کوچک *ätash-e-asleha-e-kochak* **start a ~** آتش را روشن کردن *ätash rä rooshan kardan,* فیرکردن را آغاز کردن *fayer kardan rä äghäz kardan* **tend a ~** از آتش نگهداری کردن *az ätesh negahdäree kardan* **Put some more wood on the fire.** یکمقدارا چوب بیشتر در آتش بیاندازید. *Yak-meqdär choob-e-beshtar dar ätash be-yan däzed.* **Please put out (1) the fire. / (2) all the fires.** لطفاً (۱) آتش... / (۲)تمام آتش... را خاموش کنید. *Lotfan (1) ätesh... / (2) tamäm ätesh... rä khämosh koned.*

(1) ätash... / (2) tamäm-e-ätash... rä khämoosh koned. **Make sure the fire is out.** خود را متیقن سازید که آتش خاموش است. *Khod rä motayaqen säzed ke ätash khämoosh ast.* **They opened fire at** *(1)* **me.** / *(2)* **them.** / *(3)* **us.** آنها بالای (۱) من / (۲) آنها / (۳) ما تیراندازی کردند.. *Änhä bäläye (1) man / (2) änhä / (3) mä teer andäzee kardand.* ★ **firearm** *n* اسلحه گرم *aslehae-garm* ★ **firefight** *n* تیر اندازی *teer andäzee* ★ **firefighter** *n* آتش نشان *ätash neshän,* افرادیکه آتش را خاموش میکنند *afrädeke ätash rä khämoosh mey-konand,* اطفایه *etefäya* ★ **fireman** *n* آتش نشان *ätash neshän,* اطفایه *etefäya* ★ **fireplace** *n* بخاری *bokhäree* ★ **fireproof** *adj* ضد آتش *zed-e-ätash* ★ **firewood** *n* هیزم *hezom,* چوب سوخت *choob-e-sookht* **bring ~** هیزم آوردن *hezom äwardan* **collect ~** هیزم جمع کردن *hezom jama kardan,* چوب سوخت جمع کردن *choob-e-sookht jama kardan* **supply ~** هیزم تأمین کردن *hezom ta'meen kardan* **Go collect some firewood.** بروید یکمقدار هیزم جمع کنید. *Berawed yak-meqdär hezom jama' koned.* ★ **fireworks** *n, pl* آتش بازی *ätash bäzee*

firm *adj* محکم *mahkam,* ثابت *säbet* ★ *n (company)* شرکت *sherkat*
first *adj* اول *awal,* نخست *nokhost,* مقدماتی *moqademätee* **~ aid** کمک اولیه *komak-e-awalya* **~ aid class** صنف کمک اولیه *senf-e-komak-e-awalya* **~ aid kit** مواد کمک اولیه *mawäd-e-komak-e-awalya* **~ name** نام اول *näm-e-awal* **~ thing** چیز اول *cheez-e-awal* **~ time** بار اول *bär-e-awal* **give ~ aid** کمک اولیه دادن *komak-e-awalya dädan* **Do you know how to give first aid?** آیا میدانید کمک اولیه را چگونه بدهید؟ *Äyä mey-däned komak-e-awalya rä cheeqona bedehed.* **I'm going to teach you first aid.** میخواهم برای شما کمک اولیه را تدریس دهم. *Mey-khäham baräy-e- shomä komak-e-awalya rä tadrees deham.* ★ *adv* نخست *nokhost,* اولاً *awalan,* اول *awal* **arrive ~** اول رسیدن *awal raseedan* **do ~** اول انجام دادن *awal anjäm dädan* **go ~** اول رفتن *awal raftan* **leave ~** نخست ترک کردن *nokhost tark kardan* ★ *n* آغاز *äghäz,* ابتدا *ebtedä,* **awal at ~** در ابتدا *dar ebtedä,* **of all ~** پیش از همه *peysh az hama,* قبل از همه *qabel az hama*

fish *vi* ماهی گرفتن *mähee greftan* **Do people fish** *(1)* **here?** / *(2)* **there?** آیا مردم (۱) اینجا / (۲) آنجا ماهی میگیرند؟ *Äyä mardom (1) eenjä / (2) änjä mähee mey-geerand?* ★ *n* ماهی *mähee* **catch ~** ماهی گرفتن *mähee greftan* **What kind of fish are in that** *(1)* **lake** / *(2)* **pond** / *(3)* **river** / *(4)* **stream?** چه نوع ماهی در آن (۱) جهیل / (۲) حوض / (۳) دریا / (۴) نهر است؟ *Che nowa mähee dar än (1) jaheel / (2) howz (3) daryä / (4) nahr ast?* ★ **fishhook** *n* چنگک ماهی گیری *changak-e-mähee geeree* ★ **fishing** *adj* ماهی گیری *mähee geeree* **~ boat** کشتی ماهی گیری *keshtee-e-mähee geeree* **~ line** ریسمان ماهی گیری *reesmän-e-mähee geeree* **~ pole** تیر ماهی گیری *teer-e-mähee geeree* **~ tackle** اسباب ماهی گیری *asbäb-e-mähee geeree* ★ *n* ماهی گیری *mähee geeree* **Let's go fishing.** بیائید ماهی گیری برویم. *Beyäyed mähee geeree berawem.*

fissure *n* شکاف *shekäf*
fit *adj* سالم *sälem,* تندرست *tandrost* **physically ~** جسماً سالم *jesan sälem* **stay ~** تندرست بودن *tandrost bodan* ★ *vt* برابر بودن *brabar bodan,* مناسب بودن *monäseb bodan* **Does it fit** *(1)* **her?** / *(2)* **him?** / *(3)* **you?** آیا این برای (۱) او زن / (۲) او مرد / (۳) شما برابر است؟ *Een baräy-e- (1) o zan / (2) o mard / (3) shomä brabar ast?* **Perhaps this will fit** *(1)* **her.** / *(2)* **him.** / *(3)* **you.** احتمالاً این برای (۱) او زن / (۲) او مرد / (۳) شما مناسب خواهد بود. *Eh-temälan een baräy-e- (1) o zan / (2) o mard / (3) shomä monäseb khähad bood.* **Perhaps these will fit** *(1)* **her.** / *(2)* **him.** / *(3)* **you.** احتمالاً اینها برای (۱) او زن / (۲) او مرد / (۳) شما مناسب خواهد بود. *Ehtemälan eenhä*

baräy-e- (1) o zan / (2) o mard / (3) shomä monäseb khähad bood.
★ **fit** *vi* بودن مناسب *monäseb bodan,* بودن اندازه به *ba andäza bodan* **It fits ([1] okay / [2] perfectly).** است برابر [٢] کاملاً / [١] درست [١] این *Een ([1] drost / [2] kämelan) brabar ast.* **They fit ([1] okay / [2] perfectly).** آنها [١] درست [٢] / کاملاً [٢] برابر هستند. *Ánhä ([1] drost / [2] kämelan) brabar hastand.* **It doesn't fit.** نیست اندازه به این *Een ba andäza neest.* **They don't fit.** نیستند. اندازه به آنها *Ánhä ba andäza neestand.* ★ **fitness** *n* تندرستی *tandrostee*

fix *vt* کردن درست *drost kardan,* کردن محکم *mahkam kardan,* کردن نصب *nasb kardan,* **Can (1) you / (2) he / (3) she / (4) they fix (5) it? / (6) them?** آیا (١) شما / (٢) او مرد / (٣) او زن / (٤) آنها (٥) این / (٦) آنها را درست کرده (١) میتوانید؟ / (٢،٣) میتواند؟ / (٤) میتوانند؟ *Áyä (1) shomä / (2) o mard / (3) o zan / (4) änhä (5) een / (6) änhä rä drost karda (1) mey-tawäned? / (2,3) mey-tawänad? / (4) mey-tawänand?* **I (1) can / (2) can't fix (3) it. / (4) them.** من (٣) این / (٤) این ها را درست کرده (١) میتوانم. / (٢) نمیتوانم. *Man (3) een / (4) änhä rä drost karda (1) mey-tawänam. / (2) namey-tawänam.* **(1) He / (2) She (3) can / (4) can't fix (5) it. / (6) them.** (١) او مرد / (٢) او زن / (٥) این / (٦) آنها را درست کرده (٣) میتواند./ (٤) نمیتواند. *O mard / (2) O zan (5) een / (6) änhä rä drost karda (1) mey-tawänad. / (2) namey-tawänad.* **We (1) can / (2) can't fix (3) it. / (4) them.** ما (٣) این / (٤) آنها را درست کرده (١) میتوانیم. / (٢) نمیتوانیم. *Mä (3) een / (4) änhä rä drost karda (1) mey-tawänam. / (2) namey-tawänam.* **They (1) can / (2) can't fix (3) it. / (4) them.** آنها (٣) این / (٤) آنها را درست کرده (١) میتوانند./ (٢) نمیتوانند. *Ánhä (3) een / (4) änhä rä drost karda (1) mey-tawänand. / (2) namey-tawänand.* **Did he fix it?** آیا او مرد آن را درست کرد؟ *Áyä o mard än rä drost kard?* **He fixed it.** اومرد (آن را) درست کرد. *O mard (än rä) drost kard.* **He couldn't fix it.** اومرد (آن را) محکم کرده نتوانست. *O mard (än rä) mahkam karda natawänast.* **Did they fix it?** آیا آنها انرا نصب کردند؟ *Áyä änhä än rä nasp kardand?* **They fixed it.** آنها انرا نصب کردند. *Ánhä än rä nasp kardand.* **They couldn't fix it.** آنها نصب کرده نتوانستند. *Ánhä än rä nasp karda natawänastand.* **Did you fix it?** آیا شما (آن را) نصب کردید؟ *Áyä shomä (än rä) nasp karded?* **I fixed it.** من (آن را) نصب کردم. *Man (än rä) nasp kardam.* **I couldn't fix it.** من (از آن را) نصب کرده نتوانستم. *Man (än rä) nasp karda natawänastam.* **(1) We / (2) They have to fix the road.** (١) ما / (٢) آنها باید سرک را ترمیم (١) کنیم. / (٢) کنند. *(1) Mä / (2) Ánhä bäyad sarak rä tarmeem (1) konem. / (2) konand.* **Please fix (1) it. / (2) them.** (١) لطفاً این / (٢) آنها را درست کنید. *Lotfan (1) een / (2) änhä rä drost koned.* **It's fixed.** این درست است. *Een drost ast.*

fixture *n* ماندنی *mändanee,* ثابت *säbet* **light ~** ولدر گروپ *wooldar-e-goroop*
flag *n* بیرق *bayraq* **Put up the flag.** بیرق را بلند کنید. *Bayraq rä beland koned.* **Take down the flag.** بیرق را پائین کنید. *Bayraq rä päyen koned.* ★ **flag down** *idiom* (wave to a vehicle to make it stop) به موتر اشاره توقف دادن *ba motar eshära-e-tawaqof dädan* **Let's flag down a (1) car. / (2) truck.** بیایید یک (١) موتر/ (٢) لاری را توقف بدهیم. *Beyäyed yak (1) motar / (2) läree rä tawäqof bedehem.* ★ **flagpole** *n* تیر بیرق *teer-e-bayraq*
flakes *n, pl* پارچه ها *pärcha-hä,* توته ها *tota-hä*
flame *n* شعله *sho'la*
flange *n* لبه بیرون آمده چرخ *laba-e-beeroon ämada-e-charkh*
flannel *adj* پارچه پشمی *pärcha-e-pashmee* ★ *n* پارچه پشم *pärcha-e-pashem*
flap *n* دامن *däman*
flare *n* روشنایی *rooshnäyee,* نور *noor,* اشاره *eshära* **emergency ~** اشاره عاجل *eshära-e-äjel* **signal ~** روشنایی اشاره *rooshnäyee-e-eshära* **Send up a**

flash / **flooring**

flare. اشاره بدهید. *Eshära bedehed.*
flash *vi* برق زدن *barq zadan*, روشنی دادن *rooshanee dädan* I saw something flash. چیزی را دیدم برق زد. *Cheezee rä deedam barq zad.* ★ *n* برق *barq,* روشنایی *rooshnäyee* What was that flash? آن روشنایی چی بود؟ *An rooshnäyee chee bod?*
flashlight *n* چراغ دستی *cherägh-e-dastee* ~ **battery** بطری چراغ دستی *betree-e-cherägh-e-dastee*
flask *n* فلاسک *fläsk*
flat *adj* هموار *hamwär,* مسطح *mosataha,* صاف *säf* ~ **land** زمین هموار *zameen-e-hamwär* ~ **surface** سطح هموار *satehe-e-hamwär* ★ **flatten** *vt* هموار کردن *hamwär kardan,* پهن کردن *bahn kardan* Flatten these (1) boxes. / (2) cans. این (۱) صندوق / (۲) قطی ها را هموار کنید. *Een (1) sadoq / (2) qotee hä rä hamwär koned.*
flavor *n* ذائقه *zäyeqa,* طعم *ta'm,* مزه *maza* What flavor do you (1) like? / (2) want? کدام ذائقه را شما (۱) خوش دارید؟ / (۲) میخواهید؟ *Kodäm zäyeqa rä shomä (1) khosh dared? / (2) mey-khähed?*
flaw *n* نقص *noqs* It has a flaw. این یک نقص دارد. *Een yak noqs därad.*
flax *n* کتان *katän*
flea *n* کیک *kayk* ~ **killer** کشنده کیک *koshenda-e-kayk* ~ **powder** پودر کیک *podar-e-kayk* ~ **shampoo** شامپو کیک *shampoo-e-kayk*
flee *vi* فرار کردن *farär kardan*
fleece *n* پشم *pashem*
flesh *n* بدن *badan,* جسم *jesem* ~ **wound** زخم بدن *zakhem-e-badan*
flexible *adj* انعطاف پذیر *enhetäf pazeer*
flight *n* پرواز *parwäz* **cargo** ~ پرواز باربری *parwäz-e-bär-baree* **evacuation** ~ پرواز تخلیه سازی *parwäz-e-takhleya säzee,* پرواز انتقال عاجل *parwäz-e-enteqäl-e-äjel* ~ **arrival time** وقت رسیدن پرواز *waqt-e-raseedan-e-parwäz* ~ **departure time** وقت حرکت کردن پرواز *waqt-e-harakat kardan-e-parwäz* **passenger** ~ پرواز مسافرین *parwäz-e-mosäfreen* **relief** ~ پرواز کمک رسانی *parwäz-e-komak rasänee* **scheduled** ~ پرواز ترتیب شده *parwäz-e-tarteeb shoda*
float *vi* شناور شدن *shenäwar shodan*
floater *n* (concrete) گل ماله *gel mäla*
flock *n* گله *gala,* دسته *dasta,* رمه *rama* ~ **of sheep** رمه گوسفند *rama-e-gosfand* **tend a** ~ رمه را نگهداری کردن *rama rä negahdäree kardan*
flood *vt* غرق کردن *gharq kardan* **be flooded** غرق شدن *gharq shodan* It will flood the (1) (whole) area. / (2) town. / (3) village. (۱) (تمام) ساحه / (۲) شهر / (۳) قریه را غرق خواهد کرد. *(Tamäm-e-) säha / (2) Shahr / (3) Qarya rä gharq khähad kard.* Is it flooded? آیا آن غرق شده. *Äyä än gharq shoda?* ★ *vi* (automot.) فلود کردن *folood kardan,* The engine flooded. (With too much gas.) ماشین فلود کرد. *Mäsheen folood kard.* ★ *n* سیل *seel,* طغیان *toghyän* ~ **control** کنترول سیل *kantrool-e-seel* ~ **of refugees** سیل مهاجرین *seel-e-mohäjerine* ~ **warning** اخطاریه سیل *ekhtä-reeye-e-seel*
flooding *n* سیل *seel,* طغیان *toghyän* It will prevent flooding. از طغیان جلوگیری خواهد کرد. *Az toghyän jelow-geeree khähad kard.*
floodlight *n* نور افگن *nooräfgan*
floor *n* کف اطاق *kaf-e-otäq,* سطح اطاق *sat-e-otäq,* کف زمین *kaf-e-zameen* **concrete** ~ سطح اطاق کانکریتی *sat-e-otäq-e-känkretee* **dirt** ~ سطح اطاق خاکی *sat-e-otäq-e-khäkee* **ground** ~ منزل اول *manzel-e-awal* **second** ~ منزل دوم *manzel-e-dowom* **tent** ~ خیمه زمین *khayma-e-zameen* **wooden** ~ سطح اطاق چوبی *sat-e-otäq-e-chobee* ★ **flooring** *n* فرش (سطح اطاق) *farsh (sat-e-otäq)*

flour *n* آرد *ärd* **barley ~** آرد جو *ärd-e-jow* **corn ~** آرد جوارى *ärd-e-jawäree* **rice ~** آرد برنج *ärd-e-berenj* **rye ~** آرد گندم سیاه *ärd-e-gandom-e-seeyäh* **wheat ~** آرد گندم *ärd-e-gandom*

flow *vi* جاری شدن *järee shodan*

flower *n* گل *gol* **~ vendor** گل فروش *gol froosh*

flu *n* زکام *zokäm*, ریزش *reezesh* **bird ~** انفلوانزای پرنده *anflooanzäye-parenda* **catch the ~** زکام گرفتن *zokäm greftan* **medicine** ادویه زکام *adweya-e-zokäm* **~ shot** واکسین زکام, زرق زکام *wäkseen-e-zokäm, zarq-e-zokäm (1)* **seasonal ~** زکام فصلی *zokäm-e-faslee* **You have... / (2) He / (3) She has... the flu.** (۱) شما / (۲) او مرد / (۳) او زن زکام (۱) دارید. / (۲،۳) دارد. *Shomä / (2) O mard / (3) O zan zokäm (1) däred. / (2,3) därad.* **This will protect you against the flu.** این شما را در مقابل زکام حفاظت خواهد کرد. *Een shomä rä dar moqäbel-e-zokäm hefäzat khähad kard.* **There's been an outbreak of flu.** زکام شایع شد. *Zokäm shäye' shod.* **There's been an outbreak of avian flu.** انفلوانزای پرنده شایع شد. *Anflooanzäye-parenda shäye' shod.* **We need to do this to prevent bird flu.** غرض جلوگیری انفلوانزای پرنده نا گزیر این کار را انجام دهیم. *Gharaz-e-jelowgee-ree-e-anflooanzä-ye-parenda nägozeer bäyad een kär rä anjäm dahem.*

fluctuate *vi* بی ثبات شدن *bey-sobät shodan*, تغیر کردن *tagheer kardan (1)* **Her / (2) His temperature fluctuates.** درجه حرارت (۱) او زن / (۲) او مرد در تغیر است. *Daraja-e-harärat-e-(1) o zan / (2) o mard dar tagheer ast.*

fluent *adj* روان *rawän*, فصیح *faseeh* **English ~** انگلیسی روان *engleesee-e-rawän* ★ **fluently** *adv* روان *rawän*, فصیحانه *faseehäna (1)* **He / (2) She speaks English fluently.** (۱) او مرد / (۲) او زن انگلیسی روان صحبت میکند. *(1) O mard / (2) O zan engleesee-e-rawän sohbat mey-konad.*

fluid *n* مایع *mäye'* **body ~** مایع بدن *mäye'-e-badan* **brake ~** مایع برک *mäye'-e-berek (1)* **He / (2) She needs... / (3) You need... more fluid.** (۱) او مرد / (۲) او زن / (۳) شما به مایعات بیشتر ضرورت (۲،۱) دارد. / (۳) دارید. *(1) O mard / (2) O zan / (3) Shomä ba mäyea'-e-beeshtar zaroorat (1,2) därad. / (3) däred.*

fluorine *n* فلورین (عنصر غیر فلزی) *flooreen (a'nsor-e-ghayr-e-felezee)*

flush *vt* شستن *shostan*, آب جاری کردن *äb järee kardan*; سرخ شدن *sorkh shodan* **Flush the toilet after using it.** بعد از استفاده، در کمود آب بیاندازید. *Ba'd az estefäda, dar kamood äb be-andäzed.* **Please flush.** لطفاً آب بیاندازید. *Lotfan äb be-andäzed.*

fly *vi* پرواز کردن *parwäz kardan* **Where are you flying to?** به کجا پرواز میکنید؟ *Ba kojä parwäz mey-koned.* **(1) He's / (2) I'm / (3) She's / (4) They're / (5) We're flying to (place).** (۱) او مرد / (۲) من / (۳) او زن / (۴) آنها / (۵) ما به ( ) پرواز (۳،۱) میکند. / (۲) میکنم. / (۴) میکنند. / (۵) میکنیم. *(1) O mard / (2) Man / (3) O zan / (4) Ähä / (5) Mä ba (___) parwäz (1,3) mey-konad. / (2) mey-konam. / (4) mey-konand. / (5) may-konem.* **(1) He / (2) I / (3) She / (4) They / (5) We just flew in from (place).** (۱) او مرد / (۲) من / (۳) او زن / (۴) آنها / (۵) ما صرف از ( ) پرواز (۳،۱) کرد. / (۲) کردم. / (۴) کردند. / (۵) کردیم. *(1) O mard / (2) Man / (3) O mard / (4) Ähä / (5) Mä az (___) parwäz (1,3) kard. / (2) kardam. / (4) kardand. / (5) kardem.* **Don't be afraid to fly.** از پرواز طیاره نترسید. *Az parwäz-e-tayära natarsed.*

fly *n* مگس *magas* **~ swatter** مگس کش *magas kosh* **keep flies away** مگس ها را دور کردن *magas hä rä door kardan* **keep flies out** مگس ها را بیرون کردن *magas hä rä beeroon kardan* **kill flies** مگس ها را از بین بردن *magas hä rä az bayn bordan* **protect against flies** از مگس ها دور نگهداشتن *az magas hä*

flying 147 food

door nega-däshtan **spray against flies** بر ضد مگس ها دواپاشی کردن *bar zed-e-magas hä dawä päshee kardan*
flying *n* پرنده *parenda,* پرواز کننده *parwäz konenda*
flypaper *n* کاغذ چسپناک برای کشتن مگس *käghaz-e-chaspnäk barä-e-koshtan-e-magas* ★ **flytrap** *n* مگس گیر *magas geer*
foam *n* کف *kaf*
focus *vt* میزان کردن *meezän kardan,* متمرکز کردن *motamarkez kardan* ★ *n* تمرکز *amarkoz,* فوکس *fookas* **in** ~ تحت تمرکز *taht-e-tamarkoz,* تحت فوکس *taht-e-fookas* **out of** ~ خارج از تمرکز *khärej az tamarkoz,* خارج از فوکس *khärej az fookas*
fodder *n* علف *a'laf*
fog *n* غبار *ghobär,* مه *ma* **dense** ~ غبار غلیظ *ghobär-e-ghaleez* **heavy** ~ غبار مکدر *ghobär-e-mokadar* **light** ~ غبار خفیف *ghobär-e-khafeef* ★ **foggy** *adj* مه آلود *ma älood* غبار گرفته گی *ghobär grefta-gee,* مه گرفته گی *ma grefta-gee,* غبار آلود *ghobär älood* **It's** *(1)* **too** / *(2)* **very foggy.** (۱) بسیار / (۲) زیاد غبار آلود است. *(1) Bees-yär / (2) Zeeyäd ghobär älood ast.*
foil *n* تخته *takhta,* ورقه *waraqa* **aluminum** ~ تخته المونیم *takhta-e-almoonyam*
fold *vt* قات کردن *qät kardan,* خم کردن *kham kardan* **Fold** *(1)* **it** / *(2)* **them up (like this).** (۱) این / (۲) آنها را (مثل این) قات کنید. *(1) Een / (2) Anhä rä (mesel-e-een) qät koned.*
folder *n* لفافه *lefäfa,* جعبه دوسیه ها *ja'ba-e-doosya hä* **file** ~ لفافه دوسیه *lefäfa-e-dosya* **Put it in the folder.** این را در لفافه بگذارید. *Een rä dar lefäfa begzäred.* **Put them in the folders.** آنها را در لفافه ها بگذارید. *Änhä rä dar lefäfa begzäred.* **Put the labels on the folders.** لیبل ها را بالای لفافه ها بچسپانید. *Lebal hä rä bälä-e-lefäfa hä bechaspäned.*
foliage *n* برگ *barg,* شاخ و برگ *shäkh wa barg*
folk *adj* قومی *qawmee,* مردمی *mardomee,* محلی *mahlee,* فولکلوریک *folkooloreek* ~ **dance** رقص محلی *raqs-e-mahlee* ~ **medicine** ادویه محلی *adweya-e-mohalee* ~ **song** سرود محلی *sorood-e-mahlee,* آهنگ محلی *ähang-e-mahlee* ★ *n* مردم *mardom,* قوم *qawm* ★ **folklore** *n* رسوم اجدادی *rosoom-e-ajdädee,* فولکلور *folkoolor* ★ **folktale** *n* افسانه *afsäna* *(1)* **Read** / *(2)* **Tell them a folktale.** برای آنها یک افسانه (۱) بخوانید. / (۲) بگوئید. *Baräy-e-änhä yak afsäna (1) bekhwäned. / (2) begoyed.*
follow *vt* پیروی کردن *payrawee kardan,* تعقیب کردن *ta'qeeb kardan* **Follow** *(1)* **her.** / *(2)* **him.** / *(3)* **me.** / *(4)* **them.** / *(5)* **us.** (۱) او زن / (۲) او مرد / (۳) من / (٤) آنها / (٥) ما را تعقیب کنید. *(1) O zan / (2) O mard / (3) Man / (4) Änhä (4) Mä rä ta'qeeb koned.* ★ **follower** *n* پیرو *payrow,* تعقیب کننده *ta'qeeb konenda* ★ **following** *adj* زیرین *zeereen,* زیل *zayl*
font *n (comp.)* خط *khat,* نوع خط *now-e-khat* **Arabic** ~ خط عربی *khat-e-a'rabee* **Dari** ~ خط دری *khat-e-daree* **Farsi** ~ خط فارسی *khat-e-färsee* **Pashto** ~ خط پشتو *khat-e-pashto* **Persian** ~ خط فارسی *khat-e-färsee* **Urdu** ~ خط اردو *khat-e-ordo*
food *n* غذا *ghezä,* خوراك *khooräk,* خوراکی *khooräkee* مواد خوراکی *mawäd-e-khooräkee* **adequate** ~ غذا کافی *ghezä-e-käfee* **baby** ~ غذا طفل *ghezä-e-tefel* **bring in** ~ غذا آوردن *ghezä äwardan* **carry** ~ غذا انتقال دادن *ghezä enteqäl dädan* **deliver** ~ غذا ارسال کردن *ghezä ersäl kardan* **distribute** ~ غذا توذیع کردن *ghezä towze' kardan* **donated** ~ غذای بخششی *ghezä-ye bakhsheshee* **enough** ~ غذا کافی *ghezä-e-käfee* **extra** ~ غذا اضافی *ghezä-e-ezäfee* **parcel** ~ پارسل غذا *pärsal-e-ghezä* ~ **posoning** تسمم غذائی *tasamoom-e-ghezä-ye* ~ **storage** ذخیره غذه *zakheera-e-ghezä* ~ **warehouse** گدام مواد غذا ئی *godäm-e-mawäd-e-ghezä* **frozen** ~ غذا یخ بسته *ghezä-e-yakh basta* **haul** ~ غذا انتقال دادن *ghezä enteqäl dädan* **high-energy** ~ غذای دارای انرژی بلند *ghezäye däräye*

fool 148 **force**

enerzhee-ye beland **lack of** ~ کمبود غذا *kambood-e-ghezä* **no** ~ بدون غذا *bedoon-e-ghezä* **prepare** ~ غذا آماده ساختن *ghezä ämäda säkhtan* **provide** ~ غذا تهیه کردن *ghezä tahya kardan* **serve** ~ غذا تقدیم نمودن *ghezä taqdeem namoodan* **shortage of** ~ غذا ذخیره *zakheera-e-ghezä* **store** ~ ذخیره غذا کردن *ghezä zakheera kardan* **sufficient** ~ غذای کافی *ghezä-ye käfee* **supplementary** ~ غذای اضافی *ghezä-ye ezafee* **surplus of** ~ زیادت غذا *zeyädat-e-ghezä,* اضافه غذا *ezäfa-e-ghezä* **transport** ~ غذا را انتقال دادن *ghezä rä enteqäl dädan* **truck** ~ غذا را انتقال دادن *ghezä rä enteqäl dädan (1)* **We** / *(2)* **They are short of food.** (۱) ما / (۲) آنها با کمبود غذا مواجه (۱) هستم. / (۲) هستند. *(1) Mä / (2) Änhä bä kamboob-e-ghezä mowäje (1) hastem. / (2) hastand. (1)* **We** / *(2)* **They are out of food.** (۱) ما / (۲) آنها بی غذا (۱) هستیم. / (۲) هستند. *(1) Mä / (2) Änhä bey ghezä (1) hastem. / (2) hastand. (1)* **We** / *(2)* **They have enough food.** (۱) ما / (۲) آنها غذا کافی (۱) داریم. / (۲) دارند. *(1) Mä / (2) Änhä ghezä-e-käfee (1) därem. / (2) därand.* **Set up food distribution** *(1)* **here** / *(2)* **there** / *(3)* **at** *(place)*. توزیع غذا را (۱) اینجا / (۲) آنجا / (۳) در ( ) شروع کنید. *Towze' ghezä rä (1) eenjä / (2) änjä / (3) dar ( ) shoro' koned.*

fool *vt* احمق ساختن *ahamaq säkhtan,* فریب دادن *freeb dädan,* بازی دادن *bäzee dädan* **You don't fool me.** من را احمق نسازید. *Man rä ahamaq nasäzed.* ★ *n* احمق *ahamaq,* نادان *nädän* ★ **foolish** *adj* احمقانه *ahmaqäna* **Don't be foolish.** احمق نباشید. *Ahamaq nabäshed.* **That** *(1)* **is** / *(2)* **was (very) foolish.** آن (بسیار) احمقانه (۱) است. / (۲) بود. *Än (beesyär) ahamaqäna (1) ast. / (2) bod.*

foot *n* پا *pä,* قدم *qadam* **amputate the** ~ پا بریدن *pä boreedan* **bare feet** پای برهنه *pä-ye-berahna* **both feet** هر دو پا *har do pä* **infected** ~ پا میکروبی *pä-e-mekroobee* **injured** ~ پا زخمی *pä-e-zakhmee,* پا افگار *pä-e-e-afgär* **left** ~ پا چپ *pä-e-chap* **lose a** ~ یک پا از دست دادن *yak pä az dast dädan* **missing** ~ پا گم شده *pä-e-gom shoda* **right** ~ پا راست *pä-e-räst* **sole of the** ~ کف پا *kaf-e-pä* **soles of the feet** کف های پا *kaf hähey pä (1)* **He** / *(2)* **She has a** *(3)* **bullet** / *(4)* **wound in** *(5)* **his** / *(6)* **her foot.** (۱) او مرد / (۲) او زن یک (۳) گلوله / (۴) زخم در پا (۶،۵) اش دارد. *(1) O mard / (2) O zan yak (3) gloola / (4) zakhem dar pä (5,6) ash därad. (1)* **Bandage** / *(2)* **Wash** *(3)* **her** / *(4)* **his** *(5)* **foot.** / *(6)* **feet.** (۱) پا / (۶) پاهای (۳) او زن / (۴) او مرد را (۱) بسته / (۲) شستشو کنید. *(5) Pä / (6) Pä häy-e- / (4) o mard rä (1) basta / (2) shostosho koned.* ★ **footbridge** *n* پل پیاده رو *pol-e-peeyäda row* ★ **foothills** *n* کوه پایه *ko päya* ★ **footpath** *n* پیاده رو *pyäda-row* ★ **footstool** *n* چوکی زیر پا *chowkee-e-zeer-e-pä* ★ **footwear** *n* پا پوش *pä poosh,* کفش *kafsh,* بوت *boot*

for *prep* برای *baräy-e-;* به *ba*

forbid *vt* منع کردن *mana' kardan,* نهی کردن *naya kardan* **I forbid** *(1)* **her** / *(2)* **him** / *(3)* **them** / *(4)* **you to** *(5)* **do that.** / *(6)* **go there.** من (۱) او زن / (۲) او مرد / (۳) آنها / (۴) شما را منع میکنم که (۵)...آنرا انجام (۲۰۱) دهد. / (۳) دهند. / (۴) دهید. / (۶) ...آنجا (۲۰۱) برود. / (۳) بروند. / (۴) بروید. *Man (1) o zan / (2) o mard / (3) änhä / (4) shomä rä man' mey-konam ke (5)...änrä anjäm (1,2) dehad / (3) dehand / (4) dehed. / (6) ...änjä (1,2) berawad. / (3) berawand. / (4) berawed.* ★ **forbidden** *adj* ممنوع *mamno',* حرام *haräm* **It's forbidden to smoke (here).** (اینجا) سگرت کشیدن ممنوع است. *(Eenjä) segret kashedan mamno' ast.*

force *vt* مجبور کردن *majboor kardan,* وادار کردن *wädär kardan* **I'm not going to force** *(1)* **her.** / *(2)* **him.** / *(3)* **them.** / *(4)* **you.** نمیخواهم که (۱) او *Namey-khäham ke (1) o zan* / (۲) او مرد / (۳) آنها / (۴) شما را مجبور کنم. */ (2) o mard / (3) änhä / (4) shomä rä majboor konam.* **No one can**

force *(1)* her / *(2)* him / *(3)* them / *(4)* you (to do it). / هیچ کس (۱) او زن / (۲) او مرد / (۳) آنها / (۴) شما را مجبور کرده نمیتواند (که این را انجام [۲،۱] دهد / [۳] دهند / [۴] دهید). *Hech kas (1) o mard / (2) o zan / (3) änhä / (4) shomä rä majboor namey-tawänad (ke een rä anjäm [1,2] dehad [3] / dehand / [4] dehed).* ★ **force** *n* 1. *(power)* قوا *qowä,* نیرو *neeroo* **air ~** قوای هوایی *qowäy-e-havyee* **armed ~s** قوای مسلح *qowäy-e-mosalah* **enemy ~s** قوای دشمن *qowäy-e-doshman* **friendly ~s** قوای دوست *qowäy-e-doost* **military ~** قوای نظامی *qowäy-e-nezämee* **opposition ~s** قوای مخالف *qowäy-e-mokhälef,* نیروهای مخالف *neeroo hä-e-mokhälef* **police ~** قوای پولیس *qowäy-e-polees* **use ~** ازنیرو استفاده کردن *az neeroo estefäda kardan,* بکار بردن قوه *ba-kär bordan-e-qowa*

forceps *n, pl* انبور جراحی *anboor-e-jarähee*

ford *vt* گذر کردن *gozar kardan,* گذشتن *gozashtan,* عبور کردن *oboor kardan* **~ the** *(1)* **river** / *(2)* **stream** از (۱) دریا / (۲) نهر گذشتن *az (1) daryä / (2) nahr gozashtan* ★ *n* گذر *gozar,* عبور *o'boor*

forearm *n* ساعد *sä-e'd*

forecast *n* پیش بینی *peysh beenee* **weather ~** پیش بینی هوا *peysh beenee-e-hawä*

forehead *n* پیشانی *peeshänee*

foreign *adj* خارجی *khäreejee* ★ **foreigner** *n* خارجی *khäreejee,* بیگانه *beegäna*

foresee *vt* پیش بینی کردن *peysh beenee kardan,* پیشگوئی کردن *peysh gooye kardan*

forest *n* جنگل *jangal* **~ conservation** نگهداری جنگل *nega-däree-jangal,* حفظ جنگلات *hefz-e-jangalät* **~ fire** آتش جنگل *ätash-e-jangal* **protect the ~** جنگل را حفظ کردن *jangal rä hefz kardan*

forever *adv* همیشه *hameesha,* برای همیشه *barä-e-hameesha*

forge *vt* 1. *(fashion)* درست کردن *drost kardan;* 2. *(make a false copy)* جعل ساختن *ja'l säkhtan,* تقلب کردن *taqalob kardan* ★ *n* کوره آهنگری *kora-e-ähangaree* ★ **forgery** *n* تقلب سازی *taqalob säzee,* جعل سازی *ja'l säzee* **Be (constantly) alert for forgeries.** (همیشه) هوشیار جعل سازی ها باشید. *(Hameesha) hoshyär-e-ja'l säzee hä bäshed.*

forget *vt & vi* فراموش کردن *farämoosh kardan* **Don't forget (***[1]* **it /** *[2]* **them).** [۱] این / [۲] آنها را فراموش نکنید. *[1] Een / [2] Änhä räj farämoosh nakoned.* **Did** *(1)* **he /** *(2)* **she /** *(3)* **they /** *(4)* **you forget (***[5]* **it /** *[6]* **them)?** آیا (۱) او مرد / (۲) او زن / (۳) آنها / (۴) شما ([۵] این / [۶] آنها) را فراموش کرده (۲،۱) بود؟ / (۳) بودند؟ / (۴) بودید؟ *Äyä (1) o mard / (2) o zan / (3) änhä / (4) shomä ([5] een / [6] änhä) rä farämoosh karda (1,2) bod? / (3) bodand? / (4) boded?* **I forgot. (I'm sorry.)** (معذرت میخواهم). فراموش کردم. *(Ma'zrat mey-khäham). Farämoosh kardam.* **Forget it.** فراموش اش کن. *Farämoosh ash kon.* **I will never forget (***[1]* **her /** *[2]* **him /** *[3]* **it /** *[4]* **them /** *[5]* **you).** هیچگاه ([۱] او زن / [۲] او مرد / [۳] این / [٤] آنها / [۵] شما) را فراموش نخواهم کرد. *Hechgäh ([1] o zan / [2] o mard [3] een / [4] änhä / [5] shomä räj) farämoosh nakhäham kard.*

forgive *vt* بخشیدن *bakhsheedan* **(Please) Forgive me.** (لطفا) من را ببخشید. *(Lotfan) man rä bobakhshed.* **I forgive** *(1)* **you. /** *(2)* **him. /** *(3)* **her. /** *(4)* **them.** من (۱) شما / (۲) او زن / (۳) او مرد / (٤) آنها را بخشیدم. *Man (1) shomä / (2) o zan / (3) o mard / (4) änhä rä bakhsheedam.* ★ **forgiveness** *n* بخشش *bakhshesh*

fork *n* پنجه *panja* **plastic ~** پنجه پلاستیکی *panja-e-palästeekee*

forklift *n* جرثقیل کوچک *jarsaqeel-e-kochak* **Can you drive a forklift?** آیا شما جرثقیل کوچک را رانده میتوانید؟ *Äyä shomä jarsaqeel-e-kochak rä rända mey-*

form

من جرثقیل کوچک را رانده (۱) **I** *(1)* **can** / *(2)* **can't drive a forklift.** *Man jarsaqeel-e-kochak rä rända (1) mey-tawänam.* / میتوانم. (۲) / نمیتوانم. *(2) namey-tawänam.* **Get the forklift and** *(1)* **...load** *(2)* **that** / *(3)* **those on the truck.** / *(4)* **...unload** *(5)* **that** / *(6)* **those from the truck.** / *(7)* **...move** *(8)* **this** / *(9)* **these over there.** (۱)... و بیگیرید را کوچک جرثقیل (۲) آن (۳) آنها را در موترلاری بار کنید. / (٤)... (٥) آن / (٦) آنها را از موتر لاری (۷) / ...خالی کنید. (۸) این / (۹) اینها را به آنجا انتقال دهید. *Jarsaqeel kochak rä beegeered wa (1) ...(2) än / (3) änhä rä dar motar-e-läree bär koned. / (4) ...(5) än / (6) änhä rä az motar-e-läree khälee koned. / (7) ... (8) een (9) eenhä rä ba änjä enteqäl dehed.*

form *vt* تشکیل دادن *taskkeel dädan,* درست کردن *drost kardan* ~ **a committee** کمیته تشکیل دادن *komeeta tashkeel dädan* ~ **council** شورا تشکیل دادن *shoorä tashkeel dädan* ~ **a team** تیم تشکیل دادن *teem tashkeel dädan* **Form a line** *([1]* **here** / *[2]* **there).** ([۱] اینجا / [۲] آنجا) یک قطار تشکیل دهید. *([1] Eenjä / [2] Änjä) yak qatär tashkeel dehed.* **Form a column (of vehicles).** یک صف (اراده جات) تشکیل دهید. *Yak saf (-e-arädajät) tashkeel dehed.* **Form them into four groups.** آنها را در چهار گروپ درست کنید. *Änhä rä dar chär groop drost koned.* ★ *n* 1. *(shape)* شکل *shakel;* 2. *(for pouring concrete)* قالب *qäleb;* 3. *(document)* فورمه *foorma* **I want you to build forms for concrete.** میخواهم که شما قالب ها برای کانکریت بسازید. *Mey-khäham ke shomä qäleb hä baräyee känkreet besäzed.* **The forms should be** *(number)* **centimeters high and** *(number)* **centimeters wide.** قالب ها باید (__) سانتی متر بلند و (__) سانتی متر عریض باشند. *Qäleb hä bäyad (__) säntee meter beland wa (__) säntee meter a'reez bäshad.* **Fill out this form (and give it** *[1]* **back to me.** / *[2]* **to her** / *[3]* **him.).** این فورمه را تکمیل کنید (و به [۱] من... / [۲] اوزن... / [۳] او مرد... بدهید). *Een foorma rä takmeel koned (wa dobära ba [1] man... / [2] o zan... / [3] o mard... bedehed).* **Fill out this form and give it back to me.** این فورمه را تکمیل کنید و برایم پس بدهید. *Een foorma rä takmeel koned wa baräyam pas bedehed.* **Fill out this form and give it to her.** این فورمه را تکمیل کنید وبه اوزن بدهید. *Een foorma rä takmeel koned wa ba ozan bedehed.* **Fill out this form and give it to him.** این فورمه را تکمیل کنید وبه اومرد بدهید. *Een foorma rä takmeel koned wa ba o mard bedehed.*

formal *adj* رسمی *rasmee*

format *n* اندازه *andäza,* شکل *shakel* *(1)* **Follow** / *(2)* **Use this format.** این شکل را (۱) پیروی / (۲) استفاده کنید. *Een shakel rä (1) payrowee / (2) estefäda koneed.*

formation *n* تشکیل *tashkeel,* ساخت *säkht*

former *adj* پیشین *peysheen,* سابق *säbeq,* قبلی *qablee* ★ **formerly** *adv* پیش تر *peysh tar,* در گذشته *dar gozashta*

formula *n* فورمول *formool*

fort *n* قلعه *qala'*

forth *adv* پیش *peysh* **back and** ~ پس و پیش *pas wa peysh*

forthcoming *adj* آینده *äyenda*

fortifications *n, pl* استحکام *estehkäm* ★ **fortified** *adj* مستحکم *mostahkam*

fortress *n* قلعه نظامی *qala'-e-nezämee*

fortunate *adj* خوشبخت *khosh-bakht,* خوب *khoob,* چانس خوب *chäns-e-khoob* **That** *(1)* **is** / *(2)* **was (very) fortunate.** آن (بسیار) چانس خوب (۱) است. / (۲) بود. *Än (beesyär) chäns-e-khoob (1) ast. / (2) bod.* **I'm...** / *(3)* **She is...** / *(4)* **They** / *(5)* **We** / *(6)* **You are... (very) fortunate.** (۱) من / (۲) او مرد / (۳) او زن / (٤) آنها / (٥) ما / (٦) شما (بسیار) خوشبخت (۱) هستم. / (۳،۲) *(1) Man / (2) O mard / (3) O* است. / (٤) هستند. / (٥) هستیم. / (٦) هستید.

fortunately 151 **freedom**

zan / (4) *Ähnä* / (5) *Mä* / (6) *Shomä (beesyär) khosh-bakht (1) hastam /
(2,3) ast. / (4) hastand. / (5) hastem. / (6) hasted.* ★ **fortunately**
adv خوشبختانه *khosh-bakhtäna*
forward *adv* پیش *peysh* **move ~** پیش حرکت دادن *peysh harakat dädan* ★ *vt*
فرستادن *frestädan,* راجع ساختن *räje' säkhtan*
foul *adj* خراب *kharäb,* ناخوشایند *nä-khoosh-äyand* **~ odor** بوی ناخوشایند *boy-e- nä-khoosh-äyand* **~ weather** هوای ناخوشایند *haway-e-nä-khoosh-äyand*
foundation *n* بنیاد *bonyäd,* اساس *asäs,* تهداب *tahdäb* **build a ~** تهداب ساختن
tahdäb säkhtan **concrete ~** تهداب محکم *tahdäb-e-mahkam* **house ~** تهداب
خانه *tahdäb-e-khäna* **lay a ~** تهداب گذاشتن *tahdäb gozäshtan*
foundry *n* کارخانه ذوب آهن *kär khäna-e-zowb-e-ähan*
fountain *n* فواره *fawära*
four-by-four *n* چهار بر چهار *chär-e-bar-chär* ★ **four-by-six** *n* چهار بر شش
chär-e-bar shash
fowl *n* مرغ ماکیان *morgh-e-mäkeyän*
foxhole *n* سنگر کوچک *sangar-e-koochak*
fraction *n* کسر *kaser*
fracture *vt* شکستن *shekestan,* کسر کردن *kaser kardan (1)* **He / (2) She
fractured (3) his / (4) her (5) arm. / (6) foot. / (7) hand. / (8) leg. / (9)
skull.** (٤،٣) (۱) او مرد / (۲) او زن (٥) بازو / (٦) پا / (۷) دست / (۸) پا / (۹) سر
اش را شکستاند. *(1) O mard / (2) O zan (5) bäzoo / (6) pä / (7) dast / (8) pä
/ (9) sar (3,4) ash rä shekeständ.* **You fractured your (1) arm. / (2)
foot. / (3) hand. / (4) leg. / (5) skull.** (۱) بازو / (۲) پا / (۳) دست / (٤) پا / (٥)
سر تان را شکستاندید. *Shomä (1) bäzoo / (2) pä / (3) dast / (4) pä / (5)
sar-e-tän rä shekaständed.* ★ *n* شکستگی *shekastagee,* کسر *kaser*
fragile *adj* شکننده *shekanenda*
fragment *n* شکسته *shekesta,* ناقص *näqes*
frail *adj* ضعیف *za'eef,* سست *sost,* کم زور *kam zoor* **~ health** مزاج ضعیف
mazäj-e-za'eef, ضعف صحی *za'f-e-sehee (1)* **He / (2) She is (3) too frail.
/ (4) in frail health.** (۱) او-مرد / (۲) او-زن / (۳) بسیار سست است. / (٤)
در ضعف صحی قرار دارد. *(1) O mard / (2) O zan (3) besyär sost ast. / (4)
dar za'f-e-sehee qarär därad.*
frame *n* قاب *qäb,* چوکات *chowkät* **door ~** چوکات دروازه *chowkät-e-darväza*
~s for glasses چوکات برای شیشه *chowkät baräyee sheesha* **house ~** چوکات
خانه *chowkät-e-khäna* **picture ~** تصویر *khäna-e-chobee* قاب تصویر *chowkät-e-*
qäb-e-tasweer, قاب عکس *qäb-e-aks* **window ~** چوکات کلکین *chowkät-e-*
kelkeen ★ **framework** *n* چوکات *chowkät;* محتوا *mohtawä,* اساس *asäs*
France *n* فرانسه *faränsa*
frankly *adv* پوست کنده *poost kanda,* آزادانه *äzädäna,* دوستانه *doostäna*
frantic *adj* عصبانی *a'sabänee,* پریشان *prayshän* **They're frantic.** آنها عصبانی
هستند. *Änhä a'sabänee hastand.*
fraud *n* فریب *freeb,* تقلب *taqalob* **commit ~** مرتکب تقلب شدن *mortakeb-e-taqalob shodan* ★ **fraudulent** *adj* فریب کار *freeb kär,* تقلب کار *taqalob
kär* **~ dealing** معامله تقلب کاری *moa'ämela-e-taqalob karee* **~ documents** اسناد تقلبی *asnäd-e-taqalobee,* اسناد جعلی *asnäd-e-jahlee*
free *adj* 1. *(unrestricted)* آزاد *äzäd;* 2. *(without cost)* مفت *moft,* رایگان
räyagän **~ country** مملکت آزاد *mamlakat-e-äzäd* **~ education** تعلیم رایگان
ta'leem-e-räyagän ★ *adv* 1. *(unrestricted)* آزادانه *äzädäna;* 2. *(without
cost)* رایگان *räyagän* **get something ~** چیزی را رایگان گرفتن *cheezee rä
räyagän greftan* **roam ~** *(cattle, sheep)* آزادانه گشتن *äzädäna gashtan* **run
~** *(horses)* آزادانه دواندن *äzädäna dawändan* **set ~** آزادانه نشستن *äzädäna
neshastan* ★ **freedom** *n* آزادی *äzädee,* استقلال *esteqläl*

freeway n شاهراه shāhrāh

freeze vi یخ بستن yakh bastan, منجمد شدن monjamed shodan ~ **to death** از سردی مردن az sardee mordan (1) **It** / (2) **They froze.** (۱) این / (۲) آنها را یخ زد. (1) Een / (2) Ānhā rā yakh zad. ★ **freezer** n یخ کننده yakh konenda, یخدان yakh dān, یخچال yakhchāl ★ **freezing** adj سرد sard

freight n 1. (goods transported) بار bär; 2. (transportation cost) کرایه kerāya **air** ~ بار هوایی bār-e-hawāyee **container** ~ بار کانتینر bār-e-kānteenar **handle** ~ دست زدن به بار dast zadan ba bār

French adj فرانسوی farānsawee ★ **Frenchman** n مرد فرانسوی mard-e-farānsawee

frequency n (radio) فریکونسی freqowansee ★ **frequent** adj چندین بار chandeen bār, متعدد motahaded ★ **frequently** adv بار ها bār hā

fresh adj تازه tāza ~ **vegetables** سبزیجات تازه sabzeejāt-e-tāza ~ **water** آب تازه āb-e-tāza

friction n مالش mālesh

Friday n جمعه jom'a **by** ~ قبل از جمعه qabel az jom'a **every** ~ هر جمعه har jom'a ~ **afternoon** عصر جمعه a'sr-e-jom'a ~ **evening** شام جمعه shām-e-jom'a ~ **morning** صبح جمعه sobh-e-jom'a ~ **night** شب جمعه shab-e-jom'a **last** ~ جمعه گذشته jom'a-e-gozashta **next** ~ جمعه آینده jom'a-e-āyenda **on** ~ در جمعه dar jom'a **since** ~ از جمعه اینطرف az jom'a ba een-taraf **this** ~ همین جمعه hameen jom'a **until** ~ تا جمعه tā jom'a

fried adj سرخ کرده sorkh karda, بریان beryān

friend n دوست doost, رفیق rafeeq **make ~s** دوست ساختن doost säkhtan **Is** (1) **he** / (2) **she your friend?** آیا (۱) او مرد / (۲) او زن دوست شما است؟ Āyā (1) o mard / (2) o zan doost-e-shomā ast? **Are they your friends?** آیا آنها دوستهای شما هستند. Āyā ānhā doost hāyee shomā hastand? (1) **He** / (2) **She is my friend.** (۱) او مرد / (۲) او زن دوست من است. (1) O mard / (2) O zan doost-e-man ast. **They're my friends.** آنها دوستهای من هستند. Ānhā doost hāy-e-man hastand. **You're my friend.** شما دوست من هستید. Shomā doost-e-man hasted. **I hope we will always be friends.** امیدوارم همیشه دوست باشیم. Omayd wāram hameesha doost bāshem. ★ **friendly** adj دوستانه doostāna ★ **friendship** n دوستی doostee, رفاقت refāqat

frighten vt ترساندن tarsāndan ★ **frightened** adj ترسیده tarseeda **Don't be frightened.** نترسید. natarsed. ★ **frightening** adj ترس آور tars āwar, ترسناک tarsnāk

fringe n ریشه reesha, حاشیه āshya

from prep از az

front adj پیش روی peesh-e-rooy, مقابل moqābel ~ **door** دروازه پیش روی darwāza-e-peesh-e-rooy ~ **line** (mil.) صف پیش روی saf-e-peesh-e-rooy, صف اول saf-e-āwal ~ **wheel** تایر پیش روی tayr-e-peesh-e-rooy, چرخ پیش charkh-e-peesh-e-rooy ~ **yard** محوطه پیش روی mahweta-e-peesh-e-rooy, حویلی پیش روی how-lee-e-pees-e-rooy ★ n جلو jelow, پیش peysh, مقابل moqābel **Get in the front** (of the car). در پیش (موتر) بالا شوید. Dar peysh (-e-motar) bālā shawed.

frontier n مرز marz, سرحد sarhad

frost n یخبندان yakhbandān, انجماد enjemād ★ **frostbite** n یخ زده گی yakh zadagee (1) **You have...** / (3) **He** / (4) **She has... frostbite.** (۱) من / (۲) شما / (۳) او مرد / (۴) او زن اوزن را یخ زده است. (1) Man / (2) Shomā / (3) O mard / (4) O zan rā yakh zada ast. ★ **frostbitten** adj سرما زده sarmā zada, یخ زده yakh zada ~ **ears** گوش های یخ زده goosh hāyee yakh zada ~ **fingers** انگشتان یخ زده angoshtān-e-yakh zada ~ **feet** پاهای یخ زده pāhāyee

frosty *adj* پنجه های یخ زده *panja-e-häyee yakh zada* ★ **frosty** *adj* یخ زده *yakh zada*, سرد *sard*

frozen *adj* یخ بسته *yakh basta*, منجمد *monjamed* **You must be frozen!** شما را باید یخ زده باشد! *Shomä rä bäyad yakh zada bäshad!* **The (1) engine / (2) pipe / (3) water is frozen.** (1) ماشین / (2) پیپ / (3) آب را یخ زده است. *(1) Mäsheen / (2) Payp / (3) Äb rä yakh zada ast.*

fruit *n* میوه *meewa* **dried ~** میوه خشك *meewa-e-khoshk* **fresh ~** میوه تازه *meewa-e-täza* **pick ~** میوه چیدن *meewa cheedan*

frustrated *adj* اذیت شده *azyat shoda*, ناراحت *närähat*, خفه *khafa*, مایوس *mäyoos* **I feel frustrated.** من احساس ناراحتی میکنم. *Man ehsäsh-e-närähatee mey-konam.* ★ **frustrating** *adj* رنج آور *ranj äwar*, ناراحت کننده *närähat konenda*, اذیت کننده *azyat konenda* **It's (very) frustrating.** این (بسیار) اذیت کننده است. *Een (bees-yär) azyat konenda ast.* **I know it's very frustrating for you.** میدانم این برای شما بسیار اذیت کننده است. *Mey-dänam een baräyee shomä beesyär azyat konenda ast.*

fry *vt* سرخ کردن *sorkh kardan*, کباب کردن *kabäb kardan*, بریان کردن *beryän kardan* **~ chicken** مرغ بریان کردن *morgh be-yän kardan* **~ eggs** تخم بریان کردن *tokhom beryän kardan*, تخم سرخ کردن *tokhom sorkh kardan* **~ potatoes** کچالو سرخ کردن *kachäloo sorkh kardan*

fuel *n* مواد سوخت *mawäd-e-sookht* **airplane ~** مواد سوخت طیاره *mawäd-e-sookht-e-tayära* **deliver ~** مواد سوخت رساندن *mawäd-e-sookht rasändan* **diesel ~** تیل دیزل *teel-e-deesal* **~ gauge** مقیاس مواد سوخت *meqyäs-e-mawäd-e-sookht* **~ pump** پمپ تیل *pamp-e-teel* **storage (area)** ذخیره گاه مواد سوخت *zakheera gäh-e-mawäd-e-sookht* **~ tank** تانکی مواد سوخت *tänkee-e-mawäd-e-sookht*, تانکی تیل *tänkee-e-teel* **jet ~** مواد سوخت جیت *mawäd-e-sookht-e-jeet* **supply ~** مواد سوخت رساندن *mawäd-e-sookht rä rasändan*

fulfill *vt* انجام دادن *anjäm dädan*, اجرا کردن *ejrä kardan*,

full *adj* پر *por* **~ of dirt** پر از کثافت *por az kasäfat* **~ of holes** پر از سوراخ *por az soräkh* **~ of rats** پر از موش *por az mosh* **~ of water** پر از آب *por az äb* ★ **full-time** *adj (all-day)* تمام روز *tamäm-e-rooz* ★ **fully** *adv* کاملا *kämelan*

fumes *n, pl* بخارات *bokhärät*, دود *dood*, غبار *ghobär*

fumigate *vt* بخاردادن *bokhär dädan*, تعقیم کردن *tahqeem kardan*

fun *n* شوخی *shokhee*, بازی *bäzee*, تفریح *tafreeh* **have ~** شوخی داشتن *shokhee dashtan* **The children need to have some fun.** اطفال ضرورت دارند که اندکی تفریح داشته باشند. *Atfäl zaroorat därand ke andakee tafreeh dashta bäshand.* **It will be fun for the children.** این برای اطفال تفریح خواهد بود. *Een baräyee atfäl tafreeh khähad bod.*

function *n* وظیفه *wazeefa*, کار *kär*, نوع فعالیت *now-e-fahälyat* **I'll explain the function of this to you.** نوع فعالیت این را برای شما توضیح خواهم داد. *Now-e-fahälyat-e-een rä baräyee shomä towzeh khäham däd.* **Explain the function of it to them.** نوع فعالیت این را برای آنها توضیح دهید. *Now-e-fahälyat-e-een rä baräy-e- änhä towzeh dehed.*

fund *vt* تخصیص دادن *takhsees dädan* **Who funds the project?** پروژه راکی تخصیص مدهد؟ *Prozha rä kee takhsees mey-dehad?* **The (agency) funds the project.** (___) (___) پروژه را تمویل میکند *prozha rä takhsees mey-dehad.* ★ *n* 1. *(money reserved)* بودیجه *boodeja*, سهمیه *sahmya*; 2. *pl (money available)* امکانات مالی *emkänät-e-mäle*, پول *pool*, سرمایه *mäya* **agency ~s** سرمایه سازمان *sarmäya-e-säzmän*, بودیجه دفتر *boodeja-e-daftar* **available ~s** سرمایه موجود *sarmäya-e-mowjood*, بودیجه موجود *boodeja-e-mowjood* **borrow ~s** سرمایه قرض گرفتن *sarmäya qarz grefatan*

construction ~s سرمایه ساختمانی sarmāya-e-sākhtomānee **development ~** سرمایه رشد sarmāya-e-roshd, بودیجه رشد boodeja-e-roshd **government ~s** سرمایه دولت sarmāya-e-dowlat, بودیجه دولت boodeja-e-dowlat **grant ~s** سرمایه دادن sarmāya dādan **insufficient ~s** سرمایه کم sarmāya-e-kam, بودیجه غیرکافی boodeja-e-ghayr-e-kāfee **invest ~s** سرمایه نهادن nehādan, سرمایه گذاری کردن sarmāya gozāree kardan **make ~s available** سرمایه فراهم کردن sarmāya farāham kardan **obtain ~s** سرمایه بدست آوردن sarmāya badast āwardan, بودیجه گرفتن boodeja gereftan **private ~s** سرمایه شخصی sarmāya-e-shakhsee **provide ~s** سرمایه تهیه کردن sarmāya tahya kardan, بودیجه تهیه کردن boodeja tahya kardan **raise ~s** سرمایه را زیاد کردن sarmāya rā zeeyād kardan, سرمایه را بلند بردن sarmāya rā beland bordan, ازدیاد دادن بودیجه ezdeyād dādan boodeja **quake-relief ~** بودیجه کمک برای زلزله زدگان boodeja-e-komak barāy-e-zelzela zadagān **reconstruction ~s** سرمایه دوباره ساختمانی sarmāya-e-dobara sākhtomānee **relief ~** بودیجه برای کمکهای عاجل boodeja barā-e-komak hā-e-ājel, بودیجه کمکهای خیریه boodeja-e-komak hā-e-khayrya **reserve ~s** بودیجه ذخیره boodeja-e-zakheera, سرمایه احتیاطی sarmāya-e-ehteyātee **shortage of ~** کمبود سرمایه kambood-e-sarmāya, کمبود بودیجه kambood-e-boodeja **sufficient ~s** سرمایه کافی sarmāya-e-kāfee, بودیجه کافی boodeja-e-kāfee **transfer ~s** سرمایه را زیاد sarmāya-e-zeeyād, انتقال دادن سرمایه ما sarmāya rā enteqāl dādan **We have limited funds.** سرمایه ما محدود است. Sarmāya-e-mā mahdood ast. **We don't have enough funds.** ما سرمایه کافی نداریم. Mā sarmāya-e-kafee nadārem. **Funds (for that purpose) are limited.** سرمایه (برای آن هدف) محدود است. Sarmāya (barāy-e-ān hadaf) mahdood ast.

fundamental adj اساسی asāsee, بنیادی bonyādee, اصلی aslee ★ **fundamentals** n, pl اساسات asāsāt

funding n سرمایه گذاری sarmāya gozāree, تمویل tamweel **cut off ~** تمویل را قطع کردن tamweel rā qata' kardan **government ~** تمویل توسط دولت tamweel towasot-e-dowlat **private ~** تمویل شخصی tamweel-e-shakhsee

funeral n جنازه jenāza **attend the ~** درجنازه شرکت کردن dar jenāza sherkat kardan **~ prayer** نماز جنازه namāz-e-jenāza **~ procession** تشیع جنازه tashye-e-jenāza **~ service** مراسم جنازه marāsem-e-jenāza (1) Where / (2) When will the funeral be? جنازه (۱) کجا / (۲) چی وقت خواهد بود؟ Jenāza (1) kojā... / (2) chee waqt...khāhad bod?

fungus n سماروق samāroq, پوپنک poopanak

funnel n قیف qeef

funny adj 1. (amusing) جالب jāleb, خنده دار khanda dār; 2. (strange) عجیب a'jeeb **~ story** قصه جالب qesa-e-jāleb **That (1) is / (2) isn't funny.** آن جالب (۱) است. / (۲) نیست. Ān jāleb (1) ast. / (2) neest. **I noticed something funny. (strange)** چیزی عجیب را متوجه شدم. Cheezee a'jeeb rā motawaje shodam. **Something funny is going on.** چیز عجیبی جریان دارد. Cheezee a'jeebee jeryān dārad.

fur n پوستین posteen , خز khaz

furnace n کوره kora, تنور tanor, داش dash, دیگدان deegdān **coal ~** کوره ذغال kora-e-zughāl-e-sang **oil ~** داش تیلی dāsh-e-teelee **wood ~** دیگدان deegdān

furnish vt 1. (provide) تهیه کردن tahya kardan; 2. (put furniture in) آراستن ārāstan, فرش کردن farsh kardan **Can (1) you / (2) they furnish (3) me / (4) us with (5) a driver? / (6) a guide? / (7) an interpreter?** آیا (۱) شما / (۲) آنها برای (۳) من / (۴) ما (۵) یک درایور / (۶) رهنما / (۷) ترجمان تهیه کرده (۱) میتوانید؟ / (۲) میتوانند؟ Āyā (1) shomā / (2) ānhā barāy-e- (3) man / (4) mā yak (5) derāywar / (6) rahnomā / (7) tarjomān tahya karda (1) mey-

tawäned? / (2) mey-tawänand? **Can (1) you / (2) they furnish (3) me / (4) us with (5) directions? / (6) transportation?** آیا (۱) شما / (۲) آنها برای (۳) من / (٤) ما / (٥) رهنما راه / (٦) وسیله نقلیه تهیه کرده (۱) میتوانید؟ / (۲) میتوانند؟ *Äyä (1) shomä / (2) änhä baräy-e- (3) man / (4) mä (5) rahnoma-e-rä / (6) waseela-e-naqleeya tahya karda (1) mey-tawäned?/ (2) mey-tawänand?* ★ **furnished** *adj (having furniture)* دارای اثاثیه *däräy-e-asäsya*, فرش شده *farsh-shoda*, مجهز *mojahaz*, دارای فرنیچر *därä-e-farneechar* ~ **apartment** آپارتمان دارای فرنیچر *apärtomän-e-därä-e-farnee-char* ~ **office** دفتر دارای فرنیچر. *daftar-e-därä-e-farnee-char* ~ **room** اطاق دارای فرنیچر. *otäq-e-därä-e-farnee-char*

furniture *n* اثاثیه *asäsya*, مبل *mobel*, اسباب *asbäb*, فرنیچر *farneechar* **Where can (1) I / (2) we get furniture?** (۱) من / (۲) ما از کجا مبل (۱) میتوانم بگیریم؟ / (۲) میتوانیم بگیریم؟ *(1) Man / (2) Mä az kojä mobel (1) mey-tawänam beegeeram? / (2) mey-tawänem beegeerem?*

further *adj* بیشتر *beeshtar* ~ **details** تفصیلات بیشتر *tafseelät-e-beeshtar* ~ **information** معلومات بیشتر *ma'loomät-e-beeshtar* ~ **instructions** تعلیم بیشتر *ta'leem-e-beeshtar* ★ *adv* 1. *(more)* بیش از این *beesh az een*; 2. *(farther)* دورتر *doortar* **go** ~ دور تر رفتن *doortar raftan* **proceed** ~ پیش از این عمل کردن *beesh az een amal kardan*, بیشتر عمل کردن *beeshtar amal kardan*

fuse *n* (سیم اتصالی برق) فیوز *feyooz (seem-e-etesälee-e-barq)* **A fuse blew.** فیوز پرید. *Feyooz pareed* **You have to replace the fuse.** شما باید فیوز را تبدیل کنید. *Shomä bäyad feyooz rä tabdeel koned.* **Where are the fuses?** فیوز ها کجاست؟ *Feyooz hä kojäst?* **Get a fuse from the** (*place*). یک فیوز از (___) بگیرید. *Yak feyooz az (___) begered.*

futile *adj* باطل *bätel*, بی تأثیر *be täseer*, بیهوده *behooda*, بی معنی *be mahnee*

future *adj* آینده *äyenda* ~ **plans** پلانهای آینده *pelän hä-e-äyenda*, عزم آینده *a'zem-e-äyenda* ~ **tense** جمله زمان آینده *jomla-e-zamän-e-äyenda* ★ *n* آینده *äyenda* **for the** ~ برای آینده *baräyee äyenda* **in the** ~ درآینده *dar äyenda*

fuze *n* فیوز *feyooz* **remove a** ~ فیوز را کشیدن *feyooz rä kasheedan*

G g

gain *vt* به دست آوردن *häsel kardan*, کسب کردن *kasb kardan*, حاصل کردن *häsel kardan* ~ **experience** تجربه کسب کردن *tajroba kasb kardan* ~ **knowledge** علم کسب کردن *e'lm kasb kardan* ~ **skills** مهارت کسب کردن *mohärat kasb kardan* **(1) He / (2) She / (3) They / (4) You can gain much (5) good / (6) useful experience.** (۱) او مرد / (۲) او زن / (۳) آنها / (٤) شما تجربه بسیار(٥) خوب / (٦) سودمند حاصل کرده (۲،۱) میتواند / (۳) میتوانند / (٤) میتوانید. *(1) O mard / (2) O zan / (3) Änhä / (4) Shomä tajroba-e-beesyär (5) khoob / (6) sodmand häsel karda (1,2) mey-tawänad. / (3) mey-tawänand. / (4) mey-tawäned.* **(1) He / (2) She has... / (3) I / (4) They / (5) We / (6) You have... everything to gain and nothing to lose.** (۱) او مرد / (۲) او زن / (۳) من / (٤) آنها / (٥) ما / (٦) شما همه چیز برای کسب کردن و هیچ چیز برای از دست دادن(۲،۱) دارد. / (۳) دارم. / (٤) دارند. / (٥) دارید. / (٦) داریم. *(1) O mard / (2) O zan / (3) Man / (4) Änhä / (5) Mä / (6) Shomä hama cheez baräy-e-kasb kardan wa hech*

cheez baräyee az dast dädan (1,2) därad. / (3) däram. / (4) därand. / (5) därem. / (6) däred. ★ **gain** *n* منفعت *manfe-a't*, سود *sood* **big ~** منفعت بزرگ *manfe-a't-e-bozorg* **small ~** منفعت کم *manfe-a't-e-kam*
gall bladder *n* کیسه صفرا *keesa-e-safrä*
gallon *n* گیلن (پیمانه برابر با 3.79 لیتر) *geelan (paymäna-e-baräbar bä se ashärya haftäd-o-noo leetar)* **metric ~** گیلن متریک *geelan-e-metreek* **How much per gallon?** چقدر گیلن؟ *Cheqador geelan?*
gallop *vi* تاختن *tākhtan*, تاخت کردن *tākht kardan*
gambling *n* قمار *qemär*, قمار بازی *qemär bäzee*, قمار زدن *qemär zadan* **No gambling.** قمار اجازه نیست. *Qemär ejäza neest.*
game *n* بازی *bäzee*, سرگرمی *sar garmee* **basketball ~** بازی باسکتبال *bäzee-e-bäsketbäl* **~ of backgammon** بازی نرد *bäzee-e-nard* **~ of chess** بازی شطرنج *bäzee-e-shatranj* **~ of dominos** بازی دامینو *bäzee-e-dämeeno* **organize a ~** بازی ترتیب دادن *bäzee tarteeb dädan* **play a ~** بازی کردن *bäzee kardan* **soccer ~** بازی فوتبال *bäzee-e-footbäl* **volleyball ~** بازی والیبال *bäzee-e-wäleebäl* **(1) I'll / (2) We'll teach (3) you / (4) them a game.** (1) من / (2) ما (3) به شما / (4) آنها یك بازی یاد (1) خواهم داد. / (2) خواهیم داد. *Man / (2) Mä ba / (3) shomä / (4) änhä yak bäzee yäd (1) khäham däd. / (2) khähem däd.* **Let's play a game (of [*type*])!** بیائید (_____) بازی کنیم! *Be-yäyed (_____) bäzee koneam!* **Who wants to play a game?** کی میخواهد بازی کند؟ *Kee mey-khähad bäzee konad?*
gamma-globulin *n* گلوبولین گاما *globoleen-e-gämä*
gang *n* 1. *(team, crew)* دسته *dasta*, جمعیت *jame'yat*; 2. *(band)* گروه *groo* **~ of thieves** گروه دزدان *groo-e-dozdän* **~ of workers** جمعیت کارگران *jame'yat-e-kärgarän* **juvenile ~** گروه جوانان *groo-e-jawänän* **repair ~** دسته ترمیم *dasta-e-tarmeem*
gangrene *n* گانگرین *gängreen*, از بین رفتن حجرات بدن از تأثیر کمبود خون *az bain raftan-e-hojarät-e-badan az täseer-e-kambood-e-khoon* **prevent ~** از گانگرین جلوگیری کردن *az gängreen jelowgeeree kardan* **Gangrene has set in.** گانگرین اغاز یافته. *Gängreen aghäz yäfta.* ★ **gangrenous** *adj* فاسد *fäsed*, عفونی *ofoonee*
gangster *n* بدمعاش *bad-mhäsh*, مجرم *mojrem*
gap *n* شکاف *shekäf*, رخنه *rakhna*, خلا *khalä* **(1,2) Fill in the gap.** (1) رخنه را پر کنید. *Rakhna rä por koned. /* (2) خلا را پر کنید. *Khalä rä por koned.*
garage *n* گراژ *garäzh*, گراج *garäj* **automotive (repair) ~** ورکشاپ ترمیم موتر *warak-shäp-e-tarmeem-e-motar*
garbage *n* فضولات *fozoolät*, کثافات *kasäfät* **collect the ~** کثافات را جمع کردن *kasäfät rä jama' kardan* **dump the ~** کثافات را خالی کردن *kasäfät rä khälee kardan* **~ bag** خریطه کثافات *khareeta-e-kasäfät* **~ can** قطی کثافات *qotee-e-kasäfät* **~ collection** جمع آوری کثافات *jama' äwaree kasäfät* **~ dump** جای کثافات *jäy-e-kasäfät* **~ dumpster** بیرل کثافات *beeral-e-kasäfät* **~ pail** سطل کثافات *satel-e-kasäfät* **~ truck** موتر کثافات *motar-e-kasäfät* **haul the ~** کثافات را انتقال دادن *kasäfät rä enteqäl dädan* **pick up the ~** کثافات را جمع کردن *kasäfät rä jama' kardan* **piles of ~** انبار کثافات *anbär-e-kasäfät* **Empty the garbage cans (into the dumpster).** قطی های کثافات را (دربیرل کثافات) خالی کنید. *Qotee häy-e-kasäfät rä (dar beeral-e-kasäfät) khälee koned.* **Take the garbage out (to the garbage can).** کثافات را در (قطی کثافات) ببرید. *Kasäfät rä dar (qotee-e-kasärät) bobared.* **Where do I put garbage?** کثافات را کجا بیاندازم؟ *Kasäfät rä kojä beyandäzam?*
garden *n* باغ *bägh*, بوستان *boostän* **flower ~** باغ گل *bägh-e-gol* **kitchen ~** کرد ترکاری *kord-e-tarkäree* **plant a garden** باغ را کشت کردن *bägh rä kesht*

gardener

باغ ~ **vegetable** bāgh-e-sabzeejāt سبزیجات را کشت کردن sabzee-jāt rā kesht kardan, سبزیجات bāgh-e-sabzeejāt ★ **gardener** n باغبان bāghbān

garlic n سیر seer

garment n پوشاك poshāk, البسه albasa, لباس lebās

gas n 1. (vapor) گاز gāz; 2. (gasoline) پطرول petrool **butane** ~ گاز بیوتان gāz-e-beyootān (beyooteen) **fill with** ~ 1. (vapor) با گاز پر کردن bā gāz por kardan; 2. (gasoline) با پطرول پر کردن bā petrool por kardan ~ **bottle** بوتل گاز bootal-e-gāz, بوتل تیل پطرول bootal-e-teel-e-petrool ~ **can** قطعی گاز qotee-e-gāz ~ **cylinder** سلندر گاز salandar-e-gāz ~ **gauge** اندازه گاز andāza-e-gāz, مقدار گاز meqdār-e-gāz ~ **mask** نقاب ضد گاز neqāb-e-zed-e-gāz, ماسک گاز mask-e-gāz ~ **meter** گاز سنج gāz sanj ~ **station** مخزن گاز makhzan-e-gāz ~ **tank** منقل گازی manqal-e-gāzee ~ **stove** تانک تیل tank-e-teel ~ **natural** گاز طبیعی gāz-e-tabe'yee **poison** ~ گاز زهری gāz-e-zahree **propane** ~ گاز پروپان gāz-e-propān **tear** ~ گاز اشکاور gāz-e-ashk-āwar

gasket n لایی lāyee

gasoline n گاز gāz, تیل پطرول teel-e-petrool ~ **tanker** تانکر گاز tānkar-e-gāz ~ **truck** موتر گاز motar-e-gāz

gas-tight adj مانع خروج گاز māne'-e-khorooj-e-gāz

gastrointestinal adj وابسته به معده و روده wābasta ba me'da wa roda, معده وامعائی me'da wa ama'āhee

gate n دروازه darwāza ~ **guard** نگهبان دروازه nega-bān-e-darwāza ★ **gatehouse** n اطاق دروازه بان otāq-e-darwāza bān

gather vt (collect) جمع کردن jama' kardan ★ vi (get together) جمع شدن jama' shodan, گرد هم آمدن gerd-e-ham āmadan

gauge n اندازه andāza, مقیاس meqyās, درجه daraja **fuel** ~ مقدار مواد سوخت meqdār-e-mawād-e-sookht **gas** ~ مقدار پطرول meqdār-e-petrool **pressure** ~ درجه فشار daraja-e-feshār

gauze n گازبنداژ gāz-bandāzh

gear n 1. (cogged wheel) چرخ دندانه دار charkh-e-dandāna dār; 2. (automot.) گیرموتر geer-e-motar; 3. (equip.) اسباب asbāb, وسایل wasāyel **climbing** ~ (equip.) وسایل کوهنوردی wasāyel-e-ko nawardee **first** ~ گیر اول geer-e-awal **fourth** ~ گیر چهارم geer-e-chahārom **reverse** ~ گیر عقب geer-e-a'qeb, گیر ریورس geer-e-reewars **second** ~ گیر دوم geer-e-dowom **shift** ~s گیر را تبدیل کردن geer rā tabdeel kardan **third** ~ گیرسوم geer-e-sewom ★ **gearshift** n گیرشفت geer sheft

gel (jel) n ژلاتین jalāteen, مرهم marham, ماده جلاتینی māda-e-jalāteenee **anti-itch** ~ مرهم ضد خارش marham-e-zed-e-khāresh **burn** ~ مرهم ضد سوختگی marham-e-zed-e-sokhtagee **pain-relieving** ~ مرهم تسکین درد marham-e-taskeen-e-dard

gem n گوهر gowhar, جواهر jawāher ★ **gemstone** n سنگ جواهر sang-e-jawāher, سنگ قیمتی sang-e-qeematee

gene n جین jeen

general adj عمومی o'moomee **in** ~ بطور عمومی batowr-e-omoomee, بطور عموم batowr-e-omoom ★ n (mil.) جنرال janrāl

generate vt تولید کردن towleed kardan ~ **electricity** برق تولید کردن barq towleed kardan ★ **generation** n 1. (elec.) تولید towleed; 2. (peer category) نسل nasel **older** ~ نسل سابقه nasel-e-sābeqa, نسل کهن nasel-e-kohan **younger** ~ نسل جوان nasel-e-jawān ★ **generator** n تولید کننده towleed konenda, جنریتور jenreetoor **backup** ~ جنریتور کمکی jenreetoor-e-komakee **electric** ~ جنریتور برقی jenreetoor-e-barqee **diesel** ~ جنریتور دیزلی jenreetoor-e-deezalee **power** ~ جنریتور برقی jenreetoor-e-barqee

جنریتور را (۱) وصل / (۲) *(1)* **Hook up...** / *(2)* **Start up... the generator.** Jenreetoor rä (1) wasel / (2) rooshan koned. روشن کنید.

generous *adj* سخی sakhee, سخاوتمند sakhäwat-mand
genetic *adj* ژنتیک jeneetek, تکوینی takweenee, پیدایشی paydäyeshee
genitals *n, pl* جهاز تناسلی jahäz-e-tanäsolee
genocide *n* قتل عام (از بین بردن یک دسته بر بنیاد تفاوت عقیده، نژاد یا فرهنگ) qatel-e-a'äm (az bayn bordan-e-yak desta bar bonyäd-e-tafawot-e-haqeeda, nezhäd yä farhang) **carry out** ~ قتل عام کردن qatel-e-a'äm kardan
gentle *adj* با تربیت bä tarbeeyat, نجیب najeeb
gentleman *n* شخص محترم shakhs-e-mohtaram
gently *adv* به آهستگی ba ähestagee, به نرمی ba narmee *(1)* **Handle** / *(2)* **Move** *(3)* **her** / *(4)* **him** / *(5)* **it** / *(6)* **them gently.** (۴) به آهستگی (۳) اوزن / (۵) این / (۶) آنها را (۱) دست بزنید. / (۲) حرکت دهید. Ba ähestagee (3) o zan / (4) o mard / (5) een / (6) änhä rä (1) dast bezaned. / (2) harakat dehed.
genuine *adj* اصلی aslee, حقیقی haqeeqee
geography *n* جغرافیه jogho-räfeea
geology *n* زمین شناسی zameen shenäsee ★ **geologic(al)** *adj* مربوط به زمین شناسی marboot ba zameen shenäsee
geometry *n* هندسه handasa ★ **geometric** *adj* مربوط به هندسه marboot ba handasa
germ *n* میکروب meekrob, جراثیم jaräseem **avoid ~s** از میکروب اجتناب کردن az meekroob ejtenäb kardan **eliminate ~s** میکروب را از بین بردن meekroob rä az bayn bordan **keep ~s off** ازمیکروب دوری کردن az meekroob doree kardan **It's a breeding ground for germs.** این خاک برای پرورش میکروب ها مساعد است. Een khäk baräye parwaresh-e-meekrob-hä mosä-e'd ast. **We don't want to get germs in it.** ما نمی خواهیم میکروب ها در آن داخل شود. Mä namey-khähem meekrob-hä dar än däkhel shawad.
German *adj* جرمنی jarmanee, جرمن jarman, آلمانی älmänee **~ measles** سرخکان آلمانی sor-khakän ~ **shepherd** سگ تعلیمی sag-e-ta'lemee ★ *n* آلمانی älmänee, جرمن jarman **Germany** *n* آلمان älmän, جرمنی jar-manee
germinate *vi* سبز کردن sabz kardan, روئیدن rooyedan
get *vt* 1. *(fetch)* آوردن äwardan, دادن dädan, پیدا کردن peydä kardan; 2. *(buy)* خریداری کردن khree-däree kardan; 3. *(receive)* گرفتن greftan; 4. *(catch a disease)* دچار شدن به do chär shodan ba; 5. *(cause to be done)* کردن kardan, ساختن säkhtan **Get me a** *(1)* **candle.** / *(2)* **flashlight.** / *(3)* **knife.** / *(4)* **towel.** برایم یک (۱) شمع / (۲) چراغ دستی / (۳) چاقو / (۴) روپاک بیاورید. Baräyam yak (1) shama' / (2) cherägh-e-dastee / (3) chäqoo / (4) ro päk bey-äwared. **Get** *(1)* **her** / *(2)* **him** / *(3)* **me** / *(4)* **them some water.** (۱) او زن (۲) او مرد / (۳) من / (٤) آنها را قدری آب بدهید. (1) O zan / (2) O mard / (3) Man / (4) Änhä rä qadree äb bedehed. **Go get** *(1)* **her.** / *(2)* **him.** / *(3)* **it.** / *(4)* **them.** بروید (۱) اوزن / (۲) اومرد / (۳)آن / (٤) انهارا پیدا کنید. Berawed (1) o zan / (2) o mard / (3) än / (4) änhä peydä koned. **Go to the market and get some** *(1)* **eggs.** / *(2)* **potatoes.** / *(3)* **vegetables.** بازار بروید و قدری (۱) تخم / (۲) کچالو / (۳) سبزیجات بخرید. Bäzär berawed wa yak qadree (1) tokhom / (2) kachälo / (3) sabzeejät bekhared. **Did** *(1)* **he** / *(2)* **she** / *(3)* **they** / *(4)* **you get the** *(5)* **information?** / *(6)* **letter?** / *(7)* **package?** / *(8)* **shipment?** آیا (۱) او مرد / (۲) او زن / (۳) آنها / (٤) شما (۵) معلومات / (۶) نامه / (۷) بسته / (۸) بار را (۲،۱) گرفت؟ / (۳) گرفتند؟ / (٤) گرفتید؟ Äyä (1) o mard / (2) o zan / (3) änhä / (4) shomä (5) ma'loomät / (6) näma / (7) basta / (8) bär rä (1,2) greft? / (3) greftand? / (4) grefted?

You got the flu. شما ریزش دارید. *Shomä reezesh däred.* **Can you get this** *(1)* **fixed** / *(2)* **mended (for** *[3]* **me** / *[4]* **us)?** (٢) آیا شما این را (١) درست / (٢) ترمیم (برای [٣] من / [٤] ما) کرده میتوانید؟ *Äyä shomä een rä (1) drost / (2) tarmeem (baräyee [3] man / [4] mä) karda mey-tawäned?* ★ **get** *vi* 1. *(become)* شدن *shodan;* 2. *(arrive)* آمدن *ämadan;* 3. *(reach)* رسیدن *raseedan* **Are you getting** *(1)* **cold?** / *(2)* **sleepy?** / *(3)* **tired?** (١) آیا شما (١) زکام / (٢) خواب آلود / (٣) خسته میشوید؟ *Äyä shomä (1) zokäm... / (2) khäb älood... / (3) khasta... mey-shawed?* **I'm getting (very)** *(1)* **cold.** / *(2)* **sleepy.** / *(3)* **tired.** من (بسیار) (١) زکام / (٢) خواب آلود / (٣) خسته شده ام. *Man (beesyär) zokäm... / (2) khäb älood... / (3) khasta... shoda am.* **When will** *(1)* **he** / *(2)* **it** / *(3)* **she** / *(4)* **they get here?** چی وقت (١) او مرد / (٢) این / (٣) او زن / (٤) آنها اینجا خواهد (٣,٢,١) آمد؟ / (٤) آمدند؟ *Chee waqt (1) o mard / (2) een / (3) o zan / (4) änhä eenjä khähad (1-3) ämad? / (4) ämadand?* *(1)* **He** / *(2)* **It** / *(3)* **She** / *(4)* **They will get here** *(5)* **soon.** / *(6)* **tomorrow.** / *(7)* **on** *(day / date).* (١) او مرد / (٢) این / (٣) او زن / (٤) آنها اینجا (٥) زود / (٦) فردا / (٧) در (___) خواهد (٣,٢,١) آمد / (٤) آمدند. *(1) O mard / (2) Een / (3) O zan / (4) Änhä eenjä (5) zud / (6) fardä / (7) dar (___) khähad (1-3) ämad. / (4) ämadand.* **How do** *(1)* **I** / *(2)* **we get there?** چی قسم (١) من / (٢) ما آنجا (١) میرسم؟ / (٢) میرسیم؟ *Chee qesem (1) man / (2) mä ännjä (1) mey-rasam? / (2) mey-rasem?* **Could you tell** *(1)* **me** / *(2)* **us how to get there?** آیا شما (١) من / (٢) ما را گفته میتوانید چی قسم آنجا (١) برسم؟ / (٢) برسیم؟ *Äyä shomä (1) man / (2) mä rä gofta mey-tawäned chee qesem änjä (1) berasam? / (2) berasem?* ★ **get away** *idiom* 1. *(escape)* گریختن *goreekhtan,* فرار کردن *farär kardan;* 2. *(leave)* دور شدن *door shodan,* دور رفتن *door raftan,* ترک کردن *tark kardan* **How did you get away?** چطور فرار کردید؟ *Chetowr farär karded?* **Get away (from here)!** (از اینجا) دور شوید! *(Az eenjä) door shawed!* ★ **get back** *(return)* برگشتن *bar gashtan* ★ **get down** پیاده شدن *peeäda shodan* ★ **get in** *idiom* سوار شدن *sowär shodan,* داخل شدن *däkhel shodan* **Get in the** *(1)* **back.** / *(2)* **boat.** / *(3)* **car.** / *(4)* **front.** / *(5)* **shelter.** در (١) عقب / (٢) کشتی / (٣) موتر / (٤) مقابل / (٥) پناهگاه داخل شوید. *Dar (1) aqeb / (2) keshtee / (3) motar / (4) moqäbel / (5) panägäh däkhel shawed.* ★ **get off** *idiom* پائین شدن *päheen shodan,* خارج شدن *khärej shodan* **Get off the** *(1)* **(air)plane.** / *(2)* **bus.** / *(3)* **cart.** / *(4)* **ship.** / *(5)* **train.** / *(6)* **truck.** از (١) طیاره / (٢) موتر سرویس / (٣) گادی / (٤) کشتی / (٥) ریل / (٦) موترلاری پائین شوید. *Az (1) tayära / (2) motar-e-sarwees / (3) gädee / (4) keshtee/ (5) reel / (6) motar-e-läree päheen shawed.* ★ **get on** *idiom* بالا شدن *bälä shodan* **Get on the** *(1)* **(air)plane.** / *(2)* **bus.** / *(3)* **cart.** / *(4)* **ship.** / *(5)* **train.** / *(6)* **truck.** در (١) طیاره / (٢) موتر سرویس / (٣) گادی / (٤) کشتی / (٥) ریل / (٦) موترلاری بالا شوید. *Dar (1) tayära / (2) motar-e-sarwees / (3) gädee / (4) keshtee / (5) reel / (6) motar-e-läree bälä shawed.* ★ **get out** *idiom* خارج شدن *khärej shodan,* بیرون شدن *beeroon shodan* **Get out of** *(1)* **here.** / *(2)* **there.** از (١) اینجا / (٢) آنجا خارج شوید. *Az (1) eenjä / (2) änjä khärej shawed.* **Get out of the** *(1)* **boat.** / *(2)* **car.** از (١) کشتی / (٢) موتر خارج شوید. *Az (1) keshtee / (2) motar khärej shawed.* ★ **get through** به مقصد رسیدن *ba maqsad raseedan,* عبور کردن *oboor kardan* ★ **get together** جمع شدن *jama' shodan,* یکجا شدن *yak jä shodan,* گرد هم آمدن *gerd-e-ham ämadan*

giddy *adj* گیچ *geech,* سرچرخ *sar-charkh* **feel ~** احساس گیچی کردن *ehsäs-e-geechee kardan*

gift *n* تحفه *tohfa,* بخشش *bakhshesh* **Thank you for the gift.** از تحفه تان تشکر.

Az tohfa-e-tän tashakor. **This is a (small) gift for you.** (این یك تحفه (كوچك) برای شما است.) *Een yak tohfa (-e-kochak) baräyee shomä ast.*

gigantic *adj* (دیو پیکر) *deew paykar*, (بسیار بزرگ) *beesyär bozorg.* (عظیم الجثه) *azeem-ul-jasa*

gin *n (mill)* (دام) *däm*, (كمین) *kameen* **cotton ~** (ماشین پنبه پاكی) *mäsheen-e-ponba päkee*

ginger *n* (زنجبیل) *zan-jabeel*

gingivitis *n* (التهاب بیره) *eltehäb-e-beera*, (التهاب لثه) *eltehäb-e-lasa*

ginseng *n* (یك نوع گیاه دوایی) *yak nawa' geyä-e-dawäyee*

girder *n* (گادر) *gädar*, (میله استحكام) *meela-e-estehkäm*

girl *n* (دختر) *dokhtar* **baby ~** (كودك دختر) *kodak-e-dokhtar*, (دخترك) *dokhtarak*, (دختر كوچك) *dokhtar-e-kochak* **teenage ~** (دختر نوجوان) *dokhtar-e-now-jawän* **young ~** (دختر جوان) *dokhtar-e-jawän*

girlfriend *n* (معشوقه) *ma'shooqa*

give *vt* 1. *(hand over; provide)* (دادن) *dädan*, (تهیه كردن) *tahya kardan*; 2. *(as a gift)* (بخشیدن) *bakhsheedan*; 3. *(convey)* (بردن) *bordan*, (نقل كردن) *neqel kardan* **~ an order** (فرمایش دادن) *far-mäyesh dädan* **~ a shot** *(medicine)* (زرق كردن) *zarq kardan*, (واكسین كردن) *wäkseen kardan*, (تزریق كردن) *tazreeq kardan* **~ a signal** (اشاره دادن) *eshära dädan*, (زیگنال دادن) *zegnäl dädan* **~ a warning** (اخطار دادن) *akhtär dädan*, (هشدار دادن) *hoshdär dädan* **~ directions** (دستور دادن) *dastoor dädan*, (رهنمائی كردن) *rahnomä-e kardan* **~ instructions** (تعلیم دادن) *ta'leem dädan*, (آموزش دادن) *ämoozesh dädan* **Give** *(1)* **it** */ (2)* **them to** *(3)* **her.** */ (4)* **him.** */ (5)* **me.** */ (6)* **them.** (۱) این / (۲) آنها را به (۳) او زن / (٤) او مرد / (٥) من / (٦) آنها بدهید. *(1) Een / (2) Änhä rä ba (3) o zan / (4) o mard / (5) man / (6) änhä bedehed.* **Who gave** *(1)* **it** */ (2)* **them to** *(3)* **her?** */ (4)* **him?** */ (5)* **them?** */ (6)* **you?** كی (۱) این / (۲) آنها را به (۳) او زن / (٤) او مرد / (٥) من / (٦) شما داد؟ *Kee (1) een / (2) änhä rä ba (3) o zan / (4) o mard / (5) man / (6) shomä däd?* **Let me give you some money to buy** *(1)* **it.** */ (2)* **them.** بگذارید شما را یكمقدار پول بدهم تا (۱) این / (۲) آنها را بخرید. *Begzäred shomä rä yak-meqdär pool bedeham tä (1) een / (2) eenhä rä bekhared.* **I can't give** *(1)* **her** */ (2)* **him** */ (3)* **them** */ (4)* **you any more.** من نمیتوانم دیگر (۱) او زن / (۲) اومرد / (۳) آنها / (٤) شما را بدهم. *Man namey-tawänam deegar (1) o zan / (2) o mard / (3) änhä / (4) shomä rä bedeham.* **Don't give** *(1)* **her** */ (2)* **him** */ (3)* **them any more.** دیگر (۱) او زن / (۲) اومرد / (۳) آنها را ندهید. *Deegar (1) o zan / (2) o mard / (3) änhä rä nadehed.* **Give** *(1)* **her** */ (2)* **him a shot (of [***medicine***]).** (۱) او زن / (۲) او مرد را یك زرق ( ) بدهید. *(1) O zan / (2) O mard rä yak zarq (-e- [____]) bedehed.* **Give me** *(1)* **a moment.** */ (2)* **an hour.** */ (3)* **about** *(4)* **five** */ (5)* **ten minutes.** (۱) یك لحظه... / (۲) یك ساعت... / (۳) درحدود (٤) پنج / (٥) ده دقیقه... به من بدهید. *(1) Yak lahza... / (2) Yak sä-a't... / (3) Dar hodood-e- (4) panj / (5) da daqeeqa... ba man bedehed.* **Please give my (warmest) regards to your** *(1)* **family.** */ (2)* **father.** */ (3)* **husband.** */ (4)* **mother.** */ (5)* **wife.** لطفاً احترامات (صمیمانه) من را برای (۱) فامیل / (۲) پدر / (۳) شوهر / (٤) مادر / (٥) خانم تان تقدیم كنید. *Lotfan ehterämät (sameemäna)-e-man rä baräyee (1) fämeel / (2) padar / (3) showhar / (4) mädar / (5) khänom-e-tän taqdeem koned.* **I want to give this (gift) to you (and your family).** میخواهم این (تحفه) را برای شما (و فامیل تان) بدهم. *Mey-khäham een (tohfa) rä baräyee shomä (wa fämeel-e-tän) bedeham.*

glacier *n* (توده یخ غلتان) *toode-e-yakh-e-ghaltän*

glad *adj* (خوشحال) *khoshhäl*, (مسرور) *masroor*, (شاد) *shad* **I'm glad to meet you.** از ملاقات شما خوشحال هستم. *Az moläqät-e-shomä khoshhäl astam.* **I'm glad**

to see you again. خوشحال هستم که شما را دوباره میبینم. *Khoshhäl astam ke shomä rä do babära mey-beenam.* **I'm glad that you're feeling better.** خوشحالم که شما بهتر شدید. *Khoshhälam ke shomä behtar shoded.* **I'm glad everything is okay.** خوشحالم که همه چیز درست است. *Khoshhälam ke hama cheez drost ast.* ★ **gladly** *adv* با خرسندی *bä khorsandee*, باخوشی *bä khoshee*

gland *n* غده *ghoda* **pituitary ~** غده نخامیه *ghoda-e-nekhämeya* **swollen ~** غده متورم *ghoda-e-motawarem* **thyroid ~** غده رقیه *ghoda-e-raqeya*

glass *adj* شیشه ائی *sheeshaye* ★ *n* 1. *(material)* شیشه *sheesha;* 2. *(water glass)* گیلاس *geeläs,* جام *jäm* **full ~** گیلاس پر *geeläs-e-por* **~ blower** شیشه گر *sheesha gar* **~ of water** یک گیلاس آب *yak geeläs äb* **half ~** نیم گیلاس *neem geeläs* **magnifying ~** شیشه بزرگ کردن *sheesha-e-bozorg kardan* **water ~** گیلاس آب *geeläs-e-äb* ★ **glasses** *n, pl* عینک *a'ynak* **~ field** عینک دوربین *a'ynak-e-door been* **protective ~s** عینک حفاظت کننده *a'ynak-e-efäzat konenda* **reading ~s** عینک مطالعه *a'ynak-e-motäle-a'* **safety ~** عینک مصونیت *a'ynak-e-masooneeyat* ★ **glassware** *n* شیشه آلات *sheesha älät*, بلورات *belowrät*

glaucoma *n* کوری تدریجی *koree-e-tad-reejee,* کوری *koree*

gloomy *adj* تیره *teera*, تاریک *täreek*

glory *n* سربلندی *sarbelandee,* جلال *jaläl,* عزت *e'zat*

glossary *n* فرهنگ لغات *farhang-e-loghät* **technical ~** فرهنگ لغات فنی *farhang-e-loghät-e-fanee*

glove *n* دستکش *dastkash* **disposable ~s** دستکشهای که یکبار استفاده میشود *dastkash-häy-e-ke yak bär estefäda mey-shawad* **latex ~s** دستکشهای پلاستنکی *dastkash häy-e-palästekee* **mechanic's ~s** دستکشهای میخانیک *dastkash häy-e-mekhänek* **medical ~** دستکشهای طبی *dastkash häy-e-tebee* **pair of ~** یک جوره دستکش *yak jora dastkash* **polyvinylchloride (PVC) ~s** دستکشهای پلی وینیل کلوراید *dastkash häy-e-polee-weneel-kloorayd* **rubber ~s** دستکشهای رابری *dastkash-häy-e-räbaree* **vinyl ~s** دستکشهای وینیل *dastkash häy-e-weneel* **work ~s** دستکشهای کار *dastkash häy-e-kär (1)* **Put on** / *(2)* **Use gloves.** (۱) دستکش بپوشید / (۲) استفاده کنید. *Dastkash (1) beposhed. / (2) estefäda koned.*

glow *vi* تابیدن *täbeedan,* روشنی دادن *rooshanee dädan*

glucose *n* ماده قندی *mäda-e-qandee* گلوکوز *glokooz*

glue *vt* چسپاندن *chaspändan* **Glue** *(1)* **it /** *(2)* **them together (like this).** (۱) این / (۲) آنها را یکجا (مانند این) بچسپانید. *(1) Een / (2) Änhä rä yak-jä (mänand-e-een) bechaspänad.* ★ *n* چسپ *chasp,* سرش *seresh* **ceramic ~** سرش سفال *seresh-e-sofäl* **säzee* **stick ~** سرش چسپنده *seresh-e-chaspenda* **Super ~** *(trd nm)* سرش سوپر *seresh-e-sopar* **wood ~** سرش چوب *seresh-e-choob*

gnat *n* پشه *pasha*

go *vi* رفتن *raftan,* روانه شدن *rawäna shodan* **Go (**[1] **now /** [2] **quickly)!** ([۱] حالا / [۲] زود) بروید! *([1] Hälä / [2] Zud) berawed!* **Go home.** خانه بروید. *Khäna berawed.* **Go there.** آنجا بروید. *Anjä berawed.* **Don't go (there).** (آنجا) نروید. *(Änjä) narawed.* **Don't let your children go there.** اطفال تان را نگذارید آنجا بروند. *Atfäl-e-tän rä nagzäred änjä berawand* *(1,2)* **Go away!** *(1)* دور شوید! */ (2)* گم شوید! *(1) Door shawed! / (2) Gom shawed!* **Do you want to go?** آیا شما میخواهید بروید؟ *Äyä shomä mey-khähed berawed?* **I** *(1)* **want /** *(2)* **don't want to go.** من (۱) میخواهم / (۲) نمیخواهم بروم. *Man (1) mey-khäham / (2) namey-khäham berawam.* *(1)* **Where /** *(2)* **When are** *(3)* **you /** *(4)* **they going?** (۱) کجا / (۲) چی وقت (۳) شما میروید؟ / (٤) آنها میروند؟ *(1) Kojä... / (2) Chee waqt... (3) shomä / (4) änhä (3) mey-*

go around   **go-between**

rawed? / (4) mey-rawand? (1) **I'm** */ (2)* **We're** */ (3)* **They're going** *(4)* **to** *(place). / (5)* **at** *(time) . / (6)* **on** *(day / date).* (٤) آنها (٣) ما (٢) من (١)
(١) به (___) / (٥) در (___) / (٦) در (___) میروم. / (٢) میرویم. / (٣) میروند.
Man / (2) Mä / (3) Änhä (4) ba (___) / (5) dar (___) / (6) dar (___) (1) mey-rawam. / (2) mey-rawem. / (3) mey-rawand. (1) **Where** */ (2)* **When is** *(3)* **he** */ (4)* **it** */ (5)* **she going?** این (٤) او مرد (٣) چی وقت (٢) کجا (١)
او زن میرود؟ (٥) *(1) Kojä... / (2) Chee waqt... (3) o mard / (4) een /(5) o zan mey-rawad? (1)* **He** */ (2)* **It** */ (3)* **She is going** *(4)* **to** *(place). / (5)* **at** *(time). / (6)* **on** *(day / date).* (٥) به (جای) (٤) او زن (٣) این (٢) او مرد (١)
ba (___) / (5) dar (___) / (6) dar (___) mey-rawad. (١) در (وقت) / (٦) در (روز / تاریخ) میرود. **You can go now.** شما حالا رفته میتوانید. *Shomä hälä rafta mey-tawäned. (1)* **He** */ (2)* **She can go now.** (١) *O mard / (2) O zan hälä* (٢) او-مرد / (٢) او-زن حالا رفته میتوانند. *rafta mey-tawänad.* **They can go now.** آنها حالا رفته میتوانند. *Änhä hälä rafta mey-tawänand.* **Can** *(1)* **I** */ (2)* **we go with you?** آیا (١) من / (٢) ما با
Äyä (1) man / (2) mä bä shomä rafta (1) شما رفته (١) میتوانم؟ / (٢) میتوانیم؟
mey-tawänam? / (2) mey-tawänem? **You** *(1)* **can** */ (2)* **can't go with** *(3)* **me.** */ (4)* **us.** شما با (٣) من / (٤) ما رفته (١) میتوانید. / (٢) نمیتوانید. *Shomä bä (3) man / (4) mä rafta (1) mey-tawäned. / (2) namey-tawäned.* **Can** *(1)* **he** */ (2)* **she go (with you)?** آیا (١) او مرد / (٢) او زن میتواند (با شما) برود؟ *Äyä (1) o mard / (2) o zan mey-tawänad (bä shomä) berawad? (1)* **He** */ (2)* **She** *(3)* **can** */ (4)* **can't go (with** *[5]* **me** */ [6]* **us).** (١) او مرد / (٢) او زن
(3) میتواند / (٤) نمیتوانند (با [٥] من / [٦] ما) برود. *(1) O mard / (2) O zan (3) mey-tawänad / (4) namey-tawänad) (bä [5] man / [6] mä) berawad. (1)* **Where** */ (2)* **When did** *(3)* **he** */ (4)* **she** */ (5)* **they** */ (6)* **you go?** کجا (١)
(٢) چی وقت (٣) او مرد / (٤) او زن / (٥) آنها / (٦) شما رفته (٣،٤) بود؟ / (٥) بودند؟
بودید؟ (٦) *(1) Kojä... / (2) Chee waqt... (3) o mard / (4) o zan (5) änhä / (6) shomä rafta (3,4) bod? / (4) bodand? / (5) boded. (1)* **He** */ (2)* **I** */ (3)* **She** */ (4)* **They** */ (5)* **We went** *(6)* **to** *(place). / (7)* **at** *(time). / (8)* **on** *(day / date). / (___)* (١) او مرد / (٢) من / (٣) او زن / (٤) آنها / (٥) ما / (٦) به (___)
(٧) در (___) / (٨) در (___) رفته (٣،١) بود. / (٢) بودم. / (٤) بودند. / (٥) بودیم.
(1) O mard / (2) Man / (3) O zan / (4) Änhä / (5) Mä (6) ba (___) / (7) dar (___) / (8) dar (___) rafta (1,3) bod. / (2) bodam. / (4) bodand. / (5) bodem. **Go ahead!** شروع کنید!, *Shoro' koned!,* پیش بروید! *Peesh berawed* ★ **go around** گرداگرد رفتن *ger-dägerd raftan,* در اطراف رفتن *dar aträf raftan* **go away** ترک کردن *tark kardan,* دور شدن *door shodan* **Tell** *(1)* **her** */ (2)* **him** */ (3)* **them to go away.** به (١) او-زن / (٢) او مرد / (٣) آنها بگویید که
Ba (1) o zan / (2) o mard / (3) änhä begooyed ke door berawand. ★ **go back** برگشتن *bar gashtan* ★ **go by** رد شدن *rad shodan,* گذشتن *gozashtan* ★ **go down** پائین رفتن *päheen raftan* ★ **go for** *(get, fetch)* بدست آوردن *badast äwardan,* فراهم کردن *färäham kardan* ★ **go in** داخل شدن *däkhel shodan* ★ **go off** *(explode)* منفجر شدن *monfajer shodan* ★ **go out** 1. *(exit)* خارج شدن *khärej shodan;* 2. *(stop functioning)* خاموش شدن *khämosh shodan* ★ **go over** 1. *(cross)* گذشتن *gozashtan;* 2. *(review)* مرور کردن *moroor kardan* ★ **go through** 1. *(pass through)* مرور کردن *moroor kardan;* 2. *(experience)* انجام دادن *anjäm dädan* ★ **go up** بالا رفتن *bälä raftan* ★ **go without** قناعت کردن *qenä-a't kardan*

goal *n* 1. *(objective)* هدف *hadaf,* مقصد *maqsad;* 2. *(soccer)* گول *gool*
goat *n* بز *boz* ★ **goatskin** *n* پوست بز *poost-e-boz*
go-between *n* میانجیگر *meyän-jeegar,* قاصد *qäsed* **He can be our go-between.** او مرد میتواند میانجیگر ما باشد. *O mard mey-tawänad meyän-jeegar mä bäshad.*

God | **163** | **good**

mä bäshad. **You can be our go-between.** شما میتوانید میانجیگر ما باشید. *Shomä mey-tawäned meyän-jeegar mä bäshed.*
God *n* خدا *Khodä,* الله *al-läh* **God's mercy** رحم خدا *rahm-e-khodä* **God bless you (and take care of you).** خدا شما را برکت دهد (و مواظب تان باشد). *Khodäwand shomä rä barakat dehad (wa mawäzeb tän bäshad).* **God knows!** خدا میداند! *Khodä mey-dänad!* **God willing.** اگر خدا بخواهد. *Agar khodä bekhähad.* **Thank God.** شکر خدا. *Shoker-e-khodä.* **I pray to God.** به خدا دعا میکنم. *Ba khodä do-a'ä mey-konam.* **God forbid.** *(1)* خدا نکند. *Khodä nakonad.* / *(2)* خدا ناخواسته *Khodä nä-khästa.* **For God's sake.** بخاطر خدا *Bakhäter-e-khodä.* ★ **godless** *adj* خدا ناشناس *khodä nä shenäs,* کافر *käfar*
goggles *n, pl* عینک محافظوی *a'ynak-e-mahä-fezavee* **safety ~** عینک رنگه برای حفاظت چشم *a'ynak-e-ranga barä'yee hefäzat-e-chashem*
goiter *n* جاغر *jäghor*
gold *adj* طلا *telä* **~ bracelet** دستبند طلا *dast-band-e-telä* **~ chain** زنجیر طلا *zan-jeer-e-telä* **~ earrings** گوشواره طلا *gooshwära-e-telä* **~ necklace** گردن بند طلا *gardan band-e-telä* **~ ring** انگشتر طلا *angosh-tar-e-telä* ★ *n* طلا *telä,* زر *zar* **~ deposit** پیشتوانه طلا *peshtewäna-e-telä,* طلا که بشکل اعتبار در بانک گذاشته میشود *telä-e-ke ba shakel-e-ehtebär dar bank gozäshta may-shawad* **~ mine** معدن طلا *ma'dan-e-telä* ★ **goldsmith** *n* زرگر *zar-gar*
gonad *n* (غده جنسی مذکر) گوناد *gonad (ghoda-e-jensee mozakar)*
gonorrhea *n* سوزاک *soozäk* **get ~** سوزاک شدن *soozäk shodan*
good *adj* خوب *khoob,* نیک *neek,* خوش *khosh* **~ chance** چانس خوب *chans-e-khoob,* تصادف خوب *tasädof-e-khoob* **~ enough** کافی *käfee* **~ luck** بخت خوب *bakht-e-khoob,* چانس خوب *chäns-e-khoob* **~ news** خبر خوب *khabar-e-khoob* **~ reason** دلیل خوب *daleel-e-khoob* **~ sign** فال نیک *fäl-e-neek* **~ time** وقت خوب *waqt-e-khoob,* وقت مناسب *waqt-e-monäseb* **~ way (method)** طریق خوب *tareeq-e-khoob* **~ weather** هوای خوب *hawäy-e-khob* **~ will** خوش قلبی *khosh qalbee,* حسن نیت *hosn-e-neeyat* **Good morning!** صبح بخیر! *Sobh ba khayr!* **Good afternoon!** عصر بخیر! *A'ser ba khayr!* **Good evening!** شب بخیر! *Shab ba khayr!* **Good luck!** چانس خوب! *Chäns-e-khoob!* **Have a good time.** وقت خوش برای تان میخواهم. *Waqt-e-khosh baräyee tän mey-khäham.* **That's (very) good.** آن (بسیار) خوب است. *Än (beesyär) khoob ast.* **That's not good.** آن خوب نیست. *Än khoob neest.* **Is it...** *(1)* آیا این (۱) / *(2)* آنها (۲) *khoob neest. / (2)* آیا (۱) این / (۲) آنها *Are they... any good?* آیا چیزی خوب (۱) است؟ / (۲) هستند؟ *Äyä (1) een / (2) änhä ...cheezee khoob (1) ast? / (2) hastand?* **It's** *(1)* **good** */ (2)* **no good.** این خوب (۱) است / (۲) نیست. *Een khoob (1) ast. / (2) neest.* **They're** *(1)* **good** */ (2)* **no good.** آنها خوب (۱) هستند / (۲) نیستند. *Änhä khoob (1) hastand. / (2) neestand.* **Is it good enough?** آیا این کافی است؟ *Äyä een käfee ast?* **It's good enough.** این کافی است. *Een käfee ast.* **Are they good enough?** آیا آنها کافی هستند؟ *Äyä änhä käfee hastand?* **They're good enough.** آنها کافی هستند. *Änhä käfee hastand.* **Which one is** *(1)* **better?** */ (2)* **the best?** کدام یک (۱) بهتر / (۲) بهترین است؟ *Kodäm yak (1) behtar / (2) behtareen ast? (1)* **This** */ (2)* **That one is** *(3)* **better.** / *(4)* **the best.** (۱) این / (۲) آن یک (۳) بهتر / (٤) بهترین است. *(1) Een / (2) Änh yak (3) behtar / (4) behtareen ast.* **Which are** *(1)* **better?** */ (2)* **the best?** کدام ها (۱) بهتر / (۲) بهترین هستند؟ *Kodäm hä (1) behtar / (2) behtareen hastand? (1)* **These** */ (2)* **Those are** *(3)* **better** */ (4)* **the best.** (۱) اینها / (۲) آنها (۳) بهتر / (٤) بهترین هستند. *(1) Eenhä / (2) Änhä (3) behtar / (4) behtareen hastand.* **I'll show you a good way to do it.** راه خوب انجام دادن این را برایتان نشان خواهم داد. *Rä-e-khoob-e-*

anjäm dädan-e-een rä baräye-tän neshän khäham däd. **It's good to see you (again).** خوب است که شما را (دوباره) میبینم. *Khoob ast ke shomä rä (dobära) mey-beenam.* **You're looking good.** شما خوب به نظر میاید. *Shomä khoob ba nazar meyäyed.*
Goodbye! *interj* خدا حافظ! *Khodä häfez!*
good-hearted *adj* مهربان *mehra-bän,* خوش قلب *khoosh qalb*
good-natured *adj* خرم *khoram,* خوش طبع *khoosh tab'*
goods *n, pl* اجناس *ajnäs,* کالا *kälä,* اموال *amwäl* **canned ~s** اجناس قطی شده *ajnäs-e-qotee shoda* **farm ~s** اجناس مزرعه *ajnäs-e-mazre-a'h* **imported ~s** اجناس وارد شده *ajnäs-e-wäred shoda* **leather ~s** اجناس چرمی *ajnäs-e-charmee* **textile ~s** اجناس بافتگی *ajnäs-e-bäftagee* **woolen ~s** اجناس پشمی *ajnäs-e-pashmee*
goose *n* قاز *qäz*
gorge *n* دره تنگ *dara-e-tang*
gory *adj* خونی *khoonee,* بیرحم *bay-rahem*
gossip *vi* غیبت کردن *ghaybat kardan* ★ *n* شایعات *shäyea'ät,* غیبت *ghaybat* **It's just gossip.** این صرف شایعات است. *Een serf shäyea'ät ast.*
gouge *vt* کندن *kandan,* سوراخ کردن *soräkh kardan,* ~ **holes** سوراخ کندن *sooräkh kandan,* غار کردن *ghär kardan*
gout *n* مرض نقرس *maraz-e-neqres*
govern *vt* حکومت کردن *hokomat kardan,* حکمرانی کردن *hokomränee kardan* **Who governs the** *(1)* **province?** / *(2)* **region?** کی در (١) ولایت / (٢) ناحیه حکمرانی میکند؟ *Kee dar (1) weläyat / (2) näheeya hokomränee mey-konad?*
government *adj* دولت *dowlat,* حکومت *hokomat* ~ **approval** موافقت دولت *mawä-feqat-e-dowlat* ~ **control** کنترول دولت *kantrool-e-dowlat* ~ **decree** فرمان دولت *farmän-e-dowlat* ~ **employee** کارمند دولت *kärmand-e-dowlat* ~ **funding** سرمایه گذاری دولت *sarmäya gozäree dowlat* ~ **funds** سرمایه دولت *sarmäya-e-dowlat* ~ **inspection** تفتیش دولت *tafteesh-e-dowlat* ~ **inspector** بازرس دولت *bäz ras-e-dowlat,* تفتیش دولت *tafteesh-e-dowlat* ~ **office** دفتر دولتی *daftar-e-dowlatee* ~ **official** کارمند دولت *kärmand-e-dowlat* ~ **permission** اجازه دولت *ejäza-e-dowlat* ~ **regulation** قواعد دولت *qawähed-e-dowlat* ~ **requirement** نیازمندی دولت *neeyäz-mandee-e-dowlat,* خواست دولت *khäst-e-dowlat* ~ **worker** کارگر دولت *kär gar-e-dowlat* ★ *n* دولت *dowlat,* حکومت *hokomat* **Afghan ~** دولت افغانستان *dowlat-e-afghänestän,* حکومت افغانستان *hokomat-e-afghänestan* **American ~** دولت امریکا *dowlat-e-amreekä,* حکومت امریکا *hokomat-e-amreeka* **British ~** دولت انگلستان *dowlat-e-englestän,* حکومت انگلستان *hokomat-e-engle-stän* **city ~** حکومت شهر *hokomat-e-shahr* **local ~** دولت محلی *dowlat-e-mohalee* **national ~** دولت ملی *dowlat-e-melee* **Pakistani ~** دولت پاکستان *dowlat-e-päkestän,* حکومت پاکستان *hokomat-e-päkestän* **provincial ~** دولت ولایتی *dowlat-e-weläyatee* **set up a ~** حکومت تاسیس کردن *hokomat täsees kardan*
governor *n* فرماندار *farmändär,* حاکم *häkem,* حکمران *hokomrän* **provincial ~** والی *wälee*
grab *vt* ربودن *rabodan,* گرفتن *greftan*
grade *n* 1. *(quality)* نوع *nawa';* 2. *(school year)* درجه تحصیل *daraja-e-gahseel,* رتبه *rotba;* 3. *(school mark)* نمره *nomra;* 4. *(slope)* نشیب *nesheeb* **first ~** درجه اول *daraja-e-awal* **get good ~s** نمرات خوب گرفتن *nomarät-e-khoob greftan* **high ~** نوع عالی *nawa' a'älee* **The road has a steep grade.** این سرک بسیار سر نشیبی دارد. *Een sarak beesyär sarneshee-bee därad.*

gradually adv كم كم kam kam, به تدريج ba tadreej
graduate vi درجه گرفتن daraja greftan, فارغ التحصيل شدن färogh-e-tahseel shodan **When did you graduate from** *(1)* **high school?** / *(2)* **the university?** شما چه وقت از (١) مكتب ليسه / (٢) پوهنتون فارغ شديد؟ Shomä che waqt az (1) maktab-e-leesa / (2) pohantoon färegh shoded? **What** *(1)* **school** / *(2)* **university did you graduate from?** از كدام (١) مكتب / (٢) پوهنتون فارغ شديد؟ Shomä az kodäm (1) maktab / (2) pohantoon färegh shoded? ★ n صاحب درجه فارغ التحصيل färegh-ul-tahseel, säheb-e-daraja **business school** ~ فارغ التحصيل مكتب تجارت färegh-ul-tahseel-e-maktab-e-tejärat **high school** ~ فارغ التحصيل مكتب ليسه färegh-ul-tahseel-e-maktab-e-leesa **technical school** ~ فارغ التحصيل مكتب فنى färegh-ul-tahseel-e-maktab-e-fanee **university** ~ فارغ التحصيل پوهنتون färegh-ul-tahseel-e-pohantoon ★ **graduation** n درجه بندى daraja bandee, فراغت از تحصيل feräghat az tahseel

graft vt (surgery) پيوند كردن paywand kardan **We're going to graft skin from your buttock onto your** *(1)* **arm.** / *(2)* **leg.** ما ميخواهيم كه از سرين شما پوست در (١) بازو / (٢) پاى شما پيوند كنيم. Mä mey-khähem ke az soreen shomä post dar (1) bäzoo / (2) päy shomä paywand konem. ★ n پيوند (surgery) paywand

grain n دانه däna, حبوبات hoboobät **bag of** ~ خريطه حبوبات khareeta-e-hoboobät ~ **elevator** سيلو seelow, انبار غله anbär-e-ghala ~ **storage** ذخيره حبوباب zakheera-je-hoboobät **haul** ~ حبوبات را انتقال دادن hoboobät rä enteqäl dädan **high-yield(ing)** ~ حبوبات پرحاصل hoboobät-e-por häsel **plant** ~ حبوبات دانه دار كشت كردن hoboobät kesht kardan **seed** ~ حبوبات دانه دار hoboobät-e-däna där **store** ~ حبوبات را ذخيره كردن hoboo-bät rä zakheera kardan

grammar n گرامر gerämar, دستور زبان dastoor-e-zabän
granary n گدام حبوبات godäm-e-hoboobät
grandchild n نواسه nawäsa ★ **granddaughter** n نواسه دختر nawäsa-e-dokhtar. ★ **grandfather** n پدر كلان badar kalän ★ **grandmother** n مادر كلان mädar kalän ★ **grandparents** n, pl پدر كلان و مادر كلان badar kalän wa mädar kalän, والدين bäledayn ★ **grandson** n پسر نواسه nawäsa-e-pesar.

grant vt (give) بخشيدن bakhsheedan ★ n بخشش bakhshesh **cash** ~ بخشش نقد bakhshesh-e-naqd **emergency cash** ~ پول حالات اضطرارى pool-e-hälät-e-ezteräree **receive a** ~ بخشش دريافت كردن bakhshesh daryäft kardan

grape n انگور angoor ★ **grapevine** n شراب انگور sharäb-e-angoor
graph n گراف geräf ★ **graphic** adj گرافيك geräfeek
grass n علف a'laf, گياه geeyäh
grasshopper n ملخ malakh
grassland n زمين پرگياه zameen-e-por geyäh
grate n بخارى پنجره دار bokhäree panjara där
grateful adj ممنون mamnoon, سپاس گذار sepäs gozär *(1)* **I'm** / *(2)* **We're (very) grateful to** *(3)* **her.** / *(4)* **him.** / *(5)* **them.** / *(6)* **you.** (١) من / (٢) ما (بسيار) سپاس گذار (٣) او زن / (٤) او مرد / (٥) آنها / (٦) شما (١) هستم. / (٢) هستيم. *(1)* Man / *(2)* Mä (beesyär) sepäs gozär-e- *(3)* o zan / *(4)* o mard / *(5)* änhä / *(6)* shomä *(1)* hastam. / *(2)* hastem. ★ **gratitude** n نمك شناسى namak shenäsee, حق شناسى haq shenäsee, قدر دانى qader dänee **This is to show** *(1)* **my** / *(2)* **our gratitude (to** *[3]* **her** / *[4]* **him** / *[5]* **them** / *[6]* **you).** اين قدر دانى (١) من / (٢) ما را (به [٣] او زن / [٤] او مرد / [٥] آنها / [٦] شما) نشان ميدهد. Een qader dänee-e- (1) man / (2) mä rä (ba [3] o zan / [4] o mard / [5] änhä / [6] shomä) neshän mey-dehad.

grave *n* قبر *qaber* **mass ~** قبر دستجمعی *qabr-e-dastjam'ee* **Dig the grave *(1)* here. / *(2)* there.** قبر را (۱) اینجا / (۲) آنجا بکنید. *Qaber rä (1) eenjä / (2) änjä bekaned.* ★ **gravesite** *n* قبر *mahal-e-qaber* **Cover the gravesite with concrete..** محل قبر را با کانکریت بپوشانید *Mahal-e-qaber bä känkreet bepooshaned.* **We'll cover the gravesite with concrete.** ما محل قبر را با کانکریت خواهیم پوشاند. *Mä mahal-e-qaber rä bä känkreet khähem pooshanad.*

gravel *n* ریگ *reeg* **cover with ~** با ریگ پوشاندن *bä reeg poshändan* **spread ~** ریگ را هموار کردن *reeg rä hamwär kardan* **Put gravel (on it)** (دراین) ریگ بیاندازید. *(Dar een) reeg be-yandäzed.* *(1)* **They / *(2)* You can gather gravel for road surfacing. ...** (۱) آنها میتوانند... / (۲) شما میتوانید... برای جغل اندازی سرک جغل جمع (۱) کنند. / (۲) کنید. *Änhä mey-tawänand... / (2) Shomä mey-tawäned... baräy-e-jaghal andäzee sarak jaghal jama' (1) konand. / (2) koned.*

gravestone *n* سنگ قبر *sang-e-qaber* ★ **graveyard** *n* قبرستان *qabrestän*
gravy *n* لعاب گوشت *lehäb-e-goosht*
gray *adj* خاکستری *khäkestaree*, (رنگ) فولادی *foolädee (rang)*
graze *vi* چرانیدن *charäneedan*
grease *vt* چرب کردن *charb kardan*, روغن زدن *rooghan zadan* **Grease all these fittings.** تمام این اسباب را چرب کنید. *Tamäm een asbäb rä charb koned.* ★ *n* گریس *grees*, روغن *rooghan* **~ gun** پمپ روغن زنی *pamp-e-rooghan zanee* **Put grease in all these places.** در تمام این جاها گریس بزنید. *Dar tamäm-e-eenjä hä grees bezaned.*

great *adj* 1. *(big)* بزرگ *bozorg*, کبیر *kabeer*, عظیم *azeem*; 2. *(very good)* بسیار خوب *beesyär khoob* **I feel great.** من خوب هستم. *Man khob hastam.* **That's great.** آن عالی است *Än beesyär älee ast.* *(1)* **He / *(2)* She / *(3)* They / *(4)* You did a great job.** (۱) اومرد / (۲) او زن / (۳) آنها / (۴) شما کار (۲۰۱) عالی انجام (۱) داد. / (۲) دادند. / (۳) دادند. / (۴) دادید. *O mard / (2) O zan / (3) Änhä / (4) Shomä kär-e-älee anjäm (1,2) däd. / (3) dädand. / (4) däded.*
★ **greatly** *adv* زیاد *zeeyäd*, بسیار *beesyär*

greed *n* حرص *hers* ★ **greedy** *adj* حریص *harees* **Don't be greedy.** حریص نباشد. *Harees nabäshed.*

green *adj* سبز *sabz* **dark ~** سبز تاریک *sabz-e-täreek* **light ~** سبز روشن *sabz-e-rooshan* **It *(1)* is / *(2)* was green.** این سبز (۱) است. / (۲) بود. *Een sabz (1) ast. / (2) bod.* **They *(1)* are / *(2)* were green.** آنها سبز (۱) هستند. / (۲) بودند. *Änhä sabz (1) hastand. / (2) bodand.*

greenhouse *n* گل خانه *gol khäna* **build a ~** گل خانه اعمار کردن *gol khäna e'mär kardan* **~ equipment** اسباب گل خانه *asbäb-e-gol khäna*

greens *n, pl* سبزیجات *sabzeejät* **salad ~s** سبزیجات سلاد *sabzeejät-e-saläd*

greet *vt* سلام گفتن *saläm goftan*, خوش آمد گفتن *khosh-ämad goftan*, پذیرائی کردن *pazeerä-ye kardan* **Your job will be to greet visitors.** وظیفه شما پذیرائی مهمانان خواهد بود. *Wazeefa-ye-shomä pazeerä-ye-e-mehmänän khähad bod.* **Go to the airport and greet *(1)* her. / *(2)* him. / *(3)* them.** به میدان هوائی بروید و (۱) او زن / (۲) او مرد / (۳) آنها را پذیرائی کنید. *Ba maydän-e-hawäyee berawed wa (1) o zan / (2) o mard / (3) änhä rä pazeerä-ye koned.* ★ **greeting** *n* سلام *saläm*, درود *drood* **Greetings!** سلام! *Saläm!* **We'll give *(1)* her / *(2)* him / *(3)* them a warm greeting.** ما از (۱) او زن / (۲) او مرد / (۳) آنها پذیرائی گرم خواهیم کرد. *Mä az (1) o zan / (2) o mard / (3) änhä pazeerä-ye-e-garm khähem kard.* **Thank you for the warm greeting.** از پذیرائی گرم تان تشکر. *Az pazeerä-ye-e-garm-e-tän tashakor.*

grenade *n* بمب نارنجك *bamb-e-närenjak* **hand ~** نارنجك دستی *närenjak-e-dastee* **rocket-propelled ~ (RPG)** راکت سرشانه یی (آر پی جی) *räket-e-sar* *shäna-ee* (RPG)

grey *adj* خاکستری *khäkestaree*, فولادی رنگ *foolädee rang* **It (1) is / (2) was grey.** این خاکستری (١) است / (٢) بود. *Een khäkestaree (1) ast / (2) bod.* **They (1) are / (2) were grey.** آنها خاکستری (١) هستند. / (٢) بودند. *Ánhä khäkestaree (1) hastand. / (2) bodand.*

grid *n* شبکه *shabaka* (1) **electric / (2) power ~** شبکه برق *(1,2) shabaka-e-barq*

grief *n* غم *gham*, غصه *ghosa* **I understand (1) her / (2) his / (3) their / (4) your grief.** من از غم (١) او زن / (٢) او مرد / (٣) آنها / (٤) شما را درك ميكنم. *Man gham-e-(1) o zan / (2) o mard / (3) änhä / (4) shomä rä dark mey-konam.* **You must try to overcome your grief.** شما بايد كوشش كنيد كه غم تان را برطرف كنيد. *Shomä bäyad koshesh koned ke gham-e-tän rä bartaraf koned.* ★ **grief-stricken** *adj* غمگين *ghamgeen* ★ **grieve** *vi* غمگين شدن *ghamgeen shodan*

grill *vt* كباب كردن *kabäb kardan* **~ lamb** گوشت بره را كباب كردن *goosht bara rä kabäb kardan* **~ meat** گوشت را كباب كردن *goosht rä kabäb kardan* **~ mutton** گوشت گوسفند را كباب كردن *goosht-e-gosfand rä kabäb kardan* ★ *n* كباب *kabäb*

grim *adj* ترسناك *tarsnäk*, وخيم *wakheem* (1) **The situation... / (2) Her / (3) His condition is grim.** (١) حالت (٢) اوزن / (٣) او مرد... وخيم است. *(1)Hälat (2) o zan / (3) o mard wakheem ast.*

grind *vt* كوفته كردن *äseyäb kardan*, خرد كردن *khord kardan*, آسياب كردن *koofta kardan* **Grind up (all of) (1) these coffee beans. / (2) this meat.** (١) دانه های قهوه را... / (٢) اين گوشت را... (١) ميده كنيد. / (٢) كوفته كنيد. *(1) Däna häyee qahwa... / (2) Een goosht rä...(1) mayda koned. / (2) koofta koned.* ★ **grinder** *n* آسياب *aseyäb*, ماشين گوشت *mäsheen gosht*, آونگ برقی *äwang-e-barqee* **coffee ~** ماشين ميده كننده قهوه *mäsheen-e-mayda konende-e-qahwa* **meat ~** ماشين گوشت *mäsheen-e-goosht*

grip *vt* محكم گرفتن *mahkam greftan* **Grip it (1) firmly. / (2) with both hands.** بگيريد (١) محكم / (٢) با هر دو دست. *Begeered (1) mahkam. / (2) bä har doo dast.*

gristle *n* غضروف *gazroof*

groin *n* ران *rän*

groom *n* داماد *dämäd*

groove *n* تنگناه *tangnäh*; كار مطابق استعداد شخص *kär-e-motäbeq-e-estehdäd-e-shakhs*

gross *adj* (total) خالص *khäles*, مجموع *majmo'* **~ sales** مجموع فروشات *majmo'-e-froshät* **~ weight** وزن خالص *wazen-e-khäles*

ground *adj* (from grinding) كوفته *koofta* **~ beef** كوفته گوشت گاو *koofta-e-goosht-e-gäw* **~ meat** كوفته گوشت *koofta-e-goosht*

ground *n* 1. (soil) خاك *khäk*; 2. (area) ميدان *maydän*; 3. (basis, reason) سبب *sabab*; 4. *pl* (dregs) تفاله *tofäla* **coffee ~s** تفاله قهوه *tofälah-e-qahwa* **grazing ~** ميدان چراگاه *maydän-e-charägäh* **highland grazing ~** چراگاه سر تپه *charägäh-e-sar-e-tapa* **sacred ~** زمين مقدس *zameen-e-moqadas* **training ~** ميدان ورزشی *maydän-e-warzeshee* **The ground is (very) (1) hard / (2) soft.** ميدان بسيار (١) سخت / (٢) نرم است. *Maydän (beesyär) (1) sakht / (2) narm ast.* ★ **grounded** *adj* غير قابل پرواز *'a'yr-e-qabel-e-parwäz* **Helicopters are grounded (because of the bad weather).** (نسبت عدم مساعدت هوا) هليكوپتر ها از پرواز منع گرديده. *(Nesbat-e-a'dam-e-mosähedat-e-hawä) heleekooptar hä az parwäz mana' gardeeda and.*

groundsheet *n* توته پلاستيك (كه بالای سطح خيمه يا بستر هموار ميكنند) *tota-e-palästeek (ke balä-e-sateh-e-khayma yä bestar hamwär mey-konand.*

group *n* 1. *(collection of people / animals / things)* گروه *gro*, گروپ *groop'*; 2. *(organization)* سازمان *säzmän*; 3. *(class, category)* دسته *dasta*, طبقه *tabaqa* **aid ~** گروپ کمک رسانی *groop-e-komak rasänee* **ethnic ~** طبقه نژادی *tabaqa-e-nezhädee*, ملیت *melyat* **human rights ~** گروپ حقوق بشر *groop-e-hoqooq-e-bashar* **large ~** گروپ بزرگ *groop-e-bozorg*, دسته بزرگ *dasta-e-bozorg* **small ~** گروه کوچک *gro-e-kochak*

grove *n* درختستان *darakhtestän*, باغ درخت *bägh-e-darakht* **mulberry ~** باغ درختان توت *bägh-e-darakht-e-toot*

grow *vt* کشت کردن *kesht kardan*, کاشتن *käshtan* **~ corn** جواری کاشتن *jawäree käshtan* **~ cotton** پنبه کاشتن *ponba käshtan* **~ crops** حبوبات کاشتن *hobobät käshtan* **~ fruit** میوه کاشتن *meewa käshtan* **~ vegetables** سبزیجات کاشتن *sabzeejät käshtan* **~ wheat** گندم کاشتن *gandom käshtan* **What do *(1)* they / *(2)* you plan to grow (*[3]* here / *[4]* there)?** (۱) آنها (۲) شما که ([۳] اینجا / [٤] آنجا) چی کشت (۱) کنند؟ / (۲) کنید؟ *(1) Änhä / (2) Shomä tasmeem (1) därand / (2) däred ke ([3] eenjä / [4] änjä chee kesht (1) konand? / (2) koned?* **What do *(1)* they / *(2)* you *(3)* want to grow (*[4]* here / *[5]* there)?** (۱) آنها میخواهند... که [۳] (۲) شما میخواهید... که ([۳] اینجا / [٤] آنجا) چی کشت (۱) کنند؟ / (۲) کنید؟ *(1) Änhä mey-khähand... / (2) Shomä mey-khähed... ke ([3] eenjä / [4] änjä chee kesht (1) konand? / (2) koned?* **What did *(1)* they / *(2)* you grow (*[3]* here / *[4]* there) last year?** (۱) آنها / (۲) شما سال گذشته [۳] اینجا / [٤] آنجا) چه کشت کرده (۱) بودند؟ / (۲) بودید؟ *(1) Änhä / (2) Shomä säl-e-gozashta ([3] eenjä / [4] änjä) che kesht karda (1) bodand? / (2) boded?* ★ *vi* 1. *(get bigger in size)* رشد کردن *roshd kardan*, نمو کردن *nomo kardan*, روئیدن *royedan*; 2. *(increase)* زیاد شدن *zeeyäd shodan*, افزون شدن *afzoon shodan* **How well does it grow?** چقدر خوب این رشد خواهد کرد؟ *Cheqadar khob een roshdkhähad kard?* **What's growing there now?** حالا آنجا چی میروید؟ *Hälä änjä chee mey-royad?* **(1) It's / (2) They're growing (3) okay. / (4) poorly. / (5) well..** (۱) این (۲) آنها (۳) درست / (٤) کم / (٥) خوب رشد (۱) میکند. / (۲) میکنند. *(1) Een / (2) Änhä (3) drost / (4) kam / (5) khoob roshd (1) mey-konad. / (2) mey-konand.* **This will make (1) it / (2) them grow better.** این رشد (۱) این / (۲) آنها را بیشتر خواهد ساخت. *Een rooshd-e- (1) een / (2) änhä rä beeshtar khähad säkht.* **The epidemic is growing.** مرض ساری در حال رشد است. *Maraz-e-säree dar häl roshd ast.* **The (local) population has grown.** نفوس (محلی) زیاد شده است. *Nofoos (-e-mahalee) zeeyäd shoda ast.* ★ **grower** *n* بته *bota*, کشت کننده *kesht konenda* **cotton ~** بته پنبه *bota-ponba* **wheat ~** کشت کننده گندم *kesht konenda-e-gandoom* ★ **grown** *adj* شخص بالغ *shakhs-e-bälegh* ★ **growth** *n* نمو *nomo*, رشد *roshd* **rapid ~** نمو سریع *nomo-e-saree'* **retarded ~** نمو عقب مانده *nomo-e-a'qab mända* **slow ~** نمو تدریجی *nomo-e-tadreejee* , نمو بطی *nomo-e-batee*

grub *n* کرم لاروا *kerm-e-lärwä*

grudge *n* احساس خراب *ehsäs-e-kharäb*, کینه *keena* **It is senseless to hold grudges.** کینه گرفتن بی معنی است. *Keena greftan bey ma'nee ast.*

gruesome *adj* ترسناک *tarsnäk*, مخوف *mokhawef*

guarantee *vt* ضمانت کردن *zamänat kardan*, گرنتی کردن *gerantee kardan* **(1) I / (2) We cannot guarantee (3) her / (4) his / (5) their / (6) your (7) safety. / (8) security. / (9) success.** (۱) من / (۲) ما / (۷) سلامتی / (۸) امنیت / (۹) کامیابی (۳) اوزن / (٤) او مرد / (٥) آنها / (٦) شما را ضمانت کرده (۱) نمیتوانم. / (۲) نمیتوانیم. *(1) Man / (2) Mä (7) salämatee-e- / (8) amneeyat-e- / (9) käm-yäbee-e- (3) o zan / (4) o mard / (5) änhä / (6) shomä rä zamänat karda (1) namey-tawänam. / (2) namey-tawänem.* **I can't guarantee**

guarantee | **guess**

that it will work. نمی‌توانم ضمانت کنم که این کار خواهد کرد. *Namey-tawänam zamänat konam ke een kär khähad kard.* ★ **guarantee** n ضمانت *zamänat,* گرنتی *gerantee*
guard vt کردن محافظت *mohäfezat kardan,* حفظ کردن *hefz kardan* **Guard** *(1)* **the area / (2) this carefully.** (۱) ناحیه / (۲) این را با دقت محافظت کنید. *Näheeya / (2) Een rä bä deqat mohäfezat koned.* **Who will guard (1) it? / (2) them?** کی (۱) این / (۲) آنها را محافظت خواهد کرد؟ *Kee (1) een / (2) änhä rä mohäfezat khähad kard?* **Get someone to guard (1) it. / (2) them.** کسی را بگیرید که (۱) این / (۲) آنها را محافظت کند. *Kasee rä beegeered keh (1) een / (2) änhä rä mohäfezat konad.* ★ n محافظ *mohäfez,* نگهبان *negabän* **armed** ~ محافظ مسلح *mohäfez-e-mosalah,* نگهبان مسلح *negabän-e-mosalah* **border** ~ محافظ سرحد *mohäfez-e-sarhad* ~ **duty** وظیفه نگهبانی *wazeefa-e-negabänee* ~ **post** غرفه نگهبان *ghorfa-e-negabän* ~ **roster** جدول نوبت نگهبانی *jadwal-e-nobat-e-negabänee* **security** ~ محافظ امنیتی *mohäfez-e-amneyatee* **I want a guard (1) here / (2) there (24 hours a day).** من میخواهم یک نگهبان (۱) اینجا / (۲) آنجا (برای بیست و چهار ساعت) باشد. *Man may-khäham yak negabän (1) eenjä / (2) änjä (baräyee beest wa chär sä-a't) bäshad.* **Put a guard (1) here / (2) there (24 hours a day).** یک نگهبان (۱) اینجا / (۲) آنجا (برای بیست و چهار ساعت) مقرر کنید. *Yak negabän (1) eenjä / (2) änjä (baräyee beest wa chär sä-a't) moqarar koned.* **Give instructions to the (1) guard. / (2) guards.** برای (۱) نگهبان / (۲) نگهبانان دستور بدهید. *Baräy-e-(1) negabän / (2) negabänän dastoor bedehed.* **Make sure the guard (1) knows / (2) understands this.** متیقن باشید که نگهبان این را (۱) میداند / (۲) میفهمد. *Mota-yaqen bäshed ke negabän een rä (1) mey-dänad. / (2) mey-fahmad.* **Make sure the guards (1) know / (2) understand this.** متیقن باشید که نگهبانان این را (۱) میدانند / (۲) میفهمند. *Motayaqen bäshed ke negabänän een rä (1) mey-dänand. / (2) mey-fahmand.* **The (1) guard / (2) guards must check (3) it / (4) them every (half) hour.** (۱) محافظ / (۲) محافظین باید (۳) این / (۴) آنها را هر (نیم) ساعت بعد معاینه (۱) کند. / (۲) کنند. *(1) Mohäfez / (2) Mohäfezeen bäyad (3) een / (4) änhä rä har (neem) sähat bahd mäyena (1) konad. / (2) konand.* **Call the (1) guard! / (2) guards!** (۱) محافظ / (۲) محافظین را صدا کنید! *(1) Mohäfez / (2) Mohäfezeen rä sadä koned!*
guerilla adj چریکی *cheereekee* ~ **ambush** کمین چریکی *kameen-e-cheereekee* ~ **attack** حمله چریکی *hamla-e-cheereekee* ~ **tactic** تخنیک چریکی *takh-neek-e-cheereekee* **wage** ~ **warfare** دست زدن به جنگ چریکی *dast zadan ba jang-e-cheereekee* ~ **warfare** جنگ چریکی *jang-e-cheereekee* ★ n چریک *cheereek* **Are there guerillas in that area?** آیا در آن ساحه چریک ها هستند؟ *Äyä dar än näheeya cheereek hä hastand?* **What area are the guerillas in?** چریک ها در کدام ساحه هستند؟ *Cheereek hä dar kodäm säha hastand?* **Be on the lookout for guerillas (in *[1]* this / *[2]* that area).** (در [۱] این / [۲] آن ساحه) مواظب چریک ها باشید. *(Dar [1] een / [2] än säha) mawäzeb-e-cheereek hä bäshed.* **(1) He / (2) I / (3) It / (4) She was... / (5) They / (6) We were... (7) ambushed / (8) attacked / (9) stopped by guerillas.** (۱) او مرد / (۲) من / (۳) این / (۴) او زن / (۵) آنها / (۶) ما توسط چریک ها تحت (۷) کمین / (۸) حمله / (۹) توقف قرار گرفته (۱،۳،۴) بود. / (۲) بودم. / (۵) بودند. / (۶) بودیم. *(1) O mard / (2) Man / (3) Een / (4) O zan / (5) Änhä / (6) Mä tawasot-e-cheereek hä that-e (7) kameen / (8) hamla / (9) tawaqoof qarär grefta (1,3,4) bod. / (2) bodam. / (5) bodand. / (6) bodem.*
guess vt & vi حدس زدن *hads zadan,* گمان کردن *gomän kardan* **Guess**

guess چیزی که All I can do is guess. فکر کنید که چه. what. *Feker koned ke che* من انجام داده میتوانم حدس زدن است. *Cheezee ke man anjäm däda mey-tawänam hads zadan ast.* I guess... گمان میکنم... *Gomän mey-konam...* ★ **guess** *n* گمان, حدس *gomän, hads* My guess is that... گمان من است که... *Gomän-e-man ast ke...* That's just a guess. صرف یک گمان است. *Serf yak gomän ast.*

guest *n* مهمان *mehmän* ~ **of honor** مهمان نهایت محترم *mehmän-e-nehäyat mohtaram* **have ~s (for dinner)** (برای غذا شب) مهمان داشتن *(baräy-e-ghezä-e-shab) mehmän däshtan* **invite ~s** مهمانان را دعوت کردن *mehmän-än rä dahwat kardan* **You're my (1) guest. / (2) guests.** شما (1) مهمان / (2) مهمانان من هستید. *Shomä (1) mehmän / (2) mehmänän-e-man hasted.*

guidance *n* رهنمایی *rahnomäyee* **(1) I / (2) We need (3) her / (4) his / (5) their / (6) your guidance.** (1) من / (2) ما به رهنمایی (3) او زن / (4) او مرد / (5) آنها / (6) شما ضرورت (1) دارم. / (2) داریم. *(1) Man / (2) Mä ba rahnomäyee-e- (3) o zan / (4) o mard / (5) änhä / (6) shomä zaroorat (1) däram. / (2) därem.* ★ **guide** *vt* رهنمایی کردن *rahnomäyee karan* **Can (1) he / (2) they / (3) you guide (4) me / (5) them / (6) us (there)?** آیا (1) اومرد / (2) آنها / (3) شما (4) من / (5) آنها / (6) ما را رهنمایی کرده (1) میتواند؟ / (2) میتوانند؟ / (3) میتوانید؟ *Äyä (1) o mard / (2) änhä / (3) shomä (4) man / (5) änhä / (6) mä rä rahnomäyee karda (1) mey-tawänad? / (2) mey-tawänand? / (3) mey-tawäned?* **Thank you very much for guiding (1) me. / (2) us.** از رهنمایی کردن (1) من / (2) ما بسیار زیاد تشکر. *Az rahnomäyee kardan-e- (1) man / (2) mä beesyär zeeyäd tashakor.* ★ *n* **1. (person)** رهنما *rahnomä;* **2. (book)** کتاب رهنما *ketäb-e-rahnomä* **first aid ~** کتاب رهنمای کمک اولیه *ketäb-e-rahnomä-ye komak-e-awalya* **local ~** رهنما محلی *rahnomä-e-mahalee* **repair ~** رهنمای ترمیم *rahnomä-e-tarmeem* **service ~** کتاب رهنما حفظ و مراقبت *ketäb-e-rahnomä-e-hefz-o-moräqebat* **tour ~** رهنما سفر *rahnomä-e-safar* **(1) He's / (2) You're an excellent guide.** (1) او مرد / (2) شما یک رهنمای بسیار خوب (1) است. / (2) هستید. *(1) O mard / (2) Shomä yak rahnomä-e-beesyär khob (1) ast. / (2) hasted.* **This is a guide to repairing it.** این یک کتاب رهنما برای ترمیم کردن این است. *Een yak ketäb-e-rahnomä baräy-e-tarmeem-e-kardan een ast.* ★ **guidebook** *n* کتاب رهنما *ketäb-e-rahnomä* ★ **guideline** *n* اصول *osool,* قواعد *qawähed* **These are the guidelines for your job.** این قواعد وظیفه شما است. *Een qawähed-e-wazeefa-e-shomä ast.* ★ **guidepost** *n* علایم رهنما *alä-yem-e-rahnomä*

guilt *n* تقصیر *taqseer,* گناه *gonäh* ★ **guilty** *adj* گناهکار *gonähkär,* مقصر *moqaser*

guitar *n* گیتار (آله موسیقی) *geetär (äla-e-moseeqee)*

gully *n* کاریز *käreez*

gum *n* ساجق *säjeq* **bubble ~** ساجق پوقانه ئی *säjeq-e-pooqäna-ye* **chewing ~** ساجق جویدنی *säjeq-e-jaweedäna*

gun *n* تفنگ *tofang,* تفنگچه *tofangcha,* اسلحه *asleha* **No guns are allowed (in here).** (در اینجا) اسلحه اجازه نیست. *(Dar eenjä) asleha ejäza neest.* **Take the (1) gun / (2) guns out of here.** (1) تفنگ / (2) تفنگ ها را از اینجا بیرون ببرید. *(1) Tofang... / (2) Tofang hä... rä az eenjä beeroon bobared.* **Do you have a gun?** آیا شما اسلحه دارید؟ *Äyä shomä asleha däred?* **I (1) have / (2) don't have a gun.** من اسلحه (1) دارم. / (2) ندارم. *Man asleha (1) däram. / (2) nadäram.* **Careful! He has a gun.** متوجه باشید! اومرد اسلحه دارد. *Motawaje bäshed! O mard asleha därad.* **Careful! They have guns.** متوجه باشید! آنها اسلحه دارند. *Motawaje bäshed! Änhä asleha därand.* **Make sure the gun (1) is / (2) isn't loaded.** متیقن باشید که تفنگ پر (1) باشد. / (2) نباشد. *Motayaqen bäshed ke tofang por (1) bäshad. / (1) nabäshad.*

★ **gunfire** n تفنگ فیر *fayr-e-tofang* ★ **gunman** n تفنگ دار *tofang där*, مرد مسلح *mard-e-mosalah* ★ **gunpoint** n نشان تفنگ *neshän-e-tofang* (1) **He / (2) They held (3) her / (4) him / (5) me / (6) them / (7) us at gunpoint.** (۱) اومرد / (۲) آنها بطرف (۳) اوزن / (٤) اومرد / (٥) من / (٦) آنها / (۷) نشان (۱) گرفت. / (۲) گرفتند. *(1) O mard / (2) Änhä bataraf-e (3) o zan / (4) o mard / (5) man / (6) änhä / (7) neshän (1) gereft. / (2) gereftand.*
★ **gunshop** n دکان تفنگ *dokän-e-tofang*
gush vi روان شدن *rawän shodan*, جاری شدن *järee shodan*
gut n روده *rooda*
gutter n آبرو *äbrow*
guy n مرد *mard* **decent ~** مرد سنگین *mard-e-sangeen*, آدم با تمکین *ädam-bä tamkeen* **nice ~** مرد خوب *mard-e-khoob* **smart ~** مرد جذاب *mard-e-jazäb*, مرد هوشیار *mard-e-hoshyär*
gym(nasium) n ورزشگاه *warzeshgäh* ★ **gymnast** n ورزشکار *warzeshkär* ★ **gymnastic** adj ورزشی *warzeshee* ★ **gymnastics** n جمناستک *jamnästek* **~ coach** استاد جمناستک *ostäd-e- jamnästek*, مربی جمناستک *morabee-e-jamnästek*
gynecological adj نسائی و ولادی *nesähee wa welädee* ★ **gynecologist** n داکتر نسائی و ولادی *däktar-e-nesähee wa welädee*

H h

habit n عادت *a'ädat*, خوی *khoy* **bad ~** عادت خراب *a'ädat-e-kharäb* **drug ~** عادت دوا *a'ädat-e-dawä* **good ~** عادت خوب *a'ädat-e-khoob*
habitat n محیط زیست *moheet-e-zeest*, مسکن *maskan*
hacksaw n اره آهن بر *ara-e-ähan bor*
haggle vi چنه زدن *chana zadan* **Haggle with them about the price.** با آنها در نرخ چنه بزنید. *Bä änhä dar nerkh chana bezaned.*
hail n ژاله *zhäla* ★ **hailstorm** n طوفان ژاله *toofan-e-zhäla*, ژاله باری شدید *zhäla bäree-e-shadeed*
hair n موی *moy*, زلف *zolf* **black ~** موی سیاه *moy-e-seeyäh* **blonde ~** موی طلایی *moy-e-teläyee* **brown ~** موی نصواری *moy-e-naswäree* **camel ~** موی شتری *moy-e-shotoree* **cut ~ (verb)** موی را قیچی کردن *moy rä qaychee kardan* **dark blonde ~** موی طلایی تاریک *moy-e-teläyee täreek* **fix ~** موی را اصلاح کردن *moy rä esläh kardan* **goat ~** موی بز *moy-e-boz* **grey ~** موی خاکستری *moy-e-khäkestaree* **dryer** موی خشکان *moy khoshkän* **light brown ~** موی نصواری روشن *moy-e-naswäree-e-rooshan* **long ~** موی دراز *moy-e-daräz* **medium-length ~** موی به اندازه میانه *moy ba andäza-e-meeyäna* **red ~** موی سرخ *moy-e-sorkh* **short ~** موی کوتاه *moy-e-kotäh* **style ~ (verb)** موی را شکل دادن *moy rä shakel dädan* **thin(ning) ~** موی نازک *moy-e-näzok* ★ **hairbrush** n برس موی *bors-e-moy*, شانه موی *shäna-e-moy* ★ **haircut** n اصلاح موی *esläh-e-moy* **Where can I get a haircut?** موهایم را کجا اصلاح کنم؟ *Mohäyam rä kojä esläh konam?* **Who can give me a haircut?** موهایم را کی اصلاح میکند؟ *Mohäyam rä kee esläh meykonad?* **I need a (1) close / (2) medium haircut.** من باید موهایم را (۱) کم / (۲) زیاد اصلاح کنم. *Man bäyad mohäyam rä (1) kam / (2) zeeyäd esläh konam.* ★ **hairdryer** n موخشکان *moo-khoshkän* ★ **hairpin** n سیخک موی *seekhak-e-moy*, قیتک موی *qaytak-e-moy* ★ **hairstyle** n شکل موی *shakel-*

e-moy

half *n* نيم *neem,* نصف *nesf* ~ **a day** نيم روز *neem-e-rooz* ~ **an hour** نيم ساعت *neem-e-sä-a't* ~ **brother** برادر اندر *berädar andar* ~ **kilogram** نيم كيلوگرام *neem- keelogeräm* ~ **sister** خواهر اندر *khähar andar* ★ **halfway** *adv* درنيمه راه *dar neema-e-räh* **go** ~ در نيمه راه رفتن *dar neema-e-räh raftan* **make it** ~ راه را نيم ساختن *räh rä neem säkhtan*

hall *n* تالار *tälär,* اطاق بزرگ *otäq-e-bozorg* **meeting** ~ تالار ملاقات *tälär-e-moläqät* ★ **hallway** *n* راه رو *räh row,* دهليز *dahleez*

halt *vi* مكث كردن *maks kardan,* توقف كردن *tawaqof kardan,* سكته كردن *sakta kardan* ★ **halt** *n* مكث *maks,* سكته *sakta,* توقف *tawaqof* **come to a** ~ توقف كردن *tawaqof kardan*

halter *n* تسمه *tasma,* ريسمان *reesmän*

hamburger *n* همبرگر *hambargar*

hammer *vt* چكش زدن *chakosh zadan,* چكش كاری كردن *chakosh käree kardan,* كوبيدن *kobeedan* ~ **nails in** ميخ ها را داخل كوبيدن *meekh hä rä däkhel kobeedan* ★ *n* چكش *chakosh* **ball peen** ~ چكش فلزی *chakosh-e-felezee* **compressed air** ~ برمه كانكريت *barma-e-känkret* **jack** ~ برمه كانكريت *barma-e-känkret* **mason's** ~ چكش ساختمانی *chakosh-e-säkhtomänee,* چكش معماری *chakosh-e-me'märee* **sledge** ~ چكش پتگ *chakosh-e-patag,* چكش بزرگ *chakosh-e-bozorg*

hamper *n (clothes)* سبد *sabad* **clothes** ~ سبد لباس ها *sabad-e-lebäs hä*

hand *vt* دادن *dädan,* كمك كردن *komak kardan* ~ **out** *(distribute)* تقسيم كردن *taqseem kardan* ~ **over** تحويل كردن *tahweel kardan,* تسليم كردن *tasleem kardan* **Hand me that, please.** لطفآ، آن را برايم بدهيد. *Lotfan, än rä baräyam bedehed.* **Hand these out to everyone.** اينها را برای همه تقسيم كنيد. *Een hä rä baräy-e-hama taqseem koned.* **Hand out one to each person.** يكدانه برای هر نفر تقسيم كنيد. *Yakdäna baräy-e- har nafar taqseem koned.* ★ *n* دست *dast* **amputate the** ~ دست بريدن *dast boreedan,* دست را قطع كردن *dast rä qata' kardan* **both** ~**s** هر دو دست *har do dast* **by** ~ توسط دست *tawasot-e-dast* **get out of** ~ خارج از كنترول شدن *khärej az kantrool shodan* **infected** ~ دست ملوث *dast-e-molawas,* دست آلوده *dast-e-älooda,* دست كثيف *dast-e-kaseef* **injured** ~ دست زخمی *dast-e-zakhmee,* دست افگار *dast-e-afgär* **left** ~ دست چپ *dast-e-chap* **lose a** ~ يك دست را از دست دادن *yak dast rä az dast dädan* **made by** ~ توسط دست ساخته شده *tawasot-e-dast säkhta shoda,* دستی *dastee,* **right** ~ دست راست *dast-e-räst* **shake** ~**s** دست فشردن *dast feshordan,* قول دادن *qowl dädan (1)* **He** *(2)* **She has a** *(3)* **bullet** */ (4)* **wound in** *(5)* **his** */ (6)* **her hand.** (١) او مرد / (٢) او زن يك (٣) مرمی / (٤) زخم در دست (٥،٦) اش دارد. *(1) O mard / (2) O zan yak (3) marmee / (4) zakhem dar dast (5,6) ash därad.* **Keep your hands off** *(1)* **this.** */ (2)* **that.** */ (3)* **these.** */ (4)* **those.** به (١) اين / (٢) آن / (٣) اينها / (٤) آنها دست نزنيد. *Ba (1) een / (2) än / (3) eenhä / (4) änhä dast nazaned.* **Don't let anybody put their hands on** *(1)* **this.** */ (2)* **that.** */ (3)* **these.** */ (4)* **those.** كسی را اجازه ندهيد كه به (١) اين / (٢) آن / (٣) اينها / (٤) آنها دست بزند. *Kas-e-rä ejäza nadehed ke ba (1) een / (2) än / (3) eenhä / (4) änhä dast bezanad.* **Hands up!** دستها بلند! *Dast hä beland!* **The situation is getting out of hand.** وضع خارج از كنترول شده است. *Waza' khärej az kantrool shoda ast.* **Don't let things get out of hand.** اجازه ندهيد چيزی از كنترول خارج شود. *Ejäza nadehed cheezee az kantrool khärej shawad.*

handbag *n* بكس دستی *baks-e-dastee* خريطه دستی *khareeta-e-dastee*

handbook *n* كتاب رهنما *ketäb-e-rahnooma*

handcart *n* ارابه دستی *aräba-e-dastee*

handful *n* 1. *(amount in the hand)* مشت *mosht;* 2. *(small number)* چند تن

handicap *n* ناتوانی جسمی یا دماغی *nätawänee-e-jesmee yä damäghee* ★ **handicapped** *adj* ناتوان جسمی یا دماغی *nätawän-e-jesmee yä damäghee* ~ **person** شخص که ناتوانی جسمی یا دماغی داشته باشد *shakhsee ke nätawänee jesmee yä damäghee dashta bäshad*
handicraft *n* صنعت دستی *sona't-e-dastee*, کار دستی *kär dastee*
handkerchief *n* دستمال دست *dastmäl-e-dast* **Do you have a handkerchief?** آیا شما یک دستمال دست دارید؟ *Äyä shomä yak dastmäl-e-dast däred?*
handle *vt* دست زدن *dast zadan*, برداشتن *bardäshtan*, حرکت دادن *harakat dädat* **Be careful handling (1) this. / (2) that. / (3) these. / (4) those.** در حرکت دادن (١) این / (٢) آن / (٣) اینها / (٤) آنها بادقت باشید. *Dar harakat dädan-e- (1) een / (2) än / (3) eenhä / (4) änhä bä deqat bäshed.* **Handle (1) it / (2) them with (extreme) care.** (١) این / (٢) آنها را با دقت (خیلی زیاد) دست بزنید. *(1) Een / (2) Änhä rä bä deqat (-e-kheelee zeeyäd) dast bezaned.* **Don't handle (1) this. / (2) that. / (3) these. / (4) those.** (١) این / (٢) آن / (٣) اینها / (٤) آنها را دست نزنید. *(1) Een / (2) Än / (3) Eenhä / (4) Änhä rä dast nazaned.* ★ *n* دسته *dasta* ★ **handlebars** *n, pl* اندل بایسکل *andal-e-bäysekel*
handmade *adj* دستی *dastee*, دست ساخت *dast säkht*
handrail *n* کتاره *katära*
handsaw *n* اره دستی *ara-e-dastee*
handsome *adj* زیبا *zeebä*, قشنگ *qashang*, خوش قیافه *khoosh-qeyäfa*
handwriting *n* دستخط *dastkhat*, خط *khat* **I can't read (1) her / (2) his / (3) your handwriting.** من دستخط (١) او زن / (٢) او مرد / (٣) شما را خوانده نمیتوانم. *Man dastkhat-e- (1) o zan / (2) o mard / (3) shomä rä khända namey-tawänam.* ★ **handwritten** *adj* دست نویس *dast nawees*, نوشته شده *naweshta shoda* ~ **document** سند دست نویس *sanad-e-dast nawees* ~ **letter** نامه دست نویس *näma-e-dast nawees*
hang *vt* 1. *(suspend)* آویزان کردن *äweezän kardan*, آویختن *äweekhtan*; 2. *(execute)* به دار زدن *ba där zadan*, اعدام کردن *ehdäm kardan* **Hang it (over) (1) here. / (2) there.** این را (در) (١) اینجا / (٢) آنجا آویزان کنید. *Een rä (dar) (1) eenjä / (2) änjä äweezän koned.* ★ *vi* آویزان شدن *äweezän shodan*, آویزان بودن *äweezän bodan* ★ **hang around** *idiom* گشت و گذار کردن *gasht-o-gozär kardan* ★ **hang on** *idiom* انتظار کردن *entezär kardan* ★ **hang up** *idiom* (tel.) گذاشتن گوشی تیلفون *gozäshtan-e-gooshee-e-telefoon*
hangar *n* آشیانه *äsheeyäna*, لانه *läna*
hanger *n* کودبند *kodband*, رخت آویز *rakht äweez*
haphazard *adj* بی ترتیب *bey-tarteeb*, بی نظم *bey-nazem*, درهم و برهم *dar ham wo bar ham* **You shouldn't do things in a haphazard way.** شما چیزی را بی ترتیب نباید انجام دهید. *Shomä cheezee rä bey-tarteeb nabäyad anjäm deheed.*
happen *vi* روی دادن *roy dädan*, رخ دادن *rokh dädan*, اتفاق افتادن *etefäq oftädän* **What's happening?** چه گپ است؟ *Che gap ast?* **What happened?** چه واقع شد؟ *Che wäqe' shod?* **What will happen?** چی خواهد رخ داد؟ *Chee khähad rokh däd?* **Find out what happened (to [1] her / [2] him / [3] it / [4] them)** معلومات بگیرید (به [١] او زن / [٢] او مرد / [٣] این / [٤] آنها) چی رخ داده بود؟ *Mahloomät begeered (ba [1] o zan / [2] o mard / [3] een / [4] änhä) chee rokh däda bod?* **Something (1) bad / (2) terrible happened.** چیزی (١) خراب / (٢) بسیار خراب رخ داد. *Cheezee (1) kharäb / (2) beesyär kharäb rokh däd.* **We don't want anything bad to happen.** نمیخواهیم که چیزی خراب رخ بدهد. *Namey-khähem ke cheezee

kharäb rokh bedehad. **What happened was not your fault.** چیزی که رخ داد تقصیر شما نبود. *Cheezee ke rokh däd taqseer-e-shomä nabod.*

happiness *n* خوشی *khoshee,* خوشحالی *khoshhälee* **I wish** *(1)* **her** */ (2)* **him** */ (3)* **them** */ (4)* **you (much) happiness.** من خوشی (بیشتر) (۱) او زن / (۲) او / (۳) آنها / (٤) شما را آرزو دارم. *Man khoshee (beeshtar)-e- (1) o zan / (2) o mard / (3) änhä / (4) shomä rä ärozo däram.* ★ **happy** *adj* خوش *khosh,* مسرور *masroor* **I hope** *(1)* **he** */ (2)* **she** */ (3)* **they** */ (4)* **you will (always) be happy.** امید اورم (۱) او مرد / (۲) او زن / (۳) آنها / (٤) شما (همیشه) خوش (۲،۱) باشد. / (۳) باشند. / (٤) باشید. *Omeed wäram (1) o mard / (2) o zan / (3) änhä / (4) shomä (hameesha) khosh (1,2) bäshad. / (3) bäshand. / (4) bäshed.* **I'm happy (here).** من (اینجا) خوش هستم. *Man (eenjä) khosh hastam.*

harass *vt* اذیت کردن *azyat kardan,* آزار دادن *äzär dädan* **If anyone harasses you, you let me know.** اگر کسی شما را اذیت کرد، من را در جریان بگذارید. *Agar kasee shomä rä azyat kard, man rä dar jeryän begzäred.* **Were you harrassed?** آیا شما مورد اذیت قرار گرفتید؟ *Äyä shomä mowred-e-azyat qarär gerefted?* **I don't want anyone harassing anyone else (around here).** نمیخواهم کسی در (اطراف اینجا) کسی دیگر را اذیت کند. *Namey-khäham kasee dar (aträf-e-eenjä) kasee deegar rä azyat koand.* **Stop harassing** *(1)* **her.** */ (2)* **him.** */ (3)* **them.** اذیت کردن (۱) او زن / (۲) او مرد / (۳) آنها را بس کنید. *Azyat kardan-e- (1) o zan / (2) o mard / (3) änhä rä bas koned.* ★ **harassment** *n* اذیت *az-yat* *(1)* **I** */ (2)* **We do not tolerate sexual harassment (around here).** (۱) من / (۲) ما (دراطراف اینجا) اذیت جنسی را تحمل کرده (۱) نمیتوانم. / (۲) نمیتوانیم. *(1) Man / (2) Mä (dar aträf-e-eenjä) azyat-e-jensee rä tahmol karda (1) namey-tawänam. / (2) namey-tawänem.*

hard *adj* 1. *(solid)* سخت *sakht;* 2. *(difficult)* دشوار *dashwär,* مشکل *moshkel* ~ **as a rock** مانند سنگ سخت *mänand-e-sang sakht* ~ **disk** *(comp.)* هارد دسک *härd-desk* (بخش عمده کمپیوتر که وظیفه حافظه و مرکز فعالیت را اجرا میکند) *(bakhsh-e-omde-e-kampyootar ke wazeefa-e-häfeza wa markaz-e-fahäl-yat rä ejrä mey-konad)* ~ **of hearing** مشکل شنوایی *moshkel-e-shenawäyee* ~ **time** وقت دشوار *waqt-e-dashwär,* روزگار بد *roozgär-e-bad* **The ground is (*[1]* too /** *[2]* **very) hard.** میدان ([۱] بسیار / [۲] زیاد) سخت است. *Maydän ([1] beesyär / [2] zeeyäd) sakht ast.* **Is it hard to** *(1)* **do?** */ (2)* **fix?** */ (3)* **learn?** */ (4)* **read?** */ (5)* **understand?** آیا (۱) انجام دادن / (۲) درست کردن / (۳) آموختن / (٤) خواندن / (٥) فهمیدن این مشکل است؟ *Äyä (1) anjäm dädan-e-... / (2) drost kardan-e-... / (3) ämokhtan-e-... / (4) khändan-e-... / (5) fahmeedan-e-... een moshkel ast?* **It** *(1)* **is** */ (2)* **isn't hard to** *(3)* **do.** */ (4)* **fix.** */ (5)* **learn.** */ (6)* **operate.** */ (7)* **understand.** (۳) انجام دادن / درست کردن / (٥) آموختن / (٦) اداره کردن / (٧) فهمیدن این مشکل (۱) است. / (۲) نیست. *(3) Anjäm dädan-e-... / (4) drost kardan-e-... / (5) Amokhtan-e-... / (6) Edära kardan-e-... / (7) Fahmee-dan-e-... een moshkel (1) ast. / (2) neest.* **Did you have a hard time** *(1)* **finding** */ (2)* **fixing** */ (3)* **getting** */ (4)* **it?** */ (5)* **them?** آیا شما برای (۱) پیدا کردن / (۲) درست کردن / (۳) بدست آوردن (٤) این / (٥) آنها مشکل داشتید؟ *Äyä shomä baräyee (1) paydä kardan-e-... / (2) drost kardan-e-... / (3) badast äwardan-e-... / (4) een / (5) änhä moshkel-e-däshted?* ★ *adv (applying effort)* سخت *sakht,* با کوشش زیاد *bä koshesh-e-zeeyäd* **study** ~ سخت مطالعه کردن *sakht motäle-a'h kardan,* زیاد مطالعه کردن *zeeyäd motäle-a'h kardan* **try** ~ سخت کوشش کردن *sakht koshesh kardan* **work** ~ سخت کار کردن *sakht kär kardan* **You must** *(1)* **study** */ (2)* **try** */ (3)* **work hard.** شما باید سخت (۱) مطالعه / (۲) کوشش / (۳) کار کنید. *Shomä bäyad sakht (1) motälea'... / (2) koshesh... / (3)*

harden / 175 / **harmony**

kär... koned. **You've been working (very) hard.** شما (بسیار) سخت کار میکنید. *Shomä (beesyär) sakht kär mey-koned.* **(1) He / (2) She works... / (3) They / (4) You work... (very) hard.** (۱) او مرد / (۲) او زن / (۳) آنها / (٤) شما (بسیار) سخت کار (۱،۲) میکند. / (۳) میکنند. / (٤) میکنید. *(1) O mard / (2) O zan / (3) Änhä / (4) Shomä (beesyär) sakht kär (1,2) mey-konad. / (3) mey-konand. / (4) mey-konand.* **If you try hard enough, you can do it.** اگر شما سخت کوشش کنید، شما این را انجام داده میتوانید. *Ägar shomä sakht koshesh koned, shomä een rä anjäm däda mey-tawäned.* ★ **harden** *vi* سخت شدن *sakht shodan,* محکم شدن *mahkam shodan,* منجمد شدن *monjamed shodan*

hardly *adv* به سختی *ba sakhtee,* بزحمت *bazahmat,* به مشکل *ba moshkel* **I can hardly hear you.** سخن شما را درست شنیده نمیتوانم. *Sokhan-e-shomä rä drost shaneeda namey-tawänam.*

hardship *n* سختی *sakhtee,* محنت *mehnat,* مشکلات *moshkelät* **I know you've gone through many hardships.** میدانم شما سختی های زیادی را گذشتانده اید. *Mey-dänam shomä sakhtee hä-e- zeyäd-e-rä gozasht-tanada eed.*

hardware *n* 1. **(tools & items)** فلزات *felezät,* سامان آلات *sämän älät;* 2. *(comp.)* بخش داخلی کمپیوتر *bakhsh-e-däkhel kampeyotar* **(1) I / (2) We have to (3) order / (4) request the necessary hardware to do the job.** (۱) من / (۲) ما باید برای انجام دادن کار سامان آلات ضروری را (۳) فرمایش / (٤) درخواست (۱) دهم. / (۲) دهیم. *(1) Man / (2) Mä bayad baräy-e-anjäm dädan-e-kär sämän älät-e-zarooree rä (3) far-mäyesh / (4) dar-khäst (1) deham. / (2) dehem.* **Where can we buy such hardware around here?** دراین نواحی سامان آلات از کجا میتوانیم بخریم؟ *Dar een nawähee sämän älät az kojä mey-tawänem bekharem?*

hard-working *adj* زحمتکش *zahmatkash* ~ **person** شخص زحمت کش *shakhs- e-zahmatkash*

harelip *n* یک نوع نقص فزیکی لب که در بیشتر اشخاص بشکل یک قاش یا چیره گی در لب بالای میباشد *Yak nawa' noqs-e-fezeekee-e-lab ke dar beeshtar-e- ashkhäs ba-shakel-e-yak qäsh yä cheera-gee dar lab-e-bälä-ye mey- bäshad.*

harm *vt* ضرر رساندن *zarar rasändan,* آسیب رساندن *äseeb rasändan,* صدمه رساندن *sadama rasändan* **No one will harm (1) her / (2) him / (3) them / (4) you ([5] here / [6] there).** هیچ کسی به (۱) او زن / (۲) او مرد / (۳) آنها / (٤) شما ([۵] اینجا / [٦] آنجا) ضرر نخواهد رساند. *Hech kas ba (1) o zan / (2) o mard / (3) änhä / (4) shomä ([5] eenjä / [6] änjä) zarar nakhähad rasänd.* **It harms the environment.** این به محیط ضرر میرساند. *Een ba moheet zarar mey-rasänad.* ★ *n* ضرر *zarar,* صدمه *sadama,* آسیب *äseeb* **There's no harm in trying.** در کوشش کردن هیچ ضرری نیست. *Dar koshesh kardan zararee neest.* ★ **harmful** *adj* مضر *mozer,* صدمه زننده *sadama zanenda* ★ **harmless** *adj* بی ضرر *bey zarar*

harmonica *n* آرمونیکا (یک نوع آله موسیقی دستی) *armoneekä (yak nawa' äla-e- moseeqee dastee)* **play the** ~ آرمونیکا نواختن *armoneekä nawäkhtan*

harmonious *adj* خوش آهنگ *khosh ähang,* خوش صدا *khosh sadä,* موافق *mawäfeq,* روابط موزون *rawäbet-e-mowzoon* **khosh sowt** ~ **relationship** خوش صوت ★ **harmoniously** *adv* به طور موافق *ba towr-e-mawäfeq,* باصوت خوب *bä sowt-e-khoob* **work** ~ **together** به طور موافق یکجا کار کردن *ba towr-e-mawäfeq yakjä kär kardan* **I hope we can work harmoniously together.** امیدوارم ما به طور موافق یکجا کارکرده بتوانیم. *Omeed-wäram mä ba towr-e-mawäfeq yak-jä kär karda betwänem.* ★ **harmony** *n* توافق *tawäfoq,* سازش *säzesh,* موافقت *mawäfeqat* **We must do our best to**

promote harmony amongst the *(1)* **staff.** / *(2)* **workers.** ما باید به حد توان کوشش نمائیم تا در میان (۱) کارکنان / (۲) کارگران توافق را رشد دهیم. *Mä bäyad ba had-e-tawän koshesh nomäyem tä dar meeyän-e-(1) kär konän... / (2) kär garän... tawäfeq rä roshd dehem.* **Let's all try to work in harmony with each other.** بیایید همه کوشش نمایم باهمدیگر به توافق کار کنیم. *Beeyäyeed hama koshesh nomäyem bä hamdeegar ba tawäfoq kär konem.*

harness *n* 1. *(horses)* زین اسپ *zeen-e-asp*; 2. لباس سرباز *lebäs-e-sarbäz*

harrow *vt* 1. قلبه کردن *qolba kardan*, شخم زدن *shakhm zadan*; 2. اذیت کردن *azyat kardan*, پریشان ساختن *prayshän säkhtan* ★ *n* ماشین قلبه *mäsheen-e-qolba*

harsh *adj* تند *tond*, خشن *khashan* **Don't be harsh with** *(1)* **her.** / *(1)* **him.** / *(3)* **them.** با (۱) او زن / (۲) او مرد / (۳) آنها خشن نباشید. *Bä (1) o zan / (2) o mard / (3) änhä khashan nabäshed.*

harvest *vt* درو کردن *darow kardan*, جمع کردن *jama' kardan* ~ **crops** حاصلات را درو کردن *häselät rä darow kardan* ~ **grain** حبوبات را درو کردن *hobobät rä darow kardan* ~ **wheat** گندم را درو کردن *gandom rä darow kardan* ★ *n* خرمن *kherman*, محصول *mahsool*, هنگام درو *hangäm-e-darow* **average ~** خرمن متوسط *kherman-e-motawaset* **celebrate the ~** هنگام درو جشن گرفتن *hangäm-e-darow jashen greftan* **good ~** محصول خوب *mahool-e-khoob* **grain ~** محصول حبوبات *mahsool-e-hobobät* **poor ~** محصول ناچیز *mahsool-e-nächeez* ★ **harvester** *n* دروگر *darow-gar*, ماشین درو *mäsheen-e-darow*

hassle *n* درد سر *dard-e-sar*, زحمت *zahmat* **Don't give me a hassle.** من را درد سر ندهید. *Man rä dard-e-sar nadehed.* **It's a big hassle.** این یک درد سر کلان است. *Een yak dard-e-sar-e-kalän ast.*

hashish *n* چرس *chars*

haste *n* عجله *a'jala*, شتاب *shetäb* **Haste makes waste.** عجله کار شیطان است. *A'jala kär-e-shaytän ast.* ★ **hastily** *adv* به عجله *ba a'jala* ★ **hasty** *adj* شتاب زده *shotäb zada*

hat *n* کلاه *koläh* **hard ~** کلاه سخت *koläh-e-sakht* **woolen ~** کلاه پشمی *koläh-e-pashmee*

hatch *vt* از تخم برآمدن *az tokhom bar ämadan* ★ *vi* ازتخم بیرون آمدن *az tokhom beeroon ämadan*

hatchet *n* تیشه *teesha*

hate *vt* نفرت داشتن از *nefrat dashtan az* ★ **hate, hatred** *n* نفرت *nefrat*, تنفر *tanafor*, دشمنی *doshmanee* **filled with ~** پر از نفرت *por az nefrat*

haul *vt* کش کردن *kash kardan*, انتقال دادن *enteqäl dädan* ~ **cargo** بار کش کردن *bär kash kardan* ~ **dirt** خاک را انتقال دادن *khäk rä enteqäl dädan* ~ **food** غذا انتقال دادن *ghezä enteqäl dädan* ~ **garbage** کثافات را انتقال دادن *kasäfät rä enteqäl dädan* ~ **gravel** ریگ انتقال دادن *reeg enteqäl dädan* ~ **rock** سنگ انتقال دادن *sang enteqäl dädan* ~ **supplies** اکمالات انتقال دادن *ekmälät enteqäl dädan* **Haul** *(1)* **this** / *(2)* **these to** *(place)*. (۱) این / (۲) آن را در (____) کش کنید. *(1) Een / (2) Än rä dar (____) kash koned.*

have *vt* داشتن *däshtan* **Does** *(1)* **he** / *(2)* **it** / *(3)* **she have** *(what)*? آیا (۱) او مرد / (۲) این / (۳) او زن (____) دارد؟ *Äyä (1) O mard / (2) Een / (3) O zan (____) därad?* **Do you have** *(what)*? آیا شما (____) دارید؟ *Äyä shomä däred?* **Do they have** *(what)*? آیا آنها (____) دارند؟ *Äyä änhä (1) därand?* **I** *(1)* **have** / *(2)* **don't have** *(what)*. من (____) (۱) دارم. / (۲) ندارم. *Man (____) (1) däram. / (2) nadäram.* **You** *(1)* **have** / *(2)* **don't have** *(what)*. شما (____) (۱) دارید. / (۲) ندارید. *Shomä (____) (1) däred. / (2) nadäred.* **We** *(1)* **have** / *(2)* **don't have** *(what)*. ما (____) (۱) داریم. / (۲) نداریم. *Mä (____) (1) därem. / (2) nadärem.* **They** *(1)* **have** / *(2)* **don't**

have to   177   **headache**

have *(what)*. آنها (___) (١) دارند. / (٢) ندارند. *Änhä (___) (1) därand. / (2) nadärand. (1)* **He** */ (2)* **It** */ (3)* **She** *(4)* **has** */ (5)* **doesn't have** *(what)* (١) او مرد / (٢) این / (٣) او زن (___) (٤) دارد. / (٥) ندارد. *O mard / (2) Een / (3) O zan (___) (4) därad. / (5) nadärad.* **I** *(1)* **have** */ (2)* **don't have (enough) time.** من وقت (کافی) (١) دارم. / (٢) ندارم. *Man waqt-e-(käfee) (1) däram. / (2) nadäram.* **We** *(1)* **have** */ (2)* **don't have (enough) time.** ما وقت (کافی) (١) داریم. / (٢) نداریم. *Mä waqt-e-(käfee) (1) därem. / (2) nadärem.*

have to *idiom (must)* باید *bäyad,* ضروری *zarooree* **Do you have to go?** آیا ضروری است که شما بروید؟ *Äyä zarooree ast ke shomä berawed?* **I** *(1)* **have to** */ (2)* **don't have to go.** من (١) باید / (٢) نباید بروم. *Man (1) bäyad / (2) nabäyad berawam.* **We** *(1)* **have to** */ (2)* **don't have to go.** ما (١) باید / (٢) نباید برویم. *Mä (1) bäyad / (2) nabäyad berawem.* **You** *(1)* **have to** */ (2)* **don't have to go.** شما (١) باید / (٢) نباید بروید. *Shomä (1) bäyad / (2) nabäyad berawed.* **Do they have to go?** آیا ضروری است آنها بروند. *Äyä zarooree ast änhä berawand?* **They** *(1)* **have to** */ (2)* **don't have to go.** آنها (١) باید / (٢) نباید بروند. *Änhä (1) bäyad / (2) nabäyad berawand.* **Does** *(1)* **he** */ (2)* **she have to go?** آیا ضروری است (١) او مرد / (٢) او زن بروند؟ *Äyä zarooree ast (1) o mard / (2) o zan berawad?* **(1) He** */ (2)* **She** *(3)* **has to** */ (4)* **doesn't have to go.** (١) او مرد / (٢) او زن (٣) باید / (٤) نباید برود. *(1) O mard / (2) o zan (3) bäyad / (4) nabäyad berawad.* **(1) I** */ (2)* **We had to do it.** (١) من / (٢) ما باید آنرا انجام (١) دهم. / (٢) دهیم. *(1) Man / (2) Mä bäyad än rä anjäm (1) deham. / (2) dehem.* **It has to be done (**[1] **quickly** / [2] **soon**)**. این باید ([١] بسرعت / [٢] زود) انجام یابد. *Een bäyad ([1] ba sorhat / [2] zood) anjäm yäbad.*

hay *n* علف خشک *a'laf-e-khoshk,* کاه *käh* ★ **haystack** *n* کاهدان *kähdän*

hazard *n* خطر *khatar* ★ **hazardous** *adj* خطرناک *khatar näk*

haze *n* غبار *ghobär,* دود *dood,* ابر *aber*

hazelnut *n* فندق *fandaq*

he *pron* او مرد *o mard* **He is.** او مرد است. *O mard ast.* **He was.** او مرد بود. *O mard bod.* **He will be.** او مرد خواهد بود. *O mard khähad bod.*

head *n* 1. *(part of body)* سر *sar;* 2. *(top or leading part)* بالا *bälä;* 3. *(leader)* رییس *ra-ees,* مدیر *modeer,* بزرگتر *bozorgtar* **from ~ to toe** از سر تا به انگشت پا *az sar tä ba angosht-e-pä* **~ injury** صدمه سر *sadama-e-sar* **~ of the agency** رییس نمایندگی *ra-ees-e-nomäyendagee* **~ of the column** بالای ستون *bäläye sotoon* **~ of the family** رییس فامیل *raees-e-fämeel* **~ start** سر از شروع *sar az shoro'* **(1) He** */ (2)* **She has a (3) bullet** */ (4)* **wound in (5) his** */ (6)* **her head.** (١) او مرد / (٢) او زن یك (٣) گلوله / (٤) زخم در سر (٥،٦) اش دارد. *(1) O mard / (2) O zan yak (3) glola / (4) zakhem dar sar (5,6) ash därad.* **(1) Lower** */ (2)* **Raise your head.** سر تان را (١) پائین / (٢) بلند کنید. *Sar-e-tän rä (1) päheen / (2) beland koned.* **Turn your head (to the** [1] **left** / [2] **right**)**. سر تان را (طرف [١] چپ / [٢] راست) دور بدهید. *Sar-e-tän rä (taraf-e- [1] chap / [2] räst) dowr bedehed.* **How does your head feel?** سر تان چطور است؟ *Sar-e-tän cheetowr ast?* **(1) He** */ (2)* **She (3) hit** */ (4)* **hurt (5) his** */ (6)* **her head.** (١) او مرد / (٢) او زن سر (٥) اومرد / (٦) او مرد را (٣) زد / (٤) افگار کرد. *(1) O mard / (2) O zan sar-e-(5) o zan / (6) o mard rä (3) zad / (4) afgär kard.* ★ **headache** *n* سردرد *sar dard,* سر دردی را معالجه کردن *sar dardee rä ma'äleja kardan* **cure a ~** سردردی *sar dardee* **Do you have a headache?** آیا شما سردردی دارید؟ *Äyä shomä sar dardee däred?* **I have a (bad) headache.** من سردردی (بد) دارم. *Man sar dardee (bad) däram.* **This (medicine) is for your headache.** این (دوا) برای سردردی شما است. *Een (dawä) baräye sar dardee shomä ast.*

headlight *n* چراغ پیش‌رو *cherägh-e-peysh-e-ro* **Turn** *(1)* **off** / *(2)* **on the headlights.** چراغ های پیش رو را (۱) خاموش / (۲) روشن کنید. *Cherägh häy-e-peysh-e-ro rä (1) khämosh / (2) rooshan koned.* **You left the headlights on.** شما چراغ های پیش رو را روشن گذاشته اید. *Shomä cherägh häy-e- peysh-e-ro rä rooshan gozäshta-eed.*

headman *n* ملک *malek* **village** ~ ملک قریه *malek-e-qarya*

headphones *n, pl* گوشکی *gooshakee*

headquarters *n, pl* مرکز فرماندهی *markaz-e-farmändehee,* اداره مرکزی *edärah-e-markazee,* قوماندانی عمومی *qoomandänee-e-omoomee*

headscarf *n* دستمال سر *dastmäl-e-sar*

headset *n* گوشی تیلفون *gooshee-e-teelfoon*

heal *vt* شفا دادن *shafä dädan* ★ *vi* خوب شدن *khoob shodan* **It will heal** *(1)* **in about a** *(2)* **week** / *(3)* **month.** / *(4)* **in a couple** *(5)* **weeks** / *(6)* **months.** / *(7)* **soon.** این (۱) در حدود یک (۲) هفته / (۳) ماه / (۴) در حدود دو (۵) هفته / (۶) ماه / (۷) زودی خوب خواهد شد. *Een (1) dar hodood-e-yak (2) hafta /(3) mäh... / (4) dar hameen do (5) hafta / (6) mäh... / (7) zoodee... khoob khähad shod.* **It's healing.** در حال خوب شدن است. *Dar häl-e-khoob shodan ast.* **It needs time to heal.** خوب شدن اش وقت را دربرمیگیرد. *Khoob shodan ash waqt rä darbar mey-geerad.*

health *adj* صحی *sehee* ~ **education** تعلیمات صحی *ta'leemät-e-sehee* ~ **organization** سازمان صحی *säzmän-e-sehee* ~ **problem** مشکل صحی *moshkel-e-sehee* ~ **service** کار صحی *kär-e-sehee,* خدمات صحی *khedamät-e-sehee* ~ **worker** کارمندان صحی *kärmandän-e-sehee* ★ *n* صحت *sehat,* تندرستی *tandrostee,* بهبودی *behbodee* **good** ~ صحت خوب *sehat-e-khoob* **improve** ~ صحت را بهبود دادن *sehat rä behbood dädan* **maintain good** ~ صحت را خوب حفظ کردن *sehat-e-khoob dästhtan,* صحت خوب داشتن *khoon hefz kardan* **mental** ~ صحت دماغی *sehat-e-damäghee* **poor** ~ مریض *mareez* **public** ~ صحت عامه *sehat-e-a'äma* **World** ~ **Organization** سازمان صحی جهان *säzmän-e-sehee jahän* **(1) He's** / *(2)* **She's** / *(3)* **They're** / *(4)* **You're in** *(5)* **good** / *(6)* **poor health.** (۱) او مرد / (۲) او زن / (۳) آنها / (۴) شما (۵) خوب / (۶) کم تندرست (اند) است. / (۳) هستند. / (۴) هستید. *(1) O mard / (2) O zan / (3) Ánhä / (4) Shomä (5) khoob / (6) kam tandorost (1,2) ast. / (3) hastand. / (4) hasted.* ★ **healthy** *adj* صحتمند *sehatmand,* تندرست *tandorost,* سالم *sälem,* صحت بخش *sehat bakhsh* **be** ~ صحتمند بودن *sehatmand bodan* ~ **animals** حیوانات سالم *haywänät-e-sälem* ~ **diet** خوراک صحی *khoräk-sehee,* رژیم غذایی صحی *rezheem-e-ghezäye-e-sehee* ~ **environment** محیط صحی *moheet-e-sehee* ~ **food** غذا صحی *ghezä-e-sehee* ~ **lifestyle** زندگی صحی *zendagee-e-sehee* ~ **living condition** وضع زنده گی صحی *waze'-e-zendagee-e-sehee* **stay** ~ خود را صحتمند حفظ کردن *khod rä sahatmand hefz kardan*

heap *n* توده *toda,* عده زیاد *e'da-e-zeyäd,* تعداد زیاد *tehdäd-e-zeyäd,* انبار *ambär,* کوت *koot* ~ **of blankets** کوت کمبل ها *koot-e-kambal hä* ~ **of clothes** کوت لباس ها *koot-e-lebäs hä* **junk** ~ انبار اشیای بیکاره *ambär-e-ashyäy-e-bekära* **Throw** *(1)* **it** / *(2)* **them on the heap over there.** (۱) این / (۲) آنها را در آنجا بالای کوت بیاندازید. *(1) Een / (2) Ánhä rä dar änjä bälä-e-koot beyandäzed.*

hear *vt* شنیدن *shoneedan,* گوش دادن به *goosh dädan ba,* گوش کردن *goosh kardan* **Did you hear** *(1)* **anything?** / *(2)* **it?** / *(3)* **me?** آیا شما (۱) چیزی / (۲) این / (۳) سخن من را شنیدید؟ *Áyä shomä (1) cheezee / (2) een / (3) sokhan-e-man rä shoneeded?* **I didn't hear** *(1)* **anything.** / *(2)* **it.** / *(3)* **you.** من (۱) چیزی / (۲) این / (۳) سخن شما را نشنیدم. *Man (1) cheezee / (2) een / (3) sokhan-e-shomä rä nashoneedam.* **I heard** *(1)* **it.** / *(2)* **something.** /

hear ... **179** ... **heat**

Man sadäy-e- (1) een / (2) cheezee / (3) shomä rä shoneedam. (۱) من صدای (۱) این / (۲) چیزی / (۳) شما را شنیدم. **(3) you.** **What did you hear?** چی را شنیدید؟ *Chee rä shoneeded?* ★ **hear** *vi* 1. *(perceive sound)* آواز شنیدن *äwäz shoneedan;* 2. *(learn of)* خبر شدن *khabar shodan;* 3. *(receive mail or a call)* شنیدن *shoneedan* **(1) He / (2) She can't hear well (in [3] his / [4] her [5] left / [6] right ear).** (با) (۱) اومرد / (۲) اوزن نمیتواند به درستی (۱) / (۴) اش / (۳،٤) راست / (٦) چپ / (۵) گوش (۱) *O mard / (2) O zan namey-tawänad (bä goosh-e- [5] chap / [6] räst-e- [3,4] ash) äwäz rä besh-nawad.* **Did you hear about the new changes?** آیا شما در باره تحولات نو چیزی شنیدید؟ *Äyä shomä dar bära-e-tahwolät-e-now cheez-e-shoneeded?* **Did you hear that we're going to move?** آیا شما شنیدید که ما از اینجا میرویم؟ *Äyä shomä shoneeded ke mä az eenjä may-rawem?* **Have you heard from (1) her? / (2) him? / (3) them?** آیا از (۱) اومرد / (۲) اوزن / (۳) آنها خبری دارید؟ *Äyä az (1) o mard / (2) o zan / (3) änhä khabaree däred?* **I haven't heard from (1) her / (2) him / (3) them [4] in a long time. / [5] lately. / [6] since [when].** من از (۱) اوزن / (۲) اومرد / (۳) آنها ([٤] از بسیار وقت / [٥] آخیراً / [٦] از [___] به اینطرف) خبری ندارم. *Man az (1) o zan / (2) o mard / (3) änhä ([4] az beesyär waqt / [5] akheeran / [6] az [___] ba entaraf) khabaree nadäram.* ★ **hearing** *n* شنوایی *shenawäyee* **bad ~** شنوایی خوب *shenawäyee kam* **good ~** شنوایی کم *shenawäyee-e-khoob* **poor ~** شنوایی ضعیف *shenawäyee-e-za'eef*

heart *n* قلب *qalb,* دل *del* **enlarged ~** قلب بزرگ شده *qalb-e-bozorg shoda* ~ **attack** حمله قلبی *hamla-e-qalbee,* سکته قلبی *sakhtä-ye-qalbee* ~ **disease** مرض قلبی *maraz-e-qalbee* ~ **disorder** تشوشات قلبی *tashawoshät-e-qalbee* ~ **failure** عدم کفایه قلبی *a'dam-e-kefäya-e-qalbee* ~ **medication** تداوی قلب *tadäwee-e-qalb* ~ **murmur** مرمر قلب *mor-mor-e-qalb* ~ **operation** عملیات قلب *a'mal-yä-qalb* ~ **surgery** جراهی قلب *jarähee qalb* **learn by ~** حفظ کردن *hefz kardan* **lose ~** *(become discouraged)* مایوس شدن *mä'yos shodan,* نا امید شدن *nä-oomeed shodan* **strong ~** دلیر *deleer* **weak ~** بزدل *boz del* **with all my ~** با کمال میل *bä kamala-e-mael,* از صمیم قلب *az sameem-e-qalb* **I'm going to listen to your heart.** میخواهم به قلب شما گوش دهم. *Mey-khäham ba qalb-e-shomä goosh deham.* **(1) He / (2) She has suffered a heart attack.** (۱) او مرد / (۲) او زن یک حمله قلبی دارد. *(1) O mard / (2) O zan yak hamla-e-qalbee därad.* **Have you ever had a heart attack?** آیا شما گاهی حمله قلبی داشته اید؟ *Äyä shomä gähee hamla-e-qalbee dashta eed?* **When did (1) he / (2) she / (3) you have the heart attack?** چی وقت (۱) اومرد / (۲) اوزن / (۳) شما حمله قلبی (۲،۱) داشت / (۳) داشتید؟ *Chee waqt (1) o mard / (2) o zan / (3) shomä hamla-e-qalbee (1,2) däsht / (3) däshted?* ★ **heartbeat** *n* ضربان قلب *zarabän-e-qalb* ★ **heartburn** *n* دلجوشی *deljooshee,* سوزش معده *soozesh-e-mehda* ★ **heartily** *adv* قلباً *qalban,* از دل *az del,* صمیمانه *sameemäna* **I heartily agree.** قلباً موافق هستم. *Qalban mawäfeq hastam.* ★ **hearty** *adj* قلبی *qalbee,* صمیمانه *sameemäna* ~ **welcome** استقبال صمیمانه *esteqbäl-e-sameemäna*

heat *vt* گرم کردن *garm kardan* **How can we heat this (1) house? / (2) room?** چی قسم میتوانیم این (۱) خانه / (۲) اطاق را گرم کنیم؟ *Chee qesem mey-tawänem een (1) khäna / (2) otäq rä garm konem?* **Heat up the (1) coffee. / (2) pan. / (3) pot. / (4) soup. / (5) tea. / (6) water.** (۱) قهوه / (۲) تابه / (۳) چاینک / (٤) شوربا / (٥) چای / (٦) آب را گرم کنید. *(1) Qahwa / (2) Täba / (3) Chäynak / (4) Shoor bä / (5) Chäee / (6) Äb rä garm koned.* ★ *n* حرارت *harärat,* گرمی *garmee,* بخاری *bokhäree* **They / (2) We need some heat in (3) here. / (4) there.** (۱) آنها / (۲) ما در (۳) اینجا / (٤) آنجا به حرارت ضرورت (۱) دارند. / (۲) داریم. *(1) Änhä / (2) Mä dar (3) eenjä / (4) änjä ba harärat zaroorat (1) därand. / (2) därem.*

/ (4) änjä ba harärat zaroorat (1) därand. / (2) därem. **The heat is** *(1)* **killing me.** / *(2)* **unbearable.** گرمی (۱) من را میکشد. / (۲) تحمل ناپذیر است. *Garmee (1) man rä mey-koshad. / (2) tahmol näpazeer ast.* **Turn** *(1)* **on** / *(2)* **off the heat.** بخاری را (۱) روشن / (۲) خاموش کنید. *Bokhäree rä (1) rooshan / (2) khämosh koned.* **Turn down the heat.** بخاری را ضعیف کنید. *Bokhäree rä zaheef koned.* **Turn up the heat.** بخاری را (بلند) زیاد کنید. *Bokhäree rä beland (zeeyäd) koned.* ★ **heater** *n* بخاری *bokhäree* **electric ~** بخاری برقی *bokhäree-e-barqee* **gas ~** بخاری گازی *bokhäree-e-gäzee* **oil ~** بخاری نیلی *bokhäree-e-teelee* **water ~** بخاری آبی *bokhäree-e-äbee* ★ **heating** *n* گرم کننده *garm konenda* **central ~** مرکز گرمی *markaz garmee* **electric ~** گرم کننده برقی *garm konenda-e-barqee*, بخاری برقی *bokhäree-e-gäzee* **gas ~** گرم کننده گازی *garm konenda-e-gäzee*, بخاری گازی *bokhäree-e-gäzee* **~ system** سیستم مرکز گرمی *seestom-e-markaz garmee* **oil ~** گرم کننده نیلی *garm konenda-e-teelee*, بخاری نیلی *bokharee-e-teelee* ★ **heatstroke** *n* گرمازدگی *garmä zadagee*

heaven *n* بهشت *behesht,* جنت *janat* **go to ~** به بهشت رفتن *ba behesht raftan,* به جنت رفتن *ba janat raftan*

heavy *adj* سنگین *sangeen,* گران *grän,* وزین *wazeen* **Is it heavy?** آیا این سنگین است؟ *Ayä een sangeen ast?* *(1)* **It's** / *(2)* **They're** (*[3]* **too** / *[4]* **very**) **heavy.** (۱) این / (۲) آنها (۳) زیاد / (۵) بسیار سنگین (۱) است / (۲) هستند. *(1) Een / (2) Änhä ([3] zeeyäd / [4] beesyär) sangeen (1) ast. (2) hastand.* **It's not heavy.** این سنگین نیست. *Een sangeen neest.* **They're not heavy.** آنها سنگین نیستند. *Änhä sangeen neestand.* ★ **heavyset** *adj* قوی *qawee* **~ man** مرد قوی *mard-e-qawee* **~ woman** زن قوی *zan-e-qawee*

hectare *n* هکتار *hektär*

heed *vt* توجه کردن *tawajow kardan,* اعتنا کردن *e'tenä kardan* **You should heed** *(1)* **her** / *(2)* **his** / *(3)* **my advice.** شما باید به نصیحت (۱) اوزن / (۲) او / (۳) من توجه کنید. *Shomä bäyad ba naseeyat-e- (1) o zan / (2) o mard / (3) man tawajow koned.* **I'm going to heed** *(1)* **your advice.** / *(2)* **the warning.** من به (۱) نصیحت شما... / (۲) اخطار... توجه میکنم. *Man ba (1) naseehat-e-shomä... / (2) akhtär... tawajow mey-konam.*

heel *n* 1. *(foot)* کروی پا *koree-e-pä*; 2. *(shoe)* کوری بوت *koree-e-boot* **Could you put new heels on these?** آیا شما میتوانید در این کوری نو بی اندازید؟ *Äyä shomä mey-tawäned dar een koree-e-now beyandäzed?*

heifer *n* گوساله ماده *gosäla-e-mäda*

height *n* بلندی *belandee,* ارتفاع *ertefä';* قد *qad* **What is the height of it?** بلندی این چند است؟ *Belandee een chand ast?* **The height is** (*amount*). بلندی ( ) است. *Belandee ( ) ast.* *(1)* **I** / *(2)* **We want to measure** *(3)* **her** / *(4)* **his** / *(5)* **your** / *(6)* **their height.** (۱) من می خواهم... / (۲) ما می خواهیم... قد (۳) او زن / (۴) اومرد/ (۵) شما / (۶) انها را اندازه (۱) کنم. / (۲) کنیم. *(1) Man mey-khäham... / (2) Mä mey-khäham... qad-e- (3) o zan / (4) o mard / (5) shomä / (6) änhä rä andäze (1) konam. / (2) konem.* **Check** *(1)* **her** / *(2)* **his** / *(3)* **their height-to-weight ratio** قد - به تناسب وزن (۱) او زن / (۲) او مرد / (۳) انها را بررسی نمایید. *Qad ba tanäsob-e-wazen-e- (1) o zan / (2) o mard / (3) änhä rä bar-rasee nemäyed.*

helicopter *n* هلیکپتر *(tayära-e-)heleekooptar,* چرخکی *charkhakee* **military ~** هلیکوپتر نظامی *heleekooptar-e-nezämee* **rescue ~** هلیکوپتر نجات *heleekooptar-e-nejät* ★ **helipad** *n* فرودگاه هلیکوپتر *foroodgäh-e-heleekooptar*

hell *n* دوزخ *dozakh,* جهنم *jahanom*

Hello! سلام ! *Saläm!*

helmet *n* کلاه محافظوی *kolä-e-mahafeza-wee,* محافظ سر *mahafez-e-sar*

help vt کمک کردن komak kardan, یاری کردن yäree kardan **Help!** !کمک Komak! **(Please) help (1) me. / (2) him. / (3) her. / (4) us. / (5) them.** (لطفاً) (Lotfan) (۱) من / (۲) اومرد / (۳) او زن / (٤) ما / (٥) آنها را کمک کنید. man /(2) o mard / (3) o zan / (4) mä / (4) änhä rä komak koned. **I'll help (1) you. / (2) him. / (3) her. / (4) them.** (۱) شما / (۲) اومرد / (۳) اوزن / (٤) آنها را کمک خواهم کرد. Man (1) shomä / (2) o mard / (3) o zan / (4) änhä rä komak khäham kard. **Can you (please) help (1) me? / (2) him? / (3) her? / (4) us? / (5) them?** آیا (لطفاً) شما میتوانید (۱) من / (۲) اومرد / (۳) او زن / (٤) ما / (٥) آنها را کمک کنید؟ Äyä (lotfan) shomä mey-tawänead (1) man / (2) o mard / (3) o zan / (4) mä / (5) änhä rä komak koned? **I can't help (1) you. / (2) him. / (3) her. / (4) them. (I'm sorry.)** نمیتوانم (۱) شما / (۲) اومرد / (۳) او زن / (٤) آنها را کمک کنم. (متأسف هستم.) Namey-tawänam (1) shomä / (2) o mard / (3) o zan / (4) änhä rä komak konam. (Mata'sef hastam.) **Who can help (1) me? / (2) him? / (3) her? / (4) us? / (5) them?** کی میتواند (۱) من / (۲) اومرد / (۳) او زن / (٤) ما / (٥) آنها را کمک کند؟ Key mey-tawänad (1) man / (2) o mard / (3) o zan / (4) mä rä komak konad? **(1) I / (2) He / (3) She / (4) We / (5) They can help (6) you. / (7) him. / (8) her. / (9) them.** (۱) من میتوانم... / (۲) اومرد میتواند... / (۳) اوزن میتواند... / (٤) ما میتوانیم... / (٥) آنها میتوانند... (٦) شما / (۷) او مرد / (۸) او زن / (۹) آنها را کمک (۱) کنم. / (۳،۲) کند. / (٤) کنیم. / (٥) کنند. (1) Man mey-tawänam... / (2) O mard mey-tawänad... / (3) O zan mey-tawänad... / (4) Mä mey-tawänem... / (5) Änhä mey-tawänand... (6) shomä / (7) o mard / (8) o zan / (9) änhä rä komak (1) konam. / (2,3) konand. / (4) konem. / (5) konand. ★ n کمک komak, یاری yäree **get ~** کمک گرفتن komak greftan **give ~** کمک دادن komak dädan **medical ~** کمک طبی komak-e-tebee **seek ~** کمک خواستن komak khästan, کمک جستجو کردن komak jostojo kardan, **(1) I / (2) We / (3) They need... help. / (4) He / (5) She needs... help.** (۱) من / (۲) ما / (۳) آنها / (٤) او مرد / (٥) اوزن به کمک ضرورت (۱) دارم. / (۲) داریم. / (۳) دارند. / (٤،٥) دارد. (1) Man / (2) Mä / (3) Änhä / (4) O mard / (5) O zan ba komak zaroorat (1) däram. / (2) därem. / (3) därand. / (4,5) därad. **Where can (1) I / (2) he / (3) she / (4) we / (5) they get help.** ازکجا (۱) من / (۲) او مرد / (۳) او زن / (٤) ما / (٥) آنها از (٥) ...آنجا / (٦) ...اینجا / (۷) ...در / (۸) از (____) کمک گرفته (۱) میتوانم؟ / (۳،۲) میتواند؟ / (٤) میتوانیم؟ / (٥) میتوانند؟ Az kojä (1) man / (2) o mard / (3) o zan / (4) mä / (5) änhä komak grefta (1) mey-tawänam? / (2,3) mey-tawänad? / (4) mey-tawänem? / (5) mey-tawänand? **(1) You / (2) He / (3) She / (4) They can get help (5) over there. / (6) here. / (7) at / (8) from (*name of source*).** (۱) شما / (۲) اومرد / (۳) او زن / (٤) آنها از (٥) ...آنجا / (٦) ...اینجا / (۷) ...در / (۸) از (____) کمک گرفته (۱) میتوانید. / (۳،۲) میتواند. / (٤) میتوانند. Shomä / (2) O mard / (3) O zan / (4) Änhä az (5) ...änjä / (6) ...eenjä / (7)...dar / (8) az (____) komak grefta (1) mey-tawäned. / (2,3) mey-tawänad. / (4) mey-tawänand. **Thanks (very much) for (all) your help.** تشکر (بسیار زیاد) از (تمام) کمک های تان. Tashakor (beesyär zeeyäd) az (tamäm-e-) komak häy-e-tän. ★ **helper** n کمک کنننده komak konenda, مددگار madad gär **You can be my helper.** شما میتوانید کمک کننده من باشید. Shomä mey-tawäned komak konenda-e-man bäshed. ★ **helpful** adj سودمند soodmand, کمک بخش komak bakhsh, مؤثر moa-ser **You've been very helpful.** شما بسیار کمک بخش بودید. Shomä beesyär komak bakhsh boded. ★ **helpless** adj بیچاره bey-chärah, درمانده dar-mänada **(1) He's / (2) She's / (3) They're helpless.** (۱) او مرد / (۲) او زن / (۳) آنها بیچاره / (۱۰۲) است / (۳) هستند. (1) O mard / (2) O zan / (3) Änhä bey-chära (1,2) ast. / (3) hastand.

hemorrhage *vi* خونریزی کردن *khoonreezee kardan* **(1) He / (2) She is hemorrhaging.** (۱) اومرد / (۲) او زن خونریزی دارد. *(1) O mard / (2) O zan khoonreezee därad.* ★ *n* خونریزی *khoon reezee*

hemorrhoid *n* بواسیر *bawäseer*

hen *n* ماکیان مرغ *morgh-e-mäkeeyän*

hepatitis *n* (التهاب جگر) زردی *zardee (eltehäb-e-jegar)* ~ **shot** زرق زردی *zarq-e-zardee*, واکسین زردی *wäkseen-e-zardee*

herb *n* گیاه *geeyäh*, علف *a'laf* **What's the name of this herb?** نام این گیاه چیست؟ *Näm-e-een geeyäh cheest?*

herbicide *n* مواد کیماوی کشنده نباتات *mawäd-e-kemyäwee koshenda-e-nabätät*

herd *vt* چراندن *charändan*, نگهداری کردن *nega-däree kardan* ★ *n* رمه *rama*, گله *gala* ~ **of horses** گله اسپ ها *gala-e-asp hä* ★ **herdsman** *n* رمه دار *rama där*

here *adv* اینجا *eenjä*, در اینجا *dar eenjä* **around** ~ دراین نواحی *dar een nawähee* **(1) He's / (2) I'm / (3) It's / (4) She's / (5) They're / (6) We're here.** (۱) او مرد / (۲) من / (۳) این / (۴) اوزن / (۵) آنها / (۶) ما در اینجا هستیم. *(1) O mard / (2) Man / (3) Een / (4) O zan / (5) Änhä / (6) Mä dar eenjä (1,3,4) ast. / (2) hastam. / (5) hastand. / (6) hasteem.* **(1) He's / (2) I'm / (3) It's / (4) She's / (5) They're / (6) We're not here.** (۱) او مرد / (۲) من / (۳) این / (۴) اوزن / (۵) آنها / (۶) ما در اینجا نیستیم. *(1) O mard / (2) Man / (3) Een / (4) O zan / (5) Änhä / (6) Mä dar eenjä (1,3,4) neest. / (2) neestam. / (5) neestand. / (6) neesteem.* **Come here.** اینجا بیائید. *Eenjä beeyäyed.* **Bring (1) it / (2) them here.** (۱) این / (۲) آنها را اینجا بیاورید. *(1) Een / (2) Änhä rä eenjä beeyäwared.*

heredity *n* وراثت *weräsat*

hernia *n* چره *chora*

hero *n* قهرمان *qaramän* **(1) He's / (2) You're a hero.** (۱) اومرد / (۲) شما قهرمان (۱) است. / (۲) هستید. *(1) O mard / (2) Shomä qa-rahmän (1) ast. / (2) hasted.* **They're heroes.** آنها قهرمانان هستند. *Änhä qaramänän hastand.* ★ **heroic** *adj* دلیرانه *deleeräna*, قهرمانانه *qaramäna*

heroin *n* هیروین *heeroyen*

heroine *n* زن دلاور *zan-e-deläwar*, زنیکه قهرمان داستان باشد *zanee ke qa-rahmän-e-dästän bäshtad*, دختر فلم *dokhtar-e-felm* **She's a heroine.** او زن قهرمان است. *O zan qa-rahmän ast.*

herpes *n* دانه *däna*, تبخال *tabkhäl*

hesitate *vi* دریغ کردن *dreegh kardan*, تامل کردن *tämol kardan*

Hey! *interj* هی! *Hey!*

hiccups *n, pl* دوگوشه *do goosha*, دودندانه *do dandäna* **have the** ~ دودندانه داشتن *do dandäna dästan*

hidden *adj* پنهان *penhän*, مخفی *makhfee*

hide *vt* پنهان کردن *penhän kardan* **Where did (1) he / (2) she / (3) they / (4) you hide (5) it? / (6) them?** (۱) او مرد / (۲) او زن / (۳) آنها / (۴) شما (۵) این / (۶) آنها را کجا پنهان کرده (۲،۱) بود؟ / (۳) بودند؟ / (۴) بودید؟ *(1) O mard / (2) O zan / (3) Änhä / (4) Shomä (5) een / (6) änhä rä kojä penhän karda (1,2) bod? / (4) boded? / (3) bodand?* **Hide (1) it / (2) them someplace.** (۱) این / (۲) آنها را در جاه ی پنهان کنید. *(1) Een / (2) Änhä rä dar jäh-ye penhän koned.* ★ *vi* پنهان شدن *penhän shodan*, مخفی شدن *makhfee shodan* **Where did (1) he / (2) she / (3) they / (4) you hide?** (۱) او مرد / (۲) او زن / (۳) آنها / (۴) شما کجا پنهان (۲،۱) شد؟ / (۳) شدند؟ / (۴) شدید؟ *(1) O mard / (2) O zan / (3) Änhä / (4) Shomä kojä penhän (1,2) shod? / (3) shodand? / (4)*

hideaway

shoded? **Where can** *(1)* **I** */ (2)* **we hide?** (١) من / (٢) ما کجا پنهان شده؟ (١) *Man / (2) Mä kojä penhän shoda* (1) *may-tawänam? / (2) may-tawänem?* ★ **hideaway** *n* غار *ghär,* جای پنهان *jäy-e-penhän,* مخفی گاه *makhfee gäh* ★ **hideout** *n* جای پنهان *jäy-e-penhän*

high *adj* 1. *(of a certain height)* بلند *beland,* بالا *bälä*; 2. *(of a certain height)* بلند پایه *beland päya*; 3. *(above average)* بزرگ *bozorg*; 4. *(of high rank)* عالی رتبه *a'älee rotba,* بالا رتبه *bälä rotba,* عالی *a'älee* ~ **blood pressure** فشار خون بلند *feshär-e-khoon-e-beland* ~ **level** ردیف بالا *radeef-e-bälä,* سطح بالا *sat-he-bälä* ~ **number** نمبر بلند *namber-e-beland* ~ **official** کارمند بلند رتبه *kärmand-e-beland rotba,* مقام عالی رتبه *moqäm-e-a'älee rotba* ~ **position** درجه عالی *daraja-e-a'dälee* ~ **price** قیمت بلند *qeemat-e-beland* ~ **rate** نرخ بلند *nerkh-e-beland* ~ **school** لیسه عالی *leesa-e-a'älee* ~ **speed** سرعت زیاد *sor-a't-e-zeeyäd* ~ **voltage** ولتاژ بالا *woltäzhe-e-bälä* **How high is it?** این چقدر بلند است؟ *Een cheqadar beland ast?* **How high will it be?** چقدر بلند خواهد بود؟ *Cheqadar beland khähad bod?* **Do you go to high school?** آیا شما لیسه عالی میروید؟ *Äyä shomä leesa a'älee mey-rawed?* **Did you finish high school?** آیا شما لیسه را به پایان رسانیده اید؟ *Äyä shomä leesa-e-a'älee rä ba päyän rasäneeda eed?* ★ **highchair** *n* چوکی بلند *chowkee-e-beland* ★ **highly** *adv* بسیار زیاد *beesyär,* خیلی زیاد *khelee zeeyäd* ★ **highway** *n* گذرگاه *gozar gäh,* شاهراه *shahrä*

hijack *vt* اختطاف کردن *ekhtetäf kardan* ~ **a truck** موترلاری را اختطاف کردن *motar-e-läree rä ekhtetäf kardan* **The truck was hijacked.** موترلاری اختطاف شد. *Motar-e-läree ekhtetäf shod.* ★ **hijacker** *n* اختطاف کننده *ekhtetäf konenda,* تاراج کننده *täräj konenda* ★ **hijacking** *n* اختطاف *ekhtetäf*

hill *n* تپه *tapa* **at the bottom of the ~** در زیر تپه *dar zeer-e-tapa* **down the ~** پائین تپه *päyeen-e-tapa,* در دامنه تپه *dar dämana-e-tapa* **on the side of the ~** در سر تپه *dar sar-e-tapa* **on top of the ~** در پهلوی تپه *dar pahloo-e-tapa* **up the ~** در بالای تپه *dar bäläyee tapa* ★ **hillside** *n* اطراف تپه *aträf-e-tapa* **What's that on the hillside?** در اطراف تپه آن چیست؟ *Dar aträf-e-tapa än cheest?* ★ **hilltop** *n* نوک تپه *nok-e-tapa,* سرتپه *sar-e-tapa* **What's that on the hilltop?** در سر تپه آن چیست؟ *Dar sar-e-tapa än cheest?*

hinder *vt* عقب انداختن *a'qab andäkhtan,* باز داشتن *bäz dästan,* ممانعت کردن *mamänea't kardan,* **It hinders** *(1)* **my** */ (2)* **our** */ (3)* **their efforts.** این کوشش های (١) من / (٢) ما / (٣) آنها را باز داشت. *Een koshesh häyee (1) man / (2) mä / (3) änhä rä bäz däsht.*

hinge *n* لوله *lola,* بند *band* **door ~** بند دروازه *band-e-darwäza*

hip *n* سرین *soreen* ★ **hipbone** *n* استخوان سرین *ostokhän-e-soreen*

hire *vt* کرایه کردن *keräya kardan,* اجاره کردن *ejära kardan,* مقرر کردن *moqarar kardan* **We'll hire** *(1)* **her.** */ (2)* **him.** */ (3)* **them.** */ (4)* **you.** ما *(1)* او مرد / *(2)* او زن / *(3)* آنها / *(4)* شما را مقرر خواهیم کرد. *Mä (1) o mard / (2) o zan / (3) änhä / (4) shomä rä moqarar khähem kard.* *(1)* **I** */ (2)* **We need to hire someone for the job.** (١) من / (٢) ما ضرورت (١) دارم (٢) داریم کسی را برای کار مقرر (١) کنم. / (٢) کنیم. *(1) Man / (2) Mä zaroorat (1) däram / (2) därem kasee rä baräy-e-kär moqarar (1) konam. / (2) konem.* **I want you to hire** *(number)* **workers (for the job).** میخواهم که شما (___) کارگران را (برای کار) اجاره کنید. *Mey-khäham ke shomä (___)kärgarän rä (baräy-e- kär) ejära koned.* *(1)* **I** */ (2)* **We want to hire you for** *(3)* **...the day.** */ (4)* **...two** */ (5)* **three** */ (6)* **four days.** (١) من میخواهم... / (٢) ما میخواهیم... شما را برای (٣)...روز... / (٤) ...دو / (٥) سه / (٦) چهار روز اجاره (١) کنم. / (٢) کنیم. *(1) Man mey-khäham... / (2) Mä mey-khähem... ke shomä rä baräy-e- (3)...rooz... / (4) ...do / (5) se / (6) chär*

rooz... ejära (1) konam. / (2) konem.
historic(al) *adj* تاریخی *täreekhee* ★ **history** *n* تاریخ *täreekh*
hit *vt* زدن *zadan* **Who hit (1) her? / (2) him? / (3) you?** (۲) / او زن (۱) کی *Kee (1) o mard / (2) o zan / (3) shomä rä zad?* شما را زد؟ (۳) / او مرد
Don't hit (1) her! / (2) him! / (3) me!! (۱) او زن / (۲) اومرد / (۳) من را نزنید!! *(1) O zan / (2) O mard / (3) Man rä nazaned!* **The (1) bus / (2) car / (3) motorcycle / (4) truck / (5) van hit (6) her. / (7) him. / (8) me. / (9) them. / (10) us.** (۱) موتر سرویس / (۲) موتر / (۳) موترسایکل / (٤) موتر لاری / (٥) واگون (٦) او زن / (۷) او مرد / (۸) من / (۹) آنها / (۱۰) ما را زد. *(1) Motar-e-sarwees... / (2) Motar... / (3) Motar säykel... / (4) Motar-e-läree... / (5) Wägoon... (6) o zan / (7) o mard / (8) man / (9) änhä / (10) mä rä zad.* **(1) My / (2) Our (3) car / (4) truck / (5) van hit (6) her. / (7) him. / (8) it. / (9) them.** (۳) موتر / (٤) موتر لاری / (٥) واگون (۱) من / (۲) ما (٦) او زن / (۷) اومرد / (۸) این / (۹) آنها را زد. *(3) Motar-e- / (4) Motar-e-läree-e- / (5) Wägoon-e- (1) man / (2) mä (6) o zan / (7) o mard / (8) een / (9) änhä rä zad.*
hitch *n (for towing)* قسمت فلزی که در پیشروی بمپر بعضی موترها نصب است و بمنظور بسته کردن کیبل بکار میرود *Qesmat-e-feleezee-e-ke dar peesh-rooy-e-pampar-e-bahzay motar hä nasb ast wa ba-manzoor-e-basta kardan keebal bakär mey-rawad.*
hitchhike *vi* موتر را دست دادن *motar rä dast dädan* **Let's hitchhike.** بیاید یک موتر را دست بدهیم. *Beeyäyed yak motar rä dest bedehem.*
hoarse *adj* خشن *khashen*, گرفته *grefta* **(1) My / (2) Your voice is hoarse.** آواز (۱) من / (۲) شما گرفته است. *Äwäz-e- (1) man / (2) mä grefta ast.*
hockey *n* هاکی *häkee* **field ~** میدان هاکی *maydän-e-häkee* **ice ~** هاکی روی یخ *häkee-e-rooy-e-yakh*
hoe *vt* بیل زدن *beel zadan* **~ the field** زمین را بیل زدن *zameen rä beel zadan* **~ weeds** علف های هرزه را بیل زدن *halaf hä-e-harza rä beel zadan* **Hoe the garden.** باغ را بیل بزنید. *Bägh rä beel bezanad.* ★ *n* بیل *beel*
hobby *n* سرگرمی *sar-garmee,* شوق *shaoq*
hoist *vt* بلند کردن *beland kardan*
hold *vt* 1. *(with the hands)* در دست گرفتن *dar dast greftan;* 2. *(maintain a position)* موقف را حفظ کردن *mowqef-e-rä hefz kardan;* 3. *(contain)* در بر داشتن *dar bar dästan;* 4. *(bear weight)* برداشتن *bar dästan;* 5. *(restrain)* نگاه داشتن *negäh däshtan;* 6. *(detain)* گرفتارکردن *greftär kardan;* 7. *(conduct)* گرفتن *greftan;* 8. *(hold, e.g. position)* اشغال کردن *eshghäl kardan* **be held** 1. *(be detained)* حبس شدن *habs shodan;* 2. *(be conducted)* اجرا شدن *ejrä shodan* **~ down** پائین نگهداشتن *päyeen nega-dästan* **~ on** محکم گرفتن *mahkam greftan* **~ up** 1. *(delay)* به تعویق انداختن *ba ta'weeq andäkhtan;* 2. *(rob at gunpoint)* غارت کردن *ghärat kardan* **Hold (1) it / (2) this / (3) these (a minute).** (۱) این / (۲) این / (۳) اینها را (یک دقیقه) نگدارید. *(1) Een / (2) Een / (3) Eenhä rä (yak daqeeqa) nega-däred.* **Can you hold (1) this / (2) these for me?** آیا شما میتوانید (۱) این / (۲) اینها را برای من نگهدارید؟ *Äyä shomä mey-tawäned (1) een / (2) eenhä rä baräy-e-man nega-däred?* **Hold the baby.** طفل را بیگیرید. *Tefel rä beegeered.* **Let me hold the baby.** اجازه دهید طفل را بیگیرم. *Ejäza dehed tefel rä beegeeram.* **Hold your head (1) steady. / (2) up.** سرتان را (۱) استوار / (۲) بلند بیگیرید. *Sar-e-tän rä (1) ostowär / (2) beland beegeered.* **Hold still.** حرکت نکنید. *Harakat nakoned.* **How many people will the (1) bus / (2) truck / (3) van hold?** (۱) موترسرویس / (۲) موتر لاری / (۳) واگون چقدر نفر گنجایش خواهد داشت؟ *(1) Motar-e-sarwees... / (2) Motar-e-läree... / (3) Wägoon... cheqadar nafar gonjäyesh khähad däsht?* **The (1) bus / (2) car / (3)**

plane / (4) truck / (5) van will hold *(number)* **people.** / موتر سرویس (۱) / موتر (۲) / طیاره (۳) / موتر لاری (٤) / واگون (٥) ( ) نفر گنجایش خواهد داشت. *Motar-e-sarwees... / (2) Motar... / (3) Tayāra... / (4) Motar-e-lāree... / (5) Wägoon... ( ) nafar gonjāyesh khähad dāsht.* **How much weight will the bridge hold?** پل چقدر توان چقدر وزن را خواهد داشت؟ *Pol tawān-e-che qadar wazen rä khähad däsht?* **Oh, oh! (1) He / (2) She couldn't hold it.** افسوس، افسوس، (۱) او مرد / (۲) او زن این را نگاه کرده نتوانست. *Afsoos, afsoos, (1) o mard / (2) o zan een rä negäh karda natawänest.* **(1) He's / (2) She's / (3) They're being held by the (4) army. / (6) kidnappers. / (7) police.** (۱) اومرد / (۲) او زن / (۳) آنها توسط (٤) اردو / (٥) چیریك ها / (٦) اختطافچی ها / (۷) پولیس گرفتار (۱،۲) شد. / (۳) شدند. *(1) O mard / (2) O zan / (3) Ānhä tawasot-e- (4) ordo / (5) cheereek-hä (6) ekhtetäf chee hä / (7) polees greftär (1,2) shod. / (3) shodand.* **(1) Where / (2) When will the meeting be held?** ملاقات در (۱) کجا / (۲) چی وقت خواهد بود؟ *Moläqät dar (1) kojä / (2) chee waqt khähad bood?* **The meeting will be held at (1)** *(time)* **/ (2)** *(place)*. ملاقات در (۱) ( ) / (۲) ( ) خواهد بود. *Moläqät dar (1) ( ) / (2) ( ) khähad bood.* **What position does (1) he / (2) she hold?** (۱) او مرد / (۲) او زن چی مقامی را کار میکند؟ *(1) O mard / (2) O zan chee moqäm-e-rä kär mey-konad?* **Hold it down while I (1) hammer / (2) pin it in.** این را پائین بگیرید تا من (۱) چکش / (۲) سنجاق بزنم. *Een rä päheen begeered tä man (1) chakosh / (2) senjäq bezanam.* **Hold onto it tightly.** از این محکم بیگیرید. *Az een mahkam begered.* **(1) He / (2) I / (3) She was... / (4) They / (5) We were... held up (6) at a checkpoint / (7) at the border. / (8) by road construction. / (9) by traffic.** (۱) اومرد / (۲) من / (۳) او زن / (٤) آنها / (٥) ما در (٦) تلاشی / (۷) سرحد / (۸) ساختمان (۹) سرك / آمد و رفت معطل (۳،۱،۲) شد. / (٤) شدند. / (٥) شدم. *(1) O mard / (2) Man / (3) O zan / (4) Ānhä / (5) Mä dar (6) taläshee... / (7) sarhad... / (8) säkhtomän-e-sarak... / (9) ämad wa raft... ma'tel (1,3) shod. / (2) shodam. / (4) shodand. / (5) shodem. (1,2)* **Hold it! (Stop!, Wait!)** (۱) بس! / (۲) صبر! *(1) Bas! / (2) Saber!* ★ vi *(keep a hold)* پیوستن *paywastan,* چسپیدن *chaspeedan* **It's not going to hold.** این نمیچسپید. *Een namey-chaspad.* ★ n گیر *geer,* گرفت *greft* **Get hold of the other end.** از نهایت دیگراش محکم بیگیرید. *Az nehäyat-e-deegar ash mahkam beegeered.* **Have you got hold of it?** آیا محکم اش گرفته اید؟ *Äyä mahkam ash grefta eed?* ★ **holder** n دارنده *därenda,* گیرنده *geerenda*

hole n سوراخ *soräkh;* (pit) چقری *choqoree* **bullet ~** سوراخ گلوله *soräkh-e-glola* **deep ~** سوراخ عمیق *soräkh-e-ameeq* **~ in the roof** سوراخ در سقف *soräkh dar saqf* **~ in the wall** سوراخ در دیوار *soräkh dar deewär* **post ~** سوراخ تیر *soräkh-e-teer* **shrapnel ~** سوراخ چره *soräkh-e-chara* **There's a (big) hole in it.** در این یك سوراخ (كلان) است. *Dar een yak soräkh(-e-kalän) ast.* **It has holes in it.** این در خود سراخ ها دارد. *Een dar khod soräkh hä därad.* **Dig the hole (1) here. / (2) there.** سوراخ را (۱) اینجا / (۲) آنجا بکنید. *Soräkh rä (1) eenjä (2) änjä bekaned.* **Dig post holes every three meters.** سوراخ های تیر در هر سه متر بکنید. *Soräkh häyee teer dar har se meter bekaned.* **Fill up this hole.** این سوراخ را پر کنید. *Een soräkh rä por koned.*

holiday n رخصتی *rokhsatee,* روز رخصتی *rooz-e-rokhsatee,* روز تعطیل *rooz-e-ta'teel,* رخ ستی *rokh-satee* **celebrate the ~** رخصتی را تجلیل کردن *rokhsatee rä tajleel kardan* **Christian ~** رخصتی مسیحی *rokhsatee-e-maseehee* **Muslim ~** رخصتی اسلامی *rokhsatee-e-eslämee* **national ~** رخصتی ملی *rokhsatee-e-melee* **observe the ~** رخصتی را برگزار کردن *rokhsatee rä bargozär kardan* **unofficial ~** رخصتی غیر رسمی *rokhsatee-e-ghayr-e-rasmee* **How do you**

(1) **celebrate** / *(2)* **observe the holiday?** شما رخصتی راجی قسم (۱) تجلیل / (۲) برگزار میکنید؟ *Shomä rokhsatee rä chee qesem (1) tajleel / (2) bargozär mey-koned?*

hollow *adj* پوك *puk*, میان خالی *meeyän khälee*
holster *n* پوش تفنگچه *poosh-e-tofanq-cha*
holy *adj* مقدس *moqadas*, مبارك *mobärak*, پاك *päk* ~ **ground** میدان مقدس *maydän-e-moqadas* ~ **place** جای مقدس *jäy-e-moqadas* ~ **scripture** کتاب مقدس *ketäb-e-moqadas* ~ **shrine** زیارت مقدس *zeeyärat-e-moqadas*
home *n* خانه *khäna*, منزل *manzel* **build a** ~ خانه ساختن *khäna säkhtan* **destroyed** ~ خانه ویران *khäna-e-wayrän* **get** ~ خانه رسیدن *khäna rasee-dan* **go** ~ خانه رفتن *khäna raftan* **return** ~ خانه برگشتن *khäna bar-gashtan* **stay** ~ خانه ماندن *khäna mändan* **Where is** *(1)* **her** / *(2)* **his** / *(3)* **their** / *(4)* **your home?** خانه (۱) او / زن (۲) اومرد (۳) / آنها (٤) شما کجا است؟ *Khäna-e- (1) o mard / (2) o zan / (3) änhä / (4) shomä kojä ast?* *(1)* **My** / *(2)* **Our home is in** *(place).* خانه (۱) من / (۲) ما در (___) است. *(1) My / (2) mä dar (___) ast.* **Is anybody home?** آیا کسی خانه است؟ *Äyä kasee khäna ast?* **Will you be at home** *(1)* **today?** / *(2)* **tonight?** / *(3)* **tomorrow?** / *(4)* **on** *(day)?* آیا شما (۱) امروز / (۲) امشب / (۳) فردا / (٤) در (___) خانه خواهید بود؟ *Äyä shomä (1) emrooz / (2) emshab / (3) fardä / (4) dar (___) khäna khähed bood?* *(1)* **He** / *(2)* **She** / *(3)* **They** / *(4)* **We** / *(5)* **You can go home** *(6)* **now.** / *(7)* **tomorrow.** / *(8)* **on** *(day).* (۱) او / مرد (۲) او زن / (۳) آنها / (٤) ما / (۵) شما (٦) حالا / (۷) فردا / (۸) در (___) خانه (۲۰۱) رفته. (۱) میتواند. / (۲) میتوانند. / (۳) میتوانیم. / (٤) میتوانیم. /(۵) میتوانید. *(1) O mard / (2) O zan / (3) Änhä / (4) Mä / (5) Shomä (6) hälä / (7) fardä / (8) dar (___) khäna rafta (1,2) mey-tawänad. / (3) mey-tawänand. / (4) mey-tawä-nem. / (5) mey-täwäned.* ★ **homeland** *n* وطن *watan* **The home is destroyed.** خانه ویران شده. *Khäna wayrän shoda.* ★ **homeless** *adj* بی خانه *bey khäna*, آواره *äwära*, در بدر *dar badar* ~ **boy** پسر آواره *pesar-e-äwära* ~ **children** اطفال آواره *atfäl-e-äwära* ~ **family** فامیل آواره *fämeel-e-äwära* ~ **girl** دختر آواره *dokhtar-e-äwära* ~ **man** مرد آواره *mard-e-äwära* ~ **people** مردم آواره *mardom-e-äwära* ~ **woman** زن آواره *zan-e-äwära* **Is** *(1)* **he** / *(2)* **she...** / *(3)* **Are they... homeless?** آیا (۱) اومرد / (۲) او زن / (۳) آنها آواره (۲۰۱) است؟ / (۳) هستند؟ *Äyä (1) o mard / (2) o zan / (3) änhä äwära (1,2) ast? / (3) hastand?* ★ **homemade** *adj* وطنی *watanee*, ساخت وطن *säkht-e-watan* ★ **homesick** *adj* دلتنگ *deltang*, بیمار وطن *beemär-e-watan* **Sometimes I get homesick (for** *[what]*). بعضی اوقات (بخاطر [___]) دلتنگ میشوم. *Ba'zee aw-qät (bakhäter-e-[___]) del-tang mey-shawam.* **I never get homesick.** من هیچگاه دلتنگ نمیشوم. *Man heechgä del-tang namey-shawam.* ★ **homework** *n* کارخانگی *kär-e-khänagee*, وظیفه خانگی *wazeefa-e-khänagee* **do** ~ کار خانگی را انجام دادن *kär-e-khänagee rä anjäm dädan* **help correct the** ~ در اصلاح کردن کار خانگی کمک کردن *dar esläh kardan-e-kär-e-khänagee komak kardan* ~ **assignment** وظیفه خانگی *wazeefa-e-khänagee* **turn in** ~ وظیفه خانگی را نشان دادن *wazeefa-e-khäna-gee rä neshän dädan* **The homework for tomorrow is** *(what).* وظیفه خانگی برای فردا (___) است. *Wazeefa-e-khänagee baräyee fardä (___) ast.* **Give me your homework papers.** کاغذ های وظیفه خانگی تان را بدهید. *Käghaz häy-e-wazeefa-e-khänagee-e-tän rä bedehed.*

homosexual *n* همجنس باز *hamjens bäz*
honest *adj* صادق *sädeq*, درستکار *drost-kär* **I expect** *(1)* **everyone** / *(2)* **them** / *(3)* **you to be honest.** توقع دارم (۱) همه / (۲) آنها / (۳) شما صادق (۲۰۱) باشند. / (۳) باشد. *Tawaqo' däram (1) hama / (2) änhä / (3) shomä sädeq (1,2) bäshand. / (3) bäshed.* **I believe that** *(1)* **he's** / *(2)* **she's** / *(3)* **you're an**

honest person. باور دارم (۱) او مرد / (۲) او زن / (۳) شما شخص صادق (۲,۱) هستید. / (۳) است. *Bäwar däram (1) o mard / (2) o zan /(3) shomä shakhs-e-sädeq (1,2) ast. / (3) hasted.* **I'll be honest with you...** با شما صادق خواهم بود... *Bä shomä sädeq khäham bood.* **Be honest with me.** با من صادق باشید. *Bä man sädeq bäshed.* **Is that the honest truth?** آیا این واقعیت صادقانه است؟ *Äyä än wäqe'-yat-e-sädeqäna ast?* ★ **honestly** adv صادقانه، صداقتمندانه *sädeqäna, sedäqat-mandäna* **Tell me honestly.** صادقانه برایم بگویید. *Sedäqäna baräyam begohed.* ★ **honesty** n راستی *rästee,* درستی *drostee,* صداقت *sedäqat* **Honesty is very important (to me).** صداقت (برای من) بسیار مهم است. *sedäqat (baräyee man) beesyär mohem ast.*

honey n عسل *a'sal,* شهد *shahd* ★ **honeybee** n زنبورعسل *zanbor-e-a'sal* **bomb-sniffing ~s** زنبورهای که میتوانند از بو بمب را تشخیص کنند. *Zanboor hä-e-ke mey-tawänand az boo bamb rä tashkhees konand.* ★ **honeycomb** n شان عسل *shän-e-a'sal* ★ **honeymoon** n ماه عسل(نخستین ماه بعد از عروسی) *mäh-e-a'sal (nokhosteen mäh-e-ba'd az a'roosee)* **go on a ~** به ماه عسل رفتن *ba mäh-e-a'sal raftan*

honor n فخر *fakher,* عزت *e'zat,* افتخار *eftekhär,* سربلندی *sar belandee* **family ~** با افتخارات فارغ شدن *bä* عزت فامیل *e'zat-e-fämeel* **graduate with ~s** با افتخارات فارغ شدن *eftekhärät färegh shodan* **place of ~** جای افتخار *jäy-e-eftekhär* **It's a(n) (great) honor.** این یک افتخار (بزرگ) است. *Een yak eftekhär (-e-bozorg) ast.* **I consider it an honor.** این را افتخار میدانم. *Een rä eftekhär mey-dänam.* **Thank you for the honor.** از احترام شما تشکر. *Az eh-teräm-e-shomä tashakor.* ★ **honorable** adj محترم *mohtaram*

hood n 1. *(coats)* چادر *chädar,* روکش *rookash;* 2. *(automot.)* قسمت فلزی جلو موتر که ماشین را می پوشاند *Qesmat-e-felezee jelow-e-motar ke mäsheen rä mey-poshänad.*

hoof n سم (حیوانات) *som*

honk vt آرن موتر را بصدا آوردن *äran-e-motar rä ba sadä äwardan* **Honk the horn.** آرن کنید. *Äran koned.*

hook vt با چنگک بستن *bä changak bastan,* چنگک کردن *changak kardan* **~ up** *(connect)* بسته کردن *basta kardan,* وصل کردن *wasel kardan* **Hook it onto (1) this / (2) that.** (۱) این / (۲) آن را به چنگک بیاویزید. *(1)Een / (2) Än rä ba changak beyäweezed.* ★ n چنگک *changak*

hope vt & vi امید داشتن *omeed dashtan,* امیدوار بودن *omeed wär bodan* **I hope so.** امیدوارم که همانطور شود. *Omeed wäram ke hamän towr shawad.* **I hope (1) I / (2) you can do it.** / **(3) it's okay.** / **(4) there's enough.** / **(5) it comes (6) soon / (7) tomorrow.** / **(8) you get well soon.** امیدوارم (۱) من / (۲) شما این را انجام داده (۱) بتوانم. / (۲) بتواند. / (۳) ...این درست باشد. / (۴) ...کافی باشد. / (۵) ...این (۶) زود / (۷) فردا بیاید. / (۸) ...شما زود برسید. *Omeed wäram (1) man / (2) shomä een kär rä anjäm däda (1) betawänam. / (2) betawäned. / (3) een drost bäshad. / (4) käfee bäshad. / (5) een (6) zood / (7) fardä beeyäyad. / (8) shomä zood berased.* ★ n امید *omeed,* انتظار *entezär* **Don't give up hope.** امید را از دست ندهید. *Omeed rä az dast nadehed.* **There's no hope.** امیدی نیست. *Omeedee neest.* ★ **hopeless** adj 1. *(without hope)* ناامید *nä omeed;* 2. *(without any result)* بی نتیجه *bey nateeja;* 3. *(vain, useless)* بیهوده *bey-hoda* **I'm afraid it's hopeless.** متأسف هستم، امیدی وجود ندارد. *Mota'sef hastam, omeed-e-wajood nadärad.*

horizon n افق *ofoq* **What's that on the horizon?** آن در خط افق چیست؟ *Än dar khat-e-ofoq cheest?* ★ **horizontal** adj افقی *ofoqee,* خط افقی *khat-e-ofoqee* ★ **horizontally** adv به طور افقی *ba towr-e-ofoqee*

hormone n هورمون *hormoon*

horrible *adj* خوفناك khowfnäk, ترسناك tarsnäk, دلخراش delkharäsh **It must have been horrible (for** *[1]* **her /** *[2]* **him /** *[3]* **them /** *[4]* **you).** این باید (برای [۱] او زن / [۲] اومرد / [۳] آنها / [٤] شما) ترسناك بوده باشد. *Een bäyad (baräy-e- [1] o zan / [2] o mard / [3] änhä / [4] shomä) tarsnäk boda bäshad.* **How horrible!** چقدر ترسناك! *Cheqadar tarsnäk!*

horse *n* اسپ *asp* ~ **blanket** جل اسپ *jol-e-asp* ~ **race** مسابقه اسپ *mosäbeqa-e-asp* ~ **stable** طویله اسپ *tawela-e-asp* **pack** ~ اسپ بارکش *asp-e-bärkash* **Do you have a(n extra) horse?** آیا شما یك اسپ (اضافی) دارید؟ *Äyä shomä yak asp (-e-ezäfee) däred?* **Can you take** *(1)* **her /** *(2)* **him /** *(3)* **me on your horse?** آیا شما میتوانید (۱) اوزن / (۲) او مرد / (۳) من را با خود بالای اسپ تان گرفته میتوانید؟ *Äyä shomä mey-tawäned (1) o zan / (2) o mard / (3) man rä bä khod bälä-e-asp-e-tän grefta mey-tawäned?* **Can you carry it on the horse?** آیا شما این را بالای اسپ برده میتوانید؟ *Äyä shomä een rä bälä-e-asp borda mey-tawäned?* **How many horses do you have?** شما چند دانه اسپ دارید؟ *Shoma chand däna asp däred?* **Feed the** *(1)* **horse. /** *(2)* **horses.** (۱) اسپ / (۲) اسپ ها را غذا دهید. *Asp / (2) Asp-hä rä ghezä dehed.* ★ **horseman** *n* اسپ سوار *asp-sowär,* سوارکار *sowär-kär* ★ **horseshoe** *n* نعل اسپ *na'l-e-asp*

hose *n* پیپ *payp,* لوله پلاستیکی *lola-e-palästeekee* **fire** ~ پیپ اطفایه *payp-e-etefäya*

hospitable *adj* مهمان نواز *mehmän nawäz* **You've been very hospitable.** شما بسیار مهمان نوازی کردید. *Shomä beesyär mehmän nawäzee karded.*

hospital *n* روغتون خانه *roghtoon-khäna,* شفاخانه *shafäh-khäna* **camp** ~ روغتون کمپ *roghtoon-e-kamp* **children's** ~ شفاخانه اطفال *shafäh-khäna-e-atfäl* **field** ~ روغتون ساحه *roghtoon-e-säha* **maternity** ~ زایشگاه *zäyeshgäh* **mobile / portable** ~ روغتون سیار *roghtoon-e-sayär,* روغتون ناقل *roghtoon-e-nägel* **women's** ~ روغتون زنانه *roghtoon-e-zanäna* **Take** *(1)* **her /** *(2)* **him /** *(3)* **me /** *(4)* **them to the hospital.** (۱) اوزن / (۲) او مرد / (۳) من / (٤) آنها را به شفاخانه ببرید. *(1) O zan / (2) O mard / (3) Man / (4) Änhä rä ba shafäh-khäna bobared.* **(1) He /** *(2)* **She has to stay in the hospital.** (۱) اومرد / (۲) اوزن باید در روغتون باشد. *(1) O mard / (2) O zan bäyad dar roghtoon bäshad.* **You have to stay in the hospital.** شما باید در روغتون باشید. *Shomä bäyad dar roghtoon bäshed.*

hospitality *n* مهمان نوازی *mehmän nawäzee* **Thank you for your** *(1)* **kind /** *(2)* **wonderful hospitality.** از مهمان نوازی (۱) مهربانانه تان / (۲) عالی تان تشکر. *Az mehmän nawäzee-e-(1) mehrabäbän-äna-e-tän / (2) älee-e-tän tashakor.*

host *n* میزبان *meez-bän*

hostage *n* گروگان *gerow-gän,* اسیر *aseer* **take** ~ گروگان گرفتن *gerow-gän greftan,* اسیر گرفتن *aseer gereftan*

hostile *adj* دشمن *doshman,* باهم دشمن *bä ham doshman* **Why are they so hostile?** چرا آنها بسیار با هم دشمن هستند؟ *Chorä änhä beesyär bä ham dosh-man hastand?*

hot *adj* 1. *(temp.)* گرم *garm,* داغ *dägh;* 2. *(spicy)* آتشین *ätasheen;* 3. *(temper)* تند *tond;* 4. *(elec.)* برق دار *barq där* ~ **bath** حمام گرم *hamäm-e-garm* ~ **chocolate** نوشابه که از چاکلیت و شیر تهیه میشود *nooshaba-e-ke az chäklet va sheer tahya mey-shawad* ~ **food** 1. غذای گرم *ghezä-e-garm;* 2. *(spicy)* غذا تند *ghezä-e-tond* ~ **soup** شوربا گرم *shorbä-e-garm* ~ **tea** چای داغ *chäy-e-dägh* ~ **temper** خوی تند *khoy-e-tond* ~ **temperature** حرارت بلند *harärat-e-beland* ~ **water** آب گرم *äb-e-garm* ~ **water bottle** بوتل آب گرم *botal-e-äb-e-garm* ~ **weather** هوای گرم *hawäy-e-garm* ~ **wire** *(elec.)* سیم برق دار *seem-e-barq där,* کیبل برق دار *keebal-e-barq där* **Please get some**

hot water. لطفاً یکمقدار آب گرم بدهید. *Lotfan yak-meq-där äb-e-garm bedehed.* **Please make some hot (1) chocolate. / (2) coffee. / (3) soup. / (4) tea. / (5) water.** لطفاً یکمقدار (۱) چاکلیت / (۲) قهوه / (۳) شوربا / (٤) چای / (٥) آب گرم درست کنید. *Lotfan yakmeqdär (1) chäkleet-e- / (2) qahwa-e- / (3) shorbä-e- / (4) chäy-e- / (4) äb-e-garm drost koned.* **(1) Her / (2) His / (3) Your forehead is (very) hot.** پیشانی (۱) او زن / (۲) اومرد / (۳) شما (بسیار) داغ است. *Peeshänee-(1) o zan / (2) o mard / (3) shomä (beesyär) dägh ast.* **Are you hot?** آیا گرمی کرده اید؟ *Äyä garmee karda ed?* **I'm hot.** من گرمی کرده ام. *Man garmee karda am.* **It's getting hot.** در حال داغ شدن است. *Dar häl-e-dägh shodan ast.* **It's too hot.** بسیار داغ است. *Beesyär dägh ast.* **It's not hot enough.** بقدر کافی داغ نیست. *Ba-qader-e-käfee dägh neest.* **It's hot in (1) here. / (2) there.** (۱) اینجا / (۲) آنجا گرم است. *(1) Eenjä / (2) Änjä garm ast.* **What a hot day!** چی یک روز گرم! *Chee yak rooz-e-garm!* **(1) He / (2) She has a hot temper.** (۱) او مرد / (۲) او زن یک خوی تند دارد. *(1) O mard / (2) O zan yak khoy-e-tond därad.* **Careful! That wire is hot!** متوجه! آن سیم برق دارد! *Motawaje! Än seem barq därad!*

hotel *n* هوتل *hotal,* مهمانخانه *mehmän-khäna* **Is there a hotel (1) around here? / (2) there?** آیا کدام هوتل در (۱)...اطراف اینجا است؟ / (۲) ...آنجا است؟ *Äyä kodäm hotal dar (1) aträf-e-eenjä ast? / (2) änjä ast?* **Take me to the (name) Hotel.** من را به هوتل (___) ببرید. *Man rä ba hotal-e-(___) bebared.*

hour *n* ساعت *sä-a't,* وقت *waqt* **a couple ~s** دوساعت *do sä-a't* **a few ~s** چند ساعت *chand sä-a't* **every ~** هر ساعت *har sä-a't* **every four ~s** بعد از هر چهار ساعت *bahd az har chär sähat* **for an ~** برای یک ساعت *baräyee yak sä-a't* **half an ~** نیم ساعت *neem sä-a't* **in an ~** بعد از یک ساعت *ba'd az yak sä-a't* **one ~ from now** یک ساعت از حالا *yak sä-a't az hälä* **several ~s** چندین ساعت *chandeen sä-a't* **How many hours will it take (to get there)?** چند ساعت را در بر خواهد گرفت (تا به آنجا رسید)؟ *Chand sä-a't rä dar bar khähad greft (tä ba änjä raseed)?* **It will take about (1) an hour. / (2) two hours.** (۱) یک ساعت... / (۲) دو ساعت را در بر خواهد گرفت. *(1) Yak sä-a't... / (2) Do sä-a't... rä dar bar khähad greft.* **I'll be back in an hour.** بعد از یک ساعت بر خواهم گشت. *Ba'd az yak sä-a't bar khäham gasht.* **Take (1) one / (2) two of these every four hours.** (۱) یک / (۲) دوتا از اینها را هر چهار ساعت بعد بخورید. *(1) Yak / (2) Do tä az eenhä rä har chär sä-a't ba'd bokhored.* **Check (1) her / (2) him / (3) it / (4) them every hour.** (۱) او زن / (۲) او مرد / (۳) این / (٤) آنها را هرچهار ساعت بعد معاینه کنید. *O zan / (2) O mard / (3) Een / (4) Änhä rä har chär sä-a't ba'd ma'äyena koned.*

house *vt* 1. *(provide a home)* جا دادن *jä dädan,* منزل دادن *manzel dädan;* 2. *(shelter)* پناه دادن *panäh dädan* **~ everyone** همه را جا دادن *hama rä jä dädan* **~ people** مردم را جا دادن *mardom rä jä dädan* ★ *n* خانه *khäna,* منزل *manzel* **abandoned ~** خانه متروک *khäna-e-matrook* **at (1) her / (2) his ~** در خانه (۱) اوزن / (۲) او مرد *dar khäna-e-(1) o zan /(2) o mard* **at their ~** در خانه آنها *dar khäna-e-änhä* **at your ~** در خانه شما *dar khäna-e-shomä* **big ~** خانه بزرگ *khäna-e-bozorg* **brick ~** خانه خشتی *khäna-e-kheshtee* **build a ~** خانه اعمار کردن *khäna e'mär kardan* **empty ~** خانه خالی *khäna-e-khälee* **guest ~** مهمانخانه *mehmänkhäna* **~ rent** کرایه خانه *keräya-e-khäna* **mud ~** خانه گلی *khäna-e-gelee* **mud-and-straw ~** خانه گلی وگیاهی *khäna-e-gelee wa geeyähee* **mud-brick ~** خانه که از خشت خام باشد *khäna-e-keh az khesht-khäm bäshad* **new ~** خانه جدید *khäna-e-jadeed* **rent a ~** خانه را کرایه *khäna rä keräya* **rental ~** خانه کرایی *khäna-e-keräyee* **small ~** خانه کوچک *khäna-e-kochak* **two-story ~** خانه دومنزله *khäna-e-do manzela*

wooden ~ خانه چوبی *khäna-e-chobee* **Is the house occupied?** آیا خانه اشغال شده است؟ *Äyä khäna eshghäl shoda ast?* **The house is (1) empty. / (2) occupied.** خانه (١) خالی / (٢) اشغال شده است. *Khäna (1) khälee / (2) eshghäl shoda ast.* **(1) He / (2) I / (3) She / (4) They / (5) We will come to your house (at [time]).** (١) اومرد / (٢) من / (٣) او زن / (٤) آنها / (٥) ما خانه شما (در) خواهد (٣،١) آمد. / (٢) آمدم. / (٤) آمدند. / (٥) آمدیم. *(1) O mard / (2) Man / (3) O zan / (4) Änhä / (5) Mä khäna-e-shomä (dar) khähad (1,3) ämad. / (2) ämadam. / (4) ämadem. / (5) ämadand.* **(1) I / (2) We want to rent a house (for our staff).** (١) من میخواهم... / (٢) ما میخواهیم... (برای کارمندان) یك خانه کرایه (١) بیگیرم. / (٢) بیگیریم. *(1) Man mey-khäham... / (2) Mä mey-khähem... (baräy-e-kär-mandän) yak khäna keräya (1) beegeeram. / (2) beegee-rem.* **How much is the house rent?** کرایه خانه چقدر است؟ *Keräya-e-khäna cheqadar ast?* **You can (1) build / (2) buy a new house.** شما یك خانه جدید (١) ساخته (٢) خریده میتوانید. *Shomä yak khäna-e-jaded (1) säkhta / (2) khareeda mey-tawäned.* **We're going to build new houses (1) here. / (2) there.** میخواهیم در (١) اینجا (٢) آنجا خانه های نو بسازیم. *Mey-khähem dar (1) eenjä / (2) änjä khäna hä-e-now besäzem.* **How much will it cost to build a house like this?** چقدر تمام خواهد شد كه یك خانه مانندین ساخت؟ *Cheqadar tamäma khähad shod ke yak khäna mänand-e-een säkht?* **How long will it take you to build a house like this?** چقدر وقت شما راخواهد گرفت که یك خانه مانند این بسازید. *Cheqadar waqt-e-shomä rä khähad greft ke yak khäna mänand een besäzed?* ★ **household** *n* خانواده *khänawäda* **large ~** خانواده بزرگ *khänawäda-e-bozorg* ★ **housemaid** *n* خدمتگار ، نوکر *khedmatgär, nookar* ★ **housewife** *n* خانم خانه *khänom-e-khäna* ★ **housing** *n* خانه سازی *khäna säzee,* مسكن *maskan* **They need (more) housing.** آنها به مسكن (بیشتر) ضرورت دارند. *Änhä ba maskan-e-(beeshtar) zaroorat därand.* **We need more housing.** ما به مسكن بیشتر ضرورت داریم. *Mä ba maskan-e-beeshtar zaroorat därem.*

hovel *n* کلبه *kolba* **mud ~** کلبه گلی *kolba-e-gelee*

how *adv* 1. *(condition, situation, type)* چگونه *chetowr,* چگونه *chegoona,* چی *chee;* 2. *(amount)* چقدر *cheqadar,* چی اندازه *chee andäza* **How are you?** چطور هستید؟ *Chetowr hasted?* **How's your (1) brother? / (2) daughter? / (3) family? / (4) father? / (5) husband? / (6) mother? / (7) sister? / (8) son? / (9) wife?** (١) برادر / (٢) دختر / (٣) فامیل / (٤) پدر / (٥) شوهر / (٦) مادر / (٧) خواهر / (٨) پسر / (٩) خانم شما چطور است؟ *(1) Berädar / (2) Dokhtar / (3) Fämeel / (4) Padar / (5) Showhar / (6) Mädar / (7) Khähar / (8) Pesar / (9) Khänom -e-shomä chetowr ast?* **How does it feel?** چی احساس میکند؟ *Chee ehsäs mey-konad?* **How much (is it)?** این چی مقدار است؟ *Een chee meqdär ast?* **How many (are there)?** چند تا هستند؟ *Chand tä hastand?* **How many people (1) are in the family? / (2) are there? / (3) live there?** چقدرمردم (١) درفامیل هستند؟ / (٢) هستند؟ / (٣) در انجا زندگی می کنند؟ *Cheqadar mardom (1) dar fämeel hastand? / (2) hastand? / (3) dar änjä zendagee mey-konad?* **How (1) deep / (2) far / (3) heavy / (4) high / (5) long / (6) wide is it?** این چقدر (١) عمیق / (٢) دور / (٣) سنگین / (٤) بلند / (٥) دراز / (٦) وسیع است؟ *Een cheqadar (1) a'meeq / (2) door / (3) sangeen / (4) beland / (5) daräz / (6) wase' ast?* **How long (will it take)?** تا چه مدت (این طول خواهد کشید)؟ *Tä che modat (een tool khähad kasheed)?* **How about her? / him? / me? / them? / us? / you?** *(Note: There are no shortcut questions like these in Dari. A complete question must be asked, such as " What does* *he say?"* or *"How does he like it?")* **How much do you weigh?** وزن تان چقدر است؟ *Wazen-e-tän cheqadar ast?* **How tall are you?** قد شما چقدر بلند است؟ *Qad-e-shomä cheqadar beland ast?* ★ **how** *conj* چطور *chetowr* ★ **however** *adv* هرچند *har chand*

hull *n (grain)* پوست حبوبات *poost-e-hobobät,* سبوس گندم *saboos-e-gandoom*

human *adj* انسانی *ensänee,* بشری *basheree* ★ *n* انسان *ensän,* بشر *basher,* آدم *ädam*

humane *adj* انسانی *ensänee,* بشری *basheree*

humanitarian *adj* بشری *basheree,* انسانی *ensänee*

humid *adj* تر *tar,* نم *nam* ★ **humidity** *n* رطوبت *rotobat*

humor *n* شوخی *shookhee,* مزاق *mazäq* **You have a good sense of humor.** شما بسیار مزاقی هستید. *Shomä beesyär mazäqee hasted.*

hunger *n* گرسنگی *goresnagee* ★ **hungry** *adj* گرسنه *goresna* **Are you hungry?** آیا شما گرسنه هستید؟ *Äyä shomä goresna hasted?* **I (1) am / (2) am not hungry.** من گرسنه (1) هستم. / (2) نیستم. *Man goresna (1) hastam. / (2) neestam.* **(1) Everyone / (2) He / (3) She is (very) hungry.** (1) همه / (2) او مرد / (3) او زن (بسیار) گرسنه است. *(1) Hama / (2) O mard / (3) O zan (beesyär) goresna ast.* **The (1) children / (2) people / (3) They are (very) hungry.** (1) اطفال / (2) مردم / (3) آنها (بسیار) گرسنه هستند. *(1) Atfäl / (2) Mardom / (3) Änhä (beesyär) goresna hastand.*

hunt *vi* شکار کردن *shekär kardan* ★ *n* شکار *shekär* ★ **hunter** *n* شکارچی *shekär-chee*

hurry *vi* عجله کردن *a'jala kardan* **Hurry up!** عجله کنید! *A'jala koned!* **Please hurry.** لطفاً عجله کنید. *Lotfan a'jala koned.* **(1) I / (2) We / (3) You have to hurry.** (1) من / (2) ما / (3) شما باید عجله (1) کنم. / (2) کنیم. / (3) کنند. *(1) Man / (2) Mä / (3) Shomä bäyad a'jala (1) konam. / (2) konem. / (3) koned.* **Tell (1) her / (2) him / (3) them to hurry.** (1) اوزن / (2) اومرد / (3) آنها را بگویید که عجله (1,2) کند. / (3) کنند. *Änhä rä begohed ke a'jala (1,2) konad. / (3) konand.* ★ *n* عجله *a'jala,* شتاب *shetäb* **Are you in a hurry?** آیا شما در عجله هستید؟ *Äyä shomä dar a'jala hasted?* **I'm in a hurry..** من در عجله هستم. *Man dar a'jala hastam.* **There's no hurry.** عجله نیست. *A'jala-e-neest.* **hurt** *adj* افگار *afgär,* زخمی *zakhmee* **badly ~** بطور بد افگار *batowr-e-bad afgär* **Is anybody hurt?** آیا کسی افگار شده است؟ *Äyä kasee afgär shoda ast?* ★ *vt* افگار کردن *afgär kardan,* زخم کردن *zakhem kardan,* آزردن *äzordan* **Was anybody hurt?** آیا کسی افگار شد؟ *Äyä kasee afgär shod?* **(1) He / (2) She hurt (3) his / (4) her (5) arm. / (6) foot. / (7) hand. / (8) knee. / (9) leg.** (1) اومرد / (2) او زن (5) بازو / (6) پا / (7) دست / (8) زانو / (9) پا (3,4) اش را افگار کرد. *(1) O mard / (2) o zan (5) bäzoo / (6) pä / (7) dast / (8) zänoo / (9) pä (3,4) ash rä afgär kard.* ★ *vi* درد کردن *dard kardan* **Where does it hurt?** کجا درد میکند؟ *Kojä dard mey-konad?* **Does this hurt?** آیا این درد میکند؟ *Äyä dard mey-konad?* **This will make it stop hurting.** این درد اش را آرام میکند. *Een dard ash rä äräm mey-konad.*

husband *n* شوهر *showhar* **Where's your husband?** شوهر شما کجا است؟ *Showhar-e-shomä kojä ast?* **Was (1) her / (2) your husband killed?** آیا شوهر (1) اوزن / (2) شما کشته شده است؟ *Äyä showhar-e-(1) o zan / (2) shomä koshta shoda ast?*

hut *n* کلبه *kolba*

hydraulic *adj* آبی *äbee,* هایدرولیک *häydrooleek* **~ fluid** مایع آبی *mäye'-e-äbee* **~ system** سیستم آبی *seestom-e-äbee,* سیستم هایدرولیک *seestom-e-häydrooleek*

hydroelectric *adj* برقی (آبی) *barqee (äbee)* ★ **hydroelectricity** *n* برق آبی

barq-e-äbee
hydrogen *n* هايدروجن *häydrojen*
hygiene *n* حفظ الصحه *hefz-olseha* **Hygiene (1) needs to be... / (2) will be... improved.** حفظ الصحه (١) بايد بهبود يابد. / (٢) بهبود خواهد يافت. *Hefz-olseha (1) bäyad behbood yäbad. / (2) behbood khähad yaft.* **Please explain proper hygiene to them.** لطفا حفظ الصحه درست را براى آنها توضيح دهيد. *Lotfan hefz-olseha-e-drost rä baräyee änhä towzeeh dehed.*
★ **hygienic** *adj* صحى *sehee* ~ **conditions** حالات صحى *hälät-e-sehee* ~ **practices** ورزش هاى صحى *warzesh häyee sehee*
hymen *n* پرده بكارت *barda-e-bakärat*
hypertension *n* فشار خون بسيار بلند *feshär-e-khoon-e-beesyär beland*, فشار روانى *feshär-e-rawänee*
hypothermia *n* باختن حرارت بدن *bäkhtan-e-harärat-e-badan* **They're suffering from hypothermia.** انها از باختن حرارت بدن رنج مى برند. *Änhä az bäkhtan-e-harärat-e-badan ranj mey-barand.* **(1) He /(2) She is suffering from hypothermia.** (١) اومرد / (٢) او زن از باختن حرارت بدن رنج مى برد. *(1) O mard / (2) O zan az bäkhtan-e-harärat-e-badan ranj mey-barad.*
hysterical *adj* حمله آور *hamla äwar*, تشنج آور *tashanoj äwar*

I i

I *pron* من *man* **I (1) am. / (2) am not.** من (١) هستم. / (٢) نيستم. *Man (1) hastam. / (2) neestam.* **I (1) was. / (2) wasn't.** من (١) بودم. / (٢) نبودم. *Man (1) bodam. / (2) nabodam.* **I (1) will / (2) won't be.** من خواهد (١) بودم. / (٢) نبودم. *Man khähad (1) bodam. / (2) nabodom.*
ice *n* يخ *yakh* **crushed** ~ يخ شكسته *yakh-e-shekasta*, يخ ميده شده *yakh-e-mayda shoda* **dry** ~ يخ خشك *yakh-e-khoshk* ~ **cream** شيريخ *sheer-yakh*, أيس كريم *äys kereem* ~ **cubes** توته يخ *tota-e-yakh* ~ **machine** ماشين يخ *mäsheen-e-yakh* ~ **pack** پارچه مرطوب حاوى كلوله يخ *pärcha-e-martoob a'äwee-e-kolola-e-yakh* ~ **plant** فابريكه يخ سازى *fäbreeka-e-yakh säzee* ~ **package** ~ *(verb)* يخ باربندى كردن *yakh bärbandee kardan* **perpetual** ~ يخ دايمى *yakh-e-däyemee* **produce** ~ يخ توليد كردن *yakh towleed kardan* **transport** ~ يخ انتقال دادن *yakh enteqäl dädan* **Get some ice.** قدرى يخ بياوريد. *Qadree yakh bee-äwared.* **Scrape off the ice.** يخ را بتراشيد. *Yakh rä betaräshed.* **Is there ice on the road?** آيا در سرك يخ است؟ *Ayä dar sarak yakh ast?* **The road is covered with ice.** سرك با يخ پوشيده شده است. *Sarak bä yakh poosheeda shoda ast.* ★ **icy** *adj* يخ زده *yakh zada*, بسيار سرد *beesyär sard*
I.D. *abbrev* = **identification** هويت *hoyat*, تشخيص *tashkhees*, شناخت *shenäkht*
idea *n* نظر *nazar*, انديشه *andesha*, خيال *kheeyäl*, مفكوره *mafkoora* **a general** ~ نظر عمومى *nazar-e-o'moomee* **Do you have any ideas?** آيا شما كدام نظر داريد؟ *Ayä shomä kodäm nazar däred?* **I have (1) an idea. / (2) a different idea.** من يك (١) نظر... / (٢) نظر مختلف... دارم. *Man yak (1) nazar... / (2) nazar-e-mokhtalef... däram.* **That (1) is / (2) isn't a good idea.** نظر خوب (١) است. / (٢) نيست. *Nazar-e-khob (1) ast. / (2) neest.* **I haven't the slightest idea.** جزئى ترين نظر ندارم. *Joz-ee' tareen nazar-e-nadäram.*

identical *adj* مشابه *moshäbe* **~ twins** دوگانه گی های مشابه *dogäna-gee häy-e-moshäbe* **They're identical.** آنها مشابه هستند. *Ānhä moshäbe hastand.*

identification *n* (= I.D.) هویت *hoyat,* تشخیص *tashkhees,* هویت *hoyat* **false ~** تشخیص غلط *tashkhees-e-ghalat* **forged ~** هویت ساختگی *hoyat-e-säkhtagee* **~ card** کارت هویت *kärt-e-hoyat* **~ papers** اسناد هویت *asnäd-e-hoyat* **Do you have identification?** آیا شما کارت هویت دارید؟ *Ayä shomä kärt-e-hoyat däred?* **Please show me your identification.** لطفاً کارت هویت تان را نشان دهید. *Lotfan kärt-e-hoyat-e-tän rä neshän dehed.* **Check everyone's identification.** هویت همه را معاینه کنید. *Hoyat-e-hama rä ma'äyena koned.* **No one is allowed (to come in) without proper identification.** هیچ کس اجازه ندارد بدون هویت صحیح (داخل بیاید). *Hech kas ejäza nadärad bedoon-e-hoyat-e-saheeh (däkhel beeyäyad).* ★ **identify** *vt* (چیزی یا کسی) را هویت *hoyat (-e-cheezee yä kasee rä) ta'yen kardan,* تعین کردن تشخیص دادن *tashkhees dädan,* (چیزی) را شناختن *asleeyat (-e-cheezee rä) shenäkhtan* **Can you identify (1) her? / (2) him? / (3) them?** آیا شما میتوانید هویت (۱) او زن / (۲) او مرد / (۳) آنها را تعین کنید؟ *Ayä shomä mey-tawäned hoyat- (1) o zan / (2) o mard / (3) änhä rä ta'yen koned?* ★ **identity** *n* هویت *hoyat,* اصلیت *asleyat,* شخصیت *shakhseyat*

idiom *n* اصطلاح *estelāh*

idiot *n* آدم احمق *ädam-e-ahmaq* ★ **idiotic** *adj* احمقانه *ahmaqäna*

if *conj* اگر *agar*

ignition *n* (automot.) احتراق,حریق *ehteräq, hareeq,* روشن شدن انجن موتر *roshan shodan-e-enjen-e-motar* **~ key** کلید که با آن انجن روشن میشود *keeled-e-ke bä än enjen rooshan mey-shawad* **~ switch** سویچ روشن کردن انجن *sewech-e-roshan kardan-e-enjen*

ignorant *adj* 1. (unintelligent) نادان *nädän,* جاهل *jähel;* 2. (uninformed) بی خبر *bey khabar*

ignore *vt* 1. (not pay attention) نادیده گرفتن *nädeeda gereftan,* چشم پوشیدن *chashm posheedan;* 2. (disregard) رد کردن *rad kardan* **I didn't mean to ignore you.** نمیخواستم شما را نادیده بگیرم. *Namey-khästam shomä rä nä-deeda begeeram.* **Just ignore (1) her. / (2) him. / (3) it. / (4) them** (۱) اوزن / (۲) اومرد / (۳) این / (۴) آنها را نادیده بگیرید. *Serf (1) o zan / (2) o mard / (3) ean / (4) änhä rä nädeeda begeered.*

ill *adj* مریض *mareez,* بیمار *beemär* (See phrases under *sick)*

illegal *adj* غیرقانونی *gheyr-e-qänoonee,* حرام *haräm* **That's illegal** آن غیر قانونی است. *Än gheyr-e-qänoonee ast.* **Don't do anything illegal.** هیچ چیزغیر قانونی انجام ندهید. *Hech cheez-e-gheyr-e-qänoonee anjäm nade-hed.* **I don't want to do anything illegal.** نمیخواهم چیزی غیرقانونی انجام دهم. *Namey-khäham cheezee gheyr-e-qänoonee anjäm deham.* ★ **illegally** *adv* به طور غیر قانونی *ba towr-e-gheyr-e-qänoonee*

illegible *adj* ناخوانا *nä khänä,* غیر قابل خواندن *gheyr-e-qäbel-e-khändan*

illiteracy *n* بی سوادی *bey-sawädee* **We must do all we can to overcome illiteracy.** هر چه که ممکن است باید بکنیم تا بیسوادی را خاتمه دهیم. *Har che ke momken ast bäyad bokonem tä bey-sawädee rä khätema dehem.* **The program will fight illiteracy.** پروگرام در برابر بی سوادی مبارزه خواهد کرد. *prográm dar baräbar-e-bey-sawädee mobäreza khähad kard.* ★ **illiterate** *adj* بی سواد *bey-sawäd* **(1) He / (2) She is illiterate.** (۱) اومرد/(۲) او زن بی سواد است. *(1) O mard / (2) O zan bey-sawäd ast.*

illness *n* مریضی *mareezee,* بیماری *beemäree* **minor ~** مریضی جزئی *mareezee-e-joz-e'ee* **serious ~** مریضی شدید *mareezee-e-shaded* **treat the ~** مریضی را معالجه کردن *mareezee rä ma'äleja kardan* **viral ~** مریضی ویروسی *mareezee-e-weeroosee* **(1) He / (2) She has... / (3) They have... some**

illuminate / **immunity**

(١) او مرد / (٢) او زن / (٣) آنها يك نوع مريضى (٢،١) دارد. / (٣) دارند. *(1) O mard / (2) O zan / (3) Änhä yak nawa' mareezee (1,2) däred. / (3) därand.*

illuminate *vt* روشن كردن *rooshan kardan,* چراغان كردن *cheräghän kardan* ★ **illumination** *n* چراغان *cheräghän,* روشن *rooshan*

illustrate *vt* شرح دادن *sharha dädan,* توضيح دادن *towzeh dädan* **Here's what we would like you to illustrate.** اين چيزى است كه ميخواهيم شما توضيح دهيد. *Een cheez-e-ast ke mey-khähem shomä towzeh dehed.* ★ **illustration** *n* شرح *sharha,* توضيح *towzeh,* مثال *mesäl* **Could you do illustrations for it?** آيا ميتوانيد درمورد توضيحات دهيد؟ *Äyä mey-tawäned dar mowred towzeehät dehed?*

image *n* صورت *soorat,* عكس *a'ks,* تصوير *tasweer*

imagination *n* تصور *tasawor,* خيال *kheeyäl* **Use your imagination.** از تصور تان استفاده كنيد. *Az tasawor-e-tän estefäda koned.* ★ **imagine** *vt* & *vi* تصور كردن *tasawor kardan,* حدس زدن *hads zadan* **I (1) can / (2) cannot imagine.** (١) من تصور كرده ميتوانم. / (٢) نميتوانم. *Man tasawor karda (1) mey-tawänam. / (2) namey-tawänam.*

imitation *n* تقليد *taqleed* **It's an imitation.** اين تقليد است. *Een taqleed ast.*

immediate *adj* عاجل *'äjel,* فورى *fowree* ~ **action** عمل فورى *a'mal-e-fowree* **(1) I / (2) We need an immediate (3) decision. / (4) reply.** / (١) من / (٢) ما به يك (٣) تصميم / (٤) جواب عاجل ضرورت (١) دارم. / (٢) داريم. *(1) Man / (2) mä ba yak (3) tasmeem / (4) jawäb-e-a'äjel zaroorat (1) däram. / (2) därem.* ★ **immediately** *adv* بطور عاجل *ba towr-e-a'äjel,* فوراً *fowran,* زود *zood* **Call me immediately.** من را فوراً صدا كنيد. *Man rä fowran sadä koned.* **Come get me immediately.** بيائيد من را فوراً ببريد. *Beyäyed man rä fowran bobared.*

immense *adj* گزاف *gazäf,* بى اندازه *bey andäza,* خيلى زياد *khelee zeeyäd* ~ **number** عدد بزرگ *a'dad-e-bozorg* **The problem is immense.** مشكل خيلى بزرگ است. *Moshkel khelee bozorg ast.*

immigration *n* مهاجرت *mohäjerat* ~ **authorities** مقامات امور مهاجرت *moqämät-e-omoor-e-mohäjerat* **Immigration and Naturalization Service (INS)** (U.S.A.) (ايالات متحده آمريكا) سازمان مهاجرت و تابعيت *säzmän-e-mohäjerat wa täbe'yat (eeyälät-e-motaheda-e-amreekä)* **The I.N.S. has (1) approved / (2) rejected it.** سازمان مهاجرت و تابعيت اين را (١) پذيرفت. / (٢) رد كرد. *Säzmän-e-mohäjerat wa täbe'yat een rä (1) pazeeroft. / (2) rad kard.*

immobile *adj* بى حركت *bey harakat,* ثابت *säbet* **(1) He / (2) She has to... / (3) You have to... stay immobile (until it gets better).** (١) اومرد / (٢) او / (٣) شما بايد... بى حركت (٢،١) بمانيد / (٣) بمانند (تا زمانيكه بهتر شود). *(1) O mard / (2) O zan / (3) Änhä bäyad...bey harakat (1,2) bemänad / (3) bemänand (tä zamänee-ke khoob shawad).*

immoral *adj* غير اخلاقى *ghayr-e-akhläqee* **Tell (1) her / (2) him / (3) them that we're not going to do anything immoral.** (١) اوزن / (٢) اومرد / (٣) آنها را بگوئيد كه ما چيزى غير اخلاقى نخواهيم كرد. *(1) O mard / (2) O zan / (3) Änhä rä begohed ke mä cheez-e-ghayr-e-akhläqee nakhähem kard.*

immune *adj* معاف *ma'äf,* مصون *ma'soon* ~ **system** سيستم معافيتى *seestom-e-ma'äfyat* **This will make (1) her / (2) him / (3) you immune to the disease.** اين (١) اوزن / (٢) اومرد / (٣) شما را درمقابل مرض مصؤنيت خواهد داد. *Een (1) o zan / (2) o mard / (3) shomä rä dar moqäbel-e-maraz ma'soonyat khähad däd.* ★ **immunity** *n* معافيت *moa'äfyat,* مصونيت *ma'soonyat* **This will improve your immunity (against the disease).** اين مصؤنيت شما را (در مقابل مرض) بيشتر خواهد ساخت. *Een*

immunize | 195 | **important**

ma'soonyat-e-shomä rä (dar moqäbel-e-maraz) beeshtar khähad säkht. **The vaccine provides immunity for ten years.** واکسین برای ده سال مصونیت میدهد. *Wäkseen baräy-e-da säl ma-soonyat mey-dehad.* ★ **immunize** *vt* مصؤن ساختن *ma'soon säkhtan,* معاف ساختن *ma'äf säkhtan* ~ **against** *(1)* **cholera** / *(2)* **measles** / *(3)* **polio** / *(4)* **typhoid** علیه (١) کولرا / (٢) سرخکان / (٣) فلج / (٤) محرقه مصون ساختن *a'lai-e- (1) kolära / (2) sorkhakän / (3) falj / (4) mohreqa masoon säkhtan* **We have to immunize** *(1)* **all the children.** / *(2)* **everybody.** ما باید (١) تمام اطفال (٢) همه را مصؤن بسازیم. *Mä bäyad (1) tamäm-e-atfäl / (2) hama rä ma'soon besäzem.* **It's important that you be immunized.** که شما باید مهم است مصؤنیت داشته باشید. *Mohem ast ke shomä bäyad ma'soonyat dashta bäshed.* **If you are not immunized, you could get sick and die.** اگر شما مصؤن نشوید، شما مریض شده و از بین میروید. *Agar shomä ma'soon nashawed, shomä mareez shoda wa az bayn mey-raweed.* **If they are not immunized, they could get sick and die.** اگر آنها مصؤن نشوند، آنها مریض شده و از بین میروند. *Agar änhä ma'soon nashawand, änhä mareez shoda wa az bayn mey-rawand.* **If** *(1)* **he** / *(2)* **she is not immunized,** *(3)* **he** / *(4)* **she could get sick and die.** اگر (١) اومرد / (٢) اوزن مصؤن ساخته نشود، (٣) اومرد / (٤) اوزن مریض شده و از بین میرود. *Agar (1) o zan / (2) o mard ma'soon säkhta nashawad, (3) o zan / (4) o mard mareez shoda wa az bayn mey-rawad.* ★ **immunization** *n* 1. *(immunizing)* ایجاد معافیت *eejäd-e-ma'äfyat,* مصؤن سازی در مقابل امراض *ma'soon säzee dar moqäbel-e-amräz;* 2. *(shot)* واکسین *wäkseen*

impassable *adj* غیر قابل عبور *ghayr-e-qäbel-e-o'boor,* صعب العبور *sahb-ol-oboor* **The road is impassable.** سرک غیرقابل عبور است. *Sarak ghayr-e-qäbel-e-o'boor ast.*

impatient *adj* بی صبر *bey saber,* بی حوصله *bey howsela* **Don't be impatient (with the people).** (با مردم) بی حوصله نباشید. *(Bä mardom) bey howsela nabäshed.* **I'm getting a bit impatient.** کمی بی حوصله شده ام. *Kamee bey howsela shoda am.*

implement *n* آلت *älat,* اسباب *asbäb*

impolite *adj* بی ادب *bey adab,* بی ادبانه *bey adabäna* ~ **gesture** حرکت بی ادبانه *harakat-e-bey adabäna* **That's (very) impolite.** آن (بسیار) غیر مؤدبانه است. *Än (besyär) gheyr-e-mo-adabäna ast.* **I didn't mean to be impolite.** نمیخواستم بی أدبی کنم. *Namey-khästam bey adabee konam.*

import *vt* وارد کردن *wäred kardan* **Where do they import these from?** آنها این چیز ها را از کجا وارد میکنند؟ *Anhä een cheez hä rä az kojä wäred mey-konand?* ★ **imported** *adj* وارد شده *wäred shoda*

importance *n* اهمیت *ahmyat,* قدر *qader* **It's of** *(1)* **great** / *(2)* **no importance (to me).** (١) این (برای من) بسیار مهم است (٢) هیچ مهم نیست. *Een (baräy-e-man) (1) beesyär mohem ast. / (2) hech mohem neest.* ★ **important** *adj* مهم *mohem,* با اهمیت *bä ahmyat* ~ **assignment** وظیفه مهم *wazeefa-e-mohem,* کار مهم *kär-e-mohem* ~ **call** تیلفون مهم *teelfoon-e-mohem* ~ **document** سند مهم *sanad-e-mohem* ~ **meeting** ملاقات مهم *moläqät-e-mohem* ~ **message** پیغام مهم *payghäm-e-mohem* ~ **mission** ماموریت مهم *mämor-yat-e-mohem* ~ **person** نفر مهم *nafar-e-mohem,* شخص مهم *shakhs-e-mohem* ~ **work** کار مهم *kär-e-mohem* ~ **something** چیز مهم *cheez-e-mohem* **Is it important?** آیا این مهم است؟ *Äyä een mohem ast?* **In what way is it important?** از کدام جهت این مهم است؟ *Az kodäm jehat een mohem ast?* **How important is it?** این چقدر مهم است؟ *Een cheqadar mohem ast?* **It's** *([1])* **extremely** / *[2]* **rather** / *[3]* **very) important.** این (١) بی نهایت / (٢) تا یک اندازه / (٣) بسیار) مهم است. *Een ([1] bey nehäyat / (2) tä yak andäza / [3] besyär) mohem ast.*

andäza / (3) beesyär) mohem ast. **It's not important (at all).** (اصلاً) این مهم نیست. *(Aslan) een mohem neest.* **I have an important assignment for you.** برای شما یک کار بسیار مهم دارم. *Baräy-e-shomä yak kär-e-beesyär mohem däram.* **I want you to do something important for me.** میخواهم شما یک چیزی مهم برایم انجام دهید. *Mey-khäham shomä yak cheezee mohem baräyam anjäm dehed.*

imported *adj* اجناس وارده شده *wäred shoda,* وارده *wäreda* ~ **goods** اجناس وارد شده *ajnäs-e-wäred shoda* ~ **materials** مواد وارد شده *mawäd-e-wäred shoda* ~ **products** محصولات وارد شده *mahsoolät-e-wäred shoda,* تولیدات وارد شده *towleedät-e-wäred shoda* ★ **importer** *n* وارد کننده *wäred konenda* **Contact an importer and see if he can get it for us.** با یک وارد کننده تماس بگیرید و ببینید اگر برای ما آورده بتواند. *Bä yak wäred konenda tamäs begeered wa bebeened agar baräy-e-mä äwarda betawänad.*

impose *vt* تحمیل کردن *tahmeel kardan,* قبولاندن *qabooländan* **I don't want to impose on you.** نمیخواهم بالای شما تحمیل کنم. *Namey-khäham bäläy-e-shomä tahmeel konam.* **I'm sorry to impose on you.** از اینکه بالای شما تحمیل کردم متأسف ام. *Az een-ke bäläy-e-shomä tahmeel kardam mota'sef am.*

impossible *adj* غیر ممکن *gheyr-e-momken,* نا ممکن *nä momken* **You have accomplished the impossible.** شما چیز ناممکن را انجام دادید. *Shomä cheez-e-nä momken rä anjäm däded.* **That's (absolutely) impossible.** آن (کاملاً) ناممکن است. *Än (kämelan) nä momken ast.*

impound *vt* توقیف کردن *towqeef kardan,* ضبط کردن *zabt kardan* **They're going to impound *(1)* it. *(2)* them.** آنها میخواهند (۱) این / (۲) آنها را ضبط کنند. *Änhä mey-khähand (1) een / (2) änhä rä zabt konand.* **The *(1)* authorities / *(2)* police have impounded *(3)* it. / *(4)* them.** (۱) دولت / (۲) مقامات (۳) این / (۴) آنها را ضبط کرد. *(1) Dowlat / (2) Moqämät (3) een / (4) änhä rä zabt kard.*

impoverished *adj* فقیر *faqeer,* بی نوا *bey nawä*
impractical *adj* غیرعملی *gheyr-e-a'malee*
impregnate *vt* حامله ساختن *hämela säkhtan*
impress *vt* مجذوب ساختن *majzoob säkhtan,* تحت تأثیر آوردن *taht-e-taseer äwardan* **(1) He / (2) She impresses me as a (3) good worker. / (4) honest person.** (۱) اومرد / (۲) اوزن منحیث یک (۳) کارگر خوب... / (۴) شخص صادق من را... مجذوب ساخت. *(1) O mard / (2) O zan man rä men-hays-e-yak (3) kärgar-e-khob... / (4) shakhs-e-sädeq man rä maj-zoob säkht.* **I'm impressed by *(1)* her / *(2)* his / *(3)* your / *(4)* their *(5)* ability / *(6)* work.** من مجذوب (۵) توانایی / (۶) کار (۱) اوزن / (۲) اومرد / (۳) شما / (۴) آنها شدم. *Man majzoob-e- (5) tawänäy-e- (6) kär-e- (1) o zan / (2) o mard / (3) shomä / (4) änhä shodam.* ★ **impression** *n* تأثیر *tä'seer,* اثر *asar* **bad** ~ اثر بد *asar-e-bad* **first** ~ اولین اثر *awaleen-e-asar* **good** ~ اثر خوب *asar-e-khoob* **wrong** ~ اثر غلط *asar-e-ghalat* **You've made a good impression.** شما تأثیر خوب بجا گذاشتید. *Shomä taseer khoob bajä gozäshted.* ★ **impressive** *adj* مؤثر *moa'ser,* جذاب *jazäb* **That's *(1)* really / *(2)* very impressive.** (۱) آن واقعاً / (۲) بسیار جذاب است. *Än (1) wäqe'-an / (2) beesyär jazäb ast.*

imprison *vt* حبس کردن *habs kardan,* زندانی کردن *zendänee kardan* **(1) He / (2) She / (3) They / (4) You will be imprisoned.** (۱) اومرد / (۲) اوزن / (۳) آنها / (۴) شما زندانی خواهد (۲۰۱) شد. / (۳) شدند. / (۴) شدید. *(1) O mard / (2) O zan / (3) Änhä / (4) Shomä khähad zendäni (1,2) shod. / (3) shodand. / (4) shoded.* **How long were you imprisoned?** چی مدت شما زندانی بودید؟ *Chee modat shomä zendänee boded?* **(1) He / (2) She was... / (3) They**

improbable 197 **in**

were... **imprisoned (for** *[number]* **years).** (١) اومرد. / (٢) او وزن / (٣) آنها (برای ___ سال) زندانی (١،٢) بود. / (٣) بودند. *(1) O mard / (2) O zan / (3) Ānhä (baräy-e-___säl) zendänee (1,2) bod. / (3) bodand.*

improbable *adj* غیر معقول *gheyr-e-ma'qool,* باورنکردنی *bäwae nakardanee*

improper *adj* 1. *(incorrect)* غلط *ghalat;* 2. *(unseemly)*; ناشایسته *näshäyesta,* نامناسب *nä monäseb* **That's improper.** آن نامناسب است. *Än nämo-näseb ast.* ★ **improperly** *adv (incorrectly)* بطور ناشایسته *batowr-e-näshäyesta,* بطور نامناسب *ba towr-e-nämonäseb* **It's been done improperly.** این بطور ناشایسته انجام یافته است. *Een batowr-e-näshäyesta anjäm yafta ast.* **It was put together improperly.** بطورغلط بسته شده بود. *Batowr-e-ghalat basta shoda bod.*

improve *vt* رشد دادن *roshd dädan,* ترقی دادن *taraqee dädan,* بهتر ساختن *behtar säkhtan,* اصلاح کردن *esläh kardan* **We need to improve it.** ما ضرورت داریم که این را رشد بدهیم. *Mä zaroorat därem ke een rä roshd bedehem.* **It needs to be improved.** لازم است که رشد داده شود. *Läzem ast ke roshd däda shawad.* **I hope we can improve it.** امیدوارم این را رشد داده بتوانیم. *Omaeed wäram een rä roshd däda betawänem.* **Let's try to improve it.** بیائید که کوشش کنیم تا این را بهتر بسازیم. *Beyäyed ke koshesh konem tä een rä behtar besäzem.* **(1) They / (2) You have improved it a great deal.** (١) آنها (٢) شما این را بسیار بهتر(١) ساختند. (٢) ساختید. *(1) Ānhä / (2) Shomä een rä beesyär behtar (1) sähktand. / (2) säkhted.* ★ *vi* بهتر شدن *behtar shodan,* اصلاح شدن *esläh shodan* **(1) Her / (2) His / (3) Their / (4) Your work has improved (a great deal).** (٤) (١) اوزن / (٢) اومرد / (٣) آنها / کار شما (بسیار) بهتر شده است. *Kär-e-(1) o zan / (2) o mard / (3) änhä / (4) shomä (beesyär) behtar shoda ast.* **The situation (1) has / (2) hasn't improved.** وضع بهتر(١) شده / (٢) نشده است. *Waza behtar (1) shoda / (2) nashoda ast.* **You've improved (1) greatly / (2) tremendously.** شما (١) خیلی / (٢) زیاد بهتر شده اید. *Shomä (1) khelee / (2) zeeyäd behtar shoda eed.* **You're (1) gradually / (2) steadily improving.** شما (١) بتدریج / (٢) زود بهتر میشوید. *Shomä (1) batad-reej... / (2) zood... behtar mey-shawed.* ★ **improvement** *n* بهبودی *behbodee,* رشد *roshd,* ترقی *taraqee* **Keep striving for improvement.** تلاش را برای بهتر ساختن ادامه دهید. *Taläsh rä barä-e-behtar säkhtan edäma dehed.* **That's a (1) great / (2) real improvement.** آن بهبودی (١) بزرگ / (٢) واقعی است. *Än behbodee-e- (1) bozorg / (2) wäqehee ast.* **That's not much of an improvement.** آن چندان رشدی نیست. *Än chandän roshd-e-neest.*

improvise *vt & vi* بداهه گفتن *bedäha goftan,* بی اندیشه ساختن یا سرودن *bey andesha säkhtan yä soroodan,* بداهه ساختن *badäha säkhtan* **(1) They / (2) We / (3) You will have to improvise.** (١) آنها/ (٢) ما / (٣) شما باید بداهه (١) بسازند. / (٢) بسازیم. / (٣) بسازید. *(1) Ānhä / (2) Mä / (3) Shomä bäyad bedäha (1) besäzand. / (2) besäzem (3) besäzed.* **You've improvised very well.** شما بسیار خوب بداهه ساختید. *Shomä beesyär khoob bedäha sähkted*

impure *adj* ناپاک *näpäk,* کثیف *kaseef,* ناصاف *näsäf*

impurity *n* ناپاکی *näpäkee,* کثافت *kasäfat,* ناخالص *näkhäles* **It contains many impurities.** این چندین ناپاکی دارد. *Een chandeen näpäkee därad.*

in *prep* در *dar,* به *ba* ~ **Afghanistan** درافغانستان *dar afghänistän* ~ **America** در امریکا *dar amreekä* ~ **an hour** بعد از یک ساعت *ba'd az yak sä-a't* ~ **Britain** در بریتانیا *dar bretän-yä,* در انگلستان *dar englestän* ~ **class** در صنف *dar senf* ~ **danger** در خطر *dar khatar* ~ **Dari** در دری *dar daree,* به دری *ba daree* ~ **detail** به تفصیل *ba tafseel* ~ **English** در زبان انگلیسی *dar zabän-e-engleesee* ~ **five minutes** بعد از پنج دقیقه *ba'd az panj daqeeqa* ~ **general** بطور عام *batowr-e-äm* ~ **my country** در کشور من *dar* عموماً *omooman,*

inaccessible 198 **include**

keshwar-e-man ~ **no way** در هيچ صورت *dar heech soorat* ~ **Pashto** در پشتو *dar pashtoo,* به پشتو *ba pashtoo* ~ **school** در مكتب *dar maktab* ~ **that way** در آن صورت *dar än soorat* ~ **the army** در اردو *dar ordo,* به اردو *ba ordo* ~ **the (1) building / (2) house / (3) room** در (۱) ساختمان / (۲) خانه / (۳) اطاق *dar (1) säkhtomän / (2) khäna / (3) otäq.* ~ **the (1) east / (2) north / (3) south / (4) west** در (۱) شرق / (۲) شمال / (۳) جنوب / (٤) غرب *dar (1) sharq / (2) shamäl / (3) jonoob / (4) gharb* ~ **the family** درفاميل *dar fameel* ~ **the future** در آينده *dar äyenda* ~ **the hospital** در شفاه خانه *dar shafäh khäna* ~ **the (1) morning / (2) afternoon / (3) evening** در (۱) صبح / (۲) بعد از ظهر / (۳) عصر *dar (1) sobh / (2) ba'd az zohr / (3) a'ser* ~ **the past** در گذشته *dar gozashta,* درقديم *dar qadeem* ~ **the sky** در آسمان *dar äsmän* ~ **the university** در پوهنتون *dar pohantoon* ~ **the war** در نبرد *dar nabard,* در جنگ *dar jang* ~ **the water** در آب *dar äb* ~ **the (1) winter / (2) spring / (3) summer / (4) fall** در (۱) زمستان / (۲) بهار / (۳) تابستان / (٤) خزان *dar (1) zemestän / (2) bahär / (3) täbestän / (4) khazän* ~ **this way** در این راه *dar een rä,* در این صورت *dar een soorat* ~ **trouble** در مشكل *dar moshkel* ~ **writing** در نوشتن *dar naweshtan*
inaccessible *adj* غیر قابل دسترس *gheyr-e-qäbel-e-dast-ras*
inaccurate *adj* غلط *ghalat,* نادرست *nädorost*
inadequate *adj* نامناسب *nämonäseb,* ناكافى *näkäfee*
inappropriate *adj* بى جا *bey jä,* نامناسب *nämonäseb*
incapable *adj* ناتوان *nätawän*
incense *n* لادن *lädan*
incentive *n* محرك *moharek,* تشويق كننده *tashweeq konenda* **They need an incentive.** آنها به يك محرك ضرورت دارند. *Anhä ba yak moharek zaroorat därand.* **We must give them an incentive.** ما بايد آنها را يك تحرك بدهيم. *Mä bäyad änhä rä yak taharook bedehem.*
incident *n* واقعه *wäqeha,* حادثه *hädesa,* رويداد *roydäd,* رخداد *rokhdäd* **strange** ~ واقعه عجيب *wäqeha-e-a'jeeb* **tragic** ~ واقعه تراژيدى *wäqeha-e-tarä-zheedee* **unfortunate** ~ واقعه ناشى از بدبختى *wäqeha-e-näshee az bad-bakhtee* **We want to prevent such incidents in the future.** ميخواهيم از چنين واقعات در آينده جلوگيرى نمائيم. *Mey-khähem az choneen wäqehät dar äyenda jelow-geree nomäyem.* **Try to avoid bad incidents.** كوشش كنيد از واقعات بد اجتناب نمائيد. *Koshesh koned az wäqehät-e-bad ejtenäb nomäyed.*
incision *n* چاك *chäk,* شكاف *shekäf* **Make an incision (1) here. / (2) there.** در (۱) اينجا / (۲) آنجا يك شكاف كنيد. *Dar (1) eenjä / (2) änjä yak shekäf koned.*
incisor *n* دندان پيشرو *dandän-e-peesh-e-roo,* ثنايا *sanäyä*
incite *vt* انگیختن *angeekhtan,* تحريك كردن *tahreek kardan,* خلق كردن *khalq kardan* **Don't incite (1) arguments. / (2) panic. / (3) trouble.** (۱) بحث / (۲) حراس / (۳) مشكل ایجاد نكنيد. *(1) Bahs / (2) Heräs / (3) Moshkel eejäd nakoned.*
incline *n (road)* سراشيبى *saräsheebee*
inclined *adj* متمايل *motamäyel* **I'm inclined to (1) agree. / (2) disagree.** متمايل هستم كه (۱) قبول / (۲) مخالفت كنم. *Motamäyel astam ke (1) qabool / (2) mokhälefat konam.*
include *vt* دربر داشتن *dar bar dashtan,* شامل بودن *shämel bodan,* ضميمه داشتن *zameema dashtan* **What does it include?** شامل چى است؟ *shämel-e-chee ast?* **Does that include (1) batteries? / (2) labor? / (3) packing? / (4) security? / (5) service? / (6) shipping?** آيا آن شامل (۱) بترى / (۲) كار / (۳) بسته بندى / (٤) امنيت / (٥) ترميم / (٦) ارسال كردن است؟ *Äyä än shämel-e- (1) betree / (2) kär / (3) basta bandee / (4) amneyat / (5) tarmeem / (6) ersäl kardan ast?* **That includes meals and housing.** آن شامل غذا و خانه است.

Än shämel-e-ghezä wa khäna ast. **That includes** *(1)* **everyone.** / *(2)* **her.** / *(3)* **him.** / *(4)* **them.** / *(5)* **you.** أن شامل (١) همه / (٢) اوزن / (٣) اومرد / (٤) أنها / (٥) شما است. *An shämel-e- (1) hama / (2) o zan / (3) o mard / (4) änhä / (5) shomä ast.*

incoherent *adj* بی ربط *bey rabt*

income *n* درآمد *dar-ämad*, عاید *äyed* **good** ~ عاید خوب *äyed-e-khob* **modest** ~ عاید عادی *äyed-e-ädee* **regular** ~ عاید منظم *äyed-e-monazam* **sizeable** ~ عاید به اندازه *äyed-e-ba andäza* **small** ~ عاید کم *äyed-e-kam* **source of** ~ منبع درآمد *manba'-e-dar-ämad*, منبع عایدات *manba'-e-äyedät* **(1) Does he** / **(2) she...** / **(3) Do they** / **(4) you... have any income?** (٢) آيا (١) اومرد / (٣) أنها / (٤) شما کدام عاید (٤،١) دارد (٣) دارند (٤) دارید؟ *Äyä (1) o mard / (2) o zan / (3) änhä / (4) shomä kodäm äyed (1,2) därad? / (3) därand? / (4) däred?* **How much is** *(1)* **her** / *(2)* **his** / *(3)* **their** / *(4)* **your income (a** *[5]* **month** / *[6]* **year)?** عاید (١) اوزن / (٢) اومرد / (٣) أنها / (٤) شما (دریك [٥] ماه / [٦] سال) چی قدر است؟ *Äyed- (1) o zan / (2) o mard / (3) änhä / (4) shomä (dar yak [5] mäh / [6] säl) chey qadar ast?* **This will give** *(1)* **her** / *(2)* **him** / *(3)* **them** / *(4)* **you a(n) (regular) income.** این به (١) اوزن / (٢) اومرد / (٣) أنها / (٤) شما یك عاید (منظم) خواهد داد. *Een ba (1) o zan / (2) o mard / (3) änhä / (4) shomä yak äyed(-e-monazam) khähad däd.* **In America we have to pay income tax.** در امریکا ما باید مالیات عایدات دهیم. *Dar amreekä mä bäyad mälyät-e-äyedät dehem.*

incompetent *adj* ناشایسته *nähäyesta*, بی لیاقت *bey leyäqat*, بی صلاحیت *bey salähyat*

incomplete *adj* نامکمل *nämokamal*, ناقص *näqes*, نا تكميل *nätakmeel* **This is incomplete.** این نا تكميل است. *Een nä-takmeel ast.*

inconvenience *n* زحمت *zahmat*, دردسر *dard-e-sar* **I'm sorry for the inconvenience.** متاسف ام از آنكه شما را زحمت دادم. *Mota'sef am az een-ke shomä rä zahmat däd* ★ **inconvenient** *adj* ناراحتی *nä-rähatee*, زحمت *zahmat*, نامناسب *nämonäseb* **I'm sorry it's so inconvenient for you.** ببخشید این برای شما بسیار زیاد زحمت است. *Bobakhshed een baräy-e-shomä beesyär zeeyäd zahmat ast.* **That's** *[1]* **too** / *[2]* **very) inconvenient.** أن [١] بسیارزیاد / [٢] بسیار نامناسب است. *An ([1] beesyär zeeyäd / [2] beesyär) nämonäseb ast.*

incorrect *adj* غلط *ghalat*, نادرست *nädrost* *(1)* **This** / *(2)* **That is incorrect.** (١) این / (٢) آن غلط است. *(1) Een / (2) An ghalat ast.*

increase *vi* افزودن *afzoodan*, بیشتر کردن *beeshtar kardan*, اضافه کردن *ezäfa kardan*, افزایش دادن *afzäyesh dädan*, زیاد ساختن *zeyäd säkhtan* **The number has increased (***[1]* **greatly** / *[2]* **somewhat).** عدد ([١] بسیار / [٢] یك اندازه) اضافه شده است. *Adad ([1] besyär / [2] yak-andäza) ezäfa shoda ast.* **The number is increasing** *(1)* **day by day.** / *(2)* **greatly.** / *(3)* **very fast.** عدد (١) روز به روز... / (٢) بسیار... / (٣) بسیار به سرعت... درحالت افزایش است. *adad (1) rooz ba rooz... / (2) beesyär... / (3) beesyär ba sora't... dar hälat-e-afzäyesh ast.* **Your** *(1)* **business** / *(2)* **output** / *(3)* **productivity** / *(4)* **yield will increase (a great deal).** (١) تجارت / (٢) محصول / (٣) سودمندی (مفاد) / (٤) حاصل شما (بسیار) افزایش خواهد یافت. *(1) Tejärat-e- / (2) Mahsool-e- / (3) Sood-mandee-e- / (4) Häsel-e- shomä (beesyär) afzäyesh khähad yäft.* ★ *n* افزایش *afzäyesh*, اضافه *ezäfa* ~ **in output** افزایش در محصول *afzäyesh dar mahsool* ~ **in sales** افزایش در فروشات *afzäyesh dar foroshät* **price** ~ افزایش قیمت *afzäyesh-e-qeemat* **salary** ~ افزایش معاش *afzäyesh-e-ma'äsh* **tax** ~ افزایش مالیات *afzäyesh-e-mälyät* **wage** ~ افزایش دست مزد *afzäyesh-e-dast mozd* **There has been a** *(1)* **big** / *(2)* **moderate** / *(3)* **slight increase.** یك افزایش (١) زیاد / (٢) مناسب / (٣) کم یافته است. *Yak afzäyesh-e- (1) zeyäd / (2) monäseb / (3) kam yäfta ast.*

afzäyesh (1) zeeyäd / (2) monäseb / (3) kam yäfta ast. **I think you will notice a** *(1)* **big /** *(2)* **substantial increase.** / (۱) زیاد / (۲) فکرمیکنم شما یک افزایش اساسی را مشاهده خواهید نمود. *Feker mey-konam shomä yak awfzäyesh-e-(1) zeeyäd / (2) asäsee rä moshäyeda khähed namood.*

incredible *adj* غیر قابل قبول *gheyr-e-qäbel-e-qabool,* عالی *älee*

incubate *vt* روی تخم خوابیدن *roy-e-tokhom khäbeedan* ★ **incubator** *n* ماشین چوچه کشی *mäsheen-e-chocha-kashee*

incurable *adj* بی درمان *bey darmän,* علاج ناپذیر *eläj näpazeer,* ناعلاج *nä-eläj*

indebted *adj* ممنون *mamnoon,* مقروض *maqrooz* **(1) I'm /** *(2)* **We're (**[3] **forever /** [4] **greatly) indebted to you.** (۱) من / (۲) ما ([۳] همیشه / [٤] بسیار) ممنون شما (۱) هستم. / (۲) هستیم. *(1) Man / (2) Mä ([3] hamesha / [4] beesyär) mamnoon-e-shomä (1) hastam. / (2) hastem.*

indecent *adj* ناشایسته *näshäyesta,* نا مناسب *nämonäseb*

indeed *adv* راستی *rästee,* واقعاً *wäqe-a'n,* در حقیقت *dar haqeeqat*

indefinite *adj* نامحدود *nämahdood* ~ **period** دوره نامحدود *dowra-e-nämahdood* ★ **indefinitely** *adv* به طور نامحدود *bah tow-e-nämahdood,* به طور نامعلوم *ba towr-e-näma'loom* **It's been discontinued indefinitely.** به طور نامعلوم متوقف گردید. *Ba towr-e-näma'loom motawaqef gardeed.*

independence *n* استقلال *esteqläl,* خود ارادیت *khod-erädeyat,* آزادی *äzädee* ★ **independent** *adj* آزاد *äzäd,* مستقل *mostaqel* ★ **independently** *adv* مستقلانه *mostaqeläna,* آزادانه *äzädäna* **You'll be able to take care of yourself independently.** شما قابل براین خواهید بود که مراقبت خود را مستقلانه نمائید. *Shomä qäbel bar een khähed bod ke moräqebat-e-khod rä mostaqeläna nomäyed.*

India *n* هند *hend,* هندوستان *hendostän* ★ **Indian** *adj* هندوستانی *hendostänee,* هندی *hendee* ★ *n* هندوستانی *hendostänee,* هندی *hendee*

indicate *vt* نشان دادن *neshän dädan,* نمایان ساختن *nomäyän sächtan* **Please indicate the name of a person we can contact in case of an emergency.** لطفاً نام شخصی را بگوئید که ما در صورت واقعه عاجل همرایش تماس بیگیریم. *Lotfan näm-e-shakhsee rä begooyed ke mä dar soorat-e-wäqeha-e-'äjel hamräyash tamäs begeerem.* ★ **indication** *n* نشان *neshän* ★ **indicator** *n (dial, gauge, needle, etc)* مقیاس *meqyäs,* درجه *daraja,* سوزن *sozan,* نماینده *nomäyenda* **What does the indicator show?** مقیاس چی نشان میدهد؟ *Meqyäs chee neshän mey-dehad.*

indigestion *n* بدهضمی *bad-hazemee* **(1) He /** *(2)* **She is... /** *(3)* **You are... suffering from indigestion.** (۱) اومرد / (۲) اوزن / (۳) شما بد هضم (۲۰۱) است. / (۳) هستید. *(1) O mard / (2) O zan / (3) Shomä bad hazem (1,2) ast. / (3) hasted.*

individual *adj* انفرادی *enferädee,* فردی *fardee* ★ *n* فرد *fard,* شخص *shakhs*

indoor *adj* داخل خانه *däkhel-e-khäna* ~ **plumbing** نل دوانی داخل خانه *nal dawänee däkhel-e-khäna* ~ **toilet** تشناب داخل خانه *tashnäb-e-däkhel-e-khäna* ★ **indoors** *adv* درخانه *dar khäna* ~ **stay** درخانه ماندن *dar khäna mändan* **Keep** *(1)* **me /** *(2)* **her /** *(3)* **him indoors for** *(3)* **a week. /** *(4)* **a couple weeks.** (۱) اومرد / (۲) اوزن را برای (۳) یک هفته / (٤) دوهفته در خانه نگهدارید. *(1) O mard / (2) O zan rä baräy-e- (3) yak hafta... / (4) do hafta... dar khäna nega-däred.*

induce *vt* موجب شدن *mowjeb shodan* ~ **labor** به زحمت موجب شدن *ba zahmat mowjeb shodan* ~ **vomiting** موجب استفراق شدن *mowjeb-e-estefräq shodan* **jowjeb shodan**

industrial *adj* صنعتی *sona'tee* ★ **industrious** *adj* کوشنده *koshenda* **You're very industrious.** شما بسیار کوشنده هستید. *Shomä beesyär koshen- da hasted.* ★ **industry** *n* صنعت *sona't*

inedible *adj* غیر قابل خوردن *gheyr-e-qäbel-e-khordan*
ineffective *adj* بی اثر *bey asar*, بی تاثیر *bey-täseer*
inefficient *adj* نامناسب *nämonäseb*, نامنظم *nämonazam*, نا قابل *näqäbel*, نا لایق *näläyeq*
ineligible *adj* ناشایسته *näshäyesta*, غیر قابل قبول *gheyr-e-qäbel-e-qabool* (1) He / (2) She is... / (3) They / (4) You are... ineligible for (more) (5) assistance / (6) care (here). (١) اومرد / (٢) اوزن / (٣) آنها / (٤) شما...غیرقابل قبول برای (٥) معاونت / (٦) مراقبت (بیشتر) (اینجا). (١،٢) است / (٣) هستند. / (٤) هستید. *(1) O mard / (2) O zan / (3) Ánhä / (4) Shomä...gheyr-e-qäbel-e-qabool barähey (5) moa'äwenat / (6) moräqebat-e-(beeshtar) (-e-eenjä). (1,2) ast. / (3) hastand. / (4) hasted.*
inexcusable *adj* عذر ناپذیر *o'zor näpazeer*, غیرقابل بخشش *gheyr-e-qäbel-e-bakhshesh*, نا بخشیدنی *nä-bakhsheedanee*
inexpensive *adj* ارزان *arzän* ~ **item** اجناس ارزان *ajnäs-e-arzän* ~ **material** مواد ارزان *mawäd-e-arzän* ~ **way** طریقه ارزان *tareeqa-e-arzän*
inexperience *adj* بی تجربه گی *bey tajroba gee*
infancy *n* طفولیت *tefolyat*, کودکی *kodakee* **in** ~ در کودکی *dar kodakee* ★ **infant** *n* کودك *kodak*, طفل *tefel* ~ **feeding** غذا دادن کودك *ghezä dädan-e-kodak* ~ **health** صحت کودك *sehat-e-kodak* **It's important for the health of the infant.** این برای صحت کودك مهم است. *een barä-e-sehat-e-kodak mohem ast.*
infeasible *adj* نشدنی *nashodanee*, غیر عملی *gheyr-e-amalee*, غیر قابل انجام *gheyr-e-qäbel-e-anjäm*
infect *vt* آلوده کردن *älooda kardan*, ملوث کردن *molawas kardan*, میکروبی ساختن *mekroobee säkhtan* ★ **infected** *adj* آلوده *älooda*, ملوث *molawas*, میکروبی *mekroobee* **badly** ~ بطور بد آلوده *batowr-e-bad älooda* **become, get** ~ آلوده شدن *älooda shodan*, ملوث شدن *molawas shodan* **seriously** ~ سخت ملوث شدن *sakht molawas shodan* **It's (badly) infected.** این (بسیار) ملوث است. *Een (beesyär) molawas ast.* **Keep it clean so that it doesn't get infected.** این را پاك نگهدارید تا ملوث نشود. *Een rä päk nega-däred tä molawas nashawad.* **We don't want it to become infected.** ما آنرا نمی خواهیم آلوده شود. *Mä än rä namey-khähem älooda shawad.* ★ **infection** *n* عفونیت *a'fonyat*, آلوده گی *älooda-gee*, گندیدگی *gandeeda-gee*, میکروب *mekroob* **acute respiratory** ~ عفونت حاد تنفسی *a'fonyat-e-häd-e-tanafosee* **bad** ~ عفونیت بد *a'fonyat-e-bad* **chest** ~ عفونت سینه *a'fonyat-e-seena* **control** ~ کنترول کردن عفونیت *kantrool kardan-e-a'fonyat* **ear** ~ عفونت گوش *a'fonyat-e-goosh* **intestinal** ~ میکروبی شدن گوش *mekroobee shodan-e-goosh* **intestinal** ~ عفونت روده ای *a'fonyat-e-roo-deyee* **prevent** ~ از عفونیت جلوگیری کردن *az a'fonyat jelow-geeree kardan* **protect against** ~ در مقابل عفونیت *dar moqäbel-e-a'fonyat mahäfezat kardan* **serious** ~ آلوده گی جدی *älooda-gee-e-jedee*, عفونیت خطرناك *a'fonyat-e-khatarnäk* **sinus** ~ عفونت ناسور *a'fonyat-e-nasoor* **slight** ~ عفونیت سطحی *a'fonyat-e-sathee* **This is to prevent infection..** این برای جلوگیری از عفونیت است. *Een baräy-e-jelow-geeree az a'fonyat ast.* **Keep it clean to prevent infection.** این را پاك نگهدارید تا از عفونیت جلوگیری شود. *Een rä päk nega-däred tä az a'fonyat jelow-geeree shawad.*
infested *adj* مورد هجوم *mow-red-e-hojoom* **It's infested with lice.** مورد هجوم شپش قرار گرفت. *Mow-red-e-hojoom-e-shepesh qarär greft.*
infidel *n* بی دین *beydeen*
infinitive *n (gram.)* مصدر *masdar*
infirmary *n* شفاخانه *shafäkhäna*
inflamed *adj* التهابی *eltehäbee*; غضبناك **become** ~ التهابی شدن *eltehäbee*

inflammable

shodan; غضبناک شدن *ghazabnäk shodan*
inflammable *adj* متحرق *motahareq,* قابل حریق *qäbel-e-hareeq* **Danger: Inflammable materials.** خطر: مواد قابل حریق. *Khatar: Mawäd-e-qäbel-e-hareeq.* **Don't smoke around inflammable materials.** در اطراف مواد قابل حریق سیگرت نکشید. *Dar aträf-e-mawäd-e-qäbel-e-hareeq segret nakashed.*
inflammation *n* التهاب *eltehäb*
inflatable *adj* بادی *bädee* ~ **boat** کشتی بادی *keshtee-e-bädee* ~ **mattress** دوشک بادی *doshak-e-bädee* ★ **inflate** *vt* باد کردن *bäd kardan* **Inflate this** *(1)* **boat.** / *(2)* **mattress.** این (۱) کشتی / (۲) دوشک را باد کنید. *Een (1) keshtee / (2) doshak rä bäd koned.* ★ **inflation** *n* تورم پولی *tawaroom-e-poolee,* افزایش نرخ *afzäyesh-e-nerkh*
influence *vt* تحت تاثیر قراردادن , تاثیرگذاشتن *taseer gozäshtan , taht-e-täseer qarär dädan,* تحت حاکمیت داشتن *taht-e-häkemyat dashtan* **Do you think you can influence** *(1)* **her?** / *(2)* **him?** / *(3)* **them?** آیا فکر میکنید که (۱) اوزن / (۲) اومرد / (۳) آنها را تحت تاثیر خود قرار داده میتوانید. *Äyä shomä feker maykoned ke (1) o zan / (2) o mard / (3) änhä rä taht-e-taseer-e-khod qarär dehed?* **Perhaps** *(1)* **he** / *(2)* **she can influence** *(3)* **her.** / *(4)* **him.** / *(5)* **them.** احتمالاً (۱) اومرد / (۲) اوزن (۳) اوزن / (٤) اومرد / (٥) آنها را تحت تاثیر خود (٦ , ۲) قرار. *Ehtemälan (1) o mard / (2) o zan (3) o zan / (4) o mard / (5) änhä rä taht-e-taseer-e-khod qarär khähad däd.* **Try to influence** *(1)* **her.** / *(2)* **him.** / *(3)* **them.** کوشش کنید (۱) اوزن / (۲) اومرد / (۳) آنها را تحت تاثیر خود قرار دهید. *Koshesh koned (1) o zan / (2) o mard / (3) änhä rä taht-e-taseer-e-khod qarär dehed.* **Perhaps I can influence** *(1)* **her.** / *(2)* **him.** / *(3)* **them.** ممکن است من (۱) اوزن / (۲) اومرد / (۳) آنها را تحت تاثیر خود قرار دهم. *Momken ast man (1) o zan / (2) o mard / (3) änhä rä taht-e-taseer-e-khod qarär deham.* ★ *n* حاکمیت *häkemyat,* تاثیر *täseer,* نفوذ *nofooz* **Do you have any influence with** *(1)* **her?** / *(2)* **him?** / *(3)* **them?** آیا شما بالای (۱) اوزن / (۲) اومرد / (۳) آنها نفوذ دارید؟ *Äyä shomä bäläy-e- (1) o zan / (2) o mard / (3) änhä nofooz däred?* **Surely you have some influence with** *(1)* **her.** / *(2)* **him.** / *(3)* **them.** یقیناً شما بالای (۱) اوزن / (۲) اومرد / (۳) آنها نفوذ دارید. *Yaqeenan shomä bälä-e- (1) o zan / (2) o mard / (3) änhä nofooz däred?* **Use your influence.** ازنفوذ تان استفاده کنید. *Az nofooz-e-tän estefäda koned.*
influenza *n* انفلونزا *anflooanzä,* زکام *zokäm,* ریزش *reezesh* (See terms under **flu**) **avian** ~ انفلونزای پرنده *anflooanzä-ye-parenda* **monitor** ~ مرض ذکام نظارت کردن *maraz-e-zokäm nezärat kardan* **protect against avian** ~ از انفلونزای پرنده محافظت کردن *az anflooanzäye-parenda mahäfezat kardan*
inform *vt* آگاهی دادن *ägähee dädan,* خبردادن *khabar dädan,* اطلاع دادن *etläh dädan* **Please inform** *(1)* **her.** / *(2)* **him.** / *(3)* **me.** / *(4)* **them.** / *(5)* **us.** لطفاً (۱) اوزن / (۲) اومرد / (۳) من / (٤) آنها / (٥) ما را اطلاع دهید. *Loftan (1) o zan / (2) o mard / (3) man / (4) änhä / (5) mä rä etlah dehed.* **Did** *(1)* **he** / *(2)* **she** / *(3)* **they inform you?** آیا (۱) اومرد / (۲) اوزن / (۳) آنها شما را اطلاع (۲٠۱) داد؟ / (۳) دادند؟ *Äyä (1) o mard / (2) o zan / (3) änhä shomä rä etläh (1,2) däd? / (3) dädand?* *(1)* **He** / *(2)* **She** / *(3)* **They (already) informed** *(4)* **me** / *(5)* **us.** (۱) اومرد / (۲) اوزن / (۳) آنها (قبلاً) (٤) من / (٥) ما را اطلاع (۲٠۱) داد. / (۳) دادند. *(1) O mard / (2) O zan / (3) Änhä (qablan) (4) man / (5) mä rä etläh (1,2) däd. / (3) dädand.* **No one informed** *(1)* **me** / *(2)* **us.** ما را هیچ کس اطلاع نداد. *(1) Man / (2) Mä rä hech kas etläh nandäd.* *(1)* **I was...** / *(2)* **We were... informed that...** (۱) من ما اطلاع حاصل کردم / (۲) کردیم که... *(1) Man / (2) Mä etlah häsel (1)*

information   **injury**

kardam / (2) kardem ke... ★ **information** *n* معلومات *ma'loomät* **give ~** معلومات دادن *ma'loomät dädan* **important ~** معلومات مهم *ma'loo-mät-e-mohem* **no ~** هیچ معلومات *hech ma'loomät* **receive ~** معلومات بدست آوردن *ma'loomät badast äwardan* **send ~** معلومات ارسال کردن *ma'loomät ersäl kardan* **some ~** بعضی معلومات *ba'z-e-ma'loomät,* اندکی معلومات *andakee ma'loomät,* **We need information (about...).** ما (درباره...) معلومات ضرورت داریم. *Mä (dar bära....) ma'loomät zaroorat därem.* **Give us any information you can.** هرنوع معلومات را که داده میتوانید برای ما بدهید. *Har nawa ma'loomät-e-rä ke däda mey-tawäned baräy-e-mä bedehed.* **What information do you have (about...)?** (در باره...) چی معلومات دارید؟ *(Dar bära...) chee ma'loomät däreed?* **Do you have any information (about...)?** آیا شما (درباره...) کدام معلومات دارید؟ *Ayä shomä (dar bära-e-...) kodäm ma'loomät-e-däred?* ★ **informer** *n* آگاهی دهنده *ägähee dehenda,* خبررسان *khabar rasän*

ingenious *adj* باهوش *bä hosh,* با مهارت *bä mahärat,* ذکی *zakee* ★ **ingenuity** *n* هوش *hosh,* مهارت *mahärat,* ذکاوت *zakäwat* **Use your ingenuity.** ذکاوت تان را بکار ببرید. *zakäwat-e-tän rä bakär bebared.* **That's the way to use your ingenuity.** این طریقه است که مهارت تان را بکار برید. *Een tareeqa-e- ast ke mahärat-e-tän rä bakär bared.*

ingredient *n* اجزا *aj-zä,* مرکبات *morakabät* **What are the ingredients of this?** اجزای این چیست؟ *Aj-zäy-e-een cheest?*

inhabitant *n* ساکن *säken,* باشنده *bäshenda*

inhalant *n* ماده استنشاقی *mäde-e-estenshäqee* **ammonia ~** استنشاق امونیاک *estenshäq-e-amoonyäk* ★ **inhale** *vt & vi* نفس کشیدن *nafas kasheedan,* تنفس کردن *tanafos kardan* ★ **inhaler** استنشاق کردن *estenshäq kardan* استنشاق شونده *estenshäq showenda*

inhuman *adj* غیر انسانی *gheyr-e-ensänee,* بیرحم *bey-rahem,* ظالمانه *zäle-mäna*

inhumane *adj* بی رحم *bey-rahem,* غیر انسانی *gheyr-e-ensänee*

initial *adj* نخستین *nokhosteen,* اول *awal* ★ **initials** *n, pl* حروف اول اسم *horof-e-awal-e-esem* ★ **initially** *adv* در ابتدا *dar ebtedä,* اولاً *awalan,* در آغاز *dar äghäz,* اصلاً *aslan*

inject *vt* تزریق کردن *tazreeq kardan,* پیچکاری کردن *peechkäree kardan,* زرق کردن *zarq kardan* ★ **injection** *n* تزریق *tazreeq,* پیچکاری *peechkäree,* زرق *zarq* **daily ~** پیچکاری روزانه *peechkäree-e-roozäna* **intramuscular ~** زرق عضلی *zarq-e-a'zalee* **Give (1) her / (2) him an injection of this.** (1) اوزن / (2) اومرد را از این یک پیچکاری کنید. *(1) O zan / (2) O mard rä az een yak peechkäree koned.*

injure *vt* زخمی کردن *zakhmee kardan,* افگار کردن *anfgär kardan* **(1) He / (2) She injured (3) his / (4) her (5) arm. / (6) foot. / (7) hand. / (8) head. / (9) leg.** (۱) اومرد / (۲) اوزن / (۵) بازو / (٦) پای / (۷) دست / (۸) سر / (۹) پای (۳) پای / (٤) اوزن / (٥) *(1) O zan / (2) O mard rä bäzo-e- / (6) päy-e- / (7) dast-e- / (8) sar-e- (9) päy-e- (3,4) ash rä zakhmee kard.* **How did you injure your (1) arm? / (2) foot? / (3) hand? / (4) head? / (5) leg?** شما (۱) بازو / (۲) پای / (۳) دست / (٤) سر / (٥) پای تان را چی قسم زخمی کردید؟ *Shomä (1) bäzo-e- / (2) päy-e- / (3) dast-e- / (4) sar-e- / (5) päy-e-tän rä chee qesem zakhmee karded?* ★ **injured** *adj* زخمی *zakhmee,* مجروح *majroh* **badly ~** زخمی شدید *zakhmee-e-shadeed* **When was it injured?** چه وقت مجروح شد؟ *Chee waqt majroh shod?* ★ **injury** *n* صدمه *sadama,* زخم *zakhem,* گزند *gazand,* جراحت *jarähat* **bad ~** صدمه بد *sadama-e-bad,* جراحت بد *jarähat-e-bad* **head ~** جراحت سر *jarähat-e-sar* **internal ~ies** جراحات داخلی *jarähät-e-däkhelçe* **mild ~** جراحت ملایم *jarähat-e-molä-*

yem **minor** ~ زخم سطحی *zakhem-e-sat-hee*, جراحت سطحی *jarähat-e-sat-hee* **serious / severe** ~ زخم شدید *zakhem-e-shadeed*, جراحت شدید *jarähat-e-shadeed* **spinal** ~ جراحت ستون فقرات *jarä-hat-e-sotoon-e-fagarät* **We're going to treat** *(1)* **her** */ (2)* **his** */ (3)* **your injury.** ما زخم (1) اوزن (2) اومرد (3) شما را تداوی میکنیم. *Mä zakhem-e- (1) o zan / (2) o mard / (3) shomä rä tadäwee mey-konem.* **The injury** *(1)* **is** */ (2)* **isn't serious.** زخم جدی (1) است. / (2) نیست. *Zakhem jedee (1) ast. / (2) neest.* **It will take a couple months for** *(1)* **her** */ (2)* **his** */ (3)* **your injury to heal (completely).** (کاملا) خوب شدن زخم (1) اوزن (2) اومرد (3) شما دو ماه را دربر *(Kämelan) khoob shodan-e-zakhem- (1) o mard / (2) o zan / (3) shomä do mäh rä dar bar khähad greft.*

ink *n* رنگ *rang*, رنگ قلم *rang-e-qalam* ~ **pad** رنگ مهر *rang-e-mohr* ~ **refill** دوباره رنگ پر کردن *dobära rang por kardan* **We need more ink (for our pens).** (برای قلم های ما) به رنگ بیشتر ضرورت داریم. *(Baräy-e-qalam hä-emä) Ba rang-e-beesh-tar zaroorat därem.* **The pen is out of ink.** قلم رنگ خلاص کرده است. *Qalam rang khaläs karda ast.*

inmate *n (prison)* محبوس *mahboos*, بندی *bandee*

inn *n* مهمانخانه *mehmän-khäna*, کاروانسرای *kärwän-saräy* ★ **innkeeper** *n* سرایدار *saräy-där*

inner *adj* داخلی *däkhelee*

innocent *adj* بی گناه *bey gonäh*, معصوم *mahsoom*

inoculate *vt* وقایه کردن *weqäya kardan*, واکسین کردن *wäkseen kardan* **We're going to inoculate everyone.** ما همه را وقایه میکنیم. *Mä hama rä weqäya mey-konem.* **Everyone should be inoculated.** همه باید وقایه شوند. *Hama bäyad weqäya shawand.* ★ **inoculation** *n* 1. *(inoculating)* وقایه *weqäya*; 2. *(shot)* واکسین *wäkseen*

input *vt* داخل کردن *däkhel kardan*, درج کردن *darj kardan*, دخول برق *dokhool-e-barq* ~ **data into a computer** معلومات را در کمپیوتر داخل کردن *ma'loomät rä dar kampyootar däkhel kardan*

inquire *vi* تحقیق کردن *tahqeeq kardan* **Did you inquire about it?** آیا شما در باره این تحقیق کردید؟ *Ayä shomä dar bära-e-een tahqeeq karded?* ★ **inquiry** *n* خبرگیری *khabar geree*, تحقیق *tahqeeq* **I sent an inquiry about it.** در باره اش یک تحقیق ارسال نموده ام. *Dar bära ash yak tahqeeq ersäl namooda am.*

insane *adj* دیوانه *deewäna*, غیر منطقی *ghayr-e-manteqee*

insect *n* حشره *hashara* ~ **repellent** ادویه حشره کش *adweya-e-hashara kosh* **Use this to** *(1)* **control** */ (2)* **kill insects.** این را برای (1) کنترول (2) کشتن حشرات استفاده کنید. *Een rä baräy-e- (1) kantrool / (2) koshtan -e-hasharät estefäda koned.* ★ **insecticide** *n* حشره کش *hasha-ra kosh* **I will explain to you how to use this insecticide.** برای شما تشریح خواهم کرد که چگونه این حشره کش را استفاده کنید. *Baräy-e-shomä tashreh khäham kard ke chegoona een hashara kosh rä estefäda koned.*

insecure *(adj) (not safe)* بی امن *bey amn*, نامحفوظ *nä mahfooz*, در معرض خطر *dar mahraz-e-khatar*

insemination *n* عملیه ترکیب هورمون های جنسی مذکر و مونث (القاح) *amalya-e-tarkeeb-e-ormoon hä-e-jensee-e-mozakar wa mohanas (elqäh)* **artificial** ~ القاح مصنوی *elqäh-e-masnawee*

insert *vt* داخل کردن *däkhel kardan*, درج کردن *darj kardan*

inside *prep* داخل *däkhel*, درداخل *dar däkhel* ~ **the house** داخل خانه *däkhel-e-khäna* ★ *adv* داخل *däkhel* **go** ~ داخل رفتن *däkhel räftan* **look** ~ داخل نگاه کردن *däkhel negäh kardan* **stay** ~ داخل ماندن *däkhel mändan* ★ **inside out** سرچپه *sar chapa*, پشت و رو *pesht-o-ro*

insignificant adj بی معنی *bey ma'nee,* بی ارزش *bey-arzesh*
insist vi اصرار کردن *esrär kardan,* پافشاری کردن *pä feshäree kardan* **I insist (that ...).** اصرار میکنم (که...). *Esrär mey-konam (ke...).*
insomnia n بی خوابی *bey khäbee,* بیدار خوابی *beedär-khäbee* **Take this for your insomnia.** این را برای بی خوابی تان بیگیرید. *Een rä baräy-e-bey khäbee-e-tän beegeered.*
inspect vt تفتیش کردن *tafteesh kardan,* بازرسی کردن *bäzrasee kardan* **Inspect the shipment (carefully).** بار را (بادقت) تفتیش کنید. *(Bä deqat) bär rä tafteesh koned.* **Inspect each one.** هریك را تفتیش کنید. *Har yak rä tafteesh koned.* **I'll inspect (1) it / (2) everything (at ___ o'clock).** من (۱) این / (۲) همه چیز را (در بجه) تفتیش خواهم کرد. *Man (1) een.. / (2) hama cheez... rä (dar_baja) tafteesh khäham kard.* ★ **inspection** n تفتیش *tafteesh,* بازرسی *bäzrasee,* معاینه *moa'äyena* **careful ~** تفتیش بادقت *tafteesh-e-bädeqat* **close ~** تفتیش دقیق *tafteesh-e-daqeeq* **There will be an inspection tomorrow.** فردا یك تفتیش خواهد آمد. *Fardä yak tafteesh khähad ämad.* ★ **inspector** n مفتش *mofatesh,* تفتیش *tafteesh*
install vt ثبت کردن *sabt kardan* (برنامه کمپیوتر), نصب کردن *nasb kardan,* (برنامه کمپیوتر) *(barnäma-e-kampyootar)* **Install it (1) here / (2) there.** این را (۱) اینجا / (۲) آنجا نصب کنید. *Een rä (1) eenjä / (2) änjä nasb koned?* **When can you install it?** چی وقت میتوانید این را نصب (ثبت) کنید؟ *Chee waqt mey-tawäned een rä nasb (sabt) koned.* **How long will it take to install it?** ثبت کردن آن چی مدت وقت را خواهد گرفت؟ *Sabt kardan-e-än chee modat waqt rä khähad greft?* **You didn't install it properly.** این را بشکل درست نصب (ثبت) نکردید. *Een rä bashakel-e-dorost nasb (sabt) nakarded.* ★ **installation** n 1. *(installing)* نصب *nasb,* ثبت (برنامه کمپیوتر) *sabt (barnäma-e-kampyootar);* 2. *(facility)* دستگاه *dastgäh* **government ~** پایگاه دولتی *päygäh-e-dowlatee* **military ~** پایگاه نظامی *päygäh-e-nezämee*
instance n مورد *mowred,* نمونه *namuna,* مثل *mesel* **in every ~** در هر مورد *dar har mowred* **in this ~** در این مورد *dar een mowred*
instant adj فوری *fowree,* آنی *änee* **~ coffee** قهوه فوری *qahwa-e-fow-ree* ★ **instantly** adv فوراً *fowran*
instead adv به جای آن *ba jäy-e-än,* در عوض *dar ea'waz* **~ of** به جای *ba jäy*
institute n انستیتوت *enesteetoot,* دانشگاه علمی *däneshgäh-e-'lmee* **medical ~** انستیتوت طب *enesteetoot-e-teb*
institution n مؤسسه *mo'sesa* **laye** لایحه *läya,* قوانین *qawäneen* **government ~** مؤسسه دولتی *mo'sesa-e-dowlatee,* لایحه دولتی *lä-ya-e-dowlatee*
instruct vt دستور دادن *dasoor dädan,* تعلیم دادن *ta'leem dädan,* یاد دادن *yäd dädan* **Instruct them on how to perform the work.** آنها را یاد دهید چی قسم وظیفه را انجام دهند. *Änhä rä yäd dehed chee qesem wazeefa rä anjäm dehand.* **I'll instruct you.** من شما را یاد خواهم داد. *Man shomä rä yäd khäham däd.* **You'll instruct the class.** شما صنف را تدریس خواهید کرد. *Shomä senf rä tadrees khähed kard.* ★ **instruction** n 1. *(teaching)* تعلیم *ta'leem;* 2. pl *(directions)* هدایات *edäyät,* دستور *dastoor,* رهنمایی *rahnomä-ye* **follow ~s** از دساتیر پیروی کردن *az dasäteer payrawee kardan* **give ~** تعلیم دادن *ta'leem dädan* **individual ~** تعلیم فردی *ta'leem-e-fardee* **obey ~s** از دساتیر اطاعت کردن *az dasäteer etä'a't kardan* **These are the instructions.** اینها هدایات هستند. *Een hä edäyät astand.* **(1) Follow / (2) Read the instructions carefully.** هدایات را بادقت (۱) تعقیب کنید. / (۲) بخوانید. *Edäyät rä bä deqat (1) ta'qeeb koned. / (2) bekhäned.* **Do you understand the instructions?** آیا شما هدایات را فهمیدید؟ *Äyä shomä edäyät rä fahmeeded?* **You didn't follow my instructions.** شما هدایات من را تعقیب نکردید. *Shomä*

edäyät-e-man rä ta'qeeb nakarded. ★ **instructor** *n* آموزگار *ämoozgär*, استاد *ostäd,* رهنما *rahnomä*
instrument *n* وسیله *waseela,* آله *äla* **electrical ~s** آلات برقی *älät-e-baqee,* وسایل برقی *wasäyel-e-barqee* **laboratory ~s** وسایل لابراتوار *wasäyel-e-läbarätowär* **medical ~s** آلات طبی *älät-e-tebee,* وسایل طبی *wasäyel-e-tebee* **musical ~** آلات موسیقی *älät-e-moseqee,* وسایل موسیقی *wasäyel-e-moseqee* **surgical ~s** آلات جراحی *älät-e-jarähee,* وسایل جراحی *wasäyel-e-jarahee* **Do you know how to use this instrument?** آیا شما میدانید این آله را چی قسم استفاده کنید؟ *Äyä shomä mey-däned een äla rä chee qesem estefäda koned?* **Do you play a musical instrument?** آیا شما کدام آله موسیقی را نواخته میتوانید؟ *Äyä shomä kodäm äla-e-moseqee rä nawäkhta mey-tawäned?*
insubordinate *adj* سرکش *sar kash,* یاغی *yäghee*
insufficient *adj* کم *kam,* غیرکافی *gheyr-e-käfee*
insulate *vt* جدا کردن *jedä kardan;* روپوش کردن *roo posh kardan* **You need to insulate the wires.** شما باید کیبل برق را پوش کنید. *Shomä bäyad keebal-e-barq rä poosh koned.* **You need to insulate the house against the cold.** شما باید خانه را درمقابل سردی روپوش کنید. *Shomä bäyad khäna rä dar moqäbel-e-sardee roo posh koned.* ★ **insulation** *n* تجزیه *tajzeya,* پوشش *poshesh,* عایق سازی *a'äyeq säzee* **~ material** مواد پوشش *mawäd-e-poshesh* **We need to put insulation between** *(1)* **the walls.** / *(2)* **the ceiling and the roof.** ما باید درمیان (۱) دیوار... / (۲) بام و سقف... یک پوشش بگذاریم. *Mä dar meeyän-e- (1) dewär... (2) bäm wa saqf... yak poshesh begzärem.*
insulin *n* انسولین *ensoleen*
insult *vt* توهین کردن *towheen kardan,* بی احترامی کردن *bey ehterämee kardan,* اهانت کردن *ehänat kardan* **I didn't mean to insult you.** مقصد ام این نبود که به شما اهانت کنم. *Maqsad-e-am een nabod ke ba shomä ehänat konam.* **I'm sorry if I insulted you.** معذرت میخواهم اگر به شما اهانت کرده باشم. *Ma'z-rat mey-khäham agar ba shomä ehänat karda bäsham.* ★ **insult** *n* توهین *towheen,* بی احترامی *bey ehterämee,* اهانت *ehänat*
insurance *n* بیمه *beema* **accident ~** بیمه حادثه *beema-e-hädesa* **car ~** بیمه موتر *beema-e-motar* **~ company** شرکت بیمه *sherkat-e-beema* **~ coverage** مبلغ و نوعیت بیمه *mablagh wa nowyat-e-beema* **~ policy** سند بیمه *sanad-e-beema* **~ premium** پول بیمه *pool-e-bema,* مبلغ بیمه *mablagh-e-beema* **liability ~** بیمه حوادث *beemah-e-hawädes* **life ~** بیمه زنده گی *beema-e-zendagee* **medical ~** بیمه طبی *beema-e-tebee* **Is insurance available?** آیا بیمه وجود دارد؟ *Äyä beema wojood därad?* **Insurance** *(1)* **is** / *(2)* **isn't available.** بیمه وجود (۱) دارد. / (۲) ندارد. *Beema wojood (1) därad. / (2) nadärad.* **Where can** *(1)* **I** / *(2)* **we get** *(3)* **car** / *(4)* **medical insurance?** از کجا (۱) من / (۲) ما بیمه (۳) موتر / (۴) طبی گرفته (۱) میتوانم؟ / (۲) میتوانیم؟ *Az kojä (1) man / (2) mä bema-e- (3) motar / (4) tebee grefta (1) mey-tawänam? / (2) mey-tawänem?* ★ **insure** *vt* بیمه کردن *beema kardan* **~ against damage** بیمه کردن درمقابل خساره *beema kardan dar moqäbel-e-khesära* **~ against loss** بیمه کردن درمقابل زیان *beema kardan dar moqäbel-e-zeyän* ★ **insurer** *n* بیمه کننده *beema konenda*
intact *adj* بی عیب *bey-a'eeb,* دست نخورده *dast nakhorda,* سالم *sälem* **Is it intact?** آیا این سالن است؟ *Äyä een sälem ast?* **It's intact.** این سالم است. *Een sälem ast.*
intelligent *adj* هوشیار *hoshyär,* لایق *läyeq* *(1)* **He** / *(2)* **She is...** / *(3)* **You are... a(n) (very) intelligent person.** (۱) اومرد / (۲) او زن / (۳) شما یک شخص (بسیار) هوشیار (۲،۱) است. / (۳) هستید. *(1) O mard / (2) O zan / (3) Shomä yak shakhs-e- (beesyär) hoshyär (1,2) ast. / (3) hasted.*
intend *vi* درنظر داشتن *dar nazar dashtan,* قصد داشتن *qasd däshtan* **What do**

(۱) شما / (۲) آنها چی قصد (۱) دارید / (۲) دارند **(1) you / (2) they intend to do?** که انجام (۱) دهید؟ / (۲) دهند؟ **(1) Shomä / (2) Änhä chee qasd (1) därand / (2) däred ke anjäm (1) dehed? / (2) dehand?** **What does (1) he / (2) she intend to do?** (۱) اومرد / (۲) اوزن چی قصد دارد که انجام دهد؟ **(1) O mard / (2) O zan chee qasd därad ke anjäm dehad?** **(1) I / (2) We intend to...** (۱) من / (۲) ما قصد (۱) دارم / (۲) داریم که... **(1) Man / (2) Mä qasd (1) däram / (2) därem ke...**

intense *adj* جدی *jedee*, سخت *sakht*, شدید *shadeed* ~ **effort** کوشش جدی *koshesh-e-jedee* ~ **pain** درد شدید *dard-e-shaded*

intention *n* قصد *qasd*, اراده *eräda*, نظر *nazar* **good ~s** مقاصد خوب *maqäsed-e-khoob* **My intention (1) is / (2) was to..** قصد من (۱) است / (۲) بود که... **Qasd-e-man (1) ast / (2) bod ke...**

intentional *adj* قصدی *qasdee* ★ **intentionally** *adv* از قصد *az qasd*, قصداً *qasdan*

intercourse *n* مقاربت *moqärebat* **have (sexual) ~** آمیزش *ämeezesh*, مقاربت *moqärebat* **(1) her? / (2) him?** آیا شما با (۱) او زن / (۲) اومرد مقاربت جنسی داشتید؟ **Äyä shomä bä (1) o zan / (2) o mard moqärebat-e-jensee dashted?** آمیزش جنسی (جنسی) داشتن *moqärebat (-e-jensee) dashtan* **sexual ~** آمیزش جنسی *ämeezesh-e-jensee,* مقاربت جنسی *moqärebat-e-jensee* **Did you have sexual intercourse with**

interest *vt* جلب توجه کردن *jalb-e-tawajo kardan* **Does (1) this / (2) that interest you?** آیا (۱) این / (۲) آن علاقه شما را جلب میکند؟ **Äyä (1) een / (2) än aläqa-e-shomä rä jalb mey-konad? That interests me.** علاقه مرا جلب کرد. **Aläqa-e-marä jalb kard. That doesn't interest me.** آن علاقه مرا جلب نمیکند. **An aläqa-e-marä jalb namey-konad.** ★ **interest** *n* 1. *(subject of attention / curiosity)* علاقه *a'läqa*, دلبستگی *delbasta-gee*; 2. *(percentage paid on loan or account)* سود *sood*, نفع *nafa* **What are your (hobbies and) interests?** شوق و علاقه شما چیست؟ **Showq wa a'läqa-e-shomä cheest? How much interest does he charge?** او چی مقدار سود مطالبه میکند؟ **O chee meqdär sood motäleba mey-konad.** ★ **interested** *adv* علاقه مند *a'läqa mand* **Are you interested in (1) music? / (2) politics? / (3) sports?** آیا شما علاقه مند به (۱) موسیقی / (۲) سیاست / (۳) ورزش هستید؟ **Äyä shomä bä (1) moseqee / (2) seeyäsat / (3) warzesh a'läqa mand hasted? (1) I'm / (2) I'm not interested in** *(subject)*. من به (___) علاقه مند (۱) هستم. / (۲) نیستم. **Man ba (___) a'läqa mand (1) hastam. / (2) nestam. Are you interested in the job?** آیا شما به وظیفه علاقه مند هستید؟ **Äyä shomä ba wazeefa a'läqa mand hasted?** ★ **interesting** *adj* دلچسب *delchasp*, جالب *jäleb* **That's (very) interesting.** آن (بسیار) جالب است. **An (beesyär) jäleb ast.**

interethnic *adj* بین القومی *bayn-ol-qowmee* بین النژادی *bayn-ol-nezhädee* ~ **competition** رقابت بین گروه های قومی *roqäbat bayn-e-goro hä-e-qowmee* ~ **fighting** جنگ بین القومی *jang-e-bayn-ol-qowmee*

interfere *vi* مداخله کردن *modäkhela kardan*, دخالت کردن *dakhälat kardan* **Don't interfere (in it).** (دراین) دخالت نکنید. **(Dar een) dakhälat nakoned. I won't interfere.** دخالت نخواهم کرد. **Dakhälat nakhäham kard. I hope they won't interfere.** امیدوارم آنها دخالت نکنند. **Omaeed wäram änhä dakhälat nakonand.**

interior *adj* داخلی *däkhelee*

intermediary *n* میانجی *meeyänjee*, وسیله *waseela*

intermediate *adj* میانه *meeyäna*, متوسط *motawaset*

internal *adj* داخلی *däkhelee*

international *adj* بین الملی *baynel-melalee* ~ **agency** نمایندهگی بین الملی *yen-*

Internet *n* انترنت *enternet* ~ **access** دسترسی به انترنت *dastrasee ba enternet* ~ **service provider (ISP)** تهیه کننده سریس انترنت *tahya konenda-e-sarwees-e-enternet* **on the** ~ در انترنت *dar enternet* **surf the** ~ جستجو کردن معلومات در انترنت *jostojo kardan-e-ma'lomät dar enternet* **Do you have access to the Internet?** آیا شما به انترنت دسترسی دارید؟ *Äyä shomä ba enternet dastrasee däred?*

interpret *vi* تفسیر کردن *tafseer kardan,* معنی کردن *ma'nee kardan,* تعبیر کردن *ta'beer kardan,* ترجمه کردن *tarjoma kardan* **(1) Can you... / (2) Who can... interpret for (3) me? / (4) them? / (5) us?** (۱) آیا شما... / (۲) کی... (۳) من / (۴) آنها / (۵) ما ترجمه (۱) کنید؟ / (۲) کند؟ *(1) Äyä shomä... / (2) Key... mey-tawäned baräy-e- (3) man / (4) änhä / (5) tarjoma (1) koned? / (2) konad?* ★ **interpreter** *n* مفسر *mofaser,* مترجم *motarajem,* ترجمان *tarjomän* **(1) I / (2) We / (3) They need an interpreter.** (۱) من / (۲) ما / (۳) آنها به یک ترجمان ضرورت (۱) دارم. / (۲) داریم. / (۳) دارند. *(1) Man / (2) Mä / (3) Änhä ba yak tarjomän zaroorat (1) däram. / (2) därem. / (3) därand.* **(1) He / (2) She needs an interpreter.** (۱) اومرد / (۲) اوزن به یک ترجمان ضرورت دارد. *(1) O mard / (2) O zan ba yak tarjomän zaroorat därad.* **Can you get an interpreter for (1) her? / (2) me? / (3) him? / (4) them? / (5) us?** آیا شما میتوانید یک ترجمان برای (۱) اوزن / (۲) اومرد / (۳) من / (۴) آنها / (۵) ما بیاورید؟ *Äyä shomä mey-tawäned yak tarjomän baräy-e- (1) o zan / (2) o mard /(3) man / (4) änhä / (5) mä beeyäwared?* ★ **interpreting** *n* تفسیر *tafseer,* ترجمه *tarjoma*

interrupt *vt* 1. (break, cut) بریدن *boreedan*; 2. (disturb) مزاحمت کردن *mozähemat kardan* **I'm sorry to interrupt you.** معذرت میخواهم که شما را مزاحمت کردم. *Ma'zrat mey-khäham ke shomä rä mozähemat kardam.* **Please don't interrupt me.** لطفاً مزاحم من نشوید. *Lotfan mozähem-e-man nashawed.*

intersection *n* (streets) چهار راهی *chär-rähee,* تقاطع *taqäto*

interval *n* وقفه *waqfa,* فاصله *fäsela* **at ten minute ~s** در فاصله ده دقیقه *dar fäsela-e-da daqeeqa*

interview vt مصاحبه کردن *mosäheba kardan,* گفتگو داشتن *goftogo däshtan* **(1) He / (2) She / (3) I / (4) They / (5) We would like to interview (6) her. / (7) him. / (8) them. / (9) you.** (۱) اومرد / (۲) اوزن / (۳) من / (۴) آنها / (۵) ما (۱,۲) میخواهد (۳) میخواهم (۴) میخواهند (۵) میخواهیم با (۶) اوزن / (۷) اومرد / (۸) آنها / (۹) شما مصاحبه داشته (۱,۲) باشد. / (۳) باشم. / (۴) باشند. / (۵) باشیم. *(1) O mard / (2) O zan / (3) Man / (4) Änhä / (5) Mä (1,2) mey-khähad (3) mey-khäham (4) mey-khähand (5) mey-khähem bä (6) o zan / (7) o mard / (8) änhä / (9) shomä mosäheba däshta (1,2) bäshad. (3) bäsham. (4) bäshand. (5) bäshem.* ★ *n* مصاحبه *mosäheba,* گفتگو *goftogo* **newspaper** ~ مصاحبه روزنامه *mosäheba-e-rooz-näma* **TV** ~ مصاحبه تلویزیونی *mosäheba-e-talweezoonee* ★ **interviewer** *n* مصاحبه کننده *mosäheba konenda*

intestinal *adj* روده ای *roodeyee* ★ **intestine** *n* روده *rooda,* امعاء *amä'*

intimidate *vt* ترساندن *tarsändan,* تهدید کردن *tahdeed kardan*

into *prep* در *dar,* به *ba*

intolerable *adj* غیرقابل تحمل *gheyr-e-qäbel-e-tahmol*

intoxicated *adj* نشه *nasha,* مسموم *masmoom* **(1) He's / (2) They're intoxicated.** (۱) اومرد / (۲) آنها نشه (۱) است. / (۲) اند. *(1) O mard / (2) Änhä* *nasha (1) ast. / (2) and.*

intravenous (IV) *adj* از طریق ورید *az tareeq-e-wareed*, وریدی *wareedee* ~ **feeding** تغذیه وریدی *taqhzeya-e-wareedee* ~ **treatment** معالجه از طریق ورید *ma'äle-ja az tareeq-e-wareed* ★ **intravenously** *adv* طور ورید *towr-e-wareed*, از طریق ورید *az tareeq-e-wareed* **feed** ~ از طریق ورید تغذیه کردن *az tareeq-e-wareed taghzeya kardan*

introduce *vt* معرفی کردن *ma'refee kardan* **Let me introduce you.** اجازه دهید شما را معرفی کنم. *Ejäza dehed shomä rä ma'refee konam.* **Could you introduce us?** آیا شما میتوانید ما را معرفی کنید؟ *Ayä shomä mey-tawäned mä rä ma'refee koned?* ★ **introduction** *n* معرفی *ma'refee,* مقدمه *moqadema*

invalid *n* باطل *bätel,* ناچل *nächal*

invaluable *adj* بی ارزش *bey arzesh,* ناچیز *nä cheez,* بی بها *bey bahä*

inventory *n* صورت موجودی *soorat-e-mowjodee,* موجودی *mowjodee,* لست اموال *lest-e-amwäl* **I want you to take inventory (of all supplies).** میخواهم که شما (از تمام اکمالات) موجودی بیگیرید. *Mey-khäham ke shomä (az tamäm-e-ekmälät) mowjodee begeered.*

invest *vt* سرمایه گذاری کردن *sarmäya gozäree kardan,* نهادن *nehädan,* گماشتن *gomäshtan* **They want to invest in the *(1)* business. / *(2)* enterprise. / *(3)* project.** آنها میخواهند در (۱) تجارت / (۲) کمپنی / (۳) پروژه سرمایه گذاری کنند. *Anhä mey-khähand dar (1) tejärat / (2) kampanee / (3) porozha sarmäya gozäree konand.*

investigate *vt* تحقیق کردن *tahqeeq kardan* **The police are going to investigate (the *[1]* burglary / *[2]* crime / *[3]* incident / *[4]* matter)** پولیس میخواهد ([۱] سرقت / [۲] جرم / [۳] حادثه / [۴] موضوع را) تحقیق کند. *Polees mey-khähad ([1] serqat / [2] jorm / [3] hädesa / [4] mowzo rä) tahqeeq konad.* **I want you to investigate it.** میخواهم این را تحقیق کنم. *Mey-khäham een rä tahqeeq konam.* ★ **investigation** *n* تحقیق *tahqeeq* **There will be an investigation.** تحقیق صورت خواهد گرفت. *Tahqeeq soorat khähad gereft.* **I want a(n) (thorough) investigation.** من تحقیق یک (کامل) میخواهم. *Man yak tahqeeq (-e-kämel) mey-khäham.*

investment *n* سرمایه گذاری *sar-mäya gozäree* ★ **investor** *n* سرمایه گذار *sar-mäya gozär*

invitation *n* دعوت *da'wat,* جلب *jalb* **Thank you for the invitation.** از دعوت شما تشکر. *Az da'wat-e-shomä tashakor.* ★ **invite** *vt* دعوت کردن *da'wat kardan,* جلب کردن *jalb kardan (1)* **I** / *(2)* **We want to invite you to a *[3]* dinner / *[4]* meeting / *[5]* party).** (۱) من میخواهم... / (۲) ما میخواهیم... شما را ([۳] غذا شب / [۴] ملاقات / [۵] مهمانی) دعوت (۱) کنم. / (۲) کنیم. *(1) Man mey-khäham... / (2) Mä mey-khähem... shomä rä (ba [3] ghezä-e-shab / [4] moläqät / [5] meh-mänee) da'wat (1) konam. / (2) konem.*

involve *vt* 1. (*draw in*) دخیل ساختن *dakheel säkhtan;* 2. (*entail*) سهیم ساختن *saheem säkhtan* **What does it involve?** چی در بر دارد؟ *Chee dar bar därad.* **What will it involve?** چی در بر خواه داشت؟ *Chee dar bar khähad däsht?* ★ **involved** *adj* دخیل *dakheel,* مشغول *mashghool* **I don't want to get involved (in it).** نمیخواهم (در این) دخیل شوم. *Namey-khäham (dar een) dakheel shawam.*

iodine *n* آیودین *äyodeen*

Iranian *adj* ایرانی *eeränee* ★ **Iranian** *n* ایرانی *eeränee*

iris *n* (*of the eye*) قضفیه (چشم) *qazfeeya (chashem)*

iron *adj* آهنی *ähanee* ~ **tablets** تابلیت های آهن *täblet hä-e-ähan* ★ *vt (press)* اتو کردن *ooto kardan* **Iron these clothes.** این لباس ها را اتو کنید. *Een lebäs hä rä ooto koned.* ★ *n* 1. (*metal*) آهن *ähan;* 2. (*for pressing*) اتو *ooto*

steam ~ اتو بخاری *ooto-e-bokhäree*
irregular *adj* نا منظم *nä-monazam* **~ breathing** تنفس نا منظم *tanafos-e-nä-monazam*
irresponsible *adj* بی مسؤلیت *bey maso'l-yat*
irrigate *vt* آبیاری کردن *äbyäree kardan* ★ **irrigation** *n* آبیاری *äbyäree* **~ canal** کانال آبیاری *känäl-e-äbyäree* **~ equipment** وسایل آبیاری *wasäyel-e-äbyäree*
irritate *vt* خشمگین کردن *khashem-geen kardan*, بر انگیختن *bar-angeekh-tan*, حساسیت ایجاد کردن *hasäsyat eejäd kardan* ★ **irritation** *n* تحریك *tahreek*, حساسیت *hasäsyat* **cause ~** سبب تحریك *sabab-e-tahreek*, سبب حساسیت *sabab-e-hasäsyat*
Islam *n* اسلام *esläm* ★ **Islamic** *adj* اسلامی *eslämee*
island *n* جزیره *jazeera*
isolated *adj* جدا *jedä*, تنها *tanhä*, دور افتاده *door-oftäda* **~ village** قریه دور افتاده *qarya-e-door-oftäda* ★ **isolation** *n* انزوا *enzowä*, جداسازی *joodä säzee*, جدایی *jodäee* **to be in ~** در انزوا بودن *dar enzowä bodan* **to keep (someone) in ~** در انزوا نگهداشتن *dar enzo-wä nega-däshtan*
it *pron* این *een*
itch *vi* خارش کردن *khäresh kardan*, تخریش کردن *takhreesh kardan* **Does it itch?** آیا خارش میکند؟ *Äyä khäresh mey-konad?* ★ **itch(ing)** *n* خارش *kharesh* **This will ease the itching.** این خارش را راحت خواهد ساخت. *Een kharesh rä rähat khähad säkht.*
item *n* قلم *qalam*, جنس *jens* **hygiene ~** جنس صحی *jens-e-sehee* **personal ~s** اجناس شخصی *ajnäs-e-shakhsee*
itinerary *n* مسیر *masir*, خط سیر *khat-e-sayr*, برنامه سفری *barnäma-e-safaree*
IV *abbrev* = **intravenous** ازطریق ورید *az tareeq-e-wareed*

J j

jack *n (automot.)* جك موتر *jak-e-motar*
jacket *n* جمپر *jampar* **sheepskin ~** پوستین *posteen*, جمپر چرمی *jampar-e-charmee*
jackhammer *n* برمه سنگ *barma-e-sang*
jade *n* یشم سبز *yashem-e-sabz*
jail *n* زندان *zendän* **go to ~** به زندان رفتن *ba zendän raftan* **They will put you in jail.** شما را به زندان خواهد انداختند. *Shomä rä ba zendän khähad andäkhtand.* **If you do that, you'll go to jail.** اگر شما آن را انجام دهید، به زندان خواهید رفت. *Agar shomä än rä anjäm dehed, ba zendän khähed raft.*
jam 1. *(fruit preserve)* مربا *morabä*; 2. *(congestion)* بسته گی *bastagee* **strawberry ~** مربا توت زمینی *morabä-e-toot-e-zameenee* **traffic ~** بیروبار ترافیکی *beer-o-bär-e-taräfekee*
janitor *n* سرای دار *saräy-där*, منتظم *montazem*
January *n* ماه جنوری *mäh-e-janwaree* *(See* **Calendar Time** *appendix for terms)*
Japan *n* جاپان *jäpän* ★ **Japanese** *adj* جاپانی *jäpänee* ★ *n* 1. *(person)* جاپانی *jäpänee*; 2. *(lang.)* زبان جاپانی *zabän-e-jäpänee*
jar *n* کوزه *kooza* **How much per jar?** چقدر بر کوزه؟ *Cheqadar bar kooza?*

jaw *n* الاشه *aläsha* **broken ~** الاشه شكسته *aläsha-e-shekesta* **fractured ~** الاشه كسرشده *aläsha-e-kaser shoda* ★ **jawbone** *n* استخوان الاشه *osokhwän-e-aläsha*

jealous *adj* حسود *hasood*, بخيل *bakheel*

jeans *n, pl* پتلون كوباى *patloon-e-kowbäy* **pair of ~s** يك جوره پتلون كوباى *yak jora patloon-e-kowbäy*

jeep *n* جيپ *jeep*

jel *n* (See **gel**)

jelly *n* جيلى *jeelee*

jet *n* (aircraft) طياره جيت *tayära-e-jet* **~ engine** ماشين طياره جيت *mäsheen-e-tayära-e-jet* **~ fuel** مواد سوخت طياره جيت *mawäd-e-sookht-e-tayära-e-jet*

Jew *n* يهود *yahood*

jewel *n* گوهر *gowhar*, جواهر *jawäher* ★ **jeweler** *n* جواهر ساز *jawäher säz* ★ **jewelry** *n* زيورفروشى *zeewar foroshee* **gold ~** طلا فروشى *telä foroshee* **silver ~** نقره فروشى *noqra foroshee*

Jewish *adj* يهودى *yahoodee*

job *n* كار *kär*, وظيفه *wazeefa* **easy ~** وظيفه بى زحمت *wazeefa-e-bey zahmat*, كار آسان *kär-e-äsän* **find a ~** وظيفه پيدا كردن *wazeefa paidä kardan* **full-time ~** وظيفه صبح تا ديگر *wazeefa-e-sobhe-tä deegar* **get a ~** وظيفه گرفتن *wazeefa greftan* **hard ~** وظيفه سخت *wazeefa-e-sakht*, كار مشكل *kär-e-moshkel* **lack of ~ opportunities** عدم شرايط كار يابى *a'dam-e-sharäyet-e-kär yäbee* **look for a ~** وظيفه جستجو كردن *wazeefa jostojo kardan* **lose the ~** وظيفه از دست دادن *wazeefa az dast dädan* **part-time ~** وظيفه نيم روز *wazeefa-e-neem-e-rooz* **previous ~** وظيفه قبلى *wazeefa-e-qablee* **quit the ~** وظيفه را ترك كردن *wazeefah rä tark kardan* **steady ~** وظيفه دوامدار *wazeefa-e-dawämdär* ★ **jobless** *adj* بيكار *bey-kar*, بى وظيفه *bey-wazeefa* ★ **jobsite** *n* محل كار *mahal-e-kar*

jog *vi* (run) دويدن *daweedan*, دوش كردن *dawesh kardan* ★ **jogging** *n* دوش *dawesh*

join *vt* 1. (bring together, unite) پيوستن *paywastan*; 2. (attach) وصل كردن *wasel kardan*; 3. (accompany) همراهى كردن با *hamrähee kardan bä*; 4. (become a member of) پيوستن با *paywastan bä*; 5. (take part in) حصه گرفتن در *hesa greftan dar* **~ the army** در اردو شامل شدن *dar oordo shämel shodan* **~ the organization** در سازمان پيوستن *dar säzmän paywastan* **Join them together.** آنها را يكجا وصل كنيد. *Änhä rä yakjä wasel koned.* **Can (1) I / (2) we join you?** آيا (1) من / (2) ما شما را همراهى كرده (1) ميتوانم (2) ميتوانيم؟ *Äyä (1) man / (2) mä shomä rä hamrähee karda (1) mey-tawänam? / (2) mey-tawänem?* **Come join us.** بيائيد با ما يكجا شويد. *Beyäyed bä mä yakjä shawed.*

joint *n* 1. (anat.) مفصل *mafsal*; 2. (juncture) پيوند گاه *paywand gäh* **Seal the joints (of the pipes).** پيوند گاه هاى (پايپ) را بسته كنيد. *Paywand gäh hä (-ye-payp) rä basta koned.*

joke *vi* شوخى كردن *shokhee kardan*, مزاق كردن *mazäq kardan* **I'm just joking.** فقط شوخى ميكنم. *Faqat shokhee mey-konam.* **I'm not joking.** (1) / (2) نميكنم. *Shokhee namey-konam.* **(1) He / (2) She jokes a lot.** (1) اومرد / (2) اوزن بسيار شوخى ميكند. *(1) O zan /(2) O mard bees-yär shokhee mey-konad.* **I joke a lot.** من بسيار شوخى ميكنم. *Man beesyär shokhee mey-konam.* **You're joking, right?** شما مزاق ميكنيد، درست است؟ *Shomä mazäq mey-koned, dorost ast?* ★ **joke** *n* شوخى *shokhee*, مزاق *mazäq* **big ~** شوخى بزرگ *shokhee-e-bozorg* **dumb ~** شوخى احمقانه *shokhee-e-ah-maqäna* **It's a joke.** شوخى است. *Shokhee ast.*

journal *n* جريده *jareeda*, مجله *mojala*, دفتر گزارشات *daftar-e-gozäreshät*, روزنامه *rooz-näna* **keep a ~** وقايع را درج كردن *waqä-ye rä darj kardan* ★ **journalist** *n* ژورناليست *zhornälest*, روزنامه نگار *roznäma-negär*, خبرنگار *khabar-negär*

journey *n* سفر *safar*, مسافرت *mosäferat* **dangerous ~** سفر خطرناك *safar-e-khatar-näk* **difficult ~** سفر دشوار *safar-e-dashwär* **long ~** سفر طولانى *safar-e-toolänee*

judge *vt* قضاوت كردن *qazäwat kardan* **You have to judge their performance.** شما هنرنمايى آنها را بايد قضاوت كنيد. *Shomä hoonar homäye-e-änhä rä bäyad qazäwat koned.* ★ *vi* فتوا دادن *fetwä dädan*, محاكمه كردن *mahäkema kardan* **You can judge for yourself.** شما ميتوانيد براى خود قضاوت كنيد. *Shomä mey-tawäned baräy-e-khod qazäwat koned.* ★ **judge** *n* قاضى *qäzee* ★ **judgment** *n* قضاوت *qazäwat* **I trust your judgment.** قضاوت شما را باور دارم. *Qazäwat-e-shomä rä bäwar däram.*

jug *n* كوزه *kooza*, جك *jak* **ceramic ~** كوزه گلى *kooza-e-gelee* **plastic ~** جك پلاستيكى *jak-e-pälästeki* **water ~** جك اب *jak-e-äb*

juice *n* (ميوه) آب *äb* (*meewa*), شيره *sheera*, جوس *joos* **apple ~** آب سيب *äb-e-seeb* **grape ~** آب انگور *äb-e-angoor* **grapefruit ~** آب يك نوع ميوه كه مانند نارنج است *äb-e-yak nawa' meewah ke mänand-e-närenj ast.* **orange ~** آب مالته *äb-e-mälta*

July *n* ماه جولاى *mäh-e-joläy* (See **Calendar Time** *appendix for terms*)

jump *vt* (automot.) *(give an electrical charge from one battery to another)* چارچ نمودن يك بطرى توسط بطرى ديگر *chärch kardan-e-yak betree tawasot-e-betree-e-deegar* **Can you jump the battery?** آيا شما بطرى را چارچ كرده ميتوانيد؟ *Äyä shomä een betree rä chärch karda mey-tawäned?* **Jump the battery with this jumper cable.** بطرى را با اين كيبل چارچ كنيد. *Betree rä bä een kebal chärch koned.* ★ *vi* پرش كردن *paresh kardan*, حمله كردن *hamla kardan*, خيز زدن *kheez zadan* **Jump across!** به آنطرف خيز *Ba äntaraf kheez bezanand!* **Jump down!** پائين خيز بزنيد! *Päheen kheez bezaned!* **Jump off!** شروع كنيد! *Shoro koned!*

junction *n* (*roads*) اتصال *etesäl*

juncture *n* موقع *mowqe'*, بحران *bohrän*

June *n* ماه جون *mäh-e-joon* (See **Calendar Time** *appendix for terms*)

junior *adj* كوچك *kochak*, جوانتر *jawäntar*

juniper *n* درخت اردج *darakht-e-ardaj*

junk *n* چيز هاى بيهوده *cheez häy-e-beyhoda*, كلفت *kolfat*, كثافات *kasäfät* **Get rid of this junk.** اين چيزهاى بيهوده را دور بياندازيد. *Een cheez häy-e-beyhoda rä door beyandäzed.* **Haul this junk to the (garbage) dump.** اين چيزهاى بيهوده را در كثافت دانى خالى كنيد. *Een cheez häy-e-beyhoda rä dar kasäfat dänee khälee koned.*

jury *n* هيئت قضات *hay-a't-e-qazät*, هيئت داورى *hay-a't-e-däwaree* **member of the ~** عضو هيئت داورى *oz-we-e- hay-a't-e-däwaree* **trial by ~** محاكمه هيئت داورى *mohäkema-e-hay-a't-e-däwaree* **In America a jury has 12 members.** در امريكا هيئت داورى دوازده نفر عضو دارد. *Dar amreekä hay-a't-e-däwaree dawäzda nafar o'zwe därad.*

just *adj* عادل *a'ädel*, بانصاف *bä ensäf*, بى طرف *bey taraf* عادلانه *a'ädeläna* **~ decision** تصميم عادلانه *tasmeem-e-a'ädeläna* ★ *adv* 1. (*exactly*) عيناً *a'y-nan*; 2. (*just now*) همين حالا *hameen hälä*; 3. (*completely*) كاملاً *kämelan*;4. (*for*) صرف *serf*; 5. (*only*) فقط *faqat* **~ in case** در صورت *dar sorat-e*, احياناً *ehyänan* **~ in time** به موقع *ba mowqe'* **~ now** حالا همين *hameen hälä* **Just a minute!** صرف يك دقيقه *Serf yak daqeeqa!* **You came just in time.** شما كاملاً به وقت آمديد. *Shomä kämelan ba waqt raseeded.*

You're just the person I want to talk to. صرف شما کسی هستید که میخواهم با او صحبت کنم. *Serf shomä kasee hasted ke mey-khäham bä o sohbat konam.* **I'll be gone just a few minutes.** فقط چند لحظه بعد خواهم رفت. *Faqat chand lahza ba'd khäham raft.* *(1)* **He** / *(2)* **She is just a child.** (۱، ۲) او (۱،۲) فقط یک طفل است. *(1,2) O faqat yak tefel ast.* **We have just enough for** *(number)* **more days.** ما فقط برای (___) روز دیگر داریم. *Mä faqad baräy-e-(___) rooz-e-deegar därem.*

justice *n* انصاف, عدالت *ensäf, adälat* **equal ~** عدالت مساوی *adälat-e-mazäwee* **There must be equal justice for everyone.** برای همه باید عدالت مساوی باشد. *Baräy-e hama bäyad adälat masäwee bäshad.*

juvenile *adj* جوان *jawän* ★ *n* جوان *jawän*

K k

kabab, kebab *n* کباب *kabäb*
keep *vt* 1. *(hold, store)* نگاه داشتن *negäh däshtan*; 2. *(retain)* حفظ کردن *hefz kardan*; 3. *(maintain a state)* اداره کردن *edära kardan,* رعایت کردن *re-a'äyat kardan*; 4. *(maintain, preserve)* نگهداری کردن *nega-däree kardan,* حفظ کردن *hefz kardan,* گرفتن *greftan*; 5. *(maintain, perform)*; انجام دادن *anjäm dädan,* ایفا کردن *eefä kardan* **~ a promise** به وعده وفا کردن *ba wa'-da wafä kardan,* پیمان را حفظ کردن *paymän-e-rä hefz kardan* **~ a secret** راز را پنهان نگهداشتن *räz rä penhän nega-dähshtan,* راز را حفظ کردن *räz-e-rä hefz kardan,* **~ records** یاداشت کردن *yädäsht kardan* **~ track of** حساب چیزی را نگهداشتن *hesäb-e-cheezee rä nega-däshtan* **Keep** *(1)* **this** / *(2)* **these in the** *(3)* **cabinet.** / *(4)* **car.** / *(5)* **cooler.** / *(6)* **refrigerator.** / *(7)* **storage (room).** / *(8)* **truck.** / *(9)* **van.** (۱) این / (۲) اینها را در (۳) الماری / (۴) موتر / (۵) کولر (سردکن) / (٦) یخچال / (۷) (اطاق) زخیره / (۸) موتر لاری / (۹) واگون نگهدارید. *(1) Een / (2) Eenhä rä dar (3) al-märee / (4) motar / (5) kolar (sardkon) / (6) yakhchäl / (7) otäq khazeera / (8) motar-e-läree / (9) wägoon nega-däred.* **Keep** *(1)* **this** / *(2)* **these in a** *(3)* **cool** / *(4)* **dry** / *(5)* **safe place.** (۱) این / (۲) اینها را در یک جای (۳) سرد / (۴) خشک / (۵) محفوظ نگهدارید. *(1) Een / (2) Eenhä rä dar yak jäy-e- (3) sard / (4) khoshk / (5) mahfuze nega-däred.* **You can keep it.** شما میتوانید این را نگهدارید. *Shomä mey-tawäned een rä nega-däred.* **Keep** *(1)* **everything** / *(2)* **the equipment** / *(3)* **the instruments** / *(4)* **the kitchen** / *(5)* **the rooms clean.** (۱) همه چیز / (۲) لوازم / (۳) اسباب / (۴) آشپزخانه / (۵) اطاق ها را پاک نگهدارید. *(1) Hama cheez... / (2) Lawäzem... / (3) Asbäb... / (4) Äshpaz khäna... / (5) Otäq hä... rä päk nega-däred.* **Keep everything as clean as possible.** همه چیز را به حد امکان پاک نگهدارید. *Hamah cheez hä rä ba had-e-emkän päk nega-däred.* **Keep the** *(1)* **doors** / *(2)* **windows** *(3)* **closed.** / *(4)* **open.** (۱) دروازه / (۲) کلکین ها را (۳) بسته / (۴) باز نماید. *(1) Darwäza... / (2) Kelkeen hä... rä (3) basta / (4) bäz nomäyed.* **Keep track of how many you** *(1)* **distribute.** / *(2)* **issue.** / *(3)* **make.** / *(4)* **receive.** / *(5)* **repair.** / *(6)* **use.** حساب این را که چقدر (۱) تقسیم / (۲) نشر / (۳) درست / (۴) دریافت / (۵) ترمیم / (٦) استفاده کردید بگیرید. *Hesäb-e-een rä ke cheqadar (1) taqseem / (2) nasher / (3) dorost / (4) daryäft / (5) tarmeem / (6) estefäda karded beegeered.* **Keep track of how many hours** *(1)* **they** /

حساب این را که (۱) آنها / (۲) شما چند ساعت کار (۱) کردند (۲) کردید *(2)* **you work.** بیگیرید. *Hesäb-e-een rä ke (1) änhä / (2) shomä chand sä-a't kär (1) kardand / (2) karded beegeered* **Keep a record of how many people you feed.** یادداشت این را که برای چند نفر غذا دادید بیگیرید. *Yädäsht-e-een rä ke baräy-e-chand nafar gheezä däded beegeered.* **Keep an accuracte account of how much you spend.** یک حساب دقیق را که چقدر مصرف کردید بیگیرید. *Yak hesäb-e-daqeeq rä ke cheqadar masraf karded beegeered.* ★ **keep** *vi (persist, continue)* ماندن *mändan,* اصرار کردن *esrär kardan,* دوام دادن *dawäm dädan* ~ **on** *(continue)* ادامه دادن *edäma dädan* **Keep trying. Don't give up.** کوشش کنید. ترک نکنید. *Koshesh koned. Tark nakoned.* **The engine keeps dying.** ماشین در حال از بین رفتن است. *Mäsheen dar häl az bayn raftan ast.* **It keeps falling off.** این در حال ضعیف شدن است. *Een dar häl-e-zaheef shodan ast.* **Keep (on)** *(1)* **going.** *(2)* **trying.** */ (3)* **working.** (۱) رفتن / (۲) کوشش کردن / (۳) کار کردن را ادامه دهید. *(1) Raftan.../ (2) Koshesh kardan.../ (3) Kär kardan... rä edäma dehed.* ★ **keep away** *idiom (not let near)* دور نگهداشتن *door negadäshtan* **Keep everybody away from** *(1)* **here.** */ (2)* **this.** همه را از (۱) اینجا / (۲) این دور نگهدارید *Hama rä az (1) eenjä / (2) een door nega-däred.* ★ **keep out** *idiom (not let in)* برون نگهداشتن *beroon nega-dāshtan* **Keep everybody out of** *(1)* **here.** */ (2)* **there.** همه را از (۱) اینجا / (۲) آنجا خارج کنید. *Hama rä az (1) eenjä / (2) änjä khärej koned.* ★ **keep up with** *idiom (not fall behind)* طاقت کردن *täqat kardan* **I can't keep up with you.** نمیتوانم با شما طاقت کنم. *Namey-tawänam bä shomä täqat konam.* **Keep up with the rest of the** *(1)* **column.**/ *(2)* **group.** با بقیه (۱) صف / (۲) گروپ طاقت کنید. *Bä baqya-e- (1) saf / (2) groop täqat koned.*
kerchief *n* دستمال *dastmäl*
kerosene *n* تیل خاک *teel-e-khäk*
ketchup *n* کیچپ (بادنجان رومی) *keechap (bädenjän-e-roomee)*
kettle *n* چایجوش *chäyjoosh*
key *n* 1. *(locks)* کلید *keleed;* 2. *(keyboards)* دکمه *dokma* **car** ~ کلید موتر *keleed-e-motor* **"Enter"** ~ *(comp.)* سویچ انتر (کمپیوتر) *sewech-e-entar (kampyootar)* **house** ~ کلید خانه *keleed-e-khäna* **hit the** ~ دکمه را زدن *dokma rä zadan* **ignition** ~ کلید احتراق *keleed-e-ehteräq* ~ **ring** حلقه کلید ها *halqa-e-keleed hä* **master** ~ کلید چند قفل *keleed-e-chand qofel,* کلید اصلی *keleed-e-aslee* **motorcycle** ~ کلید موتر سایکل *keleed-e-motor säykel* **press the** ~ دکمه را فشار دادن *dokma rä feshär dädan* **room** ~ کلید اطاق *keleed-e-otäq* **The key is stuck (in the lock).** کلید (در داخل قفل) بند مانده است. *Keleed (dar däkhel-e-qofol) band mäna ast.* *(1)* **He** / *(2)* **She** / *(3)* **I lost the key.** (۱) او مرد / (۲) اوزن / (۳) من کلید را گم کرده (۲،۱) است (۳) ام. *(1) O mard / (2) O mard / (3) Man keleed rä gom karda (1,2) ast. / (3) am.* **Hit the "Enter" key.** سویچ "انتر" را بزنید. *Sewech-e- "entar" rä bezaned.* ★ **keyboard** *n* کی بورد (ردیف حروف یا تخته دکمه ها) *Kee-boord (radeef-e-horoof yä takhta-e-dokma hä)* **Do you know how to use a keyboard?** آیا شما میدانید از کی بورد چی قسم استفاده کنید؟ *Äyä shomä mey-däned az kee-boord chee qesem estefäda koned.* **I'll teach you how to use the keyboard.** شما را یاد خواهم داد که چی قسم از کی بورد استفاده کنید. *Shomä rä yäd khäham däd ke az kee-boord chee qesem estefäda koned.*
khaki *n* رنگ خاکی *khäkee rang,* زرد رنگ *zard rang,* یونیفورم رنگ خاکی (نظامی) *yooneefoorm-e-khäkee rang (nezämee)* ~ **pants** پتلون خاکی رنگ *patloon-e-khäkee rang*
kick *vt* لگد زدن *lagad zadan*
kid *n* 1. *(young goat)* بزغاله *boz-ghäla;* 2. *(slang: child)* طفل *tefel*

kidnap vt ربودن rabodan, اختطاف کردن ekhtetäf kardan (1) He / (2) She / (3) I was kidnapped. (۱) اومرد / (۲) اوزن / (۳) من اختطاف شده (۲،۱) بود. / (1) O mard / (2) O zan / (3) Man ekhtetäf shoda (1,2) bod. / (2) بودم. **They were kidnapped.** آنها اختطاف شده بودند. Ánhä ekhtetäf shoda bodand. ★ **kidnap(p)er** n ربایندہ robäyenda, اختطاف کنندہ ekhtetäf konenda ★ **kidnap(p)ing** n اختطاف ekhtetäf
kidney n گردہ gorda ~ **stones** سنگ های گردہ sang-häy-e-gorda
kill vt کشتن khoshtan, به قتل رساندن bah qatel rasändan **Was anybody killed?** آیا کسی کشته شد؟ Áya kasee koshta shod? (1) How / (2) When / (3) **Where was** (4) he / (5) she killed? (۱) اوزن / (۵) اومرد / (٤) چی / (۲) چگونه / (۳) وقت / (4) O mard / (5) O zan / (1) cheegona... / (2) chee waqt... / (3) dar kojä... koshta shod? (1) How / (2) When / (3) **Where were they killed?** آنها (۱) چگونه / (۲) چی وقت / (۳) در کجا کشته شدند؟ Ánhä (1) cheegona... / (2) chee modat... / (3) dar kojä... koshta shodand? **Who killed** (1) her / (2) him / (3) them? (۱) اوزن / (۲) اومرد / (۳) آنها را کی کشت؟ (1) O zan /(2) O mard / (3) Ánhä rä kee kosht? **Don't kill** (1) anybody. / (2) her. / (3) him. / (4) me. / (5) them. (۱) کسی / (۲) اوزن / (۳) اومرد / (٤) من / (۵) آنها / (٦) ما را نکشید؟ (1) kasee / (2) O zan /(3) O mard / (4) Man / (5) Ánhä / (6) Mä rä nakoshed. ★ **killer** n قاتل qätel, کشندہ koshenda **pain** ~ ادویه تسکین دهندہ درد adweya-e-taskeen dehenda-e-dard, مسکن mosaken

kiln n کورہ koora
kilo(gram) n کیلو(گرام) keelo(geräm) **half** ~ نیم کیلو(گرام) neem-keelo(geräm) **How much per kilo?** چقدر برکیلو؟ Cheqadar bar keelo?
kilometer n کیلومتر (هزار متر) keelometer (hazär meter)
kilowatt n کیلو وات keeloowät ~ **hour** کیلو وات در فی ساعت keeloowät dar fee sä-a't
kin n خویش khesh, قرابت geräbat **next of** ~ خویش نزدیک khesh-e-nazdeek
kind adj مهربان mehrabän, شفقت آمیز shafaqat ämeez ~ **help** کمک مهربانانه komak-e-mehrabänäna ~ **offer** پیشنهاد مهربانانه peeshnehäd-e-mehrabänäna **That's very kind of** (1) her. / (2) him. / (3) them. / (4) **you.** بسیار لطف (۱) اوزن / (۲) اومرد / (۳) آنها / (٤) شما است. Beesyär lotf-e- (1) o zan / (2) o mard / (3) änhä / (4) shomä ast. **Thank you for your kind** (1) **help.** / (2) **hospitality.** از (۱) کمک / (۲) مهمان نوازی مهربانانه تان تشکر. Az (1) komak-e- / (2) mehmän-nawäzee-e-mehra-bänäna-e-tän tashakor. ★ n جنس jens, گونه goona, قسم qesem, نوع nawa' **every** ~ هر گونه har-goona **some** ~ یک جنس yak jens **the same** ~ از یک جنس az yak jens, همنوع ham-nawa' **this** ~ این گونه een goona, این قسم een qesem, این نوع een nawa' **that** ~ آن گونه än goona **What kind** (1) **do you have?** / (2) **do you want?** / (3) **is it?** / (4) **was it?** (۱) شما دارید؟ / (۲) شما چی قسم میخواهید؟ / (۳) این است؟ / (٤) این بود؟ Chee qesem (1) shomä däreed? / (2) shomä mey-khähed? / (3) een ast? / (4) een bod? **What kind do you need?** کدام قسم ضرورت دارید؟ Kodäm qesem zaroorat däred? **This kind?** این قسم؟ Een qesem? **There are** (1) **two** / (2) **three kinds.** (۱) دو / (۲) سه قسم است. (1) Do / (2) Se qesem ast.
kind of colloq (**rather**) ~ نسبتاً nesbatan, بیشتر beeshtar, نوعی now-hey **It's kind of worn out.** این نسبتاً فرسوده است. Een nesbatan farsoda ast. **I'm kind of tired.** نوعی خسته هستم. Now-hey khasta hastam.
kindling n چوب سفید choob-e-safeed, بته bota, هیزم hezom
kindness n مهربانی mehra-bänee, لطف lotf **That you for your kindness.** از مهربانی تان تشکر. Az mehra-bänee-e-tän tashakor.
king n پادشاہ pädshoäh, شاه shäh

kiosk *n* غرفه *ghorfa*

kiss *vt* بوسیدن *boseedan*, ماچ کردن *mäch kardan* ~ **on the cheek** صورت را بوسیدن *soorat rä boseedan* ★ **kiss** *n* بوسه *bosa*, ماچ *mäch*

kit *n* صندوق *sandoq*, صندوق لوازم *sandoq-e-lawäzem*, صندوقچه *sandoqche* **drug testing** ~ صندوقچه تجربه ادویه *sandoqche-e-tajrobe-e-adweeya* **emergency** ~ صندوق مواد عاجل *sandoq-e-mawäd-e-a'äjel* **first aid** ~ صندوق کمک اولیه (عموماً شامل بنداژ و دیگر لوازم که برای واقعات عاجل طبی بکار میروند، میباشد.) *sandoqche-e-komak-e-awalya (o'mooman shämel-e-bandäzh wa deegar lawäzem-e-ke baräy-e-wäqe'ät-e-a'äjel-e-tebee bakär meyrawand mey-bäshad)* **hygiene** ~ صندوقچه حفظ الصحه *sandoqche-e-hefz-olseha* **medical** ~ صندوق لوازم طبی *sandoq lawäzem-e-tebee* **repair** ~ صندوق لوازم ترمیم *sandoq-e-lawäzem-e-tarmeem* **sewing** ~ صندوق خیاطی *sandoq-e-lawäzem-e-khayätee*, قطی تار و سوزن *qotee-e-tär-o-soozan* **surgical** ~ صندوقچه مواد و وسایل جراحی *sandoqche-e-mawäd wa wasäeel-e-jarähee* **trauma** ~ صندوقچه مواد زیان *sandoqche-e-mawäd-e-zeeyän*

kitchen *n* آشپزخانه *äshpaz khäna* ~ **equipment** لوازم آشپز خانه *lawäzem-e-äshpaz khäna* ~ **worker** کارگر آشپزخانه *kärgar-e-äshpaz khäna* **You can (1) help / (2) work in the kitchen.** شما میتوانید در آشپزخانه (۱) کمک / (۲) کار کنید. *Shomä mey-tawäned dar äshpaz khäna (1) komak / (2) kär koned.* **We'll set up a kitchen (1) here. / (2) there.** ما (۱) اینجا / (۲) آنجا یک آشپزخانه خواهیم ساخت. *Mä (1) eenjä / (2) änjä yak äshpaz khäna khähem säkht.* **Clean up the kitchen (thoroughly).** آشپزخانه را (یکسره) پاک کنید. *Ashpaz khäna rä (yak-sara) päk koned.* **The kitchen has to be kept clean.** آشپزخانه باید پاک نگهداشته شود. *Ashpaz khäna bäyad päk negadäshtashawad.* **Stay out of the kitchen.** بیرون از آشپزخانه باشید. *Beroon az äshpaz khäna bäshed.* **Only kitchen workers in the kitchen.** صرف کارکنان آشپز خانه در آشپزخانه باشند. *Serf kär konän-e-äshpaz khäna dar äshpaz khäna bäshand.*

kite *n* کاغذپران *käghaz parän*, گدی پران *godee parän* **fly a** ~ کاغذ پران بلند کردن *käghaz parän beland kardan*, گدی پران بازی کردن *godee parän bäzee kardan* **make a** ~ کاغذ پران ساختن *käghaz parän säkhtan*

kitten *n* چوچه پشک *chocha-e-peshak*

knapsack *n* بیک پشتی *bayk-e-poshtee*

knead *vt* خمیر کردن *khameer kardan* **Knead the dough (like this).** (مثل این) خمیر کنید. *(Mesel-e-een) khameer koned.*

knee *n* زانو *zäno* **both** ~**s** هردو زانو *har do zäno* **broken** ~ زانو شکسته *zäno-e-shekesta* ~ **injury** زخم زانو *zakhem-e-zäno*, جراحت زانو *jarähat-e-zänoo* **left** ~ زانو چپ *zäno-e-chap* **right** ~ زانو راست *zäno-e-räst* ★ **kneecap** *n* عینک زانو *a'ynak-e-zäno* ★ **kneel** *vi* زانو زدن *zäno zadan* ★ **kneepad** *n* زانو بند *zäno band*

knife *n* کارد *kärd*, چاقو *chäqoo* **bread** ~ کارد نان بُر *kärd-e-nän-bor* **butcher** ~ کارد قصابی *kärd-e-qasäbee* **fishing** ~ کارد ماهی گیری *kärd-e-mähee geeree* **hunting** ~ کارد شکاری *kärd-e-shekäree* **plastic** ~ کارد پلاستیکی *kärd-e-palästekee* **utility** ~ برنده *borenda*

knit *vt* بافتن *bäftan* بافت کردن *bäft kardan* **Do you know how to knit?** آیا شما میدانید چی قسم بافت کنید؟ *Äyä shomä mey-däned chee qesem bäft koned?* **(1) I / (2) She will teach you how to knit.** (۱) من / (۲) اوزن شما را یاد خواهد داد (۲) دادم (۱) چی قسم بافت کنید. *(1) Man / (2) O zan shomä rä yäd khähad (1) dädam / (2) däd chee qesem bäft koned.* ★ **knitted** *adj* بافته *bäfta*, بافتگی *bäftagee* ★ **knitting** *adj* بافندگی *bäfendagee* ~ **class** صنف بافندگی *senf-e-*

knitting 217 **knowledge**

bäfendagee ~ **machine** ماشین بافندگی *mäsheen-e-bäfendagee* ~ **needles** سوزن بافندگی *soozan-e-bäfen-dagee* ~ **yarn** نخ بافندگی *nakh-e-bäfendagee* ★ **knitting** *n* بافندگی *bäfen-dagee* **teach** ~ درس بافندگی *dars-e-bäfen-dagee*

knob *n* دستگیر *dastgeer*

knock *vi* زدن *zadan,* تك تك كردن *tak tak kardan* **Knock (on the door).** (در دروازه) تك تك كنيد *(Dar darwäza) tak tak koned.* ★ **knock down** idiom به زمین افتادن *ba zameen aftädan* **(1) It** / **(2) They got knocked down.** (۱) این / (۲) آنها به زمین (۱) افتاد. / (۲) افتادند. *Een / (2) Ánhä ba zameen (1) aftäd. / (2) aftädand.* **Somebody knocked (1) it** / **(2) them down.** کسی (۱) این / (۲) آنهارا به زمین انداخت. *Kasee (1) een / (2) änhä rä ba zameen andäkht.* ★ **knock out** idiom 1. *(render unconscious)* نیك اوت (به زمین) خوردن و بیهوش شدن) *nek howt (ba zameen khordan wa beehosh shodan);* 2. *(dislodge)* راندن *rändan,* خارج کردن *khärej kardan* **(1) He** / **(2) She got knocked out.** (۱) اومرد / (۲) اوزن نیك اوت شد. *(1) O mard / (2) O zan nek howt shod.* **(1) One** / **(2) Two of (3) her** / **(4) his teeth got knocked out..** (۱) یك / (۲) دو دندان (۳) اوزن / (۴) اومرد افتاد. *Yak / (2) Do dandän-e- (3) o zan / (4) o mard oftäd.* ★ **knock over** idiom چپه شدن *chapa shodan,* زیر چیزی شدن *zeer-e-cheez-e-shodan* **(1) He** / **(2) It** / **(3) She was knocked over by a car..** (۱) اومرد / (۲) این / (۳) اوزن زیر موتر شد. *(1) O mard / (2) Een / (3) O zan zeer-e-motar shod.*

knot *n* 1. *(tied)* گره *gere;* 2. *(in wood)* بند *band* **Tie a knot in it.** دراین یك گره بسته کنید. *Dar een yak gere basta koned.* **Untie the knot.** گره را باز کنید. *Gere rä bäz koned.*

know *vt & vi* دانستن *dänestan,* آگاه بودن *ägäh bodan,* آگاهی داشتن *ägähee däshtan,* شناختن *shenäkhtan* **Do you know (what/whom)?** آیا شما ( ) را ( )...میشناسید؟ *Áyä shomä (___) rä (1) mey-däned? / (2) mey-shenäsed?* **I know.** میدانم. *Mey-dänam.* **I don't know.** نمیدانم. *Namey-dänam.* **Does (1) he** / **(2) she know (about it)?** آیا (۱) اومرد / (۲) اوزن (درباره این) میداند؟ *Äyä (1) o mard / (2) o zan (dar bära-e-een) mey-dänad?* **(1) He** / **(2) She (3) knows** / **(4) doesn't know (about it).** (۱) او مرد / (۲) اوزن (در باره این) (۳) میداند. / (۴) نمیداند. *(1) O mard / (2) O zan (dar bära-e-een) (3) mey-dänad / (4) namey-dänad.* **Do you know (1) her?** / **(2) him?** / **(3) them?** آیا شما (۱) اومرد / (۲) اوزن / (۳) آنها را میشناسید؟ *Áyä shomä (1) o mard /(2) o zan / (3) änhä rä mey-shenäsed?* **I (1) know** / **(2) don't know (3) her.** / **(4) him.** / **(5) them.** من (۱) اومرد / (۲) اوزن / (۳) او / (۴) him. / (۵) them. آنها را (۱) میشناسم. / (۲) نمیشناسم. *Man (1) O zan / (2) O mard / (3) / (4) / (5) Ánhä rä (1) mey-shenäsam. / (2) namey-shenäsam.* **Do you know where it is?** آیا شما میدانید این کجاست؟ *Áyä shomä mey-däned een kojä ast?*

know how idiom توان *tawän,* قدرت *qodrat* **Do you know how to get there?** آیا شما میدانید آنجا چطور برسیم؟ *Áyä shomä mey-däned änjä chetowr bera-seem?* **Do you know how to do it?** آیا شما میدانید این را چطور انجام دهید؟ *Áyä shomä mey-däned een rä chetowr anjäm dehed?* **Does (1) he** / **(2) she know how to do it?** آیا (۱) او مرد / (۲) اوزن میداند این را چطور انجام دهد؟ *Äyä (1) o mard / (2) o zan mey-dänad een rä chetowr anjäm dehad?* **(1) He** / **(2) She (3) knows** / **(4) doesn't know how to do it.** (۱) اومرد / (۲) اوزن (۳) میداند / (۴) نمیداند این را چطور انجام دهد. *(1) O mard / (2) O zan (3) mey-dänad / (4) namey-dänad een rä chetowr anjäm dehad.*

knowledge *n* علم *e'lm,* دانش *dänesh,* آگاهی *ägähee,* معرفت *ma'refat* **gain** ~ دانش آموختن *dänesh ämookhtan,* علم بدست آوردن *e'lm badast äwardan* **I want to improve my knowledge of your (1) country.** / **(2) customs.** /

میخواهم دانش خود را در مورد (۱) مملکت / (۲) رواج / (۳) زبان شما (3) **language.** Mey-khäham dänesh-e-khod rä dar mowred-e- (1) mamlakat-e- / (2) rawäj-e- / (3) zabän-e- shomä behtar konam.
knuckle n بند انگشت band-e-angosht, برآمدگی بند انگشت barämadagee-e-band-e-angosht
Koran n قرآن Qoran, فرقان Forqän

L l

label n لیبل leebal, نشان neshän
laboratory n لابراتوار läbarätowär, آزمایشگاه äz-mäyeshgäh ~ **test** معاینه لابراتواری ma'äyena-e-läbarätowäree (1) **Send** / (2) **Take it to the laboratory.** این را به لابراتوار (۱) روان کنید / (۲) ببرید. Een rä ba läbarätowär (1) rawän koned. / (2) bobared. **The laboratory will analyze it.** لابراتوار این را تجزیه خواهد کرد. Läbarätowär een rä tajzeya khähad kard.
laborer n کارگر kärgar **farm** ~ کارگرمزرعه (کسی که در زمین کار میکند.) kärgar-e-mazre-a' (kasee ke dar zameen kär mey-konad.)
lace n بند بوت band-e-boot, بند کفش band-e-kafsh
lacerate vt دریدن dareedan, پاره کردن pära kardan, شق کردن shaq kardan, چیره کردن cheera kardan **Lacerate it (with this).** (با این) پاره کنید. (Bä een) pära koned.
lack vt نبودن nabodan, نداشتن nadäshtan, کمبود داشتن kambood dashtan (1) **They** / (2) **We lack** (3) **food.** / (4) **fuel.** / (5) **money.** / (6) **supplies.** / (7) **time.** / (8) **transportation.** (۱) آنها / (۲) ما (۳) غذا / (٤) مواد سوخت / (٥) پول / (٦) اکمالات / (۷) وقت / (۸) وسایل نقلیه کمبود (۱) دارند. / (۲) داریم. Ânhä / (2) Mä (3) ghezä / (4) mawäd-e-sookht / (5) pool / (6) ekmälät / (7) waqt / (8) wasäyel-e-naqleya kambood (1) därand. / (2) därem. ★ n عدم a'dam, فقدان foqdän, کمبود kambood ~ **of clean water** فقدان آب پاک foqdän-e-äb-e-päk ~ **of drinking water** فقدان آب آشامیدنی foqdän-e-äb-e-äshämee-danee ~ **of food** فقدان غذا foqdän-e-ghezä ~ **of good roads** کمبود سرک های خوب kambood-e-sarak häy-e-khoob ~ **of medicines** فقدان ادویه foqdän-e-adweya ~ **of money** فقدان پول foqdän-e-pool ~ **of supplies** فقدان ذخیره foqdän-e-zakheere ~ **of time** فقدان وقت foqdän-e-waqt ~ **of trained personnel** فقدان کارمندان تربیه شده foqdän-e-kär-mandän-e-tarbeya shoda, کمبود کادر تعلیم یافته kambood-e-kadr-e-tahleem yäfta ~ **of transportation** فقدان حمل و نقل foqdän-e-hamel-o-naqel ~ **of water** فقدان آب foqdän-e-äb
lacquer n جلا jalä, تافت موی täft-e-moy
lactation n شیردهی sheer dehee
ladder n زینه zeena **escape** ~ زینه فرار zeena-e-farär **step** ~ زینه قابل قات zeena-e-qäbel-e-qät **Is there a ladder around here?** آیا در اطراف اینجا کدام زینه است؟ Äyä dar aträf-e-eenjä kodäm zeena ast? **Get a ladder.** یک زینه بیاورید. Yak zeena beeyäred.
ladle n ملاقه maläqa, چمچه chamcha
lady n خانم khänom **elderly** ~ خانم کلان سن khänom-e-kalän-sen **young** ~ خانم جوان khänom-e-jawän
lag vi عقب ماندن a'qeb mändan, واماندن wämändan **Don't lag behind.** عقب نمائید. A'qeb namäned.

lake n درياچه daryächa, جهيل jaheel
lamb n 1. (animal) بره bara; 2. (meat) گوشت بره goosht-e-bara **roast ~** (verb) گوشت بره را كباب كردن goosht-e-bara rä kabäb kardan
lame adj شل shal
laminate vt ورقه كردن waraqa kardan, نازك كردن näzok kardan
lamp n چراغ cherägh **desk ~** چراغ ميزتحرير cherägh-e-meez-e-tahreer **floor ~** چراغ زمينى cherägh-e-zameenee **hurricane ~** اليكين ale-kain **kerosene ~** چراغ تيل خاک cherägh-e-teel-e-khäk **operating ~** چراغ عمليات cherägh-e-a'malyät **table ~** چراغ سرميزى cherägh-e-sar meezee ★ **lampshade** n شيت چراغ sheet-e-cherägh
lance n (surgical knife) كارد جراحى kärd-e-jarähee
land vi نشستن peeyäda shodan, فرود آمدن frod ämadan, بزمين نشستن bazameen neshastan **The plane is going to land** ([1] **now.** / [2] **soon.** / [3] **in** (number) **minutes).** طياره ([۱] حالا... / [۲] به زودى... / [۳] بعد از ( ) دقيقه)... به زمين نشست ميكند. Tayära ([1] hälä... / [2] ba zoodee... / [3] ba'd az ( ) daqeeqa)... ba zameen neshast mey-konad. ★ n زمين zameen **arable ~** زمين قابل كشت zameen-e-qäbel-e-kesht **buy ~** زمين خريدن zameen khareedan **fallow ~** زمين كشت ناشده zameen-e-kesht näshoda **grazing ~** زمين چراگاه zameen-e-charägäh **~ mine** (See terms under **mine**) ماين زمينى mäyn-zameenee **no-man's ~** ساحه جنگ نبرد säha-e-jang, ميدان نبرد maydän-e-nabard **own ~** (verb) صاحب زمين بودن säheb-e-zameen bodan, مالك زمين بودن mälek-e-zameen bodan **sell ~** زمين فروختن zameen forokhtan **Who does this land belong to?** اين زمين مربوط كى است؟ Een zameen marbot-e-kee ast? ★ **landlord** n مالك mälek, زمين دار zameen där, ارباب arbäb, صاحب خانه säheb-e-khäna ★ **landowner** n زمين دار zameen där, مالك زمين mälek-e-zameen **large ~** (**khan**) خان khan, ارباب arbäb ★ **landscape** n دورنما doornamä **beautiful ~** دورنما زيبا doornamä-e-zeebä ★ **landslide** n (زمين) شكست shekast, فروريختن froreekhtan **The** (1) **road is...** / (2) **roads are... blocked by (a) landslide(s).** (1) سرک در اثر شكست اراضى مسدود است. Sarak... / (2) Sarak hä... dar asar-e-shekast-e-aräzee masdood (1) ast. / (2) and.
lane n كوچه kocha, راه räh **~ of a road** يک قسمت سرک yak qesmat-e-sarak **~ through a minefield** راه ازوسط زمين كه ماين فرش باشد räh az wasat-e-zameen-e-kee mäyn farsh bäshad
language n زبان zabän, لسان lesän **What (other) languages can** (1) **you** / (2) **he** / (3) **she speak?** (ديگر) به كدام لسان ها (۱) شما / (۲) اومرد / (۳) اوزن ميتوانيد؟ (Deegar) ba kodäm lesän hä / (1) shomä / (2) o mard / (3) o zan sohbat karda (1) mey-tawänand? / (2,3) mey-tawänad? **What (other) languages do you know?** شما (ديگر) كدام لسان ها را ميدانيد؟ Shomä (deegar) kodäm lesän hä rä mey-dänee? (1) **I know...** / (2) **He** / (3) **She knows...** (4) **English** / (5) (other language). (۱) من / (۲) اومرد / (۳) اوزن (۴) انگليسى / (۵) (لسان ديگر) را (۱) ميدانم. / (۳،۲) ميداند. (1) Man... / (2) O mard / (3) O zan (4) engleesee / (5) (lesaan-e-deegar) rä (1) mey-dänam. / (2,3) mey-dänad. (1) **I don't know...** / (2) **He** / (3) **She doesn't know... any other languages.** (۱) من / (۲) اومرد / (۳) اوزن كدام لسان ديگر را (۱) نميدانم. / (۳،۲) نميداند. (1) Man (2) O mard / (3) O zan kodäm lesän-e-deegar rä (1) namey-dänam. / (2,3) namey-dänad. **What is the local language?** لسان محلى چيست؟ Lesän-e-mahalee cheest?
lantern n چراغ chorägh, لمپ lamp **battery(-operated) ~** چراغ كه توسط بطرى روشن ميشود. Chorägh-e-ke tawasot-e-betree rooshan mey-shawad. **butane gas ~** چراغ گازى chorägh-e-gäzee لمپ بيوتانى lamp-e-beeyotänee

lapis lazuli   **late**

kerosene ~ چراغ نفتی *chorägh-e-naftee* **oil** ~ چراغ تیلی *chorägh-e-teelee*
propane ~ لمپ در آن از نفت پروپان استفاده میکنند. *Lamp-e-ke dar än az naft-e-propän estefäda mey-konand.*
lapis lazuli *n* سنگ لاجورد *sang-e-läjaward*
large *adj* کلان *kalän,* بزرگ *bozorg* ~ **intestine** روده بزرگ *roda-e-bozorg*
larynx *n* حنجره *hanjara*
laser *adj* لایزر *läyzar* ~ **beam** شعاع لایزر *shohä-e-läyzar* ★ *n* لایزر *läyzar*
lasso *vt* با کمند گرفتن *bä kamand greftan* ~ **a horse** اسپ را با کمند گرفتن *asp rä bä kamand greftan* ★ *n* کمند *kamand*
last *adj* 1. *(final)* آخری *äkheree;* 2. *(preceding)* گذشته *gozashta* ~ **autumn** خزان گذشته *khazän-e-gozashta* ~ **chance** فرصت آخری *fersat-e-äkheree,* ~ **flight** پرواز آخری *parwäz-e-äkheree* ~ **month** ماه گذشته *mäh-e-gozashta* ~ **night** شب گذشته *shab-e-gozashta* ~ **one** آخرین کس *äkhereen kas,* آخرین *äkhereen* ~ **opportunity** فرصت آخری *fersat-e-äkheree* ~ **spring** بهار گذشته *bahär-e-gozashta* ~ **summer** تابستان گذشته *täbestän-e-gozashta* ~ **time** 1. *(final)* بار آخر *bär-e-äkher;* 2. *(preceding)* زمان گذشته *zamän-e-gozashta* ~ **week** هفته گذشته *hafta-e-gozashta* ~ **winter** زمستان گذشته *zemestän-e-gozashta* ~ **year** سال گذشته *säl-e-gozashta* **next to the** ~ تقریباً آخری *taqreeban äkheree* **This is the last one** *(1)* **I** / *(2)* **we have.** این آخرین دانه است که (۱) من دارم. / (۲) ما داریم. *Een äkhereen däna-e-ast ke (1) man däram. / (2) ma därem.* **You were the last one to use it.** شما آخرین کسی بودید که این را استفاده کردید. *Shomä äkhereen kasee boded ke een rä estefäda karded.* ★ *adv* 1. *(after all others)* آخرازهمه *äkher az hama,* بلاخره *beläkhera;* 2. *(for the last time)* آخرین بار *äkhereen bär* **arrive** ~ آخر ازهمه رسیدن *äkher az hama raseedan* **finish** ~ آخر ازهمه تمام کردن *äkher az hama tamäm kardan* **Who used it last?** این را کی آخرین بار استفاده کرد؟ *Een rä kee äkhereen bär estefäda kard?* ★ *vi* دوام داشتن *dawäm dashtan* ~ **a long time** مدت طولانی *modat-e-toolänee dawäm dashtan* **How long will it last?** چی مدت دوام خواهد داشت؟ *Chee modat dawäm khähad däsht?* **It will last about** *(number)* *(1)* **hours.** / *(2)* **days.** / *(3)* **weeks.** درحدود (۱) ساعت / (۲) روز / (۳) هفته ها دوام خواهد داشت. *Dar hodood-e-(___) (1) sä-a't / (2) rooz / (3) hafta hä dawäm khähad däsht.* **It's not going to last long.** دوام نخواهد داشت. *Dawäm na-khähad däsht.* ★ *n* آخر *äkher,* خاتمه *khä-tema,* چیزآخر *cheez-e-äkher,* شخص آخر *shakhs-e-äkher,* بخش آخر *at* ~ *(finally)* بلاخره *beläkhera* **next to the** ~ نزدیک به خاتمه *nazdeek ba khätema* **This is the last that** *(1)* **I** / *(2)* **we have.** این آخرین دانه است که (۱) من دارم. / (۲) ما داریم. *Een äkhereen däna-e-ast ke (1) man däram. / (2) mä därem.* **Save this for last.** این را برای بار آخر نگاه کنید. *Een rä baräy-e-bär-e-äkher negäh koned.*

late *adj* دیر *deer,* ناوقت *näwaqt* **The** *(1)* **bus** / *(2)* **convoy** / *(3)* **delivery** / *(4)* **flight is late.** (۱) موتر سرویس / (۲) کاروان / (۳) ارسال / (۴) پرواز دیر شد. *Motar-e-sarwees / (2) Kärwan / (3) Pärsal / (4) Parwäz deer shod.* **You're late.** شما دیر کردید. *Shomä deer karded.* **(1,2) Why are you late?** چرا ناوقت آمدید؟ / *(1) Chorä shomä deer karded?* / *(2) Chorä näwaqt ämaded?* **I'm sorry** *(1)* **I'm** / *(2)* **we're late.** معذرت میخواهم (۱) من ناوقت آمدم. / (۲) ما ناوقت آمدیم. *Ma'zrat mey-khäham (1) man näwaqt ämadam. / (2) mä näwaqt ämadem.* **Please don't be late.** لطفاً دیر نکنید. *Lotfan deer nakoned.,* لطفاً ناوقت نیایید. *Lotfan nä-waqt na-yäyed.* ★ *adv* دیر *deer,* ناوقت *näwaqt* **Will** *(1)* **He** / *(2)* **It** / *(3)* **She** / *(4)* **They** / *(5)* **We will arrive late.** (۱) اومرد / (۲) من / (۳) این / (۴) اوزن / (۵) آنها / (۶) ما دیر خواهد (۴،۳،۱) رسید (۲) رسیدم (۵) رسیدند (۶) رسیدیم. *(1) O mard / (2)*

Man / (3) Een / (4) O zan / (5) Änhä / (6) Mä deer khähad (1,3,4) raseed. / (2) raseedam. / (5) raseedand. / (6) raseedem. (1) He / (2) I / (3) It / (4) She / (5) They / (6) We departed late. (۳) من / (۲) اومرد / (۱) این / (٤) اوزن / (٥) آنها / (٦) ما ناوقت روانه (٤،۳،۱) شد (۲) شدم. / (٥) شدند. / (٦) شدیم. (1) O mard / (2) Man / (3) Een / (4) O zan / (5) Änhä / (6) Mä deer rawäna (1,3,4) shod. / (2) shodam. / (5) shodand. / (6) shodem. **We're running late.** ناوقت شده است. *Näwaqt shoda ast.* ★ **later** *adv* بعد از آن *ba'd az än,* بعداً *ba'dan* ★ **lastest** *adj* آخرین *äkhereen*
latex *n* لټکس *lateks* **allergic to** ~ درمقابل لټکس حساسیت داشتن *dar moqäbel-e-lateks hasäsyat däshtan* ~ **gloves** دستکش های لټکسی *dastkash häy-e-lateksee*
lathe *n* چرخ تراش *charkh taräsh*
latrine *n* تشناب *tashnäb,* مستراح *mastaräh* **double** ~ تشناب جوره یی *tashnäb-e-jora-ee* **men's** ~ تشناب مردانه *tashnäb-e-mardäna* **pit** ~ گودال بدرفت *goo-däl-e-badaraft* **women's** ~ تشناب زنانه *tashnäb-e-zanäna* **Dig the latrine** (1) **here.** / (2) **there.** تشناب را (۱) اینجا / (۲) آنجا بکنید. *Tashnäb rä (1) eenjä / (2) änjä bekaned.* **Clean the latrine.** تشناب را پاک کنید. *Tashnäb rä päk koned.* (1) **Cover...** / (2) **Fill in... the latrine..**تشناب را (۱) پوش / (۲) پر کنید. *Tashnäb rä (1) poosh / (2) por koned.* **The latrines need to be maintained much better.** تشناب ها باید پاک نگه داشته شوند. *Tashnäb hä bäyad päk nega däshta shawand.*
latter *adj* دومی *dowoomee,* آخری *äkheree,* بعدی *bahdee*
lattice *n* شبکه *shabaka*
laugh *vi* خندیدن *khandeedan* **Why are** (1) **they** / (2) **you laughing?** چرا (۱) آنها میخندند؟ / (۲) شما میخندید؟ *Chorä (1) änhä mey-khandand? / (2) shomä mey-khanded?*
launcher *n* انداخت کننده *andäkht konenda* **multiple rocket** ~ ماشین ماربوی چند میله *mähseen-e-märebawee-e-chand meela* **rocket** ~ راکټ انداز *räket andäz*
launder *vt* شستن و اتو کردن *shostan wa oto kardan* ★ **laundry** *n* 1. *(place)* رخت شویی (محل) *rakht shoyee (mahal);* 2. *(items)* رخت های شستنی *rakht häy-e-shostanee* **do** ~ لباس شستن *lebäs shostan* **You'll work in the laundry.** شما در رخت شویی کار خواهید کرد. *Shomä dar rakht shoyee kär khähed kard.* (1) **Collect** / (2) **Deliver the laundry.** رخت های شستنی را (۱) جمع / (۲) روان کنید. *Rakht hähyee shostanee rä (1) jama' / (2) rawän koned.*
lavatory *n* تشناب *tashnäb*
law *n* قانون *qänoon* حقوق *hoqooq* **break the** ~ قانون را شکستاندن *qänoon rä shekas-tändan* **establish** ~ **and order** قانون و نظم را ایجاد کردن *qänoon wa nazem rä eejäd kardan* **martial** ~ حکومت نظامی *hokoomat-e-nezämee,* قانون نظامی *qänoon-e-nezämee* **Shariah** ~ شریعت اسلامی *sharee-yat-e-eslämee* **What is the (new) law?** قانون (نو) چیست؟ *Qänoon-e-now cheest?* **That's against the law.** خلاف قانون است. *Kheläf-e-qänoon ast.* (1) **I'm** / (2) **We're not going to break the law.** (۱) من نمیخواهم... / (۲) ما نمیخواهیم... قانون را (۱) بشکنانم. / (۲) بشکنانیم. *Man / (2) Mä (1) namey-khäham (2) namey-khähem qänoon rä (1) besh-kenänam. / (2) besh-kenänem.* **We must obey the law.**ما باید ازقانون اطاعت کنیم. *Mä bäyad az qänoon etaahat konem.* ★ **lawful** *adj* قانونی *qänoonee* ★ **lawless** *adj* غیرقانونی *ghayr-e-qänoonee,* نامشروع *nämash-ro'* ★ **lawyer** *n* قاضی *qäzee,* وکیل *wakeel*
lax *adj* نرم *narm,* معتدل *mohtadel,* سست *sost* ~ **attitude** طرز رفتار نرم *tarz-e-*

laxitive 222 **leak**

raftär-e-narm ~ **discipline** دسپلین نرم *desepleen-e-narm*
laxitive *n* نرم کننده *narm konenda*
lay *vt* 1. *(put down horizontally)* هموار کردن *hamwär kardan*; 2. *(install; put in place)* فرش کردن *farsh kardan*, نصب کردن *nasb kardan*, نهادن *nehädan*; 3. *(produce eggs)* گذاشتن *gozäshtan* ~ **a floor** کف اطاق را فرش کردن *kaf-e-otäq rä farsh kardan* ~ **a foundation** بنیاد نهادن *bonyäd nehädan* ~ **a pipeline** پایپ لاین نفت را نصب کردن *päyp läyn-e-neft rä nasb kardan* ~ **a sewer (line)** نصب آبریز کردن *äbreez nasb kardan* ~ **a walkway** پیاده رو ساختن *peyäda row säkhtan* ~ **bricks** خشت فرش کردن *khesht farsh kardan* ~ **eggs** تخم گذاشتن *tokhom gozäshtan* ~ **mines** ماین فرش کردن *mäyn farsh kardan* **Lay** *(1)* **him / (2) her in (3) this / (4) that bed.** (۱) اومرد / (۲) اوزن را در (۳) این / (۴) آن بستر بگذارید. *O mard / (2) O zan rä dar (3) een / (4) än bestar begzäred.* **Lay (1) it / (2) them (3) here / (4) (over) there.** (۱) این / (۲) آنها را (۳) اینجا / (٤) آنجا هموار کنید. *(1) Een / (2) Änhä rä dar (3) eenjä / (4) änjä hamwär koned.* ★ **lay off idiom** *(discharge)* خالی کردن *khälee kardan*
layer *n* لایه *läya* **bottom** ~ لایه پائین *läya-e-päyeen* **middle** ~ لایه وسط *läya-e-wasat* **top** ~ لایه بالا *läya-e-bälä*
layout *n* *(arrangement)* نقشه *naqsha*, شکل *shakel*, ساختمان *säkhtomän*
lazy *adj* تنبل *tanbal* **(1) I / (2) We don't want lazy workers.** (۱) من / (۲) ما کارگران تنبل (۱) نمیخواهم. / (۲) نمیخواهیم. *Man / (2) Mä kärgarän-e-tanbal (1) namey-khäham. / (2) namey-khähem.* **Don't be (so) lazy.** (بسیار) تنبل نباشید. *(Beesyär) tanbal nabäshed.* ★ **lazybones** *n* شخص تنبل *shakhs-e-tanbal*
lead *n* 1. *(metal)* سرب *sorb*; 2. *(graphite for pencils)* نوک پنسل *nook-e-pensel*, کاربن پنسل *kärbon-e-pensel* ~ **poisoning** مسمومیت سربی *masmoom-yat-e-sorbee*
lead *vt* 1. *(guide)* رهبری کردن *rahbaree kardan*, بردن *bordan*; 2. *(direct)* رهنمائی کردن *rahnomäyee kardan* **Lead the way.** راه را رهبری کنید. *Räh rärahbaree koned.* **Can you lead us there?** آیا شما ما را به آنجا رهنمائی کرده میتوانید؟ *Äyä shomä mä rä ba änjä rahbaree karda mey-tawäned?* **You can lead.** شما میتوانید رهبری کنید. *Shomä mey-tawäned rahbaree koned.* **I'll lead.** من رهبری خواهم کرد. *Man rahbaree khäham kard.* **You lead the group.** شما گروپ را رهنمائی کنید. *Shomä groop rä rahnomäyee koned.* ★ **leader** *n* رهبر *rahbar*, سرکرده *sarkarda* **group** ~ سرکرده گروپ *sarkarda-e-groop* **local** ~ سرکرده محلی *sarkarda-e-mehalee* **political** ~ رهبر سیاسی *rahbar-e-seewäsee* **religious** ~ رهبر مذهبی *rahbar-e-maz-habee* **team** ~ رهبر تیم *rahbar-e-teem* **tribal** ~ رهبر قوم *rahbar-e-qowm* **village** ~ پیشوا قریه *peeshwä-e-qarya*, رئیس قریه *ra-ees-e-qarya*, ریش سفید قریه *reeshsefeed-e-qarya*; ریش سفید قریدار *reeshsefeed-e-qareedär* **You'll be the leader of the group.** شما رهبر گروپ خواهید بود. *Shomä rahbar-e-groop khähed bood.* **Who's the leader?** رهبر کی است؟ *Rahbar kee ast?* **Are you the leader?** آیا شما رهبر هستید؟ *Äyä shomä rahbar hasted?* **(1) He / (2) She is the leader.** (۱) او مرد / (۲) اوزن رهبر است. *(1) O mard / (2) O zan rahbar ast.* **I want to meet with the leader.** میخواهم با رهبر ملاقات کنم. *Mey-khäham bä rahbar moläqät konam.*
leaf *n* برگ *barg* **(1) Rake / (2) Sweep up the leaves (and take them away).** برگ ها را با جاروب (۱) صاف / (۲) جمع کنید (و ببرید). *Barg hä rä bä järoob (1) säf / (2) jama' koned (wa bobared).*
leaflet *n* نشریه *nashreeya*, صحیفه *saheefa*
leak *vi* رخنه کردن *rakhna kardan*, سوراخ شدن *soorakh shodan* **The (1) pipe / (2) radiator / (3) roof / (4) sink / (5) tank / (6) toilet is leaking.** (۱)

leak پایپ / (۲) رادیاتور / (۳) بام / (٤) دستشوی / (٥) مخزن / (٦) تشناب سوراخ شده است. *(1) Päyp / (2) Radeeyätor / (3) Bäm / (4) Dastshoy / (5) Makhzan / (6) Tashnäb sooräkh shoda ast.* ★ **leak** *n* رخنه *rakhna,* سوراخ *sooräkh* **major** ~ سوراخ عمده *sooräkh-e-omda* **Use this to stop the leak.** برای جلوگیری از سوراخ این را استفاده کنید. *Baräy-e-jelow-geeree az sorakh az een estefäda koned.* **Can you fix the leak?** آیا شما میتوانید سوراخ را بسته کنید؟ *Ayä shomä mey-tawäned sooräkh rä basta koned.* **Fix the leak.** رخنه را بسته کنید. *Rakhna rä basta koned.*

lean *vt* تکیه دادن *takya dädan* **Lean it against the wall.** به دیوار تکیه بدهید. *Ba dewär takya bedehed.* ★ *vi* تکیه کردن *takya kardan,* خم شدن *kham shodan* **It's leaning too much (to the [1] left / [2] right).** این بسیار زیاد (طرف [١] چپ / [٢] راست) خم شده است. *Een beesyär zeeyäd (taraf-e-[1] chap / [2] räst) kham shoda ast.* ★ **lean-to** *n* سباط *sobät*

learn *vt* آموختن *ämokhtan* ~ **how to drive** رانندگی را آموختن *ränendagee rä ämokhtan* ~ **how to make** ساختن را آموختن *äkhtan rä ämokhtan* ~ **how to operate** *(a machine)* اداره کردن (ماشین) را آموختن *edära kardan (mäsheen) rä ämokhtan* ~ **how to sew** خیاطی آموختن *khayätee ämokhtan* ~ **how to use** استعمال کردن را آموختن *estehmäl kardan rä ämokhtan* **Do you want to learn it?** آیا شما میخواهید این را بیاموزید؟ *Ayä shomä mey-khähed een rä beeyämozed?* **You can learn it (1) easily. / (2) in no time.** شما میتوانید این را (۱) به آسانی / (۲) در وقت کم بیاموزید. *Shomä mey-tawäned een rä (1) ba äsäne... / (2) dar waqt-e-kam... beeyämozed.* **You'll learn how to do it.** شما خواهید آموخت که چی قسم انجام دهید. *Shomä khähed ämokht ke chee qesem anjäm dehed.* **It's not hard to learn.** آموختن مشکل نیست. *Amokhtan moshkel neest.* ★ **learner** *n* دانش آموز *dänesh ämooz,* شاگرد *shägerd,* آموزنده *ämozenda* **You're a fast learner.** شما بسیار زود میاموزید. *Shomä besyär zood meyä-mozed.*

lease *vt* اجاره کردن *ejära kardan* **(1) I / (2) We want to lease it (for [3] six months / [4] one year).** (۱) من میخواهم... / (۲) ما میخواهیم... این را (برای [٣] شش ماه / [٤] یک سال) اجاره (۱) کنم. / (۲) کنیم. *(1) Man mey-khäham... / (2) Mä mey-khähem... een rä (baräy-e-[3] shash mäh / [4] yak säl) ejära (1) konam. / (2) konem.* ★ *n* اجاره *ejära,* کرایه *keräya* **draw up a ~** اجاره نامه را ترتیب کردن *ejära näma rä tarteeb kardan* **one-year ~** اجاره یک ساله *ejärah-e-yak säla* **renew the ~** اجاره را تجدید کردن *ejära rä tajdeed kardan* **six-month ~** اجاره شش ماه *ejära-e-shash mäh*

least *adj* کمترین *kamtareen,* کوچکترین *kochaktareen* ★ *adv* به کمترین اندازه *ba kamtareen andäza,* به کمترین درجه *bah kamtareen daraja* ★ *n* کمترین کار *kamtareen kär,* کمترین چیز *kamtareen cheez* **at ~** اقلاً *aqalan* **not in the ~** به اندازه زیاد *ba andäza-e-zeeyäd*

leave *vt* ترک کردن *tark kardan,* رها کردن *rehä kardan,* واگذاردن *wägozärdan* **Leave it (1) here. / (2) on the desk. / (3) on the table. / (4) there.** (۱) (۱) اینجا... / (۲) درس میزتحریر... / (۳) درمیز... / (٤) آنجا... بگذارید. *(1) Eenjä... / (2) Dar sar-e-meez-e-tahreer... / (3) Dar meez... / (4) Anjä... begzäred.* **Where did you leave (1) it? / (2) them?** (۱) این / (۲) آنها را کجا رها کرده اید؟ *(1) Een / (2) Änhä rä kojä gozäshta eed?* **I left (1) it / (2) them (3) at / (4) in / (5) on** *(place).* (۱) این / (۲) آنها را در (۳) داخل / (٤) بین / (٥) درسر(___) گذاشته ام. *(1) Een / (2) Änhä rä dar (3) däkhel-e- / (4) bayn-e- / (5) sar-e-(___) gozäshta am.* **(1) He / (2) She / (3) They left (4) this / (5) these for you.** (۱) اومرد / (۲) اوزن / (۳) آنها (٤) این / (٥) اینها (٢٠١) را برای شما (۱) گذاشت. / (۳) گذاشتند. *(1) O mard / (2) O zan / (3) Änhä (4) een / (5) eenhä rä baräy-e-shomä (1,2) gozäsht. / (3) gozäshtand.*

leave / 224 / **leg**

Leave it on. *(Don't turn it off.)* روشن بگذارید. *Rooshan begzāred.* **Leave it (1) closed. / (2) open.** (۱) بسته / (۲) باز بگذارید. *(1) Basta / (2) Bāz begzāred.* **Leave (1) it / (2) them alone.** (۱) این / (۲) آنها را تنها بگذارید. *(1) Een / (2) Ānhā rā tanhā begzāred.* **Leave me alone.** من را تنها بگذارید. *Man rā tanhā begzāred.* **Leave it to me.** برای من بگذارید. *Barāy-e-man begzāred.* ★ **leave** vi رهسپار شدن *rahsepār shodan,* عازم شدن *a'āzem shodan,* حرکت کردن *harakat kardan* **When are (1) they / (2) we / (3) you going to leave?** چی وقت (۱) آنها / (۲) ما / (۳) شما حرکت (۱) مکنند؟ / (۲) میکنیم؟ / (۳) مکنید؟ *Chee waqt (1) ānhā / (2) mā / (3) shomā harakat (1) mey-konand? / (2) mey-konem? / (3) mey-koned?* **When is (1) he / (2) it / (3) she going to leave?** (۱) اومرد / (۲) این / (۳) اوزن چی وقت میرود؟ *(1) O mard / (2) Een / (3) O zan chee waqt mey-rawad?* **(1) We'll / (2) You'll leave (soon) by (3) air. / (4) bus. / (5) ship. / (6) train. / (7) truck.** (۱) ما / (۲) شما (بزودی) توسط (۳) طیاره / (۴) موتر سرویس / (۵) کشتی / (۶) ریل / (۷) موتر بارکش رهسپار (۱) خواهیم شد. / (۲) خواهید شد. *(1) Mā / (2) Shomā (ba-zoodee) tawasot-e- (3) tayāra / (4) motar-e-sarwees / (5) keshtee / (6) reel / (7) motar-e-bār kash rah-sopār (1) khāhem shod. / (2) khāhed shod.* **The (1) bus / (2) convoy / (3) helicopter / (4) plane / (5) ship / (6) train / (7) truck will leave (8) soon. / (9) in (number) minutes. / (10) at (time).** (۱) موترسرویس / (۲) کاروان / (۳) هلیکوپتر / (۴) طیاره / (۵) کشتی / (۶) ریل / (۷) موتر بارکش (۸) بزودی / (۹) بعد از (___) دقیقه / (۱۰) در (___) حرکت خواهد کرد. *(1) Motar-e-sarwees / (2) Kārwan / (3) Aleekoptar / (4) Tayāra / / (5) Keshtee / (6) Reel / (7) Motar-e-bār-kash / (8) ba-zoodee... / (9) ba'd az (___) daqeeqa... / (10) dar (___) harakat... khāhad kard.* **The (1) buses / (2) trucks will leave (3) soon. / (4) in (number) minutes. / (5) at (time).** (۱) موترهای سرویس / (۲) موترهای بارکش / (۳) بزودی / (۴) بعد از (___) دقیقه / (۵) در (___) حرکت خواهد کرد. *Motar hāy-e-sarwees... / (2) Motar hāy-e-bārkash... (3) ba-zoodee... / (4) ba'd az (___) daqeeqa... / (5) dar (___) ...harakat khāhad kard.* **(1) I'm / (2) They're / (3) We're leaving now.** (۱) من / (۲) آنها / (۳) ما حالا حرکت (۱) میکنم. / (۲) میکنند. / (۳) میکنیم. *(1) Man / (2) Ānhā / (3) Mā hālā harakat (1) mey-konam. / (2) mey-konand. / (3) mey-konem.*

ledge *n* 1. *(small shelf)* طاقچه *tāqcha;* 2. *(cliff)* برامدگی *barāmadegee*
ledger *n* دفتر کل *daftar-e-kol,* یادداشت عمومی *yādāsht-e-o'moomee*
leek *n* گندنه *gandana*
left *adj* چپ *chap* ~ **side** طرف چپ *taraf-e-chap* ★ *n* سمت چپ *samt-e-chap* **on the** ~ در سمت چپ *dar samt-e-chap* **on your** ~ درسمت چپ شما *dar samt-e-chap-e-shomā* **to the** ~ درسمت چپ *dar samt-e-chap to your* ~ درسمت چپ شما *dar samt-e-chap-e-shomā* ★ **left-handed** *adj* چپ دست *chap dast,* دست چپه *dast chapa* **I'm left-handed.** من از دست چپه هستم. *Man dast chapa hastam.*
leg *n* 1. *(body part)* ساق *sāq,* پای *pāy;* 2. *(furniture part)* پایه *pāya;* 3. *(pants)* ساقه *sāqa* **amputate a** ~ پای را قطع کردن *pay rā qata kardan* **artificial** ~ پای مصنوعی *pāy-e-masnooee* **both ~s** هردو پای *har do pāy* **broken** ~ پای شکسته *pāy-e-shekasta* **chair** ~ پایه چوکی *pāya-e-chowkee* **fractured** ~ پای کسر شده *pāy-e-kaser shoda* **left** ~ پای چپ *pāy-e-chap* **lose a** ~ یک پای را از دست دادن *yak pāy rā az dast dādan* **lower** ~ ساقه پایانی *sāqa-e-pāyānee,* قسمت پایان پای (ساق) *qesmat-e-pāyān-e-pāy (sāq)* **pants'** ~ پاچه پتلون *pācha-e-patloon* **right** ~ پای چپ *pāy-e-chap* **table** ~ پایه میز *pāya-e-meez* **upper** ~ قسمت بالائی پای (ران) *qesmat-e-*, ساقه بالایی *sāqa-e-bālāyee,*

legal   **less**

bälä-e-päy (rän) (1) **He / (2) She has a (3) bullet / (4) wound in (5) his / (6) her leg.** (١) اومرد / (٢) اوزن يك (٣) گلوله / (٤) زخم در پای (٦،٥) اش دارد. *(1) O mard / (2) O zan yak (3) gloola / (4) zakhem dar päy (5,6) ash därad.* **(1) He / (2) She has a (3) broken / (4) fractured leg.** (١) پای اومرد / (٢) اوزن (٣) شكسته / (٤) کسر شده است. *Päy-e- (1) O mard / (2) O zan yak päy-e-(3) shekesta / (4) kaser shoda ast.* **Put a (1) bandage / (2) splint on (3) her / (4) his leg.** يك (١) بنداژ / (٢) قالب در پای (٤،٣) اش بگذارید. *Yak (1) bandäzh... / (2) qäleb... dar päy (3,4) ash begzäred.* **Raise your (1) / ([2] left / [3] right) leg. / (4) legs.** (١) پای (٢) [چپ / [٣] راست)... / (٤) پاهای... تان را بلند کنید. *(1) Päy-e- ([2] chap / [3] räst) ... / (4) Pähäy-e-... tän rä beland koned.*

legal *adj* قانونى *qänoonee* ★ **legally** *adv* بطورقانونى *batowr-e-qänoonee*

legible *adj* خوانا *khänä,* روشن *rooshan*

legumes *n, pl* سبزیجات *sabzeejät*

leisure *n* فرصت *fersat,* مجال *majäl,* فراغت *feräghat* ~ **time** وقت فارغ *waqt-e-färegh*

lemon *n* ليمو *leemo* ★ **lemonade** *n* شربت ليمو *sharbat-e-leemo*

lend *vt* قرض دادن *qarz dädan* **I (1) can / (2) cannot lend you the money.** من (١) میتوانم / (٢) نمیتوانم شما را پول قرض بدهم. *Man (1) mey-tawänam / (2) namey-tawänam shomä rä pool qarz bedeham.* **Could you lend me your dictionary?** آیا میتوانید دیکشنری تان را برایم قرض بدهید؟ *Äyä mey-tawäned dekhshee-naree tän rä baräyam qarz bedehed?*

length *n* 1. *(distance)* قد *qad,* طول *tool;* 2. *(duration)* مدت *modat* **What is the length?** طول اش چقدر است. *Tool-ash cheqadar ast?* **The length is (amount).** طول اش (___) است. *Tool-ash (___) ast.* **The length of your employment will be (time).** مدت وظیفه شما (___) خواهد بود. *Modat-e-wazeefa-e-shomä (___) khähad bod.* ★ **lengthen** *vt* دراز کردن *daräz kardan,* طولانی کردن *toolänee kardan,* طویل ساختن *taweel säkhtan*

lens *n a'dasya,* عدسیه لنز *lenz* **camera** ~ لنز کمره *lenz-e-kamra* **contact** ~ لنزی که در چشم میگذارند *lenz-e-ke dar cheshem mey-gozärand* **telephoto** ~ لنزی که در کمره عکاسی استفاده میشود. *lenz-e-ke dar kamra-e-a'käsee estefäda mey-shawad.* **zoom** ~ لنز زوم *lenz-e-zoom (door wa yä nazdeek säkhtan)*

lentils *n, pl* عدس (يك نوع گیاه) *a'das (yak nawa' geyä)*

leper *n* مبتلا به (١) جذام / (٢) پیس *mobtalä ba (1) jazäm / (2) pees* ★ **leprosy** *n* پیس *pees,* جذام *jazäm*

lesion *n* زخم *zakhem,* جراحت *jarähat,* داغ *dägh*

less *adj* کمتر *kamtar,* کم *kam* ~ **bleeding** خونریزی کمتر *khoonreezee-e-kamtar* ~ **chance** فرصت کم *fersat-e-kam* ~ **food** غذاکمتر *ghezä-e-kamtar* ~ **medicine** ادویه کمتر *adweya-e-kamtar* ~ **money** پول کمتر *pool-e-kamtar* ~ **patients** مریض ها ی کمتر *mareez hä-e-kamtar* ~ **people** مردم کمتر *mardom-e-kamtar* ~ **time** وقت کم *waqt-e-kam* **We have to use less (1) electricity. / (2) fuel. / (3) water.** ما باید کمتر (١) برق / (٢) مواد سوخت (٣) آب را استفاده کنیم. *Mä bäyad kamtar (1) barq / (2) mawäd-e-sokht / (3) äb rä estefäda konem.* **Try to use less (1) electricity. / (2) fuel. / (3) water.** کوشش کنید که (١) برق / (٢) مواد سوخت / (٣) آب را کمتر استفاده کنید. *Koshesh koned ke (1) barq / (2) mawäd-e-sokht / (3) äb rä kamtar estefäda koned.* ★ *adv* کمتر *kamtar,* کم *kam* **bleed** ~ کمتر خونریزی کردن *kamtar khoonreezee kardan* ~ **difficult** کمتر دشوار *kamtar doshwär* ~ **time consuming** کمتر وقت مصرف کردن *kamtar waqt masraf kardan* **It will hurt less (1) this / (2) that way.** (٢،١) به این گونه کمتر درد خواهد داشت.

نمیتوانستم Ba een goona kamtar dard khähad däsht. **I couldn't care less.** کم توجه کنم. Namey-tawänestam kam tawajoo konam. ★ **less** *n* کمتر kamtar (1) **I'll** / (2) **We'll be back in less than an hour.** (۱) من / (۲) مادر (۱) گشتم. / (۲) گشتیم. Man / (2) Mä dar kamtar az yak sä-a't bar khähad (1) gashtam. / (2) gashtem. ★ **lessen** *vt* کم کردن kam kardan **This will lessen the pain.** این درد را کم خواهد کرد. Een dard rä kam khähad kard.

lesson *n* درس dars **computer ~s** دروس کمپیوتر droos-e-kampyootar **driving ~** دروس رانندگی droos-e-ränendagee, دروس درایوری droos-e-dry-varee **English ~** درس انگلیسی dars-e-engleesee **sewing ~s** دروس خیاطی droos-e-khayätee **I'll give you** (1) **driving** / (2) **English lessons.** من شما را دروس (۱) رانندگی / (۲) انگلیسی خواهم داد. Man shomä rä droos-e- (1) ränendagee / (2) englesesee khäham däd. **The lesson for today is** (what). درس برای امروز (___) است. Dars baräy-e-emrooz (___) ast. **That will be a lesson for you.** آن برای شما یك درس خواهد بود. Än baräy-e-shomä yak dars khähad bood.

let *vt* گذاشتن gozäshtan, اجازه دادن ejäza dädan **Let me** (1) **do it.** / (2) **handle it.** / (3) **help you.** / (4) **take care of it.** / (5) **think about it.** / (6) **try it.** / (7) **worry about it.** بگذارید (۱) این را انجام دهم. / (۲) این را به عهده گیرم. / (۳) این را در باره این مراقبت این راکنم. / (۴) درباره این فکر کنم. / (۵) این را آزمایش کنم. / (۶) در باره این تشویش کنم. Begzäred (1) een rä anjäm deham. / (2) een rä ba o'da geeram. / (3) moräqebat-e-een rä konam. / (4) dar bära-e-een feker konam. / (5) een rä äz-mäyesh konam. / (6) dar bära-e-een tashweesh konam. **I'll let you** (1) **do it.** / (2) **handle it.** / (3) **take care of it.** / (4) **think about it.** / (5) **try it.** / (6) **worry about it.** (۱) شما را خواهم گذاشت تا این را انجام دهید. / (۲) این را به عهده گیرید. / (۳) مراقبت این را کنید / (۴) درباره این فکر کنید. / (۵) این را آزمایش کنید. / (۶) در باره این تشویش کنید. Shomä rä khäham gozäsht tä (1) een rä anjäd dehed. / (2) een rä ba o'da geered. / (3) moräqebat een rä koned. / (4) dar bära-e-een feker koned. / (5) een rä äz-mäyesh koned. / (6) dar bära-e-een tashweesh koned. **Let it** (1) **be.** / (2) **cook.** / (3) **cool off.** / (4) **dry.** / (5) **heal.** / (6) **heat up.** / (7) **run** (operate). / (8) **sit there** (for a while). بگذارید این (۱) باشد. / (۲) پخته شود. / (۳) سرد شود. / (۴) خشك شود. / (۵) شفا یابد. / (۶) گرم شود. / (۷) جریان داشته باشد. Begzäred een (1) bäshad. / (2) pokhta shawad. / (3) sard shawad. / (4) khoshk shawad. / (5) shafa yäbad. / (6) garm shawad. / (7) jeryän däshta bäshad. **Let's** (1) **eat.** / (2) **do it.** / (3) **get to work.** / (4) **go.** / (5) **rest.** / (6) **start.** / (7) **stop.** / (8) **take a break.** / (9) **try** (again). / (10) **wait.** بیائید (۱) غذا بخوریم. / (۲) انجام دهیم. / (۳) شروع به کار کنیم. / (۴) برویم. / (۵) استراحت کنیم. / (۶) آغاز کنیم. / (۷) توقف کنیم. / (۸) یك وقفه بگیریم. / (۹) (دوباره) آزمایش کنیم. / (۱۰) انتظار کنیم. Beyäyed (1) gheza bekhorem. / (2) anjäm dehem. / (3) shoro' bakär konem. / (4) berawem. / (5) esterähat konem. / (6) äghäz konem. / (7) tawaqoof konem. / (8) yak waqfa beegeerem. / (9) (dobära) äz-mäyesh konem. / (10) entezär konem. **Don't let it happen again.** نگذارید این دوباره واقع شود. Nagzäred een dobära wäqe' shawad. **Let me know (what happens), okay?** بگذارید بدانم (چی واقع میشود)، درست است؟ Begzäred bedänam (chee wäqe' mey-shawad), drost ast? **If it gets worse, let me know.** اگر بدتر شد، بگذارید خبر شوم. Agar badtar shod, begzäred khabar shawam. **I'll let you know.** من شما را خبر خواهم کرد. Man shomä rä khabar khäham kard. **How much can you let me have?** چقدر شما میگذارید داشته باشم؟ Cheqadar shomä megzäred dashta bäsham? **I can (only) let you have** (what). من شما را صرف میتوانم بگذارم (___) داشته باشید. Man shomä rä serf mey-tawänam

let alone   **lettuce**

begzäram ( ) däshta bäshed? ★ **let alone** *idiom* تنها گذاشتن *tanhä gozäshtan,* به حال خود گذاشتن *ba häl-e-khod gozäshtan* **Just let it alone.** این را به حال خود اش بگذارید. *Een rä ba häl-e-khodash begzäred.* ★ **let down** *idiom (disappoint)* ناامید کردن *nä-omeed kardan,* مایوس ساختن *mäyoos säkhtan* **I let you down, I'm sorry.** شما را مایوس ساختم، معذرت میخواهم. *Shomä rä mäyoos säkhtam, ma'z-rat mey-khäham.* **Don't let me down, okay?** مرا مایوس نسازید، درست است؟ *Märä mäyoos nasäzed, drost ast?* **You let me down.** شما مرا مایوس ساختید. *Shomä marä mäyoos säkhted.* ★ **let go** *idiom* رها کردن *rehä kardan,* مرخص کردن *marakhas kardan,* آزاد کردن *äzäd kardan* **Let go (of it)!** بگذارید برود! *Begzäred brawad!* **Don't let go (of it)!** نگذارید برود! *Nagzäred brawad!* ★ **let in** *idiom* اجازه دخول دادن *ejäza dokhool dädan* **I can't let you in.** شما را داخل اجازه داده نمیتوانم. *Shomä rä däkhel ejäza däda namey-tawänam.* **Don't let anyone in.** کسی را داخل اجازه ندهید. *Kasee rä däkhel ejäza nadehed.* ★ **let loose** *idiom* آزاد کردن *äzäd kardan* ★ **let out** *idiom* اجازه بیرون آمدن دادن *ejäza-e-beeroon ämadan dädan* **Let the (1) air / (2) water out (of it).** اجازه دهید (1) آب / (2) هوا (ازاین) بیرون بیاید. *Ejäza dehed (1) äb / (2) hawä (az een) beeyäyad.* **We're going to let you out of the hospital (1) today / (2) tomorrow.** (1) امروز / (2) فردا شما را از شفاخانه رخصت خواهیم کرد. *Emrooz / (2) Fardä shomä rä az shafäh khäna rokhsat khähem kard.*

lethal *adj* کشنده *koshenda* **~ dose** خوراک کشنده *khoräk-e-koshenda,* مقدار کشنده *meqdär-e-koshenda*

letter *n* 1. *(written message)* نامه *näma,* مکتوب *maktoob;* 2. *(of the alphabet)* حرف *harf* **airmail ~** نامه هوایی *näma-e-hawäyee* **deliver a ~** نامه را رساندن *näma rä rasändan* **express ~** پست عاجل *post-e-a'äjel,* پست سریع *post-e-sareh* **forward a ~** نامه را فرستادن *näma rä frestädan* **important ~** نامه مهم *näma-e-mohem* **interesting ~** نامه جالب *näma-e-jäleb* **~ carrier** *(mail carrier, mailmun)* نامه رسان *näma rasän,* پسته رسان *posta rasän* **~ of authorization** اجازه نامه *ejäza näma,* اختیار نامه *ekhteyär näma* **~ of credit** اعتبار نامه *e'tebär näma* **~ of introduction** معرفی نامه *ma'refee näma* **~ of reference** رجوع نامه *rojo' näma* **~ of transit** سند اقامت *sanad-e-eqämat* **long ~** نامه طولانی *näma-e-toolänee* **mail a ~** نامه را پوست کردن *näma rä post kardan* **receive a ~** نامه بدست آوردن *näma badast äwardan* **registered ~** نامه ثبت شده *näma-e-sabt shoda,* نامه راجستر شده *näma-e-räjestar shoda* **send a ~** نامه فرستادن *näma frestädan* **short ~** نامه کوتا *näma-e-kotä* **write a ~** نامه نوشتن *näma naweshtan* **Could you mail this letter at the post office for me?** آیا شما میتوانید این نامه را در پسته خانه برایم پست کنید؟ *Äyä shomä mey-tawäneed een näma rä dar posta khäna baräyam post koned?* **I want to send this letter by (1) express / (1) registered mail.** میخواهم این نامه را توسط پست (1) عاجل / (2) راجستر شده بفرستم. *Mey-khäham een näma rä tawasot-e-post (1) a'äjel / (2) räjestar shoda befrestam.* **Give this letter to *(whom)*.** این نامه را برای ( ) بدهید. *Een näma rä baräy-e-( ) bedehed.* **Take these letters to the post office.** این نامه ها را به پسته خانه ببرید. *Een näma hä rä ba posta khäna bobared.* **You received a letter (from *[whom]*).** شما (از) یک نامه گرفتید. *Shomä (az ___) yak näma grefted.* **I'll write you a letter.** برای شما یک نامه خواهم نوشت. *Baräy-e-shomä yak näma khäham nawesht.* **Write me a letter, okay?** برایم یک نامه بنویسید، درست است؟ *Baräyam yak näma benaweesed, drost ast?* ★ **letterhead** *n* سرنامه *sar-e-näma,* مکتوب رسمی *maktoob-e-rasmee*

lettuce *n* کاهو *käho*

leukemia *n* سرطان خون *saratän-e-khoon*
level *adj* هموار *hamwär*, برابر *baräbar* **Is it level?** آیا این هموار است؟ *Äyä een hamwär ast?* **It (1) is / (2) isn't level.** این هموار(١) است. / (٢) نیست. *Een hamwär (1) ast. / (2) neest.* **We have to make it level.** ما باید این را هموار بسازیم. *Mä bäyad een rä hamwär besäzem.* ★ *vt* برابر کردن *baräbar kardan*, میزان کردن *meezän kardan*, مسطح کردن *mosatah kardan* **We have to level it.** ما باید این را برابر کنیم. *Mä bäyad een rä baräbar konem.* ★ *n* 1. *(elevation)* برابر *baräbar*, هموار *hamwär*; 2. *(carpentry)* مسطح *masatah*
lever *n* اهرم *ahram*, دیلم *deelam* **Pull the lever.** اهرم را د. *Ahram rä bezaned.*
liability *n* مسولیت *masoolyat*, دین *dey n* ★ **liable** *adj* 1. *(legally obligated)* مسول *masool*; 2. *(likely)* احتمالی *ehtemälee*, درمعرض *dar ma'raz* **(1) He / (2) She (3) is / (4) isn't liable for damages.** (١) اومرد / (٢) اوزن مسئول خسارات (٣) است. / (٤) نیست. *(1) O mard / (2) O zan masool-e-khesärät (3) ast. / (4) neest.* **They (1) are / (4) aren't liable for damages.** آنها مسئول خسارات (١) هستند. / (٢) نیستند. *Änhä masool-e-khesärät (1) hastand. / (2) neestand.* **We (1) are / (2) aren't liable for damages.** ما در مسئول خسارات (١) هستیم. / (٢) نیستیم. *Mä dar masool-e-khesärät (1) hastem. / (2) neestem.* **You (1) are / (2) aren't liable for damages** شما مسئول خسارات (١) هستید. / (٢) نیستید. *Shomä masool-e-khesärät (1) hasted. / (2) neestem.* **It's liable to (1) break. / (2) fall off / (3) get lost.** این درمعرض (١) شکستن / (٢) افتادن / (٣) گم شدن است. *Een dar ma'raz-e- (1) shekestan... / (2) aftädan... / (3) gom shodan... ast.* **You're liable to hurt yourself.** شما مسئول افگار شدن تان هستید. *Shomä masool-e-afgär shodan-e-tän hasted.* **He's liable to hurt himself.** اومرد مسئول افگار شدن اش است. *O mard masool afgär shodan ash ast.* **She's liable to hurt herself.** اوزن مسئول افگار شدن اش است. *O zan masool afgär shodan ash ast.* **They're liable to hurt themselves.** آنها مسئول افگار شدن ایشان هستند. *Änhä masool-e-afghär shodan-e-eeshän hastand.*
liberate *vt* رها کردن *rehä kardan*, آزاد کردن *äzäd kardan* ★ **liberation** *n* آزاد سازی *äzäd säzee*, آزادی *äzädee*
liberty *n* آزادی *äzädee*
librarian *n* کتابدار *ketäbdär*, مسئول کتابخانه *masool-e-ketäbkhäna* **You can help the librarian.** شما میتوانید کتابدار را کمک کنید. *Shomä mey-tawäned ketäbdär rä komak koned.* ★ **library** *n* کتابخانه *ketäbkhäna* **engineering ~** کتابخانه انجینیری *ketäbkhäna-e-enjeeneree* **law ~** کتابخانه حقوق *ketäbkhäna-e-hoqooq* **equipment ~** اسباب کتابخانه *asbäb-e-ketäbkhäna* **funds ~** بودیجه کتابخانه *bodeeja-e-ketäbkhäna* **furniture ~** فرنیچر کتابخانه *farneechar-e-ketäbkhäna* **medical ~** کتابخانه طبی *ketäbkhäna-e-tebee* **public ~** کتابخانه عامه *ketäbkhäna-e-äma* **reference ~** کتابخانه ای که مردم به آنجا رفته و به کتاب ها مراجع میکنند. *Ketäbkhäna-hey ke mardom ba änjä rafta wa ba ketäb-hä moräje' mey-konand.* **school ~** کتابخانه مکتب *ketäb-khäna-e-maktab* **university ~** کتابخانه پوهنتون *ketäbkhäna-e-pohantoon* **use the ~** از کتابخانه استفاده کردن *az ketäbkhäna estefäda kardan* **We'll (1) build / (2) organize / (3) start a new library.** ما یک کتابخانه جدید (١) اعمار / (٢) تشکیل / (٣) شروع خواهیم کرد. *Mä yak ketäbkhäna-e-jadeed (1) e'mär / (2) tashkeel / (3) shoro' khähem kard.* **These books are for the library.** این کتاب ها مربوط کتابخانه هستند. *Een ketäb hä marboot-e-ketäbkhäna hastand.*
license *n* لایسنس *läysans*, لیسانس *lesäns*, اجازه نامه *ejäza näma*, جواز *jawäz* **business ~** جواز تجارتی *jawäz-e-tejäratee* **car ~** جوازموتر *jawäz-e-motar* **driver's ~** جواز رانندگی *jawäz-e-ränendagee* **import ~** اجازه نامه واردات *ejäza näma-e-wäredät* **plate ~** لایسنس پلیت *läysans plet*, نمبر پلیت *nambar*

lid *n* سرپوش *sar posh* **Put a lid on it.** بالای این یك سرپوش بگذارید. *Bälä-e-een yak sar posh begzäred.*

lie *vi* 1. *(be in a prone position)* دراز كشیدن *daräz kasheedan,* خوابیدن *khäbeedan;* 2. *(not tell the truth)* دروغ گفتن *droogh goftan* ~ **down** خوابیدن *khäbeedan* ~ **in bed** در بستر دراز كشیدن *dar bestar daräz kasheedan* **Lie still.** دراز بكشید. *daräz bekashed.* **Lie down.** دراز بكشید. *Daräz bekashed.* **You can lie *(1)* here. / *(2)* there.** شما میتوانید (۱) اینجا / (۲) آنجا دراز بكشید. *Shomä mey-tawäned (1) eenjä / (2) änjä daräz bekashed.* **He /** *(2)* **She can lie *(3)* here. / *(4)* there.** (۱) اومرد / (۲) اوزن میتواند (۳) اینجا / (٤) آنجا دراز بكشد. *(1) O mard / (2) O zan mey-tawänad (3) eenjä / (4) änjä daräz bekashad.* **(1) It's / (2) They're lying over there.** (۱) این / (۲) آنها آنجا افتاده است./ (۲) دراز كشیده اند. *(1) Een / (2) Änhä änjä (1) aftäda ast. / (2) daräz kasheeda and.* **I think you're lying.** فكر میكنم شما دروغ میگویید. *Feker mey-konam shomä dorogh mey-gohed.* **Don't lie to me.** برایم دروغ نگویید. *Bäräyam dorogh nagohed.* **I'm not lying.** دروغ نمیگویم. *Dorogh namay-goyam.* **I would never lie to you.** هیچگاه برای شما دروغ نخواهم گفت. *Heechgäh baräy-e-shomä dorogh nakhähad goftam.*

lieutenant *n* دوم برید من *breed man* ~ **colonel** دگر من دوم

life *n* زندگی *zendagee,* حیات *hayät* **all my** ~ تمام زندگی من *tamäm-e-zendagee-e-man* **all your** ~ تمام زندگی شما *tamäm-e-zendagee-e-shomä* **better** ~ زندگی خوبتر *zendagee-e-khobtar* **cultural** ~ زندگی فرهنگی *zendagee-e-farhangee* **easy** ~ زندگی باسهولت *zendagee-e-bä soholat* **enjoy** ~ از زندگی لذت بردن *az zendagee lezat bordan* **everyday** ~ زندگی روزمره *zendagee-e-rooz mara* **good** ~ زندگی خوب *zendagee-e-khoob* **happy** ~ زندگی خوش *zenda-gee-e-khosh* **hard** ~ زندگی دشوار *zendagee-e-dashwär* **in my** ~ در زندگی من *dar zendagee-e-man* **in your** ~ در زندگی شما *dar zendagee-e-shomä* **married** ~ زندگی زناشویی *zendagee-e-zanäshoyee* **normal** ~ زندگی عادی *zendagee-e-ma'moolee,* زندگی معمولی *zendagee-e-ädee* **poor** ~ زندگی فقیرانه *zendagee-e-faqeeräna* **religious** ~ زندگی مذهبی *zendagee-e-maz-habee* **sad** ~ زندگی غمگین *zendagee-e-ghamgeen* **save my** ~ زندگی مرا نجات دهید *zendagee marä nejät dehed.* **save your** ~ زندگی خود را نجات دهید *zendagee-e-khod rä nejät dehed.* **single** ~ *(unmarried life)* زندگی مجردی *zendagee-e-moja-radee* **social** ~ زندگی اجتماعی *zendagee-e-ej-temäyee* **spend my** ~ زندگی ام را سپری نمودن *zendagee am rä separee namodan* **spend your** ~ زندگی شما را سپری نمودن *zengagee-e-shomä rä separee namodan* **terrible** ~ زندگی دشوار *zendagee-e-dashwär* **How's life treating you?** حالات چطور است؟ *Hälät chetowr ast?* **How was your life before?** زندگی شما قبلاً چگونه بود؟ *Zendagee-e-shomä qablan chee gona bod?* **We want you to have a better life.** میخواهیم كه شما زندگی بهتر داشته باشید. *Mey-khähem ke shomä zendagee-e-behtar dashta bäshed.* **You can help your family have a better life.** میتوانید فامیل تانرا كمك نمایید تا زندگی بهتر داشته باشند. *Mey-tawäned fämeel-e-tän rä komak nomäyed tä zendagee-e-behtar dästha bäshand.* **What is your goal in life?** هدف شما در زندگی چیست؟ *Hadaf-e-shomä dar zendagee cheest?* **(1) I / (2) We tried to bring (3) him / (4) her back to life, but it was too late.** (۱) من كوشش كردم... / (۲) ما كوشش كردیم... تا زندگی (۳) او مرد / (٤) اوزن را نجات (۱) دهم / (۲) دهیم ولی خیلی ناوقت شده بود. *Man koshesh kardam... / (2) Mä ko-*

shesh kardem... tä zendagee- (3) o mard / (4) o zan rä nejät (1) deham, / (2) dehem, walay kheylee näwaqt shoda bod. **It's a matter of life and death.** این مسئله زندگی و مرگ است. *Een masa'la-e-zendagee wa marg ast.* ★ **life-saving** *adj* جان دهنده نجات *nejäd dehenda-e-jän* ★ **life-threatening** *adj* کشنده *koshenda* ★ **lifetime** *n* عمر *o'mor*, مدت زندگی *modat-e-zendagee* **in my ~** در مدت زندگی ام *dar modat-e-zendagee am* **in your ~** در مدت زندگی شما *dar modat-e-zendagee-e-shomä*

light *adj* 1. *(not dark)* روشن *rooshan;* 2. *(not heavy)* نازك *näzok*, سبك *sobok* **~ clothing** لباس نازك *lebäs-e-näzok* **~ dress** لباس نازك *lebäs-e-näzok* **~ jacket** جمپر سبك *jampar-e-sobok* ★ *vt* روشن كردن *rooshan kardan* **Light the fire.** آتش را روشن كنید. *Atash rä rooshan koned.* ★ **~** نور *noor*, چراغ *chorägh*, روشنایی *rooshenäyee* **car ~s** چراغ های موتر *chorägh häy-e-motar* **fluorescent ~** نورماورای بنفش *noor-e-mäwaräy-e-benafesh* **~ bulb** گروپ *groop* **~ fix-ture** روشنایی ثابت *rooshnäyee säbet* **~ socket** ساكت چراغ *säket-e-chorägh* **street ~** چراغ سرك *chorägh-e-sarak* **Turn on the light.** چراغ را روشن كنید. *Chorägh rä rooshan koned.* **Turn off the light.** چراغ را خاموش كنید. *Chorägh rä khämoosh koned.* **The light is out.** چراغ خاموش شد. *Chorägh khämoosh shod.* **Can you fix the light?** آیا شما میتوانید چراغ را ترمیم كنید؟ *Äyä shomä mey-tawäned cherägh rä tarmeem koned?* **Do you need more light?** آیا شما بیشتر روشنایی ضرورت دارید؟ *Äyä shomä beeshtar rooshnäyee zaroorat däred?* **We need a(nother) light in here.** ما در اینجا به یك چراغ (دیگر) ضرورت داریم. *Mä dar enjä ba yak chorägh (-e-degar) zaroorat därem.* ★ **lighten** *vt* سبك كردن *sobok kardan* **You need to lighten the load on the** *(1)* **car /** *(2)* **horse.** شما باید بار (۱) موتر / (۲) اسپ را سبك كنید. *Shomä bäyad bär-e- (1) motar / (2) asp rä sobok koned.* ★ **lighter** *n (cigarettes)* لایتر *läytar* ★ **lightheaded** *adj* گیج *geech*, بی فكر *bey feker*, سرچرخ *sarcharkh* **I feel somewhat light-headed.** احساس گیجی میكنم. *Ehsäs-e-geechee mey-konam.* ★ **lighting** *n* برق *barq* **install (new) ~** برق (جدید) نصب كردن *barq-e-(jadeed) nasb kardan* **repair the ~** برق را ترمیم كردن *barq rä tarmeem kardan* **The lighting needs to be repaired.** برق ضرورت به ترمیم دارد. *Barq zaroorat ba tarmeem därad.* **We need lighting here.** ما اینجا به برق ضرورت داریم. *Mä enjä ba barq zaroorat därem.* ★ **lightly** *adv* آهسته *ähesta*, به سبكی *ba sobokee*

lightning *n* الماسك *almäsak* **~ rod** میل الماسك گیر *meel-e-almäsak geer*

like *vt* 1. *(be fond of)* خوش داشتن *khosh dästan*, میل داشتن *mayl dashtan;* 2. *(wish)* خواستن *khästan* **Do you like** *(1)* **it? /** *(2)* **them?** آیا شما (۱) این / (۲) آنها را خوش دارید؟ *Äyä shomä (1) een / (2) änhä rä khosh däred?* **I** *(1)* **like /** *(2)* **don't like** *(3)* **it. /** *(4)* **them.** من (۳) این / (٤) آنها را خوش (۱) دارم. / (۲) ندارم. *Man (3) een / (4) änhä rä khosh (1) däram. / (2) nadäram.* **What kind of** *(1)* **food /** *(2)* **games /** *(3)* **music /** *(4)* **sports do you like?** چی قسم (۱) غذا / (۲) بازی / (۳) موسیقی / (٤) ورزش را شما خوش دارید؟ *Chee qesem (1) ghezä / (2) bäzee (3) moseeqee / (4) warzesh rä shomä khosh däred?* **What would you like?** چی میخواهید؟ *Chee mey-khähed?*, از من ( ) میخواهم. *man ( ) mey-khäham.* **I'd like** *(what)***.** چی میل دارید؟ *Chee mayl dared?* **Would you like to** *(1)* **come /** *(2)* **go with** *(3)* **me? /** *(4)* **us?** آیا میخواهید با (۳) من / (٤) ما (۱) بیائید؟ / (۲) بروید؟ *Äyä mey-khähed bä (3) man / (4) mä (1) beyäyed? / (2) berawed?*

like *prep* مانند *mänand*, مثل *mesel* **It's like an oven** *(1)* **in here. /** *(2)* **out there.** این در (۱) اینجا / (۲) آنجا مانند یك تنور است. *Een dar (1) eenjä... / (2) änjä... mänand-e-yak tanor ast.* *(1)* **Her /** *(2)* **His /** *(3)* **Your hands are like ice.** دستهای (۱) اوزن / (۲) اومرد / (۳) شما مانند یخ است. *Dast-häy-e-(1) o* zan / (2) o mard / (3) shomä mänand-e-yakh ast. **You look like you're exhausted.** شما به نظر می‌آیید که بکلی خسته هستید. *Shomä ba nazar meyäyed ke ba kolee khasta hasted.* **Don't drive like a wildman.** مانند آدم وحشی موتر را نرانید. *Mänand-e-aadam-e-washee motar rä naräned.*

likely *adj* احتمالی *ehtemälee*, باورکردنی *bäwar kardanee* **(1) I'm / (2) We're likely to (3) be gone all day. / (4) return late.** (۱) من / (۲) ما احتمال دارد که (۳) تمام روز را (۱) برویم / (۲) برویم / (۴) ناوقت (۱) برگردم. / (۲) برگردیم. *Ehtemäl därad ke (1) man / (2) mä (3) tamäm-e-rooz rä (1) berawam. / (2) berawem. / (4) näwaqt (1) bargardam. / (2) bargardem.* **That's quite likely.** کاملاً احتمال دارد. *Kämelan ehtemäl därad.* ★ **likely** *adv* احتمالاً *ehtemälan*

lime *n* 1. (*citrus*) نارنج *närenj*; 2. (*calcium oxide*) چونه *chona* **Spread lime around on the floor (of the barn).** در روی زمین (طویله) چونه را پاش دهید. *Dar roy-e-zameen(-e-taweela) chona rä päsh dehed.*

limestone *n* سنگ چونه *sang-e-chona*

limit *vt* محدود کردن *mahdood kardan*, منحصر کردن *monhaser kardan* **We have to limit the number of people (we can [1] feed / [2] serve / [3] treat).** ما باید تعداد مردم را (که می‌توانیم [۱] غذا دهیم / [۲] خدمت کنیم / [۳] معالجه کنیم) محدود نمایم. *Mä bäyad te'däd-e-mardom rä (ke mey-tawänem [1] ghezä dehem / [2] khedmat konem / [3] ma'äleja konem) mahdood nomäyem.* **Space is limited.** جای محدود است. *Jäy mahdood ast.* ★ *n* حد *had*, پایان *päyän*, اندازه *andäza* **load ~** اندازه سرک *andäza-e-sarak* **reach a ~** به یک حد رسیدن *ba yak had raseedan* **speed ~** اندازه سرعت *andäza-e-sora't* **time ~** اندازه وقت *andäza-e-waqt*, مهلت *mohlat* **There is a limit to what (1) I / (2) we can do.** برای آنچه (۱) من کرده می‌توانم... / (۲) ما کرده *Baräy-e-än-che ke (1) man karda mey-tawänem... / (2) mä karda mey-tawänem... yak had wojood därad.* **What's the load limit (of the bridge)?** مقاومت (پل) چقدر است؟ *Moqäwomat(-e-pol) cheqadar ast.* **The load limit (of the bridge) is forty tons.** مقاومت (پل) چهل تُن است. *Moqäwomat (-e-pol) chehel ton ast.*

limp *vi* لنگیدن *langeedan* ★ *n* لنگ *lang* **walk with a ~** لنگیده قدم زدن *langeeda qadam zadan*

linchpin *n* (*mech.*) میخ *meekh*, نت تایر *nat-e-tayr*

line *n* 1. (*long, thin mark*) خط *khat*; 2. (*of writing*) سطر *sater*; 3. (*row*) قطار *qatär*; 4. (*queue*) ردیف *radeef*; 5. (*rope, string*) ریسمان *reesmän*, رشته *reshta*; 6. (*elec., tel.*) سیم *seem*; 7. (*utilities*) پایپ *päyp*; 8. (*rr*) خط *khat*; 9. (*mil. action*) صف *saf* **draw a ~** خط کشیدن *khat kasheedan* **electric ~** سیم برق *seem-e-barq* **fishing ~** سیم ماهی‌گیری *seem-e-mähee geeree* **form a qatär tashkeel dädan,** ردیف تشکیل دادن *radeef tashkeel dädan* **front ~** صف اول جبهه *saf-e-awal-e-jabha* **fuel ~** (*automot.*) پایپ مواد سوخت (تیل) موتر *päyp-e-mawäd-e-sokht (teel)-e-motar* **gas ~** پایپ گاز *päyp-e-gäz* **get in ~** داخل ردیف شدن *däkhel-e-radeef shodan* **plumb ~** شاقول *shäqol* **power ~** سیم برق *seem-e-barq* **railroad ~** خط راه آهن *khat-e-räh-e-ähan* **repair the (1,2) ~** (۱) سیم / (۲) پایپ را ترمیم *khat-e-reel* **repair the (1,2) ~** (۱) سیم / (۲) پایپ را ترمیم کردن *(1) seem / (2) päyp rä tarmeem kardan* **sewage ~** پایپ گنداب *päyp-e-gandäb* **telephone ~** سیم تیلفون *seem-e-telefoon* **transmission ~** (*power line*) سیم ارتباط برق *seem-e-ertebät-e-barq* **stand in ~** در قطار ایستاد شدن *dar qatär estäd shodan*, در ردیف ایستادن *dar radeef eestädan* **wait in ~** در ردیف انتظار کشیدن *dar radeef entezär kasheedan* **The line is (1) broken. / (2) cut. / (3) out.** (*tel.*) (۱) سیم پایپ *päyp-e-äb* **The line is (1) broken. / (2) cut. / (3) out.** (*tel.*) (۱) سیم شکسته / (۲) قطع / (۳) بیرون شده است. *Seem (1) shekesta / (2) qata' / (3) beeroon shoda ast.* **The line is busy.** (*tel.*) لین (تیلفون) مصروف است. *Layn-*

e-telefoon masroof ast. **The fuel line is** *(1)* **broken.** / *(2)* **clogged.** / *(3)* **frozen.** پایپ تیل (۱) شکسته / (۲) بند / (۳) یخ بسته است. *Päyp-e-teel (1) shekesta... / (2) band... / (3) yakh basta... ast.* **We're going to dig a gas** / *(2)* **sewage** / *(3)* **water line** *(4)* **here.** / *(5)* **there.** ما يك پايپ (۱) گاز / (۲) گنداب / (۳) آب (۴) اینجا / (۵) آنجا میکنیم. *Mä yak päyp-e- (1) gäz / (2) gandäb / (3) äb (4) eenjä / (5) änjä mey-konem.* **We're going to lay a** *(1)* **power** / *(2)* **telephone line from** *(place)* **to** *(place).* میخواهیم که یک سیم (۱) برق / (۲) تیلفون از ( ) به ( ) نصب کنیم. *Mey-khähem ke yak seem-e- (1) barq / (2) teelfoon az ( ) ba ( ) nasb konem.* **Everybody form** *(1)* **one line.** / *(2)* **two** / *(3)* **three lines.** همه (۱) یك / (۲) دو / (۳) سه صف بسازید. *Hama (1) yak / (2) do / (3) se saf besäzed.* **There's a line of people waiting outside.** قطار مردم در بیرون منتظر است. *Qatär-e-mardom dar beroon montazer ast.* ★ **lineman** *n (elec. repair)* برقی *barqee*

linen *n* 1. *(fabric)* کتان *katän*; 2. *(items)* لباسی که از کتان ساخته شده باشد *lebäs-e-ke az katän säkhta shoda bäshad* **bed** ~ سرجایی *sar jäyee*, سرتختی *sar takhtee*

lining *n (clothes)* آستر *astar*

link *n* 1. *(of a chain)* حلقه زنجیر *halqa-e-zan-jeer;* 2. *(connection)* بند *band*, ارتباط *ertebät*

linoleum *n* اطاق یک نوع فرش برای سطح *yak nawa farsh baräy-e-sat-e-otäq*

linseed ~ **oil** روغن زغر *rooghan-e-zegher*

lip *n* لب *lab* **both** ~**s** هردو لب *har do lab* **chapped** ~**s** لب های ترکیده *lab häy-e-tarkeeda* **dry** ~**s** لب های خوشك *lab häy-e-khoshk* **lower** ~ لب پائینی *lab-e-päheenee* **split** ~ لب جدا *lab-e-jedä* **upper** ~ لب بالا *lab-e-bälä* *(1)* **Put** / *(2)* **Use this on your lips.** این را در لب تان (۱) بگذارید / (۲) استعمال کنید. *Een rä dar lab-e-tän (1) begzäred. / (2) este'mäl koned.* ★ **lipstick** *n* لبسرین *labsereen*

liquid *adj* مایع *mäye'* ~ **detergent** مایع پاك کننده *mäye' päk konenda* ~ **soap** صابون مایع *säboon-e-mäye'* ★ **liquid** *n* مایع *mäye'*

liquor *n* نوشابه الکولی *noshäba-e-alkoolee*, شراب *sharäb* **No liquor is allowed.** شراب اجازه نیست. *Sharäb ejäza neest.*

list *n* لست *lest*, فهرست *fehrest*, صورت *soorat* ~ **of items** اقلام لست *lest-e-aqläm* ~ **of names** لست نام ها *lest-e-näm hä*, لست اسم ها *lest-e-esem-hä* **make a** ~ لست ساختن *lest säkhtan*, لست نوشتن *lest naweshtan*, لست تهیه کردن *lest tahya kardan* **price** ~ لست قیمت ها *lest-e-qeemat hä* **shopping** ~ لست ضروریات *lest-e-zaroor-yät* ~ **want** لست خریداری *lest-e-khareedäree* **Make a list of what we need.** یك لست چیز های را که ضرورت داریم تهیه کنید. *Yak lest-e-cheez häy-e-rä ke mä zaroorat därem tahya koned.* **Make a list of all their names.** از اسمای شان یك لست ترتیب نمایید. *Az esmäy-e-shän yak lest tarteeb nomäyed.*

listen *vi* گوش دادن *goosh dädan* **Listen to** *(1)* **me.** / *(2)* **this.** به (۱) من / (۲) این گوش دهید. *Ba (1) man / (2) een goosh dehed.* **I'm listening (to you).** به (شما) گوش هستم. *(Ba shomä) goosh hastam.*

liter *n* لیتر *leetar (wähed-e-andäza geree-e-mähyät)* (واحد اندازه گیری مایعات) **How much per liter?** قیمت یك لیتر چند است؟ *Qeemat-e-yak leetar chand ast?*

literacy *n* سواد *sawäd*, با سوادی *bä sawädee* **We want to increase literacy in the country.** میخواهیم سواد را در مملکت انکشاف دهیم. *Mey-khähem sawäd rä dar mamlakat enkeshäf dehem.* ★ **literate** *adj* با سواد *bäsawäd*, ادیب *adeeb*

literature *n* ادبیات *adabyät*

lithographic *adj* سنگی (چاپ) *sangee (chäp)* ★ **lithography** *n* چاپ سنگی

chäp-e-sangee
litter *vi* ریختن و پاشیدن *reekhtan wa päsheedan* **Don't litter.** پاش ندهید. *Päsh nadehed.* ★ *n* 1. *(trash)* خاکروبه *khäkroba*; 2. *(batch of newlyborn animals)* همه چوچه های که جانوری دریک بار میزاید. *hama chocha häy-e-ke jänawaree dar yak bär mey-zäyad*; 3. *(med.: stretcher)* تخته پهن *takhta-e-pahn* **Pick up all the litter.** تمام خاکروبه ها را بردارید. *Tamäm-e-khäkroba hä rä bardäred.*
little *adj* 1. *(small)* کوچك *kochak*, خرد *khord*; 2. *(not much)* کم *kam*, اندك *andak* ~ **boy** پسرکوچك *pesar-e-kochak* ~ **chance** چانس کم *chäns-e-kam* ~ **effect** اثر کم *asar-e-kam*, تاثیر کم *täseer-e-kam* ~ **food** غذا کم *ghezä-e-kam* ~ **girl** دختر کوچك *dokhtar-e-kochak* ~ **hope** امید کم *omeed-e-kam* ~ **piece** توته کوچك *tata-e-kochak* ~ **water** آب اندکی *ändakee äb*, آب کمی *kamay-äb* ★ *adv* کم *kam* ~ **by** ~ کم کم *kam kam* (1) **Her** / (2) **His condition has changed little.** حالت (١،٢) اش کمی تغیر کرده است. *Hälat (1,2) ash kam-e-ta'gheer karda ast.* **I know (very) little about it.** من در باره این (بسیار) کم *Man dar bära-e-een (beesyär) kam mey-dänam.* ★ *n* کم چیزی *cheezee kam*, مقدار کم *meqdär-e-kam* **a** ~ **(bit)** اندکی *andakee*, کمی *kamee* (1) **He** / (2) **She is a little (bit) better.** (١) اومرد / (٢) اوزن کمی خوب است. *(1) O mard / (2) O zan kamee khoob ast.* **I'm a little (bit) tired.** کمی خسته هستم. *Kamee khasta hastam.*
live *adj* 1. *(living)* زنده *zenda*; 2. *(conducting electricity)* برق دار *barq där* **Careful! That's a live wire!** توجه! آن کیبل برق دارد! *Tavajo! Än kebal barq därad!*
live *vi* زندگی کردن *zendagee kardan* **a place to** ~ جای برای زندگی *jäi-e-baräyee zendagee* ~ **in a tent** درخیمه زندگی کردن *dar khayma zendagee kardan* ~ **temporarily** بطور موقت زندگی کردن *batowr mowqat zendagee kardan* **money to** ~ **on** پول برای زندگی کردن *pool baräyee zendagee kardan* **Where do** (1) **they** / (2) **you live?** (١) آنها / (٢) شما کجا زندگی (١) میکنند؟ / (٢) میکنید؟ *(1) Änhä / (2) Shomä kojä zendagee (1) mey-konand? / (2) mey-konad?* **Where does** (1) **he** / (2) **she live?** (١) اومرد / (٢) اوزن کجا زندگی میکند؟ *(1) O mard / (2) O zan kojä zendagee mey-konad?* **In** (1) **America** / (2) **Australia** / (3) **Britain** / (4) **Canada** / (5) **Ireland** / (6) **New Zealand I live in** *(city)*. در (١) امریکا / (٢) استرالیا / (٣) انگلیستان / (٤) *Dar (1) amreekä / (2) ästarälyä / (3) englestän / (4) känädä / (5) erland / (6) neeyozeeland dar (shahr) zendagee mey-konam.* **I used to live in** *(city / state)*. من در (___) زندگی میکردم. *Man dar (___) zendagee mey-kardam.* **How far away do you live?** چقدر دور شما زندگی میکنید؟ *Cheqadar door shomä zendagee mey-koned?* **Who do you live with?** شما با کی زندگی میکنید؟ *Shomä bä kee zendagee mey-koned?* **Are** (1) **they** / (2) **you living in a tent?** آیا (١) آنها / (٢) شما در خیمه زندگی (١) میکنند؟ / (٢) میکنید؟ *Äyä (1) änhä / (2) shomä dar khayma zendagee (1) mey-konand? / (2) mey-koned?* **Is** (1) **he** / (2) **she living in a tent?** آیا (١) اومرد / (٢) اوزن درخیمه زندگی میکند؟ *Äyä (1) o mard / (2) o zan dar khayma zendagee mey-konad?* **Do you have a place to live?** آیا شما جای برای زندگی کردن دارید؟ *Äyä shomä jäy baräyee zendagee kardan däred?* **We'll find a place for you to live.** ما برای شما یك جای پیدا خواهیم کرد که زندگی کنید. *Mä baräy-e-shomä yak jäy paydä khähem kard ke zendagee koned.* (1) **They** / (2) **You can live** (3) **here** / (4) **there temporarily.** (١) آنها میتوانند... / (٢) شما میتوانید... (٣) اینجا / (٤) آنجا موقتآ زندگی کنید. (٢) کنند. *(1) Änhä mey-tawänand... / (2) Shomä mey-tawäned... (3) eenjä / (4) änjä moa'qatan zendagee (1) konand. / (2) koned.* (1) **He** / (2) **She can live** (3) **here** / (4) **there temporarily.** (١) اومرد / (٢) اوزن

(1) O mard / (2) O zan mey-tawänad (3) eenjä / (4) änjä moa'qatan zendegee konad. **How do you get money to live?** چگونه پول برای زندگی کردن بدست میاورید؟ *Chee-goona pool baräy-e-zendegee kardan badast mey-yäwared?* **May you live forever.** برای همیشه زنده باشید. *Baräye hameeshe zende bashed.*

liver *n* جگر *jegar*

livestock *n* حیوانات اهلی *haywänät-e-ahlee* **improve ~** حالت حیوانات اهلی اصلاح کردن *haywänät-e-ahlee esläh kardan*

living *n* زندگی *zendegee*, معاش *ma'äsh*, وسیله گذران *waseela-e-gozarän*, معیشت *ma'yeshat* **cost of ~** ارزش زندگی *arzesh-e-zendegee* **way of ~** طریقه زندگی *tareeqa-e-zendegee* **What do you do for a living?** از کدام طریق امرار معاش میکنید؟ (چی کار میکنید)؟ *Az kodäm tareeq emrär-e-ma'äsh mey-koned? (Chee kär mey-koned?)* **How do you make a living?** چگونه امرار معاش میکنید؟ *Chee-goona emrär-e-ma'äsh may-koned?* **One way to make a living would be to** *(do what).* یک وسیله امرار معاش (___) خواهد بود. *Yak waseela-e-emrär-e-ma'äsh (___) khähad bood.* **You could make a living that way.** از آن طریق میتوانید امرار معاش کنید. *Az än tareeq mey-tawäned emrär-e-ma'äsh koned.* ★ **livingroom** *n* اطاق نشیمن *otäq-e-nesheeman*

load *vt* بارکردن *bär kardan* **Load the** *(1)* **bags** */ (2)* **boxes** */ (3)* **cases** */ (4)* **cargo** */ (5)* **clothing** */ (6)* **crates** */ (7)* **equipment** */ (8)* **food** */ (9)* **freight** */ (10)* **lumber** */ (11)* **material** */ (12)* **stuff** */ (13)* **supplies** (onto the *[14]* **carts** */ [15]* **plane** */ [16]* **train** */ [17]* **truck** */ [18]* **trucks**). (۱) بکس ها / (۲) صندوق ها / (۳) قطی ها / (٤) بار / (٥) لباس ها / (٦) کریت ها / (۷) لوازم / (۸) غذا / (۹) بار / (۱۰) چوب ها / (۱۱) مواد / (۱۲) جنس / (۱۳) اکمالات را (در [١٤] کراچی / [١٥] طیاره / [١٦] ریل / [١٧] موتر بارکش / [١٨] موتر های بارکش) بار کنید. *(1) Baks hä / (2) Sandoq hä / (3) Qotee hä / (4) Bär / (5) Lebäs hä / (6) Kereet hä / (7) Lawäzem / (8) Ghezä / (9) Bär / (10) Choob hä / (11) Mawäd / (12) Jens / (13) Ek-mälät rä (dar [14] karächee / [15] tayära / [16] rail / [17] motar-e-bär kash / [18] motar häy-e-bär kash) bär koned.* **Help** *(1)* **us** */ (2)* **them load the...** *(See choices above.)* (۱) ما را / (۲) آنها را در بار کردن (___) کمک کنید. *(1) Mä rä / (2) Änhä rä dar bär kardan-e-(___) komak koned.* *(1)* **You** */ (2)* **We** */ (3)* **They have to load...** *(See choices above.)* (۱) شما / (۲) ما / (۳) آنها باید (___) را بار کنند. *(1) Shomä / (2) Mä (3) Änhä bäyad (___) rä bär koned... (2) konem... (3) konand.* **Are you finished loading?** آیا شما بار کردن را تمام کردید؟ *Äyä shomä bär kardan rä tamäm karded?* **It's** *(1)* **loaded.** */ (2)* **not loaded.** (۱) این بار شد. / (۲) نشد. *Een bär (1) shod. / (2) nashod.* **They're** *(1)* **loaded.** */ (2)* **not loaded.** (۱) آنها بار شدند. / (۲) نشدند. *Änhä bär (1) shodand. / (2) nashodand.* ★ **n** بار *bär* **deliver a ~** بار را کش کردن *bär rä kash kardan* **haul a ~** بار را رساندن *bär rä rasändan* **heavy ~** بار سنگین *bär-e-sangeen* **light ~** بار سبک *bär-e-sobok* **pick up a ~** بار را بلند کردن، بار را برداشتن *bär rä beland kardan, bär rä bardäshtan* ★ **loader** *n* لودر (ماشین که با آن مواد را بار میکنند) *lodar (mäsheen ke bä än mawäd rä bär mey-konand)* **front ~** لودر (ماشین که با آن مواد را بار میکنند) *lodar (mäsheen ke bä än mawäd rä bär mey-konand)*

loaf *vi* ولگردی کردن *welgardee kardan*, بیهوده وقت گذراندن *bey-hoda waqt gozarändan* **Stop loafing!** ولگردی را بس کن! *Welgardee rä bas kon!*

loaf *n* قرص *qors* **~ of bread** قرص نان *qors-e-nän* **meat ~** قرص گوشت *qors-e-goosht*, توته گوشت *tota-e-goosht*

loan *vt (lend)* قرض دادن *qarz dädan* ★ *n* قرض *qarz*, وام *wäm* **business ~** قرض تجارتی *qarz-e-tejäratee* **get a ~** قرض گرفتن *qarz greftan* **home ~** قرض تجارتی *qarz-e-tejäratee*

building ~ قرض برای اعمار خانه *qarz barā-e-ehmār-e-khāna* **long-term** ~ قرض طویل المدت *qarz-e-taweelolmodat* **repay the** ~ قرض را پرداختن *qarz rā pardākhtan* **short-term** ~ قرض قصیر المدت *qarz-e-qaseerolmodat*

local *adj* محلی *mehalee* ~ **(telephone) call** تیلفون محلی *telefoon-e-mahalee,* تیلفون داخلی *telefoon-e-dākhelee* ★ **locally** *adv* بطور محلی *batowr-e-mahalee,* ساحوی *sāhawee*

location *n* مکان *makān,* موقعیت *mowqeya't* **We're going to move to a new location.** ما به یک موقعیت نو نقل مکان خواهیم کرد. *Mā ba yak mowqeyat-e-now naql-e-makān khāhem kard.*

lock *vt* قفل کردن *qofol kardan,* بستن *bastan* **Lock the** *(1)* **door.** / *(2)* **car.** / *(3)* **gate.** / *(4)* **truck.** / *(5)* **van.** (۱) دروازه / (۲) موتر / (۳) دروازه / (۴) موتر / (۵) واگون را قفل کنید. *(1) Darwāza / (2) motar / (3) darwāza / (4) motar-e-bär kash / (5) wägoon rā qofol koned.* **Did you lock the** *(1)* **door?** / *(2)* **car?** / *(3)* **gate?** / *(4)* **truck?** / *(5)* **van?** آیا شما (۱) دروازه / (۲) موتر / (۳) دروازه / (۴) موتر بارکش / (۵) واگون را بسته کردید؟ *Āyā shomā (1) darwāza / (2) motar / (3) darwāza / (4) motar-e-bär kash / (5) wägoon rā basta karded?* ★ **lock** *n* قفل *qofel* **combination** ~ قفل نمره دار *qofol-e-nomra där* ★ **locked** *adj* بسته *basta,* قفل *qofol* **Is it locked?** آیا این بسته است؟ *Āyā een basta ast?* **It** *(1)* **is** / *(2)* **isn't locked.** این بسته (۱) است. / (۲) نیست. *Een basta (1) ast. / (2) neest.*

locker *n* الماری *almāree* **storage** ~ الماری قفلداری *almāree-e-qofel där*

locomotive *n* ماشین ریل *māsheen-e-rail* **diesel** ~ ماشین دیزلی *māsheen-e-deezalee* **steam** ~ ماشین بخار *māsheen-e-bokhār*

locust *n* ملخ *malakh* **fight** ~**s** دربرابر ملخ ها مجادله کردن *dar barābar-e-malakh hā mojādela kardan* **kill** ~**s** ملخ ها را کشتن *malakh hā rā koshtan*

log *n* 1. *(tree)* کنده درخت *konda-e-darakht;* 2. *(journal)* صورت *soorat,* جدول *jadwal* **keep a** ~ جدول نگهداشتن *jadwal nega-dāshtan* **maintain a** ~ جدول نگهداشتن *jadwal nega-dāshtan* **sleep like a** ~ خواب عمیق کردن *khāb a'meeq kardan*

logical *adj* منطقی *manteqee* ~ **explanation** تشریح منطقی *tashreh-e-manteqee* ~ **idea** نظریه منطقی *nazarya-e-manteqee*

logistics *n, pl.* لوژستیک *lozhestik* ★ **logistical** *adj* لوژستیکی *lozhesteekee* ~ **problem** مشکل لوژستیکی *moshkel-e-lozhesteekee* ~ **support** کمک لوژستیکی *komak-e-lozhesteekee* ★ **logistician** *n* مسول لوژستیک *masool-e-lozhesteek*

loiter *vi* تاخیر کردن *takheer kardan,* گشت و گذار بیجا کردن *gasht-o-gozār-e-beejā kardan,* **Don't loiter around here.** در اینجا گشت و گذار نکنید. *Dar eenjā gasht-o-gozār nakoned.* **Don't let people loiter around here.** مردم را نگذارید در اطراف اینجا گشت و گذار کنند. *Mardom rā nagzāred dar atrāf-e-eenjā gasht-o-gozār konand.*

lonely *adj* تنها *tanhā* **get** ~ تنها شدن *tanhā shodan*

long *adj* 1. *(of great length)* دراز *darāz;* 2. *(of certain length)* طویل *taweel;* 3. *(of great duration)* طولانی *toolānee* **for a** ~ **time** برای یک مدت طولانی *barāy-e-yak modat-e-toolānee* ~ **distance** فاصله طویل *fāsela-e-taweel* ~ **hair** موی دراز *mo'-e-darāz* ~ **illness** مریضی طولانی *mareezee-e-toolānee* ~ **life** زندگی طویل *zendagee-e-taweel* ~ **pole** پایه دراز *pāya-e-darāz* ~ **road** سرک طویل *sarak-e-taweel* ~ **screwdriver** پیچکش دراز *peeshkash-e-darāz* ~ **time** وقت طولانی *waqt-e-toolānee* ~ **trip** 1. سفر دراز *safar-e-darāz;* 2. سفر طولانی *safar-e-toolānee* **How long is the** *(1)* **house?** / *(2)* **room?** (۱) خانه / (۲) اطاق چی قدر طویل است؟ *(1) Khāna / (2) Otāq chee qadar taweel ast?* **The** *(1)* **house** / *(2)* **room is** *(3)* **four** / *(4)* **eight meters long.** طول (۱) خانه / (۲) اطاق (۳) چهار (۴) هشت متر است. *Tool-e- (1) khāna / (2) otāq*

(3) chär / (4) hasht meter ast. ★ **long** *adv* مدت ها *modat hä,* مدت زیادی *modat-e-zeyädee,* مدت *modat* **before ~** قبل از مدت ها *qabel az modat hä* **~ ago** مدت پیش *modat-e-peesh* **so ~** *(in such a long time)* در چنین مدت زیاد *dar choneen modat-e-zeeyäd* **How long will you be gone?** برای چی مدت خواهید رفت؟ *Barä-e-chee modat khähed raft?* **How long will it take?** چی مدت را در بر خواهد گرفت؟ *Chee modat rä dar bar khähad greft?* **How long have you been here?** چقدر وقت اینجا بودید؟ *Cheqadar waqt eenjä boded?* **Did you wait long?** آیا شما مدت زیادی انتظار کشیدید؟ *Äyä shomä modat-e-zeeyädee entezär kasheeda kasheeded?* **So long!** *(Goodbye!)* خدا حافظ! *Khodä häfez!* ★ **long-distance** *adj* فاصله زیاد *fäsela-e-zeeyäd,* فاصله دور *fäsela-e-door* **~ (telephone) call** تیلفون از فاصله دور *telefoon az fäsela-e-door* ★ **long-sleeved** *adj* استین دراز *ästeen daräz*

look *vi* نگاه کردن *negäh kardan,* نگریستن *negareestan,* دیدن *deedan* **Look (over there)!** (به آنجا) نگاه کنید! *(Ba änjä) negäh koned!* **Look at this.** به این نگاه کنید. *Ba een negäh koned.* **What are you looking at?** به چی نگاه میکنید؟ *Bah chee negäh mey-koned?* **I'm looking at** *(what / whom).* من به (___) نگاه میکنم. *Man ba (___) negäh mey-konam.* **Have you looked at (1) this? / (2) these?** آیا شما به (۱) این / (۲) اینها نگاه کردید؟ *Äyä shomä ba (1) een / (2) eenhä negäh karded?* **May I look at (1) it? / (2) them?** آیا میتوانم (۱) این / (۲) آنها را ببینم؟ *Äyä may-tawänem (1) een / (2) änhä rä bebeenam?* **Let me look at that.** بگذارید به آن نگاه کنم. *Begzäred ba än negäh konam.* **Did you look in the (1) cabinet? / (2) car? / (3) closet? / (4) shed? / (5) truck? / (6) van?** آیا شما (۱) الماری / (۲) موتر / (۳) الماری لباس / (۴) گدام / (۵) موتر بارکش / (۶) واگون را دیدید؟ *Äyä shomä (1) almämree / (2) motar / (3) almäree-e-lebäs / (4) godäm / (5) motar-e-bär kash / (6) wägoon rä deeded?* ★ **look** *n* نگاه *negäh,* نظر *nazar* **Take a look at (1) this. / (2) these.** به (۱) این / (۲) اینها نگاه کنید. *Ba (1) een / (2) eenhä negäh koned.* **I'll take a look at it.** من به این نگاه خواهم کرد. *Man ba een negäh khäham kard.* ★ **look around** *idiom* پالیدن *päleedan,* چیزی را جستجو کردن *cheezee rä jostojo kardan* **I'm going to go look around the market.** میروم تا در مارکیت جستجو کنم. *Mey-rawam tä dar markeet jostojo konam.* **Let's go look around the market.** بیایید که به مارکیت برویم و ببینیم. *Beeyäyed ke ba märkeet berawem va ebeenem.* ★ **look for** *idiom* جستجو کردن *jostojo kardan,* پالیدن *päleedan* **(1) What / (2) Who are you looking for?** شما (۱) چی / (۲) کی را جستجو میکنید؟ *Shomä (1) chee / (2) kee rä jostojo mey-koned?* **I'm looking for** *(what / whom).* من (___) را جستجو میکنم. *Man (___) rä jostojo mey-konam.* ★ **look forward to** *idiom* انتظار داشتن *entezär däshtan,* استقبال کردن *esteqbäl kardan* **I look forward to (1) meeting (2) her / (3) him / (4) them. / (5) seeing you again.** من منتظر (۱) ملاقات... / (۲) اوزن / (۳) اومرد / (۴) آنها / (۵) دیدار دوباره شما خواهم بود. *Man montazer-e- (1) moläqät (2) o zan... / (3) o mard... / (4) änhä... / (5) deedär-e-dobära-e-shomä... khäham bod.* ★ **o look like** *idiom* 1. *(resemble)* هم مانند بودن *ham mänand bodan,* همشکل بودن *ham shakel bodan;* 2. *(seem, appear)* به نظر آمدن *ba nazar ämadan* **It looks like it's going to (1) rain / (2) snow.** به نظر میاید که (۱) برف / (۲) باران خواهد بارید. *Ba nazar mey-yäyad ke (1) bärän / (2) barf khähad bäreed.* **It looks like we have to request more** *(what).* به نظر میاید که ما باید بشتر (___) تقاضا کنیم. *Ba nazar mey-yäyad ke mä bäyad beeshtar (___) taqäzä konem.* ★ **look out (for)** *idiom* *(be alert for)* متوجه بودن *motawaje bodan,* خبردار بودن *khabar där bodan* **Look out for rocks on the road..** متوجه سنگ ها در سرک باشید. *Motawaje-e-sang hä dar sarak bäshed.* **Look out for bandits along the way.** متوجه رهزن ها در راه باشید. *Motawaje-e-rahzan hä dar räh bäshed.*

★ **look over** idiom (examine) معاینه کردن mahāyena kardan, مرور کردن moroor kardan **I'll look (1) it / (2) them over when you're finished.** من (۱) این / (۲) آنها را مرور خواهم کرد وقتیکه شما تمام کردید. Man (1) een / (2) eehä rä moroor khäham kard waqteeke shomä tamäm karded. ★ **look through** idiom (read through) خواندن khändan, مرور کردن moroor kardan ★ **look up** idiom پیدا کردن paydā kardan **I have to look up the word in the dictionary.** من باید لغت را در دیکشنری پیدا کنم. Man bäyad loghat rä dar deksheenary paydä konam.

loom n کارگاه بافندگی kärgäh-e-bäfendagee, کارگاه قالین kärgäh-e-qäleen
loop n حلقه halqa **make a ~** حلقه ساختن halqa sākhtan
loose adj آزاد äzäd, سست sost, بیرون برآمده beeroon brämda **~ bowels** (diarrhea) اسهال es-häl **~ screw** پیچ سست peech-e-sost **The (1) cable / (2) cord / (3) rope / (4) screw / (5) strap is loose.** (۱) کیبل / (۲) ریسمان / (۳) طناب / (٤) پیچ / (٥) تسمه سست است. (1) Keebal / (2) Reesmän / (3) Tanäb / (4) Peech / (5) Tasma sost ast. ★ adv سست sost, به شکل سست ba shakel-e-sost **It's coming loose.** این سست میشود. Een sost mey-shawad. **It came loose.** این سست شد. Een sost shod. ★ **loosen** vt باز کردن bäz kardan, سست کردن sost kardan **Loosen it.** این را باز کنید. Een rä bäz koned.

loot vt غارت کردن ghärat kardan **They looted the warehouse.** آنها گدام را غارت کردند. Ānhä godäm rä ghärat kardand. ★ **looter** n غارتگر ghäratgär ★ **looting** n غارت ghärat **widespread ~** غارت عمومی ghärat-e-o'moomee **The looting has to be stopped.** غارتگری باید متوقف گردد. Ghärat garee bäyad motawaqef gardad.

lose vt گم کردن gom kardan, ازدست دادن az dast dädan **~ the chance** فرصت را ازدست دادن fersat rä az dast dädan **~ time** وقت را ازدست دادن waqt rä az dast dädan **~ track of** یادداشت را گم کردن yädäsht rä gom kardan, سررشته را گم کردن sar-reshta rä gom kardan **~ weight** وزن ازدست دادن wazen az dast dädan **What did you lose?** چی را گم کردید؟ Chee rä gom karded? **I lost my (1) identification. / (2) papers. / (3) passport. / (4) purse. / (5) wallet.** من (۱) کارت هویت / (۲) کاغذ ها / (۳) پاسپورت / (٤) بکس / (٥) بکس جیبی... am rä gom kardam. **He / (2) She lost (3) his / (4) her (5) identification. / (6) papers. / (7) passport.** (۱) اومرد / (۲) اوزن (٥) کارت هویت / (٦) کاغذ ها / (۷) پاسپورت (٣,٤) اش را گم کرد. O mard / (2) O zan (5) kärt-e-hoyat... / (6) kāghaz hä... / (7) päsport... (3,4) ash rä gom kard. **Where did you lose it?** کجا آن را گم کردید؟ Kojä än rä az gom karded? **Was anything lost?** آیا چیزی گم شده بود؟ Ayä cheezee gom shoda bod? **Don't lose it.** این را گم نکنید. Een rä gom nakoned. **How did (1) he / (2) she / (3) you lose (4) his / (5) her (6) your (7) arm? / (8) leg?** (۱) او مرد / (۲) او زن / (۳) شما چگونه (٧) بازو / (۸) پای (٤-٦) خود را از دست (۱۰۲) داد؟ / (۳) دادید؟ Shomä che-goona (7) bäzoo / (8) päy (4-6) -e-khod rä az dast (1,2) däd? / (3) däded? ★ **loss** n خساره khasära ضایعه zaee'a, تلف talaf, زیان zeeyän ★ **lost** adj گم gom, مفقود mafqood **get ~.** گم شدن gom shodan **Are you lost?** آیا شما گم شده اید؟ Ayä shomä gom shoda eed? **I'm lost.** من گم شده ام. Man gom shoda am. **We're lost.** ما گم شده ایم. Mä gom shoda eem. **Is anything lost?** آیا چیزی گم است؟ Ayä cheezee gom ast? **It's lost.** گم شده است. Gom shoda ast.

lotion n مایع که برای چرب کردن جسم طفل استفاده مایع طبی mäye' tebee **baby ~** میکنند. Mäye' ke baräy-e-charb kardan-e-jesem-e-tefel estefäda mey-konand. **suntan ~** مایع که جلد را از نور آفتاب محافظت میکند. Mäye' ke jold rä az noor-e-äftäb mohäfezat mey-konad.

loud *adj* بلند *bland* **What was that loud noise?** آواز بلند از چی بود؟ *Äwäz-e-bland az chee bod?* **The (1) radio / (2) TV is too loud.** (۱) رادیو / (۲) تلویزون بسیار بلند است. *(1) Rädyo / (2) Talweezoon beesyär bland ast.* ★ *adv* بلند با صدای بلند صحبت نکنید. *Bä sadä-e-bland sohbat nakoned.* ★ **loudly** *adv* بلند با صدای بلند *bä sadä-e-bland* ★ **loudspeaker** *n* لودسپیکر، لاسپیکر *lowd-speekar, läspeekar* **announce over the ~** در لاسپیکر اعلان کردن *dar läspeekar e'län kardan*

louse *n* شپش *shepesh* **get rid of lice** شپش را از بین بردن *shepesh rä az bayn bordan* **lice powder** پودر شپش *podar-e-shepesh*

love *vt* دوست داشتن *doost dāshtan,* خوش داشتن *khoosh dāshtan* **I love (1,2) you.** من (۱) شما / (۲) تو را دوست دارم. *Man (1) (pol:) shomä / (2) (fam:) too rä doost däram.* ★ *n* محبت *mohabat,* عشق *e'sheq*

lovely *adj* دوست داشتنی *doost dāshtanee*

low *adj* 1. *(not high)* پائین *päyeen;* 2. *(in short supply)* با اکمالات کم *bä ekmälät-e-kam,* کم *kam* **be ~ on** *(have a short supply)* کمبود اکمالات داشتن *kambod-e-ekmälät däshtan* **~ blood pressure** *(پائین)* فشارخون پایان *feshär-e-khoon-e-päyän (paayeen)* **~ clearance** *(tunnels, underpasses)* عبور گاه پخش (تونل یا گراج) *oboor-gäh-e-pakhsh (tonal yä garaj)* **~ heat** حرارت کم *harärat-e-kam* **~ temperature** درجه حرارت پائین *daraja-e-harärat-e-päyeen* **The tire pressure is (too) low.** هوا تایر (بسیار) کم است. *Hawä-e-täyr beesyär kam ast.* **Keep it at low heat.** در حرارت کم نگهدارید. *Dar harärat-e-kam nega-däred.* **We're low on (1) gas(oline). / (2) food. / (3) fuel. / (4) medicine. / (5) paper. / (6) water.** ما کمبود (۱) پطرول / (۲) غذا / (۳) مواد سوخت / (۴) ادویه / (۵) کاغذ / (۶) آب داریم. *Mä (1) petrool / (2) ghezä / (3) mawäd-e-sokht / (4) adweya / (5) käghaz / (6) äb därem.* ★ *adv* کم *kam,* غیر کافی *ghayr-e-käfee,* پائین *päyeen* **get ~** *(be in short supply)* کمبود شدن *kambod shodan* **run ~** *(have a short supply)* کمبود داشتن *kambod däshtan (1,2)* **Turn it down low.** این را پائین کنید. *(1) Een rä päyeen koned.* / این را پخش کنید. *(2) Een rä pakhsh koned.* **The (1) gas / (2) fuel / (3) paper / (4) water is getting low.** (۱) گاز / (۲) مواد سوخت / (۳) کاغذ / (۴) آب در حال کم شدن است. *(1) Gäz / (2) Mawäd-e-sokht / (3) Käghaz / (4) Äb dar häl-e-kam shodan ast.* **We're running low on (1) gas(oline). / (2) food. / (3) fuel. / (4) medicine. / (5) paper. / (6) water.** ما کمبود (۱) پطرول / (۲) غذا / (۳) مواد سوخت / (۴) ادویه / (۵) کاغذ / (۶) آب داریم. *(1) Mä kambood-e- / (1) petrool / (2) ghezä / (3) mawäd-e-sokht / (4) adweya / (5) käghaz / (6) äb därem.* ★ **lower** *adj* زیرین *zeereen,* تحتانی *tahtänee,* پایانی *päyänee* کم کردن *kam kardan* ★ *vt* پائین آوردن *päyeen äwardan,* ★ **Lower it slowly.** آهسته آنرا پائین بیاورید. *Ähesta än rä päyeen bee-yäwared.*

lowlands *n, pl* سطح پائین *sat-he-e-päyeen*

loyal *adj* صادق *sädeq,* وفادار *wafädär,* باوفا *bäwafä* **You've been very loyal.** شما بسیار وفادار بوده اید. *Shomä beesyär wafädär booda eed.*

lozenge *n* لوزی شکل *shakel-e-lowzee,* تابلیت چوشیدنی *täblet-e-choosheedanee* **sore throat ~** تابلیت گلودردی *täblet-e-goloo dardee*

lubricant *n* لشم کننده *lashem konenda,* مواد چرب کننده *mawäd-e-charb konenda* ★ **lubricate ("lube")** *vt* چرب کردن *charb kardan,* نرم کردن *narm kardan* **Lubricate the whole vehicle.** تمام وسایل نقلیه را چرب کنید. *Tamäm-e-wasäyel-e-naqleya rä charb koned.* **The (1) car / (2) machine / (3) motorcycle / (4) truck / (5) van needs to be lubricated.** (۱) موتر / (۲) ماشین / (۳) موترسایکل / (۴) موتر باکش / (۵) واگون باید چرب شود. *(1) Motar / (2) Mäsheen / (3) Motar säykel / (4) Motar-e-bär kash / (5) Wägoon*

lubrication / 239 / **magazine**

bäyad charb shawad. ★ **lubrication** *n* روغنیات *rooghanyät,* مواد چربی *mawäd-e-charbee*

luck *n* بخت *bakht,* خوشبختی *khosh-bakhtee,* چانس *chäns* **bad ~** بخت بد *bakht-e-bad,* چانس بد *chäns-e-bad* **good ~** بخت خوب *bakht-e-khoob,* چانس خوب *Chäns-e-khoob* **Good luck!** !چانس خوب *Chäns-e-khoob!* **I wish you luck.** برای تان چانس خوب آرزو میکنم *Baräy-e-tän chäns-e-khoob ärozo meykonam.* **Did you have any luck?** آیا شما کدام چانسی داشتید؟ *Äyä shomä kodäm chäns-e-däshted?* **No luck.** عاری از خوشبختی *A'äree az khosh-bakhtee.* ★ **luckily** *adv* خوشبختانه *khosh-bakhtäna*

luggage *n* بکس سفر *baks-e-safar*

lukewarm *adj* نیم گرم *neem garm,* شیرگرم *sheer garm* **Make the water lukewarm.** آب را شیرگرم کنید *Äb rä sheer garm koned.*

lumbar *adj* کمری *kamaree,* مهره کمر *mohra-e-kamar*

lumber *n* چوب چهارتراش *choob-e-chär taräsh* **~ mill** دستگاه برش چوب *dastgäh-e-boresh-e-choob* ★ **lumberyard** *n* چوب فروشی *choob frooshee*

lump *n* توته *tota,* تیکه *teeka,* تومور *tomor* **You have a lump there.** شما آنجا یک تومور دارید *Shomä änjä yak tomor däred.*

lunch *n* غذا چاشت *ghezä-e-chäsht,* نان چاشت *nän-e-chäsht* **eat ~** غذا چاشت را صرف کردن *ghezä-e-chäsht rä sarf kardan* **to fix / make / prepare ~** نان چاشت را آماده ساختن *nän-e-chäsht rä dorost kardan,* چاشت را درست کردن *nän-e-chäsht rä ämäda säkhtan* **It's time for lunch.** وقت غذا چاشت است *Waqt-e-ghezä-e-chäsht ast.*

lung *n* شش *shesh* **both ~s** هردو شش *har do shesh* **left ~** شش چپ *shesh-e-chap* **~ cancer** سرطان شش *saratän-e-shesh* **right ~** شش راست *shesh-e-räst*

luxury *n* خوشگذرانی *kosh-gozaränee,* عیش و عشرت *haysh wa ashrat*

lymph *n* لمف *lamf* **~ nodes** عقدات لمفاوی *o'qadät-e-lamfäwee* ★ **lymphatic** *adj* لمفاوی *lamfäwee*

M m

machine *n* ماشین *mäsheen,* دستگاه *dastgäh* **copy ~** ماشین فوتوکاپی *mäsheen-e-fotokäpee* **fax ~** دستگاه فکس *dastgäh-e-faks,* ماشین فکس *mäsheen-e-faks* **sewing ~** ماشین خیاطی *mäsheen-e-khayätee* **vending ~** ماشین فروش (ماشین که شیرینی، سگرت و چیز های دیگر را به فروش میرساند.) *mäsheen-e-frosh (Mäsheen-e-ke sheernee, segret wa cheez häy-e-deegar rä ba forosh mey-rasänad.)* **washing ~** ماشین کالاشویی *mäsheen-e-kälä shohee*

machinegun *n* ماشین دار (اسلحه که به شکل مسلسل گلوله را فیر میکند.) *mäsheen-där (aslheh ke ba shakel-e-mosalsal glola rä fayr mey-konad.)*

machinery *n* ماشین آلات *mäsheen-älät,* اسباب *asbäb* **construction ~** ماشین آلات ساختمانی *mäsheen-älät-e-säkhtomänee* **farm ~** ماشین آلات زراعتی *mäsheen-älät-e-zerä-a'tee* **road-building ~** ماشین آلات سرک سازی *mäsheen-älät-e-sarak säzee*

mad *adj* 1. *(angry)* عصبانی *a'sabänee,* قهر *qahr;* 2. *(crazy)* دیوانه *deewäna* **Are you mad (at me)?** آیا شما (بالای من) قهر هستید؟ *Äyä shomä (balä-e-man) qahr hasted?* **I'm mad (at you).** من (بالای شما) قهر هستم *Man (balä-e-shomä) qahr hastam.* **I'm not mad (at you).** من (بالای شما) قهر نیستم *Man (balä-e-shomä) qahr neestam.* ★ **madman** *n* آدم دیوانه *ädam-e-deewäna*

magazine *n* 1. *(publication)* مجله *mojala;* 2. *(firearms)* شاجور مرمی *shä-*

joor-e-marmee, ذخیره مهمات zakheera-e-mohemät, سلاح کوت saläh koot
magic *adj* سحر آمیز sehr ämeez, جادویی jädooye ★ *n* جادو jädoo **by ~** توسط جادو tawasot-e-jädoo
magistrate *n* قاضی qäzee, عضو هیئت قضائیه ozv-e-hayat-e-qazä'ya
magnet *n* آهن ربا ähan robä, مقناطیس meqnätees ★ **magnetic** *adj* مقناطیسی meqnäteesee ★ **magnetize** *vt* مقناطیسی کردن meqnäteesee kardan ★ **magneto** *n* آهن ربا ähan robä
magnitude *n* (earthquakes) بزرگی و عظمت (زلزله) bozorgee wa a'zemat(-e-zelzela)
maid *n* 1. (housemaid) خدمتگار خانه khedmatgär-e-khäna, نوکر nookar; 2. (hotel maid) خدمتگار هوتل khedmatgär-e-hotal **work as a ~** 1. (housemaid) به حیث نوکر کارکردن ba hays-e-nookar kär kardan; 2. (hotel maid) به حیث خدمتگار هوتل کار کردن ba hays-e-khedmatgär-e-hotal kär kardan
mail *vt* با پُست فرستادن bä post frestädan, پُست کردن post kardan **Where can I mail this?** ازکجا میتوانم این را پُست کنم؟ Az kojä mey-tawänam een rä post konam? **Could you mail this for me?** آیا این را برایم پُست میتوانید؟ Äyä een rä baräyam post mey-tawäned? **Please mail this to (whom).** لطفاً این را به (___) پُست کنید. Lotfan een rä ba (___) post koned. **Did you mail (1) it / (2) them?** آیا (۱) این را / (۲) آنها را پُست کردید؟ Äyä shomä (1) een / (2) änhä rä post karded? **When did you mail (1) it / (2) them?** (۱) این / (۲) آنها را چی وقت پُست کردید؟ (1) In / (2) Änhä rä chee waqt post karded? ★ *n* پُست post, نامه پُستی näma-e-postee **air ~** پُست هوایی post-e-hawäyee **express ~** پُست عاجل post-e-a'äjel **delivery ~** ارسال پُست ersäl-e-post **pickup ~** گرفتن نامه ها توسط پسته رسان gereftan-e-näma hä tawasoot-e-posta rasän **sack ~** خریطه نامه ها khareeta-e-näma hä **truck ~** موتر که پُست را انتقال میدهد. motar-e-ke post rä enteqäl mey-dehad **registered ~** پُست ثبت شده post-e-sabt shoda, پُوست راجستر شده post-e-räjestar shoda **surface ~** پُست زمینی post-e-zameenee **voice ~** پیغام تلیفونی peyghäm-e-telefoonee **Is there mail delivery here?** آیا اینجا کدام پسته خانه است؟ Äyä eenjä kodäm posta khäna ast? **Go check the mail.** بروید پُست را ببینید. Berawed post rä bebeened. **Did (1) I / (2) we get any mail?** آیا برای (۱) من / (۲) ما کدام نامه است؟ Äyä barä-e- (1) man / (2) mä kodäm näma ast? **There's some mail for you.** چند نامه برای شما است؟ Chand näma baräy-e-shomä ast. **There's no mail (for you) (today).** (امروز) (برای شما) هیچ نامه نیست. (Emrooz) (baräy-e-shomä) hech näma neest. **This came in the mail (for you) (1) today. / (2) yesterday..** این (۱) امروز / (۲) دیروز (برای شما) در پُست آمد. Een (1) emrooz / (2) deerooz (baräy-e-shomä) dar post ämad. **Please forward (1) my / (2) our mail to this address.** لطفا نامه های (۱) من / (۲) ما را در این آدرس ارسال کنید. Lotfan näma hä-e- (1) man / (2) mä rä dar een ädras ersäl koned. **Send this by express mail.** این را ذریعه پُست عاجل روان کنید. Een rä zarya'h-e-post-e-a'äjel rawän koned. ★ **mailbox** *n* صندوق پُستی sandoq-e-postee **key to the ~** کلید صندوق پُستی keeled-e-sandoq-e-postee ★ **mailing** *adj* پُستی postee **~ address** آدرس پُستی ädras-e-postee ★ **mailman** *n* پسته رسان posta rasän
maim *vt* فلج کردن falaj kardan, شل گردن shal kardan ★ **maimed** *adj* فلج falaj, شل shal
main *adj* اصلی aslee, مهم mohem, عمده omda **~ assistant** معاون اول ma'äwen-e-awal **~ helper** کمک کننده اصلی komak konenda-e-aslee **~ highway** شاهراه عمده shäh-räh-e-omda **~ (telephone) line** سیم (تیلفون) عمومی seem-e-(teelfoon)-e-omoomee **~ road** جاده عمومی jäda-e-omoomee **~ street** سرک عمومی sarak-e-omoomee **~ switch** سویچ عمومی seweech-e-omoomee **~ valve** وال عمومی wäl-e-omoomee **The main thing is...** چیز مهم این است که... ...

Cheez-e-mohem een ast ke... **The main purpose of this is...** مقصد اصلی این است که... *Maqsad-e-aslee een ast ke...* **My main worry is...** تشویش اصلی من این است که... *Tashweesh-e-aslee man een ast ke...* ★ **main** *n (main pipe)* نل عمومی *nal-e-omoomee* **gas ~** نل عمومی گاز *nal-e-omoomee-e-gäz* **water ~** نل عمومی آب *nal-e-omoomee-e-äb* ★ **mainly** *adv* اساساً *asäsan,* اصلاً *aslan*

maintain *vt* 1. *(keep, preserve)* نگهداری کردن *negahdädaree kardan,* نگاه داشتن *negäh däshtan;* 2. *(keep in good condition)* حفظ و مراقبت کردن *hefz-o-moräqebat kardan* **You have to maintain** *(1)* **cleanliness. /** *(2)* **discipline. /** *(3)* **order.** شما باید (۱) پاکی / (۲) دسپلین / (۳) نظم را نگاه کنید. *Shomä bäyad (1) päkee / (2) desepleen / (3) nazem rä negäh koned.* **We have to maintain** *(1)* **cleanliness. /** *(2)* **discipline. /** *(3)* **order.** شما باید (۱) پاکی / (۲) دسپلین / (۳) نظم را حفظ کنید. *Shomä bäyad(1) päkee / (2) desepleen / (3) nazem rä hefz koned.* **Your job is to maintain** *(1)* **this vehicle /** *(2)* **these vehicles (in good condition).** وظیفه شما حفظ و مراقبت از (۱) این موتر / (۲) عراده جات (به شکل درست) است. *Wazeefa-e-shomä hefz-o-moräqebat az (1) een motar... / (2) äräda jät... (ba shakel-e-drost) ast.*

maintenance *n* حفظ و مراقبت *hefz-o-moräqebat,* نگهداری *negahdäree* **equipment ~** نگهداری اسباب *negahdäree-e-asbäb* **manual ~** رهنمای ترمیم *rahnomä-e-tarmeem* **necessary ~** ترمیم لازمی *tarmeem-e-läzemee* **periodic ~** ترمیم بعد از هر مدت زمان مشخص *tarmeem ba'd az har modat zamän-e-moshakhas* **routine ~** ترمیم طبق معمول *tarmeem tebq-e-mahmool* **vehicle ~** نگهداری و ترمیم موتر *negahdäree wa tarmeem motar* **perform ~** ترمیم کردن *tarmeem kardan,* حفظ و مراقبت کردن *hefz-o-moräqebat kardan* **I want you to perform maintenance on this vehicle** *(1)* **once /** *(2)* **twice a** *(3)* **week. /** *(4)* **month.** میخواهم که شما این موتر را (۱) یکمرتبه / (۲) دومرتبه در (۳) هفته / (٤) ماه ترمیم کنید. *Mey-khäham ke shomä een motar rä (1) yakmartaba (2) domartaba dar yak / (3) hafta / (4) mäh tarmeem koned.*

major *adj* بزرگتر *bozorgtar,* عمده *homda* ★ *n (mil. rank)* جگرن *jagran*

majority *n* اکثریت *aksaryat,* بیشتر *beeshtar* **What does the majority want?** اکثریت چی میخواهند؟ *Aksaryat chee mey-khähand?* **The majority rules.** اکثریت حکومت میکند. (جز تابع کل است.) *Aksaryat hokoomat may-konad. (= Joz täbe'-e-kool ast.)*

make *vt* 1. *(produce, manufacture)* ساختن *säkhtan;* 2. *(commit, accomplish)* انجام دادن *anjäm dädan,* کردن *kardan;* 3. *(cause; produce)* کردن *kardan,* ساختن *säkhtan;* 4. *(cook; prepare)* پختن *pokhtan,* تهیه کردن *tahya kardan;* 5. *(fix a bed)* درست کردن *drost kardan;* 6. *(sew)* دوختن *dokhtan;* 7. *(cause to be / become)* ساختن *säkhtan;* 8. *(cause to)* وادار کردن *wädär kardan;* 9. *(prompt to, impel to)* وادار کردن *wädär kardan;* 10. *(equal, amount to)* شدن *shodan;* 11. *(earn)* درآمد داشتن *dar ämad däshtan,* کمایی کردن *kamäyee kardan;* 12. *(utter, announce)* اعلان کردن *e'län kardan;* 13. *(come to; reach a place)* آمدن *ämadan,* رسیدن *raseedan;* 14. *(survive)* جان به سلامت بردن *jän ba salämat bordan* **Can you make a** *(1)* **new /** *(2)* **another one?** آیا شما یکدانه (۱) نو / (۲) دیگر ساخته میتوانید؟ *Äyä shomä yakdäna-e- (1) now / (2) deegar säkhta mey-tawäned?* **Please make one (like this) for** *(1)* **me. /** *(2)* **us.** لطفاً (مثل این) یکدانه برای (۱) من / (۲) ما بسازید. *Lotfan (mesel-e-een) yakdäna baräy-e-(1) man / (2) mä besäzed.* **I'll show you how to** *(1,2)* **make it.** شما را نشان خواهم داد که چگونه (۱) بسازید / (۲) پخته کنید. *Shomä rä neshän khäham däd ke chegoona (1) (produce, manufacture) besäzed. / (2). (cook; prepare) pokhta koned.* **Can you show me how to** *(1,2)* **make it?** آیا میتوانید نشان دهید این را (۱) چطور بسازم / (۲) پخته کنم؟ *Äyä mey-tawäned neshän dehed een rä*

make

chetowr (1) (produce, manufacture) besäzam? / (2) (cook; prepare) pokhta konam? **I made a mistake. (I'm sorry.)** (معذرت میخواهم) اشتباه *(Ma'zrat mey-khäham) Eshtebäh kardam.* **You made a mistake.** شما اشتباه کردید. *Shomä eshtebä karded.* **You made a good effort.** شما خوب کوشش کردید. *Shomä khoob kosesh karded.* **We're making progress.** ما در حال پیشرفت هستیم. *Mä dar häl-e-peeshraft hastem.* **You're making good progress.** شما پیشرفت خوب میکنید. *Shomä peeshraft-e-khoob mey-koned.* **It makes a (big) difference.** (بسیار) فرق میکند. *(Beesyär) farq mey-konad.* **It makes no difference.** فرق نمیکند. *Farq-e-namey-konad.* **Does that make it better?** آیا آن این را بهتر میسازد؟ *Äyä än een rä behtar mey-säzad?* **That made it (1) better. / (2) worse.** آن این را (1) بهتر / (2) بدتر ساخت. *Än een rä (1) behtar / (2) badtar säkht.* **It made (1) it / (2) everything (3) difficult. / (4) dirty./ (5) dusty. / (6) easy. / (7) hard. / (8) slippery. / (9) wet.** (1) این / (2) همه چیز را (3) مشکل / (4) کثیف / (5) خاک آلود... / (6) آسان / (7) دشوار / (8) بی ثبات / (9) تر ساخت. *(1) Een... / (2) Hama cheez... rä (3) moshkel / (4) kaseef... / (5) khäk älood... / (6) äsän... / (7) doshwär... / (8) bay sobät... / (9) tar... säkht.* **We need to make a (1,2) plan.** ما باید یک (1) پلان / (2) طرح بسازیم. *Mä bäyad yak (1) pelän / (2) tarha besäzem.* **I'd like to make a suggestion.** میخواهم یک پیشنهاد کنم. *Mey-khäham yak peeshnehäd konam.* **Please don't make a mess.** لطفاً خرابی نکنید. *Lotfan kharäbee nakoned.* **Help (1) her / (2) him make (3) breakfast. / (4) lunch. / (5) dinner.** (1) او / زن (2) اومرد را کمک نمائید تا (3) ناشتا صبح / (4) غذا چاشت / (5) غذا شب را تهیه کند. *(1) O zan / (2) O mard rä komak nomäyed tä (3) nästha-e-sobh... / (4) ghezä-e-chäsht... / (5) ghezä-e-shab... rä tahya konad.* **Help them make (1) breakfast. / (2) lunch. / (3) dinner.** آنها را کمک نمائید تا (1) ناشتا صبح / (2) غذا چاشت / (3) غذا شب را تهیه کنند. *Änhä rä komak nomäyed tä (1) nästha-e-sobh... / (2) ghezä-e-chäsht... / (3) ghezä-e-shab... rä tahya konand.* **Help me make (1) breakfast. / (2) lunch. / (3) dinner.** من را کمک نمائید تا (1) ناشتا صبح / (2) غذا چاشت / (3) غذا شب را تهیه کنم. *Man rä komak koned tä (1) nästha-e-sobh... / (2) ghezä-e-chäsht... / (3) ghezä-e-shab... rä tahya konam.* **Please make some (1) coffee. / (2) tea.** لطفاً قدری (1) قهوه / (2) چای تهیه کنید. *Lotfan qadree (1) qahwa / (2) chäy tahya koned.* **Let's make some (1) coffee. / (2) tea.** بیایید قدری (1) قهوه / (2) چای تهیه کنیم. *Beeyäyed qadree (1) qahwa / (2) chäy tahya konem.* **Make enough for (number) people.** به قدری کافی برای ( ) نفر تهیه کنید. *Ba qadree käfee baräy-e- (___) nafar tahya koned.* **Make (1) all the beds. / (2) this bed.** (1) تمام بستر ها / (2) این بستر را گنید. *(1) Tamäm-e-bestar hä / (2) Een bestar rä... drost koned.* **I'd like you to make a (1) coat / (2) jacket / (3) pair of pants / (4) suit for me.** میخواهم که شما برای من یک (1) کرتی... / (2) جاکت... / (3) جوره پتلون... / (4) دریشی... بدوزید. *Mey-khäham ke shomä baräy-e-man yak (1) kortee... / (2) jäkat... / (3) jora patloon... / (4) dreeshee... bedozed.* **I'd like you to make a pair of (1) boots / (2) shoes for me.** میخواهم که شما برای من یک جوره (1) موزه / (2) بوت بسازید. *Mey-khäham ke shomä baräy-e-man yak jora (1) mooza / (2) boot besäzad.* **I didn't mean to make you angry.** مطلب ام این نبود که شما را قهر بسازم. *Matlab am een nabod ke shomä rä qahr besäzam.* **That makes me (very) (1) happy. / (2) mad. / (3) unhappy..** آن من را (بسیار) (1) خوش / (2) عصبانی / (3) قهر میسازد. *Än man rä (beesyär) (1) khosh / (2) a'sabänee / (3) qahr mey-säzad.* **It made (1) her / (2) him / (3) me (4) sick. / (5) tired.** این (1) اوزن / (2) اومرد / (3) من را / (4) مریض / (5) خسته ساخت. *Een (1) o zan / (2) o mard / (3) man rä (4) mareez / (5) khasta säkht.* **I'm sorry I**

make do   **malnutrition**

made you wait. معذرت میخواهم شما را منتظر ساختم. *Ma'zrat mey-khäham shomä rä montazer säkhtam.* **I didn't mean to make you cry.** نمیخواستم شما را بگریانم. *Namey-khästam shomä rä begeryänam.* **What makes you think so?** چی شما را وادار میسازد که چنین فکر کنید. *Chee shomä rä wädär mey-säzad ke choneen feker koned.* **What made it** *(1)* **go off?** *(switch off)* / *(2)* **go out?** *(extinguish)*? چی سبب شد که (۱) قطع شود؟ / (۲) خاموش گردد؟ *Chee sabab shod ke (1) qata' shawad? / (2) khämoosh gardad?* **How many does that make?** *(What is the total?)* مجموعاً چقدر است؟ *Majmo'-a'n cheqadar ast?* **That makes** *(number).* مجموعاً (___) است. *Majmo'-a'n (___) ast.* **How much money do you make?** شما چقدر پول درآمد دارید؟ *Shomä cheqadar pool dar-ämad däred?* **I make** *(amount)* **a** *(1)* **month** / *(2)* **year.** من (___) دریک (۱) ماه / (۲) سال درآمد دارم. *Man (___) dar yak (1) mäh / (2) säl dar ämad däram.* **I'd like you to make an announcement to everyone.** میخواهم که شما برای همه یک اطلاعیه بدهید. *Mey-khäham ke shomä baräy-e-hama yak etläh-ya bedehed.* **Can you make it?** *(come)* آیا شما آمده میتوانید؟ *Äyä shomä ämada mey-tawäned?* **Try to make it.** کوشش کنید بیایید. *Koshesh koned beeyäyed.* **(1) I / (2) We can't make it.** *(come)* (۱) من نمیتوانم بیایم. / (۲) ما نمیتوانیم بیایم. *(1) Man namey-tawänam beeyäyam / (2) Mä namey-tawänem beeyäyem.* **Can we make it by dark?** آیا قبل از اینکه تاریکی شود آنجا رسیده میتوانیم؟ *Äyä qabel az eenke täreekee shawad änjä raseeda mey-tawänem?* **Can they make it through the winter?** آیا آنها زمستان را سپری کرده میتوانند؟ *Äyä änhä zemestän rä separee karda mey-tawänand?* ★ **make do** *idiom* گذاره کردن *gozära kardan* **We'll just have to make do with** *(1)* **this.** / *(2)* **these.** ما باید با (۱) این / (۲) اینها گذاره کنیم. *Mä bayad bä (1) een / (2) eenhä gozära konem.* ★ **maker** *n (manufacturer, producer)* سازنده *säzenda,* تولید کننده *towleed konenda,* درست کننده *drost konenda* **coffee ~** ماشین که قهوه میسازد *mäsheen-e-ke qahwa mey-säzad* ★ **make up** for *idiom (compensate)* جبران کردن *jebrän kardan* **We have to make up for lost time.** ما باید برای آخرین بار جبران کنیم. *Mä bayad baräy-e-äkereen bär jebrän konem.*

makeshift *adj* دستیار *dastyär*

malaria *n* مرض ملاریا *maraz-e-maläryä* **cerebral ~** ملاریای دماغی *maläryä-e-damägee* **symptoms of ~** علایم ملاریا *ala-eem-e-maläryä* **Teach them about malaria and how to prevent it.** برای شان راجع به ملاریا و جلوگیری از ان درس دهید *Baräy-e-shän räje' ba maläryä wa jelow-geeree az än dars dehed.*

male *n* مذکر *mozakar*

malfunction *vi* سوء اجرا وظیفه *so'-e-ejrä-e-wazeefa,* عدم فعالیت *hadam-e-fahälyat* **It malfunctioned.** از کار افتاد. *Az kär oftäd.*

malignant *adj (med.)* مضر *mozer,* خطرناک *khatarnäk,* **~ tumor** تومور خبیث *tomor-e-khabees,* آماس خبیث *ämäs-e-khabees*

mallet *n* چکش *chakosh,* چوب درازی که در بازی پولو استفاده میشود *choob-e-dräz-e-ke dar bäzee-e-poloo estefäda mey-shawad* **rubber ~** چکش رابری *chakosh-e-räbaree* **wooden ~** چکش چوبی *chakosh-e-choobee*

malnourished *adj* مبتلای سوء تغذی شده *mobtalä-ye so'-e-taghazee shoda* **(1) He / (2) She is... / (3) They are... (severely) malnourished.** (۱) او مرد / (۲) او زن / (۳) انها شدید مبتلای سوء تغذی میباشند. *(1) O mard / (2) O zan / Anhä shadeed mobtalä-ye so'-e-taghazee (1,2) mey-bäshad. / (3) mey-bäshand.* ★ **malnutrition** *n* سوء تغذی *so'-e-taghazee* **die of ~** در اثر سوء تغذی مردن *dar asar e-so'-e-taghazee mordan* **(1) He / (2) She is... / (3)**

They are... suffering from malnutrition. آنها (۳) / اوزن (۲) / اومرد (۱) دچار سوء تغذی (۱،۲) است. / (۳) هستند. *(1) O mard / (2) O zan / (3) änhä dochär-e-so'-e-taghazee (1,2) ast. / (3) hastand.*

mama *n* مادر *mädar*

man *n* مرد *mard*, انسان *ensän*, آدم *ädam*, شخص *shakhs* **bad ~** آدم خراب *ädam-e-kharäb* **crippled ~** آدم لنگ *ädam-e-lang* **divorced ~** مرد طلاق شده *mard-e-taläq shoda* **enlisted ~** شخص نام نویس شده *shakhs-e-näm nawees shoda* **good ~** آدم خوب *ädam-e-khoob* **married ~** شخص عروسی شده *shakhs-e-a'roosee shoda*, آدم متاهل *ädam-e-motähel* **middle-aged ~** آدم میان سن *ädam-e-meeyän sen* **old ~** مرد پیر *mard-e-peer* **sick ~** آدم مریض *ädam-e-mareez* **single ~** آدم مجرد *ädam-e-mojarad* **young ~** مرد جوان *mard-e-jawän*

manage *vt* 1. *(handle, take care of)* از عهده... برآمدن *az o'da...bar-ämadan*, پیش بردن *peesh bordan*; 2. *(administer, direct)* اداره کردن *edära kardan*; 3. *(succeed)* کامیاب شدن *kämyäb shodan* **Can you manage it?** آیا شما از عهده این کار برآمده میتوانید؟ *Ayä shomä az o'da-e-een kär barämada mey-tawäned?* **I (1) can / (2) can't manage it.** (۱) من از عهده این کار برآمده میتوانم. / (۲) نمیتوانم. *Man az o'da-e-een kär barämada (1) mey-tawänam. / (2) namey-tawänam.* **I'll let you manage it.** شما را میگذارم تا این را پیش ببرید. *Shomä rä megzaram tä een rä peesh bobared.* **I believe you can manage it.** باورم دارم که شما پیش برده میتوانید؟ *Bäwar däram ke shomä peesh borda mey-tawäned.* **You have to manage it.** شما باید این را پیش ببرید. *Shomä bäyad een rä peesh bobared.* **Who manages this (1) office? / (2) project?** (۱) دفتر / (۲) پروژه را کی اداره میکند؟ *Een (1) daftar / (2) prozha rä kee edära mey-konad?* **(1) He / (2) I managed to (3) fix / (4) get it.** (۱) او مرد / (۲) من در (۳) ترمیم کردن... / (۴) گرفتن... اش کامیاب (۱) شد. / (۲) شدم. *(1) O mard / (2) Man dar (3) tarmeem kardan... / (4) greftan... ash kämyäb (1) shod. / (2) shodam.* ★ **management** *n* 1. *(managing)* اداره *edära*; 2. *(those who manage)* اداره کننده *edära konenda* ★ **manager** *n* مدیر *modeer*, اداره کننده *edära konenda*, آمر *ämer* **assistant ~** معاون مدیر *mo'äwen-e-modeer* **department ~** مدیر اداره *modeer-e-edära*, مدیر دیپارتمنت *modeer-e-deepärtment* **general ~** مدیر عمومی *modeer-e-o'moomee* **office ~** مدیر دفتر *modeer-e-daftar* **personnel ~** مدیر پرسونل *modeer-e-parsoonal* **project ~** مدیر پروژه *modeer-e-prozha* **You'll be the manager.** شما مدیر خواهید بود. *Shomä modeer khähed bood.* **Who's the manager?** مدیر کی است؟ *Modeer kee ast?* **Where's the manager?** مدیر کجا است؟ *Modeer kojä ast?* **I want to talk to the manager.** میخواهم با مدیر صحبت کنم. *Mey-khäham bä modeer sohbat konam.* **You'll have to talk to the manager.** شما باید با مدیر صحبت کنید. *Shomä bäyad bä modeer sohbat koned.*

mandatory *adj* اجباری *ejbäree*

manicure *vt* تزئین ناخون *taz'een-e-nakhoon*, آرایش ناخون *äräyesh-e-näkhoon* ★ *n* آرایش ناخون *äräyesh-e-näkhoon* **I'd like to have a manicure.** میخواهم ناخونهایم را آرایش بکنم. *Mekhäham näkhoon häyam rä äräyesh bekonam.*

manifest *n* *(transp.)* صورت بارکشتی *soorat-e-bär-e-keshtee*, لست اموال *eest-e-amwäl* **cargo ~** صورت بار *soorat-e-bär*, لست بار *leest-e-bär* **passenger ~** لست مسافرین *leest-e-mosäfereen*

manifold *n* *(automot.)* منیفولد (لوله ای چند شاخه که پایپ های گاز موتر چند سلندر را به کاربیتور انتقال میدهد.) *maneefold (Lola-e-chand shäkha ke päyp häy-e-gäz-e-motar chand salandar rä ba kärbetoor enteqäl mey-dehad.)*

man-made *adj* ساخته دست انسان *säkhta-e-dast-e-ensän*

manner *n* 1. *(way)* روش *rawesh*, طریقه *tareeqa*, آداب *ädäb*, ترتیب *tarteeb*; 2.

manual *pl. (social ways)* رسوم *rosoom* **correct ~** طریقه درست *tareeqa-e-drost* **bad ~s** آداب خراب *ädäb-e-kharäb* **good ~s** آداب خوب *ädäb-e-khoob* **proper ~** طریقه مناسب *tareeqa-e-monäseb*, روش درست *rawesh-e-drost* **In what manner?** به چی طریقه؟ *Ba chee tareeqa?* **Do it in this manner.** به این ترتیب انجام دهید. *Ba een tarteeb anjäm dehed.*

manual *adj (hand)* دستی *dastee* **~ work** کار دستی *kär-e-dastee* ★ *n (instr. book)* کتاب دستی *ketäb dastee*, کتاب رهنما *ketäb-e-rahnomä* **first aid ~** کتاب دستی کمک اولیه *ketäb dastee-ye-komak-e-awalya* **instruction ~** کتاب رهنما *ketäb-e-rahnomä* **maintenance ~** کتاب رهنمای ترمیم *ketäb-e-rahnomä-e-tarmeem* **operating ~** رهنمای بکاربرد *rahnomä-e-bakär-bord* **repair ~** رهنمای ترمیم *rahnomä-e-tarmeem* **technical ~** کتاب فنی *ketäb-e-fanee* **If you don't know what to do, check the manual.** اگر شما نمیدانید چطور انجام دهید, کتاب را ببینید. *Agar shomä namey-däned chetowr anjäm dehed, ketäb rä bebeened.* **Read the manual.** کتاب را بخوانید. *Ketäb rä bekhäned.* ★ **manually** *adv* بادست *bä dast* **(1) We'll / (2) They'll / (3) You'll have to do it manually.** (۱) ما / (۲) آنها / (۳) شما این را بادست انجام خواهد (۱) دادیم. / (۲) دادند. / (۳) دادید. *(1) Mä / (2) Ähnä / (3) shomä een rä bä dast anjäm khähad (1) dädem. / (2) dädand. / (3) däded.*

manufacture *vt* ساختن *säkhtan*, درست کردن *drost kardan*, تولید کردن *towleed kardan* **Does anyone here manufacture them?** آیا کسی اینجا آنها را میسازد؟ *Äyä kasee eenjä änhä rä mey-säzad?* **Do (1) they / (2) you manufacture them?** آیا (۱) آنها / (۲) شما آنها را (۱) میسازند؟ / (۲) میسازید؟ *Äyä (1) änhä / (2) shomä änhä rä (1) mey-säzand? / (2) mey-säzed?* **Could (1) they / (2) you manufacture them?** آیا (۱) آنها / (۲) شما آنها را (۱) خواهند ساخت؟ / (۲) خواهید ساخت؟ *Äyä (1) änhä / (2) shomä änhä rä (1) khähand säkht? / (2) khähed säkht?* **We'll show you how to manufacture them.** شما را نشان خواهیم داد که چطور آنها را بسازید. *Shomä rä neshän khähed däd ke chetowr änhä rä besäzed.* ★ *n* ساخت *säkht* **We'll help you start manufacture (of these).** شما را کمک خواهیم کرد که تولید (اینها) را شروع کنید. *Shomä rä komak khähem kard ke towleed(-e-eenhä) rä shoro' koned.* ★ **manufacturer** *n* سازنده *säzenda*, تولید کننده *towleed konenda*

manure *n* کود *kod* **spread ~** کود پاشیدن *kod pasheedan*

many *adj* چندین *chandeen*, بسیار *beesyär* **as ~ as** همان قدر...که *hamän qadar...ke*, هرچند...که *har chand...ke* **~ people** بسیار مردم *beesyär mardom* **~ times** چندین بار *chandeen bär* **~ ways** چندین طریقه *chandeen tareeqa* **too ~** بسیار زیاد *beesyär zeeyäd* **very ~** بسیار *beesyär* **How many?** چند تا؟ *Chand tä?* **How many are there?** چند تا هستند؟ *Chand tä hastand?* **How many were there?** چند تا بودند؟ *Chand tä bodand?* **How many do you (1) need? / (2) want?** شما چند تا (۱) ضرورت دارید؟ / (۲) میخواهید؟ *Shomä chand tä (1) zaroorat dared? / (2) mey-khähed?* **How many can you give me?** چند تا میتوانید برایم بدهید؟ *Chand tä mey-tawäned baräyam bedehed?*

map *n* نقشه *naqsha* **aerial ~** نقشه فضایی *naqsha-e-fazäyee* **city ~** نقشه شهر *naqsha-e-shahr* **country ~** نقشه مملکت *naqsha-e-mamlakat* **military ~** نقشه عسکری *naqsha-e-askaree* **~ of Afghanistan** نقشه افغانستان *naqsha-e-afghänestän* **road ~** نقشه سرک *naqsha-e-sarak* **world ~** نقشه جهان *naqsha-e-jahän* **According to the map.....** مطابق بر نقشه... *Motäbeq bar naqsha...* **Can you show me on a map?** آیا میتوانید درنقشه برایم نشان دهید؟ *Äyä mey-tawäned dar naqsha baräyam neshän dehed?* **How old is this map?** این نقشه از چی وقت است؟ *Een naqsha az chee waqt ast?*

marble *n* مرمر *marmar*, سنگ مرمر *sang-e-marmar*

March *n* (ماه سوم میلادی) ماه مارچ *mäh-e-märch (mäh-e-sowom-e-meelädee)* (See **Calendar Time** appendix for terms)

mare *n* ماده اسپ *asp-e-mäda*

margarine *n* روغن مارگرین *rooghan-e-mär-green,* روغن مسکه *rooghan-e-maska*

margin *n* حاشیه *häsheeya,* کنار *kenär,* لبه *laba*

marijuana *n* ماریجوانا *märeejooänä*

marinate *vt* آخته کردن *Akhta kardan* **Marinate these in the sauce.** اینها را درساس (یک نوع محلول غلیظ مانند چتنی) آخته کنید. *Eenhä rä dar säs (yak nowa mahlool-e-ghaleez mänand-e-chatnee) akhta koned.*

mark *vt* نشانی کردن *neshänee kardan,* علامه زدن *aläma zadan,* علامت گذاشتن *a'lämat gozäshtan* **A lane has been marked through the minefield.** یک راه در میان ساحه ماین، نشانی شده است. *Yak räh dar meyän-e-säha-e-mäyn, neshänee shoda ast.* **Mark each one (like this).** هریک را (مانند این) نشانی کنید. *Har yak rä (mänand-e-een) neshänee koned.* **Mark the area with red stones.** ساحه را با سنگهای سرخ نشان‌گذاری نمایید. *Säha rä bä sang-hä-e-sorkh neshän gozaree nomäyed.* **Measure it carefully and then mark it.** به دقت اندازه کنید و بعداً نشانی کنید. *Ba deqat andäza koned wa ba'dan neshänee koned.* ★ **mark** *n* نشان *neshän,* علامت *alämat* **black-and-blue ~** نشان سیاه و آبی *neshän-e-seyä wa äbee* ★ **marker** *n* 1. *(sign, indicator)* نشان *neshän;* 2. *(pen)* قلم مارکر *qalam-e-märkar,* قلم توش *qalam-e-toosh* **black ~** قلم توش سیاه *qalam-e-toosh-e-seeyä* **minefield ~** نشان ساحه ماینها *neshän-e-säha-e-mäynhä* **red ~** قلم توش سرخ *qalam-e-toosh-e-sorkh* **Set markers around this area.** اطراف این ساحه را علامه گذاری کنید. *Aträf-e-een säha rä a'läma gozäree koned.*

market *n* 1. *(marketplace)* بازار *bäzär,* مارکیت *märkeet;* 2. *(demand; outlet)* بازار *bäzär* **black ~** بازار سیاه *bäzär-e-seeyäh* **central ~** بازار مرکزی *bäzär-e-markazee* **spice ~** مارکیت فلفل *märkeet-e-felfel* **stock ~** بازار خرید و فروش اسعار *bäzär-e-khareed wa frosh-e-as-här* **weekly ~** مارکیت هفتوار *märkeet-e-hafta-wär* **Go to the market and buy *(item)*.** بازار بروید و (___) بخرید. *Bäzär bera-wed wa (___) bekhared.* **Let's go to the market.** بیایید بازار برویم. *Beyäyed bäzärdfd berawem.* **There's a good market for *(1)* this. / *(2)* such products.** این یک بازار خوب برای (۱) این... / (۲) این نوع تولیدات ... است. *Een yak bäzär-e-khoob barä-e- (1) een... / (2) een now-ha towleedät... ast.* ★ **marketplace** *n* بازار *bäzär,* مارکیت *märkeet*

maroon *adj* رنگ جگری *rang-e-jegaree*

marriage *n* ازدواج *ezdewäj,* عروسی *a'roosee* **bad ~** ازدواج خراب *ezdewäj-e-kharäb* **forced ~** ازدواج اجباری *ezdewäj-e-ejbäree* **good ~** ازدواج خوب *ezdewäj-e-khoob* **happy ~** ازدواج خوب *ezdewäj-e-khoob* **long ~** ازدواج طولانی *ezdewäj-e-toolänee* **license ~** اجازه نامه ازدواج *ejäza näma-e-ezdewäj* ★ **married** *adj* متاهل *motähel* **get ~** ازدواج کردن *ezdewäj kardan,* عروسی کردن *a'roosee kardan* **Are you married?** آیا شما متاهل هستید؟ *Äyä shomä motähel hasted?* **Is *(1)* he / *(2)* she married?** (۱) آیا اومرد / (۲) اوزن متاهل است؟ *Äyä (1) o mard / 2) o zan motähel ast?* **Are they married?** آیا آنها متاهل هستند؟ *Äyä änhä motähel hastand?* **I'm *(1)* married. / *(2)* not married.** من متاهل (۱) هستم. / (۲) نیستم. *Man motähel (1) hastam. / (2) neestam.* **How long have you been married?** چی مدت زمانی است که شما ازدواج کرده اید؟ *Chee modat zamän ast ke shomä ezdewäj karda eed?* **I've been married for *(number)* years.** من (___) است که ازدواج کرده ام. *Man (___) ast ke ezdewäj karda ham.* **You should get married.** شما باید ازدواج کنید. *Shomä bäyad ezdewäj koned.* **When are**

you going to get married? چی وقت میخواهید که ازدواج کنید؟ Chee waqt mey-khähed ke ezdewäj koned? ★ **marry** *vt* عروسی کردن *a'roosee kardan*, ازدواج کردن *ezdewäj kardan*

marsh *n* مرداب *mordäb*, دنداب *dandäb*

martial *adj* نظامی *nezämee*, جنگی *jangee* ~ **arts** فنون جنگی *fenoon-e-jangee*, ورزش های رزمی *warzesh hä-e-razmee* **They have imposed martial law.** آنها قانون نظامی را وضع کردند. *Anhä qänoon-e-nezämee rä waza' kardan.*

martyr *n* شهید *shaheed*

marvelous *adj* حیرت انگیز *hayrat angeez*, عالی *a'älee* **You did a marvelous job.** شما کار عالی انجام دادید. *Shomä kär-e-a'älee-e- anjäm däded.*

mascara *n* سورمه *soorma*

mask *n* نقاب *neqäb*, روبند *roband*, ماسک *mäsk* **dust** ~ ماسک ضد خاک *mäsk-e-zed-e-khäk* **gas** ~ ماسک ضد گاز *mäsk-e-zed-e-gäz* **plastic face** ~ نقاب پلاستیکی *neqäb-e-palästekee* **protective** ~ نقاب حفاظت کننده *neqäb-e-hefäzat konenda* **ski** ~ ماسک سکی *mask-e-sekee* **surgical** ~ ماسک جراحی *mäsk-e-jarähee* **Wear a (dust) mask when you do this.** وقتیکه این را انجام میدهید یک ماسک ضد خاک بپوشید. *Waqteekee een rä anjäm mey-dehed yak mäsk-e-zed-e-khäk beposhed.* ★ **masked** *adj* نقاب دار *neqäb där*, نقاب پوش *neqäb posh* **The (1) bandits / (2) gunmen / (3) robbers were masked.** (۱) رهزن ها ... / (۲) افراد مسلح / (۳) دزد ها نقاب پوشیده بودند. *(1) Rahzan hä... / (2) Afräd-e-mosalah... / (3) Dozd hä... neqäb posheeda boodand.*

mason *n* (*stone worker*) گلکار *gelkär*, معمار *ma'mär* ★ **masonry** *n* گلکاری *gelkäree*

mass *n* (*great amount*) کتله *katla*, مقدار زیاد *meqdär-e-zeeyäd*, عده *e'da* ~ **of garbage** کوت کثافات *koot-e-kasäfät*, انبار کثافت *anbär-e-kasäfat* ~ **of information** مقدار زیاد معلومات *meqdär-e-zeeyäd-e-ma'loomät* ~ **of paperwork** مقدار زیاد کاردفتری *meqdär-e-zeeyäd-e-kär-e-daftaree* ~ **of people** کتله از مردم *katla-e-az mardom*, تعداد زیاد از مردم *tehdäd-e-zeeyäd-e-az mardom*

massacre *vt* قتل عام کردن *qatel-e-a'äm kardan* **They massacred them.** آنها را قتل عام کردند. *Anhä rä qatel-e-a'äm kardand.* ★ *n* قتل عام *tatel-e-a'äm*

massage *vt* مالش دادن *mälesh dädan*, مساژ دادن *masäzh dädan* **Massage (1) her / (2) his (3) arm. / (4) arms. / (5) back. / (6) foot. / (7) feet. / (8) leg. / (9) legs. / (10) shoulders.** (۳) بازو / (۴) بازو های / (۵) پشت / (۶) پا / (۷) پا های / (۸) پا / (۹) پاهای / (۱۰) شانه (۱,۲) اش را مالش دهید. *(3) Bäzoo-e- / (4) Bäzoo häy-e- / (5) Posht / (6) Pä-e- / (7) Pä häy-e- / (8) Pä-e- / (9) Pä häy-e- / (10) Shänah-e- (1,2) ash rä mälesh dehed.* ★ *n* مالش *mälesh*, مساژ *masäzh* **Give (2) her / (2) him a (good) massage.** (۱) O zan / (2) Ö mard rä khoob mälesh dehed.* ★ **masseur** *n* مردی که مساج میدهد *Mardee ke masäj mey-dehad.* ★ **masseuse** *n* زنی که مساج میدهد *Zanee ke masäj mey-dehad.*

master *n* ماستر *mästar*, استاد *ostäd* **Master of Arts degree (MA)** ماستر علوم اجتماعی *mästar-e-o'loom-e-ejtemä'ee* **Master of Science degree (MS)** ماستر علوم طبیعی *mästar-e-o'loom-e-tabe'ee* ~ **of water distribution** مسول ابرسانی *masool-e-äbrasänee* ~ **sergeant** (*mil.*) لوی درستیز *loy-dresteez*

masterpiece *n* شهکار *shahkär* **This is a masterpiece!** این یک شهکار است! *Een yak shahkär ast!*

mat *n* فرش *farsh*, بوریا *booreeyä* **plastic** ~ فرش پلاستیکی *farsh-e-palästeekee* **rubber** ~ بوریای رابری *booreeyä-ye räbaree* **straw** ~ فرش بوریایی *farsh-e-boryär-yee* **weave** ~**s** بوریا بافتن *booreeyä bäftan* **Put a mat under it.** در زیر اش یک فرش بگذارید. *Dar zeer ash yak farsh begzäred.*

match *n* 1. *(for flame)* گوگرد *gogerd*; 2. *(game)* بازی *bäzee* **box of ~es** قطی گوگرد *qotee-e-gogerd* **light a ~** گوگرد را روشن کردن *gogerd rä rooshan kardan* **organize a ~** بازی ترتیب دادن *bäzee tarteeb dädan* **soccer ~** بازی ساکر *bäzee-e-säkar*, بازی فوتبال *bäzee-e-footbäl* **volleyball ~** بازی والیبال *bäzee-e-waleebäl*

mate *vt (animals)* جفت کردن *joft kardan*, نسل گیری کردن *nasel geree kardan* ★ *n* جفت *joft*, همسر *hamsar*

material *n* 1. *(for making s.th.)* ماده *mäda*, مواد *mawäd*; 2. *(fabric)* مصاله *masäla*; 3. *(implements)* لوازم *lawäzem*, اسباب *asbäb*; 4. *(textbooks)* اسناد *asnäd*, مطلب *matlab* **building ~s** مواد ساختمانی *mawäd-e-säkh-tomänee* **educational ~s** مواد تعلیمی *mawäd-e-ta'leemee* **haul ~s** مصاله را خالی کردن *masäla rä khälee kardan* **hazardous ~s (= hazmat)** ماده خطرناک *mäde-e-khatarnäk*, ماده مخاطره آمیز *mäde-e-mokhätere-ämeez* **medical ~s** مواد طبی *mawäd-e-tebee* **packing ~** لوازم بسته بندی *lawäzem-e-basta bandee* **purchase ~s** مواد خریداری کردن *mawäd khareedäree kardan* **raw ~s** مواد خام *mawäd-e-khäm* **roofing ~** مواد سقف سازی *mawad-e-säqf sazee* **supply ~s** مواد رساندن *mawäd rasändan*, مواد اکمالات کردن *mawäd ekmälät kardan* **suspicious ~** مواد مشکوک *mawad-e-mashkook* **teaching ~s** مواد درسی *mawäd-e-darsee*, مواد تعلیمی *mawäd-e-ta'leemee* **toxic ~** مواد سمی *mawäd-e-samee* **writing ~s** لوازم تحریر *lawäzem-e-tahreer*

maternity *n* زایشگاه *zäyeshgäh*, مرکز حمایه طفل و مادر *markaz-e-hemäya-e-tefel wa mädar* **~ clothes** لباس های زایشگاه *lebäs-e-häyee zäyeshgäh* **~ hospital** شفاخانه زایشگاه *shafäkhäna zäyeshgäh* **~ leave** *(from work)* رخصتی نسایی *rokhsatee-e-nesäye* **~ ward** بخش زایشگاه *bakhsh-e-zäyeshgäh*, بخش نسایی *bakhsh-e-nesäye*

mathematics *n* ریاضیات *reyäzeeyät*, علوم ریاضی *o'loom-e-reeyäzee*, الجبر *aljaber*

matter *vi* اهمیت داشتن *ahmayat däshtan* **It doesn't (really) matter.** این به من اهمیت (اصلا)ندارد. *(Aslant) ahmayat nadärad.* **It matters to me.** این به من اهمیت دارد. *Een ba man ahmayat därad.* ★ *n (affair)* موضوع *mowzo'*, مطلب *matlab*, قضیه *qazya*, کار *kär* **business ~** موضوع تجارتی *mowzo'-e-tejäratee* **confidential ~** موضوع محرمانه *mowzo'-e-moharamäna* **different ~** موضوع مختلف *mowzo'-e-mokhtalef* **important ~** موضوع مهم *mowzo'-e-mohem* **~ of life and death** موضوع زندگی و مرگ *mowzo'-e-zendagee wa marg* **personal ~** موضوع شخصی *mowzo'-e-shakhsee* **urgent ~** موضوع عاجل *mowzo'-e-a'äjel* **I have an urgent matter to discuss with you.** یک موضوع عاجل را میخواهم با شما بحث کنم. *Yak mowzo'-e-mohem rä meykhäham bä shomä bahs konam.* **(1-3) What's the matter?** (1) چی گپ شده است؟ *Chee gap shoda ast?* / (2) موضوع چیست؟ *Mowzo' cheest?* / (3) چی شده است؟ *Chee shoda ast?* **Is something the matter?** آیا چیزی شده است؟ *Ayä cheezee shoda ast?* **No matter what happens,...** اهمیت ندارد هرچهمیشود،... *Ahmyat nadärad har che mey-shawad,...* **As a matter of fact,...** حقیقت قضیه این است که،... *Haqeeqat-e-qazya een ast ke,...*

matting *n* بوریا بافی *booryä bäfee* **~ straw** مواد بوریا بافی با کاه *mawäd-e-booryä bäfee bä käh*

mattress *n* دشک *doshak*, تشک *toshak* **~ clean** دشک پاک *doshak-e-päk* **~ cover** پوش دشک *posh-e-doshak* **new ~** دشک جدید *doshak-e-jadeed*, دشک نو *doshak-e-now* **Turn the mattress over.** دشک را دور بدهد. *Doshak rä dowr bedehed.* **Change the mattress cover.** پوش دشک را تبدیل کنید. *Posh-e-doshak rä tabdeel koned.*

mature *adj* بالغ *bälegh*, پخته *pokhta*

maximum *adj* اعظمی *ä'zamee*, نهایی *nehäyee*, آخری *äkheree*, حد اکثر *had-e-*

aksar ~ **amount** مقدار نهایی *meqdär-e-nehäyee* ~ **dosage** مقدار زیادترین *seyädtareen meqdär* ~ **speed** سرعت اعظمی *sorhat-e-ä'zamee,* سرعت نهایی *sorhat-e-nehäyee,* حد اکثر سرعت *had-e-aksar-e-sorhat* ~ **weight** وزن نهایی *wazen-e-nehäyee,* وزن حد اکثر *had-e-aksar-e-vazen* ★ **maximum** *n* حد اکثر *had-e-aksar,* آخر *äkher* **to the** ~ تا آخر *tä äkher,* در حد اکثر *dar had-e-aksar,* تا نهایت *tä nehäyat*

may *v aux (expressing possibility)* شاید *shäyad,* ممکن *momken* **You may have to** *(1)* **do it.** */ (2)* **go (alone).** */ (3)* **stay.** */ (4)* **wait.** (۱) ممکن است شما انجام دهید. / (۲) (تنها) بروید. / (۳) بمانید. / (٤) انتظار بکشید. *Momken ast shomä (1) anjäm dehed. / (2) (tanhä) berawed. / (3) bomäned. / (4) entezär bekashad.* **I may have to** *(1)* **do it.** */ (2)* **go (alone).** */ (3)* **stay.** */ (4)* **wait.** من باید (۱) انجام دهم. / (۲) (تنها) بروم. / (۳) بمانم. / (٤) انتظار بکشم. *Man bäyad (1) anjäm deham. / (2) (tanhä) berawam. / (3) bomänam. / (4) entezär bekasham.* **He** */ (2)* **She may have to** *(3)* **do it.** */ (4)* **go (alone).** */ (5)* **stay.** */ (6)* **wait.** (۱) اومرد باید / (۲) اوزن باید (۱) انجام بدهد. / (۲) (تنها) برود. / (۳) بماند. / (٤) انتظار بکشد. *(1) O mard bäyad / (2) O zan bäyad (1) anjäm bedehad. / (2) (tanhä) berawad. / (3) bemänad. / (4) entezär bekashad.* **May you never be tired.** برای همیشه از خستگی در امان باشید. *Baräye hameeshe az khastegee dar amän bashed.* **May you not be sad.** از خفگان در امان باشید. *Az hafegän dar amän bashed.* **May you be strong.** مستحکم باشید. *Mostahkam bashed.* **May you live forever.** برای همیشه زنده باشید. *Baräye hameeshe zende bashed.*

May *n* ماه می (ماه پنجم میلادی) *mäh-e-mey (mäh-e-panjom-e-meelädee)* (See **Calendar Time** *appendix for terms*)

maybe *adv* شاید *shäyad*

mayonnaise *n* یک نوع کریم که از زردی تخم مرغ، روغن نباتات و مصاله جات درست میکنند. *Yak now-ha kreem ke az zardee tokhem-e-morgh, rooghan-e-nabätät wa masälajät drost mey-konand.*

mayor *n* شاروال *shärwäl*

meadow *n* چمن *chaman*

meal *n* خوراك *khoräk,* غذا *ghezä* ~ **packet** پاکت غذا *päkat-e-ghezä* **cook a** ~ غذا پختن *ghezä pokhtan* **prepare a** ~ غذا آماده کردن *ghezä ämäda kardan* **serve a** ~ غذا پیشکش کردن *ghezä peeshkash kardan*

mean *adj (malicious)* بی نزاکت *bey-nezäkat,* بدخو *badkhoo,* بدتمیز *badtameez,* زشت *zesht,* مغرور *maghroor* **That was a mean thing to do.** یک کار زشت بود. *Yak kär-e-zeshtbod.* ★ *vt 1. (have meaning)* معنی دادن *ma'nee dädan; 2. (intend)* قصد داشتن *qasd däshtan,* خواستن *khästan* **What does this mean?** چی معنی دارد؟ *Chee ma'nee däräd?* **I don't understand what it means.** نمیدانم چی معنی دارد. *Namey-dänam chee ma'nee däräd. (1,2)* **It means...** *(1)* ...یعنی *Ya'nee... / (2)* ...معنی اش است. *Ma'nee ash ....ast.* **I didn't mean to** *(1)* **hurt** */ (2)* **offend you.** نمیخواستم به شما(۱) آسیب / (۲) آزار برسانم. *Namey-khästam ba shomä (1) äseeb / (2) äzär berasänam.* ★ **meaning** *n* معنی *ma'nee,* مقصود *maqsood* **What's the meaning of this?** معنی این چی است؟ *Ma'nee-e-een chee ast?* **The word has different meanings.** لغت معانی مختلف دارد. *Loghat ma'änee-e-mokhtalef däräd.* ★ **means** *n, pl (way)* وسیله *waseela* **by** ~ **of** با وسیله *ba waseela-ye*

meantime *n* ضمناً *zemnan* **in the** ~ در حال حاضر *dar häl-e-häzer*

meanwhile *adv* ضمناً *zemnan,* در عین حال *dar ayn-e-häl*

measles *n, pl* مرض سرخکان *maraz-e-sorkhakän* **case of** ~ قضیه سرخکان *qazya-e-sokhakän* **This will protect you against the measles.** این شما را در مقابل مرض سرخکان حفاظت خواهد کرد. *Een shomä rä dar moqäbel-e-*

measure 250 **mediator**

maraz-e-sorkhakän hefäzat khähad kard.
measure vt کردن اندازه *andäza kardan,* کردن پیمانه *paymäna kardan* **Measure** *(1)* **it (carefully).** / *(2)* **the depth** / *(3)* **height** / *(4)* **length** / *(5)* **width.** (١) این را (بادقت)... / (٢) عمق را / (٣) ارتفاع را / (٤) طول را/ (٥) عرض را اندازه کنید. *(1) Een rä (bä deqat)... / (2) omq rä / (3) ertefä rä / (4) tool rä / (5) arz rä andäza koned.* **Did you measure it?** آیا شما این را اندازه کردید؟ *Äyä shomä een rä andäza karded?* *(1)* **I** / *(2)* **We want to measure** *(3)* **her** / *(4)* **his** / *(5)* **your** / *(6)* **their height.** (١) من میخواهم... / (٢) میخواهیم... قد (٣) او زن / (٤) او مرد / (٥) شما / (٦) انها را اندازه (١) کنم. / (٢) کنیم. *(1) Man meykhäham... /(2) Mä meykhähem... qad-e- (3) o zan / (4) o mard / (5) shomä / (6) änhä rä andäza (1) konam. / (2) konem.* ★ *n* 1. *(degree, extent)* اندازه *andäza,* پیمانه *paymäna;* 2. *(meas. device)* پیمانه سنج *paymäna sanj,* متر *metr;* 3. *(action, step)* اقدام *eqdäm,* تدابیر *tadäbeer* **decisive ~s** اقدام قاطع *eqdäm-e-qäte' ~s* **for security** تدابیر امنیتی *tadäbeer-e-amneyatee* **take ~s** تدابیر گرفتن *tadäbeer gereftan* **tape ~** متر *metr,* فیته اندازه گیری *feeta-e-andäza geeree* ★ **measurement** *n* 1. *(meas.)* اندازه *andäza geeree,* سنجش *sanjesh;* 2. *often pl (size found by meas.)* اندازه گیری *andäza beegeered.* **What are the measurements?** چقدر اندازه دارد؟ *Cheqadar andäza därad?*
meat *n* گوشت *goosht* **boiled ~** گوشت جوشانده *goosht-e-jooshäna,* گوشت جوش داده شده *goosht-e-joosh-däda shoda* **canned ~** گوشت قطی *goosht-e-qotee,* **fresh ~** گوشت تازه *goosht-e-täza* **goat ~** گوشت بز *goosht-e-boz* **ground ~** گوشت کوفته *goosht-e-kofta* **lunch ~** گوشت غذای چاشت *goosht-e-ghezä-e-chäsht* **I don't eat meat.** من گوشت نمیخورم. *Man gosht namey-khoram.*
mechanic *n* مستری *mestaree,* میخانیک *mekhäneek* **Do you know a mechanic?** آیا شما کدام مستری را میشناسید؟ *Äyä shomä kodäm mestaree rä mey-shenäsed?* **Could you get** *(1)* **me** / *(2)* **us a mechanic?** آیا برای (١) من / (٢) ما یک مستری آورده میتوانید؟ *Äyä baräy-e- (1) man / (2) mä yak mestaree äwarda mey-tawäned?* *(1)* **I** / *(2)* **We need a mechanic.** (١) من / (٢) ما به یک مستری ضرورت (١) دارم. / (٢) داریم. *(1) Man / (2) Mä ba yak mestaree zaroorat (1) däram. / (2) därem.* ★ **mechanical** *adj* میخانیکی *mekhä-neekee,* ماشینی *mäsheenee* ★ **mechanism** *n* ساختمان *säkhtomän,* میکانیزم *mekäneezem* **The mechanism is broken.** ماشین شکسته است. *mäsheen shekasta ast.* **Can you fix the mechanism?** آیا شما ماشین را ترمیم کرده میتوانید؟ *Äyä shomä mäsheen rä tarmeem karda mey-tawäned?*
medal *n* مدال *medäl* **You deserve a medal.** شما مستحق مدال هستید. *Shomä mostahaq-e-medäl hasted.*
media *n, pl* نشرات *nasharät,* مطبوعات *matbohät* **member of the ~** عضو o'zw-e-matbohät **Keep the media out of here.** مطبوعات را داخل اجازه ندهید. *Matbohät rä däkhel ejaza nadehed.* **No media!** نشرات اجازه نیست! *Nasharät ejäza neest!*
mediate vt & vi میانجیگری کردن *meeyänjee garee kardan* **~ between the two sides** درمیان دوطرف میانجیگری کردن *dar meeyän-e-do taraf meeyänjee garee kardan* **~ the dispute** در مشاجره میانجیگری کردن *dar moshäjera meeyänjee garee kardan* **I want you to mediate the dispute.** میخواهم که شما در مشاجره میانجیگری کنید. *Mey-khäham ke shomä dar moshäjera meeyänjee garee koned.* **Do your best to mediate the dispute.** تاحد امکان کوشش کنید که مشاجره را با میانجیگری حل کنید. *Tä had-e-emkän koshesh koned ke moshäjera rä bä meeyänjee garee hal koned.* ★ **mediator** *n* میانجی *meeyänjee,* میانجیگر *meeyänjee gar* **You will be the mediator.** شما میانجی خواهید بود. *Shomä meeyänjee khähed bood.*

medic *n* کارمند صحی *kärmand-e-sehee* ★ **medical** *adj* طبی *tebee* ~ **emergency** حادثه عاجل طبی *hädesa-e-a'äjel-e-tebee* ~ **equipment** وسایل طبی *wasäyel-e-tebee* ~ **facility** سهولت طبی *soholat-e-tebee* ~ **kit** اسباب طبی *asbäb-e-tebee* ~ **materials** مواد طبی *mawäd-e-tebee* ~ **personnel** کارکنان طبی *kärkonän-e-tebee* ~ **supplies** اکمالات طبی *ekmälät-e-tebee* ~ **training** تعلیمات طبی *ta'leemät-e-tebee* **This is a medical emergency.** این یک حادثه عاجل طبی است. *Een yak hädesa-e-a'äjel-e-tebee ast.* **(1) Bring / (2) Get / (3) Take a medical kit.** اسباب طبی را (1) بیاورید. / (2،3) بگیرید. *Asbäb-e-tebee rä (1) beeyäwared. / (2,3) beegeered.* **We need more medical supplies.** ما به اکمالات طبی بیشتر ضرورت داریم. *Mä ba ekmälät-e-tebee-e-beeshtar zaroorat därem.* **Do you have any medical supplies?** آیا شما اکمالات (وسایل) طبی دارید؟ *Äyä shomä ekmälät (wasäyel)-e-tebee dared?* **Where can we get medical supplies?** از کجا میتوانیم وسایل طبی بدست بیاوریم؟ *Az kojä mey-tawänem wasäyel-e-tebee badast beyäwarem?* **Do you have any medical training?** آیا شما کدام تعلیمات طبی دارید؟ *Äyä shomä kodäm ta'leemät-e-tebee dared?* ★ **medication** *n* ادویه *adweya*, دوا *dawä*; معالجه *mahäleja* **I'm prescribing a medication for you.** برای شما یک نسخه دوا نوشته میکنم. *Baräy-e-shomä yak noskha dawä naweshta mey-konam.* **Take this medication (1) every four hours. / (2) once / (3) twice a day.** این دوا را (1) هرچهار ساعت بعد... / (2) یکبار / (3) دوبار دریک روز... بخورید. *Een dawä rä (1) har chär sä-a't ba'd... / (2) yakbär / (3) dobär dar yak rooz... bekhored.* ★ **medicine** *n* ادویه *adweya*, طب *teb* **anti-diarrhea** ~ ادویه ضد اسهال *adweya-e-zed-e-es-häl* **cough** ~ ادویه سرفه *adweya-e-sorfa*, دوای سرفه *dawä-e-sorfa* ~ **cabinet** الماری ادویه *almäree-e-adweya*, الماری دوا *almäree-e-dawä* **strong** ~ ادویه قوی *adweya-e-qawee*, دوای قوی *dawä-e-qawee* **Take this medicine ([1] every two / [2] four hours. / [3] after / [4] before every meal. / [5] once a day.)** این دوا را ([1] هردو / [2] چهارساعت. / [3]...بعد از / [4] قبل او غذا. / [5] روز یکبار) بخورید. *Een dawä rä ([1] har do / [2] chär sä-a't... / [3] ba'd az / [4] qabel az ghezä... [5] rooz-e-yakbär) bekhored.* **This medicine will stop the diarrhea.** این ادویه اسهال را متوقف خواهد کرد. *Een adweya es-häl rä motawa-qef khähad kard.*

medium *adj* میانه *meyäna*, متوسط *motawaset*, معتدل *mohtadel*

meet *vt* 1. *(come together)* ملاقات کردن *moläqät kardan*; 2. *(be introduced)* آشنا شدن *äshnä shodan* **Where shall I meet you?** شما را در کجا ملاقات بکنم؟ *Shomä rä dar kojä moläqät bokonam?* **I'll meet you at (place).** شما را در (___) ملاقات خواهم کرد. *Shomä rä dar (___) moläqät khäham kard.* **Meet (1) me / (2) us at (place).** (1) من / (2) ما را در (___) ملاقات کنید. *(1) Man / (2) Mä rä dar (___) moläqät koned.* **I have to go meet (person).** من باید بروم (___) را ملاقات کنم. *Man bäyad berawam (___) rä moläqät konam.* **Have you met my (1) assistant / (2) colleague / (3) friend, (name)?** آیا شما با (1) معاون / (2) همکار / (3) دوست من، (نام) آشنا شده اید؟ *Äyä shomä bä(1) ma'äwen-e- / (2) hamkär-e- / (3) doost-e-man, (näm) äshnä shoda eed?* **Nice to meet you.** از ملاقات شما خوشحالم. *Az moläqät-e-shomä khosh-hälam.* **It's a pleasure to meet you.** این مایه خوشی است که شما را ملاقات میکنم. *Een mäya-e-khoshee ast ke shomä rä moläqät mey-konam.* ★ *vi* 1. *(come together)* ملاقات *jama' shodan*, گرد آمدن *gerd ämadan*, جمع شدن *moläqät kardan*; 2. *(be introduced)* آشنا شدن *äshnä shodan* **(1) Where... / (2) What time... shall we meet?** (1) کجا... / (2) چی وقت... ملاقات خواهیم کرد؟ *(1) Kojä... / (2) Chee waqt... moläqät khähem kard?* **Let's meet at (1) (place) / (2) (time).** بیائید در (1) (___) / (2) (___) جمع شویم. *Beyäyed dar (1) (___) / (2) (___) jama' showem.* **I hope we meet**

again. ببینیم دوباره امیدوارم. *Omeedwäram dobära bebeenem.* **Have we met before?** آیا قبلاً همدیگر را دیده بودیم؟ *Äyä qablan hamdeegar rä deeda bodem?* **I don't believe we've met. My name is** *(name).* باورنمیکنم قبلاً یکدیگر را دیده باشیم. نام من ( ) است. *Bäwar namey-konam qablan yakdeegar rä deeda bäshem. Näm-e-man ( ) ast.* ★ **meeting** *n* مجلس *majels,* ملاقات *moläqät,* جلسه *jalsa* **council** ~ مجلس شورا *majles-e-shoorä* **hold a** ~ مجلس گرفتن *majles greftan* **office** ~ جلسه دفتر *jalasa-e-daftar,* میتینگ دفتر *meeteeng-e-daftar* **staff** ~ جلسه کارمندان *jalasa-e-kärmandän* **Where's the meeting going to be?** جلسه درکجا خواهد بود؟ *Jalasa dar kojä khähad bod?* **What time is the meeting?** جلسه چند بجه است؟ *Jalasa chand baja ast?* **There's going to be a meeting at** *(1) (place) / (2) (time).* یک جلسه در (۱) ( ) / (۲) ( ) خواهد بود. *Yak jalasa dar (1) ( ) / (2) ( ) khähad bod.* **Please come to the meeting.** لطفاً درجلسه بیائید. *Lotfan dar jalasa beyäyed.* **I'd like to have a meeting with** *(name).* میخواهم یک ملاقات با ( ) داشته باشم. *Mey-khäham yak moläqät bä ( ) däshta bäsham.* **Would it be possible to have a meeting with you** *(1)* **today** */ (2)* **tomorrow?** آیا امکان خواهد داشت که همرای شما (۱) امروز / (۲) فردا در(زمان) یک ملاقات داشته باشم؟ *Äyä emkän khähad däsht ke hamräyee shomä (1) emrooz / (2) fardä yak moläqät däshta bäsham?* **Could you arrange a meeting with** *(1)* **her?** */ (2)* **him?** */ (3)* **them?** آیا شما میتوانید با (۱) اوزن / (۲) اومرد / (۳) آنها یک ملاقات ترتیب دهید؟ *Äyä shomä mey-tawäned bä (1) o zan / (2) o mard / (3) änhä yak moläqät tarteeb dehed?*

megawatt *n* یک ملیون وات *yak melyoon wät,* میگاوات *megawät,* (واحد توان برقی) ★

melon *n* خربوزه *kharboza*

melt *vi* آب شدن *äb shodan,* ذوب شدن *zowb shodan* **The snow is melting.** برف آب میشود. *Barf äb mey-shawad.*

member *n* عضو *o'zwe,* کارمند *kärmand* **al-Qaida** ~ عضو القاعده *o'zwe-e-alqä-e'da* **family** ~ عضو خانواده *o'zwe-e-khänawäda* ~ **of the group** عضو گروپ *o'zwe-e-groop,* عضو دسته *o'zwe-e-dasta* ~ **of the media** کارمند مطبوعات *kärmand-e-matbo-a'ät* ~ **of the Taliban** عضو طالبان *o'zwe-e-tälebän* ~ **of the tribe** عضو قبیله *o'zwe-e-qabeela* **staff** ~ عضو کارمندان *o'zwe-e-kärmandän* **team** ~ عضو دسته *o'zwe-e-dasta,* عضو تیم *o'zwe-e-teem*

membrane *n* غشاء *gheshä',* پرده *parda*

memo(randum) *n (written comm.)* یادداشت *yädäsht,* نوت *noot* **(1) Give** */ (2)* **Take this memo to** *(name).* این یادشت را برای ( ) (۱) بدهید / (۲) ببرید. *Een yädäsht rä baräy-e-( ) (1) bedehed / (2) bebared.*

memorial *adj* یادگاری *yädgäree* ~ **ceremony** محفل یادگاری *mahfel-e-yägäree* ~ **service** فاتحه *fäteha* ★ *n* یادگار *yädgär* **build a** ~ یادگار بنا کردن *yädgär-e-banä kardan*

memorize *vt* حفظ کردن *hefz kardan,* به حافظه سپردن *ba häfeza sopordan* **Please memorize** *(1)* **the combination (to the lock).** */ (2)* **the instructions.** */ (3)* **this.** لطفاً (۱) نمرات (قفل)... / (۲) هدایات... / (۳) ...این را حفظ کنید. *Lotfan (1) nomarät (-e-qofel)... / (2) hedäyät... / (3) een... rä hefz koned.* ★ **memory** *n* 1. *(capacity)* ذهن *zehn;* 2. *(recollection)* خاطره *khätera;* 3. *(comp.)* حافظه *häfeza* **You have a** *(1)* **good** */ (2)* **short memory.** شما ذهن (۱) خوب / (۲) ضعیف دارید. *Shomä zehn-e- (1) khoob / (2) zaheef dared.* *(1)* **He** */ (2)* **She has bad memories from the war.** (۱) اومرد / (۲) اوزن از جنگ خاطرات بد دارد. *(1) O mard / (2) o zan az jang khäterät-e-bad däräd.*

mend *vt (fix by sewing)* ترمیم کردن *tarmeem kardan* **Can you mend** *(1)*

men's | 253 | **message**

آیا شما میتوانید (۱) این پتلون / (۲) این پیراهن را these pants? / (2) this shirt? ترمیم کنید؟ *Ayä shomä mey-tawäned een (1) patloon / (2) peerähan rä tarmeem koned?*

men's *adj* مردانه *mardäna* ~ **restroom** تشناب مردانه *tashnäb-e-mardäna*
menstrual *adj* ماهوار عادت *marboot ba ädat-e-mähwär* ~ **difficulty** مشکلات عادت ماهوار *moshkelät-e-ädat-e-mähwär* ~ **pains** درد های عادت ماهوار *dard häy-e-ädat-e-mähwär* ★ **menstruate** *vi* حیض شدن *hayz shodan*, دچار عادت ماهوار شدن *dochär-e-ädat-e-mähwär shodan* ★ **menstruation** *n* حیض *hayz*, عادت ماهوار *ädat-e-mähwär*
mental *adj* عقلی و عصبی *a'qlee wa a'sabee*, دماغی *damäghee* ~ **hospital** شفاخانه عقلی و عصبی *shafä-khäna-e-a'qlee wa a'sabee* ~ **patient** مریض عقلی و عصبی *mareez-e-a'qlee wa a'sabee* ~ **problems** مشکلات عقلی و عصبی *moshkelät-e-a'qlee wa a'sabee* (1) **He** / (2) **She has mental problems.** (۱) اومرد / (۲) اوزن اوزن مشکلات دماغی دارد. *(1) O mard / (2) O zan moshkelät-e-damäghee därad.* ★ **mentally** *adv* عقلاً *a'qlan*, روحاً *rohan* ~ **retarded** شخصی مصاب به عقل ناقص *shakhs-e-mesäb ba a'ql-e-näqes* (1) **He** / (2) **She is mentally ill.** (۱) اومرد / (۲) اوزن مریض عقلی است. *(1) O mard / (2) O zan mareez-e-a'qlee ast.*

mention *vt* ذکرکردن *zeker kardan* (1) **He** / (2) **She** (3) **mentioned** / (4) **didn't mention it..** (۱) اومرد / (۲) اوزن ذکر (۳) کرد. / (٤) نکرد. *(1) O mard / (2) O zan zeker (3) kard. / (4) nakard.* **I'll mention it to** (1) **her.** / (2) **him.** / (3) **them.** من برای (۱) او زن / (۲) اومرد / (۳) آنها ذکر خواهم کرد. *Man baräyee (1) o zan / (2) o mard / (3) änhä zeker khäham kard.* **Nobody mentioned it.** هیچ کس این را ذکر نکرد. *Hech ka seen rä zeker nakard.* **(1,2) Don't mention it. (You're welcome.)** (۱) اهمیت ندارد. *(1) Hamyat nadärad.* / (۲) قابل ذکر نیست. *(2) Qäbel-e-zeker neest.*

mentor *n* معلم شخصی *moa'lem-e-shakhsee*
menu *n* فهرست غذا *fehrest-e-ghezä*, منیو *menyoo* **This is the menu for** (1) **breakfast** / (2) **lunch** / (3) **dinner** ([4] **today** / [5] **tomorrow**). این فهرست غذا برای (۱) ناشتا صبح / (۲) غذا چاشت / (۳) غذا شب ([٤] امروز / [٥] فردا) است. *Een fehrest-e-ghezä baräyee (1) nähstä-e-sobh / (2) ghezä-e-chäsht / (3) ghezä-e-shab ([4] emrooz / [5] fardä) ast.*

merchant *n* تاجر *täjer*, تجار *tejär* ~ **rug** تاجر قالین *täjer-e-qäleen* **travelling** ~ تاجر که به مقصد تجارت سفر میکند *täjer-ke ba maqsad-e-tejärat safar mey-konad*

mercy *n* ترحم *tarahom*, مرحمت *marhamat* **Have mercy on** (1) **her.** / (2) **him.** / (3) **them.** / (4) **us.** بالای (۱) اوزن / (۲) اومرد / (۳) آنها / (٤) ما ترحم داشته باشید. *Bäläy-e-(1) o zan / (2) o mard / (3) änhä / (4) mä tarahom dästha bashed.*

mesh *n* (**for concrete**) چوکات بندی فلزی که بعنوان قالب یا استحکام کانکریت استفاده میشود. *Chowkät bandee-e-felezee ke ba-henwän-e-qäleb yä estehkäm känkereet estefäda mey-shawad.* **wire** ~ جالی سیمی *jälee-e-see-mee*

mess *n* چرک *cherk*, کثافت *kasäfat*, بی نظمی *bey-nazmee* **make a** ~ بی نظمی کردن *bey-nazmee kardan* **Clean up the mess.** کثافات را پاک کنید. *Kasäfät rä päk koned.* **Please don't make a mess.** لطفاً بی نظمی نکنید. *Lotfan bey-nazmee nakoned.*

message *n* پیغام *peyghäm*, پیام *peyäm* **e-mail** ~ پیام ایمیل *peyäm-e-eemel* **forward the** ~ پیام را رساندن *peyäm rä rasändan* **important** ~ پیغام مهم *peyghäm-e-mohem*, پیام عاجل *peyäm-e-äjel* **urgent** ~ پیغام عاجل *peyghäm-e-äjel*, پیام عاجل *peyäm-e-äjel* **Please** (1) **give** / (2) **take this message to**(*person*). لطفاً این پیغام را برای (___) (۱) بدهید. / (۲) ببرید. *Lotfan een peyghäm rä baräy-e-(___) (1) bedehed. / (2) berasäned.* **Are there any**

messages (for [1] me / [2] us)? آیا (برای [۱] من / [۲] ما) کدام پیغام است؟ *Äyä (baräyee [1] man / [2] mä) kodäm peyghäm-e-ast?* **There's a(n) (urgent) message for you.** یک پیغام (عاجل) برای شما است. *Yak peyghäm(-e-a'äjel) baräy-e shomä ast.* **There are some messages for you.** چند پیغام برای شما است. *Chand peyghäm baräy-e shomä ast.* **There are no messages.** هیچ پیغامی نیست. *Hech peyghäm-e-neest.* **When I find out, I'll send you a message.** وقتیکه من دریافتم، برای شما یک پیغام ارسال خواهم کرد. *Waqteeke man daryäftam, baräy-e-shomä yak peyghäm ersäl khäham kard.* **When you find out, send me a message, okay?** وقتیکه شما دریافتید، برای من یک پیغام ارسال دارید، درست است؟ *Waqteeke shomä daryäfted, baräy-e-man yak peyghäm ersäl dared, drost ast?* ★ **messenger** *n* پیامبر *peyämbar,* قاصد *qäsed,* پیغام رسان *peyghäm-rasän* **Give this to the messenger.** این را به پیغام رسان بدهید. *Een rä ba peyghäm-rasän bedehed.* **Send a messenger to** *(person/place)***.** یک قاصد به (___) ارسال کنید. *Yak qäsed ba (___) ersäl dared.*

messy *adj* درهم و برهم *darham wa barham,* نامنظم *nä-monazam*
messhall *n (mil. dining hall)* طعام خانه سربازان *ta'äm khäna-e-sarbäzän*
metabolism *n* میتابولیزم (عملیه تولید انرژی از مواد غذائی در بدن) *metä-booleezm (amalya-e-towleed-e-enarzhee az mawäd-e-ghezäye dar badan)*
metal *adj* فلزی *felezee* ★ *n* فلز *felez* **scrap ~** خرده فلز *khorda-e-felez,* پارچه فلز *pärcha-e-felez* **sheet ~** صفحه فلز *safhe-e-felez*
meter *n* 1. *(unit of meas.)* متر *metr;* 2. *(meas. instrument)* اندازه *andäza,* مقیاس *meqyäs,* سنج *sanj,* میتر *meetar* **electric ~** برق سنج *barq sanj,* میتر برقی *meetar-e-barqee* **flow ~** جریان سنج *jeeryän sanj* **gas ~** گاز سنج *gäz sanj,* میتر گاز *meetar-e-gäz* **water ~** آب سنج *äb sanj,* میتر آب *meetar-e-äb*
methane *n* میتان *meetän*
method *n* طریقه *tareeqa,* طرز *tarz,* میتود *meetood,* شیوه *sheewa* **easy ~** طریقه آسان *tareeqa-e-äsän* **effective ~** طریقه موثر *tareeqa-e-mo'ser* **great ~** طریقه خوب *tareeqa-e-khoob* **new ~** طریقه جدید *tareeqa-e-jadeed* **old ~** طریقه کهنه *tareeqa-e-kohna* **traditional ~** طریقه سنتی *tareeqa-e-sonatee* **What method are you using?** شما از کدام طریقه استفاده میکنید؟ *Shomä az kodäm tareeqa estefäda mey-koned?* **That's a good method.** طریقه خوبی است. *Tareeqa-e-khoobee ast.* **Let me show you a different method.** اجازه دهید طریقه مختلف را نشان تان دهم. *Ejäza dehed tareeqa-e-mokhtalef-e-rä neshän-e-tän deham.* **Have you tried this method?** آیا شما این طریقه را آزمایش کرده اید؟ *Äyä shomä tareeqa rä äzmäyesh karda eed?*
metric *adj* متریک *metreek* **~ system** سیستم میتریک *seestom-e-metreek* **~ tools** اسباب متریک *asbäb-e-metreek*
microorganism *n* موجود ذره بینی *mowjood-e-zara beenee*
microscope *n* مایکروسکوپ (آله که ذرات کوچک را بزرگ نشان میدهد.) *mäykroskoop (älah-e-ke zarät-e-kochak rä bozorg neshän mey-dehad.)* **Look at it under the microscope.** این را درزیر مایکروسکوپ مشاهده کنید. *Een rä dar zeer-e-mäykroskoop moshäheda koned.*
middle *adj* متوسط *motawaset,* میانه *meeyäna,* وسط *wasat* **~ age** میانه سن *meeyäna seen* **~ ear** گوش میانه *goosh-e-meeyäna* **Middle East** شرق میانه *sharq-e-meeyäna* **~ finger** انگشت میانه *angosht-e-meeyäna* **~ name** نام میانه *näm-e-meeyäna* **the ~ one** شخص وسط *shakhs-e-wasat,* وسطی *wasa-tee* ★ *n* میان *meeyänee,* وسط *wasat* **in the ~** درومسط *dar wasat* **in the ~ of nowhere** *(slang)* درجای بسیار دوردست و ویران *dar jäy-e-beesyär door dast wa wayrän* **in the ~ of the night** درنصف شب *dar nesf-e-shab,* درنیم شب *dar neem-e-shab*
midget *n* آدم بسیار قد کوتاه *ädam-e-beesyär qad kotäh*

midnight n شب نصف nesf-e-shab, شب نیم neem-e-shab **after ~** نصف از بعد شب ba'd az nesf-e-shab **at ~** شب نصف در dar nesf-e-shab
midsection n وسط بخش bakhsh-e-wasat
midwife n قابله qäbela
might v aux ممکن momken, شاید shäyad **I might (1) come. / (2) do it. / (3) go. / (4) work late.** من است ممکن (۱) بیایم. / (۲) این را انجام دهم. / (۳) بروم. / (۴) تا ناوقت کارکنم. Momken ast man (1) beeyäyam. / (2) een rä anjäm deham. / (3) berawam. / (4) tä näwaqt kär konam. **I might not (1) come. / (2) do it. / (3) go. / (4) remember.** من است ممکن (۱) نیایم. / (۲) انجام ندهم. / (۳) نروم. / (٤) بخاطر نداشته باشم. Momken ast man (1) nayäyam. / (2) anjäm nadeham. / (3) narawam. / (4) bakhäter nadäshta bäsham. **It might work.** (succeed) کاربدهد است ممکن. Momken ast kär bedehad. **It might not work.** (not succeed) کارندهد است ممکن Momken ast kär nadehad.
migraine n سری نیم neem saree **~ headaches** سری نیم neem saree
migrate vi کردن کوچ koch kardan, کردن مهاجرت mahäjerat kardan **They're migrating to the city.** میکنند. کوچ شهر به آنها Änhä ba shahr koch meykonand.
mild adj 1. (moderate) ملایم moläyem; 2. (not severe) سست sost, ضعیف za'eef **~ weather** ملایم هوای haväy-e-moläyem **~ case** (of an illness) خفیف مریضی mareezee-e-khafeef **~ cold** خفیف ریزش reezesh-e-khafeef
mildew n پوپنک popanak **control ~** برداشتن را پوپنک popanak rä bardäshtan, بردن بین از را پوپنک popakank rä az bayn bordan
militant adj مبارز mobärez
military adj نظامی nezämee **~ police** نظامی پولیس polees-e-nezämee ★ n اردو ordoo
militia n ملیشا maleeshä **Taliban ~** طالبان ملیشه maleeshä-e-täleban **tribal ~** قومی نظامی نیروی neeroy-nezämee qowmee, ای قبیله جنگی نیروی neeroy-jangee qabeela-ee, ★ **militiaman** n نظامی غیر عساکر asäker-e-gheyr-e-nezämee
milk vt دوشیدن dosheedan **~ the cows** دوشیدن را ها گاو gäw-e-hä rä dosheedan **~ the goats** دوشیدن را ها بز boz hä rä dosheedan ★ n شیر sheer **cow's ~** گاو شیر sheer-e-gäw **goat's ~** بز شیر sheer-e-boz
mill n کارخانه kärkhäna, ماشین mäsheen, آسیاب äsyäb **paper ~** کاغذ کارخانه kärkhäna-e-käghaz **machine ~** سازی ماشین کارخانه kärkhäna-e-mäsheen säzee **wool ~** ریسی پشم کارخانه kärkhäna-e-pashem resee
millet n ارزن arzan
milligram n گرام میلی meelee gräm ★ **millimeter** n متر میلی meelee meter
million n میلیون meelyoon
minaret n مسجد منار monär-e-masjed
mince vt کردن ریزه reeza kardan, کردن خرد khord kardan **Mince these onions.** کنید. ریزه را پیاز Peeyäz rä reeza koned.
mind vt 1. (object to) کردن اعتراض ehteräz kardan, درنظرداشتن dar nazar däshtan; 2. (pay attention to) کردن توجه tawajo kardan **Would you mind if I (1) opened the window? / (2) used this?** میتوانم آیا (۱) دریچه را باز کنم؟ / (۲) این را استفاده کنم؟ Äyä mey-tawänam (1) dareecha rä bäz konam? / (2) een rä estefäda konam? **Would you mind waiting outside?** آیا بکشید؟ انتظار بیرون میتوانید Äyä mey-tawäned beeroon entezär bekashed? **(1,2) Never mind! (1)** اش درقصه ندهید! اهمیت Ahameeyat nadehed! / (2) نباشید! اش درقصه Dar qesa ash nabäshed! ★ n 1. (intelligence) ذهن zehn, خاطر khäter; 2. (thinking) فکر feker, خیال kheeyäl, نظر nazar; مغز maghz **What's on your mind?** دارید؟ پلان چی Chee plän däred? **I'll keep that

in mind. آن را بخاطر خواهم داشت. *Än rä bakhäter khäham däsht.* **Please keep in mind that...** لطفاً بخاطر داشته باشید که... *Lotfan bakhäter däshta bashed ke...* **Did you change your mind?** آیا شما صرف نظر کردید؟ *Äyä shomä sarf-e-nazar karded?* **I changed my mind.** من صرف نظر کردم. *Man sarf-e-nazar kardam.* **Are you out of your mind?** آیا شما اعصاب تان را از دست داده اید؟ *Äyä shomä a'säb-e-tän rä az dast däda eed?* **I'm going out of my mind.** دیوانه میشوم. *Deewäna mey-shawam.*

mine *n* 1. *(landmine)* ماین *mäyn*; 2. *(minerals)* معدن *ma'dan*, کان *kän* **anti-personnel ~** ماین ضد پرسونل *mäyn-e-zed-e-parsoonal* **antitank ~** ماین ضد تانک *mäyn-e-zed-e-tänk* **antivehicle ~** ماین ضد اراده جات *mäyn-e-zed-e-aräda jät* **booby(-trapped) ~** ماین گذاری شده *mäyn gozäree shoda* **bouncing Betty ~** ماین ضد افراد (ماین که با تماس انفجار میکند.) *mäyn-e-zed-e-afräd (Mäyn-e-ke bä tamäs enfejär mey-konad.)* **bounding ~** *(bouncing Betty mine)* ماین ضد افراد *mäyn-e-zed-e-afräd* **controlled ~** ماین نظارت شده *mäyn-e-nezärat shoda* **defuse a ~** ماین را خنثی کردن *mäyn rä khonsä kardan* **delayed-action ~** ماین عیار شده *mäyn-e-a'yär shoda* **detect a ~** ماین را کشف کردن *mäyn rä kashf kardan* **disarm a ~** ماین را فرونشاندن *mäyn rä froneshändan* **electrocontact ~** ماین که ارتباط برقی داشته باشد. *Mäyn-ke ertebät-e-barqee dashta bäshad.* **explode a ~** ماین را انفجار دادن *mäyn rä enfejär dädan* **lay a ~** ماین فرش کردن *mäyn farsh kardan* **live ~** ماین جنبنده *mäyn-e-jonbänenda* **locate ~s** ساحه ماین ها را تعین کردن *sähae-maïyn hä rä ta'een kardan* **~ detector** یابنده ماین *yäbenda-e-mäyn* **fuse ~** فیوز ماین *feeyoz-e-mäyn* **neutralize a ~** ماین را خنثی کردن *mäyn rä khonsä kardan* **plant a ~** ماین نصب کردن *mäyn nasb kardan* **plastic ~** ماین پلاستیکی *mäyn-e-palästeekee* **pressure-action ~** ماین که با تماس انفجار میکند. *Mäyn-e-ke bä tamäs-e-enfejär mey-konad.* **pressure-release ~** ماین که بعد از دور نمودن فشار انفجار میکند. *Mäyn-e-ke ba'd az door namoodan-e-feshär enfejär mey-konad.* **pull-action ~** یک نوع ماین که توسط تسمه به درخت وصل میشود و هنگامیکه کسی به آن تماس کند انفجار میکند. *Yak nawa' mäyn ke tawasot-e-tasma ba darakht wasel mey-shawad wa hangä-meeke kasee ba än tamäs konad enfejär mey-konad.* **radio-controlled ~** ماین که توسط ریموت کنترول اداره میشود. *Mäyn-e-ke tawasot-e-reemot kantrool edära mey-shawad.* **remove a ~** ماین برداشتن *mäyn bar-däshtan* **search for ~s** ماینها را جستجو کردن *mäyn hä jostojo kardan* **trip-wire ~** *(pull-action mine)* یک نوع ماین که توسط تسمه به درخت وصل میشود و هنگامیکه کسی به آن تماس کند انفجار میکند. *Yak nawa' mäyn ke tawasot-e-tasma ba darakht wasel mey-shawad wa hangämeeke kasee ba än tamäs konad enfejär mey-konad.* **Where is the mine?** ماین کجا است؟ *Mäyn kojä ast?* **Where are the mines?** ماین ها کجا هستند؟ *Mäyn-hä kojä hastand?* **How many mines are there?** چند تا ماین هستند؟ *Chand tä mäyn hastand?* **Beware of the mines (on the side of the road).** (درکنار سرک) از ماین ها حذر کنید. *(Dar kenär-e-sarak) Az mäyn-hä hazar koned.* **(1) They / (2) We are going to clear the area of mines.** (1) آنها / (2) ما ساحه را از ماین ها پاک (1) خواهند / (2) خواهیم کرد. *Änhä / (2) Mä sähe rä az mäyn hä päk (1) khähand / (2) khähem kard.* **(1) You / (2) They have to locate and mark individual mines.** (1) شما / (2) انها باید موقعیت ما بنهارا تشخیص و ماینهای انفرادی را نشانی (1) نماید. / (2) نمایند. *(1) Shomä / (2) Änhä bäyad mowqeya't-e-mäyn hä tashkhees wa mäyn hä enfaradee rä neshänee (1) nomäid. / (2) nomäyand.* **Remove the mine very carefully.** ماین را به دقت بردارید. *Mäyn rä ba deqat bardäred.* **Buildings that have been cleared of mines are painted with white check marks.** تعمیراتیکه ازماینها پاک و تصفیه گردیده با علایم سفید تفسیر نشانی گردد. *Tahmeer-ateeke az mäyn hä päk wa tasfeeye gardeeda*

minefield — **mischief**

bä alayem-e-safeed-e-tafseer neshänee gardad. **The area is (1) clear / (2) free of mines.** ساحه ازماینها (١) تصفیه / (٢) پاک گردیده است. *Sähä az mäyn hä (1) tasfeeye / (2) päk gardeeda ast.* ★ **minefield** *n* ساحه ماین ها *sähä-ye-mäyn-hä,* زمین که ماین فرش شده باشد. *Zameen-e-ke mäyn farsh shoda bäshad.* **Put this tape around the minefield.** این تسمه را در اطراف زمین که ماین فرش شده است بگذارید. *Een tasa-ma rä dar aträf-e-zameen-e-ke mäyn farsh shoda bäshad.* **Is there a lane through the minefield?** آیا کدام راه ازوسط زمین ماین فرش شده است وجود دارد؟ *Äyä kodäm räh-e-az wasate-zameen-e-farsh shoda ast wojod därad?* ★ **miner** *n* معدنچی (کسی که در معدن کار میکند) *mahdan-chee (kas-e-ke dar mahdan kär mey-konad)*

mineral *n* معدن *mahdan*
miniature *adj* مینیاتوری *meenätooree*
minibus *n* موتر سرویس کوچک *motar-e-sarwees-e-kochak*
minimize *vt* کم ساختن *kam säkhtan,* کوچک ساختن *kochak säkhtan,* کاهش دادن *kähesh dädan* **Try to minimize (1) expenses. / (2) waste.** کوشش کنید که (١) مخارج / (٢) تلف کردن را کم سازید. *Koshesh koned ke (1) makhärej / (2) talaf kardan rä kam säzed.* ★ **minimum** *adj* حد اقل *had-e-haqal,* کمترین *kamtar-een* ★ *n* کمترین *kamtreen* **at the ~** در کمترین *dar kamtareen*
mining *n* (mineral extraction) استخراج معدن *estekhräj-e-mahdan*
minister *n* (govt) وزیر *wazeer* ★ **ministry** *n* (govt) وزارت *wezärat* **Ministry of Health** وزارت صحت *wezärat-e-sehat*
minivan *n* موتر فلاین کوچ *motar-e-feläyen koch,* واگون کوچک *wagoon-e-kochak*
minor *adj* کوچک *kochak,* کمتر *kamtar,* اندک *andak,* خفیف *khafeef* **~ damage** خساره خفیف *khesära-e-khafeef* **~ injury** جراحت خفیف *jarähat-e-khafeef,* زخم کوچک *zakhem-e-kochak* **~ problem** مشکل کوچک *moshkel-e-kochak* **~ repairs** ترمیم کوچک *tarmeem-e-kochak* **(1) He / (2) She has minor injuries.** (١) او مرد / (٢) او زن جراحت خفیف دارد. *(1) O mard / (2) O zan jarähat-e-khafeef därad.* **It needs minor repairs.** به اندک ترمیم ضرورت دارد. *Ba andak tarmeem zaroorat därad.*
mint *n* (plant) نعناع *na'nä'*
minus *prep* منفی *manfee,* تفریق *tafreeq*
minute *n* دقیقه *daqeeqa* **for a ~** برای یک دقیقه *baräy-e-yak daqeeqa* **in a ~** بعد از یک دقیقه *ba'd az yak daqeeqa* **I'm going out for a couple minutes.** برای چند دقیقه بیرون میروم. *Baräy-e-chand daqeeqa beeroon mey-rawam.* **I'll be back in minute.** بعد از یک دقیقه بر میگردم. *Ba'd az yak daqeeqa bar mey-gardam.* **Just a minute!** یک دقیقه صبر کنید! *Yak daqeeqa saber koned!* **Wait a minute!** یک دقیقه انتظار بکشید! *Yak daqeeqa entezär bekashed!*
miracle *n* معجزه *mo'jeza* **I'm hoping for a miracle.** امیدوار برای معجزه هستم. *Omeedwär baräy-e-mo'jeza hastam.* **We need a miracle.** ما معجزه میخواهیم. *Mä mo'jeza mey-khähem.*
mirror *n* آئینه *äyeena*
miscarriage *n* سقط *seqt,* نقصان *noqsän* **have a ~** طفل سقط کردن *tefel seqt kardan*
miscellaneous *adj* گوناگون *gonägoon,* مختلف *mokhtalef* **~ items** اقلام گوناگون *aqläm-e-gonägoon* **~ messages** پیام های گوناگون *payäm häy-e-gonägoon* **~ records** یادداشت های گوناگون *yädäsht häy-e-gonägoon* **~ things** اشیاء گوناگون *ashyä'-e-gonägoon*
mischief *n* شیطانت *shaytänat,* فتنه *fatna* **We have to put a stop to the mischief.** ما باید شیطانت را خاتمه دهیم. *Mä bäyad shaytänat rä khätoma bekashed!*

misconduct — 258 — **miss**

dehem. **They're up to some kind of mischief.** آنها در کدام شیطانت مصروف هستند. *Ānhā dar kodām shaytānat masroof hastand.*

misconduct *n* بداخلاقی *bad akhlāqee,* عمل منفی *amal-e-manfee*

miserable *adj* بدبخت *bad bakht,* بیچاره *beechāra,* فقیر *faqeer,* حالت خراب *hālat-e-kharāb* ~ **conditions** اوضاع خراب *owzā'-e-kharāb* ~ **weather** هوای خراب *hawāyee kharāb* **They're miserable (out there in this weather).** آنها در حالت خراب هستند (در این هوا). *Ānhā dar hālat-e-kharāb hastand (dare een hawā).* ★ **misery** *n* بدبختی *badbakhtee,* بیچارگی *beechāragee* **We have to do something to lessen their misery.** ما باید کاری بکنیم تا بیچارگی آنها را کم کنیم. *Mā bāyad kār-e-bokonem tā beechāragee ānhā rā kam konem.* **We're going to try to lessen their misery.** کوشش میکنیم که بیچارگی آنها را کم کنیم. *Koshesh mey-konem ke beechāragee ānhā rā kam konem.* **They've been through a lot of misery.** آنها دچار بدبختی های زیادی بودند. *Ānhā dochār-e-badbakhtee hāy-e-zeeyādee bodand.*

mishap *n* رویداد ناگوار *roydād-e-nāgowār,* بدبختی *badbakhtee,* اتفاق بد *etefāq-e-bad* **There's been a (small) mishap.** یک اتفاق بد (کوچک) رخ داده است. *Yak etefāq-e-bad-e-(kochak) rookh dāda ast..*

misinformed *pp* ناآگاه *nā-āgāh,* کسی که معلومات غلط در مورد چیزی داشته باشد *kas-e-ke mahloomāt-e-ghalat dar mawred-e-cheez-e-dāshta bāshad.* **I'm afraid you're misinformed.** معذرت میخواهم شما معلومات غلط دارید. *Ma'zrat mey-khāham shomā mahloomāt-e-ghalat dāred.*

misinterpret *vt* غلط تفسیر کردن *ghalat tafseer kardan,* غلط ترجمه کردن *ghalat tarjoma kardan* **I believe** *(1)* **he** */* *(2)* **she misinterpreted the** *(3)* **meaning.** */ (4)* **order.** */ (5)* **request.** */* فکر میکنم (۱) اومرد / (۲) اوزن (۳) معنی / (٤) دستور / (٥) درخواست را غلط ترجمه کرده است. *Feker mey-konam (1) o mard / (2) o zan (3) ma'nee / (4) dastoor / (5) darkhāst rā ghalat tarjoma karda ast.*

mislead *vt* گمراه ساختن *gomrāh sākhtan,* غافل کردن *ghāfel kardan* **(1) We've** */* **(2) You've been misled.** (۱) ما / (۲) شما غافل (۱) شدیم (۲) شدید. *(1) Mā / (2) Shomā ghāfel (1) shodem. / (2) shoded.*

mismanage *vt* غلط اداره کردن *ghalat edāra kardan,* غلط ترتیب دادن *ghalat tarteeb dādan,* نادرست اداره کردن *nādrost edāra kardan* **The whole (1) project / (2) thing has been mismanaged.** همه (۱) پروژه / (۲) چیز نادرست تنظیم شده است. *Hama-e- (1) prozha / (2) cheez nādrost tanzeem shoda ast.*

misplace *vt* گم کردن *gom kardan,* (چیزی را) در جای نادرست گذاشتن *(cheezee rā) dar jāy-e-nādrost gozāshtan* **I've misplaced the (1) document. / (2) key.** من (۱) اسناد / (۲) کلید را گم کرده ام. *Man (1) asnād / (2) kleed rā gom karda am.*

miss *vt* 1. *(not hit)* خطا رفتن *khatā raftan;* 2. *(not attend)* حضور نداشتن در *hozor nadāshtan dar,* نگرفتن *nagreftan;* 3. *(let slip by)* از دست دادن *az dast dādan;* 4. *(be late for)* از دست دادن *az dast dādan;* 5. *(yearn for)* یاد کردن *yād kardan,* دق شدن *deq shodan* **Thank God, they missed (1) us. / (2) you.** خدایا شکر، آنها (۱) من / (۲) ما را نزدند. *Khodāyā shokor, ānhā (1) man / (2) mā rā nazadand.* **How come you missed the meeting?** چی باعث شد که در جلسه حضور نداشتید؟ *Chee bā-e's shod ke dar jalsa hozor na-dāshted?* **I'm sorry I missed the meet-ing.** معذرت میخواهم در جلسه حضور نداشتم. *Ma'zrat mey-khāham dar jalsa hozor nadāshtam.* **If we miss this chance, we'll be sorry.** اگر ما این فرصت را از دست دهیم، پشیمان خواهیم شد. *Agar mā een fersat rā az dast dehem, pesheemān khāhem shod.* **Don't miss the (1) bus. / (2) flight.** (۱) موتر سرویس / (۲) پرواز را از دست ندهید. *(1) Motar-e-sarwees... / (2) Parwāz... rā az dast nadehed.* **You must miss**

missing *(1)* her / *(2)* him / *(3)* them a lot. شما باید پشت (۱) اوزن / (۲) اومرد / (۳) آنها بسیار دق شده باشید. *Shomä bäyad pesht-e-(1) o zan / (2) o mard / (3) änhä beesyär deq shoda bäshed.* ★ **missing** *adj* گم *gom*, مفقود *mafqood* **(1,2) Is anything missing?** *(1)* آیا چیزی گم شده است؟ *Äyä cheezee gom shoda ast? / (2)* آیا چیزی کم است؟ *Äyä cheezee kam ast?* **(1,2) Is anyone missing?** *(1)* آیا کدام یک مفقود گردیده است؟ *Äyä kodäm yak mafqood gardeeda ast? / (2)* آیا کسی باقی مانده است؟ *Äyä kasee-e-bäqee mända ast?* **Who's missing?** کی مفقود گردیده است؟ *Kee mafqoot gardeeda ast?*

missile *n* میزایل *meezäyel*, راکت *räket*, موشک *mooshak* ~ **attack** حمله راکتی *hamla-e-räketee*

mission *n* 1. *(assignment)* وظیفه *wazeefa*, مقصد *maqsad*, هدف *hadaf*; 2. *(group that has a certain task)* هیئت *hayat*, تیم خاص *teem-e-khäs* **Let me explain our mission.** اجازه دهید هدف خود را تشریح کنم. *Ejäza dehed hadaf-e-khod rä tashreh konam.* **Our mission is to...** وظیفه ما این است که... *Wazeefa ma een ast ke...***We need you to help us in our mission.** ما به شما ضرورت داریم که ما را در قسمت وظیفه ما کمک کنید. *Mä ba shomä zaroorat därem ke mä rä dar qesmat-e-wazeefa-e-mä komak koned.* **You've done a lot to help our mission.** شما درقسمت وظیفه ما بسیار کمک کردید. *Shomä dar qesmat-e-wazeefa-e-mä beesyär komak karded.*

mist *n* میده باران *mayda-bärän*

mistake *n* اشتباه *eshtebäh*, خطا *khatä* **big ~** اشتباه بزرگ *eshtebäh-e-bozorg* **by ~** اشتباهاً *eshtebähan* **dumb ~** اشتباه احمقانه *eshtebäh-e-ahmaqäna* **small ~** اشتباه کوچک *eshtebäh-e-kochak* **I made a mistake. I'm sorry** معذرت میخواهم. اشتباه کردم. *Ma'zrat mey-khäham. Eshtebäh kardam.* **You made a mistake.** شما اشتباه کردید. *Shomä eshtebäh karded.* **(1) He / (2) She made a mistake.** (۱) اومرد / (۲) اوزن اشتباه کرد. *(1) O mard / (2) O zan eshtebäh kard.* **I took the wrong one by mistake.** من از آن یکی را اشتباً گرفتم. *Man än yakee rä eshtebä-an gereftam.* **Mistakes happen.** اشتباهات رخ میدهد. *Eshtebähät rokh mey-dehad.* **Everybody makes mistakes.** همه اشتباه میکنند. *Hama eshte-bäh mey-konand.* **Be (constantly) alert for mistakes.** (همیشه) مواظب اشتباهات باشید. *(Hameesha) mawäzeb-e-eshtebä- hät bashed.* **We can't make a mistake (on this).** (دراین) نمیتوانیم اشتباه کنیم. *(Dar een) namey-tawänem eshtebäh konem.* ★ **mistaken** *adj* اشتباه *eshtebäh*, غلط *ghalat* **I'm afraid you're mistaken.** معذرت میخواهم شما اشتباه کرده اید. *Ma'zrat mey-khäham shomä eshtebäh karda eed.* **I must be mistaken.** ممکن اشتباه کرده باشم. *Momken eshtebäh karda bäsham.*

mistranslate *vt* غلط ترجمه کردن *ghalat tarjoma kardan* **You mistranslated this.** این را غلط ترجمه کردید. *Een rä ghalat tarjoma karded.* **(1) He / (2) She mistranslated this.** (۱) اومرد / (۲) اوزن این را غلط ترجمه کرد. *(1) O mard / (2) O zan een rä ghalat tarjoma kard.*

misty *adj* مه گرفته *ma grefta*, تاریک *täreek*, غبار آلود *ghobär älood*

misunderstand *vt* درست نفهمیدن *drost nafahmeedan*, غلط فهمیدن *ghalat fah-meedan*, غلط درک کردن *ghalat dark kardan* **I misunderstood (1) her. / (2) him. / (3) you.** من (۱) اوزن / (۲) اومرد / (۳) شما را غلط درک کردم. *Man (1) o zan / (2) o mard / (3) shomä rä ghalat dark kardam.* **I'm afraid you misunderstood (1) her. / (2) him. / (3) me.** معذرت میخواهم شما (۱) اوزن / (۲) اومرد / (۳) من را غلط درک کردید. *Ma'zrat mey-khäham shomä (1) o zan / (2) o mard / (3) man rä ghalat dark karded.* **(1) He / (2) She misunderstood (3) her. / (4) him. / (5) me. / (6) you.** (۱) اومرد / (۲) اوزن (۳) اوزن / (۴) اومرد / (۵) من / (۶) شما را غلط درک کرد. *(1) O mard / (2) O zan (3) o zan / (4) o mard / (5) man / (6) shomä rä ghalat dark kard.*

mite *n (parasite)* خزنده کوچک *khazenda-e-kochak*

miter n *(beveled joint)* چپ راست, chap-räst, فلزی کوچکی که برای وصل کردن دو چوب به هم بکار میرود. Felez-e-kochak-e-ke barä-e-wasel kardan-e-do chood ba ham ba kär mey-rawad

mitten n یک نوع دستکش yak nawa' dastkash **pair of ~s** یک جوره دستکش yak jora dastkash

mix vt آمیختن ämeekhtan, مخلوط کردن makhloot kardan, ساختن säkhtan **~ concrete** کانکریت را مخلوط کردن känkreet rä makhloot kardan **Mix these together.** اینها را یکجا مخلوط کنید. Eenhä rä yakjä makhloot koned. **Mix them real well.** آنها را خوب مخلوط کنید. Änhä rä khoob makhloot koned. **Mix the paint well.** رنگ را خوب مخلوط کنید. Rang rä khoob makhloot koned. ★ n مخلوط makhloot **porridge ~** مخلوط فرنی (کسترد) makhloot-e-fernee (kastard) ★ **mixer** n مخلوط کننده makhloot konenda, ماشین مخلوط کن mäsheen-e-makhloot kon, میکسر meksar **concrete ~** ماشین مخلوط کننده کانکریت mäsheen-e-makhloot konenda-e-känkreet, میکسر کانکریت meksar-e-känkreet **electric ~** *(in a kitchen)* ماشین مخلوط کننده برقی mäsheen makhloot konenda-e-barqee ★ **mix up** idiom *(confuse)* متردد شدن motaraded shodan, گیچ شدن geech sho-dan, با هم آمیختن bä ham ämeekhtan **I mixed them up** *(confused them.)* آنها را به هم مخلوط کردم. Änhä rä bä ham makhloot kardam. **Don't mix them up.** باهم مخلوط ننمایید. Bä ham makhloot na-nomäyed. ★ **mixed up** pp *(confused)* سراسیمه saräseema, گیچ geech, بی نظم bey nazem **I'm all mixed up.** بسیار گیچ شدم. Beesyär geech shodam. **Everything is mixed up.** همه چیز بی نظم است. Hama cheez bey nazem ast.

moan vi ناله کردن näla kardan, نالش کردن nälesh kardan *(1)* **He /** *(2)* **She is moaning a lot.** (۱) اومرد / (۲) اوزن بسیار ناله میکند. *(1)* O mard / *(2)* O zan beesyär näla mey-konad.

mob n ازدحام ezdehäm; مجرم mojrem **There's a mob outside.** دربیرون ازدحام است. Dar beeroon ezdehäm ast. **A mob is coming up the street.** ازدحام بطرف بالای سرک میاید. Ezdehäm ba-taraf-e-bälä-e-sarak mey-yäyad.

mobile adj سیار sayär

mobilize vt & vi آماده ساختن ämäde säkhtan

model adj *(exemplary)* سرمشق sar mashq, نمونه namooma **~ student** شاگرد نمونه shägerd-e-namooma **~ worker** کارگر نمونه kärgar-e-namooma ★ n نمونه nomoona مودل, modal,

modem n *(comp.)* مودیم (آله که رابطه کمپیوتر را ذریعه لین تیلفون با انترنت برقرار میکند.) modem (Äla-ke räbeta-e-kampyootar rä zareya-e-layn-e-teelfoon bar-qarär mey-konad.)

moderate adj معتدل mo'tadel, ملایم moläyem, نوگرا nowgerä, ترقی خواه taraqee khäh

modern adj نوین naween, جدید jadeed, عصری a'sree, امروزی emroozee **~ equipment** وسایل جدید wasäyel-e-jadeed, وسایل عصری wasäyel-e-a'sree **~ methods** میتود های نوین meetood hä-e-naween, طرق جدید torooq-e-jadeed **~ society** جامعه نوین jäme-a'-e-naween **~ technique** تخنیک عصری takhneek-e-a'sree, تخنیک جدید takhneek-e-jadeed ★ **modernize** vt عصری ساختن a'sree säkhtan, جدید ساختن jadeed säktan **We want to help you modernize your** *(1)* **methods.** / *(2)* **production.** میخواهیم شما را کمک نمایم تا (۱) طرق تان را / (۲) تولیدات تان را بطور عصری درآورید. Mey-khähem shomä rä komak nomäyem tä *(1)* torooq-e-tän rä / *(2)* towleedät-e-tän rä batowr-e-a'sree dar äwared.

modest adj با حیا bä hayä, عاجز äjez, حلیم haleem **You're very modest.** شما بسیار با حیا هستید. Shomä besyär bä hayä hasted.

modify vt اصلاح کردن esläh kardan, تغیر دادن tagheer dädan **It needs to be**

modified. این باید اصلاح شود. *Een bäwad esläh shawad.* **Can we modify it?** آیا ما این را اصلاح کرده میتوانیم؟ *Äyä mä een rä esläh karda meytawänem?*
moist *adj* نمناک *namnäk* **It's too moist.** بسیار نمناک است. *Beesyär namnäk ast.* ★ **moisten** *vt* تر کردن *tar kardan*, نمناک کردن *namnäk kardan* **Moisten a (1) cloth. / (2) towel.** یک (۱) تکه / (۲) روپاک را ترکنید. *Yak (1) teka / (2) ropäk rä tar koned.* ★ **moisture** *n* رطوبت *rotobat*, نم *nam* **There's too much moisture.** بسیار زیاد رطوبت است. *Beesyär zeeyäd rotobat ast.*
molar *n* دندان الاشگی *dandän-e-alä-shagee*
mold *n* پوپنک *popanak*; شکل *shakel*, فرم *form* ★ **moldy** *adj* پوپنک زده *popanak zada*, پوسیده شده *pooseeda shoda*, گنده *ganda* **get ~** پوپنک زدن *popanak zadan* **The (1) bread / (2) flour / (3) rice is moldy.** (۱) نان / (۲) آرد / (۳) برنج را پوپنک زده است. *(1) Nän / (2) Ard / (3) Berenj rä popanak zada ast.*
mole *n (blemish)* خال *khäl*, لکه *laka*
molest *vt* آزار رساندن *äzär rasändan*, تجاوز جنسی کردن *tajawoz-e-jensee kardan* **Did anyone molest you?** آیا کسی بالای شما تجاوز کرد؟ *Äyä kasee bälä-e-shomä tajawoz kard?* **Who molested you?** کی بالای شما تجاوز کرد؟ *Kee bälä-e-shomä tajawoz kard?* **(1) He / (2) She was molested (by [name]).** (۱) او مرد / (۲) او زن (توسط ــــــــ) مورد تجاوز قرار گرفت. *(1) O mard / (2) o zan (towasot-e-___) mowred-e-tajäwoz qarär gereft.*
moment *n* لحظه *lahza*, دم *dam* **at any ~** در هر لحظه *dar har lahza* **at the ~** در حال حاضر *dar häl-e-häzer*, در این لحظه *dar een lahza* **in a ~** بعد از یک لحظه *ba'd az yak lahza* **Wait a moment.** یک لحظه انتظار بکشید. *Yak lahza entezär bekashed.* **Just a moment.** یک لحظه صبر کنید. *Yak lahza saber koned.* **I'll be back in a moment.** بعد از یک لحظه برمیگردم. *Ba'd az yak lahza bar-mey-gardam.*
Monday *n* دوشنبه *do-shambe* **by ~** قبل از دوشنبه *qabel az do-shambe* **every ~** هر دوشنبه *har do-shambe* **last ~** دوشنبه گذشته *do-shambe-e-gozashta* **~ afternoon** عصر دوشنبه *a'sr-e-do-shambe* **~ evening** شام دوشنبه *shäm-e-do-shambe* **~ morning** صبح دوشنبه *sobh-e-do-shambe* **~ night** شب دوشنبه *shab-e-do-shambe* **next ~** دوشنبه آینده *do-shambe-e-äyenda* **on ~** در دوشنبه *dar do-shambe* **since ~** از دوشنبه به اینطرف *az do-shambe ba een-taraf* **this ~** همین دوشنبه *hameen do-shambe* **until ~** تا دوشنبه *tä do-shambe*
money *n* پول *pool*, پیسه *paysa* **allocate ~** پول تخصیص دادن *pool takhsees dädan* **a lot of ~** مقدار زیاد پول *meqdär-e-zeeyäd pool* **donate ~** پول بخشیدن *pool bakhsheedan* **give ~** پول کمک کردن *pool komak kardan* **~ dädan no ~** هیچ پول *hech pool*, بدون پول *bedoon-e-pool* **not much ~** مقدار کم پول *meqdär kam pool* **receive ~** پول به دست آوردن *pool ba dast äwardan*, پول گرفتن *pool gereftan* **spend ~** پول مصرف کردن *pool masraf kardan*, پول خرج کردن *pool karch kardan* **too much ~** بسیار زیاد پول *beesyär zeeyäd pool* **How much money do you (1) need? / (2) want?** چقدر پول شما (۱) ضرورت دارید؟ / (۲) میخواهید؟ *Cheqdar pool shomä (1) zaroorat dared? / (2) mey-khähed?* **How much money does (1) he / (2) she (3) need? / (4) want?** (۱) اومرد / (۲) اوزن چقدر پول (۳) ضرورت دارد؟ / (٤) میخواهد؟ *(1) O mard / (2) O zan cheqadar pool (3) zaroorat därad? / (4) mey-khähad?* **How much money do they (1) need? / (2) want?** آنها چقدر پول (۱) ضرورت دارند؟ / (۲) میخواهند؟ *Anhä cheqadar pool (1) zaroorat därand? / (2) mey-khähand?* **How much money do we have?** ما چقدر پول داریم؟ *Mä cheqadar pool dared?* **Count (all) the money.** (تمام) پول ها را حساب کنید. *(Tamäm-e-) pool hä rä hesäb koned.* **Is there enough money?** آیا به مقدار کافی پول است؟ *Äyä ba meqdär-e-käfee pool ast?* **We need (more) money.** ما (بیشتر) پول ضرورت داریم. *Mä (beeshtar) pool*

moneychanger | 262 | **moonlight**

zaroorat därem. *(1,2)* **We're short of money.** *(1)* ما بى پول هستيم. *Mä bey pool hastem.* / *(2)* ما به كمبود پول مواجه هستيم *Mä ba kambood-e-pool mawäje hastem.* **We** *(1)* **have /** *(2)* **don't have enough money.** ما پول كافى *(1)* داريم. / *(2)* نداريم. *Mä pool-e-käfee (1) därem. / (2) nadärem.* **I** *(1)* **have /** *(2)* **don't have enough money.** من پول كافى *(1)* دارم. / *(2)* ندارم. *Man pool-e-käfee (1) däram. / (2) nadäram.* **There's no more money (for that).** براى آن ديگر پول نيست. *(Baräyee än) deegar pool neest.* **Can you lend** *(1)* **me /** *(2)* **us some money (until** *[time]***)?** آيا شما ميتوانيد به *(1)* من / *(2)* ما يكمقدار پول (تا ___) قرض بدهيد؟ *Äyä shomä mey-tawäned ba (1) man / (2) mä yak-meqdär pool (tä___) qarz bedehed?* **I** *(1)* **can /** *(2)* **can't lend** *(3)* **her /** *(4)* **him /** *(5)* **them /** *(6)* **you (***[7]* **some /** *[8]* **any) money.** من *(1)* ميتوانم / *(2)* نميتوانم به *(3)* اوزن / *(4)* اومرد / *(5)* آنها / *(6)* شما *([7])* قدرى / *([8])* هيچ) پول قرض بدهم. *Man (1) mey-tawänam / (2) namey-tawänam ba (3) o zan / (4) o mard / (5) änhä / (6) shomä ([7] qadree / [8] hech) pool qarz bedeham.* **We** *(1)* **can /** *(2)* **can't lend** *(3)* **her /** *(4)* **him /** *(5)* **them /** *(6)* **you (***[7]* **some /** *[8]* **any) money.** ما *(1)* ميتوانيم / *(2)* نميتوانيم به *(3)* اوزن / *(4)* اومرد / *(5)* آنها / *(6)* شما *([7])* قدرى / *([8])* هيچ) پول قرض بدهيم. *Mä (1) mey-tawänim / (2) namey-tawänim ba (3) o zan / (4) o mard / (5) änhä / (6) shomä ([7] qadree / [8] hech) qarz bedeham.* **The money must be repaid.** پول بايد دوباره تاديه شود. *Pool bäyad dobära tädya shawad.* *(1,2)* **It costs a lot of money.** *(1)* بسيار پيسه ميشود. *Besyär paysa mey-shawad.* / *(2)* بسيار پول مصرف ميشود. *Besyär pool masraf mey-shawad* **Keep a record of how much money** *(1)* **we /** *(2)* **you spend.** يك ياداشت پول را كه *(1)* ما / *(2)* شما مصرف *(1)* ميكنيم *(2)* ميكنيد نگهداريد. *Yak yädäsht-e-pool-e-rä ke (1) mä / (2) shomä masraf (1) mey-konem (2) mey-koned nega-däred.* **Someone** *(1)* **stole /** *(2)* **took** *(3)* **my /** *(4)* **our money.** كسى پول *(3)* من / *(4)* ما را *(1)* دزدى كرد / *(2)* گرفت. *Kasee pool-e- (3) man / (4) mä rä (1) dozdee kard. / (2) greft.* ★ **moneychanger** *n* صراف *saräf* ★ **moneylender** *n* قرض دهنده *qarz dehenda*

monitor *vt (observe)* ملاحظه كردن *moläheza kardan,* ارزيابى كردن *arze-yäbee kardan,* نظارت كردن *nezärat kardan* ~ **influenza** مرض ذكام نظارت كردن *maraz-e-zokäm nezärat kardan* **Monitor** *(1)* **her /** *(2)* **his /** *(3)* **their work.** كار *(1)* اوزن / *(2)* اومرد / *(3)* آنها را نظارت كنيد. *Kär-e- (1) o zan / (2) o mard / (3) änhä rä nezärat koned.* ★ *n* كه بروى آن تصاوير مشاهده ميگردد *safe-e-elektroneek-e-ke ba rooy-e-än tasäweer moshäheda mey-gardad.,* مانيتور *mäneetoor* **computer** ~ كمپيوتر مانيتور *mäneetoor-e-kam-pyootar*

monkey *n* شادى *shädee,* ميمون *maymoon* ~ **business** غير قانونى *gheyr-e-qänoonee,* عمل منفى *hamal-e-manfee,* عمل غير صادقانه *hamal-e-gheyr-e-sädeqäna*

monstrous *adj* بسيار كلان *beesyär kalän,* عظيم الجثه *azeem-ul-jsa*

month *n* ماه *mäh* **all** ~ همه ماه *hama mäh* **every** ~ هر ماه *har mäh* **for a** ~ براى يك ماه *baräy-e-yak mäh* **in a** ~ در يك ماه *dar yak mäh* **last** ~ ماه گذشته *mäh-e-gozashta* ~ **after next** دو ماه بعد *do mäh ba'd* ~ **before last** دو ماه پيش *do mäh peysh* **next** ~ ماه آينده *mäh-e-äyenda* **this** ~ همين ماه *hameen mäh* **whole** ~ ماه تمام *mäh-e-tamäm* ★ **monthly** *adj* ماهانه *mähäna,* ماه وار *mäh wär*

monument *n* اثر يادگارى *asar-e-yädgäree,* عابده *äbeda*

mood *n* حالت *hälat,* خو *kho* **in a bad** ~ در حالت خراب *dar hälat-e-kharäb* **in a good** ~ در حالت خوب *dar hälat-e-khoob*

moon *n* مهتاب *mahtäb* ★ **moonlight** *n* روشنى مهتاب *roshanee-e-mahtäb* **by** ~ در روشنى مهتاب *hangäm-e-roshanee-e-mahtäb* **in the** ~ هنگام روشنى مهتاب

dar roshanee-e-mahtäb

moor *vt* بستن *bastan,* محکم کردن *mahkam kardan,* وصل کردن *wasel kardan* **Where can *(1)* I / *(2)* we moor the boat?** درکجا (۱) من / (۲) ما کشتی را بسته (۱) کنم؟ / (۲) کنیم؟ *Dar kojä (1) man / (2) mä keeshtee rä basta (1) konam? / (2) konem?*

mop *vt* پاک کردن *päk kardan* **Mop the floor (in the [room]).** فرش را (در___) پاک کنید. *Farsh rä (dar___) päk koned.* ★ *n* یک نوع آله برای شستن سطح خانه *yak nawa' äla barä-e-shostan-e-satah-e-khäna,* پاس پاس *päs päs* **Get a mop.** یک پاس پاس بگیرید. *Yak päs päs begeered.*

moped بایسکل موتور دار *bäysekel-e-motor där*

moral *adj* اخلاقی *akhläqee,* معنوی *ma'nawee* ~ **duty** وظیفه اخلاقی *wazeefa-e-akhläqee* ~ **responsibility** مسولیت اخلاقی *maso'lyat-e-akhläqee*

morale *n* روحیه *rohya* **How is *(1)* her / *(2)* his / *(3)* their morale?** روحیه (۱) اوزن / (۲) اومرد / (۳) آنها چطور است؟ *Rohya-e- (1) o zan / (2) o mard / (3) änhä chetowr ast?* **Try to boost *(1)* her / *(2)* his / *(3)* their morale.** کوشش کنید روحیه (۱) اوزن / (۲) اومرد / (۳) آنها را بالا ببرید. *Koshesh koned rohya-e- (1) o zan / (2) o mard / (3) änhä rä bälä bobared.*

morals *n, pl* اخلاق *akhläq* **(1) Does / (2) Will it violate Islamic morals?** آیا این در مغایرت با اخلاق اسلامی (۱) است؟ / (۲) خواهد بود؟ *Äyä een dar moghäyerat bä akhläq-e-eslämee (1) ast? / (2) khähad bod?*

more *adj* بیشتر *beeshtar,* زیادتر *zeeyädtar* ~ **help** کمک بیشتر *komak-e-beeshtar* ~ **money** پول بیشتر *pool-e-beeshtar* ~ **patience** مریض بیشتر *mareez-e-beeshtar* ~ **people** نفر بیشتر *nafar-e-beeshtar* ~ **supplies** اکمالات بیشتر *ekmälät-e-beeshtar,* مواد بیشتر *mawäd-e-beeshtar* ~ **time** وقت بیشتر *waqt-e-beeshtar* ~ **wood** چوب بیشتر *choob-e-beeshtar* **no** ~ دیگر نی *deegar nee* **We need more *(1)* food. / *(2)* fuel. / *(3)* help. / *(4)* medi-cine. / *(5)* money. / *(6)* supplies. / *(7)* time. / *(8)* wood.** ما به (۱) غذا / (۲) مواد سوخت / (۳) کمک / (۴) ادویه / (۵) پول / (۶) اکمالات / (۷) وقت / (۸) چوب بیشتر ضرورت داریم. *Mä ba (1) ghezä / (2) mawäd-e-sokht / (3) komak / (4) adweeya / (5) pool / (6) ekmälät / (7) waqt / (8) choob-e-beeshtar zaroorat därem.* **There's no more *(1)* food. / *(2)* fuel. / *(3)* medicine. / *(4)* money. / *(5)* time. / *(6)* wood.** دیگر (۱) غذا / (۲) مواد سوخت / (۳) ادویه / (۴) پول / (۵) وقت / (۶) چوب نیست. *Deegar (1) ghezä / (2) mawäd-e-sokht / (3) adweeya / (4) pool / (5) waqt / (6) choob neest.* ★ *adv* 1. *(greater)* بیشتر *beeshtar,* زیادتر *zeeyädtar;* 2. *(additional)* دیگر *deegar,* باز *bäz* ~ **often** اکثراً *aksaran,* بیشتر اوقات *beeshtar aowqät* ~ **or less** کم یا بیش *kam yä beesh* ~ **quickly** بسرعت زیادتر *zeeyädtar basora't,* تیزتر *teeztar* ~ **slowly** آهسته تر *ähestatar* **once** ~ یک باردیگر *yak bär-e-deegar* **Tell me more.** بیشتر برایم بگوئید. *Beeshtar barä-yam begohed.* **You need to rest more.** شما باید بیشتر استراحت کنید. *Shomä bäyad beeshtar esterähat koned.* **We have to do more.** ما باید بیشتر انجام دهم. *Mä bäyad beeshtar anjäm dehem.* **(1) Do it... / (2) Try... once more.** این را یکباردیگر (۱) انجام دهید. / (۲) آزمایش کنید. *Een rä yakbär-e-deegar (1) anjäm dehed. / (2) azmäyesh koned.* ★ *n* بیشتر *beeshtar,* دیگر *deegar* **nothing** ~ هیچ چیز دیگر *hech cheez-e-deegar,* قدری بیشتر *qadree beeshtar* **some** ~ هیچ چیز بیشتر *hech cheez-e-beeshtar* **Would you like some more?** آیا شما قدری بیشتر میخواهید؟ *Äyä shomä qadree beeshtar mey-khähed?* **Do you have some more?** آیا شما قدری بیشتر دارید؟ *Äyä shomä qadree beeshtar däred?* **It's more than *(1)* enough. / *(2)* we / *(3)* you need.** این بیشتر از (۱) حد کافی / (۲) ضرورت ما / (۳) شما... است. *Een beeshtar as (1) had-e-käfee/ (2) zaroorat-e-mä / (3) shomä... ast.* **There's nothing more *(1)* I / *(2)* we can do.** ما (۱) من / (۲) هیچ چیزی بیشتری کرده (۱) نمیتوانم. / (۲) نمیتوانیم. *(1) Man / (2) Mä hech chee-*

zee beeshtar-e-karda (1) namey-tawänam. / (2) namey-tawänem.

morgue *n* مرده خانه *morda khäna* **Take** *(1)* **her** */ (2)* **him** */ (3)* **them to the morgue.** (١) اوزن / (٢) اومرد / (٣) آنها را در مرده خانه ببرید. *(1) O zan / (2) O mard / (3) Änhä rä dar morda khäna bobared.* **(1) He / (2) She is... / (3) They are... in the morgue.** (١) اومرد / (٢) اوزن / (٣) آنها در مرده خانه (١,٢) است / (٣) هستند. *(1) O mard / (2) O zan / (3) Änhä dar morda khäna (1,2) ast. / (3) hastand.*

morning *n* صبح *sobh,* قبل از ظهر *qabel az zohr,* سحر *sahar* **every ~** هر صبح *har sobh* **in the ~** در صبح *dar sobh* **this ~** امروز صبح *emrooz-e-sobh* **tomorrow ~** فردا صبح *fardä sobh* **whole ~** صبح تمام *sobh-e-tamäm* **yesterday ~** دیروز صبح *sobh-e-rooz-e-gozashta,* روز گذشته صبح *deerooz sobh* **Good morning!** صبح به خیر! *Sobh ba kheyr!*

morphine *n* مورفین *morfeen* **shot of ~** تزریق مورفین *tazreeq-e-morfeen*

mortar *n* 1. *(mil. weapon)* راکت انداز *räket andäz,* توپ *toop;* 2. *(masonry cement)* ملاط *malät,* ماساله *masäla* **~ shell** گلوله توپ *gloola-e-toop*

mosaic *n* موزایک *mozäyek*

Moslem *adj* مسلمان *moselmän* ★ *n* مسلمان *moselmän*

mosque *n* مسجد *masjed*

mosquito *n* پشه *pasha* **(1) Kill / (2) Spray the mosquitos (in** *[3]* **here /** *[4]* **there).** پشه ها را (در [٣] اینجا / [٤]) (١) بکشید / (٢) دواپاشی کنید. *Pasha hä rä (dar [3] eenjä / [4] änjä) (1) bekoshed. / (2) dawä päshee koned.*

most *adj* بیشتر *beeshtar,* زیادترین *beeshtareen,* زیادترین *zeeyädtareen* **for the ~ part** برای نواحی بیشتر *baräy-e-nawähee-e-beeshtar,* بخش بیشتر *bakhsh-e-beeshtar* **in ~ cases** در موارد بیشتر *dar mawäred-e-beeshar,* اکثر اوقات *aksar-e-aowqät* **~ people** اکثر مردم *aksar-e-mardom,* بیشتر مردم *beeshtar-e-mardoom* **~** *adv* بسیار زیاد *beesyär zeeyäd* **~ difficult** مشکل ترین *moshkeltareen* **What I (1) need / (2) want most is** *(what).* چیزی که من (١) ضرورت دارم / (٢) میخواهم ( ) است. *Cheezee ke man beeshtar (1) zaroorat däram / (2) mey-khäham (___) ast.* **What we (1) need / (2) want most is** *(what).* چیزی که ما بیشتر (١) ضرورت داریم / (٢) میخواهیم ( ) است. *Cheezee ke mä beeshtar (1) zaroorat därem... / (2) mey-khähem (___) ast.* ★ *n* بیشتر *beeshtar,* اکثر *aksar* **at the ~** در انتها *dar ente-hä* **~ of them** بیشتر آنها *beeshtar-e-änhä* **~ of the time** اکثر اوقات *aksar-e-aowqät* **~ of us** بیشر ما *beeshar-e-mä* **~ of you** بیشتر شما *beeshtar shomä* **You've been most** *(1)* **generous /** *(2)* **kind (to** *[3]* **me /** *[4]* **us).** شما (برای [٣] من / [٤] ما) بسیار (١) سخی / (٢) مهربان بوده اید. *Shomä (baräyee [1] man / [2] mä) besyär (1) sakhee / (2) mehrabän booda eed.* **That's the most** *(1)* **I /** *(2)* **we can do.** همین بیشترین حدی است که (١) من میتوانستم... / (٢) ما میتوانستیم... *Amen beeshtareen had-e- ast ke (1) man mey-tawänestam... / (2) mä mey-tawänestem... anjäm (1) deham. / (2) dehem.* ★ **mostly** *adv* بیشتر *beeshtar,* اساساً *asäsan*

moth *n* شب پرک چرمی *shab parak-e-charmee*

mother *n* مادر *mädar* **foster ~** مادر رضایی *mädar-e-tezäyee,* مادر خوانده *mädar khända* ★ **mother-in-law** *n* خشو (مادر خانم یا شوهر) *khoshoo (mädar-e-khänom yä showhar)*

motor *n* موتور *motoor,* ماشین *mäsheen* **electrical ~** موتور برقی *motoor-e-barqee* **new ~** موتور جدید *motoor-e-jadeed* **The motor is broken.** موتور خراب شده است. *Motoor kharäb shoda ast.* **Can you fix the motor?** آیا شما میتوانید موتور را ترمیم کنید؟ *Äyä shomä mey-tawäned motoor rä tarmeem koned?* ★ **motorbike** *n* موترسایکل *motar-säykel* ★ **motorboat** *n* کیشتی *Keeshtee-e-ke mäsheen dashta bäshad.* که ماشین داشته باشد. ★ **motorcycle** *n* موتر سایکل *motar säykel*

mound *n* كوت خاك *koot-e-khäk,* تپه كوچك *tapa-e-kochak*
mount *vt* سوار شدن *sawär shodan,* بالا شدن *bälä shodan* **Please help me mount the horse.** لطفاً كمك ام كنيد كه بالاى اسپ سوار شوم. *Lotfan komak am koned ke bälä-e-asp sawär shawam.*
mountain *n* كوه *ko* **at the bottom of the ~** در زير كوه *dar zeer-e-ko* **climb the ~** در كوه بالا شدن *dar ko bälä shodan* **down the ~** پائين كوه *päheen-e-ko* **~ peak** در پهلوى كوه *nook-e-ko,* قله كوه *gola-e-ko* **on the side of the ~** در پهلوى كوه *dar pahloo-e-ko* **on top of the ~** در نوك كوه *dar nook-e-ko,* بالاى قله كوه *bälä-e-qola-e-ko* **up the ~** دربالاى كوه *dar bäläyee ko* **What's the name of this mountain?** نام اين كوه چيست؟ *Näm-e-een ko cheest?*
★ **mountainside** *n* بطرف كوه *bataraf-e-ko* ★ **mountaintop** *n* قله كوه *gola-e-ko*
mourn *vt* سوگوارى كردن *sogwäree kardan,* ماتم گرفتن *mätam greftan* ★ **mourning** *n* ماتم *mätam,* سوگوارى *sogwäree* **Is (1) he / (2) she in mourning?** آيا (1) اومرد / (2) اوزن در ماتم است؟ *Äyä (1) o mard / (2) o zan / dar mätam ast?* **Are they in mourning?** آيا آنها در ماتم هستند؟ *Äyä änhä dar mätam hastand?*
mouse *n* موش *moosh* **Put this rat poison out to kill the mice.** اين دواى موش را بياندازيد تا موش ها را از بين ببرد. *Een dawä-e-moosh rä beyandäzed tä moosh hä rä az bayn bobarad.* ★ **mousetrap** *n* تلك موش *talak-e-moosh* **Set these mousetraps in various places.** تلك هاى موش را در جاهاى مختلف بگذاريد. *Talak häyee moosh rä dar jähäy-e-mokhtaleef begzäred.*
mouth *n* دهن *dehan* **by word of ~** آوازه *äwäza,* شفاهى *shafä-ye* **Open your mouth (wider) (and say "Ah!").** دهن تان را (بيشتر) باز كنيد (و "آه" بگوئيد). *Dahan-e-tän rä (beeshtar) bäz koned (wa "äh" begohed).* ★ **mouthful** *n* لقمه *loqma,* دهن پر *daha-e-por* ★ **mouthwash** *n* مايع براى شستن دهن *mäye' baräy-e-shostan-e-dahan*
move *vt* حركت دادن *harakat dädan,* انتقال دادن *enteqäl dädan* **Move the tent (over) (1) here. / (2) there.** خيمه را (1) اينجا / (2) آنجا انتقال دهيد. *Khayma rä (1) eenjä / (2) änjä enteqäl dehed.* **Can (1) he / (2) she move (3) his / (4) her (5) arm? / (6) head? / (7) leg?** آيا (1) اومرد / (2) اوزن (5) بازو / (6) سر / (7) پا (3,4) اش را حركت داده ميتواند؟ *Äyä (1) o mard / (2) o zan (5) bäzoo / (6) sar / (7) pä (3,4) ash rä harakat däda mey-tawänad?* **(1) He / (2) She (3) can / (4) can't move (5) his / (6) her (7) arm. / (8) head. / (9) leg.** (1) اومرد / (2) اوزن (7) بازو / (8) سر / (9) پا (6,5) اش را حركت داده (3) ميتواند / (4) نميتواند. *(1) O mard / (2) O zan (7) bäzoo / (8) sar / (9) pä (5,6) ash rä harakat däda (3) mey-tawänad. / (4) namey-tawänad.* **Can you move your (1) arm? / (2) head? / (3) leg?** آيا شما ميتوانيد (1) بازو / (2) سر / (3) پا تان را حركت دهيد؟ *Äyä shomä mey-tawäned (1) bäzoo / (2) sar / (3) pä-e-tän rä harakat dehed.* **Move the patient to (place).** مريض را به (ــــ) حركت دهيد. *Mareez ra ba (___) harakat dehed.* ★ *vi* تكان خوردن *takän khodan,* حركت كردن *harakat kardan,* رفتن *raftan,* نقل مكان كردن *naqel-e-makän kardan* **Have (1) everybody / (2) them move over (3) here. / (4) there.** (1) همه / (2) آنها را از (3) اينجا / (4) آنجا ببريد. *(1) Hama / (2) Änhä rä az (3) eenjä / (4) änjä bebared.* **Move over (1) here / (2) there.** (1) اينجا / (2) آنجا برويد. *(1) Eenjä / (2) Änjä berawed.* **(1) You / (2) We / (3) They have to move (to a different place).** (1) شما / (2) ما / (3) آنها بايد (به يك جاى ديگر) (1) برويد. / (2) برويم. / (3) بروند. *(1) Shomä / (2) Mä / (3) Änhä bäyad (ba yakjäy-e-deegar) (1) berawed. / (2) berawem. / (3) berawand.* **Why did you move here?** چرا اينجا آمديد؟ *Cherä eenjä ämaded?* **Let's get moving.** بياييد حركت نماييم. *Beyäyed harakat nomäyem.* **Get moving!** حركت كنيد! *Harakat koned!* **Move away!** دور برويد! *Door*

movement / **murder**

berawed! (1,2) **Move back!** حرکت نمایید! بطرف عقب *Ba taraf-e-aqeb harakat nomäyed!* **Don't move.** *(1)* تکان نخورید. *Takän na-khored. / (2)* حرکت نکنید. *Harakat nakoned.* ★ **movement** *n* حرکت *harakat* **bowel ~** حرکت روده *harakat-e-rooda*

movie *n* فلم *felm* **~ theater** سینما *seenamä* **show a ~** فلم نمایش دادن *felm nemäyesh dädan* **watch a ~** فلم تماشا کردن *felm tamäshä kardan*

mow *vt* توده کردن *toda kardan,* درو کردن *darow kardan* ★ **mower** *n* دروگر *darowgar,* علف چین *a'laf cheen* **grass / lawn ~** علف چین *a'laf cheen*

MRE *abbrev* = **Meal Ready to Eat** *(mil.)* غذا آماده برای صرف کردن *ghezä ämäda baräy-e-sarf kardan*

much *adj* زیاد *zeeyäd,* بسیار *beesyär* **how ~?** *(See phrases under* **how***)* چقدر *cheqadar,* چی اندازه *chee andäza* **~ effort** کوشش زیاد *koshesh-e-zeeyäd* **~ money** پول زیاد *pool-e-zeeyäd* **~ time** وقت زیاد *waqt-e-zeeyäd* **not ~** کم *kam* **too ~** بسیار زیاد *beesyär zeeyäd,* بی اندازه *bey andäza* **You've given us much help.** شما ما را بسیار کمک کردید. *Shomä mä rä beesyär komak karded.* **Don't put too much** *(1)* **salt. /** *(2)* **sugar. /** *(3)* **water.** *(1)* بسیار زیاد نمک / *(2)* بوره / *(3)* آب نیاندازید. *Beesyär zeeyäd (1) namak / (2) bora / (3) äb nayandäzed.* ★ *adv* بسیار *beesyär,* خیلی *kheelee* **as ~ as** آن قدر که *än qadar ke,* همان قدر که *hamän qadar ke* **very ~** خیلی زیاد *kheelee zeeyäd* **Thank you very much.** بسیار زیاد تشکر. *Beesyär zeeyäd tashakor.* **I want very much to help you.** بسیار زیاد میخواهم که شما را کمک کنم. *Beesyär zeeyäd mey-khäham ke shomä rä komak konam.* **Does it hurt much?** آیا بسیار درد میکند؟ *Äyä beesyär dard mey-konad?* ★ *n* خیلی *kheelee,* مقداری *meqdär-e-zeeyädee* **~ of it** مقدار زیاد این *meqdär-e-zeeyäd-e-een* **There's not much** *(1)* **I /** *(2)* **we can do.** اضافه از آن *(1)* من / *(2)* ما چیزی *Ezäfa az än (1) man / (2) mä cheezee karda (1)* نمیتوانم. / *(2)* نمیتوانیم. *namey-tawänam. / (2) namey-tawänem.* **mucus** *n* مخاط *makhät,* بلغم *balgham*

mud *n* گل *geyl* **knee-deep ~** تا به زانو گل *tä ba zänoo geyl* ★ **mud-and-straw** *adj* گلی وگیاهی *gelee wa geeyähee* ★ **muddy** *adj* گلی *gelee,* گل آلود *geyl älood* ★ **mudslide** *n* ولای گل لغزش *laghzesh-e-geyl wa läy geyl* ★ **mud-walled** *adj* دیوار گلی *deewär-e-gelee*

muezzin *n* موذن *mozan*

muffin *n* یک نوع کیک *yak nawa' keek*

muffler *n (automot.)* سلنسر موتر *salansar-e-motar*

mulberries *n, pl* توت *toot*

mulch *n* برگ و کاه تر برای پوشاندن درختان تازه نشانده *barg wa käh-e-tar baräy-e-poshändan-e-darakhtän-e-täza neshända*

mule *n* قاطر *qäter*

mullah *n* ملا *molä*

multiethnic *adj* چندین ملیتی *chandeen melyata*

multinational *adj* چندین ملیتی *chandeen melyata,* مربوط به چندین کشور *marboot ba chandeen keshwar* **~ peacekeeping force** قواه صلح کشور های مختلف *qowäh-e-solhe-e-keshwar häy-e-mokhtalef*

multiple *adj* چندین *chendee,* گوناگون *gonägoon,* متعدد *motahaded* **~ injuries** چندین جراحت *chandeen jarähat,* چندین زخم *chandeen zakhem* ★ **multiply** *vt* افزودن *afzodan,* ضرب کردن *zarb kardan,* افزایش دادن *afzäyesh dädan*

mumps *n* کله چرک *kala charak*

murder *vt* کشتن *koshtan,* به قتل رساندن *ba qatel rasändan* *(1)* **He /** *(2)* **She was murdered.** *(1)* او مرد / *(2)* او زن به قتل رسید. *(1) O mard / (2) o zan ba qatel raseed.* **They were murdered.** آنها به قتل قتل رسیدند. *Änhä ba qatel qatel raseedand.* ★ *n* قتل *qatel* **commit ~** مرتکب قتل شدن *mortakeb-e- shodan*

★ **murderer** *n* قاتل *qätel*, خونی *khonee*
murmur *n*: **heart ~s** اواز حرکت قلب *äwäz-e-harakat-e-galb*
muscle *n* عضله *a'zala* **You've pulled a muscle (in your *[1]* arm / *[2]* leg).** ([1] بازو / [2] پا) تان بر آمده است. *([1] bāzoo / [2] pä)-e-tän barämada ast.* **(1) He / (2) She has pulled a muscle (in *[3]* his / *[4]* her *[5]* arm / *[6]* leg).** (۱) اوزن / (۲) اومرد ([۵] بازو / [٦] پا / [٤،٣] اش) برآمده است. *(1) O zan / (2) O mard ([5] bäzoo / [6] pä [3,4] ash) bar-ämada ast.*

music *n* موسیقی *moseeqee*, نغمه *naghma*, آهنگ *ähang* **listen to ~** به موسیقی گوش دادن *ba moseeqee goosh dädan*, موسیقی شنیدن *moseeqee shaneedan* **~ CD** سی دی نغمه *see dee naghma* **~ class** صنف موسیقی *senf-e-moseeqee* **~ tape** کست موسیقی *kaset-e-moseeqee* **~ teacher** معلم موسیقی *ma'lem-e-moseeqee*, استاد موسیقی *ostäd-e-moseeqee* **nice ~** موسیقی زیبا *moseeqee-e-zeebä* **play ~** موسیقی نواختن *moseeqee nawäkhtan* **Would you like to listen to some music?** آیا علاقه دارید موسیقی بشنوید؟ *Äyä a'läqa däred moseeqee beshnawed?* **Play some music for us.** برای ما چند نغمه بنوازید. *Baräy-e-mä chand naghma benawäzed.* ★ **musical** *adj* موسیقی *moseeqee* **~ talent** استعداد موسیقی *este'däd-e-moseeqee*

Muslim *adj* مسلمان *moselmän* ★ *n* مسلمان *moselmän* **devout ~** مسلمان دیندار *moselmän-e-deendär* **Shiite ~** مسلمان شیعه *moselmän-e-shee'ya* **Sunni ~** مسلمان سنی *moselmän-e-sonee*

must *v aux* باید *bäyad* **You must be *(1)* alert. / *(2)* patient. / *(3)* strong. / *(4)* on time.** شما باید (۱) آگاه... / (۲) صبور... / (۳) قوی... / (٤) حاضر به وقت... باشید. *Shomä bäyad (1) ägäh... / (2) saboor... / (3) qawee... / (4) hazer ba waqt... bäshed.* **You must check *(1)* everyone. / *(2)* everything.** شما باید (۱) همه کس... / (۲) همه چیز... را تفتیش کنید. *Shomä bäyad (1) hama kas... / (2) hama cheez... rä tafteesh koned.* **You must *(1)* do it. / *(2)* get a shot. / *(3)* go. / *(4)* hurry. / *(5)* rest. / *(6)* try (hard). / *(7)* wait.** شما باید (۱) انجام دهید. / (۲) پیچکاری شوید. / (۳) بروید. / (٤) عجله کنید. / (٥) استراحت کنید. / (٦) (سخت) کوشش کنید. / (۷) منتظر باشید *Shomä bäyad (1) anjäm dehed. / (2) peechkäree shawed. / (3) berawed. / (4) a'jala koned. / (5) esterähat koned. / (6) (sakht) koshesh koned. / (7) montazer bäshed.* **You must not *(1)* be afraid. / *(2)* be late. / *(3)* do it. / *(4)* go (there). / *(5)* touch it.** شما نباید (۱) بترسید. / (۲) ناوقت بیایید. / (۳) انجام دهید. / (٤) (آنجا) بروید. / (٥) این را لمس کنید. *Shomä nabäyad (1) betarsed. / (2) näwaqt beyäyed. / (3) anjäm dehed. / (4) (änjä) berawed. / (5) een rä lams koned.* **Everybody must *(1)* be checked. / *(2)* do it. / *(3)* get a shot. / *(4)* go. / *(5)* have a pass. / *(6)* register.** همه باید (۱) معاینه شوند. / (۲) انجام دهند. / (۳) پیچکاری شوند. / (٤) بروند. / (٥) بگذرند. / (٦) ثبت نام شوند. *Hama bäyad (1) ma'äyena shawand. / (2) enjäm dehand. / (3) peechkäree shawand. / (4) berawand. / (5) begzarand. / (6) sabt-e-näm shawand.* **It must be done.** این باید انجام یابد. *Een bäyad anjäm yäbad.*

mustache *n* بروت *broot*
mustard *n* یک نوع چتنی زرد *yak now-ha chatnee-e-zard*
mutate *vt* تغیر کردن *tagheer kardan*, گردیدن *gardeedan* **The virus could mutate into a form easily transmittable between humans.** ویروس میتواند با سادگی قابل سرایت در بین انسانها گردد. *Weeroos may-tawänad ba sädegee qäbel-e-saräyat dar bayn ensänhä gardad.*
mute *adj* گنگ *gong*
mutton *n* گوشت گوسفند *goosht-e-goosfand*
mutual *adj* دو طرفه *do tarafa*, دوجانبه *do jäneba*
myopia *n* نزدیک بینی *nazdeek beenee*

mysterious *adj* خفیه *khofeya*, مرموز *marmooz* ~ **circumstances** حالات مرموز *hälät-e-marmooz* ★ **mysteriously** *adv* به طور خفیه *ba towr-e-khofeya*, به طور مرموز *ba towr-e-marmooz* **It mysteriously disappeared.** به طور مرموز ناپدید شد. *Ba towr-e-marmooz näpadeed shod.* ★ **mystery** *n* راز *räz*, رمز *ramz* **solve the ~** راز را گشادن *räz rä goshädan* **It's a mystery to me.** این برای من یک رمز است. *Een baräy-e-man yak ramz ast.*

N n

nail *vt* میخ زدن *meekh zadan*, میخکوب کردن *meekhkoob kardan* **Nail (1) this / (2) these onto this.** (۱) این / (۲) اینها را در این میخ کنید. *(1) Een / (2) Eenhä rä dar een meekh koned.* **Nail (1) it / (2) them together.** (۱) این / (۲) آنها را یکجا به هم میخ کنید. *(1) Een / (2) Änhä rä yakjä ba ham meekh koned.* ★ *n* 1. *(for hammering)* میخ *meekh*; 2. *(fingernail)* ناخون *näkhoon* **Get some ([1] big / [2] long / [3] medium-size / [4] short / [5] small) nails.** یکمقدار میخ ([۱] بزرگ / [۲] دراز / [۳] متوسط / [٤] کوتاه / [٥] کوچک) بیاورید. *Yakmeqdär meekh (-e- [1] bozorg / [2] daräz / [3] motawaset / [4] kotäh / [5] kochak) beeyäred.* **Use these nails.** این میخ ها را استفاده کنید. *Een meekh hä rä estefäda koned.* ★ **nailer** *n (const. tool)* ماشینی که میخ را میکوبد *mäsheen-e-ke meekh rä mey-kobad*

naked *adj* برهنه *berahna*

name *n* نام *näm*, اسم *esem* **false ~** نام دروغین *näm-e-droogheen* **family ~** نام فامیلی *näm-e-fämeelee*, تخلص فامیلی *takhaloos-e-fämeelee* **first ~** اسم اول *esem-e-awal* **given ~** لقب *laqab* **last ~** *(family name)* تخلص *takhalos* **middle ~** نام وسطی *näm-e-wasatee* **What's (1) her / (2) his / (3) your name?** نام (۱) اوزن / (۲) اومرد / (۳) شما چیست؟ *Näm-e- (1) o zan / (2) o mard / (3) shomä cheest?* **My name is (name).** نام من (___) است. *Näm-e-man (___) ast.* **(1) Her / (2) His name is (name).** نام (۱) اوزن / (۲) اومرد (___) است. *Näm-e-(1) o zan / (2) o mard (___) ast.* **What is the name of it?** نام این چیست؟ *Näm-e-een cheest?* **The name of it is (name).** نام این (___) است. *Näm-e-een (___) ast.* **Please (1) write / (2) sign your name.** لطفاً نام تان را (۱) بنویسید / (۲) امضا کنید. *Lotfan näm-e-tän rä (1) benaweesed. / (2) emzä koned.* **Write down everyone's name.** نام همه را بنویسید. *Näm-e-hama rä benaweesed.* **(1) I don't know... / (2) I forgot... (3) her / (4) his / (5) your name.** نام (۳) اوزن / (٤) اومرد / (٥) شما را (۱) نمیدانم. / (۲) فراموش کرده ام. *Näm-e- (3) o zan / (4) o mard / (5) shomä rä (1) namey-dänam. / (2) farämosh karda am.* **Does the dog have a name?** آیا این سگ نام دارد؟ *Äyä een sag näm därad?* ★ **nametag** *n* کاغذ یا کارت شناسایی (کارت کوچک که بالای آن اسم شخص برای شناسایی نوشته میشود.) *kärt-e-shenäsäyee (käghaz yä kart-e-kochak-e-ke bäläy-e-än esm-e-shakhs baräy-e-shenäsäyee naweshta mey-shawad.)* **I want everyone to wear a nametag.** میخواهم همه کارت شناسایی بند کنند. *Mey-khäham hama bäyad kärt-e-shenäsäyee band konand.*

nap *n* خواب کوتاه *khäb-e-kootäh* **Why don't you take a nap?** چرا کمی نمیخوابید؟ *Chorä kamay namey-khäbed.* **(1) He / (2) She is taking a nap.** (۱) اومرد / (۲) اوزن خواب است. *(1) O mard / (2) O zan khäb ast.*

napkin *n* دستمال پیشگیر *dastmäl-e-peyshgeer* **sanitary ~** دستمال صحی *dastmäl-e-sehee*

narcotic *adj* خواب آور *khäb äwar*, مخدره *mokhadera* ★ *n* مواد مخدره *mawäd-e-mokhadera* **deal in** ~**s** معامله مواد مخدره *mä-mela-e-mawäd-e-mokhadera* **use** ~**s** استعمال مواد مخدره *este'-mäl-e-mawäd-e-mokhadera* **Anyone caught using narcotics will be fired.** هرکسی که در استعمال مواد مخدره دستگیر شد از کار سبکدوش خواهد شد. *Har kas-e-ke dar estehmäl-e-mawäd-e-mokhadera dastgeer shod az kär sobokdoosh khähad gardeed.*

narrow *adj* باریک *bäreek*, کم عرض *kam a'rz*, نازک *näzok* ★ **narrowly** *adv* (1) من / (2) به دقت *ba deqat* (1) **I** / (2) **We narrowly escaped.** ما مفت جان / (2) بردیم. *Man* / (2) *Mä moft jän ba salämat* (1) *bordam.* / (2) *bordem.*

nasal *adj* بینی *beenee*, دماغی *damäghee* ~ **congestion** بندش بینی *bandesh-e-beenee*

nation *n* ملت *melat*, قوم *qowm* **donor** ~ کشور کمک کننده *keshwar-e-komak konenda* ★ **national** *adj* ملی *melee* ★ **nationality** *n* ملیت *melyat* **What nationality are you?** شما از کدام ملیت هستید؟ *Shomä az kodäm melyat hasteed?* **What nationality is** (1) **he?** / (2) **she?** (1) اوون / (2) اومرد از کدام ملیت است؟ (1) *O zan* / (2) *O mard az kodäm melyat ast?* (1) **He** / (2) **She is** (nationality). (1) اومرد / (2) اوزن ( ) است. (1) *O mard* / (2) *O zan* ( ) *ast.* **What nationality are they?** آنها از کدام ملیت هستند؟ *Anhä az kodäm meyat hastand?* **They're** (nationality). آنها( ) هستند. *Anhä* ( ) *hastand.*

natural *adj* طبیعی *tabee'yee*, ذاتی *zätee* ★ **naturally** *adv* 1. *(according to nature)* طبعاً *taba'n*, ذاتاً *zätan*; 2. *(of course)* البته *albata* ★ **nature** *n* 1. *(created world)* طبیعت *tabe'yat*; 2. *(disposition, temperament)* فطرت *fetrat*, خوی *khoy*; 3. *(essence)* جوهر *jowhar*, گوهر *gowhar*

nausea *n* استفراق *estefräq*, دلبد *delbad* (1) **He** / (2) **She is suffering from nausea.** (1) اومرد / (2) اوزن استفراق دارد. (1) *O mard* / (2) *O zan estefräq därad.* **This will help stop the nausea.** این استفراق را ایستاد خواهد ساخت. *Een estefräq rä estäd khähad säkht.* ★ **nauseated** *adj* دلبدی *delbadee*, استفراق *estefräq* **Do you feel nauseated?** آیا شما احساس دلبدی میکنید؟ *Äyä shomä ehsäs-e-delbadee mey-koned?*

near *adj* نزدیک *nazdeek* **in the** ~ **future** در آینده نزدیک *dar äyenda-e-nazdeek* ★ *prep* نزدیک به *nazdeek ba* **Is it near here?** آیا نزدیک به اینجا است؟ *Äyä nazdeek ba eenjä ast?* **It's near** (place). نزدیک به ( ) است. *Nazdeek ba* ( ) *ast.* **Don't go near it.** نزدیک اش نروید. *Nazdeek ash narawed.* ★ **nearby** *adj* نزدیک *nazdeek*, مجاور *mojäwer* ★ **nearly** *adv* تقریباً *taqreeban* ★ **nearsighted** *adj* نزدیک بین *nazdeek been*

neat *adj* پاکیزه *päkeeza*, پاک *päk* **Try to keep everything neat.** کوشش کنید همه چیز را پاک نگهدارید. *Koshesh koned hama cheez rä päk nega-däred.* ★ **neatly** *adv* به پاکی *ba päkee* **Fold them neatly (and put them away).** آنها را بطور مرتب قات کنید (ودوربگذارید). *Anhä rä batowr-e-moratab qät koned (wa door begzäred).* ★ **neatness** *n* آراسته گی *ärästa-gee*, پاکیزه گی *päkeeza-gee*

necessary *adj* ضروری *zaroree*, لازمی *läzemee* ~ **documents** اسناد ضروری *asnäd-e-zaroree* ~ **equipment** لوازم ضروری *lawäzem-e-zaroree* **It** (1) **is** / (2) **was** / (3) **will be necessary.** این ضروری (1) است. / (2) بود. / (3) خواهد بود. *Een zaroree* (1) *ast.* / (2) *bod.* / (3) *khähad bod.* **It** (1) **isn't** / (2) **wasn't** / (3) **won't be necessary.** این ضروری (1) نیست. / (2) نبود. / (3) نخواهد بود. *Een zaroree* (1) *neest.* / (2) *nabod.* / (3) *nakhähad bod.* **If necessary,** (1) **I'll** / (2) **we'll do it.** اگرضروری است، (1) من / (2) ما خواهد نخواهم داد. *Agar zaroree ast,* (1) *man* / (2) *mä khähad* (1) انجام / (2) دادیم. *dädeem.*

anjäm (1) dädam. / (2) dädem. **If necessary, do it.** انجام اگرضروری است (1) دادم. / (2) دادیم. *Ägar zarooree ast, anjäm dehed.* **Do what you think is necessary.** آنچه را فکرمیکنید ضروری است انجام دهید. *Änche rä feker mey-koned zarooree ast anjäm dehed.*

neck *n* گردن *gardan* ~ **brace** گردن بند *gardan band* **sore** ~ گردن درد *gardan dard* **stiff** ~ گردن شخ *gardan shakh* **(1) He / (2) She has a (3) bullet / (4) wound in (5) his / (6) her neck.** (۱) اومرد / (۲) اش یک (۵,۶) اوزن در گردن (۳) گلوله / (۴) جراحت دارد. *(1) O zan / (2) O mard dar gardan (5,6) ash yak (3) gloola / (4) jarähat därad.* **(1) His / (2) Her neck is injured.** گردن (۱) اومرد / (۲) اوزن زخمی است. *Gardan-e- (1) o mard / (2) o zan zakhmee ast.* ★ **necklace** *n* گردن بند *gardan band*, گلوبند *golo band* ★ **necktie** *n* نکتائی *nektäyee*

need *vt* 1. (*necessary*) ضرورت داشتن *zaroorat däshtan*; 2. (*should*) بایستن *bäyastan* **What do you need?** شما چی ضرورت دارید؟ *Shomä chee zaroorat dared?* **I (1) need / (2) don't need (what).** من (۱) ضرورت (۱) دارم. / (۲) ندارم. *Man (__) zaroorat (1) däram. / (2) nadäram.* **We (1) need / (2) don't need (what).** ما (۱) ضرورت (۱) داریم. / (۲) نداریم. *Mä (__) zaroorat (1) därem. / (2) nadärem.* **What does (1) he / (2) she need?** (۱) اوزن / (۲) اومرد چی ضرورت دارد؟ *(1) O zan / (2) O mard chee zaroorat därad?* **(1) He / (2) She (1) needs / (2) doesn't need (what).** (۱) اومرد / (۲) اوزن (__) ضرورت (۱) دارد. / (۲) ندارد. *(1) O mard / (2) O zan (__) zaroorat (1) därad. / (2) nadärad.* **What do they need?** آنها چی ضرورت دارند؟ *Anhä chee zaroorat därand?* **They (1) need / (2) don't need (what).** آنها (__) ضرورت (۱) دارند. / (۲) ندارند. *Anhä (__) zaroorat (1) därand. / (2) nadärand.* **You need to see a doctor.** شما باید به یک طبیب مراجعه کنید. *Shomä bäyad ba yak tabeeb moräje-a'h koned.* **If you need something, (just) ask for it.** اگر شما به چیزی ضرورت داشتید، (صرف) بگویید. *Agar shomä ba cheezee zaroorat däshted, (serf) begoo-yed.* ★ *n* ضرورت *zaroorat*, احتیاج *ehteyäj* **desperate** ~ احتیاج مبرم *ehteyäj-e-mobram* **We have an urgent need (for blood donors).** ما ضرورت عاجل (به اهدا کننده خون) داریم. *Mä zaroorat-e-äjel (ba ehdä konenda-e-khoon) därem.*

needle *n* 1. (*sewing*) سوزن *soozan*; 2. (*knitting*) سیخ بافندگی *seekh-e-bäfendagee*; 3. (*hypodermic*) سیخ جراحی *seekh-e-jarähee*; 4. (*compass*) خاره نوک تیز *khära-e-nook teez* **hypodermic** ~ سوزن پیچکاری *soozan-e-peechkäree* **pack of sewing** ~s بسته سوزن خیاطی *basta-e-soozan-e-khayätee* **sewing machine** ~ سوزن ماشین خیاطی *soozan-e-mäsheen-e-khayätee* ★ **needlework** *n* سوزن دوزی *soozan dozee* **Can you do needlework?** آیا شما سوزن دوزی کرده میتوانید؟ *Äyä shomä soozan dozee karda mey-tawäned?*

negative *adj* منفی *manfee*, کلمه منفی *kalema-e-manfee*, پاسخ منفی *päsokh-e-manfee*, *manfee* ~ **attitude** طرز برخورد منفی *tarz-e-barkhord-e-manfee*, رفتار منفی *raftär-e-manfee* ~ **terminal** (*batteries*) قطب منفی بطری *qotb-e-manfee-e-betree* **Attach it to the negative terminal.** این را به قطب منفی وصل کنید. *Een rä ba qotb-e-manfee wasel koned.*

neglect *vt* بی اعتنائی کردن *be ehtena-yee kardan*, غفلت کردن (در, از) *ghaflat kardan (dar, az)*, بصورت درست مراقبت نکردن *basoorat drost moräqebat nakardan*, **The (1) injury / (2) wound has been neglected.** (۱) زخم / (۲) جراحت بصورت درست مراقبت نشده است. *(1) Zakhem / (2) Jarähat ba soorat-e-drost moräqebat nashoda ast.* **The children have been (terribly) neglected.** اطفال مورد بی اعتنائی (نهایت بد) قرار گرفته اند. *Atfäl mawred-e-be ehtena-yee-e-(nehayat bad) qarär gerefta and.*

negotiate *vi* مذاکره کردن *mozäkera kardan* **Can you negotiate with (1)**

negotiation — **new**

her? / (2) him? / (3) them? آیا شما با (۱) اوزن / (۲) اومرد / (۳) آنها مذاکره کرده میتوانید؟ *Äyä shomä bä (1) o zan / (2) o mard / (3) änhä mozäkera karda mey-tawäned?* **Try to negotiate with** *(1)* **her.** / *(2)* **him.** / *(3)* **them.** کوشش کنید که با (۱) اوزن / (۲) اومرد / (۳) آنها مذاکره کند. *Koshesh koned ke bä (1) o zan / (2) o mard / (3) änhä mozäkera koned.*
★ **negotiation** *n* مذاکره *mozäkera*
neighbor *n* همسایه *hamsäya* ★ **neighborhood** *n* همسایگی *hamsäyagee,* نزدیکی *nazdeekee* **in this ~** دراین همسایگی *dar een hamsäyagee* **in your ~** درهمسایگی شما *dar hamsäyagee-e-shomä*
neither *adj* از کدام هیچ *hech kodäm az* **~ one** یک از آن هیچ *hech yak az än* ★ *n* کدام هیچ *hech kodäm* **~ of them** از آنها کدام هیچ *hech kodäm az änhä*
nephew *n* پسر بردار یا خواهر *pesar-e-berädar yä khähar*
nerve *n* 1. *(physiol.)* عصب *a'sab;* 2. *(courage)* عصبانیّت *a'sabänyat* **sciatic ~** رگ النسا *rag-e-nesä* **This will calm your nerves.** این عصبانیّت تان را راحت خواهد کرد. *Een a'sabänyat-e-tän rä rähat khähad kard.*
★ **nervous** *adj* عصبی *a'sabee,* عصبانی *a'sabänee,* **~ tension** تشویش عصبی *tash-weesh-e-a'sabee* **You're too nervous. Take it easy.** شما بسیار عصبانی هستید. راحت باشید. *Shomä beesyär a'sabänee hasted. Rähat bäshed.* **Don't be nervous. (Everything will be okay.)** تشویش مکن. (همه چیز درست خواهد شد.) *Tashweesh makon. (Hama cheez drost khähad shod.)*
net *n* 1. *(fishing, beds, etc)* دام *däm,* تور *tor,* جالی *jälee;* 2. *(badminton, tennis, etc)* جال *jäl* **bed ~** جالی بستر *jalee-e-bestar* **mosquito ~** پشه خانه *pasha khäna*
Netherlander *n* هالندی *hälandee* ★ **Netherlands** *n* هالند *häland*
network *n* شبکه *shabaka* **irrigation ~** شبکه آبیاری *shabaka-e-äbyäree* **road ~** شبکه سرک *shabaka-e-sarak* **telecommunications ~** شبکه ارتباط تیلفون *shabaka-e-ertebät-e-teelfoon* **telephone ~** شبکه تیلفون *shabaka-e-teelfoon*
neural *adj* عصبی *a'sabee*
neutral *adj* بی طرف *bey taraf* **stay ~** بی طرف ماندن *bey taraf mändan* **(1) I'm / (2) We're (completely) neutral in this.** (۱) من / (۲) ما در این (کاملاً) بی طرف (۱) هستم. / (۲) هستیم. *(1) Man / (2) Mä dar een (kämelan) bey taraf (1) hastam. / (2) hastem.* ★ **neutralize** *vt* خنثی کردن *khonsä kardan* **~ bombs** بمب ها خنثی کردن *bamb hä khonsä kardan*
never *adv* هیچگاه *hechgäh,* هرگز *hargez,* هیچوقت *hechwaqt* **I've never been there.** هیچوقت آنجا نبوده ام. *Hechwaqt änjä nabooda am.* **I've never seen anything like this.** هرگز چیزی مانند این ندیده بودم. *Hargez cheezee mänand-e-een nadeeda budam.* **I never** *(1)* **heard /** *(2)* **saw** *(3)* **anyone. /** *(4)* **anything.** هرگز (۳) کسی / (۴) چیزی را (۱) نشنیده / (۲) ندیده ام. *Hargez (3) kasee / (4) cheezee rä (1) nashoneda... / (2) nadeeda... am.* ★ **nevertheless** *adv* با این همه *bä een hama,* با وجود این *bä wojood-e-een*
new *adj* نو *now,* جدید *jadeed,* تازه *täza* **~ drug** ادویه نو *adweya-e-now* **~ patient** مریض نو *mareez-e-now* **~ technique** تخنیک نو *takhneek-e-now* **What's new?** چی نو است؟ *Chee now ast?* **Are you new here?** آیا شما اینجا تازه کار هستید؟ *Äyä shomä eenjä täza kär hasted?* **I'm new here.** من اینجا تازه کار هستم. *Man eenjä täza kär hastam.* **We're new here.** ما اینجا تازه کار هستیم. *Mä eenjä täza kär hastem.* **Get a new one.** یك نو بیگیرید. *Yak now beegeered.* **Put a new** *(1)* **battery /** *(2)* **engine /** *(3)* **generator /** *(4)* **transmission in it.** یك (۱) بطری / (۲) ماشین / (۳) جنریتور / (۴) گیربکس نو نصب کنید. *Yak (1) betree-e- / (2) mäsheen-e- / (3) janretor-e- / (4) geer-baks-e-now nasb koned.* **Put new** *(1)* **brakes /** *(2)* **spark plugs in it.** در این (۱) برك / (۲) پلك برق نو نصب کنید. *Dar een (1) berek-e- / (2) palak-e-*

newcomer 272 **no**

barq now nasb koned. **You'll feel like new.** شما احساس تازه گی خواهید کرد.
Shomä ehsäs-e-täzagee khähad karded. ★ **newcomer** *n* تازه وارد *täza wäred,* نورسیده *now raseeda* **(1) He / (2) She is a newcomer.** (١) اومرد / (٢) اوزن تازه وارد. *(1) O mard / (2) O zan täza wäred ast.* **They're newcomers.** آنها نو آمده اند. *Ānhä now ämada and.*

news *n* اخبار *akhbär* **According to the news....** مطابق به اخبار... *Motäbeq ba akhbär...* ★ **newspaper** *n* روزنامه *rooznäma* **English-language ~** روزنامه لسان انگلیسی *rooznäma-e-lesän-e-engleesee*

New Zealander *n* نیوزلندی *neyozalandee* ★ **New Zealand** *adj* نیوزلند *neyozaland,* زیلاند جدید *zeeländ-e-jadeed* ★ *n* نیوزلند *neyozaland*

next *adj* بعد *ba'd,* دیگر *deegar,* آینده *äyenda* **~ bus** موتر سرویس دیگر *motar-e-sarwees-e-deegar* **~ flight** پرواز آینده *parwäz-e-äyenda* **~ room** اطاق دیگر *otäq-e-deegar* **~ shipment** باردیگر *bär-e-deegar* **~ step** گام دیگر *gäm-e-deegar* **~ time** زمان دیگر *zamän-e-deegar,* آینده *äyenda* **What's next?** دیگرچی است؟ *Deegar chee ast?* **Who's next?** دیگر کی است؟ *Deegar kee ast?* **Call the next patient..** مریض بعدی را صدا کنید. *Mareez-e-ba'dee rä sadä koned.* **The next thing I want you to do is...** چیزدیگر که میخواهم شما انجام دهید....است. *Cheezee deegar-e-rä ke mey-khäham shomä anjäm dehed...ast.* **What time is the next bus to** *(place)*? سرویس بعدی به (   ) چی وقت است؟ *Sarwees-e-bahdee ba (   ) chee waqt ast?* ★ *adv* پس از آن *pas az än,* سپس *sepas* **What do (1) I / (2) we do next?** (١) من / (٢) ما چی انجام (١) دهم؟ / (٢) دهیم؟ *Pas az än (1) man / (2) mä chee anjäm (1) deham? / (2) dehem?* **Where do (1) I / (2) we go next?** (١) من / (٢) ما کجا (١) میروم؟ / (٢) میرویم؟ *Pas az än (1) man / (2) mä kojä (1) mey-rawam? / (2) mey-rawem?* **What happened next?** پس از آن چی شد؟ *Pas az än chee shod?*

nice *adj* 1. *(fine; pleasant)* خوش *khosh,* خوشایند *khosh-ayand;* 2. *(good, likable)* نیک *neek,* قشنگ *qashang,* لطیف *lateef;* 3. *(well done / performed)* خوب *khoob,* دقیق *daqeeq* **~ job** *(nice work)* کار خوب *kär-e-khoob,* کار دقیق *kär-e-daqeeq* **~ man** مرد نیک *mard-e-neek* **~ person** شخص نیک *shakhs-e-neek* **~ weather** هوا خوشایند *hawä-e-khosh-äyand* **~ woman** خانم نیک *khänom-e-neek* **~ work** کار خوب *kär-e-khoob,* کاردقیق *kär-e-daqeeq* **You did a nice job.** شما کار خوب کردید. *Shomä kär-e-khoob-e-karded.* *(1,2)* **Nice work!** *(1)* کارخوب! *Kär-e-khoob!* / *(2)* کار عالی! *Kär-e-älee!* **Nice to meet you.** از ملاقات با شما خوش شدم. *Az moläqät ba shomä khoosh shodam.* **That would be nice.** بسیار خوب خواهد بود. *Besyär khoob khähad bod.* **That was very nice of you.** انتهایی لطف شما بود. *Entehäyee lotf-e-shomä bod.* ★ **nicely** *adv* خوب *khoob,* بخوبی *bakhoobee (1,2)* **Nicely done.** *(1)* بخوبی انجام یافته. *Bakhoobee anjäm yäfta.* / *(2)* دقیقاً انجام یافته. *Daqeeqan anjäm yäfta.*

nickname *n* لقب *laqab,* نام دومی *näm-e-dowomee* **My nickname is** *(name)*. لقب من (   ) است. *Laqab-e-man (   ) ast.*

niece *n* دختر برادر *dokhtar-e-berädar,* دخترخواهر *dokhtar-e-khähar*

night *n* شب *shab* **at ~** درشب *dar shab* **every ~** هر شب *har shab* **last ~** شب گذشته *shab-e-gozashta* **tomorrow ~** فردا شب *fardäshab* **whole ~** شب تمام *shab-e-tamäm* **Where can we spend the night?** کجا متوانیم شب را بگذرانیم؟ *Kojä mey-tawänem shab rä begzaränem?* ★ **nightgown** *n* لباس خواب *lebäs-e-khäb* ★ **nightmare** *n* خواب وحشتناک *khäb-e-wahshatnäk* **You had a nightmare.** شما خواب وحشتناک دیده اید. *Shomä khäb-e-wahshat-näk deeda eed..*

nipple *n (of the breast)* نوک پستان *nook-e-pestän,* نوک سینه *nook-e-seena*

no *adv* نی *ney,* جواب منفی *jawäb-e-manfee* **,** هیچ *hech,* نخیر(موأدبانه) *nakhayr*

(moä-dabäna) **The answer is no.** جواب منفی است. *Jawäb manfee ast.* *(1)* **He / (2) She said no.** (۱) اومرد / (۲) اوزن نی گفت. *(1) O mard / (2) O zan ney goft.*
nobody *pron* هیچ کس *hech kas*
node *n* عقده *oqda* **lymph ~s** عقدات لمفاوی *oqadät-e-lamfäwee*
noise *n* صدا *sadä,* غالمغال *ghälmaghäl* **Keep the noise down.** صدای بلند نکشید. *Sadäyee beland nakashed.* **Please, no noise.** لطفاً، غالمغال نکنید. *Lotfan, ghälmaghäl nakoned.* **You're making too much noise.** شما بسیار غالمغال میکنید. *Shomä beesyär ghälmaghäl mey-koned.* ★ **noisy** *adj* غالمغالی *beesyär ghälmaghälee* **too ~** بسیار غالمغالی
nomad *n* کوچی *koochee,* بادیه نشین *bädeya nesheen* ★ **nomadic** *adj* کوچی *koochee,* خانه بدوش *khäna badoosh,* صحرا گرد *sahrä gard*
nonalcoholic *adj* غیرالکولی *gheyr-e-alkoolee*
nonbeliever *n* کافر *käfar,* بی ایمان *bey eemän*
noncommissioned officer *n (mil.)* خورد ظابط *khord zäbet*
noncontagious *adj* غیرساری *gheyr-e-säree*
none *pron* هیچیک *hechyak,* هیچ کدام (چیز) *hech kodäm (cheez)* **~ of them** هیچیک ازآنها *hechyak az änhä* **~ of this** هیچ کدام از این *hech kodäm az een* **~ of us** هیچیک از ما *hech yak az mä* **~ of you** هیچیک از شما *hech yak az shomä*
nonflammable *adj* حریق ناشدنی *hareeq näshodanee,* حریق ناپذیر *hareeq näpazeer*
non-governmental *adj* غیردولتی *gheyr-e-dowlatee*
nonsense *n* بی معنی *bey ma'nee* **That's a lot of nonsense.** بسیار بی معنی است. *Beesyär bey ma'nee ast.*
nonsmoker *n* کسیکه سگرت نمیکشد. *Kaseke segret namey-kashad.*
noon *n* چاشت *chäsht,* ظهر *zohr* **at ~** درظهر *dar zohr* **by ~** نزدیك ظهر *nazdeek-e-zohr*
no one *pron* هیچکس *hechkas*
normal *adj* نورمال *normäl,* نارمل *närmal,* عادی *a'ädee,* طبیعی *tabee'yee* **~ rate of growth** اندازه عادی نمو *andäza-e-a'ädee-e-nomo* **~ reaction** تعامل عادی *ta'ämol-e-a'ädee,* عکس العمل عادی *aks-ol-hamal-e-ädee* **~ thing** چیز معمولی *cheez-e-ma'moolee* ★ **normally** *adv* به طورعادی *ba towr-e-a'ädee,* به طور معمولی *ba towr-e-ma'moolee* **It's healing normally.** به طور عادی خوب میشود. *Ba towr-e-ädee khoob mey-shawad.*
north *n* شمال (سمت) *shamäl (samt)* **from the ~** ازشمال *az shamäl* **in the ~** در شمال *dar shamäl* **to the ~** به شمال *ba shamäl* ★ **northeast** *adj* شمال شرقی *shamäl sharqee* **~ part** قسمت شمال شرقی *qesmat-e-shamäl sharqee* ★ **northeast** *n* شمال شرق *shamä sharq* **from the ~** از شمال شرق *az shamäl sharq* **in the ~** در شمال شرق *dar shamäl sharq* **to the ~** به شمال شرق *ba shamäl sharq* ★ **northern** *adj* شمالی *shamälee* **~ part** قسمت شمالی *qesmat-e-shamälee* ★ **northwest** *adj* شمال غربی *shamäl gharbee* **~ part** قسمت شمال غربی *qesmat-e-shamäl gharbee* ★ **northwest** *n* شمال غرب *shamäl gharb* **from the ~** از شمال غرب *az shamäl gharb* **in the ~** در شمال غرب *dar shamäl gharb* **to the ~** به شمال غرب *ba shamäl gharb*
nose *n* بینی *beenee* **broken ~** بینی شکسته *beenee shekasta* **congested ~** بینی بند *beenee band* **drops** قطره چکان بینی *Qatra chakän-e-beenee* **runny ~** بینی روان *beenee rawän* **stuffed-up ~** بینی بند *beenee band* **(1) Blow / (2) Clean / (3) Wipe your nose (with this).** بینی تان را (با این) (۱) فش / (۲) پاك / (۳) خشك کنید. *Beenee-e-tän (bä een) (1) fesh / (2) päk / (3) khoshk koned.* ★ **nosebleed** *n* خون بینی *khoon-e-beenee* **How often does (1) he / (2) she have nosebleeds?** چند بار (۱) اومرد / (۲) اوزن خون بینی دارد؟

nostril   **notice**

Chand bär (1) o mard / (2) o zan khoon-e-beenee därad? **How often do you have nosebleeds?** چند بار شما خون بینی دارید؟ *Chand bär shomä khoon-e-beenee dared?*

nostril *n* سوراخ بینی *soräkh-e-beenee*

not *adv* نی *ney* **I am not.** من نیستم. *Man neestam.* **I was not.** من نبودم. *Man nabodam.* **I will not.** من نخواهم. *Man nakhähad.* **(1) He / (2) She / (3) It is not.** (1) اومرد / (2) اوزن / (3) این نیست. *(1) O mard / (2) O zan / (3) Een neest.* **(1) He / (2) She / (3) It was not.** (1) اومرد / (2) اوزن / (3) این نبود. *(1) O mard / (2) O zan / (3) Een nabod.* **(1) He / (2) She / (3) It will not.** (1) اومرد / (2) اوزن / (3) این نخواهد. *(1) O mard / (2) O zan / (3) Een nakhähad.* **You are not.** شما نیستید. *Shomä neested.* **You were not.** شما نبودید. *Shomä naboded.* **You will not.** شما نخواهد. *Shomä nakhähad.* **We are not.** ما نیستیم. *Mä neestem.* **We were not.** ما نبودیم. *Mä nabodem.* **We will not.** ما نخواهم. *Mä nakhähad.* **They are not.** آنها نیستند. *Änhä neestand.* **They were not.** آنها نبودند. *Änhä nabodand.* **They will not.** آنها نخواهم. *Änhä nakhähad.* **Not (1) now / (2) today.** (1) حالا / (2) امروز نی *(1) Hälä / (2) Emrooz ney.* **Why not?** چرا نی؟ *Chorä ney?* **Not at all.** قابل ذکر نیست. *Qäbel-e-zeker neest.*

notarize *vt* ثبت دفترسمی شدن *sabt-e-daftar-e-rasmee shodan* **The document must be notarized.** اسناد باید ثبت دفتر رسمی شود. *Asnäd bäyad sabt-e-daftar-e-rasmee shawad.* ★ **notary** *n* آمردفتر ثبت اسناد *ämer-e-daftar-e-sabt-e-asnäd*

note *n* 1. *(short msg)* یادداشت *yädäsht,* نامه غیررسمی *näma-e-ghayr-e-rasmee;* 2. *pl (recorded observations)* اسناد *asnäd;* 3. *(musical)* نوت موسیقی *noot-e-mooseeqee* **Leave (1) her / (2) him / (3) me / (4) them a note.** (1) برای *Baräyee (1) o zan / (2) o* (2) اوزن / (3) اومرد / (4) من / *mard / (3) man / (4) yak yädäsht begzared.* آنها یک یادداشت بگزارید. **Did you get my note?** آیا شما یادداشت مرا گرفتید؟ *Ayä shomä yädäsht-e-ma rä gerefteed?* **I got your note.** یادداشت شما را گرفتم. *Yädäsht-e-shomä rä gereftam.* **Be sure and take notes during the (1) class. / (2) meeting.** مطمین باشید ودرجریان (1) صنف / (2) مجلس یادداشت بگیرید. *Motmayen bashed wa dar jeryän-e- (1) senf / (2) majles yädäsht begeered.* ★ **notebook** *n* کتابچه یادداشت *ketäbcha-e-yädäsht*

nothing *n* هیچ *hech,* هیچ چیز *hech cheez,* نیستی *neestee* **There (1) is / (2) was nothing (3) here. / (4) there.** (1) نیست / (2) نبود. (3) اینجا / (4) آنجا چیزی *(1) neest. / (2) nabod. (3) Eenjä / (4) Änjä cheezee* **There's nothing left.** چیزی باقی نمانده. *Cheezee bäqee namäna.* **There's nothing (1) I / (2) we can do.** (1) من / (2) ما چیزی کرده (1) نمیتوانم. / (2) نمیتوانیم. *(1) Man / (2) Mä cheezee karda (1) namey-tawänam. / (2) namey-tawänem.* **There's nothing to (1) worry about. / (2) be afraid of.** (1) چیزی قابل تشویش / (2) ترس نیست. *Cheezee qäbel-e- (1) tashweesh / (2) tars neest.*

notice *vt* مشاهده کردن *moshäheda kardan,* دیدن *deedan* **Did you notice (1) anything? / (2) it?** آیا شما (1) چیزی / (2) این را مشاهده کردید؟ *Ayä shomä (1) cheezee / (2) een rä moshäheda karded?* **I didn't notice (1) anything. / (2) it.** من (1) چیزی / (2) این را مشاهده نکردم. *Man (1) cheezee / (2) een rä moshäheda nakardam.* **I noticed (1) it. / (2) something.** (1) چیزی / (2) این را مشاهده کردم. *Man (1) cheezee / (2) een rä moshäheda kardam.* **(1) What / (2) Who did you notice?** شما (1) چی / (2) کی را مشاهده کردید؟ *Shomä (1) chee / (2) kee rä moshäheda karded?* ★ *n* اطلاعیه *etlä-heya,* خبر *khabar,* آگاهی *ägähee* **Put this notice up on the bulletin board.** این اطلاعیه را دربالای تخته اطلاعات نصب کنید. *Een etläheya rä dar bäläy-e-takhta-e-etlää'at nasb koned.* **I want to put this notice in the news**

notify   275   **number**

paper. میخواهم این اطلاعیه را در روزنامه نشر کنم. *Mey-khäham een khabar rä dar rooznäma nasher konam.* **Did you read the notice?** آیا شما اطلاعیه را خواندید؟ *Äyä shomä etläheya rä khänded?* **What does the notice say?** در اطلاعیه چی نوشته است؟ *Dar etläheya chee naweshta ast?*

notify *vt* آگاهی دادن *ägähee dädan*, اطلاع دادن *etläh dädan*, خبر دادن *khabar dädan* **Notify the** *(1)* **army /** *(2)* **police right away.** (۱) اردو / (۲) پولیس را فوراً اطلاع دهید. *(1) Ordo / (2) Polees rä fowran etläh dehed.* **Please notify me when** *(1)* **it arrives. /** *(2)* **it's ready. /** *(3)* **you find out.** لطفاً مرا اطلاع دهید هنگامیکه (۱) رسید. / (۲) آماده شد. / (۳) پیدا کردید. *Lotfan ma rä etläh dehed hangämeeke (1) raseed. / (2) ämäda shod. / (3) paydä karded.* **We'll notify you as soon as we** *(1)* **get the results. /** *(2)* **hear something.** شما را اطلاع خواهیم داد به مجردیکه ما (۱) نتیجه را گرفتیم. / (۲) چیزی شنیدیم. *Shomä rä etläh khahem däd ba mojaradeeke mä (1) nateeja greftem. / (2) cheezee shooneedem.*

noun *n* اسم *esem*

nourishing *adj* غذا دهنده *ghezä dehenda*, مقوی *moqawee* **It's very nourishing (for a child).** این (برای طفل) بسیار مقوی است. *Een (baräy-e-) tefel beesyär moqawee ast.* ★ **nourishment** *n* تغذی *taghazee*

novel *n* ناول *näwol*, داستان *dästän*

November *n* ماه نومبر (ماه یازدهم میلادی) *mäh-e-nawembar (mäh-e-yäzdahom-e-meelädee)* (See **Calendar Time** appendix for terms)

novocaine *n* دوائی بی حسی (موضعی) *dawä-e-bey hesee (mowze'yee)* **I'm going to give you a shot of novocaine to prevent pain.** شما را یک دوائی بی حسی بخاطر جلوگیری از درد تزریق میکنم. *Shomä rä yak dawä-e-bey heseebakhäter-e-jelowgeere az dard tarzeeq mey-konam.*

now *adv* اکنون *aknoon*, حال *häl*, حالا *hälä* **a month from ~** از اکنون الی یک ماه *az aknoon elä yak mäh ba'd* **a week from ~** از اکنون الی یک هفته بعد *az aknoon elä yak hafta ba'd* **a year from ~** از اکنون الی یک سال بعد *az aknoon elä yak säl ba'd* **by ~** قبلاً *qablan* **for ~** فعلاً *fehlan*, برای همین حالا *baräy-e-hameen hälä* **from ~ on** از این به بعد *az een ba ba'd*, بعد از این *ba'd az een* **~ and then** بعضی اوقات *ba'zee aowqät* **right ~** همین اکنون *hameen aknoon*, همین حالا *hameen hälä* **until ~** تا حال *tä häl* **(1) He /** *(2)* **She /** *(3)* **They should be here by now.** (۱) او مرد / (۲) او زن / (۳) آنها باید فعلاً اینجا (۱,۲) باشد. / (۳) باشند. *(1) O mard / (2) O zan / (3) Ähnä bäyad fehlan eenjä (1,2) bäshad. / (3) bäshand.* **From now on, I want you to do it this way.** از این به بعد، میخواهم شما به این طریق انجام دهید. *Az een ba ba'd, meykhäham shomä ba een tareeq anjäm dehed.* **That's okay for now.** برای حالا درست است. *Baräy-e-hälä drost ast.* ★ **nowadays** *adv* در این روزها *dar een rooz hä*

nowhere *adv* در هیچ جا *dar hech jä* **in the middle of ~** *(slang)* در یک جای بسیار دور و ویران *dar yak jäyee beesyär door wa wayrän* **It's nowhere to be found.** در هیچ جا پیدا نمیشود. *Dar hech jä paydä namey-shawad.* **(1,2) We're getting nowhere.** (۱) ما ترقی نمیکنیم. *Mä taraqee namey-konem. /* (۲) ما به جائی نمیرسیم. *Mä ba jäye na merasem*

nozzle *n* کانال بینی *känäl-e-beenee*, دهنه *dahna*

nuisance *n* آزار *äzär*, دردسر *dard-e-sar*, مصیبت *moseebat* **What a nuisance!** چی یک مصیبتی! *Chee yak moseebatee!* **(1) He /** *(2)* **She /** *(3)* **It is a (big) nuisance.** (۱) اومرد / (۲) اوزن / (۳) این یک دردسر (بزرگ) است. *(1) O mard / (2) O zan / (3) Een yak kalän dard-e-sar(e-bozorg) ast.*

numb *adj* 1. *(from cold)* کرخت *karakht*; 2. *(from paralysis)* بی حس *bey hes* **Is it numb?** آیا این بی حس است؟ *Äyä een bey hes ast?*

number *n* 1. *(numeral)* عدد *a'dad*, شماره *shomära*; 2. *(ident. number)* نمره

nomra; 3. *(qty)* مقدار *meqdär;* 4. *(indefinite qty)* عده *e'da,* گروه *goro* a ~ **of people** عده از مردم *e'da-e-az mardom* a ~ **of times** چندین بار *chandeen bär* **apartment** ~ نمره اپارتمان *nomra-e-apärtomän* **bus** ~ نمره موتر سرویس *nomra-e-motar-e-sarwees* **cell phone** ~ نمره تیلفون موبایل *nomra-e-teelfoon-e-mobäyel* **control** ~ نمره نظارت *nomra-e-nezärat* **driver's license** ~ نمره لایسنس درایور *nomra-e-läysans-e-deräywar* **engine** ~ نمره ماشین *nomra-e-mäsheen,* نمره انجن *nomra-e-enjen* **even** ~ عدد جفت *a'dad-e-joft* **fax** ~ نمره فکس *nomra-e-faks* **flight** ~ نمره پرواز *nomra-e-parwäz* **great** ~ مقدار بزرگ *meqdär-e-bozorg* **house** ~ نمره خانه *nomra-e-khäna* **huge** ~ مقدار زیاد *meqdär-e-zeeyäd* **identification** ~ نمره تعین هویت *nomra-e-ta'een-e-hoyat* **large** ~ مقدارزیاد *meqdär-e-zeeyäd* **license plate** ~ نمره لایسنس پلیت *nomra-e-läysans palate* **odd** ~ عدد طاق *a'dad-e-täq* **passport** ~ نمره پاسپورت *nomra-e-päsport* **phone** ~ نمره تیلفون *nomra-e-teelfoon* **serial** ~ نمره مسلسل *nomra-e-mosalsal* **small** ~ مقدار کم *meqdär-e-kam* **stock** ~ نمره موجودی *nomra-e-mowjodee* **telephone** ~ نمره تیلفون *nomra-e-teelfoon* **tent** ~ نمره خیمه *nomra-e-khaymea* **Write down all the numbers.** تمام نمرات را بنویسید. *Tamäm-e-nomarät rä bendaweesed.* **Check the numbers (on this list).** نمرات را (درلست) ببینید. *Nomarät rä (dar lest) bebeened.* **What is *(1)* her / *(2)* his / *(3)* their / *(4)* your phone number?** نمره تیلفون (۱) اوزن (۲) اومرد (۳) آنها (٤) شما چیست؟ *Nomra-e-teelfoon-e- (1) o zan / (2) o mard / (3) änhä / (4) shomä cheest?* *(1)* **My** / *(2)* **Our phone number is** *(number).* نمره تیلفون (۱) من (۲) ما (___) است. *Nomra-e-teelfoon-e- (1) man / (2) mä (___) ast.*

numbness *n* بی حسی *bey hesee,* کرختی *karakhtee*

numerous *adj* زیاد *zeeyäd,* متعدد *mota'ded* ~ **occasions** مناسبت های متعدد *monäsebat häy-e-mota'ded* ~ **times** زمان های متعدد *zamän häy-e-mota'ded*

Nuristani *adj* نورستانی *noorestänee*

nurse *vt* پرستاری کردن *parastäree kardan* ~ **a baby** طفل را پرستاری کردن *tefel rä parastäree kardan* ★ *n* نرس *nars,* پرستار *parastär* **head** ~ آمر پرستاران *ämer-e-parastärän,* رئیس نرس ها *raees-e-nars hä* **operating** ~ نرس اطاق عملیات *nars-e-otäq-e-a'mal-yät* ★ **nursing** *n* 1. *(profession)* نرسنگ *narseng,* پرستاری *parastäree;* 2. *(suckling)* کودک شیرخور *kodak-e-sheer khoor* ~ **bottle** شیرچوشک *sheer choshak* **study** ~ دررشته پرستاری تحصیل کردن *dar reshta-e-parastäree tahseel kardan*

nut *n* 1. *(fruit)* میوه مغز دار چهارمغز *meewa-e-maghz där (chär-maghz);* 2. *(small lock for a bolt)* نت *nat;* 3. *(crazy person)* دیوانه *deewäna* **pine** ~**s** میوه درخت جلغوزه (صنوبر) *meewa-e-darakht-e-jalghoza (sonobar)* **pistachio** ~**s** میوه درخت پسته *meewa-e-darakht-e-pesta*

nutrition *n* تغذیه *taghzeya,* خوراك *khoräk* **good** ~ خوراك خوب *khoräk-e-khoob* **poor** ~ تغذیه ناکافی *taghzeya-e-näkäfee* ★ **nutritious** *adj* تغذیوی *taghzeyawee,* خوراکی *khoräkee*

nuts *adj (slang) (crazy)* دیوانه *deewäna*

nylon *adj* نیلونی *neelonee* ★ *n* نیلون *neelon*

O o

oak *n (tree)* درخت بلوط *darakht-e-baloot*
oars *n, pl* پارو (قایق) *päroo (qäyeq)*

oatmeal *n* آرد جو ärd-e-jow ★ **oats** *n, pl* جو jow
obey *vt* اطاعت کردن etä-a't kardan, فرمانبرداری کردن farmänbardäree kardan
(1) Everyone / (2) You / (3) They must obey the (4) law. / (5) orders. / (6) regulations. (۱) همه / (۲) شما / (۳) آنها باید از (٤) قانون / (٥) دستور / (٦) قواعد اطاعت (۱,۳) کنند. / (۲) کنید. *Hama / (2) Shomä / (3) Anhä bäyad az (4) qänoon / (5) dasateer / (6) qawä-e'd etä-a't (1,3) konand. / (2) koned.*

object *vi* اعتراض کردن *e'teräz kardan*, ایراد کردن *eeräd kardan* **Why do you object?** شما چرا اعتراض میکنید؟ *Shomä chorä e'teräz mey-koned?* ★ *n* 1. *(material thing)* ماده *mäda*, شی *shay*; 2. *(purpose; goal)* مقصد *maqsad*, منظور *manzoor* **What is that object ([1] there / [2] on the hill)?** آن شی در ([۱] آنجا / [۲] در بالای تپه) چی است؟ *An shay dar ([1] änjä / [2] dar bäläyee tapa) chee ast?* **What is the object (of doing that)?** مقصد (از) کردن آن چی است؟ *Maqsad (az kardan-e-än) chee ast?* ★ **objection** *n* اعتراض *e'teräz*, ایراد *eeräd*, انتقاد *enteqäd* **Do you have any objections?** آیا شما کدام اعتراضی دارید؟ *Äyä shoma kodam ehteräz-a dared?* **I have no objection.** اعتراض ندارم. *E'teräz-e-nadäram.*

obligated *adj* ملزم *molzem*, مجبور *majboor* **You don't have to feel obligated (to [1] me / [2] us)** ضرور نیست شما احساس مجبوریت (برای [۱] من / [۲] ما) بکنید. *Zaroor neest shomä ehsäs-e-majboryat (baräyee [1] man / [2] mä) bokoned.* **I feel obligated.** احساس مجبوریت میکنم. *Ehsäs-e-majboryat mey-konam.*

obscene *adj* زشت *zesht*, بی تربیه *bey-tarbya* ~ **language** زبان زشت *zabän-e-zesht*, حرف زشت *arf-e-zesht* ★ **obscenity** *n* زشتی *zeshtee*, وقاحت *wegähat*

observation *n* مراقبت *mоräqebat*, مشاهده *moshäheda* **Keep (1) her / (2) him under close observation..** (۱) اوزن / (۲) آن مرد را تحت مراقبت دقیق بیگیرید. *O zan / (2) On mard rä taht-e-moräqebat-e-daqeeq beegeered.* ★ **observe** *vt* 1. *(watch)* مشاهده کردن *moshäheda kardan*; 2. *(notice)* ملاحظه کردن *moläheza kardan*; 3. *(comply with)* رعایت کردن *re-a'äyat kardan* ~ **the (local) customs** رسوم (محلی) را رعایت کردن *rosoom (-e-mahalee) rä re-a'äyat kardan* ~ **the patient** مریض را مراقبت کردن *mareez rä moraqebat kardan* **Observe how this is done.** مشاهده کنید این چطورانجام میابد. *Moshäheda koned een chetowr anjäm mey-yäbad.* **We must observe the law.** ما باید قانون را رعایت کنیم. *Mä bäyad qänoon rä re-a'äyat konem.* ★ **observer** *n* بیننده *beenenda*, مشاهده کننده *moshäheda konenda*

obsolete *adj* کهنه *kohna*, مجبور *mahjoor*

obstetric *adj* نسایی *nesäyee*, قابله گی *qäbela-gee* ~ **clinic** کلینیک نسایی *kleeneek-e-nesäyee* ★ **obstetrician** *n* متخصص نسایی *motakhases-e-nesäyee* ★ **obstetrics** *n* علم نسایی *e'lm-e-nesäyee*, علم قابله گی *e'lm-e-qäbela-gee*

obstruct *vt (block)* بند شدن *band shodan* ★ **obstruction** *n* 1. *(blockage)* ممانعت *mamäne-a't*; 2. *(med.)* بندش *bandesh*

obtain *vt* بدست آوردن *badast äwardan*, گرفتن *greftan* ~ **a loan** قرض گرفتن *qarz greftan* ~ **a permit** اجازه نامه گرفتن *ejäza näma greftan* ~ **a visa** ویزه گرفتن *weeza greftan* ~ **permission** اجازه گرفتن *ejäza greftan* **How can we obtain permission?** ما چگونه میتوانیم اجازه بگیریم؟ *Mä chee goona mey-tawänem ejäza begeerem?* **You can obtain a loan from (whom).** شما میتوانید از (___) قرض بیگیرید. *Shomä mey-tawäned az (___) qarz beegeereed.*

obvious *adj* آشکار *äshkär*, معلوم *ma'loom* ★ **obviously** *adv* بطور آشکار *batowr-e-äshkär*, بطور معلوم *batowr-e-ma'loom*

occasion *n (event)* مناسبت *monäsebat* **What is the occasion?** چی

occasionally / 278 / **offer**

بیائید مناسبت را *Monäsebat-e-chee ast?* **Let's celebrate the occasion.** تجلیل کنیم. *Beeyäyed monäsebat rä tajleel konem.* ★ **occasionally** *adv* مناسبتاً *monä-sebatan,*

occlusion *n* بند *band*

occupation *n* (*profession*) شغل *shoghol,* وظیفه *wazeefa* **What is** *(1)* **her /** *(2)* **his /** *(3)* **your occupation?** شغل (۱) اوزن / (۲) اومرد / (۳) شما چیست؟ *Shoghol-e-(1) o zan / (2) o mard / (3) shomä cheest?* ★ **occupied** *adj* تصرف شده *tasarof shoda,* اشغال شده *eshghäl shoda* **Is it occupied?** آیا این اشغال شده است؟ *Äyä een eshghäl shoda ast?* **It** *(1)* **is /** *(2)* **isn't occupied.** این اشغال (۱) شده / (۲) نشده است. *Een eshghäl (1) shoda / (2) nashoda ast.* ★ **occupy** *vt* (*fill, take up*) اشغال کردن *eshghäl kardan,* تصرف کردن *tasarof kardan*

ocean *n* اقیانوس *oqyänoos*

OCHA *abbrev*=**Office for the Coordination of Humanitarian Affairs (U.N.)** دفتر هماهنگی کمکهای بشری (ملل متحد) *daftar-e-ham hähangee-e-komak hä-e-basharee (melal-e-motahed)*

October *n* ماه اکتوبر *mäh-e-aktobar* (ماه دهم میلادی) *(mäh-e-dawom-e-meelädee)* (See **Calendar Time** *appendix for terms*)

odometer *n* (*automot.*) مسافه پیما *masäfa paymä* **Check the number of kilometers on the odometer.** نمبر کیلومتر را در مسافه پیما ببینید. *Nambar-e-keelometer rä dar masäfa paymä bebeened.*

odor *n* بو *bo* **What's the (strange) odor?** بو (عجیب) از چی است؟ *Bo(-e-a'jeeb) az chee ast?*

of *prep* 1. (*poss.*) -e-; 2. (*from, off, out*) از *az*

off (of) *prep* از *az*

offend *vt* رنجاندن *ranjändan,* آزردن *äzordan,* مورد اهانت قرار دادن *mawred-e-eh-hänat qarär dadan* **I didn't mean to offend you.** مطلب ام این نبود که شما را برنجانم. *Matlab am een nabod ke shomä rä beranjänam.* **I'm sorry if I offended you.** معذرت میخواهم اگر شما را مورد اهانت قرار داده باشم. *Ma'zrat mey-khäham agar shomä rä mawred-e-eh-hänat qarär däda bäsham.*

offer *vt* 1. (*extend, present*) تقدیم کردن *taqdeem kardan;* 2. (*suggest*) پیشنهاد کردن *peyshnehäd kardan* ~ **hospitatlity** مهمان نوازی کردن *mehmän nawä-zee kardan* **I want to offer** *(1)* **her /** *(2)* **him /** *(3)* **them** *(4)* **my /** *(5)* **our help.** میخواهم به (۱) اوزن / (۲) اومرد / (۳) آنها پیشنهاد کمک (۴) خود / (۵) ما را بکنم. *Mey-khäham ba (1) o zan / (2) o mard / (3) änhä peyshnehäd-e-komak-e-(4) khod / (5) mä rä bokonam.* **(1) I /** *(2)* **We can offer** *(3)* **her /** *(4)* **him /** *(5)* **them** (*what*). (۱) من میتوانم... / (۲) ما میتوانیم... به (۳) اوزن / (۴) اومرد / (۵) آنها ( ) را پیشنهاد (۱) کنم. / (۲) کنیم. *(1) Man mey-tawä-nam... / (2) Mä mey-tawänem... ba (3) o zan / (4) o mard / (5) änhä (___) rä peyshnehäd (1) konam. / (2) konem.* **That's the** *(1)* **best /** *(2)* **most I can offer.** آن (۱) بهترین / (۲) بیشترین چیزی است که من پیشنهاد میتوانم. *Än (1) behtareen / (2) beeshtareen cheezee ast ke man peyshnehä mey-tawänam.* **What is** *(1)* **he /** *(2)* **she offering (us)?** (۱) اومرد / (۲) اوزن (ما را) چی پیشنهاد میکند؟ *(1) O zan / (2) o mard (mä rä) chee peyshnehäd mey-konad?* ★ *n* پیشنهاد *peyshnehäd,* تعارف *ta'ärof* **inadequate ~** پیشنهاد نامناسب *peyshnehäd-e-nämonäseb* **That's a** *(1)* **generous /** *(2)* **kind /** *(3)* **nice offer..** آن یک پیشنهاد (۱) سخاوتمندانه / (۲) مهربانانه است. *Än yak peysh-nehäd-e- (1) sakhäwat-mandäna / (2) mehrabänäna ast.* **Thank you for your (**[1]** generous /** [2] **kind) offer.** از پیشنهاد [[۱] سخاوتمندانه / [۲] مهربانانه] شما تشکر. *Az peysh-nehäd-e- ([1] sakhäwat-mandäna-e- / (2) mehrabänäna-e-) shomä tashakor.*

office n 1. (dept.) اداره دولتی edära-e-dowlatee; 2. (admin. room) دفتر daftar; 3. (post, position) مقام moqäm **administration ~** دفتر اداری daftar-e-edäree **branch ~** شعبه اداری sho'ba-e-edäree **main ~** دفتر مرکزی daftar-e-markazee **hours ~** ساعات اداری sä-a'ät-e-edäree **supply ~** دفتر تهیه daftar-e-tahya **work in an ~** (verb term) در دفتر کارکردن dar daftar kär kardan **Come to my office.** در دفتر ام بیایید. Dar daftar am beeyäyed. **Go to the office.** به دفتر بروید. Ba daftar berawed. **Take it to the office.** این را به دفتر ببرید. Een rä ba daftar bobared. **I'll be at my office (until** [time]**).** من در دفتر ام خواهم بود (تا [   ]). Man dar daftar am khäham bood (tä [   ]). **Where is** (1) **her** / (2) **his** / (3) **their** / (4) **your office?** دفتر (۱) اوزن / (۲) اومرد / (۳) آنها / (٤) شما کجا است؟ Daftar-e-(1) o zan / (2) o mard / (3) änhä / (4) shomä kojäst?

officer n افسر afsar, صاحب منصب säheb mansab, مامور mämor **agriculture extension ~** مامور توسعه کشاورزی mämoor-e-towse'e-e-keshäwarzee **air force ~** افسر قوای هوایی afsar-e-qowäyee hawäyee **army ~** افسر اردو afsar-e-ordoo **clinical ~** کارمند کلینک kärmand-e-kleenek **commanding ~** قومندان qomndän, افسر فرمان دهنده afsar-e-farmän dehenda **customs ~** مامور گمرک mämor-e-gomrok **non-commissioned ~** کارمند داوطلبانه kärmand-e-däwotalabäna

official adj رسمی rasmee **~ business** کار رسمی kär-e-rasmee, ماموریت رسمی mä-moryat-e-rasmee **~ document** سند رسمی sanad-e-rasmee ★ n کارمند kär-mand, مامور mämoor, گماشته gomäshta **camp ~** مامور کمپ mämoor-e-kamp **customs ~** مامور گمرک mämoor-e-gomrok **embassy ~** کارمند سفارت kärmand-e-sefärat **government ~** مامور دولتی mämoor-e-dowlatee **health ~s** مامورین صحی mämoreen-e-sehee ★ **officially** adv رسما rasman

off limits بی حدود bey hodod, علاقه غیر a'läqa-e-ghayr (1) **This** / (2) **That area is off limits.** (۱) این / (۲) آن منطقه علاقه غیر است. (1) Een / (2) Än manteqa a'läqa-e-ghayr ast.

offset vt متوازن ساختن motawäzen säkhtan, موازی ساختن mawäzee säkhtan

often adv بار ها bär hä, اکثر اوقات aksar-e-aowqät **How often?** چند وقت؟ Chand waqt?, چند وقت در یک بار؟ Chand waqt dar yak bär? **Do you go there often?** آیا شما اکثر اوقات آنجا میروید؟ Äyä shomä aksar-e-aowqät änjä mey-rawed? **I** (1) **go** / (2) **don't go there often.** (۱) میروم اوقات اکثر آنجا من Man änjä aksar-e-aowqät (1) mey-rawam. / (2) namey-rawam.

oil vt چرب کردن charb kardan, روغن زدن rooghan zadan, مبلایل زدن mobläyl zadan **Oil** (1) **it** / (2) **them well.** (۱) این / (۲) آنها را خوب چرب کنید. (1) Een / (2) Änhä rä khoob charb koned. ★ n 1. (vegetable, mineral) روغن rooghan; 2. (petroleum) تیل teel, مبلایل mobläyl **baby ~** روغن کودك rooghan-e-kodak **can of ~** قطی روغن qotee rooghan **cooking ~** روغن پخت rooghan-e-pokht wa paz, روغن غذا rooghan-e-ghezä **corn ~** روغن جواری rooghan-e-jawäree **cottonseed ~** روغن پنبه دانه rooghan-e-ponba däna **engine ~** مبلایل ماشین mobläyl-e-mäsheen, تیل ماشین teel-e-mäsheen **lubricating ~** تیل برای چرب کردن ماشین آلات و اراده جات teel baräyee charb kardan-e-mäsheen älat wa aräda jät **machine ~** تیل ماشین teel-e-mäsheen **mineral ~** روغن معدنی rooghan-e-ma'danee **motor ~** تیل موتور teel-e-motor **~ can** قطی مبلایل qotee-e-mobläyl **filter** تیل صافی (فلتر) säfee (felter)-e-teel **lamp ~** چراغ تیلی cherägh-e-teelee **~ leak** سوراخ تیل sorakh-e-teel **olive ~** تیل زیتون teel-e-zaytoon **vegetable ~** روغن نباتی rooghan-e-nabätee **Put oil in it.** در این روغن بندازید. Dar een rooghan bendäzed.(1) **Check** / (2) **Change the oil in the** (3) **bus.** / (4) **car.** / (5) **truck.** / (6)

مبلایل (3) موتر سرویس / (4) موتر / (5) موتر بارکش / (6) واگون را (1) چک / van.
(2) تبدیل کنید. *Mobläyl-e-(3) motar-e-sarwees / (4) motar / (5) motar-e-bärkash / (6) wägoon rä (1) chek / (2) tabdeel koned.* **When did you change the oil the last time?** برای آخرین بار چی وقت مبلایل را تبدیل کردید؟ *Baräyee äkhereen bär mobläyl rä chee waqt tabdeel karded.* **Add** *(1) a* **liter** */ (2) two liters of oil.* (1) یک / (2) دو لیتر تیل اضافه نمایذ. *(1) Yak / (2) Do leetar teel ezäfa nomäyed.* **It's leaking oil.** تیل سوراخ شده است. *Teel soräkh shoda ast.* **We need to order some oil.** ما ضرورت داریم که یکمقدار تیل بخواهیم. *Märoorat därem ke yakmeqdär teel be-khähem.* **Use this oil for cooking.** این روغن را برای آشپزی استفاده کنید. *Een rooghan rä baräyee äshpazee estefäda koned.*

ointment *n* مرهم *marham* **antibiotic** ~ مرهم ضد عفونی *marham zed-e-ofoonee* **tetracycline eye** ~ تیترا سیکلین ضد عفونی چشم *teyträsaykleen zed-e-ofoonee-ye-chashm* **Apply this ointment to it.** این مرهم را بزنید. *Een marham rä begzäred.* **Put this ointment on it.** این مرهم را بالایش بگذارید. *Een marham rä bäläyash begzäred.*

okay, o.k. *adj* خوب *khoob*, درست *drost* **Are you okay?** *(Are you feeling good?, Are you unhurt?)* آیا شما خوب هستید؟ *Äyä shomä khoob hasted?* **I'm okay.** من خوب هستم. *Man khoob hastam.* **Is that okay?** آیا آن درست است. *Äyä än drost ast?* **That's okay.** درست است. *Drost ast.* **Is everything okay?** آیا همه چیز خوب است؟ *Äyä hama cheez khoob ast?* **Everything is okay.** همه چیز خوب است. *Hama cheez khoob ast.* **Everything will be okay. (Don't worry.)** همه چیز خوب خواهد شد. (تشویش نکنید.) *Hama cheez khoob khähad shod. (Tashweesh nakoned.)*

old *adj* 1. *(in age)* پیر *peer*, سالخورده *sälkhorda*; 2. *(worn, used; ancient)* کهنه *kohna*; 3. *(from earlier times)* سابق *säbeq* **not very** ~ نه بسیار کهنه *na besyär kohna*, کمی کهنه *kamay kohna*, کمی پیر *kamay peer* ~ **age** پیری *peeree*, سالخوردگی *sälkhordägee* ~ **custom** رسم سابق *rasem-e-säbeq* ~ **enough** بسیار کهنه *beesyär kohna* ~ **friend** دوست سابق *dost-e-säbeq* ~ **man** مرد پیر *mard-e-peer*, پیر مرد *peer mard* ~ **woman** زن پیر *zan-e-peer*, پیر زن *peer zan* **too** ~ بسیار کهنه *beesyär kohna*, بسیار سابقه *beesyär säbeqa* *(1,2)* **How old are you?** *(1)* چند سال دارید؟ *Chand säl däred?* / *(2)* چند ساله هستید؟ *Chand säla hasted?* **I'm** *(number)* **(years old).** *(1)* من (___) سال دارم. *Man (___) (säl däram).* **How old is** *(1)* **he** */ (2)* **she?** (1) اومرد / (2) اوزن *(1) O mard / (2) O zan chand säl därad?* **That's old.** کهنه است. *Kohna ast.* **Those are old.** آنها بسیار سابقه هستند. *Änhä beesyär säbeqa hastand.* ★ **older** *comp. adj* بزرگتر *bozorgtar* ~ **brother** برادر بزرگتر *berädar-e-bozorgtar* ~ **daughter** دختر بزرگتر *dokhtar-e-bozorgtar* ~ **sister** خواهر بزرگتر *khähar-e-bozorgtar* ~ **son** پسر بزرگتر *besar-e-bozorgtar* **Which one is older?** کدام یک بزرگتر است؟ *Kodäm yak bozorgtar ast?*

oleaster *n* زیتون بری *zaytoon boree*

olive *n* زیتون *zaytoon*

omelet, omellete *n* آملت *ämlet*

omen *n* فال *fäl* **bad** ~ فال بد *fäl-e-bad* **good** ~ فال خوب *fäl-e-khoob*

omit *vt* انداختن *andäkhtan*, حذف کردن *hazf kardan* **Don't omit anything.** چیزی را حذف نکنید. *Cheezee rä hazf nakoned.* **You omitted something.** شما چیزی را حذف کردید. *Shomä cheezee rä hafz karded.*

on *prep* در *dar*; بالای *bälä-e-*

once *adv* 1. *(one time)* یکبار *yakbär*, یک مرتبه *yak martaba*; 2. *(on a previous occasion)* یک وقتی *yak waqtee* **at** ~ *(immediately)* فوراً *fowran*, دستی *dastee* **for** ~ برای یکبار *baräyee yakbär* **not** ~ هیچگاه *hechgäh*, هیچ وقت

one ~ **a day** یک بار در روز rooz-e-yak bär ~ **a month** یکبار در یک ماه yak bär dar yak rooz ~ **an hour** یکبار در یک ساعت yakbär dar yak sä-a't ~ **a week** یکبار در یک هفته yakbär dar yak hafta ~ **a year** یکبار در یک سال yakbär dar yak säl ~ **in a while** گاهی gähee, اتفاقاً etefäqan ~ **more** دوباره dobära, یک بار دیگر yak bär-e-deegar

one *adj* یک yak ~ **chance** یک چانس yak chäns ~ **day** یک روز yak rooz ~ **hour** یک ساعت yak sä-a't ~ **month** یک ماه yak mäh ~ **week** یک هفته yak hafta ~ **year** یک سال yak säl ★ *pron* یکی yakee, کسی kasee **a new** ~ یک کسی نو yak kasee now **another** ~ دیگری deegaree **each** ~ هریک har yak, همدیگر hamdeegar ~ **at a time** یکی در یک زمان yakee dar yak zamän, یکی در یک وقت yakee dar yak waqt ~ **by** ~ به نوبت ba noobat ~ یک به یک yak ba yak ~ **of them** یکی از آنها yakee az änhä **the only** ~ یگانه کس yagäna kas **Which one?** کدام یک؟ Kodäm yak? **Is (1) he / (2) she / (3) this the one?** (۱) آیا (۱) او مرد / (۲) او زن / (۳) این همان کس است؟ Ayä (1) o mard / (2) o zan / (3) een hamän kas ast? **(1) He / (2) She / (3) This (4) is / (5) isn't the one.** (۱) (۱) او مرد / (۲) او زن / (۳) این همان کس (۴) است. / (۵) نیست. O mard / (2) O zan / (3) een hamän kas (4) ast. / (5) neest.

onion *n* پیاز peeyäz **green** ~ پیاز سبز peeyäz-e-sabz, نوش پیاز noosh peeyäz **white** ~ پیاز سفید peeyäz-e-safeed **yellow** ~ پیاز زرد peeyäz-e-zard

only *adj* تنها tanhä, یگانه yagäna **the ~ alternative** یگانه چاره yagäna chära, یگانه آلترنتیف yagäna altarnäteef **the ~ chance** یگانه چانس yagäna chäns **the ~ hope** یگانه امید yagäna omeed **the ~ thing** یگانه چیز yagäna cheez **It's the only way (to get there).** (route). این یگانه راه (رسیدن به آنجا) است. Een yagäna räh(-e-raseedan ba änjä) ast. **It's the only (possible) way.** (method). این یگانه طریقه (ممکن) است. Een yagäna tareeqa (-e-momken) ast. **It's the only (1) car / (2) computer / (3) telephone we have.** (۱) این یگانه (۱) موتر / (۲) کمپیوتر / (۳) تیلفون است که ما داریم. Een yagäna (1) motar-e- / (2) kampyootar-e- / (3) teefloon-e- ast ke mä därem. **You're the only one who can do it.** شما یگانه کسی هستید که میتواند که این را انجام دهد. Shomä yagäna kasee hasted ke mey-tawänad ke een rä anjäm dehad. ★ *adv* فقط faqad, تنها tanhä, صرف serf **You can only (1) have / (2) take one.** (۱) شما میتوانید یکی (۱) داشته باشید / (۲) بگیرید. faqad shomä mey-tawäned yakee (1) dästa bäshed. / (2) beegeered. **Give it only to (1) her. / (2) him. / (3) me.** صرف به (۱) او زن / (۲) او مرد / (۳) من بدهید. Serf ba (1) o zan / (2) o mard / (3) man bedehad.

open *adj* باز bäz ~ **for business** باز برای کار bäz baräyee kär ★ *vt* باز کردن bäz kardan ~ **a can** قطی را باز کردن qotee rä bäz kardan **Please open the (1) door. / (2) window.** لطفاً (۱) دروازه / (۲) پنجره را باز کنید. Lotfan (1) darwäza / (2) panjara rä bäz koned. **Open a (1) box / (2) package of (item).** (۱) قطی / (۲) بسته (___) را باز کنید. Qotee-e- / (2) basta-e-(___) rä bäz koned. **Open your mouth.** دهن تان را باز کنید. Dehan-e-tän rä bäz koned. **We plan to open a(n) (1) clinic / (2) office (3) here. / (4) there.** در نظر داریم یک (۱) کلینیک / (۲) دفتر (۳) اینجا / (۴) آنجا باز نماییم Dar nazar därem yak kleeneek / (2) daftar (3) eenjä / (4) änjä bäz namäyeem. ★ *vi* باز شدن bäz shodan **What time does it open?** چی وقت باز میشود؟ Chee waqt bäz mey-shawad? **Our office opens at** (time). دفتر ما در (___) باز میشود. Daftar-e-mä dar (___) bäz mey-shawad. ★ **opener** *n* (cans) بازکننده bäz konenda **bottle** ~ بازکننده بوتل bäz konenda-e-botal **can** ~ بازکننده قطی bäz konenda-e-qotee ★ **opening** *n* 1. (aperture, gap, hole) دهانه dahäna; 2. (vacancy) جای خالی jäy-e-khälee **There will be an**

opening *(1)* **next month.** / *(2)* **soon.** (۱) در ماه آینده ... / (۲) بزودی جای خالی خواهد شد. *Dar mäh-e-äyenda... / (2) Ba zoodee... jäy-e-khälee khähad shod.* **There are no openings at the present time.** در حال حاضر هیچ جای خالی نیست. *Dar hälee hazer hech jäy-e-khälee neest.*

operate *vt* 1. *(control, handle)* کارکردن *kär kardan*, بکار انداختن *bakär andäkhtan;* 2. *(manage)* اداره کردن *edära kardan*, عیار ساختن *a'yär säkhtan*, گرداندن *gardändan* ~ **a business** شغل یا تجارت را اداره کردن *shoghol yä tejärat-e-rä edära kardan* ~ **a computer** کمپیوتر را اداره کردن *kampyootar rä edära kardan* ~ **a crane** جرسقیل را گرداندن *jarsaqeel rä gar-dändan* ~ **a forklift** تراکتور کوچک را گرداندن *taräktor-e-kochak-e-rä gardändan* ~ **a generator** جنریتور را گرداندن *jenreetor rä gardändan* ~ **a radio** رادیو را اداره کردن *rädyo rä edäya kardan* **Do you know how to operate this.** آیا شما میدانید این را چطور بکار اندازید؟ *Äyä shomä mey-däned een rä chetowr bakär andäzed?* **I'll show you how to operate this.** من از شما نشان میدهم این را چطور بکار اندازید. *Man shomä rä neshän mey-deham een rä chetowr bakär andäzed.* **Show** *(1)* **her** / *(2)* **him how to operate it.** (۱) اوزن / (۲) اومرد را نشان دهید که این را چطور بکار اندازند. *(1) O zan / (2) O mard rä neshän dehed ke een rä chetowr bakär andäzand.* ★ *vi* 1. *(function)* کارکردن *kär kardan;* 2. *(perform surgery)* عملیات کردن *a'malyät kardan* **It operates like this.** مانند این کار میکند. *Mänand-e-een kär mey-konad.* **We have to operate on** *(1)* **her.** / *(2)* **him.** / *(3)* **you.** (۱) ما باید اوزن / (۲) اومرد / (۳) شما را عملیات کنیم. *Mä bäyad (1) O zan / (2) O mard / (3) Shomä rä a'malyät konem.* **We're going to operate on** *(1)* **her** / *(2)* **him** / *(3)* **you** *(4)* **today** / *(5)* **tomorrow** / *(6)* **on** *(day)*. (۱) اوزن را / (۲) اومرد را / (۳) شما را / (۴) امروز / (۵) فردا / (۶) در (روز) عملیات میکنیم. *(1) O zan rä / (2) O mard rä / (3) shomä rä (4) emrooz / (5) fardä / (5) dar (rooz) a'malyät mey-konem.* ★ **operation** *n* 1. *(action, procedure)* عمل *a'mal*, عملیات *a'malyät*, اقدام *eqdäm*, طرز *tarz-e-eqdäm;* 2. *(functioning)* کار *kär;* 3. *(surgery)* عملیات *a'malyät*, عمل *a'mal* **conduct an** ~ عملیات را برا انداختن *a'malyät rä barä andäkhtan* **humanitarian** ~ عملیات کمکهای بشری *a'malyät-e-komak haye basharee* **military** ~ عملیات نظامی *a'malyät-e-nezämee* **perform an** ~ عملیات را اجرا کردن *a'malyät-e-rä ejrä' kardan* **relief / rescue** ~ عملیات نجات *a'malyät-e-nejät* **take part in an** ~ در عملیات حصه گرفتن *dar a'malyät hesa greftan* **undergo an** ~ عملیات شدن *a'malyät shodan* *(1)* **You have to...** / *(2)* **He** / *(3)* **She has to... have an operation (on** *[4]* **your** / *[5]* **his** / *[6]* **her** *[body part]*). (۱) شما / (۲) اومرد / (۳) اوزن باید (در [ ] (۴) تان / (۵،۶) اش) عملیات (۵،۶) شوید. / (۲،۳) شود. *(1) Shomä / (2) O mard / (3) O zan bäyad (dar [ ]-e- (4) tän / (5,6) ash) yak a'malyät shawad.* **When will they** *(1)* **do** / *(2)* **perform the operation?** چی وقت آنها عملیات را (۱) میکنند؟ / (۲) را انجام میدهند؟ *Chee waqt änhä a'malyät (1) mey-konand? / (2) rä anjäm mey-dehand?* **They'll** *(1)* **do** / *(2)* **perform the operation** *(3)* **today.** / *(4)* **tomorrow.** / *(5)* **on** *(day)*. آنها عملیات را (۳) امروز / (۴) فردا / (۵) در (روز) (۱) مینمایند. / (۲) انجام میدهند *Änhä a'malyät rä (3) emrooz / (4) fardäsdf / (5) dar (rooz) (1) mey-nomäyand. / (2) anjäm mey-dehand.* ★ **operator** *n* 1. *(equipment)* گرداننده *gardänenda;* 2. *(tel.)* اداره کننده تیلفون *edara konende-e-teelfoon*, تیلفونچی *teelfoonchee*, آپریتر تیلفون *äpretar-e-teelfoo* **crane** ~ گرداننده جرثقیل *gar-dänenda-e-jarsaqeel* **forklift** ~ گرداننده تراکتور کوچک *gardänenda-e-taräktor-e-kochak* **radio** ~ اداره کننده رادیو *edara konende-e-rädeyo*, آپریتر رادیو *äpretar-e-rädeyo* **telephone** ~ اداره کننده تیلفون *edara konende-e-teelfoon*, تیلفونچی *teelfoonchee*, آپریتر تیلفون *äpretar-e-teelfoon*

opinion *n* نظریه *nazarya*, نظر *nazar*, مشوره *mashwara*, فکر *feker* **What's**

your opinion? نظر شما چیست؟ *Nazar-e-shomä cheest?* **I'd like to have your opinion (about this).** میخواهم که نظر شما را (درقسمت آن) داشته باشم. *Mey-khäham ke nazar-e-shomä rä (dar qesmat-e-än) dashta bä-sham.* **Ask (1) her / (2) him what (3) her / (4) his opinion is.** (۱) اوزن / (۲) اومرد را بپرسید که نظر (۳،٤) اش چیست؟ *(1) O zan / (2) O mard rä beporsed keh nazar (3,4) ash cheest?* **My opinion is that...** نظر من این است که... *Nazar-e-man een ast ke...*

opium *n* تریاک *taryäk* **~ dealer** معامله کننده تریاک *mo'amele-konenda-e-taryäk* **~ debt** قرض تریاک *qarz-e-taryäk*

opportunity *n* فرصت *fersat*, موقع *mowqe'*, مجال *majäl* **another ~** فرصت دیگر *fersat-e-deegar* **every ~** هر فرصت *har fersat*, هر مجال *har majäl* **first ~** موقع اول *mowqe'-e-awal* / فرصت اول *fersat-e-awal* **good ~** فرصت خوب *fersat-e-khoob*, موقع خوب *mowqe'-e-khoob* **have the ~** فرصت داشتن *fersat dashtan* **job ~** فرصت کار *fersat-e-kär* **no ~** هیچ فرصت *hech fersat* **only ~** یگانه فرصت *yagäna-e-fersat* **wonderful ~** فرصت عجیب *fersat-e-a'jeeb* **This is a (1) good / (2) great opportunity (for you).** آن یک موقع (۱) خوب / (۲) بسیار خوب (برای شما) است. *Än yak mowqe'-e- (1) khoob / (2) beesyär khoob (baräy-e shomä) ast.* **You should take the opportunity.** شما باید از موقع استفاده کنید. *Shomä bäyad az mowqe' estefäda koned.* **Don't (1) lose / (2) miss this opportunity.** این موقع را (۱) تلف نکنید / (۲) ازدست ندهید. *Een mowqe' rä (1) talaf nakoned / (2) az dast nadehed.*

oppose *vt (be / work against)* ضدیت کردن با *zedyat kardan bä*, اعتراض کردن *e'teräz kardan bar*, مخالفت کردن *mokhälefat kardan* **Why do they oppose it?** چرا آنها با این مخالفت میکنند؟ *Chorä änhä bä een mokhälefat mey-konand?* ★ **opposite** *adj* رو به رو *ro bah ro*, مقابل *moqäbel*, مخالف *mokhälef* **in the ~ direction** از دو طرف مقابل *az do taraf-e-moqäbel* **~ ends** نهایات مخالف *nehäyät-e-mokhälef* **~ sides** جهت های مخالف *jehat häyee mokhälef* **It's on the opposite side of town.** در مقابل شهر است. *Dar moqäbel-e-shahr ast.*

oppress *vt* ظلم کردن بر *zolm kardan bar*, ستم کردن بر *sotam kardan bar*, ★ **oppression** *n* ستم *sotam*, ظلم *zolm* ★ **oppressive** *adj* ظالمانه *zolmäna*, ستم آمیز *sotam ämeez* **~ system** سیستم ظالمانه *seestom-e-zälemäna*

optic *adj* بینائی *beenäyee*, بصری *basree* **~ nerve** عصب باصره *a'sab-e-bäsera* ★ **optical** *adj* وابسته به بینائی (عینک، دوربین و مانند آنها) *wäbasta ba beenäyee (a'ynak, doorbeen wa mänand änhä)* **~ shop** دوکان عینک فروشی *dokän-e-a'ynak froshee* ★ **optician** *n* عینک ساز *a'ynak säz*, عینک فروش *a'ynak frosh*

optimistic *adj* نیک بین *neek been*, خوش بین *khosh been*, مثبت گرا *mosbat-garä* **overly ~** بسیار زیاد خوش بین *beesyär zeeyäd khosh been* **Try to be optimistic.** کوشش کنید خوش بین باشید. *Koshesh koned khosh been bashed.* **I (1) am / (2) am not optimistic.** من خوش بین (۱) هستم / (۲) نیستم. *Man khosh been (1) hastam. / (2) neestam.*

or *conj* یا *yä*

oral *adj* شفاهی *shafähee*, زبانی *zabänee*

orange *n* مالته *mälta* ★ *adj* نارنجی *närenjee* **It (1) is / (2) was orange.** این نارنجی (۱) است / (۲) بود. *Een närenjee (1) ast. / (2) bod.* **They (1) are / (2) were orange.** آنها نارنجی (۱) هستند / (۲) بودند. *Änhä närenjee (1) hastand. / (2) bodand.*

orchard *n* باغ (میوه) *bägh(-e-meewa)*

orchestra *n* دسته نوازندگان *dasta-e-nawäzendagän*, آرکستر *ärkestar*

order *vt* 1. *(request to buy; requisition)* دستور دادن *dastoor dädan*, سفارش دادن *sefäresh dädan*, فرمایش دادن *farmäyesh dädan*; 2. *(command)* امرکردن *amr kardan* *amer kardan,* فرمان دادن *farmän dädan* **We have to order more** *(1)* **food.** / *(2)* **fuel.** / *(3)* **(building) materials.** / *(4)* **parts.** / *(5)* **supplies.** ما باید بیشتر (١) غذا / (٢) مواد سوخت / (٣) مواد (ساختمانی) / (٤) پرزه جات / (٥) اکملات دستور دهیم. *Mä bäyad beeshtar (1) ghezä / (2) mawäd-e-sokht / (3) mawäd-e-(säkhtomänee) porzajät / (5) ekmälät dastoor dehem.* **(1) I** / **(2) We want to order** *(item[s])*. (١) من میخواهم... / (٢) ما میخواهیم... که ... *(__)* **(1) Man mey-khäham...** / **(2) Mä mey-khähem...** *ke (__) dastoor (1) deham.* / *(2) dehem.* **Order another shipment of** *(item[s])*. دیگر محموله دستور دهید. *Deegar mah-moola dastoor dehed.* **What did you order?** چی فرمایش دادید؟ *Chee farmäyesh däded?* **This is not what we ordered.** آن چیزی که ما دستور داده بودیم این نیست. *An cheezee ke mä dastoor däda bodem een neest.* **We ordered** *(item[s])*. ما (__) دستور دادیم. *Mä (__) dastoor dädem.* ★ **order** *n* 1. *(methodical arrangement; proper condition)* نظم *nazem,* ترتیب *tarteeb;* 2. *(request to buy; requisition)* فرمایش *farmäyesh,* سفارش *sefäresh;* 3. *(command)* امر *amer,* دستور *dastoor,* فرمان *farmän* **establish law and** ~ قانون و نظم را ایجاد کردن *qänoon wa nazem rä eejäd kardan* **give an** ~ دستور دادن *dastoor dädan,* فرمان دادن *farmän dädan* **in** ~ **to** *(to, for the purpose of, so as to)* برای *baräyee,* برای این که *baräyee een ke* ~ **number** سفارش نمره *sefäresh-e-nomra* **out of** ~ خراب *kharäb,* درهم و برهم *darham wa barham* **place an** ~ سفارش نهادن *sefäresh nehädan* **put things in** ~ اشیا را به ترتیب گذاشتن *ashyä rä ba tarteeb gozäshtan,* چیز ها را به ترتیب گذاشتن *cheez hä rä ba tarteeb gozäshtan* ~ **restore** مرتب ساختن *moratab säkhtan* **submit an** ~ نظم را تامین کردن *nazem tämeen kardan* **submit an** ~ فرمان را تسلیم کردن *farmän rä tasleem kardan* **Try to keep things in (good) order.** کوشش کنید اشیا را (خوب) به ترتیب بگذارید. *Koshesh koned ashyä rä (khoob) ba tarteeb begzäred.* **The** *(1)* **computer** / *(4)* **fax** / *(3)* **generator** / *(4)* **machine** / *(5)* **telephone is out of order.** (١) کمپیوتر / (٢) فکس / (٣) جنریتر / (٤) ماشین / (٥) تیلفون خراب است. *(1) Kampyootar / (2) Faks / (3) Janreetor / (4) Mäsheen / (5) Teelfoon kharäb ast.* **Did you** *(1)* **place** / *(2)* **submit the order?** آیا شما فرمایش (١) گذاشتید؟ / (٢) سپردید؟ *Äyä shomä farmäyesh (1) gozäshted? / (2) soporded?* **Send them an order for** *(item[s])..* برای آنها یک دستور بخاطر (__) روان کنید. *Baräyee änhä yak dastoor bakhäter-e-(__) rawän koned.* **This is an order for** *(item[s])*. این یک فرمایش برای (__) است. *Een yak farmäyesh baräyee (__) ast.* **Can you fill this order?** آیا شما این سفارش را بدست کسی داده میتوانید؟ *Äyä shomä een sefäresh rä badast-e-kasee däda mey-tawäned?* **When can you fill the order?** چی وقت شما این را ارسال میتوانید؟ *Chee waqt shomä een rä ersäl mey-tawäned?* **(1) I** / *(2)* **We received an order from our headquarters.** (١) من / (٢) ما از مرکز فرماندهی یک فرمان دریافت (١) کردم. / (٢) کردیم. *(1) Man / (2) Mä az markaz-e-farmän dehee yak farmän daryäft (1) kardam. / (2) kardem.* **Who gave the order?** فرمان را کی داد؟ *Farmän rä kee däd?*

ordinarily *adv* معمولاً *ma'moolan* ★ **ordinary** *adj* معمولی *ma'moolee* عادی *a'ädee* **out of the** ~ غیر معمول *gheyr-e-ma'mool*

ordnance *n (all kinds of ammo)* مهمات *mohemät;* *(artillery shells)* مرمی *marmee toop;* *(bombs)* بمب ها *bamb hä* **unexplodded** ~ مهمات منفجر ناشده *mohemät-e-monfajer näshoda*

organ *n (body part)* عضو *o'zwe* **vital** ~**s** اعضای حیاتی *a'zäyee hayätee*

organic *adj* عضوی *o'zwee*

organism *n* موجود زنده *mowjod-e-zenda*

organization *n* سازمان *säzmän,* تشکیل *tashkeel* **aid** ~ سازمان کمکی *säzmän-e-komakee,* سازمان خیریه *säzmän-e-khayreeya* **charitable** ~ سازمان خیریه *säz-*

organize 285 **our**

män-e-khayreeya, سازمان صدقه دهنده *säzmän-e-sadaqa dehenda* **government(al)** ~ تشكيل دولتى *tashkeel-e-dowlatee* **human rights** ~ سازمان حقوق بشر *säzmän-e-hoqooq-e-bashar* **nongovernmental** ~ **(NGO)** سازمان غير دولتى *säzmän-e-ghayr-e-dowlatee* **nonprofit** ~ سازمان بدون منفعت *säzmän-e-bedoon-e-manfe-a't* **partner** ~ سازمان همكار *säzmän-e-hamkär* **refugee assistance** ~ سازمان كمك براى مهاجرين *säzmän-e-komak baräyee mahäjeereen* **relief** ~ سازمان كمكهاى عاجل *säzmän-e-komak hay äjel,* سازمان امداد *säzmän-e-emdäd* ★ **organize** *vt* تشكيل دادن *tashkeel dädan,* مرتب كردن *moratab dädan,* سازماندهى كردن *säzmän dehee kardan* ~ **a contest** مقايسه تشكيل دادن *moqaeesa tashkeel dädan* ~ **a meeting** ملاقات ترتيب دادن *moläqät tarteeb dädan* ~ **a tournament** تورنمنت بر ا انداختن *tornament ba rä andäkhtan* ~ **delivery** ارسال چيزى را تنظيم كردن *ersäl-e-cheez-e- rä tanzeem kardan* ~ **distribution** توضع را انتظام كردن *tawzay rä entezäm kardan* ~ **in-processing** به مراحل مرتب كردن *ba marähel moratab kardan* ~ **the immunization** مصؤن سازى تشكيل كردن *masoon säzee tasheel kardan* ~ **the rescue operation** عمليه نجات سازماندهى كردن *a'malya-e-nejät säzmän dehee kardan* **You and I will organize the** *(1)* **distribution.** / *(2)* **operation.** / *(3)* **process.** / *(4)* **procedure.** (۱) توضع / (۲) شما و من عمليات / (۳) پروسه / (٤) مراحل را ترتيب خواهم داد. *Man wa shomä (1) tawzay / (2) a'malyät / (3) prosa / (4) marähel rä tarteeb khähem däd.* **I want you to help me organize it.** ميخواهم كه شما من را در ترتيب دادن اين كمك نمايد. *Mey-khäham ke shomä man rä dar tarteeb dädan-e-een komak nomäyed.* **I want you to organize it.** ميخواهم كه شما اين را ترتيب دهيد. *Mey-khäham ke shomä een rä tarteeb dehed.* **You organized it well.** شما اين را خوب ترتيب داديد. *Shomä een rä khoob tarteeb däded.*

origin *n* سرچشمه *sarchashma,* مبدا *mabdä* ★ **original** *adj* اصلى *aslee* ~ **copy** كاپى اصلى *käpee-e-aslee,* نقل اصلى *naqel-e-aslee* ★ *n (original copy)* اصل *asal*

ornament *n* زيور *zeewar,* زينت *zeenat* ★ **ornamental** *adj* زينتى *zeenatee*

orphan *n* يتيم *yateem (1)* **He** / *(2)* **She is an orphan.** (۱) اومرد / (۲) اوزن يتيم است. *(1) O mard / (2) O zan yateem ast.* **They're orphans.** آنها يتيم هستند. *Anhä yateem hastand.* ★ **orphanage** *n* پرورش گاه *parwaresh gäh,* يتيم خانه *yateem khäna* **assist the** ~ پرورش گاه را كمك كردن *parwaresh gäh rä komak kardan*

orthopedic *adj* مطالعه استخوان *motäle-a'h-e-ostokhän,* علم استخوان *e'lm-e-ostokhän* ★ **orthopedist** *n* داكتر استخوان *däktar-e-ostokhän*

other *adj* 1. *(the remaining one of two)* ديگر *deegar;* 2. *(different)* متفاوت *motafäwot;* 3. *(opposite)* مخالف *mokhälef,* مقابل *moqäbel* **in the** ~ **direction** در مسير متخلف *dar masee-e-mokhtalef* **on the** ~ **side** در طرف ديگر *dar taraf-e-deegar* **the** ~ **arm** بازو ديگر *bäzoo-e-deegar* **the** ~ **day** روز ديگر *rooz-e-deegar* **the** ~ **end** نهايت ديگر *nehäyat-e-deegar,* طرف ديگر *taraf-e-deegar* **the** ~ **foot** پاى ديگر *pä-e-deegar* **the** ~ **hand** دست ديگر *dast-e-deegar* **the** ~ **leg** پاى ديگر *pä-e-deegar* **the** ~ **side** سمت ديگر *samt-e-deegar* **the** ~ **way** *(other direction)* راه ديگر *rä-e-deegar* **the** ~ **way around** از راه ديگر *az räh-e-deegar,* از طرف ديگر *az taraf-e-deegar* ★ *n & pron* ديگر *deegar,* ديگرى *deegaree,* شخص ديگرى *shakhs-e-deegaree,* كسى ديگرى *kasee deegaree* **each** ~ يك ديگر *yak deegar* **Where are the others?** ديگران كجا هستند؟ *Deegarän kojä hastand?* **The others left.** ديگران ترك كردند. *Deegarän tark kardand.* ★ **otherwise** *adv (if not)* وگرنه *wagarna,* در غير آن *dar ghayer än*

ought *v aux* بايد *bäyad (See should)*

our *poss. adj* مان *män,* خود ما *khod-e-mä* **one of** ~ **people** يكى از افراد ما *yakee* *az afräd-e-mä* ★ **ours** *poss. pron* ما مال *mäl-e-mä, ازما az mä* **a co-worker of ~** ما همکاران از یکی *yakee az hamkärän-e-mä* ★ **ourselves** *pers. pron* ما خود *khod-e-mä,* ما خود از *az khod-e-mä* **by ~** 1. *(alone)* توسط ما خود *tawasot-e-khod-e-mä;* 2. *(without help)* کسی کمک بدون *bedoon-e-komak-e-kasee*

out (of) *prep* خارج *khärej;* بیرون *beroon;* از *az;* *(from inside)* درون از *az daroon*

outage *n (elec.)* فقدان *foqdän,* برق رفتن *raftan barq* **power ~** برق رفتن *raftan barq,* برق کمبود *kambood-e-barq*

outbreak *n* طغیان *toghyän,* بروز *brooz* **epicenter of the ~** بروز نقطه *noqte-e-brooz* **measles ~** سرخکان مرض بروز *brooz-e-maraz-e-sorkhakän* **~ of cholera** کولرا مرض بروز *brooz-e-maraz-e-koolarä* **prevent an ~ of (disease)** کردن جلوگیری (__) شیوع از *jelow-geree az she-o (__) jelowgeree kardan* **There's been an outbreak of** *(1)* flu. / *(2)* avian flu. شد. شایع ...پرنده انفلونزای *(2) /* ...زکام مرض *(1)* Maraz zokäm... / *(2) Anflooanzäye-parenda... shäye' shod.*

outdoor *adj* خانه از بیرون *beroon az khäna,* آزاد فضای در *dar fazä-e-äzäd* **~ toilet** خانه از بیرون تشناب *tashnäb-e-beroon az khäna* ★ **outdoors** *adv* آزاد هوای در *dar hawäyee äzäd* **sleep ~** آزاد درهوای کردن خواب *khäb kardan dar hawäyee äzäd*

outer *adj* بیرونی *beeroonee,* خارجی *khärejee*

outfit *n (set of clothing)* پوشاک *pooshäk,* لباسها *lebäs,* البسه *albasa* **baby's ~** طفلانه لباسهای *lebäs hä-e-bacha* **boy's ~** گانه بچه لباسهای *lebäs hä-e-tefläna* **child's ~** کودک لباسهای *lebäs hä-e-kodak* **girl's ~** دخترانه لباسهای *lebäs hä-e-dokhtaräna* **woman's ~** زنانه لباسهای *lebäs hä-e-zanäna*

outlet *n (elec.)* برق منبع *manbe'-e-barq,* برق آمد *ämad-e-barq*

outlook *n (prospect)* دورنما *doornomä,* دیدگاه *deedgäh* *(1)* **Her** / *(2)* **His outlook** *(3)* **is** / *(4)* **isn't good.** (٤) است (٣) خوب اومرد (٢) اوزن (١) دیدگاه *Deedgäh-e-(1) o zan / (2) o mard khoob (3) ast. / (4) neest.*

out-of-date *adj* کهنه *kohna,* رفته مود از *az mood rafta,* شده تیر تاریخ *täreekh teer shoda*

output *n* محصول *mahsool,* درآمد *dar ämad*

outrageous *adj* کارانه تجاوز *tajäwoz karäna,* وحشیانه *wahshee-häna*

outside *adj* بیرونی *beeroonee,* خارجی *khärejee* ★ *adv* بیرون *beeroon,* درخارج *dar khärej* **Please wait outside.** بکشید. انتظار بیرون در لطفاً *Lotfan dar beeroon entezär bekashed.* **Take it outside.** ببرید. بیرون را این *Een rä beeroon bobared.* ★ *prep* بیرون *beeroon*

overcoat *n* پوش بالا *bälä posh*

overdose *n* حد از بیش دوای *dawäy-e-beesh az had* *(1)* **He** / *(2)* **She has had an overdose.** بود. گرفته دوا حد از بیش اوزن (٢) / اومرد (١) *(1) O mard / (2) O zan beesh az had dawä grefta bod.*

overcrowded *adj* مزدحم *mozdaham,* بیروبار *beer-o-bär* **The camp is overcrowded.** است گردیده مزدحم زیاد حد از کمپ *Kamp az had zeeyäd mozdeham gardeeda ast.*

overdue *adj* رسیده دیر *deer raseeda,* آمده دیر *deer ämada,* از گذشته وقت *az waqt gozashta* **The** *(1)* **delivery** / *(2)* **shipment is overdue.** / پارسل (١) است. رسیده دیر بار (٢) / *(1) Pärsal / (2) Bär deer raseeda ast.*

overflow *vi* لبریزشدن *labreez shodan* **It overflowed.** است. شده لبریز این *Een labreez shoda ast.*

overhaul *vt* کردن اساسی ترمیم *tarmeem asäsee kardan* **The** *(1)* **bus** / *(2)* **car** / *(3)* **truck** / *(4)* **van needs to be overhauled.** موتر (٢) / سرویس موتر (١) شود. اساسی ترمیم باید واگون (٤) / بارکش موتر (٣) *(1) Motar-e-sarwees / (2)*

Motar / (3) motar-e-bärkash / (4) wägon bäyad tarmeem asäsee shawad.

overheat *vi* زیاد گرم شدن *zeeyäd garm shodan,* بجوش آمدن *bajosh ämadan* **The engine overheats.** ماشین بجوش میآید. *Mäsheen bajosh mey-yäyad.*

overland *adv* ازراه زمینی *az räh-e-zameenee* **go ~** از راه زمینی رفتن *az räh-e-zameenee raftan*

overload *vt* زیاد بار کردن *zeeyäd bär kardan* **Don't overload the *(1)* car. / *(2)* horse. / *(3)* trailer. / *(4)* truck. / *(5)* van.** (١) موتر / (٢) اسپ / (٣) تیلر / (٤) موتر بارکش / (٥) واگون را زیاد بار نکنید. *(1) Motar / (2) Asp / (3) Teelar / (4) Motar-e-bärkash / (5) Wägoon rä zeeyäd bär nakoned.*

overlook *vt* نا دیده گرفتن *nädeeda gareftan,* غفلت کردن *ghaflat kardan,* ندیدن *nadeedan (1)* **I /** *(2)* **You overlooked something.** (١) من / (٢) شما چیزی را (١) نادیده / (٢) گذشتم. / *(1) Man / (2) shomä cheezee rä nädeeda (1) gozashtam. / (2) gozashted.*

overnight *adv* هنگام شب *hangäm-e-shab,* در یک شب *dar yak shab* **Can *(1)* I / *(2)* we stay overnight *(3)* here / *(4)* there?** آیا (١) من / (٢) ما هنگام شب (٣) اینجا / (٤) آنجا بوده (١) میتوانم؟ / (٢) میتوانیم؟ *Äyä (1) man / (2) mä hangäm-e-shab (3) eenjä / (4) änjä boda (1) mey-tawänam? / (2) mey-tawänem?* **Where can** *(1)* **I /** *(2)* **we stay overnight?** (١) من / (٢) ما هنگام شب کجا بوده (١) میتوانم؟ / (٢) میتوانیم؟ *(1) Man / (2) Mä hangäm-e-shab kojä boda (1) mey-tawänam? / (2) mey-tawänem?*

oversee *vt* نظارت کردن *nezärat kardan* **Who oversees the *(1)* operation? / *(2)* work?** کی (١) عملیات / (٢) کار را نظارت میکند؟ *Kee (1) a'malyät / (2) kär rä nezärat mey-konad?* **I want you to oversee the work.** میخواهم که شما کار را نظارت کنید. *Mey-khäham ke shomä kär rä nezärat koned.*

oversleep *vi* زیاد خوابیدن *zeeyäd khäbeedan* **I overslept.** من زیاد خوابیدم. *Man zeeyäd khäbeedam.*

overtime *adv* بطور اضافه *batowr-e-ezäfa* **If you work overtime, we pay you extra.** اگر شما بطور اضافه کار کنید، شما را اضافه پول میدهیم. *Agar shomä batowr-e-ezäfa kär koned, shomä rä ezäfa pool mey-dehem.* **I need *(1)* you /** *(2)* **them to work overtime today.** میخواهم که (١) شما / (٢) آنها امروز اضافه کار (١) کنید / (٢) کنند. *Mey-khäham ke (1) shomä / (2) änhä ezäfa kär (1) koned. / (2) konand.* ★ *n* اضافه کاری *ezäfa käree* **We pay *(amount)* extra for each hour of overtime.** ما (___) اضافه برای هر ساعت اضافه کاری میدهیم. *Mä (___) ezäfa baräyee har sä-a't ezäfa käree mey-dehem.*

overweight *adj* اضافه وزن *ezäfa wazee (1)* **He /** *(2)* **She *(3)* is /** *(4)* **isn't overweight.** (١) اومرد / (٢) اوزن اضافه وزن (٣) است. / (٤) نیست. *(1) O mard / (2) o zan ezäfa wazen (3) ast. / (4) neest.* **You *(1)* are / *(2)* aren't overweight.** شما اضافه وزن (١) هستید. / (٢) نیستید. *Shomä ezäfa wazen (1) hasted. / (2) neested.*

ovulation *n* پیدایش تخم در تخمدان *paydäyesh-e-tokhom dar tokhom dän*

owe *vt* قرضدار بودن *qarz där bodan,* مقروض بودن *maqrooz bodan (1)* **I / *(2)* We owe you some money.** (١) من / (٢) ما از شما یک مقدار پول قرضدار (١) هستم. / (٢) هستیم. *(1) Man / (2) Mä az shomä yakmeqdär pool qarz där (1) hastam. / (2) hastem.* **How much do *(1)* I / *(2)* we owe you?** چقدر (١) من / (٢) ما از شما قرضدار (١) هستم؟ / (٢) هستیم؟ *Cheqadar (1) man / (2) mä az shomä qarz där (1) hastam? / (2) hastem?* **I owe you an apology.** از شما قرضدار معذرت هستم. *Az shoma qarz där-e-mahzrat hastam.*

own *vt* دارا بودن *därä bodan,* مالك بودن *mälek bodan* **~ a farm** مالك مزرعه بودن *mälek-e-mazre-a' bodan* **~ a house** مالك خانه بودن *mälek-e-khäna bodan* **Do you own this?** آیا شما مالك این هستید؟ *Äyä shomä mälek-e-een* *hasted?* **Who owns this?** مالك اين كى است؟ *Mälek-e-een kee ast?*

owner *n* مالك *mälek,* صاحب *säheb* **Who is the owner of this** *(1)* **building?** / *(2)* **car?** / *(3)* **farm?** / *(4)* **house?** / *(5)* **land?** مالك اين (١) تعمير / (٢) موتر / (٣) فارم / (٤) خانه / (٥) زمين كى است؟ *Mälek-e-een (1) ta'meer / (2) motar / (3) färm / (4) khäna / (5) zameen kee ast?*

ox *n* گاو نر *gäw-e-nar*

oxygen *n* گاز أكسيجن *gäz-e-äkseegen* **~ cylinder** بالون أكسيجن *baloon-e-äkseegen* **~ mask** نقاب گاز أكسيجن *neqäb-e-gäz-e-äkseegen* **~ tank** مخزن گاز أكسيجن *makhzan-e-gäz-e-äkseegen* **Give** *(1)* **her** / *(2)* **him oxygen.** (١) اوزن / (٢) اومرد را أكسيجن دهيد. *(1) O zan / (2) O mard rä äkseegen dehed.*

P p

pacemaker *n* ضربان ساز طبيعى يا مصنوعى قلب *zarabän säz-e-tabee'ee yä masnawe'ee qalb,* آله كه ضربان قلب را ايجاد و تنظيم ميكند. *Äla-e-ke zara-bän-e-qalb rä eejäd wa tanzeem mey-konad.(1)* **He** / *(2)* **She needs...** / *(3)* **You need... a pacemaker.** (١) اومرد / (٢) اوزن / (٣) شما به يك آله ضربان ساز قلب ضرورت (١,٢) دارد. / (٣) داريد. *(1) O mard / (2) O zan / (3) Shomä ba yak äla zarabän säz-e-qalb zaroorat (1,2) därad. / (3) däred.*

pack *vt* بسته كردن *basta kardan* **Pack everything into boxes.** همه چيز را در صندوق ها بسته كنيد. *Hama cheez rä dar sandoq hä basta koned.* **Pack everything** *(1)* **carefully.** / *(2)* **neatly.** همه چيز را (١) بادقت / (٢) به ترتيب بسته كنيد. *Hama cheez rä (1) bä deqat... / (2) ba tarteeb... basta koned.* ★ *vi* باربندى كردن *bärbandee kardan,* باربستن *bär bastan* **Did you pack yet?** آيا شما باربندى كرديد؟ *Äyä shomä bärbandee karded? (1)* **I** / *(2)* **We have to pack.** (١) من / (٢) ما بايد باربندى (١) گنم. / (٢) كنيم. *(1) Man / (2) Mä bäyad bärbandee (1) konam. / (2) konem.* ★ *n* 1. *(carried by a person)* بغچه *boghcha;* 2. *(carried by a horse)* بسته *basta,* بار *bär;* 3. *(small package)* بسته *basta,* بستنى كوچك *bastanee kochak;* 4. *(med.)* بسته *basta* **cold ~** بسته سرد *basta-e-sard* **hot ~** بسته گرم *basta-e-garm* **ice ~** بسته يخ *basta-e-yakh* **~ of cigarettes** بسته سگرت *basta-e-segret* **warm ~** بسته شير گرم *basta-e-sheer garm* **Is your pack ready?** آيا بغچه شما آماده است؟ *Äyä boghcha-e-shomä ämäda ast?* **Put** *(1)* **this** / *(2)* **these in your pack.** (١) اين / (٢) اينها را دربغچه تان بگذاريد. *(1) Een / (2) Eenhä rä dar boghcha-e-tän begzäred.*

package *vt* باربندى كردن *bärbandee kardan* ★ *n* بسته *basta,* جعبه *ja'ba,* صندوق *sandoq* **mail the ~** بسته را پُست كردن *basta-e-rä post kardan* **open the ~** صندوق را باز كردن *sandoq-e-rä bäz kardan* **receive a ~** صندوق بدست آوردن *sandoq-e-badast äwardan* **wrap the ~** صندوق را پيچاندن *sandoq rä peechändan* **Give this package to** *(whom)*. اين صندوق را براى ( ) بدهيد. *Een sandoq rä baräy-e-( ) bedehed* **This package is for** *(1)* **her.** / *(2)* **him.** / *(3)* **them.** / *(4)* **you.** اين صندوق براى (١) اوزن / (٢) اومرد / (٣) آنها / (٤) شما است. *Een sandoq baräy-e-(1) o zan / (2) o mard / (3) änhä / (4) shomä ast.*

packet *n* بسته *basta,* پاكت *päkat* **first aid ~** پاكت كمك اوليه *päkat-e-komak-e-awalya* **food ~** پاكت غذا *päkat-e-ghezä*

packing *adj* باربندى *bärbandee,* بسته شدنى *basta shodanee* **~ material** لوازم بسته شدنى *lawäzem-e-basta shodanee*

packsaddle *n* پالان *pälän*

pad n 1. *(for cushioning)* بالشت bälesht; 2. *(of paper)* دسته dasta; 3. *(stamp pad)* تاپه täpa; 4. *(gauze)* گاز gäz, ململ الکول malmal **alcohol** ~ ململ الکول malmal-e-alkool **gauze** ~ گاز مرلج gäz-e-marlej, جالی نازک jälee-e-näzok, ململ malmal **knee** ~**s** زانوبند zänoo-band **mattress** ~ بالشت دوشك bälesht-e-doshak ~ **of paper** دسته کاغذ dasta-e-käghaz **note** ~ کتابچه یاداشت ketäbcha-e-yädäsht **sleeping** ~ زیر بستره zeer-bestara **stamp** ~ تاپه täpa **stamp** ~ **ink** رنگ تاپه rang-e-täpa **sterile** ~ ململ تعقیم شده malmal-e-tahqeem shoda **writing** ~ دسته یاداشت dasta-e-yädäsht ★ **padding** n لایی läyee

paddy n *(rice)* شالیزار shäleezär **rice** ~ *(برنج)* شالیزار(برنج) shäleezär(-e-berenj)
padlock n قفل qofol
page n صفحه safha **web** ~ صفحه انترنت safha-e-entarnet **Turn to page** *(number)*.. به صفحه (___) برگردید. Ba safha-e-(___) bargarded.
pail n سطل satel **garbage** ~ سطل کثافات satel-e-kasäfät **Get a pail.** یك سطل بیا Yak satel beeyäwared. **Fill the pail with water.** سطل را آب پرکنید. Satel rä äb por koned. **Put it in the pail.** این را در سطل بندازید. Een rä dar satel bendäzed.
pain n درد dard **intense** ~ درد شدید dard-e-shadeed ~ **medicine** ادویه درد adweeya-e-dard **slight** ~ درد خفیف dard-e-khafeef **steady** ~ درد ثابت dard-e-säbet **Where's the pain?** کجا درد میکند؟ Kojä dard mey-konad? **Show me where the pain is.** نشان ام دهید کجا درد میکند. Neshän am dehed kojä dard mey-konad. *(1)* **He** / *(2)* **She complains of a pain in** *(3)* **his** / *(4)* **her** *(5)* **chest** / *(6)* **head** / *(7)* **stomach.** (۱) اومرد / (۲) اوزن ازدرد (۵) سینه / (۶) سر / (۷) معده (۳,۴) اش شکایت میکند. *(1)* O zan / *(2)* O mard az dard-e-*(5)* seena / *(6)* sar / *(7)* me'da *(3,4)* ash shekäyat mey-konad. *(1)* **I have a pain in my** *(1)* **chest** / *(2)* **head** / *(3)* **stomach.** من در (۱) سینه / (۲) سر / (۳) معده ام درد دارم. Man dar *(1)* seena / *(2)* sar / *(3)* me'da am dard däram *(1)* **He** / *(2)* **She has a pain in** *(3)* **his** / *(4)* **her** *(5)* **chest** / *(6)* **head** / *(7)* **stomach.** (۱) اومرد / (۲) اوزن در (۵) سینه / (۶) سر / (۷) معده (۴,۳) اش درد دارد. *(1)* O mard / *(2)* O zan dar *(5)* seena / *(6)* sar / *(7)* me'da *(3,4)* ash dard därad.*(1)* **I have...** / *(2)* **He** / *(3)* **She has... no pain (there).** (۱) من / (۲) اومرد / (۳) اوزن ...هیچ درد (۱) ندارم. (۳,۲) ندارد. *(1)* Man / *(2)* O mard / *(3)* O zan...hech dard *(1)* nadäram. / *(2,3)* nadärad. **Is the pain** *(1)* **bad?** / *(2)* **dull?** / *(3)* **frequent?** / *(4)* **gone?** / *(5)* **intense?** / *(6)* **occasional?** / *(7)* **sharp?** / *(8)* **steady?** آیا درد (۱) مضر / (۲) سنگین / (۳) مکرر / (۴) رفته / (۵) شدید / (۶) تدریجی / (۷) صریح / (۸) ثابت است؟ Äyä dard *(1)* zeeyän äwar / *(2)* sangeen / *(3)* mokarar / *(4)* rafta / *(5)* shadeed / *(6)* tadreejee / *(7)* sareeh / *(8)* säbet ast? **How long has the pain been there?** چقدر وقت مشود که درد میکند؟ Cheqadar waqt mey-shawad ke dard mey-konad? **This will ease the pain.** این درد را آرام میسازد. Een dard rä äräm mey-säzad. ★ **painful** adj دردناك dardnäk ~ **spot** دانه دردناك däna-e-dardnäk ★ **painkiller** n مسکن mosaken, ادویه ضد درد adweya-e-zed-e-dard

paint vt رنگ کردن rang kardan **Paint the** *(1)* **ceiling.** / *(2)* **door.** / *(3)* **floor.** / *(4)* **wall.** / *(5)* **walls.** / *(6)* **window.** / *(7)* **windows.** (۱) سقف / (۲) دروازه / (۳) کف اطاق / (۴) دیوار / (۵) دیوار ها / (۶) دریچه / (۷) دریچه ها را رنگ کنید. *(1)* Saqf... / *(2)* Darwäza... / *(3)* Kaf-e-otäq... / *(4)* Deewär... / *(5)* Deewär hä... / *(6)* Dareecha... / *(7)* Dareecha hä... rä rang koned. **Paint** *(1)* **the whole room.** / *(2)* **all the rooms.** (۱) تمام اطاق... / (۲) تمام اطاق ها... را رنگ کنید. *(1)* Tamäme-e-otäq... / *(2)* Tamäm-e-otäq hä... rä rang koned. **Paint the outside of the** *(1)* **building.** / *(2)* **house.** (۱) بیرون تحمیر / (۲) خانه را رنگ کنید. Beeroon-e-*(1)* ta'meer / *(2)* khäna rä rang *koned.* **Paint the stones red.** سنگها را رنگ سرخ کنید. *Sang-hä rä rang-e-sarkh koned.* ★ **paint** *n* رنگ *rang* **can of** ~ قطی رنگ *qotee-e-rang* **coat of** ~ ورقه رنگ *waraqa-e-rang* **latex** ~ رنگ پلاستیکی *rang-e-palästeekee* **oil(-based)** ~ رنگ روغنی *rang-e-rooghanee* ~ **sprayer** رنگ پاش *rang päsh* **primer** ~ قلم اول رنگ *qalam-e-awal-e-rang* **Stir the paint well.** رنگ را خوب تکان دهید. *Rang rä khoob takän dehed.* **Wet paint!** رنگ تر! *Rang-e-tar!* **Spread the paint evenly.** رنگ را بطور یکنواخت پاش دهید. *Rang rä batowr-e-yaknawäkht päsh dehed.* **Try not to use too much paint.** کوشش کنید بسیار رنگ استفاده نکنید. *Koshesh koned beesyär rang estefäda nakoned.* ★ **paintbrush** *n* برس رنگ *bors-e-rang* **Clean the paint brushes after you're finished.** وقتی که تمام کردید برس رنگ را پاک کنید. *Waqtee ke tamäm karded bors-e-rang rä päk koned.* ★ **painter** *n (worker)* رنگمال *rangmäl*

pair *n* جوره *jora* ~ **of glasses** عینک *a'ynak* ~ **of pants** یک جوره پتلون *yak jora patloon* ~ **of scissors** قیچی *qaychee* ~ **of shoes** یک جوره بوت *yak jora boot*

pajamas *n, pl* لباس خواب *lebäs-e-khäb* **baby** ~ لباس خواب طفل *lebäs-e-khäb-e-tefel* **hospital** ~ لباس شفاه خانه *lebäs-e-shafäh khäna*

Pakistani *adj* پاکستانی *päkestänee* ★ *n* پاکستانی *päkestänee*

palate *n (roof of the mouth)* کام *käm*

pale *adj* رنگ پریده *rang pareeda* **(1) He / (2) She is (very) pale.** (۱) اومرد / (۲) اوزن (بسیار) رنگ پریده است. *(1) O mard / (2) O zan (beesyär) rang pareeda ast.*

pallbearer *n* کسیکه در جنازه و یا گرفتن گوشه آن شرکت میکند. *Kasee ke dar jenäza wa yä greftan-e-gosha-e-än sherkat mey-konad.*

pallet *n* تخته چوبی *takhta-e-chobee*

palm *n (of the hand)* کف دست *kaf-e-dast*

pamphlet *n* کتابچه رهنما *ketäbcha-e-rahnomä* **distribute** ~**s** تقسیم کتابچه رهنما کردن *ketäbcha-e-rahnomä taqseem kardan*

pan *n* تاوه *täwa*, لگنچه *lagancha*, دیگچه *deegcha* **baking** ~ دیگچه نان پزی *deegcha-e-nänpazee* **bed** ~ کف دیگچه *kaf-e-deegcha* **cooking** ~ دیگچه آشپزی *deegcha-e-äshpazee* **frying** ~ تاوه ماهی پزی *täwa-e-mähee pazee* **sauce** ~ دیگچه لعاب *deegcha-e-lo-a'äb* **soup** ~ دیگچه شوربا *deegcha-e-shorbä* **wash** ~ لگنچه رخت شویی *lagancha-e-rakht shoyee* **Fill the pan with water.** لگنچه را با آب پر کنید. *Lagancha rä bä äb por koned.* **(1) Bring / (2) Get a pan of water.** یک لگنچه آب (۱) بیاورید. / (۲) پیدا کنید. *Yak lagancha-e-äb (1) bee-äwared. / (2) paydä koned.*

pancake *n* یک نوع کیک که از آرد, شیر و تخم پخته میشود. *Yak nawa' keek ke az ärd, sheer wa tokhom pokhta mey-shawad.* **Make pancakes (for [number] people).** (برای ___ نفر) کیک بپزید. *(Baräy-e-[ ] nafar) keek bepazed.*

pandemic *n* اپیدمی سرتاسری *epeedemee-e-sartäsaree*, اپیدمی عمومی *epeedemee-e-omoomee*, اپیدمی جهانی *epeedemee-e-jahänee* **influenza** ~ اپیدمی ذکامی جهانی *epeedemee-e-zokäm-e-jahänee*

pane *n* شیشه *sheesha* **broken** ~ شیشه شکسته *sheesha-e-shekesta* **window** ~ شیشه دریچه *sheesha-e-dareecha*

panel *n* 1. *(section of a wall, door, etc)* تخته وسطی دیوار, دروازه وغیره *takhta-e-wasatee-e-deewär, darwäza wa ghayra;* 2. *(instrument board)* لوحه *lowha* **control** ~ لوحه نظارت *lowha-e-nezärat*

panic *vi* ترسیدن *tarseedan* **Don't panic.** نترسید. *Natarsed.* **There's no reason to panic.** هیچ قابل ترس نیست. *Hech qäbel-e-tars neest.* **They panicked.** آنها ترسیدند. *Änhä tarseedand.* ★ *n* ترس *tars*, هراس *heräs* **They're in panic.** آنها در هراس هستند. *Änhä dar heräs hastand.*

pants *n, pl* پتلون *patloon* **pair of ~s** يك جوره پتلون *yak jora patloon* **work ~s** پتلون کار *patloon-e-kär* ★ **pantsuit** *n* دریشی *dreeshee* **cotton ~** دریشی کتانی *dreeshee-e-katänee*
pantyhose *n* جراب نازك زنانه *jeräb-e-näzok-e-zanäna*
paper *adj* کاغذی *käghazee* ★ *n* 1. *(material)* كاغذ *käghaz;* 2. *pl (documents)* اسناد *asnäd* **copier ~** كاغذ رونویس کننده *käghaz-e-ronawees konenda* **graph ~** كاغذ گراف *käghaz-e-geräf* **laser (printer) ~** كاغذ (پرنتر) لایزر *käghaz-e-(prentar)-e-läyzar* **~ clip** لاشتك كاغذ *lashtek-e-käghaz,* بند كاغذ *band-e-käghaz* **~ work** کار دفتر *kär-e-daftar* **piece / sheet of ~** پارچه كاغذ *pärcha-e-käghaz* **toilet ~** كاغذ تشناب *käghaz-e-tashnäb* **wax ~** كاغذ موم اندود *käghaz-e-moom andod* **wrapping ~** كاغذ تحفه *käghaz-e-tohfa* **writing ~** كاغذ برای نوشته *käghaz-baräy-e-naweshta*
paprika *n* چتنی سرخ *chatnee-e-sorkh*
parachute *n* فراشوت *faräshoot* **They'll drop** *(1)* **food /** *(2)* **supplies by parachute.** آنها (١) غذا / (٢) اكمالات را توسط فراشوت خواهد انداختند. *Anhä (1) ghezä / (2) ekmälät rä tawasot-e-faräshoot khähad andäkhtand.*
paradise *n* جنت *janat*
paragraph *n* سطر *sater*
parallel *adj* برابر *baräbar,* متوازی *motawäzee,* موافق *mawäfeq*
paralysis *n* لرزه *larza* ★ **paralyzed** *adj* فلج *falaj* *(1)* **Her /** *(2)* **His /** *(3)* **Your** *(4)* **arm /** *(5)* **leg is paralyzed.** (٤) بازو / (٥) پا (١) اوزن / (٢) اومرد / (٣) شما فلج است. *Bäzoo-e- / (5) Pä-e- (1) o zan / (2) o mard / (3) shomä falaj ast.*
paramedic *n* کارمند صحی *kärmand-e-sehee*
parasite *n* طفیلی *tofaylee*
parcel *n* پارسل *pärsal* **mail a ~** پارسل را پست كردن *pärsal rä post kardan* **receive a ~** پارسل بدست آوردن *pärsal badast äwardan* **send a ~** پارسل ارسال كردن *pärsal ersäl kardan* **This parcel is for** *(1)* **her. /** *(2)* **him. /** *(3)* **them. /** *(4)* **you.** این پارسل برای (١) اوزن / (٢) اومرد / (٣) آنها / (٤) شما است. *Een pärsal baräy-e- (1) o zan / (2) o mard / (3) änhä / (4) shomä ast.*
parched *adj* سوخته *sokhta,* خشك *khoshk* **~ ground** زمین خشك *zameen-e-khoshk* **~ soil** خاك خشك *khäk-e-khoshk*
pardon *vt* عفو كردن *a'fah kardan,* بخشیدن *bakhsheedan* **Pardon me.** من را ببخشید. *Man rä bobakhshed.*
parent *n (M:)* والد *wäled;* (F:) والده *wäleda* **both ~s** والدین *wäledayn* **foster ~s** والدین رضایی *wäledayn-e-rezäyee* **Where are** *(1)* **her /** *(2)* **his /** *(3)* **their** *(4)* **your parents?** والدین (١) اوزن / (٢) اومرد / (٣) آنها / (٤) شما کجاست؟ *Wäledayn-e- (1) o zan / (2) o mard / (3) änhä / (4) shomä kojäst?* *(1)* **Find /** *(2)* **Get** *(3)* **her /** *(4)* **his /** *(5)* **their parents.** والدین (٣) اوزن / (٤) اومرد / (٥) آنها را (١) پیدا کنید. / (٢) بیاورید. *Wäledayn-e- (3) o zan / (4) o mard / (5) änhä rä (1) paydä koned. / (2) beeyäwared.* *(1)* **Her /** *(2)* **His /** *(3)* **Their parents are dead.** والدین (١) اوزن / (٢) اومرد / (٣) آنها فوت كرده است. *Wäledayn-e- (1) o zan / (2) o mard / (3) änhä fowt karda ast.*
parentheses *n, pl* قوسین *qowsayn,* هلالین *haläläyn* **in ~** در قوسین *dar qowsayn*
park *vt* پارك كردن *park kardan,* در یك جا انباشتن *dar yak jä anbäshtan,* موتر را در ایستدگاه پارك كردن *motar rä dar eestädgäh park kardan* **Park the** *(1)* **bus /** *(2)* **car** *(3)* **truck /** *(4)* **van** *(5)* **here. /** *(6)* **there. /** *(7)* **by the (place).** (١) موتر سرویس / (٢) موتر / (٣) موتر باركش / (٤) واگون را (٥) اینجا / (٦) آنجا / (٧) نزدیك ( ) پارك کنید. *(1) Motar-e-sarwees / (2) Motar / (3) Motar-e-bärkash / (4) Wägoon rä (5) eenjä / (6) änjä (7) nazdeek-e-( ) park koned.* ★ *vi* ایستاد كردن *eestäd kardan,* پارك كردن *pärk kardan* **Where should I park?** كجا ایستاد باید كنم؟ *Kojä eestäd bäyad konam?*

Park *(1)* **here.** / *(2)* **there.** / *(3)* **by the** *(place)*. (۳) / آنجا (۲) / اینجا (۱) ایستاد (___) نزدیک *(1) Eenjä / (2) Änjä / (3) Nazdeek-e-(___) eestäd koned.* **Don't park** *(1)* **here** / *(2)* **there.** آنجا پارک کنید. (۲) / اینجا (۱) *(1) Eenjä / (2) Änjä pärk koned.* ★ **park** *n* پارک *park,* باغ *bägh*
parka *n* جاکت کلاه دار *jäkat-e-kolä där*
parking *adj* محل توقف برای وسایط *mahal-e-tawaqof baräy-e-wasäyet,* نگهداری ارابه جات *mahal-e-nega-däree-e-aräda jät* ~ **brake** برك توقف *berek-e-tawaqof,* برک پارک *berek-e-pär* ~ **lights** چراغ های توقف *cherägh häyee tawaqof* ~ **lot** محل توقف برای ارابه جات *mahal-e-tawaqof baräye aräda jät* ~ **place** جای نگهداری ارابه جات در دشت *jäy-e-nega-däree aräda jät dar dasht* **Make sure the parking brake is on.** متیقین باشید که برک های توقف روشن است. *Motayaqeen bäshed ke berek häyee tawaqof rooshan ast.*
part *n* 1. *(element, component)* بخش *bakhsh,* قسمت *qesmat;* 2. *(role)* وظیفه *wazeefa,* سهم *sahm;* 3. *(area)* طرف *taraf,* ناحیه *näheya* **automotive** ~**s** بخش های ارابه جات *bakhsh häy-e-aräda jät* **back** ~ قسمت عقب *qesmat-e-a'qeb* **bottom** ~ قسمت زیرین *qesmat-e-zeereen* **broken** ~ قسمت شکسته *qesmat-e-shekasta* **end** ~ بخش آخر *bakhsh-e-äkher* **for the most** ~ اساساً *asäsan* **front** ~ قسمت جلو *qesmat-e-jelow,* قسمت پیش رو *qesmat-e-peysh-e-ro* **lower** ~ قسمت تحتانی *qesmat-e-tahtänee* **middle** ~ قسمت وسطی *qesmat-e-wasatee* **missing** ~ قسمت رها شده *qesmat-e-rehä shoda* **new** ~ قسمت جدید *qesmat-e-jadeed* **spare** ~**s** اسباب اضافی *asbäb-e-ezäfee* **take** ~ شرکت کردن *sherkat kardan,* دخالت کردن *dakhälat kardan* **top** ~ قسمت بالا *qesmat-e-bälä* **upper** ~ قسمت بالایی *qesmat-e-bäläyee,* قسمت فوقانی *qesmat-e-fowqänee* **What part of the body?** کدام قسمت بدن؟ *Kodäm qesmat-e-badan?* **We have to get a new part for it.** ما باید یک قسمت نو اش را بیگیریم. *Mä bäyad yak qesmat-e-now ash rä beegeerem.* **I ordered the** *(1)* **part** / *(2)* **parts for** *(3)* **it.** / *(4)* **them.** بخش (۱) من آنها فرمایش دادم. (٤) / این (۳) بخش ها برای (۲) *Man (1) bakhsh... / (2) bakhsh hä... baräye- (3) een / (4) änhä farmäyesh dädam.* **Everyone has to do their part.** هرکس باید سهم خود را انجام دهد. *Har kas bäyad sahm-e-khod rä anjäm dehad.* **You can take part in it, too.** شما نیز میتوانید دراین سهم بیگیرید. *Shomä neez mey-tawäned dar een sahm beegeered.* **I want you to take part in it.** میخواهم شما دراین سهم بیگیرید. *Mey-khäham shomä dar een sahm beegeered.* **What part of the country is** *(1)* **he** / *(2)* **she from?** اومرد (۱) اوزن ازکدام ناحیه دهات است؟ (۲) / *(1) O mard / (2) O zan az kodäm näheya-e-dehät ast?* **What part of the country are you from?** شما ازکدام ناحیه دهات هستید؟ *Shomä az kodäm näheya-e-dehät hasted?* **What part of the country are they from?** آنها ازکدام ناحیه دهات هستند؟ *Änhä az kodäm näheya-e-dehät qesmat-e-dehät hastand?*
partial *adj* طرفدار *tarafdär* ★ **partially** *adv* تا یک اندازه *tä yak andäza,* اندکی *andakee*
participant *n* شرکت *sherkat*
particular *adj* 1. *(special; unusual)* خاص *khäs,* غیرمعمول *ghayr-e-ma'mool;* 2. *(specific)* مخصوص *makhsoos,* معین *ma'yeen;* 3. *(choosy, fastidious)* مشکل پسند *moshkel pasand,* دقیق *daqeeq* **Is there any particular reason?** آیا کدام دلیل خاص وجود دارد؟ *Äyä kodäm daleel-e-khäs wojood därad?* **I'm particular about such things.** در چنین چیز ها دقیق هستم. *Dar choneen cheez hä daqeeq hastam.* ★ **particularly** *adv* مخصوصاً *makhsoosan,* بخصوص *bakhosoos*
partly *adv* تا یک اندازه *tä yak andäza* **Partly it's because...** تا یک اندازه ازخاطر....است. *Tä yak andäza az khäter-e-...ast.*

partner *n* شریک shareek, همکار hamkär **I will be your partner.** من شریک شما خواهد بودم. Man shareek-e-shomä khähad bodam. **You will be (1) my / (2) his partner.** شما شریک (۱) من / (۲) وی خواهد بودید. Shomä shareek-e-(1) man / (2) way khähad boded. **He will be your partner.** اومرد شریک شما خواهد بود. O mard shareek-e-shomä khähad bod.

part-time *adj & adv* بعد از وقت ba'd az waqt, برای نیم روز baräy-e-neem-e-rooz, **We need a part-time (1) employee. / (2) helper. / (3) worker.** ما یک (۱) کارمند / (۲) همکار / (۳) کارگر برای بعد از وقت کار داریم. Mä yak (1) kärman / (2) hamkär / (3) kärgar ba'd az waqt kär därem. **The job is part-time.** کار بعد از وقت است. Kär ba'd az waqt ast. **You'll work part-time.** شما بعد ازوقت کارخواهد کردید. Shomä ba'd az waqt kär khähad karded.

party *n* 1. *(festive occasion)* محفل mahfel, مجلس majles; 2. *(polit.)* انجمن anjoman, حزب hezb **birthday ~** محفل روز تولد mahfel-e-rooz-e-tawalod **farewell ~** محفل وداعی mahfel-e-wedä'ee **graduation ~** محفل فراغت mahfel-e-feräghat **New Year's ~** محفل سال نو mahfel-e-säl-e-now **political ~** حزب سیاسی hezb-e-seeyäsee **promotion ~** محفل ترفیع mahfel-e-tarefe' **wedding ~** محفل عروسی mahfel-e-a'roosee **We're going to have a party (1) tonight. / (2) tomorrow night. / (3) on (day). (I want to invite you.)** ما (۱) امشب / (۲) فرداشب / (۳) در(روز) محفل خواهد داشتیم. (میخواهم شما را دعوت کنم.) Mä (1) emshab / (2) fardäshab / (3) dar (rooz) mahfel-e-khähad dashtem. (Mey-khäham shomä rä da'wat konam.) **Can you come to the party?** آیا شما میتوانید به محفل بیایذ؟ Äyä shomä mey-tawäned ba mahfel beeyäyed? **The party will be at (time) at (place).** محفل در (____) در (____) میباشد. Mafel dar (____) dar (____) mey-bäshad.

Pashto *n* پشتو pashto, لسان پشتو lesän-e pashto **Can you (1) read / (2) speak / (3) write Pashto?** آیا شما پشتو (۱) خوانده / (۲) صحبت / (۳) نوشته میتوانید؟ Äyä shomä pashto (1) khända... / (2) sohbat... / (3) naweshta... mey-tawäned? **I can (1) read / (2) speak / (3) write Pashto.** من پشتو (۱) خوانده / (۲) صحبت / (۳) نوشته میتوانم. Man pashto (1) khända / (2) sohbat / (3) naweshta mey-tawänam. **Can (1) he / (2) she (3) read / (4) speak / (5) write Pashto?** آیا (۱) اومرد / (۲) اوزن پشتو (۳) خوانده (۴) صحبت (۵) نوشته میتواند؟ Äyä (1) o mard / (2) o zan pashto (3) khända / (4) sohbat / (5) naweshta karda mey-tawänad? **(1) He / (2) She can (3) read / (4) speak / (5) write Pashto.** (۱) اومرد / (۲) اوزن پشتو(۳) خوانده / (۴) صحبت / (۵) نوشته میتواند. (1) O mard / (2) O zan pashto (3) khända / (4) sohbat / (5) naweshta mey-tawänad.

pass *vt* 1. *(go by)* گذشتن از gozashtan az, عبور کردن o'bor kardan, گذراندن gozarända; 2. *(vehicles: overtake)* رسیدن به raseedan ba, گیرکردن geer kardan **We passed it.** ما عبور کردیم. Mä o'bor kardem. **Can you pass that (1) bus? / (2) car/ (3) truck?** آیا شما میتوانید (۱) موتر سرویس / (۲) موتر / (۳) موترلاری را گیرکنید؟ Äyä shomä mey-tawäned (1) motar-e-sarwees / (2) motar / (3) motar-e-läree rä geer koned? **Pass him.** اومرد را گیر کنید. O mard rä geer koned. ★ *vi* 1. *(go by)* گذشتن gozashtan, عبورکردن o'bor kardan, رفتن raftan; 2. *(time: elapse)* گذشتن gozashtan **~ through a checkpoint** ازتلاشی گذشتن az taläshee gozashtan, عبور کردن o'bor kardan **Let them pass.** اجازه دهید بگذرند. Ejäza dehed begzarand. **They won't let us pass.** آنها ما را اجازه نخواهد دادند که بگذریم. Anhä mä rä ejäza nakhähad dädan ke begzarem. **Two months have (already) passed.** (همین اکنون) دوماه گذشت. (Hameen aknoon) do mäh gozasht. ★ *n* 1. *(way through)* راه räh; 2. *(permit)* اجازه نامه ejäza näma, جواز jawäz **mountain ~** راه کوه räh-e-ko **transit ~** اجازه نامه اقامت ejäza näma-e-eqamat **Is the**

pass *(1)* **blocked?** / *(2)* **open?** آیا راه (۱) مسدود / (۲) باز است؟ *Äyä räh (1) masdood / (2) bäz ast?* **The pass** *(1)* **is** / *(2)* **isn't** *(3)* **blocked.** / *(4)* **open.** راه (۳) مسدود / (٤) باز (۱) است. / (۲) نیست. *Räh (3) masdood / (4) bäz (1) ast. / (2) neest.* **Everyone must have a pass to come in.** همه باید اجازه نامه داشته باشند تا داخل بیایند. *Hama bäyad ejäza näma dä shta bäshand tä däkhel beeyäyand.* **Don't let anyone in without a pass.** هیچکس را بدون اجازه نامه داخل اجازه ندهید. *Hechkas rä bedoon-e-ejäza näma däkhel ejäza nadehed.* ★ **pass away** *idiom (die)* درگذشتن *dar-gozashtan,* فوت کردن *fowt kardan* ★ **pass out** *vt (distribute)* تقسیم کردن *taqseem kardan,* توزیع کردن *tow-zee' kardan* **Pass these out (to everyone).** اینها را (برای همه) توزیع کنید. *Eenhä rä (baräy-e-hama) towzee' koned.* **Pass out** *(1)* **one** / *(2)* **two to each person.** (۱) یک دانه / (۲) دو دانه برای همه توزیع کنید. *(1) Yak däna... / (2) do däna... baräy-e-hama tow-zee' koned.* ★ **pass out** *vi (lose consciousness)* ضعف کردن *zo'f kardan* *(1)* **He** / *(2)* **She passed out.** (۱) اومرد / (۲) اوزن ضعف کرد. *(1) O mard / (2) O zan zo'f kard.*

passage *n* 1. *(passing)* گذر *gozar,* عبور *o'bor;* 2. *(passageway)* راه رو *räh row,* گذرگاه *gozargäh* **safe ~** گذر بی خطر *gozar-e-bey khatar* **secret ~** راه پنهان *räh-e-penhän* **They guarantee us safe passage.** آنها گذر ما را بی خطر ضمانت میکنند. *Änhä gozar-e-mä rä bey khatar zamänat mey-konand.* ★ **passageway** *n* گذرگاه *gozargäh,* راه رو *räh row*

passenger *n* مسافر *mosäfer,* رونده *rawenda* **How many passengers will there be?** چند نفر مسافر خواهد بود؟ *Chand nafar mosäfer khähad bod?* **How many passengers can you take?** چند نفر مسافر شما برده میتوانید؟ *Chand nafar mosäfer shomä borda mey-tawäned?* *(1)* **I** / *(2)* **We can take** *(number)* **passengers.** (۱) من / (۲) ما (___) مسافر برده (۱) میتوانم. / (۲) میتوانیم. *(1) Man / (2) Mä (___) mosäfer borda (1) mey-tawänam. / (2) mey-tawänem.* **I'm sorry,** *(1)* **I** / *(2)* **we can't take any passengers.** معذرت میخواهم, (۱) من / (۲) ما هیچ مسافر برده (۱) نمیتوانم. / (۲) نمیتوانیم. *Ma'zrat mey-khäham, (1) man / (2) mä hech mosäfer borda (1) namey-tawänam. / (2) namey-tawänem.*

passport *n* پاسپورت *päsport* **internal ~** پاسپورت داخلی *päsport-e-däkhelee*

password *n* شفر *shefer,* نشانی *neshänee* **What's the password?** نشانی چیست؟ *Neshänee cheest?* **The password is** *(word).* نشانی (___) است. *Neshänee (___) ast.*

past *adj* گذشته *gozashta,* ماضی *mäzee* **~ tense** زمان گذشته *zamän-e-gozashta,* زمان ماضی *zamän-e-mäzee* ★ *prep* از پهلوی *az pahloy-e-* **You have to go past the market.** شما باید از پهلوی بازار بروید. *Shomä bäyad az pahloy-e-bazär begzared.* **We've already gone past it.** ما همین اکنون از پهلوی این گذشتیم. *Mä hameen aknoon az pahlooy-e-een gozashtem.* ★ *n* سابق *säbeq,* قدیم *qadeem* **in the ~** در قدیم *dar qadeem*

pasta *n* غذا ایتالیایی که از آرد و آب درست میشود مانند مکرونی و آش. *Ghezä-e-etälyäy-e-ke az ärd wa äb drost mey-shawad mänand-e-makaronee wa äsh.*

paste *vt* چسپاندن *chaspändan* **You cut it and paste it like this.** قطع کنید و مانند این بچسپانید. *Qata' koned wa mänand-e-een bechaspäned.* ★ *n* 1. *(pasty substance)* خمیر *khameer;* 2. *(pasty adhesive)* سرش *seresh*

pasteurize *vt* جوشاندن *joshändan* **The milk should be pasteurized.** شیر باید جوشانده شود. *Sheer bäyad joshända shawad.*

pastime *n* سرگرمی *sargarmee,* بازی *bäzee* **What's your favorite pastime.** سرگرمی دلخواه شما چیست؟ *Sargarmee-e-delkhäh-e-shomä cheest?* **My favorite pastime is** *(what).* سرگرمی دلخواه من (___) است. *Sargarmee-e-*

delkhäh-e-man ( ) ast.
pastry *n* کلچه *kolcha* **fruit** ~ کلچه یا کیک که در ترکیب آن میوه خشک باشد *Kolcha yä keek-e-ke dar tarkeeb-e-än meewa-e-khoshk bäshad.* **~ shop** دکان کلچه فروشی *dokän-e-kolcha froshee*
pasture *n* چراگاه *charägäh*
patch *n* پیوند *paywand*, پینه *peena* **Can you** *(1)* **put** / *(2)* **sew a patch on it?** آیا شما میتوانید یک پیوند را دراین (۱) بگذارید؟ / (۲) بدوزید؟ *Äyä shomä mey-tawäned yak paywand rä dar een (1) begzäred? / (2) bedozed?*
patch up *vt* ترمیم کردن *tarmeem kardan* **Can you get someone to patch it up?** آیا میتوانید کسی را بیاورید تا این را ترمیم کند؟ *Äyä mey-tawäned kasee rä beeyäwared tä een rä tarmeem konad.*
path *n* مسیر *maseer*, راه *räh*, راه رو *räh row* **follow a** ~ راه را تعقیب کردن *räh-e-rä ta'qeeb kardan* **take a** ~ راه را پیش رو گرفتن *räh-e-rä peysh-e-ro greftan* **Where does this path lead?** این راه به کجا میبرد؟ *Een rä ba kojä mey-barad?*
pathogen *n* تخم امراض *tokhm-e-amräz* **bloodborne** ~ تخم امراض مولد خون *tokhm-e-amräz-e-mawäd-e-khoon*
pathway *n* جاده *jäda*, راه *räh*, پیاده رو *peeyade-row* **narrow** ~ پیاده رو تنگ *peeyade-row-e-tang*
patience *n* حوصله *howsela*, تاقت *täqat*, صبر *saber* *(1)* **We** / *(2)* **You have to have patience with** *(3)* **her.** / *(4)* **him.** / *(5)* **them.** (۱) ما / (۲) شما باید با (۳) او زن / (۴) او مرد / (۵) آنها حوصله (۱) کنیم. / (۲) کنید. *(1) Mä / (2) Shomä bäyad bä (3) o zan / (4) o mard / (5) änhä howsela (1) konem. / (2) koned.* **It takes a lot of patience.** بسیار حوصله کار دارد. *Beesyär howsela kär därad.* **I'm beginning to lose my patience (with** *[1]* **her** / *[2]* **him** / *[3]* **them).** حوصله ام شروع به خاتمه یافتن است (همراه با (۱) او زن / (۲) او مرد / (۳) آنها). *Howsela am shoro' ba khätema yäftan ast (hamräh bä (1) o zan / (2) o mard / (3) änhä).* **Patience, patience!** حوصله، حوصله! *Howse-la, howsela!* ★ **patient** *adj* صبور *saboor*, باحوصله *bä howsela*, بردبار *bordabär* **Be patient (with** *[1]* **her** / *[2]* **him** / *[3]* **them).** صبور باش (همرا با (۱) او زن / (۲) او مرد / (۳) آنها). *Saboor bash (hamräh bä (1) o zan / (2) o mard / (3) änhä).* ★ *n* (sick person) مریض *mareez* **examine the** ~ مریض را معاینه کردن *mareez rä ma'äyena kardan* **Bring the next patient in.** مریض دیگر را داخل بیاورید. *Mareez-e-deegar rä däkhel beeyäward.* **Move the patient to** *(place)*. مریض را به ( ) انتقال دهید. *Mareez rä ba ( ) enteqäl dehed.*
patrol *n* گزمه *gazma* **army** ~ گروه گزمه *gro-e-gazma*, ارتش گزمه *artash-e-gazma* **police** ~ پولیس گزمه *polees-e-gazma*
pattern *(design)* شکل *shakel*, نقشه *naqsha*
patty *n (flat piece of ground meat)* کوفته *kofta*
pause *n* وقفه *waqfa*, مکث *maks* **short** ~ وقفه کوتاه *waqfa-e-kotäh*
pave *vt* فرش کردن *farsh kardan* **They** *(1)* / *(2)* **We are going to pave the** *(3)* **road.** / *(4)* **street.** (۱) آنها / (۲) ما (۳) جاده / (۴) سرک را فرش (۱) میکنند. / (۲) میکنیم. *(1) Ähnä / (2) Mä (3) jäda / (4) sarak rä farsh (1) mey-konand. / (2) mey-konem.* ★ **paved** *pp* فرش شده *farsh shoda* ★ **pavement** *n* فرش *farsh*
pavilion *n* ساختمان که در میدان برای تماشاچیان میسازند. *Säkhtomän-e-ke dar maydän baräy-e-tamäsheecheeyän mey-säzand.* **Have them erect a pavilion** *(1)* **here.** / *(2)* **there.** آنها میخواهند (۱) اینجا / (۲) آنجا یک جای نشست برای تماشاچیان بلند کنند. *Änhä mey-khähand (1) eenjä / (2) änjä baräyee tamäshä-cheeyän beland konand.*

pay vt پرداختن *pardākhtan,* دادن *dādan,* تادیه کردن *tādya kardan,* (پول (چیزی را پرداختن *pool (-e-cheezee rā) pardākhtan* **~ back** پس دادن *pas dādan,* برگرداندن *bar gardāndan* **~ cash** نقد دادن *naqd dādan* **~ interest** سود پرداختن *sood pardākhtan* **~ the bill** صورت حساب را دادن *soorat-e-hesāb rā dādan,* بل را پرداختن *bel rā pardākhtan* **We will pay you (amount) per (1) hour. / (2) day. / (3) week. / (4) month.** ما شما را ( ) در فی (1) ساعت / (2) روز / (3) هفته / (4) ماه خواهد دادیم. *Mā shomā rā (___) dar fee (1) sā-a't / (2) rooz / (3) hafta / (4) māh khāhad dādem.* **We will pay you on the last day of the month.** شما را درروز آخر ماه پول خواهد دادیم. *Shomā rā dar rooz-e-ākher-e-māh pool khāhad dādem.* **(1) I'll / (2) We'll pay half of it in advance and the other half when (3) it's finished. / (4) you deliver it.** (1) من / (2) ما نصف اش را قبلاً خواهد (1) پرداختم / (2) پرداختیم و نصف دیگر اش را وقتی که (3) تمام شد. / (4) ارسال کرید. *(1) Man / (2) Mā nesf ash rā qablan khāhad (1) pardākhtam / (2) pardākhtem wa nesf-e-deegar ash (3) tamām shod. / (4) ersāl karded.* **You must pay back the loan (in full) at the rate of (amount) per month.** شما باید قرض را ( ) به نرخ (مقدار) در هر ماه پس بدهید. *Shomā bāyad qarz rā (mokamal) ba nerkh-e-(___) dar har māh pas bedehed.* **vi** پول دادن *pool dādan,* پول پرداختن *pool pardākhtan,* مزد دادن *mozd dādan* **~ by bank transfer** توسط انتقال بانکی پول دادن *tawasot-e-enteqāl-e-bānkee pool dādan* **~ for** پول پرداختن برای *pool pardākhtan barāy-e-* **~ in advance** پیشکی پول دادن *peeshakee pool dādan* **~ in afghanis** به افغانی پول دادن *ba afghānee pool dādan* **~ in dollars** به دالر پول دادن *ba dālar pool dādan* **~ in cash** نقد پول دادن *naqd pool dādan* **~ in installments** به قسط پول دادن *ba qest pool dādan* **~ in pounds** به پوند پول دادن *ba pownd pool dādan* **~ late** نا وقت پول دادن *nāwaqt pool dādan* **Did you pay?** آیا شما پول دادید؟ *Āyā shomā pool dāded?* **(1) I / (2) We paid for (3) it / (4) them (already).** (1) من / (2) ما (3) این / (4) آنها (همین اکنون) پول (1) دادم. / (2) دادیم. *Mā (1) Man / (2) Mā barāy-e- (3) een / (4) ānhā (hameen aknoon) pool (1) dādam. / (2) dādem.* **How much did you pay for (1) it? / (2) them?** شما برای (1) این / (2) آنها چی مقدار پول دادید؟ *Shomā barāy-e- (1) een / (2) ānhā chee meqdār pool dāded?* **(1) I'll / (2) We'll pay (3) them / (4) you for the damage.** (1) من / (2) ما برای (3) این / (4) شما را برای جبران خساره پول خواهد (1) دادم. / (2) دادیم. *(1) Man / (2) Mā (3) ānhā / (4) shomā rā barāy-e- jebrān-e-khesāra pool khāhad (1) dādam. / (2) dādem.* **You don't have to pay.** شما نباید پول بدهید. *Shomā nabāyad pool bedehed.* **They don't have to pay.** آنها نباید پول بدهند. *Ānhā nabāyad pool bedehand.* ★ **n** مزد *mozd,* معاش *ma'āsh* **daily ~** مزد روزانه *mozd-e-roozāna* **good ~** آدم خوش حساب *ādam-e-khosh hesāb* **hourly ~** مزد ساعت به ساعت *mozd-e-sā-a't ba sā-a't* **monthly ~** مزد ماه وار *mozd-e-māh wār* **sick ~** پول بیمه مریضی *pool-e-beema-e-mareezee* **weekly ~** مزد هفته وار *mozd-e-hafta wār* **You will receive your pay on the last day of the month.** شما پول تان را در روز آخر ماه بدست خواهد آوردید. *Shomā pool-tān rā dar rooz-e-ākher-e-māh badast āwarded.* **Your pay will be (amount) per (1) hour. / (2) day. / (3) week. / (4) month.** مزد شما ( ) در فی (1) ساعت / (2) روز / (3) هفته / (4) ماه خواهد بود. *Mozd-e-shomā (___) dar fee (1) sā-a't / (2) rooz / (3) hafta / (4) māh khāhad bod.* **Here's your pay.** این مزد تان است. *Een mozd-e-tān ast.* ★ **payday n** روز معاش *rooz-e-ma'āsh* **Payday is (1) next week. / (2) on the last day of the month. / (3) today. / (4) tomorrow.** (1) هفته آینده ... / (2) روز آخر ماه ... / (3) امروز... / (4) فردا روز معاش است. *Hafta-e-āyenda... / (2) Rooz-e-ākher... / (3) Emrooz... / (4) Farād... rooz-e-ma'āsh ast.* ★ **paymaster n** مامور معاش *māmoor-e-ma'āsh* **Take**

this to the paymaster. این را به مامور معاش ببرید. *Een rä bah mämoor-e-ma'äsh bobared.* ★ **payment** تادیه *tädeya,* پرداخت *pardäkht* **down ~** پیش پرداخت *peysh pardäkht,* پول پیش پرداخت *pool-e-peysh pardäkht* **~ in full** مکمل پرداخت *mokamal pardäkht* **initial ~** پیش پرداخت *peysh pardäkht* **make ~** پول پرداختن *pool pardäkhtan* ★ **payroll** *n* استحقاق معاش *estehqäq-e-ma'äsh* **Make up the payroll for this month.** استحقاق معاش این ماه را درست کنید. *Estehqäq-e-ma'äsh een mäh rä drost koned.* **Did you make up the payroll for this month?** آیا شما استحقاق معاش این ماه را درست کردید؟ *Äyä shomä estehqäq-e-ma'äsh-e-een mäh rä drost karded?* **Let me see the payroll when it's ready.** اجازه دهید استحقاق را ببینم وقتیکه آماده شد. *Ejäza dehed estehqäq-e-ma'äsh rä beebeenam waqteeke ämäda shod.*

pea *n* نخود *nakhod* **chick ~** نخود پز *nokhod paz,* نخود چی *nakhod chee* **garden ~** نخود سبز (متر) *nakhod-e-sabz (matar)* **green ~** نخود سبز *nakhod-e-sabz* **roasted ~s** نخود بریان *nakhod-e-beryän* **zanzibar ~** یک نوع نخود *yak nawa' nakhod*

peace *n* صلح *solh,* آرامش *ärämesh* **permanent ~** صلح دایمی *solh-e-däyemee* ★ **peaceful** *adj* آرام *äräm* ★ **peacekeeper** *n* نگهبان صلح *negabän-e-solh,* محافظ صلح *mohäfez-e-solh; (pl:)* حافظ صلح *häfez-e-solh;* نگهبانان صلح *negabänän-e-solh,* محافظین صلح *mohäfezeen-e-solh* **NATO ~** سازمان همبستگی اتلانتیک شمالی (ناتو) *säzmän-e-ham-bastagee atlanteek-e-shamälee (näto)*

peach *n* شفتالو *shaftäloo*
peak *n (of a mountain)* نوک *nook,* قله *qola,* دشت *dasht*
peanut *n* ممپلی (عموماً مردم عوام بنام جلغوزه بادام زمینی پاکستانی یاد میکنند.) *mompalee (o'mooman mardom-e-a'wäm banäm-e-jalghoza-e-päkestänee yäd mey-konand.)* **~ butter** روغن ممپلی *roogan-e-mompalee*
pear *n* ناك *näk*
peat *n* مواد ذغال سنگ نارس *zoghälsang-e-näras*
pebbles *n, pl* ریگ *reeg* **small ~** ریگ میده *reeg-e-mayda*
pecan *n* چهارمغز *chär-maghz*
peculiar *adj (strange)* مخصوص *makhsoos,* خاص *khäs*
pedal *n* رکاب *rekäb,* پایدل *päydal*
peddle *vt* رکاب زدن به *rekäb zadan ba* **What is** *(1)* **he** *(2)* **she peddling?** (1) اومرد / (2) اوزن به چی پا میزنند؟ *O mard / (2) O zan ba chee pä mey-zanad?* ★ **peddler, pedlar** *n* خرده فروش *khorda frosh,* دست گردان *dast gardän*
pediatric *adj* معالجه اطفال *ma'äleja-e-atfäl* اطفال *atfäl* ★ **pediatrician** *n* معالج اطفال *ma'älej-e-atfäl,* داکتر اطفال *däktar-e-atfäl*
peel *vt* پوست کردن *poost kardan* **~ an orange** مالته را پوست کردن *mälta rä poost kardan* **~ onions** پیاز را پوست کردن *peeyäz rä poost kardan* **~ potatoes** کچالو را پوست کردن *kachäloo rä poost kardan* ★ **peel(ing)** *n (of potatoes, oranges, etc)* پوست *post*
peg *n (wooden pin)* چوب برای اویزان کردن لباس کودبند *choob baräy-e-aweezän kardan-e-lebäs* **tent ~** میخ خیمه (میخ چوبی که توسط آن خیمه را به زمین محکم میکنند.) *meekh-e-kheema (Meekh-e-chobee ke tawasot-e-än khayma rä ba zameen mahkam mey-konad.)*
pellet *n* تابلیت های کاهی که از آن برای تغذیه خرگوش ها استفاده میکنند. *Täbet häy-e- kähee ke az än baräy-e-taqhzeeya-e-khargoosh hä estefäda mey-konand.* **feed ~s** *(e.g, for rabbits)* تغذیه توسط تابلیت های کاهی *taghzeeya tawasot-e-täblet häy-e-kähee.*
pelvis *n* خاسره لگن *lagan-e-khäsera*

pen n 1. (for writing) قلم qalam; 2. (enclosure) محوطه برای حیوانات mahweta baräy-e-haywänät **ballpoint ~** قلم خودرنگ qalam-e-khodrang **chicken ~** مرغانچه morghäncha **fountain ~** قلم خودکار، qalam-e-khodkär, قلم خودنویس qalam-e-khodnawees **marker ~** قلم مارکر qalam-e-märkar

penalty n جزا jazá, مجازات majäzät

pencil n قلم پنسل qalam-e-pensel **automatic ~** پنسل خودکار pensel-e-khodkär **~ eraser** پنسل پاك pensel päk **~ lead** مواد سیاه که در وسط پنسل میباشد. Mawäd-e-seeyäh-e-ke dar wasat-e-pensel mey-bäshad **~ sharpener** قلم تراش qalam taräsh **Please sharpen the pencils.** لطفاً قلم پنسل را تراش کنید. Lotfan qalam-e-pensel rä taräsh koned.

penetrate vt رخنه کردن rakhna kardan, سوراخ کردن sooräkh kardan **It penetrated (1) her / (2) his / (3) your** (body part). (۱) (___)-e- (۲) اوزن (۳) شما را سوراخ کرد. (1) o zan / (2) o mard / (3) shomä rä soräkh kard.

penicillin n پنسلین penseleen **~ shot** زرق پنسلین zarq-e-penseleen

penis n ذکر zakar, اله تناسلی مرد äla-e-tanäsolee-e-mard

pension n حقوق تقاعد hoqooq-e-taqä-o'd **apply for a ~** برای حقوق تقاعد درخواست کردن baräy-e-hoqooq-e-taqä-o'd darkhäst kardan **government ~** حقوق تقاعد حکومت hoqooq-e-taqä-o'd-e-hokomat **military ~** حقوق تقاعد نظامی hoqooq-e-taqä-o'd-e-nezämee **receive a ~** حقوق تقاعد گرفتن hoqooq-e-taqä-o'd greftan ★ **pensioner** n شخص متقاعد shakhs-e-motaqä-e'd

people n, pl مردم mardom, خلق khalq, اشخاص ashkhäs, نفر nafar **a few ~** چند نفر chand nafar **dead ~** اشخاص مرده ash-khäs-e-morda **displaced ~** مردم بی جای شده mardom-e-bey jäy shoda **elderly ~** مردم قدیم madom-e-qadeem **homeless ~** مردمان بی خانه mardomän-e-bey khäna **injured ~** اشخاص زخمی ashkhäs-e-zakhmee **local ~** مردم محلی mardom-e-mahalee **many ~** چند نفر chand nafar **no ~** بدون مردم bedoon mardom **not many ~** کم نفر kam nafar **sick ~** اشخاص مریض ashkhäs-e-mareez **some ~** بعضی مردم ba'zee mardom **starving ~** مردمان گرسنه mardomän-e-grosna **young ~** اشخاص جوان ashkhäs-e-jawän **How many people (1) are in the family? / (2) are there? / (3) live there?** چند تن (۱) در فامیل هستند؟ / (۲) هستند؟ / (۳) در آنجا زندگی میکنند؟ Chand tan (1) dar fämeel hastand? / (2) hastand? / (3) dar änja zendagee mey-konand??

pepper n مرچ morch **black ~** مرچ سیاه morch-e-seeyäh **green ~** مرچ سبز morch-e-sabz **red ~** مرچ سرخ morch-e-sorkh

peppermint n نعناعی صحرایی na'näyee sahräyee

per prep 1. با bä; 2. در dar, هر har, درهر dar har; 3. برای هر baräy-e-har **diem** 1. (daily) دررو ز dar rooz, روزی roozee; 2. (daily allowance to cover travel expenses) سفر خرچ روزمره safar kharch-e-rooz-mara **Only (1) one / (2) two per person.** فقد (۱) یك / (۲) دو دانه برای هرنفر. Faqad (1) yak / (2) do däna baräyee har nafar. **How much per (1) bottle? / (2) box? / (3) can? / (4) case? / (5) gallon? / (6) jar? / (7) kilo? / (8) liter? / (9) ton?** چقدر در هر (۱) بوتل؟ / (۲) صندوق؟ / (۳) قطی؟ / (۴) جعبه؟ / (۵) گیلن؟ / (۶) مرتبان؟ / (۷) کیلو؟ / (۸) لیتر؟ / (۹) تن؟ Cheqadar dar har (1) botal? / (2) sandoq? / (3) qotee? / (4) ja'ba? / (5) geelan? / (6) martabän? / (7) keeloo? / (8) leetar? / (9) ton?

percent n فیصد feesad **What percent?** چند فیصد؟ Chand feesad? ★ **percentage** n فیصدی feesadee **big ~** فیصدی زیاد feesadee-e-zeeyäd **small ~** فیصدی کم feesadee-e-kam

perfect adj درست drost, بسیار خوب beesyär khoob **You did a perfect job.** کار درست است. Kär-e-drost-e-anjäm däded. **That's perfect.** درست است. انجام دادید.

Drost ast.

perform *vt (do, carry out)* انجام دادن *anjäm dädan,* ایفاکردن *eefä kardan* ~ **duties** انجام دادن وظایف را *wazäyef rä anjäm dädan* **You have performed your** *(1)* **duties /** *(2)* **work (very) well.** شما (۱) وظیفه / (۲) کارتان را بسیار خوب انجام دادید. *Shomä (1) wazeefa / (2) kär-e-tän rä beesyär khoob anjäm däded.* **(1) He /** *(2)* **She is not performing** *(3)* **his /** *(4)* **her duties well.** (۱) اومرد / (۲) اوزن کار (۳,۴) اش را درست انجام نمیدهد. *O mard / (2) O zan kär (3,4) ash rä drost anjäm namey-dehad.* ★ **performance** *n* اجرا *ejrä,* ایفا *eefä,* انجام *anjäm* **job** ~ وظیفه ایفا *eefä-e-wazee-fa*

perfume *n* عطر *a'ter*

perhaps *adv* شاید *shäyad,* ممکن است *momken ast*

peril *n* خطر *khatar* **There are many perils.** بسیار خطر است. *Beesyär khatar ast.* ★ **perilous** *adj* خطرناک *khatarnäk* ~ **journey** سفر خطرناک *safar-e-khatarnäk*

perimeter *n* پیرامون *peerämoon,* محیط *moheet* **We have to make the perimeter secure.** ما باید پیرامون را محفوظ نگهداریم. *Mä bäyad peerämoon rä mahfooz nega-därem.* **Your duty is to guard the perimeter.** وظیفه شما محافظت کردن محیط است. *Wazeefa-e-shomä mahäfeza kardan-e-moheet ast.*

period *n* 1. *(time interval)* مدت *modat,* دوره *dowra;* 2. *(dot at end of sentence)* نقطه *noqta* **during the** ~ طی مدت زمان *tey modat-e-zamän* **during the Taliban** ~ در هنگام دوره طالبان *dar hangäm-e-dowra-e-tälebän* **long** ~ **(of time)** مدت طولانی (زمان) *modat-e-tolänee (-e-zamän),* دوره طولانی (زمان) *dowra-e-tolänee-e-(zamän)* **menstrual** ~ دوره حیض *dowra-e-hayz* **short** ~ **(of time)** مدت کوتاه (زمان) *modat-e-kotäh (-e-zamän),* دوره کوتاه (زمان) *dowra-e-kotäh-e-(zamän)* **waiting** ~ دوره انتظار *dowra-e-entezär* **When did you have your menstrual period the last time?** دربار آخر دوره حیض تان چی کردید؟ *Dar bär-e-äkher-e-dowra-e-hayz-e-tän chee karded?* ★ **periodic(al)** *adj* نوبتی *nobatee,* دوری *dowree*

perishable *adj* فاسد شدنی *fäsed shodanee,* فناشدنی *fanä shodanee*

permanent *adj* دایمی *däyemee,* همیشگی *hameeshagee* ~ **change** تغیر دایمی *ta'gheer-e-däyemee* ~ **job** وظیفه دایمی *wazeefa-e-säbet,* وظیفه ثابت *wazee-fa-e-däyemee* ★ **permanently** *adv* بطور دایمی *batowr-e-däyemee,* دایماً *däyeman* **We're going to close it permanently.** میخواهیم این را بطور دایمی بسته نمایم. *Mey-khähem een rä batowr-e-däyemee basta nomäyem.*

permission *n* اجازه *ejäza* **get** ~ اجازه گرفتن *ejäza gereftan* **(1) I /** *(2)* **We give you permission to** *(3)* **do it. /** *(4)* **go. /** *(5)* **keep it. /** *(6)* **take it.** (۱) من / (۲) ما شما را اجازه (۳) دادم / (۲) دادیم که (۳) ...این را انجام دهید. / (۴) بروید. / (۵) نگهدارید. / (۶) بیگیرید. *(1) Man / (2) Mä shomä rä ejäza (1) dädam / (2) dädem ke (3) een rä anjäm dehed. / (4) berawed. / (5) negahdäred. / (6) beegeered.* **You have** *(1)* **my /** *(2)* **our permission.** شما از (۱) من / (۲) ما اجازه دارید. *Shomä az (1) man / (2) mä ejäza däred.* **Who gave** *(1)* **her /** *(2)* **him /** *(3)* **them /** *(4)* **you permission?** کی (۱) اوزن / (۲) اومرد / (۳) آنها / (۴) شما را اجازه داد؟ *Kee (1) o zan / (2) o mard / (3) änhä / (4) shomä rä ejäza däd?* **(1) He /** *(2)* **She** *(3)* **doesn't /** *(4)* **didn't have permission.** (۱) اومرد / (۲) اوزن اجازه (۳) ندارد. / (۴) نداشت. *(1) O mard / (2) O zan ejäza (3) nadärad. / (4) nadäsht.* **They** *(1)* **don't /** *(2)* **didn't have permission.** آنها اجازه (۱) ندارند. / (۲) نداشتند. *Änhä ejäza (1) nadärand. / (2) nadäshtand.* **You** *(1)* **don't /** *(2)* **didn't have permission.** شما اجازه (۱) ندارید. / (۲) نداشتید. *Shomä ejäza (1) nadäred. / (2) nadäshted.* **You have to get permission.** شما باید اجازه بگیرید. *Shomä bäyad ejäza begeered.* ★ **permit** *vt* اجازه دادن *ejäza dädan,* گذاشتن *gozäshtan* **(1) I /** *(2)* **We**

permit / **personnel**

can't permit that. (۱) من / (۲) ما آن را اجازه داده (۱) نمیتوانم. / (۲) نمیتوانیم.
(1) Man / (2) mä än rä ejäza däda (1) namey-tawänam. / (2) namey-tawänem. **No one is permitted to** *(1)* **drive it except** *(2)* **him.** / *(3)* **you.** / *(4)* **enter (without a pass).** / *(5)* **use it (except you).** هیچ کس اجازه ندارد که (۱) براند به جز (۲) اومرد / (۳) شما. / (٤) داخل شود (بدون اجازه نامه). / (٥) استفاده کند (به جزشما). *Hech kas ejäza nadärad ke (1) beränad ba joz (2) o mard. / (3) shomä. / (4) däkhel shawad (bedoon-e-ejäza näma) / (5) estefäda konad (ba joz az shomä).* ★ **permit** *n* اجازه *ejäza,* جواز *jawäz*
peroxide *n* پر اوکساید *peräksäyd,* ترکیب اکسیجنی که تا حدی اکسیجن داشته باشد. *Tarkeeb-e-okseejanee ke tä hadee okseejen däshta bäshad.* , ادویه ضد عفونی *adweya-e-zed-e-a'foonee* **hydrogen ~** هایدروجن پر اوکساید *häydrojen peräk-säyd*
persecution *n* زجر و آزار *zager wa äzär*
Persian *n (lang.)* لسان فارسی *lesän-e-färsee,* فارسی *färsee* **Can you** *(1)* **read** / *(2)* **speak** / *(3)* **write Persian?** آیا شما فارسی (۱) خوانده / (۲) صحبت / (۳) نوشته میتوانید؟ *Äyä shomä färsee (1) khända / (2) sohbat / (3) naweshta mey-tawäned?* **I can** *(1)* **read** / *(2)* **speak** / *(3)* **write Persian.** من فارسی (۱) خوانده / (۲) صحبت / (۳) نوشته میتوانم. *Man färsee (1) khända / (2) sohbat / (3) naweshta mey-tawänam.* **Can** *(1)* **he** / *(2)* **she** *(3)* **read** / *(4)* **speak** / *(5)* **write Persian?** آیا (۱) اومرد / (۲) اوزن فارسی (۳) خوانده / (٤) صحبت / (٥) نوشته میتواند؟ *Äyä (1) o mard / (2) o zan färsee (3) khända / (4) sohbat / (5) naweshta mey-tawänad?* **He** / *(2)* **She can** *(3)* **read** / *(4)* **speak** / *(5)* **write Persian.** (۱) اومرد / (۲) اوزن فارسی (۳) خوانده / (٤) صحبت / (٥) نوشته میتواند. *(1) O mard / (2) O zan färsee (3) khända / (4) sohbat / (5) naweshta mey-tawänad.*
persistent *adj* مزمن *mozmen* **~ cough** سرفه مزمن *sorfa-e-mozmen*
person *n* شخص *shakhs,* آدم *ädam,* نفر *nafar,* کس *kas* **a different ~** *(not this person)* شخص دیگر *shakhs-e-deegar,* نفر دیگر *nafar-e-deegar* **another ~** *(one more person)* شخص دیگر *shakhs-e-deegar* **capable ~** آدم لایق *ädam-e-läyeq,* آدم قابل *ädam-e-qäbel* **difficult ~** آدم سخت *ädam-e-sakht* **displaced ~** آدم جانشین *ädam-e-jänesheen* **elderly ~** آدم بزرگ *ädam-e-bozorg,* شخص بزرگ *shakhs-e-bozorg* **good ~** آدم خوب *ädam-e-khob,* شخص خوب *shakhs-e-khob* **hard-working ~** آدم زحمت کش *ädam-e-zahmat kash* **important ~** نفر مهم *nafar-e-mohem,* شخص مهم *shakhs-e-mohem* **in ~** روبروی هم *ro baroy-e-am* **intelligent ~** شخص لایق *shakhs-e-läyeq,* آدم لایق *ädam-e-läyeq* **nice ~** شخص زیبا *shakhs-e-zeebä* **smart ~** شخص هوشیار *shakhs-e-hoshyär* **unknown ~** آدم ناشناس *ädam-e-näshenäs* **young ~** آدم جوان *ädam-e-jawän,* شخص جوان *shakhs-e-jawän* **Which person** *(1)* **is** / *(2)* **was it?** این کدام نفر (۱) است؟ / (۲) بود؟ *Een kodäm nafar (1) ast? / (2) bod?* **Is** *(1)* **that** / *(2)* **this the person?** آیا (۱) آن / (۲) این همان نفر است؟ *Äyä (1) än / (2) een hamän nafar ast?* **This** / *(2)* **That** *(3)* **is** / *(4)* **isn't the person.** (۱) این / (۲) آن همان نفر (۳) است. / (٤) نیست. *(1) Een / (2) Än hamän nafar (3) ast. / (4) neest.* **We need another person (to help).** ما کسی دیگری را ضرورت داریم (برای گمک کردن). *Mä kasee deegaree rä kär därem (baräy-e-komak kardan).*
personal *adj* شخصی *shakhsee,* خصوصی *khosoosee* **~ belongings** دارایی دارایی شخصی *däräyee-e-shakhsee* **~ business** امور شخصی *omoor-e-shakhsee,* شخصی *shakhsee* **~** موضوع شخصی *mowzo'-e-shakhsee* ★ **personally** *adv* شخصا *shakhsan,* به طور خصوصی *ba towr-e-khosoosee* **I want to talk to** *(1)* **her** / *(2)* **him personally..** میخواهم با (۱) اوزن / (۲) اومرد به طور خصوصی صحبت کنم. *Mey-khäham bä (1) o zan / (2) o mard ba towr-e-khosoosee sohbat konam.*
personnel *n* کارکنان *kärkonän,* کارمندان *kärmandän* **civilian ~** کارمندان اجتماع

perspiration kärmandän-e-nezämee ~ **military** کارمندان نظامی kärmandän-e-ejtemä' ~ **office** کارمندان اداره kärmandän-e-edära, کارمندان دفتر kärmandän-e-daftar ~ **section** کارمندان دفتر kärmandän-e-daftar, کارمندان شعبه kärmandän-e-sho'ba

perspiration n عرق a'raq **Wipe the perspiration of** *(1)* **her /** *(2)* **his** *(3)* **body. /** *(4)* **face.** عرق (٣) جسم / (٤) روی (١) اوزن / (٢) اومرد را خشک کنید. A'raq-e-(3) jesm-e- / (4) roy-e- (1) o zan / (2) o mard rä khoshk koned.
★ **perspire** vi عرق کردن a'raq kardan

persuade vt وادار کردن wädär kardan **Do you think you can persuade** *(1)* **her? /** *(2)* **him? /** *(3)* **them?** آیا شما فکر میکنید که (١) اوزن / (٢) اومرد / (٣) آنها را وادار کرده میتوانید؟ Äyä shomä feker mey-koned ke (1) o zan / (2) o mard / (3) änhä rä wädär karda mey-tawäned? **Try to persuade** *(1)* **her. /** *(2)* **him. /** *(3)* **them.** کوشش کنید که (١) اوزن / (٢) اومرد / (٣) آنها را وادار کنید. Koshesh koned ke (1) o zan / (2) o mard / (3) änhä rä wädär koned.

pertain (to) vi مربوط بودن به marbot bodan ba, ربط داشتن با rabt däshtan ba **What does it pertain to?** به چی ربط دارد؟ Ba chee rabt därad? **It pertains to** *(what)*. به ربط دارد. Ba rabt därad.

pertussis n (med.) سیاهسرفه (maraz-e-) seeahsorfa

pessimistic adj بدبین badbeen **I'm pessimistic about it.** در این مورد بدبین هستم. Dar een mowred badbeen hastam. **Don't be (so) pessimistic.** (بسیار) بدبین نباشید. (Beesyär) badbeen nabäshed.

pest n *(harmful insect)* حشره hashara, حشره مضر hashara-e-mozer ~ **control** حشره را نظارت کردن hashara rä nezärat kardan **This will eliminate pests.** این حشرات را محو خواهد کرد. Een hasharät rä mahwa khähad kard. ★ **pesticide** n دوای حشره کش daway-e-hashara kosh **I will explain to you how to use this pesticide.** برای شما بیان خواهم کرد چی قسم این دوای حشره کش را استعمال کنید. Baräy-e-shomä bayän khäham kard chee qesem een daway-e-hashara kosh rä este'mäl koned. **The pesticide will eliminate the pests.** دوای حشره کش حشرات را محو خواهد کرد. Daway-e-hashara kosh hasharät rä mahwa khähad kard.

pet n حیوان اعلی haywän-e-ä'lee **No pets allowed.** هیچ حیوان اعلی اجازه نیست. Hech haywän-e-ä'lee ejäza neest. **Do you have a pet?** آیا شما کدام حیوان اعلی دارید؟ Äyä shomä kodäm haywän-e-ä'lee däred?

petroleum adj نفت خام neft-e-khäm ~ **pipeline** پایپ نفت خام päyp-e-neft-e-khäm ~ **refinery** تصفیه خانه نفت خام tasfeeya khäna-e-neft-e-khäm ~ **storage** ذخیره نفت خام zakheera-e-neft-e-khäm ★ **petroleum** n نفت خام neft-e-khäm **drill for** ~ حفر کردن برای نفت خام hofor kardan baräy-e-neft-e-khäm

pharmaceutical adj دوا سازی dawä säzee ★ n دوا dawä **Where can we buy pharmaceuticals?** از کجا ما میتوانیم دوا خریداری کنیم. Az kojä mä mey-tawänem dawä khareedäree konem? ★ **pharmacist** n دوا ساز dawä säz **Take this prescription to a pharmacist.** این نسخه را برای دوا ساز ببرید. Een noskha rä baräyee dawä säz bobared. ★ **pharmacy** n دواخانه dawäkhäna **hospital** ~ دواخانه که مربوط به شفاخانه باشد. Dawäkhäna-e-ke marbot ba shafäkhäna bäshad. **Is there a pharmacy around here?** آیا در اطراف اینجا کدام دواخانه است؟ Äyä dar aträf-e-eenjä kodäm dawäkhäna ast? **Where is the pharmacy?** دواخانه کجاست؟ Dawäkhäna kojäst?

phial n شیشه کوچک دوا sheesha-e-kochak-e-dawä

phlegm n بلغم balgham, مخاط makhät

phone vt تیلفون کردن teelfoon kardan **Phone** *(1)* **her /** *(2)* **him /** *(3)* **me /** *(4)* **them (right away).** (فوراً) به (١) اوزن / (٢) اومرد / (٣) من / (٤) آنها تیلفون کنید. (Fowran) ba (1) o zan / (2) o mard / (3) man / (4) änhä teelfoon koned.

phone — 302 — **photo(graph)**

Did you phone *(1)* **her?** / *(2)* **him?** / *(3)* **them?** (٢) / اوزن (١) به شما آیا / اومرد (٢) / (٣) آنها تیلفون گردید؟ *Äyä shomä ba (1) o zan / (2) o mard / (3) änhä teelfoon karded?* **I'll phone you.** کردم. تیلفون خواهد شما به *Ba shomä khähad teelfoon kardam.* ★ **phone** *n* تیلفون *teelfoon* (See also tele-phone) **cell(ular)** ~ تیلفون موبایل *teelfoon-e-moobäyel* **cordless** ~ تیلفون بی کارد *teelfoon-e-bey kärd* **fix the** ~ ساختن عیار را تیلفون *teelfoon rä a'yär säkh-tan,* بستن را تیلفون *teelfoon rä bastan* **install a** ~ کردن نصب را تیلفون *teelfoon rä nasb kardan* **mobile** ~ *n* تیلفون موبایل *telefoon-e-moobäyel n* ~ **battery** تیلفون بطری *betree-e-teelfoon* ~ **call** تیلفون آواز *äwäz-e-teelfoon* ~ **line** تیلفون سیم *seem-e-teelfoon* ~ **number** تیلفون شماره *shomära-e-teelfoon,* تیلفون نمره *nomra-e-teelfoon* **satellite** ~ تلیفون ستلایت *sataleyt teelfoon* **What is** *(1)* **her** / *(2)* **his** / *(3)* **their** / *(4)* **your phone number?** نمره تیلفون (١) اوزن / (٢) اومرد / (٣) آنها / (٤) شما چه است؟ *Nomra-e-teelfoon-e- (1) o zan / (2) o mard / (3) änhä / (4) shomä che ast?* *(1)* **I** / *(2)* **We need to have a phone installed (as soon as possible).** ما (٢) / من (١) ضرورت (١) دارم / (٢) داریم که یک تیلفون (هرچه عاجل) نصب (١) کنم. / (٢) کنیم. *(1) Man / (2) Mä zaroorat (1) däram / (2) därem ke yak teelfoon (har che a'äjel) nasb (1) konam. / (2) konem.* **Please install the phone** *(1)* **as soon as possible.** / *(2)* **here.** / *(3)* **there.** لطفا تیلفون را (١) هرچه عاجل... / (٢) اینجا... / (٣) آنجا... نصب کنید. *Lotfan teelfoon rä (1) harche a'äl... / (2) eenjä... / (3) änjä... nasb koned.* **The phone is out of order.** تیلفون خراب است. *Teelfoon kharäb ast.* **Can you fix** *(1)* **my** / *(2)* **our phone?** آیا شما تیلفون (١) من / (٢) ما را ترمیم کرده میتوانید؟ *Äyä shomä teelfoon-e- (1) man / (2) mä rä tarmeem karda mey-tawäned?*

phony *adj* دروغی *droghee,* ساختگی *säkhtagee,* جعلی *ja'lee* ~ **credentials** اعتبارنامه جعلی *e'tebär näma-e-ja'lee* ~ **identification** هویت جعلی *hoyat-e-ja'lee* ~ **pass** اجازه نامه جعلی *ejäza näma-e-ja'lee* ~ **passport** پاسپورت جعلی *päsport-e-ja'lee*

phosphate *n* فوسفیت *fosfeyt*

phosphorous *n* فاسفورس *fäsforas*

photograph *vt* از برداشتن عکسی کردن عکاسی *a'ks bardäshtan az, a'käsee kardan* **May I photograph** *(1)* **her?** / *(2)* **him?** / *(3)* **it?** / *(4)* **them?** / *(5)* **you?** آیا میتوانیم از (١) اوزن / (٢) اومرد / (٣) این / (٤) آنها / (٥) شما عکس برداری کنم؟ *Äyä mey-tawänam az (1) o zan / (2) o mard / (3) een / (4) änhä / (5) shomä a'ks bardäree konam.* ★ **photo(graph)** *n* عکس *a'ks,* تصویر *tasweer* **develop the ~s** کردن چاپ را عکس *a'ks greftan,* گرفتن عکس *a'ks rä chap kardan* **duplicate** ~ شکل هم عکس *a'ks-e-hamshakel,* مانند هم عکس *a'ks-e-ham mänand* **identification** ~ هویت تعین عکس *a'ks-ta'een-e-hoyat* **passport** ~ پاسپورت عکس *a'ks-e-päsport* ~ **lab** عکس نمایشگاه *nemä-yeshgäh-e-a'ks* ~ **shop** عکاسی دوکان *dokän-e-a'käsee* ~ **studio** استدیو *estedyo* **scan the** ~ **(into a computer)** کردن تقتیع را عکس *ested-yo-e-a'käsee* **scan the ~ (into a computer)** *a'ks rä taqtee' kardan* **take a** ~ گرفتن عکس *a'ks greftan* **take ~s** تصاویر گرفتن *tasäweer greftan* **visa** ~ ویزه برای عکس *a'ks baräy-e-weesa* **You need** *(1)* **two** / *(2)* **three passport-size photos.** شما (١) دو/ (٢) سه قطعه عکس به اندازه پاسپورت ضرورت دارید. *Shomä (1) do / (2) se qeta' a'ks ba andäza-e-päsport zaroorat däred.* **Could you take a photo of** *(1)* **me?** / *(2)* **us?** آیا شما میتوانید یک قطعه عکس (١) من / (٢) ما را بگیرید؟ *Äyä shomä mey-tawäned (1) yak / (2) do qeta' a'ks-e-man rä beegeered?* **Let me take a photo of you.** اجازه دهید یک قطعه عکس شما را بیگیرم. *Ejäza dehed yak qeta' a'ks-e-shomä rä beegeeram.* **May I take a photo of you?** آیا میتوانم یک قطعه عکس شما را بیگیرم؟ *Äyä mey-tawänam yak qeta' a'ks-e-shomä rä beegeeram?* **Take a photo of** *(1)* **her.** / *(2)* **him.** / *(3)* **it.** / *(4)* **them.** یک

photographer / **pick up**

قطعه عكس (۱) اوزن (۲) اومرد (۳) اين / (٤) آنها را بيگيريد. *Yak qeta' a'ks-e-(1) o zan / (2) o mard / (3) een / (4) änhä rä beegeered.* **Where can I get the photos developed?** عكس ها را دركجا چاپ كنم؟ *A'ks hä rä dar kojä chap konam?* **I'll show you the photos when they're ready.** عكس ها را وقتيكه آماده شد برايتان نشان خواهم دادم. *A'ks hä rä waqteeke ämäda shod baräy-e-tän neshän khähad dädam.* **Here are the photos (I took of you).** اين تصاوير است (كه از شما گرفته بودم). *Een tasäweer-e-ast (ke az shomä grefta bodam.* ★ **photographer** *n* عكاس *a'käs* **I'm a (professional) photographer (for** *[name of media]*). من يك عكاس (ماهر) (از ___) هستم. *Man yak a'käs-e-(mäher) (az ___) hastam.* ★ **photographic** *adj* عكاسى *a'käsee* ~ **equipment** وسايل عكاسى *wasäyel-e-a'käsee,* اسباب عكاسى *asbäb-e-a'käsee* ~ **supplies** تهيه جات عكاسى *tahya jät-e-a'käsee* ★ **photography** *n* عكاسى *a'käsee*

phrase *n* عبارت *e'bärat,* اصطلاح *estelä* ~ **book** كتاب اصطلاحات *ketäb-e-estelähät* **Is this phrase correct?** آيا اين اصطلاح درست است؟ *Äyä een estelä drost ast?*

phrasebook *n* كتاب اصلاحات *ketäb-e-estelähät*

physical *adj* فزيكى *fezeekee,* جسمانى *jesmänee,* بدنى *badanee,* طبعى *tabe'ee* ~ **examination** ماينه بدنى *ma'äyena-e-badanee* ~ **exercise** ورزش *warzesh,* پرورش بدنى *parwaresh-e-badanee* **(1) I'm / (2) We're going to give (3) her / (4) him / (5) you a physical examination.** (۱) من / (۲) ما (۳) اوزن / (٤) اومرد / (۵) شما را يك معاينه بدنى (۱) ميدهم. / (۲) ميدهيم. *(1) Man / (2) Mä (3) o zan / (4) o mard / (5) shomä rä yak ma'äyena-e-badanee (1) mey-deham. / (2) mey-dehem.* ★ **physically** *adv* جسماً *jesman,* طبعاً *tab-a'n* ~ **fit** جسماً سالم *jesman sälem* ~ **incapable** جسماً ناتوان *jesman nätawän*

physician *n* طبيب *tabeeb,* معالج *ma'älej* (See terms under **doctor**.)

physics *n* علم فزيك *e'lm-e-fezeek*

physiological *adj* مربوط به علم وظايف اعضا *marbot ba e'lm-e-wazäyef-e-a'zä*

piano *n* پيانو(يك نوع اسباب موسيقى) *peeyäno (yak nawa' asbäb-e-moseeqee)* **play the** ~ پيانو نواختن *peeyäno nawäkhtan*

pick *vt* 1. *(choose)* انتخاب كردن *entekhäb kardan;* 2. *(apples, etc: gather)* چيدن *cheedan* **Pick someone to (1) go with you. / (2) help you.** كسى را انتخاب كنيد كه (۱) با شما برود. / (۲) شما را كمك كند. *Kasee rä entekhäb koned keh (1) bä shomä berawad. / (2) shomä rä komak konad.* **Who did you pick?** كى را انتخاب كرديد؟ *Kee rä entekhäb karded?* **Pick some good ones.** آدم خوب را انتخاب كنيد. *Ädam-e-khob-e-rä entekhäb koned.*

pick *n (tool)* كلنگ *kolang* ★ **pickaxe** *n* كلنگ دوسره *kolang-e-dosara,* كلنگ روسى *kolang-e-roosee*

pick up *idiom* 1. *(take up)* گرفتن *greftan,* برچيدن *barcheedan;* 2. *(go and collect)* برداشتن *bardäshtan;* 3. *(lift)* بلند كردن *beland kardan,* بالا كردن *bälä kardan* **Pick up all the (1) litter / (2) trash (and put it in [3] bags / [4] a trash can)**. تمام (۱) خاكروبه / (۲) كثافات را بيگيريد (و در [۳] صندوق ها / [٤] سطل كثافات بندازيد). *Tamäm-e- (1) khäkroba / (2) kasäfät rä beegeered (wa dar [3] sandoq hä / [4] satel-e-kasäfät bendäzed).* **Don't pick them up.** آنها را نگيريد. *Änhä rä nageered.* **Tell your children not to pick them up.** اطفال تان را بگوييد كه آنها را نگيرند. *Ätfäl-e-tän rä begohed ke änhä rä nageerand.* **Go pick up the (1) cargo / (2) equipment / (3) materials / (4) shipment / (5) supplies.** برويد (۱) كارگو (بار) / (۲) اسباب / (۳) مواد / (٤) محموله كيشتى / (۵) تهيه جات را بيگيريد. *Berawed (1) kärgo (bär) / (2) asbäb / (3) mawäd / (4) mahmola-e-keshtee / (5) tahya jät rä beegeered.* **Pick (1) her / (2) him / (3) it / (4) me / (5) them / (6) us up**

at the *(7)* **airport** / *(8)* **station** / *(9)* *(place)* *(at [time])*. (۱) اوزن / (۲) / (۳) این / (٤) من / (٥) آنها / (٦) ما را از (۷) میدان هوایی / (۸) ایستگاه / (۹) او مرد / ( ) (در [ ]) برداريد. *(1) O zan / (2) O mard / (3) Een / (4) Man / (5) Ánhä / (6) Mä rä az (7) maydän-e-hawäyee / (8) eestädgäh / (9) ( ) (dar [___]) bardäred.* **(1) I'll / (2) We'll pick (3) her / (4) him / (5) them / (6) you up at** *(time)*. (۱) من / (۲) ما (۳) اوزن / (٤) اومرد / (٥) آنها / ( ) خواهد ( ) شما را در ( ) برداشتم (۲) برداشتیم. *Man / (2) Mä (3) O zan / (4) o mard / (5) änhä / (6) shomä rä dar (___) khähad (1) bardäshtam (2) bardäshtem.* **Pick it up with the crane.** این را با جرثقیل برداريد. *Een rä bä jarsaqeel bardäred.*

pickup (truck) *n* موتر باركش *motar-e-bärkash*

picture *n* 1. *(drawing or painting)* منظره *manzera;* 2. *(photo)* عكس *a'ks,* تصویر *tasweer* **draw a ~** منظره كشيدن *manzera kasheedan* **take ~s** تصاویر گرفتن *tasäweer greftan*

pie *n* سمبوسه *sambosa* **meat ~** سمبوسه گوشت دار *sambosa-e-goosht där,* سمبوسه گوشتى *sambosa-e-gooshtee*

piece *n* 1. *(portion)* توته *tota,* تكه *teka;* 2. *pl (fragments)* پارچه *pärcha,* پاره *pära;* 3. *(item)* عدد *a'dad,* دانه *däna,* اقلام *aqläm* **~ of bread** توته نان *tota-e-nän* **~ of candy** توته شیرینی *tota-e-sheernee* **~ of equipment** اقلام لوازم *aqläm-e-lawäzem* **~ of furniture** اقلام مبل *aqläm-e-mobel* **~ of paper** پارچه كاغذ *pärcha-e-käghaz* **~ of wood** توته چوب *tota-e-chob* **Divide it into** *(number)* **pieces.** به ( ) توته تقسيم اش كنید. *ba (___) tota taqseem ash koned.* **Would you like a piece?** آيا يك توته ميل داريد؟ *Ayä yak tota mayl däred?* **Please, have a piece.** لطفاً یک توته بیگیرید. *Lotfan, yak tota beegeered.* **Give one piece to each person.** يك توته براى هر نفر بدهید. *Yak tota baräyee har nafar bedehed.* **(1,2) It's broken in pieces.** پارچه پارچه (۲) به چندین توته شكسته است. *(1) Pärcha pärcha shoda ast. (2) Ba chandeen tota shekesta ast.* **Try and put the pieces back together.** كوشش كنید پارچه ها را دوباره يكجا بگذاريد. *Koshesh koned pärcha hä rä dobära yakjä begzäred.* **Pick up the pieces (and throw them away).** پارچه ها را برداريد (و دور بندازید). *Pärcha hä rä bardäred (wa door bendäzed).*

pier *n* 1. *(wharf)* توقفگاه كشتى دركنار دريا *tawaqofgäh-e-keshtee dar kenär-e-daryä;* 2. *(of a bridge)* پایه *päya,* ستون *soton* **concrete ~** پایه كانكریتی *päya-e-känkereetee* **wooden ~** پایه چوبی *päya-e-chobee*

pig *n* خوك *khook* **wild ~** خوك وحشى *khook-e-vahshee*

pigeon *n* كبوتر *kabotar,* كفتر *kaftar*

pile *vt* كوت كردن *kot kardan,* جمع كردن *jama' kardan* **Pile them up over** *(1)* **here.** / *(2)* **there.** (۱) آنها را اینجا / (۲) آنجا كوت كنید. *Ánhä rä (1) eenjä / (2) änjä kot koned.* ★ *n* 1. *(heap)* كوت *kot,* كپه *kapa;* 2. *(foundations, piers)* كارخانه *kärkhäna* (مجموع جندين دستگاه عمارت) *(majmo'-ah-e-chan-deen dastgäh-e-e'märat)* **drive ~s** كارخانه را پیش بردن *kärkhäna rä peesh bordan* **junk ~** كوت اموال بيكاره *koot-e-amwäl-e-beekära* **~ driver** *(constr.)* میخ كوب *meekh koob* **~ of blankets** كوت كمپل *koot-e-kampal* **~ of clothing** كوت پوشاكه *koot-e-poshäka,* كوت لباس *kot-e-lebäs* **~ of sacks** كوت جوال ها *koot-e-jowäl hä* **Put them in a pile over** *(1)* **here.** / *(2)* **there.** آنها را در يك كوت در (۱) اینجا / (۲) آنجا بگذاريد. *Ánhä rä yak koot dar (1) eenjä / (2) änjä begzäred.*

pilfer *vt* خس دزدی كردن *khaz dozdee kardan,* دزدی كردن *dozdee kardan* **Someone pilfered** *(1)* **it.** / *(2)* **them.** كسى (۱) این / (۲) آنها را دزدى كرده است. *Kasee (1) een / (2) änhä rä dozdee karda ast.*

pilgrim *n* زیارت رونده *zeeyärat rawenda* ★ **pilgrimage** *n* زيارت *zeeyärat*

go on a ~ زیارت رفتن zeeyärat raftan
pill n دانه däna, گلوله gloola, تابلیت täblet **sleeping ~** تابلیت خواب آور täblet-e-khäb äwar
pillage vt غارت کردن ghärat kardan, تاراج کردن täräj kardan
pillar n ستون setoon
pillow n بالشت bälesht ★ **pillowcase** n پوش بالشت posh-e-bälesht **clean ~** پوش بالشت پاك posh-e-bälesht-e-bäk **Change the (1) pillowcase. / (2) pillowcases.** (۱) پوش بالشت... / (۲) پوش های بالشت... را تبدیل کنید. (1) Posh-e-bälesht... / (2) posh häyee bälesht... rä tabdeel koned.
pilot n پیلوت peelot
pimple n ساده säda, بسیط baseet
pin n 1. (sewing) سنجاق senjäq, سوزن soozan; 2. (hair) سیخك موی seekhak-e-moy; 3. (mech.) میخ محور meekh-e-mehwar, میخ چرخ meekh-e-charkh; 4. (stake) میخ چوبی meekh-e-chobee, میخ meekh **bobby ~** تسمه یی که همراه با Tasma-e-yee ke hamräh bä än moy rä basta mey-konand. **cotter ~** میله که دو قسمت ماشین را باهم وصل میکند. Meela-e-ke do qesamt-e-mäsheen rä bäham wasel mey-konad. **fasten with a ~** با سنجاق بسته کردن bä senjäq basta kardan **safety ~** سنجاق قفلی senjäq-e-qoflee **straight ~** سنجاق راست senjäq-e-räst **tent ~** میخ خیمه (میخ چوبی که توسط آن meekh-e-khayma (Meekh-e-chobee ke tawa-sot-e-än khayma rä ba zameen mahkam mey-konad.)) **Fasten it with a pin.** با سنجاق بسته اش کنید. Bä senjäq basta ash koned.
pincers n, pl (tool) انبور anboor
pine adj درخت کاج و صنوبر darakht käj wa senowbar **~ boards** تخته های درخت صنوبر takhta häyee darakht-e-senowbar **~ lumber** تیر درخت صنوبر teer-e-darakht-e-senowbar ★ n (tree) درخت صنوبر darakht-e-senowbar
ping-pong n پینگ پانگ (تنیس روی میزی) peeng-päng (tenes-e-roy-e-meezee) **~ ball** توپ پینگ پانگ toop-e-peeng päng **~ net** جال پینگ پانگ jäl-e-peeng päng **~ paddle** تخته پینگ پانگ takhta-e-peeng päng **~ table** میز پینگ پانگ meez-e-peeng päng
pink adj گلابی goläbee
pipe n پایپ päyp, نل nal, لوله lola **broken ~** پایپ شکسته päyp-e-shekasta **drainage ~** پایپ زهکشی päyp-e-zahkashee **leaky ~** پایپ سوراخ دار päyp-e-soräkh där **metal ~** پایپ فلزی päyp-e-felezee **PVC ~** پایپ (پلاستیك) پی وی سی päyp-e-(palästeek) pee-wee-see **sewer ~** پایپ بدر رفت päyp-e-badar raft, پایپ برای عبور آب فاضله päyp-e-baräyee o'bor-e-äb-e-fäzela **unfiltered (water)** پایپ (آب) فلتر ناشده päyp-e-(äb-e-)feltar näshoda **water ~** نل آب nal-e-äb **Attach this pipe to (1) that one. / (2) the pump.** این پایپ را در (۱) آن یك / (۲) پمپ وصل کنید. Een päyp rä dar (1) än yak... / (2) pamp... wasel koned. **The pipe is (1) broken / (2) leaking.** این پایپ (۱) شکسته / (۲) سوراخ شده است. Een päyp (1) shekasta / (2) soräkh shoda ast. **(1) Fix / (2) Replace the pipe.** پایپ را (۱) محکم / (۲) عوض کنید. Päyp rä (1) mahkam / (2) e'waz koned. ★ **pipeline** n خط پایپ khat-e-päyp **gas ~** خط پایپ گاز khat-e-päyp-e-gäz **lay a ~** خط پایپ نصب کردن khat-e-päyp nasb kardan **petroleum ~** خط نفت خام نصب کردن khat-e-neft-e-khäm nasb kardan **water ~** خط پایپ آب khat-e-päyp-e-äb
pistachio n پسته pesta
pistol n تفنگچه tofangcha
piston n میله meela **~ ring** میله حلقه meela-e-halqa میله چرخ meela-e-charkh
pit n (large hole) چاه chäh, سوراخ کلان و عمیق soräkhe-e-kalän wa a'meeq, حفره hofra **garbage ~** چاه کثافات chäh-e-kasäfät **latrine ~** چاه مستراح chäh-e-mosträh, چاه تشناب chäh-e-tashnäb **Dump the (1) debris / (2)**

garbage in the pit. (۱) فضولات / (۲) کثافات را در چاه خالی کنید. *Fozolät / (2) Kasäfät rä dar chäh khälee koned.* **Dig the pit** *(1)* **here.** */ (2)* **there.** چاه را (۱) اینجا / (۲) آنجا بکنید. *Chäh rä (1) eenjä / (2) änjä bekaned.* **Cover the pit with dirt.** حفره را با کثافت بپوشانید *Hofra rä bä kasäfat boposhäned.*

pitchfork *n* پنجه *panja*

pizza *n* پیزا (یک نوع غذای ایتالیایی) *peezä (yak nawa' ghezä-e-eetäl-yäyee)* **bake a ~** پیزا پختن *peezä pokhtan*

placard *n* اعلان *e'län,* آگاهی *ägähee*

place *vt* 1. *(put, set)* گذاشتن *gozäshtan,* نهادن *nehädan,* مرتب کردن *moratab kardan;* 2. *(list; order)* امر کردن *amer kardan,* دستوردادن *dasoor dädan* **~ an ad** خبر را دستور دادن *khabar-e-rä dastoor dädan* **~ an order** امر سفارش دادن *amer-e-sefäresh dädan,* امردادن *amer dädan* **Place** *(1)* **it** */ (2)* **them** *(3)* **here.** */ (4)* **there.** (۱) این / (۲) آنها را (۳) اینجا / (٤) آنجا بگذارید. *(1) Een / (2) Änhä rä (3) eenjä / (4) änjä beg-zäred.*

place *n* جایگاه *jäygäh,* محل *mahal,* منزل *manzel,* جای *jäy* **another ~** جای دیگر *jäy-e-deegar* **bad ~** جای خراب *jäy-e-kharäb* **cool ~** جای سرد *jäy-e-sard* **dangerous ~** محل خطرناک *mahal-e-khatarnäk* **different ~** محل مختلف *mahal-e-mokhtalef* **dry ~** جای خشک *jäy-e-khoshk* **find a ~** جای پیدا کردن *jäy paydä kardan* **hiding ~** جای پنهان *jäy-e-penhän* **in ~ of** در عوض *dar e'waz-e-* **next ~** جای دیگر *jäy-e-deegar* **nice ~** جای زیبا *jäy-e-zeebä* **no ~ a'dam-e-jäy parking ~** جای نگهداری اراده جات *jäy-e-nega-däree aräda jät* **to sleep ~** جای برای خواب *jäy baräyee khäb* **polling ~** محل رای گیری *mahal-e-räy geyree* **safe ~** جای امن *jäy-e-amen,* جای محفوظ *jäy-e-mahfoz* **take ~** جای گرفتن *jäy greftan* **suitable ~** جای مناسب *jäy-e-monäseb* **warm ~** جای گرم *jäy-e-garm* **Put** *(1)* **this** */ (2)* **these back in** *(3)* **its** */ (4)* **their place.** (۱) این / (۲) اینها را دوباره در (۳) اش / (٤) ایشان بگذارید. *(1) Een / (2) Eenhä rä dobära dar jäy (3) ash / (4) eeshän begzäred.* **(1) Keep / (2) Put (3) this / (4) these in a (5) cool / (6) dry place.** (۳) این / (٤) اینها را در جای (۵) سرد / (٦) خشک (۱) نگهدارید. / (۲) بگذارید. *(3) Een / (4) Eenhä rä dar jäy-e- (5) sard / (6) khoshk (1) nega-däred. / (2) begzäred.* **Is there a place to stay around here?** آیا دراین نواحی جای بود و باش است؟ *Äyä dar een nawähee jäy-e-bod wa bäsh ast?* **Find us a place to stay (over-night).** یک جای برای بود و باش (هنگام شب) پیدا کنید. *Yak jäy baräyee bod wa bäsh-e-(hangäm-e-shab) paydä koned.* **This (1) is / (2) isn't a good place.** این یک جای خوب (۱) است. / (۲) نیست. *Een yak jäy-e-khob (1) ast. / (2) neest.* **Do you know a ([1] good / [2] suitable) place (where [3] I / [4] we can...)?** آیا شما یک جای (۱) خوب / (۲) مناسب) (که (۳) من بتوانم... / (٤) ما بتوانیم...) دیده اید؟ *Äyä shomä yak jäy (-e- [1] khob / [2] monäseb) (ke [3] man betawänam.../ [4] mä betawänem...) deeda eed?*

placenta *n* انساج که در هنگام حامله گی در رحم بوجود میاید و یک ارتباط میان مادر و طفل برقرار میکند. *Ansäj-e-ke dar hangäm-e-hämela-gee dar rahm bawojowd mey-äyad wa yak ertebäd meeyän-e-mädar wa tefel barqarär meykonad.*

plague *n* طاعون *tä-o'on,* مرض طاعون *maraz-e-tä-o'on* **~ shot** زرق طاعون *zarq-e-tä-o'on*

plain *adj* 1. *(clear)* آشکار *äshkär,* صاف *säf;* 2. *(simple)* ساده *säda;* 3. *(without a design)* بدون آرایش *bedoon-e-äräyesh* ★ *n* دشت *dasht*

plan *vt* طرح کردن *tarha kardan,* طرح ریزی کردن *tarha reezee kardan,* پلان داشتن *pelän dashtan,* درنظر داشتن *dar nazar däshtan* **~ an operation** عملیات را طرح ریزی کردن *a'mal-yät-e-rä tarha reezee kardan* **~ a project**

plan — **planking**

a trip ~ پروژه را طرح ریزی کردن *prozha-e-rä tarha reezee kardan* سفر را پلان نمودن *safar-e-rä pelän namodan* **What do you plan to do?** چی در نظر دارید که انجام دهید؟ *Chee dar nazar däred ke anjäm dehed?* **How do you plan to do it?** چی قسم در نظر دارید که این را انجام دهید؟ *Chee qesem dar nazar däred ke een rä anjäm dehed?* **(1) Where / (2) When do you plan to go?** پلان دارید (۱) کجا / (۲) چی وقت بروید؟ *Pelän däred (1) kojä / (2) chee waqt berawed?* **I plan to (1) go / (2) return (3) next week. / (4) (day / date).** من درنظر دارم (۳) هفته آینده / (٤) (___) (۱) بروم. / (۲) برگردم. *Man dar nazar däram (3) hafta äyenda / (4) (___) (1) berawam. / (2) bargardam.* **We plan to (1) go / (2) return (3) next week / (4) (day / date).** ما درنظر داریم (۳) هفته آینده / (٤) (___) (۱) برویم / (۲) برگردیم. *Mä dar nazar därem (3) hafta äyenda / (4) (___) (1) berawem. / (2) bargardem.* **We plan to (1) build a new (structure). / (2) install a (item). / (3) set up a new (4) camp. / (5) facility.** ما درنظر داریم که (۱) یک (___) جدید بسازیم. / (۲) یک (___) جدید نصب کنیم. (۳) یک (٤) اردوگاه (٥) سهولت جدید تاسیس کنیم. *Mä dar nazar därem ke (1) yak (___) jadeed besäzem. / (2) yak (___) jadeed nasb konem. / (3) yak (4) ordoogäh-e- / (5) sohoolat-e- jadeed tasees konem.* ★ **plan** *n* طرح *tarha,* پلان *pelän,* نقشه *naqsha* **comprehensive** ~ پلان وسیع *pelän-e-wasee',* پلان جامع *pelän-e-jäme'* **construction** ~ پلان های ساختمانی *naqsha häyee säkhto-mänee,* نقشه های ساختمانی *pelän häyee säkhtomänee* **devise a** ~ پلان طرح کردن *pelän tarha kardan* **draft a** ~ پلان طرح کردن *pelän tarha kardan* **draw up a** ~ پلان طرح کردن *pelän tarha kardan* **good** ~s پلان خوب *pelän-e-khoob* **make** ~s پلان کردن *pelän kardan* **new** ~ پلان نو *pelän-e-now* **old** ~ پلان سابق *pelän-e-säbeq* **operational** ~ پلان اداری *pelän-e-edäree,* پلان عملی *pelän-e-a'malee* **pandemic flu** ~ پلان برای مبارزه علیه اثیدمی ذکامی جهانی *pelän baräy-e-mobäreza aley-e-epeedemee-e-zokäm-e-jahänee* **project** ~ طرح پلان *tarha-e-pelän,* طرح پروژه *tarha-e-prozha* **put together a** ~ پلان را تنظیم کردن *pelän rä tanzeem kardan* **relief** ~ پلان کمک خیریه اعانه *pelän-e-komak-e-khayreeya* **tentative** ~ پلان آزمایشی *pelän-e-äzmäyeshee* **travel** ~s پلان های سفر *pelän häyee safar* **What are your plans?** پلان های شما چیست؟ *Pelän häyee shomä cheest?* **What is the plan?** پلان چیست؟ *Pelän cheest?* **My plan is...** پلان من اینست که... *Pelän-e-man eenast ke...* **Our plan is...** پلان ما اینست که... *Pelän-e-mä eenast ke...*

plane *n* 1. *(airplane)* هوا پیما *hawä-paymä,* طیاره *tayära* (See also **flight**); 2. *(tool)* رنده *randa* **by** ~ توسط طیاره *tawasot-e-tayära* **cargo** ~ طیاره بار بری *tayära-e-bärbaree* **military** ~ طیاره نظامی *tayära-e-nezämee* **passenger** ~ طیاره مسافری *tayära-e-mosäferee* **small** ~ طیاره کوچک *tayära-e-kochak* **transport** ~ طیاره باربری *tayära-e-bärbaree* **Get off the plane.** از طیار پایین شوید. *Az tayära päyeen shawed.* **Get on the plane.** در طیاره بالا شوید. *Dar tayära bälä shawed.* **Load (1) it / (2) them on the plane.** (۱) این / (۲) آنها را در طیاره بار کنید. *Een / (2) Änhä rä dar tayära bär koned.* **A plane is going there on (day / date).** طیاره آنجا در (___) میرود. *Tayära änjä dar (___) mey-rawad.* **We can (1) send / (2) ship (3) it / (4) them by plane.** ما (۳) این / (٤) آنها را توسط طیاره میتوانیم (۱) ارسال کنیم. / (۲) بفرستیم. *Mä (3) een / (4) änhä rä tawasot-e-tayära mey-tawänem (1) ersäl konem. / (2) beferestem.* **There is a plane available.** یک طیاره موجود است. *Yak tayära mowjod ast.* **There is no plane available.** هیچ طیاره موجود نیست. *Hech tayära mowjod neest.*

plank *n.* الوار *alwär* (تخته دراز و هموار که از تنه درخت بریده شده باشد) *(Takhta-e-daräz wa hamwär ke az tana-e-darakht boreeda shoda bäshad).* ★ **planking** *n (planks)* چوب فرش *chob-e-farsh,* تخته پوشی *takhta-e-*

poshee

planning *n* پلان گذاری *pelän-gozäree* **family ~** پلان گذاری فامیل *pelän-gozäree-e-fämeel* **family ~ clinic** کلینک پلان گذاری فامیل *kleeneek-e-pelän-gozäree-e-fämeel*

plant *vt* نشاندن *neshändan*, کشت کردن *kesht kardan*, غرس کردن *ghars kardan* **~ crops** حبوبات یا غله کشت کردن *hobobät yä ghala kesht kardan* **~ trees** درخت نشاندن *darakht neshändan* **~ wheat** گندم کشت کردن *gandom kesht kardan* **What are you going to plant (1) here? / (2) there?** چی میخواهید که (۱) اینجا / (۲) آنجا کشت کنید؟ *Chee mey-khähed ke (1) eenjä / (2) änjä kesht koned?* **Plant bushes along the roadsides.** به امتداد سرک بته ها را غرس کنید. *Ba emtedäd-e-sarak bota hä rä ghars koned.* ★ *n* 1. *(factory)* فابریکه *fäbreeka*, کارخانه *kärkhäna*; استگاه *eestgäh*; 2. *(complete apparatus)* دستگاه *dastgäh*, ماشین آلات *mäsheen älät*; 3. *(vegetation)* نبات *nabät*, گیاه *geeyäh* **build a (new) ~** دستگاه (جدید) ساختن *dastgäh(-e-jadeed) säskhtan* **cement ~** فابریکه سمنت *fäbreeka-ye-sement* **fruit-processing ~** فابریکه میوه پاکی *fäbreeka-ye-meewa päkee* **hydroelectric ~** فابریکه برق ابی *fäbreeka-ye-barq-e-äbee* **power ~** کارخانه برق *kär-khäna-ye-barq*, استگاه برق *eestgä-ye-barq*, فابریکه برق *fäbreeka-ye-barq* **young ~s** نباتات تازه *nabäjtät-e-täza* **water (purification / treatment) ~** استگاه تصفیه اب *eestgä-ye-tasfeeya-e-äb* ★ **planting** *n* نهال شانی *nehäl shänee*, کشت *kesht* **~ season** موسم نهال شانی *mosem-e-nehäl shänee* **start ~** نهال شانی را شروع کردن *nehäl shänee rä shro' kardan*, کشت را شروع کردن *kesht rä shro' kardan* **When will you start planting?** چی وقت نهال شانی را شروع میکنید؟ *Chee waqt nehäl shänee rä shro' mey-koned?*

plasma *n* پلازما *peläzmä*, مایع *mäye'* **blood ~** پلازما خون *peläzmä-e-khoon*

plaster *adj* پلستر *palaster* **~ cast (for broken arms and legs)** پلستر که برای دست و پا استفاده میکنند. شکسته گی *Palastar-e-ke baräyee shekesta-gee-e-dast wa pä estefäda mey-konand.* **Make a plaster cast for (1) her / (2) his (3) arm. / (4) leg.** یك پلستر شکسته گی برای (۳) بازو / (٤) پا (۱) اوزن / (۲) اومرد بسازید. *Yak palastar-e-shekesta-gee baräyee (3) bäzoo-e- (4) pä-e- (1) o zan / (2) o mard besäzed.* ★ *vt* پلستر کردن *palästar kardan* **Plaster this wall.** این دیوار را پلستر کنید. *Een deewär rä paläster koned.* ★ *n* 1. *(for walls)* پلستر دیوار *palastar-e-deewär*; 2. *(for casts)* پلستر طبی *palastar-e-tebee* **bucket of ~** سطل پلستر *satel-e-palaster* **can of ~** قطی پلستر *qotee-e-palaster* **Make a fresh batch of plaster.** یك مقدار پلستر تازه بسازید. *Yakmeqdär palastar-e-täza besäzed.*

plastic *adj* پلاستیکی *palästeekee* **~ bag** جوال پلاستیکی *jowäl-e-palästeekee* **~ bowl** کاسه پلاستیکی *käsa-e-palästeekee* **~ cup** پیاله پلاستیکی *peeyäla-e-palästeekee* **~ gloves** دستکش پلاستیکی *dastkash-e-palästeekee* ★ *n* پلاستیك *palästeek*

plate *n* 1. *(for eating)* قاب *qäb*; 2. *(sheet of metal)* صفحه *safha* **paper ~** قاب کاغذی *qäb-e-käghazee* **steel ~** صفحه فولادی *safha-e-folädee*

platform *n (stage)* تالار *tälär*

platoon *n (mil.)* بلوك *blook*

play *vt* بازی کردن *bäzee kardan* **~ soccer** فوتبال بازی کردن *fotbäl bäzee kardan* **~ table tennis** پینگ پانگ بازی کردن *peeng päng bäzee kardan* **~ tennis** تینس بازی کردن *teenes bäzee kardan* **~ volleyball** والیبال بازی کردن *wäleebäl bäzee kardan* ★ **player** *n* 1. *(person)* قمارباز *qemärbäz*, جواریگر *jawäreegar*; 2. *(device, set)* گرداننده *gar-dänanda* **cassette ~** گرداننده کسیت *gardänanda-e-kaseyt* **CD ~** گرداننده سی دی *gardänanda-e-see-dee* **DVD ~** گرداننده دی وی دی *gardänanda-e-dee-wee-dee*

playground *n* میدان بازی *maydän-e-bäzee*

pleasant *adj* دلگشاه delgoshäh, خوش آیند khosh äyand **It was (very) pleasant.** (بسیار) خوش آیند بود. (Beesyär) khosh äyand bod.

please *imper* لطفاً lotfan, خواهشمندم khäheshmandam **Please!** لطفا! Lotfan! **Please come here.** لطفاً اینجا بیایید. Lotfan eenjä beeyäyed. **Please help (1) me. / (2) us.** لطفاً (۱) من / (۲) ما را کمک کنید. Lotfan (1) man / (2) mä rä komak koned. ★ **pleased** *adj* خوشنود khoshnod, خوشحال khosh-häl **Pleased to meet you.** از ملاقات شما خوشحال ام. Az moläqät-e-shomä khoshhäl am. **I'm very pleased with your work.** از کار شما بسیار خوشحال ام. Az kär-e-shomä beesyär khoshhäl am. ★ **pleasure** *n* مسرت masrat, خوشی khoshee, مایه خوشوقتی mäya-e-khoshwaqtee **It's been a pleasure talking with you.** صحبت کردن با شما مایه خوشی است. Sohbat kardan bä shomä mäya-e-khoshee ast. **(1,2) With pleasure. (1)** به چشم. Ba chashem. / **(2)** . به خوشی Ba khoshee.

pledge *vt* 1. *(money)* گروگذاشتن gerow gozäshtan; 2. *(promise)* قول دادن qowl dädan, وعده دادن wa'da dädan ~ **aid** کمک وعده دادن komak wa'da dädan ~ **allegiance** وعده تابعیت دادن wa'da-e-täbe'-yat dädan ~ **loyalty** قول وفاداری دادن qowl-e-wafädäree dädan, وعده وفاداری دادن wa'da-e-wafädäree dädan ★ *n* 1. *(money)* گرو gerow; 2. *(promise)* قول qowl, عهد a'hd, وعده wa'da

plentiful *adj* فراوان feräwän ★ **plenty** *n* فراوان feräwän, کافی käfee ~ **of time** وقت کافی waqt-e-käfee **There's plenty to for everyone.** برای همه فراوان است. Baräy-e-hama feräwän ast. **Drink plenty of water.** آب فراوان بنوشید. Äb feräwän benoshed.

pliers *n, pl* پلاس paläs **needle nose** ~ پلاس نوک سوزنی paläs-e-nook sozanee

plot *n (of ground)* قطعه زمین qeta' zameen, توته زمین tota zameen **empty** ~ قطعه زمین خالی qeta' zameen-e-khälee

plow *vt* قلبه کردن qolba kardan ★ *n* قلبه qolba ★ **plowing** *n* قلبه کاری qolba käree

plug *n* 1. *(stopper)* مسدود کننده masdood konenda; 2. *(elec. cord)* پلک palak

plug in *vt* پلک را در ساکت برق بند کردن palak rä dar säket-e-barq band kardan **Is it plugged in?** آیا پلک بند است؟ Äyä palak band ast? **Plug it in.** پلک را بند کنید. Palak rä band koned.

plum *n* آلو äloo

plumb *adj (exactly vertical)* عمودی a'moodee, راست räst **Is it plumb?** آیا این راست است؟ Äyä een räst ast? **Make sure it's plumb.** متیقین باشید که راست است. Motayaqen bashed ke räst ast. ★ **plumb (line)** *n* گلوله شاقول gola-e-shäqol

plumber *n* سرب ریز sorb reez, لوله کش lola kash **(1) Call / (2) Get a plumber.** یک لوله کش را (۱) صدا کنید / (۲) بیاورید. Yak lola kash rä (1) sadä koned. / (2) beeyäwared.

plunder *vt* غارت کردن ghärat kardan **They plundered the (1) building. / (2) farm. / (3) house. / (4) village. / (5) warehouse.** آنها (۱) تعمیر / (۲) مزرعه / (۳) خانه / (٤) قریه / (٥) خزانه را غارت کردند. Änhä (1) ta'meer / (2) mezre-a'h / (3) khäna / (4) qarya / (5) khazäna rä ghärat kardand.

plunger *n* پستون pestoon

plural *n* جمع jama' **What's the plural of this word?** جمع این لغت چیست؟ Jama'-e-een loghat cheest?

plus *prep* مثبت mosbat

plywood *n* تخته چند لا takhta-e-chand lä, تخته چند پوست takhta-e-chand post **sheet of** ~ ورق تخته چند پوست waraq-e-takhta-e-chand post

p.m. *abbrev* بعد از ظهر ba'd az zohr

pneumatic *adj* بادی bädee, هوایی hawäyee

pneumonia n (سینه و بغل) التهاب ریه *eltehäb-e-reeya (seena wa baghal)* **low-grade ~** سینه و بغل خفیف *seena wa baghal-e-khafeef* **severe ~** سینه و بغل شدید *seena wa baghal-e-shadeed* **(1) He / (2) She has pneumonia.** (۱) اومرد / (۲) اوزن سینه و بغل دارد. *(1) O mard / (2) O zan seena wa baghal därad.* **You have pneumonia.** شما سینه و بغل دارید. *Shomä seena wa baghal däred.*

pocket n جیب *jeyb* ★ **pocketknife** n چاقو جیبی *chäqoo-e-jeybee*
poem n شعر *she'r* ★ **poet** n شاعر *shä-e'r* ★ **poetry** n شاعری *shä-e'ree*
point n 1. *(in space)* ماده *mäda;* 2. *(juncture)* موقع *mowqe',* حالت *hälat;* 3. *(place)* جا *jä,* محل *mahal,* مرکز *markaz;* 4. *(moment in time)* مرحله *marhala;* 5. *(sharp end)* نوک *nook;* 6. *(gist, essence)* اصل موضوع *asel-e-mowzo',* مطلب اصلی *matlab-e-aslee;* 7. *(purpose)* مقصد *maqsad,* مطلب *matlab;* 8. *(item; element)* نکته *nokta,* ماده *mäda;* 9. *(scoring)* نمره *nomra* **assembly ~** محل مجلس *mahal-e-majles* **critical ~** موقع بحرانی *mowqe'-e-bohränee,* حالت وخیم *hälat-e-wakheem* **crossing ~** محل تقاطع *mahal-e-taqäto',* محل گذشت *mahal-e-gozasht* **distribution ~** محل توزیع *mahal-e-towzee'* **evacuation ~** محل تخلیه سازی *mahal-e-takhleeya säzee* **main ~** نکته عمده *nokta-e-o'mda,* نکته اصلی *nokta-e-aslee* **pickup ~** محل برداشت *mahal-e-bardäsht* **pressure ~** *(anat.)* مرکز فشار *markaz-e-feshär* **starting ~** سرآغاز *saräghäz,* سرانجام *saranjäm* **What's the point?** مطلب چی است؟ *Matlab chee ast?* **The point is that...** مطلب اینست که.... *Matlab eenast keh...* **There's no point in it.** دراین مطلب نیست. *Dar een matlab-e-neest.* **The situation has reached a critical point.** وظیعت وخیم شده است. *Wazee'yat wakheem shoda ast.* **Get to the point.** به اصل موضوع شروع کنید. *Ba asel-e-mowzo' shoro' koned.* ★ **pointer** n عقربه *a'qraba,* شاهین *shäheen-e-teräzoo* ★ **pointless** adj *(meaningless, senseless)* بی معنی *bey ma'nee,* بی مفهوم *bey-mafhoom*
poison vt زهر دادن *zahr dädan,* مسموم کردن *masmoom kardan* ★ n زهر *zahr* ★ **poisoning** n تسمم *tasamoom,* مسمومیت *masmoomeeyat* **food ~** تسمم غذای *tasamoom-e-ghezäyee* **get food ~** غذا زهری شدن *ghezä zahree shodan* ★ **poisonous** adj زهردار *zahr där,* زهری *zahree* **Are there any poisonous snakes around here?** آیا دراین نواحی کدام مار زهردار است؟ *Äyä dar een nawähee kodäm mär-e-zahr där ast?*
poke vi سیخ زدن *seekh zadan* **Poke around in (1) here. / (2) there.** در گرد (۱) اینجا / (۲) آنجا سیخ بزنید. *Dar gerd-e- (1) eenjä / (2) änjä seekh bezaned.*
polarity n تمایل قطبی *tamäyel-e-qotbee*
pole n 1. *(post)* تیر *teer;* 2. *(long stick)* پایه *päya;* 3. *(tents)* ستون *setoon,* دیرک *deerak* **telephone ~** پایه تیلفون *päya,* تیر تیلفون *teer-e-teelfoon* **tent ~** ستون خیمه *setoon-e-khayma* **utility ~** پایه برق یا تیلفون *päya-e-barq yä teelfoon* **wooden ~** پایه چوبی *päya-e-chobee* **Put the pole here.** تیر را اینجا بگذارید. *Teer rä eenjä begzäred.*
police adj پولیس *polees* **~ car** موتر پولیس *motar-e-polees* **~ clearance** تصدیق نداشتن قضیه جنایتی *tasdeeq nadäshtan qazya-e-jenäyatee,* تصدیق بی گناهی *tasdeeq bey gonähee* **~ escort** نهگبان پولیس *nega-bän-e-polees* **~ patrol** پولیس گزمه *polees-e-gazme* **~ roadblock** مانع سرراه *mäne sar-e-räh,* مانع پولیس که بخاطر بند نمودن راه میگذارند *mäne' ke polees hä ba khäter-e-band namoodan-e-räh mey-gozärand.* **~ station** ماموریت پولیس *mämor-yat-e-polees* ★ n پولیس *polees* **authorization from the ~** اجازه از طرف پولیس *ejäza az taraf-e-polees* **national ~** پولیس ملی *polees-e-melee* **permission**

policeman   **311**   **pony**

from the ~ اجازه از طرف پلیس *ejäza az taraf-e-polees* **Call the police.** پلیس را صدا کنید. *Polees rä sadä koned.* **I'm going to call the police.** پلیس را صدا میکنم. *Polees rä sadä mey-konam.* **I called the police.** پلیس را صدا کردم. *Poleees rä sadä kardam.* **The police are coming.** پلیس میاید. *Polees mey-äyad.* **The police are investigating.** پلیس تحقیق میکند. *Polees tahqeeq mey-konad.* ★ **policeman** *n* مرد پلیس *polees-e-mard* ★ **policewoman** *n* زن پلیس *polees-e-zan*

policy *n* سیاست *seeyäsat*, خط مش *khat-e-mash* **official** ~ سیاست رسمی *seeyäsat-e-rasmee*

polio(myelitis) *n* فلج اطفال *falaj-e-atfäl* **This will protect you against polio.** این شما را درمقابل فلج اطفال محافظت میکند. *Een shomä rä dar moqäbel-e-falaj-e-atfäl mohäfezat mey-konad.*

polish *vt* جلا دادن *jalä dädan* **Polish the shoes.** بوت را جلا دهید. *Boot rä jalä dehed.* ★ *n* جلا *jalä* **shoe** ~ جلا بوت *jalä-e-boot*

polite *adj* محدب *mohadab*, باادب *bä adab* **You're very polite.** شما بسیار باادب هستید. *Shomä beesyär bä adab hasted.* **What is the polite thing to say?** چیز محدبانه برای گفتن چیست؟ *Cheez-e-mohadabäna baräy-e-goftan cheest?*

political *adj* سیاسی *seeyäsee* ~ **activities** فعالیت های سیاسی *fa'älyat häy-e-seeyäsee* ~ **motive** تحریک سیاسی *tahreek-e-seeyäsee* ~ **reasons** دلایل سیاسی *daläyel-e-seeyäsee* ★ **politician** *n* سیاست مدار *seeyäsat madär*, اهل سیاست *ahl-e-seeyäsat* ★ **politics** *n* سیاست *seeyäsat*

pollinate *vt* گرده فشانی *garda feshänee*, تلقیح *talqeh* **The trees have to be pollinated.** درخت ها باید گرده فشانی شوند. *Darakht hä bäyad garda feshänee shawand.*

pollute *vt* ناپاک کردن *näpäk kardan*, ملوث کردن *molawas kardan*, کثیف کردن *kaseef kardan* **(1) We / (2) You must try not to pollute the (3) river. / (4) water.** (١) ما کوشش نکنیم... / (٢) شما کوشش نکنید... که (٣) دریا / (٤) آب را ملوث (١) کنیم. / (٢) کنید. *Mä koshesh nakonem... / (2) Shomä koshesh nakoned... ke (3) daryä / (4) äb rä molawas (1) konem. / (2) koned.* ★ **polluted** *adj* ملوث *molawas*, کثیف *kaseef*, ناپاک *näpäk* **The (1) lake / (2) river / (3) stream / (4) water is (badly) polluted.** (١) دریاچه / (٢) دریا / (٣) نهر / (٤) آب (بسیار) کثیف است. *(1) Daryächa / (2) karyä / (3) nahr / (4) äb (beesyär) kaseef ast.* ★ **pollution** *n* آلوده گی *älooda-gee*, ناپاکی *näpäkee* **air** ~ آلوده گی هوا *älooda-gee-e-hawä* **avoid** ~ از آلوده گی اجتناب کردن *az älooda-gee ejtenäb kardan* ~ **control** آلوده گی را نظارت کردن *az älooda-gee rä nezärat kardan* **prevent** ~ از آلوده گی جلو گیری کردن *az älooda-gee jelowgeeree kardan* **water** ~ آلوده گی آب *älooda-gee-äb* **Try to avoid pollution of the (1) lake / (2) river / (3) stream / (4) water.** کوشش کنید که از آلوده گی (١) دریاچه / (٢) دریا / (٣) نهر / (٤) آب اجتناب نماید. *Koshesh koned ke az älooda-gee-e- (1) dar-yächa / (2) daryä / (3) nahr / (4) äb ejtenäb nomäyed.* **(1) We / (2) You must clean up the pollution.** (١) ما / (٢) شما باید آلوده گی را پاک (١) کنیم. / (٢) کنید. *Shomä bäyad äloodagee rä päk (1) konem. / (2) koned.*

polo *n* چوگان (بازی) *(bäzee) chowgän*

polyp *n* پولیپ *poleep*, برامدگی از غشای مخاطی بد *barämadagee az gheshä-e-makhätee-e-badan* **remove ~s** پولیپ را برداشتن *poleep rä pardäshtan*

pomegranate *n* انار *anär*

poncho *n* یک نوع بالا پوش جنوبی که مانند پتو است. *Yak jorah bäläposh dar amreekä-e-jonobee ke mänand-e-pato ast.*

pond *n* حوض *howz*

pontoon *n* استحکام *estekäm* ~ **bridge** پل استحکام *pol-e-estekäm*

pony *n* اسپ کوچک *asp-e-kochak*

pool *n* 1. *(puddle)* بند آب *band-e-äb*; 2. *(swimming)* حوض *howz* **motor ~** حوض موتور *Mahweta-ke dar än jät nega-däree mey-shawad.* **swimming ~** حوض آببازی *howz-e-äb-bäzee*

poor *adj* 1. *(needy)* غربت *ghorbat*, فقر *faqer*, فقیر *faqeer*; 2. *(bad)* خراب *kharäb*; 3. *(unfortunate)* بدبخت *badbakht*, بیچاره *beechära* **~ condition** حالت خراب *hälat-e-kharäb* **~ conditions** حالات غربت *hälät-e-ghorbät* **~ family** فامیل فقیر *fämeel-e-faqeer* **~ health** مریض *mareez* **~ neighborhood** همسایه گی فقیر *ham-säya-e-gee-e-faqeer* **~ people** مردم بیچاره *mardom-e-beechära*, مردم بدبخت *mardom-e-bad-bakht* **~ quality** نوعیت خراب *now-e'yat-e-kharäb*, جنسیت خراب *jenseeyat-e-kharäb* **~ soil** گل خراب *gel-e-kharäb* **~ work** کار خراب *kär-e-kharäb* **The poor** *(1)* **child /** *(2)* **man /** *(3)* **woman!** *(1)* طفل / *(2)* مرد / *(3)* زن بیچاره! *(1) Tefel-e- / (2) mard-e- / (3) zan-e-beechära!* *(1)* **He /** *(2)* **They did a poor job on it.** *(1)* اومرد / *(2)* اونها کار خراب انجام *(1)* داد. / *(2)* دادند. *(1) O mard / (2) Änhä kär-e-kharäb anjäm (1) däd. / (2) dädand.* *(1)* **He /** *(2)* **She is in poor health.** *(1)* اومرد / *(2)* اوزن مریض است. *(1) O mard / (2) O zan mareez ast.*
★ **poorly** *adv* خراب *kharäb*, بطور ناقص *batowr-e-näqes* **It was poorly** *(1)* **constructed. /** *(2)* **done. /** *(3)* **prepared.** این خراب *(1)* ساخته / *(2)* درست / *(3)* آماده شده بود. *Een kharäb (1) säkhta / (2) drost / (3) ämäda shoda bod.*

poplar *n (tree)* درخت تبریزی *drakht-e-tabreezee*
poppy *n* خاشخاش *khash-khäsh* **grow ~ies** خاشخاش کشت کردن *khash-khäsh kesht kardan* **opium ~** خاشخاش *khash-khäsh* **~ seeds** تخم خاشخاش *tokhm-e-khash-khäsh*
populace *n* عوام *a'wäm*, مردم *mardom*
popular *adj* مشهور *mash-hoor*, عمومی *o'moomee*
population *n* نفوس *nofoos*
porcelain *adj* لطیف *lateef* ★ *n* چینی *cheenee*, چینی ★ ظروف چینی *z roof-e-cheenee*
porch *n* سرپوشیده *sarposheeda*
pore *n* سوراخ *sooräkh*
pork *n* گوشت خوک *goosht-e-khook*
porridge *n* شوربا *shorbä*
port *n* بندر *bandar*
portable *adj* سفری *safaree*, دستی *dastee*
porter *n* باربر *bärbar*
portion *n* 1. *(part)* بخش *bakhsh*, قسمت *qesmat*; 2. *(a serving of food)* جیره *jeera* (بخش غذا که در مهمانخانه برای یک نفر میاورند.) *(bakhsh-e-az ghezä ke dar meh-mänkhäna baräy-e-yak nafar mey-äwarand.)* **big ~** جیره زیاد *jeera-e-zeeyäd* **generous ~** جیره فراوان *jeera-e-feräwän* **small ~** جیره کم *jeera-e-kam*
position *n* 1. *(proper place)* جا *jä*, محل *mahal*; 2. *(job)* مُقام *moqäm*, رُتبه *rotba*, بست *bast*; 3. *(situation)* حالت *hälat*, وضع *waza'*; 4. *(pose, posture)* حال *häl* **It's in the wrong position.** این در جا نادرست هستم. *Een dar jä-e-nädrost hastam.* **Can you put it in a better position?** آیا میتوانید این را در یک جا بهتر بگذارید؟ *Äyä mey-tawäned een rä dar yak jä-e-behtar begzä-red?* **We have a position open for a** *(name of job)*. ما یک بست خالی برای-(___) داریم. *Mä yak bast-e-khälee baräy-e-(___) därem.* **We currently have no positions open.** ما فعلاً هیچ بست خالی نداریم. *Mä fe'lan hech bast-e-khälee nadärem.* *(1)* **I'm /** *(2)* **We're in a difficult position.** *(1)* من / *(2)* ما در حالت دشوار قرار *(1)* دارم / *(2)* داریم. *(1) Man / (2) Mä dar hälat-e-moshkel qarär (1) däram. / (2) därem.* *(1)* **I'm /** *(2)* **We're not in a position to**

positive — 313 — **post**

(۱) من / (۲) ما در حالت قرار (1) **help you.** / (2) **do anything about it.** ندارم (۲) نداریم که (۳) شما را کمک... / (٤) در قسمت این چیزی کرده (۱) بتوانم (۲) بتوانیم. *Man / (2) Mä dar hälat-e-qarär (1) nadäram / (2) nadärem ke (3) shomä rä komak... / (4) dar qesmat-e-een cheezee karda... (1) betawänam. / (2) betawänem.*

positive *adj* 1. *(affirmative; favorable)* مثبت *mosbat,* پسندیده *pesandeeda*; 2. *(certain)* یقین *yaqeen*; 3. *(elec.)* مثبت *mosbat* ~ **end** نهایت مثبت *nehäyat-e-mosbat,* ~ **reaction** عکس العمل مثبت *a'ks-el-a'mal-e-mosbat,* انعکاس مثبت *ene'käs-e-mosbat* ~ **results** نتایج مثبت *natäyej-e-mosbat* ~ **terminal** نوک مثبت *nook-e-mosbat,* انتها مثبت *entehä-e-mosbat* *(1)* **He** / *(2)* **She** / *(3)* **You tested positive for** *(4)* **AIDS.** / *(5)* **it.** (٤) شما (۳) اوزن (۲) اومرد (۱) مرض ایدس... (٥) این... را (۲,۱) دارد. / (۳) دارید. *(1) O mard / (2) O zan / (3) Shomä (4) maraz-e-eeds... / (5) een... rä (1,2) däred. / (3) däred.* **Are you positive?** آیا شما یقین دارید؟ *Äyä shomä yaqeen dared?* **I'm positive.** من یقین دارم. *Man yaqeen däram.* **Connect positive to positive and negative to ground.** مثبت را به مثبت و منفی را به منفی وصل کنید. *Mosbat rä ba mosbat wa manfee rä ba manfee wasel koned.*

possessions *n, pl (belongings)* ملکیت *molkeyat,* تصرف *tasarof* **Are those all (1) her / (2) his / (3) their / (4) your possessions?** (۱) آیا آنها همه ملکیت (۲) اوزن (۲) اومرد (۳) آنها / (٤) شما است؟ *Äyä änhä hama molkeyat-e- (1) o zan / (2) o mard / (3) änhä / (4) shomä ast?*

possibility *n* امکان *emkän,* احتمال *ehtemäl* **good** ~ امکان خوب *emkän-e-khoob,* احتمال خوب *ehtemäl-e-khoob* **little** ~ امکان کم *emkän-e-kam,* احتمال کم *ehtemäl-e-kam* **scant** ~ امکان کم *emkän-e-kam* **small** ~ امکان نا چیز *emkän-e-nächeez* **Is there any possibility?** آیا امکان دارد؟ *Äyä emkän därad?* **What are the possibilities?** چی امکانات است؟ *Chee emkänät ast?* **There is** *(1)* **a** / *(2)* **no possibility** *(1)* امکان دارد. / (۲) ندارد. *Emkän (1) därad. / (2) nadärad.* ★ **possible** *adj* شدنی *shodanee,* ممکن *momken,* امکان پذیر *emkän pazeer* **as little as** ~ هرچه کمترممکن باشد *harche kamtar momken bäshad* **as many as** ~ هرچه زیادتر ممکن باشد *harcha zeeyäd tar momken bäshad* **as much as** ~ هر چه زود ~ *har che momken bäshad* **as soon as** ~ هرچه زودتر *har che zoodtar* **Is it possible?** آیا این ممکن است؟ *Äyä een momken ast?* **It** *(1)* **is** / *(2)* **isn't possible.** این ممکن (۱) است. / (۲) نیست. *Een momken (1) ast. / (2) neest.* **Will it be possible?** آیا ممکن خواهد بود؟ *Äyä momken khähad bod?* **It** *(1)* **will** / *(2)* **won't be possible.** ممکن (۱) خواهد بود. / (۲) نخواهد بود. *Momken (1) khähad bod. / (2) nakhähad bod.* **If possible,....** اگرممکن باشد,.... *Agar momken bäshad,....* *(1)* **I'll** / *(2)* **We'll do everything possible.** (۱) من / (۲) ما همه چیز را ممکن خواهد (۱) ساختم. / (۲) ساختیم. *(1) Man / (2) Mä hama cheez rä momkeen khähad (1) säkhtam. / (2) säkhtem.* **Do everything possible...** چیزی که از دست تان میاید بکنید..... *Cheezee ke az dast-e-tän mey-äyad bekoned.* ★ **possibly** *adv* شاید *shäyad,* احتمالاً *ehtemälan* **If you possibly can,...** اگر شما بتوانید,... *Agar shomä betawäned,...* **I'll do everything I possibly can.** چیزی که از دست ام *Cheezee ke az dast am beeyäyad khähad kardam.* **We'll do everything we possibly can.** چیزی که از دست ما بیاید خواهد کردیم. *Cheezee ke az dast-e-mä beeyäyad khähad kardem.*

post *vt* به دیوار چسپاندن *ba deewär chaspändan* ~ به دیوار زدن *ba deewär zadan* ~ **an ad** اعلان را به دیوار چسپاندن *e'län-e-rä ba deewär chaspändan* ~ **an announcement** اعلامیه را به دیوار چسپاندن *e'lämeeya-e-rä ba deewär chaspändan* ~ **a notice** خبر یا اطلاع را به دیوار چسپاندن *khabar yä etlä'-e-rä ba deewär chaspändan* **Post this on the bulletin board.** این را به تخته اعلانات بچسپانید. *Een rä ba takhta-e-e'länät bechaspäned.* ★ *n* 1.

(upright pole) ستون setoon, تیر teer; 2. (station) مرکز markaz, دفتر daftar, ماموریت mämooryat fence ~ تیر دیوار teer-e-deewär guard ~ مرکز محافظ markaz-e-mahäfez (village) health ~ دفتر صحی قریه daftar-e-sehee-ye-qaree-ye ~ hole تیر سوراخ soräkh-teer ~ hole digger تیر سراخ کن teer-e-soräkh kan ~ office دفتر پست daftar-e-post, پسته خانه posta khäna trading ~ مرکز تجارتی markaz-e-tejäratee Where is the post office? پسته خانه کجاست؟ posta khäna kojäst? Take this to the post office and mail it. این را به پسته خانه ببرید و پست کنید. Een rä ba posta khäna bobared wa post rä koned. Go to the post office and pick up the mail. به پسته خانه بروید و پست را بیگیرید. Ba posta khäna berawed wa post rä beegeered. I'm going to the post office. به پسته خانه میروم. Ba posta khäna mey-rawam. ★ postage n پول پست pool-e-post, مصرف پست masraf-e-post How much postage does this need (to go to [place])? پول پست اش چقدر میشود (که [ ] برود)؟ Pool-e-post ash cheqadar mey-shawad (ke [ ] bera-wad)? ★ postal adj پستی postee ★ postcard n پست کارت post kärt
poster n اعلان یا تصویر دیواری e'län yä tasweer-e-deewäree
postpone vt به تعویق انداختن ba ta'weeq andäkhtan The (1) flight / (2) meeting / (3) shipment / (4) trip has been post-poned. (۱) پرواز / (۲) ملاقات / (۳) محموله کیشتی / (۴) سفر به تعویق افتاد. Parwäz / (2) moläqät / (3) mahmoola-e-keeshtee / (4) safar ba ta'weeq oftäd.
posture n وضع waza', حالت hälat good ~ حالت خوب hälat-e-khob poor ~ حالت خراب hälat-e-kharäb
pot n جگ jak, کوزه kozah, ظرف zarf clay ~ ظرف گلی zarf-e-gelee cooking ~ ظرف پخت و پز zarf-e-pokht wa paz (1) Scrub / (2) Wash all the pots and pans. تمام ظروف و لگن چه ها را (۱) پاک کنید (۲) بشوهید. Tamäm-e-zoroof wa lagan cha hä rä (1) päk koned / (2) beshohed.
potable adj آشامیدنی äshämeedanee The water (1) is / (2) isn't potable. آب آشامیدنی (۱) است / (۲) نیست. Äb äshämeedanee (1) ast. / (2) neest.
potassium n پوتاشیم potashyam
potato n کچالو kachäloo baked ~s کچالو پخته kachäloo-e-pokhta boiled ~s کچالو جوشانده kachäloo-e-joshänada fried ~s کچالو بریان شده kachäloo-e-beer-yän shoda ~ chips چیپس cheps
potent adj 1. (powerful) قوی qawee; 2. (effective) موثر moa'ser ~ medi-cine ادویه موثر adweya-e-moa'ser
potential adj ذخیروی zakheerawee ★ n وجه التزامی waje-e-eltezämee
potter n کلال koläl potter's wheel چرخ کلالی charkh-e-kolälee ★ pottery n کلالی koläee, ظروف سفالی zoroof-e-sofälee make ~ ظروف سفالی ساختن zoroof-e-sofälee säkhtan ~ shop دوکان کلالی dokän-e-kolälee
pouch n جعبه ja'ba, بکس baks diplomatic ~ بکس دیپلومات baks-e-deeplomät
poultry n مرغداری morghdäree ~ farm فارم مرغداری farm-e-morghdäree raise ~ مرغداری کردن morghdäree kardan
pound vt (hammer) کوبیدن kobeedan Pound (1) it / (2) them into the ground. (۱) این / (۲) آنها را در زمین بکوبید. Een / (2) Änhä rä dar zameen bekobed. ★ n 1. (Brit. currency) واحد پولی انگلستان wähed-e-polee englestän; 2. (unit of weight) پاوند pownd
pour vt 1. (liquid) ریختن reekhtan 2. (dry substance) پاشیدن päsheedan, افگندن afgandan ~ concrete کانکریت ریختن känkret rekhtan Pour some water into the (1) basin. / (2) bottle. / (3) bucket. / (4) can. / (5) canteen. / (6) container. / (7) cup. / (8) glass. / (9) jug. / (10) pan. / (11) pot. / (12) radiator. / (13) tub. یک مقدار آب در (۱) لگن (۲) بوتل (۳) سطل (۴) قطی (۵) جعبه (۶) ظرف (۷) پیاله (۸) گیلاس (۹) جک (۱۰) تاوه (۱۱) دیگ (۱۲) رادیاتور Yak meqdär äb dar (1) lagan / (2) تشت چوبی بریزید.

botal / (3) satel / (4) qotee / (5) ja'ba / (6) zarf / (7) peeyäla / (8) geeläs / (9) jak / (10) täwa / (11) radeeyätor / (12) tasht-e-choobee bereezed **Pour the** *(1) flour / (2) rice into the (3) bowl / (4) can / (5) container / (6) sack.* (۱) آرد / (۲) برنج را در (۳) کاسه / (٤) قطی / (٥) ظرف / (٦) جوال بریزید. *(1) Ärd / (2) Brenj rä dar (3) käsa / (4) qotee / (5) zarf / (5) jowäl bereezed.* **When are you going to pour the concrete?** چی وقت کانکریت میریزید؟ *Chee waqt känkret mey-reezed?* **(1) We / (2) They are going to pour the concrete** *(3) today / (4) tomorrow / (5) on (day/date).* / (۱) ما / (۲) آنها (۳) امروز / (٤) فردا (٥) در (___) کانگریت (۱) میریزیم. / (۲) میریزند. *Mä / (2) Änhä (3) emrooz / (4) fardäsd / (5) dar (___) känkret (1) mey-reezem. / (2) mey-reezand.*

poverty *n* فقر *faqer* **alleviate ~** کم ساختن فقر را *faqer rä kam säkhtan* **eliminate ~** فقر را حذف کردن *faqer rä hazf kardan* **live in ~** درفقر زنده گی کردن *dar faqer zenda-gee kardan*

POW *abbrev* = **prisoner of war** اسیر جنگ *aseer-e-jang*

powder *n* پودر *podar* **baby ~** پودر طفل *podar-e-tefel* **foot ~** پودر پا *podar-e-pä* **suspicious ~** پودر مشکوک *podar-e-mashkook* **talcum ~** طلق *talq* **tooth ~** *(for cleaning teeth)* پودر دندان *podar-e-dandän* ★ **powdered** *adj* پودر *podar* **~ eggs** پودر تخم *podar-e-tokhom* **~ milk** شیر پودری *sheer-e-podaree*

power *adj (elec.)* برق *barq* **~ line** کیبل برق *keebal-e-barq* **~ plant** 1. *(power generating facility)* بند برق *borj-e-barq*, برج برق *borj-e-barq*; 2. *(large generator)* جنریتور کلان *janreetor-e-kalän* **~ saw** اره برقی *ara-e-barqee* **~ station** بند برق *borj-e-barq*, بند برق *band-e-barq* **~ switch** سویچ برق *sewech-e-barq* ★ *n* 1. *(strength, might)* قوت *qowat*, قوه *qowa*; 2. *(elec. energy)* برق *barq*, انرژی *enerzhee*, توان *tawän*; 3. *(authority)* اقتدار *eqtedär*, قدرت *qodrat* **electrical ~** انرژی برقی *enerzhee-e-barqee* **hook up ~** برق را بستن *barq rä bastan* **military ~** قوه نظامی *qowa-e-nezämee* **political ~** قوه سیاسی *qowa-e-seeyäsee* **provide ~** برق تهیه کردن *barq tah-ya' kardan* **restore ~** *(elec.)* قوه برقی اعاده کردن *qowe-e-barqee e'äda kardan*, مجدد برق تأمین کردن *mojadad-e-barq tämeen kardan* **solar ~** برق آفتابی *barq-e-äftäbee* **source of ~** منبع برق *manba'-e-barq* **The power is out.** برق را (۱) رفت. *Barq raft.* **Turn the power** *(1) on / (2) off.* برق را (۱) روشن / (۲) خاموش کنید. *Barq rä (1) rooshan / (2) khämosh koned.* **Who has the power (to** *[1]* **approve /** *[2]* **do it)?** کی قدرت دارد (که این را [۱] ثابت کند / [۲] انجام دهد)؟ *Kee qodrat därad (ke een rä [1] säbet konad / [2] anjäd dehad)?* **It's not in my power to do it.** این به اختیار من نیست که انجام دهم. *Een ba ekhteeyär-e-man neest ke anjäm deham.* ★ **powerful** *adj* نیرومند *neeromand*, باقدرت *bäqodrat*, قوی *qawee*

practical *n* عملی *a'malee*, غیر فرضی *ghayr-e-farzee*؛ **مناسب** *monäseb* **~ approach** تقرب عملی *taqarob-e-a'malee* **~ measure** اندازه عملی *andäza-e-a'malee* **~ solution** حل غیر فرضی *hal-e-ghayr-e-farzee* **~ use** استفاده عملی *estefäda-e-a'malee* **~ way** طرز عملی *tarz-e-a'malee* **That** *(1) is / (2) isn't* **(very) practical.** آن (بسیار) مناسب (۱) است. / (۲) نیست. *Än (beesyär) monäseb (1) ast. / (2) neest.* ★ **practically** *adv* 1. *(virtually)* عملاً *a'malan*, در اصل *dar asel*; 2. *(almost)* تقریباً *taqreeban* **It's practically impossible.** این در اصل ناممکن است. *Een dar asel nämomken ast.* **It's practically** *(1) empty. / (2) gone.* تقریباً (۱) خالی / (۲) ازدست رفته است. *Taqreeban (1) khälee... / (2) az dast rafta... ast.*

practice *vt* 1. *(drill)* مشق کردن *mashq kardan*, تمرین کردن *tamreen kardan*; 2. *(engage in)* مصروف بودن *masroof bodan* **~ driving** رانندگی تمرین کردن *ränandegee tamreen kardan* **~ keyboarding / typing** تایپستی تمرین کردن

täypestee tamreen kardan Go ahead and practice (for a while). شروع کن و (برای یک لحضه) تمرین کن. *Shoro' kon wa (baräyee yak lahza) tamreen kon.* **I want to practice speaking Dari.** میخواهم صحبت کردن دری را مشق کنم. *Mey-khäham sohbat kardan-e-daree rä mashq konam.* ★ **practice** *n* 1. *(drill, exercise)* مشق *mashq*, تمرین *tamreen*; 2. *(performance; use)* کار *kär*; 3. *(custom, way of doing)* عادت *hädat*, روش *rawesh*, طرز اجرا *tarz-e-ejrä* **encourage healthy ~s** عادات صحی تشویق کردن *hädät-e-sehee tashweeq kardan* **in ~** در کار *dar kär* **put into ~** اجرا کردن *ejrä kardan* *(1)* **I** / *(2)* **They** / *(3)* **We** / *(4)* **You need more practice.** (۱) من / (۲) آنها / (۳) ما / (٤) شما به تمرین بیشتر ضرورت (۱) دارم. / (۲) دارند. / (۳) داریم. / (٤) دارید. *Man / (2) Ânhä / (3) Mä / (4) Shomä ba tamreen-e-beeshtar zaroorat (1) däram. / (2) därand. / (3) därem. / (4) däred.* **He** / *(2)* **She needs more practice..** (۱) اومرد / (۲) اوزن به بیشتر تمرین ضرورت دارد. *(1) O mard / (2) O zan ba tamreen-e-beeshtar zaroorat därad.* **What is *(1)* their / *(2)* your usual practice?** عادت همیشگی (۱) آنها / (۲) شما چیست؟ *A'ädat-e-hameshagee-e- (1) änhä / (2) shomä cheest?*

pray *vi* دعا کردن *do-a'ä kardan*, نماز خواندن *namäz khändan* ★ **prayer** *n* 1. *(solemn approach to Divinity)* دعا *do-a'ä*, نماز *namäz*; 2. *(one who prays)* دعا خوان *do-a'ä khän*, نماز گزار *namäz gozär* **Friday ~** نماز جمعه *namäz-e-joma'* **funeral ~** نماز جنازه *namäz-e-jenäza* **~ call** آذان نماز *äzän-e-namäz* **~ rug** جای نماز *jäy-e-namäz* **say a ~** دعا گفتن *do-a'ä gotan*

precaution *n* احتیاط *ehteeyät*, تدابیر *tadäbeer* **Be sure to take the necessary precautions.** مطمین باشید که تدابیر ضروری را بیگیرد. *Motmayen bäshed ke tadäbeer-e-zarooree rä beegeered.* **We want to take precautions.** میخواهم تدابیر بیگیریم. *Mey-khähem tadäbeer-e-beegeerem.* **It's a necessary precaution.** تدابیر ظروری است. *Tadäbeer-e-zarooree ast.*

precede *vt* مقدم بودن بر *moqadam bodan bar* ★ **preceding** *adj* پیشی *peeshee*, قبلی *qablee*

precious *adj* قیمتی *qeematee*, گرانبها *geränbahä* **~ artifact** صنعت دستی قیمتی *sena't-e-dastee-e-qeematee* **~ stone** سنگ قیمتی *sang-e-qeematee*

precise *adj* دقیق *daqeeq*, درست *drost* **~ amount** مقدار دقیق *meqdär-e-daqeeq* **~ measurement** اندازه دقیق *andäza-e-daqeeq* **~ time** وقت دقیق *waqt-e-daqeeq* ★ **precisely** *adj* دقیقاً *daqeeqan*, صریحاً *sareehan* **Measure it precisely.** دقیقاً اندازه کنید. *Daqeeqan andäza koned.* **Position it precisely.** دقیقاً در جاه بگذارید. *Daqeeqan dar jäh begzäred.* ★ **precision** *n* دقیق *daqeeq* **~ instrument** اسباب دقیق *asbäb-e-daqeeq*

predecessor *n* شخص پیشین *shakhs-e-peesheen*, نیاکان *neeyäkän* **her ~** نیاکان او *neeyäkän-e-o* **his ~** نیاکان او زن *neeyäkän-e-o zan* **my ~** نیاکان اومرد *neeyäkän-e-o mard* **my ~** نیاکان من *neeyäkän-e-man* **your ~** نیاکان شما *neeyäkän-e-shomä*

predict *vt & vi* پیش گویی کردن *peesh goyee kardan* **It's *(1)* hard / *(2)* impossible to predict.** پیش گویی کردن (۱) مشکل / (۲) نا ممکن است. *Peesh goyee kardan (1) moshkel / (2) nämomken ast.*

prefabricated *adj* قبلاً ساخته شده *qablan säkhta shoda*, قبلاً درست شده *qablan drost shoda* **~ house** خانه که قبلاً ساخته شده باشد. *Khäna-e-ke qablan säkhta shoda bäsha.* **~ section** بخش که قبلاً ساخته شده باشد. *Bakhsh-e-ke qablan säkhta shoda bäshad.* **~ unit** واحد که قبلاً ساخته شده باشد. *Wähed-e-ke qablan säkhta shoda bäshad.*

prefer *vt* ترجیح دادن *tarjeh dädan*, بهتر دانستن *behtar dänestan*, برتری دادن *bartaree dädan* **What do you prefer?** چی را بهتر میدانید؟ *Chee rä behtar mey-däned?* **I prefer...** من....بهتر میدانم. *Man...behtar mey-dänam.* **Whichever you prefer.** هرکدام را که شما بهتر میدانید. *Harkodäm rä ke shomä behtar mey-däned.* ★ **preferable** *adj* بهتر *behtar*, برتر *bartar*

preferably / **prepare**

That would be preferable. آن بهتر خواهد بود. Ān behtar khāhad bod.
★ **preferably** *adv* به طور بهتر ba towr-e-behtar ★ **preference** *n* برتری bartaree, بهتری behtaree

prefix *n* پیشوند peeshwand

pregnancy *n* حاملگی hāmelagee, حمل hamel, بارداری bārdāree **difficult ~** حاملگی دشوار hāmelagee-e-dashwār **first ~** حاملگی اول hāmelagee-e-awal **fourth ~** حاملگی چهارم hāmelagee-e-chahārom **~ test** آزمایش حاملگی āzmāyesh-e-āmelagee **prevent ~** از حاملگی جلوگیری کردن az hāmelagee jelowgeeree kardan **second ~** حاملگی دوم hāmelagee-e-dowom **third ~** حاملگی سوم hāmelagee-e-sowom **unwanted ~** حمل ناخواسته hamel-e-nākhwāsta **Is this your first pregnancy?** آیا این حاملگی اول تان است؟ Āyā een hāmelagee-e-awal-e-tān ast. *(1)* **She's /** *(2)* **You're in the** *(3)* **second /** *(4)* **third /** *(5)* **(*number*) month of pregnancy.** (۳) شما در ماه (۲) اوزن (۱) / (۴) دوم (۵) سوم (___) حاملگی (۱) است. / (۲) هستید. *O zan / (2) Shomā dar māh-e- (3) dowom-e- / (4) sowom-e- (5) (___)-e-hāme-lagee (1) ast. / (2) hasted.* ★ **pregnant** *adj* حامله hāmela **become ~** حامله شدن hāmela shodan **Are you pregnant?** آیا شما حامله هستید؟ Āyā shomā hāmela hasted? **You** *(1)* **are /** *(2)* **aren't pregnant.** شما حامله (۱) هستید / (۲) نیستید. Shomā hāmela (1) hasted. / (2) neested. **Is she pregnant?** آیا اوزن حامله است؟ Āyā o zan hāmela ast? **She** *(1)* **is /** *(2)* **isn't pregnant.** اوزن حامله (۱) است. / (۲) نیست. O zan hāmela (1) ast. / (2) neest.

prejudice *n* (*bias*) تعصب ta'sob **We cannot have prejudice against** *(1)* **other ethnic groups. /** *(2)* **other nationalities. /** *(3)* **other races. /** *(4)* **women.** ما باید با (۱) گروه های قومی دیگر... / (۲) ملیت های دیگر... / (۳) نژاد های دیگر... / (۴) زنان تعصب نداشته باشیم. Mā bāyad bā (1) gro hāy-e- qowmee-e-deegar... / (2) melyat hāy-e-deegar... / (3) nezhād hāy-e- deegar... / (4) zanān ta'sob nadāshta bāshem. ★ **prejudiced** *adj* متعصب mota'seb **You should not be prejudiced against** *(1)* **her. /** *(2)* **him. /** *(3)* **them.** شما نباید دربرابر (۱) اوزن / (۲) اومرد / (۳) آنها متعصب باشید. Shomā nabāyad dar barābar-e- (1) o zan / (2) o mard / (3) ānhā mota'sob bashed.

preliminary *adj* مقدماتی moqademātee **~ results** نتایج مقدماتی natāyej-e-moqa-demātee **~ test** امتهان مقدماتی emtehān-e-moqademātee

premarital *adj* قبل از عروسی qable az a'roosee **~ sex** یکجا شدن قبل از عروسی yakjā shodan-e-qabel az a'roosee, جفت شدن قبل از عروسی joft shodan-e-qabel az a'roosee

premature *adj* نا به هنگام nā ba hangām, پیش از موقع peesh az mowqe', پیش از وقت peesh az waqt **~ baby** طفل پیش از وقت tefel-e-peesh az waqt **~ birth** تولد پیش از وقت tawalod-e-peesh az waqt ★ **prematurely** *adv* نا به هنگام nā ba hangām, به طور پیش از وقت bah towr peesh az waqt **The baby was born prematurely.** طفل پیش از وقت تولد شد. Tefel peesh az waqt tawalod shod.

prenatal *adj* قبل از تولد qabel az tawalod **~ care** مواظبت قبل از تولد mowāzebat-e-qabel az tawalod

preparation *n* تدارکات tadārokāt, آماده گی āmāda-gee **make ~s** آماده گی گرفتن āmāda-gee greftan **necessary ~s** تدارکات ضروری tadārokāt-e-zaroree **We have to make preparations** *(1)* **for (*number*) people. /** *(2)* **quickly.** ما باید (۱) برای (___) نفر... / (۲) به زودی آماده گی بیگیریم. Mā bāyad (1) barāy-e-(___) nafar... / (2) ba zoodee āmāda-gee beegeerem. ★ **prepare** *vt* آماده کردن āmāda kardan **~ a meal** غذا آماده کردن ghezā āmāda kardan **Prepare the patient (for surgery).** مریض را (برای اطاق جراح) آماده کنید. Mareez rā (barāyee otāq-e-jarāh) āmāda sāzed. ★ *vi* آماده شدن āmāda *shodan* **Prepare to** *(1)* **go.** / *(2)* **leave.** / *(3)* **move.** برای (۱) رفتن / (۲) ترک کردن / (۳) حرکت کردن آماده شوید. *Barāyee (1) raftan... / (2) tark kardan... / (3) harakat kardan... āmāda shawed.* ★ **prepared** *adj* آماده *āmāda* **Is everything prepared?** آیا همه چیز آماده است؟ *Āyā hama cheez āmāda ast?* **Everything is prepared.** همه چیز آماده است. *Hama cheez āmāda ast.*

preposition *n* اضافه حرف *harf-e-ezāfa*

prescribe *vt* دستور دادن *dastoor dādan*, نسخه نوشتن *noskha naweshtan* **I'm prescribing this for you.** برای شما دستور میدهم. *Barāyee shomā dastoor mey-deham.* ★ **prescription** *n* دستور *dastoor*, تجویز *tajweez*, نسخه *noskha* **fill the ~** نسخه نوشتن *noskha naweshtan* **lens ~** نسخه نمره چشم *noskha-e-nomra-e-chashem* **~ for penicillin** دستور برای پنسلین *dastoor barāyee penseeleen* **Take this prescription to a pharmacist.** این نسخه را به دوا فروش ببرید. *Een noskha rā ba dawā frosh bobared.*

present *adj (now, current)* حاضر *hāzer*, حال *hāl*, کنونی *kononee* **at the ~ time** در حال حاضر *dar hāl-e-hāzer* **under ~ conditions** بنابر حالات کنونی *benābar hālāt-e-kononee* ★ *n* 1. *(current time)* زمان حال *zamān-e-hāl*, حال *hāl*; 2. *(gift)* تحفه *tohfa*, سوغات *sowghāt* **at (the) ~** اکنون *aknoon*, فعلاً *fe'lan* **This present is for** *(1)* **her.** / *(2)* **him.** / *(3)* **them.** / *(4)* **you.** این تحفه برای (۱) اوزن / (۲) اومرد / (۳) آنها / (٤) شما است. *Een tohfa barāyee (1) o zan / (2) o mard / () änhā / (4) shomā ast.* ★ **presently** *adv* به زودی *ba zoodee*

preservative *n* نشان دهنده *neshān dehenda*, نمایش دهنده *nemāyesh dehenda*

president *n* ریس جمهور *ra-ees-e-jamo'r*

press *vt* 1. *(push)* فشاردادن *feshār dādan*; 2. *(squeeze)* فشردن *feshordan*; 3. *(iron)* اوتوکردن *oto kardan* **Press this** *(1)* **button** / *(2)* **key.** این (۱) دکمه / (۲) کلید را فشاردهید. *Een dokma / (2) keleed rā feshār dehed.* **Press these** *(1)* **clothes.** / *(2)* **pants.** / *(3)* **shirts.** این (۱) لباس / (۲) پتلون / (۳) پیراهن ها را اتو کنید. *Een (1) lebās / (2) patloon / (3) peerāhan hā rā oto koned.* ★ *vi* فشار آوردن *feshār āwardan*, زورآوردن *zoor āwardan* **Press hard!** سخت فشار بیاورید! *Sakht feshār beeyāwared!* **Press down on it.** طرف پایین فشار بیاورید. *Taraf-e-pāyeen feshār beeyāwared.* **Press against it.** در این فشار بیاورید. *Dar een feshār beeyāwared.* ★ *n* 1. *(media)* مطبوعات *matbo-a'āt*, چاپخانه *chāpkhāna*; 2. *(printing press)* روزنامه *rooznāma*; 2. *(printing machine)* دستگاه طبع *dastgāh-e-tabah*; 3. *(device for pressing)* ماشین فشار *māsheen-e-feshār* **member of the ~** عضو مطبوعات *o'zwe-e-matbo-a'āt* **~ credentials** ماشین چاپ اعتبارنامه *māsheen-e-chāp-e-e'tebār-nāma* **printing ~** 1. *(machine)* دستگاه طبع *dastgāh-e-tabah*; 2. *(company)* مطبعه *matbeha*, چاپخانه *chāpkhāna*

pressure *n* فشار *feshār* **air ~** فشار هوا *feshār-e-hawā* **high blood ~** فشار بلند خون *feshār-e-beland-e-khoon* **low blood ~** فشار پایین خون *feshār-e-pāyeen-e-khoon* **~ gage** فشارسنج *feshār sanj* **tire ~** فشار تایر *feshār-e-tāyr* **I'm going to take your blood pressure.** فشار خون شما را میگیرم. *Feshār-e-khoon-e-shomār rā mey-geeram.* **Take** *(1)* **her** / *(2)* **his blood pressure.** فشار خون (۱) اوزن / (۲) اومرد را بیگیرید. *Feshār-e-khoon-e-(1) o zan / (2) o mard rā beegeeged.*

pretty *adj* قشنگ *qashang*

prevent *vt* بازداشتن *bāz dāshtan*, جلوگیری کردن از *jelow-geeree kardan az* **~ AIDS** از ایدس جلوگیری کردن *az eeds jelow-geeree kardan* **~ an outbreak of** *(disease)* از شیوع (___) جلوگیری کردن *jelow-geree az she-o (___) jelowgeeree kardan* **~ contamination** از فاسد شدن جلوگیری کردن *az fāsed shodan-jelow geeree kardan* **~ corrosion** از زنگ زدن جلوگیری کردن *az zang zada jelow-geeree kardan* **~ damage** از تخریب بازداشتن *az takhreeb*

prevention — **price**

bäzdäshtan ~ **diarrhea** از اسهال جلوگیری کردن *az es-häl jelow-geeree kardan* ~ **disease** از مرض جلوگیری کردن *az maraz jelow-geeree kardan* ~ **erosion** از فرسودگی جلوگیری کردن *az farsodagee jelow-geeree kardan* ~ **fire** از آتش جلوگیری کردن *az ätash jelow-geeree kardan* ~ **illness** از مریضی جلوگیری کردن *az mareezee jelow-geeree kardan* ~ **infection** از عفونیت جلوگیری کردن *az a'fonyat jelow-geeree kardan* ~ **leakage** از چکیدن جلوگیری کردن *az chakeedan jelow-geeree kardan* ~ **loss** از تلف شدن جلوگیری کردن *az talaf shodan jelow-geeree kardan* ~ **mildew** از زیپینگ جلوگیری کردن *az popanak jelow-geeree kardan* ~ **mold** از پوپنک جلوگیری کردن *az popanak jelow-geeree kardan* ~ **motion sickness** از مریضی تکان جلوگیری کردن *az mareezee-e-takän jelow-geeree kardan* ~ **nausea** از استفراق جلوگیری کردن *az estefräq jelow-geeree kardan* ~ **pollution** از آلوده گی جلوگیری کردن *az älooda-gee jelow-geeree kardan* ~ **rust** از زنگ جلوگیری کردن *az zang jelow-geeree kardan* ~ **spoilage** از گندیدن جلوگیری کردن *az gandeedan jelow-geeree kardan* ~ **theft** ازدزدی جلوگیری کردن *az dozdee jelow-geeree kardan* ~ **unwanted pregnancy** از حامله گی جلوگیری کردن *az hämela gee jelow-geeree kardan* **It will prevent** *flooding.* از طغیان جلوگیری خواهد کرد. *Az toghyän jelow-geeree khähad kard.* **We need to do this to prevent bird flu..** غرض جلوگیری انفلونزای پرنده ما نگزیر باید این کار را انجام دهیم. *Gharaz-e-jelowgeeree-e-anflooanzä-ye-parenda nägozeer bäyad een kär rä anjäm dahem.* ★ **prevention** *n* جلوگیری *jelow-geeree,* ممانعت *mamäne-a't*

previous *adj* قبلی *qablee,* سابق *säbeq* **on a ~ occasion** در مناسبت قبلی *dar monäsebat-e-qablee,* در فرصت قبلی *dar fersat-e-qablee* ~ **appointment** قرار ملاقات قبلی *qarär-e-moläqät-e-qablee* ~ **employer** کارفرما قبلی *kärfarmä-e-qablee* ~ **job** وظیفه قبلی *wazeefa-e-qablee* ~ **meeting** ملاقات قبلی *moläqät-e-qablee* ~ **residence** مسکن قبلی *maskan-e-qablee* ~ **time** زمان سابق *zamän-e-säbeq* ~ **visit** ملاقات قبلی *moläqät-e-qablee,* دیدار قبلی *deedär-e-qablee* **Who was your previous employer?** کارفرما قبلی شما کی بود؟ *kärfarmä-e-qablee-e-shomä kee bod?* ★ **previously** *adv* قبلاً *qablan,* سابقاً *säbeqan* **Where did you live previously?** قبلا کجا زندگی میکردید؟ *Qablan kojä zendagee mey-karded?* **Who did you work for previously?** قبلا برای کی کار میکردید؟ *Qablan baräy-e-kee kär mey-karded?*

price *n* قیمت *qeemat,* نرخ *nerkh* **better ~** قیمت بهتر *qeemat-e-behtar* **best ~** بهترین قیمت *behtareen qeemat* **cheap ~** قیمت ارزان *qeemat-e-arzän* **cheaper ~** ارزان ترین قیمت *arzän tareen qeemat* **cut-throat ~** قیمت گزاف *qeemat-e-gazäf,* نرخ کمرشکن *nerkh-e-kamar-shekan* **discount ~** قیمت تخفیف *qeemat-e-takhfeef* **exorbitant ~** قیمت گزاف *qeemat-e-gazäf* **good ~** قیمت خوب *qeemat-e-khob* **high ~** قیمت بلند *qeemat-e-beland* **low ~** قیمت پایین *qeemat-e-päyeen* **lower ~** قیمت پایین تر *qeemat-e-päyeen tar* **lower the ~** قیمت را پایین آوردن *qeemat rä päyeen äwardan* **lowest ~** پایین ترین قیمت *päyeen tareen qeemat* **not a good ~** قیمت خراب *qeemat-e-kharäb* **reasonable ~** قیمت عادلانه *qeemat-e-'ädeläna,* قیمت غیرگزاف *qeemat-e-ghayr-e-gazäf,* **reduce the ~** قیمت را کم کردن *qeemat rä kam kardan* **What is the price of** *(1)* **this?** / *(2)* **these?** قیمت (1) این / (2) اینها چند است؟ *Qeemat-e- (1) een / (2) eenhä chand ast?* **What is the price per** *(1)* **gallon?** / *(2)* **kilogram?** / *(3)* **ton?** / *(4)* **unit?** قیمت فی (1) گیلن / (2) کیلوگرام / (3) تن / (4) واحد چند است؟ *Qeemat-e-fee (1) geelan / (2) keelogräm / (3) ton / (4) wähed chand ast?* **The price is too high.** قیمت بسیار بلند است. *Qeemat beesyär beland ast.* *(1)* **I** / *(2)* **We can get** *(3)* **it** / *(4)* **them at a cheaper price elsewhere.** (1) من / (2) ما / (3) این / (4) آنها را به قیمت ارزان تر درجای (1) *Man* / (2) *Mä* (3) *een* / (4) *änhä rä* دیگر گرفته (1) میتوانم. / (2) میتوانیم.

ba qeemat-e-arzäntar dar jäy-e-deegar grefta (1) mey-tawänam. / (2) mey-tawänem. **Can you give us a *(1)* discount / *(2)* lower price (for a large purchase)?** آیا میتوانید به قیمت (۱) تخفیف / (۲) پایین تر (به خرید بسیار) بدهید؟ Äyä mey-tawäned ba qeemat-e- (1) takhfeef / (2) arzän tar (ba khreed-e-beesyär) bedehed. **You can give us a better price than that. (We're old customers.)** شما میتوانید به قیمت بهتر نسبت به آن بدهید (ماخریدارهای سابقه هستیم.) Shomä mey-tawäned ba qeemat-e-behtar nesbat ba än bedehed. (Mä khareedär häy-e-säbeqa hastem.) **Is that the kind of price you charge an old friend?** آیا آن همان نرخ است که برای یک دوست قدیمی تان حساب میکنید؟ Äyä än hamän nerkh-e-ast ke baräyee yak dost-e-qadeemee-e-tän hesäb mey-koned. **You'll have to lower the price (or I can't buy *[1]* it / *[2]* them).** شما باید قمیت را پایین کنید (یا من [۱] این / [۲] آنها را خریده نمیتوانم). Shomä bäyad qeemat rä päyeen koned (yä man [1] een / [2] änhä rä khareeda namey-tawänam).

pride n فخر fakher, غرور ghoroor **You must take pride in your work.** شما باید با کار تان فخر کنید. Shomä bäyad ba kär-e-tän fakher koned.

primitive adj قدیمی qadeemee, سابقه säbeqa, کهنه kohna ~ **method** میتود قدیمی meetood-e-qadeemee, میتود کهنه meetood-e-kohna

principal adj عَمده o'mda, اصلی aslee ★ n *(head of a school)* مُدیر modeer, ریس ra-ees

principle n اصول osool, قانون qänoon

print vt *(reproduce in printed form)* چاپ کردن chäp kardan, طبع کردن taba' kardan **Please print *(number)* copies of this.** لطفاً (   ) کاپی از این چاپ کنید. Lotfan (   ) käpee az een chäp koned. ★ **printer** n 1. *(printing company)* چاپخانه chäpkhäna, مطبعه matbeha; 2. *(device)* ماشین چاپ mäsheen-e-chäp **color** ~ ماشین چاپ رنگه mäsheen-e-chäp-e-ranga **computer** ~ ماشین چاپ کمپیوتر mäsheen-e-chäp-e-kampyootar **laser** ~ ماشین چاپ لایزر mäsheen-e-chäp-e-läyzar **Take this to the printer and have *(number)* copies made.** این را به چاپ خانه ببرید و (   ) کاپی کنید. Een rä ba chäp khäna bobared wa (   ) käpee koned. ★ **print out** idiom چاپ کردن chäp kardan **I'll print it out for you.** برای شما چاپ خواهد کردم. Baräy-e-shomä chäp khähad kardam. ★ **printout** n کاغذ های چاپ شده käghaz häy-e-chäp shoda **Here's a printout for *(1)* her. / *(2)* him. / *(3)* them. / *(4)* you.** یک چاپ برای (۱) اوزن / (۲) اومرد / (۳) آنها / (٤) شما است. Yak chäp baräy-e-(1) o zan / (2) o mard / (3) änhä / (4) shomä ast.

prior to adj + prep پیش از peesh az, قبل از qabel az ~ **coming here** پیش از آمدن به اینجا peesh az ämadan ba eenjä ~ **leaving** پیش از ترک کردن peesh az tark kardan

priority n تقدّم taqadom, قدامت qodämat **high** ~ تقدّم عالی taqadom-e-a'älee **immediate** ~ تقدّم عاجل taqadom-e-häjel **low** ~ تقدّم پایین taqadom-e-päyeen **urgent** ~ تقدّم عاجل taqadom-e-a'äjel **It has a high priority.** تقدّم عالی دارد. Taqadom-e-a'älee därad.

prison n زندان zendän, محبس mahbas **go to** ~ به زندان رفتن ba zendän raftan **Were you in prison?** آیا شما در زندان بودید؟ Äyä shomä dar zendän boded? **What were you in prison for?** به خاطر چی در زندان بودید؟ Ba khäter-e-chee dar zendän boded? **When did you get out of prison?** چی وقت از زندان بیرون شدید؟ Chee waqt az zendän beeroon shoded? **He *(1)* is / *(2)* was in prison.** اومرد در زندان (۱) است. / (۲) بود. O mard dar zendän (1) ast. / (2) bod. ★ **prisoner** n زندانی zendänee, محبوس mahboos, اسیر aseer **political** ~ زندانی سیاسی zendänee-e-seeyäsee ~ **of war** زندانی جنگ zendänee-e-jang, اسیر جنگ aseer-e-jang

private adj خصوصی khosoosee, شخصی shakhsee **in ~** درخلوت dar khelwat, محرمانه moharamäna **~ matter** موضوع خصوصی mowzo'-e-khosoosee **~ property** دارایی شخصی däräyee-e-shakhsee **I'd like to talk with you in private.** میخواهم با شما خصوصی صحبت کنم. Mey-khäham bä shomä khosoosee sohbat konam.

privilege *n* امتیاز emteeyäz, نعمت ne'mat **It's a privilege to meet you.** دیدن شما یک نعمت است. Deedan-e-shomä yak ne'mat ast.

prize *n* جایزه jäyza

probably *adv* شاید shäyad, احتمال دارد که ehtemäl därad ke **(1) He / (2) She / (3) It will probably arrive tomorrow.** (۱) اومرد / (۲) اوزن / (۳) این شاید فردا برسد. (1) O mard / (2) O zan / (3) een shäyad fardä berasad. **They will probably arrive tomorrow.** آنها شاید فردا برسند. Anhä shäyad fardä berasand.

probe *vt* 1. (*med.*) میل زدن به meel zadan ba; 2. (*mine clearing*) میل زدن meel zadan, سیخ زدن seekh zadan **~ for mines** برای ماین سیخ زدن baräyee mäyn seekh zadan **~ the wound** به زخم میل زدن ba zakhem meel zadan ★ *n* 1. (*med.*) میل جراحی meel jarähee; 2. (*mine clearing*) میل meel, سیخ seekh

problem *n* مشکل moshkel **big ~** مشکل بزرگ moshkel-e-bozorg **computer ~** مشکل کمپیوتر moshkel-e-kampyootar **create ~s** مشکلات تولید کردن moshkelät towleed kardan **dental ~(s)** مشکل(ات) دندان moshkel(ät)-e-dandän **distribution ~** مشکل تقسیم moshkel-e-taqseem, مشکل توزیع moshkel-e-towzee' **emotional ~s** مشکلات احساساتی moshkelät-e-ehsäsätee **have a ~** مشکل داشتن moshkel däshtan **health ~(s)** مشکل(ات) صحی moshkel(ät)-e-sehee **huge ~** مشکل بزرگ moshkel-e-zee-yäd **mechanical ~** مشکل میخانیکی moshkel-e-meekhäneekee, مشکل تخنیکی moshkel-e-takhneekee **no ~** مشکلات روان ‌a'dam-e-moshkel **psychological ~s** مشکلات روان شناسی moshkelät-e-rawänshenäsee **security ~** مشکل امنیتی moshkel-e-amneeyat **small ~** مشکل کم moshkel-e-kam **solve the ~** مشکل را حل کردن moshkel rä hal kardan **supply ~** مشکل تهیه moshkel-e-tahya **Is there a problem?** آیا چیزی مشکل است؟ Äyä cheezee moshkel ast? **What's the problem?** مشکل چی است؟ Moshkel chee ast? **No problem.** هیچ مشکل نیست. Hech moshkel neest. **The problem is that...** مشکل این است که... Moshkel een ast ke... **Can you take care of the problem?** آیا شما با مشکل رسیده گی کرده میتوانید؟ Äyä shomä ba moshkel raseeda-gee karda mey-tawäned? **How can we solve the problem?** چی قسم میتوانیم مشکل را حل نمایم؟ Chee qesem mey-tawänem moshkel rä hal nomäyem? **There's a problem with the (*item*).** مشکل با (___) است. Moshkel bä (___) ast. **I'm having a problem (with my car).** من (با موتر ام) مشکل دارم. Man (bä motar am) moshkel däram. **We're having a problem (with our car).** ما(با موتر ما) مشکل داریم. Mä (bä motar-e-mä) moshkel därem.

procedure *n* جریان jeryän, مرحله marhala, طرزاقدام tarz-e-eqdäm **Do you know the procedure?** آیا شما طرزاقدام را میدانید؟ Äyä shomä tarz-e-eqdäm rä mey-däned? **(1) Show / (2) Teach them the procedure.** آنها را طرزاقدام را (۱) نشان / (۲) درس دهید. Änhä rä tarz-e-eqdäm rä (1) neshän / (2) dars dehed. **I'll show you the procedure.** شما را طرزاقدام را نشان خواهد دادم. Shomä rä tarz-e-eqdäm rä neshän khähad dädam.

process *vt* 1. (*metals, products*) به عمل آوردن ba a'mal äwardan; 2. (*documents*) تنظیم کردن tanzeem kardan, برسی کردن barasee kardan; 3. (*med: examine*) معاینه کردن ma'äyena kardan **~ the paperwork** کار را به عمل آوردن kär rä ba a'mal äwardan **Your application is being processed.** درخواست شما در جریان است Darkhäst-e-shomä dar jeryän ast. **We have a**

lot of *(1)* **people** / *(2)* **refugees to process.** ما تعداد زیادی (۱) مردم / (۲) مهاجرین را باید برسی نمایم. *Mä te'däd-e-zeeyädee (1) mardom / (2) mahäjereen rä bäyad barasee konem.* ★ **process** *n* مرحله *marhala,* دوره *dowra,* کار *kär* **complicated** ~ کار مُغلق *kär-e-moghlaq* **easy** ~ کار آسان *kär-e-äsän,* مرحله آسان *marhala-e-äsän* **in the** ~ در جریان *dar jeryän* ★ **processing** *n* 1. *(metals, products)* به عمل آوردن *ba a'mal äwardan;* 2. *(docs)* تنظیم کردن *tanzeem kardan,* برسی کردن *barasee kardan;* 3. *(med: exam.)* معاینه کردن *ma'äyena kardan* **document** ~ برسی اسناد *barasee-e-asnäd* **medical** ~ معاینه طبی کردن *ma'äyena-e-tebee kardan* **refugee** ~ برسی مهاجرین *barasee-e-mahäjereen* **word** ~ تایپ کردن سند در کمپیوتر *täyp kardan-e-sanad dar kampyootar* **Do you know how to do word processing?** آیا شما سند را در کمپیوتر تایپ کرده میتوانید؟ *Äyä shomä sanad rä dar kampyootar täyp karda mey-tawäned?* **You can help us do the processing.** شما میتوانید ما را در پیشبرد پروسه کمک کنید. *Shomä mey-tawäned mä rä dar peesh-bord-e-proosa komak koned.*

prod *vt* سیخ زدن *seekh zadan* ~ **for mines** برای ماین سیخ زدن *baräyee mäyn seekh zadan* **Prod the ground carefully and slowly.** زمین را با دقت و آهسته سیخ بزنید. *Zameen rä bä deqat wa ähesta seekh bezanad.* ★ **prod(der)** *n (mine clearing)* سیخ *seekh,* میل *meel*

produce *vt* 1. *(manufacture, turn out, yield)* تولید کردن *towleed kardan,* بیرون کردن *beeroon kardan,* بار آوردن *bär äwardan;* 2. *(bring about)* دادن *dädan* ~ **food** مواد خوراکه تولید کردن *mawäd-e-khoräka towleed kardan,* غذا تولید کردن *ghezä towleed kardan* ~ **good results** نتایج خوب دادن *natäyej-e-khoob dädan* ~ **income** عاید دادن *a'äyed dädan* **What products do** *(1)* **they** / *(2)* **you produce?** (۱) آنها / (۲) شما چی حاصلات تولید (۱) میکنند؟ / (۲) میکنند؟ *(1) Änhä / (2) Shomä chee häselät towleed (1) mey-koned? / (2) mey-konand?* **If you do that, you could produce (much) more.** اگر شما آن را انجام دهید, (بسیار) زیاد حاصل بر میدارید. *Agar shomä än rä anjäm dehed, (beeysär) zeeyäd häsel bar mey-däred.* **Right now, you produce less than you could.** فعلاً شما نظر به سابق کمتر تولید میکنید. *Fe'lan, shomä nazar ba säbeq kamtar towleed mey-koned.* **If you'd like, we can show you how to produce more.** اگر شما میخواهید, شما را میتوانیم نشان دهیم چطور بیشتر تولید کنید. *Agar shomä mey-khähad, shomä rä mey-tawänem neshän dehem chetowr beeshtar towleed koned.* ★ **product** *n* محصول *mahsool,* حاصل *häsel* **agricultural** ~**s** محصولات زراعتی *mahsoolät-e-zerä-a'tee* **dairy** ~**s** محصولات لبنیات *mahsoolät-e-labanyät* **food** ~**s** محصولات مواد خوراکه *mahsool-e-mawäd-e-khoräka* **good** ~ محصول خوب *mahsool-e-khob* **milk** ~**s** محصولات شیر *mahsoolät-e-sheer* **new** ~ محصول تازه *mahsool-e-täza* **petroleum** ~**s** محصولات نفت خام *mahsoolät-e-neft-e-khäm* ★ **production** *n* تولید *towleed,* ساخت *säkht,* استخراج *estekhräj* **increase** ~ ترتیب استخراج *tarteeb-e-estekhräj* **set up** ~ تولید اضافه *towleed-e-ezäfa* **start** ~ آغاز کار استخراج یا تولید *äghäz-e-kär-e-estekhräj yä towled* ★ **productive** *adj* حاصلخیز *häselkheez* **We can help you make your farm more productive.** شما را میتوانیم کمک نمایم تا مزرعه تان را بیشتر حاصلخیز. *Shomä rä mey-tawänem komak konem tä zameen-e-tän rä beeshtar häselkheez nomäyem.* **It will make** *(1)* **it** / *(2)* **them more productive.** این (۱) / (۲) انها را بیشتر حاصلخیز خواهد ساخت. *Een (1) een / (2) änhä rä beeshtar häselkhez khähad säkht.*

profession *n* مسلك *maslak,* پیشه *peesha,* کار *kär* **good** ~ مسلك خوب *maslak-e-khob* **What is your profession?** مسلك شما چی است؟ *Maslak-e-shomä chee ast?* ★ **professional** *adj* مسلكی *maslakee*

professor n پوهاند *pohänd* **assistant ~** پوهندوی *pohandoy* **associate ~** پوهنوال *pohanwäl*

profit n فایده *fäyda*, منفعت *manfe-a't* **large ~** فایده زیاد *fäyda-e-zee-yäd* **make a ~** فایده کردن *fäyda kardan* **reasonable ~** فایده عادلانه *fäyda-e-a'ädeläna*, فایده معقول *fäyda-e-ma'qool* **small ~** فایده کم *fäyda-e-kam* **You could make a good profit.** میتوانید خوب فایده کنید. *Mey-tawäned khoob fäyda koned.* ★ **profitable** adj منفعت دار *manfe-a't där*, با فایده *bä fäyda* **~ business** تجارت با فایده *tejärat-e-bä fäyda*

profusely adv زیاد *zeeyäd (1)* **He /** *(2)* **She is bleeding profusely.** (۱) اومرد / (۲) اوزن زیاد خونریزی میکند. *(1) O mard / (2) O zan zee-yäd khoonreezee mey-konad.*

prognosis n عواقب یا سرنوشت یک مریضی *a'wäqeb yä sarnawesht-e-yak mareezee*, انذار *anzär* **How is** *(1)* **her /** *(2)* **his prognosis?** سرنوشت مریضی (۱) اومرد / (۲) اوزن چطور است؟ *Sarnawesht-e-mareezee- (1) o zan / (2) o mard chetowr ast?* *(1)* **Her /** *(2)* **His prognosis is** *(3)* **(very) good. /** *(4)* **not so good.** انذار (۱) اوزن / (۲) اومرد (۳) (بسیار) خوب است / (۴) بسیار خوب نیست. *Anzär-e- (1) o zan / (2) o mard (3) (beesyär) khob ast. / (4) beesyär khob neest.*

pro-government adj طرفدار دولت *tarafdär-e-dowlat*

program n 1. *(plan, schedule)* برنامه *barnäma*, طرح اجرای کار *tarha-e-ejräy kär*, پروگرام *progräm*; 2. *(software)* پروگرام *progräm* **agriculture ~** برنامه زراعت *barnäma-e-zara'at* **day-care ~** پروگرام مراقبت روزانه *program-e-moräqebat-e-roozäna* **development ~** برنامه تکاملی *barnäma-e-takämolee* **disease surveillance ~** پروگرام مراقبت امراض *progräm-e-moräqebat-e-amräz* **feeding ~** پروگرام تغذیه *progräm-e-taghzeya* **"food-for-work" ~** پروگرام مواد برای کار *progräm mawäd baräye kär* **food ~** پروگرام غذایی *progräm e-ghezäyee* **health care ~** پروگرام مواظبت صحی *progräm-e-mowäzebat-e-sehee* **landmine education ~** پروگرام آموزش ماینهای زمینی *progräm-e-ämoozesh-e-mäyn-haye zameenee* **literacy ~** پروگرام سواد آموزی *progräm-e-sawäd ämozee* **mine awareness ~** پروگرام آگاهی ماینها *progräm-e-ägähee mäyn hä* **self-help ~** پروگرام کمک خودی *progräm-e-komak khodee* **therapeutic feeding ~** پروگرام تغذیه معالجوی *pro-gräm-e-taghzeya-e-mahälejawee* **We're going to set up a program.** ماميخواهيم یک پروگرام را تشکیل نمائیم. *Mä mey-khähem yak progräm rä tashkeel nomäyem.* **I'll show you how to use this program.** برای شما نشان خواهد دادم که این پروگرام را چطور استفاده کنید. *Baräyee shomä neshän khähad dädam ke een program rä chetowr estefäda koned.*

progress n پیشرفت *peeshraft*, ترقی *taraqee*, جریان *jeryän* **in ~** ادامه *edäma*, درجریان *dar jeryän* **Has there been any progress?** آیا چیزی ترقی کرده است؟ *Ayä cheezee taraqee karda ast?* **There's been a little progress.** کمی ترقی کرده است. *Kamee taraqee karda ast.* **There's been no progress.** هیچ ترقی نکرده است. *Hech taraqee nakarda ast.* **You're making** *(1)* **good /** *(2)* **excellent progress.** شما (۱) خوب / (۲) بسیار خوب ترقی میکنید. *Shomä (1) khob / (2) beesyär khoob taraqee mey-koned.* **The work is in progress.** کار جریان دارد. *Kär jeryän därad.*

prohibit vt منع کردن *mana' kardan* ★ **prohibited** adj ممنوع *mamno'*, منع *man'* **Smoking is prohibited.** سگرت کشیدن ممنوع است. *Segret kasheedan mamno' ast.* **That's (strictly) prohibited.** آن (دقیقا) ممنوع است. *An (daqeeqan) mamno' ast.*

project n 1. *(plan)* طرح *tarha*; 2. *(ongoing planned work)* پروژه *prozha*; 3. *(developed area)* شهرسازی *shahr säzee* **big ~** طرح بزرگ *tarha-e-bozorg*, پلان وسیع *pelän-e-wasee'* **construction ~** پروژه ساختمانی *prozha-e-säkhto-*

projector 324 **proper**

mänee **development** ~ پروژه انکشافی *prozha-e-enkeshäfee* **emergency relief** ~ پروژه کمک های عاجل *prozha-e-komak-hä-e-äjel* **highway paving** ~ پروژه هموار سازی شاهراه *prozha-e-hamwär säzee-e-shähräh* **housing (housing area)** ~ خانه سازی *khäna säzee*, شهرسازی *shahr säzee* **irrigation** ~ پروژه ابیاری *prozha-e-äbyaree* **new** ~ طرح جدید *tarha-e-jadeed* **reconstruction** ~ پروژه اعمار مجدد *prozha-e-ehmär-e-mojadad* **road-building** ~ پروژه سرک سازی *prozha-e-sarak-säzee* **sewing** ~ پروژه خیاطی *prozha-e-khayätee* ★ **projector** *n* پرتو افگن *partow-afgan*, نورافگن *noor-afgan* **movie** ~ پرتوافگن سینما *partow-afgan-e-seenamä*

promise *vt & vi* وعده کردن *wa'da kardan*, قول دادن *qowl dädan* **Do you promise?** (به شما) قول میدهید؟ *Qowl mey-dehed?* **I promise (you).** (با شما) قول میدهم. *(Ba shomä) qowl mey-deham.* **I don't promise.** وعده نمیکنم. *Wa'da namey-konam.*, قول نمیدهم. *Qowl namey-deham.* **I can't promise (you).** (شما) را قول داده نمیتوانم. *(Shomä) rä qowl däda namey-tawänam.* **You promised.** شما وعده کردید. *Shomä wa'da karded.* **I know I promised, but...** میدانم که من وعده کرده بودم, مگر... *Mey-dänam ke man wa'da karda bodam, magar...* ★ **promise** *n* وعده *wa'da*, قول *qowl* **make a** ~ وعده کردن *wa'da kardan* **sacred** ~ وعده پنهان *wa'da-e-penhän*

promote *vt* ترفیع دادن *tarfee' dädan* ترقی دادن *taraqee dädan* **(1) I'm / (2) We're promoting you to assistant (3) manager. / (4) supervisor.** (۱) من / (۲) ما شما را به معاون (۳) رئیس / (۴) مباشر ترفیع (۱) میدهم. / (۲) میدهیم. *Man / (2) Mä shomä rä ba ma'äwen-e- (3) ra-ees / (4) mobäsher tarefee' (1) mey-deham. / (2) mey-dehem.* ★ **promotion** *n (advancement in rank)* ترفیع *tarfee'*

prompt *adj* فوری *fowree* ★ **promptly** *adv* فوراً *fowran*

pronoun *n* ضمیر *zameer*

pronounce *vt* تلفظ کردن *talafoz kardan*, ادا کردن *adä kardan* **How do you pronounce (1) this? / (2) your name?** (۱) این / (۲) نام تان را چی قسم تلفظ میکنید؟ *(1) Een... / (2) Näm-e-tän... rä chee qesem talafoz mey-koned.* **Do I pronounce it correctly?** آیا این را درست تلفظ میکنم؟ *Äyä een rä drost talafoz mey-konam.* ★ **pronunciation** *n* تلفظ *talafoz*

proof *n* ثبوت *sobot*, گواه *gawäh*, اثبات *esbät* **Is there any proof?** آیا کدام ثبوت است؟ *Äyä kodäm sobot-e-ast?* **We (1) have / (2) don't have proof.** ما ثبوت (۱) داریم / (۲) نداریم. *Mä sobot (1) därem / (2) nadärem.* **What proof do you have?** چی ثبوت دارید؟ *Chee sobot däred?* **Do you have any proof of your identity?** آیا شما کدام ثبوت از هویت تان دارید؟ *Äyä shomä kodäm sobot-e-az hoyat-e-tän däred.* **Does (1) he / (2) she have any proof of (3) his / (4) her identity?** آیا (۱) اومرد / (۲) اوزن کدام ثبوت از هویت (۳,۴) اش دارد؟ *Äyä (1) o mard / (2) o zan kodäm sobot-e-az hoyat (3,4) ash därad.* **We need proof of (1) her / (2) his / (3) your identity.** ما ثبوت هویت (۱) اوزن / (۲) اومرد / (۳) شما را ضرورت داریم. *Mä sobot-e-hoyat-e- (1) o zan / (2) o mard / (3) shomä rä zaroorat därem.*

proofread *vt* غلط گیری کردن *ghalat geeree kardan*, صحیح کردن *saheeh kardan* **Please proofread this.** لطفاً این را صحیح کنید. *Lotfan een rä saheeh karded.* **Did you proofread it?** آیا شما این را صحیح کردید؟ *Äyä shomä een rä saheeh karded?*

propaganda *n* تبلیغات *tableeghät*, اوازه *awäza*

propane *n* گاز پروپان *gäz-e-propän* ~ **cylinder** استوانه یی گازپروپان *ostowäna-e-gäz-e-propän*, سلندر گاز پروپان *salandar-e-gäz-e-poropän* ~ **tank** مخزن گاز پروپان *makhzan-e-gäz-e-propän*

proper *adj* 1. *(appropriate)* مناسب *monäseb*, مخصوص *makhsoos*; 2. *(correct)* صحیح *saheeh* ~ درست *drost*, **procedure** طرزاقدام درست *tarz-e-eqdäm-*

properly ~ e-drost, مرحله درست *marhala-e-drost* ~ **technique** فن درست *fan-e-drost* ~ **time** وقت مناسب *waqt-e-monāseb* ~ **tools** اسباب مخصوص *asbāb-e-makhsoos* ~ **way** طريقه درست *tareeqa-e-drost* **Let me show you the proper way to do it.** اجازه دهيد تا طريقه درست را براى انجام دادن اين نشان تان دهم. *Ejāza dehed tā tareeqa-e-drost rā barāy-e-anjām dādan-e-een neshān-e-tān deham.* ★ **properly** *adv* درست *drost*, صحيح بطور *batowr-e-saheeh*

property *n* دارايى *dārāyee*, مال *māl*, ملكيت *molkeyat* **agency** ~ دارايى نماينده گى *dārāyee nemāyenda-gee* **company** ~ دارايى شركت *dārāyee-e-sherkat* **government** ~ ملكيت دولت *molkeyat-e-dowlat* **her** ~ ملكيت اوزن *molkeyat-e-o zan* **his** ~ ملكيت اومرد *molkeyat-e-o mard* **my** ~ ملكيت من *molkeyat-e-man* **our** ~ ملكيت ما *molkeyat-e-mā* **personal** ~ ملكيت شخصى *molkeyat-e-shakhsee* **private** ~ ملكيت شخصى *molkeyat-e-shakhsee* **school** ~ مال مكتب *māl-e-maktab* **stolen** ~ دارايى دزدى شده *dārāyee-e-dozdee shoda* **their** ~ ملكيت آنها *molkeyat-e-ānhā*, دارايى شما *dārāyee-e-shomā* **your** ~ ملكيت شما *molkeyat-e-shomā*, دارايى شما *dārāyee shomā* **Whose property is (1) this? / (2) that?** (١) اين / (٢) آن ملكيت كى است؟ *Een / (2) Ān molkeyat-e-kee ast?*

prophylactic *adj* جلوگيرى كننده *jelow-geeree konenda* ★ *n* دواى احتياطى *dawāy-e-ehteeyātee*, دواى جلوگيرى كننده *dawāy-e-jelow-geeree konenda*

proposal *n* پيشنهاد *peeshnehād*, طرح *tarha* **final** ~ پيشنهاد اخير *peeshnehād-e-akheer* **generous** ~ پيشنهاد بخشنده *peeshnehād-e-bakhshenda* **good** ~ پيشنهاد خوب *peeshnehād-e-khoob* **interesting** ~ پيشنهاد دلچسپ *peeshnehād-e-delchasp* **nice** ~ پيشنهاد دقيق *peeshnehād-e-daqeeq* **recent** ~ پيشنهاد قبلى *peeshnehād-e-qablee* **(1) I / (2) We have (3) considered / (4) studied your proposal.** (١) من / (٢) ما پيشنهاد شما را (٣) درنظر (١) گرفتم. / (٢) گرفتيم. / (٤) مطالعه (١) كردم. / (٢) كرديم. *(1) Man / (2) Mā peeshnehād-e-shomā rā (3) dar nazar (3+1) greftam. / (3+2) greftem. / (4) motāle-a'h (4+1) kardam. / (4+2) kardem.* **(1) I / (2) We accept your proposal.** (١) من / (٢) ما پيشنهاد شما را قبول (١) كردم. / (٢) كرديم. *(1) Man / (2) Mā peeshnehād-e-shomā rā qabool (1) kardam. / (2) kardem.* **I (1) can / (2) can't accept your proposal.** من پيشنهاد شما را قبول (١) ميتوانم. / (٢) نميتوانم. *Man peeshnehād-e-shomā rā qabool (1) mey-tawānam. / (2) namey-tawānam.* **We (1) can / (2) can't accept your proposal.** ما پيشنهاد شما را قبول (١) ميتوانيم. / (٢) نميتوانيم. *Mā peeshnehād-e-shomā rā qabool (1) mey-tawānem. / (2) namey-tawānem.* **Please think over our proposal.** لطفاً سرپيشنهاد ما فكر كنيد. *Lotfan sar-e-peeshnehād-e-mā feker koned.*

★ **propose** *vt* پيشنهاد كردن *peeshnehād kardan*, طرح كردن *tarha kardan* **What do you propose?** چى پيشنهاد ميكنيد؟ *Chee peeshnehād mey-koned?* **What does (1) he / (2) she propose?** (١) اومرد / (٢) اوزن چى پيشنهاد ميكند؟ *(1) O mard / (2) O zan chee peeshnehād mey-konad?* **What do they propose?** آنها چى پيشنهاد ميكنند؟ *Ānhā chee peeshnehād mey-konand?* **I propose that...** پيشنهاد ميكنم كه... *Peeshnehād mey-konam ke...*

proprietor *n* مالك *mālek*

prosecute *vt* تعقيب كردن *ta'qeeb kardan* **Are they going to prosecute (1) her? / (2) him? / (3) me? / (4) them? / (5) us? / (6) you?** آيا آنها (١) اوزن / (٢) اومرد / (٣) من / (٤) آنها / (٥) ما / (٦) شما را تعقيب ميكنند؟ *Āyā ānhā (1) o zan / (2) o mard / (3) man / (4) ānhā / (5) mā / (6) shomā rā ta'qeeb mey-konand?*

prospect *n (outlook)* دورنما *doornomā*, اميدوارى *omeedwāree* **What are the prospects (for ___)?** دورنما (براى ___) چى است؟ *Doornomā (barāyee ___)*

prosperity 326 **protection**

chee ast? **The prospects** *(1)* **are** */ (2)* **aren't good.** / .دورنما خوب (۱) است. / (۲) *Doornomā khob (1) ast. / (2) neest.*
prosperity *n* خوشبختی *khoshbakhtee,* سعادت *sa'ädat* **bring ~** سعادت آوردن *sa'ädat äwardan*
prostate *n* پروستات *prostät* **enlarged ~** بزرگی پروستات *bozorgee-e-prostät ~* **cancer** سرطان پروستات *saratän-e-prostät*
prosthesis *n* عضو مصنوعی *o'zwe-e-masnawee* **electro-mechanical ~** عضو مصنوعی برقی ماشینی *o'zwe-e-masnawee-e-barqee-e-mäsheenee* **mechanical ~** عضو مصنوعی ماشینی *o'zwe-e-masnawee-e-mäsheenee* **wooden ~** عضو مصنوعی چوبی *o'zwe-e-masnawee-e-chobee* **We'll order a prosthesis for** *(1)* **her.** */ (2)* **him.** */ (3)* **you.** ما برای (۱) اوزن / (۲) اومرد / (۳) شما یك عضومصنوعی فرمایش میدهیم. *Mä baräyee (1) o zan / (2) o mard / (3) shomā yak o'zwe-e-masnawee farmäyesh mey-dehem.* **We've ordered a prosthesis for** *(1)* **her.** */ (2)* **him.** */ (3)* **you.** ما برای (۱) اوزن / (۲) اومرد / (۳) شما یك عضو مصنوعی فرمایش دادیم. *Mä baräyee (1) o zan / (2) o mard / (3) shomā yak o'zwe-e-masnawee farmäyesh dädem.* **We'll have a prosthesis made for** *(1)* **her.** */ (2)* **him.** */ (3)* **you.** ما برای (۱) اوزن / (۲) اومرد / (۳) شما یك عضومصنوعی خواهد ساختیم. *Mä baräyee (1) o zan / (2) o mard / (3) shomä yak o'zwe-e-masnawee khähad säkhtem.* ★ **prosthetic** *adj* مربوط به غده پروستات *marbot ba ghoda-e-prostät*
prostitute *n* فاحشه *fähesha* ★ **prostitution** *n* فاحشه گری *fähesha-garee*
protect *vt* نگهداری کردن *nega-däree kardan,* حفظ کردن *hefz kardan,* محافظت کردن *mahäfezat kardan* **~ against avian influenza** از انفلونزای پرنده محافظت کردن *az anflooanzäye-parenda mahäfezat kardan* **~ against breakage** از شکستن محافظت کردن *az shekastan mahäfezat kardan* **~ against damage** از تخریب شدن محافظت کردن *az takhreeb shodan mahäfezat kardan* **~ against excess voltage** *(elec.)* از زیادی ولتاژ محافظت کردن *az zeeyädee-e-woltäzh mahäfezat kardan* **~ against infection** از عفونیت محافظت کردن *az a'fonyat mahäfezat kardan* **~ against overheating** از جوش محافظت کردن *az josh mahäfezat kardan* **~ against spoilage** از فاسد شدن محافظت کردن *az fäsed shodan jelow-geeree kardan* **~ against sunburn** از آفتاب زدگی محافظت کردن *az äftäb zadagee mahäfezat kardan* **~ from injury** اززخم محافظت کردن *az zakhem mahäfezat kardan* **~ from short-circuiting** *(elec.)* از جریان کوتاه برق محافظت کردن *az jeryän-e-kotäh-e-barq mahäfezat kardan* **You have to protect the** *(1)* **injury** */ (2)* **wound (at all times)..** شما باید (همیشه) (۱) گزند / (۲) زخم را محافظت کنید. *Shomä bäyad (hamesha) (1) gazand / (2) zakhem rä mahäfezat koned.* **These will protect your** *(1)* **arms.** */ (2)* **ears.** */ (3)* **eyes.** */ (4)* **feet.** */ (5)* **hands.** */ (6)* **legs.** این (۱) بازو / (۲) گوش / (۳) چشم / (٤) قدم / (٥) دست / (٦) پا های شما را *Een (1) bäzoo / (2) goosh / (3) chashem / (4) qadam / (5) dast / (6) pä häyee shomä rä mohäfezat khähad kard.* **This will protect your** *(1)* **body.** */ (2)* **chest.** */ (3)* **face.** */ (4)* **head.** این (۱) جسم / (۲) سینه / (۳) روی / (٤) سر تان را حفاظت میکند. *Een (1) jesem-e- / (2) seena-e- / (3) roy-e- / (4) sar-e-shomä rä hefäzat mey-konad.* **We have to protect** *(1)* **this** */ (2)* **these against** *(3)* **freezing.** */ (4)* **heat.** */ (5)* **mildew.** */ (6)* **theft.** */ (7)* **the rain.** */ (8)* **the sun.** ما باید (۱) این / (۲) اینها را از (۳) یخ بستن / (٤) حرارت / (٥) زنگ زدن / (٦) دزدی / (۷) باران / (۸) آفتاب محافظت کنیم. *Mä bäyad (1) een / (2) eenhä rä az (3) yakh-bastan / (4) harärat / (5) zang zadan / (6) dozdee / (7) bärän / (8) äftäb mahäfezat konem.* ★ **protection** *n* نگهداری *negahdäree,* حفظ *hefz,* محافظت *mohäfezat* **adequate ~** حفظ کافی *hefz-e-käfee* **ear ~** محافظت گوش *mohäfezat-e-goosh* **eye ~** محافظت چشم *mohä-fezat-e-chashem* **good ~** محافظت خوب *mohäfezat-*

protective *adj* محافظوی *mahäfezawee,* دفاعی *defä'ee* ~ **body armor** زره *zere* ~ **glasses** دستكش محافظوی *dastkash-e-mahäfezawee* ~ **goggles** عينك دودی يا رنگی (برای جلوگيری از دخول گرد و خاك يا نور قوی در چشم) *a'ynak-e-doodee yä rangee (baräy-e-jelowgeeree az dokhool-e-gard wa khäk yä noor-e-qawee dar chashem)* ~ **gloves** دستكش محافظوی *dastkash-e-mahäfezawee* ~ **helmet** كلاه محافظوی (عموماً سربازها ميپوشند) *koläh-e-mahäfezawee (o'mooman sarbäz hä mey-poshand)* ~ **mask** نقاب محافظوی *neqäb-e-mahäfezawee* ~ **suit** لباس محافظوی *lebäs-e-mahäfezawee,* دريشی محافظوی *dreeshee-e-mahäfezawee*

protein *n* پروتين *proteen*

protest *vt* عرض كردن *a'rz kardan,* اعتراض رسمی كردن *e'teräz-e-rasmee kardan,* **(1)** I / **(2)** We are going to protest this (to **[3]** your government / **[4]** our embassy). / ...(۱) من / (۲) ما اين را (به [۳] دولت شما / [۴] سفارت ما...) *(1) Man / (2) Mä een rä (ba [3] dowlat-e-shomä... / [4] sefärat-e-mä...)* شكايت **(1)** ميكنم. **(2)** ميكنيم. *shekäyat (1) mey-konam. (2) mey-konem.* ★ *vi* واخواهی كردن *wäkhwähee kardan,* جدا اظهار كردن *jedan ez-här kardan* **What are they protesting about?** درباره چی واخواهی ميكنند؟ *Dar bära-e-chee wäkhwähee mey-konand?* ★ *n* اعتراض رسمی *e'teräz-e-rasmee,* انتقاد *enteqäd* **big** ~ اعتراض زياد *e'teräz-e-zee-yäd* ★ **protester** *n* مُعترضانه *mo'tarezäna*

proud *adj* فخر *fakher,* افتخار *eftekhär,* غرور *ghoroor* **You must be very proud of (1)** her. / **(2)** him. / **(3)** them. شما بايد به وجود (۱) اوزن / (۲) اومرد / (۳) آنها فخر كنيد. *Shomä bäyad ba wojood-e- (1) o zan / (2) o mard / (3) änhä fakher koned.* **(1)** I'm / **(2)** We're proud of you. به (۱) من / (۲) ما *(1) Man / (2) Mä ba wojood-e-shomä* وجود شما فخر (۱) ميكنم (۲) ميكنيم. *fakher (1) mey-konam. / (2) mey-konem.*

prove *vt* ثبوت كردن *soboot kardan* **Can you prove it?** آيا ميتوانيد ثبوت كنيد؟ *Äyä mey-tawäned soboot koned?* I **(1)** can / **(2)** can't prove it. (۱) من ميتوانم / (۲) نميتوانم ثبوت كنم. *Man (1) mey-tawänam / (2) namey-tawänam soboot konam.*

proverb *n* عبرت *e'brat,* ضرب المثل *zarb-el-masal*

provide *vt* 1. (*supply with*) تهيه كردن *tahya kardan,* تامين كردن *tämeen kardan;* 2. (*give, furnish*) دادن *dädan,* تامين كردن *tämeen kardan* ~ **assistance** كمك دادن *komak dädan,* كمك تامين كردن *komak tämeen kardan* ~ **clothing** پوشاكه تهيه كردن *poshäka tahya kardan* ~ **equipment** لوازم تهيه كردن *lawäzem tahya kardan* ~ **food** مواد خواركه تهيه كردن *mawäd-e-khoräka tahya kardan* ~ **health care services** خدمات صحی تهيه كردن *khedamät-e-sehee tahya kardan* ~ **housing** خانه تهيه كردن *khäna tahya kardan* ~ **information** معلومات تهيه كردن *ma'loomät tahya kardan* ~ **jobs** كار تهيه كردن *kär tahya karda* ~ **medical aid** خدمات طبی تهيه كردن *khedamät-e-tebee tahya kardan* ~ **security** امنيت تامين كردن *amneeyat tämeen kardan* ~ **shelter** پناه گاه تهيه كردن *panäh-gäh tahya kardan* ~ **tools** اسباب تهيه كردن *asbäb tahya kardan* ~ **transportation** حمل و نقل تهيه كردن *hamel wa naqel tahya kardan* **Can you provide a(n) (1)** driver? / **(2)** escort? / **(3)** guard? / **(4)** guide? / **(5)** interpreter? آيا شما يك (۱) درايور / (۲) نگهبان / (۳) محافظ / (۴) رهنما / (۵) مترجم حضوری فراهم كرده ميتوانيد؟ *Äyä shomä yak (1) deräy-war / (2) nega-bän / (3) mahäfez / (4) rahnomä / (5) motarajem-e-hozooree faräham karda mey-tawäned?* **We can provide them with (1)** blankets. / **(2)** clothing. / **(3)** food. / **(4)**

province   328   **publication**

housing. / (5) **medical aid.** / (۳) مواد خوراکه / (۲) پوشاك / (۱) کمپل / برای آنها (۵) خدمات طبی میتوانیم تهیه کنیم. Baräyee änhä (1) kampal / (2) poshäk / (3) mawäd-e-khoräka / (3) khäna / (4) khedamät-e-tebee mey-tawänem tahya konem.

province *n* ولایت weläyat **surrounding ~s** ولایات همجوار weläyät-e-ham jawär **Which province are** (1) **they** / (2) **you from?** از شما (۲) / آنها (۱) / کدام ولایت (۱) هستند؟ (۲) هستید؟ (1) Änhä / (2) shomä az kodäm weläyat (1) hastand? / (2) hasted? ★ **provincial** *adj* ایالتی eeyälatee, ولایتی welä-yatee

provisions *n, pl* (*food*) تدارکات tadärokät, تهیه جات tahyajät **There are provisions for** (*number*) **days.** تدارکات برای (___) روز است. Tadärokät baräyee (___) rooz ast.

pry *vt* با اهرم باز کردن bä ehram bäz kardan, بلند کردن bland kardan **See if you can pry it** (1) **loose.** / (2) **open.** ببین اگر شما (۱) سست / (۲) باز اش کرده بتوانید؟ Beebeened agar shomä (1) sost / (2) bäz ash karda betawäned. **Can you pry it** (1) **loose?** / (2) **open?** آیا شما این را (۱) سست / (۲) باز کرده میتوانید؟ Äyä shomä een rä (1) sost / (2) bäz karda mey-tawäned?

psoriasis *n* یك مریضی جلدی دوامدار و فامیلی با صفحات پوشیده و ورقه های نقره یی رنگ Yak mareezee-e-dawäm-där wa fämeelee bä sefahät-e-posheeda wa waraqa häyee noqra-yee rang

psychiatric *adj* عقلی و عصبی a'qlee wa a'sabee, روانی rawänee ~ **evaluation** تقویم عقلی و عصبی taqweem-e-a'qlee wa a'sabee, ارزیابی عقلی و عصبی arzee-yäbee-e-a'qlee wa a'sabee, ارزیابی روانی arzeeyäbee-e-rawänee ~ **help** کمك روانی komak-e-rawänee ~ **ward** بخش عقلی و عصبی bakhsh-e-a'qlee wa a'sabee ★ **psychiatrist** *n* روانشناس rawänshenäs (1) **He** / (2) **She should be seen by a psychiatrist.** (۱) اومرد / (۲) اوزن را باید یك روانشناس معاینه کند. (1) O mard / (2) O zan rä bäyad yak rawän-shenäs ma'äyena konad.

psychic *adj* روحی rohee, روانی rawänee ~ **problem** تكلیف روانی takleef-e-rawänee, مشکل روانی moshkel-e-rawänee (1) **He** / (2) **She has psychic problems.** (۱) اومرد / (۲) اوزن تكلیف های روانی دارد. (1) O mard / (2) O zan takleef häyee rawänee därad.

psychological *adj* روانشناسی rawän-shenäsee ★ **psychologist** *n* روانشناس rawän-shenäs ★ **psychotherapist** *n* روانشناس rawänshenäs, معالج عقلی ma'älej-e-a'qlee ★ **psychotherapy** *n* معالجه روانی ma'äleja-e-rawänee (1) **He** / (2) **She should undergo psychotherapy.** (۱) اومرد / (۲) اوزن باید معالجه روانی کند. (1) O zan / (2) o mard bäyad ma'äleja-e-rawänee konad. ★ **psychotic** *adj* عقلی a'qlee, روانی rawänee ★ **psychosomatic** *adj* کسی که علایم فزیکی ناشی از روان، هیجانات یا فکر و ذهن را دارد. Kasee ke a'läyem-e-fezeekee näshee az rawän, hayajanät yä feker wa zehn rä därad.

puberty *n* بلوغ bologh, بالغ bälegh **reach ~** بالغ شدن bälegh shodan

public *adj* عمومی o'moomee, عام a'äm, عامه a'äma **in ~** عموماً o'mooman ~ **announcement** اعلامیه عمومی e'lämeeya-e-o'moomee, اعلامیه عامه e'lä-meeya-e-a'äma ~ **health** صحت عامه sehat-e-a'äma ~ **service** نوکری عامه nokaree-e-a'äma ~ **telephone** تیلفون عامه teelfoon-e-a'äma ~ **transportation** حمل و نقل عامه hamel wa naqel-e-a'äma ~ **welfare** خیر عامه khayr-e-a'äma

publication *n* (*s.th. published*) مطبوع matbo', طبع و نشر taba' wa nasher, نشرات nashärat **agricultural ~** نشرات زراعتی nasharät-e-zerä-a'tee **engineering ~** نشرات انجینیری nasharät-e-engeenyaree **financial ~** نشرات مالی nasharät-e-mälee **medical ~** نشرات طبی nasharät-e-tebee **scientific ~** نشرات ساینسی nasharät-e-säynsee **technical ~** نشرات تخنیکی nasharät-e-

takhneekee

publicity *n* شهرت *shohrat* **It needs more publicity.** شهرت بیشتر ضرورت دارد. *Shohrat-e-beeshtar zaroorat därad.* **How can we give it more publicity?** این را چی قسم میتوانیم شهرت دهیم؟ *Een rä chee qesem meytawänem shohrat dehem.* ★ **publicize** *vt* مشهورساختن *mashhor säkhtan,* آشکار ساختن *ashkär säkhtan,* شهرت دادن *shohrat dädan* **We need to publicize (1) our services. / (2) the dangers. / (3) the urgent need.** ما باید (۱) خدمات ... / (۲) خطرات ... / (۳) ضروریات عاجل خود را را آشکار بسازیم. *Mä bäyad (1) khedamät-e-... / (2) khatarät-e-... / (3) zaroor-yät-e-a'äjel-e-khod rä ashkär besäzem.*

publish *vt* چاپ کردن *chap kardan,* طبع و نشر کردن *taba' wa nasher kardan* **Who can publish (1) it / (2) them for us?** کی میتواند (۱) این / (۲) آنها را برای ما نشر کند؟ *Kee mey-tawänad (1) een / (2) änhä rä baräy-e-mä nasher konad?* ★ **publisher** *n* ناشر *näsher,* طبع و نشر کننده *taba' wa nasher konenda*

puddle *n* دند آب *dand äb,* ذخیره آب ناپاک *zakheera-e-äb-e-näpäk* **puddles of ~** گودل گند آب *godal-e-gandäb*

puffed up *adj (swollen)* متورم *motawarem,* گزاف *gazäf*

puffy *adj* پف شده *pof shoda,* باد دار *bäd där*

pull *vt* کشیدن *kasheedan,* کندن *kandan* ~ **a muscle** عضله کشیدن *a'zala kasheedan* ~ **from the wreckage** از بین جرابه ها بیرون کشیدن *az bayn-e-kharäba hä beeroon kasheedan* **Pull it!** بکشید! *Bekashed!* **Don't pull (it)!** نکشید! *Nakashed!* **Pull it apart.** کنار بکشید. *Kenär bekashed.* **Pull it away.** به یک طرف بکشید. *Ba yak taraf bekashed.* **Pull (1) her / (2) him / (3) it up.** (۱) اوزن (۲) اومرد (۳) این را بکشید. *(1) O zan / (2) O mard / (3) Een rä bekashed.* **Pull it down.** پایین بکشید. *Päyeen bekashed.* **Pull (1) her / (2) him / (3) it out.** (۱) اوزن (۲) اومرد (۳) این را بیرون بکشید. *(1) O zan / (2) O mard / (3) Een rä beeroon bekashed.* **Pull it off.** این را بردارید. *Een rä bardäred.* **Pull off (1) her / (2) his shoes.** بوت های (۱) اوزن (۲) اومرد را بردارید. *Boot häyee (1) o zan / (2) o mard rä bardäred.* **Pull it over (the hole).** انطرف (سراخ) بکشید. *Ántaraf (-e-soräkh) bobared.* **Pull it to the side** این را در کنار بکشید. *Een rä dar kenär bekashed.* **Pull them together.** آنها را یکجا بکشید. *Änhä rä yakjä bekashed.* **Help (1) him / (2) them pull it.** (۱) اومرد (۲) آنها را کمک کنید که (۱) بکشد (۲) بکشند اش. *(1) O mard / (2) Änhä rä komak koned ke (1) bekashad (2) bekashand ash.* **It has to be pulled (1) away. / (2) off.** این باید (۱) کنار / (۲) دور کشیده شود. *Een bäyad (1) yakso / (2) door kasheeda shawad.* **You pulled a muscle (in your [1] arm / [2] leg).** شما عضله [۱] بازو / [۲] پای تان را افگار کردید. *Shomä a'zala-e-([1] bäzoo-e- / [2] päy-e-) tän rä afgär karded.* **(1) He / (2) She pulled a muscle (in [3] his / [4] her / [5] arm / [6] leg).** (۱) اومرد (۲) اوزن عضله ([۵] بازو / [۶] پای [۳,۴] اش را) افگار کرد. *(1) O mard / (2) O zan a'zala –e- ([5] bäzoo / [6] päy [3,4] ash rä) afgär kard.* **The tooth has to be pulled.** دندان باید کشیده شود. *Dandän bäyad kasheeda shawad.* **I'm going to pull the tooth.** دندان را میکشم. *Dandän rä meykasham.* ★ *vi* زور زدن *zoor zadan* **Pull on it.** زور بزنید. *Zoor bezaned.* **Don't pull on it.** زور نزنید. *Zoor nazaned.* ★ **pull in(to)** *idiom (drive in)* درکنار سرک موتر را ایستاده کردن *dar kenär-e-sarak motar rä eestäda kardan* **Pull in (1) here. / (2) there.** در (۱) اینجا / (۲) آنجا ایستاد کنید. *Dar (1) eenjä / (2) änjä eestäd koned.* ★ **pull off** *idiom (drive off the road)* موتر را درکنارسرک راندن *motar rä dar kenär-e-sarak rändan* **Pull off the road.** موتر را درکنارسرک برانید. *Motar rä dar kenär-e-sarak beräned.* ★ **pull out** *idiom (drive out)* ازگراچ خانه یا ایستادگاه بیرون آمدن *az garäch-e-*

khäna yä eestädgäh beeroon ämadan ★ **pull over** *idiom (drive over to the side of the road)* موتر را درکنارسرک راندن *motar rä kenär-e-sarak rändan* **Pull over (and let them pass).** درکنارسرک برانید (و آنها را اجازه دهید عبورکنند). *Dar kenär-e-sarak beräned (wa änhä rä ejäza dehed o'boor konand).* **Find a place to pull over.** یک جای برای توقف پیدا کنید. *Yak jäy baräy-e-tawaqof päydä koned.*

pulley *n* غرغره *gharghara*

pulp *n* 1. *(from fruit)* (میوه) مغز *maghz (meewa);* 2. *(of a tooth)* نرمه یا بیره *narma yä beera*

pulse *n* نبض *nabz,* ضربان *zarabän* ~ **rate** ضربان *zarabän,* نبض *nabz* **Take (1) her / (2) his pulse.** نبض (۱) اوزن / (۲) اومرد را بیبینید. *Nabz-e- (1) o zan / (2) o mard rä beebeened.* ★ **pulses** *n, pl (beans, peas, etc)* حبوبات *oboobät*

pump *vt* با بمبه کشیدن *bä bamba kasheedan,* با بمبه درآوردن *bä bamba dar äwardan* ~ **fuel** مواد سوخت را با بمبه کشیدن *mawäd-e-sokht rä bä bamba kasheedan* ~ **sewage** گند آب را با بمبه کشیدن *gand äb rä bä bamba kasheedan* ~ **water** آب را با بمبه کشیدن *äb rä bä bamba kasheedan* **You have to pump the water out.** شما باید با بمبه آب را بکشید. *Shomä bäyad bä bamba äb rä bekashed.* **Tell them to pump the water out.** آنها را بگوید که آب را با بمبه بکشند. *Änhä rä begoyed ke äb rä bä bamba bekashand.* ★ *n* بمبه *bamba,* پمپ *pamp* ~ **air** پمپ هوا *pamp-e-bädee,* پمپ برقی *pamp-e-hawä* ~ **electric** پمپ یا بمبه برقی *pamp yä barma-e-barqee* ~ **fuel** بمبه استخراج مواد سوخت *bamba-e-estekhräj-e-mawäd-e-sokht* **gas(oline)** ~ بمبه استخراج گازولین *bamba-e-estekhräj-e-gazooleen* **hand** ~ بمبه دستی *bamba-e-dastee* **irrigation** ~ پمپ ابیاری *pamp-e-äbyäree* ~ **part** قسمت بمبه *qesmat-e-bamba* **sewage** ~ بمبه گند آب *bamba-e-gand äb,* بمبه آب های بدررفت *bamba-e-äb häyee badar raft* **water** ~ بمبه آب *bamba-e-äb* **well** ~ بمبه چاه *bamba-e-chäh* **Install the pump (1) here. / (2) there.** بمبه را (۱) اینجا / (۲) آنجا نصب کنید. *Bamba rä (1) eenjä / (2) änjä nasb koned.* **The pump (1) is / (2) isn't running.** پمپ فعال (۱) است. / (۲) نیست. *Pamp fa'äl (1) ast. / (2) neest.* **You must keep the pump running.** شما باید پمپ را فعال نگهدارید. *Shomä bäyad pamp rä fa'äl negahdäred.* **The pump is broken.** بمبه شکسته است. *Bamba shekesta ast.* **We have to (1) fix / (2) replace the pump.** ما باید بمبه را (۱) ترمیم / (۲) تبدیل کنیم. *Mä bäyad bamba rä (1) tarmeem / (2) ta'weez konem.*

punctual *adj* دقیق *daqeeq* **Please be punctual (to work).** لطفا (درکار) دقیق باشید. *Lotfan (dar kär) daqeeq bäshed.* ★ **punctually** *adv* دقیقاً *daqeeqan,* به دقت *ba deqat* **We start punctually at eight o'clock.** ما دقیقاً هشت بجه شروع میکنیم. *Mä daqeeqan hasht baja shro' mey-konem.*

punctuation *n* نقطه گذاری *noqta gozäree,* علامه گذاری *a'läma gozäree*

puncture *vt* سوراخ شدن *soräkh shodan* **chest** ~ سوراخ سینه *soräkh-e-seena* **(1) Her / (2) His (3) foot / (4) hand / (5) lung has been punctured.** (۳) پا / (۴) دست / (۵) شش (۱,۲) اش سوراخ شد. *(3) Pä / (4) Dast / (5) Shash (1,2) ash soräkh shod.* ★ *n* سوراخ *soräkh,* پنچر *panchar* **The tire has a puncture.** تایر پنچر شد. *Täyer panchar shod.*

punish *vt* جزا دادن *jazä dädan,* مجازات کردن *majäzät kardan* **Are (1) they / (2) you going to punish (3) her? / (4) him? / (5) them?** آیا (۱) آنها / (۲) شما (۳) اوزن / (۴) اومرد / (۵) آنها را جزا (۱) میدهید؟ / (۲) میدهند؟ *Äyä (1) änhä / (2) shomä (3) o zan / (4) o mard / (5) änhä rä jazä (1) mey-dehed? / (2) mey-dehand?* **Ask them not to punish (1) her. / (2) him. / (3) them.** آنها را بگوید که (۱) اوزن / (۲) اومرد / (۳) آنها را جزا ندهند. *Änhä rä begohed ke (1) o zan / (2) o mard / (3) änhä rä jazä nadehand.*

(1) o zan / (2) o mard / (3) änhä rä jazä nadehand. ★ **punishment** *n* مجازات *majäzät,* جزا *jazä* **cruel** ~ جزا ظالمانه *jazä-e-zälemäna* **hard** ~ جزا سخت *jazä-e-sakht* **inhuman** ~ جزا غیرانسانی *jazä-e-ghayr-e-ensänee* **What (1) is / (2) was the punishment?** جزا چی (١) است؟ / (٢) بود؟ *Jazä chee (1) ast? / (2) bod?*

pupil *n* 1. *(school)* شاگرد *shägerd;* 2. *(eye)* مردمك چشم *mardomak-e-chashem* **elementary school** ~ شاگرد مكتب ابتدایه *shägerd-e-maktab-e-eptedäya*

puppy *n* چوچه سگ *chocha-e-sag*

purchase *n* خرید *khared,* خریداری *khareedäree* **big** ~ خرید زیاد *khareed-e-zeeyäd* **make a** ~ خرید کردن *khareed kardan* **monthly** ~ خرید ماه وار *khareed-e-mäh wär* **order** ~ حواله خرید *hawäla-e-khareed* **price** ~ قیمت خرید *qeemat-e-khareed* **regular** ~ خرید مرتب *khareed-e-moratab* **small** ~ خرید کم *khareed-e-kam* **wholesale** ~ خرید عمده *khareed-e-o'mda*

pure *adj* خالص *khäles,* صاف *säf* ~ **solution** محلول خالص *mahlool-e-khäles* ~ **water** آب مقطر *äb-e-moqatar,* آب خالص *äb-e-khäles* **This will make the water pure.** این آب را صاف خواهد ساخت. *Een äb rä säf khähad säkht.* ★ **purification** *n* تصفیه *tasfeeya,* پاکسازی *päksäzee* ~ **plant** ایستگاه تصفیه آب *eestgäh-e-tasfeeya-e-äb* ~ **tablet(s)** تابلیت تصفیه (ادویه) *tablet (adwee-ya)-e-tasfeeya* **water** ~ تصفیه آب *tasfeeya-e-äb* ★ **purify** *vt* پاک کردن *päk kardan,* تصفیه کردن *tasfeeya kardan* **The water must be purified.** آب باید تصفیه شود. *Äb bäyad tasfeeya shawad.* **The water has not been purified.** آب تصفیه نشده است. *Äb tasfeeya nashoda ast.* ★ **purifier** *n* ماشین تصفیه *mäsheen-e-tasfeeya* **water** ~ ماشین تصفیه آب *mäsheen-e-tasfeeya-e-äb* ★ **purity** *n* صافی *säfee,* پاکی *päkee* **check water** ~ صافی آب را ملاحظه کردن *säfee-e-äb rä moläheza kardan*

purple *adj* ارغوانی *arghawänee* **It (1) is / (2) was purple.** این ارغوانی (١) است. / (٢) بود. *Een arghawänee (1) ast. / (2) bod.* **They (1) are / (2) were purple.** آنها ارغوانی (١) هستند / (٢) بودند. *Änhä arghawänee (1) hastand / (2) bodand.*

purpose *n* قصد *qasd,* مراد *moräd,* مقصد *maqsad,* منظور *manzoor* **main** ~ مقصد اصلی *maqsad-e-aslee* **on** ~ قصداً *qasdan* **What's the purpose of it?** منظور این چیست؟ *Manzoor-e-een cheest?* **The purpose is to...** منظور این است که... *Manzoor een ast ke...* **There's no purpose in doing it.** هیچ مقصد برای کردن این کار نیست. *Hech maqsad-e-baräyee kardan-e-een kär neest.*

purse *n* کیسه پول *keesa-e-pool*

pus *n* چرک *cherk,* ریم *reem* **Drain the pus from it.** ریم اش را خشک کنید. *Reem ash rä khosh koned.* **I have to drain the pus from it.** من باید ریم اش را خشک کنم. *Man bäyad reem ash rä khosh konam.*

push *vt* تیله کردن *teela kardan,* به زور فشار دادن *ba zoor feshär dädan* **Push the (1) button. / (2) switch.** (١) دکمه / (٢) سویچ را به زور فشار بدهید. *Dokmah / (2) Sewech rä ba zoor feshär bedehed.* **Push it!** تیله اش کن. *Teela ash kon.* **Push it away.** رد اش کنید. *Rad ash koned.* **Push it down.** طرف پایین فشار اش بدهید. *Ba taraf-e-päyeen feshär ash bedehed.* **Push it in ([1] here / [2] there).** در ([١] اینجا / [٢] آنجا) تیله اش کنید. *Dar ([1] eenjä / [2] änjä) teela ash koned.* **Push it out.** بیرون تیله اش کنید. *Beeroon teela ash koned.* **Push it up.** بالا تیله اش کنید. *Bälä teela ash koned.* **Push it to the side.** درکنار تیله اش کنید. *Dar kenär teela ash koned.* **Don't push it.** تیله اش نکنید. *Teela ash nakoned.* **Can you push (1) my / (2) our car?** آیا شما (١) موتر من / (٢) ما را تیله کنید؟ *Äyä shomä mey-tawäned motar-e-(1)*

push / 332 / **put off**

man / (2) mä rä teela koned. ★ **push** *vi* کردن تیله *teela kardan* **Push!** تیله کنید! *Teela koned!* **Push harder!** سخت‌تر تیله کنید! *Sakhttar teela koned.* **Push as hard as you can.** هرقدرسخت‌تر میتوانید تیله کنید. *Harqadar sakhttar mey-tawäned teela koned.* **Don't push.** تیله نکنید. *Teela nakoned.* ★ *n* تیله *teelah* **Can you give (1) me / (2) us a push?** *(car)* (۲) / (۱) من آیا شما موتر را تیله میتوانید؟ *Äyä shomä motar-e-(1) man / (2) mä rä teela mey-tawäned?* **(1) I'll / (2) We'll give you a push.** *(car)* ما موتر (۲) / من (۱) شما را تیله خواهد (۱) کردم. / (۲) کردیم. *Man / (2) Mä motar-e-shomä rä teela khähad (1) kardam. / (2) kardem.*

pushcart *n* چرخ دستی *charkh-e-dastee*

put *vt* گذاشتن *gozäshtan,* انداختن *andäkhtan* **Put (1) it / (2) them (3) here. / (4) there.** (۲) این (۱) / (۴) آنجا بگذارید. *(1) Een / (2) änhä rä (3) eenjä / (4) änjä begzäred.* **Put (1) it / (2) them (3) ...on the truck. / (4) bus. / (5) ...in the car. / (6) tent. / (7) office. / (8) kitchen. / (9) house. / (10) building.** (۱) این / (۲) آنها را در(۳) موترباركش / (۴) موتر (۱۰) / خانه (۹) آشپزخانه (۸) دفتر (۷) خیمه (۶) / موتر (۵) / سرویس تعمیربگذارید. *(1) Een / (2) Änhä rä dar (3) motar-e-bärkash / (4) motar-e-sarwees / (5) motar / (6) khayma / (7) daftar / (8) äshpaz-khäna / (9) khäna / (10) ta'meer begzäred.* **Put (1) him / (2) her in (3) this / (4) that bed.** (۱) اومرد / (۲) اوزن را در (۳) این / (۴) آن بستر بگذارید. *(1) O mard / (2) O zan rä dar (3) een / (4) än bestar begzäred.* **Where did you put (1) it? / (2) them?** (۱) این / (۲) آنها را درکجا گذاشتید؟ *(1) Een / (2) Änhä rä dar kojä gozäshted?* **I put (1) it / (2) them ...** *(past tense)* (۱) این / (۲) آنها را گذاشتم... *(1) Een / (2) Änhä rä gozäshtam...* **Put this (1) cream / (2) ointment on it.** این (۱) کریم / (۲) مرهم را بگذارید. *Een (1) kreem / (2) marham rä begzäred.* **Put a (1) blanket / (2) coat / (3) raincoat / (4) robe / (5) sweater on (6) her. / (7) him.** (۱) اوزن یک (۷) / اومرد (۶) (۱) کمپل / (۲) کرتی / (۳) کرتی بارانی / (۴) با لاپوش / (۵) جاکت بپوشانید. *(6) O mard / (7) O zan rä yak (1) kampal / (2) kortee / (3) kortee-e-bäränee / (4) bäläpoosh / (5) jäkat boposhäned.* **Put a bandage on it.** یک بنداژ سراش بگذارید. *Yak bandäzh sar ash begzäred.* ★ **put away** *idiom* کنارگذاشتن *kenär gozäsh-tan* **Put (1) it / (2) them away (when you're finished).** (۱) این / (۲) آنها را کناربگذارید (وقتیکه تمام کردید). *(1) Een / (2) änhä rä kenär begzäred (waqteke tamäm karded).* **Put (1) these / (2) those things away.** (۱) این / (۲) آن چیز ها را کناربگذارید. *(1) Een / (2) Än cheez hä rä kenär begzäred.* ★ **put back** *idiom* درجای سابق اش گذاشتن *cheezee rä dar jäy-e-säbeq ash gozäshtan,* پس بردن *pas bordan* **Put (1) it / (2) them back (3) ...in the box. / (4) cabinet. / (5) closet. / (6) drawer. / (7) ...on the desk. / (8) shelf. / (9) table.** (۱) این / (۲) آنها را پس در (۳) صندوق / (۴) الماری / (۵) صندوق خانه / (۶) جعبه / (۷) سر میزتحریر / (۸) طاقچه / (۹) میز ببرید. *(1) Een / (2) Änhä rä pas dar (3) sandoq / (4) almäree / (5) sandoq khäna / (6) ja'ba / (7) sar-e-meez-e-tahreer / (8) täqcha / (9) meez bobared.* ★ **put down** *idiom (set down)* بزمین گذاشتن *bazameen gozäshtan,* نشاندن *neshändan* **Put (1) it / (2) them down ([3] here / [4] there),** (۱) این / (۲) آنها را ([۳] اینجا / [۴] آنجا) بگذارید. *(1) Een / (2) Änhä rä ([3] eenjä / [4] änjä) begzäred.* ★ **put in** *idiom 1. (insert)* داخل کردن *däkhel kardan;* 2. *(submit)* تسلیم کردن *tasleem kardan* **~ a request** درخواست را تسلیم کردن *darkhäst rä tasleem kardan* **~ stitches** سیخ ها را داخل کردن *seekh hä rä däkhel kardan* ★ **put off** *idiom (postpone)* به پس انداختن *ba ta'weeq andäkhan,* تعویق انداختن *pas andäkhtan* **I'm going to put off the trip till next month.** میخواهم که سفر را تا ماه آینده به تعویق بندازم. *Mey-khäham ke safar rä tä ba mäh-e-äyenda ba ta'weeq* *bendäzam.* **The** *(1)* **meeting** / *(2)* **operation** / *(3)* **shipment** / *(4)* **trip has been put off until next week.** (٤) / محموله (٣) / عملیات (٢) / ملاقات (١) *(1) Moläqät / (2) A'mal-yät / (3) Mahmola / (4) Safar tä hafta-e-äyenda ba ta'weeq aftäd.* ★ **put on** *idiom* 1. *(clothing)* پوشیدن *posheedan;* پوشانیدن *poshäneedan;* 2. *(switch on)* روشن کردن *rooshan kardan* **Put on** *(1)* **a helmet.** / *(2)* **an apron.** / *(3)* **a robe.** / *(4)* **a sweater.** یک (١) کلاه محافظوی (٢) پیش بند (٣) چپن (٤) جاکت / بپوشید. *Yak (1) koläh-e-mahäfezawee / (2) peeshband / (3) chapan / (4) jäkat beposhed.* **Put on** *(1)* **boots.** / *(2)* **gloves.** / *(3)* **goggles.** / *(4)* **protective glasses.** / *(5)* **slippers.** (١) کرمچ (٢) دستکش (٣) عینک نوری (٤) عینک محافظوی (٥) سرپایی بپوشید. *(1) Kermech / (2) Dastkash / (3) A'ynak-e-nooree / (4) A'ynak-e-mahäfezawee / (5) Sarpäyee beposhed.* **Put on the lights.** گروپ ها را روشن کنید. *Groop hä rä rooshan koned.* ★ **put out** *idiom* 1. *(extinguish)* فرونشاندن *fro-neshändan;* خاموش کردن *khämoosh kardan,* قطع کردن *qata' kardan,* خاموش کردن *khämoosh kardan* **Please put out** *(1)* **the fire.** / *(2)* **all the fires.** لطفا (١) آتش... / (٢) تمام آتش ها... را فرونشانید. *Lotfan (1) ätash... / (2) tamäm-e-atash hä... rä froneshäned.* **Help them put out the fire.** آنها را کمک کنید که آتش را فرونشانند. *Ânhä rä komak koned ke ätash rä froneshänänd.* **Put out the lights.** گروپ ها را خاموش کنید. *Groop hä rä khämoosh koned.* ★ **put together** *idiom (assemble)* جمع کردن *jama' kardan,* فراهم کردن *faräham kardan* **Help** *(1)* **him** / *(2)* **me** / *(3)* **them put it together.** (١) اومرد / (٢) اوزن / (٣) آنها را درجمع کردن این کمک کنید. *Ânhä rä dar jama' kardan-e-een komak koned.* **Can you put it together again?** آیا میتوانید این را دوباره جمع کنید. *Äyä mey-tawäned een rä dobära jama' koned?* ★ **put up** *idiom* بالازدن *bälä zadan,* بسته کردن *basta kardan* **Put up the tent** *(1)* **here.** / *(2)* **there.** خیمه را (١) اینجا / (٢) آنجا بسته کنید. *Khayma rä (1) eenjä / (2) änjä basta koned.* **Put up a warning sign** *(1)* **here.** / *(2)* **there.** یک علامت اخطار (١) اینجا / (٢) آنجا بزنید. *Yak a'lämat-e-akhtär (1) eenjä / (2) änjä bezaned.* **We need to put up a fence (**[1]**here** / [2] **there).** ما به دیوار کشیدن [١] اینجا / [٢] انجا ضرورت داریم. *Mä ba deewär kasheedan [1] eenjä / [2] änjä zaroorat därem.* ★ **put up with** *idiom (endure)* تحمل کردن *tahamool kardan* **(1) They'll / (2) We'll / (3) You'll have to put up with it.** شاید (١) انها / (٢) ما / (٣) شما انرا تحمل کنید. *Shäyad (1) änhä / (2) mä / (3) shomä än rä tahamol (1) konand. / (2) konem. / (3) koned.* **I can't put up with it anymore.** بعد ازین انرا تحمل کرده نمی توانم. *Bahd az een än rä tahamol karda namey-tawänam.*

putty *n* بطانه *batäna* **Put some putty in it (and sand it).** اندکی بطانه بگذارید (و ریگمال اش کنید). *Andakee batäna begzäred (wa reegmäl ash koned).*

puzzle *n* چیستان *cheestän,* معما *mo-a'mä* **crossword ~** جدول معما *jadwal-e-mo-a'mä* **jigsaw ~** بازی معمایی *bäzee-e-mo-a'mäyee* ★ **puzzled** *adj* گیچ *geech,* مغشوش *maghshoosh* **I'm puzzled (about it).** (درباره این) مغشوش هستم. *(Dar bära-e-een) maghshoosh hastam.* ★ **puzzling** *adj* حیرت انگیز *hayrat-angeez* **It's quite puzzling.** کاملا حیرت انگیز است. *Kämelan hayrat angeez ast.*

pylon *n* ستون *setoon,* برج *borj* **bridge ~** ستون پل *setoon-e-pol* **metal ~** برج فلزی *borj-e-felezee*

pyramid *n* هرم *heram*

Q q

Q-tip *n (trd nm)* پلیطه که در دوطرف اش پنبه دارد و برای پاک کردن گوش استفاده میشود. *Paleeta-e-ke dar do taraf ash ponba därad wa baräy-e-päk kardan-e-goosh estefäda mey-shawad.*
qualification *n* مهارت *maharat,* فهم وتجربه برای انجام کاری *fahm wa tajruba baraye anjam karee* **What qualifications do you have?** شماچی مهارت های دارید؟ *Shomä chee maharat ha-e däred?* **What qualifications does (1) he / (2) she have?** (۱) اومرد / (۲) اوزن چی مهارت های دارد؟ *(1) O mard / (2) O zan chee maharata ha-e darad?* **You have good qualifications.** شما مهارت های خوبی دارید. *Shomä maharat ha-e-khobee däred.* **(1) He / (2) She has good qualifications.** (۱) اومرد / (۲) اوزن مهارت های خوبی دارد. *(1) O mard / (2) O zan maharat ha-e-khobee därad.* ★ **qualified** *adj* شایسته *Shäyesta,* قابل *qäbel* **(1) He / (2) She (3) is / (4) isn't qualified for the job.** (۱) اومرد / (۲) اوزن قابلیت این کار را (۳) دارد. / (۴) ندارد. *(1) O mard / (2) O zan qabilyat een kar rä (3) därad. / (4) nadärad.*
quality *n* جنسیت *jenseeyat,* کیفیت *kayfeeyat,* خاصیت *khäsyat* **best ~** بهترین جنسیت *behtareen jenseeyat* **excellent ~** جنسیت عالی *jenseeyat-e-a'älee* **good ~** جنسیت خوب *jenseeyat-e-khoob* **high ~** جنسیت بالا *jenseeyat-e-bälä* **poor ~** جنسیت خراب *jenseeyat-e-kharäb*
quantity *n* مقدار *meqdär* **We need a (1) large / (2) small quantity.** ما به مقدار (۱) زیاد / (۲) کم ضرورت داریم. *Mä ba meqdär-e- (1) zeeyäd / (2) kam zaroorat därem.* **What quantity?** چی مقدار؟ *Chee meqdär?*
quarantine *vt* قرنطین کردن (مسافرین را قبل از ورود به کشور معاینه، و درمقابل امراض ساری واکسین کردن) *qaranteen kardan (mosäfereen ra qabl az wrood ba keshwar ma'äyena, wa dar moqäbel-amräz-e-säree wäkseen kardan)* **We have to quarantine the area.** ما باید ساحه را قرنطین کنیم. *Mä bäyad säha rä qaranteen konem.* ★ *n* قرنطین *qaranteen* **impose / put under ~** تحت قرنطین گذاشتن *that-e-qaranteen gozäshtan,* قرنطین کردن *qaranteen kardan* **~ order** دستور قرنطین *dastoor-e-qaranteen* **~ period** دوره قرنطین *dowra-e-qarantine* **(1) He / (2) She is... / (3) They are... in quarantine.** (۱) اومرد / (۲) اوزن .... / (۳) آنها .... در قرنطین هستند. *(1) O mard / (2) O zan / (3) Änhä dar qaranteen (1,2) ast. / (3) hastand.*
quarrel *vi* دعوا کردن *da'wä kardan,* نزاع کردن *nezä' kardan* **What are they quarreling about?** نزاع آنها درباره چیست؟ *Nezä'-e-änhä dar bära-e-cheest?* **Stop quarreling.** نزاع را بس کنید. *Nezä' rä bas koned.* ★ *n* نزاع *nezä',* دعوا *da'wä*
quarter *n* 1. *(one-fourth)* چارک *chärak;* 2. *(period of time)* ربع ساعت *roba'-e-sä-a't; (year)* سه ماه *se-mäh;* 3. *pl (living accommodations)* منزل *manzel* ★ **quarterly** *adj* سه ماهه *se mäha*
queasy *adj* ضعیف *za'eef* **Do you feel queasy?** آیا شما احساس ضعیفی میکنید؟ *Äyä shomä ehsäs-e-za'eefee mey-koned?*
question *vt* سوال کردن از *sawäl kardan az,* پرسش کردن از *porsesh kardan az,* **The police are questioning (1) her. / (2) him. / (3) them.** پولیس از (۱) اوزن / (۲) اومرد / (۳) آنها سوال میکند. *Polees az (1) o zan / (2) o mard / (3) änhä sawäl mey-konad.* **The police want to question (1) her. / (2) him.**

پولیس میخواهد که از (۱) اوزن / (۲) اومرد / (۳) آنها / ‎*(3)* them. / *(4)* you. (٤) شما سوال کند. *Polees mey-khähad ke az (1) o zan / (2) o mard / (3) änhä sawäl konad.* ★ **question** *n* 1. *(query)* سوال *sawäl*, پرسش *porsesh*; 2. *(subject; issue)* موضوع *mowzo'* **Do you have any questions?** آیا شما کدام سوال دارید؟ *Äyä shomä kodäm sawäl däred?* **If you have any questions, please ask me.** اگر شما کدام سوال دارید، لطفاً از من بپرسید. *Agar shomä kodäm sawäl däred, lotfan az man boporsed.* **That's a difficult question.** سوال مشکل است. *Sawäl-e-moshkel-e-ast.* **I have a question.** من یک سوال دارم. *Man yak sawäl däram.* **What's the question?** سوال چیست؟ *Sawäl cheest?* **It's a question of** *(1)* **funds.** / *(2)* **money.** / *(3)* **time.** موضوع (۱) سرمایه / (۲) پول / (۳) وقت است. *Mowzo'-e- (1) sarmäya / (2) pool / (3) waqt ast.* ★ **questionnaire** *n* پرسشنامه *porseshnäma,* سوالنامه *sawäl-näma*
queue (up) *vi* پشت سرهم ایستادن *posht-e-sar-e-am eestädan,* قطار شدن *qatär shodan* ★ **queue** *n* ردیف *radeef,* قطار *qatär,* صف *saf*
quick *adj* زود *zood,* تند *tond* **take ~ action** زود اقدام کردن *zood eqdäm kardan* **Be quick!** زود کنید! *Zood koned!* ★ **quickly** *adv* زود *zood,* به سرعت *ba sor-a't* **Come quickly!** زود بیاید! *Zood beeyäyed!* **Go quickly!** زود بروید! *Zood berawed!* **We have to act quickly.** ما باید زود اقدام کنیم. *Mä bäyad zood eqdäm konem.* **Do it quickly.** زود انجام دهید. *Zood anjäm dehed.*
quiet *adj* خاموش *khämoosh,* آرام *äräm,* راحت *rähat* **~ place** جایگاه خاموش *Jäygäh-e-khämoosh,* محل خاموش *mahal-e-khämoosh* **Please be quiet.** لطفاً آرام باشید. *Lotfan äräm bäshed.* **Keep quiet.** آرام باشید. *Äräm bäshed.* ★ **quietly** *adv* به آهستگی *ba ähestahgee* **Talk quietly.** آهسته صحبت کنید. *Ähesta sohbat koned.*
quilt *n* لحاف *lehäf,* بالاپوش *bäläposh* **distribute ~s** لحاف بخش کردن *lehäf bakhsh kardan* **make ~s** لحاف دوختن *lehäf dokhtan,* لحاف ساختن *lehäf säkhtan*
quinine *n* کونین (ادویه ملاریا) *koneen (adweya-e-malaryä)*
quit *vt* 1. *(stop)* بس کردن *pas kardan;* 2. *(leave, resign)* ترک کردن *tark kardan,* واگذاردن *wägozärdan* **Quit doing that!** بس کنید! *Bas koned.* **You should quit smoking.** شما باید سگرت کشیدن را بس کنید. *Shomä bäyad segret kasheedan rä bas koned.* **Why did you quit** *(1)* **school?** / *(2)* **your job?** چرا شما (۱) مکتب... / (۲) وظیفه تان... را ترک کردید؟ *Chorä shomä (1) maktab... / (2) wazeefa-e-tän... rä tark karded?*
quite *adv* 1. *(rather; very; considerable)* بسیار زیاد *beesyär zeeyäd;* 2. *(entirely)* تماماً *tamäman,* بکلی *bakolee* **It's quite** *(1)* **cold** / *(2)* **warm in here.** اینجا بسیار (۱) سرد / (۲) گرم است. *Eenjä beesyär (1) sard / (2) garm ast.* **It's quite** *(1)* **difficult.** / *(2)* **easy.** / *(3)* **possible.** بسیار (۱) مشکل / (۲) آسان / (۳) ممکن است. *Beesyär (1) moshkel / (2) äsän / (3) momken ast.* **It's quite a ways from here.** بسیار زیاد دور است. *Beesyär zeeyäd door ast.* **Not quite.** کاملاً نی. *Kämelan nee.*

R r

rabbit *n* خرگوش *khargoosh*
rabies *n* مرض سگ دیوانه *maraz-e-sag-e-deewäna* **get ~** به مرض سگ دیوانه مصاب شدن *ba maraz-e-sag-e-deewäna masäb shodan* **~ shot** واکسین مرض سگ دیوانه *wäkseen-e-maraz-e-sag-e-deewäna* **It may have rabies.** ممکن مرض سگ دیوانه داشته باشد. *Momken maraz-e-sag-e-deewäna dashta bäshad.*

race *n* 1. *(contest)* مسابقه *mosäbeqa;* 2. *(class / kind of people)* نژاد *nezhäd*
rack *n* 1. *(for equipment)* قفسچه *qafascha*, الماری *almäree;* 2. *(for luggage)* قفسچه *qafas-cha*
radar *n* رادار *rädär* **ground-penetrating ~** رادار نظارت زیر زمین *rädär-e-nezärat-e-zeer-e-zameen*
radiation *n* اشعه *ash-a'*, تابش *täbesh* **~ counter** اشعه متقابل *ash-a'-e-motaqäbel* **~ sickness** اشعه بیماری *ash-a'h-e-beemäree* **~ therapy** تدوای با اشعه *tadäwee bä ash-a'* **~ treatment** تداوی اشعه ایی *tadäwee-e-ash-a'-yee*
radiator *n (automot.)* رادیاتور *rädeeyätor* **The radiator has a leak.** رادیاتور سراخ شده است. *Rädeeyätor soräkh shoda ast.*
radio *vt* مخابره کردن *mokhäbera kardan* **(1) I'll / (2) We'll radio (3) him. / (4) them.** (۱) من / (۲) ما به (۳) او مرد / (۴) آنها مخابره (۱) خواهم / (۲) خواهیم کرد. *(1) Man / (2) Mä ba / (3) o mard / (4) änhä mokhäbera (1) khäham / (2) khähem kard.* ★ *n* رادیو *rädyo* **operate a ~** رادیو را عیار کردن *rädyo rä a'yär kardan* **portable ~** رادیودستی *rädyo-e-dastee*, رادیوسفری *rädyo-e-safaree* **~ battery** بطری رادیو *betree-e-rädyo* **~ frequency** فریکونسی رادیو *fereekowensee-e-rädyo* **~ operator** گرداننده رادیو *gardänenda-e-rädyo* **~ set** سیت رادیو *seet-e-rädyo* **~ station** مرکز رادیو *markaz-e-rädyo* **tune the ~** رادیو را عیار کردن *rädyo rä a'yär kardan* **two-way ~** رادیو دو طرفه *rädyo-e do tarafe*
radioactive *adj* رادیواکتیف (جسمی که اشعه مجهول خارج، و تاثیرات برقی تولید نماید). *rädyo-akteef (jismee ke ash-a'h-e-majhol kharij, wa täseerät-e-barqee towleed nomäyad).* **~ material** مواد رادیو اکتیف *mawäd-e-rädyo-akteef* **~ substance** ماده رادیو اکتیف *made-e-rädyo-akteef* **~ waste** فضله رادیو اکتیف *fazle-e-rädyo-akteef* ★ **radioactivity** *n* رادیواکتی ویتی (خاصیت جسمی که از خود اشعه مجهول بیرون کند.) *rädyo-akteeweetee (Khäseeyat-e-jesmee ke az khod ash-a'h-e-majhool beeroon konad.)*
radiologist *n* گیرنده کلیشه رادیوگرافی *geerenda-e-kaleesha-e-rädyo-geräfee* ★ **radiology** *n* علم که از اشعه بحث میکند. *E'lm-e-ke az ash-a'h bas meykonad.* شاخه از علم طب است که در تشخیص و تداوی امراض با استفاده از اشعه بحث میکند. *Shäkha-e-az e'lm-e-teb ast ke dar tashkhees wa tadäwee-e-amräz bä estefäda az ash-a'h bahs mey-konad.*
radio-telephone *n* تیلفون بیسیم *teelfoon-e-beeseem*
radish *n* مولی سرخک *molee sorkhak*
raft *n* كلك *kalak*
rag *n* 1. *(piece of cloth)* لته *lata*, ژنده *zhanda;* 2. *pl (tattered clothes)* لباس ژنده *lebäs-e-zhanda* **dust ~** لته برای پاک کردن گرد و خاک *lata barayee päk kardan gard wa khäk* **wash ~** لته شستشو *lata-e-shostosho* **Get a rag and clean it up.** یک ژنده را بیگیرید و پاک اش کنید. *Yak zhanda rä beegeered wa päk ash koned.* **(1) He / (2) She is in rags.** (۱) اومرد / (۲) اوزن درلباس ژنده است. *(1) O mard / (2) O zan dar lebäs-e-zhanda ast.* **They're in rags.** آنها درلباس ژنده هستند. *Ánhä dar lebäs-e-zhanda hastand.*
raid *vt* حمله کردن بر *hamla kardan bar* **They raided our (1) area / (2) camp / (3) facility.** آنها بر (۱) منطقه / (۲) کمپ / (۳) ساختمان ما حمله کردند. *Ánhä bar (1) manteqa-e- / (2) kamp-e- / (3) säkhtomän-e-mä hamla kardand.* ★ *n* حمله *hamla*, تهاجم *tahäjom* **police ~** حمله پولیس *hamla-e-polees*
railing *n* مصالح ریگ گذاری *masäleh-e-reeg gozäree*
railroad *adj* راه آهن *räh-e-ähan* **~ crossing** دوراهی راه آهن *dorähee-e-räh-e-ähan* **~ line** خط راه آهن *khat-e-räh-e-ähan* **~ station** ستیشن ریل *esteshan-e-rayl*, ستیشن خط آهن *esteshan-e-khat-e-ähan* **~ track** خط سیر راه آهن *khat-e-sayr-e-räh-e-ähan* ★ *n* خط آهن *khat-e-ähan*, راه آهن *räh-e-ähan*

rain vi باریدن *bäreedan*, باران شدن *bärän shodan* **It's raining.** باران میبارد. *Bärän mey-bärad.* **What if it rains?** اگر ببارد؟ *Agar bobärad?* **Do you think it will rain.** آیا فکر میکنید باران خواهد بارید؟ *Äyä feker mey-koned bärän khähad bared?* **If it doesn't rain, ...** اگر باران نشود... *Agar bärän nashawad...* ★ n باران *bärän* **work in the ~** دربادان کار کردن *dar bärän kär kardan* **I don't want you to (1) stand / (2) wait in the rain.** نمیخواهم که شما در باران (1) ایستاد شوید. / (2) منتظر باشید؟ *Namey-khäham ke shomä dar bärän (1) eestäd shawed. / (2) montazer bäshed.* ★ **raincoat** n کورتی بارانی *kortee-e-bäränee* ★ **rainfall** n بارندگی *bärendagee* ★ **rainstorm** n طوفان باران *toofän-e-bärän* ★ **rainwear** n لباس بارانی plastic ~ لباس بارانی پلاستیکی *lebäs-e-bäränee palästeekee* ★ **rainy** adj بارانی *bäränee*

raise vt 1. (lift) بلند کردن *beland kardan*; 2. (children) بزرگ کردن *bozorg kardan*; 3. (animals) پروردن *parwardan*; 4. (crops) کشت کردن *kesht kardan*; 5. (money: collect) جمع کردن *jama' kardan* **Raise it up.** بطرف بالا بلند اش کنید. *Bataraf-e-bälä beland ash koned.* **We'll raise it with a crane.** همراه جرثقیل بلند اش خواهد کردیم. *Hamräy-e-jarsaqeel beland ash khähad kardem.* **Help (1) him / (2) them raise the pole.** (1) اومرد / (2) آنها را کمک کنید که پایه را بلند کنند. *(1) O mard / (2) Änhä rä komak koned ke päya rä beland konand.* **Who raised (1) her? / (2) him? / (3) them? / (4) you?** (1) اوزن / (2) اومرد / (3) آنها / (4) شما راکی بزرگ کرد؟ *(1) O zan / (2) O mard / (3) Änhä / (4) Shomä rä kee bozorg kard?* **Do you raise (1) cattle? / (2) chickens? / (3) horses? / (4) sheep?** آیا شما (1) رمه / (2) مرغ ها / (3) اسپ ها / (4) گوسفند ها را میپرورانید؟ *Äyä shomä (1) rama / (2) morgh hä / (3) asp hä / (4) gosfand hä rä mey-parwaräned?* **What kind of crops do you raise?** چی نوع حبوبات کشت میکنید؟ *Chee nawa' hobobät kesht mey-koned?* **It's not easy to raise money for our programs.** کار آسان نیست که برای برنامه ما پول جمع کنیم. *Kär-e-äsän neest ke baräy-e-barnämah-e-mä pool jama' konem.* **We have to raise more money.** ما باید بیشتر پول جمع کنیم. *Mäbäyad beeshtar pool jama' konem.* ★ n (increase in pay) اضافه *ezäfa,* ازدیاد در معاش *ezdeeyäd dar ma'äsh* **(1) I'm / (2) We're going to give you a raise (in pay).** (1) من / (2) ما شما را (درمعاش) اضافه پول (1) میدهم. / (2) میدهیم. *(1) Man / (2) mä shomä rä (dar ma'äsh) ezäfa pool (1) mey-deham. / (2) mey-dehem.* **If you do a good job, you'll get a raise after three months.** اگر خوب کار کردید، بعد از سه ماه معاش تان اضافه خواهد شد. *Agar khob kär karded, ba'd az seh mäh ma'äsh-e-tän ezäfa khähad shod.*

raisin n کشمش *keshmesh*
rake vt جمع کردن *jama' kardan* **Rake up the leaves.** برگ ها را جمع کنید. *Barg hä rä jama' koned.* ★ n شاخی *shäkhee*
ram n (male sheep) گوسفند نر *goosfand-e-nar*
ramp n سراشیب *saräsheeb* **down the ~** پایین سراشیب *päyeen-e-saräsheeb* **up the ~** بالای سراشیب *bälä-e-saräsheeb*
ranch n پرورش گاه گله درامریکا *parwaresh gäh-e-gala dar amreekä,* تویله *taweela*
rancid adj ترش کرده *torsh karda,* بوگرفته *bo grefta* **turn ~** ترش شدن *torsh shodan*
random adj الله توکلی *alä tawakalee,* اتفاقی *etefäqee* ★ **randomly** adv بطور الله توکلی *batowr-e-alä tawakalee*
range n 1. (extent; scope) حدود *hodod,* وسعت *wase-a't*; 2. (radios, weapons) تیر رس *teer ras*; 3. (variety) میدان *maydän*; 4. (grazing land) چراگاه *charägäh*; 5. (mountains) کوهستان *kohestan,* سلسله *selsele*; 6. (stove) بخاری

bokhāree, منقل *maqal* **electric ~** بخاری برقی *bo-khāree-e-barqee* **gas ~** بخاری گازی *bokhāree-e-gāzee* **mountain ~** کوهستان *kohestan,* سلسله کوه *selsele-ye-ko* **out of ~** دور از تیر رس *door az teer ras,* دور از صدا رس *door az sadā ras* **wide ~** میدان وسیع *maydān-e-wasee'*

ranger *n (mil.)* کماندو *comandoo*

rank *n* رتبه عسکری *rotba-e-a'skaree* **What rank is (1) he? / (2) she?** رتبه نظامی (۱) اومرد / (۲) اوزن چیست؟ *Rotba-e-nezāmee-e- (1) o mard / (2) o zan cheest?* **What rank are you?** رتبه نظامی شما چیست؟ *Rotba-e-nezāmee-e-shomā cheest?*

ransack *vt* غارت کردن *ghārat kardan* **They ransacked (1) my office. / (2) the (whole) place.** آنها (۱) دفتر من ... / (۲) (تمام) جای... را غارت کردند. *Ānhā (1) daftar-e-man... / (2) (tamām)-e-jāy... rā ghārat kardand.*

ransom *n* فدیه *fedyah* **They're demanding a ransom.** آنها تقاضا فدیه را میکنند. *Ānhā taqāzā-e-fedya rā mey-konand.* **How much ransom do they want?** آنها چقدر فدیه میخواهند؟ *Ānhā cheqadar fedya mey-khāhand?* **How do we pay the ransom?** چی قسم فدیه بدهیم؟ *Chee qesem fedya bedehem?*

rape *vt* بی سیرت کردن *bey seerat kardan,* زنای به زور کردن *zenāy ba zoor kardan* **Did (1) he / (2) they rape (3) you? / (4) her?** آیا (۱) اومرد / (۲) آنها (۳) شما را / (٤) اوزن را بی سیرت (۱) کرد؟ / (۲) کردند؟ *Āyā (1) O mard / (2) Ānhā (3) shomā / (4) o zan rā bey seerat (1) kard? / (2) kardand?* **(1) He / (2) They raped (3) me. / (4) her.** (۱) اومرد / (۲) آنها (۳) من / (٤) اوزن را بی سیرت (۱) کرد. / (۲) کردند. *(1) O mard / (2) Ānhā (3) man / (4) o zan rā bey seerat (1) kard. / (2) kardand.* **(1) Were you... / (2) Was she... raped?** آیا (۱) شما / (۲) اوزن بی سیرت (۱) شدید؟ / (۲) شد؟ *Āyā (1) shomā / (2) o zan bey seerat (1) shoded? / (2) shod?* **Was anybody raped?** آیا کسی بی سیرت شد؟ *Āyā kasee bey seerat shod?* **(1) I / (2) She was raped.** (۱) من / (۲) اوزن بی سیرت (۱) شدم. / (۲) شد. *(1) Man / (2) O zan bey seerat (1) shodam. / (2) shod.* **Were they raped?** آیا آنها بی سیرت شدند؟ *Āyā ānhā bey seerat shodand?* **They were raped.** آنها بی سیرت شدند. *Ānhā bey seerat shodand.* ★ *n* تجاوز جنسی *tajawoz-e-jensee* **commit ~** تجاوز جنسی کردن *tajawoz-e-jensee kardan*

rapid *adj* سریع *saree'* **~ decline** کاهش سریع *kāhesh-e-saree'* **~ deterioration** خرابی سریع *kharābee-e-saree'* **~ growth** نمو سریع *nomo-e-saree',* رشد سریع *rosh-e-saree'* **~ pulse** نبض سریع *nabz-e-saree'*

rapist *n* زانی *zānee,* بی سیرت کننده *bey seerat konenda*

rare *adj* کمیاب *kamyāb,* کم *kam* ★ **rarely** *adv* بندرت *banedrat,* ندرتاً *nedratan*

rash *n* دانه *dāna,* بخار *bokhār* **heat ~** گرمی دانه *garmee dāna*

rat *n* موش *mosh* **exterminate ~s** موش ها را نابود کردن *mosh hā rā nābod kardan* **get rid of ~** موش ها را از بین بردن *mosh hā rā az bayn bordan* **~ poison** دوای مرگ موش *dawāy-e-marg-e-mosh* **~ trap** دام موش *dāma-e-mosh,* تلک موش *talak-e-mosh* **Put this rat poison out to kill the rats.** این دوای مرگ موش را در بیرون بگذارید تا موش ها را از بین ببرد. *Een dawāy-e-marg-e-mosh rā dar beeroom bendāzed tā mosh hā rā az bayn bobard.*

rate *n* 1. *(pace)* درجه *daraja,* سرعت *sor-a't*; 2. *(relative measurement)* قیمت *qeemat,* نرخ *nerkh* **exchange ~** نرخ معاوضه *nerkh-e-ma'āweza* **interest ~** نرخ سود *nerkh-e-sood,* سود *sood* **pulse ~** درجه نبض *daraja-e-nabz* **~ of growth** نمو درجه *daraja-e-nomo* **tax ~** مالیات *mālyāt*

rather *adv* 1. *(fairly)* نسبتاً *nesbatan*; 2. *(preferably)* با میل بسیار *bā mayl-e-beesyār,* با میل ترجیح *bā mayl-e-tarje* **It's rather (1) cold. / (2) difficult. / (3) expensive. / (4) heavy. / (5) wet.** نسبتاً (۱) سرد / (۲) مشکل / (۳) گران / (٤) سقیل / (٥) تر است. *Nesbatan (1) sard / (2) moshkel / (3) gerān /*

(4) saqeel / (5) tar ast. **I'd rather** *(1)* **do it myself.** */ (2)* **stay here.** */ (3)* **wait.** بهتر بود (١) خودم انجام میدادم. / (٢) اینجا میماندم. / (٣) انتظار میکشیدم. *Behtar bod (1) khodam anjäm mey-dädam. / (2) eenjä mey-mändam. / (3) entezär mey-kasheedam.* **I'd rather not** *(1)* **go.** */ (2)* **say.** */ (3)* **take it.** بهتر بود (١) نمیرفتم / (٢) نمیماندم / (٣) نمیگرفتم. *Behtar bod (1) namey-raftam. / (2) namey-mändam. / (3) namey-greftam.*

ratio *n* نسبت *nesbat* **Check** *(1)* **her** */ (2)* **his** */ (3)* **their height-weight ratio.** نسبت قد – وزن (١) او زن / (٢) او مرد / (٣) آنها را بررسی کنید. *Nesbat-e-qad--wazen-e- (1) o zan / (2) o mard / (3) änhä rä bar-rasee koned.*

ration *vt* جیره بندی کردن *jeera bandee kardan,* جیره دادن *jeera dädan* **We have to ration** *(1)* **food.** */ (2)* **fuel.** */ (3)* **water.** ما باید (١) موادخوراکه / (٢) مواد سوخت / (٣) آب را جیره بندی کنیم. *Mä bäyad (1) mawäd-e-khoräka / (2) mawäd-e-sokht / (3) äb rä jeera bandee konem.* ★ *n* جیره *jeera,* سهم *sahm* **daily ~** جیره روزانه *jeera-e-roozäna* **emergency ~s** اسهام عاجل *as-häm-e-a'äjel* **food ~** جیره غذا *jeera-e-ghazä* **military ~s** جیره سربازی *jeera-e-sarbäzee* **monthly ~** جیره ماه وار *jeera-e-mäh wär* **weekly ~** جیره هفته وار *jeera-e-hafta wär*

rattle *vi* تق تق کردن *taq taq kardan* **What's rattling?** چی تق تق میکند؟ *Chee taq taq mey-konad?* **The engine rattles.** ماشین تق تق میکند. *Mäsheen taq taq mey-konad.*

ravine *n* دره تنگ *dara-e-tang* *(1)* **How** */ (2)* **Where can we cross that ravine?** (١) چطور / (٢) ازکجا از آن دره تنگ گذر کرده میتوانیم؟ *Chetowr... / (2) Az kojä... az än dara-e-tang gozar karda mey-tawänem?*

raw *adj* 1. *(uncooked)* خام *khäm,* نپخته *nä pokhta;* 2. *(untreated)* تجزیه ناشده *tajzeeya näshoda;* 3. *(unprocessed)* استفاده ناشده *estefäda näshoda* **~ material** مواد خام *mawad khäm* **~ sewage** گنداب تجزیه نا شده *gandäb-e-tajzeeya näshoda* **Don't eat** *(1)* **it** */ (2)* **them raw.** (١) این / (٢) آنها را خام نخورید. *(1) Een / (2) Ähhä rä khäm nakhored.*

razor *n* تیغ *teegh* **~ blade** پل تیغ *pal-e-teegh*

reach *vt* 1. *(arrive at)* رسیدن به *raseedan ba;* 2. *(be able to grasp)* لمس کردن *lams kardan* **When will we reach** *(place name)***?** چی وقت به (___) خواهد رسیدیم؟ *Chee waqt ba (___) khähad raseedem?* **Can we reach there before night?** آیا قبل از شب به آنجا میتوانیم برسیم؟ *Äyä qabel az shab ba änjä mey-tawänem berasem?* **Can you reach it?** آیا این را لمس کرده میتوانید؟ *Äyä een rä lams karda mey-tawäned?* **I can't reach it.** نمیتوانم لمس کنم. *Namey-tawänam lams konam.*

react *vi* واکنش داشتن *wäkonesh däshtan* **How did** *(1)* **he** */ (2)* **she** */ (3)* **they react?** (١) اومرد / (٢) اوزن / (٣) آنها چی قسم واکنش داشتند؟ *(1) O mard / (2) O zan / (3) Ähhä chee qesem wäkonesh däshtand?* ★ **reaction** *n* عکس العمل *a'ks-el-a'mal,* واکنش *wäkonesh*

read *vt & vi* 1. *(books, etc)* خواندن *khändan;* 2. *(indicate)* تعبیر کردن *ta'beer kardan,* خوانده شدن *khända shodan* **Can you read** *(1)* **Arabic** */ (2)* **Dari** */ (3)* **English** */ (4)* **Farsi** */ (5)* **Pashto** */ (6)* **Urdu** */ (7)* *(other language)***?** آیا شما (١) عربی / (٢) دری / (٣) انگلیسی / (٤) فارسی / (٥) پشتو / (٦) اردو / (٧) (___) را خوانده میتوانید؟ *Äyä shomä (1) a'rabee / (2) daree / (3) engleesee / (4) färsee / (5) pashtoo / (6) ordo / (7) (lesän-e-deegar) rä khända mey-tawäned?* **I** *(1)* **can** */ (2)* **can't read** *(3)* **Arabic** */ (4)* **Dari** */ (5)* **Farsi** */ (6)* **Pashto** */ (7)* **Urdu** */ (8)* *(other language)* من (٣) عربی / (٤) دری / (٥) فارسی / (٦) پشتو / (٧) اردو / (٨) (___) را خوانده (١) میتوانم / (٢) نمیتوانم. *Man (3) a'rabee / (4) daree / (5) färsee / (6) pashtoo / (7) ordo / (8) (lesän-e-deegar) rä khända (1) mey-tawänam / (2) namey-tawänam.* *(1)* **Can he** */ (2)* **she read** *(3)* **Dari** */ (4)* **English** */ (5)* *(8) (lesän-e-*

deegar) rä khända (1) mey-tawänam / (2) namey-tawänam. *(1)* **Can he /** *(2)* **she read** *(3)* **Dari /** *(4)* **English /** *(5)* *(other language)*? آیا (۱) اومرد / (۲) اوزن (۳) دری / (٤) انگلیسی / (٥) (ــــ) را خوانده میتواند؟ *Äyä (1) o mard / (2) o zan (3) daree / (4) engleesee / (5) (lesän-e-deegar) rä khända mey-tawänad?* *(1)* **He /** *(2)* **She** *(3)* **can /** *(4)* **can't read** *(5)* **Dari /** *(6)* **English /** *(7)* *(other language)*. (۱) اومرد / (۲) اوزن (۳) دری / (٥) انگلیسی / (٦) (ـــ) را خوانده (۳) میتواند. (٤) نمیتواند. *(1) O mard / (2) O zan (5) daree / (6) engleesee / (7) (lesän-e-deegar) rä khända (3) mey-tawänad. / (4) namey-tawänad.* **What does it read?** چی خوانده میشود؟ *Chee khända mey-shawad?* **It reads** *(what)*. (ــــ) (ــــ) خوانده میشود. *(___) (___) khända mey-shawad.* ★ **reader** *n (textbook)* خواننده *khänenda* ★ **reading** *n (meters: indication)* نگارش *negäresh,* یادداشت *yädäsht* **Take a reading of the meter (every two hours).** (بعد از هردوساعت) یک یادداشت اندازه را بیگیرید.. *(Ba'd az har do sä-a't) yak yädäsht-e-andäza rä bee-geered.*

ready *adj* آماده *ämäda* **Are you ready?** آیا شما آماده هستید؟ *Äyä shomä ämäda hasted?* **I** *(1)* **am /** *(2)* **am not ready.** (۱) هستم. / (۲) نیستم. *Man ämäda (1) hastam. / (2) neestam.* **Get ready.** آماده شوید. *Ämäda shawed.* *(1)* **I'm /** *(2)* **We're getting ready.** (۱) من / (۲) ما آماده (۱) شدم. / (۲) شدیم. *(1) Man / (2) Mä ämäda (1) shodam. / (2) shodem.* **Is it ready?** آیا آماده است؟ *Äyä ämäda ast?* **It** *(1)* **is /** *(2)* **isn't ready.** (۱) است. / (۲) نیست. *Ämäda (1) ast. / (2) neest.* *(1)* **Everything /** *(2)* **It has to be ready by** *(3)* **Friday. /** *(4)* **tomorrow.** (۱) همه چیز / (۲) این باید هنگام (۳) جمعه / (٤) فردا آماده شود. *(1) Hama cheez / (2) een bäyad hangäm-e- (3) joma'h / (4) fardä ämäda shawad.* **Will it be ready by then?** آیا بعداً آماده خواهد شد؟ *Äyä ba'dan ämäda khähad shod?* **It** *(1)* **will /** *(2)* **won't be ready by then.** بعداً آماده خواهد (۱) شد. / (۲) نشد. *Ba'dan ämäda khähad (1) shod. / (2) nashod.*

real *adj* 1. *(actual)* واقعی *wäqe-ee;* 2. *(genuine);* حقیقی *haqeeqee* راستی *rästee,* طبعی *tabe'-ee,* اصلی *aslee* **There's a real possibility.** واقعاً امکان دارد. *Wäqe'an emkän därad.* **We have a real problem.** یک مشکل واقعی ما داریم. *Mä yak moshkel-e-waqa' hee därem.* **Is it real?** آیا این اصلی است؟ *Äyä een aslee ast?* **It** *(1)* **is /** *(2)* **isn't real.** اصلی (۱) است. / (۲) نیست. *Aslee (1) ast. / (2) neest.* ★ *adv* راستی *ba rästee* **Try real hard, okay?** به راستی زیاد کوشش کنید، درست است؟ *Ba rästee zeeyäd koshesh koned, drost ast?*

realize *vt (be / become aware of)* درک کردن *dark kardan* فهمیدن *fahmeedan,* **Do you realize that... ?** آیا شما میفهمید که...؟ *Äyä shomä mey-fahmed ke...?* **I realize that...** فهمیدم که... *Fahmeedam ke...* **I didn't realize that...** نفهمیدم که.... *Nafahmeedam ke...*

really *adv* واقعاً *wäqe-a'n,* راستی *rästee* **We really need it.** راستی این را ضرورت داریم. *Rästee een rä zaroorat därem.* *(1)* **Her /** *(2)* **His injury is really bad.** زخم (۱) اوزن (۲) اومرد واقعاً مضر است. *Zakhem-e- (1) o mard / (2) o zan wäqe-a'n mozer ast.* **I really don't know.** من واقعاً نمیدانم. *Man wäqe-a'n namey-dänam.*

rear *adj* عقب *a'qeb,* پشت *posht* ~ **end** *(buttocks)* سرین *soreen* ~ **wheel** چرخ عقب *charkh-e-a'qeb* ★ *n* عقب *a'qeb* **in the** ~ درعقب *dar a'qeb*

reason *n* دلیل *daleel,* علت *e'lat* **for hygienic ~s** به علت صحی *ba e'lat-e-sahee* **main** ~ علت اصلی *e'lat-e-aslee* **For what reason?** به کدام دلیل؟ *Ba kodäm daleel?* **The reason is that...** به دلیل آن که... *Ba daleel-e-än ke...* **Did** *(1)* **he /** *(2)* **she give a reason?** آیا (۱) اومرد / (۲) او زن دلیل داشت؟ *Äyä (1) o mard / (2) o zan daleel-e-däsht?* **There are several reasons.** چندین دلیل است. *Chandeen daleel ast.* ★ **reasonable** *adj* 1. *(amenable to reason)*

reason) معقول *ma'qool;* 2. *(fair; not excessive)* غیرگزاف *gahyr-e-gazäf,* مناسب *monäseb* ~ **price** قیمت مناسب *qeemat-e-monäseb* ~ **suggestion** انتقاد *enteqäl-e-ma'qool,* پیشنهاد معقول *peeshnehäd-e-ma'qool* Be reasonable. معقول باش. *Ma'qool bäsh.*

reassure *vt* دوباره اطمینان دادن *dobära etmeenän dädan* **Try to reassure** *(1)* **her.** / *(2)* **him.** / *(3)* **them.** کوشش کن که (۱) اوزن / (۲) اومرد / (۳) آنها را دوباره اطمینان دهید. *Koshesh koned ke (1) o zan / (2) o mard / (3) änhä rä dobära etmeenän dehed.*

rebandage *vt* دوباره با زخم بند بستن *dobära bä zakhem band bastan* **Rebandage the** *(1)* **arm.** / *(2)* **foot.** / *(3)* **hand.** / *(4)* **leg.** / *(5)* **wound.** (۱) بازو / (۲) قدم / (۳) دست / (٤) پای / (٥) زخم را دوباره بسته کنید. *Bäzoo / (2) Qadam / (3) Dast / (4) Päy / (5) Zakhem rä dobära bä zakhemband basta koned.*

rebar *n (concrete) (reinforcing bar)* میل استحکام *meel-e-estehkäm*

rebuild *vt* دوباره اعمار کردن *dobära e'mär kardan,* دوباره ساختن *dobära säkhtan* ★ **rebuilding** *n* اعمار دوباره *e'mär-e-dobära*

rebury *vt* دوباره به خاک سپردن *dobära ba khäk sepordan*

receipt *n* رسید *raseed* **Get receipts for all your purchases.** برای تمام خریداری ات رسید بیگیر. *Bäräy-e-tamäm-e-khareedäree at raseed beegeer.* **Could you give me a receipt, please.** لطفاً, برایم یک رسید داده میتوانید؟ *Lotfan, yak raseed baräyam däda mey-tawäned?*

receive *vt* گرفتن *greftan,* دریافت کردن *daryäft kardan* **Did you receive my message?** آیا شما پیغام من را گرفتید؟ *Äyä shomä payghäm-e-man rä grefted?* **Did you receive** *(1)* **it?** / *(2)* **them?** آیا شما (۱) این / (۲) آنها را گرفتید؟ *Äyä shomä (1) een / (2) änhä ä grefted?* **We** *(1)* **received** / *(2)* **didn't receive** *(3)* **it** / *(4)* **them.** ما (۳) این / (٤) آنها را (۱) گرفتیم. / (۲) نگرفتیم. *Mä (3) een / (4) änhä rä (1) greftem. / (2) nagreftem.* **When did you receive** *1)* **it?** / *(2)* **them?** چی وقت (۱) این / (۲) آنها را گرفتید؟ *Chee waqt (1) een / (2) änhä rä grefted?* **We should receive** *(1)* **it** / *(2)* **them soon.** ما باید (۱) این / (۲) آنها را زود بیگیریم. *Mä bäyad (1) een / (2) änhä rä zood beegeerem.* ★ **receiver** *n* دریافت کننده *geerenda,* گیرنده آخذه *ákheza* **digital satellite TV** ~ آخذه (دیجیتل) نشرات تلویزیون از قمر مصنعی *äkheza degeetal nashärät telvezeyoon* **radio** ~ آخذه نشرات رادیو *äkheza nasharat radyo* **telephone** ~ گیرنده رادیو *geerenda-e-rädyo* گوشی تلیفون *goshee teelfoon*

recent *ad,* تازه *taze,* جدید *jadeed,* اخیر *akheer* ★ **recently** *adv* اخیراً *akheeran* **until** ~ تا هنگام اخیر *tä hangäm-e-akheer*

receptacle *n (elec.)* ساکت برق *säket-e-barq*

reception *n* پذیرایی *pazeeräyee,* استقبالیه *esteqbälya,* رهنما *rahnomä* **radio** ~ دریافت فریکونسی نشرات رادیو *daryaft freekonsee nasharat radyo*

receptionist *n* شخص پذیرایی کننده *shakhs-e-pazeeräyee konenda*

recharge *vt* دوباره چارج کردن *dobära chärch kardan* **You need to recharge the battery.** شما باید بطری را دوباره چارج کنید. *Shomä betree rä dobära chärch koned.*

recipe *n* نسخه *noskha,* دستورالعمل آشپزی *tastoor-ul-hamal äshpazee* **Use this recipe.** این نسخه را مصرف کنید. *Een noskha rä masraf koned.*

reckless *adj* بی پروا *bey parwä,* بی باک *bey bäk* ~ **driver** راننده بی پروا *ränenda-e-bey parwä* ★ **recklessly** *adv* از روی بی پروایی *az roy-e-bey parwäyee* **Don't drive recklessly.** بی پروا رانندگی نکنید. *bay parwa ränanda gee nakoned.*

recognition *n* شناخت *shenäkht* **iris** ~ شناخت جنس زنبق یاسوسن *shenäkht-e-jans-e-zambaq-e-yäsoosan* ★ **recognize** *vt* شناختن *shenäkhtan,* به جا

recommend 342 **recovery**

آوردن *ba jä äwardan* **Could you recognize** *(1)* **her** / *(2)* **him if you saw** *(3)* **her** / *(4)* **him again?** (٤,٣) آیا شما (١) اوزن / (٢) اومرد / را اگردوباره ببیند اش شناخته میتوانید؟ *Äyä shomä (1) o zan / (2) o mard rä gar dobära beebeened shenäkhta (3,4) ash mey-tawäned.*

recommend *vt* سفارش کردن *sefäresh kardan,* توصیه کردن *towseeya kardan,* پیشنهاد کردن *peeshnehäd kardan* **I'm going to recommend you for** *(1)* **a promotion.** / *(2)* **the position.** من شما برای (١) ترفیع... / (٢) وظیفه...پیشنهاد میکنم. *Man shomä rä baräyee (1) ta'refee'... / (2) wazeefa...peeshnehäd mey-konam.* **What do you recommend?** شما چی توصیه میکنید؟ *Shomä chee towseeya mey-koned?* ★ **recommendation** *n* سفارش *sefäresh,* توصیه *towseeya* **letter of** ~ نامه سفارش *sefäresh näma*

reconsider *vt* تجدید نظرکردن *tajdeed-e-nazar kardan* **I hope you'll reconsider.** امیدوارم تجدید نظر کنید. *Omeedwäram tajdeed-e-nazar koned.*

reconstruction *n* بازسازی *bäz säzee,* اعمار مجدد *e'mär-e-mojadad* **long-term** ~ بازسازی طولانی *bäz-säzee-e-tolänee*

record *vt* ثبت کردن *sabt kardan,* یادداشت کردن *yädäsht kardan* **I'm going to record it.** ثبت اش میکنم. *Sabt ash mey-konam.* ★ *n* ثبت *sabt;* گزارش *gozäresh;* سابقه *säbeqa* **academic** ~ گزارش دوره تعلیمی *gozäresh-e-dowra-e-ta'leemee* **destroy** ~ سوابق را تخریب کردن *sawäbeq rä takhreeb kardan* **educational** ~ گزارش تعلیمی *gozäresh-e-ta'leemee* **employee** ~ سابقه کارگری *säbeqa-e-kärgaree* **financial** ~ گزارش مالی *gozäresh-e-mälee* **immunization** ~ گزارش مصون سازی *gozäresh-e-masoon säzee* **individual** ~ گزارش فردی *gozäresh-e-fardee* **inventory** ~ گزارش صورت موجودی *gozäresh-e-soorat-e-mowjodee* **keep a** ~ گزارش گرفتن *gozäresh greftan* **maintain a** ~ گزارش را نگهداری کردن *gozäresh-e-rä nega-däree kardan* **maintenance** ~ گزارش معاش *gozäresh-e-ma'äsh* **medical** ~ گزارش طبی *gozäresh-e-tebee* **military** ~ گزارش نظامی *gozäresh-e-nezämee* **obtain your** ~**s** سوابق تان را فراهم کردن *sawäbeq-e-tän rä faräham kardan* **refugee** ~ گزارش مهاجرت *gozäresh-e-mahäjerat* **school** ~ گزارش مکتب *gozäresh-e-maktab* **shipment** ~ گزارش بارکشتی *gozäresh-e-bär-e-keshtee* **shot** ~ گزارش حساب *gozäresh-e-hesäb* **work** ~ گزارش کار *gozäresh-e-kär,* سابقه کار *säbeqa-e-kär* **Please bring your** *(type)* **record.** لطفاً گزارش (___) تان را بیاورید. *Lotfan gozäreshe-e-(___) tän rä beeyäwared.* **We need a copy of your** *(type)* **record.** ما یک نقل گزارش (___) شما را ضرورت داریم. *Mä yak naqel-e-gozäresh-e-(___)-e-shomä rä zaroorat därem.* **Keep a careful record.** یک گزارش دقیق بیگیرید. *Yak gozäresh-e-daqeeq bardäred.* **Please get me the medical record for** *(name)*. لطفاً برایم گزارش طبی برای (___) بدهید. *Lotfan baräyam gozäresh-e-tebee baräyee (___) bedehed.* ★ **recorder** *n* ثبت کننده *sabt konenda,* نگارش کننده *negäresh konenda* **cassette** ~ ثبت کننده کست *sabt konenda-e-kaset* **tape** ~ تیپ ریکاردر *teyp-rekärdar* **video cassette** ~ **(VCR)** ویدیو که ثبت میکند. *Weedyo-e-ke sabt mey-konad.*

recover *vi* (**get better / well**) صحت یافتن *sehat yäftan,* خوب شدن *khoob shodan* **It will take time for you to (fully) recover.** یک مدت وقت را خواهد گرفت تا اینکه شما (کاملاً) خوب شوید. *Yak modat waqt rä khähad greft tä eenke shomä (kämelan) khoob shawed.* **It will take time for** *(1)* **her** / *(2)* **him to (fully) recover.** یک مدت وقت را خواهد گرفت تا اینکه (١) اوزن / (٢) اومرد (کاملاً) خوب شود. *Yak modat waqt rä khähad greft tä eenkeh (1) o zan / (2) o mard (kämelan) khoob shawad.* *(1)* **He** / *(2)* **She is recovering (well).** (١) اومرد / (٢) اوزن (بکلی) خوب شده است. *(1) O mard / (2) O zan (ba-kolee) khoob shoda ast.* ★ **recovery** *n* (**getting well**) بازیابی *bäzyäbee,* صحت یابی *sehat yäbee* ~ **room** اطاق صحت یابی *otäq-e- sehat yäbee* بخش صحت یابی

recreation ~ **ward** بخش صحت یابی bakhsh-e-sehat yäbee صحت یابی sehat yäbee

recreation n تفریح tafreeh **provide** ~ تفریح تهیه کردن tafreeh tahya kardan ~ **director** آمر تفریح ämer-e-tafreeh ~ **facilities** ساختمان های تفریحی säkhtomän häy-e-tafreehee اسباب ویا ساختمان های تفریحی asbäb wa yä säkhtomän häy-e-tafreehee **They need some kind of recreation.** آنها به نوعی تفریح ضرورت دارند. Anhä ba nowhay tafreeh zaroorat därand.

recruit vt استخدام کردن estekhdäm kardan **We need to recruit more workers.** ما باید کارمندان زیادتر را استخدام کنیم. Mä bäyad kärmandän-e-zeeyädee rä estekhdäm konem. **I want you to recruit workers.** میخواهم شما کارمندان را استخدام کنید. Mey-khäham shomä kärmandän rä estekhdäm koned.

rectangle n مستطیل mostateel ★ **rectangular** adj مستطیلی mostateelee

rectum n روده راست räst rooda, قسمت آخری روده ها qesmat-e-äkheree-e-rooda hä

recuperate vi خوب شدن khob shodan, دوباره صحت یافتن dobära sehat yäftan *(1)* **He / (2) She is recuperating (well).** (۱) اومرد / (۲) اوزن (بکلی) صحت یافته است. (1) O mard / (2) O zan (bakolee) sehat yäfta ast. **It will take time for you to recuperate.** یک مدت وقت را خواهد گرفت تا اینکه شما خوب شوید. Yak modat waqt rä khähad greft tä eenke shomä khob shawed. **It will take time for (1) her / (2) him to recuperate.** یک مدت وقت را خواهد گرفت تا اینکه (۱) اوزن / (۲) اومرد خوب شود. Yak modat waqt rä khähad greft tä eenke (1) o zan / (2) o mard khob shawad.

recycle vt مواد را دوباره استفاده کردن mawad ra dobära estefäda karan **These materials can be recycled.** این مواد میتوانند دوباره استفاده شوند Een mawäd mey-tawänand dobära estefäda shawand. ★ **recycling** n بازگردانی bäz-gardänee, استفاده دوباره estefäda-e-dobära **collect** *(1)* **aluminum / (2) metals / (3) paper for** ~ (۱) المونیم / (۲) فلزات / (۳) کاغذ را (1) almonyam / (2) felezät / (3) käghaz rä برای استفاده مجدد جمع کردن baräy-e-estefäda-e-mojadad jama' kardan ~ **plant** فابریکه بازگردانی fäbe-reeka-e-bäz-gardänee ~ **program** برنامه بازگردانی barnäma-e-bäz-gardänee **start a** ~ **program** برنامه بازگردانی را شروع کردن barnäma bäz-gardänee rä shoro' kardan

red adj سرخ sorkh, رنگ سرخ rang-e-sorkh **dark** ~ سرخ تاریک sorkh-e-täreek, جگری jegaree ~ **light (traffic light)** گروپ سرخ groop-e-sorkh, اشاره سرخ eshära-e-sorkh ~ **pepper** مرچ سرخ morch-e-sorkh ~ **tape (bureaucratic obstruction)** رعایت تشریفات و رسمیات اداری به حد افراط re-a'äyat-e-tashreefät wa rasmeeyat-e-edäree ba had-e-efrät **It (1) is / (2) was red.** این سرخ (۱) است. / (۲) بود. Een sorkh (1) ast. / (2) bod. **They (1) are / (2) were red.** آنها سرخ (۱) هستند. / (۲) بودند. Anhä sorkh (1) hastand. / (2) bodand. **The red stones mark the dangerous area.** سنگ های سرخ ساحه خطر را نشان میدهند. Sang häyee sorkh säha-e-khatar rä neshän mey-dehand. **Stay out of the area beyond the red stones.** بیرون از ساحه سنگ های سرخ ایستاد شوید. Beeroon az säha-e-sang häy-e-sorkh eestäd shawed. *(1)* **We / (2) You have to go through a lot of red tape.** (۱) ما / (۲) شما باید تشریفات و رسمیات اداری را بی اندازه رعایت (۱) نمایم / (۲) نمائید. (1) Man / (2) Shomä bäyad tashreefät wa rasmeeyat-e-edäree rä bay andaza re-a'äyat (1) nomäyem. / (2) nomäyed. ★ **Red Crescent** n هلال احمر heläl-e-ahmar ★ **Red Cross** n صلیب سرخ saleeb-e-sorkh ★ **redness** n سرخی sorkhee, قرمزی qermezee

redo vt دوباره کردن dobära kardan, دوباره انجام دادن dobära anjäm dädan *(1)* **Everything / (2) It has to be redone.** (۱) همه چیز / (۲) این باید دوباره انجام داده شود. (1) Hama cheez... / (2) Een... bäyad dobära anjäm däda *shawad.*

reduce *vt* كم كردن *kam kardan* كاهش دادن *kahesh dadan* **(1) We / (2) You have to reduce (3) expenses. / (4) the use of electricity. / (5) travel. / (6) waste. / (7) water consumption.** (۱) ما / (۲) شما بايد (۳) مصارف... / (٤) مصرف برق... / (٥) سفر... / (٦) تلف كردن... / (٧) مصرف آب (۱) را كم كنيم. / (۲) را كم كنيد. *(1) Mä / (2) Shomä bäyad (3) masäref... / (4) masraf-e-barq ... / (5) safar... / (6) talaf kardan... / (7) masraf-e-äb (1) ra kam konem. / (2)ra kum koned.* **We're going to have to reduce the amount of food we give each person.** ما بايد مقدار غذا را كه براى هر شخص ميدهيم كم بسازيم. *Mä bäyad meqdär-e-ghezä-e-rä ke baräy-e-har shakhs mey-dehem kam besäzem.*

reel *vt* پيچيدن *peecheedan* **Reel it in.** درداخل بپيچيد. *Dar däkhel bepeched.*
★ *n (for line)* چرخ *charkh*

re-equip *vt* دوباره تجهيز كردن *dobara tajheez kardan*

re-examine *vt* دوباره امتحان كردن *dobära emtehän kardan*

refer *vt* اشاره كردن *eshara kardan* راجع ساختن *räje' sakhtan* **They referred (1) me / (2) us to you.** آنها (۱) من / (۲) ما را به شما راجع ساختند. *Änhä (1) man / (2) mä rä bah shomä räje' sakhtand.* **I'm going to refer (1) her / (2) him / (3) you to (4) another doctor. / (5) a specialist.** (۱) اوزن / (۲) اومرد / (۳) شما را به (٤) يك داكتر ديگر... / (٥) يك متخصص... راجع ميسازم. *(1) O zan / (2) O mard / (3) Shomä rä ba (4) yak daktar-e-deegar... / (5) yak motakhases... räje' mesazam.*

referee *vt & vi* داورى كردن *däwaree kardan* ★ *n* داور *däwar,* قضاوت كننده *qazäwat konenda*

reference *n* 1. *(information)* مراجعه *moräje'a,* بازگشت *bäzgasht;* 2. *(recommendation)* معرفى *ma'refee,* سفارش كركتر *sefäresh character* ~ سفارش نامه *sefäresh näma* ~ **book** كتاب مرجع *ketäb-e-moraje'* ~ **letter of** سفارش كاركتر ~ **library** كتابخانه مرجع *ketäb-e-rahnomä* ~ (كتابخانه كه مردم به آنجا رفته به كتاب ها مراجعه ميكنند.) *Ketäbkhäna-e-moraje' (ketäb-khäna-e-ke mardom ba änjä rafta ba ketäb hä moräje'a mey-konand.)* ~ **materials** مواد براى مراجعه *mawäd baräy-e-moräje'a* **set up a ~ library** كتابخانه مرجع تاسيس كردن *ketäbkhäna moraje' täseas kardan*

refill *vt* دوباره پركردن *dobära por kardan* **Refill (1) all of these. / (2) this.** (۱) تمام اين ها... / (۲) اين را دوباره پركنيد. *(1) Tamäm-e-eenhä... / (2) Een... rä dobära por koned.*

refinery *n* تصفيه خانه *tasfeeya khäna* **oil ~** تصفيه خانه روغن *tasfeeya khäna rooghan*

reflector *n* انعكاس دهنده *enhekäs dehenda*

reflex *n* انعكاس *ene'käs,* عمل انعكاس *a'mal-e-e'nekäs* **I'm going to check your reflexes.** عمل انعكاس شما را معاينه ميكنم. *A'mal-e'nekäs-e-shomä rä ma'äyena mey-konam.* **Your reflexes are okay.** عمل انعكاس شما درست است. *A'mal-e-e'nekäs-e-shomä drost ast.*

refreshing *adj* نيرو بخش *neero bakhsh,* خستگى گيرنده *khastagee geerenda* **That's very refreshing.** بسيار نيروبخش است. *Beesyär neero bakhsh ast.*

refreshments *n, pl* رفع خستگى *rafe' khastagee* (با خوردنى يا آشاميدنى) *(bä khordanee yä äshämeedanee)* **How about some refreshments?** آيا چيزى براى رفع خستگى ميل داريد؟ *Äyä cheezee baräyee rafe' khastagee mayl däred?*

refrigerate *vt* سرد كردن *sard kardan,* يخ كردن *yakh kardan* **This has to be refrigerated.** اين بايد سرد شود. *Een bäyad sard shawad.* **These have to be refrigerated.** اينها بايد سرد شوند. *Eenhä bäyad sard shawand.*
★ **refrigerator** *n* يخچال *yakhchäl* ~ **compressor** ماشين فشار يخچال

refuel ~ **part** پرزه یخچال *porza-e-yakhchäl* **Put** *mäsheen-e-feshär-e-yakhchäl* (1) this / (2) these in the refrigerator. (۱) این / (۲) اینها را دریخچال بگذارید. *(1) Een / (2) Eenhä rä dar yakhchäl begzäred.* **It's in the refrigerator.** دریخچال است. *Dar yakhchäl ast.* **Get the (item) from the refrigerator.** (___) را ازیخچال بیاورید. *(___) rä az yakhchäl beeyäwared.* **The refrigerator is broken.** یخچال شکسته است. *Yakhchäl shekesta ast.* **Can you repair a refrigerator?** آیا میتوانید یخچال را ترمیم کنید؟ *Äyä meytawäned yakhchäl rä tarmeem koned?*

refuel *vt* دوباره گرفتن مواد سوخت(عراده جات) *dobara gereftan mawad sokht* **Refuel the (1) car / (2) truck / (3) vehicle at (place).** (۱) موتر / (۲) موتر... / (2) Motar-e-bärkash... / (3) Arädajät... رادر (___) دوباره تیل بیاندازید. *rä da (___) dobära tael beyan dazed.* ★ *vi* مواد سوخت گرفتن *mawäd-e-sokht greftan* سوخت رسانیدن *sokht rasändan* **We need to refuel.** ما باید مواد سوخت(تیل) بیگیریم. *Mä bäyad mawäd-e-sokht (tael) beegeerem.* **Where can we refuel?** ازکجا میتوانیم مواد سوخت بیگیریم؟ *Az kojä mey-tawänem mawäd-e-sokht beegeerem?*

refuge *n* پناه گاه *panäh gäh* **find** ~ پناه گاه پیدا کردن *panäh gäh paydä kardan* **seek** ~ پناه گاه جستجو کردن *panägäh jostojo kardan* ★ **refugee** *n* مهاجر *mahäjer* **accept** ~s مهاجرین را قبول کردن *mahäjereen rä qabool kardan* **assist the** ~s مهاجرین را کمک کردن *mahäjereen rä komak kardan* **feed the** ~s مهاجرین را تغذیه کردن *mahäjereen rä taghzeeya kardan* **prepare housing for** ~s محل بود و باش برای مهاجرین آماده کردن *Mahal-e-bod wa bäsh baräy-e-mahäjereen ämäda kardan* ~ **camp** کمپ مهاجرین *kamp-e-mahäjereen* ~ **center** مرکز مهاجرین *markaz-e-mahäjereen* ~ **housing** محل بود وباش مهاجرین *mahal-e-bod wa bäsh-e-mahäjereen* ~ **processing** برسی نمودن مهاجرین *barasee namodan-e-mahäjereen* **How many refugees are there (in the camp)?** چقدر مهاجرین (درکمپ) هستند؟ *Cheqadar mahäjereen (dar kamp) hastand?* **There are (number) refugees (in the camp).** (___) (___) مهاجرین (درکمپ) هستند. *(___) (___) mahä-jereen (dar kamp) hastand.*

refuse *vt* رد کردن *rad kardan* **I refuse to do it.** انجام دادن این کار را رد میکنم. *Anjam dadan-e-een kär rä rad mey-konam.* ★ *vi* نپذیرفتن *napazeeroftan,* رد کردن *rad kardan* **(1) He / (2) She refused.** (۱) اومرد / (۲) اوزن نپذیرفت. *(1) O mard / (2) O zan napazeeroft.*

regard *vt (concern)* اعتنا کردن *e'tenä kardan* **What does it regard?** این چی این در ربط Een chee ra eräya mey-konad? **It regards...** را ارائیه میکند؟ *Een dar rabt bä...ast* **As regards...** راجع به ... *Räje' ba...* ★ **regards** *n, pl (greetings)* سلام *saläm,* احترامات *etherämät* **Please give my (best) regards to your (1) family. / (2) husband. / (3) parents. / (4) wife.** لطفاً (بهترین) احترامات من را خدمت (۱) فامیل / (۲) شوهر / (۳) والدین / (٤) خانم تان تقدیم نماید. *Lotfan (sameemäna-tareen) etherämät-e-man rä khedmat-e- (1) fämeel-e- / (2) show-har-e- / (3) wäledayn-e- / (4) khänom-e- tän taqdeem nomäyed.* ★ **regardless** *adv* بی اعتنا *bey e'tenä,* بی پروا *bey parwä*

regime *n* نظام *nezäm* رژیم *rezheem*

regimen *n* ترتیب خوراک *tarteeb-e-khoräk,* پرهیز *parhez* **complete a drug** ~ پرهیز دوا را تکمیل کردن *parhez-e-dawä takmeel kardan* **drug** ~ ترتیب خوراک دوا *tarteeb-e-khoräk-e-dawä* **healthy** ~ ترتیب خوراک صحی *tarteeb-e-khoräk-e-sehee*

region *n* ناحیه *näheya,* ساحه *säha,* منطقه *mantaqe* **remote** ~ منطقه دوردست *mantaqe-e-doordast* ★ **regional** *adj* ناحیوی *näheyawee* ساحوی *sähawee*

register *vt* 1. *(sign up, put on record)* راجستر کردن *räjestar kardan,* درج کردن *darj kardan;* 2. *(mail: insure delivery)* ثبت کردن *sabt* راجستر کردنکردن

register راجستر کردنکردن *darj kardan*; 2. *(mail: insure delivery)* ثبت کردن *sabt kardan* راجستر کردان *räjestar kardan* **We want to register our agency.** ما می خواهیم نمایندگی خود را راجستر کنیم. *Mä mey-khähem nomänyenda-gee khod rä räjestar konem.* **You have to be registered.** شما باید راجستر شوید. *Shomä bäyad räjestar showed.* **I'd like to register this** *(1)* **letter.** / *(2)* **package.** میخواهم که این (۱) نامه / (۲) بسته را راجستر کنم. *Mey-khäham ke een (1) näma / (2) basta rä räjestar konam.* ★ **register** *vi (sign up)* ثبت کردن *sabt-e-näm kardan*, نام نویس کردن *näm nawees kardan*, ثبت نام کردن *sabt-e-näm kardan* ~ **for classes** برای صنف ها نام نویس کردن *baräyee senf hä näm nawees kardan* ~ **for school** برای مکتب نام نویس کردن *baräy-e-maktab näm nawees kardan* ★ **register** *n (logbook, journal)* دفتر ثبت *daftar-e-sabt* ~ **of patients** دفتر ثبت مریضان *daftar-e-sabt-e-mareezän* ★ **registration** *n* ورقه نام نویسی *waraqa-e-näm naweesee*, ثبت *sabt*, نام نویسی *näm naweesee* **car** ~ سبت موتر *sabt-e-motar* ~ **form** ورقه نام نویسی *waraqa-e-näm naweesee* ~ **office** دفتر نام نویسی *daftar-e-näm naweesee*, دفتر ثبت *daftar-e-sabt*

regret *vt* متاسف بودن *mota'sef bodan*, افسوس خوردن *afsoos khordan* **I regret to tell you...** متاسف هستم که شما را بگویم... *Mota'sef hastam ke shomä rä bogoyam...* **I regret what happened.** متاسف هستم، چی واقع شد. *Mota'sef hastam chee wäqe' shod.* **I regret that I can't** *(1)* **be of more assistance.** / *(2)* **help you.** (۱) متاسف هستم که نمیتوانم شما را (۱) بیشتر معاونت کنم./ (۲) کمک کنم. *Mota'sef hastam ke namey-tawänam shomä rä (1) beeshtar ma'äwenat konam. / (2) komak konam.* **I regret that I won't be able to** *(1)* **attend.** / *(2)* **come.** / *(3)* **go.** متاسف هستم که (۱) حاضر بوده / (۲) آمده / (۳) رفته نخواهد توانستم. *Mota'sef hastam ke (1) hazer boda / (2) ämada / (3) rafta nakhähad tawänestam.*

regular *adj* باقاعده *bä qä-e'da*, منظم *monazam* ~ **bowel movements** حرکات منظم روده *harakät-e-monazam-e-roda* ~ **delivery** ارسال منظم *ersäl-e-monazam* ~ **heartbeat** ضربان منظم قلب *zarabän-e-monazam-e-qalb* ~ **source** منبع منظم *manbe'-e-monazam* ~ **supply** تهیه منظم *tahya-e-monazam* **We need a regular** *(1)* **source.** / *(2)* **supply.** ما یک (۱) منبع / (۲) تهیه منظم ضرورت داریم. *Mä yak (1) manbe'-e- / (2) tahya-e-monazam zaroorat därem.* ★ **regularly** *adv* منظماً *monazaman*, به طور منظم *ba towr-e-monazam* **beat** ~ *(heart)* ضربان به طور منظم *zarabän ba towr-e-monazam* **breathe** ~ به طور منظم نفس کشیدن *ba towr-e-monazam nafas kasheedan*

regulate *vt* منظم کردن *monazam kardan*, میزان کردن *meezän kardan* ~ **the flow** جریان را منظم کردن *jeryän rä monazam kardan* ~ **the pressure** فشار را منظم کردن *feshär rä monazam kardan* ★ **regulation** *n (set of rules)* قاعده *qä-e'da*, قانون *qänoon* **agency** ~ قانون سازمان *qänoon-e-sazman* **government** ~ قانون دولت *qänoon-e-dowlat* **We have to proceed according to regulations.** ما باید طبق قانون عمل کنیم. *Mä bäyad tebq-e-qänoon a'mal konem.* ★ **regulator** *n* تنظیم کننده *tanzeem konenda*, منتظم *montazem* **pressure** ~ تنظیم کننده فشار *tanzeem konenda-e-feshär* **voltage** ~ تنظیم کننده ولتاژ (جریان برق) *tanzeem konenda woltäzh (jeryän-e-barq)*

rehabilitate *vt* به حال نخست برگرداندن *ba häl-e-nokhost bargardändan* ★ **rehabilitation** *n* کار و فعالیت برای بهبود اجتماعی *kar wa fahalyat baraye behbood ejtemahe*

reimburse *vt* پرداختن *pardäkhtan*, جبران کردن *jebrän kardan* **We'll reimburse you for** *(1)* **the damage.** / *(2)* **your expenses.** ما (۱) خساره / (۲) مصارف شما را می پردازیم. *Mä (1) khesära / (2) masäref shomä rä mey-pardäzem.* ★ **reimbursement** *n* پرداخت (به عنوان جبران) *pardäkht (ba e'nwän-e-jebrän)*

reinforce *vt (strengthen)* نیرو بخشیدن *neero bakhsheedan*, تقویت کردن *taq-*

weeyat kardan, مستحکم کردن *mostahkam kardan* **You need to reinforce it with** (*item*). شما باید با (___) مستحکم اش کنید. *Shomä bäyad bä (___) mostahkam ash koned.* **It has to be reinforced.** باید مستحکم شود. *Bäyad mostahkam shawad.* ★ **reinforcement** *n* (*strengthening*) (*of an object*) استحکام *estehkäm*

reins *n, pl* کمر *kamar,* گرده ها *gorda hä*

relapse *n* ارتداد *ertedäd,* برگشت *bargasht,* برگشت بیماری *bargasht-e-beemäree* (1) **He** / (2) **She has suffered a relapse.** (۱) اومرد / (۲) اوزن یك (1) *O mard* / (2) *O zan yak bargasht-e-beemäree dasht.* برگشت بیماری داشت.

related *adj* 1. (*kindred*) خویش *kheesh,* منسوب *mansoob,* خویشاوند *kheeshänwand*; 2. (*connected*) مربوط *marbot,* وابسته *wäbasta* **job-related injury** جراحت که ناشی از وظیفه باشد *jarahat-e-ke nashee az wazeefa bashad* ~ **by marriage** رابطه بوسیله ازدواج *rabeta ba waseela ezdowaj* **Are you related?** آیا شما باهم خویش هستید؟ *Äyä shomä bä ham kheesh hasted?* **Are they related?** آیا آنها با هم خویش هستند؟ *Äyä änhä bä ham kheesh hastand?* **They** (1) **are** / (2) **aren't related.** (۱) هستند. / (۲) نیستند. آنها باهم خویش *Änhä bä ham kheesh* (1) *hastand.* / (2) *neestand.* ★ **relations** *n, pl* روابط *rawabet* **friendly** ~ روابط دوستانه *rawabet doostana* **sexual** ~ روابط جنسی *rawabet jensee* **Did you have sexual relations with** (1) **her?** / (2) **him?** آیا شما با (۱) اوزن / (۲) اومرد روابط جنسی داشتید؟ *Äyä shomä bä* (1) *o zan* / (2) *o mard rawabet jensee dashted?* ★ **relationship** *n* خویشی *kheeshee,* خویشاوندی *khedhäwande,* وابستگی *wäbastagee* **close** ~ خویشاوندی نزدیك *kheeshäwandee-e-nazdeek* **sexual** ~ رابطه جنسی *rabete jensee*
★ **relative** *n* خویش *kheesh* **close** ~ خویش نزدیك *kheesh-e-nazdeek* **distant** ~ خویش دور *kheesh-e-door*

relax *vt* راحت ساختن *rahat sakhtan* **Relax your** (1) **arm.** / (2) **foot.** / (3) **hand.** / (4) **leg.** (۱) بازو / (۲) قدم / (۳) دست / (٤) پای تان را راحت بسازید. (1) *Bäzoo-e* / (2) *Qadam-e* / (2) *Dast-e* / (4) *Päy -tän rä rahat besazed.* ★ *vi* راحت شدن *rahat shodan,* آرام کردن *äräm kardan* **You can rest and relax** (1) **now.** / (2) **here.** / (3) **there.** شما میتوانید (۱) حالا / (۲) اینجا / (۳) آنجا استراحت کنید. *Shomä mey-tawäned* (1) *hälä* / (2) *eenjä* / (3) *änjä estrahat koned.* **Relax, there's nothing to worry about.** راحت باشید، چیزی قابل تشویش نیست. *Rahat bashed, cheezee qäbel-e-tashweesh neest.* **Just relax.** فقط آرام کنید. *Faqad äräm koned.* ★ **relaxation** *n* استراحت *estrahat,* آرام *äräm*

relay *vt* خبر را رساندن *khabar rä rasändan* **I'll relay the information to you.** اخبار را برای شما خواهم رساند. *Akhbär rä baräy-e-shomä khäham rasänd.* ★ *n* (*elec.*) پخش کننده *pakhsh konenda*

release *vt* 1. (*let go of*) رها کردن *rehä kardan*; 2. (*set free*) آزاد ساختن *äzäd sakhtan,* مرخص کردن *morakhas kardan* **Don't release it.** رها اش نكنید. *Rehä ash na koned.* **Release it** (*slowly*). (آهسته) رها اش کنید. (*Ähesta*) *rehä ash koned.* **I demand that you release** (1) **her** / (2) **him** / (3) **me** / (4) **them** / (5) **us immediately.** تقاضا میکنم که (۱) اوزن / (۲) اومرد / (۳) من / (٤) آنها / (٥) ما را رها کنید. *Taqäzä mey-konam ke* (1) *o zan* / (2) *o mard* / (3) *man* / (4) *änhä* / (5) *mä rä reha koned.*

reliable *adj* قابل اعتماد *qäbel-e-e'temäd* (1) **He** / (2) **She** (3) **is** / (4) **isn't** (**very**) **reliable.** (۱) اومرد / (۲) اوزن (بسیار) قابل اعتماد (۳) است./ (٤) نیست. *O mard* / (2) *O zan (beesyär) qäbel-e-e'temäd* (3) *ast.* / (4) *neest.* **It** (1) **is** / (2) **isn't a reliable** (3) **machine.** / (4) **system.** / (5) **vehicle.** این یك (۳) ماشین / (٤) دستگاه / (٥) موتر قابل اعتماد (۱) است./ (۲) نیست. *Een yak* (3) *mashin* / (4) *dastgäh* / (5) *motar qäbel-e-e'temäd* (1) *ast.* / (2) *neest.*

relief 348 **remain**

mäsheen-e- / (4) dastgäh-e- / (5) motor-e- qäbel-e-e'temäd (1) ast. / (2) neest.

relief *n* 1. *(easing of anxiety)* راحت *rähat*; 2. *(emergency aid)* كمك عاجل *komak-e-a'äjel*, امداد *emdäd*, تسكين *taskeen* **pain ~** تسكين درد *taskeen-e-dard* **refugee ~** كمك عاجل براى مهاجرين *komak-e-a'äjel baräy-e-mahäjereen* **That's a (1) big / (2) huge relief.** (۱) بزرگ / (۲) نهايت این یک تسکین. *Een yak taskeen (1) bozorg... / (2) nehayat bozorg... ast.* **What a relief!** چقدر راحت! *Cheqadar rähat!* ★ **relieve** *vt* 1. *(lessen)* راحت كردن *rähat kardan*, آسوده كردن *asooda kardan*; 2. *(free from anxiety)* تسكين دادن *taskeen dädan*; 3. *(replace)* عوض كردن *e'waz kardan*, مرخص كردن *morakhas kardan* **~ oneself** *(go to the toilet)* رفع قضاى حاجت *rafe' qazäy-e-häjat kardan* **~ the pressure** باد رها كردن *bäd rehä kardan* **This will relieve the pain.** این درد را راحت خواهد کرد. *Een dard rä rähat khähad kard.* **I'm very relieved (to hear that).** بسيار تسكين حاصل كردم (كه آن را شنيدم). *Beesyär taskeen häsel kardam (ke än rä shonedam).* **I want you to relieve** *(name)* **at** *(time)*. میخواهم که شما (   ) را در (   ) تعویض کنید. *Mey-khäham ke shomä (__) rä dar (__) tahweez koned.* ★ **reliever** *n* تسكين دهنده *taskeen dehenda*, مسکن *mosaken*, آرامش دهنده *ärämesh dehenda* **pain ~** مسکن درد *mosaken-e-dard*

religion *n* دين *deen*, مذهب *maz-hab* ★ **religious** *adj* مذهبى *maz-habee*, دينى *deenee* **~ ceremony** محفل مذهبى *mahfel-e-maz-habee* **~ custom** رسم و رواج مذهبى *rasem wa rawäj-e-maz-habee* **~ holiday** رخصتى مذهبى *rokh-satee-e-maz-habee* **~ practice** انجام دادن فرایض مذهبى *anjam dadan faräyez maz-habee*

relocate *vt* جابجا كردن *jäbajä kardan*, تغیر مکان دادن *tagheer makan dadan* **We're going to relocate (1) you / (2) them (to a different [3] area / [4] camp).** ما (۱) شما / (۲) آنها را (در یک [۳] ساحه / [۴] کمپ دیگر) جابجا میکنیم. *Mä (1) shomä / (2) änhä rä (dar yak [3] säha / [4] kamp-e-deegar) jäbajä mey-konem.* ★ *vi* جابجا شدن *jäbajä shodan* **We're going to relocate (to a different area).** ما (در یک ساحه دیگر) جابجا میشویم. *Mä (dar yak säha-e-deegar) jäbajä mey-shawem.*

reluctant *adj* بى ميل *bey mayl*, ناراضى *närazee* **Why are you so reluctant?** چرا بسيار ناراضى هستيد؟ *Chorä beesyär närazee hasted?* **Why is (1) he / (2) she so reluctant?** چرا (۱) اومرد / (۲) اوزن بسیار ناراضی است؟ *Chorä (1) o mard / (2) o zan närazee ast.* **Why are they so reluctant?** چرا آنها بسیار ناراضی هستند؟ *Chorä änhä beesyär närazee hastand?* **I'm reluctant to (1) allow / (2) do that.** راضى نيستم كه آن را (۱) اجازه / (۲) انجام دهم. *Räzee neestam ke än rä (1) ejäza / (2) anjäm deham.*

rely *vi* اتكا كردن *e'temäd kardan*, اطمينان داشتن *etmeenän dästan*, اعتماد کردن *ehteka kardan* **I hope I can rely on (1) her. / (2) him. / (3) them. / (4) you.** امیدوارم بالای (۱) اوزن / (۲) اومرد / (۳) آنها / (۴) شما بتوانم اتکا کنم. *Omeed-wäram bäläyee (1) o zan / (2) o mard / (3) änhä / (4) shomä betawanam ehteka konam.* **Can I rely on you (to do that)?** آیا میتوانم بالای شما اطمینان داشته باشم (که آن را انجام دهید.)؟ *Äyä mey-tawänam bäläyee shomä etmeenän dästa bäsham (ke än rä anjä dehed).* **I'm relying on you.** به شما اتکا *Bar shomä ehteka mekunam.* **You can rely on me.** شما میتوانید به من اتکا کنید. *Shomä mey-tawäned ba man ehteka koned.*

remain *vi* ماندن *mändan*, باقى ماندن *bäqee mändan* **Is there anything remaining?** آیا چیزی باقی مانده است؟ *Äyä cheezee bäqee mända ast?* **Tell (1) her / (2) him to remain where (3) she / (4) he is.** (۱) اوزن / (۲) اومرد را بگوئید هرجایی که (۴،۳) است بماند. *(1) O zan / (2) O mard rä begoyed harjäy-e-ke (3,4) ast bemänad.* **Tell them to remain where they are.**

آنها را بگوهید هرجایکه هستند بمانند. *Änhä rä begohed harjäyeeke hastand bemänad.* ★ **remainder** *n* باقیمانده *bäqeeemända* **You can have the remainder.** شما میتوانید باقیمانده را بیگیرید. *Shomä mey-tawäned bäqeeemända rä beegeered.* **(1) He / (2) She can have the remainder.** (۱) اومرد / (۲) اوزن میتواند باقیمانده را بیگیرد. *(1) O mard / (2) O zan mey-tawäned bäqeemända rä beegeerad.* **They can have the remainder.** آنها میتوانند باقیمانده را بیگیرند. *Änhä mey-tawänand bäqeemäna rä beegeerand.*

remark *n* حرف *harf*, نظریه *nazarya* **What was that remark?** نظریه چی بود؟ *Nazarya chee bod?* **I didn't understand (1) her / (2) his (3,4) remark.** (۳) نظریه / (۴) *Nazarya-e- / (4)* حرف (۱) اوزن / (۲) اومرد را نفهمیدم. *Harf-e- (1) o mard / (2) o zan rä nafah-meedam.*

remarkable *adj* فوق العاده *fowq-o-läda* **(1) Her / (2) His recovery has been remarkable.** بهبودی (۱) اوزن / (۲) اومرد فوق العاده بود. *Behbodee-e- (1) o zan / (2) o mard fowq-o-läda bod.* **Your recovery has been remarkable.** بهبودی شما فوق العاده است. *Behbodee-e-shomä fowq-o-läda ast.*

remedy *n* درمان *darmän,* دوا *dawä* herbal ~ دوای گیاهی *dawä-ye geeyähee* **This is a good remedy (for it).** این یک درمان خوبی (برایش) است. *Een yak darmän-e-khobee (baräyash) ast.* **I'm afraid there's no remedy (for it).** معذرت میخواهم هیچ درمان (برایش) نیست. *Ma'zrat mey-khäham hech darmän (baräyash) neest.* **The best remedy is...** بهترین درمان ... است. *Behtareen darmän ....ast.*

remember *vt* به خاطر داشتن *ba khäter dästan;* آوردن به خاطر *ba khäter äwardan* **Do you remember me?** آیا من را بخاطر دارید؟ *Äyä man rä ba khäter däred?* **I remember (1) her. / (2) him. / (3) it. / (4) them. / (5) you.** من (۱) اوزن / (۲) اومرد / (۳) این / (۴) آنها / (۵) شما را بخاطر دارم. *Man (1) o zan / (2) o mard / (3) een / (4) änhä / (5) shomä rä bakhäter däram.* **I can't remember (1) her / (2) his / (3) your name.** نام (۱) اوزن / (۲) اومرد / (۳) شما را بخاطرندارم. *Man näm-e- (1) o zan / (2) o mard / (3) shomä rä bakhäter nadäram.* **Tell me what you remember (about the [1] accident / [2] incident).** برایم بگوید چه بخاطردارید (درباره [۱] حادثه / [۲] واقعه)؟ *Baräyam begoyed che bakhäter däred (dar bära-e-[1] hädesah / [2] wäqe'-a)?* **Did you remember to lock the (1) cabinet? / (2) car? / (3) door? / (4) office? / (5) safe? / (6) truck?** آیا بخاطر دارید (۱) الماری / (۲) موتر / (۳) دروازه / (۴) دفتر / (۵) صندوق آهنی (سیف) / (۶) موتر بارکش را قفل نمودید؟ *Äyä bakhäter däred (1) almäree / (2) motar / (3) darwäza / (4) daftar / (5) sandoq-e-ähanee (sayf) / (6) motar-e-bärkash rä qofol namoded?* ★ *vi* به یاد داشتن *ba yäd dästan,* به یاد آوردن *ba khäter äwardan* **Do you remember?** آیا به یاد دارید؟ *Äyä ba yäd däred?* **I remember.** من به یاد دارم. *Man ba yäd däram.* **I don't remember.** من به یاد ندارم. *Man ba yäd nadäram.* **Try to remember.** کوشش کنید به خاطر بیاورید. *Koshesh kened ba yäd beeyäwared.*

remind *vt* یاد آوری کردن *yäd äwaree kardan,* یاد آورد شدن *yäd äwar shodan* **Please remind me.** لطفاً برایم یاد آور شوید. *Lotfan baräyam yäd äwar shawed.* **I'll remind you.** برای شما یاد آوری خواهم کرد. *Baräyee shomä yäd äwaree khäham kard.* **Thanks for reminding me.** تشکر ازاینکه برایم یاد آورشدید. *Tashakor az eenke baräyam yäd äwar shoded.* ★ **reminder** *n* یادداشت *yädäsht* a small ~ یادداشت کوچک *yädäsht-e-kochak*

remission *n* (med.) بهبودی (دوره ایی که درآن کاهش علایم مریضی روی میدهد) *behbodee (dowra yee ke dar än kähesh-e-a'älem-e-mareezee roy mey-dehad.),* صحتمندی *sehatmandee* **(1) He / (2) She has gone into remission.** (۱) اومرد / (۲) اوزن رو به بهبودی است. *(1) O mard / (2) O zan ro ba behbodee ast.*

remote *adj* 1. *(far off)* دور *door,* دوردست *door dast;* 2. *(slim)* کم *kam* ~ **area** ساحه دوردست *säha-e-door dast,* منطقه دوردست *manteqa-e-door dast* ~ **chance** فرصت کم *fersat-e-kam* ~ **farm** مزرعه دوردست *mazre-a'-e-door dast* ~ **location** محل دوردست *mahal-e-door dast* ~ **place** جای دور دست *jäy-e-door dast* ~ **possibility** امکان کم *emkän-e-kam* ~ **village** قریه دوردست *qarya-e-door dast*

removable *adj* برداشتنی *bardäshtanee,* دورکردنی *door kardanee* ★ **removal** *n* دور کردن *door kardan* **debris** دور کردن اهن پاره ها *door kardan-e-ähan pära hä* ★ **remove** *vt* 1. *(clothes: take off)* برداشتن *bar-däshtan;* 2. *(take away)* دورکردن *door kardan,* بردن *bordan;* 3. *(extract, take out)* کشیدن *kasheedan,* کندن *kandan* **Please remove all your clothes (and put on this robe).** لطفاً تمام لباس های تان را برون کنید (و این چپن را بپوشید). *Lotfan tamäm-e-lebäs häyee tän rä beroon koned (wa een chapan ra beposhed.)* **We have to remove all the** *(1)* **bombs.** */ (2)* **mines.** ما باید تمام (1) بمب ها / (2) ماین ها را برطرف کنیم. *Mä bäyad tamäm-e-(1) bamb ha / (2) mäyn hä rä bartaraf konem.* **Remove all this** *(1)* **junk.** */ (2)* **stuff.** تمام این (1) اجناس بیکاره / (2) چیزها را دور کنید. *Tamäm-e-een (1) ajnäs bekara / (2) cheez ha rä door koned.* **The tooth has to be removed.** دندان باید کشیده شود. *Dandän bäyad kasheeda shawad.*

renal *adj* کلیوی *kelyawee* مربوط به گرده *marboot ba gorda*

renovate *vt* تجدید کردن *tajdeed kardan,* ترمیم کردن *tarmeem kardan* ~ **the building** ساختمان را ترمیم کردن *säkhtomän rä tarmeem kardan* ~ **the house** خانه را ترمیم کردن *khäna rä tarmeem kardan* ~ **the office** دفتر را ترمیم کردن *daftar rä tarmeem kardan* **renovation** *n* تجدید *tajdeed,* ترمیم *tarmeem*

rent *vt* کرایه گرفتن *keräya greftan,* کرایه کردن *keräya kardan* **We want to rent a(n)** *(1)* **apartment.** */ (2)* **building.** */ (3)* **car.** */ (4)* **house.** */ (5)* **office.** */ (6)* **room.** */ (7)* **truck.** */ (8)* **van.** */ (9)* **warehouse.** میخواهیم یک (1) اپارتمان / (2) تعمیر / (3) موتر / (4) خانه / (5) دفتر / (6) اطاق / (7) موتر بارکش / (8) واگون / (9) مخزن کرایه بیگیریم. *Mey-khähem ke yak (1) apärtomän / (2) ta'meer / (3) motar / (4) khäna / (5) daftar / (6) otäq / (7) motar-e-bärkash / (8) wägoon / (9) makhzan keräya beegeeram.* **How much will it cost to rent a(n)** *(what)*? گرفتن کرایه یک ( ) چقدر تمام خواهد شد؟ *Greftan-e-keräya-e-yak ( ) cheqadar tamäm khähad shod?* ★ *n* کرایه *keräyah* **collect the** ~ کرایه را جمع کردن *keräya rä jama' kardan* **pay the** ~ کرایه را پرداختن *keräya rä pardäkhtan* **raise the** ~ کرایه را بلند بردن *keräya rä beland bordan* **How much is the rent?** کرایه چقدر است؟ *Keräya cheqadar ast?* **When do** *(1)* **I** */ (2)* **we have to pay the rent?** چی وقت باید (1) من / (2) ما کرایه را (1) بدهم / (2) بدهیم؟ *Chee waqt bäyad (1) man / (2) mä keräya rä (1) bedeham? / (2) bedehem?* ★ **rental** *n* کرایی *keräyee* ~ **car** شرکت موتر کرایی *sherkat-e-motar-e-keräyee*

reorganize *vt* دوباره منظم ساختن *dobära monazam sakhtan,* دوباره تشکیل دادن *dobära tashkeel dädand* **We're going to reorganize the** *(1)* **agency.** */ (2)* **office.** */ (3)* **operation.** */ (4)* **system.** */ (5)* **team.** ما (1) نمایندگی / (2) دفتر / (3) عملیات / (4) دستگاه / (5) تیم را دوباره تشکیل میدهیم. *Mä (1) nomäyen-dagee / (2) daftar / (3) a'mlyät / (4) dastgäh / (5) teem rä dobära tashkeel mey-dehem.*

repaint *vt* دوباره رنگ کردن *dobärah rang kardan* **I want** *(1)* **them** */ (2)* **you to repaint** *(3)* **it.** */ (4)* **them.** میخواهم که (1) آنها / (2) شما (3) این / (4) آنها را دوباره رنگ کنند. *Mey-khäham ke (1) änhä / (2) shomä (3) een / (4) änhä rä dobära rang (1) konand. / (2) koned.* **It needs to be repainted.** این باید دوباره رنگ شود. *Een bäyad dobära rang shawad.*

repair *adj* ترمیم *tarmeem* ~ **bill** صورت حساب ترمیم *soorat-e-hesäb-e-tar-*

repair 351 **reply**

meem ~ **crew** گروپ ترمیم *groop-e-tarmeem* ~ **order** دستور ترمیم *dastoor-e-tarmeem* ~ **truck** موتر ترمیم *motar tarmeem* ★ **repair** vt ترمیم کردن *tarmeem kardan* **(1) My / (2) Our (3) air-conditioner / (4) bicycle / (5) camera / (6) car / (7) computer / (8) copier / (9) generator / (10) motorcycle / (11) refrigerator / (12) telephone / (13) tire / (14) truck (15) TV / (16) van / (17) watch needs to be repaired.** (۳) ایرکندیشن / (٤) بایسکل / (٥) کمره / (٦) موتر / (٧) کمپیوتر / (٨) ماشین کاپی / (٩) جنریتور / (١٠) موترسایکل / (١١) یخچال / (١٢) تیلفون / (١٣) تایر / (١٤) موتربارکش / (١٥) تلویزون / (١٦) واگون / (١٧) ساعت (١) ام / (٢) ما به ترمیم ضرورت دارد. **Can (3)** *Eeyarkan-deeshan (tasfeeya konenda-e-hawä) / (4) Bäysekel / (5) Kamra / (6) Motar / (7) Kampyootar / (8) Masheen kapee / (9) Janreetor / (10) Motar säykel / (11) Yakhchäl / (12) Teelfoon / (13) Täyr / (14) Motar-e-bärkash / (15) Teelweezoon / (11) Wägoon / (17) Sä-a't (1) am / (2) -e-mä ba tarmeem zaroorat därad.* **My (1) glasses / (2) shoes need to be repaired.** (١) عینک های / (٢) بوت های من به ترمیم ضرورت دارد. *A'ynak häyee... / (2) Boot häyee... man ba tarmeem zaroorat därad.* **Can (1) you / (2) he / (3) she / (4) they repair (5) it? / (6) them?** آیا (١) شما / (٢) اومرد / (٣) اوزن / (٤) آنها (٥) این / (٦) آنها را ترمیم کرده میتوانید؟ / (٣،٢) میتواند؟ / (٤) میتوانند؟ *Äyä (1) shomä / (2) o mard / (3) o zan / (4) änhä (5) een / (6) änhä rä tarmeem karda (1) mey-tawäned? / (2,3) mey-tawänad? / (4) mey-tawänand?* **How much will it cost to repair (1) it? / (2) them?** چقدر مصرف خواهد شد برای ترمیم کردن (١) این؟ / (٢) آنها؟ *Chee qadar masraf khähad shod baräyee tarmeem kardan-e- (1) een? / (2) änhä?* **I (1) can / (2) can't repair (3) it. / (4) them.** من (٣) این / (٤) آنها را ترمیم کرده میتوانم. / (٢) نمیتوانم. *Man (3) een / (4) änhä rä tarmeem karda (1) mey-tawänam. / (2) namey-tawänam.* **He / (2) She (3) can / (4) can't repair (5) it. / (6) them.** (١) اومرد / (٢) اوزن (٥) این / (٦) آنها را ترمیم کرده میتواند. / (٤) نمیواند. *(1) O mard / (2) O zan (5) een / (6) änhä rä tarmeem karda (3) mey-tawänad. / (4) namey-tawänad.* **We (1) can / (2) can't repair (3) it. / (4) them.** ما (٣) این / (٤) آنها را ترمیم کرده میتوانیم. / (٢) نمیتوانیم. *Mä (3) een / (4) änhä rä tarmeem karda (1) mey-tawänem. / (2) namey-tawänem.* **They (1) can / (2) can't repair (3) it. / (4) them.** آنها (٣) این / (٤) آنها را ترمیم کرده (١) میتوانند. / (٢) نمیتوانند. *Änhä (3) een / (4) änhä rä tarmeem karda (1) mey-tawänand. / (2) namey-tawänand.* **(1) We / (2) They have to repair the road.** ما (١) / (٢) آنها باید سرک را ترمیم (١) کنیم / (٢) کنند. *(1) Mä / (2) Änhä bäyad sarak rä tarmeem (1) konem. / (2) konand.* ★ *n* ترمیم *tarmeem* **bicycle ~** ترمیم بایسکل *tarmeem-e-bäysekel* **car ~** ترمیم موتر *tarmeem-e-motar* **cost of ~** قیمت ترمیم *qeemat-e-tarmeem* **motorcycle ~** ترمیم موترسایکل *tarmeem-e-motarsäykel* **tire ~** ترمیم تایر *tarmeem-e-täyr* **TV ~** ترمیم تلویزون *tarmeem-e-talweezoon* ★ **repairman** *n* ترمیم کار *tarmeem kär*

repay vt قرض دوباره پرداختن *qarz dobära pardäkhtan* **~ a debt** دوباره پرداختن *dobära pardäkhtan* **~ a loan** قرضه دوباره پرداختن *qarza dobära pardäkhtan* **~ in kind** جنس به جنس دوباره پرداختن *jens ba jens dobära pardäkhtan*

repeat vt تکرار کردن *takrär kardan* **Please repeat that.** لطفاً آن را تکرار کنید. *Lotfan än rä takrär koned.*

repellent *n* بیزارکننده *beezär konenda* **insect ~** حشره بیزار کننده *hashare-e-beezär konenda* **mosquito ~** پشه بیزار کننده *pasha-e-beezär konenda*

replace vt عوض کردن *e'waz kardan* **You need to replace the battery.** شما باید بطری را تبدیل کنید. *Shomä bäyad betree rä e'waz koned.*

reply vi جواب دادن *jawäb dädan* ★ *n* پاسخ *päsokh,* جواب *jawäb* **send a ~** پاسخ فرستادن *päsokh frestädan* **(1) I'm / (2) We're waiting for a reply.**

report · 352 · **require**

(1) *Man* / (2) *Mä montazer-e-jawäb hastem.* **Has there been any reply?** آیا کدام جواب آمده است؟ *Äyä kodäm jawäb ämada ast?*

report vt گزارش دادن *gozäresh dädan*, خبر دادن *khabar dädan*, راپوردادن *räpor dädan* **Report it to the police.** برای پولیس خبر بدهید. *Baräy-e-polees khabar bedehed.* **I'm going to report this to the police.** من این را برای پولیس خبر میدهم. *Man een rä baräyee polees khabar mey-deham.* **Did you report it?** آیا شما خبر دادید؟ *Äyä shomä khabar däded?* **I** (1) **reported** / (2) **didn't report it.** (1) من خبر دادم. / (2) ندادم. *Man khabar (1) dädam. / (2) nadädam.* ★ n خبر *khabar*, گزارش *gozäresh*, راپور *räpor* **urgent ~** خبر عاجل *khabar-e-a'äjel* (1) **I** / (2) **We** / (3) **They (just) received a report (about it).** (1) من / (2) ما / (3) آنها (همین لحظه) یک گزارش (درباره این) بدست (1) آوردم. / (2) آوردیم. / (3) آوردند. *(1) Man / (2) Mä / (3) Ähä (hameen lahza) yak gozäresh (dar bära-e-een) badast (1) äwardam. / (2) äwardem. / (3) äwardand.* **What did the report say?** گزارش چی میگفت؟ *Gozäresh chee mey-goft?* **The report said....** گزارش گفت که... *Gozäresh goft ke...* **According to the report....** قرار گزارش... *qarar-e-gozäresh...* **Show me the report.** گزارش را برایم نشان دهید. *Gozäresh rä baräyam neshän dehed.* **Here's the report.** این گزارش است. *Een gozäresh ast.* **Prepare a report.** گزارش را آماده کنید. *Gozäresh rä ämäda koned.* **Send them a report.** برای آنها یک گزارش بفرستید. *Baräyee änhä yak gozäresh befrested.* (1) **I'll** / (2) **We'll** / (3) **They'll send** ([4] **him** / [5] **her** / [6] **them) a report.** (1) من / (2) ما / (3) آنها (برای [4] اومرد / [5] اوزن / [6] آنها) یک گزارش خواهد (1) فرستادم. / (2) فرستادیم. / (3) فرستادند. *(1) Man / (2) Mä / (3) Ähä (baräyee [4] o zan [5] o mard / [6] änhä) yak gozäresh khähad (1) frestädam. / (2) frestädem. / (3) frestädand.* ★ **reporter** n خبرنگار *khabar-negär* **newspaper ~** خبرنگار روزنامه *khabar-negär-e-rooz näma* **TV ~** خبرنگار تلویزون *khabar-negär-e-teel-weezoon*

represent vt نمایندگی کردن *nemäyendahgee kardan* **What** (1) **agency** / (2) **company** / (3) **department** / (4) **organization do you represent?** شما نماینده کدام (1) اداره / (2) شرکت / (3) شعبه / (4) اداره هستید؟ *Shomä nemäyenda-e-kodäm (1) nemäyendagee / (2) sherkat / (3) sho'ba / (4) edä-ra hasted?* **I represent** (agency). من نماینده (____) هستم. *Man nemäyenda-e-(____) hastam.* ★ **representative** n نماینده *nemäyenda*, نمونه *namona* **sales ~** نماینده فروشات (فروشنده) *nomäyenda-e-frooshät (froshenda)*

reputation n شهرت *shohrat*, نام *näm* **bad ~** نام بد *näm-e-bad*, شهرت خراب *shorat kharab* **good ~** نام خوب *näm-e-khob*, شهرت خوب *shorat khob*

request vt تقاضا کردن *taqäzä kardan*, خواهش کردن *khähesh kardan*, خواستار شدن *khästär shodan* **~ assistance** تقاضا کمک کردن *taqäzä-e-komak kardan* **~ delivery** تقاضا ارسال کردن *taqäzä-e-ersäl kardan* **~ transportation** تقاضا عمل و نقل کردن *taqäzä-e-a'mel wa naqel kardan* **What did you request?** چی تقاضا کردید؟ *Chee taqäzä karded?* **How** (1) **many** / (2) **much did you request?** چی (1) اندازه / (2) قدر شما تقاضا کردید؟ *Chee (1) andäza / (2) qadar shomä taqäzä karded?* **I requested....** خواهش کردم که... *Khähesh kardam ke...* **We requested....** خواهش کردیم که... *Khähesh kardem ke...* ★ n خواهش *khähesh*, تقاضا *taqäzä*, درخواست *darkhäst* **~ for parts** تقاضا سهم گیری *taqäzä-e-sahm geree* **~ for supplies** درخواست برای اکمالات *darkhäst baräy-e-ekmalat* **submit a ~** درخواست را سپردن *dar-khäst rä sepordan* **urgent ~** درخواست عاجل *darkhäst-e-a'äjel*

require vt نیازمند بودن *neeyäz mand bodan ba*, ملزوم بودن *malzoom boodan* **What do** (1) **they** / (2) **you require?** (1) آنها / (2) شما ضرورت به چه (1) دارند؟ / (2) دارید؟ *(1) Ähä / (2) Shomä zaroorat ba chee (1) därand? / (2)*

requirement   353   **resettle**

كدام اسناد ضررت است؟ *(2) däred?* **What documents are required?** *Kodäm asnäd zaroort ast?* **Is that required?** آیا آن لازم است؟ *Äyä än läzem ast?* **It *(1)* is / *(2)* isn't required (by the government).** (برای) (Baraye-dowlat) läzem (1) ast. / (2) neest.*
★ **requirement** *n* ضرورت *zaroorat*, تقاضا *taqazä* **It's a requirement.** لازم است. *Läzem ast.*

rescue *adj* نجات *nejät* ~ **attempt** قصد نجات *qasd-e-nejät* ~ **crew** عمله نجات *a'mala-e-nejät* ~ **effort** کوشش نجات *koshesh-e-nejät* ~ **equipment** اسباب نجات *asbäb-e-nejät* ~ **helicopter** هلیکوپتر برای نجات *haleekoptar baräyee nejät* ~ **operation** عملیات نجات *a'malyät-e-nejät* ~ **supervisor** مسؤل نجات *maso'l-e-nejät* ~ **team** تیم نجات *teem-e-nejät* ~ **worker** عمله نجات *a'mala-e-nejät* ★ *vt* نجات دادن *nejät dädan* **We're trying to rescue *(1)* her. / *(2)* him. / *(3)* them.** ما کوشش میکنیم (۱) اوزن / (۲) اومرد / (۳) آنها را نجات دهیم. *Mä koshesh mey-konem (1) o zan / (2) o mard / (3) änhä rä nejät dehem.* **We rescued *(1)* her. / *(2)* him. / *(3)* them.** ما (۱) اوزن / (۲) اومرد / (۳) آنها را نجات دادیم. *Mä (1) o zan / (2) o mard / (3) änhä rä nejät dädem.* **We were unable to rescue *(1)* her. / *(2)* him. / *(3)* them.** ما نتوانستیم که (۱) اوزن / (۲) اومرد / (۳) آنها را نجات دهیم. *Mä natawanestem ke (1) o zan / (2) o mard / (3) änhä rä nejät dehem.* ★ *n* نجات *nejät,* رهایی *rehäyee* **supervise the ~** عملیات نجات را سازماندهی کردن *amalyat nejat ra sazmandehee kardan* **We're going to attempt the rescue *(1)* now. / *(2)* shortly.** کوشش نجات را (۱) حالا / (۲) بزودی میکنیم. *Koshesh-e-nejät rä (1) hälä / (2) bazoodee mey-konem.* ★ **rescuer** *n* نجات دهنده *nejät dehenda*

research *n* تحقیق *tahqeeq* **do ~** تحقیق کردن *tahqeeq kardan*
resection *n (med.)* تراش(طبی) *taräsh (tebee),* برش *boresh*
reservation *n* اختصاص بخود دادن *ekhtesäs ba khod,* ریزرف کردن *rezarf kardan* **hotel ~** هوتل را ریزرف کردن *hotal rä rezarf kardan,* هوتل را بخود اختصاص دادن *hotal-e-rä ba khod ekhtesäs dädan* **I have a reservation (for [date]).** من (برای [تاریخ]) ثبت نام دارم. *Man (baräy-e- [täreekh]) sabt-e-näm däram.* **We have reservations (for [date]).** ما (برای [تاریخ]) ثبت نام داریم. *Mä (baräy-e-[täreekh]) sabt-e-näm därem.* **I'd like to make a reservation (for [date]).** میخواهم (برای [تاریخ]) یک ثبت نام کنم. *Mey-khäham (baräy-e-[täreekh]) yak sabt-e-näm konam.* **I want to cancel the reservation.** میخواهم ثبت نام را فسخ کنم. *Mey-khäham sabt-e-näm rä faskha konam.* ★ **reserve** *vt* نگاه داشتن *negäh dästhan,* به خود تخصیص دادن *ba khod takhsees dädan,* ریزرف کردن *resarf kardan* **I'd like to reserve a *(1)* room. / *(2)* seat. / *(3)* table.** میخواهم یک (۱) اطاق / (۲) کرسی / (۳) میز به خود تخصیص دهم. *Mey-khäham yak (1) otäq / (2) korsee / (3) meez ba khod takhsees deham.*

reservoir *n* مخزن *makhzan,* ذخیره *zakheera* **water ~** ذخیره آب *zakheera-e-äb*
reset *vt (med.)* دوباره نشاندن *dobära neshändan*
resettle *vt* دوباره جا دادن *dobära jä dädan,* دوباره ساکن کردن *dobära säken kardan* **We have to resettle them.** ما باید آنها را دوباره جا دهیم. *Mä bäyad änhä rä dobära jä dehem.* **Where could we resettle them?** آنها را در کجا دوباره جا داده میتوانیم؟ *Änhä rä dar kojä dobära jä dade mey-tawanem?* **Could we resettle them in *(place)*?** آیا میتوانیم آنها را در ( ) دوباره جا دهیم؟ *Äyä mey-tawanem änhä rä dar ( ) dobära jä dehem.* **We'll resettle them in *(place)*.** ما آنها را در ( ) دوباره جا خواهیم داد. *Mä änhä rä dar ( ) dobära jä khähem däd.* ★ *vi* ساکن شدن *säken shodan,* جاگزین شدن *jägozeen shodan* **Would they be willing to resettle *(1)* elsewhere? / *(2)* in *(place)*?** آیا آنها راضی خواهد بودند که در (۱) جا دیگر / (۲) در ( ) دوباره؟ *Äyä änhä räzee khähad boodand ke dar (1) jä deegar / (2) dar ( ) dobära?*

resettlement / 354 / **responsible**

آیا آنها راضی خواهد بودند که در (1) جا-ی-دیگر... / (2) در (___) ...دوباره جاگزین شوند؟ *Äyä änhä räzee khähad bodand ke dar (1) jä-e-deegar... / (2) dar (___) ...dobära jägozeen shawand?* **When did you resettle here?** چی وقت اینجا جاگزین شدید؟ *Chee waqt eenjä jägozeen shoded?* ★ **resettlement** *n* جاگزین سازی *jägozeen säzee* ~ **operation** عملیات جاگزین سازی *a'mal-yät-e-jägozeen säzee*

residence *n* اقامت *mahal-e-eqämat* **previous** ~ محل اقامت قبلی *mahal-e-eqämat-e-qable* ★ **resident** *n* ساکن *säken,* مقیم *moqeem* **inform the ~s** ساکنین را آگاهی دادن *säkeneen rä ägähee dädan*

resign *vi* استعفا دادن *este'fä dädan*

resin *n* روغن ضمغ *rooghan-e-zamagh*

resist *vt* مقاومت کردن *moqäwomat kardan,* ایستادگی کردن *eestädagee kardan* **The (1) injury / (2) wound is resisting treatment.** (1) صدمه / (2) زخم درمقابل تداوی مقاومت میکند. *(1) Sadama / (2) Zakhem dar moqäbel-e-tadäwee moqäwomat mey-konad.* ★ **resistance** *n (opposition; elec.)* مقاومت *moqäwemat* **put up** ~ مقاومت کردن *moqäwomat kardan* ★ **resistor** *n (elec.)* مقاوم *moqäwem*

resource *n* وسیله *waseela,* منبع *manba'* **What resources do you have?** چی امکانات دارید؟ *Chee emkanat däred? (1)* **My / (2) Our resources are limited.** امکانات (1) من / (2) ما محدود است. *Emkanat (1) man / (2) mä mahdood ast.*

respect *vt* احترام کردن *etheräm kardan,* رعایت کردن *re-a'äyat kardan* **I respect (1) her / (2) his / (3) your position.** من موقف (1) اوزن / (2) اومرد / (3) شما را احترام میکنم. *Man mawqef-e- (1) o zan / (2) o mard / (3) änhä rä ehteräm mey-konam.* **We have to respect the law.** ما باید قانون را رعایت کنیم. *Mä bäyad qänoon rä re-a'äyat konem.* ★ *n* احترام *ehteräm* **show** ~ احترام نشان دادن *ehteräm neshän dädan* **You have my (full) respect.** شما (کاملاً) احترام من را دارید. *Shomä (kämelan) ehteräm-e-man rä däred.*

respiration *n* تنفس *tanafos* ★ **respirator** *n* اسبابی که در دهان و بینی میگذارند تا هوا را گرم و از استنشاق گرد و خاک یا مواد مضر جلوگیری کند. *Asbäb-e-ke dar dahän wa beenee mey-gozärand tä hawä rä garm wa az estenshäq-e-gard wa khäk yä mawäd-e-mozer jelow-geeree konad.* ★ **respiratory** *adj* تنفسی *tanafosee*

respond *vi* جواب دادن *jawäb dädan* ~ **to treatment** نتیجه معالجه *nateeja mahaleja (1)* **He / (2) She is not responding (to medical treatment).** معالجه (1) اومرد / (2) اوزن نتیجه نمیدهد *mahaleja-e- (1) O mard / (2) O zan nateeja namedehad.* ★ **response** *n* پاسخ *päsokh* **lively** ~ پاسخ زنده *päsekh-e-zenda* **weak** ~ پاسخ ضعیف *päsokh-e-za'eef*

responsibility *n* مسئولیت *mas-holyat,* عهده داری *o'da däree* **heavy** ~ مسئولیت عظیم *mas-holyat-e-azeem* **important** ~ مسئولیت مهم *mas-holyat-e-mohem* **shirk** ~ از مسئولیت شانه خالی کردن *az mas-holyat shäna khälee kardan* **take** ~ مسئولیت گرفتن *mas-holyat greftan* **Whose responsibility is it?** مسئولیت این را کی دارد؟ *Mas-holyat-e-een rä kee däred?* **It (1) is / (2) isn't (3) her / (4) his / (5) my / (6) our / (7) their / (8) your responsibility.** این مسئولیت (3) اوزن / (4) اومرد / (5) من / (6) ما / (7) آنها / (8) شما (1) است. / (2) نیست. *Een mas-holyat-e- (3) o zan / (4) o mard / (5) man / (6) mä / (7) änhä / (8) shomä (1) ast. / (2) neest.* **I'm entrusting you with the responsibility to...** من به شمامسئولیت ... را میسپارم. *Man ba shomä mas-holyat-e-...ra mey-sepäram.* ★ **responsible** *adj* عهده دار *o'da där,* مسئول *masool* **Who's responsible for this?** کی مسئول این است؟ *Kee masool-e-een ast.* **You're responsible for (1) cleanup. / (2) ensuring security. / (3) food distribution. / (4) keeping supply records. / (5) maintenance. / (6) worker discipline.** شما مسئول (1) پاکی....

/ (۲) برقرار نمودن امنیت... / (۳) تقسیم مواد خوراکه / (٤) گرفتن یادداشت اکمالات ... / (٥) ترمیم... / (٦) نظم کارمندان هستید. *Shoma mas-hol-e- (1) päkee... / (2) barqarär namodan-e-amneeyat... / (3) taqseem-e-mawäd-e-khoräka... / (4) greftan yadasht ekmalat.../ (5) tarmeem.../ (6) nazm-e-kärmandän... hästed.* **I'm holding you responsible.** شما را مسؤل میگیرم. *Man shomä rä mas-hol mey-geeram.*

rest *vi* استراحت کردن *esterähat kardan* **You can rest and relax** *(1)* **now. /** *(2)* **here. /** *(3)* **there.** شما میتوانید (۱) حالا / (۲) اینجا / (۳) آنجا آرام و استراحت کنید. *Shomä mey-tawäned (1) hälä / (2) eenjä / (3) änjä äräm wa esterähat koned.* **I need to rest.** من باید استراحت کنم. *Man bäyad esterähat konam.* **You need to rest.** شما باید استراحت کنید. *Shomä bäyad esterähat koned. (1)* **He /** *(2)* **She needs to rest.** (۱) اومرد / (۲) اوزن باید استراحت کند. *(1) O mard / (2) O zan bäyad esterähat konad.* **Let's rest awhile.** اجازه دهید لحظه ای استراحت کنم. *Ejäza dehed lahza-ee esterähat konam.* ★ *n* استراحت *esterähat*, راحت *rähat (1)* **I /** *(2)* **You /** *(3)* **They need... /** *(4)* **He /** *(5)* **She needs... a rest.** (۱) من / (۲) شما / (۳) آنها / (٤) اومرد / (٥) اوزن به..استراحت ضرورت (۱) دارم. / (۲) دارید. / (۳) دارند. / (٥،٤) دارد. *(1) Man / (2) Shomä / (3) Änhä / (4) O mard / (5) O zan ba esterähat zaroorat (1) däram. / (2) däred. / (3) därand. / (4,5) därad.* **Let's take a rest.** بیائید تا یک لحظه استراحت کنیم. *Beyäyed tä yak lahza esterahat konem.* **Take a rest.** راحت کنید. *Rähat koned.*

restaurant *n* رستورانت *rastoränt* **Where's a good restaurant?** رستورانت خوب کجاست؟ *Rastoränt-e-khob kojäst?*

restore *vt* برگرداندن *bargardändan*, ترمیم کردن *tarmeem kardan* ~ **basic services** خدمات اساسی برگرداندن *khedamät-e-äsäsee bargardändan* ~ **order** نظم برگرداندن *nazm bargardändan* ~ **power** *(elec.)* برق را ترمیم کردن *barq rä tarmeem kardan* ~ **schools** مکاتب ترمیم کردن *makäteb tarmeem kardan* ~ **water** آب برگرداندن *äb bargardändan* **We're going to restore** *(1)* **her /** *(2)* **him /** *(3)* **you to good health.** ما (۱) اوزن / (۲) اومرد / (۳) شما را شفا خواهیم داد. *Mä (1) o zan / (2) o mard / (3) shomä rä shafä khahem dad.*

restrain *vt* نگذاشتن *nagzäshtan*, جلوگیری کردن *jelow-geeree kardan* **Help me restrain** *(1)* **her. /** *(2)* **him.** کمک ام کنید تا (۱) اوزن / (۲) اومرد را نگذارم. *Komak am koned ta (1) o zan / (2) o mard rä nagzäram.* **Please restrain yourself.** لطفاً خود را کنترول کنید. *Lotfan khod rä kantrol koned.*

restricted *adj* محدود *mahdood*, قید *qayd* ~ **diet** خوراک محدود *khoräk-e-mahdood (1)* **This /** *(2)* **That is a restricted area.** (۱) این / (۲) آن منطقه ممنوعه است. *(1) Een / (2) Än manteqa mamnoha ast.* ★ **restriction** *n* قیود *qeyood* **certain ~s** بعضی قیودات *bahze qeyodät* **no ~s** بدون قیود *bedoon-e-qeyod* **some ~s** بعضی قیودات *bahze qeyodät*

restroom *n (toilet)* تشناب *tashnäb* **men's ~** تشناب مردانه *tashnäb-e-mardäna* **women's ~** تشناب زنانه *tashnäb-e-zanäna* **Where's the (***[1]*** men's /** *[2]* **women's) restroom?** تشناب (۱) مردانه / (۲) زنانه کجاست؟ *Tashnäb-e- (1) mardäna / (2) zanäna kojäst?*

result *n* نتیجه *nateeja* **When the results come back, I'll let you know.** وقتیکه نتایج آمد، شما را در جریان خواهم گذاشت. *Waqteeke natäyej ämad, shomä rä dar jeryän khäham gozäsht.* **We're waiting on the results (of the lab tests).** ما منتظر نتایج (معاینات لابراتوار) هستیم. *Mä montazer-e-natäyej-e- (mahaynat-e-läbarätowär) hastem.* **I'll explain the results of the tests to you.** نتایج امتهانات را برای شما بیان میکنم. *Natäyej-e-emtehänät rä baräyee shomä bayän mey-konam.* **As a result...** درنتیجه... *Dar nateeja...*

resumé *n* خلاصه *kholäsa*, مختصر *mokhtasar* **job ~** خلاصه تجارب کاری و تحصیلات *kholäsa tajärob käree wa tahseelat*

resuscitate *vt* احیا کردن *ehyä kardan,* بهوش آوردن *ba hosh äwardan*
retarded *adj* عقب ماندگی *a'qab mändagee* **mentally ~** عقب ماندگی ذهنی *a'qab mändagee-e-zehnee*
retina *n* شبکیه (رشته کوچک و حساس چشم) *shabakeya (reshta-e-kochak wa ahsäs chashm)* **detached ~** انفصال شبکیه *enfesäl-e-shabakeya*
retired *adj* متقاعد *motaqä-e'd* **I'm retired from the** *(1)* **Air Force** / *(2)* **Army** / *(3)* **Marine Corps** / *(4)* **Navy.** من متقاعد (۱) قوای هوای / (۲) اردو / (۳) نیروهای بحری / (٤) قوای بحری هستم. *Man motaqä-e'd-e-(1) qowäy-e-hawäyee... / (2) ordo... / (3) neero hae-e-bahree... / (4) qowäy-e-bahree... hastam.* **I'm retired from the Government.** من متقاعد دولت هستم. *Man motaqä-e'd-e-dowlat hastam.* ★ **retiree** *n* متقاعد *motaqä-e'd*
return *vt* پس دادن *pas dädan,* برگرداندن *bargardändan* **Please return** *(1)* **it** / *(2)* **them when you're finished.** لطفاً (۱) این / (۲) آنها را وقتیکه تمام کردید پس بدهید. *Lotfan (1) een / (2) änhä rä waqteeke tamäm karded pas bedehed.* **I'll return** *(1)* **it** / *(2)* **them** *(3)* **in a few minutes.** / *(4)* **tomorrow.** من (۱) این / (۲) آنها را (۳) بعد از چند دقیقه... / (٤) فردا... پس خواهم داد. *Man (1) een / (2) änhä rä (3) ba'd az chand daqeeqa ... / (4) farda... pas khäham däd.* **Return the vehicle to the motor pool.** موتر را به (محل که دفاتر، موترها را نگا میدارد) برگردانید. *Motar rä ba (mahal-e- ke dafater moqtar ha ra nega meydarad) bargardäned.* ★ *vi* برگشتن *bargashtan,* بازگشتن *bäz-gashtan* **~ home** خانه برگشتن *khäna bargashtan* **I'm returning to** *(1)* **Britain** / *(2)* **Canada** / *(3)* **the U.S.** *(4)* **on** *(day).* / *(5)* **next week.** / *(6)* **tomorrow.** من به (۱) بریطانیا / (۲) کانادا / (۳) ایالات متحده (٤) در (___) / (۵) هفته آینده ... / (٦) فردا... برمیگردم. *Man ba (1) beretänyä / (2) känädä / (3) eeyälät-o-motaheda (4) dar (___)... / (5) hafta-e-äyenda... / (6) fardä... bar meygardam.* **When will you return?** چی وقت برمیگردید؟ *Chee waqt bar meygarded?* *(1)* **I'll** / *(2)* **We'll return** *(3)* **on** *(day).* / *(4)* **next week.** / *(5)* **tomorrow.** (۱) من / (۲) ما (۳) در (___) / (٤) هفته آینده ... / (۵) فردا بر (۱) گشت. / (۲) خواهیم گشت. *(1) Man / (2) Mä (3) dar (___) ... / (4) hafta-e-äyenda... / (5) fardä... bar (1) khäham gasht. (2) khähem gasht.* ★ **return** *n 1. (coming back)* برگشت *bargasht,* بازگشت *bäz-gasht;* 2. *(what one receives back)* اعاده *ehäda* **cash ~** اعاده پول نقد *ehäda-e-pool naqd* **in ~** در بازگشت *dar bäz-gasht* **~ key** *(comp. keyboard)* کلید برگشت *kleed-e-bargasht* **Hit the return key.** کلید برگشت را بزنید. *Kleed-e-bargasht rä bezaned.* ★ **returnee** *n* عودت کننده *owdat-konenda* **~ from Iran** عودت کننده از ایران *owdat-konenda az Eeran* **~ from Pakistan** عودت کننده از پاکستان *owdat-konenda az Pakestan*
reuse *vt* دوباره استعمال کردن *dobära estefäda kardan,* دوباره استفاده کردن *dobära este'mäl kardan* **You can reuse** *(1)* **it.** / *(2)* **them.** شما میتوانید (۱) این / (۲) آنها را دوباره استعمال کنید. *Shomä mey-tawäned (1) een / (2) änhä rä dobära este'mäl koned.* **We can reuse** *(1)* **it.** / *(2)* **them.** ما میتوانیم (۱) این / (۲) آنها را دوباره استعمال کنیم. *Mä mey-tawänem (1) een / (2) änhä rä dobära este'mäl konem.*
reveal *vt* آشکار شدن *äshkär shodan* **The x-ray reveals...** ایکسری ....را نشان میدهد. *Eksray...ra neshän mey-dehad*
reverse *adj* معکوس *ma'koos* **in ~ order** به ترتیب معکوس *ba tarteeb-e-ma'koos* **on the ~ side** درطرف معکوس *dar taraf-e-ma'koos* **~ gear** درگیر معکوس *dar geer-ma'koos,* درگیر عقب *dar geer-e-a'qab,* درگیر ریورس *dar geer reewars* ★ *n* پشت *posht,* عقب *a'qab,* معکوس *ma'koos* **in ~** درعقب *dar a'qab (1,2)* **Put it in reverse.** *(1)* در عقب بگذارید. *Dar a'qab begzäred.* / *(2)* به عقب برگردانید. *Ba a'qab bargar daned.* **Go in reverse.** به پشت *Ba a'qab berawed.* ★ **reversible** *adj* دو رو *do ro,* عقب بروید.

کورتی دو رویه kortee-e-do roya ~ **coat** پشتی را کردنی posht-e-ro kardanee
review vt مرور کردن moroor kardan **I need to review it.** من باید این را مرور کنم. Man bäyad een rä moroor konam. **Please review this.** لطفاً این را مرور کنید. Lotfan een rä moroor koned.
revise vt اصلاح کردن esläh kardan **It needs to be revised.** این باید اصلاح شود. Een bäyad esläh shawad. **We're going to revise it.** ما اصلاح اش میکنیم. Mä esläh ash mey-konem.
revive vt نیروی تازه دادن neeroy-e-täza dädan; زنده کردن zenda kardan **Try to revive (1) her. / (2) him.** کوشش کنید (۱) اوزن / (۲) اومرد را نیرو ببخشید. Koshesh koned (1) o zan / (2) o mard ra neeroo bebakhshed. **(1) I / (2) We couldn't revive (3) her. / (4) him.** (۱) من / (۲) ما (۳) اوزن / (٤) اومرد (1) Man / (2) Mä (3) o zan / (4) o mard rä neero dada (1) natawänestam. / (2) natawänestem. را نیرو داده (۱) نتوانستم. / (۲) نتوانستیم.
revolt n شورش shoresh ★ **revolution** n انقلاب neqeläb, تحول tahwol
revolve vi گردش کردن gardesh kardan, گردیدن gardeedan ★ **revolver** n گردش کننده gardesh konenda ★ **revolving** adj گردنده gardenda
reward n پاداش pädäsh, جایزه jäyza **There's a reward for returning it.** برای بازگشت اش یک جایزه است. Baräyee bärgasht ash yak jäyza ast. **We're offering a reward for (1) her / (2) his / (3) its / (4) their return.** ما برای بازگشت (۱) اوزن / (۲) اومرد / (۳) این / (٤) آنها یک جایزه تقدیم میکنیم. Mä baräyee bäzgasht (1) o zan / (2) o mard / (3) een / (4) änhä yak jäyza taqdeem mey-konem.
rewind vt دوباره نواختن dobära nawäkhtan, سرکردن sar kardan **Rewind the tape. (video).** نوار را سرکنید. Nawär rä sar koned.
rheostat n (elec.) تنظیم کننده جریان tanzeem konenda-e-jeryän
rheumatic adj روماتیسمی romätezemee, مربوط به باد مفاصل marbot ba bäd-e-mafäsel ~ **fever** تب روماتیزم tab-e-romätezem ★ **rheumatism** n روماتیزم romätezem, باد مفاصل bäd-e-mafäsel
rhythm n ریتم retem (یک حرکت حساب شده و موزون yak harakat-e-hesäb shoda wa mowzoon) **heart** ~ ریتم قلب retem-e-qalb
rib n قبرغه qaborgha **broken** ~ قبرغه شکسته qaborgha-e-shekesta **fractured** ~ قبرغه کسر کرده qaborgha-e-kaser karda
ribbon n نوار nawär, فیته feeta **Don't go on the other side of that (1) red / (2) white ribbon.** به طرف دیگر فیته (۱) سرخ / (۲) سفید نروید. Ba taraf-e-deegar-e-feeta-e- (1) sorkh / (2) safeed narawed. **Run this (1) red / (2) white ribbon along the (3) border / (4) edge (of the area).** این فیته (۱) سرخ / (۲) سفید را در امتداد (۳) سرحد / (٤) کنار (ساحه) بکشید. Een feeta-e- (1) sorkh / (2) safeed rä dar emtedad (3) sarhad / (4) kenär (-e-säha) bekashed.
rice n برنج berenj **cook the** ~ برنج پختن berenj pokhtan **fried** ~ برنج بریان شده berenj-e-beryän shoda ~ **cooker** دیگ برنج پزی deeg-e-berenj pazee, دیگ پلو پزی deeg-e-palow pazee **sack of** ~ جوال برنج jowäl-e-berenj **soak the** ~ برنج تر کردن berenj tar kardan **steamed** ~ برنج دم پخت berenj-e-dam pokht
rich adj 1. (wealthy) پولدار pooldär, ثروتمند sorwatmand; 2. (fertile) حاصلخیز häselkheez **get** ~ ثروتمند شدن sorwatmand shodan ~ **country** مملکت ثروتمند mamlakat-e-sorwatmand ~ **man** مرد ثروتمند mard-sorwatmand, مرد پول دار mard-e-pooldär ~ **people** مردم ثروتمند mardom-e-sorwatmand ~ **person** شخص ثروتمند shakhs-e-sorwatmand ~ **soil** زمین حاصلخیز Zameen-e-häsel-kheez ~ **woman** خانم ثروتمند khänem-e-sorwatmand **I'm not rich.** من ثروتمند نیستم. Man sorwatmand neestam.
rickets n, pl نرمی استخوان narmee-e-ostokhwän

rickshaw n ریکشا rekshä **three-wheeled motor** ~ ریکشای سه تایره rekshä-ye se täyre

ricochet vi کمانه کردن kamäna kardan **It ricocheted and hit** (1) **her.** / (2) **him.** کمانه کرد و (١) اورا زد / (٢) اومرد را زد. Kamäna kard wa (1) o zan / (2) o mard rä zad. ★ n کمانه kamäna

rid past part: **get** ~ **of** دورکردن door kardan, دور انداختن door andäkhtan **We have to get rid of** (1) **all this.** / (2) **it.** / (3) **them.** / (4) **these things.** ما باید (١) تمام این... / (٢) این... / (٣) آنها... / (٤) این چیزها... را دورکنیم. Mä bäyad (1) tamäm-e-een... / (2) een... / (3) änhä... / (4) een cheez hä... rä door konem. **Get rid of** (1) **it.** / (2) **them.** (١) این / (٢) آنها را دورکنید. (1) Een / (2) Änhä rä door koned.

ride vi سوار شدن sawär shodan, سوار موتر شدن şawär-e-motar shodan **Can I ride with you?** آیا میتوانم با شما سوارشوم؟ Äyä mey-tawänam bä shomä sawär shawam? **Can** (1) **he** / (2) **she ride with you?** آیا (١) اومرد / (٢) اوزن میتواند با شما سوار شود؟ Äyä (1) O mard / (2) O zan mey-tawänad bä shomä sawär shawad? **Can they ride with you?** آیا آنها میتوانند با شما سوار شوند؟ Äyä änhä mey-tawänand bä shomä sawär shawand? **Can we ride with you?** آیا ما میتوانیم با شما سوارشویم؟ Äyä mä mey-tawänem bä shomä sawär shawem? **You can ride with** (1) **her.** / (2) **him.** / (3) **me.** / (4) **them.** / (5) **us.** شما میتوانید با (١) اوزن / (٢) اومرد / (٣) من / (٤) آنها سوار شوید. Shomä mey-tawäned bä (1) o zan / (2) o mard / (3) man / (4) änhä sawär shawed. (1) **He** / (2) **She can ride with** (3) **her.** / (4) **him.** / (5) **me.** / (6) **them.** / (7) **us.** (١) اومرد / (٢) اوزن میتواند با (٣) اوزن / (٤) اومرد / (٥) من / (٦) آنها سوار شود. (1) O mard / (2) O zan mey-tawänad bä (3) o zan / (4) o mard / (5) man / (6) änhä sawär shawad. **They can ride with** (1) **her.** / (2) **him.** / (3) **me.** / (4) **them** / (5) **us.** آنها میتوانند با (١) اوزن / (٢) اومرد / (٣) من / (٤) آنها / (٥) ما سوارشوند. Änhä mey-tawänand bä (1) o zan / (2) o mard / (3) man / (4) änhä / (5) mä sawär shawand. ★ n سواری sawäree **hitch a** ~ سواری خواستن sawäree khästan (1) **I'll** / (2) **We'll give you a ride.** (١) من / (٢) ما شما را یک سواری (١) خواهم داد. / (٢) خواهیم داد. (1) Man / (2) mä shomä rä yak sawäree (1)khäham dad. / (2) khäham dad. **Can you give** (1) **her** / (2) **him** / (3) **me** / (4) **them** / (5) **us a ride?** آیا شما میتوانید (١) اوزن / (٢) اومرد / (٣) من / (٤) آنها / (٥) ما را سواری دهید؟ Äyä shomä mey-tawäned (1) o zan / (2) o mard / (3) man / (4) änhä / (5) mä rä yak sawäree dehed? ★ **rider** n 1. (on a horse) سوارکار sawär kar, اسپ سوار asp sawär; 2. (passenger) سواری sowäree

ridge n مرز marz, تیغ tegh

ridiculous adj خنده آور khanda äwar, مسخره آمیز mas-khara ämeez, مزخرف mozakhraf **That's ridiculous!** مزخرف است! Mozakhraf ast!

rifle n تفنگ tofang **assault** ~ کلاشینکوف kalasheenkof, تفنگچه ماشیندار tofang-cha-ye mäsheendär **automatic** ~ تفنگ اتومات tofang-e-atoomät, تفنگچه ماشیندار tofang-cha-ye mäsheendär **hunting** ~ تفنگ شکاری tofang-e-shekäree **Kalashnikov (assault)** ~ کلاشینکوف (تفنگ) (tofang-e-) kalasheenkof ~ **ammunition** مرمی تفنگ marmee tofang, شاجور تفنگ shäjor-e-tofang **Where can I buy a rifle?** ازکجا میتوانم یک تفنگ بخرم؟ Az kojä mey-tawänam yak tofang bekharam.

rig n (device) لوازم lawäzem, سامان sämän, اسباب asbäb **drilling** ~ لوازم برمه کاری lawäzem-e-barma karee

right adj 1. (correct) درست drost; 2. (the one needed / wanted) لازمی läzemee; 3. (appropriate) مناسب monäseb; 4. (opp. of left) راست räst; 5. (normal) حالت عادی hälat-e-a'ädee ~ **amount** به جا ba jä ~ **arm** بازو راست bäzoo-e-räst ~ **decision** تصمیم درست meqdär-e-drost

right

~ **ear** گوش راست goosh-e-räst ~ **elbow** آرنج راست ärenje-räst ~ tasmeem-e-drost ~ **eye** چشم راست chashem-e-räst ~ **foot** قدم راست qadam-e-räst ~ **hand** دست راست dast-e-räst ~ **knee** زانو راست zänoo-e-räst ~ **leg** پای راست päy-e-räst ~ **moment** وقت مناسب waqt-e-monäseb ~ **place** محل لازمی mahal-e-läzemee ~ **procedure** طرزاقدام مناسب tarz-e-eqdäm-e-monäseb ~ **shoulder** شانه راست shäna-e-räst ~ **side** طرف راست taraf-e-räst ~ **thing** چیز درست cheez-e-drost ~ **way** طریقه درست tareeqa-e-drost **Is that right?** درست (۱) است.؟ Äyä dorst ast? **That (1) is / (2) isn't right.** (۲) Drost (1) ast. / (2) neest. **You're right.** شما حق بجانب هستید. Shomä haq bajäneb hasted. **You were right.** شما حق بجانب بودید. Shomä haq bajäneb boded. **I was right.** من حق بجانب بودم. Man haq bajäneb bodam. **Something is not right.** چیزی درست نیست. Cheezee drost neest. **Is this the right road to (place)?** آیا این سرک به (___) رفته است؟ Äyä een sarak ba (___) rafta ast? **Be sure you give (1) her / (2) him the right amount.** متیقن باشید که (۱) اوزن / (۲) اومرد را مبلغ درست بدهید. Motayaqeen bäshed ke (1) o zan / (2) o mard rä mablagh-e-drost bedehed. **(1) He / (2) She is not in (3) his / (4) her right mind.** (۱) اومرد / (۲) اوزن عقل (۳,۴) اش بجا نیست. (1) O mard / (2) O zan a'qel (3,4) ash bajä neest. ★ **right** adv 1. (correctly) درست به طور drost, ba towr-e-drost; 2. (as it should) درست drost; 3. (to the right) به طرف راست ba taraf-e-räst, به دست راست ba dast-e-räst; 4. (immediately, in a moment) فوراً fowran, عاجل ä'jel; 5. (exactly) دقیقاً daqeeqan ~ **after** لحظه ای بعد lahza-ee ba'd ~ **away** فوراً fowran ~ **before** لحظه ای قبل lahza-ee qabel ~ **now** همین اکنون hameen aknoon **Are you all right?** (Are you feeling good?, Are you unhurt?) آیا شما خوب هستید؟ Äyä shomä khoob hasted? **Make sure (1) he / (2) she does it right.** متیقن باشید که (۱) اومرد / (۲) اوزن درست انجام بدهد. Motayaqen bäshed ke (1) o mard / (2) o zan drost anjäm bedehad. **Make sure they do it right.** متیقن باشید که درست انجام بدهند. Motayaqen bäshed ke drost anjäm bedehand. **Did you do it right?** آیا درست انجام دادید؟ Äyä drost anjäm ash däded? **You (1) did / (2) didn't do it right.** شما درست انجام (۱) دادید. / (۲) ندادید. Shomä drost anjäm (1) däded. / (2) nadäded. **Did (1) he / (2) she do it right?** آیا (۱) اومرد / (۲) اوزن درست انجام داد؟ Äyä (1) o mard / (2) o zan drost anjäm ash däd? **(1) He / She (3) did / (4) didn't do it right.** (۱) اومرد /(۲) اوزن درست انجام (۱) داد. / (۲) نداد. (1) O mard / (2) O zan drost anjäm (1) däd. / (2) nadäd. **That doesn't sound right.** درست به نظرنمی آید. Drost ba nazar namey-äyad. **Turn right ([1] at the next street. / [2] here. / [3] there.).** به طرف راست ([۱] درسرک دیگر... / [۲] اینجا... / [۳] آنجا) دور بخورید. Ba taraf-e-räst ([1] dar sarak-e-deegar... / [2] eenjä... / [3] änjä... dowr bekhored. **I'll be right back.** فوراً برخواهم گشتم. Fowran bar khähad gashtam. **Do it right away.** همین اکنون انجام دهید. Hameen aknoon anjäm ash dehed. **Come right away.** همین اکنون بیایید. Hameen aknoon beeyäyed. **I'll be there right away.** همین اکنون خواهم آمدم. Hameen aknoon khähad ämadam. **Send an ambulance (to [place]) right away.** همین اکنون یک امبولانس (به ___) روان کنید. Hameen aknoon yak amboläns (ba ___) rawän koned. **It's right over there.** دقیقاً آنجا است. Daqeeqan änjä ast. ★ n 1. (direction) دست راست dast-e-räst; 2. (just claim) حق haq **civil ~s** حقوق مدنی hoqooq-e-madanee **equal ~** حقوق اجتماعی hoqooq-e-ejtemä'ee **on the ~** دردست راست dar dast-e-räst ~ **of way** حق عبور اززمین یا سرک haq-e-o'boor az zameen yä sarak **to the ~** درطرف دست راست dar taraf-e-dast-e-räst **Keep to the right.** دردست راست برانید. Dar dast-e-räst beräned. **Turn to**

the right. دردست راست دوربخورید. *Dar dast-e-rāst dowr bekhored.* **It's on the right.** در دست راست است. *Dar dast-e-rāst ast.* ★ **right-handed** *adj* راست دست *räst dast*, دست راسته *dast rästa* **Are you right-handed?** آیا شما دست راسته هستید؟ *Ãyā shomā dast rästa hasted?*

rigid *adj (not bending, stiff)* سخت *sakht*, محکم *mahkam*

rigor mortis *n* تن سخ شده مرده *tan shakh shoda-e-morda*

rim *n* لبه *laba*, حاشه *hāsha*

ring *vt* به صدا آوردن *ba sadā awardan* **Ring the (1) alarm! / (2) bell!** (۱) زنگ خطر / (۲) زنگ را بزنید! *(1) Zang-e-khatar / (2) Zang rā bezaned!* ★ *vi* زنگ زدن *zang zadan* **What's ringing?** چی زنگ میزند؟ *Chee zang mey-zanad?* **The phone is ringing!** زنگ تیلفون است! *Zang-e-teelfoon ast!* **My alarm clock didn't ring.** ساعت زنگی من از زنگ نزد. *Sā-a't-e-zangee-e-man zang nazad.* ★ *n* انگشتر *angoshtar* **gold ~** انگشتر طلا *angoshtar-e-telā* **marriage ~** انگشتر ازدواج *angoshtar-e-ezdowaj*, چله *chela* **piston ~** پستون رنگ *pestoon reng* ★ **ringworm** *n* زخم زرد *zard zakhem* **~ medicine** ادویه زرد زخم *ezdweeya-e-zard zakhem*

rinse *vt* آبکش کردن *äbkash kardan*, شستن *shostan* **Rinse (1) it / (2) them in (3) cold / (4) hot water.** (۱) این / (۲) آنها را در آب (۳) سرد / (۴) گرم آبکش کنید. *(1) Een / (2) Ãnhā rā dar āb-e-(3) sard / (4) garm ābkash koned.* **After you wash (1) it / (2) them, rinse (3) it / (4) them.** بعد از اینکه (۱) این / (۲) آنها را شستید، (۳) این / (۴) آنها را آبکش کنید. *Ba'd az eenke (1) een / (2) änhā rā shosted, (3) een / (4) ānhā rā ābkash koned.*

riot *vi* بلوا کردن *balwā kardan*, شورش کردن *shoresh kardan* **(1) People / (2) Students are rioting..** (۱) مردم / (۲) شاگردان شورش میکنند. *(1) Mardom / (2) Shāgerdān shoresh mey-konand.* ★ *n* بلوا *balwā*, شورش *shoresh* ★ **rioter** *n* بلوا کننده *balwā konenda*, شورشگر *shoreshgar*

rip *vt* پاره کردن *pāra kardan* **I ripped it.** پاره اش کردم. *Pāra ash kardam.* ★ *vi* پاره شدن *pāra shodan* **It ripped.** پاره شد *Pāra shod.*

ripe *adj* پخته *pokhta* **Is it ripe?** آیا این پخته شده است؟ *Ãyā een pokhta shoda ast?* **It's not ripe yet.** تاحال پخته نشده است. *Tā hāl pokhta nashoda ast.* **Are they ripe?** آیا آنها پخته شده اند؟ *Ãyā ānhā pokhta shoda and?* **They're not ripe yet.** تاحال پخته نشده اند. *Tā hāl pokhta nashoda and.*

rip off *slang* 1. *(swindle)* فریب دادن *freeb dädan*; 2. *(steal)* دزدی کردن *dozdee kardan* **I think they ripped (1) me / (2) you off.** (۱) فکرمیکنم آنها (۲) من / (۲) ما / (۳) شما را بازی دادند. *Feker mey-konam änhā (1) man / (2) mā / (3) shomā rā bāzee dādand.* **Someone ripped off my (1) camera. / (2) suitcase. / (3) wallet.** کسی (۱) کمره / (۲) بکس لباس / (۳) بکس جیبی ام را دزدی کرد. *Kasee (1) kamra / (2) baks-e-lebās / (3) baks-e-jeebee am rā dozdee kard.*

rise *vi (increase)* بلند شدن *beland shodan* **(1) Her / (2) His temperature has risen to (number) degrees.** درجه حرارت (۱) اوزن / (۲) اومرد (___) درجه بلند شده است. *Daraja harārat-e-(1) o zan / (2) o mard (___) daraja beland shoda ast.*

risk *vt* درخطر انداختن *dar khatar andākhtan* **Don't risk your life.** زندگی تان را درخطر نیاندازید. *Zendagee-e-tān rā dar khatar nayandāzed.* **I can't risk it.** نمیتوانم این را درخطر بیاندازم. *Namey-tawānam een rā dar khatar beyandāzam.* **We can't risk it.** ما نمیتوانیم این را درخطر بیاندازیم. *Mā namey-tawānem een rā dar khatar beyandāzem.* ★ *n* خطر *khatar* **Are you aware of the risks?** آیا شما از خطرات آگاه هستید؟ *Ãyā shomā az khatarāt ägah hasted?* **I want you to be aware of the risks.** میخواهم شما از خطرات آگاه باشید. *Mey-khāham shomā az ehtemāl-e-khatarāt ägäh bashed.* **I'm aware of the risks.** من از خطرات آگاه هستم. *Man az khatarāt ägäh hastam.*

It's too much of a risk. بسیارخطردارد. *Beesyär khatar därad.* ★ **risky** *adj* خطرناك *khatarnäk* ~ **operation** *(surgery)* عملیات خطرناك *a'malyät-e-khatarnäk* **It's very risky.** بسیار خطرناك است. *Bees-yär khatarnäk ast.*

rite *n* مراسم *maräsem* **funeral ~s** مراسم جنازه *maräsem-e-jenäza*

rival *n* حریف *hareef,* رقیب *raqeeb* ★ **rivalry** *n* همچشمی *ham-chashmee,* رقابت *reqäbat* **bitter ~** رقابت سخت *reqäbat-e-sakht*

river *n* دریا *daryä* **cross the ~** ازدریا گذشتن *az daryä gozashtan* **~ bank** لب دریا *lab-e-daryä* **swift ~** دریا تند *daryä-e-tond,* دریا تیز *daryä-e-teez* **What's the name of this river?** نام این دریا چیست؟ *Näm-e-een daryä cheest?* **Where's the best place to cross the river?** خوبترین جای که ازدریا بگذریم کجا است؟ *Khobtareen jäy ke az daryä begzarem kojä ast?* **Is there a bridge across this river?** آیا درمیان دریا پل است؟ *Äyä dar meeyän-e-daryä pol ast?* **Is there a ferry across the river?** آیا درمیان دریا معبر(گذرگاه) وجود دارد؟ *Äyä dar meeyän-edaryä ma'bar (gozargäh)-e-wojod därad?* **How deep is the river ([1] here / [2] there)?** ([۱] اینجا / [۲] آنجا) دریا چقدر عمیق است؟ *([1] Eenjä / [2] Änjä) daryä cheqadar a'meeq ast?* ★ **riverbed** *n* سطح دریا *sat' daryä*

rivet *n* میخ پرچ *meekh-e-parch*

road *adj* سرك *sarak* **~ -building machinery** ماشین آلات سرك سازی *mäsheen älät-e-sarak säzee* **~ construction** سرك سازی *sarak säzee* **~ map** نقشه سرك *naqsha-e-sarak* **~ repair** ترمیم سرك *tarmeem-e-sarak* **~ sign** نشان سرك *neshän-e-sarak,* نشان راه *neshän-e-räh* **~ surface** سطح سرك *sat-he-e-sarak* ★ *n* سرك *sarak* **access ~** سرك رسیدن (به محلی) *sarak raseedan (ba mahale)* **asphalt ~** سرك قیر *sarak-e-qeer* **bad ~** سرك خراب *sarak-e-kharäb* **build a ~** سرك ساختن *sarak säkhtan* **bumpy ~** سرك خامه *sarak-e-khäma,* سرك ناهموار *sarak-e-nähambär* **close the ~** سرك را بند كردن *sarak rä band kardan* **country ~** سرك دهات *sarak-e-dehät* **cover the ~ with gravel** سرك را با سنگ ریزه و جغل پوشاندن *sarak rä bä sang-e-reeza yä jaghal poshäneedan* **curvy ~** سرك كج *sarak-e-kaj* **damaged ~** سرك تخریب شده *sarak-e-takhreeb shoda* **dirt ~** سرك كثیف *sarak-e-kaseef* **farm ~** سرك مزرعه *sarak-e-mazre-a'* **good ~** سرك خوب *sarak-e-khob* **gravel ~** سرك ریگ *sarak-e-reegee,* سرك ریگ فرش شده *sarak-e-reeg farsh shoda* **level the ~** سرك را هموار كردن *sarak rä hamwär kardan* **mountain ~** سرك كوه *sarak-e-koh* **muddy ~** سرك گل آلود (خامه) *sarak-e-gel älood (khäma)* **narrow ~** سرك كم عرض *sarak-e-kam a'rz* **newly constructed ~** سرك تازه اعمار شده *sarak-e-täza e'mär shoda* **old ~** سرك كهنه *sarak-e-kohna* **one-lane ~** سرك یك طرفه *sarak-e-yak tarafa* **pave the ~** سرك را فرش كردن *sarak rä farsh kardan,* سرك را صاف كردن *sarak rä säf kardan* **paved ~** سرك فرش شده *sarak farsh shoda,* سرك پخته *sarak-e-pokhta* **poor ~** سرك خراب *sarak-e-khqrab* **repair the ~** سرك را ترمیم كردن *sarak rä tarmeem kardan* **rocky ~** سرك سنگی *sarak-e-sangee* **rutted ~** سرك رد دار *sarak-e-rad där* **shoulder of the ~** كنارسرك برای ایستاده نمودن وسایط *kenär-e-sarak baräy-eestäd namoodan-e-wasäyet* **side of the ~** پهلوی سرك *pahloyee sarak,* كنار سرك *kenär-e-sarak* **steep ~** سرك سرنشیب *sarak-e-sar nesheeb* **two-lane ~** سرك دوطرفه *sarak-e-dotarafa* **unpaved ~** سرك فرش نشده *sarak-e-farsh nashoda,* سرك خامه *sarak-e-khäma* **wide ~** سرك وسیع *sarak-e-wasee'* **winding ~** سرك پیچاپیچ *sarak-e-peechäpeech* **How is the road?** سرك چطور است؟ *Sarak chetowr ast?* **Is the road (1) blocked? / (2) closed? / (3) open? / (4) (other: see below)?** آیا سرك (۱) بند / (۲) بسته / (۳) باز است؟ / (٤)( )؟ *Äyä sarak (1) band / (2) basta / (3) bäz / (4) (___) ast?* **The road (1) is / (2) isn't (3) bad. / (4) blocked. / (5) closed. / (6) curvy. / (7) good. / (8) hazardous. / (9) mined. / (10) muddy. / (11) narrow. /**

(12) open. / (13) passable. / (14) paved. / (15) rocky. / (16) steep. / (17) unpaved. / (18) washed out. / (19) wide. / (20) winding. سرک (۳) خراب / (۴) بند / (۵) بسته / (۶) کج / (۷) خوب / (۸) خطرناک / (۹) ماین فرش شده / (۱۰) خامه / (۱۱) کم عرض / (۱۲) باز / (۱۳) قابل عبور / (۱۴) فرش شده / (۱۵) سنگی / (۱۶) سرنشیب / (۱۷) فرش ناشده / (۱۸) آب بردگی / (۱۹) وسیع / (۲۰) پیچاپیچ (۱) است. / (۲) نیست. *Sarak (3) kharäb / (4) band / (5) basta / (6) kaj / (7) khob / (8) khatarnäk / (9) mäyn farsh shoda / (10) khäma / (11) kam a'arz / (12) bäz / (13) qäbel-e-o'bor / (14) farsh shoda / (15) sangee / (16) sarnesheeb / (17) farsh näshoda / (18) äb bordagee / (19) wasee' / (20) peechäpech (1) ast. / (2) neest.* **The road is in terrible shape.** سرک در حالت مهیب قرار دارد. *Sarak dar hälat-e-moheeb qarär därad.* **The road is under construction.** سرک زیر اعمار است. *Sarak zeer-e-e'mär ast.* **The road has bomb craters.** سرک کاسه ها (حفره ها) دارد. *Sarak käsa hä (hofra hä) därad.* **(1) We / (2) They have to (3) clear / (4) repair the road.** (۱) ما / (۲) آنها باید یک سرک را (۳) پاک / (۴) ترمیم (۱) کنیم. / (۲) کنند. *(1) Mä / (2) Änhä bäyad sarak rä (3) päp / (4) tarmeem (1) konem. / (2) konand.* **(1) We / (2) They have to build a new road.** (۱) ما / (۲) آنها باید سرک جدید (۱) بسازیم. / (۲) بسازند. *(1) Mä / (2) Änhä bäyad yak sarak-e-jadeed (1) besäzem. / (2) besäzand.* **Which road do we take to (*place*)?** به (___) کدام سرک برویم؟ *Ba (___) ba kodäm sarak berawem?* ★ **roadbed** *n* کف سرک *kaf-e-sarak* ★ **roadblock** *n* پاتک *pätak* **army~** پاتک اردو *pätak-e-ordo* **police~** پاتک پولیس *pätak-e-polees* **set up a ~** پاتک گذاشتن *pätak gozäshtan* ★ **roadside** *n* کنار سرک *kenär-e-sarak* ★ **roadway** *n* پیاده رو *peeyäda row*

roast *adj* کباب شده *kabäb shoda,* بریان *beryän* **~ beef** کباب گوشت گاو *kabäb-e-goosht-e-gäw* **~ chicken** کباب گوشت مرغ *kabäb-e-goosht-e-morgh* **~ lamb** کباب گوشت بره *kabäb-e-goosht-e-bara* **~ mutton** کباب گوشت گوسفند *kabäb-e-goosht-e-gosfand* ★ *vt* کباب کردن *kabäb kardan,* بریان کردن *beryän kardan*

rob *vt* غارت کردن *ghärat kardan,* دزدیدن *doz-deedan* **~ at gunpoint** توسط سلاح غارت کردن *tawasot-e-saläh ghärat kardan* **I was robbed.** من را غارت کردند. *Man rä ghärat kardand.* **We were robbed.** ما را غارت کردند. *Mä rä ghärat kardand.* ★ **robber** *n* دزد *dozd,* راهزن *rähzan,* غارتگر *ghärat-gar* **I (1) can / (2) can't identify the (3) robber. / (4) robbers.** (۱) من میتوانم / (۲) نمیتوانم (۳) دزد / (۴) دزدان را تشخیص کنم. *Man (1) mey-tawänam / (2) namey-tawänam (3) dozd / (4) dozdän rä tashkhees komam.* **That's the robber.** آن دزد است. *Än dozd ast.* **They're the robbers.** آنها دزدان هستند. *Änhä dozdän hastand.* **(1) We / (2) You have to guard against robbers.** (۱) ما / (۲) شما باید علیه دزدان پاسداری (۱) کنیم. / (۲) کنید. *(1) Mä / (2) Shomä bäyad a'ley-e-dozdän päsdäree (1) konem. / (2) koned.* ★ **robbery** *n* دزدی *dozdee,* سرقت *serqat,* راهزنی *rähe* **I want to report a robbery.** میخواهم از یک سرقت گذارش دهم. *Mey-khäham az yak serqat gozäresh deham.* **The robbery happened at (*time*) at (*place*).** سرقت در (___) در (___) صورت گرفت. *Serqat dar (___) dar (___) soorat greft.*

robe *n* چپن (لباس دراز برای مرد ها و خانم ها) *chapan (lebäs-e-daräz baräyee mard hä wa khänom hä)* **hospital ~** چپن شفاه خانه *chapan-e-shafäh khäna* **Put on this robe.** این چپن را بپوشید. *Een chapan rä beposhed.*

robot *n* آله خودکار *äla-ye-khodkär* **search-and-rescue ~** آله خودکار جستجو و نجات *äla-e-khodkär-e-jostejo wa nejäd*

rock *n* سنگ *sang,* سخره *sakhra* **crushed ~** سنگ له کرده *sang-e-la karda,* سنگ شکست کرده *sang-e-shekast karda* **throw ~s** سنگ ها را انداختن *sang hä rä andäkhtan* **Remove the rocks.** سنگ ها را دور کنید. *Sang hä rä door koned.*

rocket — **room**

Clear the rocks from the road. سرک را از سنگ ها پاک کنید. *Sarak rä az sang hä päk koned.* Move the rocks over there. سنگ ها را آنجا انتقال دهید. *Sang hä rä änjä enteqäl dehed.* Load these rocks on the truck. این سنگ ها را در موتر بارکش بار کنید. *Een sang hä rä dar motar-e-bärkash bär koned.* Stop throwing rocks! سنگ انداختن را بس کنید! *Sang andäkhtan rä bas koned.* Don't throw rocks (at ammunition and bombs). سنگ ها را (به مهمات و بمب ها) نزنید. *Sang hä rä (ba mohemät wa bamb hä) nazaned.*

rocket *n* راکت *räket*, موشک *moshak* **They fired rockets at** (1) **them.** / (2) **us.** آنها بالای (۱) آنها / (۲) ما راکت انداخت کردند. *Ánhä balläyee (1) änhä / (2) mä räket andakht kardand.*

rocky *adj* سنگی *sangee* ~ **soil** زمین سنگی *zameen-e-sangee*

rod *n* میله *meela* **broken (piston)** ~ میله شکسته *meela-e-shekesta* **connecting** ~ میله ارتباط *meela-e-ertebät* **curtain** ~ چوب پرده *choob-e-par-dah* **fishing** ~ میله ماهی گیری *meela-e-mähee geeree* **lightning** ~ میله برق گیر *meela-e-barq geer* **piston** ~ میله سنبه *meela-e-sonba*

rodent *n* جونده *jawenda*

roe *n (fish eggs)* تخم ماهی هنگامیکه در تخم دان میباشد. *Tokhom-e-mähee hangämeeke dar tokhom dän mey-bäshad.*

role *n* نقش *naqsh,* وظیفه *wazeefa* **You have an important role in the operation.** شما یک نقش مهم را در عملیات دارید. *Shomä yak naqsh-e-mohem-e-rä dar a'malyät däred.*

roll *vt* 1. *(cause to roll)* لول دادن *lool dadan;* 2. *(dough: flatten)* هموار کردن *hamwär kardan,* پهن کردن *pahn kardan* ~ **up** پیچیدن *peecheedan* **Roll it** (1) **out of the way.** / (2) **over here** / (3) **there.** (۱) بیرون از راه... / (۲) درس اینجا... / (۳) آنجا بغلتانید اش. *(1) Beeron az räh... / (2) Dar sar-e-eenjä / (3) Dar sar-e-änjä... beghaltäned ash.* **Roll the dough (like this).** خمیر را هموار (مثل این) این هموار کنید. *Khameer rä (mesel-e-een) hamwär koned.* ★ *vi* غلتیدن *ghalteedan* ~ **over** برگرداندن *bar gar dandand* **Roll over (on your side).** (به سمت خود) برگردانید. *(Ba samt-e-khod) bar gardaned.* ★ *n* 1. *(anything rolled up)* پیچیده *peecheeda,* لوله *lola;* 2. *(bread)* لقمه *loqma;* 3. *(film)* رول فلم *rol felm* **bread** ~ لقمه نان *loqma-e-nän,* گرده نان *gerda-e-nän* ~ **of film** لوله فلم *lola-e-felm* ~ **of toilet paper** لوله کاغذ تشناب *lola-e-qäkaz-e-tashnäb* ★ **roller** *n* غلتنده *ghaltenda* ~ **bearing** حرکت غلتنده *harakat-e-ghaltenda* **steam** ~ سرک صاف کن *sarak säf kon*

romance *n* عشق و عاشقی *eshq wa äsheqee* ★ **romantic** *adj* خیالی *kheeyälee*

roof *n* سقف *saqf,* بام *bäm* **new** ~ سقف جدید *saqf-e-jadeed* ~ **of the car** سقف موتر *saqf-e-motar* ~ **tile** کاشی سقف *käshee-e-saqf* **The roof is no good.** سقف خراب است. *Saqf kharäb ast.* **There's a hole in the roof.** در سقف یک سوراخ است. *Dar saqf yak soräkh ast.* **Fix the hole in the roof.** سوراخ سقف را ترمیم کنید. *Soräkh saqf rä tarmeem koned.* **Have** (1) **him** / (2) **them** (3) **fix** / (4) **replace the roof.** (۱) اومرد / (۲) آنها را بگوهید که سقف را (۳) بسته / (٤) تبدیل (۱) کند. / (۲) کنند. *(1) O mard / (2) Ánhä rä begoyed ke saqf rä (3) basta / (4) tabdeel (1) konad. / (2) konand.*

room *n* 1. *(part of a bldg)* اطاق *otäq,* خانه *khäna;* 2. *(hotel)* اطاق *otäq;* 3. *(space)* جا *jä* **dining** ~ اطاق طعام خوری *otäq-e-ta'äm khoree,* طعام خانه *ta'äm khäna* **emergency** ~ **(ER)** اطاق عاجل *otäq-e-a'äjel* **hospital** ~ اطاق شفاه خانه *otäq-e-shafäh khäna* **hotel** ~ اطاق هوتل *otäq-e-hotal* **laundry** ~ رخت شوی خانه *rakht shoy khäna* **living** ~ اطاق نشیمن *otäq-e-nesheeman* **operating** ~ اطاق عمل *otäq-e-a'mal* **recovery** ~ اطاق صحت یابی *otäq-e-sehat yäbee* **shower** ~ تشناب کوچ با شاور *tashnäb-e-kochak bä shäwar* **storage** ~ ذخیره خانه *zakheera khäna* **waiting** ~ اطاق انتظار *otäq-e-entezär*

roommate   **rough**

work ~ اطاق کار *otäq-e-kär* **How many rooms does it have?** چند اطاق دارد؟ *Chand otäq därad?* **We need (1) two / (2) three / (3) four rooms.** ما (۱) دو / (۲) سه / (۳) چهار اطاق ضرورت داریم. *Mä (1) do / (2) se / (3) chär otäq zaroorat därem.* **We need a room for an office.** ما یک اطاق برای دفتر ضرورت داریم. *Mä yak otäq baräy-e-daftar zaroorat därem.* **Move (1) her / (2) him into the recovery room.** (۱) اوزن / (۲) اومرد را به اطاق صحت یابی ببرید. *(1) O zan / (2) O mard rä ba otäq-e-sehat yäbee bobared.* **Do you have any rooms available?** آیا کدام اطاق قابل استفاده دارید؟ *Äyä kodäm otäq qäbel-e-estefäda däred?* **I'd like to reserve a room.** میخواهم یک اطاق را برایم اختصاص دهم. *Mey-khäham yak otäq rä baräyam ekhtesäs deham.* **Is there any room?** آیا کدام جای است؟ *Äyä kodäm jä ast?* **Is there enough room?** آیا جای کافی است؟ *Äyä jä-e-käfee ast?* **There (1) is / (2) isn't enough room.** جای کافی (۱) است / (۲) نیست. *Jä-e-käfee (1) ast. / (2) neest.* **Can you make room (for [1] one / [2] two more)?** آیا میتوانید برای ([۱] یک / [۲] دو نفر دیگر) جای تهیه کنید؟ *Äyä mey-tawäned (baräyee [1] yak / [2] do nafar-e-deegar) jäye tahya koned?* **We'll find room for you.** ما برای شما جای پیدا خواهیم کرد. *Mä baräyee shomä jäy paydä khähem kard.*
★ **roommate** n هم اطاق *ham otäq*

root n ریشه *reesha* ~ **of the tooth** ریشه دندان *reesha-e-dandän* ~s **of the tree** ریشه های درخت *reesha häyee darakht*

rope adj طنابی *tanabee,* ریسمان *reesmän* ~ **ladder** زینه طنابی *zeena-e-tanabee*
★ n طناب *tanäb* **coil of** ~ حلقه طناب *halaqa-e-tanäb* **Get a rope.** یک طناب بیگیرید. *Yak tanäb beegeered.*

roster n جدول نوبت *jadwal-e-nobat* **duty** ~ جدول نوبت وظیفه *jadwal-e-nobat-e-wazeefa*

rot vi خراب شدن *kharäb shodan,* فاسد شدن *fäsed shodan* **It'll rot.** خراب خواهد شد. *Kharäb khähad shod.*

rotate vt (*alternate*) متناوب شدن *motanäbeb shodan;* چرخیدن *charkheedan* ~ **crops** محصول متناوب گرفتن *mahsool-e-motanäweb gereftan* ★ vi 1. (*go round*) چرخانیدن *charkhäneedan;* 2. (*alternate*) نوبت کردن *nobat kardan* **The (1) two / (2) three of you can rotate.** (۱) دو / (۲) سه نفرشما میتوانید نوبت کنید. *Do / (2) Seh nafar-e-shomä mey-tawäned nobat koned.*

rotor n قسمت گردنده ماشین *qesmat-e-gardenda-e-mäsheen*

rotten adj فاسد شده *fäsed shoda,* خراب شده *kharäb shoda,* ترش شده *torsh shoda* **The (1) fish / (2) meat is rotten.** (۱) ماهی / (۲) گوشت خراب شده است. *(1) Mähee / (2) Goosht kharäb shoda ast.* **Don't eat it. It's rotten.** نخورید. فاسد شده است. *Nakhored. Fäsed shoda ast.*

rough adj 1. (*coarse, not smooth*) ناهموار *nä hamwär,* پست و بلند *past wa beland;* 2. (*not gentle*) بی ادب *bey adab;* 3. (*difficult; unpleasant*) دشوار *dashwär,* ناخوشایند *näkhoshäyand;* 4. (*approximate*) تقریبی *taqreebee,* سردستی *sardastee* ~ **estimate** برآورد تقریبی *bar äward-e-taqreebee,* برآورد تخمینی *bar äward-takhmeenee* ~ **finish** خام تمام کردن *kham tamäm kardan* ~ **life** زندگی ناخوشایند *zendagee-e-näkhoshäyand* ~ **road** سرک پست و بلند *sarak-e-past wa beland* ~ **surface** سطح پست و بلند *satah-e-past wa beland* ~ **terrain** زمین پست و بلند *zameen-e-past wa beland* ~ **time** وقت ناخوشایند *waqt-e-näkhoshäyand* **You've had a rough time.** روزگارناخوشایند داشتید. *Roozgär-e-näkhoshäyand däshted.* **They've had a rough time.** آنها روزگار دشواری داشتند. *Änhä rooz-gär-e-dashwäree däshtand.* **(1) He / (2) She has had a rough time.** (۱) اومرد / (۲) اوزن روزگار دشوار داشت. *(1) O mard / (2) O zan roozj-gär-e-dashwär-e-däsht.* **Can you give me a rough estimate?** آیا میتوانید یک برآورد تخمینی برایم بدهید؟ *Äyä mey-tawäned yak bar äward-e-takhmeenee baräyam bedehed?* **I can only give you a**

rough it   365   **route**

rough estimate. برایتان صرف برآورد تخمینی داده میتوانم. *Baräyetän serf baräword-e-takhmeenee däda mey-tawänam.* ★ **rough it** *idiom (live without conveniences)* سخت گذراندن به سختی زندگی کردن *sakht gozarändan, ba sakhtee zendagee kardan* **We're going to have to rough it.** ما باید به سختی گذران کنیم. *Mä bäyad basakhtee gozarän konem.* ★ **roughly** *adv* 1. *(not gently)* به طور خشن باخشونت *bä khoshonat; ba towr-e-khashen;* 2. *(approximately)* تخمیناً تقریباً *taqreeban, takhmeenan* **It's roughly twenty kilometers from here.** تقریباً دوازده کیلومتر ازاینجا فاصله دارد. *Taqreeban dowäzda keeloo meter az eenjä fäsela därad.*

round *adj* گرد *gerd,* دایروی *däyerawee* **trip** سفر دورادور *safar-e-dowrä-dowr* ★ *adv* گردا گرد *gerdägerd* **go ~** گرداگرد رفتن *gerdägerd raftan* ★ *n (bullet, shell)* گلوله *golola* **artillery ~** گلولۀ توپ *glola-e-toop* **mortar ~** باروت گلوله *bäroot-e-glola*

round up *vt* گرد کردن جمع آوری کردن *jama' äwaree kardan, gerd kardan* **Did they round up (1) people? / (2) the men? / (3) the women?** آیا آنها (۱) مردم / (۲) مردها / (۳) زنان را جمع کردند؟ *Äyä änhä (1) mardom / (2) äqäyän / (3) khänomän rä jama kardand?* **They rounded up (all) the (1) people. / (2) young) men. / (3) (young) women.** آنها (تمام) (۱) مردم / (۲) مردهای (جوان) / (۳) زنان (جوان) را جمع کردند. *Änhä (tamäm)-e- (1) mardom / (2) mardhäyee (jawän) / (3) zanän-e-(jawän) rä jama kardand.* ★ **roundup** *n* گردآوری *gerd äwaree,* تجمع *tajamo'* **~ of civilians** گردآوری شهریان *gerd äwaree-e-shahr-yän* **~ of inhabitants** گردآوری باشندگان *gerd äwaree-e-bäshendagän* **~ ([1] old / [2] young) men** گردآوری مردهای ([۱] پیر / [۲] جوان) *gerd äwaree-e-mard häy-e- ([1] peer / [2] jawän]* **~ ([1] old / [2] young) women** گرد آوری خانم های ([۱] پیر / [۲] جوان) *gerd äwaree-e-khänom häy-e- ([1] peer / [2] jawän)* **~ of the populace** گردآوری مردم عوام *gerd äwaree-e-mardom-e-a'wäm*

route *n* راه *räh,* مسیر *maseer* **best ~** راه خوب *räh-e-khob* **dangerous ~** راه خطرناك *räh-e-khatarnäk* **difficult ~** راه دشوار *räh-e-dashwär* **easier ~** راه آسانتر *räh-e-äsäntar* **easy ~** راه آسان *räh-e-äsän* **escape ~** راه فرار *räh-e-farär* **longer ~** راه طویلتر *räh-e- taweeltar* **migration ~ for birds** مسیر هجرت پرندگان *maser-e-hejrat-e-parendagän* **old caravan ~** راه قدیمی کاروان *räh-e-qadeemee-ye kär(e)wän* **safe ~** راه بی خطر *räh-e-bey khatar, räh-e-bä amen* **secure ~** راه محفوظ *räh-e-mahfooz* **shorter ~** راه کوتاه تر *räh-e-kotähtar* **smuggling ~** راه قاچاقی *räh-e-qächäqee* **supply ~** راه اکمالات *räh-e-ekmälät* **What route should (1) I / (2) we take?** کدام راه را (۱) من / (۲) ما باید تعقیب (۱) کنم؟ / (۲) کنیم؟ *Kodäm räh rä (1) man / (2) mä bäyad taqeeb (1) konam? / (2) konem?* **You should take this route.** شما باید این راه را تقیب کنید. *Shomä bäyad een räh rä ta'qeeb koned.* **What is the best route?** راه بهترچی است؟ *Räh-e-behtar chee ast?* **This is the best route.** این بهترین راه است. *Een behtareen räh ast.* **Is (1) this / (2) that route open?** آیا (۱) این / (۲) آن راه باز است؟ *Äyä (1) een / (2) än räh bäz ast?* **(1) This / (2) That route is (3) open. / (4) closed. / (5) dangerous. / (6) difficult.** (۱) این / (۲) آن راه (۳) باز / (٤) بسته / (۵) خطرناك / (٦) دشوار است. *(1) Een / (2) Än räh (3) bäz / (4) basta / (5) khatarnäk / (6) dashwär ast.* **(1) Show me... / (2) I'll show you... the route (on the map).** راه را (درنقشه) (۱) برایم نشان دهید. / (۲) برایتان نشان خواهم دادم. *Räh rä (dar naqsha) (1) baräyam neshän dehed. / (2) baräyetan neshän khähad dädam.* **We'll return by the same route.** ما توسط عین راه عودت خواهیم کرد. *Mä tawasot-e-eyn räh owdat khähem kard.* **What route did (1) you / (2) he / (3) she / (4) they take?** (۱) شما / (۲) اومرد / (۳) اوزن / (٤) آنها کدام راه را تعقیب (۱) کردید؟ (۳,۲) کرد؟ / (٤) کردند؟

(1) Shomä / (2) O mard / (3) O zan / (4) Änhä kodäm räh rä ta'qeeb (1) karded? / (2,3) kard? (4) kardand? (1) I / (2) He / (3) She / (4) We / (5) They took this route. (۱) من / (۲) اومرد / (۳) اوزن / (٤) ما / (٥) آنها این راه را تعقیب (۱) کردم. / (۲,۳) کرد. / (٤) کردیم. / (٥) کردند. *(1) Man / (2) O mard / (3) O zan / (4) Mä / (5) Änhä een räh rä ta'qeeb (1) kardam. / (2,3) kard. / (4) kardem. / (5) kardand.*

routine *n* عادت *a'ädat,* برنامه *barnäma* **daily ~** برنامه روزانه *barnäma-e-roozäna* **the usual ~** برنامه همیشگی *barnäma-e-hameeshagee* **Your routine will be...** برنامه شما خواهد بود... *...barnäma-e-shomä khähad bod.*

row *vt & vi* راندن *rändan* **~ the boat** کشتی راندن *keshtee rändan*

row *n* قطار *qatär,* ردیف *radeef,* صف *saf* **~ of chairs** ردیف چوکی ها *radeef-e-chowkee hä* **~ of strawberries** *(etc)* ردیف توت زمینی، وغیره *radeef-e-toot-e-zameenee* **~ of houses** قطار اسپ ها *qatär-e-asp hä* **~ of tables** ردیف میز ها *radeef-e-meez hä*

rowboat *n* کشتی کوچک *keshtee-e-kochak*

rowdiness *n* خشونت *khoshonat,* جنجال *janjäl (1)* **We / (2) You have to put a stop to the rowdiness.** (۱) ما / (۲) شما باید جنجال را بس (۱) کنیم. / (۲) کنید. *(1) Mä / (2) Shomä bäyad janjäl rä bas (1) konem. / (2) koned.* **Cut out the rowdiness!** جنجال را بس کنید! *Janjäl rä bas koned!* ★ **rowdy** *adj* آدم خشن *ädam-e-khashan,* شخص جنجالی *shakhs-e-janjälee* **They're getting rowdy.** آنها خشن شده اند. *Änhä khashan shoda and.* **They're too rowdy.** آنها بسیا خشن هستند. *Änhä khashan hastand.*

rub *vt* 1. *(stroke hard)* مالیدن *mäleedan;* 2. *(apply)* گذاشتن *gozäshtan,* زدن *zadan;* 3. *(chafe)* سایدن *säyeedan* **Rub some of this on the spot.** یک مقدار این را در (آن) نقطه بمالید. *Yak meqdär-e-een rä dar(än) noqta bemäled.* **I'll rub this on your** *(1)* **arm. / (2) back. / (3) elbow. / (4) foot. / (5) hand. / (6) knee. / (7) leg. / (8) neck. / (9) shoulder.** این را به (۱) بازو / (۲) پشت / (۳) آرنج / (٤) قدم / (٥) دست / (٦) زانو / (۷) پای / (۸) گردن / (۹) شانه تان خواهم مالید. *Een rä ba (1) bäzoo / (2) posht / (3) äronj / (4) qadam / (5) dast / (6) päy / (7) gardan / (8) shäna tän khäham mäleed.* **Your shoe has been rubbing on your foot.** بوت تان پای تان را میساید. *Boot-e-tän paye tan ra mey-säyad.*

rubber *adj* پلاستیکی *palästeek,* رابری *räbaree* **~ band** تسمه پلاستیکی *tasma-e-palästeekee* **~ stamp** تاپه پلاستیکی *täpa-e-palästeekee* ★ *n* پلاستیک *palästeek*

rubbish *n* خاکروبه *khäkroba (1)* **Haul / (2) Take this rubbish away.** خاکروبه را دور (۱) خالی کنید. / (۲) ببرید. *Khäkroba rä door (1) khälee koned. / (2) bobared.* **Get rid of this rubbish.** خاکروبه را دوربیاندازید. *Khäkroba rä door beyandäzed.*

rubble *n* توته های کوچک سنگ *tota-häyee kochak-e-sang* **The road is blocked by rubble.** سرک نسبت توته های سنگ مسدود است. *Sarkat nesbat-e-tota häyee kochak-e-sang masdood ast.* **Clear away this rubble.** سنگ را توته های سنگ را دوربیاندازید. *Tota-hä-e-sang rä door beyändäzed.* **Get some men to clear away this rubble.** چند نفر را بیاورید تا این سنگ ها را دوربیاندازند. *Chand nafar rä beeyäwared tä een sang-ha rä door beyan-däzand.* **There may be people trapped in the rubble.** مردم شاید درمیان سنگ ها گیرمانده باشند. *Mardom shäyad dar meeyän-e-sang-hä geer mända bäshand.* **(1) He / (2) She / (3) Someone is buried in the rubble.** (۱) او / (۲) مرد / (۳) او زن / (۳) کسی زیر میان سنگ ها دفن شده است. *(1) O mard / (2) O zan / (3) Kasee zeer-e-meeyän-e-sang hä dafen shoda ast.* **They're buried in the rubble.** آنان زیر میان سنگ ها دفن شده هستند. *Änhä zeer-e-meeyän-e-sang-hä dafen shoda hastand.* **Remove the rubble carefully.**

rubella — 367 — **rumor**

بردارید دقیقاً را ها سنگ Sang-hä rä daqeeqan bardäred. **Have the dog search the rubble.** بپالد را ها سنگ میان تا بیاورید را سگ Sag rä beeyäwared tä meeyän-e-sang-hä rä bepäland.

rubella n سرخکان sorkhakän ~ **shot** واکسین سرخکان wäkseen-e-sorkhakän
ruby adj یاقوتی yäqootee, رنگ قرمزی rang-e-qermezee ★ n یاقوت yäqoot
rucksack n بار پشتی bär-e-poshtee, بخچه پشتی bokhcha-e-poshtee
rudder n دنباله donbäla, سکان sokän
rude n گستاخ gostäkh, بی تربیه bey tarbeeya **I didn't mean to be (so) rude.** باشم گستاخ) بسیار (که نمیخواستم Namey-khästam ke (beeyär) gostäkh bäsham.
rug n قالینچه qäleencha **make ~s** قالینچه ساختن qäleencha säkhtan **prayer ~** جای نماز jäy namäz **sell ~s** قالینچه فروختن qäleencha frokhtan **weave ~s** قالینچه بافتن qäleencha bäftan
rugged adj (terrain: rough) پست وبلند past wa beland, ناهموار nähamwär ~ **terrain** زمین پست وبلند zameen-e-past wa beland ~ **trail** جاده پست وبلند jäda-e-past wa beland
ruin vt خراب کردن kharäb kardan, ویران کردن wayrän kardan **They ruined (1) everything. / (2) it.** آنها (1) همه چیز / (2) این را ویران کردند Änhä (1) hama cheez / (2) een rä wayrän kardand. **You ruined it.** شما ویران اش Shomä wayrän ash karded. **I've ruined it. (I'm terribly sorry.)** خراب اش کردم. (زیاد معذرت مخواهم.) Kharäb ash kardam. (Zeeyäd ma'zrat mey-khäham.) **Be careful or you'll ruin it.** دقیق باش در غیر آن خراب میشود Daqeeq bash dar ghayr-e-än kharäb mey-shawad. **Did the (1) rain / (2) storm ruin your crops?** آیا (1) باران / (2) طوفان حاصلات شما را خراب کرد؟ Äyä (1) bärän / (2) toofän häselät-e-shomä rä kharäb kard? ★ **ruined** adj ویران wayrän, خراب kharäb **It's ruined.** ویران شده است. Wayrän shoda ast. **(1) They / (2) The crops are ruined.** (1) آنها / (2) حاصلات ویران شدند Änhä / (2) Haselät wayrän shodand. ★ **ruins** n, pl ویرانه wayräna, خرابه kharäba **The house is in ruins.** خانه در ویرانه ها است Khäna dar wayräna-hä ast. **The houses are in ruins.** خانه ها در ویرانه ها هستند Khäna-hä dar wayräna-hä hastand. **The (1) place / (2) village is in ruins. They'll need to rebuild it.** (1) جای / (2) قریه ویرانه شده است. آنها باید دوباره آنرا آباد کنند Jäy / (2) Qarya wayräna shoda ast. Änhä bäyad dobära änrä abäd konand.
rule vt (govern) حکومت کردن hokoomat kardan **Who rules this (1) area? / (2) province? / (3) region?** کی بر این (1) منطقه / (2) ولایت / (3) ناحیه حکمرانی میکند؟ Kee bar een (1) manteqa / (2) weläyat / (3) näheya kokomränee mey-konad? ★ n 1. (governing) حکومت hokoomat, فرمانروایی farmän-rawäye, تسلط tasalot; 2. (regulation) قانون qänoon **new ~** قانون نو qänoon-e-now **under Taliban ~** تحت تسلط طالبان taht-e-tasalot-e-tälebän **(1) Here / (2) There is a list of the rules.** (1) اینجا / (2) آنجا لست قوانین است Eenjä / (2) Änjä lest-e-qawäneen ast. **Read the rules (carefully).** قوانین را (دقیقاً) بخوانید Qawäneen rä (daqeeqan) bekhäned. **Please observe the rules.** لطفاً قوانین را رعایت کنید Lotfan qawäneen rä re'ayat koned. **That's (1,2) against the rules.** آن (1) مخالف قوانین (2) غیر قانونی... است An (1) mokhalef-e-qawäneen... / (2) ghayer-e-qanoo-nee... ast. **If you break the rules, you can be (1) evicted. / (2) expelled.** اگر خلاف قوانین عمل کردید، (1) سبکدوش / (2) اخراج میشود Agar kheläf-e-qawäneen a'mal koned, (1) sobokdoosh / (2) ekhräj mey-shawad. ★ **ruler** n (measuring stick) خط کش khak kash
rumor n آوازه äwäza **Have you heard the latest rumor?** آیا آوازه اخیر را شنیده اید؟ Äyä äwäza-e-akheer rä shoneeda ed? **There's a rumor that...**

run آوازه است که... *Āwāza ast ke...* That's just a rumor. There's no truth to it. صرف آوازه است. حقیقت ندارد. *Serf āwāza ast. Haqeeqat nadārad.*

run *vt* 1. *(manage; govern)* اداره کردن *edāra kardan,* گرداندن *gardāndan;* 2. *(operate)* بکار انداختن *bakār andākhtan;* 3. *(drive; take)* راندن *rāndan,* بردن *bordan,* دواندن *dawāndan* **~ a business** تجارت را اداره کردن *tejārat rā edāra kardan,* شغل را اداره کردن *shoghel-e-rā edāra kardan* **~ a shop** دوکان را اداره کردن *dokān rā edāra kardan,* دوکان را گرداندن *dokān-e-rā gardāndan* **~ the department** شعبه را اداره کردن *sho'ba-e-rā edāra kardan* **~ the operation** عملیات را اداره کردن *amalyāt rā edāra kardan* **~ the section** بخشی را اداره کردن *bakhshe rā edāra kardan* **You'll run things while I'm gone.** هنگامیکه من رفتم شما همه چیزها را اداره خواهید کرد. *Hangāmeeke man raftam shomā tamām-e-cheez hā rā edāra khāhed kard.* **Do you know how to run this?** آیا میدانید این را چی قسم بکار اندازید؟ *Āyā mey-dāned een rā chee qesem bakār bendāzad?* **Does (1) he / (2) she know how to run this?** آیا (1) اومرد / (2) اوزن میداند این را چی قسم به کار بندازد؟ *Āyā (1) o mard / (2) o zan mey-dānad een rā chee qesem bakār bendāzad?* **I'll show you how to run it.** شما را نشان خواهم دادم این را چی قسم بکار بندازید؟ *Shomā rā neshān khāhad dādam een rā chee qesem bakār bendāzed.* **Show (1) her / (2) him how to run it.** (1) اوزن / (2) اومرد را نشان دهید چی قسم بکار انداخته میشود. *(1) O zan / (2) O mard rā neshān dehed chee qesem bakār andākhta mey-shawad.* **Run this over to** *(person / place).* این را به (   ) ببرید. *Een rā ba ān (   ) bobared.* **Can you run me over to** *(place)?* آیا میتوانید من را به (   ) ببرید. *Āyā mey-tawāned man rā ba (   ) bobared.* **I'll run you over there.** شما را آنجا خواهم برد. *Shomā rā ānjā khāham bord.* ★ *vi* 1. *(move fast)* دویدن *daweedan;* 2. *(operate, function)* کار کردن *kār kardan,* گشتن *gashtan,* حرکت کردن *harakat kardan;* 3. *(flow)* جریان داشتن *jeryān dāshtan;* 4. *(extend)* امتداد داشتن *emtedād dāshtan* **Run over to the office and (1) get** *(thing).* **/ (2) give them this.** به دفتر بروید و (1) (   ) بگیرید. / (2) این را برایشان بدهید. *Ba daftar berawed wa (1) (   ) beegeered. / (2) een rā barāyee shān bedehed.* **How is the (1) car / (2) truck / (3) van running?** (1) موتر / (2) موترباربکش / (3) واگون چطور میگردد؟ *(1) Motar / (2) Motar-e-bār kash / (3) Wāgoon chetowr mey-gardad?* **It's not running right.** درست نمیگردد. *Drost namey-gardad.* **It runs okay.** درست میگردد. *Drost mey-gardad.* **It's running hot.** تیز میگردد. *Teez mey-gardad.* **It (suddenly) stopped running.** (دفتاً) توقف کرد. *(Dafatan) tawaqof kard.* **Where does this river run to?** این دریا به کجا جریان دارد؟ *Een daryā ba kojā jeeryān dārad?* **Does the road run along the river the whole way?** آیا سرک در تمام راه با دریا امتداد دارد؟ *Āyā sarak dar tamām-e-rāh bā daryā emtedād dārad?* ★ **run away** *idiom (leave; escape)* گریختن *gorekhtan,* فرار کردن *farār kardan* ★ **rundown** *adj* 1. *(in tired / weak condition)* ضعفیت *Ehsās-e-zo'feeyat;* 2. *(delapidated)* خراب *kharāb* **I feel rundown.** احساس ضعفیت میکنم. *Ehsās-e-zo'fee-yat mey-konam.* **They live in a rundown house.** آنها در خانه خراب زندگی میکنند. *Ānhā dar khāna kharāb zendagee mey-konand.* ★ **run into** *idiom* 1. *(collide with)* تصادم کردن *tasādom kardan;* 2. *(meet by chance)* (کسی را) تصادفاً دیدن *(kasee rā) tasādofan deedan* **It ran into the (1) back / (2) side of our car.** در (1) عقب / (2) بغل موتر ام تصادم کرد. *Dar (1) a'qab-e- / (2) baghal-e-motar am tasādom kard.* **If you happen to run into** *(name),* **tell him I want to see him.** اگر (   ) را تصادفاً دیدید، برایش بگوهید که میخواهم ببینم اش. *Agar (   ) rā tasādofan sar khorded, barāyash begohed ke mey-khāham beebeenam ash.* ★ **run off** *idiom* 1. *(drive off)* فرار کردن *farār kardan;* 2. *(drain, flow off)* (آب چیزی) کشیدن

(1) را kasheedan (äb-e-cheezee rä), کردن خشك khosh kardan The (1) bus / (2) car / (3) truck / (4) van ran off the road. / موتر (٢) / سرویس موتر (١)
موتربارکش (٣) / (٤) واگون از سرك برون شد. (1) Motar-e-sarwees / (2) Motar / (3) Motar-e-bärkash / (4) Wägoon az sarak beroon shod. ★ **runoff** n افراط اضافه, efrät, ezäfa ★ **run out** idiom (become exhausted / used up) رسیدن پایان به ba päyän raseedan, شدن تمام tamäm shodan We (1) are running out... / (2) have run out... of (3) blankets. / (4) clothing. / (5) firewood. / (6) food. / (7) gasoline. / (8) medicine. / (9) space. / (10) tents. / (11) time. / (12) vaccine. / (13) water. کمپل (٣) های / (٤) لباس های / (٥) هیزم / (٦) غذا / (٧) تیل / (٨) ادویه / (٩) هوا / (١٠) خیمه های / (١١) وقت / (١٢) واکسین / (١٣) آب ما (١) تمام میشود. / (٢) تمام شد. (3) Kampal häy-e-/ (4) Lebäs häy-e-/ (5) Hezom / (6) Ghezä / (7) teel / (8) Adweeya / (9) hawä / (10) Khayma häy-e- / (11) Waqt / (12) Wäkseen / (13) Äb -e-mä tamäm (1) mey-shawad. / (2) shod. ★ **run over** idiom 1. (overflow) سرکردن sar kardan, شدن لبریز labreez shodan; 2. (hit and drive over) زدن zadan (1) He / (2) She was run over by a (3) car / (4) truck / (5) van. / اومرد (١)
(٢) O زن را یك (٣) موتر / (٤) موتر بارکش / (٥) واگون زد. (1) O mard / (2) O zan rä yak (3) motar / (4) motar-e-bärkash / (5) wägoon zad. ★ **runs** n, pl (colloq) (diarrhea) اسهال es-häl get the ~ شدن اسهال es-häl shodan If you get the runs, take this. اگر اسهال شدید, این را بخورید. Agar es-häl shoded, een rä bokhored. ★ **runway** n مجرا majrä, راهرو rährow

rupture vi 1. (hernia) شدن چره chorah shodan; 2. (break) شکستن shekastan It ruptured. چره شد. Chora shod. ★ n 1. (break) شکست shekast; 2. (hernia) چره chora

rural adj دهاتی dehätee ~ area دهاتی ساحه säha-e-dehätee

rush vt بردن زودی به ba zoodee bordan Rush (1) her / (2) him to the hospital! اومرد (١) / (٢) O زن را شفاه خانه ببرید! (1) O mard / (2) O zan rä shafäh khäna bobared! ★ vi کردن عجله a'jala kardan I have to rush. کنم. عجله باید من Man bäyad a'jala konam. We have to rush. کنیم. عجله باید ما Mä bäyad a'jala konem. Rush over there and tell (1) her / (2) him. بگوهید. را اومرد (٢) / (١)زن و بروید عجله به آنجا Änjä ba a'jala berawed wa (1) o mard / (2) o zan rä begoyed. Rush over there and give (1) her / (2) him this. اومرد (٢) / (١)زن به را این و بروید عجله به آنجا
بدهید. Änjä ba a'jala berawed wa een rä ba (1) o zan / (2) o mard bedehed. ★ n (hurry) شتاب shetäb, عجله a'jala Are you in a rush? آیا
دارید؟ عجله شما Äyä shomä a'jala däred? There's no rush. نیست. عجله A'jala neest.

Russia n روسیه rooseeya ★ **Russian** adj روسی roosee ★ n 1. (person) روسی roosee; 2. (lang.) روسی زبان zabän-e-roosee, روسی لسان lesän-e-roosee speak ~ کردن صحبت روسی لسان lesän-e-roosee sohbat kardan

rust vi زدن زنگ zang zadan It's rusting. است. زده زنگ Zang zada ast. ★ n زنگ zang You can get the rust off with this. باین را زنگ میتوانید شما
دورکنید. Shomä mey-tawäned zang rä bä een door koned. ★ **rusty** adj زده زنگ zang zada, خراب kharäb

rut n جات اراده تایر رد rad-e-täyr-e-aräda jät The (1) car / (2) truck / (3) van got stuck in a rut. تایرفرو دردر واگون (٣) / موتربارکش (٢) / موتر (١)
رفت. (1) Motar / (2) Motar-e-bärkash / (3) Wägoon dar rad-e-täyr foro raft.

rye adj جو jow, سیاه گندم gandom-e-seeyä ~ bread جو نان nän-e-jow
rye n جو jow spring ~ بهاری جو jow-e-bahäree winter ~ زمستانی جو jow-e-zemestänee

S s

sabotage vt خراب کردن kharāb kardan, سبوتاژ کردن sabotäzh kardan **Someone (deliberately) sabotaged it.** کسی (قصداً) خراب اش کرد. Kasee (qasdan) kharāb ash kard. ★ n خراب کاری kharāb kāree **commit ~** خراب کاری کردن kharāb kāree kardan

sack n جوال jowäl, کیسه keesa, خریطه khareeta **flour ~** جوال آرد jowäl-e-ärd **paper ~** جوال مرچ jowäl-e-morch **plastic ~** جوال پلاستیکی jowäl-e-palästeekee **potato ~** جوال کچالو jowäl-e-kachälo **~ of food** خریطه غذا khareeta-e-ghezä **Put (1) it / (2) them in a (3) sack. / (4) sacks.** (۱) این / (۲) آنها را در یک (۳) جوال... / (۴) جوال ها... بگذارید. (1) Een / (2) Änhä rä dar yak (3) jowäl... / (4) jowäl hä... begzäred.

sacred adj مقدس moqadas, متبرک motabarek **Is it a sacred place?** آیا این یک جای مقدس است؟ Äyä een yak jäy-e-moqadas ast?

sacrifice vt قربانی کردن qorbänee kardan, قربان کردن qobän kardan **(1) They / (2) You have sacrificed a lot.** (۱) آنها / (۲) شما بسیار قربانی (۱) کردند. / (۲) کردید. (1) Ānhä / (2) Shomä beesyär qorbänee (1) kardand. / (2) karded. ★ n قربانی qorbänee **It's a big sacrifice, I know.** میدانم، این یک قربانی بزرگ است. Mey-dänam, een yak qorbänee-e-bozorg ast. **We have to make the sacrifice.** ما باید قربانی کنیم. Mä bäyad qorbänee konem.

sad adj غمگین ghamgeen, دلتنگ deltang **Why are you so sad?** چرا غمگین هستید؟ Chorä ghamgeen hasted? **Don't be sad.** غمگین مباشید. Ghamgeen mabäshed. **I'm sad (about it).** (درباره این) غمگین هستم. (Dar bära-e-een) ghamgeen hastam. **May you not be sad.** از خفگان در امان باشید. Az hafegän dar amän bashed.

saddle vt زین کردن zeen kardan, آراستن ärästan **Can you saddle the horse for me?** آیا میتوانید اسپ را برایم زین کنید؟ Äyä mey-tawäned asp rä baräyam zeen koned? ★ n زین zeen **Do you have a(n) (extra) saddle?** آیا شما یک زین (اضافه) دارید؟ Äyä shomä yak zeen-e- (ezäfa) däred? **Could you help me into the saddle?** آیا میتوانید در بالا شدن برزین کمک ام کنید؟ Äyä mey-tawäned dar bälä shodan bar zeen komak am koned? ★ **saddlebag** n خورجین khorjeen

safe adj بی خطر bey khatar, امن amen, محفوظ mahfoz **~ journey** سفر بی خطر safar-e-bey khatar **~ method** طرز بی خطر tarz-e-bey khatar **~ passage** گذر بی خطر gozar-e-bey khatar **~ place** محل بی خطر mahal-e-bey khatar **~ practice** طریق درست tareeq-e-drost **~ route** راه خوب räh-e-khob **~ route** مسیر بی خطر maseer-e-bey khatar **~ trip** سفر بی خطر safar-e-bey khatar **Is it safe ([1] here / [2] there)?** آیا ([۱] اینجا / [۲] آنجا) بی خطر است؟ Äyä ([1] eenjä / [2] änjä) bey khatar ast? **This (1) is / (2) isn't a safe area.** این ساحه بی خطر (۱) است. / (۲) نیست. Een sāha bey khatar (1) ast. / (2) neest. **It (1) is / (2) isn't safe for (3) her. / (4) him. / (5) me. / (6) them. / (7) us. / (8) you.** برای (۳) اوزن / (۴) اومرد / (۵) من / (۶) آنها / (۷) ما / (۸) شما بی خطر (۱) است. / (۲) نیست. Baräy-e-(3) o zan / (4) o mard / (5) man / (6) änhä / (7) mä / (8) shomä bey khatar (1) ast. / (2) neest. **(1) He / (2) She is... / (3) You / (4) They are... safe (now).** (۱) اومرد / (۲) اوزن / (۳) شما / (۴) آنها (حال) محفوظ (۱،۲) است. / (۳) هستید. / (۴) هستند. (1) O mard / (2) O zan / (3) Shomä / (4) änhä (häl) mahfooz (1,2) ast. / (3) hasted. / (4) hastand. **I wish you a safe trip.** امیدوارم سفری خطرنداشته باشید. Omeedwäram safar-e-bey khatar däshta bäshed. ★ **safely** adv مصون ma'oon, با اطمینان bä etmeenän, بدون خطر bedoon-e-khatar **Drive safely.** بدون خطربرانید Bedoon-e-

safety

هرقدرکه بدون خطر امکان دارد انجام Do it as safely as possible. *khatar beräned.* *Harqadar-e-ke bedoon-e-khatar emkän därad anjäm dehed.* **I hope (1) it / (2) you arrive(s) safely..** امیدوارم بدون خطر(۱) برسد. / (۲) برسید.. *Omeedwäram bedoon-e-khatar (1) berasad. / (2) berased.* ★ **safety** *n* سلامتی *salämatee,* امنیت *amneeyat* ~ **pin** سنجاق قفلی *senjäq-e-qoflee* **I'm afraid for (1) her / (2) his / (3) our / (4) their / (5) your safety.** من نگران سلامتی (۱) اوزن / (۲) اومرد / (۳) ما / (۴) آنها / (۵) شما هستم. *Man negarän-e-salamatee (1) o zan / (2) o mard / (3) mä / (4) änhä / (5) shomä hastam.* **Pay attention to safety (at all times).** (درهر زمان) متوجه امنیت باشید. *(Dar har zamän) motawaje-e-amneeyat bäshed.* **Safety is the most important thing.** سلامتی مهمترین چیز است. *Salämatee mohemtareen cheez ast.*

sag *vi* خم شدن *kham shodan* **It's sagging.** خم میشود. *Kham mey-shawad.* ★ *n* خمیدگی *khameedagee,* فروفتگی *fro raftagee* **It has a sag.** یك خمیدگی دارد. *Yak khameedagee därad.*

sail *vi* کشتی رانی کردن *keshtee ränee kardan* ~ **across the lake** درمیان دریاچه کشتی رانی کردن *dar meeyän-e-daryächa keshtee ränee kardan* **Is it possible to sail down the river?** آیا در دریا کشتی رانی امکان دارد؟ *Äyä dar daryä keshtee ränee emkän därad?* ★ *n* بادبان *bädbän* ★ **sailboat** *n* کشتی بادی *keshtee-e-bädee* ★ **sailor** *n* کشتی ران *keshtee rän*

sake *n:* **I'll do it for your sake.** بخاطر شما خواهم کرد. *Bakhäter-e-shomä khäham kard.* **Please do it for (1) her / (2) his / (3) my / (4) their sake.** لطفاً بخاطر (۱) اوزن / (۲) اومرد / (۳) من / (۴) آنها بکنید. *Lotfan bakhäter-e- (1) o zan / (2) o mard / (3) man / (4) änhä bekoned.* **For heaven's sake, try.** بلحاظ خدا، کوشش کنید. *Ba lehäz-e-khodä, koshesh koned.*

salad *n* سلاد *saläd* **Make a salad (for *[number]* people).** (برای [ ] نفر) سلاد درست کنید. *(Baräy-e- [___] nafar) saläd drost koned.*

salary *n* معاش *ma'äsh,* حقوق *hoqooq* **monthly** ~ معاش ماهوار *ma'äsh-e-mäh wär* **weekly** ~ معاش هفته وار *ma'äsh-e-hafta wär* **The salary is (*amount*) per (1) month. / (2) week.** معاش ( ) در هر (۱) ماه / (۲) هفته است. *Ma'äsh (___) dar har (1) mäh / (2) hafta ast.* **You'll receive your salary (1) at the end of the (2) month / (3) week. / (4) on the (*date*).** شما معاش تان را (۱) در اخیر (۲) ماه / (۳) هفته / (۴) در ( ) خواهید گرفت. *Shomä ma'äsh-e-tän rä (1) dar äkheer-e- (2) mäh / (3) hafta / (4) dar (___) khähed greft.*

sale *n* 1. *(selling)* فروش *frosh;* 2. *(clearance sale)* لیلام *leeläm* **for** ~ فروشی *froshee,* برای فروش *baräy frosh* **Is it for sale?** آیا این برای فروش است؟ *Äyä een baräy frosh ast?* **Are they for sale?** آیا آنها برای فروش اند؟ *Äyä änhä baräy frosh and?* ★ **salesclerk** *n* مامور فروشات *mämoor-e-froshät*

salt *n* نمك *namak* **block of** ~ کنده نمك *kande-e-namak* **low-salt diet** غذا کم نمك *gheza-e-kam namak* **put** ~ نمك انداختن *namak andäkhtan* ~ **shaker** مخلوط کننده نمك *makhloot konenda-e-namak* **rehydration** ~**s** سیروم *seerom,* مایعات نمکی *mäye'ät-e-namakee* ~ **tablets** تخته های نمك *takhta häyee namak* **smelling** ~ نمك بوی *namak-e-booy* **Don't put any salt in (1) her / (2) his / (3) their food.** در غذا (۱) اوزن / (۲) اومرد / (۳) آنها دیگر نمك نیاندازید. *Dar gheza-e- (1) o zan / (2) o mard / (3) änhä deegar namak nayandäzed.* **You need to reduce the amount of salt you eat.** باید مقدار نمك را که میخورید کم کنید. *Bäyad meqdär-e-namak-e-rä ke mey-khored kam koned.* **It needs a little more salt.** اندکی بیشتر نمك باید انداخت. *Andak-e-beeshtar namak bäyad andäkht.* ★ **salty** *adj* نمکین *namakeen,* شور *shoor*

salvage *vt* نگه داشتن *negah dashtan* بقایای چیزی را حفظ کردن *baqayä-e-cheese-e-ra hifz kardan,* **Try to salvage whatever you can.** هرچه میتوانید کوشش کنید حفظ کنید. *Har änche mey-tawäned koshesh koned hefz koned.* **Do you think we can salvage (1) anything? / (2) it?** آیا فکر میکنید که ما (۱) چیزی / (۲) این را از حفظ کنید.

salve — 372 — **sanitation**

کرده میتوانیم؟ *Äyä feker mey-koned ke mä (1) cheezee / (2) een rä az hefz karda metawanem?*

salve *n* مرهم *marham*

same *adj* همان *hamän,* عین *a'yn* ~ **condition** حالت عین *a'yn-e-hälat* ~ **day** همان روز *hamän rooz* ~ **method** همان طریقه *hamän tareeqa,* عین طریقه *a'yn-e-tareeqa* ~ **person** عین نفر *a'yn-e-nafar,* همان نفر *hamän nafar* ~ **place** عین محل *a'yn-e-maha* ~ **thing** همان چیز *hamän cheez,* عین چیز *a'yn-e-cheez* ~ **time** عین زمان *a'yn-e-zamän,* عین وقت *a'yn-e-waqt* ~ **way** همان طریقه *hamän tareeqa* Use the same one. همان یکی را استفاده کنید. *hamän yakee rä estefäda koned.* Do it the same way. به عین طریقه انجام دهید. *Ba a'yn-e-tareeqa anjäm dehed.* Come at the same time tomorrow. فردا به عین وقت بیاید. *Fardä ba a'yn-e-waqt beeyäyed.* ★ *pron (usually:* **the same)** همان چیز *hamän cheez,* همان طور *hamän tow* Is it the same? آیا همان طور است؟ *Äyä hamän tow ast?* It *(1)* is / *(2)* isn't the same. همان طور (۱) است. / (۲) نیست. *Hamän tow (1) ast. / (2) neest.* Are they the same? آیا آنها همان طور هستند؟ *Äyä änhä hamän tow hastand?* They *(1)* are / *(2)* aren't the same. آنها همان طور (۱) هستند. / (۲) نیستند. *Anhä hamän tow (1) hastand. / (2) neestand.* *(1)* Her / *(2)* His condition is still the same. حالت (۱) اوزن / (۲) اومرد تا حال همان طور است. *Hälat-e- (1) o zan / (2) o mard tä häl hamän tow ast.*

samovar *n* سماوار *samäwär*

sample *n* نمونه *namoona* It's just a sample. صرف یک نمونه است. *Serf yak namoona ast.*

sanctions *n, pl* جریمه ها *jareeme-hä*

sanctuary *n* 1. پناه گاه *panäh gäh;* 2. جای مقدس *jäy-e-moqadas;* 3. محراب *mehräb*

sand *n* ریگ *reeg* ~ **quarry** معدن ریگ *ma'dan-e-reeg,* معدن سنگ *ma'dan-e-sang* Mix three shovels of gravel, two shovels of sand and one shovel of cement for each batch. سه بیل سنگچل، دو بیل ریگ و یک بیل سمنت را برای هر کوت مخلوط کنید. *Se beel sangchel, do beel reeg wa yak beel sement rä baräyee har kot makhloot koned.* Fill these bags with sand. این جوال ها را ریگ پر کنید. *Een jowäl hä rä reeg por koned.*

sandals *n, pl* سرپایی *sarpäyee,* چپلی *chaplee*

sandalwood *n* چوب صندل *choob-e-sandal*

sandbag *n* جوال ریگ *jowäl-e-reeg,* بوجی ریگ *bojee-e-reeg*

sandpaper *vt* ریگمال زدن *reegmäl zadan* Sandpaper it until it's smooth. ریگمال بزنید تا که هموار شود. *Reegmäl bezaned tä ke hamwär shawad.* ★ *n* ریگمال *reegmäl,* کاغذ ریگمال *käghaz-e-reegmäl* Rub it smooth with sandpaper. با ریگمال بمالید اش که هموار شود. *Bä reegmäl bemäled ash ke hamwär shawad.*

sandwich *n* ساندویچ *sändeweech* **cheese** ~ ساندویچ پنیر دار *sändeweech-e-paneer där* **chicken** ~ ساندویچ مرغ *sändeweech-e-morgh* **peanut butter** ~ ساندویچ کریم ممپلی *sändeweech-e-kereem-e-mompalee* **roast beef** ~ ساندویچ کباب گوشت گاو *sände-weech-e-kabäb-e-goosht-e-gow* **tuna** ~ ساندویچ ماهی *sändeweech-e-mä-hee* Make sandwiches for *(1)* everyone. */ (2)* them. */ (3)* us. برای (۱) همه / (۲) آنها / (۳) ما ساندویچ بسازید. *Baräyee (1) hama / (2) änhä / (3) mä sandeweech besäzed.* Would you like a sandwich? آیا ساندویچ میل دارید؟ *Äyä sandeweech mayl däred?*

sandy *adj* ریگزار *reegzär*

sane *adj* عاقل *'äqel,* معقول *ma'qool*

sanitary *adj* صحی *sehee* ~ **conditions** اوضاح صحی *aowzäh-e-sehee* ~ **habits** عادات صحی *a'ädät-e-sehee,* روش صحی *rawesh-e-sehee* ~ **napkin** دستمال صحی *dastmäl-sehee,* پیشگیر صحی *peeshgeer-sehee* Everything must be kept sanitary. همه چیز باید صحی نگاه داشته شود. *Hama cheez bäyad sehee negäh-däshta shawad.* ★ **sanitation** *n* حفظ الصحه *hefz-el-seha,* اقدامات صحی *eqdä-*

تأمین حفظ الصحه ~ provide *jelowgeeree-e-amräz* جلوگیری امراض *mät-e-sehee*, *tämeen-e-hefz-el-seha* water ~ اقدامات صحی درقسمت آب *eqdämätj-e-sehee dar qesmat-e-äb*

sapling *n* نهال *nehal* plant ~s نهال غرس کردن *nehäl ghars kardan*

sardine *n* ساردین (یک نوع ماهی کوچک نقره یی مانند که تازه هم خورده میشود.) *sardeen (Yak nawa' mähee kochak-e-noqra yee mänand ke täza am khorda meyshawad.)* can of ~s قطی ساردین *qotee-e-särdeen*

SARS *abbrev* = **severe acute respiratory syndrome** سیندروم شدید حاد تنفسی *seendrom-e-shadeed-e-häd-e-tanafosee* ~ **case** حالت سیندروم شدیدحاد تنفسی *halät-e-seendrom-e-shadeed-e-häd-e-tanafosee* ~ **patient** مریض سیندروم شدید حاد تنفسی *mareez-e-seendrom-e-shadeed-e-häd-e-tanafosee*

sash *n (band around waist)* کمربند *kamar band*

satellite *n* قمر *qamar*, ستلایت *satalayt* ~ **communications** ارتباطات قمری *ertebätäte-e-qamaree* ~ **telephone** تیلفون قمری *teelfoon-e-qamaree*, تیلفون ستلایت *teelfoon-e-satalayt* ~ **TV** تلویزیون قمری *talweezoon-e-qamaree*

satisfactory *adj* رضایت بخش *rezäyat bakhsh*, موافق *mawäfeq* ~ **results** نتایج رضایت بخش *natäyej-e-rezäyat bakhsh* ~ **work** کار رضایت بخش *kär-e-rezäyat bakhsh* **Is that satisfactory?** آیا رضایت بخش است؟ *Äyä rezäyat baksh ast?* **That (1) is / (2) isn't satisfactory.** رضایت بخش (۱) است. / (۲) نیست. *Rezäyat bakhsh (1) ast. / (2) neest.* ★ **satisfied** *adj* راضی *räzee*, خشنود *khoshnod* **Are you satisfied (with [1] it / [2] them)?** آیا شما (با [۱] این / [۲] آنها) راضی هستید؟ *Äyä shomä (bä [1] een / [2]) räzee hasted?* **I (1) am / (2) am not satisfied (with [3] it / [4] them).** من (از [۳] این / [۴] آنها) راضی (۱) هستم. / (۲) نیستم. *Man (az [3] een / [4] änhä) räzee (1) hastam. / (2) neestam.*

saturate *vt* اشباع کردن *eshbä' kardan* ★ **saturated** *adj* اشباع شده *eshbä' shoda* **become** ~ اشباع شدن *eshbä' shodan*

Saturday *n* شنبه *shambe* **by** ~ قبل از شنبه *qabel az shambe* **every** ~ هر شنبه *har shambe* **last** ~ شنبه گذشته *shambe-e-gozashta* **next** ~ شنبه آینده *shambe-e-äyenda* **on** ~ درشنبه *dar shambe* ~ **afternoon** عصر شنبه *a'sr-e-shambe* ~ **evening** شام شنبه *shäm-e-shambe* ~ **morning** صبح شنبه *sobh-e-shambe* ~ **night** شب شنبه *shab-e-shambe* **since** ~ از شنبه به اینطرف *az shambe ba eentaraf* **this** ~ همین شنبه *hameen shambe* **until** ~ تا شنبه *tä shambe*

sauce *n* لعاب *lo-a'äb*, ساس *säs* ★ **saucepan** *n* دیگچه *deegcha*

saucer *n* نعلبکی *na'lbakee*, بشقاب *beshqäb*

Saudi *adj* سعودی *so-o'dee* ★ **Saudi** *n* سعودی *so-o'dee* ★ **Saudi Arabia** *n* عربستان سعودی *a'rabestän-e-so-o'dee* ★ **Saudi Arabian** *adj* عربستان سعودی (عربی، عرب) *(arabee, arab) a'rabe-stän-e-so-o'dee*

sausage *n* ساسچ *säsech* **beef** ~ ساسچ گوشت گاو *säsech-e-goosht-e-gäow*

save *vt* 1. *(rescue)* نجات دادن *nejät dädan*; 2. *(retain)* نگاه داشتن *negäh dästan*; 3. *(set aside, reserve)* کنار گذاشتن *kenär gozäshtan*, پس انداز کردن *pas andäz kardan*, نگه داشتن *nega-dästan*; 4. *(conserve)* صرفه جویی کردن *sarfa joyee kardan*; 5. *(reduce expenditure)* خرج را کم کردن *kharch rä kam kardan* **We'll do our best to save (1) her. / (2) him.** تا حد امکان کوشش میکنیم که (۱) اوزن / (۲) اومرد را نجات دهیم. *Tä had-e-emkän koshesh mey-konem ke (1) o zan / (2) o mard rä nejät dehem.* **I hope (1) I / (2) we can save (3) her. / (4) him.** امیدوارم (۳) اوزن / (۴) اومرد را نجات داده (۱) بتوانم. / (۲) بتوانیم. *Omeedwäram (3) o zan / (4) o mard rä nejät däda (1) betawänam. / (2) betawänem.* **Save (1) this / (2) these, don't throw (3) it / (4) them away.** (۱) این / (۲) آنها را (۳) نگهدارید، (۴) این / (۴) آنها را دور نیاندازید. *Een / (2) Änha rä nega-däred, (3) een / (4) änhä rä door nayandäzed.* **Save the leftover (1) material. / (2) pieces. We can use (3) it. / (4) them.** باقیمانده (۱) مواد / (۲) دانه ها را نگهدارید. استفاده میکنیم (۱) اش. / (۲) شان. *Bäqeemända-e- (1) mawäd / (2) tota hä rä nega-*

däred. Mä estefäda mey-konem (1) ash. / (2) shän. **Save some for** *(name of person).* نگهدارید. ( ) قدری برای *Qadree baräy-e(___) nega-däred.* **I saved this for you.** این را برای شما نگهداشته ام. *Een rä baräy-e-shomä nega-dästa am.* **Try to save a little bit (of money) each month (in the bank).** کوشش کنید که هرماه اندکی (پول) (دربانک) پس انداز کنید. *Koshesh koned ke har mäh andakee (pool) (dar bänk) pas andäz koned.* **Save your strength (as much as possible).** (تا حدی که میتوانید) قوت تان را حفظ کنید. *(Tä hadee ke mey-tawäned) qowat-e-tän rä hefz koned.* **It will save electricity.** این برق را صرفه جویی خواهد کرد. *Een barq rä sarfa joyee khähad kard.* **We can save (1) money / (2) time that way.** ما میتوانیم (۱) پول / (۲) وقت را در آنصورت صرفه جویی کنیم. *Mä mey-tawänem (1) pool / (2) waqt rä dar än soorat sarfa joyee konem.*

saw *vt* اره کردن *ara kardan* **He'll mark the boards and you saw them.** اومرد تخته ها را نشانی میکند و شما آنها را اره کنید. *O mard takhta hä rä neshänee mey-konad wa shomä änhä rä ara koned.* ★ *n* اره *ara* **band ~** اره تسمه یی *ara-e-tasma-yee* **chain ~** اره زنجیری *ara-e-zanjeeree* **circular ~** اره دوری *ara-e-dowree* **electric ~** اره برقی *ara-e-barqee* **hand ~** اره دستی *ara-e-dastee* **masonry ~** اره سنگ بری *ara-e-sangbaree* **power ~** اره برقی *ara-e-barqee* **~ blade** تیغ اره *teegh-e-ara,* **table ~** پل اره *pal-e-ara* اره که بالای میز نصب است *Ara-e-ke bälä-e-meez nasb ast.* **The saw blade is broken. Can you get a new one?** پل اره شکسته است. آیا میتوانید یک دانه جدید بیاورید؟ *Pal-e-ara shekasta ast. Äyä meyj-tawäned yak däna jadeed beeyävared?* ★ **sawdust** *n* اره خاک *khäk-e-arah,* بوره اره *bora-e-ara* **Sweep up the sawdust and put it there.** بوره اره را جاروب کنید و در آنجا بگذارید. *Bora-e-ara rä järoob koned wa dar änjä begzäred.* ★ **sawhorse** *n* خرک اره کشی *kharak-e-ara kashee* ★ **sawmill** *n* کارخانه اره کشی *kärkhäna ara kashee*

say *vt* گفتن *goftan,* اظهار کردن *ez-här kardan,* فرمودن *farmoodan* **What did you say?** شما چی گفتید؟ *Shomä chee gofted?* **I said...** گفتم. *Goftam...* **What did (1) he / (2) she say?** (۱) اومرد / (۲) اوزن چی گفت؟ *(1) O mard / (2) O zan chee goft?* **(1) He / (2) She said...** (۱) اومرد / (۲) اوزن گفت *(1) O mard / (2) O zan goft...* **Let me know what (1) he / (2) she says.** (۱) من را درجریان بگذارید که اومرد / (۲) اوزن چی میگوید. *Man rä dar jeryän begzäred ke (1) o mard / (2) o zan chee mey-goyad.* **I'll let you know what (1) he / (2) she says.** شما را درجریان خواهم گذاشت که (۱) اومرد / (۲) اوزن چی میگوید. *Shomä rä dar jeryän khäham gozäsht ke (1) o mard / (2) o zan chee mey-goyad.* **Who said so?** کی انطور گفت؟ *Kee äntowr goft?* **What does it say?** چی نوشته شده است؟ *Chee naweshta shoda ast?* **It says...** نوشته شده است... *Naweshta shoda ast...* **As we say in English...** قسمیکه درلسان انگلیسی میگویم... *Qesmeeke dar lesän-e-engleesee mey-goyem...* **What do they say in Dari?** درلسان دری چی میگویند؟ *Dar lesän-e-daree chee mey-goyand?* **How do you say this (in Dari)?** این را چی قسم (به لسان دری) میگوئید؟ *Een rä chee qesem (ba lesän-e-daree) mey-goyed?* **saying?** گفتار *goftär* **It's an old saying.** این یک گفتار بزرگان است. *Een yak goftär-e-bozorgän ast.*

scab *n* زخم پوست *Poost-e-zakhem* **Don't pick the scab.** پوست زخم را نکنید. *Poost-e-zakhem rä nakaned.*

scabies *n (med.)* خارش *khäresh,* جرب *jarab*

scaffold *n* تلواره *talwära,* چوب بست *chooob-e-bast* **First, we have to build a scaffold.** اول، ما باید یک تلواره بسازیم. *Awal, mä bäyad yak talwära besäzem.* ★ **scaffolding** *n* چوب بست *choob-e-bast,* تخته های چوبی همواره که در هنگام کارهای تعمیراتی کارگران بالای آن ایستاده میشود و کار میکند *Takhta häy-e-choobee hamwär ke dar hangäm-e-kär häy-e-ta'meerätee kärgarän bäläy-e-än eestäda mey-shawad wa kär mey-konad.* **Put up scaffolding (1) here. / (2) there.** چوب بست را (۱) اینجا / (۲) آنجا بگذارید. *Choob-e-bast rä (1) eenjä / (2) änjä beg*

scald — -zäred. **Take down the scaffolding.** چوب بست را پایین کنید. Choob-e-bast rä payeen koned.

scald vt سوزاندن sozändan **He scalded himself.** اومرد خود را سوختاند. O mard khod rä sokhtänd. **She scalded herself.** اوزن خود را سوختانت. O zan khod rä sokhtänd.

scale n 1. (scope) درجه daraja, اندازه andäza; 2. (for weighing) پله ترازو pala-e-tarāzoo, ترازو tarāzoo **on a large ~** به اندازه زیاد ba andäza-e-zeeyäd, زیاد zeeyäd **on a small ~** به اندازه کم ba andäza-e-kam, کم kam **Richter ~** (earthquakes) درجه زلزله daraja-e-zelzela **Please step on the scale.** لطفا بالای ترازو استاد شوید. Lotfan bäläye tarāzoo estäd shawed. **Weigh (1) it / (2) them on the scale.** (۱) این / (۲) آنها را در ترازو وزن کنید. (1) Een / (2) Ánhä rä dar tarāzoo wazen koned.

scalp n پوست فرق سر post-e-farq-e-sar **~ wound** زخم پوست فرق سر zakhem-e-post-e-farq-e-sar

scalpel n چاقوی کوچک جراحی chäqoy-e-kochak-e-jarähee

scaly adj ورقه ورقه waraqa waraqa

scam n (slang) (swindle) هرزه harza, شخص فریبکار shakhs-e-freebkär

scan vt (comp.) تقطیع کردن taqtee' kardan, سکن کردن eskan kardan **I'll scan the photo.** من تصویر را سکن خواهم کرد. Man tasweer rä eskan khäham kard. **I'll scan it into the computer.** من این را درکمپیوتر سکن خواهم کرد. Man een rä dar kampyootar eskan khäham kard. ★ **scanner** n (comp.) اسکنر (ماشین که عکس و یا اسناد را بشکل تصویر درکمپیوتر نقل میدهد.) Eskenar (mäsheen-e-ke a'ks wa yä asnäd rä bashakel-e-tasweer dar kampyootar naqel mey-dehad.)

scar n داغ dägh, نشان زخم neshän-e-zakhem

scarce adj کم kam, کمیاب kamyäb **Firewood / (2) Food / (3) Fuel is scarce.** (۱) چوب سوخت / (۲) غذا / (۳) مواد سوخت کمیاب است. (1) Choob-e-sokht / (2) Ghezä / (3) Mawäd-e-sokht kamyäb ast.

scare vt ترساندن tarsändan **Did I scare you?** آیا شما را ترساندم؟ Áyä shomä rä tarsändam? **You scared me.** شما من را ترساندید. Shomä man rä tarsänded. **I didn't mean to scare you.** نمیخواستم که شما را بترسانم. Namey-khästam ke shomä rä betarsänam.

scarf n شال گردن shäl-e-gardan, دستمال گردن dastmäl-e-gardan

scarlet fever n مخملک makhmalak

scary adj وحشتناک wahshatnäk, ترسناک tarsnäk

scatter vt پاشیدن pásheedan, ریختن reekhtan **Scatter this on the latrine.** این را درتشناب پاش دهید. Een rä dar tashnäb päsh dehed. ★ **scattered** pp پراگنده parāganda **Things are scattered all over.** اشیا در هرطرف پراگنده است. Asheeyä dar har taraf parägarnda ast.

scenery n منظره manzara **beautiful ~** منظره زیبا manzera-e-zeebä

scent n بو bo **Maybe the dogs can pick up a scent.** شاید سگ ها بو را احساس کنند. Shäyad sag hä bo rä ehsäs konand. **The dogs have picked up a scent.** سگ ها بو را احساس کردند. Sag hä bo rä ehsäs kardand.

schedule vt درتقسیم اوقات درآوردن dar taqseem aowqät dar äwardan **I'm scheduling (1) her / (2) him / (3) them / (4) you to work (5) mornings. / (6) days. / (7) evenings. / (8) nights.** من (۱) اونرز / (۲) اومرد / (۳) آنها / (۴) شما را درتقسیم اوقات میاورم که (۵) صبح / (۶) روز / (۷) عصر / (۸) شب ها کار (۱, ۲) کند. / (۳) کنند. / (۴) کنید. Man (1) o zan / (2) o mard / (3) änhä / (4) shomä rä dar taqseem aowqät mey-awaram ke (5) sobh / (6) a'ser / (7) shab hä kär (1,2) konad. / (3) konand. / (4) koned. **It's scheduled for** (time / date). برای این ( ) برنامه شده است. Een barä-e- ( ) barnäma shoda ast. ★ n جدول jadwal(-e-sä-a'ät), صورت soorat, جدول ساعات jadwal-e-sä-ä't, (ساعات)

schizophrenia — **scorpion**

bus ~ جدول ساعات موتر شهری taqseem aowqät motar-e-shahree **delivery** ~ جدول ساعات ارسال jadwal-e-sä-a'ät-e-ersäl **duty** ~ جدول ساعات وظیفه jadwal-e-sä-a'ät-e-wazeefa **flight** ~ جدول ساعات پرواز jadwal-e-sä-a'ät-e-parwäz **pickup** ~ جدول اوقات جمع آوری jadwal-e-aowqät-e-jama' äwaree **work** ~ جدول ساعات کار jadwal-e-sä-a'ät-e-kär **Be sure and check the (1) duty / (2) work schedule regularly.** متیقن باشید و جدول ساعات (۱) کار / (۲) وظیفه را بطور منظم ببینید. Motayaqen bäshed wa jadwal-e-sä-a'ät-e- (1) kär / (2) wazeefa rä batowr-e-monazam beebeened. **There's a new schedule up.** تقسیم اوقات جدیداً نصب گردیده است. Taqseem aowqät jadeedan nasb gardeeda ast.

schizophrenia n جنون جوانی (اختلال روانی دوامداری است که با از دست دادن همگامی اجتماعی، مزاجی، خودگرایی و انجام کار بیجا و غیر قابل خواست است.) jonoon-e-jawänee (Ekhteläl-e-rawänee dawäm-däree ast ke bä az dast dädan-e-ham-gämee-e-ejtemä'ee, mazäjee, khoongaräyee wa anjäm-e-kär-e-beejä wa ghayr-e-qäbel-e-khäst ast.)

scholarship n بورس bors, فرصت تحصیل رایگان fersat-e-tahseel-e-räyagän **receive a** ~ **(to** [*university*]*)* بورس گرفتن (به ___) bors greftan (ba [*university*]) **win a** ~ **(to** [___]*)* بورس بردن (به ___) bors bordan (ba [___])

school adj مکتب -e-maktab ~ **building** تعمیر مکتب ta'meer-e-maktab ~ **equipment** اسباب مکتب asbäb-e-maktab ~ **teacher** معلم مکتب ma'lem-e-maktab ~ **tuition** فیس مکتب fees-e-maktab ~ **uniform** لباس متحد الشکل مکتب lebäs-e-motahed-el-shakel-e-maktab, یونیفورم مکتب yoneform maktab ★ n مکتب maktab **attend** ~ به مکتب رسیدگی کردن ba maktab raseedagee kardan **boys'** ~ مکتب ذکور maktab-e-zokor **build a** ~ مکتب ساختن maktab sähtan **elementary** ~ مکتب ابتدایی maktab-e-ebtedäyee **enroll in** ~ در مکتب نام نویسی کردن dar maktab näm naweesee kardan **finish** ~ مکتب را تمام کردن maktab rä tamäm kardan **girls'** ~ مکتب اناث maktab-e-onäs, مکتب نسوان mak-tab-e-naswän **go to** ~ مکتب رفتن maktab raftan **high** ~ لیسه leesa **Islamic** ~ مکتب اسلامی maktab-e-eslämee, مدرسه madrasa **law** ~ مکتب حقوق maktab-e-hoqooq **leave** ~ تحصیل را ترک کردن tahseel rä tark kardan **medical** ~ فاکولته طب fäkolta-e-teb **middle** ~ مکتب متوسطه maktab-e-motawaseta **primary** ~ مکتب ابتدایی maktab-e-ebte-däyee **private** ~ مکتب شخصی maktab-e-shahksee **quit** ~ مکتب را ترک کردن maktab rä tark kardan **religious** ~ مدرسه madrasa **restore ~s** مکاتب دوباره فعال ساختن makäteb dobära fahäl sähtan **technical** ~ مکتب تخنیکی maktab-e-takhneekee, مکتب فنی maktab-e-fanee ~ مکتب مسلکی maktab-e-maslakee **vocational** ~ مکتب حرفوی maktab-e-horfawee ★ **schoolbook** n کتاب مکتب ketäb-e-maktab ★ **schoolboy** n پسر مکتبی pesar-e-maktabee ★ **school-children** n, pl اطفال مکتبی atfäl-e-maktabee ★ **schoolgirl** n دختر مکتبی dokhtar-e-maktabee ★ **schoolmaster** n مدیر مکتب modeer-e-maktab, سرمعلم sar moa'lem ★ **schoolyard** n صحن مکتب sahn-e-maktab

science n علم e'lm, دانش dänesh, علوم طبیعی o'loom-e-tabee'ee ★ **scientific** adj علمی e'lmee ~ **method** طریقه علمی tareeqa-e-'lmee ~ **research** تحقیق علمی tahqeeq-e-'lmee, پژوهش علمی pozhohesh-e-'lmee ~ **theory** نظریه علمی nazarya-e-'lmee ★ **scientist** n دانشمند däneshmand

scissors n, pl قیچی qaychee **bandage** ~ قیچی بنداژ qaychee-e-bandäzh

scoop n ملاقه maläqe

scooter n (motor scooter) سکاتر (موتر سایکل سبک و کوچک) eskätar (motar säykel-e-sobok wa kochak) **motor** ~ سکاتر موتر دار eskätar-e-motor där

scorpion n گژدم gazhdom **I got stung by a scorpion.** یک گژدم مرا نیش زد. Yak gazhdom man rä neesh zad. **(1) He / (2) She got stung by a scorpion.** (۱) اومرد / (۲) اوزن را یک گژدم نیش زد. (1) O mard / (2) O zan rä yak gazhdom neesh zad.

Scotchman, Scotsman *n* مرد اسکاتلندی *mard-e-eskätlandee* ★ **Scotland** *n* اسکاتلند *eskätland* ★ **Scottish** *adj* اسکاتلندی *eskätlandee*

scramble *vt* مخلوط کردن *makhloot kardan*؛ به کوشش فراهم کردن *ba koshesh faraham kardan* **Scramble the eggs.** تخم ها را مخلوط کنید. *Tokhom hä rä makhlot koned.*

scrap *adj* تکه *teka*, پارچه *pärcha*, خرده *khorda* ~ **metal** فلز خرده *khorda-e-felez* ★ *n* تکه *teka*, پارچه *pärcha*, ریزه *reeza* **(1) They / (2) You can break (3) it / (4) them into scrap.** (۱) آنها / (۲) شما (۳) این / آنها را ریزه جدا کرده (۱) میتوانند. / (۲) میتوانید. *(1) Ánhä / (2) Shomä (3) een / (4) änhä rä reeza jedä karda (1) mey-tawänand. / (2) mey-tawäned.*

scrape *vt* پاک کردن *päk kardan*, تراشیدن *taräsheedan* **Scrape it (1) all off. / (2) clean.** این را (۱) تراش / (۲) پاک کنید. *Een rä (1) taräsh / (2) päk koned.* ★ **scraper** *n* کفش پاک کن *kafsh päk kon*, گل تراش *gel taräsh*

scratch *vt* 1. *(relieve itching)* خاریدن *khäreedan*; 2. *(make a scratch)* خارش کردن *khäresh kardan* **Don't scratch it.** نخارید اش. *Nakhäred ash.* ★ *n* خارش *khäresh* **scratching** *n* خراش *kharäsh*, خراشیدن *kharäsheedan* **sound of** ~ خراشیدن صدای *sadäy-e-kharäsheedan* **(1) I / (2) They / (3) We heard scratching.** (۱) من / (۲) انها / (۳) ما صدای خراشیدن را (۱) شنیدم / (۲) شنیدند / (۳) شنیدیم. *(1) Man / (2) Ánhä (3) Mä sadäy-e-kharäsheedan rä (1) shoneedam / (2) shoneedand. / (3) shoneedeem.*

screen *vt (separate, select)* جدا کردن *jedä kardan* **Screen the patients for the most serious cases.** مریضان عاجل را جدا کنید. *Mareezän äjel ra jedä koned.* ★ *n* 1. *(partition)* صفحه *safha*, لوحه *lowha*; 2. *(movies, TV)* پرده *parda* **TV** ~ پرده تلویزون *parda-e-talweezoon* **window** ~ جالی کلکین *jälee-e-kelkeen*

screw *vt* پیچیدن *peecheedan*, پیچ دادن *peech dädan* **Screw it tightly.** محکم پیچ اش. *Mahkam peech ash dehed.* **Don't screw it too tightly.** بسیار محکم پیچ اش ندهید. *Beesyär mahkam peech ash nadehed.* ★ *n* پیچ *peech* **long** ~ پیچ دراز *peech-e-daräz* **short** ~ پیچ کوتاه *peech-e-kotäh* ★ **screwdriver** *n* پیچ کش *peech-kash* **flat-head** ~ پیچ کش دو رخ *peech kash-e-do rakh* **Phillips** ~ پیچ کش چهار رخ *peech kash-e-chahär rakh* **regular** ~ پیچ کش معمولی یا دو رخ *peech kash-e-do rakh*

scrotum *n* خریطه خُسیه *khareeta-e-khosya*, خایه دان *khäya dän*

scrounge (up) *vt (colloq: find; obtain)* پیدا کردن *paydä kardan*؛ بدست آوردن *badast äwardan* **See what you can scrounge up.** ببینید چی پیدا کرده میتوانید. *Beebeened chee paydä karda mey-tawäned.* **Try to scrounge up some (1) boxes. / (2) cement. / (3) firewood. / (4) gasoline. / (5) lumber. / (6) parts. / (7) plywood.** کوشش کنید که (۱) صندوق ها / (۲) سمنت / (۳) چوب سوخت / (٤) تیل / (٥) چوب / (٦) توته ها / (۷) چوب چند پوست پیدا کنید. *Koshesh koned ke (1) sandoq hä / (2) sement / (3) chob-e-sokht / (4) teel / (5) choob / (6) tota hä / (7) choob-e-chand post paydä koned.*

scrub *vt* با جاروب شستن *bä järoob shostan*, پاک کردن *päk kardan* **Scrub (1) it / (2) them (3) thoroughly. / (4) well.** (۱) این / (۲) آنها را (۳) کاملاً / (٤) خوب پاک کنید. *(1) Een / (2) Änhä rä (3) kämelan / (4) khoob päk koned.* ★ **scrub down** *idiom* کاملاً پاک کردن *kämelan päk kardan* ~ **the workers** *(decontamination)* کار گران را پاک کردن *kärgarän rä päk kardan*

scurvy *n* اسکربوت (یک نوع بیماری که عامل آن کمبود اسکوربیک اسید میباشد که با ضعیفی، کم خونی و خونریزی جلدی مخاطی مشخص میشود.) *askarbot (yak nawa' beemäree ke a'ämel-e-än kambod-e-askorbeek aseed mey-bäshad ke bä za'eefee, kam khoonee, wa khoonreezee joldee makhätee moshakhas mey-shawad.)* **(1) He / (2) She has scurvy.** (۱) اومرد / (۲) اوزن اسکربوت دارد. *(1) Ó mard / (2) Ó zan eskerbot därad.*

scythe *n* داس *däs*

sea *n* بحر bahr ★ **seafood** *n* غذای بحری ghezä-e-bahree
seal *vt* مهر کردن mohr kardan **Seal** *(1)* **it** / *(2)* **them with tape.** (۱) این / (۲) آنها را با بند مهر کنید. *(1) Een / (2) Änhä rä bä band mohr koned.* ★ **sealed** *adj* مهر شده mohr shoda, مختوم makhtom ~ **shut** دروازه مُهر شده *dar-wäza-e-mohr shoda*
seam *n* درز darz, بخیه bakhya
search *vt* جستجو کردن jostojo kardan, تفتیش کردن tafteesh kardan **We're going to search** *(1)* **this area.** / *(2)* **this building.** / *(3)* **these ruins.** (۱) میخواهیم که این منطقه / (۲) ساختمان / (۳) ویرانه را تفتیش کنیم. *Mey-khähem ke (1) een mantaqa / (2) säkhtomän / (3) wayräna rä tafteesh konem.* **Search the** *(1)* **area** / *(2)* **building** / *(3)* **place** / *(4)* **ruins carefully.** (۱) منطقه / (۲) ساختمان / (۳) محل / (۴) ویرانه را به دقت تفتیش کنید. *(1) Mantaqa / (2) Säkhtomän / (3) Mahal / (4) Wayräna rä ba deqat tafteesh koned.* ★ *vi* گشتن gashtan, جستجو کردن jostojo kardan, پژوهیدن pozho-heedan **Search** *(1)* **carefully.** / *(2)* **here.** / *(3)* **there.** (۱) به دقت... / (۲) اینجا را... / (۳) آنجا را... جستجو کنید. *(1) Ba deqat... / (2) Eenjä rä... / (3) Änjä rä... jostojo koned.* ★ *n* جستجو jostojo, تفتیش tafteesh, تجسس tajasos, تلاشی taläshee **conduct a (thorough)** ~ توسط تلاشی *tawasot-e-talä* ~ **crew** کارمندان تفتیش *kärmandän-e-tafteesh* ~ **operation** عملیات جستجو *a'malyät-e-jostejo* ~ **party** گروه تفتیش *gro-e-tafteesh*
season *n* موسم mosem, فصل fasel **cold** ~ موسم سرد *mosem-e-sard* **dry** ~ موسم خشک *mosem-e-khoshk* **hot** ~ موسم گرم *mosem-e-garm* **sowing** ~ فصل کاشتن *fasel-e-käshtan*
seat *n* کرسی korsee, چوکی chowkee **back** ~ چوکی عقب *chowkee-a'qab* **bicycle** ~ چوکی بایسکل *chowkee-e-bäysekel* **empty** ~ چوکی خالی *chowkee-e-khälee* **front** ~ چوکی پیش روی *chowkee-e-peesh-e-roy* **reserved** ~ چوکی گرفته شده *chowkee-e-grefta shoda* ~ **belt** کمربند چوکی *kamarband-e-chowkee* **Please have a seat.** خواهش میکنم بفرمائید. *Khähesh mey-konam befarmäyed.* **Is this seat taken?** آیا این چوکی گرفته شده است؟ *Äyä een chowkee grefta shoda ast?* **Are there enough seats?** آیا چوکی کافی است؟ *Äyä chowkee-e-käfee ast?*
second *adj* دوم dowom, دومی dowomee, ثانی sänee ~ **class** صنف دوم *senf-e-dowom* ~ **one** نفر دومی *nafar-e-dowomee* ~ **time** بار دوم *bär-e-dowom,* مرتبه دوم *martaba-e-dowom* **On second thought, I will.** در قدم دوم، خواهم کرد. *Dar qadam-e-dowom, khäham kard.*
secrecy *n* خفیه khofya, پنهانی penhänee **maintain** ~ خفیه نگهداشتن *khofya negadäshtan* ★ **secret** *adj* پنهان penhän, خفیه khofya ~ **cave** سوراخ پنهان *soräkh-e-penhän* ~ **code** کود خفیه *kod-e-khofya* ~ **document** سند خفیه *sanad-e-khofya* ~ **signal** علامت خفیه *a'lämat-e-khofya* ~ **trail** مسیر خفیه *maseer-e-khofya* **Keep it secret.** پنهان نگاه اش کن. *Penhän negäh ash kon.,* راز را فاش نکنید. *Räz rä fäsh nakoned.* **That's secret. Don't tell anyone.** خفیه است. برای کسی نگویید. *Khofya ast. Baräyee kasee nagoyed.* ★ *n* راز *räz*
secretary *n* سکرتر sekartar, دبیر dabeer, منشی monshee **Please see the secretary.** لطفاً سکرتر را ببینید. *Lotfan sekartar rä beebeened.*
secrete *vt* مترشح ساختن motarasheh säkhtan, افراز کردن efräz kardan ★ **secretion** *n* افراز efräz, ترشح tarashoh
secretly *adv* مخفیانه makhfeeyäna, محرمانه mahramäna
section *n* 1. *(part)* قسمت qesmat; 2. *(dept)* شعبه sho'ba, اداره edära; 3. *(district)* ناحیه näheeya, حصه hesa; 4. *(incision)* مقطع maqta', برشگاه boreshgäh **back** ~ قسمت عقب *qesmat-e-a'qeb* **bottom** ~ قسمت پایین *qesmat-e-päyeen* **Caesarean** ~ برش سزارین (بیرون کردن طفل از راه سوراخی که در دیوار شکم و رحم داده میشود.) *boresh-e-sezäreen (Beeroon kardan-e-tefel az räh-e-soräkhee ke kar deewär-e-shekam wa rahm däda mey-shawad.)* **front** ~ قسمت مقابل *qesmat-e-oqäbel* **middle** ~ قسمت وسط *qesmat-e-wasat* ~ **chief** ریس شعبه *ra-ees-e-*

sho'ba, ناحیه رییس ra-ees-e-näheya **top ~** قسمت بالا qesmat-e-bälä **What section (of the city) *(1)* do you live in? / *(2)* is it in?** (۱) در کدام ناحیه (شهر) شما زندگی میکنید؟ / (۲) این موقیعت دارد؟ *Dar kodäm näheeya (-e-shahr) (1) shomä zendagee mey-koned? / (2) een mowqeeyat därad?* **We'll have to do a Caesarean section.** ما باید برش سزارین کنیم. *Mä bayad boresh-e-sezäreen konem.*

sector *n* سکتور sektoor, قطر دایره qoter-e-däyra

secure *adj* امن amen, محفوظ mahfooz **Is it secure?** آیا محفوظ است؟ *Äyä mahfooz ast?* **It *(1)* is / *(2)* isn't (not) secure.** (۱) محفوظ است. / (۲) نیست. *Mahfooz (1) ast. / (2) neest.* **Make sure everything is secure.** متوجه باشید که همه چیز محفوظ است. *Motawaje bäshed ke hama cheez mahfooz ast.* ★ **security** *n* امنیت *amneeyat* **ensure ~** امنیت تامین کردن *amneeyat tämeen kardan* **need ~** به امنیت ضرورت داشتن *ba amneeyat zaroorat däshtan* **provide ~** امنیت تامین کردن *amneeyat tämeen kardan* **~ guard** محافظین امنیتی *mahäfezeen-e-amneeyatee* **~ measures** مقیاسات امنیت *meqyäsät-e-amneeyat* **~ problem** مشکل امنیت *mosh-kel-e-amneeyat* **Maintain good security.** امنیت را خوب حفظ نماید. *Amneeyat rä khoob hefz nomäyed.* **You're in charge of security.** شما مسؤل امنیت هستید. *Shomä maso'l-e-amneeyat hasted.*

sedate *vt* آرام ساختن äräm säkhan **We have to sedate *(1)* her. / *(2)* him. / *(3)* you.** ما باید (۱) اوزن / (۲) اومرد / (۳) شما را آرام بسازیم. *Mä bayad (1) o zan / (2) o mard / (3) shomä rä äräm besäzem.* ★ **sedation** *n* تسکین taskeen, آرام بخشی äräm bakhshee **He *(1)* / She *(2)* is under sedation.** (۱) او مرد / (۲) او زن تحت تسکین قرار دارد. *(1) O mard / (2) O zan taht-e-taskeen qarär därad.* ★ **sedative** *n* آرام بخش äräm bakhsh, ادویه مسکن adweeya-e-mosaken **I'm going to give *(1)* her / *(2)* him / *(3)* you a sedative.** من (۱) اوزن / (۲) اومرد / (۳) شما را ادویه مسکن میدهم. *Man (1) o zan / (2) o mard / (3) shomä rä adweeya-e-mosaken mey-deham.*

see *vt* 1. *(visually)* مشاهده کردن moshäheda kardan, دیدن deedan; 2. *(meet)* ملاقات کردن moläqät kardan, دیدن deedan; 3. *(consult)* مشوره کردن با mashwara kardan bä, به مراجعه کردن moräje-a' kardan ba; 4. *(determine; find out)* تصمیم گرفتن tasmeem greftan, دریافت کردن daryäft, ملتفت شدن moltafet shodan, فهمیدن fahmeedan **What did you see?** چی دیدید؟ *Chee rä deeded?* **Did you see *(1)* anybody? / *(2)* anything?** آیا شما (۱) کسی / (۲) چیزی را دیدید؟ *Äyä shomä (1) kasee / (2) cheezee rä deeded?* **I didn't see *(1)* anybody. / *(2)* anything.** من (۱) کسی / (۲) چیزی را ندیدم. *Man (1) kasee / (2) cheezee rä nadeedam.* **I saw *(1)* someone. / *(2)* something.** (۱) کسی / (۲) چیزی را دیدم. *Man (1) kasee / (2) cheezee rä deedam.* **I'll see you *(1)* later. / *(2)* there. / *(3)* tomorrow.** شما را (۱) بعداً / (۲) آنجا / (۳) فردا ملاقات خواهد کردم. *Shomä rä (1) ba'dan / (2) änjä / (3) fardä moläqät khähad kardam.* **You need to see a *(1)* doctor. / *(2)* specialist.** شما باید باید به یک (۱) طبیب / (۲) متخصص مراجعه کنید. *Shomä bayad ba yak (1) tabeeb / (2) mota-khases moräje-a' koned.* **Have you ever seen a doctor about this?** آیا گاهی با داکتر درباره این مشوره گردید؟ *Äyä gähee bä tabeeb dar bära-e-een mashawara karded?* **I'll see what I can do.** ببینم چی میتوانم. *Beebeenam chee mey-tawänam.* **See if you can *(1)* find one. / *(2)* fix it. / *(3)* get some.** ببینید اگر شما (۱) یکی پیدا کرده بتوانید. / (۲) ترمیم کرده بتوانید. / (۳) قدری گرفته بتوانید. *Beebeened agar shomä (1) yakee paydä karda betawäned. / (2) tarmeem karda betawäned. / (3) qadree grefta betawäned.* **Do you see what I mean?** آیا فهمیدید مطلب ام چی است؟ *Äyä fahmeeded matlab am chee ast?* **I see.** فهمیدم. *Fahmeeda.* **I don't see the point.** موضوع را نفهمیم. *Mowzo' rä nafah-meedam.* **Let me see.** اجازه دهید فکر کنم. *Ejäza dehed feker konam.* **How nice to see you.** چقدر خوب که شما را دیدم. *Cheqador khoob ke shomä rä*

seed *n* تخم *tokhom,* دانه *däna* **box of ~s** صندوق تخم *sandoq-e-tokhom* **can of ~s** قطعی تخم *qotee-e-tokhom* **high-yield(ing)** تخم پر حاصل *tokhm-e-por-häsel* **package of ~s** بسته تخم *basta-e-tokhom* **sunflower ~s** تخم گل آفتاب پرست *tokhm-e-gol-e-äftäbparast* **Plant the seeds *(1)* three centimeters deep. *(2)* there. / *(3)* next month. / *(4)* this month.** تخم ها را (۱) سه سانتی متر عمیق... / (۲) آنجا... / (۳) ماه آینده... / (٤) همین ماه... کشت کنید. *Tokhom hä rä (1) se säntee meter a'meeq... / (2) änjä... / (3) mäh-e-äyenda... / (4) hameen mäh... kesht koned.*

seedling *n* نهال *nehäl* **transplant the ~s** نهال ها را کندن و درجای دیگر شاندن *nehäl hä rä kandan wa dar jäy-e-deegar shändan*

seem *vi* به نظر آمدن *ba nazar ämadan* **~ quiet** آرام به نظر آمدن *äräm ba nazar ämadan* **~ strange** عجیب به نظر آمدن *a'jeeb ba nazar ämadan* **~ tired** خسته به نظر آمدن *khasta ba nazar ämadan* **How does it seem to you?** چی قسم به نظر شما میآید؟ *Chee qesem ba nazar-e-shomä mey-äyad? (1)* **Everything / *(2)* It seems okay.** (۱) همه چیز... / (۲) این خوب به نظر میآید. *(1) Hama cheez... / (2) Een... khoob ba nazar mey-äyad.* **It seems to be healing well.** به نظرمیآید که کاملاً صحتمند میشود. *Bah nazar mey-äyad ke kämelan sehatmand mey-shawad.* **You seem to be recovering well.** شما کاملاً خوب به نظر میآید. *Shomä kämelan khoob ba nazar mey-äyed.* **It seems that...** به نظر میاید که... *Ba nazar mey-äyad ke...*

seep *vi* ترش کردن *torsh kardan* **It's seeping out of the *(place).*** بیرون از (__) ترش میکند. *Beeroon az (__) torsh mey-konad.*

segregate *vt* جدا کردن *jedä kardan* **We have to segregate them.** ما باید آنها را جدا کنیم. *Mä bäyad änhä rä jedä konem.*

seismic *adj* زلزله یی *zelzela-ee* **seismograph** *n* زلزله سنج *zelzela-sanj* **seismologist** *n* زلزله شناس *zelzelashenäs*

seizure *n (med.)* حمله *hamla,* حمله ناگهانی مانند یک بیماری *hamla-e-näga-häneek mänand-e-hamla-e-yak beemäree* **epileptic ~** حمله صرع *hamla-e-sara',* **~ حمله مرگی** *hamla-e-mergee (1)* **He / *(2)* She is having a seizure.** (۱) اومرد / (۲) او زن مورد حمله قرار گرفته است. *(1) O mard / (2) O zan mawred hamla qarar gereta ast.*

seldom *adv* ندرتاً *nedratan* بسیار کم *beesyär kam,* به ندرت *ba nedrat* **It seldom happens.** ندرتاً واقع میشود. *Nedratan wäqe' mey-shawad.*

select *vt* برگزیدن *bargozeedan,* انتخاب کردن *entekhäb kardan (1)* **I've / *(2)* We've selected you for the job.** (۱) من / (۲) ما شما را به کار انتخاب (۱) کردم. / (۲) کردیم. *(1) Man / (2) Mä shomä rä ba kär entekhäb (1) kardam. / (2) kardem.* **Select good ones..** نفر خوب را انتخاب کنید. *Nafar-e-khob-e-rä entekhäb koned.* ★ **selection** *n* انتخاب *entekhäb,* گزینش *gazeenesh* **The selection process will take a few days.** دوره انتخاب چند روز را در بر خواهد گرفت. *Dowra-e-entekhäb chand rooz ra dar bar khähad greft.*

self-study *n* مطالعه با خود *motäle-a'h bä khod*

self-sufficient *adj* مستغنی *mostaghnee,* بی نیاز *bey neeyäz* **become ~** مستغنی شدن *mostaghnee shodan*

sell *vt* فروختن *frokhtan,* به فروش رساندن *ba frosh rasändan* **What do they sell there?** آنها آنجا چی میفروشند؟ *Anhä änjä chee mey-froshand?* **What are you selling?** شما چی میفروشید؟ *Shomä chee mey-froshed?* **Did you sell it?** آیا این را فروختید؟ *Äyä een rä frokhted?* **Would you sell it (to *[1]* me / *[2]* us)?** آیا میخواهید این را (برای [۱] من / [۲] ما) بفروشید؟ **How much are you selling it for?** این را چقدرمیفروشید؟ *Een rä cheqadar mey-froshed?* **Sold!** فروخته شده!

Frokhta shoda!

semen *n* منی آب *äb-e-manee,* نطفه *notfa*

semiconductor *n* نیمه عادی *neema a'ädee*

semiconscious *adj* نیمه خبر *neema khabar*

seminar *n* سمینار *semeenär*

semi-trailer *n* تریلر *tereelar*

send *vt* فرستادن *ferestädan,* ارسال کردن *ersäl kardan,* روان کردن *rawän kardan* ~ **an e-mail** پوست الکترونی فرستادن *poost-e-elektronee frestädan* **Send an ambulance (to** *[place]***) (right away).** یک امبولانس (برای ___) (همین لحظه) روان کنید. *Yak amboläns (baräy-e-[___]) (hameen lahza) rawän koned.* **I'll send it to you** *(1)* **right away. /** *(2)* **tomorrow. /** *(3)* **when it's ready.** (۱) این را فوراً... / (۲) فردا... / (۳) هنگامیکه آماده شد برای تان ارسال خواهد کردم. *Een rä (1) fowran... / (2) fardä... / (3) hangämeeke ämäda shod... baräy-e-tän ersäl khähad kardam.* **Tell them to send us** *(what)***.** آنها را بگویید که برای ما (___) روان کنند. *Änhä rä begoyed ke baräy-e-mä (___) rawän konand.* **When did you send** *(1)* **it? /** *(2)* **them?** چی وقت (۱) این / (۲) آنها را روان کردید؟ *Chee waqt (1) een / (2) änhä rä rawän karded?* **I sent** *(1)* **it /** *(2)* **them** *(3)* **a few days ago. /** *(4)* **last week. /** *(5)* **today. /** *(6)* **yesterday.** من (۱) این / (۲) آنها را (۳) چند روز قبل... / (٤) هفته گذشته... / (٥) امروز... / (٦) دیروز روان کردم. *Man (1) een / (2) änhä rä (3) chand rooz qabel... / (4) hafta-e-gozashta... / (5) emrooz... / (6) deerooz... rawän kardam.* **Send some** *(1)* **searchers /** *(2)* **workers over there.** چند (۱) محققین / (۲) کارگران را روان کنید. *Chand (1) mohaqeqeen / (2) kärgarän rä rawän koned.* **Send as many people as you can.** هرقدر که میتوانید نفر روان کنید. *Har qadar-e-ke mey-tawäned nafar rawän koned.* **Send somebody** *(1)* **there... /** *(2)* **to the airport... to pick** *(3)* **her /** *(4)* **him /** *(5)* **it /** *(6)* **them up.** کسی را (۱) آنجا... / (۲) به میدان هوایی... روان کنید که (۳) اوزن / (٤) این / (٥) او مرد / (٦) آنها را بردارد. *Kasee rä (1) änjä... / (2) ba maydän-e-hawäyee... rawän koned ke (3) o zan / (4) o mard / (5) een / (6) änhä rä bardärad.* **Send in the next patient.** مریض بعدی را داخل بفرستید. *Mareez bahdee rä dakhel beferested.* ★ **sender** *n* فرستنده *ferestanda,* ارسال کننده *ersäl konenda*

senile *adj* وابسته به پیری *wäbasta ba peeree* پیرانه *peeräna*

senior *adj* بالارتبه *bälä rotba,* بالاتر *bälätar,* سابقه دار *säbeqa där* ~ **member** عضو بالا رتبه *o'zwe-e-bälä rotba* ~ **official** مامور بالا رتبه *mämoor-e-bälä rotba*

sensation *n (feeling)* احساس *ehsäs,* حس *hes* **(1) He /** *(2)* **She has no sensation in** *(3)* **his /** *(4)* **her** *(5)* **arm. /** *(6)* **foot. /** *(7)* **hand. /** *(8)* **leg.** (۱) اومرد / (۲) اوزن هیچ حس در (٥) بازو / (٦) قدم / (۷) دست / (۸) پای (۳٫٤) اش ندارد. *(1) O mard / (2) O zan hech hes dar (5) bäzoo / (6) qadam / (7) dast / (8) päy (3,4) ash nadärad.*

sense *n (logic)* حس *hes,* شعور *sho'or,* منطق *manteq* **common ~** معمولی *ma'moolee* **good ~** با شعور *bä sho'or,* منطقی *manteqee* **It makes no sense.** بی معنی است *Bey mahnee ast.*

sensible *adj (logical, according to good sense)* معقولانه *ma'qooläna*

sensitive *adj* 1. *(tender; responsive)* حساس *hasäs;* 2. *(easily affected, delicate)* شفیق *shafeeq* مهربان *mehrabän* ~ **area** *(on the body)* قسمت حساس *qesmat-e-hasäs,* ناحیه حساس *näheeya-e-hasäs* ~ **spot** *(on the body)* نقطه حساس *noqte hasas*

sensor *n* آله برقی که بعضی چیز ها را مانند نور، دود و حرارت را حس میکند. *Äla-e-barqee ke ba'zee cheez hä rä mänand-e-noor, dood wa harärat rä hes mey-konad.* آله محسوس کننده *äla-e-mahsoos konenda* **seismic ~** سنسر زلزله یی *sansor-e-zelela-ee* ~ **equipment** لوازم سنسر *lawazem-e-sansor* ★ **sensory** *adj* وابستی به مرکز حواس *wäbasta ba markaz-e-hawäs,* حسی *hesee* ~ **nerve**

اعصاب حسی *a'säb-e-hesee*
sentence *n* جمله *jomla*
sentry *n* نگهبان *negahbän*
separate *adj* جدا *jedä*, جداگانه *jedägäna* **~ areas** مناطق جدا *manäteq-e-jedä* **~ buildings** ساختمان های جدا *säkhtomän häy-e-jedä* **~ tameer** تعمیر های جدا *ta'meer häyee jedä* **~ rooms** اطاق های جدا *otäq häy-e-jedä* **~ tents** خیمه های جدا *khayma häy-e-jedä* ★ *vt* جدا کردن *jedä kardan*, تجزیه کردن *tajzeeya kardan* **Separate them.** آنها را جدا کنید. *Änhä rä jedä koned.* **They have to be separated.** آنها باید جدا شوند. *Änhä bäyad jedä shawand.* **The family was separated.** فامیل تجزیه شد. *Fämeel tajzeeya shod.*
September *n* سپتمبر (نام ماه نهم میلادی که دارای سی روز است.) *september (näm-e-mäh-e-nowom-e-meelädee ke däräy-e-see rooz ast.)* (See **Calendar Time** appendix for terms)
sequence *n* تسلسل *tasalsol*, سلسله *selsela*, ردیف *radeef* **in the proper ~** در ردیف درست *dar radeef-e-drost*
series *n* سلسله *selsela* **~ of incidents** سلسله حادثات *selsela-e-hädesät* **~ of mishaps** سلسله بدبختی ها *selsela-e-badbakhtee hä*
serious *adj* 1. *(important)* جدی *jedee*, مهم *mohem*; 2. *(grave)* خطرناک *khatarnäk*, وخیم *wakheem*; 3. *(earnest)* راستی *rästee* **~ accident** حادثه وخیم *hädesa-e-wakheem* **~ condition** حالت وخیم *hälat-e-wakheem* **~ injury** صدمه وخیم *sadama-e-wakheem* **Is it serious?** آیا وخیم است؟ *Äyä wakheem ast?* **It (1) is / (2) isn't serious.** وخیم (۱) است / (۲) نیست. *Wakheem (1) ast. / (2) neest.* **How serious is it?** چقدر وخیم است؟ *Cheqadar wakheem ast?* **(1) He / (2) She is in serious condition.** (۱) اومرد / (۲) اوزن درحالت وخیم است. *(1) O mard / (2) O zan dar hälat-e-wakheem ast.* **Are you serious?** راستی میگویید؟ *Rästee meygoyeed?* **I'm serious.** راست میگویم. *Räst mey-goyam.* ★ **seriously** *adj* 1. *(earnestly)* به راستی *ba rästee*, جداً *jedan*; 2. *(gravely)* سخت *sakht* **(1) He / (2) She has been seriously (3) injured. / (4) wounded.** (۱) اومرد / (۲) اوزن سخت (۳) افگار / (۴) زخمی شد. *(1) O mard / (2) O zan sakht (3) afgär / (4) zakhmee shod.* **Do you mean that seriously?** آیا به راستی میگویید؟ *Äyä ba rästee mey-goyed?* **I mean it seriously.** به راستی میگویم. *Ba rästee mey-goyam.*
serology *n* سیرم شناسی *seeram shenäsee*, پیمای شناسی *paymäb shenäsee* مطالعه و اکنش های انتی ژن *motäle-a'h-e-wäkenesh häy-e-antee-zhan*
serum *n* سیروم *seerom*
serve *vt (meals)* خوردن *khordan* **~ breakfast** ناشتا صبح را خوردن *näshtä-e-sobh rä khordan* **~ dinner** غذا شب را خوردن *ghezä-e-shab rä khordan* **~ lunch** غذا را خوردن *ghezä rä khordan* **~ the meal** غذا چاشت را خوردن *ghezä-e-chäsht rä khordan* ★ *vi* خدمت کردن *khedmat kardan*, نوکری کردن *nokaree kardan*, کارکردن *kär kardan* **~ in the army** دراردو خدمت کردن *dar ordoo khedmat kardan* **~ in the police** درمأموریت پولیس خدمت کردن *dar mämoryat-e-polees khedmat kardan* **~s** خدمات *khedmat!* **service** *n* خدمت *khedmat*, وظیفه *wazeefa* **basic ~s** خدمات اساسی *khedamät-e-äsäsee* **bus ~** حمل و نقل موترهای شهری *hamel wa naqel-e-motar häyee shahree* **health (care) ~s** خدمات صحی *khedamät-e-sehee* **military ~** عسکری *a'skaree* **provide health care ~s** خدمات صحی تهیه کردن *khedamät-e-sehee tahya kardan* **social ~s** خدمات اجتماعی *khedamät-e-ejtemä'ee*
sesame *n* کنجد *konjed*
set *vt* 1. *(place, put)* نهادن *nehädan*, گذاردن *gozärdan*; 2. *(designate)* مُعَین کردن *mo-a'yeen kardan*, برابر کردن *baräbar kardan*, تعین کردن *ta'yeen kardan*; 3. *(med.: bones)* بجا کردن *bajä kardan* **Set (1) it / (2) them (3) here. / (4) there.** (۱) این / (۲) آنها را / (۳) اینجا / (۴) آنجا بگذارید. *(1) Een / (2) Änhä rä (3) eenjä / (4) änjä begzäred.* **Don't set it there.** آنجا نگذارید. *Änjä nagzäred.* **We have to set**

a time. باید یک وقت را تعین کنیم. *Bäyad yak waqt-e-rä ta'een konem.* **Has a time been set?** آیا وقت تعین شد؟ *Äyä waqt ta'een shod.* **We have to set** *(1)* **her** */ (2)* **his** */ (3)* **your** */ (4)* **arm.** */ (5)* **leg.** ما باید (٤) بازو / (٥) پای (١) اوزن / (٢) اومرد / (٣) شما را بجا کنیم. *Mä bäyad (4) bäzoo-e- / (5) päy-e- (1) o zan / (2) o mard / (3) shomä rä bajä konem.* ★ **set** *n* 1. *(group of like things)* ست, مجموعه *set, majmo-a'h;* 2. *(radio, TV)* دستگاه *dastgäh* **cooking / kitchen ~** ست آشپزی *set-e-äsh-pazee* **radio ~** دستگاه رادیو *dastgäh-e-rädeeyo* **~ of dishes** ست ظروف *set-e-zoroof* **~ of instruments** ست اسباب یا لوازم *set-e-asbäb yä lawäzem* **~ of tools** ست افزار *set-e-afzär,* ست وسایل *set-e-wasäyel* **TV ~** دستگاه تلویزون *dastgäh-e-talweezoon*

settle *vt* 1. *(resolve)* حل کردن *hal kardan;* 2. *(calm)* آرام کردن *äräm kardan;* 3. *(provide a home)* جا دادن *jä dädan,* نشاندن *neshändan* **~ an argument** مباحثه را حل کردن *mobähesa rä hal kardan* **~ a dispute** منازعه را حل کردن *monäze-a'h rä hal kardan* **~ the matter** قضیه را حل کردن *qazya rä hal kardan* **Who can settle the** *(1)* **dispute?** */ (2)* **matter?** کی میتواند (١) منازعه / (٢) قضیه را حل کند؟ *Kee mey-tawänand (1) monäze-a' / (2) qazya rä hal konad?* **I want to settle this (matter) once and for all.** میخواهم این (قضیه) را یکبار ویرای همیش حل کنم. *Mey-khäham een (qazwa) rä yakbär wa baräyee hamesh hal konam.* **The matter is settled.** قضیه حل است. *Qazya hal ast.* **The matter still isn't settled.** قضیه تا هنوز حل نشده است. *Qazya tä hanooz hal nashoda ast.* **This will settle** *(1)* **her** */ (2)* **his** */ (3)* **your stomach.** این معده (١) اوزن / (٢) اومرد / (٣) شما آرام خواهد ساخت. *Een me'da-e- (1) o zan / (2) o mard / (3) shomä rä äräm khähad säkht.* **It will settle your nerves.** اعصاب شما را آرام خواهد ساخت. *A'säb-e-shomä rä äräm khähad säkht.* **Where can we settle them?** آنها را کجا جا دهیم؟ *Änhä rä kojä jä dehem?* **Can we settle them in** *(place)* **?** آنها را در (___) میتوانیم جا دهیم. *Änhä rä dar (___) mey-tawänem jä dehem.* ★ *vi* **settle a home)** ساکن شدن *säken shodan,* مقیم شدن *moqeem shodan,* نشستن *neshastan* **What area can they settle in?** آنها در کدام منطقه میتوانند ساکن شوند؟ *Änhä dar kodäm manteqa mey-tawänand säken shawand?* **Perhaps they could settle in** *(place)***.** ممکن است آنها در (___) ساکن شوند. *Momken ast änhä dar (___) manteqa säken shawand.* ★ **settlement** *n (small area of homes)* مسکن *maskan*

set up *idiom* 1. *(erect)* نصب کردن *nasb kardan;* 2. *(establish, organize, create)* تشکیل نمودن *tashkeel namoodan,* ایجاد کردن *eejäd kardan,* تاسیس کردن *täsees kardan* **~ a clinic** کلینک تاسیس کردن *kleenek täsees kardan* **~ administration** اداره تاسیس کردن *edära täsees kardan* **~ a government** حکومت تاسیس کردن *hokomat täsees kardan* **~ a program** پروگرام ایجاد کردن *progräm eejäd kardan* **~ a treatment center** مرکز تداوی ایجاد کردن *markaz-e-tadäwee eejäd kardan* **Where shall we set up the** *(1)* **tent?** */ (2)* **tents?** کجا ما (١) خیمه / (٢) خیمه ها را نصب کنیم؟ *Kojä mä (1) khayma... / (2) khayma hä... rä nasb konem?* **Set up the** *(1)* **tent** */ (2)* **tents** *(3)* **here.** */ (4)* **there.** (١) خیمه / (٢) خیمه ها را (٣) اینجا / (٤) آنجا نصب کنید. *(1) khayma... / (2) khayma hä... rä (3) eenjä / (4) änjä nasb koned.* **Help** *(1)* **him** */ (2)* **them set** *(3)* **it** */ (4)* **them up.** (١) اومرد / (٢) آنها را در نصب کردن (٣) این / (٤) آنها کمک کنید. *(1) O mard / (2) Änhä rä dar nasb kardan-e- (3) een / (4) änhä komak koned.* **I'll show you how to set it up.** شما را نشان خواهم دادم چطور نصب اش کنید. *Shomä rä neshän khähad dädam chetowr nasb ash koned.* **We're going to set up a program.** ما میخواهیم یک پروگرام را تشکیل نماییم. *Mä mey-khähem yak progräm rä tashkeel nomäyem.*

sever *vt (cut off)* جدا شدن *jedä shodan,* قطع شدن *qata' shodan* **The line has been severed.** سیم قطع شد. *Seem qata' shod.* *(1)* **Her** */ (2)* **His** *(3)* **arm** */ (4)* **finger** */ (5)* **foot** */ (6)* **hand** */ (7)* **leg has been severed.** (٣) بازو / (٤) انگشت / (٥) قدم

(3) *Bāzoo-* / (4) *Angosht-* / (5) *Qadam-* / (6) *Dast-* / (7) *Päy- e-* (1) *o zan* / (2) *o mard qata' shod.* دست / (٧) پای / (١) اوزن / (٢) اومرد قطع شد.

several *adj* چند *chand*, چندین *chandeen* **~ days** چندین روز *chandeen rooz* **~ things** 1. *(items)* چندین عدد *chandeen a'dad*; 2. *(matters)* چندین موضوع *chandeen mowzo'* **~ times** چندین بار *chandeen bär* **~ ways** *(methods)* چندین طریق *chandeen tareeq* **I have several things to do.** چندین کار دارم که باید انجام دهم. *Chandeen kär-e-däram ke bäyad anjäm deham.* **There are several ways** *(1)* **we** / *(2)* **you can do it.** چندین طریق هست که (١) ما میتوانیم طی کنیم. / (٢) شما میتوانید طی کنید. *Chandeen tareeq-e-ast ke (1) mä mey-tawänem tay konem.* / *(2) shomä mey-tawäned tay koned.* ★ *n* چند تن *chand tan*, بعضی *ba'zee* **~ of them** چند تن از آنها *chand tan az änhä* **~ of us** چند تن از ما *chand tan az mä* **~ of you** چند تن از شما *chand tan az shomä*

severe *adj* شدید *shadeed*, سخت *sakht* **~ blow to the head** ضربه شدید در سر *zarba-e-shadeed dar sar* **~ loss of blood** خونریزی شدید *khoonreezee-e-shadeed* **~ pain** درد شدید *dard-e-shadeed* ★ **severely** *adv* شدیداً *shadeedan* **~ damaged** شدیداً تخریب *shadeedan takhreeb* **~ injured** شدیداً افگار *shadeedan afgär* **~ wounded** شدیداً زخمی *shadeedan zakhmee* *(1)* **He** / *(2)* **She was severely beaten.** (١) اومرد / (٢) اوزن شدیداً مورد لت و کوب قرار گرفته بود. *O mard / (2) O zan shadeedan mawrad lat wa kob qarar gerefta bood.*

sew *vt & vi* دوختن *dokhtan*, خیاطی کردن *khayätee kardan* **Do you know how to sew?** آیا خیاطی کرده میتوانید؟ *Äyä khayätee karda mey-tawäned?* **Does she know how to sew?** آیا اوزن خیاطی کرده میتواند؟ *Äyä o zan khayätee karda mey-tawänad?* **Can you sew this for me?** آیا این را برایم دوخته میتوانید؟ *Äyä een rä baräyam dokhta mey-tawäned?* **Teach** *(1)* **her** / *(2)* **them how to sew.** دوختن را برای (١) اوزن / (٢) اومرد تدریس دهید. *Dokhtan rä baräyee (1) o zan / (2) o mard tadrees dehed.* **You can sew** *(1)* **coats** / *(2)* **dresses** / *(3)* **jackets** / *(4)* **pants** / *(5)* **shirts** / *(6)* **uniforms for them.** شما (١) کورتی / (٢) لباس / (٣) جاکت / (٤) پتلون / (٥) پیراهن / (٦) یونیفارم ها برای آنها دوخته متیوانید. *Shomä (1) kortee / (2) lebäs / (3) jäkat / (4) patloon / (5) peerähan / (6) yoneefärm hä baräy-e-änhä dokhta mey-tawäned.* **Sew according to this pattern.** مطابق نقشه بدوزید. *Motäbeq-e-naqsha bedozed.* **When you finish sewing them,** *(1)* **give them to her.** / *(2)* **put them over there.** هنگامیه دوختن آنها را تمام کردید, (١) برای اوزن بدهید. / (٢) آنجا بگذارید. *Hangämeeke dokhtan rä tamäm karded, (1) baräy-e-o zand bedehed. (2) anjä begzäred.*

sewage *n* گنداب *gandäb*, آب فاضل *fäzel äb* **~ drain** ازدنداب آب کشیدن *äz dandäbäb kasheedan* **~ pipe** پیپ گنداب *payp-e-gandäb* **~ system** سیستم گنداب *seestom-e-gandäb* **sewer** *n* گنداب رو *gandäb row*, آبریز *äbreez* مجرای فاضل آب *majrähee fäzel äb*

sewing *n* خیاطی *khayätee*, دوزندگی *dozendagee*

sex *n* 1. *(gender)* جنس *jens*; 2. *(sexual relations)* روابط جنسی *rawäbet-e-jensee* **~ risky days for** روز های خطرناک برای روابط جنسی *rooz häyee khatarnak baraye rawäbet-e-jensee* **~ education** تعلیمات روابط جنسی *ta'leemät-e-rawabet-e-jensee* **Write the person's sex here.** جنس شخص را اینجا بنویسید. *Jens-e-shakhs rä eenjä benaweesed.* **What sex is it?** *(animal)* جنس اش چیست؟ *Jens ash cheest?* **Have you had sex with anyone?** آیا گاهی با کسی روابط جنسی داشته اید؟ *Äyä gähee bä kasee rawäbet jensee dashta eed?* **Did you have sex with** *(1)* **her?** / *(2)* **him?** آیا شما با (١) اوزن / (٢) اومرد تماس جنسی گرفتید؟ *Äyä shomä bä (1) o zan / (2) o mard tamäs jensee gerefted?* **Someone has had sex with her.** کسی با اوزن مقاربت جنسی کرده بود. *Kasee bä o zan moqärebat-e-jensee karda bood.* **Try to avoid sex on those days.** کوشش کنید که ازمقاربت جنسی در آن روز ها اجتناب نمایید. *Koshesh koned ke az moqärebat-e-jensee dar än rooz hä ejtenäb nomäyed.* **I did not have sex with** *(1)* **anyone.** / *(2)* **her.** /

sexual — **shape**

Man bä (1) kasee / (2) o zan / (3) o mard moqärebat-e-jensee nakarda bodam. من با (١) کسی / (٢) اوزن / (٣) اومرد مقاربت جنسی نکرده بودم. *(3) him.*

★ **sexual** *adj* جنسی *jensee,* تناسلی *tanäsolee* **make ~ advances** پیشرفت های جنسی کردن *peeshraft häyee jensee kardan* **~ contact** تماس جنسی *tamäs-e-jensee* **~ harassment** حمله مکرر جنسی *hamla-e-mokarar-e-jensee,* حمله جنسی به زور *hamla-e-jensee ba zoor* **~ relations** ارتباطات جنسی *ertebätät-e-jensee* **There was nothing sexual between us.** چیزی(روابط) جنسی دربین ما نبود. *Cheezee (rawäbet) jensee dar bayn-e-mä nabod.*

shack *n* کلبه *kolba,* آشانه چوبی *äshäna-e-chobee* **guard ~** کلبه نگهبان *kolba-e-negä-bän* **mud ~** خانه گلی *khäna-e-geylee*

shade *n* سایه *säya* **Let's sit in the shade.** بیائید درسایه بنشینیم. *Beeyäyed dar säya bensheenem.* **Put (1) her / (2) him / (3) them in the shade.** (١) اوزن / (٢) اومرد / (٣٣) آنها را در سایه بگذارید. *(1) O zan / (2) O mard / (3) Änhä rä dar säya begzäred.* **We need to make some shade.** اندکی باید سایه بکنیم. *Andakee bäyad säya bekonem.*

shadow *n* سایه *säya*

shady *adj* سایه دار *säya där* **~ place** جای سایه دار *jäy-e-säya där,* محل سایه دار *mahal-e-säya där*

shaft *n* 1. *(bar)* میله *meela;* 2. *(passage)* دودکش *doodkash* **drive ~** میله کاردان *meela kärdän* **vertical ~** دودکش عمودی *doodkash-e-a'moodee,* دودکش راست *doodkash-e-räst*

shake *vt* تکان دادن *takän dädan* **~ hands** به هم دست دادن *ba ham dast dädan* **Shake it well (before using it).** (قبل از استفاده) خوب تکان اش دهید. *(Qabel az estefäda) khoob takän ash dehed.* **It's an agreement. Let's shake hands on it.** موافقه است. بیایید باهم دست بدهیم. *Mowäfega ast. Beeyäyed bä ham dast bedehem.* ★ **shake out** *idiom* با تکان خالی کردن *bä takän khälee kardan* **Take (1) it / (2) them outside and shake (3) it / (4) them out (well).** (١) این / (٢) آنها را بیرون ببرید و (خوب) با تکان خالی اش کنید. *(1) Een / (2) Änhä rä beeroon bobared wa (khoob) bä takän khälee ash koned.*

shaky *adj* بی ثبات *bey sobät,* سست *sost* **It's (very) shaky. Be careful.** (بسیار) بی ثبات است. متوجه باش. *(Beesyär) bey sobät ast. Motawaje bäsh.*

shallow *adj* کم عمق *kam o'mq* **~ lake** دریاچه کم عمق *daryächa-e-kam o'mq* **~ river** دریا کم عمق *daryä-e-kam o'mq* **~ stream** نهر کم عمق *nahr-e-kam o'mq*

shame *n* شرم *sharm* **It's a shame you can't (1) come / (2) go (with [3] me / [4] us).** شرم است شما نمیتوانید (با [٣] من / [٤] ما) (١) بیاید / (٢) بروید. *Sharm ast shomä namey-tawäned (bä [3] man / [4] mä) (1) beeyäyed / (2) berawed.* **What a shame!** چقدر شرم! *Cheqdar sharm!* **Shame on you!** خجالت بکشید! *Khejälat bekashed!* **There's no shame in that.** در آن شرم نیست. *Dar än sharm-e-neest.* ★ **shameful** *adj* ننگین *nangeen* ★ **shameless** *adj* بی شرم *bey sharm,* بی حیا *bey hayä*

shampoo *vt* شستن *shostan* **Shampoo (1) her / (2) his hair with this.** (١) موی اوزن / (٢) اومرد را با این بشوید. *Moy-e- (1) o zan / (2) o mard rä bä een beshoyed.* ★ *n* شامپو *shämpoo* **bottle of ~** بوتل شامپو *botal-e-shämpoo*

shape *n* 1. *(form)* شکل *shakel,* صورت *soorat,* قواره *qawära;* 2. *(condition)* حالت *hälat* **It's bent out of shape.** از شکل افتاده است. *Az shakel oftäda ast.* **The (1) car / (2) computer / (3) motor / (4) truck / (5) van is in (6) bad / (7) good shape.** (١) موتر / (٢) کمپیوتر / (٣) موتور (ماشین) / (٤) موتر بارکش / (٥) واگون درحالت (٦) خراب / (٧) خوب است. *(1) Motar / (2) Kampyootar / (3) Motor (mäsheen) / (4) Motar-e-bär-kash / (5) Wägoon dar hälat-e- (6) khoob / (7) kharäb ast.* **What kind of shape is (1) he / (2) she in?** (١) او مرد / (٢) اوزن درچی حالت است؟ *(1) O mard / (2) o zan dar chee hälat ast?* **(1) He / (1) She is in (3) bad / (4) good shape.** (١) اومرد / (٢) اوزن در حالت (٣) خراب / (٤) خوب است.

O mard / (2) O zan dar hälat-e- (3) khoob / (4) kharäb ast. **What kind of shape are they in?** آنها در چی حالت هستند؟ *Ānhā dar chee hälat hastand?* **They're in (1) bad / (2) good shape.** آنها در حالت (1) خراب / (2) خوب هستند. *Ānhā dar hälat-e- (1) kharäb / (2) khoob hastand.* **Can you get it back into shape?** آیا با شکل منظم در آورده میتوانید اش؟ *Āyä ba shakel-e-monazam dar äwarda mey-tawäned ash?*

share *vt* با دیگران تقسیم کردن *bä deegarän taqseem kardan* **You (all) have to share ([1] it / [2] them).** (همه) شما باید ([1] این / [2] آنها) را با دیگران تقسیم کنید. *(Hama-e) Shomä bäyad ([1] een / [2] änhä) rä bä deegarän taqseem koned.* **You have to share the tent with them.** شما باید خیمه را با دیگران تقسیم کنید. *Shomä bäyad khayma rä bä deegarän taqseem koned.* ★ *n* سهم *sahm* **Make sure everybody gets a share.** مطمین شوید هر کس یک سهم بگیرد. *Motmeen shawed har kas yak sahm begeerad.* **(1) Everybody / (2) They / (3) You will get a share (of [4] it. / [5] them.** (1) هر کس / (2) آنها / (3) شما سهم خود را (از [4] آن / [5] آنها) خواهید گرفت. *(1) Har kas / (2) Ānhā / (3) Shomä sahm-e-khod rä (az [4] än / [5] änhä) (1) khähad / (2) khähand / (3) khähed gereft.*

sharp *adj* تیز *teez* **Be careful, it's sharp.** متوجه باش، تیز است. *Motawaje bäsh, teez ast.* **It's not sharp enough.** به اندازه کافی تیز نیست. *Ba andäza-e-käfee teez neest.* ★ **sharpen** *vt* تیز کردن *teez kardan,* تراش کردن *taräsh kardan* **It needs to be sharpened.** باید تیز شود. *Bäyad teez shawad.* **Please sharpen it.** لطفاً تیز اش کنید. *Lotfan teez ash koned.*

shatter *vt* خرد کردن *khord kardan* **It shattered.** خرد است. *Khord ast.*

shave *vt* تراشیدن *taräsheedan* **Shave (1) her / (2) his head.** سر (1) اوزن / (2) اومرد را بتراشید. *Sar-e- (1) o mard / (2) o zan rä betaräshed.* **Shave his chest.** سینه او مرد را بتراشید. *Seena-e- O mard rä betaräshed.* *vi* اصلاح کردن *esläh kardan,* صورت تراشیدن *soorat taräsheedan,* ریش را کل کردن *reesh rä kal kardan* ★ **shaver** *n* تراشنده *taräshenda* **electric ~** تراشنده برقی *taräshenda-e-barqee,* ماشین برقی اصلاح سر یا ریش *mäsheen-e-barqee esläh-e-sar yä reesh*

shawl *n* شال *shäl* **woolen ~** شال پشمی *shäl-e-pashmee*

she *pron* او زن *o zan,* او دختر *o dokhtar* **She is.** او زن است. *O zan ast.* **She was.** او زن بود. *O zan bod.* **She will be.** او زن خواهد بود. *O zan khähad bod.*

shear *vt* قیچی کردن *qaychee kardan,* چیدن *cheedan* **~ sheep** پشم گوسفند را قیچی کردن *pashem-e-goosfand rä qaychee kardan* ★ **shears** *n, pl* قیچی *qaychee*

sheath *n* غلاف *gheläf,* پوش *poosh*

shed *n* کپه *kapa,* ساختمان چوبی کوچک *säkhtomän-e-chobee-e-kochak* **build a ~** کپه اعمار کردن *kapa e'mär kardan* **storage ~** کپه ذخیره سازی *kapa-e-zakheera säzee*

sheep *n* گوسفند *goosfand* **flock of ~** رمه گوسفند *rama-e-goosfand* **tend ~** از گوسفند نگهداری کردن *az goosfand negadäree kardan* ★ **sheepskin** *n* پوستین *posteen,* پوست گوسفند *post-e-goosfand*

sheet *n* 1. *(paper, metal)* صفحه *safha,* ورقه *waraqa*; 2. *(for a bed)* سرتختی *sartakhtee,* روی جایی *roy jäyee,* روی کش *roy kash*; *(for covering)* پوش *posh* **bed ~** سرتختی *sartakhtee* **canvas ~** روی کش کرباسی *roy-kash-e-karbäsee* **cotton ~** روی کش نخی *roy-kash-e-nakhee,* روی کش کتانی *roy-kash-e-katänee* **hospital ~** روی کش شفاه خانه *roy-kash-e-shafäh khäna* **metal ~** ورقه فلزی *waraqa-e-felezee* **plastic ~** روی کش پلاستیکی *roy-kash-e-palästeekee* **~ of paper** ورقه کاغذ *waraqa-e-käghaz* **The sheets are (1) bloody. / (2) dirty. / (2) wet.** روی کش ها (1) خون آلود / (2) کثیف / (3) تر است. *Roy-kash hä (1) khoon älood / (2) kaseef / (3) tar ast.* **(1) Change / (2) Fold / (3) Wash the sheets.** روی کش ها را (1) تبدیل / (2) قات / (3) پاک کنید. *Roy-kash hä rä (1) tabdeel / (2) qät / (3) päk koned.* **Put clean sheets on the bed(s).** روی کش های روی

sheeting / **shine**

بستر (ها) بندازید. *Roy-kash häyee päk roy-e-bestar (hä) bendäzed.* **Put a green sheet over the body.** بالای جسد روی جایی سبز بیاندازید. *Bälä-ye-jasad roy-jäyee-sabz beyandäzed.* ★ **sheeting** *n* پوش **corrugated iron** ~ آهن *ähan posh* **plastic** ~ پوش پلاستیکی *posh-e-palästeekee*

shelf *n* طاقچه *täqcha* **Put (1) it / (2) them on the shelf.** (۱) این / (۲) آنها را در طاقچه بگذارید. *(1) Een / (2) Anhä rä dar täqcha begzäred.*

shell *vt (shoot at with artillery)* توپ زدن *toop zadan*, بمباران کردن *bambärän kardan* **They shelled the (1) road. / (2) the village. / (3) them. / (4) us.** آنها (۱) سرک / (۲) قریه / (۳) آنها / (۴) ما را بمباران کردند. *Ähä (1) sarak / (2) qarya / (3) änhä / (4) mä rä bambärän kardand.* ★ *n (projectile)* بمب *bamb*, نارنجک *närenjak* **artillery** ~ توپخانه *toop-khäna* **mortar** ~ پوچک بمب *pochak-e-bamb* **tank** ~ مخزن بمب *makhzan-e-bamb*

shelter *vt* پناه دادن *panäh dädan* **How many people can you shelter?** چند نفر را پناه داده میتوانید؟ *Chand nafar rä panäh däda mey-tawäned?* **Can you shelter (1) them? / (2) us?** آیا (۱) آنها / (۲) ما را پناه داده میتوانید؟ *Äyä (1) änhä / (2) mä rä panäh däda mey-tawäned?* ★ *n* پناه *panäh*, پناه گاه *panäh-gäh*, سرپناه *sarpanäh* **makeshift** ~ سرپناه موقتی *sarpanäh-e-mowaqatee* **set up a (simple)** ~ سرپناه (ساده) ترتیب دادن *sarpanäh (-e-säda) tarteeb dädan* **take** ~ سرپناه گرفتن *panäh greftan* **temporary** ~ سر پناه موقتی *sarpanäh-e-mowaqatee* **(1) Build / (2) Dig the shelter (3) here. / (4) there.** پناه گاه را (۳) اینجا / (۴) آنجا (۱) بسازید. / (۲) بکنید. *Panäh-gäh rä (3) eenjä / (4) änjä (1) besäzed. / (2) bekaned.* **Get in the shelter.** در پناه گاه داخل شوید. *Dar panäh-gäh däkhel shawed.* **(1) They / (2) We / (3) You need (extreme-weather) shelter(s).** (۱) انها / (۲) ما / (۳) شما به سرپناه (از هوای بد) ضرورت (۱) دارند. / (۲) داریم. / (۳) دارید. *Änhä / (2) Mä / Shomä ba sarpanäh (az hawä-e-bad) zaroorat (1) darand. / (2) därem. / (3) dared.* **They lack proper shelter.** آنها فاقد سرپناه مناسب میباشند. *Anhä fäqad-e-sarpanäh-e-monäseb mey-yäshand.* **We (1) can / (2) cannot provide shelter for (3) them. / (4) you. / (5) that many people.** ما (۱) میتوانیم / (۲) نمی توانیم برای (۳) آنها / (۴) شما / (۵) به آن همه مردم سرپناه تهیه کنیم. *Mä (1) mey-tawänem / (2) namey-tawänem baräy-e- (3) änhä... / (4) shomä... / (4) än hama mardom... sarpanäh tahya konem.* **We'll show (1) them / (2) you how to assemble the shelter.** ما به (۱) آنها / (۲) شما نشان خواهیم داد سرپناه را چگونه ترکیب نمایید. *Mä ba (1) änhä / (2) shomä neshän khähem däd sarpanäh rä chegoona tarteeb dehed.*

shepherd *n* چوپان *chopän*

shift *vt (automot: gears)* گیر تبدیل کردن *geer tabdeel kardan* ~ **gears** تبدیل کردن *tabdeel kardan* ★ *vi* تغیر مکان دادن *tagheer-e-mäkän dädan*, اسباب کشی کردن *asbäb kashee kardan*, کوچ کشی کردن *koch kashee kardan* **The (1) building / (2) house has shifted.** (۱) تعمیر / (۲) منزل تغیر مکان داده شده است. *(1) Ta'meer / (2) manzel tagheer-e-mäkän däda shoda ast.* ★ *n (work period)* نوبت کار *nobat-e-kär* **You have to work the (1) day / (2) evening / (3) morning / (4) night shift.** شما باید درنوبت (۱) روز / (۲) عصر / (۳) صبح / (۴) شام کار کنید. *Shomä bäyad az dar nobat-e- (1) rooz / (2) a'ser / (3) sobeh-e- / (4) shäm kär koned.*

shigellosis *n (bacillary dysentery)* دیسانتری باکتری *deesänteree-ye-bäkteree*

Shiite *adj* شیعه *sheeya* ★ *n* شیعه *sheeya*

shin *n* ساق پای *säq-e-päy* ★ **shinbone** *n* استخوان ساق پای *ostokhwänj-e-säq-e-päy*

shine *vt (direct a light)* روشنی انداختن *rooshanee andäkhtan*, برق انداختن *barq andäkhtan*, درخشیدن *drokhshedan* **Shine the light over (1) here / (2) there.** روشنی برق را (۱) اینجا / (۲) آنجا بندازید. *Roshanee-e-barq rä (1) eenjä / (2) änjä*

shingles n, pl (med.) تب خال n *tab khäl*
bendäzed.
ship vt (transport) فرستادن *frestädan*, حمل کردن *hamel kardan* ~ **by air** توسط هوا فرستادن *tawasot-e-hawä frestädan* ~ **by rail** توسط ریل فرستادن *tawasot-e-reel frestädan* ~ **by truck** توسط موتر بارکش فرستادن *tawasot-e-motar-e-bärkash frestädan* **Ship it to them** (1) **today.** / (2) **tomorrow.** (۱) امروز / (۲) فردا برایشان بفرستید. *(1) Emrooz / (2) fardä baräyeeshän befrested.* **They'll ship it to us** (1) **next** / (2) **this** (3) **month.** / (4) **week.** آنها برای ما (۳) ماه / (٤) هفته (۱) بعدی / (۲) جاری خواهد فرستادند. *Änhä baräyee mä (3) mäh-e- / (4) hafta-e- / (1) äyenda / (2) järee khähad frestädand.* ★ n کشتی *keshtee* **Get off the ship.** از کشتی پایان شوید. *Az keshtee päyän shawed.* **Get on the ship.** درکشتی بالا شوید. *Dar keshtee bälä shawed.* **Supplies will come by ship.** اکمالات توسط کشتی خواهد آمد. *Ekmälät tawasot-e-keshtee khähad ämad.* **They'll evacuate you (soon) by ship.** آنها شما را (به زودی) توسط کشتی انتقال خواهند داد. *Änhä shomä rä (ba zoodee) tawasot-e-keshtee enteqäl khähand däd.* **You'll leave (soon) by ship.** شما (بزودی) ذریعه کشتی ترک خواهید کرد. *Shomä (ba zoodee) zare'ah-e-keshtee tark khähed kard.* ★ **shipment** n (shipped goods) محموله *mah-mola*, کالای حمل شده با کشتی *käläyee hamel shoda bä keshtee* **aid** ~ محموله کمک ها *mahmola-e-komak hä* **The shipment** (1) **has arrived.** / (2) **is here.** محموله (۱) رسیده / (۲) اینجا است. *Mahmola (1) raseeda / (2) eenjä ast.* (1) **They** / (2) **We received the shipment.** (۱) آنها / (۲) ما محموله را (۱) گرفتند. / (۲) گرفتیم. *(1) Änhä / (2) Mä mahmola rä (1) greftand. / (2) greftem.*

shirt n پیراهن *peerähan* **clean** ~ پیراهن پاک *peerähan-e-päk* **long-sleeved** ~ پیراهن آستین دراز *peerähan-e-ästeen daräz* **new** ~ پیراهن نو *peerähan-e-now* **short-sleeved** ~ پیراهن آستین کوتاه *peerähan-e-ästen kotäh* **warm** ~ پیراهن گرم *peerähan-e-garm* **I have to change shirts.** من باید پیراهن تبدیل کنم. *Man bayad peerähan tabdeel konam.* **My shirt is torn. (Can you sew it?)** پیراهن ام پاره است. (آیا میتوانید بدوزید اش.) *Peerähan am pära ast (Äyä mey-tawäneed bedozed ash.)*

shit vi اطراح کردن *eträh kardan* (1) **He** / (2) **She shit in** (3) **his** / (4) **her pants.** / (5) **the bed.** او-مرد (۲) او زن دریتلون (۳) خود / (٤) خود (٥) دربستر اطراح کرد. *(1) O mard / (2) O zan dar (3,4) patloon-e-khod (5) bestar eträh kard.* ★ n اطراح *eträh*, مواد غایطه *mawäd-e-ghäyeta*

shiver vi لرزیدن *larzeedan* **You're shivering.** شما میلرزید. *Shomä mey-larzed.* (1) **He** / (2) **She is shivering.** (۱) اومرد / (۲) اوزن میلرزد. *(1) O mard / (2) O zan mey-larzad.*

shock n 1. (sudden jolt) تکان *takän*; 2. (sudden emotional effect) تصادم *tasädom*, زوف *zo'f*; 3. (med.) شوک *shook* ~ **absorber** (automot.) کمک فنر *komak-e-fanar* **There may be aftershocks.** (earthquake) شاید زلزله باشد. *Shäyad zelzela bäshad.* **It must have been a (terrible) shock for you.** یک شوک (خیلی بد) برای شما بود. *Yak shook-e-(beesyär bad) baräyee shomä bod.* **I'm (still) in shock (about it).** (تاهنوز) (دررابطه) درتکان هستم. *(Tä hanooz) (dar räbeta) dar takän hastam.* **We have to prevent shock.** ما باید از شوک جلوگیری کنیم. *Mä bäyad az shook jelowgeeree konem.* (1) **He** / (2) **She has gone into shock.** (۱) اومرد / (۲) اوزن درشوک رفته است. *(1) O mard / (2) O zan dar shook rafta ast.* **If** (1) **he** / (2) **she goes into shock,** (3) **do this.** / (4) **come get me.** اگر (۱) اومرد / (۲) اوزن درشوک رفت، (۳) کنید. / (٤) بیاید مرا ببرید. *Agar (1) o mard / (2) o zan darshook raft, (3) koned, (4) beeyäyed marä bobared.*

shoddy adj خراب *kharäb*, پست *past* ~ **work** کار نادرست *kär-e-nädrost* **We won't tolerate shoddy work.** کار نادرست برداشت نخواهم کرد. *Kär-e-nä drost rä bardäsht nakhäham kard.*

shoe n بوت *boot* **baby** ~s بوت های طفلانه *boot häyee kodakäna*, بوت های کودکانه *boot häyee tefläna* **children's** ~s بوت های طفلانه *boot häyee tefläna* **distribute**

shoelace 389 **shop**

men's ~s بوت های مردانه *boot hä rä taqseem kardan* ~s تقسیم کردن
boot häy-e-mardäna **new ~s** بوت های جدید *boot häyee jadeed* **pair of ~s** یک
جوره بوت *yak jora bot* **repair ~s** بوت ها را ترمیم کردن *boot hä rä tarmeem*
kardan **~ repair** ترمیم بوت *tarmeem-e-boot,* **sport ~s** بوت دوزی *boot doozee*
women's ~s بوت های زنانه *boot häy-e-zanäna* **work ~s** بوت های سپورتی *boot häy-e-soportee*
Take off your shoes. بوت های کار *boot häy-e-kär*
بوت های تان را بکشید. *Boot häy-e-tän rä bekashed.* **Put on your shoes.**
بوت های تان را بپوشید. *Boot häy-e-tän rä boposhed.* **Please clean (all) the shoes.**
لطفاً (تمام) بوت ها را پاک کنید. *Lotfan (tamäm) boot hä rä päk koned.* **You need new shoes.**
شما به بوت نو ضرورت دارید. *Shomä ba boot-e-now zaroorat däred.* **Can you repair**
these shoes? آیا میتوانید این بوت ها را بدوزید؟ *Äyä mey-tawäned een boot hä rä*
bedozed. ★ **shoelace** *n* بند بوت *band-e-boot* **new ~s** بند های بوت نو *band häy-e-bot-e-now* ★ **shoemaker** *n* بوت دوز *boot dooz*

shoot *vt* فایر کردن *fäyr kardan,* گلوله زدن *glola zadan,* با گلوله به قتل رساندن *bä glola*
ba qatel rasändan **Don't shoot!** فایر نکنید! *Fäyr nakoned!* **Someone (1) ...is**
shooting... / (2) ...shot... at (3) me. / (4) us. کسی بالایی (۳) من / (٤) ما فایر (۱)
میکند. / (۲) کرد. *Kasee bäläyee (3) man / (4) mä fäyr (1) mey-konad. / (2)*
kard. **Someone shot (1) her. / (2) him.** کسی (۱) اوزن / (۲) اومرد را به قتل رساند.
Kasee (1) o zan / (2) o mard rä ba qatel rasänd. **I've been shot (in the [1]**
arm / [2] back / [3] chest / [4] leg / [5] shoulder / [6] stomach). بالایی (۱)
بازو / [۲] عقب / [۳] سینه / [٤] پای / [٥] شانه / [٦] شکم) من فایر کردند.
Bäläyee ([1] bäzoo / [2] a'qab / [3] seena / [4] päy / [5] shäna / [6] shekam) man fäyr
kardand. ★ **shoot down** *idiom* سقوط دادن *soqoot dädan* **A (1) helicopter /**
(2) plane was shot down. (۱) الیکوپتر / (۲) هواپیما سقوط داده شد. *Hawä-paymä soqoot däda shod.* ★ **shooting** *n* تیراندازی *teer andäzee,*
تیراندازی از موتر که در حرکت بود صورت گرفت. **There was a drive-by shooting.**
Teerandäzee az motar-e-ke dar harakat bod soorat greft.

shop *vi* خرید کردن *khareed kardan* **~ for clothes** لباس خرید کردن *lebäs khareed*
kardan **~ for food** مواد خوراکه خرید کردن *mawäd-e-khoräka khareed kardan*
~ for medicine ادویه خرید کردن *adweeya khareed kardan* ★ *n* دوکان *doo-kän,*
مغازه *maghäza* **air-conditioner ~** دوکان ایرکندیشنر *dookän-e-eeyar kan-deshnar* **automotive (parts) ~** دوکان پرزه جات موتر *dookän-e-porza jät-e-motar* **barber ~** سلمانی *salmänee* **bedding ~** مغازه لوازم خواب *maghäza-e-lawä-zem-e-khäb* **bicycle ~** مغازه بایسکل *maghäza-e-bäysekel* **bird ~** دوکان فروشی پرنده *dookän-e-parenda foroshee* **blacksmith ~** دوکان اهنگر *dookän-e-ähan-gar* **book ~** مغازه کتاب فروشی *maghäza-e-ketäb froshee* **building materials ~** دوکان مواد ساختمانی *dookän-e-mawäd-e-säkhto-mänee* **butcher ~** قصابی *qasä-bee* **camera ~** دوکان عکاسی *dookän-e-a'käsee* **carpet ~** دوکان قالین فروشی *dookän-e-qäleen froshee* **china (ware) ~** دوکان ظروف *dokän-e-zoroof,* دوکان چینی فروشی *dookän-e-cheenee froshee* **clothing ~** مغازه لباس *maghäzah-e-lebäs* **coat ~** مغازه کورتی فروشی *aghäza-e-kortee froshee* **coffee ~** چای خانه *chäy khäna,* قهوه خانه *qahwa khäna* **computer ~** مغازه کمپیوتر فروشی *maghäza-e-kampyootar froshee* **cooking utensil ~** مغازه اسباب آشپزی *maghä-za-e-asbäb-e-äsh-pazee* **dishware ~** دوکان ظروف *dokän-e-zoroof,* دوکان چینی فروشی *dookän-e-cheenee froshee* **egg ~** دکان تخم *dookän-e-tokh* **electrical (goods) ~** خوراکه فروشی *khoräka* **food ~** دوکان (لوازم) برقی *dookän-e-lawäzem-e-barqee* **froshee furniture ~** مغازه مُبل *maghäza-e-mobol* **generator ~** دوکان جنریتور *dookän-e-janreetor froshee* **gift ~** مغازه اجناس تحفه فروشی *maghäza-e-ajnäs-e-tohfa* **grocery ~** دکان بقالی *dookän-e-baqä-lee* **hardware ~** دوکان فلزات *dookän-e-felezät* **jewelry ~** دوکان طلا فروشی *dookän-e-telä froshee,* زرگری *zargaree* **kitchenware ~** دوکان لوازم آشپزخانه *dookän-e-lawäzem-e-äshpaz khäna* **kite ~** دوکان کاغذ پران فروشی *dookän-e-käghaz parän froshee* **leather ~**

shopkeeper 390 **shot**

~ goods مغازه اجناس چرمی *maghāza-e-ajnās-e-charmee* **machine ~** دوكان ماشين آلات *dookān-e-māsheen ālāt*, **~ music** مغازه لوازم موسيقى ئهن گرى *āhan garee* maghāza-e-lawāzem-e-moseeqee **optical ~** عينك فروشى *a'ynak froshee* **open a ~** يك دكان باز كردن *yak dookān bāz kardan* **repair ~** ترميمگاه *tarmeegāh*, كارخانه *kārkhāna* **rug ~** مغازه قالين فروشى *maghāza-e-qāleen froshee* **sewing goods ~** مغازه اجناس دوختگى *maghāza-e-ajnās-e-dokhtagee* **shoe ~** مغازه بوت فروشى *maghāza-e-boot froshee* **shoe repair ~** دوكان بوت دوزى *dookān-e-boot dozee* **souvenir ~** مغازه سوغات فروشى *maghāza-e-sowghāt froshee*, مغازه اجناس يادگارى *maghāza-e-ajnās-e-yādgāree* **stationery ~** قرطاسيه فروشى *qertāsya froshee* **sundries ~** مغازه متفرقات *maghāza-e-motafareqāt* **tailor ~** خياطى *khayātee*, دوكان خياطى *dookān-e-khayātee* **tea ~** چاى خانه *chāy khāna* **tobacco ~** تمباكو فروشى *tambāko froshee* **TV ~** مغازه تلويزون *maghāza-e-talweezoon* تلويزون فروشى *talweezoon froshee* ★ **shopkeeper** *n* دوكاندار *dookāndār*

shore *n* ساحل *sāhel*, كنار دريا *kenār-e-daryā*

short *adj* كوتاه *kotāh*, مختصر *mokhtasar* **~ break** وقفه كوتاه *waqfa-e-kotāh*, توقف كوتاه *tawaqof-e-kotāh* **~ circuit** *(elec.)* جريان كوتاه *jeeryān-e-kotāh* **~ distance** فاصله كوتاه *fāsela-e-kotāh* **~ person** نفر قد كوتاه *nafar-e-qad kotāh* **~ rest** توقف كوتاه *tawqof-e-kotāy* **~ talk** صحبت كوتاه *sohbat-e-kotāh* **~ time** مدت كوتاه *modat-e-kotāh*, وقت كم *waqt-e-kam* **~ visit** ملاقات مختصر *molāqāt-e-mokh-tasar* **~ way** *(short distance)* فاصله كم *fāsela-e-kam*, فاصله كوتاه *fāsela-e-kotāh* **It's too short.** بسيار كوتاه است. *Beesyār kotāh ast.* **Let's take a short break.** بيايد يك وقفه كوتاه بيگيريم. *Beeyāyed yak waqfa beegeerem.* **We're running short of** *(1)* **firewood.** / *(2)* **food.** / *(3)* **medicine.** / *(4)* **water.** ما به كمبود (۱) چوب سوخت / (۲) مواد غذايى / (۳) ادويه / (۴) آب مواجه هستيم. *Mā ba kambood-e- (1) choob-e-sokht / (2) mawād-e-ghezāyee / (3) adweeya / (4) āb mawāje hastem.* **What are you short of?** چى كمبود داريد؟ *Chee kambood dāred?* **We're short of** *(item).* ما به (   ) كمبود داريم. *Mā ba (___) kambood dārem.* ★ **shortage** *n* كمبود *kambood* **acute ~** شديداً كمبود *shadeedan kambod* **~ of drinking water** كمبود اب آشاميدنى *kambood-e-āb-āshāmeedanee* **~ of food** كمبود مواد غذايى *kambood-e-mawād-e-ghezāyee* **~ of fuel** كمبود مواد سوخت *kambod-e-mawād-e-sokht* **~ of medicine** كمبود ادويه *kambod-e-adweeya* **~ of water** كمبود آب *kambod-e-āb* ★ **shortcut** *n* راه كوتاه *rāh-e-kotāh* **Is there a shortcut?** آيا كدام راه كوتاه است؟ *Āyā kodām rāh-e-kotāh ast.* ★ **shorten** *vt* كوتاهتر كردن *kotāhtar kardan*, مختصر كردن *mokhtasar kardan* **Can you shorten it?** آيا ميتوانيد اين را مختصر كنيد؟ *Āyā mey-tawāned een rā mokhtasar koned.* **It has to be shortened.** بايد مختصر شود. *Bāyad mokhtasar shawad.* ★ **shortly** *adv (soon)* (۱) من / (۲) ما به زودى *bazoodee (1)* **I'll** / *(2)* **We'll be there shortly.** (۱) من / (۲) ما آنجا خواهد (۱) بودم. / (۲) بوديم. *Man / (2) Mā ba zoodee ānjā khāhad (1) bodam. / (2) bodem.* **I'll have it (ready) for you shortly.** (آماده) به زودى به شما خواهم ساختم. *Ba zoodee ba shomā (āmāda) khāham sākhtam.* ★ **shortness** *n* كمى *kamee*, كوتاهى *kotāhee*, تنگى *tangee* **Do you have shortness of breath?** آيا شما نفس تنگى داريد؟ *Āyā shomā nafas tangee dāred?*

shorts *n, pl* زيرتنبانى *zeertanbānee*, پتلون كوتاه *patloon-e-kotāh* **pair of ~s** يك جوره پتلون كوتاه *yak jora patloon-e-kotāh*

shot *n* 1. *(immunization)* واكسين *wākseen*, كسبى معافيت *ma'āfeya't-e-kasbee*; 2. *(from a gun)* گلوله *glola*, فير گلوله *fāyr-e-glola* **get a ~** واكسين شدن *wākseen shodan*, پيچكارى شدن *peechkāree shodan* **give a ~** واكسين كردن *wākseen kardan*, پيچكارى كردن *peechkāree kardan* **hepatitus A ~** واكسين التهاب ويروسى جگر *wākseen-e-eltehāb-e-weerosee-e-jegar* **polio ~** واكسين فلج *wāk-seen-e-falaj* **measles ~** واكسين سرخكان *wākseen-e-sorkhakān* **rabies ~** واكسين سگ ديوانه *wākseen-e-sag-e-deewāna* **rubella ~** واكسين سرخكانچه *wākseen-e-sorkhakān-cha* **~ record** دفتر ثبت واكسين *daftar-e-sabt-e-wākseen* **tetanus ~** واكسين تيتانوس

shotgun 391 **show**

wākseen-e-teetānoos **typhoid** ~ واکسین مُحرقه *wākseen-e-mohreqa* (1) **The doctor will give...** / (2) **I have to give...** (3) **you** / (4) **her** / (5) **him** / (6) **the baby** / (7) **the child a shot.** (۱) طبیب / (۲) من / (۳) شما / (٤) اوزن / (٥) اومرد / (٦) کودك / (۷) طفل را یك واکسین (۱) خواهد داد. (۲) باید بدهم. *Tabeeb* / (2) *Man* (3) *shomā* / (4) *o zan* / (5) *o mard* / (6) *kodak* / (7) *tefel rā yak wākseen* (1) *khāhad dād.* (2) *bāyad bedeham.* **Was that a shot?** آیا فیر گلوله بود؟ *Āyā fāyr-e-gīola bod?*

shotgun *n* تفنگ شکاری *tofang-e-shekāree*

should *v aux* باید *bāyad* **You should (**/[1] **do it.** / [2] **go.** / [3] **rest.).** [۱] شما باید [۱] انجام بدهد. / [۲] بروید. / [۳] استراحت کنید.). *Shomā bāyad ([1] anjām bedehed.* / [2] *berawed.* / [3] *esterāhat koned.).* **He** / (2) **She should (**/[3] **do it.** / [4] **go.** / [5] **rest.).** (۱) اومرد / (۲) اوزن باید ([۳] انجام بدهد. / [٤] برود. / [٥] استراحت کند.). (1) *O mard* / (2) *O zan bāyad ([3] anjām bedehad.* / [4] *berawad.* / [5] *esterāhat konad.).* **They should be here by now.** آنها بایدهمین لحظه اینجا باشند. *Ānhā bāyad amen lahza eenjā bashand.* **I should call** (1) **her** / (2) **him** / (3) **them.** من باید (۱) اوزن / (۲) اومرد / (۳) آنهارا صدا کنم. *Man bāyad* (1) *o zan* / (2) *o mard* / (3) *ānhā rā sadā konam.* **I should have** (1) **checked.** / (2) **told** (3) **her.** / (4) **him.** / (5) **them.** من باید (۱) معاینه میکردم. (۳) اوزن / (٤) اومرد / (٥) آنها میگفتم. *Man bāyad* (1) *ma'āyena mey-kardam.* / (3) *o zan* / (4) *o mard* / (5) *ānhā rā* (2) *mey-goftam.*

shoulder *n* شانه *shāna* ، دوش *doosh* ~ **blade** بیلك شانه *beelak-e-shāna* ~ **strap** بند شانه *band-e-shāna* (1) **He** / (2) **She has a** (3) **bullet** / (4) **wound in** (5) **his** / (6) **her shoulder.** (۱) اومرد / (۲) اوزن یك (۳) مرمی / (٤) زخم در شانه (٦،٥) اش دارد. (1) *O mard* / (2) *O zan yak* (3) *marmee* / (4) *zakhem dar shāna* (5,6) *ash dārad.* (1) **He** / (2) **She has dislocated** (3) **his** / (4) **her shoulder.** (۱) اومرد / (۲) اوزن شانه (٤،۳) اش را بی جا کرده است. (1) *O mard* / (2) *O zan shāna* (3,4) *ash rā bey jā karda ast.* **You've dislocated your shoulder.** شما شانه تان را بی جا کرده اید. *Shomā shāna-e-tān rā bey jā karda eed.* **You have a lot on your shoulders.** شما مسوولیت زیادی دارید. *Shomā maso'lyat-e-zeeyādee dāred.*

shove *vi* تیله کردن *teela kardan* **Don't shove!** تیله نکنید! *Teela nakoned!*

shovel *vt* بیل زدن *beel zadan,* با بیل برداشتن *bā beel bardāshtan* **Shovel the snow off the** (1) **driveway.** / (2) **walkway.** برف را از (۱) سرك فرعی / (۲) پیاده رو با بیل بردارید. *Barf rā az* (1) *sarakj-e-fara'ee* / (2) *peeyāda row bā beel bardāred.* **Shovel the** (1) **dirt** / (2) **gravel** / (3) **sand (off the truck)** (4) **here.** / (5) **there.** (۱) کثافت / (۲) جغل / (۳) ریگ را (ازموتر بارکش) (٤) اینجا / (٥) آنجا با بیل بردارید. *Kasāfat* / (2) *Jaghal* / (3) *Reeg rā (az motar-e-bārkash)* (4) *eenjā* / (5) *ānjā bā beel bardāred.* ★ *n* بیل *beel,* بیلچه *beelcha* **power ~** (*const.*) بیل برقی *beel-e-barqee* **snow ~** بیل برف پاکی *beel-e-barf pākee,* راش بیل *rash beel* **Get a shovel.** یك بیل بیگیرید. *Yak beel beegeered.* **Get some shovels.** چند تا بیل بیگیرید. *Chan tā beel beegeered.*

show *vt* 1. *(make seen; demonstrate; point out)* رهنمایی کردن *rahnemāyee kardan,* نشان دادن *neshān dādan* فهماندن *fahmāndan;* 2. *(instruments: indicate, register)* نشان دادن *neshān dādan;* 3. *(reveal, evince)* وانمود کردن *wānamod kardan;* 4. *(display, extend)* قایل شدن *az khod neshān dādan,* از خود نشان دادن *qāyel shodan* **Let me show you.** اجازه دهید شما را رهنمایی کنم. *Ejāza dehed shomā rā rahnomāyee konam.* (1,,2) **Please show me.** (۱) لطفا رهنمایی ام کنید. (۲) لطفا من را بفهمانید. (1) *Lotfan rahnomāyee am koned.* / (2) *Lotfan man rā befahmāned.* **Everybody must show their** (1) **identification.** / (2) **pass.** همه باید (۱) کارت های هویت / (۲) جوازهای شانرا نشان دهند. *Hama bāyad* (1) *kart hā-e-hoyat* / (2) *jawāz hā-e-shan rā neshān dehand.* **Show** (1) **her** / (2) **him** / (3) **them how to do it.** (۱) اوزن / (۲) اومرد / (۳) آنها را بفهمانید که چی قسم انجام (۲،۱) دهد. (1) *O zan* / (2) *O mard* / (3) *Ānhā rā befahmāned ke chee qesem* (3) دهند. *dehand.*

anjäm (1,2) dehad. / (3) dehand. **Can you show me how to do it?** آیا من را راهنمایی کرده میتوانید که چی قسم انجام دهم. *Äyä man rä rahnomäyee karda meytawäned ke chee qesem anjäm deham.* **I'll show you how to do it.** برایتان نشان خواهم داد که چگونه انجام دهید. *Barayetän neshan khäham dad ke chegoona anjäm dehed.* **What does (1) it / (2) the gauge / (3) the meter show?** (۱) این / (۲) مقیاس سنج / (۳) میتر چی را نشان میدهد؟ *(1) Een... / (2) Meqyäs sanj / (3) Meetar... chee rä neshän mey-dehad?* **The gauge shows (1) empty. / (2) (reading).** مقیاس سنج (۱) خالی شدن / (۲) ( ) را نشان میدهد. *Meqyäs sanj (1) khälee shodan / (2) ( ) rä neshän mey-dehad.* **It shows (1) indifference / (2) neglect.** (۱) اختلاف / (۲) غفلت را وانمود میکند. *(1) Ekhteläf / (2) Ghaflat rä wänamod mey-konad.* **(1) We / (2) You have to show respect (for [3] it / [4] them).** (۱) ما / (۲) شما باید (برای [۳] این / [۴] آنها) احترام قایل (۱) شویم. / (۲) شوید. *(1) Mä / (2) Shomä bäyad (baräyee [3] een / [4] änhä) ehteräm qäyel (1) shawem. / (2) shawed.* ★ **show up** idiom *(appear, come)* ظاهر شدن *zäher shodan,* آمدن *ämadan* **(1) He / (2) She / (3) They didn't show up.** (۱) اومرد / (۲) اوزن / (۳) آنها (۱,۲) نیامد (۳) نیامدند. *(1) O mard / (2) O zan / (3) Änhä) (1,2) nayämad. / (3) nayä-madand*

shower n شاور *shäwar* **decon(tamination) ~** شاور برای پاک کردن الودگی *shäwar baräy-e-päk kardan-e-äloodegee* **run water pipes to ~** پایپهای آب را به شاورها *payep hä-e-äb rä ba shäwar hä etesäl dädan* **set up ~s** شاور ها را نصب کردن *shäwar hä rä nasb kardan* **~ point** جای شاور *jäyee shawar* **~ room** تشناب کوچک با شاور *tashnäb-e-kochak bä shäwar* **~ stall** غرفه شاور *ghorfa-e-shäwar* **~ tent** خیمه شاور *khayma-e-shäwar* **take a ~** شاور گرفتن *shäwar greftan* **Why don't you take a shower?** آیا میخواهید شاور بیگیرید؟ *Äyä meykhähed shäwar beegeered?*

shrapnel n توته گلوله انفجاری یا بمب *glola-e-enfejäree yä bamb* **piece of ~** توته گلوله انفجاری *tota-e-glola-e-enfejäree*

shrine n زیارت *zeeyärat*

shrink vi جمع شدن *jama' shodan,* منقبض شدن *monqabez shodan* **It shrank.** جمع شد. *Jama' shod.*

shroud n *(burial cloth)* کفن *kafan*

shut adj بسته *basta* **Is it shut?** آیا بسته است؟ *Äyä basta ast?* **It (1) is / (2) isn't shut.** بسته (۱) است. / (۲) نیست. *Basta (1) ast. / (2) neest.* ★ **shut** vt بسته کردن *basta kardan* **Please shut the (1) door / (2) window.** لطفاً (۱) دروازه / (۲) دریچه را بسته کنید. *Lotfan (1) darwäza / (2) dareecha rä basta koned.*

shy adj شرمندوک *sharmendook* **(1) He / (2) She is very shy.** (۱) اومرد / (۲) اوزن بسیار شرمندوک است. *(1) O mard / (2) O zan beesyär sharmendook ast.*

sick adj مریض *mareez,* بیمار *beemär* **be ~** مریض بودن *mareez bodan* **get ~** مریض شدن *mareez shodan* **~ child** طفل مریض *tefel-e-mareez* **~ leave** رخصتی مریضی *rokh-satee-e-mareezee* **~ person** شخص مریض *shakhs-e-mareez* **Are you sick?** آیا شما مریض هستید؟ *Äyä shomä mareez hasted?* **I (1) am / (2) am not sick.** من مریض (۱) هستم / (۲) نیستم. *Man mareez (1) hastam. / (2) neestam.* **I feel sick.** من مریض هستم. *Man mareez hastam.* **Is (1) he / (2) she sick?** آیا (۱) اومرد / (۲) اوزن مریض است؟ *Äyä (1) o mard / (2) o zan mareez ast?* **(1) He / (2) She (3) is / (4) isn't (very) sick.** (۱) اومرد / (۲) اوزن (بسیار) مریض (۳) است. / (۴) نیست. *(1) O mard / (2) O zan (beesyär) mareez (3) ast. / (4) neest.* **Are they sick?** آیا آنها مریض هستند؟ *Äyä änhä mareez hastand?* **They (1) are / (2) aren't (very) sick.** آنها (بسیار) مریض (۱) هستند. / (۲) نیستند. *Anhä (beesyär) mareez (1) hastand. / (2) neestand.* **If you feel sick, you should go (1) home. / (2) see a doctor.** اگر مریض هستید، (۱) خانه... / (۲) نزد یک داکتر... بروید. *Agar mareez hasted, (1) khäna... / (2) nazd-e-däktar... berawed.* **You'll get sick.** شما مریض خواهید شد. *Shomä mareez khähed shod.* **You're too sick to**

sickle داس *däs*

sickness *n* مریضی *mareezee*, بیماری *beemäree* **morning ~** حالت (بیماری صبحگاهی *beemäree sobeh-gähee (hälat-e-tahwa' ke dar awäyel-e-hämelagee bawojod mey-äyad.)* تهوع که در اوایل حاملگی بوجود میاید.) **motion ~** اختلالی (بیماری حرکی *beemäree-e-harakee (Ekhtelälee ast ke dar nateeja-e-harakat ba khosos mosäferat häyee mokhtalef bä aräda jät, keshtee wa hawä pyamä eejäd mey-shawad wa a'läyem-e-än tahwa' wa zo'f ast.)* است که در نتیجه حرکت به خصوص مسافرت های مختلف با اراده جات، کشتی و هوا پیما ایجاد میشود و علایم آن تهوع و ضعف است.) **mountain ~** بیماری کوه *beemäree-e-ko* *(1)* He / *(2)* She has... / *(3)* They have... **some kind of sickness.** (١) او مرد / (٢) اوزن / (٣) آنها کدام نوع *(1) O mard / (2) O zan / (3) Anhä kodäm nawa' mareezee (1,2) därad. / (3) därand.* مریضی (۲،۱) دارد. / (۳) دارند. **I hope you get over your sickness soon.** امیدوارم از مریضی به زودی برخیزید. *Omeedwäram az mareezee ba zoodee barkheezed.* **I hope *(1)* he / *(2)* she gets over *(3)* his / *(4)* her sickness soon.** امیدوارم (١) اومرد / (٢) اوزن از مریضی (٤،٣) اش زود برخیزد. *Omeedwäram (1) o zan / (2) o mard o mareezee (3,4) ash zood barkheezad.*

side *n* طرف *taraf*, سمت *samt*, جهت *jahat*, پهلو *pahlo*, کنار *kenär* **both ~s** هر دو طرف *har do taraf* **on all ~s** از هر سو *az har so*, از هر طرف *az har taraf* **~ by ~** پهلو به پهلو *pahlo ba pahlo* **~ of the house** پهلوی خانه *pahloy-e-khäna* **Which side is it?** درکدام طرف است؟ *Dar kodäm taraf ast?* **It's the *(1)* left / *(2)* other / *(3)* right side.** در سمت (١) چپ / (٢) دیگر / (٣) راست است. *Dar samt-e- (1) chap / (2) deegar / (3) räst ast.* **Lie on your *([1]* left / *[2]* right) side.** به پهلوی ([١] چپ / [٢] راست) تان دراز بکشید. *Ba pahloy-e- ([1] chap / [2] räst-e-) tän daräz bekashed.* **Does your side hurt?** آیا پهلوی تان درد میکند؟ *Ayä pahloy-e-tän dard mey-konad?* *(1)* He / *(2)* She has a *(3)* bullet / *(4)* pain / *(5)* wound in *(6)* his / *(7)* her *[8]* left / *[9]* right) side. (١) اومرد / (٢) اوزن یك (٣) گلوله / (٤) درد / (٥) زخم درطرف ([٨] چپ / [٩] راست) (٧،٦) اش دارد. *(1) O mard / (2) O zan yak (3) glola / (4) dard / (5) zakhem dar taraf-e- ([8] chap / [9] räst) (6,7) ash därad.* ★ **sideways** *adv* در پهلو *dar pahlo* **Move it through sideways.** به پهلو حرکت اش دهید. *Ba pahlo harakat ash dehed.*

sieve *n* آردبیز *ärd beez*, ایلك *eelak*

sift *vt* بیختن *beekhtan*, ایلك کردن *eelak kardan*

sight *n* 1. *(vision)* بینش *beenesh*, بینایی *beenäyee*; 2. *(field of vision)* دید *deed*, نظر *nazar*; 3. *(s.th. seen)* منظره *manzera* **in ~** نزدیك *nazdeek* دیده شدنی *deeda shodanee* **out of ~** خارج از دید *khärej az deed* *(1)* He / *(2)* She is losing *(3)* his / *(4)* her sight (in *[5]* his / *[6]* her *[7]* left / *[8]* right eye). (١) اومرد / (٢) اوزن بینایی (چشم [٧] چپ / [٨] راست [٦،٥] اش) (٤،٣) اش را در حال از دست دادن است. *(1) O mard / (2) O zan beenäyee (chashem-e- [7] chap / [8] räst [5,6] ash) (3[4) ash rä az häl az dast dadan ast.* **There *(1)* is / *(2)* was nothing in sight.** چیزی دیدنی (١) نیست / (٢) نبود. *Cheezee deedanee (1) neest. / (2) nabod.* **That's a welcome sight.** آن یك طرف خوش بین است. *An yak taraf-e-khosh been ast.* **What a beautiful sight!** چی یك منظره مقبول! *Chee yak manzara-e-maqbool!*

sign *vt* امضا *emzä* **Please sign *(1)* here. / *(2)* this.** لطفاً (١) اینجا / (٢) این را امضا کنید. *Lotfan (1) eenjä... / (2) een rä... emzä koned.* **I have to... / *(2)* I'll... sign it.** (١) من باید امضاء اش کنم. / (٢) من امضاء اش خواهم کرد. *(1) Man bäyad...*

sign — **simple**

emzä konam. / (2) Man emzä ash khäham kard. (1) He / *(2)* She has to sign it. اوزن باید امضا کند. (۲) / اومرد (۱) *(1) O mard / (2) O zan bäyad mezä konad.* Can *(1)* he / *(2)* she sign *(3)* his / *(4)* her name? آیا (۱) اومرد / (۲) اوزن نام اش را بطور امضا نوشته میتواند؟ *Äyä (1) o mard / (2) o zan näm ash rä ba towr-e-emzä naweshta karda mey-tawänad?* ★ **sign** *n* 1. *(written words / symbols)* امضا, نشان *emzä, neshän,* علامات *a'lämät;* 2. *(indication)* اشاره *eshära* **road ~** نشان سرک *neshän-e-sarak* **safety ~** علامات امنیت *a'lämät-e-amneeyat* **language ~** اشاره با دست *eshära bä dast,* زبان اشاره *zaban eshara* **street ~** علامات کوچه *a'lämät-e-kocha,* نشانه های کوچه *neshäna häyee kocha* **vital ~s** *(med.)* علامات مهم *a'lämät-e-mohem* **warning ~** علامات اخطاریه *a'lämät-e-akhtärya* **Put up a warning sign** *(1)* here. / *(2)* there. یک نشان اخطاریه (۱) اینجا / (۲) آنجا بگذار. *Yak neshän-e-akhtärya (1) eenjä / (2) änjä begzär.* **What does that sign say?** آن علامت چی میگوید؟ *An a'lämat chee mey-goyad?* **The signs are** *(1)* good. / *(2)* not good. این علامات خوب (۱) هستند. / (۲) نیستند. *Een a'lämät khoob (1) hastand. / (2) neestand.*

signal *vt* اشاره دادن *eshära dädan* **They're signaling us.** آنها ما را اشاره میدهند. *Ánhä mä rä eshära mey-dehand.* **Signal them.** آنها را اشاره دهید. *Ánhä rä eshära dehed.* ★ *n* علامت *a'lämat,* اخطار *akhtär,* اشاره *eshära* **distress ~** علامت مصیبت *a'lämat-e-moseebat,* علامت خطر *a'lämat-e-khatar* **turn ~** اشاره دور خوردن *eshara dawr khordan* **Give them a signal.** آنها را اشاره دهید. *Ánhä rä eshära dehed.*

signature *n* امضا *emzä* **Is that** *(1)* her / *(2)* his / *(3)* your **signature?** آیا آن امضا (۱) اوزن / (۲) اومرد / (۳) شما است؟ *Äyä än emzä-e- (1) o zan / (2) o mard / (3) shomä ast?* **That's not** *(1)* her / *(2)* his / *(3)* my **signature.** آن امضا (۱) اوزن / (۲) اومرد / (۳) شما نیست. *An emzä-e-(1) o zan / (2) o mard / (3) shomä neest.* **Check the signature.** امضا را چک کنید. *Emzä rä chek koned.* **It needs** *(1)* her / *(2)* his **signature to authorize it.** به امضا (۱) اوزن / (۲) اومرد ضرورت دارد تا تصویب گردد. *Ba emzä-e- (1) o zan / (2) o mard zaroorat därad tä tasweeb gardad.*

silence *n* خاموش *khämosh,* آرام *äräm* **Silence, please.** لطفاً، آرام. *Lotfan, äräm.* ★ **silent** *adj* خاموش *khämosh,* ساکت *säket,* آرام *äräm* **Please be silent.** لطفاً خاموش باشید. *Lotfan khämosh bäshed.*

silk *adj* ابریشمی *abreeshomee* ★ *n* ابریشم *abreeshom*

silly *adj* احمقانه *ahmaqäna,* مزخرف *mozakhraf* **~ idea** نظریه احمقانه *nazarye-e-ahmaqäna* **That's silly.** مزخرف است. *Mozakhraf ast.* **Don't be silly.** حماقت مکن. *Hamäqat makon.*

silo *n* *(for grain)* سیلو *seelo*

silt *n* لای *läy,* گل *gel* **The** *(1)* canal / *(2)* channel **is full of silt.** (۱) نهر / (۲) مجرا پر از گل است. *(1) Nahr / (2) Majrä por az gel ast.*

silver *adj* نقره یی *noqra yee* **~ nitrate** نایتریت نقره *näytreet-e-noqra,* تیزاب نقره *teezäb-e-noqra* ★ *n* نقره *noqra* ★ **silversmith** *n* نقره کار *noqra kär,* زرگر *zargar*

similar *adj* یکسان *yaksän,* همانند *ham-mänand* **~ size** اندازه یکسان *andäza yaksän* **Are they similar?** آیا آنها همانند هستند؟ *Äyä änhä ham-mänand hastand?* **They** *(1)* are / *(2)* aren't **similar.** آنها همانند (۱) هستند. / (۲) نیستند. *Ánhä ham-mänand (1) hastand. / (2) neestand.*

simple *adj* ساده *säda,* بسیط *baseet* **~ job** وظیفه ساده *wazeefa-e-säda* **~ method** طریقه ساده *tareeqa-e-säda* **~ operation** عملیات ساده *a'malyät-e-säda* **~ procedure** طرز العمل ساده *tarzel-a'mal-e-säda* **~ solution** راه حل ساده *räh-e-hal-e-säda* **~ system** سیستم ساده *seestom-e-säda* **~ task** کار ساده *kär-e-säda* **~ way** *(method)* طریقه ساده *tareeqa-e-säda* **It** *(1)* is / *(2)* isn't **simple.** ساده (۱) است. / (۲) نیست. *Säda (1) ast. / (2) neest.* **It** *(1)* was / *(1)* wasn't **simple.** ساده (۱) بود. / (۲) نیست.

simplify

ساده / (2) / Säda (1) bod. / (2) nabod. **It (1) will / (2) won't be simple.** ساده خواهد (1) بود. / (2) نبود. Säda khähad (1) bod. / (2) nabdod. **It's a simple operation.** يك عمليات ساده است. Yak a'malyät-e-säda ast. **It's simple to use.** استفاده اين ساده است. Estefäda-e-een säda ast. **The simplest way would be...** ساده ترين راه...خواهد بود. Säda tareen-e-räh...khähad bod. ★ **simplify** vt ساده كردن säda kardan, مختصر كردن mokhtasar kardan **We have to simplify the (1) procedure. / (2) system.** ما بايد (1) طرزالعمل / (2) سيستم را ساده سازيم. Mä bäyad (1) tarz-el-a'mal / (2) seestom rä säda säzem. ★ **simply** adv فقط faqad, به سادگی ba säda-gee

simultaneous adj همزمان hamzamän ★ **simultaneously** adv دريك زمان dar yak zamän, با هم bä ham

since prep از...به اينطرف az...ba eentaraf, از...تا حال az...tä häl, از...تا كنون az...tä konoon ~ **April** ازاپريل تا كنون az apreel tä konoon ~ **last month** از ماه گذشته تا كنون az mäh-e-gozashta tä konoon ~ **Monday (etc)** از دوشنبه تا كنون az doshanba tä konoon ~ **then** ازآن بعد تا كنون az än ba'd tä konoon **Since when?** از چی وقت به اينطرف؟ Az chee waqt ba eentaraf? **Since (1) I / (2) we arrived...** ازآن زمانی كه (1) من رسيديم... / (2) ما رسيديم... Az zamänee-e-ke (1) man raseedam... / (2) mä raseedem... **Since (1) he / (2) she left...** از زمانی كه (1) اومرد / (2) اوزن رفت... Az zamänee ke (1) o mard / (2) o zan raft... **Since they started...** از وقتی كه آنها شروع كرده اند... Az waqte ke änhä shro' karda and...

sincere adj مُخلص mokhles, راستگو rästgo ~ **desire** خواهش مُخلصانه khäheshe-e-mokhlesäna **I wish to express my sincere (1) apologies. / (2) gratitude.** (1) اعتذار / (2) قدر دانی مخلصانه خود را ازهار ميكنم. (1) E'tezär / (2) Qader dänee-e-mokhlesäna-e-khod rä ez-här mey-konam. ★ **sincerely** adv صادقانه sädeqäna, مُخلصانه mokhlesäna, بدون ریا bedoon-e-reeyä **I sincerely hope that...** مُخلصانه اميدوارم كه... Mokhlesäna omeedwäram ke... **Sincerely yours,** (closing of letter) مُخلص شما Mokhles-e-shomä

sinew n وتر watar, پی pai, رگ rag

sing vt & vi خواندن khändan, سرودن sorodan **What is the song (1) they / (2) you are singing?** (1) آنها / (2) شما كدام آهنگ را (1) ميخوانند؟ / (2) ميخوانيد؟ Änhä / (2) Shomä kodäm ähang rä (1) mey-khänand? / (2) mey-khäned? **Let's sing a song!** بياييد يك آهنگ بخوانيم! Beeyäyed yak ähang bokhänem! **You sing (1) beautifully. / (2) well. / (3) like a duck.** شما (1) زيبا... / (2) خوب... / (3) مانند مرغابی... ميخوانيد. Shomä (1) zeebä... / (2) khoob... / (3) mänand-e-morghäbee-... mey-khäned. **I can't sing well.** من از خوب سروده نميتوانم. Man khoob soroda namey-tawänam. ★ **singer** n آوازخوان äwäz khwan, سرآینده saräyenda

single adj 1. (only one) واحد wähed, تنها tanhä; 2. (unmarried) مُجرد mojarad ~ **file** رديف اول radeef-e-awal **Are you married or single?** آيا شما متأهل هستيد يا مُجرد؟ Äyä shomä motahel hasted yä mojarad? **I'm single.** مُجرد هستم. Mojarad hastam. **Is (1) he / (2) she married or single?** آيا (1) اومرد / (2) اوزن متأهل است يا مُجرد؟ Äyä (1) o mard / (2) o zan motahel ast yä mojarad?

singular adj (gram.) مُفرد mofrad **Is that singular or plural?** آيا آن مُفرد است يا جمع؟ Äyä än mofrad ast yä jama' ★ n (gram.) مُفرد mofrad **What is the singular?** مُفرد چی است؟ Mofrad chee ast?

sink vi 1. (go under water) غرق شدن gharq shodan; 2. (descend, diminish) غروب كردن ghoroob kardan, به پایان آمدن ba päyän ämadan **(1) Her / (2) His vital signs are sinking.** علامات حيات (1) اوزن / (2) اومرد رو به پایان آمدن است. A'lämät-e-hayät-e-(1) o zan / (2) o mard ro ba päyän ämadan ast. **My hopes are sinking.** آرزوهای من به خاك مبدل شد. Arozo häyee man ba khäk mobadal shod. ★ n دست شوی dast shoy, ظرف شوی zarf shoy **bathroom** ~

دست شوی تشناب ~ kitchen دست شوی آشپز خانه zarf shoy-e-ashpaz khäna **Clean the sink (real well).** دست شوی را (خوب درست) پاک کنید. *Dast shoy rä (khoob drost) päk koned.*

sinus *n* جيب *jayb* ★ **sinusitis** *n* التهاب جيب *eltehäb-e-jayb*

sip *vt* چشیدن *chasheedan*, مزه کردن *maza kardan* **Just sip it (slowly).** (آهسته) بچشید. *(Ähesta) bechashed.* ★ *n* چشش *chashesh* **Take a sip.** یک چشش بگیرید. *Yak chashesh beegeered.*

siphon *vt* مایع را به کمک سیفون کشیدن *mäye' rä ba komak-e-seefoon kasheedan*

sir *n* آقا *äqä*, صاحب *säheb***Yes, sir.** بلی، آقا. *Balee, äqä.* **No, sir.** نخیر، آقا. *Nakhayr, äqä.* **Thank you, sir.** تشکر، آقا. *Tashakor äqä.*

siren *n* صوت خطر *sowt-e-khatar,* آواز خطر *äwäz-e-khatar* **Turn on the siren.** صوت خطر را روشن کنید. *Sowt-e-khatar rä rooshan koned.* **If you hear a siren, run for cover.** اگر آواز خطر را شنیدید، برای کمک بدوید. *Agar äwäz-e-khatar rä shonedeed, baräy-e-komak bedawed.*

sister *n* خواهر *khähar,* همشیره *hamsheera* **foster ~** خواهر خوانده *khähar khända* **older ~** خواهر بزرگتر *khähar bozorgtar* **oldest ~** بزرگترین خواهر *bozorgtareen khähar* **middle ~** خواهرمتوسط *khähar-e-motawaset* **younger ~** خواهر کوچکتر *khähar-e-kochaktar* **youngest ~** کوچکترین خواهر *kochaktareen khähar* **Is she (1) her / (2) his / (3) your sister?** آیا اوزن خواهر (۱) اوزن / (۲) اومرد / (۳) شما است؟ *Äyä o zan khähar-e- (1) o zan / (2) o mard / (3) shomä ast?* **How many brothers and sisters do you have?** چند برادر و خواهر دارید؟ *Chand berädar wa khähar däred?* ★ **sister-in-law** *n* خواهر شوهر *khähar-e-shawhar,* خواهر زن *khähar-e-zan*

sit *vi* نشستن *neshastan* **Sit (1) here. / (2) there.** (۱) اینجا / (۲) آنجا بنشینید. *(1) Eenjä / (2) Änjä benshened.* **You can sit (1) here. / (2) there.** شما میتوانید (۱) اینجا / (۲) آنجا بنشینید. *Shomä mey-tawäned (1) eenjä / (2) änjä benshened.* **Please sit down.** لطفاً بنشینید. *Lotfan benshened.* , لطفاً بفرماید. *Lotfan bofarmäyed.* **Please sit (1) outside. / (2) in the waiting room.** لطفاً (۱) بیرون... / (۲) دراطاق انتظار... بنشینید. *Lotfan (1) beeroon... / (2) dar otäq-e-entezär... benshended.*

site *n* جا *jä,* محل *mahal* **camp ~** جای اردوگاه *jäy-e-ordogäh* **construction ~** محل ساختمان *mahal-e-säkhtomän* **crash ~** محل حادثه *mahal-e-hädesa* **different ~** محل مختلف *mahal-e-mokhtalef* **disaster ~** محل آفت *mahal-e-äfat* **find a new ~** جای نو پیدا کردن *jäy-e-now paydä kardan* **historic ~** محل تاریخی *mahal-e-täreekhee* **job ~** محل وظیفه *mahal-e-wazeefa* **storage ~** محل ذخیره *mahal-e-zakheera* **web ~** صفحه انترنت *safha-e-enternet* **work ~** محل کار *mahal-e-kär*

situation *n* وضع *waza',* حالت *hälat* **bad ~** وضع خراب *waza'-e-kharäb* **critical ~** حالت وخیم *hälat-e-wakheem* **dangerous ~** حالت خطرناک *hälat-e-khatarnäk* **emergency ~** وضع عاجل *waza'-e-a'äjel* **financial ~** وضع مالی *waza'-e-mälee* **food ~** حالت غذا *hälat-e-ghezä* **security ~** حالت امنیتی *hälat-e-amneeyatee* **supply ~** وضع تهیه اکمالات *waza'-e-ekmäl,* وضع تهیه *wa'za'-e-tahya* **What's the situation?** چی حالت است؟ *Chee hälat ast?* **Tell me what the situation is.** برایم بگویید وضع چی گونه است. *Baräyam bogoyed waza'-e-chee gona ast.* **Let me explain the situation to you.** بگذارید وضع را برایتان تشریح کنم. *Begzäred waza' rä baräyeetän tashreeh konam.* **(1) My / (2) Our situation is this...** وضع *Waza'-e-(1) man... / (2) mä...ast.* **The situation is out of control.** وضع از کنترول خارج است *Waza' az kantrool khärej ast.* **The situation is getting better.** وضع در حالت بهتر شدن است *Waza' dar älat-e-behtar shodan ast.*

size *n* اندازه *andäza,* قد *qad* **extra-large ~** اندازه فوق العاده بزرگ *andäza-e-fowq-ol-a'äda bozorg,* اندازه زیاد بزرگ *andäza-e-zeeyäd bozorg* **large ~** اندازه بزرگ *andäza-e-bozorg* **medium ~** اندازه متوسط *andäza-e-motawaset* **small ~** اندازه کوچک *andäza-e-kochak,* اندازه خورد *andäza-e-khord* **What size**

do you wear? شما به کدام اندازه (لباس، کفش یا جوراب) میپوشید؟ *Shomä ba kodäm andäza (lebäs, kafsh yä joräb) mey-poshed?* **What size does *(1)* he / *(2)* she wear?** *(1)* اومرد / *(2)* اوزن به کدام اندازه (لباس، کفش یا جوراب) میپوشد؟ *(1) O mard / (2) O zan ba kodäm andäza (lebäs, kafsh yä joräb) mey-poshad?* **What size *(1)* is it? / *(2)* are they?** به کدام اندازه *(1)* است؟ / *(2)* هستند؟ *Ba kodäm andäza (1) ast? / (2) hastand?*

skeleton *n* استخوان بندی *ostokhän bandee*

skeptical *adj* مشکوک *mashkook*, مردد *motaraded* **I'm skeptical about that.** درباره آن مشکوک هستم. *Dar bära-e-än mashkook hastam.* **Why are you so skeptical?** چرا بسیار مشکوک هستید؟ *Chorä beesyär mashkook hasted?*

sketch *n* طرح *tarha*, نقشه *naqsha* **make a ~** طرح کردن *tarha kardan*, نقشه ساختن *naqsha säkhtan*

ski *n* اسکی *eskee* **pair of ~s** یک جوره اسکی *yak joora eskee*

skill *n* مهارت *mahärat*, تجربه *tajroba* **job ~s** تجارب کار *tajäröb-e-kär* **midwifery ~s** مهارت قابلگی *mahärat-e-qabelagee* **reading ~s** مهارت خواندن *mahärat-e-khändan* **technical ~s** مهارت تخنیکی *mahärat-e-takh-neekee* **What kind of job skills does *(1)* he / *(2)* she have?** *(1)* اومرد / *(2)* اوزن چی مهارت ها دارد؟ *(1) O mard / (2) O zan chee mahärat hä därad?* **I think *(1)* he / *(2)* she *(3)* has / *(4)* doesn't have enough skill.** فکرمیکنم *(1)* اومرد / *(2)* اوزن مهارت کافی *(3)* دارد. / *(4)* ندارد. *Feker mey-konam (1) o mard / (2) o zan mahärat-e-käfee (3) därad. / (4) nadärad.* ★ **skilled** *adj* ماهر *mä-her (1)* **He / *(2)* She is very skilled at it.** *(1)* اومرد / *(2)* اوزن دراین بسیار ماهر است. *(1) o mard / (2) o zan dar een beesyär mäher ast.* **You're very skilled at it.** شما در این بسیار ماهر هستید. *Shomä dar een beesyär mäher hasted.* ★ **skillful** *adj* ماهر *mäher*, با مهارت *bä mahärat*

skin *n* پوست *post*, جلد *jold* **good ~** جلد خوب *jold-e-khoob* **rough ~** جلد خراب *jold-e-kharäb*, جلد درشت *jold-e-drosht (1)* **Her / *(2)* His skin has a yellow tone.** جلد *(1)* او زن / *(2)* او مرد زرد رنگ است. *Jold-e- (1) o zan / (2) o mard zardrang ast.* **This will protect your skin.** این جلد تان را حفاظت خواهد کرد. *Een jold-e-tän rä efazat khähad kard.* **Put this on your skin.** این را بالای جلد تان بگذارید (استفاده کنید). *Een rä balaye jold-e-tän begzäred (estefada koned). (1)* **He / *(2)* She is just skin and bones.** *(1)* اومرد / *(2)* اوزن صرف پوست و استخوان (لاغر) است. *O mard / (2) o zan serf post wa ostokhän (läghar) ast.*

skinny *adj* لاغر *läghar (1)* **He / *(2)* She is very skinny.** *(1)* اومرد / *(2)* اوزن بسیار لاغر است. *(1) O mard / (2) O zan beesyär läghar ast.* **skirt** *n* دامن *dämän*

skull *n* جمجمه *jomjoma*, کاسه سر *käsa-e-sar* **skullcap** *n* عرقچین *a'raq-cheen*

sky *n* آسمان *äsmän* **The sky looks like it's going to *(1)* rain. / *(2)* snow.** آسمان قسمی به نظر میاید که شروع به *(1)* باران / *(2)* برف باریدن کند. *Asmän qesmee ba nazar mey-äyad ke shoro' ba (1) bärän / (2) barf bäreedan konad.* **What's that in the sky?** آن در آسمان چیست؟ *An dar äsomän cheest?*

slab *n* تخته سنگ *takhtah sang* **concrete ~** تخته سنگ کانکریتی *takhta sang-e-känkretee*

slack *adj (loose)* سست *sost* **It's too slack. Tighten it.** بسیار سست است. محکم اش کن. *Beesyär sost ast mahkam ash kon.*

slacker *n* آدم تنبل *ädam-e-tanbal*, کسی که از انجام وظیفه اش شانه خالی میکند. *Kasee ke az anjäm-e-wazeefa ash shäna khälee mey-konad.*

slang *n* زبان ویژه *zabän-e-weezha*, زبان غیر ادبی *zabän-e-ghayr-e-adabee*؛ اصطلاح *esteläh* **That's slang. It means...** یک اصطلاح است. معنی میدهد... *Yak este'läh ast. ... ma'nee mey-dehad.*

slanting *adj* کج *kaj*, مایل *mäyel*

slapdash *adj* بی پروا *bey parwä* **Slapdash work will not be tolerated.** کار بی پروا تحمل نخواهد شد. *Kär-e-bey parwä tahmol nakhähad shod.* **Stop being so**

slash — **sleepy**

slapdash. بیش از حد بی پروا بودن را بس کنید. *Beesh az had bey parwä bodan rä bas koned.*

slash *vt* بریدن *boreedan,* شکاف کردن *shekäf kardan* **Someone slashed the** *(1)* **rope.** / *(2)* **tent.** / *(3)* **tires.** کسی (۱) ریسمان / (۲) خیمه / (۳) تایرها را بریده است. *Kasee (1) reesmän / (2) khayma / (3) täyr hä rä boreeda ast.*

slat *n* تخته نازک *takhta-e-näzok* **Put a slat in it.** یک تخته نازک درسر اش بگذارید. *Yak takhta näzok dar sar ash begzäred.*

slaughter *vt* کشتن *koshtan,* حلال کردن *haläl kardan* **~ a calf** گوساله را کشتن *gosäla rä koshtan* **~ a cow** گاو را کشتن *gäw rä koshtan* **~ a lamb** بره را کشتن *bara rä koshtan* **~ a sheep** گوسفند را کشتن *goosfand rä koshtan* **All the** *(1)* **birds** / *(2)* **chickens** / *(3)* **ducks have to be slaughtered.** همه (۱) پرندگان / (۲) مرغها / (۳) مرغابیها باید حلال شوند. *Hama (1) parendagän / (2) morgh-hä / (3) morghäbee-hä bäyad haläl shawand.* ★ **slaughter** *n* کشتار *koshtär*

slave *n* برده *barda,* غلام *gholäm* **work like a ~** مثل غلام کار کردن *mesel-e-gholäm kär kardan*

sled *n* درشکه برفی (عراده کوچکی که بالای برف توسط انسان یا سگ ها کش میشود.) *doroshka-e-barfee (haräda-e-koshake ke bäläye barf tawasot ensän yä sag hä kash mey-shawad.),* موتارک برفی *motarak-e-barfee* **Pull** *(1)* **her** / *(2)* **him** / *(3)* **it** / *(4)* **them on a sled.** (۱) اوزن / (۲) اومرد / (۳) این / (٤) آنها را درروی موترک برفی کش کنید. *(1) O zan / (2) O mard / (3) Een / (4) Änhä rä dar roy-e-motarak-e-barfee kash koned.*

sledgehammer *n* چکش بزرگ *chakash-e-bozorg* **Get a sledgehammer.** یک چکش بزرگ بیگیرید. *Yak chakosh-e-bozorg beegeered.* **Break it up with a sledgehammer.** با یک چکش بزرگ جدا اش کنید. *Bä yak chakosh-e-bozorg jedä ash koned.*

sleep *vi* خوابیدن *khäbeedan* **place to ~** جای برای خوابیدن *jäy baräyee khäbeedan* **Is** *(1)* **he** / *(2)* **she sleeping?** آیا (۱) اومرد / (۲) اوزن خواب است؟ *Äyä (1) o mard / (2) o zan khäb ast?* *(1)* **He** / *(2)* **She is sleeping.** (۱) اومرد / (۲) اوزن خواب است. *(1) O mard / (2) O zan khäb ast.* **Are they sleeping?** آیا آنها خواب هستند؟ *Äyä änhä khäb hastand?* **They're sleeping.** آنها خواب هستند. *Änhä khäb hastand.* **You need to sleep.** شما باید خواب شوید. *Shomä bäyad khäb shawed.* **Where can I sleep?** من کجا میتوانم خواب شوم؟ *Man kojä mey-tawänam khäb shawam?* **Where can we sleep?** ما کجا میتوانیم خواب شویم؟ *Mä kojä mey-tawänem khäb shawem?* **You can sleep** *(1)* **here.** / *(2)* **there.** شما میتوانید (۱) اینجا / (۲) آنجا خواب شوید. *Shomä mey-tawäned (1) eenjä / (2) änjä khäb shawed.* **Where can** *(1)* **he** / *(2)* **she sleep?** اوزن کجا میتواند خواب شود؟ (۱) اومرد / (۲) *(1) O mard / (2) O zan kojä mey-tawänad khäb shawad?* **She can sleep** *(1)* **here.** / *(4)* **there.** (۱) اومرد / (۲) اوزن (۳) اینجا / ٤ آنجا میتواند خواب شود. *(1) O mard / (2) O zan (3) eenjä / (4) änjä mey-tawänad khäb shawad.* **Where can they sleep?** آنها کجا خواب شوند؟ *Änhä kojä khäb shawand?* **They can sleep** *(1)* **here.** / *(2)* **there.** آنها (۱) اینجا / (۲) آنجا متیوانند خواب شوند. *Änhä (1) eenjä / (2) änjä mey-tawänand khäb shawand.* **Go to sleep.** به خواب بروید. *Ba khäb berawed.* **I need some sleep.** من باید خواب شوم. *Man bäyad khäb shawam.* **You need some sleep.** شما باید خواب شوید. *Shomä bäyad khäb shawed.* **Did you get enough sleep?** آیا کافی خوابیدید؟ *Äyä käfee khäbeded?* **I** *(1)* **got** / *(2)* **didn't get enough sleep.** من کافی خواب (۱) شدم. / (۲) نشدم. *Man käfee khäb (1) shodam. / (2) nashodam.* ★ **sleepy** *adj* خواب آلود *khäb älood,* نارام خواب *näräm khäb* **Are you sleepy?** آیا شما خواب آلود هستید؟ *Äyä shomä khäb älood hasted?* **I** *(1)* **am** / *(2)* **am not sleepy.** (۱) من خواب آلود (۲) نیستم. *Man khäb älood (1) hastam. / (2) neestam.* **If you get sleepy,** *(1)* **let me know.** / *(2)* **pull over and take a nap.** اگرخواب آلود شدید, (۱) مرا خبر کنید. / (۲) درکنارسرک ایستاد کنید و یک چشم خواب کنید. *Agar khäb älood shoded, (1)*

sleepyhead — **slope**

...*mara khabar koned.* / (2) *dar kenär-e-sarak eestäd koned wa yak cheshem khäb koned.* ★ **sleepyhead** *n* آدم بی خبر *ädam-e-bey khabar*
sleet *n* برف و باران *barf wa bärän*
sleeve *n* آستین *ästeen* **long ~s** آستین های دراز *ästeen häyee daräz* **short ~s** آستین های کوتاه *ästeen häyee kotäh*
slender *adj* باریک *bäreek*
slice *vt* بریدن *boreedan,* قاش کردن *qäsh kardan,* توته کردن *tota kardan* **Slice the (1) bread. / (2) carrots. / (3) cucumbers./ (4) onions. / (5) potatoes. / (6) tomatoes.** (۱) نان / (۲) زردك / (۳) بادرنگ / (٤) پیاز / (٥) کچالو / (٦) بادنجان رومی ها را توته کنید. *(1) Nän / (2) Zardak / (3) Bädrang / (4) Peeyäz / (5) Kachälo / (6) Bädenjän-e-roomee hä rä tota koned.* ★ **slice** *n* قاش *qäsh,* توته *tota* **~ of bread** قاش نان *qäsh-e-nän* **~ of cake** قاش کیک *qäsh-e-keek*
slick *adj* چرب و نرم *charb wa narm,* لشم *lashem* **Be careful, the (1) floor / (2) street / (3) walkway is slick.** متوجه باش, (۱) زمین / (۲) سرک / (۳) پیاده رو لشم است. *Motawaje bash, (1) zameen / (2) sarak / (3) peyäda row lashem ast.*
slide *vi* لغزیدن *laghzeedan*
slight *adj* 1. *(not great)* کم *kam,* اندك *andak;* 2. *(not severe)* خفیف *khafeef* **~ damage** خسارۀ کم *khesära-e-kam* **There's a slight chance.** کمی فرصت است. *Kamee fersat ast.* **I haven't the slightest idea.** اندکترین نظریه نداشتم. *Andaktareen nazarya nadäshtam.* **I have a slight cold.** ریزش خفیف دارم. *Reezesh-e-khafeef däram.* **(1) He / (2) She has a slight cold.** (۱) اومرد / (۲) اوزن ریزش خفیف دارد. *(1) O mard / (2) O zan reezesh-e-khafeef därad.* **You have a slight temperature.** تب خفیف دارید. *Tab-e-khafeef däred.* ★ **slightly** *adv* کمی *kamee,* اندکی *andakee* **~ damaged** کمی تخریب شده *kamee takhreeb shoda* **~ injured** اندکی افگار *andakee afgär* **~ wounded** اندکی زخمی *andakee zakhmee*
sling *n (for injured arm)* بند یا شال برای بستن دست *band yä shäl baräyee bastan dast* **Make a sling for (1) her / (2) his arm.** (۱) اوزن / (۲) یك بند برای بازو او مرد بسازید. *Yak band baräyee bäzoo-e-(1) o zan / (2) o mard besäzed.* ★ **slingshot** *n* بند برای بستن دست *band baräyee bastan-e-dast*
slip *vi* لغزیدن *lagh-zeedan,* لخشیدن *lakhsheedan* **Be careful you don't slip!** متوجه باش که نیافتید! *Motawaje bäsh ke nayofted.* **I slipped and fell.** لخشیدم و افتادم. *Laghzeedam wa oftädam.* **It slipped out of my hand.** از دست ام لغزید. *Az dast am laghzeed.* ★ **slip away** *idiom (escape stealthily)* دزدانه فرار کردن *dozdäna farär kardan,* مخفیانه فرار کردن *makhfeeyäna farär kardan* **He slipped away.** اومرد دزدانه فرار کرد. *O mard dozdäna farär kard.* **They slipped away.** آنها دزدانه فرار کردند. *Änhä dozdäna farär kardand.* ★ **slip past** *idiom (pass stealthily)* مخفیانه عبورکردن *makhfeeyäna o'boor kardan* **Maybe we can slip past them.** شاید مخفیانه عبور کرده بتوانیم. *Shäyad makhfeeyäh o'boor karda betawänem.*
slippers *n, pl* سرپایی *sar payee,* سلیپر *sleepar* **pair of ~** یك جوره سرپایی *yak jora sarpayee*
slippery *adj* لغزنده *laghzenda,* لرزان *larzän,* لشم *lashem* **Be careful, the (1) floor / (2) road / (3) street / (4) walkway is (very) slippery.** متوجه باشید, (۱) سقف / (۲) سرك / (۳) کوچه / (٤) پیاده رو (بسیار) لشم است. *Motawaje bashed, (1) saqf / (2) sarak / (3) kocha / (4) peeyäda row (beesyär) lashem ast.*
sliver *n* نقره *noqra* **I'll take the sliver out for you.** نقره را برای شما بیرون میکنم. *Noqra rä baräy-e-shomä beeroon mey-konam.*
slope *vi* سرازیر شدن *saräzeer shodan* **The ground slopes.** زمین سرازیر میشود. *Zameen saräzeer mey-shawad.* ★ *n* دامنه *dämana,* سرنشیب *sarnesheeb* **Is the slope steep?** آیا دامنه عمیق است؟ *Äyä dämana a'meeq ast?* **The slope (1) is / (2) isn't steep.** دامنه عمیق (۱) است. / (۲) نیست. *Dämana a'meeq (1) ast. / (2)*

neest.

sloppiness *n* بی سلیقه گی *bey saleeqa gee* **Sloppiness will not be tolerated.** بی سلیقه گی را برداشت کرده نمیتوانیم. *Bey saleeqa gee rä bardäsht karda nameytawänem.* ★ **sloppy** *adj* بی سلیقه *bey saleeqa,* کثیف *kaseef* ~ **work** کار بی سلیقه *kär-e-bey saleeqa* **This is** *(1)* **terribly /** *(2)* **too /** *(3)* **very sloppy.** این (۱) زیاد / (۲) بسیار زیاد / (۳) بسیاری سلیقه است. *Een (1) zeeyäd / (2) beesyär zeeyäd / (3) beesyär bey saleeqa ast.* **Don't be (so) sloppy.** اینقدر بی سلیقه مباشید. *Éenqadar bey saleeqa mabäshed.*

slot *n* سوراخ *soräkh*

slow *adj* آهسته *ähesta,* تدریجی *tadreejee,* کاهل *kähel* **slower** آهسته تر *ähestahtar* **slowest** آهسته ترین *ähestahtareen* ~ **journey** سفر آهسته *safar-e-ähesta* ~ **pace** رفتار آهسته *raftär-e-ähesta* ~ **process** طرز العمل آهسته *tarz-el-a'mal-e-ähesta* ~ **recovery** صحت یابی تدریجی *sehat yäbee-e-tadreejee* **It's slow going over that road.** در آن سرک آهسته میرود. *Dar än sarak ähesta mey-rawad.* **(1) Her /** **(2) His recovery will probably be slow.** صحت یابی (۱) اوزن / (۲) اومرد امکان دارد تدریجی باشد. *Sehat yäbee-e- (1) o zan / (2) o mard emkän därad tadreejee bäshad.* ★ **slow(ly)** *adv* آهسته *ähesta,* به آهسته گی *ba ähesta-gee,* به تدریج *ba tadreej* **Move** *(1)* **her /** *(2)* **him slowly.** (۱) اوزن / (۲) اومرد را آهسته انتقال دهید. *(1) O mard / (2) O zan rä ähesta enteqäl dehed.* **You work too slow(ly).** شما بسیار آهسته کار میکنید. *Shomä beesyär ähesta kär mey-koned.* **(1) He /** **(2) She works too slow(ly).** (۱) اومرد / (۲) اوزن بسیار آهسته کار میکند. *(1) O mard / (2) O zan beesyär ähesta kär mey-konad.* **They work too slow(ly).** آنها بسیار آهسته کار میکنند. *Änhä beesyär ähesta kär mey-konand.* **Drive** *(1)* **slow(ly). /** *(2)* **slower.** (۱) آهسته / (۲) آهسته تر برانید. *(1) Ähesta... / (2) Ähestatar... beräned.* **Slowly, but surely,** *(1)* **they're /** *(2)* **we're getting it done.** آهسته، مگر یقیناً، (۱) آنها / (۲) ما تمام اش (۱) میکنند. / (۲) میکنیم. *Ähesta, magar yaqeenan, tamäm ash (1) mey-konand. / (2) mey-konem.* ★ **slow down** *idiom* آهسته راندن *ähesta rändan* **Slow down! You're driving too fast.** آهسته برانید! بسیار تیز میرانید. *Ähesta beräned! Beesyär teez mey-räned.*

slush *n* برف آب *barf äb*

small *adj* 1. *(little)* کوچک *kochak,* جزئی *joz-ee;* 2. *(slight)* کم *kam* **smaller** کوچکتر *kochaktar* **smallest** کوچکترین *kochaktareen* ~ **chance** فرصت کم *fersat-e-kam* ~ **child** طفل کوچک *tefel-e-kochak* ~ **difference** فرق کم *farq-e-kam* ~ **intestine** روده های کوچک *rooda häyee kochak* ~ **piece** توته کوچک *tota-e-kochak* **Is it small enough?** آیا با اندازه کافی کوچک است؟ *Äyä ba andäza-e-käfee kochak ast?* **It** *(1)* **is /** *(2)* **isn't small enough.** با اندازه کافی کوچک (۱) است. / (۲) نیست. *Ba andäza-e-käfee kochak (1) ast. / (2) neest.* **It's too small.** بسیار کوچک است. *Beesyär kochak ast.* **(1) He /** **(2) She is too small.** (۱) اومرد / (۲) اوزن بسیار کوچک است. *(1) O mard / (2) O zan beesyär kochak ast.* **They're too small.** آنها بسیار کوچک هستند. *Änhä beesyär kochak hastand.*

smallpox *n* آب چیچک *äb-e-cheechak* ~ **vaccination** واکسین آب چیچک *wäkseen-e-äb-e-cheechak,* تلقیع آب چیچک *talqee'-e-äb-e-cheechak* ~ **vaccine** واکسین آب چیچک *wäkseen-e-äb-e-cheechak* **This will protect you against smallpox.** این شما را از آب چیچک محافظت میکند. *Een shomä rä az äb-e-cheechak mahäfezat mey-konad.*

smart *adj (intelligent; sensible)* هوشیار *hoshyär;* معقول *ma'qool* ~ **decision** تصمیم معقول *tasmeem-e-ma'qool* ~ **idea** نظریه معقول *nazarya-e-ma'qool* ~ **plan** طرح معقول *tarha-e-ma'qool* ~ **suggestion** پیشنهاد معقول *peeshnehäd-e-ma'qool* ~ **way** راه معقول *räh-e-ma'qool,* روش معقول *rawesh-e-ma'qool,* طریقه معقول *tareeqa-e-ma'qool* **You're a smart** *(1)* **boy. /** *(2)* **girl. /** *(3)* **guy. /** *(4)* **woman.** شما یک (۱) پسر / (۲) دختر / (۳) مرد / (۴) خانم هوشیار هستید. *Shomä yak (1) pesar-e- (2) dokhtar-e- / (3) mard-e- (4) khänom-e- hoshyär hasted.* **That's**

smash / **smother**

the smart thing to do. کار خوبی برای انجام دادن است. *Kär-e-khobee baräyee anjäm dädan ast.* That *(1)* is / *(2)* isn't a smart thing to do. کار شایسته برای انجام دادن (۱) است. / (۲) نیست. *Kär-e-shäyesta-e-baräyee anjäm dädan (1) ast. / (2) neest.* That *(1)* was / *(2)* wasn't a smart thing to do. کار شایسته برای انجام دادن (۱) بود. / (۲) نبود. *Kär-e-shäyesta-e-baräyee anjäm dädan (1) bood. / (2) nabood.*

smash *vt* شکستاندن *shekaständan* ★ **smashed** *adj* شکسته *shekasta* **(1)** Her / **(2)** His **(3)** fingers / **(4)** toes are smashed. انگشتان / (٤) انگشتان پای (۱) اوزن / (۳) (۲) اومرد شکسته است. *Angoshtän-e-päy-e- (1) o zan / (2) (3) Angoshtän-e- / o mard shekasta ast.*

smear *vt* مالیدن *mäleedan* **Smear it with grease.** با روغن بمالید. *Bä rooghan bomäled.* ★ *n (med.)* مواد برای معاینه *mawäd baräyee ma'äyena* **pap ~** مواد معاینه رحمی بخاطر سرطان رحم در خانم ها *ma'äyena mawäd-e-rahmee bakhäter-e-saratän-e-rahem dar khänom hä* **take a ~** برای معاینه مواد گرفتن *baräyee ma'äyena mawäd greftan*

smell *vt* بو کردن *bo kardan,* بوی کردن *boy kardan* **Smell it.** بو اش کنید. *Bo ash koned.* **I smell smoke!** بوی دود به دماغم میرسد! *Boy dood ba damägh am mey-rasad!* **Do you smell smoke?** آیا بوی دود را احساس میکنید؟ *Äyä boy-e-dood rä ehsäs mey-koned?* ★ *vi* بوی داشتن *boy däshtan,* بوی دادن *boy dädan* **How does it smell to you?** به شما چی قسم بوی میدهد؟ *Ba shomä chee qesem boy mey-dehad?* **It smells** *(1)* **bad** / *(2)* **good** / *(3)* **okay** / *(4)* **strange** / *(5)* **terrible..** بوی (۱) خراب / (۲) خوب / (۳) درست / (٤) عجیب / (۵) بسیار بد میدهد.. *Boy-e- (1) kharäb... / (2) khob... / (3) drost... / (4) a'jeeb... / (5) beesyär bad... mey-dehad.* ★ *n* بو *bo,* بوی *boy* **bad ~** بوی خراب *boy-e-kharäb* **strange ~** بوی عجیب *boy-e-ajeeb* **What's that smell?** بوی چی است؟ *Boy chee ast?*

smile *vi* لبخند زدن *labkhand zadan,* تبسم کردن *tabosom kardan* **I'm glad to see you smile.** خوشحال ام که شما را با لبخند دیدم. *Khoshhäl am ke shomä rä bä labkhand deedam.* ★ **smile** *n* لبخند *labkhand,* تبسم *tabosom* **big, bright ~** لبخند پر و درخشان *labkhand-e-por wa täbän*

smoke *vt & vi* دود کردن *dood kardan,* سگرت کشیدن *segret kasheedan* **You** *(1)* **can** / *(2)* **cannot smoke** *(3)* **here.** / *(4)* **there.** شما (۳) اینجا / (٤) آنجا سگرت کشیده (۱) میتوانید. / (۲) نمیتوانید. *Shomä (3) eenjä / (4) änjä segret kasheeda (1) mey-tawäned. / (2) namey-tawäned.* **Do you smoke?** آیا شما سگرت میکشید؟ *Äyä shomä segret mey-kashed?* **I smoke.** من سگرت میکشم. *Man segret mey-kasham.* **I don't smoke.** من سگرت نمیکشم. *Man segret namey-kasham.* **How long have you smoked?** چقدر مدت سگرت کشیدید؟ *Cheqadar modat segret kasheded?* ★ *n* دود *dood* **~ detector** یابنده دود *yäbenda-e-dood* **There's smoke over there.** درآنجا دود است. *Dar änjä dood ast.* **What's that smoke?** آن دود چی است؟ *Än dood chee ast?* ★ **smoking** *n* استعمال دخانیات *este'mäl-e-dokhänyät,* کشیدن سگرت *kasheedan-e-segret* **No smoking in here.** سگرت در اینجا اجازه نیست. *Kasheedan-e-segret dar eenjä ejäza neest.* **Smoking is prohibited (**[1] **here /** [2] **there).** کشیدن سگرت ([۱] اینجا / [۲] آنجا) ممنوع است. *Kasheedane-e-segret ([1] eenjä / [2] änjä) mamno' ast.* **You should stop smoking.** شما کشیدن سگرت را باید بس کنید. *Shomä kasheedan-e-segret rä bäyad bas koned.*

smooth *adj* صاف *säf,* لشم *lashem,* هموار *hamwär* **~ surface** سطح هموار *sat-he-e-hamwär* ★ **smoothly** *adv* به آرامی *ba ärämee,* به نرمی *ba narmäee* **I hope everything goes smoothly.** امیدوارم همه چیز به آرامی بگذرد. *Omeedwäram hama cheez ba ärämee begzarad.* **Everything** *(1)* **is going** / *(2)* **went smoothly.** همه چیز به آرامی (۱) میگذرد. / (۲) گذشت. *Hama cheez ba ärämee (1) mey-gozarad. / (2) gozasht.*

smother *vt* 1. *(suffocate)* خفه کردن *khafa kardan;* 2. *(fire: extinguish)* فرونشاندن

smuggle 402 **sniper**

froneshändan ~ **the fire** آتش را فرونشاندن *ätash rä froneshändan* **Don't smother *(1)* her.** / *(2)* **him.** (۱) اوزن / (۲) اومرد را خفه نكنيد. *(1) O zan / (2) O mard rä khafa nakoned.*

smuggle *vt* قاچاق كردن *qächäq kardan* ~ **contraband** كالا را قاچاق كردن *kälä rä qächäq kardan* ~ **drugs** مواد مخدره را قاچاق كردن *mawäd-e-mokhadera rä qächäq kardan* ~ **poppies** ترياك را قاچاق كردن *taryäk rä qächäq kardan* ~ **weapons** اسلحه ها را قاچاق كردن *aslaha hä rä qächäq kardan* **If we catch you smuggling anything, you'll be fired (from your job).** اگر شما را درقاچاق چيزى دست گير كرديم، (ازوظيفه) سبكدوش خواهيد شد. *Agar shomä rä dar qächäq-e-chee-zee dast geer kardem, (az wazeefa) sobokdosh khähed shod.* ★ **smuggler** *n* قاچاقبر *qächäq-bar* **drug** ~ قاچاقبر دوا *qächäqbar-e-dawä* ★ **smuggling** *n* قاچاق *qächäq* **drug** ~ قاچاق دوا *qächäq-e-dawä*

snack *n* خوراك مختصر *khoräk-e-mokhtasar,* خوراك سرپايى *khoräk-e-sar päyee* **How about a snack?** آيا كدام غذايى سرپايى ميل داريد؟ *Äyä kodäm ghezäyee sarpäyee mayl däred?* **Would you like a snack.** آيا يك خوراك مختصر ميخواهيد؟ *Äyä yak khoräk-e-mokhtasar mey-khähed?* **Here's a snack for everyone.** يك خوراك مختصر براى هريك است. *Yak khoräk-e-mokhtasar baräyee hama ast.* **Where can we get a snack?** از كجا ميتوانيم يك خوراك مختصر بيگيريم. *Az kojä mey-tawänem yak khoräk-e-mokhtasar beegeerem.*

snag *vi* پاره شدن *pära shodan* **It snagged on a *(1)* branch.** / *(2)* **nail.** / *(3)* **tree.** دريك (۱) شاخچه / (۲) ميخ / (۳) درخت پاره شد. *Dar yak (1) shäkhcha / (2) meekh / (3) darakht pära shod.* **There's a (small) snag. (problem).** (اندكى) مشكل است. *(Andakee) moshkel ast.*

snail *n* حلزون *halzoon* **Traffic moves like a snail.** اراده جات بسيار آهسته حركت ميكنند. *Äräda jät beesyär ähesta harakat mey-konand.* **They're working at a snail's pace.** آنها بى نهايت آهسته كار ميكنند. *Anhä bey nehäyat ähesta kär mey-konand.*

snake *n* مار *mär* **poisonous** ~ مار زهردار *mär-e-zahr där* ~ **anti-venom** مار بى زهر *mär-e-bey zahr* **I was bitten by a snake.** من را مار گزيد. *Man rä mär gazeed.* *(1)* **He** / *(2)* **She was bitten by a snake.** (۱) اومرد را / (۲) اوزن را مارگزيد. *(1) O mard / (2) O zan rä mär gazeed.* **What kind of snake *(1)* is / *(2)* was it?** چى نوع مار (۱) است؟ / (۲) بود؟ *Chee nawa' mär (1) ast? / (2) bod?* **Are there any snakes around here?** آيا كدام مار دراطراف اينجا است؟ *Äyä kodäm mär dar aträf-e-eenjä ast?* ★ **snakebite** *n* مارگزيده گى *mär gazeeda-gee* **Do you know how to treat a snakebite?** آيا ميدانيد مارگزيده گى را چگونه تداوى كنيد؟ *Äyä mey-däned mär gazeeda-gee rä cheegona tadäwee koned?*

snap *vt* 1. *(break in two)* شكستن *shekastan,* دونيم شدن *do neem shodan;* 2. *(join with a snap)* بسته كردن *basta kardan* **Snap it together (like this).** (مانند اين) يكجا بسته اش كنيد. *(Mänand-e-een) yakjä basta ash koned.* ★ *vi (break in two)* شكستن *shekastan,* دونيم شدن *doneem shodan* **It snapped (in two).** دو نيم شد. *Do neem shod.* **Something snapped. What was it?** چيزى شكست. چى بود؟ *Cheezee shekast. Chee bod?* ★ *n (closure)* شكستگى *shekestagee*

sneak in *idiom* دزدانه داخل رفتن *dozdäna däkhel raftan*

sneak out *idiom* دزدانه بيرون رفتن *dozdäna beeroon raftan*

sneakers *n, pl* بوت پارچه يى با تخت پلاستيكى *boot-e-pärcha-yee bä takht-e-palästeekee*

sneaky *adj* خپكى *khapakee,* كار دزدى *kär-e-dozdee,* فريبكارانه *farebkarana* **That was a sneaky thing to do.** كارى فريبكارى بود كه انجام داد. *Kär-e-farebkaree-e-bod ke anjäm däd.* **No sneaky stuff!** هيچ كارى را خپكى نكنيد. *Hech käree rä khapakee nakoned.*

sneeze *vi* عطسه زدن *a'tsa zadan* ★ *n* عطسه *a'tsa*

sniper *n* عسكر مخفى *a'ska-r-makhfee,* نشان زن *neshän zan*

snoop vi ایجاد مزاحمت کردن در کار دیگران *mozahemat kardan dar kar deegaran*, ایجاد درد سر کردن *eejäd dard sar kardan* **Who is that, snooping around?** کی است که مزاحمت میکند؟ *Kee ast ke mozahemat mey-konad?* **Don't let anyone snoop around here.** کسی را نگذارید که در اطراف اینجا مزاحمت کند. *Kasee rä nagzäred ke dar aträf-e-eenjä mozahemat konad.*

snore vi خرخر کردن *khor khor kardan*, خر زدن *khor zadan* **You don't snore, do you?** شما خر نمیزنید، آیا میزنید؟ *Shomä khor namey-zaned, äya mey-zaned?* **I snore.** من خرمیزنم. *Man khor mey-zanam.* **I don't snore.** من خرنمیزنم. *Man khor namey-zanam.*

snot n فین *feen* **Wipe the snot of (1) her / (2) his face.** فین را از روی (۱) اوزن / (۲) اومرد پاک کنید. *Feen rä az roy-e- (1) o zan / (2) o mard päk koned.*

snow vi باریدن *bäreedan*, برف باریدن *barf bäreedan* **It's going to snow.** برف خواهد بارید. *Barf khähad bäreed.* **It's snowing.** برف میبارد. *Barf mey-bärad.* **It snowed.** برف بارید. *Barf bäreed.* **If it snows, we'll (1) have to cancel the trip. / (2) wait here.** اگر برف میبارد، ما (۱) سفر را فسخ خواهد کردیم. / (۲) اینجا منتظر خواهیم ماند. *Agar barf mey-bärad, mä (1) safar rä faskha khähad kardem. / (2) eenjä montazer khähed mänd.* ★ n برف *barf* **deep ~** کود برف *kod-e-barf* **heavy ~** برف سخت *barf-e-sakht* **shovel ~** بیل برف پاکی *beel-e-barf päkee*, راش بیل *rash beel* **It's covered with snow.** با برف پوشیده شده است. *Bä barf pəsheeda shoda ast.* **It's buried in the snow.** در برف گور شده است. *Dar barf goor shoda ast.* **The snow (1) is / (2) isn't deep.** برف عمیق (۱) است. / (۲) نیست. *Barf a'meeq (1) ast. / (2) neest.* **There's too much snow (to [1] continue / [2] go).** بسیار برف است (که [۱] ادامه دهیم. / [۲] برویم). *Beesyär barf ast ke ([1] edäma dehem. / [2] berawem).* **The road is blocked by the snow.** سرک توسط برف بند شده است. *Sarak tawasot-e-barf band shoda ast.* **(1) Clear / (2) Shovel the snow off the (3) driveway. / (4) walkway.** برف را از (۳) موتررو / (۴) پیاده رو (۱) پاک کنید. / (۲) با بیل بردارید. *Barf rä az (3) motar row / (4) peeyäda row (1) päk koned. / (2) bä beel bardäred.* **Can you help us pull it out of the snow?** آیا ما را کمک کرده میتوانید که این را از برف بیرون بکشیم. *Ayä mä rä komak karda mey-tawäned ke een rä az barf beeroon bekashem.* **Do you have chains for the snow?** آیا برای برف زنجیر(چین) دارید؟ *Ayä baräyee barf zanjeer (chayen) däred?* ★ **snowbank** n کپه برف *kapa-e-barf* ★ **snowbound** adj دچار برف *dochär-e-barf*, از رفتن باز ماندن به خاطر برف *az raftan bäzmändan ba khäter-e-barf* **We're snowbound.** ما از رفتن به خاطر برف بند مانده بودیم. *Mä az raftan ba khäter-e-barf fand mända bodem.* **They're snowbound.** آنها از رفتن به خاطر برف بند مانده بودند. *Änhä az raftan ba khäter-e-barf band mända bodand.* ★ **snowdrift** n توده برف *toda-e-barf* ★ **snowfall** n برف باری *barf bäree* **heavy ~** برف باری زیاد *barf bäree-e-zeeyäd* **light ~** برف باری خفیف *barf bäree-e-kam*, برف باری کم *barf baree-e-khafeef* ★ **snowmobile** n موتر برف پاک *motar-e-barf päk* **Take the snowmobile and go to (place).** موتر برف پاک را بیگیرید و به (   ) محل بروید. *Motar-e-barf päk rä beegeered wa ba (   ) mahal berawed.* ★ **snowplow** n موتر برف پاک کن *motar-e-barf päk kon* **We need a snowplow to clear the road.** ما به یک موتر برف پاک کن ضرورت داریم که سرک را پاک کند. *Mä ba yak motar-e-barf päk kon zaroorat därem ke sarak rä päk konad.* **Can you send us a snowplow?** آیا برای ما یک موتر برف پاک کن روان کرده میتوانید؟ *Ayä baräyee mä yak motar-e-barf päk kon rawän karda mey-tawäned?* ★ **snowshoes** n, pl بوت های برفی *boot häyee barfee* ★ **snowstorm** n برف کوچ *barf koch* **big ~** برف کوچ بزرگ *barf koch-e-bozorg* **(1,2) There's a snowstorm coming in.** (۱) برف کوچ میآید. *Barf koch mey-äyad.* / (۲) برف کوچ در حال آمدن است. *Barf koch dar hal-e-ämadan ast.* ★ **snowy** adj برف مانند *barf mänend*

so adv 1. (this / that way) چنین *choneen* این قدر *een qadar*; 2. (much, very)

soak 404 **software**

~ far 1. خیلی سرد *kheelee sard* **cold** ~ خیلی *khelee*, بسیار زیاد *beesyär zeeyäd,* **(distance)** با این دوری *bä een dooree;* 2. **(up till now)** تا کنون *tä konoon* ~ **hot** خیلی گرم *kheelee garm* **~ many** اینهمه *eenhama* **~ much** اینقدر *eenqadar* **~ soon** خیلی زود *kheelee zood* **So long!** خدا حافظ *Khodä häfez* **Do you think so?** آیا چنین فکر میکنید؟ *Äyä choneen feker mey-koned?* **I (1) think / (2) don't think so.** چنین فکر (1) میکنم. / (2) نمیکنم. *Choneen feker (1) mey-konam. / (2) namey-konam.*

soak *vt* تر کردن *tar kardan,* در آب تر کردن چیزی را *cheezee rä dar äb tar kardan* **Soak (1) it / (2) them (for a while) (in this).** (1) این / (2) آنها را (لحظه ای) (در این) تر کنید. *(1) Een / (2) Änhä rä (lahza-ay) (dar een) tar koned.* ★ *vi* تر شدن *tar shodan* **Let them soak (for a while).** (لحظه ای) بگذارید تر شوند. *(Lahza ay) begzäred tar shawand.* ★ **soaking** *adv* تر مرطوب *tar, martoob* **(1) He / (2) She is soaking wet.** (1) اومرد / (2) اوزن تر است. *O mard / (2) O zan tar ast.* **Your clothes are soaking wet.** لباس های شما تر است. *Lebäs häyee shomä tar ast.*

soap *n* صابون *säboon* **bar of** ~ کلچه یا کنده صابون *kolcha yä konda-e-säboon* **box of** ~ صندوق صابون *sandoq-e-säboon* **dish (washing)** ~ صابون ظرف شوئی *säboone-e-zarf shoyee* **laundry** ~ صابون کالا شوئی *säboon-e-kälä shoyee* **liquid** ~ صابون مایع *säboon-e-mäyee'* **piece of** ~ توته صابون *tota-e-säboon* ~ **powder** پودر صابون *podar* **surgical** ~ صابون جراحی *säboon-e-jaräyee* **Clean it with soap.** با صابون پاک اش کن. *Bä säboon päk ash kon.* **Use soap when you wash your hands.** وقتیکه دست هایتان را می شوید از صابون استفاده کنید. *Waqtee ke dast häy-e-tän rä mey-shoyed az säboon estefäda koned.*

sober *adj* هوشیار *hoshyär*

soccer *n* فوتبال *fotbäl* **play ~** فوتبال بازی کردن *fotbäl bäzee kardan* **~ ball** توپ فوتبال *toop-e-fotbäl* **~ field** میدان فوتبال *maydän-e-fotbäl* **~ match** مسابقه فوتبال *mosä-beqa-e-fotbäl* **~ team** تیم فوتبال *teem-e-fotbäl* **~ tournament** تورنمنت فوتبال *tornament-e-fotbäl*

social *adj* اجتماعی *ejtemä'ee* **~ event** رویداد اجتماعی *roydäd-e-ejtemä'ee* **In the U.S. we have a pension system for old people called Social Security.** ما در ایالات متحده امریکا یک سیستم حقوق تقاعد بنام آسایش اجتماعی برای اشخاص مُسن داریم. *Mä dar eyälät-e-motaheda-e-amreekä yak seestom-e-hoqooq-e-taqä-o'd ba-näm-e-äsäyesh-e-ejtemä'ee baräy-e-ashkhäs-e-mosen därem.*

socialism *n* سوسیالیزم *sosyäleezem* ★ **socialist(ic)** *adj* سوسیالستی *sosyälestee,* اجتماعی *ejte'mä'ee*

society *n* جامعه *jäme-a'a,* اجتماع *ejtemä'* **better ~** جامعه بهتر *jäme-a'a-e-behtar* **patriarchal ~** جامعه محترم *jäme-a'a-e-mohtaram* **One should work for a better society.** آدم باید برای بهبودی جامعه کار کند. *Ädam bäyad baräy-e-behbodee-e-jäme-a'a kär konad.*

sock *n* جوراب *joräb* **baby ~s** جوراب های طفلانه *joräb häy-e-tefläna* **long ~s** جوراب های دراز *joräb häy-e-daräz* **wool(en) ~s** جوراب های پشمی *joräb häy-e-pashmee*

socket *n* 1. **(eye)** کاسه *käsa,* حفره *hofra;* 2. **(elec.)** ساکت *säket*

sodium *n* سودیم *sodyam*

sodomy *n* همجنس بازی *hamjensbazee,* مقاربت جنسی با حیوانات *moqärebat jensee ba haywanät,* بچه بازی *bacha bäzee*

sofa *n* کوچ *kowch*

soft *adj* 1. **(not hard)** نرم *narm;* 2. **(nonalcoholic)** غیرالکولی *gheyr-e-alkolee* **~ drink** نوشابه غیرالکولی *noshäba-e-ghayr-e-alkolee* **Eat only soft foods.** صرف غذا های نرم بخورید. *Serf ghezä häyee narm bokhored.* ★ **softly** *adv* به نرمی *ba narmee,* آهسته *ähesta*

software *n* سافتویر (پروگرام های کمپیوتر که در آن ثبت شده و کمپیوتر را آماده کار میسازد.) *säftweyar (prográm häy-e-kampyootar ke dar än sabt shoda wa kampyoo-*

tar rä ämäda-e-kär mey-säzad), برنامه کامپیوتر *barnäma-e-kampyootar* **anti-virus ~** سافتویر ضد ویروس *säftweyar-e-zed-e-weeroos* **database ~** سافتویر اطلاعات *säftweyar-e-etlääʿät* **fax ~** سافتویر فکس *säftweyar-e-faks* **install ~** سافتویر را منصوب کردن *säftweyar rä mansoob kardan* **word processing ~** سافتویر مکتوب نویسی *säftweyar-e-maktoob naweese*

soil *n* خاک *khäk*; زمین *zameen* **acidic ~** زمین تیزابی *zameen-e-teezäbee* **dry ~** زمین خشک *zameen-e-koshk* **good ~** زمین خوب *zameen-e-khoob* **poor ~** زمین ضعیف *zameen-e-zaʿeef* **rich ~** زمین حاصلخیز *zameen-e-häsel kheez* **rocky ~** زمین سنگی *zameen-e-sangee* **pH ~** تیزابیت زمین *teezäb-yat-e-zameen* **The soil is *(1)* dry. / *(2)* muddy. / *(3)* wet.** خاک (۱) خشک / (۲) کمرنگ / (۳) مرطوب است. *Khäk (1) khoshk / (2) kamrang / (3) martoob ast.*

solar *adj* آفتابی *äftäbee*, شمسی *shamsee* **collector** *(for collecting solar energy)* تخته نور جزبان *takta-e-noor jazbän* **~ energy** انرژی آفتابی *enerzhee-e-äftäbee* **~ heating** حرارت دادن آفتابی *harärat dädan-e-äftäbee* **~ panel** *(for collecting solar energy)* لوحه آفتابی *lowha-e-äftäbee* ★ **solar-powered** *adj* برقی حرارتی *barqee-e-haräratee*

solder *vt* لحیم کردن *lehm kardan* **Solder it (together).** (یکجا) لحیم اش کنید. *(Yakjä) lehm ash koned.* **Can you solder it?** آیا لحیم اش کرده میتوانید؟ *Äyä lehm ash karda mey-tawäned?*

soldier *n* سرباز *sarbäz*, عسکر *aʿskar* **bunch of ~s** دسته از سربازان *dasta-e-az sarbäzän* **group of ~s** گروهی از سربازان *grohee az sarbäzän* **truckload of ~s** موتر پر از سربازان *motar-e-por az sarbäzän*

sole *n* 1. *(foot)* کف پا *kaf-e-pä*; 2. *(shoe)* کفی بوت *kafee-e-boot*, تل بوت *tal-e-boot*

solid *adj* جامد *jämed*, منجمد *monjamed* **~ food** غذا جامد *ghezä-e-jämed* **It *(1)* is / *(2)* isn't solid.** جامد (۱) است. / (۲) نیست. *Jämed (1) ast. / (2) neest.*

solution *n* 1. *(answer to a problem)* حل *hal*, راه حل *räh hal*; 2. *(chem.: mixture)* محلول *mahlool* **iodine ~** محلول ایودین *mahlool-e-äyodeen* **We have to find a solution (to the problem).** ما باید یک راه حل پیدا کنیم. *Mä bäyad yak räh-e-hal paydä konem.* **What's the solution?** راه حل چیست؟ *Räh hal cheest?* **I think the solution is...** فکر میکنم راه حل....است. *Feker mey-konam räh-e-hal...ast.* **I don't know what the solution is.** نمیدانم راه حل چیست. *Namey-dänam räh-e-hal cheest.* ★ **solve** *vt* حل کردن *hal kardan* **How are we going to solve this?** چی قسم این را حل خواهد کردیم؟ *Chee qesem een rä hal khähad kardem?* **We have to solve this.** ما باید این را حل کنیم. *Mä bäyad een rä hal konem.*

some *adj* 1. *(unspecified qty)* قدری *qadree*, اندکی *andakee*; 2. *(several, a few)* چند *chand*, بعضی *baʿzee*; 3. *(certain)* برخی از *barkhee az* **~ blankets** چند تا کمپل *chand tä kampal* **~ clothes** اندکی لباس *andakee lebäs* **~ dirt** یک مقدار کثافت *yak meqdär kasafat* **~ firewood** قدری چوب سوخت *qadree choob-e-sokht* **~ gas(oline)** قدری تیل *qadree teel* **~ horses** چند تا اسپ *chand tä asp* **~ houses** بعضی خانه ها *baʿzee khäna hä* **~ men** چند نفر *chand nafar* **~ method** چند طریقه *chand tareeqa* **~ people** بعضی مردم *baʿzee mardom* **~ rice** قدری برنج *qadree berenj* **~ rocks** بعضی سنگ ها *bahze sang hä* **~ sand** قدری ریگ *qadree reeg* **~ solution** قدری محلول *qadree mahlool* **~ water** قدری آب *qadree äb* **~ way** طریقه یی *tareeqa yee*, یک طریقه یی *yak tareeqa yee* **Have some *(1)* bread. / *(2)* cake.** قدری (۱) نان / (۲) کیک بگیرید. *Qadree (1) nän / (2) keek beegeered.* **Would you like some *(1)* coffee? / *(2)* tea?** آیا قدری (۱) قهوه / (۲) چای میل دارید؟ *Äyä qadree (1) qahwa / (2) chäy mayl däred?* **There must be some way.** یک طریقه باید باشد. *Yak tareeqa-e-bäyad bäshad.* ★ **somebody** *pron* کسی *kasee* **~ else** کسی دیگر *kasee deegar* **Is somebody *(1)* there? / *(2)* in there?** آیا کدام کسی (۱) آنجا... / (۲) در آنجا... هست؟ *Äyä kodäm kasee (1) änjä... / (2) dar änjä... ast?* **Somebody is *(1)* in there. / *(2)* out there.** کسی (۱) داخل آنجا... / (۲) بیرون آنجا... است. *Kasee (1) däkhel-e- änjä.../ (2) beeroon-*

من کسی را (۱) شنیدم. / (۲) دیدم. *e-änjä... ast.* **I** *(1)* **heard** */ (2)* **saw somebody.** *Man kasee rä (1) shneedam. / (2) shoneedam.* **Somebody wants to see you.** کسی میخواهد شما را ببیند. *Kasee mey-khähad shomä rä beebeenad.* **Is there somebody who can drive** *(1)* **me** */ (2)* **us** *(3)* **into town?** */ (4)* **there?** */ (5)* **to the airport?** آیا کسی است که (۱) من / (۲) ما را تا (۳) شهر... / (٤) آنجا ... / (٥) میدان هوایی... ببرد؟ *Äyä kasee ast ke (1) man / (2) mä rä tä (3) shahr... / (4) änjä... / (5) maydän-e-hawäyee... bobarad?* **Somebody will pick** *(1)* **us** */ (2)* **them** */ (3)* **you up.** *(With a car.)* کسی (۱) ما / (۲) آنها / (۳) شما را (ذریعه موتر) خواهد برداشت *Kasee (1) mä / (2) änhä / (3) shomä rä (zaree-a'h-e-motar) khähad bardäsht.* **Somebody will help you in a moment.** کسی چند لحظه بعد کمک تان خواهد کرد. *Kasee chand lahza ba'd komak-e-tän khähad kard.* **Get somebody to help** *([1]* **us** */ [2]* **you).** کسی را پیدا کنید که ([۱] ما / [۲] شما را) کمک کند. *Kasee rä paydä koned ke ([1] mä / [2] shomä rä) komak konad.* **Somebody left their coat here.** کسی کورتی اش را اینجا گذاشته است. *Kasee kortee ash rä eenjä gozäshta ast.* **Here's somebody's** *(1)* **bag** */ (2)* **keys.** اینجا (۱) خریطه / (۲) کلید های کسی است. *Eenjä (1) khareeta / (2) keeled häyee kasee ast.*
★ **someday** *adv* روزی *roozee* **Someday I'll come back and visit you.** روزی بر خواهم گشت و شما را ملاقات خواهم کرد. *Roozee bar khäham gasht wa shomä rä moläqät khäham kard.* ★ **somehow** *adv* هر طور که میشود *har towr-e-ke mey-shawad*, به یك طریقی *bay yak tareeqee* **We'll do it somehow.** *Bay yak tareeqee anjäm khähem dad.* **We have to do it somehow.** هر طور که میشود باید انجام دهیم. *Har towr-e-ke mey-shawad bäyad anjäm dehem.* ★ **someone** *pron* (*See* **somebody**) کسی *kasee*, شخصی *shakhsee* ★ **someplace** *adv* (*See* **somewhere**) درجایی *dar jäyee*, یك جایی *yak jäyee* ★ **something** *pron* چیزی *cheezee*, یك چیزی *yak cheezee* **Do something.** کاری بکنید. *Karay bokoned.* **We have to do something.** ما باید چیزی بکنیم. *Mä bäyad yak cheezee bokonem* **Get something to** *(1)* **clean it up.** */ (2)* **put it in.** */ (3)* **stop it.** */ (4)* **support it.** چیزی پیدا کنید که (۱) پاك اش کند. / (۲) در داخل اش بگذارید. / (۳) ایستاد اش کند. / (۴) تقویه اش کنید. *Yak cheezee paydä koned ke (1) päk ash koned. / (2) dar däkhel ash begzäred. / (3) eestäd ash koned. / (4) taqweeya ash koned.* **I** *(1)* **heard** */ (2)* **saw something.** (۱) شنیدم. / (۲) دیدم. *Cheezee (1) shoneedam. / (2) deedam.* **Something is wrong.** چیزی اشتباه شده است. *Cheezee eshtebäh shoda ast.* **Could you do something for me?** آیا میتوانید کاری برایم بکنید؟ *Äyä mey-tawäned käray baräyam bekoned?* **Tell me something, do you...?** برایم چیزی بگوئید، آیا شما...؟ *Baräyam cheezee begoyed, äyä shomä...?* **I'll try to think of something.** کوشش میکنم که یك راه حل پیدا کنم. *Koshesh mey-konam ke yak räh-e-hal paydä konam.* **Would you like something to** *(1)* **drink?** */ (2)* **eat?** آیا چیزی برای (۱) نوشیدن / (۲) خوردن میخواهید؟ *Äyä cheezee baräy-e-(1) nosheedan / (2) khordan mey-khähed?* **Here's something** *(1)* **for you.** */ (2)* **that will make you feel better.** این (۱) چیزی برای شما است. / (۲) است که شما را بهتر خواهد ساخت. *Een cheezee (1) baräyee shomä ast. / (2) ast ke shomä rä behtahr khähad säkht.* ★ **sometime** *adv* یك وقتی *yak waqtee* ★ **sometimes** *adv* گاهی *gähee*, بعضی اوقات *ba'zee aowqät* ★ **somewhat** *adv* کمی *kamee*, قدری *qadree* **I'm somewhat** *(1)* **confused.** */ (2)* **tired.** کمی (۱) مردد / (۲) خسته هستم. *Kamee (1) motaraded / (2) khasta hastam.* ★ **somewhere** *adv* جایی *jäyee*, یك جایی *yak jäyee* **Is there somewhere we can** *(1)* **get gas(oline)?** */ (2)* **get it fixed?** */ (3)* **stay overnight?** آیا کدام جایی است که (۱) تیل بیگیریم؟ / (۲) این را محکم کنیم؟ / (۳) شب بمانیم؟ *Äyä kodäm jäyee ast ke (1) teel beegeerem? / (2) mahkam ash konem? / (3) shab bemänem?* **Is there somewhere I can** *(1)* **buy** *(thing)***?** */ (2)* **get this fixed?** */ (3)* **put this?** آیا جایی است که (۱) (___) بخرم؟ / (۲) این را محکم کنم؟ / (۳) این را بگذارم؟ *Äyä jäyee ast ke (1) (___) bekharam? / (2) een rä*

mahkam konam? / (3) een rä begzäram? **It's somewhere around here.** درجایی در همین نواحی است. *Dar jäyee dar hameen nawähee ast.* **(1) He / (2) She (3) is around (1) here somewhere. / (4) went somewhere.** (۱) اومرد / (۲) اوزن (۳) جایی در همین نواحی است. / (٤) جایی رفت. *O mard / (2) O zan (3) jäyee dar hameen nawähee ast. / (4) jäyee raft.* **They (1) are around here somewhere. / (2) went somewhere.** آنها (۱) جایی در همین نواحی هستند. / (۲) جایی رفتند. *Änhä (1) jähee dar hameen nawähee hastand. / (2) jähee raftand.* **I put it somewhere.** در جایی گذاشته ام اش. *Dar jähee gozäshta am ash.*

son *n* پسر *pesar,* فرزند *farzand* **foster ~** پسر خوانده *pesar khända,* پسرفرزندی *pesar-e-farzandee* **older ~** پسر بزرگتر *pesar-e-bozorgtar* **oldest ~** بزرگترین پسر *pesar bozorgtareen* **middle ~** پسر وسطی *pesar-e-wasatee* **younger ~** پسر کوچکتر *pesar-e-kochaktar* **youngest ~** کوچکترین پسر *kochaktareen pesar*

song *n* آهنگ *ähang;* نغمه *naghma* **folk ~** آهنگ محلی *ähang mahlee,* آهنگ فلکلوریک *ähäng folkoloreek* **old ~** آهنگ قدیمی *ähang-e-qadee-mee* **popular ~** آهنگ مشهور *ähang-e-mashhor* **That's a nice song.** آهنگ زیبایی است. *Ähang-e-zeebäy-e-ast.* **Teach me the song.** آهنگ را برایم درس بدهید. *Ähang rä baräyam dars bedehed.* **I'll teach you a song.** برای شما آهنگی را درس خواهم دادم. *Baräyee shomä ähang-e-rä dars khähad dädam.*

son-in-law *n* داماد *dämäd*

soon *adv* به زودی *ba zoodee,* زود *zood,* عنقریب *a'nqareeb* **as ~ as possible** هرچه عاجل تر *har che a'äjel tar* **How soon ([1] can you do it? / [2] will it be ready? / [3] will they be here?)?** چقدر زود ([۱] انجام داده میتوانید؟ / [۲] آماده خواهد شد؟ / [۳] آنها اینجا خواهد رسیدند؟)؟ *Cheqadar zood ([1] anjäm däda mey-tawäned? / [2] ämäda khähad shod? / [3] änhä eenjä khähad raseedand)?* **I'll be back soon.** به زودی بر خواهم گشت. *Ba zoodee bar khäham gasht.* **(1) He / (2) It / (3) She will be here soon.** (۱) اومرد / (۲) این / (۳) اوزن به زودی خواهد رسید. *(1) O mard / (2) Een / (3) O zan ba zoodee khähad raseed.* **They'll be here soon.** آنها به زودی خواهند رسید. *Änhä ba zoodee khähand raseed.* **We'll be back soon.** ما به زودی بر خواهیم گشت. *Mä ba zoode bar khähem gasht.* **I / (2) We need it (3) soon.** (۱) من / (۲) ما (۳) زود... / (٤) هرچه عاجل تر... *(1) Man / (2) Mä een rä (3) zood... / (4) har che a'äjeltar... zaroorat ash (1) däram. (2) därem.* **I'll do it as soon as possible.** هرچه عاجل ترانجام اش خواهم داد. *Har che a'äjeltar anjäm ash khäham däd.* **Please take care of it as soon as possible.** لطفاً هرچه عاجل تر موضوع را مراقبت کنید. *Lotfan har che a'äjel tar mowzo' rä moräqebat koned.* **The sooner, the better.** زود آید خوش آید. *Zood äyad khosh äyad.* **Sooner or later they have to (1) come. / (2) do it.** زود تر یا دیر تر آنها باید (۱) بیایند. / (۲) انجام دهند. *Zoodtar yä deer tar änhä bäyad (1) beeyäyand. / (2) anjäm dehand.*

soothe *vt* آرام کردن *äräm kardan,* تسکین دادن *taskeen dädan* **This will soothe the pain.** این درد را تسکین خواهد داد. *Een dard rä taskeen khähad däd.*

sore *adj* درد *dard,* زخم *zakhem* **~ arm** بازو درد *bäzoo dard* **~ elbow** آرنج درد *ärenj dard* **~ knee** زانو درد *zänoo dard* **~ leg** پا درد *pä dard* **~ spot** محل درد *mahal-e-dard,* جای درد *jäy-e-dard* **throat** گلو درد *golo dard* **Is it sore?** آیا درد میکند؟ *Äyä dard mey-konad?* **Take this for your sore throat.** این را برای گلودردی تان بیگیرید. *Een rä baräy-e-golo dardee-e-tän beegeered.* ★ **soreness** *n* دردناکی *dardnäkee;* سختی *sakhtee* **The soreness should go away in (number) days.** دردناکی باید در (   ) روز ختم شود. *Dardnäkee bäyad dar (___) rooz khatem shawad.* **This will help the soreness.** این دردناکی را کمک خواهد کرد. *Een dardnäkee rä komak khähad kard.*

sorrow *n* غم *gham,* غصه *ghosa,* غمگینی *ghamgeenee*

sorry *adj* متأسف *mota'sef,* پشیمان *pesheemän,* غمگین *ghamgeen* **I'm (very)**

sorry. (بسیار) متأسف هستم (Beesyär) mota'sef hastam. **Please tell** (1) **her** / (2) **him** / (3) **them that I'm sorry.** لطفاً برای (۱) اوزن / (۲) اومرد / (۳) آنها بگویید که من متأسف هستم. Lotfan baräyee (1) o zan / (2) o mard / (3) änhä begoyed ke man mota'sef hastam. **I feel sorry for** (1) **her.** / (2) **him.** / (3) **them.** دلم برای (۱) اوزن / (۲) اومرد / (۳) آنها میسوزد. Delam bäry-e-(1) o zan / (2) o mard / (3) änhä mey-sozad.

sort vt جور کردن jor kardan, طبقه بندی کردن tabaqa bandee kardan, جدا کردن jedä kardan **Sort them into** (1) **two** / (2) **three piles.** آنها را در (۱) دو / (۲) سه کپه جدا کنید. Änhä rä dar (1) do / (2) se kapa jedä k koned. **Sort the good ones from the bad ones.** خوب را از خراب جدا کنید. Khoob rä az khäräb jedä koned. ★ n (See also **kind** and **type**) نوع nawa', گونه gona **all ~s of** قسم qesem, از هرقسم az har qesem **of** (rather) تا یک اندازه tä yak andäza, نسبتاً nesbatan **What sort** (1) **are they?** / (2) **do you have?** چی قسم (۱) آنها هستند؟ / (۲) شما دارید؟ Chee qesem (1) änhä hastand? / (2) shomä däred? **The sort of thing** (1) **I** / (2) **we need is...** قسمی که (۱) من / (۲) ما ضرورت (۱) دارم. / (۲) داریم. Qesem-e-ke (1) man / (2) mä zaroorat (1) däram. (2) därem. **Nothing of the sort.** هیچ همچو چیزی نیست. Hech ham-cho cheezee neest. **I'm sort of** (1) **confused.** / (2) **tired.** من نوعی (۱) مترد / (۲) خسته هستم. Man now hay (1) motaraded. / (2) khasta hastam. **so-so** adv میانه meeyäna, نه خوب نه بد na khoob na bad

soul n روح roh

sound adj (healthy) راحت rähat, سالم sälem, درست drost **Your** (1) **health** / (2) **heart is sound.** (۱) صحت / (۲) قلب شما سالم است. (1) Sehat / (2) qalb-e-shomä sälem ast. (1) **Her** / (2) **His** (3) **health** / (4) **heart is sound.** (۳) صحت / (٤) قلب (۱) اوزن / (۲) اومرد سالم است. (3) Sehat / (4) qalb-e- (1) o zan / (2) o mard sälem ast. ★ n صدا sadä, آواز äwäz **What's that sound?** صدای چیست؟ Sadäy cheest? **It's making a strange sound.** آواز عجیبی دارد. Äwäz-e-a'jeeb därad. **Do you hear that sound?** آیا آن صدا را میشنوید؟ Äyä än sadä rä mey-shenawed? **I heard a strange sound.** آواز عجیبی را شنیدم. Äwäz-e-a'jeebee rä shoneedam.

soup n شوربا shoorbä, سوپ soop **chicken ~** شوربا مرغ shoorbä-e-morgh **hot ~** شوربا داغ shoorbä-e-dägh **noodle ~** آش äsh **cook ~** شوربا پختن shoorbä pokhtan **make ~** شوربا درست کردن shoorbä drost kardan **Make some soup (for everybody).** قدری شوربا (برای همه) درست کنید. Qadree shorbä (baräyee hama) drost koned. **Would you like some soup?** آیا قدری شوربا میخواهید؟ Äyä qadree shoorbä mey-khähed?

sour adj ترش torsh

source n منبع manbe' **new ~** منبع نو manebe'-e-now **nearest water ~** نزدیکترین منبع آب nazdeektareen manbe'-e-äb **of food** منبع مواد غذایی manbe'-e-mawäd-e-ghezäyee **of money** منبع پول manbe'-e-pool **of supply ~** منبع اکمال manbe'-e-ekmäl, منبع تهیه manbe'-e-tahya **water ~** منبع آب manbe'-e-äb, سرچشمه آب sar-chashama-e-äb **We need a new source** (1) **of supply.** / (2) **for them.** ما یک منبع نو (۱) اکمال... / (۲) برای آنها... ضرورت داریم. Mä yak manbe'-e-now-e- (1) ekmäl... / (2) baräyee änhä... zaroorat därem.

south adv بطرف جنوب رفتن bataraf-e-jonob raftan ★ **south** n جنوب jonob **from the ~** از جنوب az jonob **in the ~** درجنوب dar jonob **to the ~** به جنوب ba jonob ★ **southeast** adv طرف جنوب شرق taraf-e-jonob sharq **go ~** طرف جنوب شرق رفتن taraf-e-jonob sharq raftan ★ **southeast** n جنوب شرق jonob sharq ★ **southern** adj جنوبی jonobee ★ **southwest** adv طرف جنوب غرب taraf-e-jonob gharb **go ~** طرف جنوب غرب رفتن taraf-e-jonob gharb raftan ★ **southwest** n جنوب غرب jonob gharb

souvenir n یادگار yädgär **Keep it as a souvenir.** به طور یادگار نگاه اش کن. Ba *towr-e-yädgär negäh ash kon.*

Soviet *adj* شوروی *shorawee* **during the ~ time** درزمان شوروی *dar zamän-e-shorawee* **~ Army** اردو شوروی *ordoy-e-shorawee* **~ Union** اتحاد شوروی *etehäd-e-shorawee* ★ **Soviets** *n, pl* شوروی ها *shorawee hä* **the war with the ~** جنگ با شوروی ها *jang bä shorawee hä* **when the ~ were here** هنگامیکه شوروی ها اینجا بودند *hangämee ke shorawee hä eenjä bodanad*

sow *vt* کاشتن *käshtan* **~ crops** حبوبات کاشتن *hobobät käshtan* **~ wheat** گندم کاشتن *gandom käshtan* ★ **sowing** *n* کشت و کار *kesht wa kär*, تخم کاری *tokhom käree* **~ time** موسم تخم کاری *mosem-e-tokhom käree*

soy *n.* سویا *soyä* **~ sauce** لعاب سویا *lo-a'äb-e-soyä* ★ **soybeans** *n, pl* نخود چینی *nakhod-e-cheenee*, سویا *soyä*

space *n* 1. *(interval)* فاصله *fäsela*; 2. *(room)* (See also **room**) جا *jä*; 3. *(cosmos)* فضا *fazä* **storage ~** جای ذخیره *jäy-e-zakheera* **Leave a space of** *(number)* **meters between tents.** یک فاصله ( ) متر میان خیمه ها بگذارید. *Yak fäsela-e-( ) meter meeyän-e-khayma hä begzäred.* **Is there enough space?** آیا جای کافی است؟ *Äyä jäy-e-käfee ast?* **There** *(1)* **is /** *(2)* **isn't enough space.** فاصله کافی (۱) است. / (۲) نیست. *Fäsela-e-käfee (1) ast. / (2) neest.*

spacious *adj* جامع *jäme'*, وسیع *wasee'*

spacing *n* فاصله *fäsele* **birth ~** فاصله ولادت *fäsele-e-welädat*

spade *n* بیل *beyl* **Do you have a spade?** آیا شما بیل دارید؟ *Äyä shomä beyl däred?* **Get a spade.** یک بیل بیگیرید. *Yak beyl beegeered.*

span *n* 1. *(distance between supports)* دهانه *dehäna*; 2. *(of a bridge)* رواقه (پل) *rawäqa (-e-pol)*

spare *adj* اضافی *ezäfee*, زیادی *zeeyädee* **~ batteries** بطری های اضافی *betree häyee ezäfee* **~ parts** اسباب اضافی *asbäb-e-ezäfee* **~ tire** تایر اضافی *täyr-e-ezäfee* **Is the spare tire good?** آیا تایر اضافی درست است؟ *Äyä täyr-e-ezäfee drost ast?* **Where can we get spare parts (for it)?** از کجا اسباب اضافی (برای این) گرفته میتوانیم؟ *Az kojä asbäb-e-ezäfee (baräyee een) grefta mey-tawänem?* ★ *vt* *(not kill)* بخشیدن *bakh-sheedan* **Please spare** *(1)* **her. /** *(2)* **him. /** *(3)* **them. /** *(4)* **us.** لطفاً (۱) اوزن / (۲) اومرد / (۳) آنها / (۴) ما را ببخشید. *Lotfan (1) o zan / (2) o mard / (3) änhä / (4) mä rä bobakhshed.*

spark *n* برق *barq*, جرقه *jaraqa* **~ plug** *(automot.)* پلک برق *palak-e-barq* **Put new spark plugs in it.** یک پلک برق نو بندازید. *Yak palak-e-barq-e-now bendäzed.*

spasm *n* اسپاسم (انقباض ناگهانی، شدید و غیر ارادی یک و یا چند عضله که همراه با درد و اختلال کار عضلات است) *espäsem (enqebäz-e-nägahänee, shaded wa ghayr-e-erädee yak wa yä chand a'zala ke hamräh bä ekhteläl-e-kär-e-a'zalät ast).* *(1)* **He /** *(2)* **She is having spasms.** (۱) اومرد / (۲) اوزن اسپاسم دارد. *(1) O mard / (2) O zan espäsem därad.*

spatula *n* مرهم گذار *marham gozär*, قاشقك *qäshoqak*

speak *vt* صحبت کردن *sohbat kardan*, گپ زدن *gap zadan* **Do you speak** *(1)* **Arabic? /** *(2)* **Dari? /** *(3)* **English? /** *(4)* **Farsi? /** *(5)* **Pashto? /** *(6)* **Urdu?** آیا شما (۱) عربی / (۲) دری / (۳) انگلیسی / (۴) فارسی / (۵) پشتو / (۶) اردو صحبت کرده میتوانید؟ *Äyä shomä (1) a'rabee / (2) daree / (3) engleesee / (4) färsee / (5) pashtoo / (6) ordoo sohbat karda mey-tawäned?* **I** *(1)* **speak /** *(2)* **don't speak** *(3)* **Arabic. /** *(4)* **Dari. /** *(5)* **Farsi. /** *(6)* **Pashto. /** *(7)* **Urdu.** من (۳) عربی / (۴) دری / (۵) فارسی / (۶) پشتو / (۷) اردو صحبت (۱) میکنم. / (۲) نمیکنم. *Man (3) a'rabee... / (4) daree... / (5) färsee... / (6) pashtoo... / (7) ordoo... sohbat (1) mey-konam. / (2) namey-konam.* *(1)* **Does he /** *(2)* **she speak** *(3)* **Arabic? /** *(4)* **Dari? /** *(5)* **English? /** *(6)* **Farsi? /** *(7)* **Pashto? /** *(8)* **Urdu?** آیا (۱) اومرد / (۲) اوزن (۳) عربی / (۴) دری / (۵) انگلیسی / (۶) فارسی / (۷) پشتو / (۸) اردو صحبت میکند؟ *Äyä (1) o mard (2) o zan (3) a'rabee / (4) daree / (5) engleesee / (6) färsee / (7) pashtoo / (8) ordoo sohbat mey-konad?* *(1)* **He /**

(2) She *(3)* speaks / *(4)* **doesn't speak** *(5)* **Arabic.** / *(6)* **Dari.** / *(7)* **English.** / *(8)* **Farsi.** / *(9)* **Pashto.** / *(10)* **Urdu.** (١) اومرد / (٢) اوزن (٥) عربی / (٦) دری / (٧) انگلیسی / (٨) فارسی / (٩) پشتو / (١٠) اردو صحبت (٣) میکند. / (٤) نمیکند. *(1) O mard / (2) o zan (5) a'rabee / (6) daree / (7) engleesee / (8) fārsee / (9) pashtoo / (10) ordoo sohbat (3) mey-konad. / (4) namey-konad.* **What (other) languages can** *(1)* **you** / *(2)* **he** / *(3)* **she speak?** (دیگر) کدام لسان (١) شما / (٢) اومرد / (٣) اوزن صحبت کرده (١) میتوانید؟ / (٣,٢) میتواند؟ *(Deegar) kodām lesān (1) shomā / (2) o mard / (3) o zan sohbat karda (1) mey-tawāned? (2,3) mey-tawānad?* **I'd like to speak with** *(1)* **her.** / *(2)* **him.** / *(3)* **them.** / *(4)* **you.** میخواهم با (١) اوزن / (٢) اومرد / (٣) آنها / (٤) شما صحبت کنم. *Mey-khāhad bā (1) o zan / (2) o mard / (3) shomā / (4) ānhā sohbat konam.* **Would it be possible to speak with** *(1)* **her?** / *(2)* **him?** آیا ممکن خواهد بود که با (١) اوزن / (٢) اومرد صحبت کنم؟ *Āyā momken khāhad bod ke bā (1) o zan / (2) o mard sohbat konam?*

special *adj* خاص *khās,* مخصوص *makhsoos* **nothing ~** چیزی غیر مهم *cheezee ghayr-e-mohem* **~ assignment** ماموریت خاص *ma'ooryat-e-khās* **~ case** مورد خاص *mowred-e-khās* **~ place** قضیه خاص *qazya-e-khās* جای مخصوص *jāy-e-makhsoos* **~ purpose** مقصد خاص *maqsad-e-khās,* اراده خاص *erāda-e-khās* **~ shipment** محموله خاص *mahmola-e-khās* ★ **specialist** *n* متخصص *motakhases,* داکترمتخصص *dāktar-e-motakhases* **disaster relief ~** متخصص کمک در *motakhases-e-komak dar moseqbat* **medical ~** متخصص طبی *motakhases-e-tebee* **You need to see a specialist.** *(doctor)* شما باید یک داکتر متخصص را ببینید. *Shomā bāyad yak dāktar-e-motakhases rā beebeened.* *(1)* **He** / *(2)* **She needs to see a specialist.** *(doctor)* (١) او مرد / (٢) اوزن باید یک داکتر متخصص را ببیند. *(1) O mard / (2) O zan bāyad yak dāktar-e-motakhases rā beebeenad.* **I'm referring** *(1)* **her** / *(2)* **him** / *(3)* **you to a specialist.** *(doctor)* (١) اوزن / (٢) اومرد / (٣) شما را به یک داکتر متخصص میفرستم. *(1) O zan / (2) O mard / (3) Shomā rā ba yak dāktar-e-motakhases mey-frestam.* ★ **specially** *adv* خصوصاً *khosoosan,* مخصوصاً *makhsoosan* **This was made specially for you.** این خصوصاً برای شما ساخته شده است. *Een makhsoosan barāyee shomā sākhta shoda ast.*

specific *adj* خاص *khās,* مشخص *moshakhas* **~ instructions** هدایات مشخص *hedāyāt-e-moshakhas,* دستورات خاص *dastoorāt-e-khās* **~ place** جای مشخص *jāy-e-khās* **~ time** وقت مشخص *waqt-e-moshakhas* ★ **specifically** *adv* مشخصاً *moshakhasan* **I specifically told** *(1)* **her.** / *(2)* **him.** / *(3)* **them.** / *(4)* **you.** من مشخصاً (١) اوزن / (٢) اومرد / (٣) آنها / (٤) شما را گفتم. *Man moshakhasan (1) o zan / (2) o mard / (3) ānhā / (4) shomā rā goftam.* ★ **specify** *vt* مشخص کردن *moshakhas kardan,* معین کردن *mayeen kardan* **Did** *(1)* **he** / *(2)* **she specify** *(3)* **when?** / *(4)* **where?** آیا (١) اومرد / (٢) اوزن مشخص کرد (٣) چی وقت؟ / (٤) کجا؟ *Āyā (1) o mard / (2) o zan moshakhas kard (3) chee waqt? / (4) kojā?*

specimen *n* نمونه *namoona* **blood ~** نمونه خون *namoona-e-khoon* **tissue ~** نمونه نسج *namoona-e-nasj* **urine ~** نمونه ادرار *namoona-e-edrār*

speed *n* تیزی *teezee,* سرعت *sorhat* **full ~** سرعت کامل *sorhat-e-kamel* **great ~** سرعت عالی *sorhat-e-ālee* **high ~** سرعت زیاد *sorhat-e-zeeyād* **slow ~** سرعت کم *sorhat-e-kam* **~ limit** حد یا اندازه سرعت *had yā andāza-e-sorhat* **Keep your speed down.** سرعت تانرا کم نگهدارید *sorhat-e-tān ra kam nega-dared* ★ **speedy** *adj* فوری *fowree*

spell *vt* (lit: be written) نوشته شدن *nowshta shodan* **How do you spell** *(1)* **your name?** / *(2)* **that?** (١) اسم تانرا / (٢) آنرا چگونه نوشته میشود؟ *Esm-e-tān rā... (2) Ān rā... chegoona nowshta mey-shawad?* **I'll spell it for you.** من برایتان میگویم چگونه نوشته میشود. *Man barāy-e-tān mey-goyam chegoona nowshta mey-shawad.*

spend *vt* 1. *(money)* مصرف کردن *masraf kardan*, خرچ کردن *kharch kardan;* 2. *(time)* گذراندن *gozarändan*, به سر بردن *ba sar bordan* **Did you spend it all?** تمام اش را مصرف کردید؟ *Tamäm ash rä masraf karded?* **We don't have much time to spend.** ما وقت زیاد برای گذراندن نداریم. *Mä waqt-e-zeeyäd baräyee gozarändan nadärem.* **We can't spend a lot of time on it.** نمیتوانیم وقت زیاد را در آن بگذرانیم. *Namey-tawänem waqt-e-zeeyäd rä dar än beg-zaränem.* **(1) They / (2) You are spending too much time on it.** (۱) آنها / (۲) شما وقت زیاد را در آن (۱) میگذرانند. / (۲) میگذرانید. *(1) Änhä / (2) Shomä waqt-e-beesyär zeeyäd rä dar än (1) mey-gozaränand. / (2) mey-gozaräned.*

sperm *n* منی *(äb-e-) manee*, نطفه *notfa* **traces of ~** اثرات آب منی *asarät-e-äb-e-manee*

spice *n* ادویه *adweeya*, دوا *dawä*, مصاله *masala* **What kind of spice is this?** این چه نوع مصاله است؟ *Een chee nowha masala ast?* **How do you use this spice?** این مصاله را چگونه استعمال میکنید؟ *Een masala rä chegona este'mäl mey-koned?* **Add some kind of spice to it.** نوعی مصاله در آن علاوه کنید. *Nowhay masala dar än a'läwa koned.* **It needs some spice.** به مصاله ضرورت دارد. *Ba masala zaroorat därad.* ★ **spicy** *adj* تند *tond* **I can't eat spicy food.** غذا تند را خورده نمیتوانم. *Ghezä-e-tond rä khorda namey-tawänam.*

spider *n* انکبوت *ankaboot*, جولاگک *jolägak* **~ web** پرده انکبوت *parda-e-ankaboot*, تار های جولا *tär-e-joola* **Clean away the spider webs.** پرده های جولاگک را پاک کنید. *Parda häyee jolägak rä päk koned.*

spike *n (steel pin)* سیخ *seekh*

spill *vt* ریختن *reekhtan* **Be careful, don't spill it.** متوجه باشید، نریزانید. *Motawaje bäshed, nareezäned.* **I spilled (what) (on [what])..** ( ) را (در) ریختاندم. *( ) rä (dar) reekhtändam.* **(1) He / (2) She spilled (what) (on [what]).** (۱) اومرد / (۲) اوزن ( ) را (در) ریختاند. *(1) O mard / (2) O zan ( ) rä (dar) reekhtänd.*

spin *vi* دور زدن *dowr zadan*, چرخ خوردن *charkh khordan* **My head is spinning.** سرم چرخ میخورد. *Saram charkh mey-khorad.*

spinach *n* سبزی پالک *sabzee pälak*

spinal *adj* نخاعی *nekhä'ee*, فقراتی *feqarätee*, مربوط به تیرپشت *marbot bar teer-e-posht* **~ cord** نخاع *nekhä*, حرام مغز *haräm maghz* **~ column** ستون فقرات *setoon-e-feqarät* **~ fluid** مایع نخاعی *mäye'-e-nekhä'ee* **~ meningitis** التهاب پرده های نخاع شوکی *eltehäb-e-parda häyee nekhäy-e-showkee* **~ tap** استخراج مایع از نخاع شوکی *estekhräj-e-mäye' az nekhä'-e-show-kee*

spindle *n* دوک *dok*, میله *meela*

spine *n* ستون فقرات *setoon-e-feqarät*, تیر پشت *teer-e-posht* **broken ~** ستون فقرات شکسته *setoon-e-feqarät-e-shekesta* **crooked ~** ستون فقرات کج *setoon-e-feqarät-e-kaj* **deformed ~** ستون فقرات بد شکل *setoon-e-feqarät-e-bad shakel* **injured ~** ستون فقرات زخمی یا افگار *setoon-e-feqarät-e-zakhmee yä afgär* **(1) He / (2) She (3) broke (4) injured (5) his (6) her spine.** (۱) اومرد / (۲) اوزن ستون (۵،۶) اش را (۳) شکستانده / (۴) افگار کرده است. *(1) O mard / (2) O zan setoon-e-feqarät (5,6) ash rä (3) shekastända / (4) af-gär karda ast.* **It will support (1) her / (2) his / (3) your spine.** ستون فقرات (۱) اومرد / (۲) اوزن / (۳) شما را تقویت خواهد کرد. *Setoon-e-feqarät-e- (1) o mard / (2) o zan / (3) shomä rä taqweeyat mey-konam.*

spiral *adj* مار پیچ *mär peech*

spirit *n* 1. *(essence of a human)* روح *roh;* 2. *pl (mood, morale)* جرأت *jora't*, دل *del*, نیرو *neero*, مورال *moräl* **(1) He / (2) She is in (3) better / (4) low spirits.** (۱) اومرد / (۲) اوزن جرأت (۳) بهتر / (۴) کم دارد. *(1) O mard / (2) O zan jora't (3) behtar / (4) kam därad.* **We have to try to raise (1) her / (2) his spirits.** کوشش کنیم که مورال (۱) اوزن / (۲) اومرد را تقویت کنیم. *Koshesh konem ke moral-e-*

(1) o zan / (2) o mard rä taqweeyat konem. **What can we do to raise** *(1)* **her** */ (2)* **his spirits?** چی باید کرد مورال (۱) اوزن / (۲) اومرد را تقویت کنیم؟ *Chee bäyad kard tä moral-e- (1) o zan / (2) o mard rä taqweeyat konem?*
★ **spiritual** *adj* روحانی *rohänee,* معنوی *ma'nawee*

spit *vt* تُف کردن *tof kardan* **Spit it out.** تُف اش کن. *Tof ash kon.* **(1) He / (2) She is spitting blood.** (۱) اومرد / (۲) اوزن خون تُف میکند. *(1) O mard / (2) O zan khoon tof mey-konad.* ★ *vi* تُف انداختن *tof andäkhtan* **Spit in** *(1)* **that.** */ (2)* **this.** در (۱) این / (۲) آن تُف کنید. *Dar (1) een / (2) än tof koned.*

spite *n:* **in ~ of** با وجود *bä wojod-e-* **(1) He / (2) She is doing well in spite of (3) his / (4) her (5) injury.** */ (6)* **loss of blood.** (۱) اومرد / (۲) اوزن باوجود (۵) زخم / (۶) خونریزی (۴،۳) خوب است. *(1) O mard / (2) O zan bäwojod-e- (5) zakhem / (7) khoon-reezee (3,4) khoob ast.* **We** *(1)* **are going to go...** */ (2)* **have to do it... in spite of the weather.** ما (۱) میرویم.../ (۲) باید انجام دهیم...باوجود باد. *Mä (1) mey-rawem... / (2) bäyad anjäm dehem... bäwojod-e-bäd.*

splash *vt* (آب) زدن *(äb) zadan* **Splash your eye with water.** چشم های تان را آب بزنید. *Chashem häyee tän rä äb bezanad.*

spleen *n (anat.)* طحال *tahäl* **enlarged ~** طحال بزرگ شده *tahäl-e-bozorg shoda*

splendid *adj* مجلل *mojalal,* بسیار خوب *beesyär khob,* عالی *a'äleh* **Splendid work!** کار بسیار خوب! *Kär-e-beesyär khoob!* **You've done a splendid job.** شما کار عالی انجام دادید. *Shomä kär-e-a'äleh anjäm däded.* **They did a splendid job.** آنها کار عالی انجام دادند. *Änhä kär-e-a'äleh anjäm dädand.*

splice *vt* به هم تابیدن *ba ham täbeedan,* به هم متصل کردن *ba ham motasel kardan* **Splice the wires together.** سیم ها را به هم متصل کنید. *Seem hä rä ba ham motasel koned.*

splint *n* اتل (تخته شکسته بندی) *atal (takhta-e-shekesta bandee),* اسپلنت *espelent* **Put a splint on** *(1)* **her** */ (2)* **his (3) arm.** */ (4)* **leg.** یک اتل در (۳) بازو/ (۴) پای (۱) اوزن / (۲) اومرد بگذارید. *Yak atal dar (3) bäzoo-e- / (4) päy-e- (1) o zan / (2) o mard begzäred.*

splinter *n* اسپلنتر *espelentar* **(1) He / (2) She has a splinter in (3) his / (4) her (5) foot.** */ (6)* **hand.** (۱) اومرد / (۲) اوزن یک اسپلنتر در (۵) پای / (۶) دست (۴،۳) اش دارد. *(1) O mard / (2) O zan yak espelentar dar (5) päy / (6) dast (3,4) ash därad.* **I'm going to remove the splinter from** *(1)* **his** */ (2)* **her (3) your /** *(4)* **foot.** */ (5)* **hand.** اسپلنتر را از (۴) پای/ (۵) دست (۱) اومرد / (۲) اوزن / (۳) شما می بردارم. *Espelentar rä az (4) päy-e- / (5) dast-e- (1) o zan / (2) o mard / (3) shomä mey-bardäram.*

split *vt* تقسیم کردن *taqseem kardan,* از هم جدا کردن *az ham jedä kardan* **Split it (in two).** (به دوقسمت) جدا اش کن. *(Ba do) qesmat jedä ash kon.* ★ *vi* شکستن *shekastan,* جدا شدن *jedä shodan* **It split.** جدا شد. *Jedä shod.*

spoil *vt* تباه کردن *tabäh kardan;* فاسد کردن *fäsed kardan,* خراب کردن *kharäb kardan* **That spoils** *(1)* **my** */ (2)* **our plans.** (۱) همه چیز / (۲) پلان های (۱) من / (۳) ما را خراب میکند. *Hama cheez... / Pelän häyee (2) man / (3) mä rä... kharäb mey-konad.* ★ *vi (become rotten)* گندیدن *gandeedan,* ضایع شدن *zä-ee' shodan,* خراب شدن *kharäb shodan* **Keep these cold so that they don't spoil.** اینها را سرد نگهدارید تا خراب نشود. *Een hä rä sard nega-däred tä kharäb nashawad.* **If you leave it out, it'll spoil.** اگر بیرون بیگذارید اش، خراب خواهد شد. *Agar beeroon begzäred ash, kharäb khähad shod.* **If you leave them out, they'll spoil.** اگر آنها را بیرون بگذارید، خراب میشوند. *Agar änhä rä beeroon begzäred, kharäb mey-shawand.* ★ **spoiled** *adj* گندیده *gandeeda,* خراب *kharäb* **It's spoiled.** گندیده است. *Gandeeda ast.* **They're spoiled.** گندیده هستند. *Gandeeda hastand.*

sponge *n* اسفنج *esfanj* **(1) Clean / (2) Wipe it with a sponge.** با اسفنج (۱) پاک

sponsor — **sprained**

خشك اش كنيد. (٢) *Bä esfanj (1) päk / (2) khosh ash koned.*
sponsor *vt* ضمانت كردن *zamänat kardan* **Maybe someone (1) can / (2) will sponsor (3) her. / (4) him. / (5) them. / (6) you.** شايد كسى (٣) اوزن / (٤) اومرد / (٥) آنها / (٦) شما را ضمانت (١) بتواند. / (٢) خواهد كند. *Shäyad kasee (3) o zan / (4) o mard / (5) änhä / (6) shomä rä zamänat (1) betawänad. / (2) khähad konad.* **I'll try to sponsor (1) her. / (2) him. / (3) them. / (4) you.** كوشش ميكنم كه (١) اوزن / (٢) اومرد / (٣) آنها / (٤) شما را ضمانت كنم. *Koshesh mey-konam ke (1) o zan / (2) o mard / (3) änhä / (4) shomä rä zamänat konam.* **I can't sponsor (1) her. / (2) him. / (3) them. / (4) you.** من (١) اوزن / (٢) اومرد / (٣) آنها / (٤) شما را ضمانت كرده نميتوانم. *Man (1) o zan / (2) o mard / (3) änhä / (4) shomä rä zamänat karda namey-tawänam.* ★ *n* ضمانت *zamänat,* ضامن *zämen* **We're looking for a sponsor for (1) her. / (2) him. / (3) them. / (4) you.** ما در جستجوى يك ضمانت براى (١) اوزن / (٢) اومرد / (٣) آنها / (٤) شما هستيم. *Mä dar jostojoy-e-yak zamänat baräyee (1) o zan / (2) o mard / (3) änhä / (4) shomä hastem.* **We'll try to find a sponsor for (1) her. / (2) him. / (3) them. / (4) you.** كوشش ميكنيم كه يك ضمانت راى (١) اوزن / (٢) اومرد / (٣) آنها / (٤) شما پيدا كنيم. *Koshesh mey-konem ke yak zamänat baräyee (1) o zan / (2) o mard / (3) änhä / (4) shomä paydä konem.* **We found a sponsor for (1) her. / (2) him. / (3) them. / (4) you.** ما براى (١) اوزن / (٢) اومرد / (٣) آنها / (٤) شما يك ضمانت پيدا كرديم. *Mä baräyee (1) o zan / (2) o mard / (3) shomä / (4) änhä yak zamänat paydä kardem.*

spontaneous *adj* خود به خود *khod ba khod*
spool *n* قرقره *qarqara* ~ **of thread** قرقره تسبيه *qaqara-e-tasbee,* قرقره ريسمان *qarqara-e-reesmän*
spoon *n* قاشق *qäshoq* **plastic** ~ قاشق پلاستيكى *qäshoq-e-palästeekee* **serving** ~ قاشق غذا خورى *qäshoq-e-ghezä khoree* ★ **spoonful** *n* قاشق پر *qäshoq-e-por* **Take (1) a spoonful / (2) two spoonfuls every four hours.** (١) يك قاشق پر... / (٢) دو قاشق پر... بعد از هر چهار ساعت صرف كنيد. *(1) Yaq qäshoq-e-por... / (2) Do qäshoq-e-por... ba'd az har chär sä-a't sarf koned.*

sporadic *adj* پراكنده *paräkanda,* تك و توك *tak wa tok,* تك تك *tak tak*
sport(s) *adj* ورزشى *warzeshee* ~**s equipment** اسباب ورزشى *asbäb-e-warzeshee* ~ **shoes** بوت هاى ورزشى *boot häyee warzeshee* ★ **sport** *n* ورزش *warzesh* **What sports do (1) you / (2) they like?** (١) شما / (٢) آنها به كدام ورزش علاقه (١) داريد. / (٢) دارند؟ *(1) Shomä / (2) Änhä ba kodäm warzesh a'läga (1) däred? / (2) därand?* **Let's organize a sports program for them.** بيايد يك برنامه ورزشى براى آنها تهيه نمايم. *Beeyäyed yak barnäma-e-warzeshee baräy-e-änhä tahya nomäyem.*

spot *n* 1. *(blemish)* لكه *laka;* 2. *(place)* محل *mahal,* جا *jä* **black** ~ لكه سياه *laka-e-seeyäh* **dirty** ~ نقطه كثيف *nooqta-e-kaseef* **good** ~ محل خوب *mahal-e-khoob* **grease** ~ لكه چربى *laka-e-charbee* **large** ~ لكه كلان *laka-e-kalän* **sore** ~ محل درد *mahal-e-dard,* لكه زخم *mahal-e-zakhem* **weak** ~ جاى كم *jäy-e-kam* **Can you remove the (1) spot / (2) spots from this?** آيا ميتوانيد (١) لكه / (٢) لكه ها را از اين بردارد؟ *Äyä mey-tawäned (1) laka / (2) laka-hä ra az een bardäred?*
spotlight *n* نور افگن صحنه *noor afgan-e-sahna.* نور روشن كه يك ساحه را روشن ميكند. *Noor-e-rooshan ke yak säha rä rooshan mey-konad.*
spout *n* ناودان *näwadän,* فواره *fawära*
sprain *vt* پيچاندن *peechändan,* رگ كردن *rag kardan* **You sprained it.** شما رگ اش كرديد. *Shomä rag ash karded.* **(1) He / (2) She sprained her (3) ankle. / (4) hand.** (١) اومرد / (٢) اوزن (٣) بجلك پاى / (٤) دست اش را رگ كرد. *(1) O mard / (2) O zan (3) bojolak päy... / (4) dast... ash rä rag kard.* ★ *n* رگ شدگى *rag shodagee* **It's a sprain.** رگ شدگى است. *Rag shodagee ast.* ★ **sprained** *adj* رگ شده *rag shoda* ~ **ankle** بجلك پاى رگ شده *bojolak-e-päy-e-rag shoda*

~ hand دست رگ شده *dast-e-rag shoda*

spray *vt* پاشیدن *päsheedan,* دواپاشی کردن *dawä päshee kardan,* افشان کردن *afshän kardan* **Spray the (1) office / (2) tents (with this).** (۱) دفتر / (۲) خیمه ها را (با این) دوا پاشی کنید. *(1) Daftar... / (2) Khayma hä... rä (bä een) dawä päshee koned.* **Spray this on the latrine.** این را در تشناب پاش بدهید. *Een rä dar tashnäb päsh bedehed.* ★ *n* افشان *afshän,* ماده افشان *mäda-e-afshän,* اسپری *esperey* **antiseptic ~** ماده افشان کشنده میکروب *mäda-e-afshän-e-kashenda meekroob* **ant ~** اسپری مورچه *esperey-e-morcha* **burn / cold ~** ماده افشان سوختگی *mäda-e-afshän-e-sookh-tegee* **mosquito ~** اسپری پشه *esperey-e-pasha* **sunburn ~** ماده افشان آفتاب سوختگی *mäda-e-afshän-e-aftäb-e-sookhtegee* ★ **sprayer** *n* دوا پاش *dawä päsh*

spread *vt* فرش کردن *farsh kardan,* پهن کردن *pahn kardan,* هموار کردن *hamwär kardan* **~ out blankets** گلیم ها را بیرون فرش کردن *gelem hä rä beeroon farsh kardan* **Spread this over the (1) boxes / (2) table.** این را درروی (۱) صندوق ها / (۲) میز... فرش کنید. *Een rä dar roy-e- (1) sandoq hä... / (2) meez... farsh koned.* **Spread butter on the bread.** مسکه را درروی نان هموار کنید. *Maska rä dar roy-e-nän hamwär koned.* ★ *vi* پهن شدن *pahn shodan,* منتشر شدن *montasher shodan* **We don't want it to spread.** نمیخواهیم که منتشر شود. *Namey-khähem ke montasher shawad.* **It may spread.** منتشر خواهد شد. *Montasher khähad shod.* **spread** *n* شیوع *shoyoo',* انتشار *enteshär* **We have to (1) prevent / (2) stop the spread of (disease).** ما باید از شیوع (___) (۱) جلوگیری کنیم. / (۲) متوقف سازیم. *Mä bäyad az shoyoo'-e-(___) (1) jelowgeeree konem. / (2) motawaqef säzem.*

spring 1. *(season)* بهار *bahär;* 2. *(water)* چشمه *chashma;* 3, *(metal coil)* فنر *fanar* **during ~** درهنگام بهار *dar hangäm-e-bahär* **in ~** در بهار *dar bahär* **last ~** بهار گذشته *bahär-e-gozashta* **mountain ~** چشمه کوه *chashma-e-ko* **next ~** بهار آینده *bahär-e-äyenda* **The spring is (1) gone. / (2) no good.** بهار (۱) رفته است. / (۲) خوبی نیست. *Bahär (1) rafta ast. / (2) khoobe neest.* **It needs a new spring.** به فنر جدید ضرورت دارد. *Ba fanar-e-jadeed zaroorat därad.*

sprinkle *vt* پاشیدن *päsheedan* **Sprinkle water on (1) it / (2) them.** آب را در (۱) این / (۲) آنها پاش دهید. *Äb rä dar (1) een / (2) änhä päsh dehed.*

sprocket *n* دندانه چرخ زنجیر *dandane-e-charkh-e-zanjeer*

sprout *n* جوانه *jawäna,* شاخه *shäkha*

spruce *n* صنوبر *sonobar*

sputum *n* تف *tof,* بلغم *balgham* **spy** *vi* جاسوسی کردن *jäsoosee kardan* ★ *n* جاسوس *jäsoos*

squad *n (mil.)* فرقه *ferqa*

square *adj* چهار کنج *chär konj,* مربع *moraba'* ★ *n* 1. *(equilateral rectangle)* مربع *moraba';* 2. *(carpenter's instrument)* کج *kaj* **carpenter's ~** کج نجاری *kaj-e-najäree*

squash *n (vegetable)* کدو *kado*

squeeze *vt* فشردن *feshordan,* فشار دادن *feshär dädan* **Squeeze it (1) firmly. / (2) gently. / (3) tightly.** (۱) محکم / (۲) آهسته / (۳) قایم فشار دهید. *(1) Mahkam / (2) ähesta / (3) qäyem feshär dehed.* **Don't squeeze too tightly.** بسیار قایم فشار ندهید. *Beesyär qäyem feshär nadehed.*

stab *vt* کارد زدن *kärd zadan* **I've been stabbed.** من را با کارد زدند. *Man rä bä kärd zadand.* **(1) He / (2) She has been stabbed (several times).** (۱) اومرد / (۲) اوزن را (چندین مرتبه) با کارد زدند. *(1) O mard / (2) O zan rä (chandeen martaba) bä kärd zadand.*

stability *n* ثبات *sobät,* نظم *nazem* **political ~** ثبات سیاسی *sobät-e-seeyäsee* ★ **stabilize** *vt* ثبات تحکیم کردن *sobät tahkeem kardan* ★ *vi* بهتر شدن *behtar shodan* **(1) Her / (2) His condition has stabilized.** حالت (۱) اوزن / (۲) اومرد

stable *adj* استوار *ostowär,* محكم *mahkam,* ثابت *säbet* **Is it stable?** آیا محکم است؟ *Äyä mahkam ast?* **It** *(1)* **is /** *(2)* **isn't stable.** (١) محکم *Mahkam* (١) است. / (٢) نیست. *(2) neest.* **(1) Her /** *(2)* **His condition is stable.** حالت (١) اوزن / (٢) اومرد استوار *Hälat-e- (1) o zan / (2) o mard ostowär ast.* است. *Hälat-e- (1) o zan / (2) o mard behtar shoda ast.* ★ **stable** *adj* استوار *ostowär,* محكم *mahkam,* ثابت *säbet* **Is it stable?** آیا محکم است؟ *Äyä mahkam ast?* **It** *(1)* **is /** *(2)* **isn't stable.** (١) محکم *Mahkam (1) ast. / (2) neest.* **(1) Her /** *(2)* **His condition is stable.** حالت (١) اوزن / (٢) اومرد استوار است. *Hälat-e- (1) o zan / (2) o mard ostowär ast.*

stable *n* (*shed for horses*) طویله *taweela*

stack *vt* کوت کردن *kot kardan,* توده کردن *toda kardan* **Stack them (over)** *(1)* **here. /** *(2)* **there.** در (روی)-ه- (١) اینجا / (٢) آنجا کوت شان کن. *Dar (roy)-e- (1) eenjä / (2) änjä kot-e-shän kon.* ★ *n* توده *toda,* کوت *kot* ~ **of blankets** کوت کمبل ها *kot-e-kambal hä* ~ **of boxes** کوت صندوق ها *kot-e-sandoq hä* ~ **of crates** کوت سبد ها *kot-e-sabad hä* ~ **of papers** کوت کاغذ ها *kot-e-käghaz hä*

stadium *n* ستدیوم *stedyom,* ورزش گاه *warzesh gä*

staff *n* کارکنان *kärkonän,* کارمندان *kärmandän,* **all of** *(1)* **my /** *(2)* **our** ~ تمام کارمندان (١) من / (٢) ما *tamäm-e-kärmandän-e- (1) man / (2) mä* ~ **meeting** جلسه کارمندان *jalsa-e-kärmandän* **district** ~ کارمندان ناحیه *kärmandän-e-näheeye* **field** ~ کارمندان ساحه *kärmandän-e-säha* **provincial** ~ کارمندان ایالتی *kärmandän-e-eeyälatee* **(1) He /** *(2)* **She is one of** *(3)* **my /** *(4)* **our staff.** (١) اومرد / (٢) اوزن یکی از کارمندان (٣) من / (٤) ما است. *(1) O mard / (2) O zan yakee az kärmandän-e- (1) man / (2) mä ast.* **They're on** *(1)* **my /** *(2)* **our staff.** آنها کارمندان (١) من / (٢) ما هستند. *Ânhä kärmandän-e- (1) man / (2) mä hastand.*

stage *n* (*rivers: level*) سطح *satah* **flood** ~ سطح سیل *satah-e-seel*

stagger *vi* گیج خوردن *geech khordan*

stain *n* لکه *laka,* داغ *dägh* **Can you get the stain out?** آیا لکه را از بین برده میتوانید؟ *Âyä laka rä az bayen borda mey-tawäned?* ★ **stained** *adj* لکه *laka,* داغی *däghee*

stairs *n, pl* زینه *zeena* ★ **stairway** *n* راه زینه *räh-zeena* ★ **stairwell** *n* زینه بلند *zeena-e-beland,* زینه *zeena*

stake *n* چوب دراز *choob-e-daräz,* تیر *teer* **tent** ~ تیر خیمه *teer-e-khayma* **Put a stake** *(1)* **at each** *(2)* **corner. /** *(3)* **spot. /** *(4)* **every two meters.** یک چوب (١) درهر (٢) کنار / (٣) جا / (٤) بعد از هر دومتر بگذارید. *Yak choob (1) dar har (2) kenär... / (3) jä... / (4) ba'd az har do meter...begzäred.* **Pull up the stakes.** چوب ها را بکشید. *Choob hä rä bekashed.* **Nail** *(1)* **it /** *(2)* **them to the stakes.** (١) این / (٢) آنها را در چوب ها میخ کنید. *(1) Een / (2) Ânhä rä dar choob hä meekh koned.*

stale *adj* شب مانده *shab mända* ~ **bread** نان شب مانده *nän-e-shab mända*

stalk *n* (*of a plant*) ساق *säq*

stall *vi* (*motors: stop running*) از جنبش ماندن *az jonbesh mändan* جام ماندن *jäm mändan* **The** *(1)* **engine /** *(2)* **motor** *(3)* **stalled. /** *(4)* **stalls all the time.** (١) ماشین / (٢) موتور (٣) جام ماند. / (٤) هر وقت جام میماند. *(1) Mäsheen / (2) Motor (3) jäm mänd. / (3) har waqt jäm mey-mänad.*

stall *n* (*market booth*) (See terms under *vendor*) غرفه *ghorfa,* دکانچه *dokäncha*

stamp *n* 1. (*postage*) تکت پُستی *teket-e-postee;* 2. (*rubber*) مهر *mohr;* (*impression*) نقش *naqsh,* نشان *neshän* **official** ~ مهر رسمی *mohr-e-rasmee* **postage** ~ مهر پُستی *mohr-e-postee* **rubber** ~ مهر رابری *mohr-e-räbaree* **validation** ~ (*visas*) مهر تصدیق *mohr-e-tasdeeq*

stampede *n* هجوم *hojoom,* وحشت *wahshat* **We don't want a stampede.** ما وحشت نمی خواهیم. *Mä wahshat namey-khähem.*

stand *vt* 1. (*make s.th. stand*) ایستاد کردن *eestäd kardan;* 2. (*bear, endure*) تحمل کردن *tahmol kardan* **Stand it up** *(1)* **here. /** *(2)* **there.** (١) اینجا / (٢) آنجا بلند ایستاد اش کن. *(1) Eenjä / (2) Ânjä beland eestäd ash kon.* **I can't stand it.** نمیتوانم تحمل اش کنم. *Namey-tawänam ash tahmol konam.* **I don't know how you can stand it.** نمیدانم چگونه تحمل اش میکنید؟ *Namey-dänam chegona tahmol*

stand

ash mey-koned. **You stood the pain very well.** درد را بسیار خوب تحمّل کردید. *Dard rä beesyär khoob tahmol karded.* *(1)* **He / *(2)* She stood the pain very well.** (۱) اومرد / (۲) اوزن درد را بسیار خوب تحمّل کرد. *(1) O zan / (2) O mard dard rä beesyär khoob tahmol kard.* ★ **stand** *vi* ایستاده شدن *eestäda shodan,* ایستادن *eestädan* **Can you stand?** آیا میتوانید ایستاد شوید؟ *Äyä mey-tawäned eestäd shawed?* **Can *(1)* he / *(2)* she stand?** آیا(۱) اومرد / (۲) اوزن میتواند ایستاد شود؟ *Äyä (1) o mard / (2) o zan mey-tawänad eestäd shawad?* **I can't stand.** نمیتوانم ایستاد شوم. *Namey-tawänam eestäd shawam.* **Please stand *(1)* here. / *(2)* outside. / *(3)* there.** لطفاً (۱) اینجا / (۲) بیرون / (۳) آنجا ایستاد شوید. *Lotfan (1) eenjä / (2) beeroon / (3) änjä eestäd shawed.* **Have *(1)* her / *(2)* him / *(3)* them stand *(4)* outside. / *(5)* over there.** (۱) اوزن / (۲) اومرد / (۳) آنها را (۴) بیرون / (۵) آنجا ایستاد کنید. *(1) O zan / (2) O mard / (3) Anhä rä (4) beeroon / (5) änjä eestäd koned.* **You have to stand in line.** باید در قطار ایستاد شوید. *Bäyad dar qatär eestäd shawed.* **Everybody please stand in line.** لطفاً همه در قطار ایستاد شوید. *Lotfan hama dar qatär eestäd shawed.* ★ **stand aside** *idiom* گوشه شدن *gosha shodan* **Stand aside, please (and let them through).** لطفاً، گوشه شوید (و آنها را اجازه دهید بگزرند). *Lotfan, gosha shawed (wa änhä rä ejäza dehed begzarand).* ★ *n* *(upright wooden or metal hold-er)* پایه *päya* **drip ~** *(med: for IV bottle)* پایه برای آویزان کردن سیروم *päya baräy-e-äwezän kardan-e-seerom* ★ **stand back** *idiom* (یک یا دو قدم) عقب ایستاده شدن *(yak yä do qadam) a'qeb eestäda shodan* **Stand back, please.** لطفاً، عقب ایستاده شوید. *Lotfan, a'qeb eestäda shawed.* ★ **stand for** *idiom* 1. *(tolerate)* تحمل کردن *tahmol kardan,* برداشت کردن *bardäsht kardan;* 2. *(signify)* دلالت کردن *dalälat kardan bar,* معنی دادن *ma'nee dädan* *(1)* **I / *(2)* We will not stand for *(3)* dishonesty. / *(4)* disobedience. / *(5)* corruption. / *(6)* discrimination. / *(7)* laziness. / *(8)* sloppiness. / *(9)* theft.** (۱) من / (۲) ما (۳) تقلبکاری / (٤) نافرمانی / (۵) انحراف / (٦) تبعیض / (۷) تنبلی / (۸) خرابی / (۹) دزدی را تحمل (۱) نخواهم کرد. / (۲) نخواهیم کرد. *(1) Man / (2) Mä (3) taqalob-käree / (4) näfarmänee / (5) enheräf / (6) ta'beez / (7) tanbalee / (8) kharäbee / (9) dozdee rä tahmol (1) nakhäham kard. / (2) nakhähem kard.* **What does it stand for?** چی معنی میدهد؟ *Chee ma'nee mey-dehad?* **It stands for...** ...معنی میدهید. *...ma'nee mey-dehad.* ★ **stand up** *idiom* ایستاد شدن *eestäd shodan (1,2)* **Stand up.** برخیزید. *(1) Barkheezed. /* ایستاد شوید. *(2) Eestäd shawed.*

standard *adj* معین *ma'yen* **~ dosage** مقدار معین دوا *meqdär-e-ma'yen-e-dawä* **~ operating procedure** طرزالعمل معین *tarz-el-a'mal-e-ma'yeen* **~ practice** کار معین *kär-e-ma'yen,* **~ procedure** طرز العمل معین *tarz-el-a'mal-e-ma'yen,* پروسه *prosay-e-standard* ★ *n* معیار *me'yär,* میزان *meezän* **high ~s** معیارهای بالا *me'yär häyee bälä* **~ of living** معیار زندگی *me'yär-e-zenagee*

standstill *n* وقفه *waqfa,* تعطیل *ta'teel,* توقف *tawaqoof* *(1)* **Everything / *(2)* The system has come to a standstill.** (۱) همه چیز / (۲) سیستم باید توقف کند. *(1) Hama cheez... / (2) Seestom... bäyad tawaqoof konad.*

staple *vt* استبلر کردن *esteblar kardan,* یکجا کردن *yakjä kardan* **~ paper** کاغذ ها را با استبلر یکجا کردن *käghaz hä rä bä esteblar yakjä kardan* **Staple them together.** آنها را یکجا استبلر کنید. *Anhä rä yakjä esteblar koned.* **Staple the photo in the *(1)* lefthand / *(2)* righthand corner.** تصویر را در (۱) کنار دست چپ / (۲) کنار دست راست استبلر کنید. *Tasweer rä dar (1) dast-e-chap / (2) kenär-e-dast-e-räst esteblar koned.* ★ *n* 1. *(main food)* مواد اولیه خوراکی *mawäd-e-awalya-e-khoorakee;* 2. *(wire fastener)* سنجاق *senjäq-e-esteblar* **box of ~** قطی سنجاق استبلر *qotee-e-senjäq-e-esteblar* ★ **stapler** *n* ماشین استبلر *mäsheen-e-esteblar*

star *n* ستاره *setära* **movie ~** ستاره سینما *setära-e-seenamä*

starch *n* نشایسته *neshäyesta*

stare *vi* خیره نگاه کرده *kheera negäh kardan,* خیره نگریستن *kheera negareestan*

Please don't stare at me. لطفاً برمن خیره نگاه نکنید. *Lotfan bar man kheera negäh nakoned*

start *vt* شروع کردن *shoro' kardan*, آغاز کردن *äghäz kardan* ~ **a fight** جنگ را شروع کردن *jang rä shoro' kardan* ~ **a fire** آتش را روشن کردن *atash ra roshan kardan* **Okay, start it up!** *(Machine)* درست است، روشن اش کنید! *Drost ast, rooshan ash koned!* **It's time to start work.** وقتی است که کار را شروع کنیم. *Waqtee ast ke kär rä shoro' konem*. **You can start work** *(1)* **today.** / *(2)* **tomorrow.** / *(3)* **on** *(day)*. شما کار را (۱) امروز / (۲) فردا / (۳) در(روز) میتوانید شروع کنید. *Shomä kär rä (1) emrooz / (2) fardä / dar (rooz) mey-tawäned shoro' koned.* **He** / *(2)* **She can start work** *(3)* **today.** / *(4)* **tomorrow.** / *(5)* **on** *(day)*. (۱) اومرد / (۲) اوزن کار را (۳) امروز / (٤) فردا / (٥) در (___) میتواند شروع کند. *O mard / O zan kär rä (2) emrooz / (4) fardä / (5) dar (__) mey-tawänad shoro' konad.* **Start making** *(1)* **breakfast.** / *(2)* **lunch.** / *(3)* **dinner.** درست کردن (۱) ناشتا / (۲) نان چاشت / (۳) نان شب را شروع کنید. *Drost kardan-e- (1) nästhä / (2) nän-e-chäsht / (3) nän-e-shab rä shoro' koned.* **Start serving (the food)** *(1)* **now.** / *(2)* **at** *(time)*. (غذا) را (۱) حالا / (۲) در (___) پیشکش کنید. *(Ghezä) rä (1) hälä / (2) dar (__) peshkash koned.* **Start cleaning up.** پاک کاری را شروع کنید. *Päk käree rä shoro' koned.* **Start** *(1)* **loading** / *(2)* **unloading it.** (۱) بارکردن / (۲) تخلیه بار را شروع کنید. *(1) Bär kardan... / (2) takhleya-e-bar rä shoro' koned.* **Start packing.** بسته بندی را شروع کنید. *Basta bandee rä shoro' koned.* **Start putting** *(1)* **it** / *(2)* **them up.** *(example: tents)* بلند کردن (۱) این / (۲) آنها را شروع کنید. *Beland kardan-e-(1) een / (2) änhä rä shoro' koned.* **Start taking** *(1)* **it** / *(2)* **them down.** *(example: tents)* پائین کردن (۱) این / (۲) آنها را شروع کنید. *Päheen kardan-e-(1) een / (2) änhä rä shoro' koned.* **It's starting to** *(1)* **get better.** / *(2)* **go down.** / *(3)* **go up.** / *(4)* **heal.** آغاز کرده است که (۱) خوب شود. / (۲) پاهین برود. / (۳) بالا برود. / (٤) شفاه یابد. *Äghäz karda ast ke (1) khob shawad. / (2) päheen berawad. / (3) bälä berawad. / (4) shafäh yäbad.* **Who started the fight?** جنگ را کی شروع کرد؟ *Jang rä kee shoro' kard?* *(1)* **He** / *(2)* **She started a fight.** (۱) اومرد / (۲) اوزن جنگ را شروع کرد. *(1) O mard / (2) O zan jang rä shoro' kard.* **They started a fight.** آنها جنگ را شروع کردند. *Anhä jang rä shoro' kardand.* ★ *vi* آغاز کردن *äghaz kardan* ~ **late** ناوقت آغاز کردن *näwaqt äghaz kardan* ~ **on time** به وقت آغاز کردن *ba äghaz kardan* **What time will it start?** چی وقت آغاز خواهد شد؟ *Chee waqt äghaz khähad shod?* **What time are you going to start?** چی وقت آغاز میکنید؟ *Chee waqt äghaz mey-koned?* *(1)* **They** / *(2)* **You can start any time.** (۱) آنها / (۲) شما هروقت آغاز کرده (۱) میتوانند. / (۲) میتوانید. *(1) Änhä / (2) Shomä har waqt äghaz karda (1) mey-tawänand. / (2) mey-tawäned.* ★ **starter** *n (mech.)* آغاز گر *äghäz gar*

starvation *n* سوء تغذی *soo'-e-taghazee*, گرسنگی *goresnagee* **prevent** ~ جلوگیری از سوء تغذی *jelow-geeree az soo'-e-taghazee* **They're on the verge of starvation.** قریب است آنها به سوء تغذی دچار شوند. *Qareeb ast änha ba-soo-e-taghazee dochar shawand.* ★ **starve** *vi* گرسنگی کشیدن *goresnagee kasheedan*, از گرسنگی مردن *az goresnagee mordan* **The** *(1)* **children** / *(2)* **people are starving.** (۱) اطفال / (۲) مردم از گرسنگی میمیرند. *(1) Atfäl / (2) Mardom az goresnagee meemeerand.* **If they don't get this food, they will starve.** اگر آنها این غذا را بدست نیاورند، از گرسنه گی خواهد مردند. *Agar änhä een ghezä rä badast nayäwarand, az goresnagee khähad mordand.* ★ **starved** *adj* گرسنه *goresna*

state *n* 1. *(condition)* حالت *hälat*; 2. *(U.S.A.)* ایالت *eeyälat*, کشور *keshwar* **Things are in a bad state.** همه چیز در حالت خراب است. *Hama cheez dar hälat-e-kharäb ast.* **I'm from the state of** *(name)*. من از ایالت (___) هستم. *Man az eeyälat-e-(__) hastam.*

statement *n* بیان *bayän*, شرح *sharha*, اظهار نامه *ez-här näma* **issue a** ~ بیان صادر کردن *bayän sader kardan* **Read them the statement.** برای آنها بیان را بخوانید. *Baräy-e-änhä bayän rä bokhäned.*

static *n (noise)* صدا *sadä*, قیل و قال *qeel wa qäl* **There (1) is / (1) was too much static.** صدا بسیار زیاد (۱) است. / (۲) بود. *Sadä beesyär zeeyäd (1) ast. / (2) bod.*

station *n* 1. *(bus, train)* ایستگاه *eestädgäh*; 2. *(radio, TV, med.)* مرکز *markaz*; 3. *(point, place)* محل *mahal*, جای *jäy* **bus** ~ ایستگاه سرویس *eestädgäh-e-sarwees*, ایستگاه موترهای شهری *eestädgäh-e-motar häyee shahree* **fire** ~ اداره آتش فشانی *edära-e-ätash feshänee*, اطفایه *etfäya* **first aid** ~ مرکز کمک های اولیه *markaz-e-komak häyee awalya* **gas(oline)** ~ تانک تیل *tänk-e-teel* **hydroelectric** ~ استیشن برق آبی *esteeshan-e-barq-e-äbee* **medical** ~ مرکز طبی *markaz-e-tebee* **police** ~ ماموریت پولیس *mämoryat-e-polees* **polling** ~ محل رای گیری *mahal-e-raygeeree* **radio** ~ مرکز رادیو *markaz-e-rädyo* **train** ~ ایستگاه ریل *eestäd-gäh-e-reel* **TV** ~ مرکز تلویزون *markaz-e-talweezoon* **water treatment** ~ مرکز تصفیه آب *markaz-e-tasfeeya-e-äb* **Where is the police station?** ماموریت پولیس کجاست؟ *Momoryat-e-polees kojäst?* **(1) I / (2) We / (3) They have to... / (4) He / (5) She has to... go to the police station.** (۱) من / (۲) ما / (۳) آنها / (۴) اومرد / (۵) اوزن باید به ماموریت پولیس (۱) بروم. / (۲) برویم. / (۳) بروند. / (٤،٥) برود. *(1) Man / (2) Mä / (3) Anhä / (4) O mard / (5) O zan bäyad ba mämooryat-e-polees (1) berawam. / (2) berawem. / (3) berawand. / (4,5) berawad.* **(1) Go to the police station.** به ماموریت پولیس (۱) بر انید. / (۲) برو ید *Ba mämoryat-e-polees (1) beräned. / (2) berawed.* **Take (1) me / (2) him / (3) her / (4) us / (5) them to the police station.** (۱) من / (۲) اومرد / (۳) اوزن / (٤) ما / (٥) آنها را به ماموریت پولیس ببرید. *(1) Man / (2) O mard / (3) O zan / (4) Mä / (5) Anhä rä ba mämor-yat-e-polees bobared.* **Is there a gas(oline) station around here?** آیا در این نواحی کدام تانک تیل است؟ *Äyä dar een nawähee kodäm tänk-e-teel ast?*

statistics *n* احصایه *ehsäya* **keep** ~ احصایه کردن *ehsäya kardan*, ثبت احصایه کردن *sabt-e-ehsäya kardan*

status *n* وضح *waza'*, حالت *hälat*, مقام *moqäm* **marital** ~ حالت مدنی *hälat-e-madanee* **refugee** ~ حالت مهاجری *hälat-e-mahäjeree* **You've been given refugee status.** برای شما مقام پناهنده گی داده شد. *Baräyee shomä moqäqm-e-panähenda-gee däda shod.* **(1) He / (2) She has been given refugee status.** برای (۱) اومرد / (۲) اوزن مقام پناهنده گی داده شد. *Baräyee (1) o mard / (2) o zan moqäm-e-panähenda-gee däda shod* **They've been given refugee status.** برای آنها مقام پناهنده گی داده شد. *Baräyee änhä moqäm-e-panähenda-gee däda shod.*

stay *vi* ماندن *mändan*, توقف کردن *tawaqof kardan* ~ **the same** یکسان ماندن *yaksän mändan* **Stay (1) here. / (2) there.** (۱) اینجا / (۲) آنجا بمانید. *(1) Eenjä / (2) Anjä bemäned.* **Stay in the (1) bus. / (2) car. / (3) truck. / (4) van.** در (۱) موترشهری / (۲) موتر / (۳) موتر بارکش / (٤) واگون بمانید. *Dar (1) motar-e-shahree / (2) motar / (3) motar-e-bärkash / (4) wägoon bemäned.* **Where can I stay?** من کجا میتوانم باشم؟ *Man kojä mey-tawänam bäsham?* **Where can we stay?** ما کجا میتوانیم باشیم؟ *Mä kojä mey-tawänem bäshem?* **Can (1) I / (2) we stay (3) here? / (4) there? / (5) with them? / (6) with you?** آیا (۱) من / (۲) ما (۳) اینجا... / (٤) آنجا... / (٥) با آنها... / (٦) با شما... (۱) میتوانم باشم؟ / (۲) میتوانیم باشیم؟ *Äyä (1) man / (2) mä (3) eenjä... / (4) änjä... / (5) bä änhä... (6) bä shomä... (1) mey-tawänam bäsham? / (2) mey-tawänem bäshem?* **I (1) can / (2) cannot stay (3) here. / (4) there. / (5) with (6) her. / (7) him. / (8) them.** من (۳) اینجا / (٤) آنجا / (٥) با / (٦) اوزن / (۷) اومرد / (۸) آنها (۱) میتوانم باشم. / (۲) نمیتوانم باشم. *Man (3) eenjä / (4) änjä / (5) bä (6) o zan / (7) o mard / (8) änhä (1) mey-tawänam / (2) namey-tawänam bäsham.* **We (1) can / (2) cannot stay (3)**

stay away / **steady**

here. / (4) there. / (5) with (6) her. / (7) him. / (8) them. أنجا (٤) اينجا (٣) ما / (٥) با / (٦) او / (٧) اومرد / (٨) أنها (١) ميتوانيم / (٢) نميتوانيم باشيم. *Mä (3) eenjä / (4) änjä / (5) bä (6) o zan / (7) o mard / (8) änhä (1) mey-tawänem / (2) namey-tawänem bäshem.* **You** (1) **can** / (2) **cannot stay** (3) **here.** / (4) **there.** / (5) **with** (6) **her.** / (7) **him.** / (8) **me.** / (9) **them.** / (10) **us.** (١) شما ميتوانيد (٢) نميتوانيد (٣) اينجا / (٤) آنجا / (٥) با / (٦) او / (٧) اومرد / (٨) أنها / (٩) من / (١٠) ما باشيد. *Shomä (1) mey-täwäned / (2) namey-täwäned (3) eenjä / (4) änjä (5) bä (6) o zan / (7) o mard / (8) man / (9) änhä / (10) mä bäshed.* **Can** (1) **he** / (2) **she stay** (3) **here?** / (4) **there?** / (5) **with** (6) **her?** / (7) **him?** / (8) **them?** / (9) **us?** / (10) **you?** آيا (١) اومرد / (٢) او زن ميتواند (٣) اينجا / (٤) آنجا / (٥) با / (٦) او / (٧) اومرد / (٨) أنها / (٩) ما / (١٠) شما بوده ميتواند؟ *Äyä (1) o zan / (2) o mard mey-tawänad (3) eenjä / (4) änjä / (5) bä (6) o zan / (7) o mard / (8) änhä / (9) mä / (10) shomä bäshad?* (1) **He** / (2) **She** (3) **can** / (4) **cannot stay** (4) **here.** / (5) **there.** / (6) **with** (7) **her.** / (8) **him.** / (9) **me.** / (10) **them.** (١) اومرد / (٢) اوزن (٣) ميتواند / (٤) نميتواند (٥) آنجا / (٦) با / (٧) او / (٨) اومرد / (٩) من / (١٠) أنها باشد. *O mard / (2) O zan (3) mey-tawänad / (4) namey-tawänad (5) änjä / (6) bä (7) o zan / (8) o mard / (9) man / (10) änhä bäshad.* **Can they stay** (1) **here?** / (2) **there?** / (3) **with** (4) **her?** / (5) **him?** / (6) **them?** / (7) **us?** / (8) **you?** آيا أنها ميتوانند (١) اينجا / (٢) آنجا / (٣) با / (٤) او / (٥) اومرد / (٦) أنها / (٧) ما / (٨) شما باشند؟ *Äyä änhä mey-tawänand (1) eenjä / (2) änjä / (3) bä (4) o zan / (5) o mard / (6) änhä / (7) mä / (8) shomä bäshand?* **They** (1) **can** / (2) **cannot stay** (3) **here.** / (4) **there.** / (5) **with** (6) **her.** / (7) **him.** / (8) **me.** / (9) **them.** / (10) **us.** (١) أنها ميتوانند / (٢) نميتوانند (٣) اينجا / (٤) آنجا / (٥) با / (٦) او / (٧) اومرد / (٨) من / (٩) أنها / (١٠) ما باشند. *Änhä (1) mey-tawänand / (2) namey-tawänand (3) eenjä / (4) änjä (5) bä (6) o zan / (7) o mard / (8) man / (9) änhä / (10) mä bäshand.* (1) **He** / (2) **She** / (3) **You** / (4) **They** (5) **must** / (6) **should stay home.** (١) او مرد / (٢) اوزن / (3) *O mard / (2) O zan /* (٣) شما / (٤) أنها (٥) بايد / (٦) بهتر است در خانه بمانيد. *(3) Shomä / (4) Änhä (5) bäyad... / (6) behtar ast... dar khäna (1,2) bemanad. /* **Stay calm.** آرام باشيد. *Äräm bäshed.* ★ **stay away idiom** دوربودن *door bodan* **Stay away!** دور باشد! *Door bäshed!* **Stay away from** (1) **here.** / (2) **there.** از (١) اينجا / (٢) آنجا دور باشد. *Az (1) eenjä / (2) änjä door bäshed.* **Tell them to stay away from** (1) **here.** / (2) **there.** أنها را بگوئيد که از (١) اينجا / (٢) آنجا دور باشند. *Änhä rä begoyed ke az (1) eenjä / (2) änjä door bäshed.* ★ **stay out idiom** دور بودن *door bodan* **Stay out of that area.** از ساحه دور باشد. *Az sähä door bäshed.* **Stay out of** (1) **this** / (2) **that stuff.** از (١) اين / (٢) آن مواد دور باشد. *Az (1) een / (2) än mawäd door bäshed.* **Tell them to stay out of** (1) **these** / (2) **those things.** أنها را بگوئيد که از (١) اين / (٢) آن چيزها دور باشند. *Änhä rä bogoyed ke az (1) een / (2) än cheez hä door bäshand.* ★ **stay up idiom** (not go to bed) بيدار بودن *beedär bodan* **I'm going to stay up (and wait for** [1] **her** / [2] **him** / [3] **it** / [4] **them).** من بيدار بوده (و براى [١] اوزن / [٢] اومرد / [٣] اين / [٤] أنها انتظار خواهم کشيد.) *Man beedär boda (wa baräyee [1] o zan / [2] o mard / [3] een / [4] änhä entezär khäham kashed.)* **I stayed up all night.** تمام شب بيدار بودم. *Tamäm-e-shab-e-beedär bodam.* **You don't have to stay up. Go to bed.** ضرورت نيست بيدار باشيد. به بستر برويد. *Zaroorat nest beedär bäshed. Ba bestar berawed.*

steadily *adv* با مداومت *bä modäwomat,* با سعى و کوشش *bä sa'y wa koshesh* **You're steadily improving.** شما با مداومت بهتر ميشويد. *Shomä bä modäwemat behtar mey-shawed.* (1) **He** / (2) **She is steadily improving.** (١) اومرد / (٢) اوزن با مداومت بهتر ميشود. *(1) O mard / (2) O zan bä modäwomat behtar mey-shawad.* ★ **steady** *adj* محکم *mahkam,* استوار *ostowär,* ثابت *säbet* ~ **improve-**

steal رشد ثابت *roshd sabet* ~ **job** وظیفه ثابت *wazeefa-e-sābet* **Hold it steady.** این را استوار بگیرید *een ra ostowar begeered.*

steal *vt* دزدیدن *dozdeedan,* به سرقت بردن *ba sorqat bordan* **Was anything stolen?** آیا چیزی دزدی شده بود؟ *Āyā cheezee dozdee shoda bod?* **Some things have been stolen.** چیزی دزدی شده بود. *Cheezee dozdee shoda bod.* **Nothing was stolen.** چیزی دزدی نشده بود. *Cheezee dozdee nashoda bod.* **(1) My / (2) Our (3) bicycle / (4) car / (5) computer / (6) motorcycle / (7) truck / (8) van has been stolen.** (۳) بایسکل / (٤) موتر / (٥) کمپیوتر / (٦) موتر سایکل / (٧) موتر (۱) من / (۲) ما دزدی شده است. / (٨) واگون *(3) Bāysekel-e- / (4) Motar-e- / (5) Kampyootar-e- / (6) Motar sāykel-e- / (7) Motar-e-bārkash-e- / (8) Wāgoon-e- (1) man / (2) mā dozdee shoda ast.* **(1) My / (2) Her / (3) His (4) camera / (5) passport / (6) suitcase / (7) wallet has been stolen.** (٤) کمره / (٥) پاسپورت / (٦) بکس لباس / (٧) بکس جیبی (۱) من / (۲) اوزن / (۳) او مرد دزدی شده است. *(4) Kamra-e- / (5) Pāsport-e- / (6) Baks-e-lebās-e- / (7) baks-e-jeebee-e- (1) man / (2) o zan / (3) o mard doz-dee shoda ast.*

steam *n* بخار *bokhār* ~ **shovel** ماشین خاک برداری *māsheen-e-khāk bardāree,* ماشین زمین کنی *māsheen zameen kanee*

steel *adj* فولادی *folādee* **piece of** ~ توته فولادی *tota-e-folādee* **sheet of** ~ ورقه فولادی *waraqa-e-folādee* ~ **bar** میله فولادی *meela-e-folādee* ~ **beam** تیر فولادی *teer-e-folādee* ~ **framework** چوکات بندی فولادی *chowkat bandee-e-folādee* ~ **rod** میله فولادی *meela-e-folādee* ★ *n* فولاد *folād* **made of** ~ از فولاد ساخته شده *az folād sākhta shoda*

steep *adj* سرازیر *sarāzeer,* سرشیب *sar sheeb* **Is the (1) road / (2) slope / (3) trail steep?** آیا (۱) سرک / (۲) دامنه / (۳) جاده سرنشیب است؟ *Āyā (1) sarak / (2) dāmana / (3) jāda sar nesheeb ast?* **The (1) road / (2) slope / (3) trail (4) is / (5) isn't steep.** (۱) سرک / (۲) دامنه / (۳) جاده سرنشیب (٤) است. / (٥) نیست. *Sarak / (2) Dāmana / (3) Jāda sar nesheeb (4) ast. / (5) neest.*

steer *vt* راندن *rāndan* ★ **steering** *adj* اشترنگ *eshtereeng* ~ **mechanism** مشخصات تخنیکی اشترنگ *moshakhasat-e-takhneekee eshtereeng* ~ **wheel** چرخ اشترنگ *charkh-e-eshtereeng*

stem *n* ساقه *sāqa*

stench *n* بوی بد *boy-e-bad*

stencil *vt* با قالب نقشه برداری کردن *bā qāleb naqsha bardāree kardan* **Stencil this on each one.** این را بالای همه نقشه برداری کنید. *Een rā bālāyee hama naqsha bardāree koned.* ★ *n* قالب نقشه برداری *qāleb-e-naqsha bardāree*

step *vi* قدم زدن *qadam zadan,* گام برداشتن *gām bardāshtan* **Step over here.** اینجا قدم بزنید. *Eenjā qadam bezaned.* **Step back.** عقب گام بگذارید. *A'qeb gām gām begzāred.* **Step down.** پائین قدم بگذارید. *Pāyeen qadam begzāred.* **Step on the scale.** بالای ترازو ایستاد شوید. *Bālā-e-tarazoo estād shawed.* ★ *n* 1. *(movement of the foot)* گام *gām,* قدم *qadam;* 2. *(place to step on)* پا *jāy-e-pā;* 3. *(action, measure)* اقدام *eqdām* **take a** ~ گام برداشتن *gām bardāshtam* **take ~s** اقدامات به عمل آوردن *eqdāmāt ba a'mal āwardan,* اقدام کردن *eqdām kardan* **We have to take steps to remedy the problem.** ما باید برای حل مشکل اقدام نمائیم. *Mā bāyad barāyee hal-e-moshkel eqdām nomāyem.* **Watch your step!** به گام های تان نگاه کنید! *Ba gām hāyee tān negāh koned!*

stepbrother *n* برادر اندر *berādar andar* ★ **stepdaughter** *n* دختر اندر *dokhtar andar* ★ **stepfather** *n* پدر اندر *padar andar*

stepladder *n* زینه قابل قات *zeena-e-qābel-e-qāt* **Get the stepladder.** زینه قابل قات را بیگیرید. *Zeena-e-qābel-e-qāt rā beegeered.*

stepmother *n* مادر اندر *mādar andar* ★ **stepsister** *n* خواهر اندر *khāhar andar* ★ **stepson** *n* پسر اندر *pesar andar,* بچه اندر *bacha andar*

sterile *adj* 1. *(germ-free)* تعقیم شده *tahqeem shoda;* 2. *(infertile)* بی حاصل *bey*

sterilize   **stiffness**

häsel, شوره *shora* **Everything here must be sterile.** اینجا همه چیز باید تعقیم شده باشد. *Eenjä hama cheez bäyad tahqeem shoda bäshad.* **Make sure everything (we use) is sterile.** مطیٔن باشید همه چیز (که استفاده میکنیم) تعقیم شده باشد. *Motayaqen bäshed hama cheez (ke estefäda mey-konem) tahqeem shoda bäshad.* ★ **sterilize** *vt* تعقیم کردن *tahqeem kardan* **Sterilize** *(1)* **this.** / *(2)* **these.** (۱) این / (۲) آن را تعقیم کنید. *(1) Een / (2) Än rä tahqeem koned.*
★ **sterilized** *adj* تعقیم شده *tahqeem shoda* ★ **sterilizer** *n* (دستگاه استرلایزر کوچکی که برای تعقیم کردن سامان آلات طبی بکار میرود) *ster-läy-zer (dastga-e-kochak-e-kay baräye tahqeem kardan säman-alät tebee ba kär mey-rawad)*
stethoscope *n* ستسکوپ *esteskop*
stew *vt* آهسته جوشاندن *ähesta joshändan,* دم کردن *dam kardan* ★ *n* فاحشه خانه *fähesha khäna* **barley ~** فاحشته خانه آشکار *fähesha khäna-e-äsh-kär* ★ **stewed** *adj* جوشانده شده *joshända shoda,* دم شده *dam shoda*
stick *vt* 1. *(put)* گذاشتن *gozäshtan;* 2. *(apply; affix)* چسپاندن *chaspändan;* 3. *(insert; pin)* نصب کردن *nasb kardan;* 4. *(prick)* خلیدن *khaleedan;* گزیدن *gazeedan* **Where did you stick** *(1)* **it?** / *(2)* **them?** (۱) این / (۲) آنها را کجا چسپاندید؟ *(1) Een / (2) Änhä rä kojä chaspanded?* **Stick this in** *(1)* **the back (of the truck).** / *(2)* **the box.** / *(3)* **the cabinet.** / *(4)* **the drawer.** / *(5)* **the trunk (of the car).** / *(6)* **your bag.** / *(7)* **your pack.** / *(8)* **your pocket.** / *(9)* **your suitcase.** این را در (۱) عقب (موتر باربکش) / (۲) صندوق / (۳) الماری / (۴) روک / (۵) تول بکس (موتر) / (٦) بکس تان / (۷) بقچه تان / (۸) جیب تان / (۹) بکس لباس های تان بچسپانید. *Een rä dar (1) a'qab-e- (motar-e-bärkash)... / (2) sandoq... / (3) almäree... / (4) rawak... / (5) tool baks (motar)... / (6) baks-e-tän... / (7) boqcha-e-tän... / (8) jeeb-e-tän... / (9) baks-e-lebäs häyee tän... be chaspaned.* **Stick this tape on it.** این تیپ را در آن بچسپانید. *Een teep rä dar än bechaspäned.* **Stick this on the public bulletin board.** این را در تخته اعلانات عامه نصب کنید. *Een rä dar takhta-e-e'länät-e-a'äma nasb koned.* **Stick this up in the market place.** این را در بازار نصب کنید. *Een rä dar bäzär nasb koned.* **(1) He** / **(2) She got stuck in the foot by a** *(3)* **nail.** / *(4)* **piece of** *(5)* **glass.** / *(6)* **metal.** در پای (۱) اومرد / (۲) اوزن یک (۳) میخ / (۴) توته یی ... / (۵) شیشه ... / (٦) آهن خلید. *Dar päy-e- (1) o mard / (2) o zan yak (3) meekh... / (4) tota-e-yee... / (5) sheeshä... / (6) ähan... khaleed.* **Something stuck me!** چیزی مرا گزید. *Chezee marä gazeed.* ★ *vi* 1. *(adhere)* چسپیدن *chaspeedan;* 2. *(fail to operate; jam)* ماندن *mändan,* بند ماندن *band* **There's something sticking to it.** چیزی چسپیده است. *Cheezee chaspeeda ast.* **It won't stick.** نخواهد چسپید. *Nakhähad chaspeed.* **Something's wrong with it. It sticks all the time.** چیزی خرابی دارد. همیشه میچسپد. *Cheezee kharäbee därad. Hameesha mey-chaspad.* **(1,2) It stuck.** (۱) بند ماند. / (۲) کار نمیکند. *(1) Band mänd. / (2) Kär namey-konad.* ★ *n* چوب *choob* **(1) Find** / **(2) Get a stick.** (۱) یک چوب پیدا کنید. / (۲) بگیرید. *Yak choob (1) paydä koned. / (2) beegeered.* ★ **sticker** *n* چسپنده *chaspenda,* ستیکر *estekar* **Put a** *(1,2)* **sticker on each one.** (۱) چسپنده / (۲) ستیکر بالای هریک اش بزنید. *Yak (1) chaspenda / (2) estekar bäläye har yak ash bezaned.* ★ **sticky** *adj* 1. *(adhesive)* چسپناک *chaspnäk;* 2. *(situation: complicated)* دشوار *dashwär,* پیچیده *peecheeda* **It's a sticky situation.** یک حالت دشوار است. *Yak hälat-e-dashwär ast.*
stiff *adj* شخی *shakhee* **Does your** *(1)* **arm** / *(2)* **leg** / *(3)* **neck feel stiff?** آیا (۱) بازو / (۲) پا / (۳) گردن تان احساس شخی میکند؟ *Äyä (1) bäzo / (2) pä / (3) gardan-e-tän ehsäs-e-shakhee mey-konad?* ★ **stiffness** *n* شخی *shakhee,* سفتی *seftee* **~ in the joints** شخی در مفاصل *shakhee dar mafäsel* **~ in the neck** شخی در گردن *shakhee dar gardan* **The stiffness should go away** *(1)* **in a day (or two).** / *(2)* **soon.** شخی باید (۱) دریک (یا دو) روز ... / (۲) زود ... دور شود. *Shakhee bäyad (1) dar yak (yä do) rooz... / (2) zood... door shawad.*

still adj 1. (motionless) بی حرکت bey harakat, بی تکان bey takän; 2. (silent) خاموش khämosh **Be still!** خاموش باش! Khämoosh bash! ★ adv 1. (yet) هنوز hanooz, هنوز ام hanooz am, تا حال tä häl; 2. (motionless) بی حرکت bey harakat, بی تکان bey takän, آرام äräm **Does it still hurt?** آیا هنوز ام درد میکند؟ Äyä hanooz am dard mey-konad? **Is (1) he / (2) she still here?** آیا (۱) اومرد / (۲) اوزن هنوز ام اینجا است؟ Äyä (1) o mard / (2) o zan hanooz am eenjä ast? **(1) He / (2) She is still here.** (۱) اومرد / (۲) اوزن هنوزام اینجا است. (1) O mard / (2) O zan hanooz am eenjä ast. **Are they still here?** آیا آنها هنوز ام اینجا هستند؟ Äyä änhä hanooz am eenjä hastand? **They're still here.** آنها هنوز ام اینجا هستند. Änhä hanooz am eenjä hastand. **I'm still waiting.** هنوز ام منتظر هستم. Hanooz am montazer hastam. **I still don't know.** هنوز هم نمیدانم. Hanooz am nemey-dänam. **Do you still plan to go?** آیا هنوز هم تصمیم دارید بروید؟ Äyä hanooz am tasmeem däred berawed? **(1) I / (2) We still plan to go.** (۱) من / (۲) ما هنوز هم تصمیم (۱) دارم (1) Man / (2) Mä hanooz am tasmeem (1) däram berawam. / (2) därem berawem. **Hold still!** آرام بیگیرید! Äräm beegeered! **Lie still!** آرام دراز بکشید! Äräm daräz bekashel! **Sit still!** آرام بنشینید! Äräm bensheened! ★ **stillbirth** n مرده تولد morda-e-tawalod ★ **stillborn** adj مرده به دنیا آمده morda zäyeda shoda, مرده زایده شده marda ba donyä ämada

stimulant n محرک moharek, انگیزاننده angeezänenda ★ **stimulate** vt تحریک کردن tahreek kardan ~ **the blood circulation** دوران خون را تحریک کردن dowrän-e-khoon rä tahreek kardan

sting vt نیش زدن neesh zadan, گزیدن gazeedan **get stung** نیش زده neesh zada **A (1) bee / (2) scorpion stung (3) her. / (4) him. / (5) me.** یک (۱) زنبور / (۲) گزدم (۳) اوزن / (٤) اومرد / (٥) من را نیش زد. Yak (1) zanboor / (2) gazhdom (3) o zan / (4) o mard / (5) man rä neesh zad. **I got stung by a (1) bee. / (2) scorpion.** من را یک (۱) زنبور / (۲) گزدم نیش زد. Man rä yak (1) zanboor / (2) gazhdom neesh zad. **He / (2) She got stung by a (3) bee. / (4) scorpion. / (1) O zan rä** (۱) اومرد / (۲) اوزن را یک (۳) زنبور / (٤) گزدم نیش زد. (1) O mard / (2) O zan rä yak (3) zanboor / (4) gazhdom neesh zad. ★ vi (cause pain) به درد آوردن ba dard äwardan, درد کردن dard kardan **This may sting a little.** کمی درد خواهد Kamee dard khähad kard. ★ n نیش neesh **bee ~** نیش زنبور neesh-e-zanboor **scorpion ~** نیش گزدم neesh-e-gazhdom ★ **stinger** n ستنگر estengar, یک نوع راکت yak nawa' räket **I'll pull the stinger out.** من ستنگر را بیرون خواهد کشیدم. Man estengar rä beeroon khähad kasheedam.

stink vi بوی بد دادن boy-e-bad dädan, بوی دادن boy dädan **What stinks?** چی بوی میدهد؟ Chee boy mey-dehad? **That really stinks.** واقعاً بوی میدهد. Wäqe-a'n boy mey-dehad.

stipend n حقوق hoqooq, مواجب mawäjeb

stir vt تکان دادن takän dädan **Stir it ([1] occasionally / [2] slowly / [3] well).** ([۱] گاه گاهی / [۲] آهسته / [۳] خوب) تکان اش دهید. ([1] Gägähee / [2] Ähesta / [3] Khoob] takän ash dehed.

stitch vt (med.) دوختن dokhtan, کوک زدن kook zadan **(1) I'm / (2) We're going to stitch the (3) cut. / (4) wound.** (۱) من / (۲) ما (۳) بریدگی / (٤) زخم را (۱) کوک میزنم. / (۲) کوک میزنیم. (1) Man / (2) Mä (3) boreedagee / (4) zakhem rä (1) kook mezanam. / (2) kook mezanem. ★ n (med.) دوخت dokht, کوک kook **Don't touch the stitches.** کوک ها را دست نزنید. Kook hä rä dast nazaned. **I have to take the stitches out.** من باید کوک ها را بردارم. Man bäyad kook hä rä bardäram.

stock n (supply) ذخیره zakheera, گدام godäm **food ~s** ذخیره مواد خوراکه zakheera-e-mawäd-e-khoräka **seed ~s** ذخایر حبوبات zakhäyer-e-hobobät, گدام های حبوبات godäm häy-e-hobobät **How are your seed stocks?** ذخایر حبوبات شما چطور است؟ Zakhäyer-e-hobobät-e-shomä chetower ast? **Do you have any in**

stocking — **stool**

stock? آیا در ذخیره چیزی دارید؟ *Āyā dar zakheera cheezee dāred?* **We have (1) a few / (2) a little / (3) some in stock.** ما (۱) چند تا / (۲) کم / (۳) یك مقدار در ذخیره داریم. *Mā (1) chand tā... / (2) kam... / (3) yak meqdār... dar zakheera dārem.* **We have nothing left in stock.** ما هیچ چیزی در ذخیره نداریم. *Mā hech cheezee dar zakheera nadārem.* **Our stock of (1) blankets / (2) food / (3) medicine is running low..** گدام (۱) کمپل ها / (۲) مواد خوراکه / (۳) ادویه جات ما خالی میشود.. *Godām-e- (1) kampal hā... / (2) mawād-e-khorāka... / (3) adweeya jāt... -e-mā khālee mey-shawad.* **I want you to inventory our whole stock.** میخواهم که شما تمام ذخیره را موجودی کنید. *Mey-khāham ke shomā tamām-e-zakheera rā mowjodee koned.*

stocking *n* جوراب زنانه *jorāb-e-zanana* **wool ~s** جوراب های پشمی *jorāb hāy-e-pashmee*

stockpile *n* ذخیره *zakheera* **food ~** ذخیره مواد خوراکی *zakheera-e-mawād-e-khoorākee*

stoic(al) *adj* صبور *saboor,* پرهیزگار *parheez-gār* **You're very stoic.** شما بسیار پرهیزگار هستید. *Shomā bees-yār parheez-gār hasted.*

stolen *adj* دزدیده شده *dozdeeda shoda* **~ goods** اجناس دزدیده شده *ajnās-e-dozdeeda shoda* **~ property** مال دزدیده شده *māl-e-dozdeeda shoda*

stomach *n* معده *me'da,* شكم *shekam* **~ ache** درد معده *me'da dard* **~ pain** درد معده *dard-e-me'da,* درد شكم *dard-e-shekam* **~ pump** باد شكم *bād-e-shekam* **~ wound** زخم معده *zakhem-e-me'da* **upset ~** تشوشات معده *tashawoshät-e-me'da,* تشوشات شكم *tasha-woshät-e-shekam* **Does your stomach hurt?** آیا معده شما درد میكند؟ *Āyā me'da-e-shomā dard mey-konad?* **Does (1) her / (2) his stomach hurt?** آیا معده (۱) اوزن / (۲) اومرد درد میكند؟ *Āyā me'da-e- (1) o zan / (2) o mard dard mey-konad?* **This (medicine) will ease (1) her / (2) his / (3) your stomach.** این (ادویه) معده (۱) اوزن / (۲) اومرد / (۳) شما را آرام میكند. *Een (adweeya) me'da-e- (1) o zan / (2) o mard / (3) shomā rā ārām mey-konad.* **(1) He / (2) She has a (3) bullet / (4) wound / (5) pain in (6) his / (7) her stomach.** (۱) اومرد / (۲) اوزن (۳) گلوله / (۴) زخم / (۵) درد در معده (۶،۷) اش دارد. *(1) O mard / (2) O zan / (3) glola / (4) zakhem / (5) dard dar me'da (6,7) ash dārad.*

stone *adj* سنگی *sangee* **~ fireplace** اجاق سنگی *ojāq-e-sangee* **~ wall** دیوار سنگی *deewār-e-sangee* **~ walkway** پیاده رو سنگی *peeyāda row-e-sangee* ★ *n* سنگ *sang* **flat ~** سنگ هموار *sang-e-hamwār* **precious ~** سنگ قیمتی *sang-e-kelya* **kidney ~** سنگ گرده *sang-e-gorda,* سنگ كلیه *sang-e-kelya* **round ~** سنگ مدور *sang-e-modawar* **Put some stones (1) against / (2) on it.** (۱) درمقابل / (۲) بالای آن چند تا سنگ را بگذارید. *Dar (1) moqābel / (2) bālāyee ānhā chand tā sang rā begzāred.* **Fill it up with stones.** با سنگ پر اش کنید. *Bā sang por ash koned.* **Move these stones out of the way.** این سنگ ها از را دور کنید. *Een sang hā ra az rā door koned.* **A big stone fell on the road.** یك سنگ كلان در سرك افتاد. *Yak sang-e-kalān dar sarak oftād.* **The white stones mark the safe area.** سنگ سفید علامت ساحه امن است. *Sang-e-safed a'lāmat-e-sāhe amn ast.* **The red stones mark the dangerous area.** سنگ سرخ علامت ساحه خطر است. *Sang-e-sorkh a'lāmat-e-sāhe-e-khatar ast.* **Paint the stones (1) red. / (2) white.** سنگ ها را (۱) سرخ / (۲) سفید رنگ کنید. *Sang-hā rā (1) sorkh / (2) safeed rang koned.* **Mark the area with (1) red / (2) white stones.** ساحه را با سنگ های (۱) سرخ / (۲) سفید نشانی کنید. *Sāha rā bā sang-hā-ye (1) sorkh / (2) safeed neshānee koned.* **Stay out of the area beyond the red stones.** از ساحه اطراف سنگ های سرخ دور باشید. *Az sāha-e-atrāf sang hay sorkh door bashed.* ★ **stonecutter** *n* سنگ تراش *sang tarāsh,* سنگ تراشی *sang tarāshee* ★ **stonemason** *n* سنگ تراش *sang tarāsh,* سنگ شكن *sang shekan* **machine** ماشین سنگ تراشی *māsheen sang tarāshee*

stool *n* مواد فاضله *mawād-e-ghāyeta,* مواد فاضله *mawād-e-fāzela*

stop vt بس کردن bas kardan, توقف کردن tawaqof kardan; جلوگیری کردن از jelow-geeree kardan az **Stop that!** بس کنید! Bas koned! **Stop doing that.** انجام دادن آن را بس کنید. Anjām dādan-e-än rä bas koned. **We'll stop work at** (time) **o'clock.** ما کار را در (___) بجه بس میکنیم. Mä kär rä dar (___) baja bas meykonem. **Tell them to stop work.** آنها را بگویید که کار را بس کنند. Änhä rä begoyed ke kär rä bas konand. (1,2) **This will stop the pain.** (1) این درد را متوقف میسازد. Een dard rä motawaqef mesazad. / (2) این درد را تسکین میدهد. Een dard rä taskeen mey-dehad. (1) **We** / (2) **You have to stop the bleeding.** (1) ما / (2) شما باید خونریزی را متوقف (1) کنیم. / (2) کنید. Mä / (2) Shomä bayad khoon reezee rä motawaqef (1) konem. / (2) koned. **I want you to stop** (1) **annoying** / (2) **harrassing** / (3) **teasing** (4) **her.** / (5) **him.** / (6) **them.** میخواهم که شما (1) آزاردادن / (2) اذیت کردن / (3) اذیت کردن (4) اوزن / (5) اومرد / (6) آنها را بس کنید. Mey-khäham ke shomä (1) äzär dädan-e- / (2) azyat kardan-e- / (3) azyat kardan-e- (4) o zan / (5) o_mard / (6) änhä rä bas koned. **Stop** (1) **her!** / (2) **him!** / (3) **them!** (1) اوزن / (2) اومرد / (3) آنها را نگذارید! (1) O zan / (2) O mard / (3) Änhä rä nagzäred! ★ vi ایستادن eestädan, توقف کردن tawaqof kardan **Stop** ([1] **here** / [2] **there!**) [1] اینجا / [2] آنجا توقف کنید! (1) Eenjä /(2) Änjä) tawaqof koned! **Let's stop for a while.** بیائید لحظه ای توقف کنیم. Beeyäyed lahza-e-yee tawaqof konem. **The** (1) **rain** / (2) **snow has stopped.** (1) باران / (2) برف توقف کرد. (1) Bärän / (2) Barf tawaqof kard. **When the** (1) **rain** / (2) **snow stops, we'll...** وقتیکه (1) باران / (2) برف توقف کرد، ما خواهد... Waqteeke (1) bärän / (2) barf tawaqof kard, mä khähad... **Does the bus stop here?** آیا سرویس شهری اینجا ایستاد میکند؟ Äyä sarwees-e-shahree eenjä eestäd mey-konad? **Where does the bus stop?** سرویس شهری کجا ایستاد میکند؟ Sarwees-e-shahree kojä eestäd mey-konad? ★ n 1. (end) ختم khatem; 2. (place to stop) ایستگاه eestädgäh **We have to put a stop to that.** ما باید آنرا ختم کنیم. Mä bayad änrä khatem konem. **Where is the bus stop?** ایستگاه سرویس های شهری کجاست؟ Eestädgäh-e-sarwees häyee shahree kojäst? ★ **stopped up** adj (blocked) بند band, متوقف motawaqef **The** (1) **drain** / (2) **pipe is stopped up.** (1) آب رو / (2) پیپ بند شده است. Ábrow / (2) Payp band shoda ast.

storage n گدام godäm, ذخیره zakheera **cold** ~ گدام سرد godäm-e-sard **food** ~ گدام مواد خوراکه godäm-e-mawäd-e-khoräka **fuel** ~ گدام مواد سوخت godäm-e-mawäd-e-sokht **grain** ~ گدام حبوبات godäm-e-hobobät **put in** ~ در گدام گذاشتن dar godäm gozäshtan **refrigerated** ~ سرد خانه sard khäna **area** ~ ساحه گدام säha-e-godäm **depot** ~ گدام دیپو godäm ~ deepo **facility** ~ سهولت گدام soholat-e-godäm ~ **room** ~ تحویل خانه tahweel khäna ~ **shed** ~ تعمیر گدام ta'meer-e-godäm ~ **space** ~ ساحه گدام säha-e-godäm **Get some out of storage.** قدری از ذخیره بگیرید. Qadree az zakheera begeered. ★ **store** vt ذخیره کردن zakheera kardan **Where can we store** (1) **this?** / (2) **these?** (1) این / (2) اینها را کجا میتوانیم ذخیره کنیم؟ (1) Een / (2) Eenhä rä kojä mey-tawänem zakheera konem? **Store** (1) **it** / (2) **them in** (3) **a cool** / (4) **dry place.** / (5) **here.** / (6) **there.** (1) این / (2) آنها را در (3) ...یک جاهه سرد / (4) خشک / (5) اینجا.... / (6) آنجا ذخیره کنید. Een / (2) Änhä rä dar (3) yak jähee sard / (4) khoshk... / (5) eenjä... / (6) änjä... zakheera koned. ★ n (See terms under **shop**) فروشگاه froshgäh, مغازه maghäza, دوکان dokän ★ **storeroom** n تحویل خانه taweel khäna

storm n طوفان toofän **desert** ~ طوفان دشت toofän-e-dasht **dust** ~ خاکباد khäkbäd **snow** ~ برف شدید barf-e-shadeed, طوفان برف toofän-e-barf, برف کوچ barf koch **wind** ~ طوفان باد toofän-e-bäd **There's a snow storm coming.** برف کوچ میآید. Barf koch mey-äyad.

story n حکایت hekäyat, قصه qesa **crazy** ~ حکایت ناخوشایند hekäyat-e-näkhoshäyand **dubious** ~ قصه مشکوک qesa-e-mashkook, قصه نامعلوم qesa-e-näna'-loom

stove ‭ fantastic ~‬ قصه خیالی ‭qesa-e-kheeyälee‬ **fictitious** ~ قصه خیالی ‭qesa-e-kheeyälee,‬ **funny** ~ قصه فرضی ‭qesa-e-farzee‬ قصه خنده دار ‭qesa-e-khanda dar‬ **gruesome** ~ قصه وحشتناك ‭qesa-e-wahshatnäk‬ **horrible** ~ قصه خوفناك ‭qesa-e-khowfnäk‬ **incredible** ~ قصه باورنکردنی ‭qesa-e-bäwarna-kardanee‬ **life** ~ قصه زندگی ‭qesa-e-zendagee,‬ حكايت زندگی ‭hekäyat-e-zendagee‬ **sad** ~ قصه غم ناك ‭qesa-e-ghamnäk‬ **tell a** ~ قصه گفتن ‭qesa goftan‬ **terrible** ~ قصه مزخرف ‭qesa-e-mozakheraf‬ **tragic** ~ قصه تراژدی ‭qesa-e-taräzhedee‬ **true** ~ قصه واقعیت ‭qesahe-wäqeeya't‬ **unconfirmed** ~ قصه نامعلوم ‭qesa-e-näma'loom,‬ قصه غیر دقیق ‭qesa-e-gheyr-e-daqeeq‬ **untrue** ~ قصه دروغ ‭qesa-e-drogh,‬ قصه غیر واقعیت ‭qesa-e-gheyr-e-wäqeeya't‬ **wild** ~ **Tell me the story (again).** قصه را (دوباره) برایم بگویید. ‭Qesa rä (dobära) baräyam begoyed.‬ **Do you believe (1) her / (2) his / (3) their story?** آیا شما قصه (1) اوزن / (2) اومرد / (3) آنها باور میکنید؟ ‭Ayä shomä ba qesa-e- (1) o zan / (2) o mard / (3) änhä bäwar mey-koned?‬ **I (1) believe / (2) don't believe (3) her / (4) his / (5) their story.** من به قصه (3) اوزن / (4) اومرد / (5) آنها باور (1) میکنم. / (2) نمیکنم. ‭Man ba qesa-e- (3) o zan / (4) o mard / (5) änhä bäwar (1) mey-konam. / (2) namey-konam.‬

stove *n* منقل ‭manqal,‬ بخاری ‭bokharee‬ **butane** ~ منقل گازی بیوتانی ‭manqal-e-gäzee beeyotänee‬ **camping** ~ منقل سفری ‭manqal-e-safaree‬ **charcoal** ~ منقل ذغالی ‭manqal-e-zoghälee‬ **clay** ~ بخاری گلی ‭bokharee-e-geylee‬ **coal** ~ منقل ذغال ‭manqal-e-zoghäl-e-sangee‬ **cook** ~ منقل آشپزی ‭manqal-e-äshpazee‬ **electric** ~ منقل برقی ‭manqal-e-barqee‬ **field** ~ دیگدان ‭deegdan‬ **gas** ~ منقل گازی ‭manqal-e-gäzee‬ **kerosene** ‭cooking‬ ~ منقل آشپزی تیل خاك ‭manqal-e-äshpazee-e-teel-e-khäk‬ **portable** ~ منقل سفری ‭manqal-e-safaree,‬ منقل دستی ‭manqal-e-dastee‬ **propane** ~ منقل گاز پروپانی ‭manqal-e-gäzee propänee‬ **wood** ~ منقل چوبی ‭manqal-e-choobee,‬ بخاری چوب ‭bokharee-e-choob‬ **Turn on... / (2) Start up... the stove.** منقل را (1) روشن / (2) چالان کنید. ‭Manqal rä (1) rooshan / (2) chälän koned.‬ ★ **stovepipe** *n* دود کش ‭dood kash‬

straight *adj* 1. *(in a line)* مستقیم ‭mostaqeem,‬ راست ‭räst;‬ 2. *(direct, candid)* صریع ‭saree',‬ مستقیم ‭mostaqeem;‬ 3. *(consecutive)* پی در پی ‭pay dar pay‬ ~ **answer** جواب مستقیم ‭jawäb-e-mostaqeem‬ ~ **line** خط مستقیم ‭khat-e-mostaqeem‬ **Is it straight?** آیا مستقیم است؟ ‭Ayä mostaqeem ast?‬ **It (1) is / (2) isn't straight.** مستقیم (1) است. / (2) نیست. ‭Mostaqeem (1) ast. / (2) neest.‬ **Make sure it's straight.** یقین داشته باشید که راست است. ‭Yaqeen dashta bäshed ke räst ast.‬ **We worked on it for three straight days.** ما بالای این سه روز پی در پی را کار کردیم. ‭Mä bäläy-e-een se rooz-e-pay dar pay rä kär kardem.‬ ★ **straighten** *vt* راست کردن ‭rast kardan,‬ مرتب کردن ‭moratab kardan‬ **Straighten it out.** راست اش کنید. ‭Räst ash koned.‬

strain *vt* 1. *(overexert)* زیاد فشار آوردن ‭zeeyäd feshär äwardan,‬ بیجا شدن ‭beejä shodan,‬ سفت کشیدن ‭seft kasheedan;‬ 2. *(filter)* صاف کردن ‭säf kardan‬ **Be careful, you'll strain your back.** متوجه باشید، بالای پشت تان فشار میاید. ‭Motawaje bäshed, bäläy-e-posht tän feshär mey-äyad.‬ **You strained a ligament.** یك رگ شما بیجا شده است. ‭Yak rag-e-shomä beeyä shoda ast.‬ **(1) He / (2) She strained a ligament.** رگ (1،2) اش بیجا شده است. ‭Rag (1,2) ash beejä shoda ast.‬ **Strain the water out.** آب را صاف کنید. ‭Ab rä säf koned.‬ ★ *n* فشار ‭feshär‬ **eye** ~ آسیب چشم ‭äseeb-chashem‬ **It's a strain on our resources.** در کارهای ما فشار است. ‭Dar käreha-ye-mä feshär ast.‬ **It's been a great (1,2) strain.** بسیار (1) فشار / (2) مشکل بود. ‭Beesyär (1) feshär / (2) moshkel bod.‬ ★ **strainer** *n* چلوصاف ‭chelowsäf‬

strait jacket *n* جاکت تنگ ‭jäkat-e-tang‬

stranded *pp* معطل ‭mo-a'tal‬ **We're stranded here.** ما اینجا معطل هستیم. ‭Mä eenjä mo-a'tal hastem.‬ **They're stranded there.** آنها آنجا معطل هستند. ‭Änhä änjä mo-a'tal hastand.‬

strange *adj* 1. (*odd*) عجیب *a'jeeb*; 2. (*unfamiliar*) بیگانه *beegäna*, نا آشنا *nä äshnä*, اجنبی *ajnabee* ~ **area** ساحه بیگانه *säha-e-beegäna* ~ **behavior** رفتار عجیب *raftär-e-a'jeeb* ~ **city** شهر بیگانه *shahr-e-beegäna* ~ **country** مملکت بیگانه *mamlakat-e-beegäna*, مملکت اجنبی *mamlakat-e-ajnabee* ~ **place** محل بیگانه *mahal-e-beegäna* ~ **people** مردم بیگانه *mardom-e-beegäna* ~ **request** خواهش عجیب *khähesh-e-a'jeeb* ~ **substance** چیزی عجیب *cheezee a'jeeb* ~ **surroundings** ماحول بیگانه *mähowl-e-beegäna* ~ **way** طریقه عجیب *tareeqa-e-a'jeeb* That's (very) strange. (بسیار) عجیب است. *(Beesyär) a'jeeb ast.* A **strange thing happened.** چیزی عجیبی رخ داد. *Cheezee a'jeebee rokh däd.* ★ **strangely** *adv* بطور غریب *batowr-e-ghareeb*, بطور بیگانه *batowr-e-beegäna* **(1) He / (2) She (3) is / (4) was acting strangely.** (۱) اومرد / (۲) او (۱) زن عجیب و غریب رفتار (۱)میکند. / (۲) میکرد. *O mard / (2) O zan ajeeb wo ghareeb raftär (1) mey-konad. / (2) mey-kard.* **They (1) are / (2) were acting strangely.** آنها عجیب و غریب رفتار (۱) میکنند. / (۲) میکردند. *Änhä ajeeb wo ghareeb raftär (1) mey-konand. / (2) mey-kardand.* ★ **stranger** *n* بیگانه *beehäna*, اجنبی *ajnabee* **Who's the stranger?** این بیگانه کی است؟ *Een beegäna kee ast?* **Who are the strangers?** بیگانه ها کی هستند؟ *Beegäna ha kee hastand?* **No strangers are to (1) come in here. / (2) go in there.** به هیچ بیگانه اجازه نیست که (۱) اینجا داخل بیاید. / (۲) آنجا داخل برود. *Ba hech beegäna ejäza neest ke (1) eenjä däkhel beeyäyad. / (2) änjä däkhel berawad.*

strangle *vt* خفه کردن *khafa kardan*

strap *n* تسمه *tasma*, بند چرمی *band-e-charmee* **pack** ~**s** بند ها را بستن *band hä rä bastan* **The strap is (1) broken. / (2) torn. / (3) worn.** تسمه (۱) شکسته / (۲) پاره / (۳) فرسوده است. *Tasma (1) shekasta / (2) pära / (3) farsoda ast.*

straw *n* کاه *käh*, خس *khas* **bundle of** ~ دسته کاه *dasta-e-käh*

strawberry *n* توت زمینی *toot-e-zameenee*

stray *adj* ولگرد *wolgard*, آواره *äwära* ~ **cat** پشک ولگرد *peshak-e-wolgard* ~ **dog** سگ ولگرد *sag-e-wolgard*

stream *n* نهر *nahr*, جوی *joy* **deep** ~ جوی عمیق *joy-e-a'meeq* **fast** ~ جوی تیز *joy-e-teez*, نهر تیز *nahr-e-teez* **shallow** ~ جوی کم عمق *joy-e-kam o'mq* **Where can we cross the stream?** از کجا میتوانیم از جوی بگذریم؟ *Az kojä mey-tawänem az joy begzarem?*

street *n* سرک *sarak*, کوچه *kocha* **busy** ~ سرک پرازدحام *sarak-e-por ez-dehäm* **dusty** ~ سرک خاک آلود *sarak-e-khäk älood* **east side of the** ~ طرف شرق سرک *taraf-e-sharq-e-sarak* **first** ~ **on the (1) left / (2) right** سرک اول طرف (۱) چپ / (۲) راست *sarak-e-awal taraf-e- (1) chap / (2) räst* **muddy** ~ سرک گلی *sarak-e-gelee*, سرک خامه *sarak-e-khäma* **narrow** ~ سرک کم عرض *sarak-e-kam a'rz* **next** ~ **on the (1) left / (2) right** سرک بعدی طرف (۱) چپ / (۲) راست *sarak-e-ba'dee taraf-e- (1) chap / (2) räst* **north side of the** ~ طرف شمال سرک *taraf-e-shamäl-e-sarak* **other side of the** ~ دیگر طرف سرک *deegar taraf-e-sarak* **repair the** ~ سرک را ترمیم کردن *sarak rä tarmeem kardan* **right** ~ سرک درست *sarak-e-drost* **second** ~ **on the (1) left / (2) right** سرک دوم طرف (۱) چپ / (۲) راست *sarak-e-dowom taraf-e- (1) chap / (2) räst* **south side of the** ~ طرف جنوب سرک *taraf-e-jonob-e-sarak* ~ **corner** کنج سرک *konj-e-sarak*, گوشه سرک *gosha-e-sarak* ~ **lamp** چراغ سر سرک *cherägh-e-sar-e-sarak* **west side of the** ~ طرف غرب سرک *taraf-e-gharb-e-sarak* **wide** ~ سرک وسیع *sarak-e-wasee'*, سرک کلان *sarak-e-kalän* **wrong** ~ سرک غلط *sarak-e-nädrost*, سرک نادرست *sarak-e-ghalat* **What's the name of this street?** نام سرک چیست؟ *Näm-e-sarak cheest?* **Which side of the street is it on?** در کدام طرف سرک موقیعت دارد؟ *Dar kodäm taraf-e-sarak mowqee'yat därad?* **Which street do I turn on?** درکدام سرک دورمیخورید؟ *Dar kodäm sarak dowr mey-khored? (1,2)* **Is this the street to (place)?** آیا همین سرک (___) است؟ *Äyä hameen sarak-e-(___) ast? / (2)*

strength همین سرک به (___) میرود؟ *Äyä hameen sarak ba (___) mey-rawad?* **This is the (1) right / (2) wrong street.** همین سرک (۱) درست / (۲) غلط است. *Hameen sarak (1) drost / (2) ghalat ast.*

strength *n* قوت *qowat,* نیرو *neero;* مقاومت *moqäwomat* **a lot of ~** قوت زیاد *qowat-e-zee-yäd* **physical ~** نیروی فیزیکی *neero-e-feezeekee* **(1) He / (2) She doesn't have much strength left.** (۱) اومرد / (۲) اوزن قوت زیاد ندارد. *(1) O mard / (2) O zan qowat-e-zeeyäd nadärad.* **It takes a lot of strength.** قوت زیاد میخواهد. *Qovat-e-zeeyäd mey-khähad.* ★ **strengthen** *vt* قوت دادن *qowat dädan,* قوی ساختن *qawee sākhtan* **We have to strengthen (1) it / (2) them.** ما باید (۱) این / (۲) آنها را قوی بسازیم. *Mä bäyad (1) een / (2) änhä rä qawee besäzem*

strenuous *adj* مشکل *moshkel,* کاری که برای انجام آن توانمندی و زحمت زیاد بکار باشد *kär-e-ke baräye anjäm än tawänmandee wa zahmat zeyad ba kär bashad* **~ work** کار دشوار *kär-e-doshwar*

streptococcus *n* استریتوکوک (موجودی از جنس استریتوکوک) *estereptokok (mawjodee az jens-e-estereptokok)*

stress *n* 1. *(mental strain)* فشار روحی *feshär-e-rohee,* فشار *feshär;* 2. *(accent)* سنگینی صدا *sangeenee-e-sadä* **under (a lot of) ~** تحت فشارروحی (زیاد) *that-e-feshär-e-rohee (zeeyäd)* **suffer from ~** تحت فشار روحی قرار داشتن *tahtsfd-e-feshär-e-rohee qarär däshtan* **(1) I've / (2) You've been under a lot of stress.** (۱) من / (۲) ما تحت فشارروحی زیاد قرار (۱) داشتم. / (۲) داشتیم. *Shomä taht-e-feshär-e-rohee-e-zeeyäd qarär (1) dāshtam. / (2) däshted.* **Where's the stress on the word?** فشار صدا درکدام قسمت کلمه است؟ *Feshar-e-sadä dar kodäm qesmat kalema ast?*

stretch *vt (expand; extend)* دراز کردن *daräz kardan,* امتداد دادن *emtedäd dädan,* کش کردن *kash kardan;* کشیدن *kasheedan* **Stretch it over the frame.** بالای چوکات امتداد اش دهید. *Bälayee chowkät emtedäd ash dehed.* **Stretch out the (measuring) tape.** متر(اندازه گیر) را کش کنید. *Meter (andäza geer) rä kash koned.* **We have to stretch our supplies (over the next [1] week / [2] two weeks).** ما باید اکمالات خود را (درطی [۱] هفته / [۲] دوهفته آینده) بکشیم. *Mä bäyad ekmälät-e-khod (dar tay-e- [1] hafta / [2] do hafta-e-äyenda) bekashem.* **Stretch your (1) arm / (2) arms / (3) leg / (4) legs out.** (۱) بازو / (۲) بازوهای / (۳) پا / (۴) پاهای تان را دراز کنید. *(1) Bäzoo-e- / (2) Bäzoo häy-e- / (3) Pä-e- / (4) Pähäy-e-tän rä daräz koned.* ★ **stretcher** *n* تسکره *taskera* **We need... / (2) Get... / (3) Bring... a stretcher.** (۱) یک تسکره ضرورت داریم. / (۲) یک تسکره بگیرید. / (۳) بیاورید. *Yak taskera (1) zaroorat därem. / (2) beegeered. / (3) beeyäwared.* **Put (1) her / (2) him on a stretcher.** (۱) اوزن / (۲) اومرد را در تسکره بگذارید. *(1) O zan / (2) O mard rä dar taskera begzäred.*

strict *adj* سختگیر *sakhtgeer* **You have to be strict with (1) her. / (2) him. / (3) them.** شما باید با (۱) اوزن / (۲) اومرد / (۳) آنها سختگیر باشید. *Shomä bäyad bä (1) o zan / (2) o mard / (3) änhä sakhtgeer bäshed.* **You're too strict with (1) her. / (2) him. / (3) them.** شما با (۱) اوزن / (۲) اومرد / (۳) آنها بسیار سختگیر هستید. *Shomä bä (1) o zan / (2) o mard / (3) änhä beesyär sakhtgeer hasted.* **I insist on strict compliance with the (1) regulations. / (2) rules.** من در رعایت (۱) قواعد / (۲) قوانین سخت اصرار میکنم. *Man dar re-a'äyat-e- (1) qawä-e'd / (2) qawäneen sakht esrär mey-konam.* ★ **strictly** *adv* اکید *akeedan,* سخت *sakht* **That's strictly forbidden.** اکیداً ممنوع است. *Akeedan mamno' ast.*

strike *vt* 1. *(hit)* زدن *zadan;* 2. *(attack)* حمله کردن بر *hamla kardan bar;* 3. *(cause to ignite)* آتش زدن *ätash zadan* **They struck the (place).** آنها بر (___) حمله کردند. *Änhä bar (___) hamla kardand.* **Strike a match.** یک گوگرد را در بدهید. *Yak gogerd rä dar bedehed.* ★ *vi* 1. *(attack)* داخل شدن *dākhel shodan,* حمله کردن *hamla kardan;* 2. *(go on strike)* اعتصاب کردن *e'tesäb kardan* **Why are they striking?** آنها چرا اعتصاب میکنند؟ *Änhä*, *chorä* *e'tesäb mey-konand?* ★ **strike** *n* 1. *(attack)* حمله *hamla*; 2. *(mass refusal to work)* اعتصاب *e'tesäb* **Are they going to go on strike?** آیا آنها میخواهند به اعتصاب بروند؟ *Äyä änhä mey-khähand ba e'tesäb berawand?*

string *n* تار *tär*, نخ *nakh*, رشته *reshta* **ball of** ~ توپك تار *topak-e-tär*, کلوله تار *klola-e-tar* **Tie it with string.** با تار بسته اش کنید. *Bä tär basta ash koned.* **Do you have any string?** آیا کدام تار دارید؟ *Äyä kodäm tär däred?*

strip *n* 1. *(runway)* فرودگاه *forodgäh*, گذرگاه *gozargäh*; 2. *(piece of fabric)* تکه *tekah*, باریکه *bäreeka* **air** ~ فرودگاه هوایی *forodgäh-e-hawäyee* **elastic** ~ *(med.)* بنداژ کشدار *bandäzh-e-kashdär* **landing** ~ فرودگاه *frodgäh* **plastic** ~ *(med.)* بنداژ پلاستیکی *bandäzh-e-palästeekee* ~ **of cloth** تکه لباس *teka-e-lebäs* ~ **of tape** فیته کست *feete-e-kasset*

stripe *n* خط *khat* **paint a** ~ خط کشیدن *khat kasheedan*

stroke *n (med.)* حمله *hamla* **(1) He / (2) She has had a ([3] mild / [4] severe) stroke.** (1) اومرد یک حمله ([3] ضعیف / [4] شدید) داشت. *(1) O zan / (2) O mard yak hamla-e-([3] za'eef / [4] shadeed) däsht.shadeed*

strong *adj* قوی *qawee*, تند *tond* ~ **as a horse** قوی مانند اسپ *qawee mänand-e-asp* ~ **current** *(of a river)* جریان تند *jeryän-e-tond* ~ **effect** اثر شدید *asar-e-shadeed* ~ **medicine** ادویه قوی *adweeya-e-qawee*, ادویه موثر *adweeya-e-mo'ser* ~ **odor** بوی تند *boy-e-tond* ~ **wind** باد قوی *bäd-e-qawee* **Is it strong enough?** آیا به اندازه کافی قوی است؟ *Äyä ba andäza-e-käfee qawee ast?* **It (1) is / (2) isn't strong enough.** به اندازه کافی قوی (1) است. / (2) نیست. *Ba andäza-e-käfee qawee (1) ast. / (2) neest.* **Get two strong people to (1) carry / (2) move / (3) raise it.** دو نفر قوی را بیاورید که این را (1) ببرند / (2) انتقال دهند / (3) بلند کنند. *Do nafar-e-qawee rä beeyäwared ke een rä (1) bobarand. / (2) enteqäl dehand. / (3) beland konand.* **Do you feel strong enough (to go on)?** آیا به اندازه کافی احساس نیرومندی میکنید (که خانه بروید)؟ *Äyä ba andäza-e-käfee ehsäs-e-neeromandee mey-koned (ke khäna berawad)?* **(1) He / (2) She is growing stronger.** (1) اومرد / (2) اوزن قوی تر شده است. *(1) O mard / (2) O zan qawee tar shoda ast.* **(1) He / (2) She is still not strong enough (to go home).** (1) اومرد / (2) اوزن تا حال به اندازه کافی نیرومند نیست (که خانه برود). *(1) O mard / (2) O zan tä häl ba andäza käfee neeromand neest (ke khäna berawad).* **You're not strong enough yet (to go home).** شما حالا به اندازه کافی نیرومند هستید (که خانه بروید). *Shomä hälä ba andäza-e-käfee neeromand hasted ke khäna berawed.* **May you be strong.** مستحکم باشید. *Mostahkam bashed.* ★ **strongly** *adv* سخت *sakht*, شدیداً *shadeedan* **I strongly doubt it.** شدیداً شک دارم. *Shadeedan shak däram.* **I strongly (1) disagree / (2) object.** شدیداً (1) مخالفت / (2) انتقاد میکنم. *Shadeedan (1) mokhä-lefat / (2) enteqäd mey-konam.* ★ **stronghold** *n* سنگر *sangar* **Taliban** ~ سنگر طالبان *sangar-e-täleban*

structural *adj* ساختمانی *säkhtomänee* ~ **damage** خساره ساختمانی *khesära-e-säkhtomänee* ~ **defect** نقصان ساختمانی *noqsän-e-säkhtomänee* ~ **problems** مشکلات ساختمانی *moshkelät-e-säkhtomänee* ★ **structure** *n* ساختمان *säkhtomän* **brick** ~ ساختمان خشتی *säkhtomän-e-kheshtee* **concrete** ~ ساختمان کانکریتی *säkhtomän-e-känkereetee* **farm** ~ ساختمان را اجاره کردن *säkhtomän-e-rä ejära kardan* **high** ~ ساختمان بلند *säkhtomän-e-beland* **low** ~ ساختمان پایین *säkhtomän-e-päyeen* **metal-roof** ~ ساختمان چت فلزی *säkhtomän-e-chat-e-felezee* **mud** ~ ساختمان گلی *säkhto-män-e-gelee* ساختمان خامه *säkhtomän-e-khäma* **new** ~ ساختمان جدید *säkhtomän-e-jadeed* **old** ~ ساختمان کهنه *säkhtomän-e-kohna* **steel** ~ ساختمان فولادی *säkhtomän-e-folädee*, ساختمان آهنی *säkhtomän-e-ähanee* **wooden** ~ ساختمان چوبی *säkhtomän-e-chobee*

struggle *vi* کوشش کردن *koshesh kardan*, جد و جهد کردن *jod wo jahd kardan* **(1) He / (2) She is struggling to recover.** (1) اومرد / (2) او زن برای شفایاب شدن جد و جهد میکند. *(1) O mard / (2) O zan baräyee shafa yab shodan jod wo jahd*

struggle 429 **stump**

mey-konad. **They're struggling to get *(1)* her / *(2)* him / *(3)* them out of the wreckage.** آنها کوشش دارند تا (۱) اوزن / (۲) اومرد / (۳) آنها را (از کشتی شکسته) بیرون کنند. *Ānhā koshesh dārand tā (1) o zan / (2) o mard / (3) ānhā rā (az keshtee-e-shekasta) beeroon konand.* ★ **struggle** *n* مبارزه *mobāreza* **It's a(n) *(1)* big / *(2)* uphill struggle.** این یک مبارزه (۱) بزرگ / (۲) دشوار است. *Een yak mobāreza-e- (1) bozorg / (2) dashwār ast.*

stubborn *adj* لجوج *lajooj,* خودسر *khod sar*

stucco *n* گچ *gach* **Cover it with stucco.** با گچ بپوشانید اش. *Bā gach boposhāned ash.*

stuck *adj* گیرمانده *geer mānda,* فرورفته *foroo-rafte* **get ~** گیرماندن *geer māndan,* فرورفتن *foroo-raftan* **The *(1)* car / *(2)* vehicle is stuck in the *(3)* mud. / *(4)* sand. / *(5)* snow.** (۱) موتر / (۲) وسیله نقلیه در (۳) گِل / (۴) ریگ / (۵) برف گیرمانده است. *(1) Motar / (2) Waseela-e-naqleeya dar (3) geyl / (4) reeg / (5) barf geer mānda ast.* **It's stuck. I can't open it.** ان فرو رفته، باز کرده نمی توانم. *An foroo-rafte, bāz karda namey-tawānam.*

stud *n* 1. *(supporting board)* پله *pala;* 2. *(projecting nub or pin)* گلمیخ *golmeekh* **door ~** پله دروازه *pala-e-darwāza*

student *n* شاگرد *shāgerd,* محصل *mahsel* **college ~** شاگرد کالج *shāgerd-e-kālej* **elementary school ~** شاگرد مکتب ابتدایی *shāgerd-e-maktab-e-eptedāyee* **high school ~** شاگرد لیسه *shāgerd-e-leesa* **trade school ~** شاگرد مکتب تجارت *shāgerd-e-maktab-e-tejārat* **university ~** محصل پوهنتون *mahsel-e-pohantoon*

studio *n* ستدیو *stadyoo* **photo ~** عکاس خانه *a'kās khāna*

study *vt* خواندن *khāndan,* مطالعه کردن *motāle-a' kardan* **What are you studying?** چی مطالعه میکنید؟ *Chee motāle-a' mey-koned?* **Do you study English?** آیا شما انگلیسی میخوانید؟ *Āyā shomā engleesee mey-khāned?* **I'm studying Dari.** من دری میخوانم. *Man daree mey-khānam.* **You should study *(subject).*** شما باید (___) بخوانید. *Shomā bāyad (___) bokhāned.* **That's good that you're studying *(subject).*** خوب است که شما (___) میخوانید. *Khoob ast ke shomā (___) mey-khāned.* **In the university I studied *(subject).*** درپوهنتون من (___) را خواندم. *Dar pohantoon man (___) rā khāndam.*

stuff *n* 1. *(things)* کالا *kālā,* ماده *māda,* جنس *jens;* 2. *(matters)* باره *bāra,* موضوع *mowzo',* مسئله *mas-a'la* **a bunch of ~** 1. *(things)* یک مقدار اجناس *yak meqdār ajnās;* 2. *(matters)* یک سلسله مسائل *yak selsela masāye'l* **different ~** 1. *(things)* اجناس مختلف *ajnās-e-mokhtalef;* 2. *(matters)* موضوع جداگانه *mowzo'-e-jedā gāna* **some ~** 1. *(things)* بعضی چیزها *ba'zee cheez hā;* 2. *(matters)* بعضی مسائل *ba'zee masāye'l* **Do you have your stuff?** آیا اجناس تان را با خود دارید؟ *Āyā ajnās-e-tān rā bā khod dāred?* **Is this your stuff?** آیا این مال شما است؟ *Āyā een māl-e-shomā ast?* **Get your stuff (and let's go).** لوازم تان را بیگیرید (و بیاید برویم). *Lawazem tān rā beegeered (wa beeyāyed berawem).* **Put this stuff away.** این شی را دور کنید. *Een shay rā door koned.* **Clean this stuff up.** این را پاک کنید. *Een rā pāk koned.* **Throw this stuff away.** این را دور بندازید. *Een rā door bendāzed.* **There's some stuff I *(1)* have to take care of. / *(2)* want to talk to you about.** چیزی است که (۱) باید انجامش دهم. / (۲) میخواهم در مورد آن با شما صحبت کنم. *Cheezay ast ke (1) bāyad anjāmash deham. / (2) mey-khāham dar mowred ān bā shomā sohbat konam.*

stuffy *adj* بند *band,* عاری از هوای تازه *haree az hawa-e-taza,* بدبو *badboo* **It's (terribly) stuffy in here. Open the *(1)* door / *(2)* window.** اینجا (زیاد) بدبو است. (۱) دروازه / (۲) دریچه را باز کنید. *Eenjā (zeeyād) badboo ast. (1) Darwāza / (2) Dareecha rā bāz koned.*

stump *n* 1. *(tree)* کنده درخت *konda-e-darakht;* 2. *(body limb)* ریشه *reesha,* باقی مانده عضوی که قسمت انتهایی آن را قطع کرده اند. *Bāqee mānda-e-o'zwee ke qesmat-e-entehāyee ān rā qata' karda and.*

stung *pp* (See **sting**) نیش زده *neesh zada*, گزیده *gazeeda*
stunned *pp* گیج *geech*, بی حس *bey hes*
stupid *adj* احمق *ahmaq* **That (1) is / (2) was (really) stupid.** (واقعاً) احمقانه (۱) است. / (۲) بود. *(Wäqe-a'n) ahmaqana (1) ast. / (2) bod.*
sturgeon *n* سگ ماهی *sag mähee*
style *n* مُد *mod*, سبک *sabk*, شیوه *sheewa* **different ~** مُد مختلف *mod-e-mokhtalef* **latest ~** آخرین مُد *äkhereen mod* **new ~** مُد جدید *mod-e-jadeed* **old ~** مُد کهنه *mod-e-kohna*
styrene *n* (plastic) استیرین *esteereen*
subdistrict *n* علاقه داری *a'läqa däree*
subject *n* 1. (topic) موضوع *mowzo'*, مبحث *mabhas*; 2. (school course) مضمون *mazmoon*; 3. (gram.) فاعل *fä-e'l* **bring up the ~** موضوع را مطرح کردن *mowzo' rä matra' kardan* **change the ~** موضوع را تغییردادن *mowzo' rä ta'gheer dädan* **different ~** موضوع مختلف *mowzo'-e-mokhtalef* **difficult ~** 1. (topic) موضوع مشکل *mowzo'-e-moshkel*; 2. (school course) مضمون مشکل *mazmoon-e-moshkel* **discuss the ~** بحث کردن در مورد موضوع *bhas kardan dar mawred-e-mowzo'* **Did you discuss the subject (with [1] her / [2] him / [3] them)?** آیا شما موضوع را (با [۱] اوزن / [۲] اومرد / [۳] آنها) مطرح کردید؟ *Äyä shomä mowzo' rä (bä [1] o zan / [2] o mard / [3] änhä) matra karded?* **We (1) discussed / (2) didn't discuss the subject.** ما موضوع را مطرح (۱) کردیم. / (۲) نکردیم. *Mä mowzo' rä matra' (1) kardem. / (2) nakardem.* **What subjects are you studying?** کدام مضامین را میخوانید؟ *Kodäm mazämeen rä mey-khäned?* **Which is the subject (and which is the object)?** کدام فاعل است (وکدام مفعول است)؟ *Kodäm fä-e'l ast (wa kodäm maf-o'l ast)?*
submachinegun *n* ماشین دار کوچک *mäsheen där-e-kochak*
submit *vt* تسلیم کردن *tasleem kardan* **~ an application** درخواست را تسلیم کردن *darkhäst rä tasleem kardan* **~ a report** گزارش را تسلیم کردن *gozäresh rä tasleem kardan* **~ a request** تقاضانامه را تسلیم کردن *taqaza nama ra tasleem kardan*
subside *vi* پایین آمدن *payeen amadan*, فرونشستن *fero-neshastan* **(1) Her / (2) His / (3) Your (4) fever / (5) temperature is subsiding.** (۱) تب / (۲) حرارت (۳) اوزن / (۴) اومرد / (۵) شما فرو مینشیند. *(1) Tab-e- / (2) Harärat-e-(3) o zan / (4) o mard / (5) shomä fero mey-nesheenad.*
subsidize *vt* کمک مالی کردن *komak-e-mälee kardan*, خرج دادن به *kharch dädan bah* **It's possible they will subsidize it.** امکان دارد آنها کمک مالی نمایند. *Emkän därad änhä komak-e-mälee nomayand.* ★ **subsidy** *n* سبسایدی (اعانه نقدی که دولت قرضه میدهد تا کاری را که مفاد عمومی در بر دارد به پیش ببرد.) *sabsäydee (e'änä-e-naqdee ke dowlat qarza mey-dehad tä käree rä ke mafäd-e-o'moomee dar bar därad ba peesh bobarad.)* **government ~** سبسایدی دولت *sabsäydee dowlat* **private ~** سبسایدی شخصی *sabsäydee-e-shakhsee*
subsist *vi* زیست کردن *zeest kardan*, گزران کردن *gozärän kardan* **At least they can subsist on it.** حد اقل میتوانند با آن گزران کنند. *Had-e-a'qal mey-tawänand bä än gozarän konand.* **It's hardly enough to subsist on.** بسیار مشکل است که با آن گذاران کرد. *Beesyär moshkel ast ke bä än gozarän kard.*
substance *n* ماده *mäda*, جسم *jesem*, شی *shay* **dangerous ~** ماده خطرناک *mäda-e-khatarnäk* **inflammable ~** ماده قابل اشتعال *mäda-e-qäbel-e-eshte'äl*, ماده آتشگیر *mäda-e-ätash geer* **powdery ~** ماده پودری *mäda-e-poodree* **strange ~** ماده عجیب *mäda-e-ajeeb* **suspicious ~** ماده مشکوک *mäda-e-mashkook* **toxic ~** مواد زهری *mawäd-e-zahree* ★ **substantial** *adj* قابل ملاحظه *qabel-e-molaheza* **~ damage** خساره قابل ملاحظه *khesära-e-qabel-e-molaheza* **~ decrease** کاهش قابل ملاحظه *kähesh-e-qabel-e-molaheza* **~ expense** مصرف قابل ملاحظه *kharch-e-qabel-e-molaheza* **~ increase** افزایش قابل ملاحظه *afzäyesh-e-qabel-e-mola-*

substation / **suffer**

heza ~ **loss of blood** ضایعات قابل ملاحظه خون *zayehät-e-qabel-e-molaheza-e-khoon*

substation *n (elec.)* مرکز فرعی برق *markaz-e-fara'ee-e-barq*, برج برق *borj-e-barq*

substitute *vt* عوض کردن *e'waz kardan* **(1) We / (2) You can substitute** *(what)* **for it.** (۱) ما میتوانیم... ( ) را بجایش عوض (۱) کنیم. / (۲) شما میتوانید... ( ) را بجایش عوض (۲) کنید. *Mä mey-tawänem... / (2) shomä mey-tawäned... (__) rä bajäyash e'waz (1) konem. / (2) koned.*

subtract *vt* تفریق کردن *tafreeq kardan*, کم کردن *kam kardan*

suburb *n* اطراف *aträf*, دور از شهر *door az shahr* **live in the ~s** در اطراف زندگی کردن *dar aträf zendagee kardan*

succeed *vi* کامیاب شدن *kämyäb shodan*, موفق شدن *mowfaq shodan* **almost ~** تقریباً کامیاب شدن *taqreeban kämyäb shodan* **finally ~** بلاخره کامیاب شدن *beläkhera kämyäb shodan* **I hope (1) they / (2) we / (3) you succeed.** امیدوارم (۱) آنها / (۲) ما / (۳) شما کامیاب (۱) شوند. / (۲) شویم. / (۳) شوید. *Omeedwäram (1) änhä / (2) mä / (3) shomä kämyäb (1) shawand. / (2) shawem. / (3) shawed.* **Did you succeed?** آیا کامیاب شدید؟ *Äyä komyäb shoded?* **I (1) succeeded / (2) didn't succeed.** کامیاب (۱) شدم. / (۲) نشدم. *Kämyäb (1) shodam. / (2) nashodam.* ★ **success** *n* کامیابی *kämyäbee*, موفقیت *mowfeqee'yat*, پیروزی *peerozee* **achieve ~** کامیابی حاصل کردن *kamyabee hasel kardan* **great ~** کامیابی بزرگ *kämyäbee-e-bozorg* **without ~** بدون کامیابی *bedoon-e-kämyäbee* **I wish (1) her / (2) him / (3) them / (4) you success.** کامیابی (۱) اورا / (۲) اورا / (۳) آنها / (٤) شمارا میخواهم. *Kämyäbee-e-(1) o zan / (2) o mard / (3) shomä rä mey-khäham.* **I tried without success to...** بدون کامیابی کوشش کردم که... *Bedoon-e-kämyäbee koshesh kardam ke...* ★ **successful** *adj* کامیاب *kämyäb*, موفق *mowfaq*, پیروز *perooz* **~ attempt** کوشش کامیاب *koshesh-e-kämyäb* **~ effort** تلاش کامیاب *taläsh-e-kämyäb* **~ project** پلان کامیاب *pelän-e-kämyäb*, پروژه کامیاب *prozha-e-kämyäb* **The (1) mission / (2) operation was successful.** (۱) پلان / (۲) عملیات کامیاب شد. *(1) Pelän / (2) A'mal-yät kämyäb shod.* ★ **successfully** *adv* موفقانه *mowfaqäna*, به خوبی *ba khobee*

such *adj & adv* 1. *(that kind, that way)* چنین *choneen*, چنان *chenän*; 2. *(What a!, How!, Such!)* عجب *a'jab* **in ~ a way** چنین طور *choneen tour* **no ~ thing** هیچ چنین چیزی *hech choneen cheezee* **~ a thing** چنین چیز *choneen cheez* **~ difficulty** چنین مشکلات *choneen moshkelät* **It was such a mess!** عجب بی نظمی بود! *a'jab be nazmee-e-bod!* **(1,2) There was such a crowd.** (۱) چنان ازدحام زیادی بود. *Chenän ezdehäm (1,2) bod.* (۲) ازدحام زیادی بود. *Ezdehäm-e-zeeyädee bod.* **How could such a thing happen?** چگونه امکان دارد چنین چیزی واقع شود؟ *Chegona emkän därad choneen cheezay wäqe' shawad?* **Such things happen.** چنین چیز ها واقع میشود. *Choneen cheez hä wäqe' mey-shawad.* **Such is life.** زندگی چنین است. *Zendagee choneen ast.*

suck *vt* مکیدن *makeedan*, چوشیدن *choshedan*

suckle *vt* شیر دادن *sheer dädan*

sudden *adj* ناگهانی *nägahänee*, فوری *fowree* **(1,2) It was very sudden.** (۱) فوری شد. *Fowree shod. / (2)* ناگهانی شد. *Nägahänee shod.* **If you notice any sudden changes, let me know.** اگر کدام تغیرات ناگهانی را مشاهده نمودید، برایم اطلاع دهید. *Agar kodäm ta'gheerät-e-nagahanee rä moshäheda namoded, barä-yam etläh dehed.* ★ **suddenly** *adv* ناگهانی *nägahänee*, دفعتاً *dafatan*

sue *vt* کسی را با محکمه کشاندن *kasay rä ba mahkama kashandan*, ادعاکردن *edeha kardan*, متهم ساختن *motaham sakhtan*

suffer *vi* عذاب کشیدن *azäb kasheedan*, درد کشیدن *dard kasheedan;* دچار بودن *dochär bodan*, **(1) He / (2) She is suffering (from the pain).** (۱) اومرد / (۲) اوزن دچار (-درد) است. *(1) O mard / (2) O zan dochär (-e-dard) ast.* **They're suffer-**

suffering ing (from *[1]* hunger. / *[2]* the cold.). آنها ([۱] از گرسنگی / [۲] سردی) عذاب میکشند. *Änhä ([1] az gores-nahgee / [2] sardee) azäb mekashand.* ★ **suffering** *n* رنج *ranj*, عذاب *a'zäb*, درد *dard*, تکلیف *takleef* **We have to do something to alleviate their suffering.** باید کاری کنیم تا تکلیف آنها را کم بسازیم. *Bäyad käree konem tä takleef-e-änhä rä kam besäzem.*

sufficient *adj* کافی *käfee* ~ **firewood** هیزم کافی *hezom-e-käfee* ~ **food** مواد خوراکه کافی *mawäd-e-khoräka-e-käfee* ~ **fuel** مواد سوخت کافی (عراده جات) *mawad-e-sokht-e-käfee (arada-jät)* ~ **gasoline** تیل کافی *teel-e-käfee* ~ **manpower** کارگران کافی *kärgarän-e-käfee* ~ **medicine** دوای کافی *daväy-e-käfee* ~ **money** پول کافی *pool-e-käfee* ~ **supplies** اکمالات کافی *ekmalat-e-kafee* ~ **time** وقت کافی *waqt-e-käfee*

suffocate *vt* خفه شدن *khafa shodan* **(1) He / (2) She suffocated.** (۱) اومرد / (۲) اوزن خفه شد. *(1) O mard / (2) O zan khafa shod.* **They suffocated.** آنها خفه شدند. *Änhä khafa shodand.* ★ **suffocation** *n* خفگی *khafagee*, اختناق *ekhtenäq* **die by ~** در اثر خفگی مردن *dar asar-e-khafagee mordan*

sugar *n* بوره *bora*, شکر *shakar* **bag of ~** خریطه شکر *khareeta-e-shakar* **box of ~** صندوق شکر *sandoq-e-shakar* **brown ~** شکر سرخ *shakar-e-sorkh* **can of ~** قطی شکر *qotee-e-shakar* **powdered ~** پودر شکر *podar-e-shakar* **Would you like some sugar?** آیا قدری شکر میخواهید؟ *Äyä qadree shakar mey-khähed?* **A little sugar, please.** لطفاً، کمی شکر. *Lotfan, kamee shakar.* **No sugar, please.** لطفاً شکر نیاندازید. *Lotfan, shakar nayanandäzed.* ★ **sugarcane** *n* نیشکر *nai-shakar*

suggest *vt* پیشنهاد کردن *peeshnehäd kardan* **What do you suggest?** چی پیشنهاد میکنید؟ *Chee peeshnehäd mey-koned?* **I suggest...** پیشنهاد میکنم..... *Peeshnehäd mey-konam...* **What did (1) he / (2) she suggest?** (۱) اومرد / (۲) اوزن چی پیشنهاد کرد؟ *(1) O mard / (2) O zan chee peeshnehäd kard?* **(1) He / (2) She suggested...** (۱) اومرد / (۲) اوزن پیشنهاد کرد..... *(1) O mard / (2) O zan peesh-nehäd kard...* ★ **suggestion** *n* پیشنهاد *peesh-nehäd*, نظریه *nazarya* **great ~** پیشنهاد خوب *peesh-nehäd-e-khoob* **make a ~** پیشنهاد نمودن *peesh-nehäd namoo-dan* **That's a good suggestion.** پیشنهاد خوبی است. *Peesh-nehäd-e-khobee ast.* **Thanks for the suggestion.** از پیشنهاد تان تشکر. *Az peesh-nehad-e-tän tasha-kor.* **I'd like to make a suggestion.** میخواهم پیشنهاد نمایم. *Mey-khäham peesh-nehäd nomäyam.* **I'm open for suggestions.** پیشنهادات را میپذیرم. *Peesh-nehädä rä mey-pazeeram.*

suicide *n* خودکشی *khodkoshee* **It (1) was / (2) wasn't suicide.** (۱) خود کشی بود. (۲) *Khodkoshee (1) bod. / (2) nabod.* **(1) He / (2) She committed suicide.** (۱) اومرد / (۲) اوزن خود کشی کرد. *(1) O mard / (2) O zan khodkoshee kard.* **(1) He / (2) She attempted suicide.** (۱) اومرد / (۲) اوزن به خود کشی مبادرت ورزید. *(1) O mard / (2) O zan ba khodkoshee mobäderat warzeed.*

suit *n* دریشی *dreeshee*, لباس یکدست *lebäs-e-yak-dast*, لباس *lebäs* **business ~** لباس کار *lebäs-e-kär* **protective ~** لباس دفاعی *lebäs-e-defä-e'ee*, لباس محافظت کننده *lebäs-e-mahäfezat konenda* **wear a ~** دریشی پوشیدن *dreeshee posheedan*

suitable *adj* مناسب *monäseb*, شایسته *shäyesta* **~ for the job** شایسته برای وظیفه *shäyesta baräyee wazeefa* **Is (1) this / (2) that suitable?** آیا (۱) این / (۲) آن مناسب است؟ *Äyä (1) een / (2) än monäseb ast?* **(1) This / (2) That (3) is / (4) isn't suitable.** (۱) این / (۲) آن مناسب (۳) است. / (۴) نیست. *(1) Een / (2) An monä-seb (3) ast. / (4) neest.*

suitcase *n* بکس لباس *baks-e-lebäs* **I have to (1) pack / (2) unpack my suitcase.** من باید بکس لباس ام را (۱) بسته / (۲) باز کنم. *Man bäyad baks-e-lebäs am rä (1) basta / (2) bäz konam.*

sulfur *n* سلفر *salfar*

sum *n* مبلغ *mablagh*, مقدار *meqdär* **large ~** مبلغ زیاد *mablagh-e-zeeyäd* **small ~**

summarize 433 **sunlight**

مبلغ کم *mablagh-e-kam* total ~ مجموع مبلغ *majmo'-e-mablagh* **That's a big sum of money.** مبلغ زیاد پول است. *Mablagh-e-zeeyäd-e-pool ast.*
summarize vt خلاصه کردن *kholäsa kardan* ~ **the mission** پلان را خلاصه کردن *pelän rä kholäsa kardan* ~ **the operation** عملیات را خلاصه کردن *a'malyät rä kholäsa kardan,* پلان را خلاصه کردن *pelän rä kholäsa kardan* ★ **summary** *n* خلاصه *kholäsa* **monthly** ~ خلاصه ماهانه *kholäsa-e-mähäna* **operational** ~ خلاصه کار *kholäsa-e-kär* **project** ~ خلاصه پروژه *kholäsa-e-prozha* ~ **of events** خلاصه اتفاقات *kholäsa-e-etefäqät* ~ **of expenses** خلاصه قیمت ها *kholäsa-e-qeemat hä* ~ **of the mission** خلاصه پلان *kholäsa-e-pelän*
summer *n* تابستان *täbestän* **during** ~ در هنگام تابستان *dar hangäm-e-täbestän* **in** ~ در تابستان *dar täbestän* **last** ~ تابستان گذشته *täbestän-e-gozashta* **next** ~ تابستان آینده *täbestän-e-äyenda*
summit *n* قله کوه *qola-e-ko* **reach the** ~ به قله کوه رسیدن *ba qola-e-ko raseedan*
sun *n* آفتاب *äftäb* **The sun is (1) hot! / (2) unmerciful!** آفتاب (1) داغ / (2) سوزنده است! *Äftäb (1) dägh / (2) sozenda ast!* **Let's get out of the sun.** بیایید از آفتاب Beeyäyed az äftäb door berawem. **Let's wait till the sun goes down.** تا غروب آفتاب انتظار بکشیم. *Tä ghroob-e-äftäb entezär bekashem.* **Let's get started before the sun (1) comes up. / (2) is high.** بیاید شروع کنیم قبل از اینکه آفتاب (1) برآید. / (2) بلند شود. *Bee-äyed shoro' konem qabel az eenkeh äftäb (1) bar-äyad. / (2) beland shawad.* **This will protect your skin from the sun.** این جلد شما را در مقابل آفتاب حفاظت میکند. *Een jold-e-shomä rä dar moqabel-e-äftäb hefazat mekonad.* ★ **sunblock** *n* کریم آفتاب زدگی *kereem äftäb zadagee* **Use some of this sunblock. It will protect your skin.** از این کریم آفتاب زدگی استعمال کنید. جلد شما را حفاظت میکند. *Az een kereem-e-äftäb zadagee este'mäl koned. Jold-e-shomä rä hefäzat mey-konad.* ★ **sunburn** *n* آفتاب زده *äftäb zada* **You've got a sunburn.** شما را آفتاب زده است. *Shomä rä äftäb zada ast.* **Have I got a sunburn?** آیا من را آفتاب زده است؟ *Äyä man rä äftäb zada ast?* **I don't want to get a sunburn.** نمیخواهم که من را آفتاب بسوزاند. *Namey-khäham ke man rä äftäb besozänad.* **Here's some cream for your sunburn.** این کریم برای آفتاب زدگی شما است. *Een kereem baräye äftäb zadagee-e-shomä ast.* ★ **sunburned** *adj* آفتاب سوختگی *äftäb sokhtagee,* آفتاب زدگی *äftäb zadagee* **get** ~ آفتاب سوختگی شدن *äftäb sokhtagee shodan* ~ **back** عقب آفتاب سوختگی *a'qeb-e-äftäb sokhtagee* ~ **face** صورت آفتاب سوختگی *soorat-e-äftäb sokhtagee* ~ **nose** بینی آفتاب سوختگی *beenee-e-äftäb sokhtagee* ~ **shoulders** شانه های آفتاب سوختگی *Shäna häye äftäb sokhtagee* ~ **legs** پاهای آفتاب سوختگی *pähäyee-äftäb sokhtagee* **I got sunburned.** من آفتاب سوختگی دارم. *Man äftäb sokhtagee däram.* **You got sunburned.** شما آفتاب سوختگی دارید. *Shomä äftäb sokhtagee däred.* **Be careful (so that) you don't get sunburned.** متوجه باش که آفتاب سوختگی نشوید. *Motawajeh bäsh keh äftä sokhtagee nashawed.*
Sunday *n* یکشنبه *yak-shambe* **by** ~ قبل از یکشنبه *qabel az yak-shambe* **every** ~ هر یکشنبه *har yak-shambe* **last** ~ یکشنبه گذشته *yak-shambe-e-gozashta* **next** ~ یکشنبه آینده *yak-shambe-e-äyenda* **on** ~ در یکشنبه *dar yak-shambe* **since** ~ از یکشنبه به اینطرف *az yak-shambe ba een-taraf* ~ **afternoon** عصر یکشنبه *a'sr-e-yak-shambe* ~ **evening** شام یکشنبه *shäm-e-yak-shambe* ~ **morning** صبح یکشنبه *sobh-e-yak-shambe* ~ **night** شب یکشنبه *shab-e-yak-shambe* **this** ~ همین یکشنبه *hameen yak-shambe* **until** ~ تا یشکنبه *tä yak-shambe*
sundries *n, pl* مواد گوناگون *mawäd-e-goonägoon*
sunflower *n* گل آفتاب پرست *gol-e-äftäb parast*
sunglasses *n, pl* عینک آفتابی *a'ynak-e-äftäbee* **pair of** ~ یک عینک آفتابی *yak a'ynak-e-äftäbee* **wear** ~ عینک آفتابی پوشیدن *a'ynak-e-äftäbee posheedan*
sunlight *n* نور آفتاب *noor-e-äftäb,* شعاع آفتاب *shoa'ä'-e-äftäb*

sunny *adj* آفتابی *äftäbee*
Sunni *adj & n* سنی *sonee*
sunrise *n* آفتاب برآمد *äftäb bar-ämad*, طلوع آفتاب *tolo'-e-äftab*
sunscreen *n (See sunblock)* کریم یا مرحم آفتاب زدگی *kereem yä marham-e-äftäb zadagee*
sunset *n* غروب *ghroob*, آفتاب نشست *äftäb neshast*
sunshine *n* شعاع آفتاب *shoha-e-äftäb*
sunstroke *n* آفتاب زدگی *äftäb zadagee*
superb *adj* عالی *a'älee*, بسیار خوب *bees'-yär khoob*
superior *adj* علوی *olwee*, بالاتر *bälätar*
superman *n* مرد فوق العاده *mard-fawq-ol-hada*, سوپرمین *soopar main*, **I'm no superman.** من مرد فوق العاده نیستم. *Man mard-e-fawq-ol-hada neestam.*
supermarket *n* سوپر مارکیت *soparmärkeet*, بازار *bäzär*
superwoman *n* زن فوق العاده *zan-e-fawq-ol-hada*, سوپرومن *soopar woman* **I'm no superwoman.** من زن فوق العاده نیستم. *Man zan-e-fawq-ol-hada neestam.*
supersede *vt* لغو کردن *laghwah kardan*, کنار گذاشتن *kenär gozäshtan* **This one supersedes that one.** این یک آن را لغو میکند. *Een yak än rä laghwah mey-konad.*
superstition *n* موهومات *mowhomät*, خرافات *kheräfät* **What superstitions do the people have?** مردم چی خرافات دارند؟ *Mardom chee kheräfät därand.*
★ **superstitious** *adj* موهوم پرست *mowhom parast* **Are you superstitious?** آیا شما موهوم پرست هستید؟ *Äyä shomä mowhom parast hasted?*
supervise *vt* نظارت کردن *nezärat kardan*, مُباشرت کردن *mobäsherat kardan* **I want you to supervise the (1) construction. / (2) operation. / (3) unloading. / (4) work.** میخواهم که شما (۱) ساختمان / (۲) عملیات / (۳) بارگیری / (۴) کار را نظارت کنید. *Mey-khäham ke shomä (1) säkhtomän / (2) a'malyät / (3) bär-geeree / (4) kär rä nezärat koned.* **I want you to supervise (1) her. / (2) him. / (3) them.** میخواهم که شما (۱) اوزن / (۲) اومرد / (۳) آنها را نظارت کنید. *Mey-khäham ke shomä (1) o zan / (2) o mard / (3) änhä rä nezärat koned.*
★ **supervisor** *n* نظارت کننده *nezärat konenda*, آمر *ämer*, سوپروایزر *soopar-y-zer* **new ~** آمر نو *ämer-e-now* **You'll be the supervisor.** شما آمر خواهد بودید. *Shomä ämer khäbad boded.* **You have a new supervisor.** شما آمر نو دارید. *Shomä ämer-e-now däred.* **Who's your supervisor?** آمر شما کیست؟ *Ämer-e-shomä keest?* **Where's the supervisor?** آمر کجاست؟ *Amer kojäst?* **Get your supervisor for me.** آمر تان را برایم بیاورید. *Ämer-e-tän rä baräyam bee-äware.* **(1) Ask / (2) Tell your supervisor.** آمر تان را (۱) پرسان کنید. / (۲) بگوئید. *Ämer-e-tän rä (1) porsän koned. / (2) bogoyed.* **Go talk to your supervisor.** بروید با آمر تان صحبت کنید. *Berawed bä ämer-e-tän sohbat koned.* **Do what your supervisor tells you to do.** آنچه را که آمر تان میگوید انجام دهید. *Änche rä ke ämer-e-tän mey-goyad anjäm dehed.* **Your supervisor will (1) explain everything to you / (2) show you what to do.** آمر تان (۱) همه چیز را برای تان تشریح خواهد کرد. / (۲) نشان تان خواهد داد تا که چی کنید. *Ämer-e-tän (1) hama cheez rä baräyee tän tashreh khähad kard. / (2) neshän-e-tän khähad däd tä chee koned.*
supper *n* شام *shäm* **~ menu** فهرست غذا شام *fehrest-e-ghezä-e-shäm* **It's time to (1) make / (2) serve supper.** وقت (۱) آماده ساختن / (۲) صرف کردن شام است. *Waqt-e- (1) ämäda säkhtan / (2) sarf kardan-e-shäm ast.* **Supper will be served from (time) to (time).** غذا شام از (___) تا (___) صرف میگردد. *Ghezä-e-shäm az (___) tä (___) sarf mey-gardad.*
supplement *n* ضمیمه *zameema*
supplier *n* تهیه کننده *tahya konenda*, اکمال کننده *ekmäl konenda* **(1) Call / (2) Contact the supplier.** با اکمال کننده (۱) تماس تلیفونی. / (۲) تماس بیگیرید. *Bä ekmäl konenda (1) tamäs teleefonee. / (2) tamäs beegeered.* **See if you can find a**

supply 435 **support**

(new) supplier. ببینید اگر یك اكمال كننده (نو) پیدا كرده بتوانید. *Beebeened agar yak ekmäl konenda-e-(now) paydä karda betawäned.* ★ **supply** *n (also pl)* لوازم *lawäzem,* مواد *mawäd,* ذخیره *zakheere* **adequate ~** تهیه كافى *tahya-e-käfee* **aid ~** مواد كمكى *mawäd-e-komakee* **assure water ~** تهیه آب را تضمین كردن *tahya-e-äb rä tazmeen kardan* **bring in (medical) ~ies** لوازم (طبى) را آوردن *lawäzem (tebee) rä äwardan* **cleaning ~ies** لوازم پاك كارى *lawä-zem-e-päk käree* **deliver ~ies** مواد را ارسال كردن *mawäd rä ersäl kardan* **dental ~ies** لوازم دندانسازى *lawäzem-e-dandänsäzee* **distribute ~ies** لوازم را تقسیم كردن *lawäzem rä taqseem kardan* **electric ~** لوازم برقى *lawäzem-e-barqee,* سامان آلات برق *säman älät-e-barq* **emergency ~ies** لوازم حالت اضطرارى *lawäzem-e-ezteräree* **food ~ies** مواد خوراكى *mawäd-e-khoräkee* **fuel ~ies** مواد سوخت *mawäd-e-sokht* **lack of (medical) ~ies** فقدان لوازم (طبى) *foqdän-e-lawäzem(-e-tebee)* **medical ~ies** لوازم طبى *lawäzem-e-tebee* **office ~ies** لوازم دفتر *lawäzem-e-daftar* **reliable water ~** تهیه آب قابل اعتماد *tahya-e-äb-e-qäbel-e-e'temäd* **relief ~ies** مواد خیریه *mawäd-e-khayreeya* **request ~ies** براى تهیه جات درخواست كردن *baräy-e tahya jät darkhäst kardan* **school ~ies** لوازم مكتب *lawäzem-e-maktab* **water ~** تهیه آب *tahya-e-äb* **Supplies will come by** *(1)* **air.** / *(2)* **ship.** / *(3)* **train.** / *(4)* **truck.** لوازم از طریق (۱) هوا / (۲) كشتى / (۳) ریل / (٤) موتر باركش خواهد آمد. *Tahya jät az tareeq-e- (1) hawä / (2) keshtee / (3) reel / (4) motar-e-bärkash khähad ämad.* **We need more** *(1)* **food** / *(2)* **medical supplies.** ما بیشتر به تهیه جات (۱) مواد غذایى / (۲) طبى ضرورت داریم. *Mä ba beeshtar tahya jät-e- (1) mawäd-e-ghezä-yee... / (2) tebee... zaroorat därem.* **We have to conserve our** *(1)* **food** / *(2)* **medical supplies.** ما باید تهیه جات (۱) مواد غذایى / (۲) طبى خود را نگهداریم. *Mä bäyad tahya jät-e- (1) mawäd-e-ghezäyee / (2) tebee-e-khod rä nega-därem.*

support *vt* 1. *(financially)* كمك كردن *komak kardan,* حمایت كردن *hemäyat kardan;* 2. *(physically)* نگاه داشتن *negäh dästan* **Who supports** *(1)* **you?** / *(2)* **your family?** (۱) شما / (۲) فامیل شما را كى كمك میكند؟ *(1) Shomä / (2) Fämeel-e-shomä rä kee komak mey-konad?* **We can't support** *(1)* **her** / *(2)* **him** / *(3)* **them** / *(4)* **you forever.** ما نمتیوانیم (۱) اوزن / (۲) اومرد / (۳) آنها / (٤) شما را تا ابد كمك كنیم. *Mä namey-tawänem (1) o zan / (2) o mard / (3) änhä / (4) shomä rä tä abad komak konem.* **We're supported by** *(whom).* ما را ( ) كمك میكند. *Mä rä ( ) komak mey-konad.* **This supports the** *(what).* این ( ) را نگهمیدارد. *Een ( ) rä nega-mey-därad.* **We have to support it (with something).** ما باید (با چیزى) نگاه اش كنیم. *Mä bäyad (bä cheezee) negäh ash konem.* **Use** *(1)* **a beam** / *(2)* **boards** / *(3)* **concrete** / *(4)* **a pole** / *(5)* **rocks to support it.** (۱) یك تیر / (۲) تخته ها / (۳) كانكریت / (٤) پایه / (٥) سنگ ها *(1) Yak sang... / (2) Takhta hä... / (3) Känkereet... / (4) Päya... / (5) Sang hä... baräy-e-negäh dästan ash estefäda koned.* ★ *n* 1. *(assistance)* كمك *komak,* حمایت *hemäyat;* 2. *(brace)* تكیه گاه *takya gäh,* پایه *päya,* پشتى *poshtee,* تقویت *taqweyat* **back ~** تقویت پشت *taqweyat-e-posht* **financial ~** كمك پولى *komak-e-polee* **elbow ~** تقویت آرنج *taqweyat-e-ärenj* **give ~** كمك دادن *komak dädan* **intermediate ~** *(const.)* تكیه گاه بین البینى *takya gäh-e-bayn-el-baynee* **knee ~** تقویت زانو *taqweyat-e-zäno* **lateral ~** *(const.)* تكیه گاه عرضى *takya gäh-e-a'rzee* **wrist ~** تقویت مچ دست *taqweyat-e-dast* **I need your support.** من به كمك شما ضرورت دارم. *Man ba komak-e-shomä zaroorat därem.* **Will you support us?** آیا شما ما را كمك میكنید؟ *Äyä shomä mä rä komak mey-koned?* **Will they support us?** آیا آنها ما را كمك میكنند؟ *Äyä änhä mä rä komak mey-konand?* **I'll give you all the support I can.** هر كمكى كه از دستم ساخته باشد، برایتان خواهم كرد. *Har komak-e-ke az dastam säkhta bäshad, baräyetän khäham kard.* **We'll give you all the support we can.** چیزى كه از دست ما مى آید برایتان میدهیم. *Cheezee ke az dast-e-mä mey-äyad* *baräyee tän mey-dehem.* **It needs some support.** به تکیه گاه ضرورت دارد. *Ba takya gäh zaroorat däjrad.* **Use** *(1)* **concrete** */ (2)* **lumber** */ (3)* **rocks for support.** (۱) کانکریت / (۲) تیر / (۳) سنگ ها را برای تکیه گاه استفاده کنید. *(1) Känkereet / (2) teer / (3) sang hä rä baräy-e-takya gäh estefäda koned.* ★ **supporter** *n* کمک کننده *komak konenda,* حامی *hämee;* نگاه کننده *negäh konenda* **Taliban ~** طالبان حامی *hämee-e-tälebän* ★ **supporting** *adj* کمکی *komakee,* استنادی *estenädee* **~ brace** بست کمکی *bast-e-komakee,* قالب کمکی *qäleb-e-komakee* **~ beam** میله کمکی *meela-e-komakee* **~ column** ستون کمکی *sotoon-e-komakee* **~ girder** کمربند کمکی *kamarband-e-komakee* **~ pillar** ستون کمکی *sotoon-e-komakee* **~ stud** *(board)* تخته کمکی *takhta-e-komakee*

suppose *vt* تصور کردن *tasawor kardan,* گمان کردن *gomän kardan,* فرض کردن *farz kardan* **What do you suppose will happen?** گمان میکنید چی رخ میدهد؟ *Gomän mey-koned chee rokh mey-dehad?* **I suppose...** ...گمان میکنم *Gomän mey-konam...* ★ **supposed** *adj (expected)* مجبور *majboor,* ملتزم *moltazem* **You're supposed to** *(1)* **be here on time.** */ (2)* **clean this (daily).** */ (3)* **check everybody.** */ (4)* **take care of that.** شما مجبور هستید که (۱) به وقت معین اینجا حاضر باشید. / (۲) (روزانه) این را پاک کنید. / (۳) همه را معاینه کنید. / (٤) از آن مراقبت کنید. *Shomä majboor hasted ke (1) ba waqt-e-ma'yeen eenjä hazer bäshed. / (2) (roozäna) een rä päk koned. / (3) hama rä ma'äyeena koned. / (4) az än moräqebat koned.* **They're supposed to** *(1)* **arrive** */ (2)* **leave** */ (3)* **start** *(4)* **today.** */ (5)* **tomorrow.** */ (6)* **next week.** آنها باید که (٤) امروز / (۵) فردا / (٦) هفته آینده (۱) برسند. / (۲) بروند. / (۳) شروع کنند. *Änhä bäyad ke (4) emrooz / (5) faradä / (6) hafta-e-äyenda (1) berasand. / (2) berawand. / (3) shoro' konand.*

sure *adj* متیقن *motayaqen,* خاطر جمع *khäter jama'* **Are you sure?** آیا شما متیقن هستید؟ *Ayä shomä motayaqen hasted?* **I** *(1)* **am** */ (2)* **am not sure.** (۱) من متیقن هستم. / (۲) نیستم. *Man motayaqen (1) hastam. / (2) neestam.* **Is** *(1)* **he** */ (2)* **she sure?** آیا (۱) اومرد / (۲) اوزن متیقن است؟ *Äyä (1) o zan / (2) o mard motayaqen ast? (1)* **He** */ (2)* **She** *(3)* **is** */ (4)* **isn't sure.** (۱) اومرد / (۲) اوزن متیقن (۳) است. / (٤) نیست. *(1) O mard / (2) O zan motayaqen (3) ast. / (4) neest.* **I** */ (2)* **We want to be sure.** (۱) من میخواهم... / (۲) ما میخواهیم... متیقن (۱) باشم. / (۲) باشیم. *Man mey-khäham... / (2) Mä mey-khäham... motayaqen (1) bäsham. / (2) bäshem.* **Make sure the** *(1)* **door is locked.** */ (2)* **fire is out.** متیقن شوید که (۱) دروازه قفل شده است. / (۲) آتش خاموش شده است. *Motayqen shawed ke (1) darwäza qofel shoda ast. (2) ätash khämosh shoda ast.* **Find out for sure.** واقیعت را واقعیت را معلوم کنید. *Wäqeeya't rä ma'loom koned.* **That's for sure.** یقینا درست است. *Yaqeenan drost ast.* ★ **surely** *adv* یقینا *yaqeenan*

surface *n* سطح *satha* **on the ~** در سطح *dar satha*

surgeon *n* جراح *jaräh,* داکتر جراح *däktar-e-jaräh,* ★ **surgery** *n* جراحی *jarähee* **major ~** جراحی عمده *jarähee-e-homda* **minor ~** جراحی جزئی *jarähee-e-joz'ee* **perform ~** جراحی کردن *jarähee kardan* **tent ~** خیمه جراحی *khayma-e-jarähee* **undergo ~** تحت عمل جراحی قرار گرفتن, عملیات شدن *a'malyät shodan, taht-e-a'mal-e-jarähee qarär greftan* **You have to have surgery (on your** *[body part]***).** شما باید (در[قسمت وجود] تان) جراحی کنید. *(Shomä bäyad (dar [qesmat-e-wojod-e-]tän) jarähee koned. (1)* **He** */ (2)* **She has to have surgery (on** *[3]* **his** */ [4]* **her** *[body part]***).** (۱) اومرد / (۲) اوزن باید (در[قسمتوجود] [٣,٤] اش) جراحی کند. *(1) O mard / (2) o zan bäyad (dar [qesmat-e-wojod] [3,4] ash) jarähee konad.* ★ **surgical** *adj* جراحی *jarähee,* **~ equipment** اسباب جراحی *asbäb-e-jarähee* **~** مربوط به جراحی *marbot ba jarähee* **instruments** لوازم جراحی *lawä-zem-e-jarähee,* وسایل جراحی *wasäyel-e-jarähee* **~ items** مواد جراحی *mawäd-e-jarähee* **~ table** میزجراحی *mee-e-jarähee*

surplus *n* اضافه ezäfa, زیادی zeeyädee **Do you have any surplus?** آیا شما کدام دانه اضافه دارید؟ Äyä shomä kodäm däna ezäfa däred? **We have a (1) large / (2) sizeable / (3) small surplus.** ما یک دانه (۱) بزرگ / (۲) برابر / (۳) کوچک اضافه داریم. Mä yak däna (1) bozorg / (2) baräbar / (3) kochak ezäfa därem. **We have no surplus.** هیچ اضافه نداریم. Hech ezäfa nadärem.

surprise *vt* ساختن متعجب mota'jeb säkhtan, ساختن متحیر motahayer säkhtan **You surprised me.** مرا متعجب ساختید. Marä mota'jeb säkhted. **I'm (really) surprised.** (واقعاً) متعجب هستم. (Wäqe'an) mota'jeb hastam. ★ *n* تعجب ta'job, حیرت hayrat **It's a big surprise.** یک تعجب بزرگ است. Yak ta'job-e-bozorg ast. **(1) I / (2) We have a surprise for you.** (۱) من / (۲) ما برای شما یک خبر حیرت آور (۱) دارم. / (۲) داریم. (1) Man / (2) Mä baräyee shomä yak khabar-e-hayrat äwar (1) därem. / (2) därem.

surrender *vi* شدن تسلیم tasleem shodan

surround *vt* کردن محاصره mo'häsera kardan ★ **surrounded** *adj* محاصره mo'häsera ★ **surrounding** *adj* کننده احاطه ehäta konenda, مجاور mojäwer ~ **area** مجاور ساحه säha-e-mojäwer

survey *n* مساحی masähee, سروی sarway **make / take a ~** سروی کردن / گرفتن sarway kardan / gereftan

survival *n* حیات hayät, مرگ ازبعد زندگی zendagee-e-ba'd ast marg ★ **survive** *vt* ماندن زنده zenda mändan, بردن سلامت به جان jän ba salämat bordan **~ an airplane crash** بردن سلامت به جان طیاره تصادم ازیک az yak tasädom-e-tayära jän ba salämat bordan **~ an earthquake** بردن سلامت به جان زلزله ازیک az zelzela jän ba salämat bordan **~ the bombing** بردن سلامت به جان بمباران از az bambärän jän ba salämat bordan **Did anyone survive?** ماند؟ زنده کسی کدام آیا Äyä kodäm kasee zenda mänd? ★ **survivor** *n* بازمانده bäz-mända **find ~s** کردن پیدا را گان بازمانده bäz-mända gän rä paydä kardan **search for ~s** بازمانده کردن جستجو را گان bäz-mända gän rä jostojo kardan **We're going to search for survivors ([1] here / [2] there).** ما (۱) اینجا / (۲) آنجا) بازمانده گان را جستجو خواهیم کرد. Mä ([1] eenjä / [2] änjä) bäz-mända gän rä jostojo khähem kard. **Were there any survivors?** بود؟ مانده زنده کسی آیا Äyä kas-e-zenda mända bod? **How many survivors were there?** بود؟ مانده زنده نفر چند Chand nafar zenda mända bod? **What condition are the survivors in?** چی در گان بازمانده حالت بودند؟ Bäz-mända gän dar chee hälat bodand?

suspect *vt* داشتن شک shak däshtan, کردن گمان gomän kardan **Do you suspect someone?** دارید؟ شک کسی بالای آیا Äyä bäläy-e-kasee shak däred? **Who do you suspect?** دارد؟ شک کی بالای Bäläy-e-kee shak däred?

suspension *n* (*automot*.) جات اراده های جمپنگ jampeng häyee aräda jät

suspicion *n* بدگمانی bad-gomänee; شک shak **above ~** شک از خارج khärej az shak **under ~** شک مورد mowred-e-shak **I have suspicions (about [1] her / [2] him / [3] them).** من (درباره [۱] اوزن / [۲] اومرد / [۳] آنها) شک دارم. Man (dar bära-e- [1] o zan / [2] o mard / [3] änhä) shak därem. ★ **suspicious** *adj* مشکوک عمل a'mal-e-mash-kook ~ **activity** مشکوک mashkook ~ بدگمان badgomän, **Did you notice anything suspicious?** آیا کدام چیزی مشکوک را مشاهده کردید؟ Äyä shomä kodäm cheezee mashkook rä moshäheda karded? **If you notice anything suspicious, report it immediately.** اگر کدام چیزی مشکوک به نظرتان رسید، فوراً راپور دهید. Agar kodäm cheezee mashkook ba nazar tan raseed, fowran räpor dehed.

suture *n* بخیه bakhya, کوک kook **I'm going to remove the sutures now.** کوک ها را همین حالا میبردارم. Kook hä rä hameen hälä mey-bardäram.

swab *vt* کردن پاک päk kardan **Swab it with alcohol.** الکول با اش پاک کنید. Bä alkol päk ash koned. ★ *n* به کردن پاک برای و پیچیده اسفنج یا پنبه آن سر در که (چوبی) پاک کن päk kon (chobee ke dar sar-e-än ponba yä esfanj peecheeda wa kär meyrawand). میرند.

baräy-e-päk kardan ba kär mey-barand.) **nasal** ~ بینی پاک کن *beenee päk kon*
swallow *vt* بلع کردن *bala' kardan,* قورت کردن *qort kardan* **Swallow it.** قورت اش کنید. *Qort ash koned.* **Don't swallow it.** قورت اش نکنید. *Qort ash nakoned.* **What did (1) he / (2) she swallow?** (۱) اوزن / (۲) اومرد چی را قورت کرد؟ *(1) O zan / (2) O mard chee rä qort karda bod?* ★ **swallow** *vi* قورت کردن *qort kardan,* عمل بلع انجام دادن *a'mal-e-bal-a' anjäm dädan* **Does it hurt when you swallow?** وقتیکه قورت میکنید درد میکند؟ *Waqteeke qort mey-koned dard mey-konad?*

swamp *n* سیاه آب *seeyäh äb,* مُرداب *mordäb*

swear *vt (take an oath)* سوگند خوردن *sowgand khordan,* قسم خوردن *qasam khordan* **Do you swear (to God) (that it's true)?** آیا (به خدا) قسم میخورید (که واقعیت دارد)؟ *Äyä (ba khodä) qasam mey-khored (ke wäqee-ya't därad)?* **I swear (to God) (that it's true).** (به خدا) سوگند میخورم (که واقعیت دارد). *(Ba khodä) sowgand mey-khoram (ke wäqee-ya't därad).*

sweat *vi* عرق کردن *a'raq kardan* **I'm sweating.** عرق کرده ام. *A'raq karda am.* **You're sweating.** شما عرق کرده اید. *Shomä a'raq karda eed.* **(1) He / (2) She is sweating.** (۱) اومرد / (۲) اوزن عرق کرده است. *(1) O mard / (2) O zan a'raq karda ast.* ★ *n* عرق *a'raq* **(1) He / (2) She is soaked with sweat.** (۱) اومرد / (۲) اوزن با عرق تر شده است. *(1) O mard / (2) O zan bä a'raq tar shoda ast.* ★ **sweater** *n* جاکت *jäkat* ★ **sweatshirt** *n* زیرپیراهنی *zeer peerähanee* ★ **sweaty** *adj* عرقی *a'raqee*

sweep *vt* جارو کردن *järoo kardan* **Sweep the (1) bathroom. / (2) bedroom. / (3) floor. / (4) hallway. / (5) kitchen. / (6) office. / (7) room. / (8) walkway.** (۱) تشناب / (۲) اطاق خواب / (۳) فرش / (۴) دهلیز / (۵) آشپزخانه / (۶) دفتر / (۷) اطاق / (۸) پیاده رو را جارو کنید. *(1) Tashnäb... / (2) Otäq-e-khäb... / (3) Farsh... / (4) Dahleez... / (5) Ashpaz khäna... / (6) Daftar... / (7) Otäq... / (8) Peeyäda row... rä järoo koned.*

sweet *adj* شیرین *sheereen* ~ **potato** کچالوی شیرین *kachäloy sheereen* ★ **sweetener** *n* شیرنی *sheernee,* شرین کننده *shereen konenda*

swell *vi* برجستگی پیدا کردن *barjastagee paydä kardan,* پندیدن *pondeedan,* متورم شدن *motawarem shodan* **It's swelling.** این میپندد. *Een mey-pondat.* **It has swollen up.** برجسته گی پیدا کرده است. *Barjastagee paydä karda ast.* ★ **swelling** *n* پندیده گی *pondeeda-gee,* ورم *waram* **This will relieve the swelling.** این پندیده گی را کم خواهد کرد. *Een pondeeda-gee rä kam khähad kard.*

swim *vi* آب‌بازی کردن *äb-bäzee kardan,* شنا کردن *shenä kardan* **Can you swim?** آیا شما آبازی کرده میتوانید؟ *Äyä shomä äb-bäzee karda mey-tawäned?* **Let's go swimming!** بیایید آبازی برویم! *Beeyäyed äb-bäzee berawem!*

swindle *vt* بازی خوردن *bäzee khordan,* فریب خوردن *freyb khordan* **You were swindled.** شما فریب خوردید. *Shomä freyb khorded.* **(1) He / (2) She was swindled.** (۱) اومرد / (۲) اوزن فریب خورد. *(1) O mard / (2) O zan freyb khord.* **We were swindled.** ما فریب خوردیم. *Mä freyb khordem.* ★ *n* تقلب *taqalob,* فریب *freyb* **It (1) is / (2) was a big swindle.** این یک تقلب بزرگ (۱) است / (۲) بود. *Een yak taqalob-e-bozorg (1) ast. / (2) bod.* ★ **swindler** *n* فریبکار *freeb-kar,* تقلب کار *taqalob kar,* چهارصدوبیست *charsad-o-beest*

swing *vi* تاب خوردن *täb khordan*

switch *vt* 1. *(exchange)* مبادله کردن *mobädela kardan,* تعویض کردن *ta'weez kardan;* 2. *(transfer)* انتقال دادن *enteqäl dädan;* 3. *(elec.)* روشن کردن *rooshan kardan* ~ **jobs** وظیفه را تعویض کردن *wazeefa rä ta'weez kardan* ~ **places** جای را تعویض کردن *jäy rä ta'weez kardan,* مکان را تعویض کردن *makän rä tahweez kardan* **Do we have to switch buses?** آیا ضروری است که موتر های شهری را تعویض کنیم؟ *Äyä zarooree ast kemotar häyee shaharee rä tahweez konem?* ★ **switch** *n (elec.)* سویچ برق *sewech-e-barq* **light** ~ سویچ چراغ *sewech-e-*

cherägh power ~ سویچ برق *sewech-e-barq* **safety** ~ سویچ مصؤنیت *sewech-e-masoonyat* ★ **switchboard** *n* تخته سویچها *takhta-e-sewech ha* ★ **switch off** *idiom* خاموش کردن *khämosh kardan* **Switch it off!** خاموش اش کنید! *Khämosh ash koned!* **Did you switch it off?** آیا خاموش اش کردید؟ *Äyä khämosh ash karded?* **I switched it off.** خاموش اش کردم. *Khämosh ash kardam.* ★ **switch on** *idiom* روشن کردن *rooshan kardan* **Switch it on!** روشن اش کنید! *Rooshan ash koned!* **Did you switch it on?** آیا روشن اش کردید؟ *Äyä rooshan ash karded?* **I switched it on.** روشن اش کردم. *Rooshan ash kardam.*

swollen *adj* متورم *motawarem,* پندیده *pondeeda* ~ **arm** بازو متورم *bäzoo-e-motawarem* ~ **cheek** حلاشه متورم *haläsha-e-motawarem* ~ **finger** انگشت متورم *angosht-e-motawarem* ~ **foot** پای متورم *päy-e-motawarem,* قدم متورم *qadam-e-motawarem* ~ **hand** دست متورم *dast-e-motawarem* ~ **leg** پای متورم *päy-e-motawarem* ~ **lip** لب متورم *lab-e-motawarem* ~ **nose** بینی متورم *beenee-e-motawarem* ~ **toe** پنجه پای متورم *panjah-e-päy-e-motawarem*

sword *n* شمشیر *shamsheer,* تیغ *teegh*

symbol *n* علامت *a'lämat,* نشان *neshän,* سمبول *sambool* **What does that symbol mean?** علامت نمایندگی از چی میکند؟ *A'lämat nemäyendagee az chee meykonad?*

sympathetic *adj* دلسوز *delsooz,* همدرد *hamdard* ★ **sympathize** *vi* همدردی کردن *hamdardee kardan* **I sympathize with your *(1)* plight. / *(2)* situation.** با (۱) وضع / (۲) حالت شما همدردی میکنم. *Bä (1) waze' / (2) hälat-e-shomä hamdardee mey-konam.* ~ **sympathy** *n* همدردی *hamdardee,* دلسوزی *delsoozee* **You have my heartfelt sympathy.** همدردی قلبی من را بپذیرید. *Hamdardee-e-qalbee-e-man rä bopazeered.* **Please convey my sympathy to *(1)* her. / *(2)* him. / *(3)* them.** لطفاً همدردی من را برای (۱) اوزن / (۲) اومرد / (۳) آنها اظهار نمایید. *Lotfan hamdardee-e-man rä baräyee (1) o zan / (2) o mard / (3) änhä ez-här nomäyeed.*

symptom *n* علامت *a'lämat* (pl: علایم *a'läyem*), نشانه *neshäna* **(1) Her / (2) His / (3) Your symptoms indicate...** (۱) اوزن / (۲) اومرد / (۳) شما بر...دلالت میکند. *A'läyem-e- (1) o zan / (2) o mard / (3) shomä bar...daläläat mey-konad.* **(1) He / (2) She has symptoms of (condition / disease).** (۱) اومرد / (۲) اوزن علایم مرض ( ) دارد. *(1) O mard / (2) O zan a'läyem-e-maraz (___) därad.*

synchronize *vt* همزمان کردن *hamzamän kardan,* به وقت برابر کردن *ba waqt baräbar kardan* **Let's synchronize our watches.** بیایید ساعت های ما را به وقت برابر کنیم. *Beeyäyed sä-a't häyee mä rä ba waqt baräbar konem.*

syndrome *n* مجموع علایم یک مرض که بصورت مشترک به وجود میاید. *Majmo'-e-a'läyem-e-yak maraz ke basoorat-e-moshtarak ba wojod mey-äyad.*

synonym *n* کلمه مترادف *kalema-e-motarädef*

synthetic *adj* ترکیبی *tarkeebee*

syphilis *n* سفلیس (مرض انتانی که در اثر مقاربت جنسی به وجود میاید.) *seflees (Maraz-e-antänee ke dar asar-e-moqärebat-e-jensee ba wojod mey-äyad.)*

syringe *n* سرنج *soronj,* یک آله طبی که برای ترزیق دوا بکار میرود. *Yak äla-e-tebee ast ke baräy-e-tarzeeq-e-dawä bakär mey-rawad,* پیچکاری *pechkaree*

syrup *n* شربت *sharbat* **cough** ~ شربت سرفه *sharbat-e-sorfa* **maple** ~ شربت افرا *sharbat-e-efrä*

system *n* سیستم *seestom,* نصاب *nesäb,* جهاز *jahäz;* دستگاه *dastgäh;* اصول *osool;* سلسله *selsela* **banking** ~ سیستم بانکداری *seestom-e-bänkdäree* **digestive** ~ (anat.) جهاز هضمی *jahäz-e-hazmee* **education** ~ نصاب تعلیمی *nesäb-e-ta'leemee* **electrical (power)** ~ سیستم برق *seestom-e-barq* **exhaust** ~ (for wood stoves) سیستم دود کش *seestom-e-dookesh* **hot water** ~ سیستم آب گرم *seestom-e-äb-e-garm* **ignition** ~ (automot.) دستگاه گرم سازی *dastgäh-e-garm* sāzee **immune** ~ *(med.)* سیستم معافیت *seestom-e-ma'äfeeyat* **irrigation** ~ سیستم آبرسانی *seestom-e-äbrasänee* **public address** ~ سیستم خطاب ملی *seestom-e-khetäb-e-melee* **public school** ~ نصاب مکتب دولتی *nesäb-e-maktab-e-dowlatee* **quarantine** ~ سیستم قرنطین *seestom-e-qaran-teen* **respiratory** ~ *(anat.)* سیستم تنفسی *seestom-e-tanafosee* **road** ~ سیستم سرک *seestom-e-sarak* **sanitation** ~ شبکه آبرسانی *shabaka-e-äbrasänee* **sewage** ~ سیستم گند آب *seestom-e-gand äb* **sewage treatment** ~ سیستم پاک کاری گنداب *seestom-e-päk karee-e-gand äb* ~ **of roads** سیستم سرک ها *seestom-e-sarak hä* **tax** ~ اصول مالیات *osool-e-mälyät* **telephone** ~ سیستم تیلفون *seestom-e-teeloon* **transportation** ~ سیستم ترانسپورتی *seestom-e-taränsportee*, سیستم عمل و نقل *seestom-e-a'mel wa naqel* **water** ~ سیستم آب *seestom-e-äb* **welfare** ~ سیستم خیریه *seestom-e-khayrya* **They're working on the system.** آنها دستگاه را ترمیم میکنند. *Ãnhä dastgäh rä tarmeem mey-konand.* **The system needs to be** *(1)* **improved.** / *(2)* **modernized.** / *(3)* **repaired.** دستگاه باید (۱) بهتر / (۲) بطرز نوین درآورده / (۳) ترمیم شود. *Dastgäh bäyad (1) behtar... / (2) batarz-e-naween dar äwarda... / (3) tarmeem... shawad.* **How does the system work?** دستگاه چطور کار میکند؟ *Dastgäh chetowr kär mey-konad?* **The way the system works is like this...** طریقه که دستگاه کار میکند چنین است.... *Tareeqa-e-ke dastgäh kär mey-konad choneen ast...*

T t

table *n* میز *meez* **card** ~ میز قطعه بازی *meez-e-qeta' bäzee*, میز قمار *meez-e-qemär* **coffee** ~ میز قهوه خوری *meez-e-qahwa khoree* **dining** ~ میز طعام *meez-e-ta'äm khoree* **folding** ~ میز که قات میشود *meez-e-ke qät mey-shawad* **ping-pong** ~ میز پینگ پانگ *meez-e-peeng-päng* **water** ~ سطح آب *sat-he-e-äb-e-zameen* **work** ~ میزکار *meez-e-kär* **Set up** *(1)* **a table** / *(2)* **tables** *(3)* **here.** / *(4)* **there.** (۱) یک میز... / (۲) میز ها... را (۳) اینجا / (۴) آنجا ترتیب دهید. *(1) Yak meez... / (2) Meez hä... rä (3) eenjä / (4) änjä tarteeb dehed.* ★ **tablecloth** *n* سرمیزی *sarmeezee* ★ **tablespoon** *n* قاشق نان خوری *qäshoq-e-nän khoree*

tablet *n* 1. *(pill)* تابلیت *täblet*; 2. *(pad of paper)* ورقه *waraqa*, تخته *takhta* **aspirin** ~ تابلیت اسپرین *täblet-e-espereen* **chlorine** ~ تابلیت کلورین *täblet-e-klooreen* **chloroquine** ~ تابلیت کلورو کوین *täblet-e-klooroqooyn* **half a** ~ نیم تابلیت *nimtäblet* ~ **of paper** تخته کاغذ *takhta-e-käghaz* **water purification** ~ تابلیت تصفیه کننده آب *täblet-e-tasfeya konenda äb* **Take two tablets every four hours..** هر چهار ساعت بعد دو تابلیت بخورید.. *Har chahär sä-a't ba'd do täblet bokhored.*

tack *n* *(small nail)* میخ کوچک *meek-e-kochak*, کوکه *koka* **box of ~s** قطی کوکه *qotee-e-koka* **carpet ~s** کوکه فرش *koka-e-farsh* **Put it up with tacks.** با دو کوکه بالا بزنید اش. *Bä do koka bälä bezaned ash.*

tact *n* سلیقه *saleeqa* **You have to use tact.** شما باید از سلیقه کار بیگیرید. *Shomä bäyad az saleeqa kär beegeered.* ★ **tactful** *adj* با سلیقه *bä saleeqa* **Be very tactful.** بسیار با سلیقه باشید. *Beesyär bä saleeqa bäshed.*

tactic *n* مهارت *mahärat* **That's a** *(1)* **good** / *(2)* **smart tactic.** مهارت (۱) خوب / (۲) عالی است. *Mahärat-e- (1) khobee / (2) a'älee ast.*

tactless *adj* بی مهارتی *bey mahäratee*, بی سلیقه گی *bey saleeqa gee* **It was tactless of me.** از بی سلیقه گی من بود. *Az bey saleeqa gee-e-män bod.*

tag *n* لیبل *leebal*, برچسپ *barchasp* **Check the tag.** لیبل را ببینید. *Leebal rä*

beebeened. **Put a tag on** *(1)* **it.** / *(2)* **each one.** (۲) / (۱) این...
یک برچسپ در *Yak barchasp dar (1) een... / (2) har yak... bezaned.* هریک بزنید.

tail *n* 1. *(animal)* دُم *dom;* 2. *(rear, back part)* عقب *a'qab,* پشت *posht* ~ **of the column** *(of vehicles)* پشت قطار *posht-e-qatär* ★ **taillight** *n* چراغ عقب *cherägh-e-a'qeb* **The taillight is** *(1)* **broken.** / *(2)* **out.** (۱) چراغ عقب
شکسته / (۲) خراب است. *Cherägh-e-a'qeb (1) shekesta / (2) kharäb ast.* **It needs a new taillight.** به یک چراغ عقب نو ضرورت دارد. *Ba yak cherägh-e-a'qeb-e-now zaroorat därad.*

tailor *n* خیاط *khayät*

tailpipe *n* سلنسر *salansar*

Tajik *adj* تاجیکی *täjekee* ★ *n* 1. *(person)* تاجک *täjek;* 2. *(lang.)* لسان تاجیکی *lesän-e-täjekee,* تاجیکی *täjekee* **speak** ~ به لسان تاجیکی صحبت کردن *ba lesän-e-täjekee sohbat kardan*

take *vt* 1. *(take possession of)* گرفتن *greftan;* 2. *(carry)* بردن *bordan;* 3. *(bring along)* برداشتن *bardäshtan,* گرفتن *greftan;* 4. *(conduct, lead)* بردن *bordan,* رهنمائی کردن *rahnomähee kardan;* 5. *(drive)* بردن *bordan,* رساندن *rasändan;* 6. *(transportation: ride)* کرایه گرفتن *keräya kardan,* گرفتن *greftan;* 7. *(roads, streets: follow)* تعقیب کردن *ta'qeeb kardan;* 8. *(medicine: ingest)* خوردن *khordan;* 9. *(steal)* دزدی کردن *dozdee kardan,* بردن *bordan;* 10. *(time: require)* دربرگرفتن *dar bar greftan* ~ **a bus** موتر شهری را گرفتن *motar-e-shahree rä greftan* ~ **a taxi** تکسی گرفتن *taksee greftan* ~ **the train** ریل گرفتن *reel greftan* **Go ahead, take** *(1)* **one.** / *(2)* **some.** بفرمائید، (۱) یکی / (۲) قدری بگیرید. *befarmayed, (1) yakee / (2) qadree beegeered.* **Who took my** *(1)* **bag?** / *(2)* **cell phone?** / *(3)* **dictionary?** / *(4)* **pen?** /*(3)* *(other object)*? (۱) خریطه / (۲) تیلفون موبایل / (۳) فرهنگ لغات / (٤) قلم من را کی گرفت؟ *(1) Khareeta- / (2) Teelfoon-e-mobäyel- / (3) Farhang- / (4) Qalam- e-man rä kee grefta?* *(1)* **He** / *(2)* **She** / *(3)* *(name)* **took it.** (۱) او مرد / (۲) او زن / (۳) (___) گرفته. *(1) O mard / (2) O zan / (3) (___) grefta.* **They took it.** آنها گرفتند اش. *Anhä greftand ash.* **Where should I take** *(1)* **it?** / *(2)* **them?** (۱) این / (۲) آنها را کجا ببرم؟ *(1) Een / (2) Anhä rä kojä bobaram?* **Take** *(1)* **it** / *(2)* **them** *(3)* **in there.** / *(4)* **inside.** / *(5)* **out.** / *(6)* **over there.** / *(7)* **to** *(person or place)*. (۱) این / (۲) آنها را (۳،٦) در آنجا... / (٤) داخل... / (۵) بیرون... / (۷) به (___)... ببرید. *(1) Een / (2) Anhä rä (3,6) änjä... / (4) däkhel... / (5) beeroon... / (7) ba (___)... bobared.* **Take all your** *(1)* **belongings** / *(2)* **possessions** / *(3)* **stuff** / *(4)* **things (with you).** تمام (۱) دارائی / (۲) ثروت / (۳) کالا / (٤) چیزهای تان را (باخود) بگیرید. *Tamäm- (1) däräyee / (2) sorwat / (3) kälä / (4) cheez häyee tän rä (bä khod) beegeered.* **Be sure and take** *(1)* **a can of gas(oline).** / *(2)* **a first aid kit.** / *(3)* **a knife.** / *(4)* **a map.** / *(5)* **a sleeping bag.** / *(6)* **a warm coat.** / *(7)* **a water bottle.** / *(8)* **binoculars.** / *(9)* **gloves.** / *(10)* **matches.** / *(11)* *(item)*. متوجه باشید ویک (۱) قطی تیل... / (۲) صندوق مواد اولیه... / (۳) چاقو... / (٤) نقشه... / (۵) رخت خواب... / (٦) کورتی (جمپر) گرم... / (۷) بوتل آب... / (۸) دوربین... / (۹) دستکش... / (۱۰) گوگرد... / (۱۱) (___)... بگیرید. *Motawaje bäsh wa yak (1) qotee teel... / (2) sandooq-e-mawäd-e-awalya... / (3) chäqo... / (4) naqsha... / (5) rakht-e-khäb.../ (6) kortee (jampar)-e-garm... / (7) botal äb... / (8) doorbeen.../ (9) dastkash-/ (10) gogerd... / (11) (___)... beegeered.* **Take** *(1)* **him** / *(2)* **her** / *(3)* **them** *(4)* **in there.** / *(5)* **inside.** / *(6)* **out.** / *(7)* **over there.** / *(8)* **to** *(person or place)*. (۱) او مرد / (۲) او زن / (۳) آنها را (٤) به آنجا... / (۵) داخل... / (٦) بیرون... / (۷) آنجا... / (۸) به (___)... رهنمائی کنید. *(1) O mard... / (2) O zan... / (3) Anhä... rä (4) ba änjä... / (5) däkhel... / (6) beeroon... / (7) änjä... / (8) ba (___)... rahnomäyee koned.* **Can you take** *(1)* **her** /

(2) him / (3) me / (4) them / (5) us to (6) the airport? / (7) the hospital? / (8) (place). آیا شما را (۱) اوزن / (۲) اومرد / (۳) من / (٤) آنها / (٥) ما / (٦) میدان هوایی / (۷) شفاه خانه / (۸) (___) برده میتوانید؟ *Äyä shoma (1) o zan / (2) o mard / (3) man / (4) änhä / (5) mä rä ba (6) maydän-e-hawäyee / (7) shafäh khäna / ( ) borda mey-tawäned?* **Take** *(1) her / (2) him / (3) me / (4) them / (5) us to (6) the airport. / (7) the hospital. / (8) (place).* (۱) اوزن / (۲) اومرد / (۳) من / (٤) آنها / (٥) ما را با (٦) میدان هوایی / (۷) شفاه خانه / (۸) (___) ببرید. *(1) O zan / (2) O mard / (3) Man / (4) Änhä / (5) Mä rä ba (6) maydän-e-hawäyee... / (7) shafäh khäna... / (8) (___)... bobared.* **I'll take** *(1) her / (2) him / (3) them / (4) you to (5) the airport. / (6) the hospital. / (7) (place).* من (۱) اوزن / (۲) اومرد / (۳) آنها / (٤) شما را به (٥) میدان هوایی / (٦) شفاه خانه / (۷) (___) خواهم برد. *Man (1) o zan / (2) o mard / (3) änhä / (4) shomä rä ba (5) maydän-e-hawäyee... / (6) shafäh khäna... / (7) (___)... khäham bord.* **You can take** *(1) her / (2) him home.* شما میتوانید (۱) اوزن / (۲) او مرد را بخانه ببرید. *Shomä mey-tawäned (1) o zan / (2) o mark rä ba khäna bebared.* **What road should** *(1) I / (2) we take?* من / (۱) (۲) ما کدام سرک را تعقیب (۱) کنم؟ / (۲) کنیم؟ *(1) Man / (2) Mä kodäm sarak rä ta'qeeb (1) konam (2) konem?* **Take this route. It's** *(1) easier. / (2) safer.* این مسیر را بگیرید. (۱) آسانتر... / (۲) بی خطر است. *Een maseer rä begeered. (1) Äsäntar... / (2) Bey khatar... ast.* **Take two** *(1) capsules / (2) pills / (3) tablets every four hours.* دو (۱) کپسول / (۲) دانه / (۳) تابلیت بعد از هر چهار ساعت بخورید. *Do (1) kapsool / (2) däna / (3) tablet ba'd az har chär sä-a't bokhored.* **Was anything taken?** آیا چیزی دزدی شده بود؟ *Äyä cheezee dozdee shoda bod?* **What did they take?** آنها چی را دزدی کرده بودند؟ *Änhä chee rä dozdee karda bodand?* **Someone took my** *(1) camera. / (2) cell phone. / (3) computer. / (4) wallet. / (5) watch.* کسی (۱) کمره / (۲) تیلفون موبایل / (۳) کمپیوتر / (٤) بکس جیبی / (٥) ساعت ام را دزدی کرد. *Kasee (1) kamra... / (2) teelfoon-e-mobäyel... / (3) kampyootar... / (4) bakes-e-jeebee... / (5) sä-a't... am rä dozee kard.* **How long will it take?** چقدر وقت را دربرخواهد گرفت؟ *Cheqadar waqt ra dar bar khähad greft?* **It will take** *(1) a while. / (2) a few (3) days. / (4) hours. / (5) (amount of time).* (۱) یك لحظه... / (۲) یك چند (۳) روز... / (٤) ساعت... / (٥) (___) را دربرخواهد گرفت. *(1) Yak lahza... / (2) Yak chand (3) rooz... / (4) sä-a't... / (5) (___)... rä dar bar khähad greft.* **Take it easy.** پروا ندارد. *Parwä nadärad.* ★ **take apart** *idiom (disassemble)* جدا کردن *jedä kardan* **Take it apart (and clean it).** جدا اش کنید (و پاك اش کنید). *Jedä ash koned (wa päk ash koned).* **I'll show you how to take it apart.** شما را نشان خواهم داد که چگونه جدا اش کنید. *Shomä rä neshän khäham däd ke chegona jedä ash koned.* ★ **take away** *idiom* بردن *bordan,* دوربردن *door bordan* **Take all this stuff away.** تمام این چیز ها را ببرید *Tamam een cheez ha ra bebared* **They took** *(1) it / (2) them away.* آنها (۱) این / (۲) آنها را بردند. *Änhä (1) een / (2) änhä rä bordand.* ★ **take care of** *idiom* 1. *(do, attend to)* مراقبت کردن *morāqebat kardan;* 2. *(protect, use carefully)* به دقت استفاده کردن *bä deqat estefäda kardan,* محافظت کردن *mahäfezat kardan;* 3. *(care for)* پرستاری کردن *parastäree kardan,* به عده گرفتن *ba oda gereftan* **Will you take care of it?** آیا از این مراقبت میکنید؟ *Äyä az een moräqebat mey-koned?* **I'll take care of it.** من این را به عده خواهم گرفت. *Man een rä ba oda khäham gereft* **Take care of it (right away), okay?** (همین لحظه) انجامش دهید. *(Hameen lahza) anjamash dehed.* **Did you take care of it?** آیا انجامش دادید؟ *Äya anjamash daded?* **I took care of it.** انجامش دادم *Anjamash dadam.* **Take good care of** *(1) it. / (2) them.* به خوبی از (۱) این / (۲) آنها محافظت کنید. *Ba khobee az*

take down   **443**   **tall**

(1) een / (2) änhä mohäfezat koned. **We'll take (good) care of** *(1)* **her.** *I (2)* **him.** */ (3)* **you.** ما (به خوبی) از (۱) اوّزن / (۲) اومرد / (۳) شما مراقبت خواهد کردیم. *Mä (ba khobee) az (1) o zan / (2) o mard / (3) shomä moräqebat khähad kardem.* ★ **take down** *idiom* پایین کردن *päyeen kardan* **Take down the tent.** خیمه را پایین کنید. *Khayma rä päyeen koned.* ★ **take in** *idiom (accept)* پذیرفتن *pazeeroftan,* قبول کردن *qabool kardan* **We can only take in** *(number)* **more people.** ما صرف (___) نفر را پذیرفته میتوانیم. *Mä serf (___) nafar rä pazeerofta mey-tawänem.* **We can't take in any more people.** دیگر هیچ کس را پذیرفته نمیتوانیم. *Deegar hech kas rä pazeerofta namey-tawänem.* ★ **take off** *idiom* 1. *(remove)* کشیدن *kasheedan;* 2. *(airplanes: leave the ground)* پرواز کردن *parwäz kardan* **Take off** *(1)* **all your** */ (2)* **his** */ (3)* **her clothes.** تمام لباس های (۱) تان / (۲) اومرد / (۳) اوزن را بکشید. *Tamäm-e-lebäs häyee (1) tän / (2) o mard / (3) o zan rä bekashed.* **Take off your** *(1)* **coat.** */ (2)* **shirt.** */ (3)* **shoes.** (۱) کورتی... / (۲) پیراهن / بوت های تان را بکشید. *(1) Kortee... / (2) Peerähan... / (3) Boot häye... -e-tän rä bekashed.* **The plane is going to take off** *([1] now.* */ [2]* **soon.** */ [3]* **in** *(number)* **minutes.** طیاره [۱] حالا... / [۲] به زودی... / [۳] بعد از (___) دقیقه... پرواز میکند. *Tayära [1] hälä... / [2] ba zoodee... / [3] ba'd az (___) daqeeqa... parwäz mey-konad.* ★ **take out** *idiom* 1. *(carry out)* بردن *bordan;* 2. *(teeth: extract)* کشیدن *kasheedan* **Take out the trash.** کثافات را بیرون ببرید. *Kasäfät rä beeroon bobared.* **The tooth has to be taken out.** دندان باید کشیده شود. *Dandän bäyad kasheeda shawad.* **I'm going to take out** *(1)* **this tooth.** */ (2)* **these teeth.** (۱) این دندان... / (۲) این دندان ها... را میکشم. *(1) Een dandän... / (2) Een dandän hä... rä mey-kasham.* ★ **take over** *idiom* جانشین شدن *jä nesheen shodan,* اشغال کردن *eshghal kardan* **They took over the government.** آنها حکومت را اشغال کردند. *Ānhä hokomat ra eshghal kardand.*

talcum *n* تالک *tälak ~* **powder** پودر تالک *podar-e-tälak*

talk *vi* صحبت کردن *sohbat kardan,* حرف زدن *harf zadan* **She would like to talk with** *(4)* **her.** */ (5)* **him.** */ (6)* **them** */ (7)* **you.** من / (۲) اومرد / (۳) اوزن (۱) میخواهم / (۳،۲) میخواهد با (۴) اوزن / (۵) اومرد / (۶) آنها / (۷) شما حرف (۱) بزنم. / (۳،۲) بزند. *(1) Man / (2) O mard / (3) O zan (1) mey-khäham / (2,3) mey-khähad bä (4) o zan / (5) o mard / (6) änhä / (7) shomä harf (1) bezanam. / (2,3) bezanad.* **I have to talk with** *(1)* **her.** */ (2)* **him** */ (3)* **them about it.** من باید درباره این با (۱) اوزن / (۲) اومرد / (۳) آنها حرف بزنم. *Man bäyad dar bära-e-een bä (1) o zan / (2) o mard / (3) änhä harf bezanam.* **We need to talk about it.** ما باید درباره این حرف بزنیم. *Mä bäyad dar bära-e-een harf bezanem.* **I'll talk to** *(1)* **her** */ (2)* **him** */ (3)* **them about it.** من درباره این با (۱) اوزن / (۲) اومرد / (۳) آنها حرف خواهم زد. *Man dar bära-e-een bä (1) o zan / (2) o mard / (3) änhä harf khäham zad.* **I talked to** *(1)* **her** */ (2)* **him** */ (3)* **them about it.** من درباره این با (۱) اوزن / (۲) اومرد / (۳) آنها حرف زدم. *Man dar bära-e-een bä (1) o zan / (2) o mard / (3) änhä harf zadam.* **What are they talking about?** آنها درباره چی حرف میزنند؟ *Ānhä dar bära-e-chee harf mey-zanand?* **What were you talking about?** شما درباره چی صحبت میکردید؟ *Shomä dar bära-e-chee sohbat mey-karded?*

Taliban *adj & n* طالبان *tälebän*

tall *adj* بلند *beland;* قد بلند *qad beland* **How tall are you?** قد شما چقدر است؟ *Qad-e-shomä cheqadar ast?* **How tall is** *(1)* **he?** */ (2)* **she?** قد (۱) اومرد / (۲) اوزن چقدر است؟ *Qad-e- (1) o mard / (2) o zan cheqadar ast?* **I'm** *(number)* **centimeters tall.** *(2.5 cm = 1 inch)* قد من (___) سانتی متر است.

Qad-e-man (___) säntee meter ast.
tamper with *idiom* رشوت دادن *reshawat dädan* **Someone has tampered with it.** کسی رشوت داده است. *Kasee reshawat däda ast.*
tampon *n* فتیل *fateela*
tan *adj* خرمایی *khormäyee* **It (1) is / (2) was tan.** (۱) است. / (۲) بود. *Khormäyee (1) ast. / (2) bod.* **They (1) are / (2) were tan.** (۱) آنها خرمایی هستند. / (۲) بودند. *Änhä khormäyee (1) hastand. / (2) bodand.*
tangerine *n* سنتره *santara*
tangled (up) *adj* پیچیده *peecheeda,* درهم و برهم *darham wa barham* **It's all tangled up. (Can you straighten it out?)** کاملاً پیچیده است. (آیا میتوانید صاف کنید؟) *Kämelan peecheeda ast. (Äyä mey-tawäned säf ash koned?)*
tank *n* 1. *(round metal container)* تانك *tänk* **gas ~** 1. *(gasoline)* مخزن تیل *makhzan-e-teel;* 2. *(gaseous)* مخزن گاز *makhzan-e-gäz* **oxygen ~** مخزن اکسیجن *makhzan-e-okseejan* **propane ~** مخزن پروپان *makhzan-e-propän* **septic ~** حوض سرپوشیده *howz-e-sar posheeda,* مخزن سرپوشیده *makhzan-e-sar posheeda* **truck ~** موتر تانكر *motar-e-tänkar,* موتر تانك *motar-e-tänk* **water ~** مخزن آب *makhzan-e-äb* ★ **tanker** *n* موتر تانك *motar-e-tänk* **fuel ~** موتر تانك مواد سوخت *motar-e-tänk-e-mawäd-e-sookht* **water ~** موتر تاك آب *motar-e-tänk-e-äb*
tap *vt (strike gently)* آهسته زدن *ähesta zadan* ★ **tapping** *n* آهسته زدن *ähesta zadan,* صدای تک تک دروازه *sadäy-e-tak tak darwäze* **sound of ~** تک تک دروازه *tak tak darwäze* **(1) I / (2) They / (3) We heard tapping.** (۱) من / (۲) آنها / (۳) ما صدای تک تک دروازه را (۱) شنیدم. / (۲) شنیدند. / (۳) شنیدیم. *Anhä / (3) Mä sadäy-e-tak tak darwäze rä (1) shoneedam. / (2) shoneedand. / (3) shoneedem.*
tap *n* 1. *(water faucet)* شیردان آب *sheerdän-e-äb;* 2. *(med: puncture)* كانال *känäl,* سوراخ *soräkh* **spinal ~** كانال ستون فقرات *känäl-e-setoon-e-feqarät*
tape *vt* 1. *(seal / fasten with tape)* با تسمه یا نوار بستن *bä tasma yä nawär bastan;* 2. *(record on video tape)* ثبت کردن *sabt kardan* **Tape it all around.** دورادورش را ببندید. *Dowrädowrash rä bebanded.* **Tape it on with this.** با این بسته اش کنید. *Bä een basta ash koned.* ★ *n* نوار *nawär* **adhesive ~** نوار چسب دار *nawär-e-chasp där,* پلستر *palastar* **cassette ~** تیپ *teyp* **duct ~** نوارکه برای مهر نمودن مجرا استفاده میشود. *Nawär-e-ke baräy-e-mohr namodan-e-majrä estefäda mey-shawad.* **electrical ~** نوارلاین برق *nawärläyn-e-barq* **masking ~** نوارپوشش *nawär-e-poshesh,* نوار کاغذی *nawär-e-käghazee ke dar hangäm-e-rang-mälee baräy-e-poshesh estefäda mey-shawad.* **measuring ~** متر (تسمه فلزی و باریک که برای اندازه گیری بکار میرود.) *meter (tasma-e-felezee wa bäreek ke baräy-e-andäza geeree bakär mey-rawad.)* **packaging ~** نوار بسته بندی *nawär-e-basta bandee,* نوار بسته بندی *nawär-e-basta bandee* **porous ~** نوار سوراخ دار که برای ساختن بنداژ بکار میرود. *Nawär-e-soräkh där ke baräy-e-säktan-e-bandäzh bakär mey-rawad.* **Scotch ~** *(trd nm)* اشكاستپ *esh-kästep* **sealing ~** نوار برای مهر کردن *nawär baräy-e-mohr kardan,* نوار بسته بندی *nawär-e-basta bandee* **surgical ~** نوار جراحی *nawär-e-jarähee* **video ~** نوار ویدیویی *nawär-e-weedyoyee* **waterproof ~** نوار رطوبت ناپذیر *nawär-e-rotoobat näpazeer* ★ **tape-record** *vt* صوت را ضبط کردن *sowt rä zabt kardan*
tapestry *n* پرده نقش دار *parda-e-naqsh där,* پرده قالینچه نما *parda-e-qäleencha nomä*
tapeworm *n* کرم کدو *kerm-e-kado,* کدو دانه *kado däna*
tar *n* قیر *qeer*

tariff n تعرفه *ta'refa*
tarp(aulin) n روکش *rokash*, پوش *posh* **canvas ~** پوش کرباسی *posh-e-karbäsee* **plastic ~** پوش پلاستیکی *posh-e-palästeekee*
task n کار *kär*, وظیفه *wazeefa* **a couple of ~s** دوکار *do kär* **a few ~s** چند وظایف *chand wazäyef* **household ~s** وظایف خانه *wazäyef-e-khäna* **list of ~s** لست وظایف *lest-e-wazäyef* **These are the tasks I want (1) them / (2) you to do.** این وظایف است که میخواهم (۱) آنها / (۲) شما انجام (۱) دهند / (۲) دهید. *Een wazäyef-e-ast ke mey-khäham (1) änhä / (2) shomä anjäm dehed.*
taste vt چشیدن *chasheedan* **Let me taste it.** اجازه دهید بچشم اش. *Ejäza dehed bechasham ash.* ★ vi مزه دادن *mazda dädan*, مزه داشتن *maza däshtan* **How does it taste?** چی قسم مزه دارد؟ *Chee qesem maza därad?* **It tastes (1) bitter. / (2) good. / (3) moldy. / (4) okay. / (5) salty. / (6) sour. / (7) strange.** مزه (۱) تلخ / (۲) خوب / (۳) پوپنک / (۴) خوب / (۵) نمکی / (۶) ترش / (۷) دیگری میدهد. *Maza-e- (1) talkh / (2) khob / (3) popanakee / (4) khoob / (5) namakeee / (6) torsh / (7) deegaree mey-dehad.*
taut adj محکم *mahkam* **Make sure it's taut.** متیقن باش که محکم است. *Motayaqen bäsh ke mahkam ast.*
tax n مالیات *mälyät* **import ~** مالیات مهم *mälyät-e-mohem* **rate** نرخ مالیات *nerkh-e-mälyät* **How much is the tax?** مالیات چقدر است؟ *Mälyät cheqadar ast?*
taxi n تکسی *taksee* **~ driver** راننده تکسی *ränenda-e-taksee* **~ fare** کرایه تکسی *keräya-e-taksee* **Call a taxi (for [1] her / [2] him / [3] me / [4] them / [5] us).** یک تکسی را (برای [۱] اوزن / [۲] اومرد / [۳] من / [۴] آنها / [۵] ما) بخواهید. *Yak taksee rä (baräyee [1] o zan / [2] o mard / [3] man / [4] änhä / [5] mä) bekhähed.* **(1) I'll / (2) We'll take a taxi.** (۱) من / (۲) ما یک تکسی خواهد (۱) گرفتم. / (۲) گرفتیم. *(1) Man / (2) Mä yak taksee khähad (1) greftam. / (2) greftem.* **Let's hire a taxi (for the trip).** بیایید یک تکسی را (برای سفر) کرایه بیگیریم. *Beeyäyed yak taksee rä (baräy-e-safar) keräya beegeerem.*
tea n چای *chäy* **black ~** چای سیاه *chäy-e-seeyä* **cup of ~** پیاله چای *peeyäla-e-chäy* **green ~** چای سبز *chäy-e-sabz* **~ bag** خریطه چای *khareeta-e-chäy* **Would you like a cup of tea?** آیا یک پیاله چای میل دارید؟ *Äyä yak peeyäla chäy mayl däred?* **Have some tea.** چای بنوشید *Chäy benoshed.* **Please fix us some tea.** لطفاً قدری چای برای ما درست کنید. *Lotfan qadree chäy baräy-e-mä drost koned.*
teach vt درس دادن *dars dädan*, تعلیم دادن *ta'leem dädan*, یاد دادن *yäd dädan*, تدریس کردن *tadrees kardan* **~ school** درمکتب درس دادن *dar maktab dars dädan* **Can you teach me (how to do it)?** آیا برایم یاد میدهید (چی گونه این را انجام دهم)؟ *Äyä baräyam yäd mey-dehed (chee gona een rä anjäm deham)?* **Could you teach me Dari?** آیا برایم دری درس میدهید؟ *Äyä baräyam dare dars mey-dehed?* **I'll teach you English.** شما را انگلیسی درس خواهم داد. *Shomä rä engleesee dars khäham däd.* **I'll teach you (how to do it).** من شما را درس خواهم داد (چی گونه انجام دهید). *Man shomä rä dars khäham däd (chee gona anjäm dehed).* **(1) He'll / (2) She'll teach you (how to do it).** (۱) اومرد / (۲) اوزن شما در درس خواهد داد (که چی گونه انجام دهید). *(1) O mard / (2) O zan shomä rä dars khähad däd (ke chee gona anjäm dehed).* **Who taught you that?** کی به شما آنرا یاد داد؟ *Kee ba shoma änrä yäd dad?* ★ **teacher** n معلم *mo-a'lem*, آموزگار *amoz-gär* **English ~** معلم انگلیسی *mo-a'lem-e-engleesee* **female ~** معلم زنانه *mo-a'lem-e-zanäna* **school ~** معلم مکتب *mo-a'lem-e-maktab* **university ~** معلم دانشگاه *mo-a'lem-e-däneshgäh* **You should become a teacher.** شما باید معلم شوید. *Shomä bäyad mo-a'lem*

teaching *n* تدریس *tadrees,* معلمی *mo-a'lemee*
teahouse *n* چای خانه *cháy khána*
teakettle *n* چای جوش *chay-joosh*
team *n* 1. (sports) تیم *teem;* 2. (work group) دسته *dasta,* تیم *teem,* گروپ *groop* **aid ~** تیم کمک *teem-e-komak* **basketball ~** تیم باسکتبال *teem-e-bäsketbäl* **Disaster Assistance Response ~ (DART)** تیم پاسخ معاونت مصیبت *teem-e-päsokh-e-moawenät-e-moseebat* **disaster relief ~** تیم کمک در مصیبت *teem-e-komak dar moseebat* **dog rescue ~** تیم سگ نجات *teem-e-sag nejät* **emergency (response) ~** تیم خدمات عاجل *teem-e-khedamät-e-äjel* **forensic ~** طب عدلی *teem-e-teb-e-a'dlee* **hazardous materials (= hazmat) ~** تیم مواد خطرناک *teem-e-mawäd-e-khatarnäk* **hospital ~** تیم شفاخانه *teem-e-shafäkháne* **medical ~** تیم طبی *teem-e-tebee* **mine clearance ~** تیم ماین پاکی *teem-e-mäyn päkee* **mine survey ~** تیم جستجومان ماین ها *teem-e-jostojo-e-mäyn há* **mobile clinic ~** تیم کلینک سیار *teem-e-kleenek-e-seeyär* **mobile health ~** تیم سیار صحی *teem-e-seeyär-e-sehee* **monitoring ~** تیم مانیتور کننده *teem-e-mäneetor konanda* **search and rescue ~** تیم تفخص و نجات *teem-e-tafakhos wa nejät* **soccer ~** تیم فوتبال *teem-e-footbäl* **vaccination ~** تیم واکسین *teem-e-wäkseen* **Send a team over there to (1) help (them). / (2) repair it. / (3) search.** یک تیم را برای (۱) کمک کردن (آنها)... (۲) ترمیم کردن ... / (۳) جستجو کردن... آنجا بفرستید. *Yak teem rä baräyee (1) komak kardan (-e-änhä) ... / (2) tarmeem kardan... / (3) jostojo kardan... änjä beferested.* **It's important that we all work like a team.** مهم است که ما همه مانند یک تیم کار کنیم. *Mohem ast ke mä hama mänand-e-yak teem kär konem.* ★ **teamwork** *n* کارگروهی *kär-e-grohee*
teapot *n* چاینک *cháynak*
tear *vt* پاره کردن *pára kardan* **I (accidentally) tore it.** (اتفاقاً) پاره اش کردم. *(Etefáqan) pära ash kardam.* **(1) He / (2) She tore (3) a ligament. / (4) muscle. / (5) it.** (۱) اومرد / (۲) اوزن (۳) یک اربطه ... / (۴) یک عضله ... / (۵) این را... پاره کرد. *(1) O mard / (2) O zan (3) yak arbata... / (4) yak a'zala ... / (5) een rä... pära kard.* **You tore a (1) ligament. / (2) muscle.** شما (۱) اربطه / (۲) عضله پاره کردید. *Shomá (1) arbata / (2) a'zala pära karded.* ★ *n* 1. (water from the eye) اشک *ashk;* 2. (rip) چاک *chäk,* دریدگی *dareedagee ~* **duct** قنات اشک *qenát-e-ashk ~* **gas** گاز اشک آور *gäz-e-ashk äwar* **It has a tear in it.** یک چاک دارد. *Yak chäk därad.* ★ **tear down** *n* تخریب کردن *takhreeb kardan* **(1) They're / (2) We're going to tear down the (old) (3) building. / (4) house.** (۱) آنها / (۲) ما (۳) تعمیر / (۴) خانه (کهنه) را تخریب (۱) میکنند. / (۲) میکنیم. *(1) Ánhá / (2) Má (3) ta'meer-e-(4) khána-e-(kohna) rä takhreeb (1) mey-konand. / (2) mey-konem.* **It has to be torn down.** باید تخریب شود. *Báyad takhreeb shawad.* **It's best to tear it down.** بهتر این است که تخریب شود. *Behtar een ast ke takhreeb shawad.* ★ **tear off** *idiom* ترکانیدن *tarkäneedan,* به زور پاره کردن *ba zoor pära kardan* **Tear it off.** پاره اش کنید. *Pára ash koned.* ★ **tear up** *idiom* پاره پاره کردن *pära pära kardan* **Tear it up (into little pieces) (and throw it away).** (به توته های کوچک) پاره پاره اش کنید (و دور بندازید اش.) *(Ba tota häyee kochak) pära pära ash koned. (Wa door bendäzed ash.)*
teaspoon *n* قاشق چای خوری *qásheq-e-cháy khoree*
technical *adj* فنی *fanee,* تخنیکی *takhneekee ~* **assistance** معاون فنی *ma'äwen-e-fanee ~* **expertise** تخصص فنی *takhasos-e-fanee ~* **term** اصطلاح فنی *esteläh-e-fanee,* اصطلاح تخنیکی *esteläh-e-takhneekee*
technician *n* متخصص فنی *motakhases-e-fanee* **We need a technician to (1) inspect / (2) install / (3) repair it.** ما برای (۱) بازرسی کردن / (۲) نصب کردن / (۳) ترمیم کردن به یک متخصص فنی ضرورت داریم. *Má baräyee (1) bäzrasee*

technique *n (method)* طرز *tarz,* تخنیك *takhneek,* فن *fan* **complicated ~** طرز پیچیده *tarz-e-peecheeda* **midwifery ~s** فن قابلگی *fan-e-qäbelagee* **simple ~** طرز ساده *tarz-e-säda* **Let me *(1)* explain... / *(2)* show you... the technique.** اجازه دهید تا طرز را برای تان (1) تشریح کنم. / (2) نشان دهم. *Ejäza dehed tä tarz rä baräy-e-tän (1) tashreeh konam. / (2) neshän deham.* **Show *(1)* her / *(2)* him / *(3)* them the technique.** برای (1) اوزن / (2) اومرد / (3) آنها تخنیك را بفهمانید. *Baräy-e- (1) o zan / (2) o mard / (3) änhä takhneek rä befahmänded.* **There's a certain technique for doing it.** برای انجام دادن آن بعضی تخنیك های وجود دارد. *Baräyee anjäm dädan-e-än ba'zee takhneek häy-e-wojod därad.*

technology *n* (علم صنعت) تكنالوژی *teknälozhee (e'lm-e-sona't)* **modern ~** تكنالوژی نوین *teknälozhee-e-naween,* تكنالوژی امروزی *teknälozhee-e-emroozee*

teenage *adj* نوجوان *nowjawän* **~ boy** پسر نوجوان *pesar-e-nowjawän* **~ daughter** دختر نوجوان *dokhtar-e-nowjawän* **~ girl** دختر نوجوان *dokhtar-e-nowjawän* **~ son** بچه نوجوان *bacha-e-nowjawän,* پسر نوجوان *pesar-e-nowjawän* ★ **teen-ager** *n* نوجوان *nowjawän*

telephone *adj* تیلفون *teelfoon* **get ~ service** لاین تیلفون گرفتن *läyn-e-teelfoon greftan* **request ~ service** برای لاین تیلفون درخواست کردن *baräy-e-läyn-e-teelfoon darkhäst kardan* **~ answering machine** ماشین جوابده تیلفون *mäsheen-e-jawäbde-e-teelfoon* **~ battery** بطری تیلفون *betree-e-teelfoon* **~ bill** بل تیلفون *bel-e-teelfoon,* صورت حساب تیلفون *soorat-e-hesäb-e-teelfoon* **~ book** کتاب رهنمای تیلفون *ketäb-e-rahnomäyee teelfoon* **~ call** زنگ تیلفون *zang-e-teelfoon* **~ company** شرکت تیلفون *sherkat-e-teelfoon,* مخابرات *mokhäberät* **~ cord** لاین ارتباط تیلفون *läyn-e-ertebät-e-teelfoon* **~ directory** کتاب رهنمای تیلفون *ketäb-e-rahno-mäyee teelfoon* **~ handset** سیت دستی تیلفون *seet-e-dastee-e-teelfoon* **~ jack** پلك تیلفون *palak-e-teelfoon* **~ jack adapter** اتصال دهنده تیلفون *etesäl dehendahe-e-teelfoon* **~ line** سیم تیلفون *seem-e-teelfoon* **~ number** نمبر تیلفون *nambar-e-teelfoon* **~ pole** پایه تیلفون *päya-e-teelfoon* **~ repairman** تیلفونچی (شخصی که تیلفون را ترمیم میکند.) *teelfoon-chee (shakhsee ke teelfoon rä tarmeem mey-konad.)* **~ service** خدمت تیلفون *khedmat-e-teelfoon,* مخابرات تیلفون *mokhäberät-e-teelfoon,* **~ switchboard** صفحه کلید تیلفون *sewech-bord-e-teelfoon,* سویچ بورد تیلفون *sewech-bord-e-teelfoon* **telephone** سیستم تیلفون *safha-e-keleed-e-teelfoon* **Is there telephone service?** خدمت تیلفون موجود است؟ *Khedmat-e-teelfoon mowjood ast?* **How long will it take to get telephone service?** گرفتن یك لاین تیلفون چقدر وقت را در بر خواهد گرفت؟ *Greftan-e-yak läyn-e-teelfoon cheqadar waqt rä dar bar khähad greft? (1)* **How / *(2)* Where can I request telephone service?** (1) چطور / (2) کجا برای لاین تیلفون درخواست کنم؟ *(1) Chetowr / (2) Kojä baräyee läyn-e-teelfoon darkhäst konam? (1)* **I / *(2)* We need telephone service as soon as possible.** (1) من / (2) ما هرچه عاجل به یك لاین تیلفون ضرورت (1) دارم. / (2) داریم. *Man / (2) Mä harche a'äjel ba yak läyn-e-teelfoon zaroorat (1) däram. / (2) därem.* **The telephone line is *(1)* broken. / *(2)* down.** سیم تیلفون (1) قطع / (2) خراب است. *Seem-e-teelfoon (1) qata' / (2) kharäb ast.* **Ask them to send a telephone repairman out here.** از آنها خواهش کنید که یك تیلفونچی را بفرستند. *Az änhä khähesh koned ke yak teelfoon-chee rä beferestand.* **Could you please tell me the telephone number for *(person or place)*?** آیا نمبر تیلفون (___) را برایم گفته میتوانید؟ *Äyä nambar-e- teelfoon-e- (___) rä baräyam gofta mey-tawäned?* ★ *vt* تیلفون کردن *teelfoon kardan* ★ *n* تیلفون

teelfoon cellular ~ تلیفون موبایل *teelfoon-e-mobäyel*, تلیفون سیار *teelfoon-e-sayär* **cordless ~** تلیفون دستی *teelfoon-e-dastee* **field ~** تلیفون ساحوی *teelfoon-e-sähawee* **install a ~** تلیفون نصب کردن *teelfoon nasb kardan* **mobile ~** تلیفون موبایل *teelfoon-e-mobäyel* **new ~** تلیفون نو *teelfoon-e-now*, تلیفون جدید *teelfoon-e-jadeed* **replace the ~** تلیفون را تبدیل کردن *teelfoon rä tabdeel kardan* **Install the telephone** *(1)* **here.** */ (2)* **there.** (۱) تلیفون را اینجا / (۲) آنجا نصب کنید. *Teelfoon rä (1) eenjä / (2) änjä nasb koned.* **The telephone is** *(1)* **dead.** */ (2)* **out of order.** تلیفون (۱) خراب... / (۲) مختل است. *Teelfoon (1) kharäb / (2) makhtal ast.* **The telephone is not working right.** تلیفون درست کار نمیکند. *Teelfoon drost kär namey-konad.*

television *adj* تلویزیون *talweezyoon* **~ antenna** آنتن تلویزیون *ärtan-e-talweezyoon* **~ program** برنامه تلویزیون *barnäma-e-talweezyoon* **~ remote control** ریموت کنترول تلویزیون *reemot kantrol-e-talweezyoon* **~ set** تلویزیون *talweezyoon* **~ station** دستگاه پخش تلویزیون *dastgäh-e-talweezyoon* ★ *n* تلویزیون *talweezyoon* **digital satellite ~** تلویزیون دیجیتال سټلایت *talweezyoon-e-deejeetäl satalöyt* **on ~** تلویزیون روشن *talweezyoon-e-rooshan* **watch ~** تلویزیون دیدن *talweezyoon deedan*

tell *vt* گفتن *goftan* **~ a lie** دروغ گفتن *drogh goftan* **~ a story** قصه گفتن *qesa goftan* **Tell** *(1)* **him** */ (2)* **her to** *(3)* **bring** */ (4)* **build** */ (5)* **dig** */ (6)* **do** */ (7)* **finish** */ (8)* **fix** */ (9)* **move** */ (10)* **repair** */ (11)* **take** *(12)* **it.** */ (13)* **them.** (۱) اومرد / (۲) اوزن را بگویید که (۱۲) این / (۱۳) آنها را (۳) بیاورد / (٤) بسازد / (٥) بکند / (٦) انجام دهد. / (۷) تمام کند. / (۸) محکم کند. / (۹) انتقال دهد. / (۱۰) ترمیم کند. / (۱۱) بیگیرد. *(1) O mard / (2) O zan rä bogoyed ke (12) een / (13) (3) beeyäwarad / (4) besäzad. / (5) bekonad. / (6) anjäm dehad. / (7) tamäm konad. / (8) mahkam konad. / (9) enteqäl dehad. / (10) tarmeem konad. / (11) beegeerad.* **Tell them to** *(1)* **bring** */ (2)* **build** */ (3)* **dig** */ (4)* **do** */ (5)* **finish** */ (6)* **fix** */ (7)* **move** */ (8)* **repair** */ (9)* **take** *(10)* **it.** */ (11)* **them.** آنها را بگویید که (۱۰) این / (۱۱) آنها را (۱) بیاورند. / (۲) بسازند. / (۳) بکنند. / (٤) انجام دهند. / (٥) تمام کنند. / (٦) محکم کنند. / (۷) انتقال دهند. / (۸) ترمیم کنند. / (۹) بیگیرند. *Anhä rä bogoyed ke (10) een / (11) änhä rä (1) beeyäwarand. / (2) besäzand. / (3) bekonand. / (4) anjäm dehand. / (5) tamäm konand. / (6) mahkam konand. / (7) enteqäl dehand. / (8) tarmeem konand. / (9) beegeerand* **Tell** *(1)* **him** */ (2)* **her to** *(3)* **come here.** */ (4)* **form a line.** */ (5)* **get ready.** */ (6)* **go.** */ (7)* **leave.** */ (8)* **move (away).** */ (9)* **stay.** */ (10)* **take cover.** */ (11)* **wait.** (۱) اومرد / (۲) اوزن را بگویید که (۳) اینجا بیاید / (٤) یک قطار بسازد / (٥) آماده شود. / (٦) برود. / (۷) خارج شود. / (۸) (دور) برود. / (۹) توقف کند. / (۱۰) سرپوش بیگیرد. / (۱۱) انتظار کند. *(1) O mard / (2) O zan rä bogoyed ke (3) eenjä beeyäyad. / (4) yak qatär besäzad. / (5) ämäda shawad. / (6) berawad. / (7) khärej shawad. / (8) (door) berawad. / (9) tawaqof konad. / (10) sar posh beegeerad. / (11) etnezär konad.* **Tell them to** *(1)* **come here.** */ (2)* **form a line.** */ (3)* **get ready.** */ (4)* **go.** */ (5)* **leave.** */ (6)* **move (away).** */ (7)* **stay.** */ (8)* **take cover.** */ (9)* **wait.** آنها را بگویید که (۱) اینجا بیایند. / (۲) یک قطار بسازند. / (۳) آماده شوند. / (٤) بروند. / (٥) خارج شوند. / (٦) (دور) بروند. / (۷) توقف کنند. / (۸) سرپوش بیگیرند. / (۹) انتظار کنند. *Anhä rä begoyed ke (1) eenjä beeyäyand. / (2) yak qatär besäzand. / (3) ämäda shawand. / (4) berawand. / (5) khärej shawand. / (6) (door) berawand. / (7) tawaqof konand. / (8) sar posh beegeerand. / (9) etnezär konand.* **Tell me** *(1)* **about it.** */ (2)* **what happened.** */ (3)* **where it hurts.** برایم بگوید (۱) درباره این. / (۲) چی واقع شده. / (۳) کجا درد میکند. *Baräyam begoyed (1) dar bära-e-een. / (2) chee wäqe' shoda. / (3) kojä dard mey-konad.* **Did you tell** *(1)* **her?** */ (2)* **him?** */ (3)* **them?** آیا (۱) اوزن / (۲) اومرد / (۳) آنها را گفتید؟ *Ayä*

temper   **449**   **tender**

(1) o zan / (2) o mard / (3) ähä rä gofted? **I** *(1)* **told** / *(2)* **didn't tell** *(3)* **her.** / *(4)* **him.** / *(5)* **them.** (۱) گفتم / (۲) (۳) اوزن / (٤) اومرد / (٥) آنها را (١) گفتم. / (٢) نگفتم. *(3) O zan / (4) O mard / (5) Änhä rä (1) goftam. / (2) nagoftam.* **I told you to...** شما را گفتم که... *Shomä rä goftam ke...* **I told you not to...** شما را گفتم که...نکنید. *Shomä rä goftam ke...nakoned.* **You told me something that wasn't true.** برایم چیزی گفتید که واقیعت نداشت. *Baräyam cheezee gofted ke wäqee-ya't nadäsht.*

temper *n* مزاج *mazäj,* خو *kho,* خلق *kholq* **hot ~** بدخو *bad kho,* بد خلق *bad-kholq* **You need to** *(1)* **control** / *(2)* **watch your temper.** شما باید خوی تانرا کنترول کنید. *Shomä bäyad (1,2) khoy-e-tän rä kantrol koned.* **I'm sorry I lost my temper.** معذرت میخواهم عصبانی شده بودم. *Ma'zrat meykhäham a'sabänee shoda bodam.* ★ **temperamental** *adj* عصبی *asabee,* خشن مزاج *khashen mazaj,* اندک رنج *andak ranj*

temperature *n* درجه حرارت *darja-e-harärat;* حرارت وجود *harärat-e-wojod* **What's the temperature (today)?** (امروز) درجه حرارت چند است؟ *(Emrooz) daraja-e-harärat chand ast?* **Take** *(1)* **his** / *(3)* **her temperature.** (۱) حرارت وجود (۲) اومرد / (۳) اوزن را ببینید *(1) Harärat wajood (2) o mard (3) o zan rä bebeened.* **I'll take** *(1)* **your** / *(2)* **his** / *(3)* **her temperature.** حرارت بدن (۱) شما / (۲) اومرد / (۳) اوزن را خواهم دید. *Man harärat badan-e- (1) shomä / (2) o mard / (3) o zan rä khäham deed* **(1) My** / *(2)* **Your** / *(3)* **His** / *(4)* **Her temperature is** *(number)* **degrees** *(5)* **F.** / *(6)* **C.** درجه حرارت بدن (۱) من / (۲) شما / (۳) اوزن (٤) اومرد (_) درجه (٥) فرنهایت / (٦) سانتی گریت است. *Daraja harärat-e-badan-e- (1) man / (2) shomä / (3) o mard / (4) o zan (_) daraja-e- (5) farenhäyt / (6) säntee-geret ast.* **(1) Her** / *(2)* **His** / *(3)* **Your temperature is** *(4)* **going down.** / *(5)* **(too) high.** / *(6)* **normal.** / *(7)* **rising.** درجه حرارت (١) اوزن / (٢) او مرد / (٣) شما (٤) پایین / (٥) بسیار بلند / (٦) عادی / (٧) بلند است. *Daraja harärat-e- (1) o zan / (2) o mard / (3) shoma (4) päyen / (5) (beesyär) beland / (6) ädee ast.* **The temperature is dropping.** درجه حرارت در حال کاهش اشت. *Daraja-e-harärat dar häl-e-kähesh ast.*

template *n* نمونه *namona,* اندازه *andäza*

temple *n* 1. *(bldg of worship)* معبد *ma'bad,* پرستشگاه *parasteshgäh;* 2. *(side of the head)* گیچگاه (ناحیه طرفی جمجمه دربالای استخوان زیگوماتیك) *geechgäh (näheya-e-tarafee jomjoma dar bäläy-e-ostokhän-e-zeegomä-teek)*

temporarily *adv* مؤقتاً *moaqatan* **We'll have to stop our operation temporarily.** ما باید کار خود را مؤقتاً توقف کنیم. *Mä bäyad moaqatan tawaqof konem.* **We're temporarily closed.** ما مؤقتاً بسته هستیم. *Mä moaqatan basta hastem.* ★ **temporary** *adj* مؤقت *moaqat,* مؤقتی *moaqatee* **~ camp** کمپ مؤقتی *kamp-e-moaqatee* **~ dressing** *(bandage)* بنداژ مؤقتی *bandäzh-e-moaqatee* **~ facility** مؤقتی *emkänät-e-moaqatee* **~ housing** خانه سازی مؤقتی *khäna säzee moaqatee* **~ job** وظیفه مؤقتی *wazeefa-moaqatee* **~ office** دفتر مؤقتی *daftar-e-moaqatee* **~ prosthesis** عضو ساختگی مؤقتی *o'zwe-e-säkhtagee moaqatee* **~ structure** ساختمان مؤقتی *säkhtomän-e-moaqatee* **It's just temporary.** صرف مؤقتی است. *Serf moaqatee ast.*

tenant *n* اجاره دار *ejära där,* کرایه نشین *keraya nesheen*

tend *vt (care for)* پرستاری کردن *parastäree kardan,* مواظبت کردن از *mawäzebat kardan az* **You tend the patients in this room.** از بیماران در این اطاق مواظبت کنید. *Az beemärän dar een otäq mawäzebat koned.* ★ **tendency** *n* تمایل *tamäyel,* توجه *tawajo*

tender *adj* 1. *(gentle)* دلسوز *dolsooz,* با محبت *bä mohabat;* 2. *(sensitive)* حساس *hasäs* **Is it tender right here?** آیا اینجا حساس است؟ *Äyä eenjä hasäs*

tenderly *adv* (gently) از روی دلسوزی و محبت *az roy-e-del soozee wa mohabat*
tendon *n* زبانه *zabäna*
tense *adj* ناراحت و پریشان *närähat wa perayshän* **You needn't be so tense.** شما نباید اینقدر ناراحت و پریشان شوید. *Shomä nabäyad eenqadar närähat wa perayshän shawed.* ★ *n* (gram.) زمان *zamän* ~ **future** زمان آینده *zamän-e-äyenda*, ~ **past** زمان گذشته *zamän-e-gozashta*, ماضی *mäzee* ~ **motlaq** *present* ~ زمان حاضر *zamän-e-häzer*, زمان حال *zamän-e-häl* ★ **tension** *n* تشویش *tashweesh* **relieve** ~ راحت کردن تشویش را *tashweesh rä rähat kardan*, غصه را راحت نمودن *ghosa rä rähat namodan*
tent *n* خیمه *khayma* **administration** ~ خیمه امور اداری *khayma-e-omoor edaree* **canvas** ~ خیمه کرباسی *khayma-e-karbäsee* **cold-weather** ~ خیمه هوای سرد *khayma-e-hawäy sard* **family** ~ خیمه فامیلی *khayma-e-fämeelee* **hospital** ~ خیمه شفاه خانه *khayma-e-shafäh khäna* **individual** ~ خیمه یک نفری *khayma-e-yak nafaree*, خیمه خصوصی *khayma-e-khosoee* **kitchen** ~ خیمه آشپزخانه *khayma-e-äshpaz khäna* **large** ~ خیمه بزرگ *khayma-e-bozorg* **medical** ~ خیمه طبی *khayma-e-tebee* **mess** ~ خیمه کثیف *khayma-e-kaseef* **nylon** ~ خیمه نایلونی *khayma-e-neelonee* **office** ~ خیمه دفتر *khayma-e-daftar* **pharmacy** ~ خیمه ادویه *khayma-e-adweya* **pup** ~ خیمه استراری *khayma esteräree* **put up a** ~ خیمه زدن *khayma zadan* **raise a** ~ خیمه زدن *khayma zadan*, خیمه بستن *khayma bastan* **share a** ~ خیمه را مشترکاً استفاده کردن *khayma rä moshtarakan estefäda kardan* **shower** ~ خیمه شاور *khayma-e-shäwar* **small** ~ خیمه کوچک *khayma-e-kochak* **storage / supply** ~ خیمه تهیه *khayma-e-tahya* **surgery** ~ خیمه جراحی *khayma-e-jarähee* **take down a** ~ خیمه را پائین کردن *khayma rä päheen kardan* **winter-ized** ~ خیمه زمستانی *khayma-e-zemestänee* **Move the tent (over)** *(1)* **here.** / *(2)* **there.** خیمه را (۱) اینجا / (۲) آنجا انتقال بدهید. *Khayma rä (1) eenjä / (2) änjä enteqäl bedehed.* **Put up the** *(1)* **tent** / *(2)* **tents** *(3)* **here.** / *(4)* **there.** (۱) خیمه / (۲) خیمه ها را (۳) اینجا / (۴) آنجا بزنید. *(1) Khayma... / (2) Khayma hä... rä (3) eenjä / (4) änjä bezaned.* **Take down the** *(1)* **tent.** / *(2)* **tents.** (۱) خیمه / (۲) خیمه ها را پائین کنید. *(1) Khayma... / (2) Khayma hä... rä päheen koned.* **They'll have to share the tent.** آنها باید خیمه را مشترکاً استفاده نمایند. *Änhä bäyad khayma rä moshtarakan estefäda nomäyand.* **You'll have to share your tent (with these people).** شما باید (این مردم) را درخیمه تان سهیم سازید. *Shomä bäyad (een mardom) rä dar khayma-e-tän saheem säzed.* **This tent needs to be repaired.** این خیمه باید ترمیم شود. *Een khayma bäyad tarmeem shawad.* **These tents need to be repaired.** این خیمه ها باید ترمیم شوند. *Een khayma hä bäyad tarmeem shawand.*
term *n* 1. (time period) مدت *modat*, دوره *dowra*; 2. (expression) اصطلاح *esteläh*, عبارت *e'bärat* **legal** ~ اصطلاح حقوقی *esteläh-e-oqooqee* **medical** ~ اصطلاح طبی *esteläh-e-tebee* **military** ~ اصطلاح نظامی *esteläh-e-nezämee* **technical** ~ اصطلاح فنی *esteläh-e-fanee*, اصطلاح تخنیکی *esteläh-e-takhneekee*
terminal *n* 1. (station) ایستگاه *eestgäh*; 2. (bat.) نهایت *nehäyat*; 3. (comp.) ترمینل *tarmeenal* **air** ~ ترمینل (تعمیر درجوار میدان هوایی برای مسافرین) *tarmeenal (ta'meer jawär-e-maydän-e-hawäyee baräyee mosäfereen)* **battery** ~ نهایت بطری *nehäyat-e-betree* **bus** ~ ایستگاه موتر های شهری *eestgäh-e-motar häyee shahree* **computer** ~ ترمینل کمپیوتر *tarmeenal-e-kampyootar* **train** ~ ایستگاه عمومی ریل *eestgäh-e-o'moomee reel*
termite *n* موریانه *moryäna* **exterminate the** ~**s** موریانه را نابود کردن *moryäna rä näbod kardan* **get rid of the** ~**s** موریانه را ختم یا نابوت کردن *moryäna rä khatem yä näbot kardan*

terrace *n* بلند و تخت زمین *zameen-e-takht wa beland*
terrain *n* ناحیه *näheya,* زمین *zameen,* اراضی *arāzee* **flat ~** هموار ناحیه *näheya-e-hamwär* **gentle ~** ملایم و نرم زمین *zameen-e-narm wa moläyem* **hilly ~** کوهستانی ناحیه *näheya-e-kohestänee* **mountainous ~** بلند و پست زمین *zameen-e-past wa beland* **rugged ~** ناهموار زمین *zameen-e-nähamwär,* ناهموار ناحیه *näheya-e-nähamwär,* **steep ~** شیب سرا اراضی *arāzee-e-seräsheeb* **How's the terrain there?** است؟ چطور اراضی انجا در *Dar änjä arāzee chetoor ast?*
terrible *adj* 1. *(awful)* ترسناک *tarsnäk,* خوفناک *khowfnäk,* انگیز وحشت *wahshat angeez;* 2. *(very bad)* بد بسیار *beesyär bad,* بد خیلی *kheelee bad* **~ accident** خوفناک حادثه *hädesa-e-khowfnäk* **~ earthquake** شدید زلزله *zelzela-e-shadeed* **~ smell** بد بسیار بوی *boy-e-beesyär bad* **~ tragedy** بد خیلی مصیبت *moseebat-e-kheelee bad* **That's terrible!** است! انگیز وحشت *Wahshat angeez ast!* **How terrible!** انگیز! وحشت چقدر *Cheqadar wahshat angeez!*
★ **terribly** *adv* 1. *(in a terrible way)* ترسناکانه *tarsnäkäna,* مخوف بطور *batowr-e-mokhawef;* 2. *(extremely)* زیاد *zeeyäd,* بسیار *beesyär* **I'm terribly sorry!** 1. *(saddened)* هستم. متأسف بسیار *Beesyär mota'sef hastam.* 2. *(apologetic)* میخواهم. معذرت بسیار *Beesyär ma'zrat mey-khäham.* **I'm terribly tired.** هستم. خسته بسیار *Beesyär khasta hastam.* **It's terribly** *(1)* **cold.** */ (2)* **hot.** است. داغ *(٢) /* سرد *(١)* بسیار *Beesyär sard / (2) dägh ast.*
terrific *adj* 1. *(tremendous)* زیاد *zeeyäd,* خوفناک *khowfnäk;* 2. *(marvelous)* دلچسب *delchasp,* خوب *khoob* **~ avalanche** خوفناک کوچ برف *barfkoch-e-khowf-näk* **~ job** *(marvelous accomplishment)* دلچسب وظیفه *wazeefa-e-delchasp,* دلچسب کار *kär-e-delchasp* **~ lightning storm** الماسک و طوفان *toofän wa almäsak-e-khowfnäk* **~ rainfall** زیاد بارندگی *bären-dagee-e-zeeyäd* **~ snowfall** زیاد باری برف *barf bäree-e-zeeyäd*
terrified *adj* ترسیده *tarseeda* *(1)* **He /** *(2)* **She is terrified.** (٢) مرد/ (١) *(1) O mard / (2) O zan tarseeda ast.* **They're terrified.** اند. ترسیده آنها *Änhä tarseeda and.*
territory *n* قلمرو *qalamrow,* خاک *khäk* **dangerous ~** خطرناک قلمرو *qalamrow-e-khatarnäk* **hostile ~** دشمن قلمرو *qalamrow-e-doshman*
terror *n* وحشت *wahshat,* زیاد ترس *tars-e-zeeyäd* ★ **terrorism** *n* تروریزم *teroreezem (*مخالفت با دولت به وسیله تهدید و ایجاد وحشت*) (mokhälefat bä dowlat ba waseela-e-tahdeed wa eejäd-e-wahshat)* **act of ~** تروریزم عمل *a'mal-e-teroreezem* ★ **terrorist** *adj* تروریستی *teroreestee* **~ attack** حمله تروریستی *hamla-e-teroreestee* **~ incident** حادثه تروریستی *hädesa-e-teroreestee* ★ *n* تروریست *teroreest*
test *vt* آزمودن *äzmodan,* امتحان کردن *emtehän kardan،* معاینه کردن *ma'äyena kardan* **~ the circuit** *(elec.)* جریان برق را امتحان کردن *jeryän-e-barq rä emtehän kardan* **~ the soil** خاک را معاینه کردن *khäk rä ma'äyena kardan* **~ the water** آب را معاینه کردن *khäk rä ma'äyena kardan* **Test it to** *(1)* **make sure it's running okay.** */ (2)* **see how it works.** (١) امتحان کنید که *Emtehän koned ke (1) motayaqen shawed ke drost kär mikonad. / (2) bebeened ke chee qesem kär mey-konad.* **Did you test it?** آیا امتحان اش کردید؟ *Äyä emtehän ash karded?* *(1)* **They /** *(2)* **We have to test it.** (١) انها/ (٢) ما باید ان را *(1) Änhä / (2) Mä bäyad än rä emtehän (1) konand. / (2) konem.* **The water supply has to be tested for purity.** تهیه آب باید برای پاک بودن معاینه شود. *Tahya-e-äb bäyad baräye päk bodan ma'äyena shawad.* **We need to test** *(1)* **her /** *(2)* **his /** *(3)* **your** *(4)* **blood.** */ (5)* **urine.** ما باید (٤) خون / (٥) ادرار (١) اوزن / (٢) اومرد / (٣) شما را معاینه (امتحان) کنیم. *Mä bäyad (4) khoon / (5) edrär-e- (1) o zan / (2) o mard /*

(3) shomä rä ma'äyena (emtehän) konem. **(1) He / (2) She / (3) It tested positive for the virus.** (۱) او مرد / (۲) او زن / (۳) آن مصاب به ویروس است. *(1) O mard / (2) O zan / (3) An mesäb ba weroos ast.* ★ **test** *n* معاینه *ma'äyena;* آزمایش *äzmäyesh,* امتحان *emtehän* **blood ~** معاینه خون *ma'äyena-e-khoon* **drug ~** معاینه دوا *ma'äyena-e-dawä* **field ~** معاینه ساحه *ma'äyena-e-säha* **iris ~** معاینه رنگ چشم *ma'äyena-e-rang-e-chashem* **preliminary ~** معاینه مقدماتی *ma'äyena-e-moqa-demätee* **soil ~** معاینه خاک *ma'äyena-e-khäk* **tube ~** تست تیوب *test teeyob* **urine ~** معاینه ادرار *ma'äyena-e-edrär* **water ~** معاینه آب *ma'äyena-e-äb* **You have to (1) take / (2) pass an entrance test.** شما باید امتحان دخولی را (۱) بدهید / (۲) رانید. *Shomä bäyad emtehän-e-dokhoolee rä (1) bedehed. / (2) räned.* ★ **tester** *n* تستر(امتهان کننده) *tester (emtehän konenda)* **circuit ~** *(elec.)* تستر جریان *testar-e-jeryän*

testes *n, pl* خصیه *khosya,* خایه *khäya* ★ **testicles** *n, pl* خصیه *khosya*

tetanus *n* تیتانوس (مرض) *(maraz-e-) teetänoos* **case of ~** قضیه تیتانوس *qazya-e-teetänoos* **~ shot** واکسین تیتانوس *wäkseen-e-teetänoos* **This will protect you against tetanus.** این شما را از مرض تیتانوس محافظت خواهد کرد. *Een shomä rä az maraz-e-teetänoos mahäfezat khähad kard.*

tether *vt* افسار کردن *afsär kardan* ★ *n* دنباله افسار *donbäla-e-afsär*

text *n* متن *maten* ★ **textbook** *n* کتاب درسی *ketäb-e-darsee*

textile *n* بافته *bäfta,* بافتنی *bäftanee,* نساجی *nasäjee* **manufacture ~s** نساجی تولید کردن *nasäjee towleed kardan.* **woolen ~s** نساجی پشمی *nasäjee-e-pashmee*

than *conj* از *az,* تا *tä,* به *nesbat ba* **This is more effective than that.** این نسبت به آن بسیار مؤثر است. *Een nesbat ba än beesyär mo'ser ast.* **That was quicker than I thought.** تیزتر از آن بود که فکر میکردم. *Teez tar az än bod ke feker mey-kardam.*

thank *vt* تشکری کردن از *tashakoree kardan az,* سپاسگذاری کردن از *sepäsgozäree kardan az,* امتنان کردن از *emtenän kardan az* **(1,2) Thank you (very much).** (۱) (خیلی) متشکر ام. *(1) (Kheelee) motashaker am.* / (2) (بسیار) تشکر. *(Beesyär) tashakor.* **I want to thank you (all) for the great job you did.** میخواهم از (همه) شما بخاطر کاری عالی که انجام دادید تشکری کنم. *Mey-khäham az (hama-e-)shomä bakhäter-e-käree-e-älee ke anjäm däded tashakoree konam.* **Please thank (1) her / (2) him / (3) them for me.** لطفا از (۱) اوزن / (۲) اومرد / (۳) آنها از طرف من اظهار امتنان کنید. *Lotfan az (1) o zan / (2) o mard / (3) änhä az taraf-e-man ez-här-e-sepäs koned.* ★ **thanks** *n, pl* تشکر *tashakor* **Thanks (a lot).** (بسیارزیاد) تشکر. *(Beesyär zeeyäd) tashakor.* **Thanks (very much) for (1) (all) your help. / (2) everything.** (بسیار زیاد) تشکر از (۱) (تمام) کمک هایتان. / (۲) همه چیز. *(Beesyär zeeyäd) tashakor az (1) (tamäm-e-) komak häyee-tän. / (2) hama cheez.* **Please tell (1) her / (2) him / (3) them I said thanks.** لطفا تشکرات من را (۱) اوزن / (۲) اومرد / (۳) آنها تقدیم دارید. *Lotfan tashakorät-e-man rä khedmat-e- (1) o zan / (2) o mard / (3) änhä taqdeem däred.*

Thanksgiving (Day) *n* روز سپاسگزاری یا روز شکرانه (آخرین پنجشنبه ماه نومبر که در آن روز امریکایی ها بخاطر برکات خدا، سپاسگذاری میکنند.) *Rooz-e-sopäsgozäree yä rooz-e-shokräna (Akhereen panjshambe-e-mäh-e-nawember ke dar än rooz amreekäyee hä bakhater barakät khodä, sepäsgozäree mey-konand.*

that *adj* آن *än* **at ~ time** درآن وقت *dar än waqt,* در آن زمان *dar än zamän* **~ direction** آن طرف *än taraf* **~ way** آن راه *än räh,* آن طریق *än tareeq* ★ **dem. pron** این *een,* آن *än* **Is that okay?** آیا درست است؟ *Äyä drost ast?* **That's okay.** درست است. *Drost ast.* **That's not the right way.** طریق درستی نیست. *Tareeq-e-drostee neest.* **That's all.** کافی است. *Käfee ast.* ★ **rel. pron** که *ke* **Is this the one that you used?** آیا این همان است که شما استفاده

کردید؟ *Äyä een hamän ast ke shomä estefäda karded?* **Here's a tent that's empty.** خیمه خالی اینجا است. *Khayma-e- khälee eenjä ast.* ★ *conj* که *ke* **I told** *(1)* **her** */ (2)* **him** */ (3)* **them** */ (4)* **you that...** (۱) اوزن / (۲) اومرد / (۳) آنها / (٤) شما را گفتم که... *(1) O zan / (2) O mard / (3) Änhä / (4) Shomä rä goftan ke...* **I thought that...** فکرکردم که... *feker kardam ke...*

thaw *vi* آب شدن *äb shodan*

theater *n* تیاتر *teyäter*, صحنه *sahna* **movie** ~ سینما *seenamä*

theft *n* دزدی *dozdee*, سرقت *serqat* **prevent** ~ جلوگیری از سرقت *jelowgeeree az serqat* **Your job is to prevent theft.** وظیفه شما جلوگیری از سرقت است. *Wazeefa-e-shomä jelowgeeree az serqat ast.* **I want to report a theft.** میخواهم یک سرقت را خبر بدهم. *Mey-khäham yak serqat rä khabar bedeham.*

their *poss. pron* شان *shän*, خودشان *khod-e-shän*

then *adv* سپس *sepas*, بعداً *ba'dan*, از آن پس *az än pas* **What did you do then?** بعد از آن چی کردید؟ *b'ad az än chee karded?* **What will you do then?** بعد از آن چی خواهد کردید؟ *b'ad az än chee khähad karded?* **Then where are you going?** از آن پس کجا میروید؟ *Az än pas kojä mey-rawed?* **Then you put them over there.** سپس آنها را آنجا بگذارید. *Sepas änhä rä änjä begozared.*

theory *n* نظریه *nazareea*, فرضیه *farzeea*, تیوری *teoree*

therapeutic *adj* معالجوی *ma'älejawee* ★ **therapist** *n* معالج *ma'älej* ★ **therapy** *n* معالجه *ma'äleja* **Artemisinin-based combination** ~ **(ACT)** *(against malaria)* درمان ترکیبی مبنی بر آرتمیسینین *darmän-e-tarkeebee mabnee bar ärtemeeseeneen* **intravenous** ~ معالجه وریدی *ma'äleja-e-wareedee* **physical** ~ معالجه فزیکی *ma'äleja-e-fezeekee*

there *adv* 1. *(that place)* آنجا *änjä*; 2. *(to call attention)* آنجا *änjä*; 3. *(existence: there is, there are)* موجودیت *mowjodyat* **from** ~ از آنجا *az änjä* **here and** ~ اینجا و آنجا *eenjä wa änjä* **over** ~ در آنجا *dar änjä* ~ **and back** آنجا و برگشت *änjä wa bargasht* **There it is!** انجاست! *Änjäst!* **There they are!** آنجا هستند! *Änjä hastand!* **Is there a gas station around here?** آیا در این نواحی کدام تانک تیل است؟ *Äya dar een nawähee kodäm tank-e-teel ast?* **There's a gas station** *(1)* **on the next street.** */ (2)* **in the next town.** (۱) ...درسرک دیگر/ (۲) در شهر دیگر است. *Yak tan-e-teel (1) dar sarak-e-deegar... / (2) dar shahr-e-deegar... ast.* **Is there any** *(1)* **flour** */ (2)* **rice left?** (۲) / (۱) ارد آیا چیزی برنج باقی مانده است؟ *Äyä cheezee (1) ärd / (2) berenj bäqee manda ast?* **There** *(1)* **is some...** */ (2)* **isn't any...** *(3)* **flour** */ (4)* **rice left.** (۳) ارد قدری (٤) برنج مانده (۱) است. / (۲) نیست. *Qadree (3) ärd / (4) berenj bäqee mända / (1) ast. / (2) neest.* **Are there any** *(1)* **blankets** */ (2)* **syringes left?** آیا کدام (۱) کمپل / (۲) پیچکاری مانده است؟ *Äyä kodmä (1) kampal / (2) peechkäree mända ast?* **There** *(1)* **are some...** */ (2)* **aren't any...** *(3)* **blankets** */ (4)* **syringes left.** چند تا (۳) کمپل / (٤) پیچکاری (۱) مانده / (۲) نمانده است. *Chand tä (3) kampal / (4) peechkäree (1) mända / (2) namända ast.* **How much is there?** آنجا چقدر است؟ *Änjä cheqadar ast?* **There's** *(1)* **a little.** */ (2)* **a lot.** (۱) اندکی / (۲) زیاد است. *(1) Andakee / (2) Zeeyäd ast.* **There's none.** هیچ نیست. *Hech neest.* **How many are there?** آنجا چند دانه است؟ *Änjä chand-däna ast?* **There are** *(1)* **a few.** */ (2)* **many.** (۱) یک چند / (۲) چندین دانه است. *(1) Yak chand... / (2) Chandeen... däna ast.* **Who's there?** آنجا کیست؟ *Änjä keest?* ★ **therefore** *adv* بنابرین *beenäbareen*

thermometer *n* ترمامیتر (گرما سنج) *tarmämeter (garmä sanj)*

thermostat *n* آلت تعدیل گرما *älat-e-ta'deel-e-garmä*

these *dem. adj & pron* اینها *eenhä* **Are these yours?** آیا اینها از شماست؟ *Äyä eenhä shomäst?* **Put these over there.** اینها را آنجا بگذارید. *Eenhä rä änjä begzäred.*

they *pron* آنها änhä **They are.** آنها هستند Änhä hastand. **They were.** آنها بودند Änhä bodand. **They will be.** آنها خواهد بودند Änhä khähad bodand.

thick *adj* ضخیم zakheem **How thick is it?** چقدر ضخیم است؟ Cheqadar zakheem ast? **It's four centimeters thick.** چهار سانتی متر ضخیم است Chär säntee meter zakheem ast. ★ **thicken** *vi* ضخیم کردن zakheem kardan

thief *n* دزد dozd **Be (constantly) alert for thieves.** (همیشه) از دزدان خبردار باشید (Hameesha) az dozdän khabar där bäshed. **That (1) boy / (2) girl / (3) man / (4) woman is a thief.** آن (1) پسر / (2) دختر / (3) مرد / (4) خانم دزد است Än (1) pesar / (2) dokhtar / (3) mard / (4) khänom dozd ast.

thigh *n* ران rän

thin *adj* 1. (*not thick*) نازك näzok, باریك bäreek; 2. (*not fat*) لاغر läghar ~ **coat of paint** ورقه نازك رنگ waraqa-e-näzok-e-rang ~ **layer** صفحه نازك safha-e-näzok (1) **He** / (2) **She is** (3) **quite** / (4) **very thin.** (1) اومرد / (2) اوزن (3) خیلی / (4) بسیار لاغر است (1) O mard / (2) O zan (3) kheelee / (4) beesyär läghar ast.

thing *n* 1. (*object*) چیز cheez, شی shey; 2. *pl* (*belongings*) اسباب asbäb, اشیاء ashyä', لباس lebäs; 3. (*matter; circumstance*) موضوع mawzo **another ~** چیزدیگر cheez-e-deegaree **the first ~** نخستین چیز nokhosteen cheez **the last ~** آخرین چیز äkhereen cheez **the next ~** چیز بعدی cheez-e-ba'dee **the other ~** چیزدیگر cheez-e-deegar **the ~ in the back** چیزی در پشت cheezee dar posht **the ~ in the front** چیزی درپیش روی cheezee dar peesh-e-roy **the ~ in the middle** چیزی دروسط cheezee dar wasat **the ~ on the bottom** چیزی درپایین cheezee dar päyeen **the ~ on the side** چیزی درگوشه cheezee dar gosha **the ~ on the top** چیزی دربالا cheezee dar bälä **What is** (1) **this** / (2) **that thing?** (1) این / (2) آن شی چیست؟ (1) Een / (2) Än shey cheest? **Put** (1) ...**this thing...** / (2) ...**these things... away.** (1) این شی / (2) این اشیاء...را دور بگذارید (1) Een shey... / (2) Een ash-yä'...rä door begzäred. **Get** (1) **this thing...** / (2) **these things... out of here.** (1) این چیز / (2) این چیزها...رااز اینجا بیرون کنید (1) Een cheez... / (2) Een cheez hä...rä az eenjä beeroon koned. **Gather up your things and come with me.** لباس هایتانرا جمع کنید و با من بیائید Lebäs häyatan rä jama' koned wa bä man beeyed. **Have them get their things and get on the** (1) **buses.** / (2) **trucks.** آنها را وادار سازید که لباس هایشان را بیگیرند و در (1) موتر های شهری / (2) موتر های بارکش بالا شوند Änhä rä begoyed ke lebäs häyee shän rä beegeerand wa dar (1) motar häyee shahree / (2) motar-e-bär kash bälä shawand. **The first thing we have to do is...** نخستین کاری را که باید انجام دهیم ... است Nokhosteen käree rä ke bäyad anjäm dehem... ast. **The next thing you have to do is...** کاری بعدی را که باید انجام دهید...است Käree ba'dee-e-rä ke bäyad anjäm dehed... ast.

think *vt & vi* فکر کردن feker kardan, گمان کردن gomän kardan **I think...** فکر میکنم... Feker mey-konam... **What do you think?** چی فکر میکنید؟ Chee feker mey-koned? **Why do you think that?** چرا چنین فکر میکنید؟ Chorä choneen feker mey-koned? **I thought so.** چنین فکر کردم Choneen feker kardam. **I didn't think so.** چنین فکر نمیکردم Choneen feker namey-kardam. **Think about it (and let me know).** درباره اش فکر کن (و مرا درجریان بگذار) Dar bära ash feker kon (wa man rä dar jeryän begzär). **I'll think about it.** درباره اش فکر خواهم کرد Dar bära ash feker khäham kard. **I need to think about it (a little bit more).** باید درباره اش (قدری زیاد) فکر کنم Bäyad dar bära ash (qadree zeeyäd) feker konam. **I thought about it and I've decided...** درباره اش فکرکردم و تصمیم گرفتم ... Dar bära ash feker kardam wa tasmeem gereftam... **Have you thought about it?** آیا درباره اش فکر کردید؟ Äyä dar bära ash feker karded? ★ **think of** *idiom*

think over   455   **threat**

1. *(devise, figure out)* سنجیدن *sanjeedan,* تدبیرکردن *tadbeer kardan;* 2. *(recall)* بخاطر آوردن *bakhäter äwardan;* 3. *(intend)* قصد داشتن *qasd dāshtan* **We have to think of some way (to do it).** ما باید کدام راه (برای کردن این) بسنجیم. *Mā bāyad kodām räh-e-rä (baräyee kardan-e-een) besanjem.* **I just thought of something.** چیزی را بخاطر آوردم. *Cheezee rä bakhäter äwardam.* **I'm thinking of putting (1) it / (2) them in (3) here. / (4) there.** قصد دارم که (۱) این را (۲) آنها را (۳) اینجا / (۴) آنجا بگذارم. *Qasd däram ke (1) een / (2) änhä rä (3) eenjä / (4) änjä beg-zäram.* ★ **think over** *idiom* به دقت ملاحظه کردن *ba deqat moläheza kardan,* ملاحظه کردن *moläheza kardan* **Think it over.** به دقت ملاحظه اش کنید. *Ba deqat moläheza ash koned.* **I'll think it over.** ملاحظه اش خواهم کرد. *Moläheza ash khäham kard.*

thinly *adv* کم *kam*

thinner *n (for paint)* تینر (یک نوع مایع که قابلیت حل مواد را در خود دارد و برای پاک نمودن رنگ بکارمیرود.) *teenar (yak nawa' maye' ke qäbelyat hal-e-mawäd rä dar khod däräd wa baräy-e-päk namodan-e-rang bakär mey-rawad.)* **paint ~** تینر رنگ *teenar-e-rang*

thirst *n* تشنگی *tashnagee (1,2)* **I'm dying of thirst. (1)** بسیار تشنه هستم. *Beesyär tashna hastam.* , **(2)** از تشنه گی میمیرم. *Az tashna-gee mey-meeram.* ★ **thirsty** *adj* تشنه *tashna* **Are you thirsty?** آیا شما تشنه هستید؟ *Äyä shomä tashna hasted?* **You must be (very) thirsty.** شما باید (بسیار) تشنه باشید. *Shomä bäyad (beesyär) tashna bäshed.* **I'm (very) thirsty.** (بسیار) تشنه هستم. *(Beesyär) tashna hastam.* **(1) He / (2) She is thirsty.** (۱) اومرد / (۲) اوزن تشنه است. *(1) O mard / (2) O zan tashna ast.* **They're thirsty.** آنها تشنه هستند. *Anhä tashna hastand.*

thorax *n* صدر *sader,* سینه *seena,* قفس سینه *qafas-e-seena*

thorough *adj* کامل *kämel,* جامع *jäme'* **~ examination** آزمایش کامل *äzmäyesh-e-kämel* **~ inspection** تفتیش کامل *tafteesh-e-kämel,* بازرسی کامل *bäzrasee-e-kämel* **Do a thorough job.** کار جامع انجام دهید. *Kär-e-jäme' anjäm dehed.* **Make a thorough inspection.** تفتیش کامل کنید. *Tafteesh-e-kämel koned.* ★ **thoroughly** *adv* کاملاً *kämelan,* تماماً *tamämän*

those *dem. adj & pron* آن *än,* آنها *änhä* **~ areas** آن مناطق *än manäteq* **~ buildings** آن تعمیر ها *än ta'meer hä,* آن ساختمان ها *än säkhtomän hä* **~ children** آن اطفال *än atfäl* **~ houses** آن خانه ها *än khäna hä* **~ items** آن اشیا *än ashya* **~ patients** آن مریضان *än mareezän* **~ mawäd,* مواد آن **~ people** آن مردم *än mardom* **~ things** آن چیزها *än cheez hä* **~ vehicles** آن وسایط *än wasäyet,* آن اراده جات *än aräda jät* **Whose things are those?** آیا آن ها از شما اشیاء از کی است؟ *Än ashyä' az kee ast?* **Are those yours?** آیا آن ها از شما است؟ *Äyä än hä az shomä ast?* **Those (1) are / (2) aren't mine.** آنها از من (۱) است. / (۲) نیست. *Anhä az man (1) ast. / (2) neest.*

though *conj (despite the fact that)* با وجود اینکه *bä wojod-e-eenke,* اگرچه *agar che*

thought *n (idea)* فکر *feker,* خیال *kheeyäl,* نظر *nazar* ★ **thoughtful** *adj (considerate)* با فکر *bä feker,* پرفکر *porfeker,* توجه *tawajo* **That's very thoughtful of (1) her. / (2) him. / (3) you.** از بسیار توجه (۱) اوزن / (۲) او مرد / (۳) شما است. *Az beesyär tawajo-e- (1) o zan / (2) o mard / (3) shomä ast.* ★ **thoughtless** *adj* بی فکری *bey fekeree* **I'm sorry, that was thoughtless of me.** معذرت میخواهم، از بی فکری من بود. *Ma'zrat mey-khäham, az bey fekree-e-man bod.*

thread *n* تار *tär* **heavy-duty ~** تار محکم *tär-e-mahkam* **spool of ~** گوتک تار *gootak-e-tär* **suture ~** تار جراحی *tär-e-jarähee*

threat *n* تهدید *tahdeed* **Did he make any threats?** آیا چیزی تهدید کرد؟ *Äyä* *cheezee tahdeed kard?* **Did they make any threats?** آیا چیزی تهدید کردند؟ *Äyä cheezee tahdeed kardand?* ★ **threaten** *vt* تهدید کردن *tahdeed kardan* **Did he threaten you?** آیا او مرد شما را تهدید کرد؟ *Äyä o mard shomä rä tahdeed kard?* **Did they threaten you?** آیا آنها شما را تهدید کردند؟ *Äyä änhä shomä rä tahdeed kardand?* **He threatened** *(1)* **me.** */ (2)* **us.** اومرد (١) من / (٢) ما را تهدید کرد. *O mard (1) man / (2) mä rä tahdeed kard.* **They threatened** *(1)* **me.** */ (2)* **us.** آنها (١) من / (٢) ما را تهدید کردند. *Änhä (1) man / (2) mä rä taheed kardand.*

thresh *vt* کوبیدن *kobeedan* ~ **grain** حبوبات را کوبیدن *hobobät rä kobeedan* ★ **thresher** *n (mach.)* خرمن کوب *kherman kob*

threshold *n* آغاز *äghäz*

thrifty *adj* صرفه جو *sarfa jo* **You're a thrifty shopper.** شما خریدار صرفه جو هستید. *Shomä khareedär-e-sarfa jo hasted.* **Try to be as thrifty as possible.** کوشش کنید که تا حد امکان صرفه جو باشید. *Koshesh koned ke tä had-e-emkän sarfa jo bäsheed.*

thrilling *adj* هیجان برانگیز *hayajän bar angeez* ~ **experience** تجربه هیجان برانگیز *tajrooba-e-hayajän bar angeez* ~ **ride** گردش هیجان برانگیز *gardesh-e-hayajän bar angeez*

throat *n* گلو *golo* **sore** ~ گلودرد *golodard* **Do you have a sore throat?** آیا شما گلودرد هستید؟ *Äyä shomä golodard hasted?* **I have a sore throat.** من گلودرد هستم. *Man golodard hastam.* **(1) Her** */ (2)* **His throat was cut.** گلو (١) اومرد / (٢) اوزن عملیات شد. *Golo-e- (1) o mard / (2) o zan a'malyät shod.*

throbbing *adj* شدید *shadeed* ~ **headache** سردردی شدید *sardardee-e-shadeed* ~ **pain** درد شدید *dard-e-shadeed*

thrombosis *n* خون بستگی *khoon bastagee*

throttle *n (automot., mech.)* دریچه کنترول بخار یا گاز) پستانک *pestänk (dareecha-e-kantrool-e-bokhär yä gäz)* **Push on the throttle.** پستانک را روشن کنید. *postänk rä rooshan koned.*

through *adj (finished)* تمام *tamäm,* خاتمه *khätema* **get** ~ *(finish)* تمام کردن *tamäm kardan,* بپایان رساندن *bapäyän rasändan* **Are you through (with this)?** آیا شما (این را) تمام کردید؟ *Äyä shomä (een rä) tamäm karded?* **I (1) am / (2) am not through (with it).** من (این را) تمام (١) کردم. / (٢) نکردم. *Man (een rä) tamäm (1) kardam. / (2) nakardam.* **When you get through, let me know.** وقتیکه تمام کردید، من را خبر کنید. *Waqteeke tamäm karded, man rä khabar koned.* ★ *prep* ازمیان *az meeyän,* از وسط *az wasat,* از طریق *az tareeq* درجریان *dar jeryän* **go** ~ 1. *(pass through)* طی کردن *tay kardan,* گذشتن از *gozashtan az;* 2. *(experience)* تحمل کردن *tahmol kardan* **live** ~ **(hard times)** زندگی دشوار *zendagee-e-dashwär* **look** ~ **a report** گذارش را مرور کردن *gozäresh-e-rä moror kardan* **pass** ~ گذشتن *gozashtan,* عبور کردن *o'bor kardan* ~ **Pakistan** از طریق پاکستان *tareeq-e-päkestän* ~ **the tunnel** از طریق تونل *az tareeq-e-tonol* ~ **the window** از طریق کلکین *az tareeq-e-kelkeen* ~ **the winter** در جریان زمستان *dar jeryän-yän-e-zemestän* **(1) They've / (2) You've been through a lot.** (١) آنها / (٢) شما مشکلات زیاد را تحمل (١) کردند. / (٢) کردید. *(1) Änhä / (2) Shomä moshkelät-e-zeeyädee rä tahmol (1) kardand. / (2) karded.* **Breathe through your mouth.** از طریق دهن تنفس کنید. *Az tareeq-e-dahan tanfoos koned.* **It went through (1) her / (2) his (3) arm. / (4) chest. / (5) hand. / (6) leg.** از (٣) بازو / (٤) سینه / (٥) دست / (٦) پای (١,٢) اش گذشت. *Az (3) bäzoo / (4) seena / (5) dast / (6) päy (1,2) ash gozasht.* **(1) He / (2) She fell through the ice.** (١) اومرد / (٢) اوزن درروی یخ افتاد. *(1) O mard / (2) O zan dar roy-e-yakh aftäd.* ★ **throughout** *prep* سراسر

throw 457 **tie**

saräsar, درطول *dar tool-e-* ~ **the country** درسراسر کشور *dar saräsar-e-keshwar* ~ **the year** درطول سال *dar tool-e-säl*
throw *vt* انداختن *andäkhtan,* پرتاب کردن *partab kardan* **Throw it** *([1]* **over there.** / *[2]* **to me.).** بندازید اش. (... برای من / [٢]) (اینطرف... [١]) *([1] Een taraf... / [2] Baräy-e-man...) bendäzed ash.*
throw away *idiom (discard)* دورانداختن *door andäkhtan* **Throw** *(1)* **it** / *(2)* **them away.** آنها را دور بیاندازید. (٢) / این (١) *(1) Een / (2) Ähä rä door beyandäzed.* **Don't throw** *(1)* **it** / *(2)* **them away.** آنها را دور (٢) / این (١) نیاندازید. *(1) Een / (1) Ähä rä door nayandäzed.*
throw up *idiom* قی کردن *qey kardan,* استفراق کردن *estefräq kardan* **Do you feel like you have to throw up?** آیا احساس میکنید مثل اینکه استفراق کنید؟ *Äyä ehsäs mey-koned mesel-e-eenke estefräq mey-koned?* **If you have to throw up, use this** *(1)* **bag.** / *(2)* **pan.** اگر استفراق میکردید،از این (١) خریطه / (٢) ظرف استفاده کنید. *Agar estefräq mey-karded, az een (1) khareeta / (2) zarf estefäda koned.* *(1)* **He** / *(2)* **She threw up.** (١) اومرد / (٢) اوزن استفراق کرد. *(1) O mard / (2) O zan estefräq kard.*
thug *n* آدمکش *ädam-kosh,* جنایتکار *jenayatkär,* جانی *jänee*
thumb *n* شست *shast,* انگشت *angosht* **broken** ~ انگشت شکسته *angosht-e-shekasta* **left** ~ انگشت چپ *angosht-e-chap* **right** ~ انگشت راست *angosht-e-räst* **swollen** ~ انگشت پندیده *angosht-e-pondeeda*
thumbtack *n* قیتک برای بند کردن کاغذ در تخته *qaytak baräy-e-band kardan-e-kaghaz dar takhta*
thunder *n* الماسک *almäsak,* رعد و برق *ra'd-o-barq* ★ **thunderstorm** *n* رعد و برق *ra'd wa barq*
Thursday *n* پنجشنبه *panj-shambe,* روز پنجشنبه *rooz-e-panj-shambe* **by** ~ قبل از پنجشنبه *qabel az panj-shambe* **every** ~ هر پنجشنبه *har panj-shambe* **last** ~ پنجشنبه گذشته *panj-shambe-e-gozashta* **next** ~ پنجشنبه آینده *panj-shambe-e-äyenda* **on** ~ در روز پنجشنبه *dar rooz-e-panj-shambe* **since** ~ از پنجشنبه به اینطرف *az panj-shambe ba een-taraf* **this** ~ همین پنجشنبه *hameen panj-shambe* ~ **afternoon** عصر پنجشنبه *a'sr-e-panj-shambe* ~ **evening** شام پنجشنبه *shäm-e-panj-shambe* ~ **morning** صبح پنجشنبه *sobh-e-panj-shambe* ~ **night** شب پنجشنبه *shab-e-panj-shambe* **until** ~ تا پنجشنبه *tä panj-shambe*
thyroid (gland) *n* جاغور(غده) *jäghoor (ghooda)*
tick *n (parasite)* کنه *kana* **We have to remove the tick.** باید کنه را دور کنیم. *Bäyad kana rä door konem.*
ticket *n* تکت *teket* **bus** ~ تکت موتر های شهری *teket-e-motar häyee shahree* **plane** ~ تکت طیاره *teket-e-tayära* **train** ~ تکت ریل *teket-e-reel* **How much does a ticket cost?** قیمت یک تکت چند میشود؟ *Qeemat-e-yak teket chand mey-shawad?* **Where can I get** *(1)* **a ticket?** / *(2)* **tickets?** از کجا میتوانم (١) یک تکت / (٢) تکت ها بیگیرم؟ *Az kojä mey-tawänam (1) yak teket... / (2) teket hä... beegeeram?*
ticklish *adj* ظریف *zareef,* حساس *hasäs* **Are you ticklish?** آیا شما حساس هستید؟ *Äyä shomä hasäs hasted?*
tidy *adj (neat)* پاکیزه *päkeeza,* پاک *päk* **Try to keep everything tidy.** کوشش کنید که همه چیز را پاک نگهدارید. *Koshesh koned ke hama cheez rä päk negadäred.* **It looks very tidy.** بسیار پاک به نظر میاید. *Beesyär päk ba nazar mey-äyad.*
tie *vt (fasten)* بستن *bastan,* بسته کردن *basta kardan* **Tie** *(1)* **it** / *(2)* **them** *(3)* **securely.** / *(4)* **tightly.** / *(5)* **to the** *(thing).* (١) این / (٢) آنها را (٣) محکم... / (٤) قایم... / (٥) به (___)... بسته کنید. *(1) Een / (2) Ähä rä (3) mahkam... / (4) qäyem... / (5) ba (___)... basta koned.* **Don't tie** *(1)* **it** / *(2)* **them too tightly.** بسیار محکم بسته (١) اش / (٢) شان نکنید. *Beesyär mahkam basta (1)*

ash / (2) shän nakoned. ★ **tie down** *idiom* بستن *bastan* **Make sure you tie it down** *(1)* **securely.** / *(2)* **well.** خود را متیقن سازید که (۱) محکم / (۲) خوب بسته اش کردید. *Khod rä motayaqen säzed ke (1) mahkam / (2) khoob basta ash karded.* **Tie down the tarp to the stakes.** کرباس را در چوب ها بسته کنید. *Karbäs rä dar choob hä basta koned.* ★ **tie off** *idiom* بستن *bastan*, گره زدن *gere zadan* ~ **an artery** شریان را بستن *sheryän rä bastan* ★ **tie up** *idiom* (tie securely) محکم بستن *mahkam bastan* **Tie up the** *(1)* **dog.** / *(2)* **horse.** (۱) سگ / (۲) اسپ را محکم بسته کنید. *(1) Sag / (2) Asp rä mahkam basta koned.*

tied up *pp (busy)* مصروف *masroof* **I'm tied up right now.** فعلا مصروف هستم. *Fe'lan masroof hastam.* **I'll be tied up all** *(1)* **afternoon.** / *(2)* **day.** / *(3)* **morning.** تمام (۱) عصر / (۲) روز / (۳) صبح مصروف خواهم بود. *Tamäm-e- (1) a'ser / (2) rooz / (3) sobh masroof khäham bod.*

tier *n* ردیف *radeef*, قطار *qatär*

tight *adj* 1. *(taut, fast)* محکم *mahkam*; 2. *(tight fitting)* تنگ *tang*, سفت *seft* **Is it tight (enough)?** 1. *(taut, fast)* آیا محکم است؟ *Äyä mahkam ast?*; 2. *(tight fitting)* آیا تنگ است؟ *Äyä tang ast?* **It's (too) tight.** 1. *(taut, fast)* (بسیار) محکم است. *(Beesyär) mahkam ast.*; 2. *(tight fitting)* (بسیار) تنگ است. *(Beesyär) tang ast.* **It's not tight (enough).** به اندازه کافی محکم نست. *(Ba andäza-e-käfee) mahkam neest.* **Make it tight.** محکم اش کنید. *Mahkam ash koned.* ★ *adv* محکم *mahkam,* قایم *qäyem* **Hold tight!** قایم بیگیرید! *Qäyem beegeered!* ★ **tighten** *vt* محکم کردن *mahkam kardan* **Tighten it ([1] a little.** / *[2]* **some more.).** (۱] کمی / [۲] قدری زیادتر) محکم اش کنید. *([1] Kamee... / [2] Qadree zeeyädtar...) mahkam ash koned.* **Don't tighten it too much.** بسیار زیاد محکم اش نکنید. *Beesyär zeeyäd mahkam ash nakoned.* **It needs to be tightened.** باید محکم شود. *Bäyad mahkam shawad.*

tile *n* کاشی *käshee* **ceramic** ~ کاشی سفالی *käshee-e-sofälee*, کاشی گلی *käshee-e-gelee* **floor** ~ کاشی کف اطاق *käshee-e-kaf-e-otäq*

till *prep* تا *tä,* الی *elä*

timber *n* تیر *teer,* چوب *choob*

time *n* 1. *(amount, period)* وقت *waqt,* مدت *modat,* ساعت *sä-a't;* 2. *(hour)* وقت *waqt;* 3. *(repetition)* مرتبه *martaba,* بار *bär,* دفعه *daf-a'a;* 4. *(episode, occa-sion)* روزگار *roozgär,* زمان *zamän* **a couple ~s** دومرتبه *do martaba,* دوبار *do bär* **a few ~s** چندین مرتبه *chandeen martaba* **all the ~** همیشه *hameesha,* همه وقت *hama waqt* **a long ~** مدت زیاد *modat-e-zeeyäd* **a long ~ ago** مدتی زیاد قبل *modatee zeeyäd qabel* **a lot of ~** وقت زیاد *waqt-e-zeeyäd,* مدت زیاد *modat-e-zeeyäd* **ample ~** وقت کافی *waqt-e-käfee* **another ~** باردیگر *bär-e-deegar* **any ~** هروقت *har waqt* **appointment ~** وقت ملاقات *waqt-e-moläqät,* وقت وعده *waqt-e-wa'da* **arrival ~** وقت رسیدن *waqt-e-raseedan,* وقت ورود *waqt-e-worod,* وقت آمد *waqt-e-ämad* **a short ~** وقت کم *waqt-e-kam,* مدت کم *modat-e-kam* **awful ~** روزگار بسیار بد *roozgär-e-beesyär bad* **bad ~** روزگار خراب *rooz-gär-e-kharäb,* وقت بد *waqt-e-bad* **certain ~** بعضی اوقات *ba'zee aowqät* **convenient ~** وقت مناسب *waqt-e-monäseb* **correct ~** وقت صحیح *waqt-e-saheeh* **definite ~** وقت معین *waqt-e-ma'een* **departure ~** وقت حرکت *waqt-e-harakat* **difficult ~** روزگار دشوار *roozgär-e-dashwär* **down ~** ساعات تعطیل *sä-a'ät-e-ta'teel,* هنگام تعطیل *hangäm-e-ta'teel* **each ~** هر بار *har bär* **enough ~** وقت کافی *waqt-e-käfee* **every ~** هرمرتبه *har martaba* **exact ~** وقت دقیق *waqt-e-daqeeq* **favorable ~** وقت خوب *waqt-e-khoob* **first ~** بار اول *bär-e-awal* **free ~** وقت فارغ *waqt-e-faregh,* وقت بیکاری *waqt-e-beekäree* **good ~** روزگار خوب *roozgär-e-khoob,* وقت خوب *waqt-e-khoob* **great ~** روزگار بسیار خوب *roozgär-e-*

time   459   **time**

1. **hard ~** *rooz-gär-e-khosh* روزگار خوش **happy ~** *beesyär khoob* بسیار خوب; 2. *(trouble, difficulty)* *zamän-e-dashwär*; زمان دشوار *(difficult time)* **how many ~s** *waqt dāshtan* وقت داشتن **have ~** *chan martaba moshkelät* چند مرتبه مشکلات **last ~** 1. *(final)* آخرین *äkhereen bär*; 2. *(previous)* قبلی *daf-a'a-e-qablee* **little ~** مدت کم *modat-e-kam* **local ~** وقت محلی *waqt-e-mahlee* **long ~** مدت زیاد *modat-e-zeeyäd* **lose ~** وقت را از دست دادن *waqt rä az dast dädan* **lots of ~** وقت زیاد *waqt-e-zeeyäd* **lots of ~s** چندین مراتب *chandeen maräteb* **many ~** چندین مرتبه دیگر *chandeen bär* **meeting ~** وقت ملاقات *waqt-e-molāqät* **next ~** مرتبه دیگر *martaba-e-deegar* **not enough ~** وقت محدود *waqt-e-mahdood*, وقت ناکافی *waqt-e-näkäfee* **not have ~** وقت نداشتن *waqt nadäshtan* **no ~** هیچ وقت *hech waqt* **not much ~** وقت کم *waqt-e-kam*, مدت کم *modat-e-kam* **one ~** یک بار *yak bär*, یک مرتبه *yak martaba* **on ~** به وقت *ba waqt* **plenty of ~** وقت فراوان *waqt-e-feräwän* **rest ~** وقت باقی مانده *waqt-e-bäqee mända* **sad ~** روزگار غم انگیز *rooz-gär-e-gham angeez* **save ~** وقت را صرفه کردن *waqt rä sarfa kardan* **second ~** باردوم *bär-e-dowom* **several ~s** چندین مراتب *chandeen maräteb* **short ~** وقت کم *waqt kam*, مدت کم *modat-e-kam* **sick ~** هنگام بیماری *hangäm-e-beemäree* **some other ~** کدام وقت دیگر *kodäm waqt-e-deegar* **spare ~** وقت اضافی *waqt-e-ezäfee* **spend ~** وقت گذراندن *waqt gozarändan* **suitable ~** وقت مناسب *waqt-e-monäseb* **terrible ~** وقت دشوار *waqt-e-dashwär* **the whole ~** تمام وقت *tamäm waqt* **this ~** این مرتبه *een martaba*, این بار *een bär* **after ~** پی در پی *pey dar pey* **difference ~** فرق وقت *farq-e-waqt*, تفاوت وقت *tafäwot-e-waqt* **limit ~** اندازه وقت *andäza-e-waqt* **of day** ساعت *sä-a't*, وقت *waqt* **~ of the month** وقت حیض خانم ها *waqt-e-hayz-e-khänom hä*, دوره مریضی ماهوار خانم ها *dowra-e-mareezee mähwär-e-khänom hä* **~ of the year** فصل *fasel* **two ~s** دو مرتبه *do martaba* **vacation ~** هنگام رخصتی *hangäm-e-rokhstee*, مدت رخصتی *modat-e-rokhsatee* **waste ~ of** ضیاع وقت *zeeyä'-e-waqt* **waste ~** وقت را ضایع کردن *waqt rä zäye' kardan*, وقت را تلف کردن *waqt rä talaf kardan* **what ~** چی وقت *chee waqt* **work(ing) ~** وقت کار *waqt-e-kär* **What time** *(1)* **is it (now)? /** *(2)* **do you have to be there? /** *(3)* **does your flight depart? /** *(4)* **does it** *(5)* **start? /** *(6)* **finish? /** *(7)* **open? /** *(8)* **close?** (۲) / (۱) حالا؟ (۳) پرواز تان حرکت میکند؟ / (٤) این (٥) شروع / (٦) ختم / (۷) باز / (۸) بسته میشود؟ ساعت چند (۱) است (حالا)؟ / (۲) باید آنجا باشید؟ / *Sä-a't-e-chand (1) ast (hälä)? / (2) bäyad änjä bäshed? / (3) parwäz-e-tän harakat mey-konad? / (4) een (5) shoro' / (6) khatem / (7) bäz / (8) basta mey-shawad?* **It's** *(time)*. *(1)* **I /** *(2)* **We have to be there at** *(time).* (۱) من / (۲) ما باید ( ) آنجا (۱) باشم. / (۲) باشیم. *(1) Man / (2) Mä bäyad ( ) änjä (1) bäsham. / (2) bäshem.* **Be** *(1)* **here /** *(2)* **there at** *(time).* در (ساعت) (۱) اینجا / (۲) آنجا باشید. *Dar (sä-a't) (1) eenjä / (2) änjä bäshed.* **Please be on time..** لطفاً به وقت حاضر باشید. *Lotfan ba waqt häzer bäshed. (1,2)* **What time will you** *(3)* **arrive? /** *(4)* **depart?** (۱) چند بجه... / (۲) چی وقت... خواهید (۳) آمد؟ / (٤) حرکت کردید؟ *(1) Chand baja... / (2) Chee waqt... khähed (3) ämad? / (4) harakat karded?* **What time will** *(1)* **he /** *(2)* **she /** *(3)* **it** *(4)* **arrive? /** *(5)* **depart?** (۱) اومرد / (۲) اوزن / (۳) این چی وقت خواهد (٤) رسید؟ / (٥) حرکت کرد؟ *(1) O mard / (2) O zan / (3) Een chee waqt khähad (4) raseed? / (5) harakat kard?* **What time will they** *(1)* **arrive? /** *(2)* **depart?** آنها چی وقت خواهند (۱) رسید؟ / (۲) حرکت کردند؟ *Änhä chee waqt khähand (1) raseed? / (2) harakat kardand?* **Do** *(1)* **we /** *(2)* **you have (enough) time?** آیا وقت (کافی) (۱) داریم؟ / (۲) دارید؟ *Äyä waqt-e-(käfe) (1) därem? / (2) däred?* **I** *(1)* **have /** *(2)* **don't have (enough) time..** من وقت (کافی) (۱) دارم. / (۲) ندارم. *Man waqt (-e-käfee) (1) däram. / (2) nadäram.* **We** *(1)* **have /** *(2)* **don't have (enough) time.** ما

time-consuming — **tire**

وقت (كافى) (۱) داريم / (۲) نداريم. *Mä waqt-e-(käfee) (1) därem. / (2) nadärem.* **You have plenty of time.** شما وقت فراوان داريد. *Shomä waqt-e-feräwän däred.* **How much time will it take?** چقدر وقت خواهد گرفت؟ *Cheqadar waqt khähad gereft?* **It (1) takes / (2) took / (3) will take a long time.** وقت زياد (۱) ميگيرد. / (۲) گرفت. / (۳) خواهد گرفت. *Waqt-e-zeeyäd (1) mey-geerad. / (2) gereft. / (3) khähad gereft.* **How much time do you need?** چقدر وقت ضرورت داريد؟ *Cheqadar waqt zaroorat däred?* **If you need more time, let me know.** اگر وقت بيشتر ميخواسيتد، مرا در جريان بگذاريد. *Agar waqt-e-beeshtar mey-khästed, man rä dar jeeryän begzared.* **How much time do (1) we / (2) you have?** (۱) ما / (۲) شما چقدر وقت (۱) داريم؟ / (۲) داريد؟ *(1) Mä / (2) Shomä cheqadar waqt (1) därem? / (2) däred?* **(1) I / (2) We have (about)** *(number)* **(3) hours. / (4) minutes.** (۱) من / (۲) ما (در حدود) (___) (۳) ساعت / (۴) دقيقه (۱) دارم. / (۲) داريم. *(1) Man / (2) Mä (dar hodod)-e- (___) (3) sä-a't / (4) daqeeqa (1) däram. / (2) därem.* **There isn't much time.** وقت كافى نيست. *Waqt-e-käfee neest.* **We're wasting time.** وقت را تلف ميكنيم. *Waqt rä talaf mey-konem.* **We can't waste time.** وقت را تلف كرده نميتوانيم. *Waqt rä talaf karda namey-tawänem.* **It's a waste of time.** ضياع وقت است. *Zeeyä'-e-waqt ast.* **Take your time.** عجله نكنيد. *A'jala nakoned.* **It's her time of the month.** *(menstrual period.)* وقت عادت ماهوار او است. *Waqt-e-hadat mahwär ost.* **(1) I / (2) We had a very nice time.** (۱) من / (۲) ما وقت خوشى (۱) داشتم. / (۲) داشتيم. *(1) Man / (2) Mä waqt-e-khoshee (1) däshtam. / (2) däshtem.* **Don't give me a hard time.** مرا آزار ندهيد. *Marä äzär nadehed.* **Is this the first time you've done this?** آيا بار اول است كه شما اين را انجام داده ايد؟ *Äyä bär-e-awal ast ke shomä een rä anjäm däda eed?* **This is the first time I've done this.** اولين بار است كه اين را انجام داده ام. *Awaleen bär-e-ast ke een rä anjäm däda am.* **(1) Try... / (2) Let's try... one more time.** يك بار ديگر (۱) كوشش كنيد. / (۲) بياييد كوشش كنيم. *(1) Yak bär-e-deegar (1) koshesh koned. / (2) beeyäyed koshesh konem.* **How many times?** چند مراتب؟ *Chand maräteb?*

time-consuming *adj* در بر گيرنده وقت *dar bar geerende-e-waqt*
tin *adj* حلبى *halabee* ★ *n* حلب *halab*
tincture *n* تعفين (مواد براى رنگ كردن فلزات) *ta'feen (mawäd baräy-e-rang kardan-e-felezät)*
tiny *adj* كوچك *kochak* **Just a tiny bit.** صرف يك توته كوچك. *Serf yak tota-e-kochak.*
tip *n* 1. *(point, end)* نوك *nook,* سر *sar;* 2. *(gratuity)* انعام *en-a'äm,* پول بخشش *pool-e-bakhsheesh* **It's on the tip of my tongue.** در نوك زبان ام است. *Dar nook-e-zabän am ast.*
tire *n* تاير *täyr* **change the ~** تاير را تبديل كردن *täyr rä tabdeel kardan* **fix the ~** تاير را محكم كردن *täyr rä mahkam kardan* **flat ~** تاير پنچر *täyr-e-panchar* **new ~** تاير جديد *täyr-e-jadeed* **rotate the ~s** تاير ها را انتقال يا حركت دادن *täyr hä rä enteqäl yä harakat dädan* **snow ~** تاير برفى *täyr-e-barfee* **spare ~** تاير اضافى *täyr-e-ezäfee,* تاير اشتپنى *täyr-e-esh-tapnee* **tractor ~** تاير تراكتور *täyr-e-taraktoor* **truck ~** تاير موتر لارى يا موتر باركش *täyr-e-motar-e-läree, täyr-e-motar-e-bärkash* **Check the (1) tire / (2) tires.** (۱) تاير / (۲) تاير... را ببينيد. *(1) Täyr... / (2) Täyr hä... rä bebeened.* **The tire is getting bad.** تاير خراب شده است. *Täyr kharäb shoda ast.* **The tires are getting bad.** تاير ها خراب شده اند. *Täyr hä kharäb shoda and.* **The tire needs to be changed.** تاير بايد تبديل شود. *Täyr bäyad tabdeel shawad.* **(1) I / (2) We have a flat tire.** تاير (۱) من / (۲) ما پنچر شده است. *Tayr-e- (1) man / (2) mä panchar shoda ast.* **Where can I get a tire repaired?** در كجا تاير را ميتوانم

tired — **together**

ترمیم کنم؟ *Dar kojä mey-tawänam täyr rä tarmeem konam.* **Can you repair this tire for me?** آیا میتوانید این تایر را برایم ترمیم کنید؟ *Äyä mey-tawäned een täyr rä baräyam tarmeem koned?*

tired *adj* خسته *khasta* **get ~** خسته شدن *khasta shodan* **Are you tired?** آیا شما خسته هستید؟ *Äyä shomä khasta hasted?* **I'm (1) (very) tired. / (2) not tired.** من (١) (بسیار) خسته هستم. / (٢) خسته نیستم. *Man (1) (beesyär) khasta hastam. / (2) khasta neestam.* **I'm getting tired.** خسته شده ام. *Khasta shoda am.* **You must be tired.** باید خسته شده باشید. *Bäyad khasta shoda bäshed.* **(1) He / (2) She is tired.** (١) اومرد / (٢) اوزن خسته است. *(1) O mard / (2) O zan khasta ast.* **If you get tired, (1) stop and rest. / (2) tell me.** اگر خسته شدید، (١) توقف، و استراحت کنید. / (٢) برایم بگوید. *Agar khasta shoded, (1) tawaqof, wa esterähat koned. / (2) baräyam bogoyed.* **May you never be tired.** برای همیشه از خستگی در امان باشید. *Baräye 'hameeshe az khastegee dar amän bäshed.* ★ **tiring** *adj* خسته کن *khasta kon* **The work is (very) tiring.** کار (بسیار) خسته کن است. *Kär (beesyär) khasta kon ast.*

tissue *n* 1. *(body)* نسج *nasj;* 2. *(soft paper)* کاغذ *kághaz* **box of ~s** صندوق کاغذ ها *sandooq-e-kághaz hä* **nerve ~** نسج عصبی *nasj-e-a'sabee* **scar ~** نسج داغ دار *nasj-e-dägh där* **toilet ~** *(toilet paper)* کاغذ تشناب *kághaz-e-tashnäb*

title *n* 1. *(book)* عنوان *e'nwän;* 2. *(job, position)* نام *näm,* اسم *esem* **job ~** عنوان کار *e'nwan kar* **The title of the book is...** عنوان کتاب... است. *E'nwän-e-ketäb ...ast.*

to *prep* 1. *(direction or place)* به *ba,* سوی *soy,* به سوی *ba soy-e-,* به طرف *ba taraf-e-;* 2. *(person or animal that receives s.th.)* برای *baräy-e-;* 3. *(in com-parisons)* با *bä;* **Give it to me.** برای سوی من بدهید. *Baräy-e-man bedehed.* **We're going to Kabul.** کابل میرویم. *Soy-e-käbol mey-rawem.* **Tie the rope to the stake.** ریسمان را در چوب بسته کنید. *Reesmän rä dar choob basta koned.* **It looks okay to me.** برای من درست به نظر میاید. *Baräy-e-man drost ba nazar meyäyad.* **That's the door to the storage room.** آن دروازه به طرف تحویل خانه است. *Än darwäza ba taraf-e-tahweel khäna ast.* **It's simple. There's nothing to it.** ساده است. چیزی ندارد. *Säda ast. Cheezee nadärad.* **You've been very kind to me.** شما دربرابر من بسیار مهربان بوده اید. *Shomä dar baräbar-e-man beesyär mehrabän boda aeed.*

toast *n (bread)* نان بریان *nän-e-beryän* **piece of ~** توته نان بریان *tota nän-e-beryän* ★ **toaster** *n* (وسیله بریان کردن نان) تستر *tostar (waseela beryän kardan-e-nän)*

tobacco *n* تنباکو *tanbäko* **grow ~** تنباکو کاشتن *tanbäko käshtan*

today *adv & n* امروز *emrooz* **as of ~** مانند امروز *mänand-e-emrooz*

toe *n* پا *pä,* پنجه پا *panja-e-pä* **big ~** انگشت کلان پا *angosht-e-kalän-e-pä,* شست پا *shast-e-pä* **broken ~** پنجه پای شکسته *panja-e-päy-e-shekesta* **fourth ~** پنجه چهارمی پا *panja-e-chähäroomee-e-pä* **little ~** پنجه کوچک پا *panja-e-kochak-e-pä* **middle ~** پنجه وسطی پا *panja-e-wasatee-e-pä* **second ~** پنجه دومی پا *panja-e-dowomee-e-pä* **The toe is (1) broken / (2) sprained.** پنجه پا (١) شکسته / (٢) پیچ خورده است. *Panja-e-pä (1) shekesta / (2) peech khorda ast.*

toenail *n* ناخن پنجه پا *näkhon-e-panja-e-pä*

together *adv* باهم *bäham,* یکجا *yakjä* **Stay together.** یکجا باشید. *Yakjä bäshed.* **(1) Keep / (2) Put them together.** (١) نگهدارید / (٢) بگذارید شان. *Yakjä (1) negahdäred / (2) begzäred -e-shän.* **Tie them together.** یکجا بسته کنید. *Änha ra yakja basta koned.* **Let's go together.** بیایید یکجا برویم. *Beeyäyed yakjä berawem.* **Are you together?** آیا شما یکجا هستید؟ *Äyä*

toilet / 462 / **tonight**

shomä yakjä hasted? **We're** *(1)* **together.** / *(2)* **not together.** ما یکجا (۱) هستیم. / (۲) نیستیم. *Mä yakjä (1) hastem. / (2) neestem.*

toilet *n* تشناب *tashnäb* **men's** تشناب مردانه *tashnäb-e-mardäna* **outdoor ~** تشناب بیرون از منزل *tashnäb-e-beeroon az manzel* **~ paper** کاغذ تشناب *käghaz-e-tashnäb* **women's ~** تشناب زنانه *tashnäb-e-zanäna* **I have to go to the toilet.** باید تشناب بروم. *Bäyad tashnäb berawam.* **May I use your toilet?** اجازه است از تشناب شما استفاده کنم؟ *Ejäza ast az tashnäb-e-shomä estefada konam?* **Where is the toilet?** تشناب کجاست؟ *Tashnäb kojäst?* **The toilet is** *(1)* **here.** / *(2)* **in there.** / *(3)* **over there.** تشناب (۱) اینجا / (۲) درآنجا / (۳) آنجا است. *Tashnäb (1) eenjä. / (2) dar änjä. / (3) änjä ast.* *(1)* **Go…** / *(2)* **Don't go… to the toilet** *(3)* **here.** / *(4)* **there.** (۱) اینجا / (۲) نرو (۳) آنجا تشناب (۴) برو. / *(1) Eenjä / (4) Änjä tashnäb (1) berawed. / (2) narawed.* **Build** *(1)* **a toilet** / *(2)* **toilets** *(3)* **here.** / *(4)* **there.** (۱) یک تشناب / (۲) تشناب ها را (۳) اینجا / (۴) آنجا بسازید. *(1) Yak tashnäb / (2) tashnäb hä rä (3) eenjä / (4) änjä besäzed.* **Always wash your hands after you use the toilet.** همیشه بعد از تشناب رفتن دست هایتان را بشویید. *Hameesha ba'd az tashnäb raftan dast häy-e-tän rä beshoyed.*

tolerate *vt* 1. (*endure*) تحمل کردن *tahmol kardan,* برداشت کردن *bardäsht kardan;* 2. (*permit*) روا دانستن *rawä dänestan,* جایز شمردن *jäyez shomordan* **We do not tolerate** *(1)* **pilfering.** / *(3)* **sexual harassment.** ما (۱) تبعیض / (۲) دزدی / (۳) اذیت جنسی را تحمل نمیکنیم. *Mä (1) ta'beez / (2) dozdee / (3) azyat-e-jensee rä tahamol na meykonem.*

toll *n* (*tally, count*) مالیه *mälya,* حق العبور *haq-ol-hoboor* **death ~** مرگ علامه *haläma-e-marg*

tomato *n* بادنجان رومی *bädenjän-e-roomee* **~ juice** جوس بادنجان رومی *joos-e-bädenjän-e-roomee* **~ paste** رب بادنجان رومی *rob-e-bädenjän-e-roomee* **~ sauce** لعاب بادنجان رومی *lo-äb-e-bädenjän-e-roomee* **Slice (these) tomatoes.** (این) بادنجان رومی ها را ریزه کنید. *(Een) bädenjän-e-roomee hä rä reeza koned.*

tomorrow *adv & n* فردا *fardä* **starting ~** از فردا شروع *az fardä shoro* **the day after ~** پس فردا *pas fardä* **~ afternoon** فردا بعد از ظهر *fardä ba'd az zohr* **~ evening** فردا عصر *fardä a'ser* **~ morning** فردا صبح *fardä sobh* **~ night** فردا شب *fardä shab*

ton *n* تُن (واحد وزن که در انگلستان برابر با 2240 پاوند، در امریکا برابر با 2000 پاوند و در افغانستان برابر با 1000 کیلوگرام میشود.) *ton (wähede-wazen ke dar englestän baräbar bä 2240 päownd, dar amreekä baräbar bä 2000 päownd wa dar afghänestän baräbar bä 1000 keelo geräm meyshawad.)* **How many tons** *(1)* **are there?** / *(2)* **does it weigh?** / *(3)* **will it hold?** چند تُن (۱) است؟ / (۲) میشود؟ / (۳) خواهد برداشت؟ *Chand ton (1) ast? / (2) mey-shawad? / (3) khähad bardäsht?* **How much per ton?** فی تُن چند؟ *Fee ton chand?*

tone *n* (*shade of color*) رنگ *rang* *(1)* **Her** / *(2)* **His skin has a yellow tone.** رنگ پوست (۱) اوزن / (۲) او مرد زرد است. *Rang-e-post-e- (1) o zan / (2) o mard zard ast.*

tongs *n, pl* انبر *anbor*

tongue *n* زبان *zabän* **Stick out your tongue.** زبان تان را بیرون بکشید. *Zabän-e-tän rä beeroon bekashed.* **Hold your tongue** *(1)* **back.** / *(2)* **down.** زبان تان را (۱) عقب / (۲) پایین بگیرید. *Zabän-e-tän rä (1) a'qab / (2) päyen beegeered.*

tonic *n* مقوی *moqawee,* نیروبخش *neerobakhsh*

tonight *adv & n* امشب *emshab*

tonsil n (لوزه) تانسل *tänsal (lowza)* (1) He / (2) She needs to have (3) his / (4) her tonsils removed. (۱) اومرد / (۲) اوزن باید تانسل هایش (۳،٤) را بکشد. *(1) O zan / (2) O mard bäyad tänsal hä (3,4) ash rä bekashad.* **You need to have your tonsils removed.** شما باید تانسل هایتان را بشکید. *Shomä bäyad tänsal häy-e-tän rä bekashed.* ★ **tonsilectomy** n عملیات تانسل ها *a'mal-yät-e-tänsal hä*, کشیدن تانسل ها *kasheedan-e-tänsal hä* ★ **tonsilitis** n التهاب تانسل ها *eltehäb-e-tänsal hä*, ورم لوزتین *waram-e-lowzatayn*

too adv 1. *(also)* همچنان *hamchenän*; 2. *(excessive)* زیاد *zeeyäd*, بسیار *beesyär* ~ **bad** بسیار بد *beesyär bad* ~ **many** بسیار زیاد *beesyär zeeyäd* ~ **much** بیش از حد *beesh az had*

tool n اسباب *asbäb*, آلت *älat*, افزار *afzär* **carpenter's** ~s افزار نجاری *afzar-e-najäree* **farming** ~s افزار زراعتی *afzär-e-zerä-a'tee*, افزار دهقانی *afzär-e-deh-qänee* **garden** ~s افزار باغبانی *afzar-e-bäghbänee* **machine** ~ ماشین *Mäsheen-e-barqee ke felezät rä qata', wa tagheer-e-shakel mey-dehad.* برقی که فلزات را قطع، و تغیر شکل میدهد. **mechanic's** ~s افزارمیخانیکی *afzär mekhanekee* ~ **box** صندوق افزار *sandoq-e-af-zär* ~ **kit** بسته افزار *baste-e-afzär*

tooth n دندان *dandän* **loose** ~ دندان لق *dandän-e-laq* **rotted** ~ دندان خراب *dandän-e-kharäb* ~ **decay** افتادن دندان *oftadan-e-dandan* **Brush your teeth (twice a day) with this.** دندان های تان را (روز دو مرتبه) با این برس کنید. *Dandän häy-e-tän rä (rooz-e-do martaba) bä een bors koned.* **The tooth has to be pulled.** دندان باید کشیده شود. *Dandän bäyad kasheeda shawad.* **The (1) two / (2) three / (3) four teeth have to be pulled.** (۱) دو / (۲) سه / (۳) چهار دندان باید کشیده شوند. *(1) Do / (2) seh / (3) chär dandän bäyad kasheeda shawand.* **I'm going to pull the (1) tooth. / (2) two / (3) three / (4) four teeth.** (۱) دندان / (۲) دو / (۳) سه / (٤) چهار دندان را (۱)میکشم. *(1) Dandän... / (2) Do / (3) Se / (4) Chär dandän... rä maykasham.* ★ **toothache** n دندان درد *dandän dard* ★ **toothbrush** n برس دندان *bors-e-dandän* ★ **toothpaste** n کریم دندان *kereem-e-dandän*

top n 1. *(highest point / part)* سر *sar*, بالا *bälä*; 2. *(cover, lid)* سرپوش *sarpoosh* ~ **of the hill** سر تپه *sar-e-tapa* **Where's the top (to this)?** سرپوش (این) کجاست؟ *Sarpoosh (-e-een) kojäst?*

topic n عنوان *e'nwän*, مضمون *mazmoon*, موضوع *mawzo*

topple vi ریختن *reekhtan*, افتادن *oftädan* **Support it with bricks to keep it from toppling.** با گذاشتن خشتها از ریختن آن جلوگیری کنید. *Bä.gozäshtan khest hä az reekhtan-e-än jelowgeeree koned.*

topsoil n سطح خاك *sat-he-e-khäk*, سطح زمین *sat-he-e-zameen*

torch n 1. *(flaming light)* شعله *sho'la*, مشعل *masha'l*; 2. *(welding device)* شعله ولدنگ *sho'la-e-woldeng* **acetylene** ~ شعله گاز استلین *sho'la-e-gäz-e-asetleen* **welding** ~ شعله ولدنگ *sho'la-e-woldeng*

torn adj پاره شده *pära shoda* ~ **ligament** اربات پاره شده *arbata-e-pära shoda*

torture vt شکنجه دادن *shekanja dädän*, زجر دادن *zajer dädän* **Did they torture (1) her? / (1) him? / (1) you?** آیا آنها (۱) اوزن / (۲) اومرد / (۳) شما را شکنجه دادند؟ *Äyä änhä (1) o zan / (2) o mard / (3) shomä rä shekanja dädand?* ★ n شکنجه *shekanja*, زجر *zajer*,

total adj کلی *kolee*, مجموعی *majmo'ee*, مطلق *motlaq* ~ **amount** مبلغ مجموع *majmo'-e-mablagh*, جمع کل *jam-e-kol* ~ **cost** قیمت مطلق *qeemat-e-motlaq* ~ **loss** خسارات کلی *khesärat-e-kolee* ~ **number of people** تعداد مردم مجموع *majmo'-e-te'däd-e-mardom* ★ n جمله *jomla*, مجموع *majmo'* **What's the total?** در مجموع چند است؟ *dar majmo' chand ast?* **The total is** *(number)*. در مجموع ( ) است. *dar majmo' (__) ast.* ★ **totally** adv مجموعاً *majmo-a'n*

touch vt دست زدن dast zadan, لمس کردن lams kardan **Don't touch it!** دست به این نزنید! Ba een dast nazaned!

tough adj 1. (difficult) مشکل moshkel, دشوار dashwär; 2. (hard to chew) سخت sakht; 3. (rugged) ناملایم nämoläyem ~ **job** وظیفه دشوار wazeefa-e-dashwär ~ **time** وقت دشوار waqt-e-dashwär

tour n سفر safar, سیاحت sayähat, سیر seyr **guided** ~ سفر رهنمود شده safar-e-rahnamod shoda, سیاحت رهنمود شده sayähat-e-rahnamod shoda **Could you take me on a tour of the area?** آیا من را برای سیر منطقه برده میتوانید؟ Äyä man rä baraye saeer-e-manteqa borda mey-tawäned?

tourist adj سیاح sayäh, جهانگرد jahängard ~ **hotel** هوتل سیاحان hotal-e-sayahan ★ n جهانگرد jahängard, سیاح sayah **group of** ~**s** گروپ از جهان goroop-e-az jahän **garden**~ گروپی از سیاحان goroop-e-az sayahan گردان

tournament n تورنمنت tornament, مسابقه mosäbeqa **have a** ~ مسابقه داشتن mosä-beqa dashtan **organize a** ~ مسابقه ترتیب دادن mosäbeqa tarteeb dädan **take part in a** ~ درمسابقه شرکت کردن dar mosäbeqa sherkat kardan **Organize a tournament.** یک مسابقه ترتیب دهید. Yak mosäbeqa tarteeb dehed.

tourniquet n شریان بند sheryän band **Put a tourniquet on** (1) **her** / (2) **his** (3) **arm.** / (4) **leg.** یک شریان بند در (3) بازو / (4) پا (2,1) اش بگذارید. Yak sheryän band dar (3) bäzoo / (4) pä (1,2) ash begzäred.

tow vt کشیدن kasheedan **Can you tow** (1) **my** / (2) **our** (3) **car?** / (4) **truck?** / (5) **vehicle?** آیا (3) موتر / (4) موتر لاری / (5) وسیله نقلیه (1) من / (2) ما را کشیده میتوانید؟ Äyä (3) motar / (4) motar-e-läree/ (5) waseela-e-naqelya-e-(1) man / (2) mä rä kasheeda mey-tawäned? (1) **I** / (2) **We need someone to tow** (3) **my** / (4) **our** (5) **car.** / (6) **truck.** / (7) **vehicle.** (1) من / (2) ما با کسی ضرورت داریم که (5) موتر / (6) موتر لاری / (7) وسیله نقلیه (3) من / (4) ما را بکشد. (1) Man / (2) Mä ba kasee zaroorat (1) däram / (2) därem ke (5) motar / (6) motar-e-läree / (7) waseela-e-naqelya-e-(1) man / (2) mä rä bekashad.

toward(s) prep به طرف ba taraf-e-

towel n دستمال dastmäl, روپاک ropäk **bath** ~ دستمال حمام dastmäl-e-hamäm **clean** ~ روپاک پاک ropäk-e-päk **hand** ~ دستپاک dastpäk **paper** ~ دستمال کاغذی dastmäl-e-käghazee **Could you get me a towel, please?** آیا برایم یک روپاک داده میتوانید؟ Äyä baräyam yak ropäk däda mey-tawäned? **Give each person** (1) **one towel.** / (2) **two towels.** برای هر نفر (1) یک دستمال / (2) دو دستمال بدهید. Baräy-e-har nafar (1) yak / (2) do dastmäl bedehed. ★ **towelette** n عرق گیر a'raq geer, دستمال dastmäl **antimicrobial** ~ دستمال ضد میکروب dastmäl-e-zed-e-mekroob

tower n برج borj **transmission** ~ (elec.) برج پخش borj-e-pakhsh **water** ~ مخزن آب makhzan-e-äb

towline n تناب tanäb کیبل (که توسط آن یک موتر را با موتر دیگر بسته میکنند) keebal (ke ba tawasot-e-än yak motar rä ba motar-e-deegar bata mey-konand) **Attach the towline to the rear axle.** کیبل را به اکسل عقب موتر وصل کنید. Keebal rä ba aksal-e-aqab-e-motar wasel koned.

town n شهر shahr **abandoned** ~ شهر ترک شده shahr-e-tark-shoda **deserted** ~ شهر ویران shahr-e-wayrän **ghost** ~ شهر ارواح shahr-e-arwäh, شهر جنیات shahr-e-jenyät **home** ~ وطن watan **small** ~ شهر کوچک shahr-e-kochak **this** ~ این شهر een shahr **Which way to the nearest town?** کدام راه به نزدیک ترین شهر؟ Kodäm räh ba nazdeek tareen shahr? **How far is it to the (next) town?** به شهر (دیگر) چقدر فاصله است؟ Ba shahr-e-deegar cheqadar fäsela ast? **What's the name of this town?** نام این شهر چیست؟ Näm-e-een shahr cheest? **Where's the town administrative office?**

دفتر اداری شهر کجاست؟ *Daftar-e-edäree-e-shahr kojäst?*

toxic *adj* زهری *zahree* ~ **agent** عامل زهری *a'ämel-e-zahree* ~ **substance** مواد زهری *mawäd-e-zahree* ★ **toxin** *n* ترکیب زهری *tarkeeb-e-zahree*

toy *n* بازیچه *bäzeecha* **Pass out these toys to the children.** این بازیچه ها را برای اطفال تقسیم کنید. *Een bäzeecha hä rä baräy-e-atfäl taqseem koned.*

trace *vt* (sketch) رسم کردن *rasem kardan,* ترسیم کردن *tarseem kardan* ★ *n* (slight sign) نشان *neshän;* جای پای *jäy-e-päy*

trachea *n* شزن *shezan*

trachoma *n* تراخم *taräkhom* (يك بيماری التهابی دانه دار در چشم.) (*yak beemäree eltehäbee däna där dar chashem.*)

track *n* 1. (rr) خط آهن *khat-e-ähan,* خط ریل *khat-e-reyl;* 2. (trail) رد پا *rad-e-pä,* راه رو *rahrow* **goat** ~ راه بز رو *räh-e-bozrow* **keep** ~ **of** (keep a record of) یادداشت را نگهداشتن *yädästh rä nega-däshtan* **railroad** ~**s** خطوط آهن *khotot-e-ähan* **train** ~**s** خطوط ریل *khotot-e-reyl*

tract *n* (anat.) قطعه *qeta',* مجرا *majrä* **digestive** ~ مجرای هضمی *majräy-e-hazmee* **respiratory** ~ مجرای تنفسی *majräy-e-tanafosee* **urinary** ~ مجرای بولی *majräy-e-bowlee*

tractor *n* تراکتور *taräktoor* **Can you drive a tractor?** آیا شما تراکتور رانده میتوانید؟ *Ayä shomä taräktoor rända mey-tawäned?* **(1) I / (2) He will teach you how to drive a tractor.** (۱) من / (۲) اومرد برایتان راندن تراکتور را یاد خواهد (۱) دادم. / (۲) داد. *(1) Man / (2) O mard rändan-e-taräktoor rä baräy-e-shomä yäd khähad (1) dädam. / (2) däd.* ★ **tractor-trailer** *n* تراکتور که تریلر باخود داشته باشد. *Taräktoor-e-ke treelar bä khod dashta bäshad.*

trade *vt* مبادله کردن *mobädela kardan,* تعویض کردن *ta'weez kardan* **Could we trade something for (1) it? / (2) them?** آیا چیزی را به (۱) این / (۲) انها مبادله میکنید؟ *Ayä cheezee rä ba (1) een / (2) änhä mobädela mey-koned?* **I'll trade you (item) for (item).** (___) را با (___) برایتان تعویض خواهم کرد. *(___) rä bä (___) baräy-e-tän ta'weez khähad kard.* ★ *n* (craft) تجارت *tejarat,* معامله *mahmela* **(1) You can learn… / (2) We'll teach you… a new trade.** یک تجارت خوبی را (۱) ...میتوانید یاد بیگیرید. / (۲) ...برایتان یاد خواهد دادیم. *Yak tejarat-e-khobee rä (1) mey-tawäned yäd beegeered. / (2) baräy-e-tän yäd khähad dädem.*

tradition *n* رسم و رواج *rasem wa rawäj* **old** ~ رسم و رواج قدیمی *rasem wa rawäj-e-qadeemee* **Is it a tradition?** یك رسم و رواج است. *Yak rasem wa rawäj ast.* ★ **traditional** *adj* سنتی *sonatee,* رسومی *rosoomee*

traffic *n* 1. (movement of vehicles) عبور ومرور وسایط *o'boor wa moroor-e-wasäyet,* رفت و آمد *raft wa ämad;* 2. (trade) خرید و فروش *khareed wa forosh,* دادوگرفت *däd-o-gereft* **drug** ~ خرید و فروش مواد مخدره *khareed wa forosh-e-mawäd-e-mokhadera* **heavy** ~ رفت و آمد زیاد *raft wa ämad-e-zeeyäd,* بیروبار موترها *beer-o-bar-e-motar hä* **light** ~ رفت و آمد کم *raft wa ämad-e-kam* **opium** ~ خرید و فروش تریاک *khareed wa forosh-e-taryäk* ~ **jam** بندش ترافیکی *bandesh-e-taräfeekee* ~ **light** چراغ ترافیك *cherägh-e-taräfeek* ~ **sign** نشان ترافیکی *neshän-e-taräfeekee* ~ **signal** اشاره ترافیکی *oshära-e-taräfeekee* **(1) I / (2) We got stuck in traffic.** (۱) من / (۲) ما دربیروبار موترها گیر (۱) ماندم. / (۲) ماندیم. *(1) Man / (2) Mä dar beer-o-bär motar hä geer (1) mändam. / (2) mändem.* **How is the traffic on that road?** رفت و آمد در سرک چطور است؟ *Raft wa ämad-e-wasäyet dar sarak chetowr ast?*

tragedy *n* مصیبت *moseebat,* فاجعه *fäje-a'* **great** ~ مصیبت بزرگ *moseebat-e-bozorg*

tragic *adj* تراژیدی *taräzheedee,* غم انگیز *gham angeez*

trail *n* خط khat, راه räh, مسیر maseer; رد پا rad-e-pä **caravan ~** راه کاروان räh-e-kärwän **mountain ~** راه کوه räh-e-ko **old ~** راه سابقه räh-e-säbeqa **Is the trail steep?** آیا راه سرنشیب است؟ Äyä räh sar nesheeb ast? **The trail is (1) steep. / (2) not steep.** راه سرنشیب (۱) است. / (۲) نیست. Räh sar nesheeb (1) ast. / (2) neest. **Where does this trail go?** این راه کجا میرود؟ Een räh kojä mey-rawad?

trailer *n* تریلر treelar, خانه سیار khäna-e-sayär **~ hitch** کمند تریلر kamand-e-treelar **water ~** تریلر آب treelar-e-äb

train *vt* تربیت کردن tarbeeyat kardan, تمرین دادن tamreen dädan, یاد دادن yäd dädan **~ nurses** پرستاران را تربیت کردن parastärän rä tarbeeyat kardan **~ teachers** معلمین را تربیت کردن mo-a'lemeen rä tarbeeyat kardan **We'll train (1) them / (2) you (3) how to do it. / (4) for a new job.** ما (۱) آنها / (۲) شما را (۳) یاد خواهیم داد که چی قسم استفاده اش کنید. / (۴) برای کار جدید تربیت میکنیم. Mä (1) änhä / (2) shomä rä (3) yäd khähem däd ke chee qesem estefäda ash koned. / (4) baräy-e-kär-e-jadeed tarbeeyat mey-konem.

train *n* ریل reel **~ schedule** جدول ساعات ریل jadwal-e-sä-a'ät-e-reel **~ station** ایستگاه ریل eestädgäh-e-reel, استیشن ریل esteshan-e-reel **What time does the train (1) arrive? / (2) depart?** ریل چی وقت (۱) میرسد؟ / (۲) حرکت میکند؟ Reel chee waqt (1) mey-rasad? / (2) harakat mey-konad? **The train will (1) arrive / (2) depart at (time).** ریل (___) (۱) میرسد. / (۲) حرکت خواهد کرد. Reel (___) (1) mey-rasad. / (2) harakt khähad kard. *(Yes, we know, Afghanistan presently has no railroads, but wait, it will.)*

training *n* تربیت tarbeyat, تعلیم tahleem, پرورش parwaresh **hygiene ~** حفظ الصحه tarbeyat-e-hefz-olseha **job ~** تعلیم کار ta'leem-e-kär **mid-wifery ~** تربیت قابلگی tarbeyat-e-qäbelakee **military ~** تربیت نظامی tarbeyat-e-nezä-mee **on-the-job ~** در تعلیم کار dar ta'leem-e-kär **~ center** مرکز تعلیمی markaz-e-ta'lee-mee **~ instructor** استاد ostäd **~ program** پروگرام تعلیمی progräm-e-ta'leemee, برنامه تعلیمی baränma-e-ta'leemee **vocational ~** تعلیم فنی ta'leem-e-fanee, درس فنی dars-e-fanee **Have you had any training?** آیا شما چیزی تعلیم دارید؟ Äyä shomä cheezay tahleem dared? **Has (1) he / (2) she had any training?** آیا (۱) اومرد / (۲) اوزن چیزی تعلیم دارد؟ Äyä (1) o mard / (2) o zan cheezee tahleem darad? **(1) He / (2) She has had training.** (۱) اومرد / (۲) اوزن تعلیم گرفته است. (1) O mard / (2) O zan tahleem gerefta ast. **(1) He / (2) She has not had any training.** (۱) اومرد / (۲) اوزن چیزی تعلیم ندارد. (1) O mard / (2) O zan cheezee tahleem na därad. **You'll have to have training (for the job).** شما باید (برای کار) تربیت شوید. Shomä bäyad (baräy-e-kär) tarbeeyat shawed. **We'll give (1) her / (2) him / (3) them / (4) you training.** ما (۱) اوزن / (۲) اومرد / (۳) آنها / (۴) شما را تعلیم خواهیم داد. Mä (1) o zan / (2) o mard / (3) shomä rä ta'leem khähem däd. **The training will be for (number) (1) days. / (2) weeks. / (3) months.** این تعلیم برای (___) (۱) روز / (۲) هفته / (۳) ماه خواهد بود. Een ta'leem baräy-e- (___) (1) rooz / (2) hafata / (3) mäh khähad bod.

trait *n* نشان اختصاصی neshän-e-ekhtesäsee
traitor *n* خائن khä-e'n, خیانت کار kheyänat kär
tranquilize *vt* آرام کردن äräm kardan, تسکین کردن taskeen kardan ★ **tranquilizer** *n* آرام کننده äräm konenda, تسکین دهنده taskeen dehenda **This medicine is a tranquilizer.** این دوا تسکین دهنده است. Een dawäd taskeen dehenda ast.
transcribe *vt* رونویس کردن ronawees kardan **Please transcribe this.** لطفاً این را رونویس کنید. Lotfan een rä ronawees koned.
transfer *vt* 1. *(move to another place)* انتقال دادن enteqäl dädan; 2. *(move to*

transfer 467 **translation**

a different job) تبدیل کردن *tabdeel kardan;* 3. *(money: transmit)* حواله کردن *hawäla kardan* **We're going to transfer *(1)* you / *(2)* them to a different *(4)* building. / *(5)* camp. / *(6)* place. / *(7)* site.** ما (١) همه / (٢) شما / (٣) آنها را به یك جای (٤) تعمیر / (٥) کمپ / (٦) محل / (٧) جای دیگر انتقال میدهیم. *Mä (1) hama / (2) shomä rä ba yak jäy-e- (4) ta'meer / (5) kamp / (6) mahal / (7) jäy-e-deegar enteqäl mey-dehem.* **We're transferring you over to *(job site).*** شما را به آنجا تبدیل میکنیم. *Shomä rä ba änjä tabdeel mey-konem.* **They can transfer the money to *(name)* and you can collect it from *(1)* him. / *(2)* her. / *(3)* them.** آنها پول را برای (___) حواله میکنند و شما میتوانید پول را از نزد (١) اومرد / (٢) اوزن / (٣) آنها بدست آرید. *Änhä pool rä baräy-e-(___) hawäla mey-konand wa shomä mey-tawäned pool rä az nazd-e-(1) o mard / (2) o zan / (3) änhä badast äred.*
★ **transfer** *n* 1. *(movement to another place)* انتقال *enteqäl;* 2. *(change of jobs)* تبدیل *tabdeel;* 3. *(money: transmittal)* حواله *hawäla* **money ~** حواله پول *hawäla-e-pool* **request a ~** برای تبدیلی درخواست کردن *baräy-e-tabdeelee darkhäst kardan* **The transfer will take place *(1)* tomorrow. / *(2)* on *(day / date).*** انتقال (١) فردا / (٢) در (روز / تاریخ) صورت خواهد گرفت. *Enteqäl (1) fardä / (2) dar (rooz / täreekh) soorat khähad gereft.*
transformer *n (elec.)* ترانسفارمر (برق) *taränsfärmar (-e-barq)*
transfusion *n* انتقال *enteqäl,* تزریق *tazreeq* **blood ~** انتقال خون *enteqäl-e-khoon,* تزریق خون *tazreeq-e-khoon (1)* **He / *(2)* She needs a blood transfusion.** (١) اومرد / (٢) اوزن به انتقال خون ضرورت دارد. *(1) O mard / (2) O zan ba enteqäl-e-khoon zaroorat därad.* **Give *(1)* her / *(2)* him a blood transfusion (right away).** (فوراً) (١) اومرد / (٢) اوزن را خون بدهید. *(Fowran) (1) o zan / (2) o mard rä khoon bedehed.*
transistor *n* ترانسستور *taränsestoor*
translate *vt* ترجمه کردن *tarjoma kardan (See also* **interpret***)* **Can *(1)* he / *(2)* she translate *(3)* Arabic / *(4)* Dari / *(5)* Pashto / *(6)* Persian / *(7)* Russian / *(8)* Urdu into English?** آیا (١) اومرد / (٢) اوزن (٣) عربی / (٤) دری / (٥) پشتو / (٦) فارسی / (٧) روسی / (٨) اردو را به انگلیسی ترجمه کرده میتواند؟ *Äyä (1) o mard / (2) o zan (3) a'rabee / (4) daree / (5) pashtoo / (6) färsee / (7) roosee / (8) ordo rä ba engleesee tarjoma karda mey-tawänad?* **Can *(1)* he / *(2)* she translate English into *(3)* Arabic? / *(4)* Dari? / *(5)* Pashto? / *(6)* Persian? / *(7)* Russian? / *(8)* Urdu?** آیا (١) اومرد / (٢) اوزن انگلیسی را به (٣) عربی / (٤) دری / (٥) پشتو / (٦) فارسی / (٧) روسی / (٨) اردو ترجمه کرده میتواند؟ *Äyä (1) o mard / (2) o zan engleesee rä ba (3) a'rabee / (4) daree / (5) pashtoo / (6) färsee / (7) roosee / (8) ordo tarjoma karda mey-tawänad?* **I *(1)* can / *(2)* cannot translate Dari into English.** من دری را به انگلیسی ترجمه کرده (١) میتوانم. / (٢) نمیتوانم. *Man daree rä ba eengleesee tarjoma karda (1) mey-tawänam. / (2) namey-tawänam.* **Please translate this into *(1)* Arabic. / *(2)* Dari. / *(3)* English. / *(4)* Pashto. / *(5)* Persian. / *(6)* Russian. / *(7)* Urdu.** لطفاً این را به (١) عربی / (٢) دری / (٣) پشتو / (٤) انگلیسی / (٥) فارسی / (٦) روسی / (٧) اردو ترجمه کنید. *Lotfan een rä ba (1) a'rabee / (2) daree / (3) pashtoo / (4) engleesee / (5) färsee / (6) roosee / (7) ordo tarjoma koned.* **Who could translate this for *(1)* me? / *(2)* us?** کی میتواند این را برای (١) من / (٢) ما ترجمه کند؟ *Kee mey-tawänad een rä baräy-e- (1) man / (2) mä tarjoma konad?* **How soon can you translate it?** به چقدر زودی میتوانید ترجمه اش کنید؟ *Ba cheqadar zoodee mey-tawäned tarjoma ash koned?* **Did you finish translating it?** آیا ترجمه اش را تمام کردید؟ *Äyä tarjoma ash rä tamäm karded?* ★ **translation** *n* ترجمه *tarjoma* **incorrect ~** ترجمه غلط *tarjoma-e-ghalat* ~ **fee** مزد ترجمه *mozd-e-tarjoma* **How much do you charge for**

a translation? از یك ترجمه چقدر میگیرید؟ *Az yak tarjoma cheqadar meygeereed?* Please *(1)* check / *(2)* edit this translation. (١) لطفاً این ترجمه را / (٢) ببینید / اصلاح کنید. *Lotfan een tarjoma rä (1) bebeened / (2) esläh koned.* ★ translator *n (See also* interpreter*)* ترجمان *tarjomän* Go get the translator. بروید ترجمان بیگیرید. *Berawed tarjomän beegeered.* I need a(n) *(1)* Arabic / *(2)* Dari / *(3)* Pashto / *(4)* Persian / *(5)* Russian / *(6)* Urdu translator. من به یك ترجمان (١) عربی / (٢) دری / (٣) پشتو / (٤) فارسی / (٥) روسی / (٦) اردو ضرورت دارم. *Man ba yak tarjomän-e- (1) a'rabee / (2) daree / (3) pashtoo / (4) färsee / (5) roosee / (6) ordo zaroorat däram.* Where can I find a(n) *(1)* Arabic / *(2)* Dari / *(3)* Pashto / *(4)* Persian / *(5)* Russian / *(5)* Urdu translator? از کجا میتوانم یك ترجمان (١) عربی / (٢) دری / (٣) پشتو / (٤) فارسی / (٥) روسی / (٦) اردو پیدا کنم؟ *Az kojä meytawänam yak tarjomän-e- (1) a'rabee / (2) daree / (3) pashtoo / (4) färsee / (5) roosee / (6) ordo paydä konam?*

transliteration *n* تلفظ لغت را به زبان دیگری نشان دادن *talafoz-e-loghat-e-rä ba zabän-e-deegaree neshän dädan*

transmission *n* 1. *(radio, TV)* پخش *pakhsh;* 2. *(elec.)* سرایت *saräyat,* انتقال *enteqäl* electrical power ~ انتقال انرژی برقی *enteqäl-e-enerzhee-e-barqee* radio ~ پخش نشرات رادیو *pakhsh-e-nasharat-e-rädyo* TV ~ پخش نشرات تلویزون *pakhsh-e-nasharät-e-talweezoon* ~ line سیم انتقال *seem-e-enteqäl,* سیم ارتباط *seem-e-ertebät* ~ tower برج پخش *borj-e-pakhsh;* برج ارتباط *borje-ertebät* ★ transmit *vt* 1. *(radio, TV)* پخش کردن *pakhsh kardan;* 2. *(electricity)* عبور دادن *o'boor dädan,* فرستادن *ferestädan* How far will it transmit? چقدر دور پخش خواهد کرد؟ *Cheqadar door pakhsh khähad kard?* ★ transmitter *n* ترانسمیتر *taränsmetar* radio ~ ترانسمیتر رادیو *taränsmetar-e-rädyo* The transmitter is out of order. ترانسمیتر کار نمیدهد. *Taränsmetar kär namey-dehad.* Can we use your radio transmitter? آیا میتوانیم ترانسمیتر رادیو تان را استفاده کنیم؟ *Äyä mey-tawänem taränsmetar-e-rädyo-e-tän rä estefäda konem?*

transport *vt* انتقال دادن *enteqäl dädan,* حمل کردن *hamel kardan,* بردن *bordan* We need some *(1)* supplies لوازم انتقال دادن *lawäzem enteqäl dädan* / *(2)* trucks / *(3)* buses to transport *(3)* these people. / *(4)* this stuff. ما به بعضی (١) موترهای لاری / (٢) موترهای شهری ضرورت داریم که این (٣) مردم / (٤) کارمندان را ببرد. *Mä ba ba'zee (1) motar häy-e-läree / (2) motar häy-e-shahree zaroorat därem ke een (3) mardom / (4) kärmandän rä bobard.* They will transport *(1)* it / *(2)* them for us. آنها برای ما انقال (١) آن / (٢) شان خواهند داد. *Änhä baräy-e-mä enteqäl-e- (1) ash / (2) shän khähand däd.* ★ transportation *n* حمل و نقل *hamel-o-naqel,* انتقال *enteqäl,* ترانسپورت *taranspoort,* وسایط *wasäyet* lack of ~ فقدان حمل و نقل *foqdän-e-hamel-o-naqel* ~ by air حمل و نقل از طریق هوا *hamel-o-naqel az tareeq-e-hawä* ~ by bus حمل و نقل از طریق شهری *hamel-o-naqel az tareeq-e-motar-e-shahree* ~ by car انتقال توسط موتر *enteqäl tawasot-e-motar* ~ by train حمل و نقل توسط ریل *hamel-o-naqel tawasot-e-reel* ~ by truck حمل و نقل توسط موتر لاری *hamel-o-naqel tawasot-e-motar-e-läree* *(1)* I / *(2)* They / *(3)* We need transportation to *(place)*. (١) من / (٢) آنها / (٣) ما به (___) وسیله حمل و نقل به (___) (١) ضرورت / (٢) دارم. / (٣) دارند. / (٣) داریم. *(1) Man / (2) Änhä / (3) Ma ba waseela-e-hamel-o-naqel ba (___) zaroorat (1) däram. / (2) därand. / (3) därem.* *(1)* He / *(2)* She needs transportation to *(place)*. (١) اوزن به وسیله حمل و نقل به (___) ضرورت دارد. *(1) O mard / (2) O zan ba waseela-e-hamel-o-naqel ba (___) zaroorat därad.* Do you have transportation? آیا شما وسیله حمل ونقل دارید؟ *Äyä shomä waseela-e-hamel-o-naqel däred?* Is there any transportation avail-

able? آیا کدام وسیله حمل و نقل موجود است؟ *Äyä kodäm waseela-e-hamel-o-naqel mowjod ast?* **Where can** *(1)* **I** */ (2)* **we get transportation?** من (١) / (٢) ما از کجامیتوانیم وسیله حمل و نقل پیدا کنیم؟ *(1) Man (2) Mä az kojä may-tawanem waseela-e-hamel-o-naqel paydä konem?* *(1)* **I** */ (2)* **We can't get (any) transportation.** (١) من / (٢) ما نمیتوانیم وسیله حمل و نقل پیدا کنیم. *(1) Man (2) Mä na may-tawanem waseela-e-hamel-o-naqel paydä konem* **There's no transportation available.** هیچ وسیله حمل و نقل موجود نیست. *Hech waseela-e-hamel-o-naqel mowjod neest.*

trap *n* دام *däm,* تلک *talak* **booby ~** تلک انفجاری *talak-e-enfejäree* **mouse ~** تلک موش *talak-e-mosh* ★ **trapped** *adj* حبس *habs,* در دام افتاده *dar däm oftada,* بندمانده *band mända* **be ~** حبس شدن *habs shodan* **Is anyone trapped under the rubble?** آیا در زیر خورده های سنگ کسی بند مانده ؟ *Ayä dar zeer khorda hä-e-sang kasee band mändä?* *(1)* **He** */ (2)* **She** */ (3)* **Someone is...** */ (4)* **They are... trapped under the rubble.** (١) او مرد / (٢) او زن / (٣) کسی / (٤) آنها *(1)* در زیر خورده های سنگ بند مانده (١-٣) است. / (٤) اند. *O (1) mard / (2) O zan / (3) Kasee / (4) Änhä dar zeer khorda hä-e-sang band mända (1-3) ast. / (4) and.*

trash *n* کثافات *kasäfät,* چیز های بی کاره *cheez häy-e-bey kära* **collect ~** تمام این کثافات را جمع کردن *kasäfät rä jama' kardan* **Remove all this trash.** کثافات را دور کنید. *Tamäm-e-een kasäfät rä door koned.* **Burn the trash.** کثافات را بسوزانید. *Kasäfät rä besozäned.* **Haul the trash to the dump.** کثافات را در کثافات دانی خالی کنید. *Kasäfät rä dar kasäfät dänee khälee koned.* **Where can we take this trash?** این کثافات را کجا ببریم؟ *Een kasäfät rä kojä bobarem.*

trauma *n* زخم *zakhem,* ضربه *zarba,* زیان *zeeyän,* جرح *jarh* ★ **traumatic** *adj* زخمی *zakhmee* ★ **traumatized** *adj* بیزار *beezär,* متنفر *motanafer,* پریشان *preeshän* *(1)* **He** */ (2)* **She is traumatized by** *(3)* **his** */ (4)* **her experience.** (١) او مرد / (٢) او زن از کاری که کرده (٣،٤) بیزار است. *(1) O mard / (2) O zan az käree ke karda (3,4) beezär ast.* **They're traumatized by their experience.** آنها از کاری که کرده اند بیزارهستند. *Änhä az käree ke karda and beezär hastand.*

travel *vi* پیمودن *pay-modan,* رهسپار شدن *rahsopär shodan,* سفر کردن *safar kardan* *(1)* **I** */ (2)* **We have travelled a long way.** (١) من / (٢) ما راه طولانی را سفر (١) کردم. / (٢) کردیم. *(1) Man / (2) Mä räh-e-tolänee rä safar (1) kardam. / (2) kardem.* **How** *(1)* **far** */ (2)* **long did you travel?** چقدر (١) فاصله / (٢) راه را شما پیمودید؟ *Cheqadar (1) fäsela / (2) räh rä shomä paymoded?* **Where are you travelling to?** به کجا سفر میکنید؟ *Ba kojä safar mey-koned?* **Is it safe to travel there?** آیا سفر کردن به آنجا مصون است؟ *Äyä safar kardan ba änjä masoon ast?* **It's** *(1)* **safe** */ (2)* **not safe to travel in that area.** سفر کردن به آن منطقه مصون (١) است. / (٢) نیست. *Safar kardan ba än manteqa masoon (1) ast. / (2) neest.* **Can you travel with** *(1)* **me?** */ (1)* **us?** آیا با (١) من / (٢) ما سفر کرده میتوانید؟ *Äyä bä (1) man (2) mä safar karda mey-tawäned?* ★ *n* سفر *safar* **~ agent** نماینده سفر *nomäyenda-e-safar* **~ document** سند سفر *sanad-e-safar* **~ plan** پلان سفر *pelän-e-safar* ★ **traveller** *n* مسافر *mosäfer,* سفر کننده *safar konenda*

tray *n* پطنوس *patnoos*

treacherous *adj* خیانت کار *kheeyänat kär* ★ **treachery** *n* خیانت *kheeyänat*

tread *n (tire surface)* روی تایر *roy-e-täyr,* کف پله *kaf-e-pala* **The tread is** *(1)* **low.** */ (2)* **okay.** */ (3)* **worn out.** روی تایر (١) خراب / (٢) درست / (٣) فرسوده است. *Roy-e-täyr (1) kharäb / (2) drost / (3) farsoda ast.*

treat *vt* 1. *(act in a certain way toward)* رفتار کردن با *raftär kardan bä;* 2. *(med.)* تداوی کردن *tadäwee kardan,* معالجه کردن *ma'äleja kardan* **Treat**

treatment everyone fairly and equally. با همه گی خوب و یك نوع رفتار کنید. *Bä hamagee khob wa yak nawa' raftär koned.* **That's not the way to treat a person.** اینچنین نباید با کسی رفتار نمود. *Een choneen nabäyad bä kasee raftär namod.* **(1) He / (2) She needs to be treated (right away).** (۱) اومرد / (۲) اوزن باید (فوراً) تداوی شود. *(1) O mard / (2) O zan bäyad (fowran) tadäwee shawad.* **Get (1) her / (2) him / (3) them treated.** (۱) اوزن / (۲) اومرد / (۳) آنها را تداوی کنید. *(1) O mard / (2) O zan / (3) änhä rä tadäwee koned.* **I'm not able to treat (1) her / (2) him / (3) you for that.** نمیتوانم (۱) اوزن / (۲) اومرد / (۳) آنها را تداوی کنم. *Namey-tawänam (1) o zan / (2) o mard / (3) änhä rä tadäwee konam.* ★ **treatment** n 1. *(way of treating a person)* رفتار *raftär*, سلوك *solook*; 2. *(med.)* تداوی *tadäwee*, معالجه *ma'äle-ja* **brutal ~** رفتار وحشیانه *raftär-e-wah-sheeyäna* **emergency ~** معالجه عاجل *ma'äleja-e-a'äjel* **get ~** معالجه شدن *ma'äleja shodan* **humane ~** معالجه انسانی *ma'äleja-e-ensänee* **immediate ~** رفتار بشری *raftär-e-basharee*, معالجه فوری *ma'äleja-e-fowree* **inhuman ~** رفتار غیرانسانی *raftär-e-ghayr-e-ensänee* **intravenous ~** معالجه از طریق ورید *ma'äleja az tareeq-e-areed* **kind ~** رفتار شفقت آمیز *raftär-e-shafaqat ämeez* **medical ~** معالجه طبی *ma'läleja-e-tebee* **priority ~** معالجه مقدم *ma'äleja-e-moqädam* **special ~** رفتار خاص *raftär-e-khäs* **surgical ~** معالجه جراحی *ma'äleja-e-jarähee* **undergo ~** مورد تداوی قرار گرفتن *mowred-e-tadäwee qarär gereftan* **(1) He / (2) She should undergo treatment right away.** (۱) اومرد / (۲) اوزن باید فوراً معالجه شود. *(1) O mard / (2) O zan bäyad fowran ma'äleja shawad.*

tree n درخت *darakht* **Plant trees (1) here. / (2) there.** (۱) اینجا / (۲) آنجا درخت را بنشانید. *Darakht rä (1) eenjä / (2) änjä beneshäned.* **Cut down that tree.** آن درخت را قطع کنید. *Än darkht rä qata' koned.*

tremendous adj نهایت بزرگ *nehayat bozorg*, عظیم *azeem*

tremor n. لرزش *larzesh*, تكان *takän*, لرزه *larza* **I felt an earth tremor. (Did you feel it?)** احساس کردم زمین تكان خورد. (آیا شما احساس کردید؟) *Ehsäs kardam zameen takän khord. (Äyä shomä ehsäs karded?)*

trench n سنگر *sangar* **Dig the trench (1) here. / (2) there.** سنگر را (۱) اینجا / (۲) آنجا بکنید. *Sangar rä (1) eenjä / (2) änjä bekanad.*

trespass vi تجاوز کردن *tajäwoz kardan*, داخل شدن در ساحه ممنوعه *dakhel shodan dar säh-a-mamno'a*, گشت و گزار *gasht-o-gozär* **No trespassing!** گشت و گزار کردن ممنوع است! *Gasht-o-gozär kardan mamno' ast.*

trestle n *(bridge)* پایه *päya*, پل *pol*

triage n *(med.)* طبقه بندی زخمی ها *tabaqa bandee-e-zakhmee hä*, درجه بندی زخمی ها *daraja bandee-e-zakhmee hä*

trial n 1. *(court process)* محاكمه *mahäkama*; 2. *(test)* امتحان *emtehän* **go on ~** محاكمه شدن *mahäkama shodan*

triangle n سه گوشه *se gosha*, سه ظلعی *se zol-ee*, مثلث *mosalas* **~ bandage** بنداژ سه کنجه *bandäzh-e-se konja* ★ **triangular** adj مثلث *mosalas*, سه کنجی *se konjee*

tribal adj قومی *gowmee*, طایفوی *täyfawee* ★ **tribe** n قوم *gowm*, طایفه *täyfa*

triceps n, pl *(anät.)* سه سر *se sar*, عضله بازو *hazala-e-bazoo*

trichinosis n یك مریضی که از سبب کرم ترایشینیلا بوجود میاید. *Yak mareezee-ke az sabab-e-kerm-e-teräy-shäyneelä ba wojod mey-äyad.*

trick vt گول زدن *gool zadan*, فریب دادن *fereeb dädan* **(1) He / (2) She / (3) They tricked me.** (۱) اومرد / (۲) اوزن / (۳) آنها مرا فریب (۲،۱) داد. / (۳) دادند. *(1) O mard / (2) O zan / (3) Änhä man rä fereeb (1,2) däd. / (3) dädand.* ★ n شیطنت *shaytanat*, حیله *heela*, نیرنگ *nayrang* **I think it's a trick.** فکر میکنم یك نیرنگ است. *Feker mey-konam yak nayrang ast.* **No tricks!** نیرنگ

tricky — **truck**

يك *Nayrang bazee mamno' ast!* **That was a cheap trick.** بازی ممنوع است! *Yak nayrang-e-ahamaqäna-e-bod.* ★ **tricky** *adj* نيرنگ احمقانه بود. *(deceptive, sly)* نيرنگ باز *nayrang bäz* فريب كار *fereeb kär*,

trigger *n (of a gun)* ماشه تفنگ *mäsha-e-tofang*

trim *vt* صاف كردن *säf kardan* **Trim all the fat off (the meat).** تمام روغن ها (گوشت) را صاف كنيد. *Tamäm-e-roogahn hä (goosht) rä säf koned.* **Just trim it (a little).** *(haircut)* صرف (اندكى) بتراشيد اش. *Serf (andakee) beträshed ash.*

trip *n* سفر *safar* **long ~** سفر طولانى *safar-e-tolänee* **short ~** سفر كوتاه *safar-e-kotäh* **take a ~** سفر كردن *safar kardan* **How was your trip?** سفرتان چطور بود؟ *Safar-e-tän chetowr bod?* **(1) I'm / (2) We're going on a trip.** (١) من / (٢) ما به يك سفر (١) ميروم. / (٢) ميرويم. *(1) Man / (2) Mä ba yak safar (1) mey-rawam / (2) mey-rawem.* **How long will the trip take?** چقدر مدت سفر در بر خواهد گرفت؟ *Cheqadar modat safar dar bar khähad greft?*

tripod *n* سه پايه *se päya*

troops *n, pl* سربازان *sarbäzän*, نيروها *neero hä*

trouble *n* 1. *(bad situation)* درد سر *dard-e-sar*, آزار *äzzär*; 2. *(problem)* مشكل *moshkel*; 3. *(difficulty)* سختى *sakhtee*, مشكل *moshkel*; 4. *(malfunction)* عدم فعاليت *a'dam-e-fa'älyat*; 5. *(inconvenience, extra effort)* زحمت *zahmat* **find the ~** مشكل را دريافت كردن *moshkel rä daryäft kardan* **Who is causing trouble?** كى سبب درد سر شدن *sabab-e-dard-e-sar shodan* **cause ~** سبب درد سر ميشود؟ *Kee sabab-e-dard-e-sar mey-shawad?* **Is (1) he / (2) she causing trouble?** آيا (١) اومرد / (٢) اوزن سبب درد سر ميشود؟ *Äyä (1) o mard / (2) o zan sabab-e-dard-e-sar mey-shawad?* **Are they causing trouble?** آيا آنها سبب درد سر ميشوند؟ *Äyä änhä sabab-e-dard-e-sar mey-shawand?* **What's the trouble?** مشكل چى است؟ *Moshkel chee ast?* **If you have trouble, let me know.** اگر مشكل داريد، به من بگوييد. *Agar moshkel däred, ba man bogoyed?* **Are you having trouble?** آيا شما مشكل داريد؟ *Äyä shomä moshkel däred?* **I'm having trouble (with this).** من (با اين) مشكل دارم. *Man (bä een) moshkel däram.* **(1) I / (2) We have engine trouble.** ماشين موتر (١) من / (٢) ما درست كار نميكند. *Mäsheen-e-motar-e-(1) man / (2) mä dorost kar na mey-konad.* **It's too much trouble.** بسيار زياد زحمت است. *Beesyär zeeyäd zahmat ast.* **(1) I / (2) We don't want you to go to a lot of trouble.** (١) من نميخواهم... / (٢) ما نميخواهيم... كه شما بسيار به زحمت شويد. *(1) Man namey-khäham... / (2) Mä namey-khähem... ke shomä beesyär zeeyäd ba zahmat shawed.* **I'm sorry to cause you so much trouble.** معذرت ميخواهم شما را بسيار زياد به زحمت ساختم. *Ma'zart mey-khäham shomä rä beesyär zeeyäd ba zahmat säkham.*

trousers *n, pl* تنبان *tonbän*, شلوار *shalwär* **pair of ~s** يك تنبان *yak tonban*

trousseau *n* لباس عروس *lebäs-e-a'roos* **bridal ~** لباس عروسى *lebäs-e-a'roosee*

trowel *n* گلماله *gelmala*

truce *n* آتش بس *ätash bas*, متاركه جنگ *motäreka-e-jang*

truck *vt* انتقال دادن *enteqäl dädan*, معاوضه كردن *ma'äweza kardan* **~ food supplies** مواد خوراكه را انتقال دادن *mawäd-e-khoräka rä enteqäl dädan* ★ *n* تهيه جات يا مواد را انتقال دادن *tahya jät yä mawäd rä enteqäl dädan* موتر لارى *motar-e-läree* **army ~** موتر باركش *motar-e-bärkash* موتر لارى عسكرى *motar-e-läree-e-a'skaree* **concrete (mixer) ~** موتر لارى مخلوط كننده *motar-e-läree-e-makhloot konenda-e-känkeret* **dump ~** موتر كثافات *motar-e-läree-e-kasäfät* **fire ~** موتر اطفاى *motar-e-et-fäya* **flatbed ~** موتر هاى كه دارى تخت هموار ميباشند *motar häy-e-ke däräy-e-takht-e-hamwär mey-bäshand* **fuel ~** موتر لارى مواد سوخت *motar-e-lälree-e-mawäd-e-sokht*

truckload hand ~ کراچی دستی *karäche-e-dastee* heavy ~ موتر لاری سنگین *motar-e-läree sangeen* light ~ موتر لاری سبك *motar-e-läree-e-sobok* pickup ~ موتر های لاری خورد (پیکپ) *motar häy-e-läree khord, peekap* platform ~ p62 موتربی لبه *motar-e-bey laba* tow ~ موتر یدك *motar-e-yadak* water ~ تانکر آب *tankar-e-äb* winch ~ موتر جرسقیل *motar-e-jarsaqeel* **We need *(1)* a truck. / *(2)* trucks.** ما به (۱) یك موتر لاری... / (۲) موترهای ضرورت داریم. *Mä ba (1) yak motar-e-läree... / (2) motar häy-e-läree... zaroorat därem.* **Get off the truck.** از موتر لاری پایین شوید. *Az motar-e-läree päyeen shawed.* **Get on the truck (over there).** (در آنجا) در موتر لاری بالا شوید. *(Dar änjä) dar motar-e-läree bälä shawed.* **Supplies will come by truck.** تهیه جات (اکمالات) ذریعه موتر لاری خواهد رسید. *Tahya jät (ekmälät) zare-a'-e-motar-e-läree khähad raseed.* **They'll evacuate you (soon) by truck.** آنها شما را (به زودی) ذریعه موتر لاری خواهند رساند. *Änhä shomä rä (ba zoodee) zare-a'h-e-motar-e-läree khähand rasänd.* **You'll leave (soon) by truck.** شما (به زودی) ذریعه موتر لاری خواهید رفت. *Shomä (ba zoodee) zare-a'-e-motar-e-läree khähed raft.* ★ **truckload** *n* بار *bär*, باری که در موتر لاری جا گزین میشود. *Bär-e- ke dar motar-e-läree jä gozeen mey-shawad.*

true *adj* درست *drost*, حقیقت *haqeeqat* **Is it true?** آیا درست است؟ *Äyä drost ast?* **It *(1)* is / *(2)* isn't true.** درست (۱) است. / (۲) نیست. *Drost (1) ast. / (2) neest.*

trunk *n* 1. *(auto)* تول بکس موتر *tool baks-e-motar*; 2. *(of a tree)* تنه درخت *tana-e-darakht* **It's in the trunk.** آیا در تول بکس است؟ *Äyä dar tool baks ast?* **Put it in the trunk.** در تول بکس بگذارید اش. *Dar tool baks begzäred ash.*

trust *vt* باور کردن *bäwar kardan*, اعتماد کردن *e'temäd kardan* **I trust *(1)* her. / *(2)* him. / *(3)* them. / *(4)* you.** من به (۱) اوزن / (۲) اومرد / (۳) آنها / (۴) شما اعتماد میکنم. *Man ba (1) o zan / (2) o mard / (3) änhä / (4) shomä e'timäd mey-konam.* **I don't trust *(1)* her. / *(2)* him. / *(3)* them. / *(4)* you.** من به (۱) اوزن / (۲) اومرد / (۳) آنها / (۴) شما اعتماد نمیکنم. *Man ba (1) o zan / (2) o mard / (3) änhä / (4) shomä e'timäd namey-konam.* ★ **trustworthy** *adj* قابل اعتماد *qäbel-e-e'temäd*, امین *ameen* ~ **person** شخص قابل اعتماد *shakhs-e-qäbel-e-e'temäd*

truth *n* حقیقت *haqeeqat*, واقعیت *wäqe-a't* **Tell *(1)* me / *(2)* us the truth.** حقیقت را برای (۱) من / (۲) ما بگویید. *Haqeeqat rä baräy-e- (1) man / (2) mä begoyed.* **You must tell *(1)* her / *(2)* him / *(3)* me / *(4)* them / *(5)* us the truth.** شما باید برای (۱) اوزن / (۲) اومرد / (۳) من / (۴) آنها / (۵) ما حقیقت را بگویید. *Shomä bäyad baräy-e-(1) o zan / (2) o mard / (3) man / (4) änhä / (5) mä haqeeqat rä begoyed.* **That's the truth (, I swear).** حقیقت است ( ). *Haqeeqat ast. (Sowgand mey-khoram).*

try *vt* 1. *(attempt)* کوشش کردن *koshesh kardan*; 2. *(test)* امتحان کردن *emtehän kardan*; 3. *(taste)* چشیدن *chasheedan*; 4. *(put on trial)* محکمه کردن *mahkama kardan* **Try to *(1)* contact / *(2)* persuade / *(3)* stop *(4)* her. / *(5)* him. / *(6)* them.** کوشش کنید که (۴) اوزن / (۵) اومرد / (۶) آنها را (۱) خبر بدهد. / (۲) وادار کنید. / (۳) مانع شوید. *Koshesh koned ke (4) o zan / (5) o mard / (6) änhä rä (1) khabar bedehed. / (2) wädär koned. / (3) mäne' shawed.* **Try to *(1)* come. / *(2)* exchange it. / *(3)* find one. / *(4)* fix it. / *(5)* get some. / *(6)* hold it (steady). / *(7)* stop it.** کوشش کنید که (۱) بیائید. / (۲) تبدیل اش کنید. / (۳) کسی را پیدا کنید. / (۴) ترمیم اش کنید. / (۵) اندکی بیگیرید. / (۶) (قایم) محکم اش بیگیرید. / (۷) ایستاد اش کنید. *Koshesh koned ke (1) beeyäyed. / (2) tabdeel ash koned. / (3) kasee rä paydä koned. / (4) tarmeem ash koned. / (5) andakee beegeered. / (6) (qäyem) mahkam ash* *beegeered. / (7) eestäd ash koned.* **You try it.** شما امتحان اش کنید. *Shomä emtehän ash koned.* **Let me try it.** اجازه دهید امتحان آش کنم. *Ejäza dehed emtehän ash konam.* **Try** *(1)* **a different one.** */ (2)* **that one.** */ (3)* **this one.** */ (4)* **these.** */ (5)* **those.** (١) یکی دیگر... / (٢) آن را... / (٣) این را... / (٤) اینها... / (٥) آنها را... امتحان کنید. *(1) Yakee deegar... / (2) Än rä... / (3) Een rä... / (4) Een hä... / (5) Änhä rä... emtehän koned.* **Try this soup.** این شوربا را بچشید. *Een shorbä rä bechashed.* **He'll be tried for** *(1)* **assault.** */ (2)* **murder.** */ (3)* **theft.** او بخاطر (١) حمله / (٢) قتل / (٣) دزدی محکمه خواهد شد. *O mard ba khäter-e- (1) hamla / (2) qatel / (3) dozdee mahkama khähad shod.* ★ **try** *vi* کوشش کردن *koshesh kardan,* سعی کردن *sa'y kardan* **Try** *(1)* **hard.** */ (2)* **your best.** (١) سخت / (٢) از دل و جان بکوشید. *(1) Sakht / (2) az del wa jän bekoshed.* **Did you try?** آیا کوشش کردید؟ *Äyä koshesh karded?* **I tried.** کوشش کردم. *Koshesh kardam.* **I'll try.** کوشش خواهم کرد. *Koshesh khäham kard.* **We have to try.** ما باید کوشش کنیم. *Mä bäyad koshesh konem.* **It's useless to try.** بی فایده است که کوشش کنید. *Bey fäyeda ast ke koshesh koned.*

T-shirt *n* پیراهن آستین کوتاه *peerähan-e-ästeen kotäh*
T-square *n* مربع *moraba'*
tub *n* طشت *tasht* **metal ~** طشت فلزی *tasht-e-felezee,* طشت حلبی *tasht-e-halabee* **plastic ~** طشت پلاستیکی *tasht-e-palästeekee* **Fill the tub with water.** طشت را با آب پر کنید. *Tasht rä bä äb por koned.* **Bring a tub of water.** یک طشت آب بیاورید. *Yak tasht äb beeyäwared.* **Clean the tub.** طشت را پاک کنید. *Tasht rä päk koned.*
tube *n* 1. *(small pipe)* لوله *lola,* تیوب *teeyob;* 2. *(fluorescent)* تیوب فلوروسان *teeyob-e-folorosän;* 3. *(flexible container)* لوله کریم دندان *lola-e-kereem-e-dandän,* تیوب کریم دندان *teeyob-e-kereem-e-dandän;* 4. *(anat.)* مجرا *majrä,* کانال *käneäl* **fluorescent light ~** تیوب چراغ فلوروسان *teeyob-e-cherägh-e-folorosän* **~ of toothpaste** لوله کریم دندان *lola-e-kereem-e-dandän*
tuberculosis (TB) *n* سل *sel,* مرض سل *maraz-e-sel* **~ test** معاینه سل *ma'äyena-e-sel* **(1) He / (2) She tested (3) negative / (4) positive for tuberculosis.** (١) او مرد / (٢) او زن مرض سل (٣) ندارد. / (٤) دارد. *(1) O mard / (2) O zan maraz-e-sel (3) nadärad. / (4) därad.* **You tested (1) negative / (2) positive for tuberculosis.** شما مرض سل (١) ندارید. / (٢) دارید. *Shomä maraz-e-sel (1) däred. / (2) nadäred.*
Tuesday *n* سه شنبه *se-shambe* **by ~** قبل از سه شنبه *qabel az se-shambe* **every ~** هر سه شنبه *har se-shambe* **last ~** سه شنبه گذشته *se-shambe-e-gozashta* **next ~** سه شنبه آینده *se-shambe-e-äyenda* **on ~** در روز سه شنبه *dar rooz-e-se-shambe* **since ~** از سه شنبه به اینطرف *az se-shambe ba een-taraf* **this ~** همین سه شنبه *hameen se-shambe* **~ afternoon** عصر سه شنبه *a'sr-e-se-shambe* **~ evening** شام سه شنبه *shäm-e-se-shambe* **~ morning** صبح سه شنبه *sobh-e-se-shambe* **~ night** شب سه شنبه *shab-e-se-shambe* **until ~** تا سه شنبه *tä se-shambe*
tumor *n* تومور *tomor* **benign ~** تومور سلیم *tomor-e-saleem* **malignant ~** تومور خبیث *tomor-e-khabees* **remove a ~** تومور را برداشتن *tomor rä bardäshtan*
tune-up *n (automot.)* سرویس *sarwees* **(1) My / (2) Our car needs a tune-up.** موتر (١) من / (٢) ما باید سرویس شود. *Motar-e- (1) man / (2) mä bäyad sarwees shawad.* **Could you do a tune-up on *(1)* my / *(2)* our car?** آیا موتر (١) من / (٢) ما را سرویس میکنید؟ *Äyä motar-e-(1) man / (2) mä rä sarwees mey-koned?*
tunic *n* بلوز *boloz*
tunnel *n* تونل *tonal*

turban *n* لنگی *longee*
turbine *n* توربین *toorbeen*
turn *vt* دور دادن *dowr dādan* برگرداندن *bargardāndan*, گرداندن *gardāndan* **Turn it *(1)* around. / *(2)* to the left. / *(3)* to the right.** (۱) گرداگرد / (۲) طرف چپ / (۳) طرف راست دور اش بدهید. *(1) Gerdāgerd / (2) Tarfaf-e-chap / (3) Taraf-e-rāst dowr ash bedehed.* **See if you can turn it.** ببینید اگر بتوانید دور اش بدهید. *Beebeened agar betawāned dowr ash bedehed.* **I can't turn it.** نمیتوانم دور اش بدهم. *Namey-tawānam dowr ash bedeham.* **Turn your head (to the *[1]* left / *[2]* right).** سرتان را (طرف [۱] چپ / [۲] راست) بگردانید. *Sar-e-tān rā (taraf-e- [1] chap / [2] rāst) begardāned.* ★ *vi* 1. *(move, rotate)* دوردادن *dowr dādan;* 2. *(go left or right)* دورخوردن *dowr khordan* **It won't turn.** دورداده نمیشود. *Dowr dāda namey-shawad.* **Turn *(1)* left / *(2)* right (*[3]* his / *[4]* over there.).** (۱) چپ / (۲) راست ([۳] در سرک بعدی / [۴] آنجا) دور بخورید. *(1) Chap / (2) Rāst ([3] dar sarak-e-ba'dee / [4] ānjā) dowr bokhored.* ★ *n (occasion)* نوبت *nobat* **take ~s** نوبت گرفتن *nobat greftan* **Whose turn is it?** نوبت کی است؟ *Nobat-e-kee ast?* **It's *(1)* her / *(2)* his / *(3)* my / *(4)* your turn.** (۱) نوبت اوزن / (۲) اومرد / (۳) من / (٤) شما است. *Nobat-e- (1) o zan / (2) o mard / (3) man / (4) shomā ast.* ★ **turn around** *idiom (vi)* برگشتن *bargashtan,* دورخوردن *dowr khordan* **Turn around.** برگردید. *Bar garded.* ★ **turn away** *idiom (vt) (make someone go away)* جواب دادن *jawāb dādan* **We have to turn them away.** ما باید آنها را جواب بدهیم. *Mā bāyad ānhā rā jawāb bedehem.* **We had to turn them away.** ما باید آنها را جواب میدادیم. *Mā bāyad ānhā rā jawāb mey-dādem.* ★ **turn back** *idiom (vi) (go back)* برگشتن *bargashtan* **Let's turn back.** بیائید برگردیم. *Beeyāyed bargardem.* **I think we should turn back.** فکر میکنم باید برگردیم. *Feker mey-konam bāyad bargardem.* ★ **turn down** *idiom (vt) (reduce intensity / volume)* آواز را کم کردن *āwāz rā kam kardan,* صدا را کم کردن *sadā rā kam kardan* **Please turn down the *(1)* air conditioning. / *(2)* heat. / *(3)* radio. / *(4)* TV.** لطفاً (۱) ایرکندیشن / (۲) بخاری / (۳) آواز رادیو / (٤) آواز تلویزون را کم کنید. *Lotfan (1) eyarkande-shan / (2) bokhāree / (3) āwaz-e-rādyo / (4) āwaz-e-talweezoon rā kam koned.* ★ **turn in** *idiom (vt) (submit)* تسلیم کردن *tasleem kardan* **Turn in your application to *(person / place)*.** درخواست تان را به ( ) تسلیم کنید. *Darkhāst-e-tān rā ba ( ) tasleem koned.* **Where do I turn this in?** این را کجا تسلیم کنم؟ *Een rā kojā tasleem konam?* ★ **turn into** *idiom* 1. *(vt) (transform into)* تغیر شکل دادن *tagheer-e-shakel dādan;* 2. *(vi) (be transformed into, become)* شدن *shodan* **This is turning into a *(1)* habit. / *(2)* headache. / *(3)* nightmare.** این به یک (۱) عادت / (۲) دردسر / (۳) وحشت تبدیل میشود. *Een ba yak (1) a'ādat / (2) dard-e-sar / (3) wahshat tabdeel mey-shawad.* ★ **turn off** *idiom (vt)* 1. *(switch off)* خاموش کردن *khāmosh kardan;* 2. *(water: close)* قطع کردن *qata' kardan* **Be sure to turn it off when you're finished.** وقتی که تمام کردید خاموش اش کنید. *Waqtee ke tamām karded khāmoosh ash koned.* **Please turn off the *(1)* air conditioning. / *(2)* heater . / *(3)* light. / *(4)* lights. / *(5)* radio. / *(6)* stove. / *(7)* TV.** لطفاً (۱) ایرکندیشن / (۲) بخاری / (۳) گروپ / (٤) گروپ ها / (٥) رادیو / (٦) منقل / (۷) تلویزیون را خاموش کنید. *Lotfan (1) eyarkandeshan / (2) bokhāree / (3) groop / (4) groop hā / (5) rādyo / (6) manqal / (7) talweezoon rā khāmosh koned.* **Please turn off the water.** لطفاً آب را قطع کنید. *Lotfan āb rā qata' koned.* ★ **turn on** *idiom* 1. *(switch on)* روشن کردن *rooshan kardan;* 2. *(water: open)* باز کردن *bāz kardan* **Please turn on the *(1)* air conditioning. / *(2)* heater . / *(3)* light. / *(4)* lights.** لطفاً (۱) ایرکندیشن / (۲)

turn out *Lotfan (1) eyarkandeshan / (2) bokhäree / (3) groop / (4) groop hä rä rooshan koned.* گروپ ها را روشن کنید. **Please turn on the water.** لطفاً آب را باز کنید. *Lotfan äb rä bäz koned.* ★ **turn out** *idiom* 1. *(vt) (switch off)* خاموش کردن *khämosh kardan;* 2. *(vi) (end up)* خاتمه یافتن *khätema yäftan,* تمام شدن *tamäm shodan* **Turn out the (1) light. / (2) lights.** گروپ ها... را خاموش کنید. *(1) Groop... / (2) groop hä... rä khämosh koned.* **How did it turn out?** چی گونه خاتمه یافت؟ *Cheegona khätema yäft?* **Everything turned out okay.** همه چیز به درستی خاتمه یافت. *Hama cheez ba drostee khätema yäft.* **I hope everything turns out okay (for you).** امیدوارم همه چیز به درستی خاتمه یابد (برای شما). *Omdeedwäram hama cheez ba drostee khätema yäbad (baräye shoma).* ★ **turn over** *idiom (vi)* 1. *(from one side to another)* دور خوردن *dowr khordan,* به طرف دیگر خوابیدن *ba taraf-e-deegar khäbeedan;* 2. *(capsize)* رول خوردن *rool khordan* **Turn over (on your [1] back / [2] other side / [3] stomach).** به ([1] پشت / [2] طرف دیگر / [3] شکم) بخوابید. *Ba ([1] posht / [2] taraf-e-deegar / [3] shekam) bokhäbed.* **The (1) bus / (2) car / (3) truck / (4) van / (5) vehicle turned over.** (1) موتر شهری / (2) موتر / (3) موتر لاری / (4) واگون / (5) اراده رول خورد. *(1) Motar-e-shahree / (2) motar / (3) motar-e-läree / (4) wägoon / (5) aräda rool khord.* ★ **turn up** *idiom (vt) (increase intensity / volume)* زیاد کردن *zeeyäd kardan,* بلند کردن *beland kardan* **Please turn up the (1) air conditioning. / (2) heat. / (3) radio. / (4) TV.** لطفاً (1) ایرکندیشن / (2) بخاری / (3) رادیو را بلند کنید. *Lotfan (1) eyar-kandeshan / (2) bokhäree / (3) rädyo rä beland koned.*

turnip *n* شلغم *shalgham*
turpentine *n* تیل یا روغن درخت صنوبر *teel yä darakht-e-sonobar*
tutor *vt* درس خصوصی دادن *dars-e-khososee dädan* ★ *n* معلم خانگی *ma'lem-e-khänagee,* معلم خصوصی *ma'lem-e-khosoosee*
tweezers *n, pl* موچینک *mocheenak*
twice *adv* دوبار *dobär,* دو مرتبه *do martaba*
twine *n* نخ *nakh,* تار *tär* **ball of ~** کلوله تار *kolola-e-tär* **piece of ~** توته تار *tota-e-tär*
twins *n, pl* دوگانه گی *dogäna-gee* **Are they twins?** آیا آنها دوگانه گی هستند؟ *Äyä änhä dogäna-gee hastand?*
twist *vt* 1. *(turn; wind)* پیچیدن *peecheedan;* 2. *(wrench; sprain)* رگ کردن *rag kardan* **Twist it (tightly).** (محکم) بپیچید اش. *(Mahkam) bepeched ash.* **(1) He / (2) She twisted (3) his / (4) her ankle.** (1) اومرد / (2) اوزن بجلک (3,4) اش را رگ کرد. *(1) O mard / (2) O zan bojolak-e-pä (3,4) ash rä rag kard.* **I twisted my ankle.** بجلک پا ام را رگ کردم. *Bojolak-e-pä am rä rag kardam.*
two-by-four *n (const: board 2 inches thick and 4 inches wide)* دو بر چهار *do-e-bar chär* ★ **two-by-six** *n (board 2 inches thick and 6 inches wide)* دو بر شش *doo-e-bar shash*
type *vt (keyboard, typewriter)* در ماشین تایپ نوشتن *dar mäsheen-e-täyp naweshtan,* تایپ کردن *chäp kardan,* تایپ کردن *täyp kardan* **learn how to ~** تایپ کردن را آموختن *täyp kardan rä ämokhtan* **Do you know how to type?** آیا تایپ کردن را یاد دارید؟ *Äyä täyp kardan rä yäd däred?* **Can (1) he / (2) she type?** آیا (1) اومرد / (2) اوزن تایپ کرده میتواند؟ *Äyä (1) o mard / (2) o zan täyp karda mey-tawänad?* **Please type this (accurately).** لطفاً این را (درست) تایپ کنید. *Lotfan een rä (drost) täyp koned.* **How fast can you type?** چقدر به سرعت میتوانید تایپ کنید؟ *Cheqadar ba sor-a't mey-tawäned täyp koned?* ★ *n* نوع *nawa',* قسم *qesem* **blood ~** نوع خون *nawa'e-khoon* **What type (1) is it? / (2) are they? / (3) do you have? / (4) do you**

need? چی قسم (١) است؟ / (٢) هستند؟ / (٣) شما دارید؟ / (٤) ضرورت دارید؟ *Chee qesem (1) ast? / (2) hastand? / (3) shomä däred? / (4) zaroorat däred?*

typewriter *n* ماشین تحریر *mäsheen-e-tahreer,* ماشین تایپ *mäsheen-e-täyp*

typhoid fever *n* محرقه *mohreqa,* مرض محرقه *maraz-e-mohreqa*

typhus *n* محرقه *mohreqa* ~ **shot** زرق محرقه *zarq-e-mohreqa* **This will protect you against typhus.** این شما را از محرقه محافظت خواهد کرد. *Een shomä rä az mohreqa mohäfezat khähad kard.*

typical *adj* نمونه ای *namona-ee*

typing *n* تحریر *tahreeq,* تایپ *täyp* **practice** ~ تایپ کردن *täyp kardan* ~ **class** صنف تایپ *senf-e-täyp* ★ **typist** *n* تحریر کننده *tahreer konenda,* تایپ کننده *täyp konenda,* تایپیست *taypest* **We need a (good) typist.** ما به یک تایپ کننده (خوب) ضرورت داریم. *Mä ba yak täyp konenda (khoob) zaroorat därem.*

U u

ugly *adj* 1. *(unattractive)* بد شکل *bad shakel,* بد نما *bad nomä;* 2. *(bad)* بد *bad,* خراب *kharäb* ~ **situation** حالت بد *hälat-e-bad* ~ **wound** زخم بد *zakhem-e-bad,* زخم خراب *zakhem-e-kharäb*

UK *abbrev* = **United Kingdom** برتانیای کبیر *baryänyäy-e-kabeer,* انگلستان *englestän*

ulcer *n* زخم *zakhem,* جراحت *jarahat* **bleeding** ~ زخم خونین *zakhem-e-khoneen,* زخم آغشته به خون *zakhem-e-äghoshta ba khoon* **peptic** ~ زخم معده *zakhem-e-me'da* **skin** ~ زخم جلد *zakhem-e-jold* ★ **ulcerous** *adj* زخمی *zakhmee,* مجروح *majroh*

ultrasonic *adj* التراسانیک *oltoräsäneek* ★ **ultrasound** *n* التراساوند *oltoräsownd* **focused** ~ التراساوند عیار شده *oltoräsownd-e-a'yär shoda*

ultraviolet *adj* ماوراء بنفش *mäwarä-e'-e-benafash*

umbilical *adj* نافی *näfee,* بطنی *batnee* ~ **cord** بند ناف *band-e-näf,* بند سره *band-e-sora* ★ **umbilicus** *n* ناف *näf*

umbrella *n* چتری *chatree*

UN *abbrev* = **United Nations** ملل متحد *melal-e-motahed*

unable *adj* عاجز *a'äjez,* ناتوان *nätawän* **(1) I'm / (2) We're unable to help (3) her. / (4) him. / (5) them. / (6) you.** (١) من / (٢) ما از کمک (٣) اوزن / (٤) اومرد / (٥) آنها / (٦) شما عاجز (١) هستم. / (٢) هستیم. *(1) Man / (2) Mä za komak-e- (3) o zan / (4) o mard / (5) änhä / (6) shomä a'äjez (1) hastam. / (2) hastem.*

unacceptable *adj* غیر قابل قبول *gheyr-e-qäbel-e-qabool,* ناپذیرفتنی *näpazee-roftanee* **(1) That / (2) This is unacceptable.** (١) آن / (٢) این غیر قابل قبول است. *(1) Än / (2) Een gheyr-e-qäbel-e-qabool ast.*

unaccounted for *adj* حساب نشده *hesäb nashoda; (number)* **people are unaccounted for.** (__) مردم حساب نشده. *(__) mardom hesäb nashoda.*

unarmed *adj* بی اسلحه *bey asleha,* غیر مسلح *gheyr-e-mosalah* **(1) I'm / (2) They're / (3) We're unarmed.** (١) من / (٢) آنها / (٣) ما غیر مسلح (١) هستم. / (٢) هستند. / (٣) هستیم. *(1) Man / (2) Änhä / (3) Mä gheyr-e-mosalah (1) hastam. / (2) hastand. / (3) hastem.*

unauthorized *adj* غیرمجاز *gheyr-e-majäz,* بی اجازه *bey ejäza* ~ **purchase** خریداری بی اجازه *khareedäree-e-bey ejäza* ~ **use** استفاده بی اجازه *estefäda-e-bey ejäza*

unavoidable *adj* غیرقابل اجتناب *gheyr-e-qäbel-e-ejtenäb* **It was unavoid-**

unbearable   **477**   **under**

able. غیرقابل اجتناب بود *Gheyr-e-qäbel-e-ejtenäb bood*
unbearable *adj* تحمل ناپذیر *tahmol näpazeer*
unbelievable *adj* باور نکردنی *bäwar nakardanee*
unbeliever *n* بی دین *beydeen,* لامذهب *lämazhab*
unbutton *vt* بازکردن *bäz kardan* **Unbutton** *(1)* **her** */ (2)* **his** */ (3)* **your** *(4)* **blouse.** */ (5)* **coat.** */ (6)* **jacket.** */ (7)* **pants.** */ (8)* **shirt.** */ (9)* **sweater.** (٤) پیراهن / (٥) کورتی / (٦) جاکت / (٧) پتلون / (٨) پیراهن یخن قاق / (٩) جاکت (٢،١) / (٣) تان را باز کنید. اش (4) *Peerähan* / (5) *Kortee* / (6) *Jäkat* / (7) *Patloon* / (8) *Peerähan-e-yakhan qäq* / (9) *Jäkat (1,2) -e-ash* / (3) -e-tän rä bäz koned.
uncle *n 1. (mother's brother)* ماما *mämä; 2. (father's brother)* کاکا *käkä; 3. (mother's sister-in-law)* شوهرخاله *showhar-e-khäla; 4. (father's sister-in-law)* شوهرهمه *showhar-e-hama*
unclean *adj* ناپاک *näpäk*
uncoil *vt* حلقه را باز کردن *halqa rä bäz kardan,* باز کردن *bäz kardan* **Uncoil it.** باز اش کنید. *Bäz ash koned.*
uncomfortable *adj* ناراحت *närähat* **Are you uncomfortable?** آیا شما ناراحت هستید؟ *Äyä shomä närähat hasted?* **Let me know if it becomes uncomfortable.** مرا خبر کنید اگر ناراحت شد. *Marä khabar koned agar närähat shod.*
uncommon *adj* غیرمعمول *gheyr-e-ma'mool*
uncompleted *adj* ناتکمیل *nätakmeel*
unconfirmed *adj* تصدیق ناشده *tusdeeq näshoda*
unconscious *adj* بی خبر *bey khabar,* غافل *ghäfel,* بیهوش *bey-hoosh* **fall ~** بیهوش شدن *bey-hoosh shodan* **Is** *(1)* **he** */ (2)* **she unconscious?** (١) آیا اومرد / (٢) اوزن بیهوش است؟ *Äyä (1) o mard / (2) o zan bey-hoosh ast?* **(1) He / (2) She is unconscious.** (١) اومرد / (٢) اوزن بیهوش است. *(1) O mard / (2) O zan bey-hoosh ast.* **It knocked** *(1)* **her** */ (2)* **him** */ (3)* **you unconscious.** این (١) او زن (٢) او مرد (٣) شما را بیهوش ساخت *Een (1) o zan (2) o mard (3) shoma ra bey-hoosh sakht*
uncontrollable *adj* غیرقابل نظارت *gheyr-e-qäbel nezärat,* غیرقابل کنترول *gheyr-e-qäbel-e-kantrool*
uncooked *adj* خام *khäm,* ناپخته *näpokhta* **Don't eat** *(1)* **it** */ (2)* **them uncooked.** (١) این / (٢) آنها را خام نخورید. *(1) Een / (2) Änhä rä khäm nakhored.*
uncooperative *adj* غیر همکار *gheyr-e-hamkär (1)* **He** */ (2)* **She has been (very) uncooperative.** (١) اومرد / (٢) اوزن (بسیار) غیر همکار بوده است. *O mard / (2) O zan (beesyär) gheyr-e-hamkär booda ast.* **They've been (very) uncooperative.** آنها (بسیار) غیر همکار بودند. *Änhä (beesyär) gheyr-e-hamkär bodand.* **Why are you being so uncooperative?** چرا شما بسیار غیر همکار هستید؟ *Chorä shomä beesyär gheyr-e-hamkär hasted?*
uncouple *vt* جدا کردن *jedä kardan* **Uncouple it.** جدا اش کنید. *Jedä ash koned.*
uncover *vt 1. (remove the cover)* پوشش از روی چیزی برداشتن *poshesh az roy-e-cheezee bardäshtan,* برهنه کردن *berahna kardan; 2. (reveal)* فاش کردن *fäsh kardan* **What did you uncover?** چی را فاش کردید؟ *Chee rä fäsh karded?*
undamaged *adj* درست *drost,* سالم *sälem* **Fortunately, it's undamaged.** خوشبختانه، درست است. *Khosh-bakhtäna, drost ast.* **Fortunately, they're undamaged.** خوشبختانه، درست هستند. *Khosh-bakhtäna, drost hastand.*
undecided *adj* دودله *dodel,* مردود *mardood* **I'm undecided.** دودله هستم. *Dodela hastam.* **We're undecided.** دودله هستیم. *Dodela hastem.*
under *prep* درزیر *dar zeer,* تحت *taht* **~ the bed** در زیر بستر *dar zeer-e-*

underbrush / 478 / **understand**

bestar ~ **the floor** درزیر فرش *dar zeer-e-farsh* **Put a** *(1)* **pad /** *(2)* **sheet /** *(3)* **towel under** *(4)* **her. /** *(5)* **him.** یک (۱) دُشَک/ چه (۲) روکش / (۳) دستمال (٤،٥) اش بنداز ید. *Yak (1) doshak-cha / (2) rokash / (3) dastmäl dar zeer (4,5) ash bendäzed.* **Crawl under it and look.** درزیر این آهسته بروید و نگاه کنید. *Dar zeer-e-een ähesta berawed wa negäh koned.*
underbrush *n* بته ها *bota hä* **Clear the underbrush.** بته ها را صاف کنید. *Bota hä rä säf koned.*
undercooked *adj* خام *khäm*
underestimate *vt* نادیده گرفتن *nadeeda gereftan*, کم شمردن *kam shomordan*, قدر چیزی یا کسی را ندانستن *qader-e-cheezee yä kasee rä nadänestan* **Don't under-estimate** *(1)* **her. /** *(2)* **him. /** *(3)* **them.** (۱) اوزن / (۲) اومرد / (۳) آنها را کم نشمارید. *(1) O zan / (2) O mard / (3) Ánhä rä kam na-shomäred.* **I underestimated you.** من شما را کم شمرده بودم. *Man shomä rä kam shomorda bodam.*
undergo *vt* تحمل کردن *tahmol kardan*, کشیدن *kasheedan* ~ **surgery** جراحی کردن *jarähee kardan* ~ **therapy** تداوی کردن *tadäwee kardan* ~ **training** تمرین کردن *tamreen kardan* ~ **treatment** معالجه کردن *ma'äleja kardan*, تداوی کردن *tadäwee kardan* **You'll have to undergo surgery (for it).** شما باید عملیات جراحی کنید. *Shomä bäyad a'malyät-e-jarähee koned.* **(1) He / (2) She will have to undergo surgery (for it).** (۱) اومرد / (۲) اوزن باید عملیات جراحی کنید. *(1) O mard / (2) O zan bäyad a'malyät-e-jarähee konad.*
underground *adj* زیرزمینی *zeer zameenee* ~ **cable** کیبل زیرزمینی *keebal-e-zeer zameenee* ~ **chamber** اطاق زیرزمینی *otäq-e-zeer zameenee* ~ **pipeline** پایپ نفت زیرزمینی *päyp-e-neft-e-zeer zameenee* ~ **storage area** ساحه ذخیره زیر زمینی *säha-e-zakheera-e-zeer zameenee* ~ **tunnel** تونل زیرزمینی *tonal-e-zeer zamee-nee*, مجرای زیرزمینی *majräy-e-zeer zameenee*
underneath *adv* از زیر *az zeer*, در زیر *dar zeer* **dig** ~ از زیر کندن *az zeer kandan* ★ *prep* زیر *zeer* ~ **the house** زیرخانه *zeer-e-khäna* ~ **the rubble** درزیر سنگ *dar zeer-e-sang*
undernourished *adj* غذا غیرتکافو کننده *ghezä-e-gheyr-e-takäfo konenda*, غذا ناکافی *ghezä-e-näkäfee*
underpants *n, pl* نیکر *neekar* **men's** ~**s** نیکر مردانه *neekar-e-mardäna* **pair of** ~**s** نیکر *neekar* **women's** ~**s** سنتراج (نیکر زنانه) *senteräj (neekar-e-zanäna)*
undershirt *n* زیرپیراهنی *zeer peerähanee*
understand *vt & vi* فهمیدن *fahmeedan*, ملتفت شدن *moltafet shodan*, درک کردن *dark kardan* **Do you understand (me)?** آیا سخن (من را) میفهمید؟ *Äyä sokhan (man rä) mey-fahmed?* **I understand (/[1] her / [2] him / [3] you).** سخن ([۱] اوزن / [۲] اومرد / [۳] شما) را میفهمم. *Sokhan ([1] -e-o zan / [2] -e-o mard / [3] -e-shomä rä) mey-fahmam.* **I don't understand (/[1] her / [2] him / [3] you).** سخن ([۱] اوزن / [۲] اومرد / [۳] شما) را نمفهمم. *Sokhan ([1] -e-o zan / [2] -e-o mard / [3] -e-shomä) rä namey-fahmam.* **Does (1) he / (2) she understand (/[3] me / [4] you)?** آیا (۱) اومرد / (۲) اوزن سخن ([۳] من / [٤] شما) را میفهمد؟ *Äyä (1) o mard / (2) o zan sokhan ([3] -e-man / [4] -e-shomä rä) mey-fahmad?* **(1) He / (2) She understands ([3]me / [4] you).** (۱) اومرد / (۲) اوزن سخن ([۳] من / [٤] شما) را میفهمد. *(1) O mard / (2) O zan sokhan ([3] -e-man / [4] -e-shomä rä) mey-fahmad.* **(1) He / (2) She doesn't understand ([3] me / [4] you).** (۱) اومرد / (۲) اوزن سخن ([۳] من / [٤] شما) را نمیفهمد. *(1) O mard / (2) O zan sokhan ([3] -e-man / [4] -e-shomä) rä namey-fahmad.* **How do you**

underwear / **unfortunately**

understand that? چی قسم آن را فهمیدید؟ *Chee qesem än rä fahmeeded?*
underwear *n* نیکر *neekar* **children's** ~ نیکر طفلانه *neekar-e-tefläna* **long** ~ نیکر دراز *neekar-e-daräz* **men's** ~ نیکر مردانه *neekar-e-mardäna* **women's** ~ نیکر زنانه *neekar-e-zanäna*, سنتراج *senteräj*
undress *vi* لباس خود را کشیدن *lebäs-e-khod rä kashedan* **Please undress (and put this on).** لطفاً لباس خود را بکشید (و این را بپوشید). *Lotfan lebäs-e-khod rä bekashed (wa een rä be-poshed.)* ★ **undressed** *adj* برهنه *berahna*, لچ *loch* **get** ~ برهنه شدن *berahna shodan*, برهنه کردن *berahna kardan* **Please get undressed.** لطفاً لباس هایتانرا بکشید. *Lotfan lebäs häye tan rä be-kashed.* **Tell** *(1)* **her / (2) him to get undressed.** (۱) اومرد / (۲) اوزن را بگوید که لباس های خود را بکشد. *(1) O mard / (2) O zan rä begoyed ke lebäs häye khod rä be-kashad.*
uneasy *adj* ناراحت *närähat* **Are you uneasy (about it)?** آیا شما (درباره اش) ناراحت هستید؟ *Äyä shomä (dar bära ash) närähat hasted?* **Why are you uneasy?** چرا ناراحت هستید؟ *Chorä närähat hasted?* **I feel (very) uneasy (about it).** (درباره اش) (بسیار) احساس ناراحتی میکنم. *(Dar bära ash) (beesyär) ehsäs-e-närähatee mey-konam.*
uneconomical *adj* غیراقتصادی *gheyr-e-eqtesädee*
uneducated *adj* بی سواد *bey sawäd*
unemployed *adj* بی کار *bey kär* **(1) He / (2) She is unemployed.** (۱) اومرد / (۲) اوزن بی کار است. *(1) O mard / (2) O zan bey kär ast.* **How long have you been unemployed?** چقدر مدت بی کار بودید؟ *Cheqadar modat bey kär boded?* ★ **unemployment** *n* بی کاری *bey käree*
unequal *adj* نابرابر *näbaräbar*, نامساوی *nämasäwee*
unethical *adj* غیراخلاقی *gheyr-e-akhläqee*
uneven *adj* ناهموار *nähamwär*; ناجور *näjor* **It's uneven.** ناهموار است. *Nähamwär ast.* **They're uneven.** آنها ناجور هستند. *Änhä näjor hastand.*
unexpected *adj* غیر منتظره *gheyr-e-montazera,* دور از گمان *door az gomän* **This is (very) unexpected.** (بسیار) دور از گمان است. *(Beesyär) door az gomän ast.*
unexploded *adj* منفجرناشده *monfajer näshoda* **Be careful of unexploded *(1)* bombs. / (2) artillery) shells.** متوجه (۱) بمب های / (۲) گلوله های منفجرناشده باشید. *Motawaje-e- (1) bamb häy / (2) goloola häy-e-monfajer näshoda bäshed.*
unfair *adj* نادرست *nädrost* ~ **practice** کار نادرست *kär-e-nädrost* ~ **treatment** تداوی نادرست *tadäwee-e-nädrost*
unfaithful *adj* بی ایمان *bey eemän*, بی دین *bey deen*, خائن *khähen*
unfamiliar *adj* نا آشنا *nä äshnä*
unfasten *vt* باز *bäz* **Unfasten (1) it. / (2) them.** (۱) این / (۲) آنها را باز کنید. *(1) Een / (2) Änhä rä bäz koned.*
unfinished *adj* ناتمام *nätamäm*, ناقص *näqes* ~ **business** کار ناقص *kär-e-näqes* ~ **construction** ساختمان ناتمام *säkhtomän-e-nätamäm*
unforeseen *adj* پیش بینی نشده *peesh beenee nashoda*, غیرمترقبه *gheyr-e-motar-aqeba* **It was unforeseen.** پیش بینی نشده بود. *Peesh beenee nashoda bod.*
unfortunate *adj* بدبخت *badbakht*, ناشی از بدبختی *näshee az badbakhtee* ~ **occurrence** رویداد ناشی از بدبختی *roydäd-e-näshee az badbakhtee* ~ **situation** حالت ناشی از بدبختی *hälat-e-näshee az badbakhtee* **That's very unfortunate.** ناشی از بدبختی بود. *Näshee az badbakhtee bod.* **It was an unfortunate thing to happen.** چیزی ناشی از بدبختی بود که رخ داد. *Cheezee näshee az badbakhtee bod ke rokh däd.* ★ **unfortunately** *adv* بدبختانه *badbakhtäna*

unfriendly *adj* غیردوستانه *gheyr-e-doostäna* (1) **He / (2) She was very unfriendly (to [3] me / [4] us).** (۱) اومرد / (۲) اوزن (به [۳] من / [٤] ما) بسیار غیردوستانه بود. *(1) O mard / (2) O zan (ba [3] man / [4] mä) beesyär gheyr-e-doostäna bod.* **They were very unfriendly (to [1] me / [2] us).** آنها (به [۱] من / [۲] ما) غیردوستانه بودند. *Ānhä (ba [1] man / [2] mä) gheyr-e-doostäna bodand.*

unfurnished *adj* بدون سامان و اثاثیه *bedoon-e-sämän wa asäsya* ~ **apartment** آپارتمان بدون سامان و اثاثیه *apärtomän-e-bedoon-e-sämän wa asäsyah* ~ **house** خانه بدون سامان و اثاثیه *khäna-e-bedoon-e-sämän wah asäsya*

ungrateful *adj* ناسپاس *näsepäs*, نمک حرام *namak haräm* **I didn't mean to seem ungrateful.** منظور ام نبود که ناسپاس معلوم شوم. *Manzoor am nabod ke näsepas mahloom shawam.*

unguarded *adj* بدون محافظه *bedoon-e-mahafeza* **Don't leave (1) it / (2) them unguarded.** (۱) این / (۲) آنها را بدون محافظه نگزارید. *(1) Een / (2) Ānhä rä bedoon-e-mahafeza nagzäred.*

unhappy *adj* قهر *qahr* (1) **He / (2) She is very unhappy (about it).** (۱) او مرد / (۲) اوزن (درباره این) بسیار قهر است. *(1) O mard / (2) O zan (dar bära-e-een) beesyär qahr ast.* **They're very unhappy (about it).** آنها (درباره این) بسیار قهر هستند. *Ānhä (dar bära-e-een) beesyär qahr hastand.* **I'm (very) unhappy (about it).** من (درباره این) (بسیار) قهر هستم. *Man (dar bära-e-een) (beesyär) qahr hastam.*

unharmed *adj* آسیب نرسیدگی *äseeb na raseedagee*, بی گزند *bay-gazand*

UNHCR *abbrev* = **United Nations High Commissioner for Refugees** کمیشنری عالی ملل متحد برای مهاجرین *kameeshnaree a'lee-e-melal-e-motahed baräy-e-mohäjereen*

unhealthy *adj* غیر صحی *gheyr-e-sehee*

unheated *adj* سرد *sard*, گرم ناشده *garm nä shoda* ~ **apartment** آپارتمان سرد *apärtomän-e-sard* ~ **house** خانه سرد *khäna-e-sard* ~ **room** اطاق سرد *otäq-e-sard*

unhitch *vt* باز کردن *bäz kardan* **Unhitch the trailer.** تریلر را باز کنید. *Treelar rä bäz koned.*

unholy *adj* ناپاک *näpäk*, غیر مقدس *gheyr-e-moqadas*

unhook *vt* قفل را باز کردن *qofol rä bäz kardan* **Unhook (1) it. / (2) them.** قفل (۱) این / (۲) آنها را باز کنید. *Qofol-e-(1) een / (2) änhä rä bäz koned.*

unhurt *adj* سالم *sälem* **He / (2) She is unhurt.** (۱) اومرد / (۲) اوزن سالم است. *(1) O mard / (2) O zan sälem ast.*

UNICEF *abbrev* = **United Nations Children's Fund** بودجه ملل متحد برای اطفال *boodeja-e-melal-e-motahed baräy-e-atfäl*

uniform *adj* (*regular*) یک شکل *yak shakel*, یکسان *yak sän*, باقاعده *bä qaheda*

uniform *n* یونفورم *yonform*, لباس متحد الشکل *lebäs-e-motahed-el-shakel*, ~ **military** یونفورم نظامی *yonform-e-nezämee* **nurse's** ~ یونفورم نرس *yonform-e-nars* **police** ~ یونفورم پولیس *yonform-e-polees* **school** ~ لباس مکتب *lebäs-e-maktab* **Was he in uniform?** آیا اومرد یونفورم به تن داشت؟ *Äyä o mard yonform ba tan däsht.* **Were they in uniform?** آیا آنها یونفورم به تن داشتند؟ *Äyä änhä yonform ba tan däshtand?* **He (1) was / (2) wasn't in uniform.** اومرد یونفورم به تن (۱) داشت. / (۲) نداشت. *O mard yonform ba tarn (1) däsht. / (2) nadäsht.* **They (1) were / (2) weren't in uniform.** آنها یونفورم به تن (۱) داشتند. / (۲) نداشتند. *Ānhä yonform ba tan (1) däshtand. / (2) nadäshtand.*

unimportant *adj* غیرمهم *gheyr-e-mohem*, بی اهمیت *bey ahmeeyat*

uninhabited *adj* ویرانه *wayräna*, ناآباد *nä-äbäd* ~ **area** منطقه ویرانه *manteqa-e-wayräna*, منطقه بدون سکنه *manteqa-e-bedoon-e-sakana*
unintelligible *adj* بی معنی *bey ma'nee*, بی شعورانه *bey shohoorana*
unintentional *adj* غیرارادی *gheyr-e-erädee*, سهواً *sahwan* **It was unintentional.** غیرارادی بود. *Gheyr-e-erädee bod.*
union *n (labor)* اتحادیه *etehadya*
unique *adj* بی مانند *bey mänand*, بی نظیر *bey nazeer*
unit *n* 1. *(basic amount)* واحد *wähed;* 2. *(apparatus)* دستگاه *dastgäh;* 3. *(mil. organization)* میزان *meezän,* واحد *wähed;* 4. *(med.)* بخش *bakhsh,* سرویس *sarwees* **burns** ~ سرویس سوختگی *sarwees-e-sookhtagee,* بخش سوختگی *bakhsh-e-sookhtagee* **intensive care** ~ بخش مراقبت جدی *bakhsh-e-moräqebat-e-jedee* **military** ~ واحد نظامی *wahed-e-nezämee* ~ **of measurement** واحد اندازه گیری *wähed-e-andäza-geeree* **water purification** ~ دستگاه تصفیه آب *dastgäh-e-tasfeeya-e-äb*
united *adj* متحد *motahed* **United Kingdom (UK)** بریتانیای کبیر *bartän-yäy-e-kabeer,* انگلستان *engleestän* **United Nations (UN)** ملل متحد *melal-e-motahed* **United States (US)** ایالات متحده *eeyälät-e-motaheda*
universal *adj* کلی *kolee,* عمومی *o'moomee,* جهانی *jahänee* ~ **joint** *(automot.)* مفصل عمومی *mafsal-e-o'moomee* ★ **universe** *n* جهان *jahän,* عالم *a'älam*
university *n* دانشگاه *däneshgäh,* پوهنتون *poohantoon* **medical** ~ دانشگاه طب *däneshgäh-e-teb* **Do you study in the university?** آیا شما در دانشگاه درس میخوانید؟ *Äyä shomä dar däneshgäh dars mey-khäned?* **Which university do you attend?** درکدام دانشگاه درس میخوانید؟ *Dar kodäm däneshgäh dars mey-khäned?* **Are you going to enter the university?** آیا تصمیم دارید که به دانشگاه داخل شوید؟ *Äyä tasmeem däred ke dar däneshgäh däkhel shawed?* **You should apply for admission to the university.** شما باید برای داخله به دانشگاه درخواست کنید. *Shomä bäyad baräy-e-däkhela ba däneshgäh darkhäst koned.* **You should study in the university.** شما باید در دانشگاه درس بخوانید. *Shomä bäyad dar däneshgäh dars bokhäned.* **Which university did you graduate from?** از کدام دانشگاه فارغ شدید؟ *Az kodäm däneshgäh färegh shoded?*
unjust *adj* غیرعادلانه *gheyr-e-a'ädeläna*
unjustified *adj* ناحق *nähaq,* ناروا *närawä* **That was unjustified.** ناحق بود. *Nähaq bod.*
unkind *adj* نامهربان *nämehrabän,* بی لطف *bey lotf*
unknown *adj* مجهول *majhol,* نامعلوم *näma'loom* ~ **assailant** مهاجم نامعلوم *mohä-jem-e-näma'loom*
unless *conj* جزآن که *joz än ke,* تا که *tä ke* **Don't move** *(1)* **her** */ (2)* **him** */ (3)* **it** */ (4)* **them unless I tell you to.** تا که نگفته ام (۱) اوزن / (۲) اومرد / (۳) این / (٤) آنها را انتقال ندهید. *Tä ke nagofta am (1) o zan / (2) o mard / (3) een / (4) änhä rä enteqäl nadeded.* **Don't change anything unless I tell you to.** تا که نگفته ام چیزی را تبدیل نکنید. *Tä ke nagofta am cheezee rä tabdeel nakoned.* **We'll go out tomorrow unless the weather is bad.** فردا اگر هوا خوب بود بیرون خواهیم رفت. *Fardä agar hawä khoob bod beeroon khähem raft.*
unlighted, unlit *adj* تاریك *täreek*
unlikely *adj* در شک *dar shak,* با احتمال کم *bä ehtemäl-e-kam* **It's (very) unlikely.** (بسیار) در شک است. *(Beesyär) dar shak ast.*
unlimited *adj* نامحدود *nämahdood* ~ **access** دسترسی نامحدود *dastrasee-e-nämah-dood*
unload *vt* خالی کردن *khälee kardan* **Unload the** *(1)* **bags.** */ (2)* **boxes.** */ (3)* **cases.** */ (4)* **cargo.** */ (5)* **clothing.** */ (6)* **crates.** */ (7)* **equipment.** (۱) خالی

کنید (۲) بکس ها / (۳) قطعی ها / (٤) صندوق ها / (٥) بار / (٦) لباس ها / (۷) سبد ها / (۷) لوازم. *(1) Khälee koned (1) baks hä / (2) qotee hä / (3) sandoq hä / (4) bär / (5) lebäs hä / (6) sabad hä / (7) lawäzem.* **Help (/1/ us / [2] them) unload (3) food. / (4) freight. / (5) lumber. / (6) material. / (7) stuff. / (8) supplies.** ([۱] ما / [۲] آنها را) در خالی کردن (۳) مواد خوراکه / (٤) بارکشتی / (٥) الوار / (٦) مواد / (۷) اجناس / (۸) تهیه جات کمک کنید. *(1) Mä / [2] Änhä räj dar khälee kardan-e (3) mawäd-e-khoräka... / (4) bär-e-keshtee... / (5) alwär... / (6) mawäd / (7) ajnäs... / (8) tahya jät... komak koned.* **(1) You / (2) We / (3) They have to unload the (4) trailer. / (5) truck. / (6) van.** (۱) شما / (۲) ما / (۳) آنها باید (٤) تریلر / (٥) موترلاری / (٦) واگون را خالی (۱) کنید. / (۲) کنیم. / (۳) کنند. *(1) Shomä / (2) Mä / (3) Änhä bäyad (4) treelar / (5) motar-e-läree / (6) wägoon rä khälee (1) koned. / (2) konem. / (3) konand.*

unlock *vt* باز کردن *bäz kardan* **Unlock it.** باز اش کنید. *Bäz ash koned.* ★ **unlocked** *adj* باز *bäz* **It was unlocked.** باز بود. *Bäz bod.*
unlucky *adj* بدبخت *bad bakht*
unmarried *adj* مجرد *mojarad*
unnatural *adj* غیرطبیعی *masnowee*, مصنوعی *gheyr-e-tabee'ee*
unnecessary *adj* غیرضروری *gheyr-e-zaroree*, غیرلازمی *gheyr-e-läzemee* **Don't take any unnecessary risks.** خطر غیر لازم را به خود متقبل نشوید. *Khatar-e-gheyr-e-läzem rä ba khod moraqabel na shaweed.* **That was unnecessary.** لازم نبود. *Läzem nabod.*
UN OCHA *abbrev* = **United Nations Office for the Coordination of Humanitarian Affairs** دفتر ملل متحد برای هم آهنگی امور بشر دوستانه *Daftar-e-melal-e-motahed baräye hamähangee-ye-omoor-e-bashar-e-doostäne*
unofficial *adj* غیر رسمی *gheyr-e-rasmee* ~ **report** گزارش غیررسمی *gozäresh-e-gheyr-e-rasmee*, راپور غیررسمی *räpoor-e-ghayr-e-rasmee*
unorganized *adj* بی ترتیب *bey tarteeb*
unpack *vt* باز کردن *bäz kardan* **I (still) have to unpack my bags.** من (هنوز) باید بکس هایم را باز کنم. *Man (hanooz) bäyad baks häyam rä bäz konam.*
unpaved *adj* خامه *khäma*, ناهموار *nä-hamwar* **The (1) road / (2) street is unpaved.** (۱) جاده / (۲) سرک خامه است. *(1) Jäda / (2) Sarak khäma ast.*
unplanned *adj* پلان نا شده *pelän näshoda*
unpleasant *adj* نا پسند *näpesand*
unplug *vt* قطع کردن *qata' kardan* **Unplug it (first).** (اول) قطع اش کنید. *(Awal) qata' ash koned.* ★ **unplugged** *adj* قطع *qata'* **It was unplugged.** قطع بود. *Qata' bod.*
unpredictable *adj* غیر قابل پیش بینی *gheyr-e-qabel-e-peeshbenee*
unprepared *adj* نا آماده *nä ämäda* **I was... / (1) We were... unprepared for what happened.** (۱) من / (۲) ما به آنچه که واقع شد آماده (۱) نبودم. / (۲) نبودیم. *(1) Man / (2) Mä ba änche ke wäqe' shod ämäda (1) nabodam. / (2) nabodem.*
unprotected *adj* بی پوش *bey posh*, غیر محفوظ *gheyr-e-mahfooz*
unprovoked *adj* بی جهت *bey jehat* ~ **attack** حمله بی جهت *hamla-e-bey jehat*
unqualified *adj* نا قابل *näqäbel* **(1) He / (2) She is unqualified for the job.** (۱) اومرد / (۲) اوزن برای وظیفه نا قابل است. *(1) O mard / (2) O zan baräy-e-wazeefa nä qäbel ast.*
unreadable *adj* غیرقابل خواندن *gheyr-e-qäbel-e-khändan*
unreal *adj* خیالی *kheeyälee*, غیر واقعی *gheyr-e-wäqe' hee* **The whole situation (1) is / (2) was unreal.** تمام وضع غیر واقعی (۱) است. / (۲) بود. *Tamäm-e-waza' gheyr-e-wäqe' hee (1) ast. / (2) bod.*

unreasonable *adj* نامعقول *näma'qool*, ناحق *nähaq* ~ **demand** تقاضای نا معقول *taqäzäy-e-näma'qool* ~ **expectations** خواهشتات نامعقول *khäheshät-e-näma'-qool* **You're being unreasonable.** شما ناحق هستید. *Shomä nähaq hasted.* **Isn't that a bit unreasonable?** آیا آن قدری نامعقول نیست؟ *Äyä än qadree näma'qool neest.*

unreel *vt* پیچ چیزی را باز کردن *peech cheezee rä bäz kardan* **Unreel the** *(1)* **cable.** / *(2)* **hose.** / *(3)* **line.** (۱) کیبل / (۲) پایپ آبیاری / (۳) سیم را باز کنید. *(1) Keebal / (2) Päyp-e-äb-yäree / (3) Seem rä bäz koned.*

unrelated *adj* بی مورد *bey mowred*, بدون ربط *bedoon-e-rabt* ~ **matters** موضوعات بی مورد *mowzo-a'ät-e-bey mowred*

unreliable *adj* غیرقابل اعتماد *gheyr-e-qäbel-e-e'temäd* *(1)* **He** / *(2)* **She is unreliable.** (۱) اومرد / (۲) اوزن غیرقابل اعتماد است. *(1) O mard / (2) O zan gheyr-e-qäbel-e-e'temäd ast.* **They're unreliable.** آنها غیرقابل اعتماد هستند. *Anhä gheyr-e-qäbel-e-e'temäd hastand.*

unrest *n (disturbance)* بی قراری *bey qaräree*
unripe *adj* نا بالغ *näbälegh*, نارس *näras*
unroll *vt* باز کردن (توپ و یا لوله چیزی را) *bäz kardan (toop yä lola-e-cheezee rä)* **Unroll** *(1)* **it.** / *(2)* **them.** (۱) این / (۲) آنها را باز کنید. *(1) Een / (2) änhä rä bäz koned.*

unruly *adj* سرکش *sarkash* ~ **behavior** رفتار سرکشانه *raftär-e-sarkashäna* **They're getting unruly.** آنها سرکش شده اند. *Anhä sarkash shoda and.*

unsaddle *vt* زین اسپ را دورکردن *zeen-e-asp rä door kardan* **Please unsaddle the horse (for me).** لطفاً زین اسپ را (برای من) دور کنید. *Lotfan zeen-e-asp rä (baräy-e-man) door koned.*

unsafe *adj* نا امن *nä amen*
unsatisfactory *adj* نا رضایت بخش *nä rezäyat bakhsh*
unscheduled *adj* غیر منظم *gheyr-e-monazam*, خارج از برنامه *khärej az barnäma* ~ **flight** پرواز خارج از برنامه *parwäz-e-khärej az barnäma*
unscrew *vt* باز کردن (پیچ را) *bäz kardan (peech rä)* **Unscrew** *(1)* **it.** / *(2)* **them.** (۱) این / (۲) آن را باز کنید. *(1) Een / (2) Änhä rä bäz koned.* **Don't unscrew** *(1)* **it.** / *(2)* **them.** (۱) این / (۲) آنها را باز نکنید. *(1) Een / (2) Änhä rä bäz nakoned.*
unscrupulous *adj* فاقد اصول اخلاقی *fäqed-e-osool-e-akhläqee*
unseal *vt* مهر چیزی را برداشتن *mohr-e-cheezee rä bardäshtan*, بازکردن *bäz kardan*
unsecured *adj* بی امن *bey amen*, خطرناك *khatarnäk*
unsociable *adj* خلاف معاشرت *kheläf-e-ma'äsherat*
unsophisticated *adj* ساده *säda*, بی تزویر *bey tazweer*
unspeakable *adj* غیر قابل بیان *gheyr-e-qabel-e-bayän* ~ **act** عمل غیر قابل بیان *amal-e-gheyr-e-qabel-e-bayän* ~ **crime** جرم غیر قابل بیان *jorm-e-gheyr-e-qabel-e-bayän*
unstable *adj* بی ثبات *bey sobät*
unsteady *adj* سست *sost*
unsuccessful *adj* ناکام *näkäm*
unsuitable *adj* نا مناسب *nä monäseb* **It's unsuitable for medical use.** برای استفاده طبی مناسب نیست. *Baräy-e-estefäda-e-tebee monäseb neest.*
until *prep* تا *tä* **not** ~ بعداً *ba'dan* ~ **next month** تا ماه آینده *tä mäh-e-äyenda* ~ **next week** تا هفته آینده *tä hafta-e-äyenda* ~ **now** تا اکنون *tä aknoon*, تا کنون *tä konoon* ~ **tomorrow** تا فردا *tä fardä* **Wait until I come back.** تا پس برگردم انتظار بکشید. *Tä pas bargardam entezär bekashed.* **We work until** *(1)* **five** / *(2)* **six o'clock.** ما تا (۱) پنج / (۲) شش بجه کار میکنیم. *Mä tä (1) panj / (2) shash baja kär mey-konem.* **I'll be here until March.** من تا

ماه مارچ اینجا خواهیم ماند. *Man tä mäh-e-märch eenjä khähem mänd.* **Take the medicine until it's all gone.** دوا بخورید تا که کاملاً گم شود. *Dawä beegeered tä ke kämelan gom shawad.*
untrained *adj* بی تحصیل *bey tahseel,* بدون تربیت *bedoon-e- tarbeyat*
untrue *adj* دروغ *drogh,* نادرست *nädrost*
untrustworthy *adj* غیرقابل اعتماد *gheyr-e-qäbel-e-e'temäd*
unusable *adj* غیرقابل استفاده *gheyr-e-qäbel-e-estefäda*
unused *adj* استعمال نشده *este'mäl nashoda*
unused to *adj (unaccustomed)* نا آشنا *nä ähnä* **I'm unused to (1) cold / (2) hot weather.** من به هوای (۱) سرد / (۲) گرم نا آشنا هستم. *Man ba hawäy (1) sard / (2) garm nä äshenä hastam.*
unusual *adj* غیرمعمول *gheyr-e-ma'mool* ★ **unusually** *adv* به طور غیرمعمولی *ba towr-e-gheyr-e-ma'moolee*
unwelcome *adj* نا مطلوب *nämatloob*
unwind *vt* باز کردن (از پیچ و تاب) *bäz kardan (az peech wa täb)* **Unwind it.** باز اش کنید. *Bäz ash koned.*
unwise *adj* نادانی *nädänee,* غیرعاقلانه *gheyr-e-a'äqeläna* **That would be very unwise.** غیرعاقلانه خواهد بود. *Gheyr-e-a'äqeläna khähad bod.*
unwrap *vt* کشیدن *kasheedan* **Unwrap (1) it. / (2) them.** (۱) این / (۲) انها را بکشید. *(1) Een / (2) Änhä rä bekashed.*
up *adj* 1. *(awake)* بیدار *beedär;* 2. *(happening)* بیدار *beedär* خبر *khabar* **Are you still up?** شما تا حال بیدار هستید؟ *Shomä tä häl beedär hasted?* **You shouldn't stay up so late.** شما نباید تا ناوقت بیدار باشید. *Shomä nabäyad tä näwaqt beedär bäshed.* **What's up?** چی خبر است؟ *Chee khabar ast?* ★ *adv* 1. *(to a higher level)* بالا *bälä,* بطرف بالا *bataraf-e-bälä;* 2. *(at a higher level)* دربلندی *dar belandee;* 3. *(used as an intensifier, e.g., clean up)* No equivalent. *(1,2)* **Stand up.** *(1)* Barkheezed. / برخیزید. *(2)* ایستاد شوید. *Eestäd shawed.* **Push it up.** بطرف بالا تیله اش کنید. *Bataraf-e-bälä teela ash koned.* **Raise it up.** بطرف بالا بلند اش کنید. *Bataraf-e-bälä beland ash koned.* **It's up there.** آیا دربلندی است؟ *Äyä dar belandee ast?* **It dried up.** خشک شد. *Khoshk shod.* **Clean up the stove.** منقل را پاک کنید. *Manqal rä päk koned.* ★ *prep* 1. *(to or at a higher level)* بالای *bäläy;* 2. *(further along)* بطرف بالای *bataraf-e-bäläy,* پیش *peesh* ~ **the hill** بالای تپه *bäläy-e-tapa* ~ **the stairs** بالای زینه *bäläy-e-zeena* **It's up the road about two kilometers.** در حدود دو کیلومتر بطرف بالای سرک است. *Dar hodood-e-do keelo meter bataraf-e-bäläy-e-sarak ast.* ★ **up to** *idiom* 1. *(as far as)* تا *tä;* 2. *(approaching)* نزد *nazd;* 3. *(incumbent upon)* مربوط *marbot;* 4. *(doing; plotting)* کردن *kardan,* مشغول بودن در *mashgool bodan dar* **I was up to my knees in mud.** تا با زانوهایم در گل بودم. *Tä ba zänoo häyam dar gel bodam.* **Go up to him and ask him.** نزد وی بروید و پرسان اش کنید. *Nazd-e-way berawed wa porsän ash koned.* **It's up to (1) her. / (2) him. / (3) them. / (4) you.** مربوط به (۱) اوزن / (۲) اومرد / (۳) آنها / (۴) شما است. *Marbot ba (1) o zan / (2) o mard / (3) änhä / (4) shomä ast.* **What are you up to?** شما چی میکنید؟ *Shomä chee mey-koned?* **What is (1) he / (2) she up to?** (۱) اومرد / (۲) اوزن چی میکند؟ *(1) O mard / (2) O zan chee mey-konad?* **What are they up to?** آنها چی میکنند؟ *Änhä chee mey-konand?*
update *vt* تجدید کردن *tajeed kardan* **The (1) files / (2) records need to be updated.** (۱) دوسیه ها / (۲) یاداشت ها باید تجدید شوند. *(1) Doosya hä / (2) yädäsht hä bäyad tajdeed shawand.* **Did you update the (1) files? / (2) records?** آیا شما (۱) دوسیه ها / (۲) یاداشت ها را تجدید کردید؟ *Äyä shomä (1) dosya hä / (2) yädäsht hä rä tajdeed karded?*
upgrade *vt* نوعیت چیزی را جدید کردن *now-e'yat-e-cheezee rä jadeed kardan,*

نوعیت چیزی را اصلاح کردن *now-e'yat-e- cheezee rä esläh kardan* **The (1) equipment / (2) system needs to be upgraded.** (۲) / اسباب (۱) نوعیت سیستم باید جدید شود. *Now-e'yat-e-(1) asbäb / (2) seestom bäyad jadeed shawad.*

uphill *adv* سربالا *sarbälä* **go ~** سربالا رفتن *sarbälä raftan*

upper *adj* بالاتر *bälätar*

uprising *n* شورش *shoresh*, قیام *qeeyäm*, بلوا *balwä* **Is there an uprising?** یک شورش است. *Yak shoresh ast.*

upset *adj* 1. *(disturbed)* آشفته *äshofta*, اضطراب *azteräb*; 2. *(angry)* قهر *qahr* **(1) He / (2) She has an upset stomach.** اوزن معده ناراحت (۲) / اومرد (۱) دارد. *(1) O mard / (2) O zan mehda-e-närahat därad.* **What are you upset about?** درباره چی قهر هستید؟ *Dar bära-e-chee qahr hasted? (1) He / (2) She was (very) upset (about it).* اوزن (درباره این) (بسیار) (۲) / اومرد (۱) قهر بود. *(1) O mard / (2) O zan (dar bära-e-een) (beesyär) qahr bod.*

upside down *idiom* درهم و برهم *darham wa barham*, بی ترتیب *bey tarteeb*, سرچپه *sar chapa*

upstairs *adv* (خانه) بالا *bälä (khäna)*, منزل بالا *manzel-e-bälä* **Take it upstairs.** بالا ببرید اش. *Bälä bobared ash. (1) He / (2) She / (3) It is upstairs.* اوزن (۲) / اومرد (۱) *(1) O mard / (2) O zan /* (۳) این بالا است. *(3) een bälä ast.* **They're upstairs.** آنها بالا هستند. *Änhä bälä hastand.*

up-to-date *adj* تازه *täza*, جدید *jadeed*

upward(s) *adv* بالا طرف *taraf-e-bälä*

uranium *n* یورانیوم *yooräneeoom* **depleted ~** یورانیوم تخلیه شده *yooräneeoom-e-takhleeye shoda* **exposure to depleted ~** در معرض یورانیوم تخلیه شده *dar ma'raz-e-yooräneeoom-e-takhleeye shoda*

Urdu *n (lang.)* اردو *ordo*, لسان اردو *lesän-e-ordo* **Can you (1) read / (2) speak / (3) write Urdu?** نوشته (۳) / صحبت کرده (۲) / خوانده (۱) اردو شما آیا میتوانید؟ *Äyä shomä ordo (1) khända... / (2) sohbat karda... / (3) naweshta... mey-tawäned?* **I can (1) read / (2) speak / (3) write Urdu.** نوشته میتوانم (۳) / صحبت کرده (۲) / خوانده (۱) اردو از من *Man ordo (1) khända... / (2) sohbat karda... / (3) naweshta... mey-tawänam.* **Can (1) he / (2) she (3) read / (4) speak / (5) write Urdu?** (۳) اردو اوزن (۲) / اومرد (۱) آیا خوانده (٤) / صحبت کرده (٥) / نوشته میتواند؟ *Äyä (1) o mard / (2) o zan ordo (3) khända... / (4) sohbat karda... / (5) nawesta... mey-tawänad?* **(1) He / (2) She can (3) read / (4) speak / (5) write Urdu.** اوزن (۲) / اومرد (۱) نوشته میتواند. (٥) / صحبت کرده (٤) / خوانده (۳) اردو *(1) O mard / (2) O zan ordo (3) khända... / (4) sohbat karda... / (5) naweshta... mey-tawänad.*

urea *n* ادرار *edrär*

urethra *n* مجرای پیشاب *majräy-e-peesh-äb*

urge *vt (try to persuade)* اصرار کردن *esrär kardan* **I urge you to consider it.** اصرار میکنم که در موردش فکر کنید. *Esrär mey-konam ke dar mawredash feker koned.* **I urge you not to go.** اصرار میکنم که نروید. *Esrär mey-konam ke narawed.*

urgency *n* ضرورت *zaroorat* ★ **urgent** *adj* ضرور *zaroor*, فوری *fowree*, اضطراری *ezteräree* — **call** *(tel.)* تیلفون عاجل *teelfoon-e-a'äjel* — **message** پیغام عاجل *payghäm-e-a'äjel* — **request** درخواست عاجل *darkhäst-e-a'äjel* **It's urgent that I (1) see him. / (2) talk to him.** ضرور است که (۱) وی را ببینم. / (۲) با وی صحبت کنم. *Zaroor ast ke (1) way rä bebeenam. / (2) bä way sohbat konam.*

urinal *n* قارونه *qäroona*, ظرف پیشاب *zarf-e-peeshäb* **Clean the urinals.** قارونه را پاک کنید. *Qäroona rä päk koned.* ★ **urinalysis** *n* تجزیه ادرار *tajzeeya-e-edrär* ★ **urinary** *adj* ادراری *edräree*, پیشابی *peeshäbee* **~ tract** مجرای

urinate vi ادرار کردن مجرای ادراری majräy-e-edräree, کانال ادراری känäl-e-edräree ★ **urinate** vi ادرار کردن edrär kardan, پیشاب کردن peeshäb kardan **Please urinate in this bottle.** لطفا دراین بوتل پیشاب کنید. Lotfan dar een botal peeshäb koned. (1) **He / (2) She urinated in bed.** (۱) اومرد / (۲) اوزن دربستر پیشاب کرده است. (1) O mard / (2) O zan dar botal peeshäb karda ast. ★ **urine** n ادرار edrär ~ **sample** نمونه ادرار namona-e-edrär

urological adj ادراری edräree ~ **examination** معاینه ادراری ma'äyena-e-edräree ★ **urologist** n متخصص مجرای ادراری motakhases-e-majräy-e-edräree, متخصص بولی motakhases-e-bowlee ★ **urology** n یورولوژی yorolozhee (شاخه از علم طب که با جهاز بولی زن و جهازبولی و تناسلی مرد سروکار دارد.) (shäkha-e-az e'lm-e-teb ke bä jahäz-e-bowlee-e-zan wa jahäz-e-bowlee wa tanäsolee-e-mard sar-o-kär därad. ~ **clinic** کلینیک یورولوژی keeleenek-e-yorolozhee

US abbrev = **United States** ایالات متحده eeyälät-e-motaheda

usable adj قابل استفاده qäbel-e-estefäda, قابل استعمال qäbel-e-este'mäl **Is it (still) usable?** آیا (تاهنوز) قابل استفاده است؟ Äyä (tä hanooz) qäbel-e-estefäda ast? **It's (still) usable.** (تاهنوز) قابل استفاده است. (Tä hanooz) qäbel-e-estefäda ast. ★ **use** vt استفاده کردن estefäda kardan, استعمال کردن este'mäl kardan **May I use (1) this? / (2) your telephone? / (3) your toilet?** آیا میتوانم از (۱) این / (۲) تیلفون شما / (۳) تشناب شما استفاده کنم؟ Äyä mey-tawänam az (1) een / (2) teelfoon-e-shomä / (3) tashnäb-e-shomä estefäda konam? **Go ahead and use it.** بفرمائید استفاده کنید. Befarmäyed estefäda koned. **Yes, you can use it.** بلی، استفاده کنید. Balee, estefäda koned. **No, you can't use it.** نخیر، استفاده نکنید. Nakhayr, estefäda nakoned. **Do you know how to use it?** آیا میدانید چی قسم استفاده اش کنید؟ Äyä mey-däned chee qesem estefäda ash koned? **I (1) know / (2) don't know how to use it.** (۱) میدانم که چی قسم استفاده اش کنم. / (۲) نمیدانم که چی قسم استفاده اش کنم. (1) Mey-dänam / (2) Namey-dänam ke chee qesem estefäda ash konam. **I'll show you how to use it.** شما را یاد خواهم داد که چی قسم استفاده اش کنید. Shomä rä yäd khäham däd ke chee qesem estefäda ash koned. **(1) He / (2) She will show you how to use it.** (۱) اومرد / (۲) اوزن شما را یاد خواهد داد که چی قسم استفاده اش کنید. (1) O mard / (2) O zan shomä rä yäd khähad däd ke chee qesem estefäda ash koned. **Don't let anyone (else) use it.** کسی (دیگری) را نگذارید که استفاده اش کند. Kasee (deegaree) rä nagzäred ke estefäda ash koned. ★ **used** adj مستعمل mosta'mal, استفاده شده estefäda shoda ~ **computer** کمپیوتر مستعمل kampyootar-e-mosta'mal ~ **furniture** مبل مستعمل mobel-e-mosta'mal ★ **used to** idiom (accustomed to): **be** ~ بلد شدن balad shodan, عادت گرفتن hädat gereftan ★ **useful** adj مفید mofeed, سودمند soodmand **It's very useful.** بسیار سودمند است. Beesyär soodmand ast. **I think you'll find it useful.** فکر میکنم برایتان مفید خواهد بود. Feker mey-konam baräy-e-tän mofeed khähad bod. ★ **useless** adj بی فایده bey fäyda, بی کاره bey kära **It's (completely) useless.** (کاملاً) بی فایده است. (Kämelan) bey fäyda ast. ★ **user** n استعمال کننده este'mäl konenda **each** ~ هراستعمال کننده har este'mäl konenda

usual adj همیشگی hameeshagee, معمولی ma'moolee ★ **usually** adv معمولاً ma'moolan

utensil n ظرف zarf **cooking** ~s ظروف آشپزی zoroof-e-ash-pazee **eating** ~s ظروف نان خوری zoroof-e-nän khoree

uterine adj رحمی rahmee ~ **cancer** سرطان رحمی saratän-e-rahmee ~ **infection** انتان رحمی antän-e-rahmee, چرک رحمی cherk-e-rahmee ★ **uterus** n رحم rahem

utilities n, pl (gas, electricity, sewage) ضروریات zaroryät **restore** ~ مجدد

ضروريات احياه كردن mojadad-e-zaroryät ehyä kardan
utmost *adj* منتها montahä, انتها entehä **Handle it with the utmost care.** از انتهای دقت کار بگیرید az montahäy-e-deqat kar begeered.
uvula *n* زبانچه zabäncha
Uzbek *adj* ازبکی ozbakee ★ **Uzbek** *n* 1. *(person)* ازبك ozbak; 2. *(lang.)* ازبکی ozbakee **speak ~** ازبکی صحبت کردن ozbakee sohbat kardan
Uzi *n (submachinegun)* (يك نوع ماشين دار كوچك ساخت اسرايل) yozee (Yak nawa' mäsheen där-e-kochak sakht-e-esräyel.)

V v

vacancy *n (unfilled position)* جای خالی jäy khälee **job ~** جای خالی برای کار jäy-e-khälee baräy-e-kär **There are no job vacancies at the present time.** فعلا هیچ جای خالی برای کار نیست. Fe'lan hech jäy-e-khälee baräy-e-kär neest. ★ **vacant** *adj* 1. *(empty)* خالی khälee; 2. *(job: unfilled)* اشغال نشده eshghäl nashoda **~ building** تعمیر خالی ta'meer-e-khälee **~ house** خانه خالی khäna-e-khälee **~ lot** نمره زمین خالی nomra zameen-e-khälee **~ position** وظیفه اشغال ناشده wazeefa-e-esh-ghäl näshoda, جای اشغال ناشده jäy-e-esh-ghäl näshoda

vacation *n* رخصتی rokhsatee **one-week ~** رخصتی یك هفته ای rokhsatee yak hafta yee **two-week ~** رخصتی دو هفته ای rokhsatee do hafta yee **~ schedule** تقسیم اوقات رخصتی taqseem aowqät-e-rokhsatee, برنامه رخصتی barnama-e-rokhsatee **You will earn (1) one day / (2) two days of vacation for each month that you work.** شما در هر ماه کار تان (١) يك روز / (٢) دو روز رخصتی خواهید داشت. Shomä dar har mäh-e-kär-e-tän (1) yak rooz / (2) do rooz rokhsatee khähed däsht. **I'm going on vacation.** به رخصتی میروم. Ba rokhsatee mey-rawam. **Where are you going on your vacation?** به رخصتی کجا میروید؟ Ba rokhsatee kojä mey-rawed? **When do you want to take your vacation?** چی وقت میخواهد رخصتی تان را بیگیرید؟ Chee waqt mey-khähed rokhsatee-tän rä beegeered? **You have (number) days of vacation time accrued.** شما (___) روز رخصتی دارید Shoma (___) rooz rokhsatee dared. **You don't have enough vacation time (accrued).** شما رخصتی کافی ندارید. Shoma rokhsatee käfee nadared.

vaccinate *vt* واکسین کردن wäkseen kardan **You're going to be vaccinated against smallpox.** شما در مقابل مرض چیچك واکسین میشوید. Shomä dar moqäbel-e-maraz-e-cheechak wäkseen mey-shawed. **Everyone (1) has to be... / (2) should be... vaccinated.** همه (١) مکلف اند ... / (٢) باید... واکسین شوند. Hama (1) mokalaf and... / (2) bäyad... wäkseen shawand. **Vaccinate all children up to 15 years of age against measles.** اطفال تا سن ١٥ ساله را در مقابل سرخکان واکسین کنید. Atfäl tä sen-e-panzda säle rä dar moqäbel sorkhakän wäkseen koned. **All the poultry need to be vaccinated.** تمام مرغ های خانگی باید واکسین شوند. Tamäm-e-marq hä-ye khänegee bäyad wäkseen shawand. ★ **vaccination** *n* واکسین wäkseen **measles ~** واکسین (مرض) سرخکان wäkseen-e- (maraz-e-) sorkhakän **smallpox ~** واکسین (مرض) چیچك wäkseen-e- (maraz-e-) cheechak **Come back in (number) days so that we can check your vaccination.** بعد از

vaccinator ... **value**

تا که واکسن تان را ببینیم. *Ba'd az (___) rooz bar garded tā ke wākseen-e-tān rā beebeenem.* **Your vaccination didn't take.** واکسن شما نتیجه نداد. *Wākseen-e-shomā nateeja nadād.* ★ **vaccinator** *n* واکسیناتور *wāk-seenātor* ★ **vaccine** *n* واکسن *wākseen* **bird flu ~** واکسن انفلوانزای پرنده *wākseen-e-enflooenzā-ye-parande* **cholera ~** واکسن کولرا *wākseen-e-kolarā* **dose of ~** دور واکسن *dowr-e-wākseen* **flu ~** واکسن انفلوانزا *wāk-seen-e-enfloo-enzā* **smallpox ~** واکسن مرض چیچک *wākseen-e-maraz-e-cheechak* **tetanus ~** واکسن تیتانوس *wākseen-e-tetānoos* **How much vaccine do we have?** چقدر واکسن داریم؟ *Cheqadar wākseen dārem?* **There (1) is / (2) isn't enough vaccine (for everyone).** (برای) همه) بقدر کافی واکسن (۱) است. / (۲) نیست. *(Barāy-e-hama) baqader-e-kāfee wākseen (1) ast. / (2) neest.* **We have to (1) get / (2) order more vaccine.** ما باید بیشتر واکسن (۱) بیگیریم. / (۲) بخواهم. *Mā bāyad beeshtar wākseen (1) beegeerem. / (2) bekhāhem.*

vacuum *vt* با جاروی برقی پاک کردن *bā jāro-e-barqee pāk kardan* **Vacuum the floor in (1) here. / (2) there.** فرش را (۱) اینجا / (۲) آنجا جارو کنید. *Farsh rā (1) eenjā / (2) ānjā jāro koned.* **Did you vacuum (1) here? / (2) there? / (3) in the (room)?** آیا (۱) اینجا / (۲) آنجا / (۳) (___) را جارو کردید؟ *Āyā (1) eenjā / (2) ānjā / (3) (___) rā jāro karded?* ★ **vacuum** *n* (**vacuum cleaner**) خلا *khalā*, محیط فاقد هوا *moheet-e-faqed-e-hawā* **~ cleaner** جارو برقی *jāro-e-barqee*

vagina *n* مهبل *mahbal* ★ **vaginal** *adj* مهبلی *mahbalee*

vague *adj* مبهم *mobham*, نامعلوم *nāma'loom* **~ memory** حافظه مبهم *hafeza-e-mobham* ★ **vaguely** *adv* بطور مبهم *batowr-e-mob-ham* **I vaguely remember (that).** (آن) را بطور مبهم بیاد دارم. *(An) rā batowr-e-mobham ba yād dāram.*

valid *adj* درست *drost*, معتبر *mo'tabar* **This (1) authorization / (2) document / (3) ID / (4) license / (5) pass / (6) passport / (7) permit / (8) visa is not valid.** این (۱) اجازه نامه / (۲) سند / (۳) هویت / (۴) جواز / (۵) گذرنامه / (۶) پاسپورت / (۷) اجازه نامه / (۸) ویزه اعتبار ندارد. *Een (1) ejāza nāma / (2) sanad / (3) hoyat / (4) jawāz / (5) gozar nāma / (6) pāsport / (7) ejāza nāma / (8) weeza e'tebār nadārad.* ★ **validate** *vt* تصدیق کردن *tasdeeq kardan*, قانونی کردن *qānoonee kardan* **I need to have my visa validated.** باید ویزه ام را تصدیق کنم. *Bāyad weeza am rā tasdeeq konam.* **We need to have our visas validated.** ما باید ویزه های خود را تصدیق کنیم. *Mā bāyad weeza hāy-e-khod rā tasdeeq konem.* **Who can validate this for me?** کی این را برایم تصدیق کرده میتواند؟ *Kee een rā barāyam tasdeeq karda mey-tawānad?* **Where can I get this validated?** این را درکجا تصدیق کنم؟ *Een rā dar kojā tasdeeq konam?*

valley *n* دره *dara* **across the ~** در میان دره *dar meeyān-e-dara* **in the ~** در دره *dar dara* **mouth of the ~** دهن دره *dahan-e-dara*

valuable *adj* قیمتی *qeematee*, گرانبها *gerānbahā* **Is it valuable?** آیا این گرانبها است؟ *Āyā een gerānbahā ast?* **Are they valuable?** آیا آنها گرانبها هستند؟ *Āyā ānhā gerānbahā hastand?* **This (1) is / (2) isn't valuable.** این گرانبها (۱) است. / (۲) نیست. *Een gerānbahā (1) ast. / (2) neest.* **These (1) are / (2) aren't valuable.** آنها گرانبها (۱) هستند. / (۲) نیستند. *Ānhā gerānbahā (1) hastand. / (2) neestand.* **Did they take anything valuable?** آیا آنها چیزی گرانبها را گرفتند؟ *Āyā ānhā cheezee gerānbahā rā greftand?* **Was it valuable?** آیا گرانبها بود؟ *Āyā gerānbahā bod?* **Were they valuable?** آیا گرانبها بودند؟ *Āyā gerānbahā bodand?*

value *n* قیمت *qeemat*, بها *bahā*, ارزش *arzesh* **total ~** قیمت مجموعی *qeemat-e-majmo'ee* **What's the value of it?** چی ارزش دارد؟ *Chee arzesh dārad?*

What was the value of it? چی ارزش داشت؟ *Chee arzesh däsht?* **Write the value of each item.** ارزش هر جنس را نوشته کنید. *Arzesh har jens rä nawesha koned.* **Your work has value.** کار شما با ارزش است. *Kär-e-shomä bä arzesh ast.*

valve *n* 1. *(mech., autom.)* وال *wäl;* 2. *(heart)* دسام *dasäm,* دریچه *dareecha* **broken ~** وال شکسته *wäl-e-shekesta* **heart ~** دسام قلب *dasäm-e-qalb* **main ~** وال عمومی *wäl-e-o'moomee* **safety ~** وال اطمینان *wäl-e-etmeenän* **~ problem** *(automot.)* مشکل وال *moshkel-e-wäl* **water ~** وال آب *wäl-e-äb* **Shut the valve.** وال را بسته کنید. *Wäl rä basta koned.* **Open the valve.** وال را باز کنید. *Wäl rä bäz koned.* **Is the valve (1) open? / (2) shut?** آیا وال (۱) باز / (۲) بسته است؟ *Äyä wäl (1) bäz / (2) basta ast?* **The valve is (1) open. / (2) shut.** وال (۱) باز / (۲) بسته است. *Wäl (1) bäz / (2) basta ast.* **It needs a valve job.** *(automot.)* والش به ترمیم ضرورت دارد. *Wälash ba tarmeem zaroorat därad*

van *n* واگون *wägoon* **dental ~** واگون دندان سازی *wägoon-e-dandän säzee* **repair ~** واگون ترمیم *wägoon tarmeem,* ورکشاپ سیار *warakshäp-e-sayär*

vanilla *adj* وانیلی *wäneelee* ★ *n* درخت وانیل *darakht-e-wäneel*

vapor *n* بخار *bokhär* ★ **vaporize** *vi* بخار دادن *bokhär dädan,* تبخیر کردن *tabkheer kardan* ★ **vaporizer** *n* بخار ساز *bokhär säz*

variable *adj* متغیر *motaghayer,* انعطاف پذیر *enhetäf pazeer*

variation *n (change)* اختلاف *ekhteläf,* فرق *farq*

varicose *adj* گشاده *goshäda* **~ veins** وریدهای گشاده شده *wareed häy-e-goshäda shoda*

variety *n* 1. *(difference)* فرق *farq;* 2. *(types, kinds)* نوع *nawa',* گونه *gona,* قسم *qesem* **We need to give them some variety (in the menu).** باید آنها را تنوع (در فهرست) بدهیم. *Bäyad änhä rä tanawoo (dar fehrest) bedehem.* **They have a wide variety of (1) goods. / (2) products.** آنها (۱) اجناس / (۲) تولیدات گوناگون دارند. *Änhä (1) ajnäs- / (2) towleedät- e-goonägoon därand.* **There's no variety.** هیچ فرق ندارد. *Hech farq-e-nadärad.*

various *adj* مختلف *mokhtalef,* گوناگون *gonägoon* **~ items** اقلام گوناگون *aqläm-e-gonägoon* **~ kinds** انواع گوناگون *anwä'-e-gonägoon* **~ materials** مواد گوناگون *mawäd-e-gonägoon* **~ medicines** ادویه های گوناگون *adweya häy-e-gonägoon* **~ methods** روش های مختلف *rawesh häy-e-mokhtalef* **~ options** طریقه های متخلف *tareeqa häy-e-mokhtalef* **~ ways** انتخاب های گوناگون *entekhäb häy-e-gonägoon*

varnish *vt* جلا دادن *jalä dädan* ★ **varnish** *n* روغن جلا *rooghan-e-jalä,* ورنس *varnes* **can of ~** قطی ورنس *qotee-e-warnes*

vary *vi* 1. *(fluctuate)* تغییرکردن *ta'gheer kardan;* 2. *(differ)* فرق کردن *farq bä kardan* **with varying degrees of success** با درجات مختلف موفقیت *bä darajät-e-mokhtalef-e-mowafaqyat* **The results may vary..** نتایج فرق خواهد کرد.. *Natäyej farq khähad kard.* **It varies, depending on...** فرق میکند، مربوط است بر... *Farq mey-konad, marbot ast bar...*

vascular *adj* شریانی *sheryanee,* وریدی *wareedee*

vase *n* گلدان *goldän*

vaseline *n* واسلین *wäseleen*

vat *n* خمره *khomra*

vault *n* زیرخانه *zeer khäna,* محل محفوظ *mahal-e-mahfooz* **bank ~** محل محفوظ بانک *mahal-e-mahfooz-e-bänk* **I / (2) We want to keep these documents in the bank vault.** (۱) من میخواهم... / (۲) ما میخواهیم... این اسناد را در محل محفوظ بانک (۱) نگهدارم. / (۲) نگهداریم. *Man mey-khäham... / (2) Mä mey-khähem... een asnäd rä dar mahal-e-mahfooz-e-bänk (1) nega-däram. / (2) nega-därem.*

veal *n* گوشت گوساله *goosht-e-goosäla*
vector *n* وكتور *wektor*, خط عامل *khat-e-a'ämel*
vegetable *n* سبزى *sabzee*, **grow ~s** سبزیجات کشت کردن *sabzeejät kesht kardan* **raise ~s** سبزیجات کشت کردن *sabzeejät kesht kardan* **~ brush** جارو بته ای *järo-e-bota-ee* **What kind of vegetables do you (1) grow? / (2) have?** چی قسم سبزیجات (۱) کشت میکنید؟ (۲) دارید؟ *Chee qesem sabzeejät (1) kesht may-koned? / (2) däred?* **What kind of vegetable seeds do you (1) need? / (2) want?** چی قسم تخم سبزیجات (۱) ضرورت دارید؟ / (۲) میخواهید؟ *Chee qesem tokhm-e-sabzeejät (1) zaroorat däred? / (2) mey-khähed?* **You need to eat more vegetables.** شما باید بیشتر سبزیجات بخورید. *Shomä bäyad beeshtar sabzeejät bokhored.* **Here's a list of vegetables that we need.** این لست سبزیجات است که ضرورت داریم. *Een lest-e-sabzeejät-e-ast ke zaroorat därem.* **Buy a lot of vegetables.** بسیار سبزیجات بخرید. *Beesyär sabzeejät bekhared.* **Wash these vegetables well.** این سبزیجات را خوب بشوید. *Een sabzeejät rä khoob beshoyed.* ★ **vegetarian** *adj* نباتی *nabätee*, کسی که عموما سبزیجات میخورد. *Kasee ke o'mooman sabzeejät mey-khorad.* **~ diet** خوراك نباتی *khoräk-e-nabätee* **~ meal** غذا نباتی *ghezä-e-nabätee* **~ recipe** نسخه نباتی *noskha-e-nabätee* ★ *n* سبزى خوار *sabzee khär*, طرفدار غذا نباتی *taraf där-e-ghezä-e-nabätee* **I'm a vegetarian.** من سبزى خوار هستم. *Man sabzee khär hastam.*
vegetation *n* نشوء و نمای نباتی *nasho' wa nomäy nabätee*
vehicle *n* وسیله نقلیه *waseela-e-naqleeya*, موتر *motar* **emergency ~** موتر عاجل *motar-e-a'äjel* **four-wheel-drive ~** موتری که هرچهار تایر اش حرکت میکند. *motar-e-ke har chär täyar ash harakat mey-konad* **military ~** موتر عسکری *motar-e-a'skaree*, موتر نظامی *motar nezämee* **off-road ~** موتر بیرون از خط *motar-e-beeroon az khat-e-sayr* **sport utility ~ (SUV)** موتری که نسبت به تیزرفتار بزرگتر بوده و ظرفیت بیشتر دارد (لندکروزر، سرف، پجیرو) *motar-e-ke nesbat ba teezraftar bozorgtar boda wa zarfeyat-e- beeshtar darad (land crouiser, surf, pajero)* **~ capacity** ظرفیت موتر *zarfeeyat-e-motar* **~ inspection** بازدید موتر *bäzdeed-e-motar*, تلاشی موتر *taläshee motar* **~ maintenance** ترمیم موتر *tarmeem-e-motar* **The capacity of this vehicle is (number) tons.** ظرفیت این موتر (___) تن است. *Zarfeyat-e- een motar (___) ton ast.* **No vehicles allowed.** برای هیچ موتر اجازه نیست. *Baräy-e-hech motar ejäza neest.* **(1) I / (2) We want to inspect your vehicle.** (۱) من میخواهم... / (۲) ما میخواهیم... موتر شما را تلاشی (۱) کنم. / (۲) کنیم. *(1) Man mey-khäham... / (2) Mä mey-khähem... motar-e-shomä rä taläshee (1) konam. / (2) konem.*
veil *n* حجاب *hejäb*, چادر *chädar*
vein *n (blood vessel)* ورید *wareed*, رگ *rag*
velvet *adj* مخملی *makhmalee* ★ **velvet** *n* مخمل *makhmal*
vendetta *n* دشمنی خانواده گی *doshmanee khänawäda-gee*, پدرکشی *padar koshee*
vendor *n* فروشنده *froshenda*, فروش *frosh* **bedding ~** فروشنده لوازم خواب *froshenda-e-lawäzem-e-khäb* **camera ~** کمره فروش *kamra frosh* **coat ~** کورتی فروش *kortee frosh* **coffee ~** قهوه فروش *qahwa frosh* **cheese ~** پنیر فروش *paneer frosh* **chicken ~** مرغ فروش *morgh frosh* **cloth ~** لباس فروش *lebas frosh* **clothing ~** فروشنده البسه *froshenda-e-albasa* **dishware ~** ظرف فروش *zarf frosh* **egg ~** تخم فروش *tokhom frosh* **fabric ~** تکه فروش *teka forsh* **film ~** فلم فروش *felm frosh* **firewood ~** چوب سوخت فروش *choob-e-sokht frosh* **fruit ~** میوه فروش *meewa frosh* **jewelry ~** طلا فروش *telä frosh* **kitchenware ~** کسی که لوازم آشپزخانه را میفروشد. *kasee ke lawäzem-e-äshpaz khäna rä mey-froshad* **leather goods ~** اجناس چرمی فروش *ajnäs-e-*

venereal / 491 / **vessel**

charmee frosh **meat ~** گوشت فروش *goosht frosh* **music ~** کست فروش *kaset frosh*, لوازم موسیقی فروش *lawäzem-e-moseeqee frosh* **sewing goods ~** اجناس دوخته گی فروش *ajnäs-e-dokhta-gee frosh* **shoe ~** بوت فروش *bot frosh* **soft drink ~** نوشابه فروش *noshäba frosh* **spice ~** ادویه فروش *adweya frosh* **street ~** دست گردان *dast gardän*, کسی که در روی سرک چیزی را بفروش میرساند. *Kasee ke dar roy sarak cheezee rä ba frosh mey-rasänad.* **tea ~** چای فروش *chäy frosh* **tobacco ~** تمباکو فروش *tambäko frosh* **vegetable ~** سبزی فروش *sabzee frosh* **watch ~** ساعت فروش *sä-a't frosh* **Where is there a** *(type)* **vendor?** (___) (___) فروش کجاست؟ *frosh kojäst?*

venereal *adj* مقاربتی *moqärebatee*, آمیزشی *ämeezeshee* **~ disease** امراض مقاربتی *amräz-e-moqärebatee*

venom *n* زهر *zahr* **snake ~** زهر مار *zahr-e-mär* ★ **venomous** *adj* سمی *samee*, زهرآلود *zahr älood* **Is it venomous?** *(snake)* آیا سمی است؟ *Äyä samee ast?*

vent *n* هوا گیر *hawäbeer* **Make sure the vent is** *(1)* **closed.** / *(2)* **open.** خود را متیقن سازید که هوا گیر (۱) بسته / (۲) باز است. *Khod rä motayaqen säzed ke hawägeer (1) basta / (2) bäz ast.* ★ **ventilate** *vt* تهویه کردن *tahweya kardan*, هوا دادن *hawä dädan* ! تصفیه کردن *tasfeya kardan* **be ventilated** تهویه شده *tahweya*, تصفیه شده *tasfeya shoda* **It's** *(1)* **poorly** / *(2)* **well ventilated.** (۱) کمی / (۲) خوب تصفیه شده است. *(1) Kamee / (2) Khoob tasfeya shoda ast.* ★ **ventilation** *n* تجدید هوا *tajdeed-e-hawä* **We need** **(more) ventilation in** *(1)* **here.** / *(2)* **there.** ما (۱) اینجا / (۲) آنجا (بیشتر) به تجدید هوا ضرورت داریم. *Mä (1) eenjä / (2) änjä (beeshtar) ba tajdeed-e-hawä zaroorat därem.*

verb *n* فعل *fe'l* **How does this verb conjugate?** این فعل چی قسم تغیر شکل میکند (در حالات مختلف گرامری)؟ *Een fe'l chee qesem tagheer shakel mekonad (dar halät-e-mokhtalef-e-geranaree)?* ★ **verbal** *adj* لفظی *lafzee*, زبانی *zabänee*, شفاهی *shafayee* ★ **agreement** توافق زبانی *tawäfoq-e-zabänee*

verification *n* تصدیق *tasdeeq* **iris ~** معاینه رنگ چشم *ma'äyena-ye-rang-e-cheshm* **Iris ~ Center** مرکز معاینه رنگ چشم *markaz-ma'äyena-ye-rang-e-cheshm* ★ **verify** *vt* تصدیق کردن *tasdeeq kardan*, تایید کردن *täyeed kardan* **Who can verify it?** کی میتواند این را تصدیق کند؟ *Kee mey-tawänad een rä tasdeeq konad?* *(1)* **I** / *(2)* **We have to verify it.** (۱) من / (۲) ما تصدیق اش (۱) میکنم. / (۲) میکنیم. *(1) Man / (2) Mä tasdeeq ash (1) mey-konam. / (2) mey-konem.* **Did you verify it?** آیا تصدیق اش کردید؟ *Äyä tasdeeq ash karded?* **I verified it.** من تصدیق اش کردم. *Man tasdeeq ash kardam.* **I haven't verified it.** تصدیق اش نکردم. *Tasdeeq ash nakardam.* ★ **verification** *n* تصدیق *tasdeeq*

version *n* ترجمه *tarjoma*, نسخه *noskha* **latest ~** ترجمه اخیر *tarjoma-e-akheer*, نسخه اخیر *noskha-e-akheer* **This is a** *(1)* **new** / *(2)* **revised version.** این نسخه (۱) جدید / (۲) اصلاح شده است. *Een noskha-e- (1) jadeed / (2) esläh shoda ast.*

versus *prep* در مقابل *dar moqäbel*, به ضد *ba zed*

vertabra *n (pl* **vertebrae)** *(anat.)* فقره *faqara*, مهره *mohra* ★ **vertebral** *adj* مهره ای *mora yee*, مربوط به فقرات *marbot ba faqarät*

vertical *adj* عمودی *a'moodee* ★ **vertically** *adv* بطور عمودی *batowr-e-o'moodee*

very *adv* بسیار *beesyär* **That's very** *(1)* **difficult.** / *(2)* **good.** / *(3)* **heavy.** / *(4)* **nice.** بسیار (۱) مشکل / (۲) خوب / (۳) ثقیل / (۴) مقبول است. *Beesyär (1) moshkel / (2) khoob / (3) saqeel / (4) maqbool ast.* **Thank you very much.** بسیار زیاد تشکر. *Beesyär zeeyäd tashakor.*

vessel *n (anat.)* اوعیه *aowya*, رگ *rag* **blood ~** اوعیه دموی *aowya-e-damawee*

vest n واسكت *waskat* **traffic ~** *(rd const.)* واسكت ترافيك *waskat-e-taräfeek*
veteran n تجربه کار *tajroba kär*
veterinarian n متخصص وترنری *motakhases-e-weternaree*, داكتر حيوانات *däktar-e-haywänät* **You should** *(1)* **ask /** *(2)* **call a veterinarian.** شما بايد يك داکتر حيوانات را (١) بپرسيد / (٢) تليفون كنيد. *Shomä bäyad yak däktar-e-haywänät rä (1) beporsed / (2) telefoon koned.* ★ **veterinary** adj وترنری *weternaree*, حيوانى *haywänee* **~ clinic** كلينيك حيوانى *keleneek-e-haywänee*
via prep از راه *az räh*, از طريق *az tareeq* **We /** *(2)* **You can go there via** *(name of town)*. (١) ما / (٢) شما از راه (___) (١) ميتوانيم برويم. (٢) ميتوانيد برويد. *(1) Mä / (2) Shomä az räh-e- (___) (1) mey-tawänem berawem. / (2) mey-tawäned berawed.*
viaduct n پل *pol* **build a ~** پل اعمار كردن *pol e'mär kardan*
vial n دوا کوچك شیشه *sheesha-e-kochak-e-dawä*
vibrate vi تكان خوردن *takänk khordan* **It's vibrating (too much).** (بسیار زياد) تكان ميخورد. *(Beesyär zeeyäd) takän mey-khorad.* ★ **vibration** n اهتزاز *ehtezäz*, تكان *takän*, لرزه *larza* **apply ~** تكان دادن *takän dädan*, به اهتزاز درآوردن *ba ehtezäz dar äwardan* **eliminate the ~** تكان را حذف كردن *takän rä hazf kardan* **There's too much vibration.** بسیار زياد تكان است. *Beesyär zeeyäd takän ast.* *(1)* **I /** *(2)* **They /** *(3)* **We detected vibrations.** (١) من / (٢) آنها / (٣) ما اهتزاز را (١) دريافتم. (٢) دريافتند. (٣) در يافتيم. *(1) Man / (2) Änhä / (3) Mä ehtezäz rä (1) dar-yäftam. / (2) dar-yäftand. / (3) dar-yäftem.* ★ **vibrator** n اهتزازدهنده *ehtezäz dehenda*
vice n 1. *(immoral acts)* بدى *badee*, فساد *fesäd*; 2. *(gripping device, vise)* گيرا *geerä* **Put it in a vice and** *(1)* **drill /** *(2)* **saw it.** درگيرا بگذاريد اش و (١) سوراخ / (٢) اره اش كنيد. *Dar geerä begzäred ash wa (1) soräkh / (2) ara ash koned.*
vice-president n معاون ريس *ma'äwen-e-ra-ees*, نائب ريس *näyeb-e-ra-ees*
vice versa adv برعکس *bar a'ks*
vicinity n مجاورت *mojäwerat*, نزدیکی *nazdeekee* **It's in the vicinity of** *(place)*. درمجاورت (___) است. *Dar mojäwerat-e-(___) ast.* **Is it in this vicinity?** آيا در اين نزدیکی است؟ *Äyä dar een nazdeekee ast?* **It** *(1)* **is /** *(2)* **isn't in this vicinity.** در اين نزدیکی (١) است. (٢) نیست. *Dar nazdeekee (1) ast. / (2) neest.*
vicious adj تباهکار *tabähkär*, بدکار *badkär*, خطرناک *khatarnäk* **~ dog** سگ خطرناک *sag-e-khatarnäk*
victim n قربانى *qorbänee*, آسيب ديده *äseeb deeda* **~s of the earthquake** آسيب ديدگان زلزله *äseeb deedagän-e-zelzela* **~s of the war** آسيب ديدگان جنگ *äseeb deedagän-e-jang* **How many victims were there?** تعداد آسيب ديدگان چقدر بود؟ *Tehdäd-e-äseeb deedagän cheqadar bod?*
victory n پيروزى *peeroozee*
video adj ويديو *weedyo* **make a ~ tape** ثبت ويديو کردن *sabt-e-weedyo kardan* **~ cassette** كست ويديويى *kaset-e-weedyoyee* **~ cassette recorder (VCR)** ويديوثبت *weedyo-e-sabt* **~ tape** كست ويديو *kaset-e-weedyo* **Make a video tape of it.** ثبت ويديو كنيد. *Sabt-e-weedyo koned.* ★ n فلم *felm* **rent a ~** فلم كرايه گرفتن *felm keräya greftan* **watch a ~** فلم ديدن *felm deedan* **Take a video of it.** يك فلم اش را بيگيريد. *Yak felm ash rä beegeered.* **Do you have any** *(1)* **American /** *(2)* **English videos?** آيا كدام فلم (١) امريكايى / (٢) انگليسى داريد؟ *Äyä kodäm felm-e- (1) amreekäyee / (2) engleesee däred?*
view n 1. *(scene, vista)* منظره *manzera*; 2. *(opinion)* نظر *nazar* **What is your view on the matter?** نظر شما در اين موضوع چيست؟ *Nazar-e-shomä dar een mowzo' cheest?* **In my view…** به نظر من… *Ba nazar-e-man…*

vigorous *adj* قوی qawee, نیرومند neeromand
villa *n* خانه اطراف khäna-e-aträf, تفریح گاه tafree gäh
village *n* قریه qarya, ده de **abandoned ~** قریه متروك qarya-e-matrook, ده ترك شده de-e-tark-shoda **deserted ~** قریه تخلیه شده qarya-e-takhleya shoda **isolated ~** قریه دورافتاده qarya-e-door oftada **nearby ~** قریه نزدیک qarya-e-nazdeek **remote ~** قریه دور qarya-e-door **surrounding ~** قریه های مجاور‌ها qarya hä-e-mojäwer **~ council** شورای قریه shoräy-e-qarya **~ leader** پیشوا peeshwä-e-qarya, قریه رئیس ra-ees-e-qarya, قریه ریش سفید reeshsefeed-e-qarya **Can you take (1) me / (2) us to the village?** (١) آیا من (١) / (٢) ما را به قریه برده میتوانید؟ Äyä (1) man / (2) mä rä ba qarya borda mey-tawäned? **What's the name of this village?** نام این قریه چی است؟ Näm-e-een qarya chee ast? **The village is only accessible by donkey.** قریه تنها توسط خر قابل دسترسی است. Qarya tanhä tawasot-e-khar qäbel-e-dastrasee ast. ★ **villager** *n* دهاتی dehätee
vine *n* تاك täk
vinegar *n* سرکه serka **Add some vinegar to it.** قدری سرکه بالایش علاوه کنید. Qadree serka bäläyash a'läwa koned.
vineyard *n* تاکستان täkestän
vinyl *n* یك نوع پلاستیك محکم yak nawa' palästeek-e-mahkam
violate *vt* تخلف کردن از takhalof kardan az, بی احترامی کردن به bey ehterähee kardan ba **~ regulations** تخلف کردن از قواعد takhalof kardan az qawä-e'd **~ the law** به قانون بی احترامی کردن ba qänoon bey ehterämee kardan **Will it violate Islamic (3) morals? / (4) teachings?** ایا ان (١) اخلاق / (٢) دروس اسلامی را نقض خواهد کرد؟ Äyä än (1) akhläq / (2) doroos eslämee rä naqz khähad kard? ★ **violation** *n* تخلف takhlof, تخطی takhatee, بی احترامی bey ehterämee **~ of the law** تخطی از قانون takhatee az qänoon
violence *n* زور zoor, جبر jaber, خشونت khoshoonat, جنایت jenayat **acts of ~** اعمال خشونت آمیز amäl-e-jenayat karana, اعمال جنایتکارانه amäl-e-khoshonat ämez **too much ~** خشونت زیاد khoshoonat-e-zeyäd **(1) I / (2) We don't want any violence.** (١) من / (٢) ما هیچ خشونت را (١) نمیخواهم. / (٢) نمیخواهیم. (1) Man / (2) Mä hech khoshoonat rä (1) namey-khäham. / (2) namey-khähem. **(1) We / (2) You have to stop the violence.** (١) ما / (٢) شما باید از خشونت جلوگیری (١) کنیم. / (٢) کنید. (1) Mä / (2) Shomä bäyad az khoshoonat jelowgeeree (1) konem. / (2) koned. ★ **violent** *adj* ظالم zälem, جنایتکار jenäyat kär **become ~** ظالم شدن zälem shodan **~ argument** بحث با خشونت bahs-e-bä khoshoonat **~ behavior** رفتار ظالمانه raftär-e-zälemäna **~ encounter** با ظالم روبروشدن bä zälem robaro shodan **(1) He / (2) She became violent.** (١) اومرد / (٢) اوزن ظالم شده است. (1) O mard / (2) O zan zälem shoda ast.
violet *adj* بنفش benafsh
viral *adj* ویروسی weeroosee **~ infection** انتان ویروسی antän-e-weeroosee
virgin *n* باکره bäkera **She (1) is / (2) isn't a virgin.** (١) است. / (٢) نیست. O bäkera (1) ast. / (2) neest.
virtually *adv* تقریباً taqreeban, نزدیک به nazdeek ba
virulent *adj* سمی samee, کشنده koshenda **~ strain** ضربه کشنده zarba-e-koshenda
virus *n* ویروس weeroos **computer ~** ویروس کمپیوتر weeroos-e-kampyootar **deadly ~** ویروس کشنده weeroos-e-koshenda **flu ~** ویروس زکام weeroos-e-zokäm **polio ~** ویروس فلج weeroos-e-falaj **SARS ~** ویروس سارز weeroos-e-särz **strain of ~** قدرت ویروس qodrat-e-weeroos **It's some kind of virus.** کدام نوع ویروس است. Kodäm nawa' weeroos ast. **It can kill the virus.** میتواند ویروس را بکشد. Mey-tawänad weeroos rä bekoshad.

visa *n* ویزه *weeza* **apply for a** ~ برای ویزه درخواست کردن *baraye weeza darkhäst kardan* **business** ~ ویزه تجارت *weeza-e-tejärat,* ویزه کار *weeza-e-kär* **extend my** ~ ویزه ام را تمدید کنید *weeza am rä tamdeed koned* **fiancee** ~ ویزه نامزادی *weeza-e-näm-zädee* **get a** ~ ویزه گرفتن *weeza greftan* **immigrant** ~ ویزه مهاجرت *weeza-e-mahäjerat* **renew my** ~ ویزه ام را تجدید کنید *weeza am rä tajdeed koned* **student** ~ ویزه محصلی *weeza-e-mahselee* **tourist** ~ ویزه سیاحت *weeza-e-sayähat* **transit** ~ ویزه اقامت *weeza-e-eqämat* ~ **application (form)** درخواست نامه برای ویزه *darkhäst näma baräy-e-weeza* ~ **extension** تمدید ویزه *tamdeed-e-weeza* **You need to get a** *(type)* **visa.** شما باید یک ویزه (____) بیگیرید. *Shomä bäyad yak weeza-e-(____) beegeered.* **I have to** *(1)* **get a new visa.** / *(2)* **renew my visa.** من باید (۱) یک ویزه جدید بیگیرم. / (۲) ویزه ام را تمدید کنم. *Man bäyad (1) yak weeza-e-jadeed beegeeram. / (2) weeza am rä tamdeed konam.*

viscera *n, pl* احشاء *ahshä'*
viscosity *n* غلظت *ghelzat* ★ **viscous** *adj* چسپنده *chaspenda,* غلیظ *ghaleez*
vise *n* گیرا *geerä*
visibility *n* نما *noma,* قابلیت دید *qabelyat-e-deed,* ظاهری شکل *zaheree* **Visibility is** *(1)* **good.** / *(2)* **okay.** / *(3)* **poor.** شکل ظاهری (۱) خوب / (۲) درست / (۳) خراب است. *Shakel-e-zaheree (1) khoob / (2) drost / (3) kharäb ast.* ★ **visible** *adj* پدیدار *padeedär,* آشکار *äshkär,* نمایان *nomäyän* **Nothing** *(1)* **is** / *(2)* **was visible.** (۱) است. / (۲) نبود. چیزی پدیدار *Cheezee padeedär (1) ast. / (2) nabod.*

vision *n (eyesight)* دید *deed,* بینایی *beenäyee,* دید چشم *deed-e-chashem* **good** ~ دید خوب *deed-e-khoob* **impaired** ~ دید ضعیف *deed-e-za'eef* **normal** ~ دید نارمل *deed-e-närmal,* دید درست *deed-e-drost* **poor** ~ دید ضعیف *deed-e-za'eef* ~ **examination** معاینه دید *ma'äyena-e-deed* ~ **test** معاینه دید *ma'äyena-e-deed* **You need to have your vision tested.** شما باید دید چشم تان را معاینه کنید. *Shomä bäyad deed-e-chashem-e-tän rä ma'äyena koned.* *(1)* **He /** *(2)* **She should have** *(3)* **his /** *(4)* **her vision tested.** (۱) اومرد / (۲) اوزن باید دید چشم (۴،۳) اش را معاینه کند. *(1) O mard / (2) O zan bäyad deed-e-chashem (3,4) ash rä ma'äyena konad.* **Do you have any problems with your vision?** آیا با دید چشم تان مشکل دارید؟ *Äyä ba deed-e-chashem-e-tän moshkel dared?*

visit *vt* ملاقات کردن *moläqät kardan,* دیدن *deedan* *(1)* **I'd /** *(2)* **We'd like to visit** *(place).* (۱) من میخواهم... / (۲) ما میخواهیم... (____) را (۱) ببینم. / (۲) ببینیم. *(1) Man mey-khäham... / (2) Mä mey-khäham... (____) rä (1) beebeenam. / (2) beebeenem.* **Please come visit** *(1)* **me. /** *(2)* **us.** لطفاً بیاید (۱) من / (۲) ما را ببینید. *Lotfan beeyäyed (1) man / (2) mä rä bebeened.* **When is a good time to visit you?** کدام وقت مناسب است که شما را ببینم؟ *Kodäm waqt monäseb ast ke shomä rä bebeenam?* *(1)* **I'll /** *(2)* **We'll come visit you** *(3)* **on** *(day / date).* / *(4)* **next week.** / *(5)* **next month.** (۱) من / (۲) ما برای دیدن شما (۳) در (____) / (۴) هفته آینده / (۵) ماه آینده خواهد (۱) آمدم. / (۲) آمدیم. *(1) Man / (2) Mä baräy-e-deedan-e-shomä (3) dar (____) / (4) hafta-e-äyenda / (5) mäh-e-äyena khähad (1) ämadam. / (2) ämadem.* **You can visit** *(1)* **her /** *(2)* **him between** *(time)* **and** *(time)* **(everyday).** *(hospital).* شما میتوانید (۱) اوزن / (۲) اومرد را بین (____) و (____) (همه روزه) ببینید. *Shomä mey-tawäned (1) o zan / (2) o mard rä bayn-e-(____) wa (____) (hama rooza) beebeened.* **The** *(1)* **director /** *(2)* **assistant director is going to visit us on** *(date).* (۱) ریس / (۲) معاون ریس ما را در (____) میبیند. *Ra-ees / (2) Ma'äwen-e-ra-ees mä rä dar (____) meebeenad.* ★ *n* ملاقات *moläqät,* بازدید *bäzdeed* **during** *(1)* **my /** *(2)* **our** ~ ما (۲) / من (۱) ملاقات درجریان *dar jeryän-e-moläqät-e- (1) man / (2) mä*

official ~ ملاقات رسمی *moläqät-e-rasmee* **pay a ~ to** بازدید کردن از *bäzadeed kardan az* **This is my first visit here.** این اولین بازدید من از اینجا است. *Een awaleen bäzdeed-e-man az eenjä ast.* **I enjoyed my visit (very much).** من از بازدیدم (بسیار زیاد) لذت بردم. *Man az bäzdeed am (beesyär zeeyäd) lezan bordam.* **We enjoyed our visit (very much).** ما از بازدید ما (بسیارزیاد) لذت بردیم. *Mä az bäzdeed-e-mä (beesyär zeeyäd) lezat bordem.* ★ **visiting** *adj* ملاقات *moläqät*, بازدید *bäzdeed*, عیادت *a'yädat* **Visiting hours are from** *(time)* **to** *(time)* **(in the** *[1]* **morning /** *[2]* **afternoon /** *[3]* **evening).** *(hospital)* وقت ملاقات از (__) تا (__) ([۱] قبل از ظهر / [۲] بعد از ظهر / [۳] عصر) است. *Waqt-e-moläqät az (__) tä (__) ([1] qabel az zohr / [2] ba'd az zohr / [3] a'ser) ast.* ★ **visitor** *n* مهمان *memän*, ملاقات کننده *moläqät konenda* **You have a visitor.** شما یک مهمان دارید. *Shomä yak mehmän däred.* **All visitors must sign in (**[1] **at the desk. /** [2] **at the security office.)** تمام مهمانان باید در ([۱] میز / [۲] دفتر امنیت) امضاء کنند. *Tamäm-e-mehmänän bäyad dar ([1] meez / [2] daftar-e-amneyat) emzä' konand.*

visual *adj* بصری *basaree* **~ aids** *(for instruction)* کمک های بصری *komak häy-e-basaree*

vital *adj (essential, crucial)* ضروری *zarooree*, حیاتی *hayätee* **~ necessity** ضروریات ضروری *zarooryät-e-zarooree* ★ **vitality** *n* قوت زندگی *qowat-e-zendagee*, حیات *hayät* **a lot of ~** قوت زیاد زندگی *qowat-e-zeeyäd-e-zendagee* (1) **He /** (2) **She has regained** (3) **his /** (4) **her vitality.** (۱) اومرد / (۲) اوزن حیات (۳،۴) اش را دوباره حاصل گرد. *O mard / O zan hayät (3,4) ash rä dobära häsel kard.*

vocabulary *n* لغت *loghät*, زبان یک لغات مجموعه *majmoja'h-e-loghät-e-yak zabän*, ذخیره لغات *zakheera-e-loghät* **good ~** لغات خوب ذخیره *zakheera-e-khob-e-loghät* **limited ~** ذخیره محدود لغات *zakheera-e-mahdood-e-loghät* **weak ~** ذخیره کم لغات *zakheera-e-kam-e-loghät* **I want to** (1) **build /** (2) **improve my vocabulary.** من میخواهم ذخیره لغات خود را (۱) بسازم. / (۲) رشد دهم. *Man mey-khäham zekheera-e-loghät khod ra (1) besäzam. /* (2) *roshd deham.* **You have a good vocabulary.** ذخیره لغات شما خوب است. *Zakheera-e-loghät-e-shomä khoob ast.* (1) **He /** (2) **She has a good vocabulary.** (۱) اومرد / (۲) اوزن خوب است. *Zakheera-e-loghät-e-* (1) *o mard /* (2) *o zan khoob ast.*

vitamin *n* ویتامین *weetämeen* **multiple ~** چندین ویتامین *chandeen weetämeen* **prenatal ~** ویتامین قبل از تولد *weetämeen-e-qabel az tawalod* **~C** ویتامین سی *weetämeen-e-see* **~ tablet** تابلیت ویتامین *täblet-e-weetä-meen* **Take a vitamin tablet everyday.** تابلیت (چندین) ویتامین هرروز بخورید. *Täblet-e-weetä-meen har rooz bokhored.* **You need more vitamins.** شما به بیشتر ویتامین ضرورت دارید. *Shomä ba beeshtar weetämeen zaroorat däred.* (1) **He /** (2) **She needs more vitamins.** (۱) اومرد / (۲) اوزن به بیشتر ویتامین ضرورت دارد. (1) *O mard /* (2) *O zan ba beeshtar weetämeen zaroorat därad.*

vocal *adj* صوتی *sowtee* **~ cords** حبول صوتی *hobol-e-sowtee*

vocational *adj* مسلکی *maslakee* **~ education** تعلیمات مسلکی *ta'leemät-e-maslakee* **~ school** مکتب مسلکی *maktab-e-maslakee* **~ training** درس مسلکی *dars-e-maslakee*

voice *n* صدا *sadä*, آواز *äwäz* **active ~** *(gram.)* فعل معلوم *fe'l-e-ma'loom*, بناء معلوم *banä'-e-ma'loom* **passive ~** *(gram.)* فعل مجهول *fe'l-e-majhool*, بناء مجهول *banä'-e-majhool* **I've lost my voice.** آواز ام خراب شده است. *Äwäz am kharäb shoda ast.* **Please lower your voices.** لطفاً آوازتان را کم کنید. *Lotfan äwäz-e-tän rä kam koned.*

volatile *adj (unstable; explosive)* بی ثبات *besobat*, منفجره *monfajera*, بخارشدنی *bokhar shodanee* ~ **combination** ترکیب بخار شدنی *tarkeeb-e-bokhar shodanee* ~ **mixture** مخلوط بخار شدنی *makhloot-e-bokhär shodanee*

volleyball 1. *(game)* والیبال *wäleebäl*; 2. *(ball)* توپ والیبال *toop-e-wäleebäl* **play** ~ والیبال بازی کردن *wäleebäl bäzee kardan* ~ **court** میدان والیبال *maydän-e-wäleebäl* ~ **match** مسابقه والیبال *mosäbeqa-e-wäleebäl* ~ **net** جال والیبال *jäl-e-wäleebäl* ~ **team** تیم والیبال *teem-e-wäleebäl* ~ **tournament** تورنمنت والیبال *tornament-e-wäleebäl* **Let's organize a volleyball tournament.** بیایید یک تورنمنت والیبال ترتیب دهیم. *Beeyäyed yak tornament-e-wäleebäl tarteeb dehem.*

volt *n* وُلت *wolt* ★ **voltage** *n* ولتاژ *woltäzh* **high** ~ ولتاژ بالا *woltäzh-e-bälä* **low** ~ ولتاژ پایین *woltäzh-e-päyeen* **What's the voltage here?** ولتاژ در اینجا چند است؟ *woltäzh dar eenjä chand ast?* ★ **voltmeter** *n* ولتاژ سنج *woltäzh-sanj*

volume *n* 1. *(amount; capacity)* حُجم *hojom*, مقدار *meqdär*; 2. *(loudness)* آواز *äwäz* (1) **Increase** / (2) **Decrease the volume.** *(amount)* مقدار را (1) زیاد / (2) کم کنید. *Meqdär rä (1) zeeyäd / (2) kam koned.* **What is the volume (of it)?** حُجم اش چقدر است؟ *Hojom ash cheqadar ast?* **Please turn down the volume.** لطفاً آواز اش را کم کنید. *Lotfan äwäz ash rä kam koned.*

voluntarily *adv* داوطلبانه *däwotalabäna* ★ **voluntary** *adj* داوطلب *däwotalab*, بلاعوض *belä-e'waz* ~ **agency (VOLAG)** نمایندگی داوطلب *nemäyendagee däwotalab* ~ **service** کار داوطلبانه *kär-e-däwotalabäna* ~ **work** کارداوطلبانه *kär-e-däwotalabäna* **It's on a voluntary basis.** به اساس بلاعوض است. *Ba asäs-e-belä e'waz ast.* ★ **volunteer** *vt* داوطلبانه دادن *däwotalabäna dädan* **Are you volunteering your services?** آیا شما کار هایتان را داوطلبانه انجام میدهید؟ *Ayä shomä kär häy-e-tän rä däwotalabäna anjäm mey-dehed?* **Thank you for volunteering your services.** از کارهای داوطلبانه تان تشکر. *Az kär häy-e-däwota-labäna-e-tän tashakor.* ★ *vi* داوطلب شدن *däwotalab shodan* ~ **to help** برای کمک داوطلب شدن *baräy-e-komak däwotalab shodan* **Do you wish to volunteer?** آیا میخواهید داوطلب شوید؟ *Ayä mey-khähed däwotalab shawed?* **I'd like to volunteer.** میخواهم داوطلب شوم. *Mey-khäham däwotalab shawam.* **Does (1) he / (2) she want to volunteer?** آیا (1) اومرد / (2) اوزن میخواهد داوطلب شود؟ *Ayä (1) o mard / (2) o zan mey-khähad däwotalab shawad?* **(1) He / (2) She wants to volunteer.** (1) اومرد / (2) اوزن میخواهد داوطلب شود. *(1) O mard / (2) O zan mey-khähad däwotalab shawad.* **(1) He / (2) She has volunteered.** (1) اومرد / (2) اوزن داوطلب شد. *(1) O mard / (2) O zan däwotalab shod.* **Do they want to volunteer?** آیا آنها میخواهند داوطلب شوند؟ *Ayä änhä mey-khähand däwotalab shawand?* **They want to volun-teer.** آنها میخواهند. *Anhä mey-khähand däwotalab shawand.* **They have volunteered.** آنها داوطلب شدند. *Anhä däwotalab shodand.* ★ *n* داوطلب *däwotalab* (1) **I** / (2) **We need** (3) **a volunteer.** / (4) **a couple volunteers.** / (5) **some volunteers.** (1) من / (2) ما به (3) یک / (4) دو / (5) چند داوطلب ضرورت (1) دارم. / (2) داریم. *(1) Man / (2) Mä ba (3) yak / (4) do / (5) chand däwotalab zaroorat därem.*

vomit *vi* قی کردن *qey kardan*, استفراغ کردن *estefrägh kardan* **(1) He / (1) She vomited.** (1) اومرد / (2) اوزن قی کرد. *(1) O mard / (2) O zan qey kard.* **This will keep (1) her / (2) him / (3) you from vomiting.** این (1) اوزن / (2) اومرد / (3) آنها را از قی کردن نگهمیدارد. *Een (1) o zan / (2) o mard / (3) shomä rä az qey kardan negäh mey-därad.* **Did you vomit?** آیا شما استفراغ کردید؟ *Ayä shomä estefrägh karded?* **If you have to vomit, use**

this. اگر استفراق میکنید، از این استفاده کنید. *Agar estefrägh mey-koned, az een estefäda koned.* ★ **vomit** *n* قی *qey,* اسفتراغ *estefrägh* **It has vomit** *(1)* **in** */ (2)* **on it.** در (١) داخل / (٢) سر اش استفراغ دارد. *Dar (1) däkhel / (2) sar ash estefrägh därad.* **Clean up the vomit.** استفراغ را پاك كنيد. *Estefrägh rä päk koned.* ★ **vomiting** *n* قى *qay,* استفراغ *estefrägh* **prevent ~** جلوگیری از استفراغ *jelow geeree az estefrägh (1)* **Her** */ (2)* **His vomiting has stopped.** استفراغ (١) اوزن / (٢) اومرد آیستاد شد. *Estefrägh-e- (1) o mard / (2) o zan eestäd shod.*

vote *vi* رای دادن *räy dädan* **register to ~** برای رای دادن ثبت نام کردن *baräy-e-räy dädan sabt-e-näm kardan* **right to ~** حق رای دادن *haq-e-räy dädan* **~ for a candidate** برای كانديدى راى دادن *baräy-e-kandeeday räy dädan* **Let's vote on it.** بیایید رای گیری کنیم. *Beeyäyed räy geree konem.* **You should vote.** شما باید رای بدهید. *Shomä bäyad räy bedehed.* **It's very important to vote.** رای دادن بسیار مهم است. *Räy dädan beesyär mohem ast.* **Did you register to vote?** آیا برای رای دادن ثبت نام کردید؟ *Äyä baräy-e-räy dädan sabt-e-näm karded?* **Did you vote?** آیا رای دادید؟ *Äyä räy däded?* **You can vote at** *(place)*. شما میتوانید در (____) رای بدهید. *Shomä mey-tawäned dar (____) räy bedehed.* ★ *n* رای *räy* **We'll take a vote.** یك رای خواهیم گرفت. *Yak räy khähem greft.* **The result of the vote is...** نتيجه راى ...است. *Nateeja-e-räy ...ast.* ★ **voting** *n* رای دهی *räy dehee* **monitor/observe the ~** رای دهی را مانیتور / مشاهده کردن *räy dehee rä maneetor / moshähede kardan* **How did the voting go?** نتيجه راى دهى چى شد؟ *Nateeja-e-räy dehee chee shod.*

voucher *n* سند *sanad,* دستاویز *dastäweez* **relief ~** سند کمک *sanad-e-komak*

vowel *n* حرف صدا دار *harf sadä där*

vulgar *adj* بی تمیز *bay tameez,* زشت *zesht,* عامیانه *ämyana*

vulnerable *adj* آسیب پذیر *äseeb pazeer* **~ to diseases** در برابر امراض اسیب پذیر *dar baräbar-e-amräz äseeb pazeer*

W w

wad *n (small lump)* نمد *namad,* لایی *läyee* **~ of cotton** نمد کتانی *namad-e-katänee*

wage *n* مزد *mozd,* اجرت *ojrat,* دستمُزد *dast-mozd* **daily ~** دستمُزد روزانه *dast-mozd-e-roozäna* **hourly ~** دستمُزد ساعت وار *dast-mozd-e-sähat-war* **monthly ~** دستمُزد ماهانه *dast-mozd-e-mähäna* **weekly ~** دستمُزد هفته وار *dast-mozd-e-hafta wär*

wagon *n* واگون *wägoon* **horse-drawn ~** گادی *gädee (1)* **Load** */ (2)* **Put** *(3)* **it** */ (4)* **them on the wagon.** (٣) این / (٤) آنها را درواگون (١) بار کنید. / (٢) (3) *Een / (4) Änhä rä dar wägoon (1) bär koned. / (2) begzäred.* بگذارید. **Unload the wagon.** واگون را خالی کنید. *Wägoon rä khälee koned.* **Put the wagon over there.** واگون را آنجا بگذارید. *Wägoon rä änjä begzäred.*

waist *n* کمر *kamar*

wait *vi* صبرکردن *saber kardan,* انتظار کشیدن *entezär kasheedan,* منتظر بودن *montazer bodan* **Wait a minute!** 1. *(Stop!)* توقف! *Tawaqoof!;* 2. *(Be patient!)* صبر داشته باشید! *Saber dashta bäshed!* **(Please) Wait** *(1)* **by the door.** */ (2)* **here.** */ (3)* **in the car.** */ (4)* **in the waiting room.** */ (5)* **outside.** */ (6)* **over there.** (لطفا) (١) پیش دروازه / (٢) اینجا / (٣) درموتر / (٤)

waiter   498   **walk**

(Lotfan) (1) peesh-e-darwäza / (2) eenjä / (3) dar motar / (4) dar otäq-e-entezär / (5) beeroon / (6) änjä entezär bekashed. **You'll have to wait.** شما باید منتظر باشید. Shomä bäyad montazer bäshed. **You have to wait** (1) in line. / (2) for your turn. شما باید (۱) در قطار / (۲) برای نوبت تان منتظر باشید. Shomä bäyad (1) dar qatär... / (2) baräy-e-nobat-e-tän... montazer bäshed. **Are you waiting for me?** آیا شما منتظر من هستید؟ Äyä shomä montazer-e-man hasted? **You don't have to wait.** ضرور نیست که منتظر باشید. Zaroor neest ke montazer bäshed. **(1) I / (2) We will wait for you (3) at the _(place)_. / (4) by the _(place)_. / (5) here. / (6) in front of the _(place)_. / (7) there.** (۱) من / (۲) ما (۳) در (___) / (٤) پیش (___) / (٥) اینجا / (٦) درمقابل (جای) / (۷) آنجا منتظر خواهد (۱) بودم. / (۲) بودیم. (1) Man / (2) Mä (3) dar (jäy) / (4) peysh-e-(___) / (5) eenjä / (6) dar moqäbel-e-(___) / (7) änjä montazer khähad (1) bodam. / (2) bodem. **(1) He / (2) She is waiting for you.** (۱) او مرد / (۲) او زن منتظر شما است. (1) O mard / (2) O zan montazer-e-shomä ast. **They're waiting for you.** آنها منتظر شما هستند. Änhä montazer-e-shomä hastand. **There's a line of people waiting outside.** قطار مردم در بیرون منتظر هستند. Qatär-e-mardom dar beroon montazer hastand. **Did you wait long?** آیا شما بسیار منتظر بودید؟ Äyä shomä beesyär montazer boded? **I've been waiting for you (for _[number]_ [1] minutes. / [2] hours.).** من برای شما ([___] [۱] دقیقه / [۲] ساعت) انتظار بودم. Man baräy-e-shomä ([___] [1] daqeeqa / [2] sä-a't) entezär bodam. **(1) I / (2) We can't wait.** (۱) من / (۲) ما منتظر بوده (۱) نمیتوانم. / (۲) نمیتوانیم. (1) Man / (2) Mä montazer boda (1) namey-tawänam. / (2) namey-tawänem. **We're waiting for (1) a delivery. / (2) a shipment. / (3) supplies.** ما منتظر (۱) یک پارسل / (۲) رسیدن مال / (۳) اکمالات هستیم. Mä montazer-e- (1) yak pärsal... / (2) raseedan mäl... / (3) ekmälät... hastem. ★ **waiter** n گارسون garsoon, پیش خدمت peysh khedmat ★ **waiting** adj منتظر montazer, انتظار entezär ~ **list** لست منتظرین lest-e-montazereen ~ **period** دوره انتظار dowra-e-entezär ~ **room** اطاق انتظار otäq-e-entezär **I'll put your name on the waiting list.** نام شما را در لست منتظرین مینویسم. Näm-e-shomä rä dar lest-e-montazereen mey-naweesam. **Your name is on the waiting list.** نام شما در لست منتظرین است. Näm-e-shomä dar lest-e-montazereen ast. **The waiting period is about (1) two / (2) three / (3) four weeks.** دوره انتظار درحدود (۱) دو / (۲) سه / (۳) چهار هفته است. Dowra-e-entezär dar hodood-e- (1) do / (2) se / (4) chär hafta ast.

waive vt از تمام صرف نظر کردن از sarf-e-nazar kardan az ~ **any claims** از تمام خواست ها صرف نظر کردن az tamäm-e-khäst hä sarf-e-nazar kardan

waiver n چشم پوشی chashem poshee

wake vt بیدار کردن beedär kardan **Wake (1) her / (2) him / (3) them up (at _[time]_).** (۱) اوزن / (۲) اومرد / (۳) آنها را (در [___]) بیدار کنید. (1) O zan / (2) O mard / (3) Änhä rä (dar [___]) beedär koned. **Wake (1) me / (2) us up at _(time)_.** (۱) من / (۲) ما را در (___) بیدار کنید. (1) Man / (2) Mä rä dar (___) beedär koned. **What time do you want me to wake you up?** چی وقت بیدار تان کنم؟ Chee waqt beedär-e-tän konam.

wake up idiom بیدار شدن beedär shodan, برخاستن barkhästan **Wake up!** برخیزید! Bar kheezed! **I woke up at _(time)_.** من (___) برخیستم. Man (___) barkheestam.

walk vi پیاده رفتن peeyäda raftan؛ قدم زدن qadam zadan؛ راه رفتن räh raftan ~ **fast** تیز راه رفتن teez räh raftan ~ **slowly** آهسته راه رفتن ähesta räh raftan ~ **with a limp** لنگ راه رفتن lang räh raftan **Walk (1) fast. / (2) faster. / (3) slower. / (4) slowly.** (۱) تیز (۲) تیزتر (۳) آهسته تر (٤) به آهستگی

walk راه بروید. *(1) teez (2) teeztar (3) ähestatar (4) ba ähesta gee räh berawed.* **You're walking too fast.** شما بسیار تیز راه میروید. *Shomä beesyär teez räh mey-rawed.* **I can't walk so fast.** نمیتوانم تیز راه بروم. *Namey-tawänam teez räh berawam.* **Can you walk (okay)?** آیا (درست) راه رفته *Äyä (drost) räh rafta mey-tawäned?* **(1) He / (2) She can't walk.** (۱) اومرد / (۲) اوزن راه رفته نمیتواند. *(1) O mard / (2) O zan räh rafta namey-tawänad.* **(1) He / (2) She is having trouble walking.** *(1)* اومرد (۲) اوزن درست راه رفته نمیتواند. *(1) O mard / (2) O zan räh rafta namey-tawänad.* **(1) We / (2) You have to walk (there).** (۱) ما / (۲) شما باید (آنجا) پیاده (۱) برویم / (۲) بروید. *(1) Mä / (2) Shomä bäyad (änjä) peeyäda (1) berawem. / (2) berawed.* **Is it far to walk?** آیا برای پیاده رفتن دور است؟ *Äya baräye peyäda raftan door ast?* **How far is it to walk?** پای پیاده چقدر فاصله است؟ *Päy peyäda cheqadar fäsela ast?* **How far do we have to walk?** چقدر باید پیاده برویم؟ *Cheqadar bäyad peeyäda berawem?* ★ **walk** *n* 1. *(distance to walk)* فاصله *fäsela;* 2. *(stroll)* راه *räh* **take a ~** گردش کردن *gardesh kardan,* قدم زدن *qadam zadan* **How long is the walk?** پای پیاده چقدر فاصله است؟ *Päy peyäda cheqadar fäsela ast?* **It's a (1) one- / (2) two- / (3) three-hour walk.** (۱) یک / (۲) دو / (۳) سه ساعت پای پیاده فاصله است. *(1) Yak / (2) Do / (3) Se sä'at päy peyäda fäsela ast.* **I'm going to take a walk.** قدم زده میروم. *Qadam zada mey-rawam.* ★ **walking** *adj* روان *rawän,* پیاده رو *peyäda row* ~ **shoes** بوت های *bot häy-e-gardesh* ~ **stick** عصای گردش *a'säy-e-gardesh* **Is it within walking distance?** آیا میتوان آنجا پای پیاده رفت؟ *Aya metawan änja päy peyäda raft?* **It's within walking distance.** میتوان آنجا پای پیاده رفت. *Metawän änja päy peyäda raft.* ★ **walkway** *n* پیاده رو *peeyäda row*

wall *n* دیوار *deewär* **brick** ~ دیوار خشتی *deewär-e-kheshtee* **build a** ~ دیوار آباد کردن *deewär äbäd kardan* **clay** ~ دیوار گلی *deewär-e-gelee* **stone** ~ دیوار سنگی *deewär-e-sangee* **tear down the** ~ دیوار را تخریب کردن *deewär rä takhreeb kardan* **We need to build a wall (1) here. / (2) there.** ما باید (۱) اینجا / (۲) آنجا یک دیوار آباد کنیم. *Mä bäyad (1) eenjä / (2) änjä yak deewär äbäd konem.* **Tear down this wall.** این دیوار را تخریب کنید. *Een deewär rä takhreeb koned.*

wallet *n* بکس جیبی *baks-e-jeebee,* بکسک *baksak* **I lost my wallet.** بکس جیبی ام را گم کردم. *Baks-e-jeebee am rä gom kardam.* **Someone stole my wallet.** کسی بکس جیبی ام را دزدی کرد. *Kasee baks-e-jeebee am rä dozdee kard.*

wallpaper *vt* کاغذ دیواری را بروی دیوار چسپاندن *käghaz-e-deewäree rä baroye deewär chaspändan* ★ *n* کاغذ دیواری *käghaz-e-deewäree*

wand *n* نل *nal,* میله فلزی *meela-e-felezee* **spray** ~ *(of a decontamination shower)* میله فلزی که برای آبپاشی بکار میرود *meela-e-felezee-e-ke baräye äb päshee ba kär mey-rawad*

wander *vi* سرگردان بودن *sargardän bodan,* آواره گی *äwäragee*

wander around *idiom* گرداگرد گشتن *gerdägard gashtan* **I'm going to wander around (the town).** گرداگرد (شهر) میگردم. *Gerdägerd-e-(shahr) mey-gardam.* **Let's wander around (the town).** بیاید گرداگرد (شهر) بگردیم. *Beeyäyed gerdägärd-e-(shahr) begardem.*

wander off *idiom* اجتناب کردن *ejtenäb kardan,* دور شدن *door shodan,* کنار رفتن *kenär raftan* **(1) He / (2) She wandered off.** (۱) او مرد (۲) او زن کنار رفت. *(1) O mard (2) O zan kenär raft.* **They wandered off.** آنها کنار رفتند. *Änhä kenär raftand.*

want *vt* خواستن *khästan* **What do you want?** چی میخواهید؟ *Chee mey-khähed?* **I (1) want / (2) don't want (what).** (۱) من (___) میخواهم. / (۲) من (___) نمیخواهم. *Man (___) (1) mey-khäham. / (2) namey-khäham.* **I want to (1)**

buy / (2) find / (3) get (what). یخواهم (___) / (۱) بخرم. / (۲) پیدا کنم. / (۳) بدست آورم. Mey-khäham (___) / (1) bekharam. / (2) paydä konam. / (3) badast äram. Is this what you want? آیا همین را میخواستید؟ Äyä hameen rä mey-khästed? That's what I want. همین را میخواستم. Hameen rä mey-khästam. We (1) want / (2) don't want (what). ما (___) / (۱) میخواهیم / (۲) نمیخواهیم. Mä (___) / (1) mey-khähem / (2) namey-khähem. What does (1) he / (2) she want? (۱) اومرد / (۲) اوزن چی میخواهد؟ (1) O mard / (2) O zan chee mey-khähad? (1) He / (2) She (3) wants / (4) doesn't want (what). (۱) اومرد / (۲) اوزن (___) / (۳) میخواهد. / (۴) نمیخواهد. (1) O mard / (2) O zan (___) / (3) mey-khähad. / (4) namey-khähad. What do they want? آنها چی میخواهند؟ Änhä chee mey-khähand? They (1) want / (2) don't want (what). آنها (___) / (۱) میخواهند. / (۲) نمیخواهند. Änhä (___) / (1) mey-khähand. / (2) namey-khähand. Is there anything you want from the (1) market? / (2) store? آیا چیزی از (۱) مارکیت / (۲) مغازه میخواهید؟ Äyä cheezee az (1) märket / (2) maghäza mey-khähed? Let (1) me / (2) us know if you want anything? اگر چیزی میخواهید (۱) من / (۲) ما را بگوئید. Agar cheezee mey-khästed (1) man / (2) mä rä begoyed. Tell me what you want. برایم بگوئید چی میخواهد. Baräyam begoyed chee mey-khähed. (1) How much... / (2) How many... do you want? (۱) چقدر... / (۲) چند دانه... میخواهید؟ (1) Cheqadar... / (2) Chand däna... mey-khähed? I want to have (1) it / (2) them (3) cleaned. / (4) fixed. / (5) installed. / (6) painted. / (7) replaced. میخواهم (۱) این / (۲) آنها را (۳) پاک / (۴) ترمیم / (۵) نصب / (۶) رنگ / (۷) تبدیل شود. Mey-khäham (1) een / (2) änhä rä (3) päk / (4) tarmeem / (5) nasb / (6) rang / (7) tabdeel shawad. I want you to (1) clean / (2) fix / (3) load / (4) paint / (5) unload / (6) wash (7) it. / (8) them. میخواهم شما (۷) این / (۸) آنها را (۱) پاک / (۴) ترمیم / (۳) بار / (۴) رنگ / (۵) خالی / (۶) شستشو کنید. Mey-khäham shomä (7) een / (8) änhä rä (1) päk / (2) tarmeem / (3) bär / (4) rang / (5) khälee / (6) shostosho koned. I want you to do it now. میخواهم که حالا انجام اش دهید. Mey-khäham ke hälä anjäm ash dehed. I want it done now. میخواهم حالا انجام داده شود. Mey-khäham hälä anjäm däda shawad. I'll show you how I want it. نشان تان خواهد دادم که چی قسم میخواهم اش. Neshän-e-tän khähad dädam ke chee qesem mey-khäham ash. I wanted (what). من (___) میخواستم. Man (___) mey-khästam. I didn't want (what). من (___) نمیخواستم. Man (___) namey-khästam.

war *n* جنگ *jang* after the ~ بعد از جنگ *ba'd az jang* before the ~ قبل از جنگ *qabel az jang* civil ~ جنگ داخلی *jang-e-däkhelee* during the ~ در جریان جنگ *dar jeryän-e-nag,* هنگام جنگ *hangäm-e-jang* Gulf ~ (of 1991) جنگ خلیج *jang-e-khaleej* Iraq ~ جنگ عراق *jang-e-erägh* start a ~ جنگ شروع کردن *jang shoro' kardan* Vietnam ~ جنگ ویتنام *jang-e-weetnäm* ~ crime جنایت جنگ *jenäyat-e-jang* ~ orphan یتیم جنگ *yateem-e-jang* ~ widow بیوه جنگ *beewa-e-jang* ~ with the Soviets جنگ با شوروی *jang bä shorawee* ~ with the Taliban جنگ با طالبان *jang bä tälebän* World ~ Two جنگ دوم جهانی *jang-e-dowom-e-jahänee* I hope there won't be any more wars. امیدوارم جنگ خاتمه یافته باشد. *Omeedwäram jang khätema yäfta bäshad.*

ward *n* (hospital) بخش مشخص در شفاخانه *bakhsh-e-moshakhas dar shafäh khäna,* وارد *wärd* convalescence ~ بخش استراحت *bakhsh-e-esterähat* delivery ~ بخش ولادی *bakhsh-e-weledee* female ~ بخش زنانه *bakhsh-e-zanäna* isolation ~ وارد جداسازی *wärd-e-jedä säzee* male ~ بخش مردانه *bakhsh-e-mardäna* maternity ~ بخش نسایی و ولادی *bakhsh-e-nesäyee wa weledee* obstetrics ~ بخش قابلگی *bakhsh-e-qäbelegee* recovery ~ اطاق ریکوری *otäq-e-reekawaree* surgical ~ بخش جراحی *bakhsh-e-jarähee*

warehouse *n* ذخیره zakheera, گدام godäm, تخویلخانه takhweelkhäna **ammunition** ~ ذخیره مهمات zakheera-e-mohemät **food** ~ ذخیره مواد خوراکه zakheera-e-mawäd-e-khoräka **rent a** ~ گدام را به کرایه گرفتن godäm rä ba keräya greftan **What's stored in this warehouse?** در این گدام چی ذخیره شده است؟ Dar een godäm chee zakheera shoda ast? **We need a warehouse to store (what).** ما برای ذخیره کردن (   ) به یک گدام ضرورت داریم. Mä bäräy-e-zakheera kardan-e-(   ) ba yak godäm zaroorat därem.

warhead *n* سرگلوله sar-gloola **missile** ~ سرگلوله راکت sar-gloola-e-räket **There's a missile warhead out there.** در آنجا یک سرگلوله راکت است. Dar änjä yak sar-gloola-e-räket ast.

warlord *n* قوماندان qoomandän, قوماندان جنگی qoomandän-e-jangee, رهبر جنگی rahbar-e-jangee **regional** ~ قوماندان ساحوی qoomandän-e-sähawee **tribal** ~ قوماندان قبیلوی qoomandän-e-qabeelawee

warm *adj* گرم garm **keep** ~ گرم نگهداشتن garm nega-däshtan ~ **bath** حمام گرم hamäm-e-garm ~ **clothing** لباس گرم lebäs-e-garm **It's nice and warm!** زیبا و گرم است! Zeebä wa garm ast! **Is it too warm?** آیا زیاد گرم است؟ Äyä zeeyäd garm ast? **It's ([1] too / [2] very) warm in (3) here. / (4) there.** (3) اینجا (4) آنجا ([1] زیاد / [2] بسیار) گرم است (3) Eenjä / (4) Änjä ([1] zeeyäd / (2) beesyär) garm ast. **Are you warm enough?** آیا شما گرم هستید؟ Äyä shomä garm hasted? **(1) They / (2) We / (3) You can keep warm in (4) here. / (5) there.** (1) آنها / (2) ما / (3) شما / (5) اینجا / (4) آنجا خود را گرم کرده (1) Änhä / (2) Mä / (3) Shomä / (4) eenjä / (5) änjä khod rä garm karda (1) mey-tawänand. / (2) mey-tawänem. / (3) mey-tawäned. **It has to be kept warm.** باید گرم نگهداشته شود. Bäyad garm nega-däshta shawad. ★ *vt* گرم کردن garm kardan **Warm (1) yourself / (2) yourselves by the (3) heater. / (4) stove.** (1) خود را / (2) خودتان را نزدیک (3) بخاری / (4) منقل گرم کنید. Khod-e-tän rä... nazdeek-e-(3) bokhäree / (4) manqal garm koned. ★ **warm up** *idiom* 1. (make warm) گرم ساختن garm säkhtan, گرم کردن garm kardan; 2. (become warm) گرم شدن garm shodan; 3. (sports) تمرین کردن tamreen kardan **Warm (1) it / (2) them up (on the stove).** (1) این / (2) آنها را (بالای منقل) گرم کنید. (Bäläy-e-manqal) (1) een / (2) änhä rä garm koned. **Warm up the (1) bus. / (2) car. / (3) truck. / (4) van.** (1) موتر شهری / (2) موتر / (3) موتر لاری / (4) واگون را گرم سازید. (1) Motar-e-shahree / (2) Motar / (3) Motar-e-läree / (4) Wägoon rä garm säzed. **The (1) bus / (2) car / (3) truck / (4) van is warming up.** (1) موتر شهری / (2) موتر / (3) موتر لاری / (4) واگون گرم شده است. (1) Motar-e-shahree / (2) Motar / (3) Motar-e-läree / (4) Wägoon garm shoda ast.

warn *vt* هشدار دادن hoshdär dädan، خبر دادن khabar dädan, اخطار دادن akhtär dädan **I warn you...** شما را اخطار میدهم... Shomä rä akhtär mey-deham... **I warned you.** شما را هشدار دادم. Shomä rä hoshdär dädam. **Warn (1) everybody / (2) her / (2) him / (3) them (of the danger).** (1) همه / (2) او زن / (3) اومرد / (4) آنها را (ازخطر) خبر دهید. (1) Hama / (2) O zan / (3) O mard / (4) Änhä rä (az khatar) khabar dehed. **Warn them not to (do what).** آنها را خبر دهید که (   ) نکنند. Änhä rä khabar dehed ke (   ) nakonand. **Thank you for warning (1) me. / (2) us.** تشکر از شما از اینکه (1) من / (2) ما را خبر دادید. Tashakor az shomä az eenke (1) man / (2) mä rä khabar däded. ★ **warning** *n* خبر khabar, اخطار akhtär, هشدار hoshdär **earthquake** ~ هشدار زلزله hoshdär-e-zelzela **storm** ~ هشدار طوفان hoshdär-e-toofän **sign** ~ علامه اخطار aläma-e-akhtär **signal** ~ اشاره اخطار eshära-e-akhtär **They've given (1) me / (2) us a warning.** (1) من / (2) ما را اخطار دادند. Änhä (1) man / (2) mä rä akhtär dädand.

warped / **waste**

Post a warning *(1)* **here.** / *(2)* **there.** (۱) اینجا (۲) آنجا یک آگاهی بچسپانید. *Eenjä / (2) Änjä yak ägähee bechaspäned.* **Is that a warning?** آیا آن اخطار است؟ *Äyä än akhtär ast?*

warped *adj* کج *kaj*

wash *vt* شستن *shostan,* پاک کردن *päk kardan* ~ **clothes** لباس ها را شستن *lebäs hä rä shostan* ~ **dishes** ظروف را شستن *zorof rä shostan* ~ **instruments** وسایل را شستن *wasayel rä shostan* **Wash** *(1)* **her** / *(2)* **his** *(3)* **face.** / *(4)* **foot.** / *(5)* **feet.** / *(6)* **hand.** / *(7)* **hands.** (۱) روی / (۲) پای / (۵) پاهای / (٦) *Roo-ye- / (4) Pä-ye- / (5) Pä-hä-ye- / (6) Dast-e- / Dast-hä-ye- (1) o zan / (2) o mard rä beshoyed.* **Wash** *(1)* **it** / *(2)* **them** / *(3)* **this** / *(4)* **these (well).** (۱) این / (۲) آنها / (۳) این / (٤) اینها را (خوب) بشویید. *(1) Een / (2) Änhä / (3) Een / (4) Eenhä rä (khoob) beshoyed.* **Please wash the** *(1)* **bedding** / *(2)* **blankets** / *(3)* **clothes** / *(4)* **sheets** / *(5)* **towels today.** لطفاً (۱) لوازم خواب / (۲) کمبل ها / (۳) لباس ها / (٤) روی کش ها / (٥) روی پاک ها را امروز بشویید. *Lotfan (1) lawäm-e-khäb... / (2) kambal hä... / (3) lebäs hä... / (4) roy-kash hä... (5) roy päk hä... rä emrooz beshoyed.* **Please wash the** *(1)* **bus.** / *(2)* **car.** / *(3)* **truck.** / *(4)* **van.** لطفاً (۱) موتر شهری / (۲) موتر / (۳) موترلاری / (٤) واگون را بشویید. *Lotfan (1) motar-e-shahree / (2) motar / (3) motar-e-läree / (4) wägoon rä beshoyed.* **Always wash your hands (well)** *(1)* **after using the toilet.** / *(2)* **before handling food.** همیشه دستهایتان را خوب بشویید (۱) بعد از تشناب رفتن. / (۲) قبل از دست زدن به غذا. *Hamesha dast-häy-e-tän rä (khoob) beshoyed (1) ba'd az tashnäb raftan. / (2) qabel az dast zadan ba ghezä.* **Did you wash** *(1)* **it?** / *(2)* **them?** / *(3)* **your hands?** آیا (۱) این / (۲) آنها / (۳) دستهایتان را شستید؟ *Äyä (1) een / (2) änhä / (3) dast-häy-e-tän rä shosted?* ★ **wash (up)** *vi (idiom)* ظروف را میشویم. *zoroof rä shostan* **I'm going to wash up.** ظروف را میشویم. *Zoroof rä mey-shoyam.* **Go wash up.** بروید ظروف را بشویید. *Berawed zoroof rä beshoyed.* ★ **wash** *n* 1. *(laundry)* رخت شویی *rakht shoyee;* 2. *(liquid for washing)* مواد برای شستشو *mawäd baraye shost-o-shoo;* 3. *(station for washing)* محل شستشو دوبی خانه *doobee khäna, mahal-e-shost-o-shoo* **do the** ~ رخت شویی کردن *rakht shoyee kardan* **eye** ~ 1. *(station)* محل شستشوی چشم *mahal-e-shost-o-shoo-e-chashm;* 2. *(liquid),* مواد برای شستشوی چشم *mawäd bäraye shost-o-shoo-e-chashm* ★ **washable** *adj* شستنی *shostanee,* قابل شستن *qäbel-e-shoostan* **This is not washable. (It has to be drycleaned.)** این شستنی نیست. (باید خشکه شویی شود.) *Een shostanee neest. (Bäyad khoshka shooye shawad.)* ★ **washbasin** *n* دستشوی *dastshoy (1)* I / *(2)* **We need a plug for the washbasin.** (۱) من / (۲) ما یک پلک برای دستشوی ضرورت (۱) دارم. / (۲) داریم. *(1) Man / (2) Mä yak palag baräy-e-dastshoy zaroorat (1) däram. / (2) därem.* ★ **washcloth** *n (soft washglove)* لیف *leef; (rough wash-glove)* کیسه *keesa* ★ **washer** *n* 1. *(for clothes)* رخت شوی *rakht shoy;* 2. *(metal disk)* واشل *washal* ★ **washing** *adj* شستشو کننده *shostosho konenda* ~ **machine** ماشین کالا شویی *mäsheen-e-kälä shoyee* ★ **washroom** *n* تشناب *tashnäb*

wasp *n* زنبور *zanboor* ~ **nest** خانه زنبور *khäna-e-zanboor* **There are too many wasps around here.** در این جا بسیار زنبور است. *Dar eenjä beesyär zanboor ast.* **We have to get rid of the wasps.** ما باید زنبور ها را از بین ببریم. *Mä bäyad zanboor hä rä az beyn bobarem.*

waste *vt* ضایع کردن *zäye' kardan,* تلف کردن *talaf kardan* **Don't waste** *(1)* **electricity.** / *(2)* **food.** / *(3)* **paper.** / *(4)* **time.** / *(5)* **water.** (۱) برق / (۲) مواد خوراکه / (۳) کاغذ / (٤) وقت / (٥) آب را ضایع نکنید. *(1) Barq / (2) Mawäd-e-khoräka / (3) Käghaz / (4) Waqt / (5) Äb rä zäye nakoned. (1)*

We're / *(2)* **You're wasting time.** / شما وقت را ضایع (۱) میکنید. (۲) ما / (۱) میکنیم. *(1) Mä* / *(2) Shomä waqt rä zäye' (1) mey-konem.* / *(2) mey-koned.* ★ **waste** *n* 1. *(poor use)* ضایعه *zäye'e;* 2. *(unneeded material, trash)* فضله *fazle* ★ **wastebasket** *n* باطله دانی *bätela dänee* ★ **wasteful** *adj* بیهوده *behooda* **That's a wasteful practice.** آن کار بیهوده است. *An kär behooda ast.*

watch *vt* 1. *(look at, observe)* تماشا کردن *tamäshä kardan,* دیدن *deedan;* 2. *(guard, monitor, look after)* مراقبت کردن *morāqebat kardan,* مواظبت کردن *mawäzebat kardan* ~ **a video** ویدیو تماشا کردن *weedyo tamäshä kardan,* فلم تماشا کردن *felm tamäshä kardan* ~ **TV** تلویزیون تماشا کردن *talweezyon tamäshä kardan* **Watch** *(1)* **how they do the work.** / *(2)* **what they're doing.** ببینید (۱) آنها چی قسم کار میکنند. / (۲) آنها چی میکنند. *Bebeened (1) änhä chee qesem kär mey-konand.* / *(2) änhä chee mey-konand.* **Watch (carefully) how this is done.** (به دقت) ببینید چی قسم انجام داده میشود. *(Ba deqat) bebeened chee qesem anjäm däda mey-shawad.* **Watch** *(1)* **the car...** / *(2)* **these things... for me, will you?** (۱) موتر را / (۲) این اشیاء را برایم مراقبت کنید، آیا میکنید؟ *(1) Motar ra... / (2) Een ashpyär rä...baräyam moräqebat koned, äyä mey-koned?* **I'll watch** *(1)* **it** / *(2)* **them for you.** من برایتان مراقبت (۱) اش / (۲) شان خواهم کرد. *Man baräy-e-tän moräqebat (1) ash / (2) shän khäham kard.* ★ **watch** *n* 1. *(timepiece)* ساعت *sä-a't;* 2. *(guard)* مواظبت *mawäzebat,* مراقبت *moräqebat* **My** *(1)* **watch is** *(3)* **fast.** / *(4)* **slow.** ساعت (۱) من / (۲) شما (۳) درست / (۴) خراب کار میکند. *Sä-a't-e-(1) man / (2) shomä (3) drost / (4) kharäb kär mey-konad.* **Be on the watch for** *(1)* **prowlers.** / *(2)* **thieves.** مواظب (۱) شکاری ها / (۲) دزدان باش. *Mawäzeb-e- (1) shekäree hä / (2) dozdän bäsh.* ★ **watchful** *adj* مواظب *mawäzeb,* مراقب *moräqeb* **Be watchful at all times.** همیشه مواظب باش. *Hamesha mawäzeb bäsh.* ★ **watchman** *n* چوکی دار *chowkee där,* نگهبان *negabän* **night** ~ چوکی دار شبانه *chowkee där-e-shabäna*

watch out *idiom* متوجه بودن *motawaje bodan* **Watch out!** متوجه باش! *Motawaje bäsh!* **Watch out for** *(1)* **the hole.** / *(2)* **holes.** / *(3)* **ice.** / *(4)* **the loose board.** / *(5)* **mines.** / *(6)* **the wires.** متوجه (۱) سوراخ / (۲) سوراخ ها / (۳) یخ / (۴) تخته سست / (۵) ماین ها / (٦) سیم ها باشید. *Motawaje (1) sooräkh / (2) sokhärkh hä / (3) yakh / (4) takhta-e-sost / (4) mäyen hä / (6) seem hä bäshed.*

water *adj* آب *äb* ~ **bottle** بوتل آب *botal-e-äb* ~ **can** قطی آب *qotee-e-äb* ~ **closet (WC)** *(Brit.)* تشناب *tashnäb* ~ **consumption** مصرف آب *masraf-e-äb* ~ **faucet** وال آب *wäl-e-äb* ~ **main** نل عمومی آب *nal-e-o'moomee-e-äb* ~ **meter** میتر آب *meetar-e-äb* ~ **pipe** پایپ آب *päyp-e-äb* ~ **pump** واترپمپ *wätarpamp* ~ **puri-fication** تصفیه آب *ta-feya-e-äb* ~ **purification system** سیستم تصفیه آب *seestom-e-tasfeya-e-äb* ~ **reservoir** ذخیره آب *zakheera-e-äb* ~ **supply** آب رسانی *äb rasänee* ~ **system** سیستم آب *seestom-e-äb* ~ **tower** ذخیره بزرگ آب *zakheera-e-bozorg-e-äb* ~ **treatment** تداوی آبی *tadäwee-e-äbee* ~ **treatment facility** سهولت تداوی آبی *soholat-e-tadäwee-äbee* ~ **truck** موتر تانکر آب *motar-e-tänkar-e-äb* ★ *n* آب *äb* **a drink of** ~ آب آشامیدنی *äb-e-äshämeedanee* **bottled** ~ آب بوتلی *äb-e-botalee* **bring in** ~ آب آوردن *äb ävordan* **chlorinated** ~ آب کلور زده شده *äb-e-koloor zada shoda* **clean** ~ آب پاک *äb-e-päk* **clean well** ~ آب چاه پاک *äb-e-chä-e- päk* **cold** ~ آب سرد *äb-e-sard* **contaminated** ~ آب فاسد *äb-e-fäsed* **deliver** ~ آب رها کردن *äb rehä kardan* **dirty (drinking)** ~ آب (نوشیدنی) کثیف *äb-e-(noosheedanee) kaseef* **distilled** ~ آب مقطر *äb-e-moqatar* **draw** ~ آب کشیدن *äb kasheedan* **drill for** ~ بخاطر آب برمه کردن *drinking* ~ آب آشامیدنی *äb-e-äshämeedanee* *bakhäter-e-äb barma kardan,* چاه کندن *chä kandan* **find ~** آب پیدا کردن *äb paydä kardan* **hot ~** آب داغ *äb-e-dägh* **lack of ~** فقدان آب *foqdän-e-äb* **lack ~ (verb)** آب داشتن *kambood-e-äb däshtan* **mineral ~** آب معدنی *äb-e-ma'danee,* آب منرال *äb-e-menräl* **muddy ~** آب گل آلود *äb-e-gel älood* **obtain ~** آب گرفتن *äb greftan* **polluted (drinking) ~** آب (نوشیدنی) ملوث *äb-e-(nooshee-danee) molawas,* آب آلوده *äb-e-älooda* **potable ~** آب آشامیدنی *äb-e-äshämee-danee* **pump ~** با پمپ آب کشیدن *bä pamp äb kasheedan* **purified ~** آب تصفیه شده *äb-e-tasfeya shoda* **purify ~** آب را تصفیه کردن *äb rä tasfeya karan* **restore ~** آب برگرداندن *äb bar-gardändan* **running ~** آب جاری *äb-e-järee,* آب روان *äb-e-rawän* **safe ~** آب صحی *äb-e-sehee* **shortage of (drinking) ~** کمبود آب (آشامیدنی) *kambood-e-äb(-e-äshä-meedanee)* **spring ~** آب چشمه *äb-e-chashma* **store ~** آب را ذخیره کردن *äb rä zakheera kardan* **treated ~** آب تصفیه شده *äb-e-tasfeya shoda* **treat the ~** آب را تحت عمل قرار دادن *äb rä that-e-a'mal qarär dädan* **unclean ~** آب نا پاک *äb-e-näpäk* **Is there any water?** آیا قدری آب است؟ *Äyä qadree äb ast?* **Is water available ([1] here / [2] there)?** آیا ([1] اینجا / [2] آنجا) آب موجود است؟ *Äyä ([1] eenjä / [2] änjä) äb mowjod ast?* **There (1) is / (2) is no water ([3] here / [4] there).** ([3] اینجا / [4] آنجا) آب موجود (1) است. / (2) نیست. *([3] Eenjä / [4] Änjä) äb mowjod (1) ast. / (2) neest.* **Where can I can get some water?** از کجا قدری آب بیگیرم؟ *Az kojä qadree äb beegee-ram?* **You can get water (over) (1) here. / (2) there.** شما از (1) اینجا / (2) آنجا میتوانید آب بیگیرید. *Shomä az (1) eenjä / (2) änjä mey-tawäned äb beegeered.* **(1) We / (2) They / (3) You have to bring water to the camp.** (1) ما / (2) آنها / (3) شما باید آب را به کمپ (1) بیاورم. / (2) بیاورند. / (3) بیاورید. *(1) Mä / (2) Änhä / (3) Shomä bäyad äb rä ba kamp (1) beeyäwaram. / (2) beeyäwarem. / (3) beeyäwarand.* **Do (1) you / (2) they have any water?** آیا (1) شما / (2) آنها آب (1) دارید؟ / (2) دارند؟ *Äyä (1) shomä / (2) änhä äb (1) däred? / (2) därand?* **(1) I / (2) We / (3) They have some water.** (1) من / (2) ما / (3) آنها قدری آب (1) دارم. / (2) داریم. / (3) دارند. *(1) Man / (2) Mä / (3) Änhä qadree äb (1) däram. / (2) därem. / (3) därand. (1) I / (2) We / (3) They don't have any water.* (1) من / (2) ما / (3) آنها هیچ آب (1) ندارم. / (2) نداریم. / (3) ندارند. *(1) Man / (2) Mä / (3) Änhä hech äb (1) nadäram. / (2) nadärem. / (3) nadärand.* **I need some water.** قدری آب میخواهم. *Qadree äb mey-khäham.* **(1) He / (2) She needs some water.** (1) اومرد / (2) اوزن قدری آب میخواهد. *(1) O mard / (2) O zan qadree äb mey-khähad.* **(1) They / (2) We need some water.** (1) آنها / (2) ما قدری آب (1) میخواهیم. / (2) میخواهند. *(1) Änhä / (2) Mä qadree äb (1) mey-khähem. / (2) mey-khähand.* **Give (1) her / (2) him / (3) them some water.** (1) اوزن / (2) اومرد / (3) آنها را قدری آب بدهید. *(1) O mard / (2) O zan / (3) Änhä rä qadree äb bedehed.* **Here's some water.** قدری آب است. *Qadree äb ast.* **Do they have access to clean water?** آیا آنها به آب پاک دسترسی دارند؟ *Äyä änhä ba äb-e-päk dastrasee därand?* **The water supply has to be tested for purity.** لوازم اب غرض پاک کردن باید امتحان شود. *Lawäzem-e-äb gharaz-e-päk kardan bäyad emtehän shod.* **Don't drink that water. (It's dirty.)** آن آب را ننوشید. (کثیف است). *An äb rä nanoshed. (Kaseef ast).* **(1) Boil... / (2) I'll boil... some water.** قدری آب را (1) جوش بدهید. / (2) جوش خواهم داد *Qader-e-äb rä (1) josh bedehed. / (2) josh khäham däd.* **Boil the water before you drink it.** قبل از اینکه آب را بنوشید جوش اش بدهید. *Qabel az eenke äb rä bonoshed josh ash bedehed.* **Treat the water with this.** آب را با این عمل کنید. *Äb rä bä een a'mal koned.* **Please turn off the water (when you're finished using it).** لطفاً آب را بسته کنید (بعد از این که استفاده کردید). *Lotfan äb rä basta koned (ba'd az een*

waterfall / **way**

ke estefāda karded). **The radiator needs water.** رادياتور به آب ضرورت دارد. *Rādeyātor ba āb zaroorat dārad.* **Put some water in the radiator.** قدرى آب در رادياتور بنداز يد. *Qadree āb dar rādeyātor begzāred.* ★ **waterfall** *n* آب شار *āb shär* ★ **waterpipe** *n (to smoke)* چپلم *chelam* ★ **waterproof** *adj* ضد آب *zed-e-āb* ~ **coat** کرتى بارانى *kortee-e-bärānee,* کرتى ضد آب *kortee-e-zed-e-āb* ~ **jacket** جاكت بارانى *jākat-e-bärānee,* جاكت ضد آب *jākat-e-zed-e-āb*
watt *n* وات *wät* ★ **wattage** *n.* توان وسايل برقى كه به وات اندازه ميشود. *Tawān-e-wasayel-e-barqee ke ba wät andāza mey-shawad.*
wave *n* 1. *(ocean)* موج *mowj,* خيزاب *kheezāb;* 2. *(physics)* موج *mowj*
wax *vt* مومى كردن *moomee kardan,* وكس كردن *waks kardan* ★ *n* موم *moom,* وكس *waks* ~ **paper** كاغذ موم *kāghaz moom*
way *n* 1. *(route; distance)* مسير *maseer,* راه *räh;* 2. *(direction)* طرف *taraf;* 3. *(manner, method)* طور *towr,* طريقه *tareeqa,* طرز *tarz* **along the** ~ در طول راه *dar tool-e-räh* **another** ~ 1. *(route)* راه ديگر *räh-e-deegar;* 2. *(method)* مسير مختلف *maseer-e-mokhtalef;* 2. *(method)* طريق مختلف *tareeq-e-mokhtalef* **easier** ~ طريقه ساده تر *tareeqa-e-sādatar* **easy** ~ طريقه ساده *tareeqa-e-sāda* **hard** ~ طريقه مشكل *tareeqa-e-moshkel* **new** ~ طريقه جديد *tareeqa-e-jadeed* **old** ~ طريقه كهنه *tareeqa-e-kohna* **on the** ~ **back** در بازگشت *dar bāz-gasht* **on the** ~ **here** در راه اينجا *dar räh-e-eenjā* **on the** ~ **home** در راه خانه *dar räh-e-khāna* **on the** ~ **there** در را انجا *dar räh-e-änjā* **right** ~ 1. *(route)* راه درست *räh-e-drost;* 2. *(method)* طريقه درست *tareeqa-e-drost* **same** ~ 1. *(route)* عين راه *a'yn-e-räh;* 2. *(method)* عين طريقه *a'yn-e-tareeqa,* همان طريقه *hamān-e-tareeqa* **the long** ~ راه طولانى *räh-e-toolānee* **the shortest** ~ كوتاترين راه *kotāh tareen räh* **that** ~ 1. *(route)* آن راه *än räh;* 2. *(direction)* آن طرف *än taraf;* 3. *(method)* آن طور *än towr* **this** ~ 1. *(route)* اين راه *een räh;* 2. *(direction)* اين طرف *een taraf;* 3. *(method)* اين طور *een towr;* 4. *(thus)* اينچنين *eencheneen,* اينطور *eentowr* ~ **of life** طريقه زندگى *tareeqa-e-zendagee,* طرز زندگى *tarz-e-zendagee* **wrong** ~ 1. *(route)* راه غلط *räh-e-ghalat;* 2. *(method)* طريقه غلط *tareeqa-e-ghalat* **Which way are you going?** كدام طرف ميرويد؟ *Kodām tarf mey-rawed?* **Which way is it?** كدام طرف است؟ *Kodām taraf ast?* **Which way should *(1)* I / *(2)* We go?** *(1)* من / *(2)* ما كدام طرف بايد *(1)* بروم. / *(2)* برويم؟ *(1) Man / (2) Mä kodām taraf bāyad (1) berawam. / (2) berawem?* **Do you know the way?** آيا شما راه را ديده ايد؟ *Āyā shomā räh rā deeda ed?* **I** *(1)* **know / *(2)* don't know the way.** من راه را *(1)* ديده / *(2)* نديده ام. *Man räh rā (1) deeda / (2) nadeeda am.* **Does *(1)* he / *(2)* she know the way?** آيا *(1)* ومرد / *(2)* وزن راه را ديده است؟ *Āyā (1) o mard / (2) o zan räh rā deeda ast?* ***(1)* He / *(2)* She *(3)* knows / *(4)* doesn't know the way.** *(1)* اومرد / *(2)* اوزن راه را *(3)* ديده / *(4)* نديده است. *(1) O mard / (2) O zan räh rā (3) deeda / (4) nadeeda ast.* **Can you show *(1)* me / *(2)* us the way?** آيا شما ميتوانيد راه را *(1)* براى / *(2)* ما نشان بدهيد؟ *Āyā shomā mey-tawäned räh rā barāy-e-(1) man / (2) mā neshān bedehed?* **I'll show you the way.** من راه را برايتان نشان خواهم داد. *Man räh rā barāy-e-tän neshān khāham däd.* **We have a long way to go.** ما بايد راه طولانى را بپيمائيم. *Mā bāyad räh-e-toolānee-e-rā bepaymäyem.* **It's a long way from here.** از اينجا زياد فاصله دارد. *Az eenjā zeeyäd fāsela därad.* **This is the way to do it.** اين طور بايد كرد. *Een towr bāyad kard.* **The easiest way to do it is like this.** اين ساده ترين طريقه براى انجام دادن ان است. *Een sāda tareen tareeqa barāy-e-anjām dädan-e-än ast.* **Let's try another way.** بيائيد كه طريقه ديگرى را بكار ببريم. *Beyayed ke tareeqa-e-deegaree rā bakār bebarem.* **There must be**

some way (we can *[1]* **do /** *[2]* **fix it).** باید کدام راه وجود داشته باشد (که ما [۱] انجام دهیم / [۲] ترمیم اش کنیم) *Bäyad kodäm räh-e-wojod dāshta bāshad (ke mā [1] anjäm dehem / [2] tarmeem ash konem.* **There's no other way (to do it).** (برای انجام دادن اش) هیچ طریقه وجود ندارد. *(Baräy-e-anjäm dādan ash) hech tareeqa-e-wojod nadārad.* **Get it out of the way!** از سر راه دور اش کنید! *Az sar-e-räh door ash koned!* **You're in the way.** شما راه را بند کرده اید. *Shomā räh rā band karda ed.* **No way!** به هیچ وجه! *Ba hech waja!* **By the way...** ضمناً *Zemnan...*

we *pron* ما *mä* **We are.** ما هستیم. *Mä hastem.* **We were.** ما بودیم. *Mä bodem.* **We will be.** ما خواهد بودیم. *Mä khähad bodem.*

weak *adj* ضعیف *za'eef,* سست *sost,* ناتوان *nätawan* ~ **condition** حالت ظعیف *hälat-e-za'eef (1)* **He /** *(2)* **She is too weak to** *(3)* **go. /** *(4)* **stand.** (۱) اومرد / (۲) اوزن آنقدر ضعیف است که (۱) رفته / (۲) ایستاد شده نمیتواند. *(1) O mard / (2) O zan än qadar za'eef ast ke (1) rafta / (2) eestäd shoda namey-tawänad.* **I feel (very) weak.** (بسیار) ضعیف هستم. *(Beesyär) za'eef hastam.* **It's too weak.** بسیار ضعیف است. *Beesyär za'eef ast.*

wealthy *adj* دولتمند *dowlatmand,* سرمایه دار *sarmäya där*

weapon *n* اسلحه *asleha,* سلاح *seläh* **automatic** ~ اسلحه اتوماتیک *asleha-e-atomä-teek,* اسلحه خودکار *asleha-e-khod kär* **cache of ~s** سلاح کوت *seläh koot* **We have no weapons.** ما اسلحه نداریم. *Mä asleha nadärem.* **No weapons are allowed in here.** دراینجا هیچ نوع اسلحه اجازه نیست. *Dar eenjä hech nawha asleha ejäza neest.* **Leave your weapons with the guard.** اسلحه تان را نزد محافظ بگذارید. *Asleha-e-tän rä nazd-e-mahäfez beg-zäred.*

wear *vt* پوشیدن *posheedan* **You should wear** *(1)* **a coat. /** *(2)* **a hat. /** *(3)* **a helmet. /** *(4)* **boots. /** *(5)* **ear protection. /** *(6)* **gloves. /** *(7)* **safety glasses.** شما باید (۱) یک کرتی / (۲) یک کلا / (۳) کلاه محافظوی / (٤) بوت / (٥) محافظت کننده گوش / (٦) دستکش / (۷) عینک های محافظوی بپوشید. *Shomā bäyad (1) yak kortee / (2) yak kolä / (3) yak koläh-e-mahäfezawee / (4) boot / (5) mohäfezat konenda-e-goosh / (6) dastkash / (7) a'ynak häy-e-mahäfezawee beposhed.* ★ *n* (deterioration from use) سایدگی *säyedagee,* فرسوده گی *farsodagee* **The tires have a lot of wear. (They need to be replaced.)** تایرها بسیار سایدگی دارند. (آنها باید تبدیل شوند.) *Täyr hä beesyär säyedagee därand. (Änhä bäyad tabdeel shawand.)* ★ **wear out** *idiom* 1. (become old / threadbare) کهنه شدن *kohna shodan;* 2. (become fatigued) خسته شدن *khasta shodan* **It has worn out.** کهنه شده است. *Kohna shoda ast.* **They have worn out.** آنها کهنه شده اند. *Änhä kohna shoda and.*

weather *n* هوا *hawä* **bad** ~ هوای خراب *hawäy kharäb* **cold** ~ هوای سرد *hawäy sard* **dry** ~ هوای خشک *hawäy khoshk* **good** ~ هوای خوب *hawäy khoob* **hot** ~ هوای گرم *hawäy garm* **rainy** ~ هوای بارانی *hawäy bäränee* **stormy** ~ هوای طوفانی *hawäy toofänee* ~ **forecast** پیش بینی هوا *peysh beenee-e-hawä* **What is the weather supposed to be?** هوا چی قسم باید باشد؟ *hawä chee qesm bayad bäshad?*

weave *vt* بافتن *bäftan* ~ **carpets** قالین بافتن *qäleen bäftan* ~ **mats** بوریا بافتن *booryä bäftan* ~ **rugs** قالین بافتن *qäleen bäftan* ★ **weaver** *n* بافنده *bäfenda,* نساج *nasäj* **carpet** ~ قالین باف *qäleen bäf* ★ **weaving** *n* بافتن *bäftan* **carpet** ~ فرش بافتن *bäftan-e-farsh*

web *n* (Internet) انترنت *entarnet* **on the** ~ در انترنت *dar entarnet* **search the** ~ در انترنت جستجو کردن *dar entarnet jostojo kardan* **Maybe we can find it on the web.** ممکن در انترنت پیدا اش کنیم. *Momken dar entarnet betawänem paydä ash konem.* ★ **website** *n* صفحه انترنت *safe-e-entarnet*

wedding *adj* عروسی *a'roosee* ~ **banquet** مهمانی عروسی *mehmänee-e-*

wedding تحفه عروسی gift ~ mahfel-e-a'roosee محفل عروسی ceremony ~ a'roosee
tohfa-e-a'roosee ~ guests مهمانان عروسی mehmänän-e-a'roosee ~
invitation دعوت عروسی da'wat-e-a'roosee ★ **wedding** *n* عروسی
a'roosee attend the ~ در عروسی حضور داشتن dar a'roosee hozoor
däshtan hold the ~ عروسی برگذار کردن a'roosee bar gozär kardan
perform the ~ عروسی کردن a'roosee kardan (1) When / (2) Where will
the wedding be? عروسی (۱) چی وقت / (۲) کجا خواهد بود؟ A'roosee (1) chee
waqt / (2) kojä khähad bod?

wedge *n* قاش qäsh, توته ای سه گوشه tota-e-ey se gosha Put a wedge (1) in /
(2) under it. یك قاش در (۱) بالا / (۲) زیر اش بگذارید. Yak qäsh dar (1) bälä /
(2) zeer ash bogzäred.

Wednesday *n* چهارشنبه قبل از چهارشنبه gabel az chär-
shamba every ~ هر چهارشنبه har chär-shamba last ~ چهارشنبه گذشته chär-
shamba-e-gozashta next ~ چهارشنبه آینده chär-shamba-e-äyenda on ~
درچهارشنبه dar chär-shamba since ~ از چهارشنبه به اینطرف az chär-shamba
ba een-taraf this ~ همین چهارشنبه hameen chär-shamba until ~ تا چهارشنبه
tä chär-shamba ~ **afternoon** عصر چهارشنبه a'sr-e-chär-shamba ~ **evening**
شام چهارشنبه shäm-e-chär-shamba ~ **morning** صبح چهارشنبه sobh-e-chär-
shamba ~ **night** شب چهارشنبه shab-e-chär-shamba

weed *n* علف a'af, گیاه هرزه geeyäh-e-harza **clear the ~s** علف ها را پاک کردن
a'laf hä rä päk kardan **get rid of the ~s** علف ها را دور کردن a'laf hä rä
door kardan **kill the ~s** علف ها را از بین بردن a'laf hä rä az bayn bordan
pull the ~s علف ها را کشیدن a'laf hä rä kasheedan **This will (1) eliminate
/ (2) kill the weeds.** این علف ها را (۱) محو خواهد کرد / (۲) از بین خواهد برد.
Een a'laf hä rä (1) mahwa khähad kard / (2) az bayn khähad bord.

week *n* هفته hafta **all ~** همه هفته hama hafta **every ~** هر هفته har hafta **for a
~** برای یك هفته baräy-e-yak hafta **in a ~** بعد از یك هفته ba'd az yak hafta **last
~** هفته گذشته haftah-e-gozashta **next ~** هفته آینده hafta-e-äyenda **this ~** هفته
همین hameen hafta **after next ~** دو هفته بعد do hafta ba'd **before last ~** دو
هفته پیش do hafta peysh **whole ~** هفته تمام hafta-e-tamäm **You can have
(1) next / (2) this week off.** شما میتوانید هفته (۱) آینده / (۲) جاری را رخصت
باشید. Shomä mey-tawäned hafta-e-(1) äyenda / (2) järee rä rokhsat
bäshed. ★ **weekday** *n* روز هفته rooz-e-hafta ★ **weekend** *n* (شنبه آخر هفته
ákher-e-hafta (shamba wa yakshamba) ★ **weekly** *adj* (و یكشنبه)
هفته وار hafta wär ~ **inspection** تفتیش هفته وار tafteesh-e-hafta wär ~ **meeting** ملاقات
هفته وار molägät-e-hafta wär ~ **shopping trip** خرید هفته وار khareed-e-
hafta wär

weevil *n* شپشه shepesha

weigh *vt* وزن کردن wazen kardan **Weigh (1) her. / (2) him. / (3) it. / (4)
them.** (۱) او مرد / (۲) او زن / (۳) این / (۴) انها را وزن کنید. (1) O mard / (2) O
zan / (3) Een (4) Ánhä rä wazen koned. ★ *vi* وزن داشتن wazen däshtan
How much do you weigh? شما چقدر وزن دارید؟ Shomä cheqadar wazen
däred? **How much does (1) he / (2) she / (3) it weigh?** (۱) اومرد
/ (۲) اوزن (۳) این چقدر وزن دارد؟ (1) O mard / (2) O zan / (3) Een cheqadar
wazen därad? **How much do they weigh?** انها چقدر وزن دارند؟ Ánhä
cheqadar wazen därand? **It weighs too much.** زیاد وزن دارد. Zeeyäd
wazen därad. **They weigh too much.** انها زیاد وزن دارند. Ánhä zeeyäd
wazen därand. ★ **weight** *n* وزن wazen **gross ~** وزن مجموعی wazen-e-
majmo'ee **net ~** وزن خالص wazen-e-khäles **What is the weight?** چقدر
وزن دارد؟ Cheqadar wazen därad? **How much weight can it (1) carry? /
(2) hold?** چقدر وزن را (۱) برده / (۲) برداشته میتواند؟ Cheqadar wazen rä (1)
borda / (2) bardäshta mey-tawänad? **Write the weight here.** وزن را

اینجا بنویسید. *Wazen rä eenjä benaweesed.* **(1) He / (2) She is gaining weight.** (۱) اومرد / (۲) او زن چاق می شود. *(1) O mard / (2) O zan chäq mey-shawad.* **They're gaining weight.** انها چاق می شوند. *Anhä chäq mey-shawand.* **Check (1) her / (2) his / (3) their height-weight ratio.** تناسب قد- وزن (۱) او زن/ (۲) او مرد / (۳) انها را بررسی کنید. *Tanäsob qad-wazen-e-(1) o mard / (2) o zan / (3) änhä bar-rasee koned.*

welcome *adj:* **(1,2) You're welcome.** *(response to thanks)* **(1)** ارزشی ندارد. *Arzeshee nadärad.* / **(2)** خواهش میکنم *Khähesh meykonam.* ★ **Welcome!** *interj.* خوش آمدید! *Khosh ämaded!* **Welcome home!** به خانه خوش آمدید! *Ba khäna khosh ämaded!* **Welcome to our (1) office! / (2) staff! / (3) team!** به (۱) دفتر / (۲) جمع کارمندان / (۳) تیم ما خوش آمدید! *Ba (1) daftar / (2) jam-e-karmandan / (3) teem-e-mä khosh ämaded!*

weld *vt* متصل کردن *motasel kardan,* ولدنگ کردن *woldeng kardan* **Weld it (together).** (یکجا) ولدنگ اش کنید. *(Yakjä) woldeng ash koned.* **Can you weld it?** آیا ولدنگ اش کرده میتوانید؟ *Äyä woldeng ash karda mey-tawäned?* **Do you have any experience welding?** آیا شما تجربه ولدنگ کردن دارید؟ *Äyä shomä tajroba-e-wolding kardan rä däred?* ★ **welder** *n* کار ولدنگ *woldeng kär* ★ **welding** *adj* کاری ولدنگ *woldeng käree* ~ **class** صنف ولدنگ کاری *senf-e-woldeng käree* ~ **equipment** اسباب ولدنگ کاری *asbäb-e-woldeng käree* ~ **torch** مشعل ولدنگ کاری *mash-a'l-e-woldeng käree*

welding *n* ولدنگ *woldeng* **learn** ~ ولدنگ را یاد گرفتن *woldeng rä yäd greftan*

welfare *n* *(well-being)* خیریه *khayreya*

well *adj (healthy, not sick)* خوب *khob,* صحتمند *sehatmand* **Do you feel well?** آیا شما خوب هستید؟ *Äyä shomä khob hasted?* **Are you well?** خوب هستید؟ *Khoob hasted?* **I don't feel well.** من خوب نیستم. *Man khoob nestam.* **You don't look well.** شما خوب به نظر نمیایید. *Shomä khoob ba nazar namey-ayed.* **You'll get well soon.** زود خوب خواهید شد. *Zood khoob khähed shod.* **You (1) are / (2) aren't well enough to go home.** شما به حد کافی خوب (۱) هستید / (۲) نیستید که خانه بروید. *Shomä ba had-e-käfee khoob (1) hasted / (2) neested ke khäna berawed.* **(1) He / (2) She (3) is / (4) isn't well enough to go home.** (۱) اومرد / (۲) اوزن به حد کافی خوب (۳) است / (۴) نیست که خانه برود. *(1) O mard / (2) O zan ba had-e-käfee khoob (3) ast / (4) neest ke khäna berawad.* ★ *adv* خوب *khoob,* به خوبی *ba khobee* **How well do you (1) know how to do it? / (2) speak it?** (۱) چقدر به درستی / (۲) صحبت کرده اش انجام داده اش میتوانید؟ *Cheqadar ba drostee (1) anjäm däda ash / (2) sohbat karda mey-tawäned?* **(1,2) Well done! (1)** شاباش! *Shäbäsh! /* **(2)** آفرین! *Äfareen!* **You did it (very) well.** شما (بسیار) به خوبی انجام دادید. *Shomä (beesyär) ba khobee anjäm däded.* **I hope everything goes well.** امیدوارم همه چیز خوب باشد. *Omeedwäram hama cheez khoob bäshad.* **Everything went well.** همه چیز خوب بود. *Hama cheez khoob bod.* ★ **well** *n* چاه *chäh* **deep** ~ چاه عمیق *chäh-e-a'meeq* **dig a** ~ **by hand** چاه را با دست حفر کردن *chäh rä bä dast hofer kardan* **tube** ~ تیوب ویل *teyoob wel* **pump** ~ پمپ چاه *pamp-e-chäh* **Dig the well (1) here. / (2) there.** چاه را (۱) اینجا / (۲) آنجا بکنید. *Chäh rä (1) eenjä / (2) änjä bekaned.* ★ **well-done** *adj* 1. *(performed well)* آفرین *äfareen;* 2. *(thoroughly cooked)* خوب پخته *khoob pokhta* ★ **well-informed** *adj* مطلع *motale',* خبر *khabar,* آگاه *ägä*

welt *n* لکه سرخ بروی جلد که در اثر ضربه زدن بوجود میاید. *Lakah-e-sorkh baroye jold ke dar asar zarba zadan ba wojood meyayad.*

west *adj* غربی *gharbee* ~ **wind** باد غربی *bäd-e-gharbee* ★ *n* غرب *gharb* **in the** ~ در غرب *dar gharb* **to the** ~ به طرف غرب *bah taraf-e-gharb* ★ **western** *adj* غربی *gharbee*

wet *adj* تر *tar*, مرطوب *martoob* ~ **clothes** لباس های تر *lebäs häy-e-tar* **Don't let (1) it / (2) them get wet.** نگذارید (۱) اش / (۲) شان که تر (۱) شود. / (۲) شوند. *Nagzäred (1) ash / (2) shän ke tar (1) shawad. / (2) shawand.* **It's (all) wet.** (همه) کاملاً تر است. *(Hama) kämelan tar ast.* **They're (all) wet.** آنها (کاملاً) تر هستند. *Änhä (kamelan) tar hastand.* **Take off your wet clothes (and put this on).** لباس های ترتان را بکشید (واین را بپوشید). *Lebäs häy-e-tar-e-tän rä bekashed (wa een rä boposhed).* ★ *vt* ترکردن *tar kardan*, مرطوب کردن *martoob kardan* **Wet a (1) cloth / (2) towel (and bring it here).** یک (۱) لباس / (۲) رویاك را ترکنید (واینجا بیاورید اش). *Yak (1) lebäs / (2) roy päk rä tar koned (Wa eenjä beeyäwared ash).*

WFP *abbrev* = **World Food Programme** پروگرام مواد خوراکی جهان *progräm-e-mowäd-e-khoräkee-ye-jahän*

what *adj* چه *che*, چی *chee* **What time is it?** چند بجه است؟ *Chand baja ast?* **What time (1) will you be here? / (2) should I meet you?** (۱) چی وقت شما اینجا خواهید رسید؟ / (۲) شما را ملاقات کنم؟ *Chee waqt (1) shomä eenjä khähed reseed? / (2) shomä rä moläqät konam?* **What time does the (1) bus / (2) flight / (3) train (4) arrive? / (5) depart?** (۱) موتر شهری / (۲) پروازطیاره / (۳) ریل چی وقت (۴) میرسد؟ / (۵) حرکت میکند؟ *(1) Motar-e-shahree / (2) Parwäz-e-tayara / (3) Reel chee waqt (4) mey-rasad? / (5) harakat mey-konad?* **What difference does it make?** چی فرق میکند؟ *Chee farq mey-konad?* **What good will it do?** چی فایده خواهد کرد؟ *Chee fäyda khähad kard?* **What medicines are you taking?** چی دوا میخورید؟ *Chee dawä mey-khored?* **What medicines is (1) he / (2) she taking?** (۱) اومرد / (۲) اوزن چی دوا میخورد؟ *(1) O mard / (2) O zan chee dawä mey-khorad?* **What medicine did you give (1) her? / (2) him?** (۱) اوزن / (۲) اومرد را چی دوا دادید؟ *(1) O zan / (2) O mard rä chee dawä däded?* **What route should (1) I / (2) we take?** (۱) من / (۲) ما کدام مسیر را تعقیب (۱) کنم؟ / (۲) کنیم؟ *(1) Man / (2) Mä kodäm maseer rä ta'qeeb (1) konam? / (2) konem?* **I don't know what to do.** نمیدانم چی کنم؟ *Namey-dänam chee konam?* ★ *adv* چی *chee* **What are you doing?** چی میکنید؟ *Chee mey-koned?* **What is (1) he / (2) she doing?** (۱) اومرد / (۲) اوزن چی میکند؟ *(1) O mard / (2) O zan chee mey-konad?* **What about (1) her? / (2) him? / (3) this? / (4) these? / (5) those?** (۱) او زن / (۲) او مرد/ (۳) این / (۴) اینها /(۵) آنها چطور؟ *(1) O zan / (2) O mard /(3) Een / (4) Eenhä /(5) Änhä chetoor?* **What if it rains? / snows?** اگر باران / برف شد باز چی؟ *Agar bärän / barf shod bäz chee?* **What is (1) that / (2) this for?** (۱) آن / (۲) این برای چی است؟ *(1) Een / (2) Än baräy-e-chee ast? (1,2)* **What for?** برای چی؟ *Baräy-e-chee?* چرا؟ *Chorä?* ★ *pron* چه *che*, چی *chee* **What is it?** این چه است؟ *Een che ast?* **What are they?** آنها چه کاره هستند؟ *Änhä che kära hastand?* **What happened?** چه شد؟ *Che shod?* **What was that?** آن چه بود؟ *An che bod?* **What (else) do you (1) need? / (2) want?** (دیگر) چی (۱) ضرورت دارید؟ / (۲) میخواهید؟ *(Deegar) chee (1) zaroorat däred? / (2) mey-khähed?* **What (else) does (1) he / (2) she (3) need? / (4) want?** (۱) اومرد / (۲) اوزن (دیگر) چی (۳) ضرورت دارد؟ / (۴) میخواهد؟ *(1) O mard / (2) O zan (deegar) chee (3) zaroorat därad? / (4) mey-khähad?* **What (else) do they (1)need? / (2) want?** آنها (دیگر) چی (۱) ضرورت دارند؟ / (۲) میخواهند؟ *Änhä (deegar) chee (1) zaroorat därand? / (2) mey-khähand?* **What's wrong (with it)?** چی شده (اش)؟ *Chee shoda (ash)?* **What is your (1) name? / (2) address? / (3) telephone number?** (۱) نام / (۲) آدرس / (۳) نمبر تیلفون شما چی است؟ *Näm-e- / (2) Ädras-e- / (3) Nambar-e-teel-foon-e-shomä chee ast?* **What is (1) her / (2) his (3) name? / (4) address? / (5) telephone number?** (۳) نام / (۴)

Näm-e- / (4) Ädras-e- / (5) Nambar-e-teelfoon-e- (1) o zan / (2) o mard chee ast? **What's the latest news?** اخبار تازه چیست؟ Akhbär-e-täza cheest? ★ **whatever** pron هرچه har-che **Whatever happens,** *(1)* **be careful.** / *(2)* **you're responsible.** (۱) متوجه باش. / (۲) شما مسوّل هستید؟ Har chee mey-shawad, (1) motawaje bäsh. / (2) shomä mas-o'l hasted. **Do whatever you think is best.** هرچه فکر میکنید بهتر است همانطور کنید. Harche feker mey-koned behtar ast hamäntowr koned.

wheat n گندم gandom **bag of ~** جوال گندم jawäl-e-gandom **grind ~** گندم آسیاب کردن gandom äseeyäb kardan **harvest ~** گندم خرمن کردن gandom kherman kardan **high-yield(ing) ~** یک نوع گندمی که بسیار حاصلخیز است yak nowa gandom-e-ke beesyär hasel-khez ast **plant ~** گندم کشت کردن gondom kesht kardan **winter ~** گندم زمستانی gandom-e-zemestänee

wheel n چرخ charkh, تایر täyr **front ~** *(of a vehicle)* چرخ پیش روی charkh-e-peesh-e-roy **potter's ~** چرخی که کوزه گر گل بالای آن قالب میکند. Charkh-e-ke koza gar gel bäläy-e-än qäleb mey-konad. **rear ~** *(of a vehicle)* چرخ عقب charkh-e-a'qeb, تایر عقب täyr-e-a'qeb **steering ~** *(automot.)* اشترنگ eshtereng ★ **wheelbarrow** n چرخ خاک کش charkh khäk kash ★ **wheelchair** n چوکی تایر دار (عموماً توسط کسانی استفاده میشود که راه رفته نمیتوانند.) chowkee-e-täyr där (o'moonan tawasot-e-kasänee estefäda mey-shawad ke räh rafta namey-tawänand.) *(1)* **We need...** / *(2)* **Get...** / *(3)* **Bring... a wheelchair.** (۱) ضرورت داریم. / (۲) بیگیرید. / (۳) بیاورید. Yak chowkee-e-täyr där (1) zaroorat därem. / (2) beegeered. / (3) beeyäward.

when adv چی وقت chee waqt **When will** *(1)* **he** / *(2)* **she** *(3)* **come?** / *(4)* **go?** / *(5)* **leave?** (۱) اومرد / (۲) اوزن چی وقت خواهد (۳) آمد / (۴) رفت / (۵) حرکت کرد؟ (1) O mard / (2) O zan chee waqt khähad (3) ämad? / (4) raft? / (5) harakat kard? **When are you** *(1)* **going?** / *(2)* **leaving?** چی وقت (۱) میروید؟ / (۲) حرکت میکنید؟ Chee waqt (1) mey-rawed? / (2) harakat mey-koned? **When will it be** *(1)* **delivered?** / *(2)* **finished?** / *(3)* **fixed?** / *(4)* **shipped?** چی وقت (۱) رسانده / (۲) تمام / (۳) ترمیم / (۴) روان خواهد شد؟ Chee waqt (1) rasanda / (2) tamäm / (3) tarmeem / (4) rawän khähad shod? **When will they be** *(1)* **delivered?** / *(2)* **finished?** / *(3)* **fixed?** / *(4)* **shipped?** آنها چی وقت (۱) رسانده / (۲) تمام / (۳) ترمیم / (۴) روان خواهد شدند؟ Anhä chee waqt (1) rasanda / (2) tamäm / (3) tarmeem / (4) rawän khähad shodand? ★ conj وقتیکه waqteeke, که hangämeke **When** *(1)* **he** / *(2)* **she** *(3)* **it gets here, I'll let you know.** وقتیکه (۱) اومرد / (۲) اوزن / (۳) این اینجا رسید، شما را خبر خواهد کردم. Waqteeke (1) o zan / (2) o mard / (3) een eenjä raseed, shomä rä khabar khähad kardam. **When the rain stops, have them** *(1)* **finish painting.** / *(2)* **load the truck.** وقتیکه باران ایستاد شد، بالای آنها (۱) رنگمالی را تمام کنید. / (۲) موتر لاری را بار کنید. Waqteeke bärän eestäd shod, (1) bäläy-e-änhä (1) rang-mälee rä tamäm koned. / (2) motar-e-läree rä bär koned. **When they finish with that, have them start on** *(what)*. وقتیکه آن را تمام کردند، بالای شان، سر ( ) کار کنید. Waqteeke än rä tamäm kardand, bäläy-e-shän, sar-e-( ) kär koned. ★ **whenever** adv هروقت که har waqt ke **Come whenever you can.** هروقت که میخواستید بیائید. Har waqt ke mey-khästed beeyäyed. **You can start whenever you're ready.** هروقت که آماده شدید میتوانید شروع کنید. Har waqt ke ämäda shoded mey-tawäned shoro' koned. **They can leave whenever they want to.** هروقت که میخواستند میتوانند بروند. Har waqt ke mey-khästand mey-tawänand berawand.

where adv کجا kojä **Where is** *(1)* **he?** / *(2)* **she?** / *(3)* **it?** (۱) اومرد / (۲) اوزن

where / **while**

where (۳) این کجا است؟ / *(1) O mard / (2) O zan / (3) Een kojä ast?* **Where are they?** آنها کجا هستند؟ *Änhä kojä hastand?* **Where were you?** شما کجا بودید؟ *Shomä kojä boded?* **Where did you go?** شما کجا رفته بودید؟ *Shomä kojä rafta boded?* **Where did (1) he / (2) she go?** (۱) اومرد / (۲) اوزن کجا رفته (1) *O mard / (2) O zan kojä rafta bod?* **Where did they go?** آنها کجا بود؟ رفته بودند؟ *Änhä kojä rafta bodand?* **Where does this road go?** این سرك به کجا میرود؟ *Een sarak ba kojä mey-rawad?* **Where were you born?** شما درکجا تولد شده اید؟ *Shomä dar kojä tawalod shoda eed?* **Where are you from?** شما از کجا هستید؟ *Shomä az kojä hasted?* **Where do you live?** شما کجا زندگی میکنید؟ *Shomä kojä zendagee mey-koned?* **Where does (1) he / (2) she live?** (۱) اومرد / (۲) اوزن کجا زندگی میکند؟ *(1) O mard / (2) O zan kojä zendagee mey-konad?* **Where do they live?** آنها کجا زندگی میکنند؟ *Änhä kojä zendagee mey-konand?* **Where did you put (1) it? / (2) them?** (۱) این / (۲) آنها را در کجا مانده اید؟ *(1) Een / (2) Änhä rä dar kojä mända ed?* **Where can I get it fixed?** این را در کجامیتوانم ترمیم کنم؟ *Een rä dar kojä metawanam tarmeem konam?* ★ **where** *conj* که جایی *jäyee ke* **This is where (1) I / (2) we want it.** (۲) / این جایی است که (۱) من میخواستم *Een jäyee ast ke (1) man mey-khästam. / (2) mä mey-khästem.* **I'll show you where it is.** نشان تان خواهم داد که کجا است *Neshän tan khäham däd ke kooja ast.* **Show (1) me / (2) us where it is.** جایی که (۱) من / (۲) ما را نشان دهید *Jäyee ke ast (1) man / (2) mä rä neshän dehed.* ★ **wherever** *adv* هرجا *harjä* **You can sleep wherever there's room.** هرجا که جای است میتوانید خواب کنید *Harjä ke jäy ast mey-tawäned khäb koned.* **Put it wherever there's space.** هرجا که جای است بگذارید اش *Harjä ke jäy ast begzäred ash.* **Wherever you go,...** هرجا که میروید،... *Harjä ke mey-rawed,...*

whether *conj (See also if)* اگر *agar;* یا *yä,* اگرچه *agar che* **Find out whether they have any (extra).** معلومات بگیرید که آیا قدری (اضافه) دارند؟ *Ma'loomät beegeered ke äyä qadray (ezäfa) därand?* **I don't know whether we have enough or not.** نمیدانم که ما به اندازه کافی داریم یا نی *Namey-dänam ke ba andäza-e-käfee därem yä nee.*

which *adj* کدام *kodäm* **Which one (1) is / (2) was it?** کدام یك اش (۱) است؟ / (۲) بود؟ *Kodäm yak ash (1) ast? / (2) bod?* **Which one do you (1) need? / (2) want?** کدام یکی را شما (۱) ضرورت دارید؟ / (۲) میخواهید؟ *Kodäm yakee rä shomä (1) zaroorat däred? / (2) mey-khähed?* **Which way is it?** این کدام راه است؟ *Een kodäm räh ast?* **Which one of you is (*name*)?** کدام یکی از شما (___) هستید؟ *Kodäm yakee az shomä (___) hasted?* ★ *conj* که *ke* **This is the medicine which will stop the (1) itching. / (2) pain.** این دوای است که (۱) تخریش (۲) درد را متوقف خواهد ساخت *Een dawä-e-ast ke (1) takhreesh (2) dard rä motawaqef khähad säkht.* **That's the van (vehicle) which will take you to the (1) airport. / (2) hospital.** این موتری است که شما را به (۱) میدان هوایی (۲) شفاخانه خواهد برد *Een motar-e-ast ke shomä rä ba (1) maydän-e-hawäyee (2) shafä-khäna khähad bord.* ★ **whichever** *adj* هرکدام *harkodäm* **Use whichever one works the best.** هرکدام که بهتر کار میکند استفاده کنید *Harkodäm ke behtar kär mey-konad estefäda koned.* **You can have whichever one you want.** هرکدام را که میخواهید میتوانید بیگیرید *Harkodäm rä ke mey-khähed mey-tawäned ke beegeered.*

while *conj* وقتیکه *waqteeke,* در حالیکه *dar hälay ke,* هنگامی که *hangämee ke,* **Hold (1) her / (2) him while I give (3) her / (4) him a shot.** (۱) اوزن (۲) او مرد را محکم بیگیرید هنگامیکه (۳) اوزن (٤) اومرد را تزریق (پیچکاری) میکنم *(1) O zan / (2) O mard rä mahkam beegeered hangämee ke (3) o zan /*

(4) o mard rä tazreeq (peechkäree) mey-konam. **Wait here while I *(1)* check the results.** */ (2)* **find out.** */ (3)* **get your record.** */ (4)* **talk with *(name)*.** اینجا انتظار بکشید وقتیکه من (١) نتایج را میبینم (٢) معلومات میگیرم (٣) سوابق تانرا میگیرم (٤) با (اسم) صحبت میکنم. *Eenja entezär bekashed waqtee-ke man (1) natäyej ra mey-beenam (2) ma'loomat megeeram (3) sawabeq tan ra megeeram (4) bä (esem) sohbat mey-konam.* **There was a call for you while you were out.** هنگامی که شما بیرون بودید برای تان یك تیلفون آمده. *Hangämee ke shomä beeroon boded baräy-e-shomä yak teelfoon ämad.* ★ **while** *n* مدتی *modatee* **after a ~** بعد از چندی *ba'd az chandee* **a ~ ago** پیش چندی *chandee peysh* **for a long ~** مدتها *modat-hä*

whip *vt* شلاق زدن *shaläq zadan* **Don't whip *(1)* her.** */ (2)* **him.** */ (3)* **them.** (١) اورا / (٢) اورا / (٣) آنها را شلاق نزنید. *(1) O zan / (2) O mard / (3) änhä rä shaläq nazaned.* **Why did they whip *(1)* her?** */ (2)* **him?** */ (3)* **you?** چرا آنها (١) اورا / (٢) اورا / (٣) شما را شلاق زدند؟ *Chorä (1) änhä (1) o zan / (2) o mard / (3) shomä rä shaläq zadand?* ***(1)* He / *(2)* She was (often) whipped.** (١) اورا / (٢) اورا (چندین مراتب) شلاق زدند. *(1) O zan / (2) O mard rä (chandeen) maräteb) shaläq zadand.*

whisper *vt* پیش گوش کسی آهسته سخن گفتن *peysh-e-goshee kasee ähesta sokhan goftan* ★ *n* سخن سرگوشی *sokhan-e-sar goshee*

whistle *vi* اشپلاق زدن *eshpeläq zadan,* سوت زدن *sowt zadan* ★ *n* اشپلاق *eshpeläq,* سوت *sowt*

white *adj* سفید *safeed* **It *(1)* is / *(2)* was white.** (١) است. / (٢) بود. *(1) ast. / (2) bod.* **They *(1)* are / *(2)* were white.** آنها سفید (١) هستند / (٢) بودند. *Änhä safeed (1) hastand. / (2) bodand.* **The white stones mark the safe area.** سنگ های سفید ساحه مصؤن را نشان میدهند. *Sang häy-e-safeed saha-e-ma'soon ra neshän medehand.* ★ **whitewash** *vt* سفید کردن *safeed kardan*

who *pron* کی *kee* **Who are you?** شما کی هستید؟ *Shomä kee hasted?* **Who is *(1)* he?** */ (2)* **she?** (١) اومرد / (٢) اوزن کی است؟ *(1) O mard / (2) O zan kee ast?* **Do you know who it was?** آیا شما میدانید که کی بود؟ *Äyä shomä mey-däned ke kee bod?* **Who's there?** کیست؟ *Keest?* **Who was that?** آن کی بود؟ *Än kee bod?* **Who knows how to drive a car?** کی راندن موتر را یاد دارد؟ *Kee randan-e-motar rä yäd därad?* **Who can fix *(1)* it?** */ (2)* **them?** (١) این / (٢) آنها را کی محکم کرده میتواند؟ *(1) Een / (2) Änhä rä kee mahkam karda mey-tawänad?* ★ **whoever** *pron* هرکه *harke,* هرکس که *har kas ke* **Whoever is caught stealing will be fired.** هرکی در دزدی گرفتار شد از وظیفه اخراج خواهد شد. *Har kee dar dozdee greftär shod az wazeefa ekhräj khähad shod.*

WHO *abbrev* = **World Health Organization** موسسه صحی سازمان صحی جهان *säzmän-e-sehee jahän*

whole *adj* تمام *tamäm,* همه *hama* **a ~ month** تمام ماه *tamäm-e-mäh* **a ~ year** تمام سال *tamäm-e-säl* **the ~ day** تمام روز *tamäm rooz* **the ~ thing** همه چیز *hama cheez* **the ~ time** تمام وقت *tamäm waqt*

wholesale *adj* عمده *o'mda,* یکجا *yakjä* ★ *adv* به طور عمده *ba towr-e-o'mda* **Where can we buy *(1)* it / *(2)* them wholesale?** (١) این / (٢) آنها را از کجا میتوانیم عمده بخریم؟ *(1) Een / (2) Änhä rä az kojä metawanem o'mda bekharem?* ★ **wholesaler** *n* عمده فروش *o'mda forosh*

whooping cough *n* سیاه سرفه *seeyäh sorfa* **This will protect you against whooping cough.** این شما را از سیاه سرفه محافظت خواهد کرد. *Een shomä rä az seeyäh sorfa mahäfezat khähad kard.*

whose *pron* از کی *az kee* **Whose is *(1)* that?** */ (2)* **this?** (١) آن / (٢) این از کی است؟ *(1) Än / (2) Een az kee ast?* **Whose are *(1)* these?** */ (2)* **those?**

why (1) *Eenhä* / (2) *Änhä az kee ast?* (١) اینها / (٢) آنها از کی است؟

why *adj* چرا *cherä* **Why did you move here?** شما چرا اینجا امدید؟ *Shomä cherä eenjä ämaded?* **Why do you think so?** چرا اینطور فکر میکنید؟ *Cherä eentoor feker mey-koned?* **Why didn't you come?** شما چرا نیامدید؟ *Shomä cherä nayämaded?*

wide *adj* عریض *a'reez*, وسیع *wasee'*, پهن *pahan*. **How wide is it?** چقدر عریض است؟ *Cheqadar a'reez ast?* **It's** *(amount)* **wide.** عریض است؟ ( ) *a'reez ast?* **It's too wide.** بسیار عریض است؟ *Beesyär a'reez ast?* **It's not wide enough.** به اندازه کافی عریض نیست. *Ba andäza käfee a'reez neest.* ★ **widen** *vt* عریض کردن *a'reez kardan* ~ **a road** سرک را وسیع ساختن *sarak rä wasee' sakhtan* ~ **a track** خط سیر را وسیع ساختن *khat-e-sayr rä wasee' sakhtan* **The road has to be widened.** سرک باید وسیع شود. *Sarak bäyad wasee' shawad.*

widow *n* زن بیوه *zan-e-beewa* ★ **widower** *n* مرد بیوه *mard-e-beewa*

width *n* عرض *a'rz* **What's the width?** عرض اش چقدر است؟ *A'rz ash cheqadar ast?* **The width is** *(amount)*. عرض اش ( ) است. *A'rz ash ( ) ast.*

wife *n* خانم *khänom* **his ~** خانم اومرد *khänom-e-o mard* **my ~** خانم ام *khänom am*, خانم من *khänom-e-man* **second ~** خانم دوهم *khänom dowhem* **third ~** خانم سوم *khänom sewom* **your ~** خانم تان *khänom-e-tän*, خانم شما *khänom-e-shoma*

wild *adj* وحشی *wahshee*

will *future of* **be** خواهم *khäham*, خواهیم *khähem*, خواهید *khähed*, خواهند *khähand*, خواهد *khähad* **Will you do it?** آیا شما این را انجام خواهید داد؟ *Äya shomä een ra anjäm khähed däd?* **I will do it.** خواهم کرد. *Khäham kard.* **I will not do it.** نخواهم کرد. *Nakhäham kard.* **We will do it.** ما خواهیم کرد. *Mä khähem kard.* **We will not do it.** ما نخواهیم کرد. *Mä nakhähem kard.* **Will (1) he? / (2) she do it?** آیا (١) اومرد / (٢) او زن خواهد کرد؟ *Äyä (1) O mard / (2) o zan khähad kard?* **(1) He / (2) She will do it.** (١) اومرد / (٢) اوزن خواهد کرد. *(1) O mard / (2) O zan khähad kard.* **(1) He / (2) She will not do it.** (١) اومرد / (٢) اوزن نخواهد کرد. *(1) O mard / (2) O zan nakhähad kard.* **Will they do it?** آیا آنها خواهند کرد؟ *Ayä änhä khähand kard?* **They will do it.** آنها خواهند کرد. *Änhä khähand kard.* **They will not do it.** آنها نخواهند کرد. *Änhä nakhähand kard.*

win *vt* بردن *bordan*, پیروز شدن *peerooz shodan* **Who won the (1) game? / (2) match?** (١) بازی / (٢) مسابقه را کی برد؟ *(1) Bäzee / (2) Mosäbeqa rä kee bord?* ★ *vi* برنده شدن *barenda shodan* **Who won?** کی برنده شد؟ *Kee barenda shod?* **We won.** ما برنده شدیم. *Mä barenda shodem.* **They won.** آنها برنده شدند. *Änhä barenda shodand.*

winch *n* چرخ *charkh*

wind *vt (turn)* پیچاندن *peechändan*

wind *n* باد *bäd* **high ~** باد قوی *bäd-e-qawee*

window *n* دریچه *dareecha*, کلکین *kelkeen*, پنجره *panjara* **broken ~** پنجره شکسته *panjara-e-shekasta* **install ~s** کلکین ها نصب کردن *kelkeen hä nasp kardan* **~ pane** شیشه پنجره *sheesheh-e-panjara* **~ screen** پرده کلکین *parda-e-kelkeen* **(1) Close / (2) Open the window.** کلکین را (١) بسته / (٢) باز کنید. *Kelkeen rä (1) bäz / (2) basta koned.* **Look out the window.** از کلکین بنگرید. *Az kelkeen bengareed.*

windpipe *n* شزن (نل تنفسی) *shezan (nal-e-tanafosee)* **(1) He / (2) She has something stuck in (3) his / (4) her windpipe.** چیزی در نل تنفسی (١) او مرد (٢) او زن بند مانده است. *Cheezee-e-dar nal-e-tanafosee (1) o mard (2) o zan band mända ast.*

windshield *n* شیشه جلو *sheesha-e-jelow*, شیشه پیش روی *sheesha-e-peysh-e-*

windstorm   **514**   **wish**

roy **The windshield** *(1)* **is broken.** / *(2)* **needs to be fixed.** شیشه پیش روی (۱) شکسته است. / (۲) باید ترمیم شود. *Sheesha-e-peysh-e-roy (1) shekesta ast. / (2) bäyad tarmeem shawad.*

windstorm *n* طوفان شدید *toofän-e-shadeed*

wind up *idiom (end up, result)* مواجه شدن *mawäje shodan* **We'll wind up with too many** *(1)* **patients.** / *(2)* **people.** با تعداد زیادی (۱) مریضان / (۲) مردم مواجه خواهیم شد. *Bä te'dädee zeeyädee (1) mareezän / (2) mardom mawäje khähem shod.* **We'll wind up with** *(1)* **a riot.** / *(2)* **chaos.** ما با (۱) شورش (۲) بی نظمی مواجه خواهیم شد. *Mä bä (1) shoresh (2) bey nazmee mawäje khähem shod.*

windy *adj* بادی *bädee*

wine *n* شراب *sharäb*, می *mey* **bottle of ~** بوتل شراب *botal-e-sharäb* **glass of ~** گیلاس شراب *geeläs-e-sharäb*

wing *n* بال *bäl*

winter *adj* زمستانی *zemestänee* **~ clothing** لباس زمستانی *lebäs-e-zemestänee* **~ coat** کورتی زمستانی *kortee-e-zemestänee* ★ *n* زمستان *zemestän* **during ~** درهنگام زمستان *dar hangäm-e-zemestän* **in ~** در زمستان *dar zemestän* **last ~** زمستان گذشته *zemestän-e-gozashta* **next ~** زمستان آینده *zemestän-e-äyenda* **through the ~** در سرتاسر زمستان *dar sar tä sar-e-zemestän*

wipe *vt* پاک کردن *päk kardan*, خشک کردن *khoshk kardan* ★ *n* صافی *säfee*, تکه پاک کاری *teke-e-päk karee* **antimicrobial hand ~** دستمال آغشته با مواد ضد مکروبی برای پاک کردن دست *dastmäl-e-ägheshta bä mawäd-e-zed-e-mekrobee baräye päk kardan dast.* **antiseptic ~** ضد مکروب *zed-e-mekroob* **iodine ~** آیودین *äyodeen* ★ **wiper** *n* 1. *(paper, cloth)* وایپر *wäypar* 2. *(automot.)* برف پاک *barf-päk* **windshield ~** برف پاک *barf-päk* ★ **wipe off** *idiom* پاک کردن *päk kardan* **Wipe off the** *(1)* **table.** / *(2)* **tables.** / *(3)* **windshield.** (۱) میز / (۲) میز ها / (۳) شیشه پیش روی را پاک کنید. *(1) Meez / (2) Meez hä / (3) sheesha-e-peysh-e-roy rä päk koned.* ★ **wipe up** *idiom* خشک کردن *khoshk kardan* **Wipe it up.** خشک اش کنید. *Khoshk ash koned.*

wire *adj* سیمی *seemee* **~ clippers** کلیپر سیم *klepar-e-seem* **~ cutter** سیم بُر *seem bor* **~ fence** دیوار سیمی *deewär-e-seemee* ★ *n* سیم *seem* **barbed ~** سیم خاردار *seem-e-khärdär* **chicken ~** مرغانچه *morghanche* **coil of ~** حلقه سیم *halqa-e-seem* **electric(al) ~** سیم برق دار *seem-e-barq dar* **hot ~** سیم برق *seem-e-barq* **telephone ~** سیم تیلفون *seem-e-teelfoon* **trip ~** سیم دوانی *seem dawänee*, لاین دوانی *läyn dawänee* **Careful! That wire is hot!** متوجه! سیم برق دار است! *Motawaje! Seem barq där ast!* **Run the** *(1)* **wire along here.** / *(2)* **from here to there.** سیم را (۱) از طریق اینجا / (۲) از اینجا به آنجا امتداد دهید. *Seem rä (1) az een tareeq / (2) az eenjä ba änjä emtedäd dehed.* ★ **wiring** *n* سیم دوانی *seem dawänee* **We need to install new wiring.** ما باید تازه سیم دوانی کنیم. *Mä bäyad täza seem dawänee konem.*

wisdom *n* عقل *a'qel*, ذکاوت *zakawat*, خرد *kherad* ★ **wise** *adj* خردمندانه *kheradmandäna*, عاقلانه *a'äqeläna* **~ choice** انتخاب عاقلانه *entekhäb-e-a'äqeläna* **~ decision** تصمیم عاقلانه *tasmeem-e-a'äqeläna*

wish *vt* خواستن *khästan*, آرزو داشتن *ärozo däshan* **I wish you** *(1)* **good luck.** / *(2)* **a happy holiday.** / *(3)* **much happiness.** / *(4)* **success.** / *(5)* **the best of everything.** (۱) بخت خوب / (۲) رخصتی خوشحال / (۳) خوشبختی زیاد / (۴) کامیابی / (۵) بهترین همه چیز برایتان آرزو میکنم. *(1) Bakht-e-khoob... / (2) Rokhsatee khoshal... / (3) Khoshbakhtee zeeyäd... / (4) Kämyäbee... / (5) Behtareen hama cheez... rä baräyetän ärozo mey-konam.* **I wish I could help** *(1)* **her** / *(2)* **him** / *(3)* **them** / *(4)* **you (but I can't).** کاش (۱) اوزن / (۲) اومرد / (۳) آنها / (۴) شما را کمک میتوانستم (مگر نمیتوانم). *Käsh (1) o zan / (2)*

o mard / (3) änhä / (4) shomä rä komak mey-tawänestam (magar namey-tawänam). ★ **wish** *n* آرزو *ärozo,* خواهش *khähesh* **My wish is that...** ...آرزو من است که *Ärozo-e-man ast ke...*

with *prep* با *bä,* با همرا *hamrä bä*

withdraw *vt (money from a bank account)* پول را از بانک گرفتن *pool rä az bänk gereftan*

without *prep* بدون *bedoon,* بی *bey*

witness *vt* شاهد بودن *shähed bodan,* گواه بودن *gawäh bodan* **Did you witness it?** آیا شما شاهد اش بودید؟ *Äyä shomä shähed ash boded?* **Did (1) he / (2) she witness it?** آیا (1) اوزن / (2) اومرد شاهد اش بود؟ *Äyä (1) o zan / (2) o mard shähed ash bod?* **Did they witness it?** آیا آنها شاهد اش بودندد؟ *Äyä änhä shähed ash bodand?* **witness** *n* شاهد *shähed,* گواه *gawäh* **Were there any witnesses?** آیا کسی شاهد بود؟ *Äyä kasee shähed bod?*

woman *n* زن *zan* **crippled** ~ زن فلج *zan-e-falaj* **divorced** ~ زن طلاق شده *zan-e-taläq shoda* **enlisted** ~ سرباز زن *sarbäz-e-zan* **married** ~ زن عروسی شده *zan-e-a'roosee shoda* **middle-aged** ~ زن میان سال *zan-e-meeyän säl* **old** ~ پیرزن *peerzan,* زن پیر *zan-e-peer* **sick** ~ زن بیمار *zan-e-beemär,* زن مریض *zan-e-mareez* **single** ~ زن مجرد *zan-e-mojarad* **young** ~ زن جوان *zan-e-jawän*

womb *n* رحم *rahem,* شکم *shekam*

women's *adj* زنانه *zanäna* **clothing** ~ لباس های زنانه *lebäs häy-e-zanäna* **hospital** ~ روغتون زنانه *roghtoon-e-zanäna* **restroom** ~ تشناب زنانه *tashnäb-e-zanäna* **rights** ~ حقوق زن *hoqooq-e-zan* **shoes** ~ بوت زنانه *boot-e-zanäna*

wonder *vt (ask oneself)* تعجب کردن *ta'job kardan,* حیران شدن *hayrän shodan* **I wonder if it will come tomorrow.** میخواستم بدانم که اگر فردا بیاید. *Mey-khästam bedanam ke agar fardä beeyäyad.* **I wonder how many there are.** میخواستم بدانم که چند دانه است. *Mey-khästam bedanam ke chand dända ast.* **I wonder how much is left.** میخواستم بدانم که چقدر باقی مانده است. *Mey-khästam bedänam ke cheqadar bäqee mända ast.*

wonderful *adj* تعجب آور *ta'job äwar,* حیرت انگیز *hayrat angeez* **That's wonderful!** تعجب آور است. *Ta'job äwar ast.*

wood *n* چوب *choob* **bundle of** ~ دسته ای از چوب *dasta-e-ay az choob* **chop** ~ توته چوب *tota choob* **construction** ~ چوب ساختمانی *choob-e-säkhto-mänee* **cut** ~ چوب قطع شده *choob-e-qata' shoda* **fire** ~ چوب سوخت *choob-s-sokht* **gather** ~ چوب جمع کردن *choob jama' kardan* ★ **wooden** *adj* چوبی *choobee* ~ **frame** چوکات چوبی *chowkät-e-choobee* ★ **woods** *n* جنگل *jangal* **in the** ~**s** در جنگلات *dar jangalät* ★ **woodshed** *n* انبار خانه چوب *ambär khäne-ye choob* ★ **wood-worker** *n* چوب شکن *choob shekan,* چوب کار *choob kär* ★ **woodworking** *n* چوب کاری *choob käree* **do** ~ چوب کاری کردن *choob käree kardan*

wool *n* پشم *pashem* **made out of** ~ از پشم ساخته شده *az pashem säkta shoda* ★ **wool(en)** *adj* پشمی *pashmee* ~ **lining** استر پشمی *astar-e-pashmee* ~ **sweater** جاکت پشمی *jäkat-e-pashmee*

word *n* کلمه *kalema,* لغت *loghat,* واژه *wäzha,* سخن *sokhan* **bad** ~ کلمه خراب *kalema-e-kharäb* **medical** ~ واژه طبی *wäzha-e-tebee* **nice** ~ کلمه زیبا *kalema-e-zeebä* **slang** ~ کلمه عامیانه *kalema-e-a'ämeeyäna* **swear** ~ سخن فحش *sokhan-e-fahsh* **technical** ~ لغت فنی *loghat-e-fanee* **What does this word mean?** این لغت چی معنی میدهد؟ *Een loghat chee ma'nee mey-dehad?* **What do these words mean?** این لغات چی معنی میدهند؟ *Een loghät chee ma'nee mey-dehand?* **I have to look up the word.** باید لغت را پیدا کنم. *Bäyad loghat rä paydä konam.*

word-process vt سند را در کمپیوتر تایپ کردن *sanad rä dark kampyootar täyp kardan.* ★ **word-processor** n کمپیوتر کوچک برای تایپ اسناد *kampyootar-e-kochak baräye täyp asnäd*

work *adj* کار *kär* ~ **clothes** لباس های کار *lebäs häy-e-kär* ~ **hours** ساعات کار *sä-a'ät-e-kär* ★ *vi* 1. *(perform work)* کار کردن *kär kardan,* وظیفه اجرا کردن *wazeefa ejrä kardan;* 2. *(function)* کار کردن *kär kardan* ~ **fulltime** مکمل روز کارکردن *mokamal rooz kär kardan,* صبح تا شام کار کردن *sobh tä sham kär kardan,* ~ **hard** جداً کار کردن *jedan kär kardan,* با کوشش زیاد کار کردن *bä koshesh-e-zeeyäd kär kardan* ~ **overtime** اضافه کاری کردن *ezäfa käree kardan* ~ **part-time** بعد از وقت کار کردن *ba'd az waqt kär kardan* ~ **together** باهم کار کردن *Bä ham kär kardan* **Where do you work?** کجا کار میکنید؟ *Kojä kär mey-koned?* **Where did you work before?** قبلاً شما کجا کار میکردید؟ *Qablan shomä kojä kär mey-karded?* **How long did you work there?** چقدر مدت شما آنجا کار کردید؟ *Cheqadar modat shomä änjä kär karded?* **You have to work 8 hours a day, 5 days a week.** شما باید هشت ساعت در یک روز، پنج روز دریک هفته کار کنید. *Shomä bäyad hasht sä-a't dar yak rooz, panj rooz dar yak hafta kär koned.* **You can work just like men.** شما مانند مردان کار کرده میتوانید. *Shomä mänand-e-mardän kär karde mey-tawäned.* **Does it work?** آیا کار میکند؟ *Ayä kär mey-konad?* **How does it work?** چی قسم کار میکند؟ *Chee qesem kär mey-konad?* **It works okay.** درست کار میکند. *Drost kär mey-konad.* **It's not working.** کار نمیکند. *Kär namey-konad.* **I'll show you how it works.** نشان تان خواهم داد که چی قسم کار میکند. *Neshän-e-tän khäham däd ke chee qesem kär mey-konad.* ★ *n* کار *kär,* وظیفه *wazeefa* **easy** ~ کار ساده *kär-e-säda* **get off** ~ از کار *az kär färegh shodan* **hard** ~ کارمشکل *kär-e-moshkel* **part-time** ~ فارغ شدن *az kär färegh shodan* **hard** ~ کارمشکل *kär-e-moshkel* **part-time** ~ کار بعد از وقت *kär-e-ba'd az waqt* **rescue** ~ کار نجات *kär-e-nejät* **strenuous** ~ کار اصرار امیز *kär-e-esrä-rämeez* **Have you ever done this kind of work before?** گاهی قبلاً چنین کار را کرده اید؟ *Gähee qablan choneen kär rä karda eed?* **You can start work** *(1)* **today.** / *(2)* **tomorrow.** / *(3)* **on** *(day/date).* شما میتوانید (۱) امروز / (۲) فردا / (۳) از ( ) کار را شروع کنید. *Shomä mey-tawäned (1) emrooz / (2) fardä / (3) az (___) kär rä shoro' koned.* **You start work at** *(1)* **eight** / *(2)* **nine o'clock and finish at** *(3)* **five** / *(4)* **six o'clock.** کار را از (۱) هشت / (۲) نه بجه شروع و (۳) پنج / (۴) شش بجه ختم کنید. *Shomä kär rä az (1) hasht / (2) no baja shoro' wa (3) panj / (4) shash baja khatem koned.* **Let's get to work.** بیایید کار را شروع کنیم. *Beeyäyed kär rä shoro' koned.* **Thank you for** *(1)* **excellent** / *(2)* **good work.** از کار(۱) عالی / (۲) خوب تان تشکر. *Az kär-e-(1) a'älee-e- / (2) khoob-e-tän tashakor.* **I (really) appreciate the work that you've done for** *(1)* **me.** / *(2)* **us.** من (واقعاً) از کاری که برای (۱) من / (۲) ما انجام دادید قدردانی میکنم. *Man (wäqe-a'n) az kär-e- ke baräy-e- (1) man / (2) mä anjäm däded qader dänee mey-konam.* **Your work has value.** کار شما با ارزش است. *Kär-e-shomä bä arzesh ast.* ★ **worker** n کارگر *kärgar,* کارمند *kärmand* **a couple ~s** دو کارگر *do kärgar* **a few ~s** چند کارگر *chand kärgar* **aid** ~ کارمند خیریه *kärmand-e-khayrya* **all ~s** تمام کارگران *tamäm-e-kärgarän* **child** ~ کارگر طفل *kärgar-e-tefel* **community health** ~ کارگر صحی جامعه *kärgar-e-sehee-ye-jame'e* **construction** ~ کارگر ساختمانی *kärgar-e-säkhtomänee* **each** ~ هرکارگر *har kärgar* **every** ~ هر کارگر *har kärgar* **factory** ~ کارگر فابریکه *kärgar-e-fäbreeka* **farm** ~ کارگر مزرعه *kärgar-e-mazre-'a* **female** ~ کارگراناث *kärgar-e-onäs* **good** ~ کارگر خوب *kärgar-e-khob* **group of ~s** گروپ کارگران *groop-e-kärgarän* **hard** ~ کارگر زحمتکش *kärgar-e-zahmatkash* **health** ~ کار گر صحی *kär-gar-e-sehee* **humanitarian** ~ کارمند کمکهای بشری *kärman-e-komak häye basharee*

medical ~ کارمند طبی kärmand-e-tebee **mine clearance ~** کارمند ماین پاکی kärmand-e-mäyn päkee **no ~ kärgar,** هیچ کارگر hech kärgar, **bedoon-e-kärgar office ~** کارمند دفتر kärmand-e-daftar **poor ~** کارگر غریب kägar-e-ghareeb **relief ~** کارگر دستگیری kärgar-e-dastgeeree **rescue ~** کارمند نجات kärmand-e-jejät **skilled ~** کارگر بامهارت kärgar-e-bä mahärat **temporary ~** کارگرموقتی kärgar-e-moqatee ★ **workplace n** محل کار mahal-e-kär, جای کار jäy-e-kär ★ **workshop n** ورکشاپ warakshop, ترمیمگاه tarmeem-gäh **electronics ~** ورکشاپ اسباب برقی warakshop-e-asbäb-e-barqee **repair ~** ورکشاپ ترمیم warakshop-e-tarmeem käree

world adj جهانی jahänee, دنیایی donyäyee **~ peace** صلح جهانی solhe-e-jahänee **World War II** جنگ دوم جهانی jang-e-dowom-e-jahänee ★ **world n** جهان jahän, دنیا donyä, گیتی geetee **all over the ~** درسراسر جهان dar saräsar-e-jahähn **in the ~** در جهان dar jahän

worm n کرم kerm **intestinal ~** کرم روده kerm-e-roode
worn adj پوسیده poseeda **The tires are worn.** تایر ها پوسیده شده است. Täyr hä poseeda shoda ast. ★ **worn-out adj** پوسیده poseeda, فرسوده farsoda **It's worn-out.** پوسیده شده است. Poseeda shoda ast. **They're worn-out.** آنها پوسیده شده اند. Änhä poseeda shoda and.

worried adj ناراحت närähat, پریشان preshän **Are you worried?** آیا شما پریشان هستید؟ Äyä shomä preshän hasted? **I'm worried (about** [1] **him /** [2] **her /** [3] **it /** [4] **them).** (درباره [1] اومرد / [2] اوزن / [3] این / [4] آنها) تشویش دارم. Man (dar bära-e-[1] o mard / [2] o zan / [3] een / [4] änhä tashweesh daram. ★ **worry vi** غصه کردن ghosa kardan, تشویش کردن tashweesh kardan **Relax, there's nothing to worry about.** آرام، چیزی قابل تشویش نیست. Äräm cheezee qäbel-e-tashweesh neest. **Don't worry. (Everything will be okay.)** تشویش نکنید. (همه چیز درست خواهد شد.) Tashweesh nakoned. (Hama cheez drost khähad shod.

worse adj بدتر badtar **It's worse than I** (1) **expected.** / (2) **thought.** بدتر از آن است که من (1) انتظار داشتم / (2) فکر کرده بودم. Badtar az än ast ke man (1) entezär däshtam / (2) feker karda bodam. **It could have been worse.** بدتر میتوانست باشد. Badtar metawänest bäshad. **It has gotten worse.** بدتر شده است. Badtar shoda ast. ★ **worsen vi** بدتر شدن badtar shodan **Her /** (2) **His condition has worsened.** حالت (1) اوزن / (2) اومرد بدترشده Hälat-e- (1) o zan / (2) o mard badtar shoda ast. ★ **worst adj** بدترین badtareen **The worst thing that can happen is...** بدترین چیزی که میتواند واقع شود... است. Badtareen cheezee ke mey-tawänad wäqe' shawad...ast.

worth adj ارزش arzesh **How much** (1) **is /** (2) **was it worth?** چقدر ارزش (1) دارد؟ / (2) داشت؟ Cheqadar arzesh (1) därad? / (2) däsht? **It** (1) **is /** (2) **was worth (amount).** ارزش (___) (1) دارد. / (2) داشت. arzesh (1) därad. / (2) däsht. ★ **worthless adj** بی ارزش bey arzesh

would v aux خواهد khähad (1,2) **What would you like?** (1) چی میخواهید؟ Chee mey-khähed? / (2) چی میل دارید؟ Chee mayl dared? **Would you like to** (1) **do that? /** (2) **go? /** (3) **try it?** آیا میخواهید که (1) آن را انجام دهید؟ / (2) بروید؟ / (3) آزمایش اش کنید؟ Äyä mey-khähed ke (1) än rä anjäm dehed? / (2) berawed? / (3) äzmäyesh ash koned? **I'd like to talk with** (1) **her. /** (2) **him. /** (3) **you. /** (4) **them.** میخواهم با (1) اوزن / (2) اومرد / (3) شما / (4) آنها صحبت کنم. Mey-khäham bä (1) shomä / (2) o zan / (3) o mard / (4) änhä sohbat konam.

wound vt مجروح شدن majroh shodan (1) **How /** (2) **When /** (3) **Where was** (4) **he /** (5) **she wounded?** (1) چطور / (2) چی وقت... / (3) کجا... / (4) اومرد / (5) اوزن زخمی شد؟ Chee qesem... / (2)

wound *Chetawr / (3) Kojä... / (4) o mard / (5) o zan zakhmee shod? (1)* **How / (2) When / (3) Where were you wounded?** چی وقت... / (۱) چطور / (۲) (۳) کجا... شما زخمی شدید؟ *(1) Chee qesem... / (2) Chetawr. / (3) Kojä... shomä zakhmee shoded?* ★ **wound** *n* زخم *zakhem*, جرح *jarha* **flesh ~** زخم سطحی *zakhem-e-sat-hee* **gunshot ~** زخم مرمی تفنگ *zakhem-e-marmee-e-tofang* **open ~** جرح اشکار *jarha-ye-ashkär* **shrapnel ~** زخم گلوله نارنجک *zakhem-e-gloola-e-närenjak (1)* **He / (2) She has a wound in (3) his / (4) her (5) arm. / (6) back. / (7) buttock. / (8) chest. / (9) foot. / (10) hand. / (11) head. / (12) leg. / (13) neck. / (14) shoulder. / (15) side. / (16) stomach.** (۱) اومرد / (۲) اوزن یک زخم در (۵) بازو / (٦) پشت / (۷) سرین / (۸) سینه / (۹) قدم / (۱۰) دست / (۱۱) سر / (۱۲) پا / (۱۳) گردن / (۱٤) شانه / (۱۵) بغل / (۱٦) معده (٤،٣) اش دارد. *(1) O mard / (2) O zan yak zakhem dar (5) bäzoo / (6) posht / (7) soreen / (8) seena / (9) qadam / (10) dast / (11) sar / (12) pä / (13) gardan / (14) shäna / (15) baghal / (16) me'da (3,4) ash däräd.* **Clean the wound.** زخم را پاک کنید. *Zakhem rä päk koned.* **Bandage the wound.** بنداژ بسته زخم کنید. *Bandäzh basta-e-zakhem koned.* ★ **wounded** *adj* زخمی *zakhmee*, مجروح *majroh* **badly ~** بطور بد زخمی *batowr-e-bad zakhmee (1)* **He / (2) She is (badly) wounded.** (۱) او / (۲) اوزن (بطور بد) زخمی شد. *(1) O mard / (2) O zan (batowre-e-bad) zakhmee shod.* **They're (badly) wounded.** آنها (بطور بد) زخمی شدند. *Änhä (batowr-e-bad) zakhmee shodand.*

wrap *vt* پیچیدن *peecheedan*, پیچاندن *peechändan* **Wrap it around (1) her / (2) his (3)arm. / (4) foot. / (5) hand. / (6) head. / (7) leg.** این را در دور (۳) بازو / (٤) قدم / (۵) دست / (٦) سر / (۷) پا (۱) اوزن / (۲) اومرد بپیچانید. *Een rä dar dowr-e- (3) bäzoo-e- / (4) qadam-e- / (5) dast-e- / (6) sar-e- (1) o zan / (2) o mard bepechäned.* **Don't wrap it too tightly.** بسیار محکم نپیچانید اش. *Beesyär mahkam napeechäned ash.* ★ **wrapping** *n* پیچاندن *peechändan*

wreck *vt* شکستن *shekastan*, خراب شدن *kharäb shodan* **The (1) bus / (2) car / (3) truck / (4) van was (totally) wrecked.** (۱) موتر شهری / (۲) موتر / (۳) موترلاری / (٤) واگون (تماما) خراب شد. *(1) Motar-e-shahree / (2) Motar / (3) Motar-e-läree / (4) Wägoon (tamäman) shekest.* ★ **wreckage** *n* خرابه *kharäba*, ویرانه *wayräna* **Pull (1) her / (2) him / (3) the body / (4) the bodies / (5) them / (6) the person out of the wreckage.** (۱) اوزن / (۲) اومرد / (۳) جسد / (٤) اجساد / (۵) آنها / (٦) نفر را از خرابه بکشید. *(1) O mard / (2) O zan (3) jasad / (4) ajsäd / (5) änhä / (6) nafar rä az kharäba bekashed.* ★ **wrecker** *n* تخریب کار *takhreeb kär* **Call for a wrecker.** به یک تخریب کار(ساختمانی) زنگ بزنید. *Ba yak takhreeb kär (säkhtomanee) zang bezaned.*

wrench *n* رنج *renj* **crescent ~** رنج کج *renj-e-kaj* **pipe ~** رنج پایپ *renj-e-päyp* **socket ~** رنج ساکت *renj-e-käket* **Do you have a wrench?** آیا شما یک رنج دارید؟ *Äyä shomä yak renj däred?*

wrestling *n* پهلوانی *pahlawänee*

wring out *idiom* شپلیدن (با فشار آب چیزی را کشیدن) *shopleedan (bä feshär äb-e-cheezee rä kasheedan)* **Wring (1) it / (2) them out well.** (۱) این / (۲) آنها را خوب بشپلید. *(1) Een / (2) Änhä rä khob beshpoled.*

wrist *n* آرنج *ärenj*, مچ *moch* **broken ~** آرنج شکسته *ärenj-e-shekesta* **sprained ~** آرنج تاب خورده *ärenj-e-täb khorda* ~ آرنج برآمده *ärenj-e-barämada*

wristwatch *n* ساعت دستی *sä-a't-e-dastee*

write *vt* نوشتن *naweshtan*, تحریر کردن *tahreer kardan* **~ a letter** نامه نوشتن *näma naweshtan* **~ a list** لست نوشتن *lest naweshtan* **~ an e-mail** ایمیل

نوشتن (نامه الکترونیک) *eemeyl (näma-e-elektrooneek) naweshtan* ~ **a report** راپور نوشتن *räpoor naweshtan* **Write your** *(1)* **address** / *(2)* **age** / *(3)* **birthday** / *(4)* **name here.** (۱) آدرس / (۲) سن / (۳) روز تولّد / (٤) نام تان را اینجا نوشته کنید. *(1) Ádras-e- / (2) Sen-e- / (3) Rooz-e-tawalod-e- / (4) Näm-e-tän rä eenja naweshta koned.* **Who wrote this?** این را کی نوشته است؟ *Een rä kee naweshta ast?* ★ **write** *vi* نوشتن نامه *näma naweshtan* **Can you write?** آیا شما نامه نوشته میتوانید؟ *Áyä shomä näma nawesta mey-tawäned?* **Can** *(1)* **he /** *(2)* **she write?** آیا (۱) اومرد / (۲) اوزن نامه نوشته میتواند؟ *Áyä (1) o mard / (2) o zan näma naweshta mey-tawänad?* ★ **write down** *idiom* یادداشت کردن *yädäsht kardan* **Write down everything** *(1)* **we /** *(2)* **you need.** هرچیزی را که (۱) ما / (۲) شما ضرورت (۱) داریم / (۲) دارید یادداشت کنید. *Harcheezee rä ke (1) mä / (2) shomä zaroorat (1) därem (2) däred yädäsht koned.* **Could you write it down for me?** آیا میتوانید برایم یادداشت کنید؟ *Áyä mey-tawäned baräyam yädäsht koned?* ★ **writing** *n* خط *khat,* دست خط *dast khat,* تحریر *tahreer* **authorization in** ~ صلاحیت نامه تحریری *salahyat näme-e-tahreeree* **permission in** ~ اجازه کتبی *ejäza-e-kotobee* **request in** ~ خواهش تحریری *khähesh tahreeree*

wrong *adj* نادرست *nädrost,* غلط *ghalat* ~ **person** شخص غلط *shakhs-e-ghalat* ~ **place** جای غلط *jäy-e-ghalat* ~ **thing** چیز غلط *cheez-e-ghalat* ~ **time** وقت نادرست *waqt-e-nädrost* **Is anything wrong?** آیا چیزی نادرست است؟ *Áyä cheezee nädrost ast?* **You're doing it the wrong way.** شما این را به طریقه غلط انجام میدهید. *Shomä een rä ba tareeqa-e-ghalat anjäm mey-dehed.* **You're going the wrong way.** شما به راه غلط میروید. *Shomä ba räh-e-ghalat mey-rawed.* **That's wrong.** درست نیست. *Drost neest.* **(1,2) That was wrong.** *(1)* نادرست بود. / *(2)* درست نبود. *(1) Nädrost bod. / (2) Drost nabod.* ★ *adv* غلط *ghalat,* نادرست *nadrost* **I did it wrong.** غلط کردم. *Ghalat kardam,* نادرست انجام دادم *nadrost anjäm dädam* **You did it wrong.** شما این را غلط کردید. *Shomä een rä ghalat karded.*

X x

x-ray *adj* فلم اکسری *(*شعاع اکس) اکسری *ekserey (sho-a'äh-e-eks)* ~ **film** فلم اکسری *felm-e-ekserey* ~ **lab** لابراتوار اکسری *läbarätowär-e-ekserey* ★ *vt* عکس گرفتن *a'ks greftan* **We're going to x-ray it.** ما از این عکس میگیریم. *Mä az een a'ks mey-geerem.* ★ *n* عکس *a'ks,* عکس که ذریعه شعاع اکس گرفته میشود. *A'ks ke zare-a'h-e-sho-a'äh-e-eks grefta mey-shawad.* **We're going to take** *(1)* **an x-ray... /** *(2)* **some x-rays... of it.** ما از این (۱) یک... / (۲) چند... عکس میگیریم. *Mä az een (1) yak... / (2) chand... a'ks mey-geerem.*

Y y

yard *n* محوطه mahweta, سحن حويلى sahn-e-haweelee **junk ~** قبرستان موترها qabrestän-e-motar hä, انبارگاه موترهای از بین رفته anbärga-e-motar häye az bayen rafta **truck repair ~** ترمیمگاه موتر های لاری tarmeem-gäh-e-motar häy-e-läree

yarn *n* نخ nakh, تار tär **ball of ~** کلوله نخ kolola-e-nakh, کلوله تار kolola-e-tär

year *n* سال säl **all ~** همه سال hama säl **every ~** هر سال har säl **for a ~** برای يك سال baräy-e-yak säl **in a ~** بعد از يك سال ba'd az yak säl **last ~** سال گذشته säl-e-gozashta **leap ~** سال کبیسه säl-e-kabeesa **New ~** سال نو säl-e-now **next ~** سال آینده säl-e-äyenda **school ~** سال تعلیمی säl-e-ta'leemee **this ~** امسال emsäl, سال جاری säl-e-järee **whole ~** سال تمام säl-e-tamäm **~ after next** دو سال بعد do säl ba'd **~ before last** دو سال پیش do säl peysh **Happy New Year!** سال نو تان تبریك! Säl-e-now-e-tän tabreek! **What year are you in?** *(school, university)* در کدام سال هستید؟ (مکتب, دانشگاه) Dar kodäm säl hasted? ★ **yearly** *adj* سالانه säläna

yeast *n* خمیرمایه khameer mäya, خمیرترش khameer torsh

yellow *adj* زرد zard, رنگ زرد rang-e-zard **It (1) is / (2) was yellow.** (۱) زرد است. / (۲) بود. Zard (1) ast. / (2) bod. **They (1) are / (2) were yellow.** آنها (۱) زرد هستند. / (۲) بودند. Änhä zard (1) hastand. / (2) bodand.

Yemen *n* یمن yaman ★ **Yemeni** *adj* یمنی yamanee ★ *n* یمنی yamanee

yes *adv* بلی balee

yesterday *n* دیروز deerooz, روز گذشته rooz-e-gozashta

yet *adv* هنوز hanooz, تا هنوز tä hanooz **It hasn't arrived yet.** تا هنوز نرسیده. Tä hanooz naraseeda. **(1) He / (2) She isn't here yet.** (۱) اومرد / (۲) اوزن تا هنوز نیامده. (1) O mard / (2) O zan tä hanooz nayämada. **They aren't here yet.** آنها تا هنوز نیامده اند. Änhä tä hanooz nayämada and.

yield *n* حاصل häsel, محصول mahsool **cash ~** *(of a crop)* پول محصول pool-e-mahsool

yogurt *n* ماست mäst

yolk *n* زرده تخم مرغ zarda-e-tokhm-e-morgh

you *pron* *(informal)* تو too; *(pol. & pl.)* شما shomä **You are.** *(informal)* تو هستی. Too hastee. / *(pol. & pl)* شما هستید. Shomä hasted. **You were.** *(informal)* تو بودی. Too bodee. / *(pol. & pl)* شما بودید. Shomä boded. **You will be.** *(informal)* تو خواهد بودی. Too khähad bodee. / *(pol. & pl.)* شما خواهد بودید. Shomä khähad boded.

young *adj* جوان jawän **You're too young.** شما بسیار جوان هستید. Shomä beesyär jawän hasted.

your *poss. adj* تان -e-tän, شما -e-shomä **Where is your house?** خانه شما کجاست؟ Khäna-e-shomä kojäst? ★ **yours** *poss. pron* ازشما az shomä **Is this yours?** آیا این از شما است؟ Äyä een az shomä ast? **Are these yours?** آیا اینها از شما است؟ Äyä eenhä az shomä ast? ★ **yourself** *pers. Pron* خود khod, خودتان khod-e-tän **Did you hurt yourself?** آیا خودتان افگار کردید؟ Äyä khod-e-tän afgär karded? **Control yourself.** خود را کنترول کنید. Khod rä kantrool koned. **Can you stand by yourself?** آیا خود تان استاد شده میتوانید؟ Äyä khod-e-tän eestäd shoda mey-tawäned? **Did you do this yourself?** آیا شما این را خود تان انجام دادید؟ Äyä shomä een rä khod-e-tän anjäm däded?

youth *n* *(young people)* جوان jawän, جوانی jawänee

Z z

zero *n* صفر *sefer*
zinc *adj* جستی *jastee* ★ *n* جست *jast,* زنک *zenk*
zip *vt* تیز رفتن *teez raftan*
zip up *idiom* زنجیرک را بسته کردن *zanjeerak ra basta kardan*
zipper *n* زنجیرک *zanjeerak* **Can you sew a new zipper in this?** آیا میتوانید در این یک زنجیرک نو بدوزید؟ *Äyä mey-tawäned dar een yak zanjeerak-e-now bedozed?*
zone *n* منطقه *manteqa,* سمت *samt,* ساحه *säha,* زون *zoon* **disaster ~** منطقه مصیبت *manteqa-e-moseebat* **earthquake ~** ساحه زلزله *manteqa-e-zelzela* **neutral ~** منطقه بی طرف *manteqa-e-bey taraf* **no man's ~** منطقه تحت منازعه *manteqa-e-taht-e-monäze-a'* **restricted ~** منطقه محدود *manteqa-e-mahdood* **safe ~** منطقه با امن *manteqa-e-bä amn* **time ~** مرکز وقت *markaz-e-waqt*

PHONETIC ALPHABET USED FOR DARI

Phonetic	Dari	Pronunciation
a	*	"a" in "cat", "pan"
a'	ع	"a" in "cat" with guttural stop
ay	ی*	"i" in "kite", "fight"
ä	آ ا	"a" in "father", "tall"
äy	ای	"i" in "kite", "fight"
b	ب	"b" in "bake", "hobby"
ch	چ	"ch" in "cheese", "peach"
d	د	"d" in "dog", "bad"
e	*	"e" in "bed", "wet"
ee	ی	"ee" in "beet", "feet"
ey	ی*	"ey" in "prey", "grey"
f	ف	"f" in "fast", "stuff"
g	گ	"g" in "gate", "logo"
gh	غ	aspirated, guttural "g"
h	ح , ه	"h in "harp", "hit" *(the 2nd Dari h is silent on the ends of words)*
j	ج	"j in "joy", "jump"
k	ک	"k" in "kick", "king"
kh	خ	guttural "kh" sound similar to "ch" in German "Buch" or Scottish "loch"
l	ل	"l" in "loose", "ball"
m	م	"m" in "mama", "summer"
n	ن	"n" in "nut", "sender"

Phonetic	Dari	Pronunciation
o	*, و	"o" in "note", "pony"
oo	و	"oo" in "boot", "u" in "flute"
p	پ	"p" in "pal", "happy"
q	ق	guttural "q"
r	ر	"r" in "raffle", "sorry"
s	ص , س , ث	"s" in "sister", "tassle"
sh	ش	"sh" in "shut", "dish"
t	ت , ط	"t" in "nut", "tap"
w	و	"w" in "wall", "vow"
y	ی	"y" in "party", "yes", dipthongs "oy", "ay", "ey"
ye	ی*	"ye" in "yes", "yellow"
z	ض , ظ , ز , ذ	"z" in "zebra", "dazzle"
zh	ژ	"zh" sound in "pleasure"

* - Denotes that the sound (or part of a dipthong) is not represented by a letter in Dari writing.

Dari Grammar

Closely related to Persian (Farsi), the Dari language is one of the two principal languages spoken in Afghanistan, the other being Pashtu (Pashto). As with any other language, it requires considerable study and practice to become fluent in it. What follows here is a very cursory overview of its main characteristics.

Articles: There are no articles in Dari, i.e., no "the" or "a". The Dari word **yak** (*one*) does duty for "a" in some cases.

Nouns: Like English, and unlike many European languages, there are no special endings for nouns to indicate that they are nouns, nor do nouns or any other words in Dari have gender.

Plurals are formed by adding **än, hä** or **ä** to the end of the word. Some nouns have irregular plurals. Note that nouns are not pluralized after numbers or words like "a few", "some", "many", "several", etc.

There are 5 cases in Dari, but only one of them, the accusative case has a noticeable effect. In the accusative case, when the action (= verb) of the subject directly affects the object (= direct object), a **rä** is placed after the object. So, for example, in the question **Een rä chee mey-gohed?** (*What do you call this?*), **Een** is the direct object of the verb at the end (**mey-gohed** = *you call*), so **rä** is placed after it. There is no translation of **rä** itself.

The possessive of a noun is formed by adding **e** or **ye** to the end. Example: **khäna-e-änhä** *(their house)*, literally, "house of them".

Pronouns: The pronouns in Dari are as follows:

man	I	**mä**	we
too	you *(familiar)*	**shomä**	you *(polite & plural)*
o mard	he	**änhä**	they
o zan	she		
än	it		

Subject pronouns are frequently omitted, because the verb ending shows which person or number it is.

Adjectives: These are placed after the noun, with -e- (or –ye-) connecting them.

Comparative adjectives (*better, cleaner*) are formed by putting **tar** on the end of the adjective. Superlatives (*best, cleanest*) add on **tareen**.

Adverbs: Most adverbs are distinct words that do not change. They always precede a verb.

Prepositions: Dari prepositions precede the words they are used with and do not cause any changes to them. Most prepositions can be found in this phrasebook.

Verbs: An ending on a verb, whether in present, past or future tense, will show which person(s) it is for. These endings are as follows:

Person	*Ending of Verb*
I = **man**	-am *or* –om
you *(fam.)* = **too**	-i
he = **o mard**	-ad *or* -a
she = **o zan**	-ad *or* -a
it = **än**	-ad *or* -a
we = **mä**	-em
you *(polite)* = **shomä**	-ed
you *(plural)* = **shomä**	-ed
they = **änhä**	-an *or* –and

The **present tense** in most cases is formed by taking the stem of the verb, putting **mey-** on the front of it, and adding the personal ending (e.g., **mey-koned** *[you] make, [you] are making*). The **past tense** commonly adds a –d or –t to the end of the stem and then adds the personal ending to that (e.g., **tamäm karded** *[you] finished*). The **future tense** adds a personal ending to the word **khäh** (*will*), which is then followed by the stem of the verb (e.g., **khähand kard** = *[they] will do*).

It should be noted, however, that Dari, like most other languages, has verbs that are irregular. Learn them as you encounter them in the phrasebook.

Imperatives (orders, requests), are formed by putting **be-** on the front of the "*you*" form of the verb. For example, **be-yandäzed** is the imperative for "*put*".

To make a verb **negative**, just put **ne-** or **na-** on the front of it. For imperatives, the **ne-** or **na-** replaces the **be-** *(discussed above)*.

<u>**Word order:**</u> The two main things to remember about word order in Dari are that verbs usually come at the end of a sentence (Hence, subject + object + verb), and adjectives follow the nouns they modify.

Numbers

0	sefer	40	ch(eh)el
1	yak	45	ch(eh)el-o-panj
2	do	50	panjäh
3	se	55	panjäh-o-panj
4	ch(ah)är	60	shasht
5	panj	65	shasht-o-panj
6	shash / shesh	70	haftäd
7	haft	75	haftäd-o-panj
8	hasht	80	hashtäd
9	no	85	hashtäd-o-panj
10	da	90	nawad
11	yäzda	95	nawad-o-panj
12	dwäzda	100	sad
13	seezda	110	sad-o-da
14	ch(ah)ärda	120	sad-o-beest
15	panzda	130	sad-o-see
16	shänzda	140	sad-o-ch(eh)el
17	hafda	150	sad-o-panjäh
18	hajda	160	sad-o-shasht
19	noozda	170	sad-o-haftäd
20	beest	180	sad-o-hashtäd
21	beest-o-yak	190	sad-o-nawad
22	beest-o-do	200	doosad
23	beest-o-se	300	seesad
24	beest-o-chär	400	ch(ah)ärsad
25	beest-o-panj	500	panjsad
26	beest-o-shash	600	shash sad
27	beest-o-haft	700	haftsad
28	beest-o-hasht	800	hashtsad
29	beest-o-no	900	no sad
30	see	1,000	hazär
31	see-o-yak	5,000	panj hazär
32	see-o-do	10,000	da hazär
33	see-o-se	100,000	sad hazär
34	see-o-chär	500,000	panjsad hazär
35	see-o-panj	1,000,000	melyoon

Ordinal Numbers

first	awal
second	dwahem
third	sewom
fourth	ch(ah)ärom
fifth	panjom
sixth	shashom
seventh	haftom
eighth	hashtom
ninth	no(h)om
tenth	dahom
eleventh	yäzdahom
twelfth	dawäzdahom
twentieth	beestom
hundredth	sadom

Fractions

1/4	yak chärom		1/3	yak sewom
1/2	yak-o-neem		2/3	do sewom
3/4	se chärom			

Clock Time

1:00	Sä-a't-e-yak	**7:00**	Sä-a't-e-haft
1:15	Sä-a't-e-yak-o-panzda daqeeqe	**7:15**	Sä-a't-e-haft-o-panzda daqeeqe
1:30	Sä-a't-e-yak-o-neem	**7:30**	Sä-a't-e-haft-o-neem
1:45	Sä-a't-e-panzda daqeeqe kam do	**7:45**	Sä-a't-e-panzda daqeeqe kam hasht
2:00	Sä-a't-e-do	**8:00**	Sä-a't-e-hasht
2:15	Sä-a't-e-do-o-panzda daqeeqe	**8:15**	Sä-a't-e-hasht-o-panzda daqeeqe
2:30	Sä-a't-e-do-o-neem	**8:30**	Sä-a't-e-hasht-o-neem
2:45	Sä-a't-e-panzda daqeeqe kam se	**8:45**	Sä-a't-e-panzda daqeeqe kam no
3:00	Sä-a't-e-se	**9:00**	Sä-a't-e-no
3:15	Sä-a't-e-se-o-panzda daqeeqe	**9:15**	Sä-a't-e-no-o-panzda daqeeqe
3:30	Sä-a't-e-se-o-neem	**9:30**	Sä-a't-e-no-o-neem
3:45	Sä-a't-e-panzda daqeeqe kam chär	**9:45**	Sä-a't-e-panzda daqeeqe kam da
4:00	Sä-a't-e-chär	**10:00**	Sä-a't-e-da
4:15	Sä-a't-e-chär-o-panzda daqeeqe	**10:15**	Sä-a't-e-da-o-panzda daqeeqe
4:30	Sä-a't-e-chär-o-neem	**10:30**	Sä-a't-e-da-o-neem
4:45	Sä-a't-e-panzda daqeeqe kam panj	**10:45**	Sä-a't-e-panzda daqeeqe kam yäzda
5:00	Sä-a't-e-panj	**11:00**	Sä-a't-e-yäzda
5:15	Sä-a't-e-panj-o-panzda daqeeqe	**11:15**	Sä-a't-e-yäzda-o-panzda daqeeqe
5:30	Sä-a't-e-panj-o-neem	**11:30**	Sä-a't-e-yäzda-o-neem
5:45	Sä-a't-e-panzda daqeeqe kam shash	**11:45**	Sä-a't-e-panzda daqeeqe kam dwäzda
6:00	Sä-a't-e-shash	**12:00**	Sä-a't-e-dwäzda
6:15	Sä-a't-e-shash-o-panzda daqeeqe	**12:15**	Sä-a't-e-dwäzda-o-panzda daqeeqe
6:30	Sä-a't-e-shash-o-neem	**12:30**	Sä-a't-e-dwäzda-o-neem
6:45	Sä-a't-e-panzda daqeeqe kam haft	**12:45**	Sä-a't-e-panzda daqeeqe kam yak

---

5 minutes after six Sä-a't-e-shash-o-<u>panj daqeeqe</u>
10 minutes till eight Sä-a't-e-<u>da daqeeqe</u> kam hasht

What time is it? Sä-a't-e-chand ast?
It's <u>3:00</u>. Sä-a't-e-<u>se</u> ast.

Calendar Time

Days of the week:
  Monday *do-shambe*
  Tuesday *se-shambe*
  Wednesday *chär-shambe*
  Thursday *panj-shambe*
  Friday *jom'a*
  Saturday *shambe*
  Sunday *yak-shambe*
  this Monday *hameen do-shambe*
  until Monday *tä do-shambe*

  by Monday *qabel az do-shambe*
  every Monday *har do-shambe*
  last Monday *do-shambe-e-gozashta*
  next Monday *do-shambe-e-äyenda*
  on Monday *dar rooz-e-do-shambe*
  since Monday *az do-shambe ba een-taraf*

    Monday morning *sobh-e-doshambe*
    Monday afternoon *a'sr-e-doshambe*
    Monday evening *shäm-e-doshambe*
    Monday night *shab-e-doshambe*

Months of the year:
  January *mäh-e-janwaree*
  February *mäh febrowaree*
  March *mäh-e-märch*
  April *mäh-e-apreel*
  May *mäh-e-mey*
  June *mäh-e-joon*
  July *mäh-e-joläy*
  August *mäh-e-agost*
  September *mäh-e-september*
  October *mäh-e-aktobar*
  November *mäh-e-nawembar*
  December *mäh-e-desembar*

  by May *tä mäh-e-mey*
  in May *dar mäh-e-mey*
  last May *mäh-e-mey-e-gozashta*
  next May *mäh-e-mey-e-äyenda*
  since May *az mäh-e-mey tä ba häl*
  until May *tä mäh-e-mey*
  at the beginning of May *dar äghäz-e- mäh-e-may*
  at the end of May *dar äkher-e-mäh-e-may*
  during the month of May *dar jeryän-e-mäh-e-may*

    in (the) spring *dar bahär*
    in (the) summer *dar täbestän*
    in (the) fall *dar khazän*
    in (the) winter *dar zemestän*

Appendix 7 **531**

Metric Measurements

Length
1 millimeter, mm *(meelee meter, mm)* = 0.04 inches
10 mm = 1 centimeter, cm *(säntimeter, cm)* = 0.4 inches
1000 mm = 100 cm = 1 meter, m *(metr, m)* = 3.3 feet
1000 m = 1 kilometer, km *(keelometer, km)* = 0.6 miles
8 km = 5 miles

1 inch = 2.5 centimeters = 25 millimeters
1 foot = 30 centimeters = 300 millimeters
1 yard = 90 centimeters = 0.9 meters
1 mile = 1.6 kilometers = 1609 meters

Weight
1 gram, g *(geräm, g)* = 0.035 ounces
500 g = ½ kilogram (*neem- keelogeräm*, ½ kg) = 1.1 pounds
1000 g = 1 kilogram, kg *(keelogeräm, kg)* = 2.2 pounds

1 ounce = 28 grams
1 pound = 450 grams = 0.45 kilograms

Volume
1 liter, l *(leetar, l)* = 1.06 quarts
4 liters = 1.06 U.S. gallons

1 quart = 0.95 liters
1 U.S. gallon = 3.8 liters

Temperature
Fahrenheit, F = °Centigrade x 9/5 + 32   *(9/5 = 1.8)*
Centigrade, C = (°Fahrenheit - 32) x 5/9   *(5/9 = 0.5555)*

Boiling point: 212°F = 100°C
Body temperature: 98.6°F = 37°C
Pleasant temperature: 72°F = 22°C
Freezing point: 32°F = 0°C

Common Adult Heights

The following height equivalents are approximate. 1 inch = 2.54 cm

Metric	U.S.	Metric	U.S.
150 cm	4' 11"	175 cm	5' 9"
151 cm	4' 11 ½"	176 cm	5' 9"
		177 cm	5' 9 ½"
152 cm	5' 0'		
153 cm	5' 0"	178 cm	5' 10"
154 cm	5' ½"	179 cm	5' 10 ½"
155 cm	5' 1"	180 cm	5' 11"
156 cm	5' 1 ½"	181 cm	5' 11"
		182 cm	5' 11 ½"
157 cm	5' 2"		
158 cm	5' 2"	183 cm	6' 0"
159 cm	5' 2 ½"	184 cm	6' ½"
160 cm	5' 3"	185 cm	6' 1"
161 cm	5' 3 ½"	186 cm	6' 1"
		187 cm	6' 1 ½"
162 cm	5' 4"		
163 cm	5' 4"	188 cm	6' 2"
164 cm	5' 4 ½"	189 cm	6' 2 ½"
165 cm	5' 5"	190 cm	6' 3"
166 cm	5' 5 ½"	191 cm	6' 3"
		192 cm	6' 3 ½"
167 cm	5' 6"		
168 cm	5' 6"	193 cm	6' 4"
169 cm	5' 6 ½"	194 cm	6' 4 ½"
170 cm	5' 7"	195 cm	6' 5"
171 cm	5' 7 ½"	196 cm	6' 5"
		197 cm	6' 5 ½"
172 cm	5' 8"		
173 cm	5' 8"	198 cm	6' 6"
174 cm	5' 8 ½"	199 cm	6' 6 ½"

Common Adult Weights

The following height equivalents are approximate. 1 kg = 2.2 lbs and 1 lb = 0.455 kg.

Metric	U.S.	U.S.	Metric
40 kg	88 lbs	90 lbs	41 kg
42 kg	92 lbs	95 lbs	43 kg
45 kg	99 lbs	100 lbs	45 kg
47 kg	103 lbs	105 lbs	48 kg
50 kg1	110 lbs	110 lbs	50 kg
52 kg	114 lbs	115 lbs	52 kg
55 kg	121 lbs	120 lbs	55 kg
57 kg	125 lbs	125 lbs	57 kg
60 kg	132 lbs	130 lbs	59 kg
62 kg	136 lbs	135 lbs	61 kg
65 kg	143 lbs	140 lbs	64 kg
67 kg	147 lbs	145 lbs	66 kg
70 kg	154 lbs	150 lbs	68 kg
72 kg	158 lbs	155 lbs	70 kg
75 kg	165 lbs	160 lbs	73 kg
77 kg	169 lbs	165 lbs	75 kg
80 kg	176 lbs	170 lbs	77 kg
82 kg	180 lbs	175 lbs	80 kg
85 kg	187 lbs	180 lbs	82 kg
87 kg	191 lbs	185 lbs	84 kg
90 kg	198 lbs	190 lbs	86 kg
92 kg	202 lbs	195 lbs	89 kg
95 kg	209 lbs	200 lbs	91 kg
97 kg	213 lbs	205 lbs	93 kg
100 kg	220 lbs	210 lbs	95 kg
102 kg	224 lbs	215 lbs	98 kg
105 kg	231 lbs	220 lbs	100 kg
107 kg	235 lbs	225 lbs	102 kg
110 kg	242 lbs	230 lbs	105 kg
112 kg	246 lbs	235 lbs	107 kg
115 kg	253 lbs	240 lbs	109 kg
117 kg	257 lbs	245 lbs	111 kg
120 kg	264 lbs	250 lbs	114 kg

Useful Contacts

Afghan Assistance Coordination Authority (AACA)
Tel: (Kabul:) + 93 (0)70 279 720   Web: www.afghanistangov.org/aaca

Agency Coordinating Body for Afghan Relief (ACBAR)
Tel: (Kabul:) + 93 (0) 70 276 464   Web: www.acbar.org

Embassies:
  Canada: + 93(0) 799 742 800
  China: + 93(0)20-210 2545, 210 2728
  Denmark: + 93(0)70 280 275, 280 339
  France: + 93 (0)70 28 40 32, (0) 799 32 72 38
  Germany: + 93 (0)20 210 1512, -13 – 14 -15
  India: + 873 763 095 560
  Italy: + 93 (0) 20 210 31 44
  Japan: + 873 762 853 777
  Netherlands: + 93 (0)20 220 15 99
  Saudi Arabia: + 93 (0)20 210 0167
  South Korea: + 93(0)70 276 743
  Sweden: + 93 (0) 20 230 14 16
  United Kingdom: + 93 (0) 20 295 22 73
  United States of America: + 93 (0)70 10-8001/8002, 10-8378

European Commission (EC)   Web: www.delafg.ec.europa.eu
Tel: (Kabul:) + 93 (0)20 210 16 92

European Commission Humanitarian Aid Office (ECHO)
Tel: (Kabul:) + 93(0)70 280 148   Email: echoafghan@oceanpost.net

Food and Agriculture Organiztion (FAO)
Tel: (Kabul:) + 93 (0)20 210 1722
Web: www.fao.org/world/afghanistan/con_en.htm

International Committee of the Red Cross (ICRC)
Tel: (Kabul:) + 93 (0)20 220 1704   Web: www.icrc.org

International Federation of Red Cross and Red Crescent Societies
Tel: (Kabul:) + 93 79 385 533 / 93 70 284 826 Web: www.ifrc.org

Swiss Agency for Development and Cooperation (SDC)
Tel: (Kabul:) + 93(0)70 274 902   Web: www.sdc.admin.ch

UN Assistance Mission in Afghanistan (UNAMA)
Tel: (Kabul:) + 39 0831 24 6000   Web: www.unama-afg.org

UN Children's Fund (UNICEF)
Tel: (Kabul:) + 93(0) 799 50 7000 Web: www.unicef.org

UN Development Programme (UNDP)
Tel: (Kabul:) + 93(0)20 210 2085   Web: www.undp.org

UN Education, Scientific and Cultural Organization (UNESCO)
Tel: (Kabul:) + 93(0)79 344 229   Web: www.unesco.org

UN Fund for Women's Development (UNIFEM)
Tel: (Kabul:) + 93(0)20 210 1682

UN-Habitat   Tel: (Islamabad, Pak.:) + 92 51 282 4729
Web: www.pcpafg.org/organizations/unchs

UN High Commissioner for Refugees (UNHCR)
Tel: (Kabul:) + 93(0)20 200 3812   Web: www.unhcr.org

UN Mine Action Centre for Afghanistan (UNMACA)
Tel: (Kabul:) + 93(0)79 965 2290   Web: www.mineaction.org

UN Population Fund (UNFPA)
Tel: (Kabul:) + 93(0)70 181 149/50/51
Email: Office.afghanistan@unfpa.org

U.S. Agency for International Development (USAID)
Tel: (Kabul:) + 93(0)20 220 0511   Web: www.usaid.gov

World Bank (WB)   Web: www.worldbank.org
Tel: (Kabul:) + 93(0)70 280 800   Email:: azia@worldbank.org

World Food Programme (WFP)   Web: www.wfp.org
Tel: (Kabul:) + 93(0) 70 282 816 to 826 Email: WFP.Kabul@wfp.org

World Health Organization (WHO)
Tel: (Kabul:) + 93(0)20 230 0181   Email: registry@afg.emro.who.int

ORDER FORM

These phrasebooks will help you communicate & socialize with people. Buy for yourself or as gifts.

I'd like to order the following phrasebook(s):

1. **English-Dari Phrasebook for Aid Workers,** C 2006, 536 pp — **$12.95** ___ cy(s)
2. **Making Friends in Russia; A Russian Phrasebook,** C 2006, 480 pp — **$11.95** ___ cy(s)
3. **Making Friends in Ukraine; A Russian Phrasebook,** C 2006, 480 pp — **$11.95** ___ cy(s)
4. **Making Friends in Italy; An Italian Phrasebook,** C 2005, 424 pp — **$9.95** ___ cy(s)
5. **Making Friends in Mexico; A Spanish Phrasebook,** C 2003, 432 pp — **$9.95** ___ cy(s)
6. **English-Russian Dictionary-Phrasebook of Love,** C 2000, 800 pp — **$24.95** ___ cy(s)

Shipping & handling:
#'s 1-5: $2.00 USA; $3.00 Canada; $5.00 airmail overseas.
#6: $3.00 USA; $5.00 Canada; $10.00 airmail overseas.
(Residents of Washington state please add 8.8% state sales tax.)

The total for my order is: **$** _____

I wish to pay for this order by:

☐ **check** (enclosed)   ☐ **Visa**   ☐ **MasterCard**

Number: _____ Exp: _____

Authorized signature: _____
Name: _____
Address: _____
_____

Mail to: **Rodnik Publishing Company**
P.O. Box 46956
Seattle, WA 98146-0956, USA
Fax: **1-206-937-3554**; *Website:* **www.rodnikpublishing.com**